Noah Bubenhofer, Julia Krasselt, Michael Prinz, Hiloko Kato
Studienbuch Linguistik

Noah Bubenhofer, Julia Krasselt,
Michael Prinz, Hiloko Kato

Studienbuch Linguistik

Band 1: Gegenwartssprache

DE GRUYTER

ISBN 978-3-11-151446-8
e-ISBN (PDF) 978-3-11-151617-2
e-ISBN (EPUB) 978-3-11-151664-6

Library of Congress Control Number: 2025933609

Bibliografische Information der Deutschen Nationalbibliothek
Die Deutsche Nationalbibliothek verzeichnet diese Publikation in der Deutschen Nationalbibliografie;
detaillierte bibliografische Daten sind im Internet über http://dnb.dnb.de abrufbar.

© 2025 Walter de Gruyter GmbH, Berlin/Boston, Genthiner Straße 13, 10785 Berlin
Einbandabbildung: *Alexandre Baumgartner* „Auf der Welt gibt es unzählige veraltete Alphabete, deren Code verloren gegangen ist." *Roger Caillois (1913–1978)*
Satz: Integra Software Services Pvt. Ltd.

www.degruyterbrill.com
Fragen zur allgemeinen Produktsicherheit:
productsafety@degruyterbrill.com

Vorwort

Es ist ein Abenteuer, ein „Studienbuch Linguistik" zu schreiben! Zumal dieses Abenteuer seinen Anfang bei einem grossartigen Vorbild nahm: dem „grünen Buch", dem „Stubu", eben dem „Studienbuch Linguistik", das 1991 von Angelika Linke, Markus Nussbaumer und Paul R. Portmann veröffentlicht wurde und bis 2004 in insgesamt fünf zum Teil erweiterten Auflagen erschienen ist. Dieses Studienbuch Linguistik hat Generationen von Studierenden in ihrem Linguistikstudium begleitet. 34 Jahre nach Entstehung und 20 Jahre nach der letzten Auflage ist es aber an der Zeit für eine vollständig neu erarbeitete Auflage, da die Welt der Linguistik sich theoretisch, methodisch und hinsichtlich als relevant erachteter Fragestellungen weiterentwickelt hat. Das neue Studienbuch Linguistik versucht diese neuen Entwicklungen abzubilden, ohne dabei auf weiterhin gültiges Grundlagenwissen zu verzichten. Wenige ausgewählte Teile wurden dafür aus dem alten Studienbuch Linguistik übernommen. Für die Erlaubnis dafür und ihr Vertrauen danken wir den Autor:innen des alten Studienbuchs Angelika Linke, Markus Nussbaumer und Paul R. Portmann.

    Wir, die Autor:innen des neuen Studienbuchs, haben alle Verbindungen zur Universität Zürich und dem Umfeld, in dem das ursprüngliche Studienbuch Linguistik entstanden ist. Uns hat das „grüne Buch" durchs Studium begleitet und heute unterrichten wir an verschiedenen Orten Einführungen in die Linguistik oder spezialisierte Themen des Fachs. Vor diesem Hintergrund haben wir die Aufgabe übernommen, ein neues Studienbuch zu schreiben.

    Dies wäre nicht möglich gewesen ohne die Unterstützung von zahlreichen Personen. Wir danken Susanne Günthner und Mechthild Habermann für ihre wichtige Rolle als *Critical Friends* und für ihre Begutachtung des gesamten Bandes. Wir danken Martin Businger, Mi-Cha Flubacher, Heiko Hausendorf, Yvonne Ilg, Wolfgang Kesselheim, Patrick Mächler, Lorenza Mondada, Jeffrey Pheiff, Claudio Scarvaglieri, Christa Schneider, Jürgen Spitzmüller, Christian van der Steeg und Urs Willi für die Unterstützung bei einzelnen Kapiteln. Wir danken auch unseren Studierenden, die verschiedene Fassungen der Kapitel gelesen und kommentiert haben. Unsere Lektorin Leah Reichel sorgte für die notwendige Verbesserung des Textes auf stilistischer, grammatischer und orthografischer Ebene, Gesa Steinbrink besorgte ein umsichtiges Korrektorat und Hana Ikenaga, Ulrike Krauß und Albina Töws vom Verlag unterstützten das Projekt jederzeit und unablässig. Bei Alexandre Baumgartner bedanken wir uns für die Kreation der Covergrafik. Schliesslich bedanken wir uns auch bei unseren Familien für Unterstützung und Geduld, wenn das Studienbuch auch an Wochenenden und späten Abendstunden Aufmerksamkeit brauchte.

Möge unser Studienbuch zeigen, wie interessant und vielfältig unser Fach ist!

Zürich und Uppsala, Februar 2025

Inhaltsverzeichnis

Vorwort —— V

Abkürzungsverzeichnis —— XV

1 Einleitung —— 1
    1.1   Linguistik und Sprachgebrauch: Empirie, Modell und Theorie —— 2
    1.2   Sprache als System oder Sprache im Gebrauch —— 4
    1.3   Varietätenreiche und mehrsprachige Sprachlandschaft —— 7

2 Semiotik —— 10
    2.1   Einleitung —— 10
    2.2   Zeichen —— 11
        2.2.1   Typen von Zeichen —— 12
        2.2.2   Verbale und nonverbale Zeichen, Multimodalität —— 23
        2.2.3   Das semiotische Dreieck —— 25
        2.2.4   Zeichentheoretische Grundbegriffe —— 26
    2.3   Das sprachliche Zeichen —— 30
        2.3.1   Saussure'scher Zeichenbegriff —— 30
        2.3.2   Zeichen im System —— 33
    2.4   Perspektiven auf die Analyse von Sprache —— 37
        Bibliografie —— 40

3 Semantik —— 42
    3.1   Semantik als linguistische Disziplin —— 42
        3.1.1   Gegenstandsbestimmung —— 42
        3.1.2   Forschungsgeschichte —— 47
    3.2   Bedeutung – eine Annäherung —— 53
        3.2.1   Bedeutungstheorien —— 53
        3.2.2   Assoziationen, Konnotationen, Bedeutungsdimensionen —— 60
        3.2.3   Ambiguität und Vagheit —— 62
    3.3   Semantische Relationen —— 67
        3.3.1   Identität —— 69
        3.3.2   Hierarchie —— 74
        3.3.3   Gegensatz —— 78

3.4 Semantische Modelle und Theorien —— 80
    3.4.1 Wortfeldtheorie —— 80
    3.4.2 Lexikalische Dekomposition —— 84
    3.4.3 Prototypentheorie —— 90
    3.4.4 Frame-Semantik —— 95
    3.4.5 Distributionelle Semantik —— 101
    Bibliografie —— 106

4 Pragmatik —— 110
4.1 Pragmatik als linguistische Disziplin —— 110
    4.1.1 Einführung —— 110
    4.1.2 Forschungsgeschichte —— 112
4.2 Dimensionen der Sprachhandlung —— 113
    4.2.1 Kommunikativer Austausch —— 113
    4.2.2 Sprechakttheorie —— 116
    4.2.3 Konversationsmaximen, Implikaturen und Präsuppositionen —— 123
    4.2.4 *Face-work* und Höflichkeit —— 129
    4.2.5 Deixis —— 131
4.3 Erweiterungen der klassischen Pragmatik —— 134
    4.3.1 Sprachhandeln als multimodales Handeln —— 134
    4.3.2 Korpuspragmatik —— 135
    Bibliografie —— 139

5 Phonetik und Phonologie —— 141
5.1 ‚Sprechen' als wissenschaftliches Konzept —— 142
    5.1.1 Oralität und Literalität —— 144
    5.1.2 Mündlichkeit und Schriftlichkeit —— 145
5.2 Variation und Kodifizierung der Standardaussprache —— 147
    5.2.1 Variation —— 147
    5.2.2 Kodifizierung —— 153
5.3 Phonetik und Phonologie als linguistische Disziplinen —— 155
    5.3.1 Phonetik vs. Phonologie – zwei Seiten einer Medaille —— 155
    5.3.2 Forschungsgeschichte —— 157
5.4 Grundlagen der Phonetik —— 162
    5.4.1 Der Sprechvorgang —— 162
    5.4.2 Konsonanten des Deutschen —— 166
    5.4.3 Vokale des Deutschen —— 169
5.5 Grundlagen der Phonologie —— 172
    5.5.1 Phonem und Allophon —— 173

	5.5.2	Konsonantenphoneme des Deutschen —— 175
	5.5.3	Vokalphoneme des Deutschen —— 177
	5.5.4	Suprasegmentale Einheiten —— 178
		Bibliografie —— 180

6 Morphologie/Lexikologie —— 183
- 6.1 Grundbegriffe —— 183
  - 6.1.1 Das Wort – Zugänge und Konzepte —— 183
  - 6.1.2 Die Wortbestandteile – zwischen Minimalzeichen und Morphem —— 191
  - 6.1.3 Lexikon/Wortschatz —— 204
  - 6.1.4 Zuständigkeiten und Abgrenzungsprobleme —— 210
- 6.2 Flexion —— 211
  - 6.2.1 Wozu dient Flexion? —— 211
  - 6.2.2 Morphosyntaktische Merkmalsklassen —— 214
  - 6.2.3 Flexionsparadigmen —— 215
  - 6.2.4 Flexionsklassen —— 219
  - 6.2.5 Flexionsmittel —— 222
  - 6.2.6 Hierarchien, Nivellierungen und Profilierungen —— 225
- 6.3 Wortbildung —— 228
  - 6.3.1 Grundlagen —— 228
  - 6.3.2 Motivation komplexer Wörter —— 235
  - 6.3.3 Wortbildungsarten —— 237
- 6.4 Zugänge zu Wortarten —— 245
  - 6.4.1 Was wird klassifiziert? —— 246
  - 6.4.2 Kriterien für Wortartklassifikationen —— 247
  - 6.4.3 Zu welchem Zweck wird klassifiziert? —— 250
  - 6.4.4 Wortartklassifikationen —— 251
  - Bibliografie —— 254

7 Syntax —— 258
- 7.1 Womit befasst sich die Syntax? —— 258
- 7.2 Bedeutende Denktraditionen —— 260
- 7.3 Zugänge zu Syntax: Ausgewählte Syntaxtheorien —— 264
  - 7.3.1 Generative Grammatik —— 265
  - 7.3.2 Valenztheorie —— 269
  - 7.3.3 Konstruktionsgrammatik —— 270
- 7.4 Die lineare Struktur des Satzes: Das topologische Satzmodell —— 273
  - 7.4.1 Verbstellung und grundlegende Satztypen im topologischen Modell —— 274

	7.4.2	Topologische Felder in Verberst- und Verbzweitsätzen —— **275**
	7.4.3	Topologische Felder in Verbletztsätzen —— **280**
	7.4.4	Rechte Satzklammer —— **282**
7.5	Hierarchische Struktur des Satzes: Valenz —— **285**	
	7.5.1	Valenz syntaktisch: Ergänzungen und Angaben —— **285**
	7.5.2	Valenz semantisch: Argumente und Rollen —— **289**
	7.5.3	Valenztests —— **293**
	7.5.4	Dependenz und Konstituenz —— **296**
7.6	Hierarchische Struktur des Satzes: Konstituenz —— **299**	
	7.6.1	Grundbegriffe —— **299**
	7.6.2	Konstituententests —— **303**
	7.6.3	Phrasenkategorien —— **307**
	7.6.4	Phrasenstruktur in der Generativen Grammatik —— **314**
7.7	Syntaktische Funktionen —— **323**	
	7.7.1	Das Prädikat —— **326**
	7.7.2	Das Subjekt —— **328**
	7.7.3	Objekte —— **331**
	7.7.4	Adverbiale —— **334**
	7.7.5	Attribute —— **337**
7.8	Sätze —— **337**	
	7.8.1	Was ist ein Satz? —— **337**
	7.8.2	Verknüpfung von Sätzen —— **340**
	7.8.3	Klassifikation von Nebensätzen —— **342**
	7.8.4	Syntaktische Integration von Nebensätzen —— **345**
		Bibliografie —— **347**

8 **Textlinguistik —— 352**
- 8.1 Textlinguistik als linguistische Disziplin —— **352**
  - 8.1.1 Die Welt der Texte ist bunt —— **352**
  - 8.1.2 Schriftliches vs. Gesprochenes – warum Gespräche keine Texte sind —— **354**
  - 8.1.3 Multimodale Texte —— **356**
- 8.2 Entwicklungsgeschichte der Textlinguistik —— **360**
  - 8.2.1 Vorläufer —— **360**
  - 8.2.2 Hartmanns und Weinrichs programmatische Impulse —— **362**
  - 8.2.3 Die vier Phasen der Textlinguistik —— **363**
- 8.3 Text als prototypisches Konzept und als lesbares Etwas —— **369**
- 8.4 Analytische Zugänge zu Texten —— **373**

8.4.1 Texte zwischen Materialität, Lokalität und Sprachlichkeit —— 374
  8.4.2 Funktion —— 380
  8.4.3 Kohäsion (vs. Kohärenz) —— 385
  8.4.4 Thema (statt Kohärenz) —— 393
  8.4.5 Intertextualität —— 399
  8.4.6 Textsorten und Musterhaftigkeit —— 404
  Bibliografie —— 409

9 Gesprächs- und Interaktionslinguistik —— 415
9.1 Gegenstandsbestimmung —— 415
  9.1.1 Ein Alltagsbeispiel: Gesprächseröffnungen —— 415
9.2 Gesprochenes vs. Schriftliches: Anwesenheit und seine Konsequenzen —— 420
9.3 Forschungsgeschichte und -ansätze —— 421
  9.3.1 Funktional-pragmatische Diskursanalyse/Funktionale Pragmatik —— 422
  9.3.2 Ethnomethodologische Konversationsanalyse (bzw. Gesprächsanalyse) —— 429
9.4 Das klassische Thema der Konversationsanalyse: Die Gesprächsorganisation —— 436
  9.4.1 Der Sprecherwechsel als zentrale Schaltstelle des Gesprächs —— 439
  9.4.2 Gespräche als Multitaskingsystem von Interaktionsaufgaben —— 457
9.5 Fokussierung auf Sprache im interaktionalen Gebrauch —— 474
  9.5.1 Einblick in die Interaktionale Linguistik —— 475
  9.5.2 Diskussion um eine Grammatik der gesprochenen Sprache —— 476
9.6 Über Sprache hinaus: Multimodale Perspektiven —— 484
  9.6.1 Wann geht es eigentlich los? (aus multimodaler Perspektive) —— 487
  9.6.2 F-Formation: Gemeinsames Hervorbringen fokussierter Interaktion —— 492
  Bibliografie —— 496

10 Soziolinguistik —— 502
10.1 Einführung —— 502
  10.1.1 Die Soziolinguistik als polyphone Disziplin —— 502
  10.1.2 Ein Klassiker: Labovs Kaufhausstudie —— 503

10.2 Gesellschaftliche Grundbegriffe —— **505**
    10.2.1 Wie Gesellschaft durch Sprache strukturiert wird: Der strukturtheoretische Blick —— **506**
    10.2.2 Wie Gesellschaft sprachlich hergestellt wird: Der handlungstheoretische Blick —— **508**
    10.2.3 Die gesellschaftliche Konstruktion der Wirklichkeit: Der konstruktivistische Blick —— **509**
10.3 Variationslinguistik —— **511**
    10.3.1 Variation als Wesensmerkmal von Sprache —— **511**
    10.3.2 Variation: Soziale und sprachinterne Parameter —— **513**
    10.3.3 Variation: Two ways of saying the same thing —— **514**
    10.3.4 Methoden der Variationslinguistik —— **516**
    10.3.5 Variationslinguistische Klassifikationsmodelle —— **517**
    10.3.6 Varietät und Lekt —— **520**
    10.3.7 Standardsprache – Umgangssprache – Dialekt —— **521**
10.4 Interaktionale Soziolinguistik —— **525**
    10.4.1 Kommunikative Hinweise und Indexikalität —— **529**
    10.4.2 Kontext und Kontextualisierung —— **530**
    10.4.3 Identität und sozialer Stil —— **532**
10.5 Soziale Differenzierung: Metapragmatik, Indexikalität, Positionierung —— **533**
    10.5.1 Defizit-, Differenz und Dominanzhypothesen —— **533**
    10.5.2 Metapragmatik und Sprachideologie —— **537**
    10.5.3 Indexikalität —— **541**
    10.5.4 Positionierung —— **545**
    10.5.5 Mehrsprachigkeit —— **548**
10.6 Methode —— **553**
    Bibliografie —— **554**

11 Sprache, Diskurs und Kultur —— 560
11.1 Einleitung: Sprache und Gesellschaft aus linguistischer Perspektive —— **560**
11.2 Diskurs und Kultur: Ein Beispiel —— **562**
11.3 Diskurslinguistik —— **565**
    11.3.1 Sprache und Wissen —— **569**
    11.3.2 Korpuspragmatik und Diskurslinguistik —— **573**
    11.3.3 Dimensionen der Diskurslinguistik —— **575**
11.4 Anthropologische und kulturlinguistische Perspektive —— **584**
    11.4.1 Sprachliche und kulturelle Veränderungen: Ein Beispiel —— **584**

   11.4.2 Sprache und Kultur —— 586
   11.4.3 Kulturbegriffe und Fragestellungen —— 588
   11.4.4 Dialogistisches Sprachverständnis —— 590
   11.4.5 Sprache als soziale Praxis —— 591
   11.4.6 Performanz und Sprache —— 593
  11.5 Anwendungsbeispiel: Sprache und Gender —— 597
   11.5.1 Die Strukturierung von Geschlecht und Körper durch Sprache —— 598
   11.5.2 Genderlinguistikdiskurse —— 603
    Bibliografie —— 608

12 Empirische Methoden —— 613
  12.1 Wege zu linguistischem Wissen —— 613
  12.2 Ablauf empirischer Forschungsprojekte —— 615
  12.3 Gütekriterien wissenschaftlicher Forschung —— 620
  12.4 Methoden der Datenerhebung —— 622
   12.4.1 Das Interview —— 623
   12.4.2 Fragebogen —— 626
   12.4.3 Beobachtung —— 627
   12.4.4 Experimentelle Verfahren —— 631
   12.4.5 Korpora —— 633
  12.5 Datenaufbereitung —— 639
   12.5.1 Transkription —— 640
   12.5.2 Anonymisierung —— 644
   12.5.3 Digitalisierung —— 646
  12.6 Methoden der Datenanalyse —— 646
   12.6.1 Quantitativ oder qualitativ auswerten? Oder beides? —— 647
   12.6.2 Statistische Auswertung quantitativer Daten —— 649
   12.6.3 Quantitative Analysemethoden in der Korpuslinguistik —— 652
   12.6.4 Kategorienbildende Verfahren: Annotieren und Codieren —— 654
    Bibliografie —— 658

Abbildungs- und Tabellenverzeichnis —— 661

Register —— 667

Abkürzungsverzeichnis

Adj	Adjektiv
AdjP	Adjektivphrase
AdvP	Adverbialphrase
Akk	Akkusativ
Art	Artikel
COMP	Complementizer
Dat	Dativ
DP	Determinativphrase
fak	fakultativ
FIN	Finitheitsposition
Gen	Genitiv
N	Nomen
Nom	Nominativ
NP	Nominalphrase
Obj	Objekt
obl	obligatorisch
OF	Oberfeld
P	Präposition
Pl	Plural
PP	Präpositionalphrase
Präd	Prädikat
präd	prädikativ
präp	präpositional
Pron	Pronomen
prp	präpositiv
Sg	Singular
Subj	Subjekt
TCU	Turn Constructional Unit
TRP	Transition Relevance Place
UF	Unterfeld
V	Verb
VK	Verbalkomplex
VP	Verbalphrase

1 Einleitung

Das „Studienbuch Linguistik" führt in die wissenschaftliche Auseinandersetzung mit Sprache ein. Sprache ist ein Phänomen, mit dem wir alle tagtäglich zu tun haben, indem wir sie nutzen, um uns mit anderen zu verständigen, Dinge zu beschreiben, Gefühle auszudrücken oder Mitmenschen zu bestimmten Handlungen zu bewegen. Daher sind wir alle Expert:innen in der Verwendung von Sprache und entwickeln schon als kleine Kinder ein Bewusstsein dafür. Kinder wundern sich vielleicht, warum es eigentlich keine *Pechpilze* gibt, wenn man doch von *Glückspilzen* spricht. Oder sie spüren die starke Wirkung, wenn sie vor ihren Eltern das Wort *fuck* verwenden. Ältere Menschen wundern sich vielleicht, warum es Schreibweisen wie *Student*innen* und „Neopronomen" wie *sie*er* oder *they* gibt, oder überlegen, wie sich das Nebeneinander verschiedener Sprachen auf ihre eigene auswirkt. Dies sind alles Beispiele für Sprachbewusstsein, die wiederum auch Auswirkungen auf den eigenen Sprachgebrauch haben.

Die wissenschaftliche Beschäftigung mit Sprache verfolgt andere Ziele als wir es im Alltag tun. Die Linguistik, auch Sprachwissenschaft genannt, tritt einen Schritt zurück und versucht, Sprache in allen Facetten systematisch zu untersuchen. Die Forschungsfragen sind äusserst vielfältig und reichen vom Interesse für Strukturen von Sprachen und dafür, wie Sprachen sich wandeln, über Fragen, was sprachliche Zeichen sind, welche Funktionen Sprache hat und wie wir damit handeln und miteinander agieren, warum es verschiedene Varianten von sprachlichen Ausdrücken gibt bis dazu, wie Sprache im Gehirn verarbeitet wird. Ein grosser Teil dieser Fragen, allerdings mit Blick auf das Deutsche, wird im Studienbuch Linguistik thematisiert.

Es gibt einige andere wissenschaftliche Disziplinen, die sich auch mit Sprache befassen. Die Literaturwissenschaft interessiert sich beispielsweise dafür, wie aus Sprache literarische Formen werden, aber auch wie Literatur die Gesellschaft kommentiert und kritisiert. Die Philosophie untersucht u. a. den Zusammenhang von Logik und Sprache. In der Kommunikationswissenschaft stehen neben anderen auch sprachlich vermittelte Botschaften und deren Auswirkungen im Fokus. Die Geschichtswissenschaft fragt, wie Geschichte erzählt und wie sprachlich erinnert wird. Auch in der Informatik oder in der Computerlinguistik ist Sprache wichtig, weil sie mit Hilfe von formalisierter (Programmier-)Sprache zu sprachlichen Daten führt, deren automatische Analyse gewinnbringend sein kann. Ganz allgemein haben viele Geistes-, Sozial- und Kulturwissenschaften in den vergangenen Jahrzehnten einen *linguistic turn* erlebt, der ihren Fokus auf das Thema Sprache und Kommunikation gelenkt und das Bewusstsein für das Erkenntnispotenzial sprachlicher Fragen für die eigene Disziplin geschärft hat.

Während alle diese Disziplinen (und noch einige mehr) sich entweder mit sprachlich vermittelten Quellen oder Daten befassen oder ein sehr spezifisches Interesse an Sprache haben und sich daher *auch* für Sprache interessieren, stellt die Linguistik Sprache ins Zentrum und möchte alle Aspekte davon beschreiben und verstehen können.

1.1 Linguistik und Sprachgebrauch: Empirie, Modell und Theorie

Die Linguistik gehört in weiten Teilen zu den empirischen Wissenschaften. Denn Sprache erscheint in erster Linie als Sprach*gebrauch*. Wir können beobachten, was an sprachlichem Output in Form von Texten, gesprochener, gebärdeter Sprache, Bild-Text-Kombinationen etc. les-, sicht- und hörbar ist. Selbst wer mit einer gänzlich unbekannten Sprache konfrontiert wird und lang genug zuhört oder liest, wird mit der Zeit bestimmte Muster entdecken. Vielleicht gehören dazu gewisse Wendungen, die immer wieder vorkommen, begleitet von bestimmten Körperbewegungen oder Situationen. Solche Musterhaftigkeiten fallen uns bei vertrauten, aber auch nicht vertrauten Sprachen auf. Und in Schulen werden sie in Form von Grammatik, Bedeutungserklärungen oder Schreibregeln beigebracht und ihre korrekte Anwendung wird gelernt und überprüft.

Aus der Beobachtung dieses Sprachgebrauchs können Hypothesen über dessen Musterhaftigkeit aufgestellt werden. Hierzu drei Beispiele:

1) Es wird postuliert, dass Sätze in Konstituenten wie Nominal- und Verbalphrase aufgeteilt werden können. Zudem wird angenommen, dass diese in bestimmten Abfolgen vorkommen müssen.
2) Es wird postuliert, dass die Bedeutung eines Wortes keine klare Grenze hat, sondern dass wir in „Prototypen" denken, die als „typische Vertreter" einer Kategorie dienen. Zum Beispiel: Ein Rotkehlchen ist ein prototypischerer Vertreter von *Vogel* als der Pinguin.
3) Es wird postuliert, dass sich Interaktionsbeteiligte nicht nur an Handlungsroutinen orientieren, sondern dass sie das Interaktionsgeschehen als fortlaufenden, geordneten Prozess gemeinsam hervorbringen.

Aus der Beobachtung des Sprachgebrauchs wird also ein **Modell** abgeleitet, das in der Lage sein soll, **Voraussagen** über weiteren Sprachgebrauch zu machen: Wenn das Beschreibungsmodell für viele weitere Fälle von beobachteten Äußerungen funktioniert, bewährt sich das Modell. Allenfalls muss es aber weiter differenziert werden oder es zeigt sich, dass es untauglich ist und ein anderes Modell bessere Vorhersagen machen kann. In der Geschichte der Sprachwissenschaft lässt sich dieser Prozess häufig beobachten: Im Laufe der Zeit wurden verschiedene Modelle vorgeschlagen, die mal aufeinander aufbauen, mal einander ablösen, oftmals parallel miteinander konkurrieren, weil sie ganz unterschiedlichen Prämissen und Zielen folgen.

Gleichzeitig kann man versuchen, eine **Erklärung** zu finden, warum das Modell funktioniert (oder nicht funktioniert). Dies ist der Schritt der **Theoriebildung**: Es wird daran gearbeitet, eine umfassende Theorie aufzustellen, die erklären kann, warum das Modell die richtigen Prognosen erstellt. Mögliche Theorien für das erste Beispiel oben wären die Generative Grammatik oder das Stellungsfeldermodell. Für das zweite Beispiel ist es die Prototypentheorie und für das dritte die ethnomethodologische Konversationsanalyse. Wie *Stellungsfeldermodell* und *ethnomethodologische Konversationsanalyse* zeigen, tarnen sich Theorien manchmal auch als „Modelle" oder die Bezeichnungen meinen eine Kombination von Analyse, Modell und Theorie. Zudem ist die Abgrenzung zwischen Modell und Theorie nicht immer einfach.

Sollten Sie in der Schule also „die" Grammatik des Deutschen, Französischen, Englischen etc. gelernt haben, dann haben Sie *eine* bestimmte Modellierung (die sog. *Schulgrammatik*) kennengelernt, eine mögliche Grammatik, die sich hoffentlich einigermassen bewährt hat. Sie hat sich aber sicher nicht bewährt, um alle „Ausnahmen" zu lernen, mit denen Sie kämpfen: Dies ist ein Zeichen dafür, dass die gewählte Grammatik keine perfekte Modellierung der betreffenden Sprache war – ein Interesse der Linguistik ist es, eine bessere Modellierung, eine bessere Grammatik zu finden. Dennoch ist die Schulgrammatik eine Modellierung, die für einen spezifischen Zweck recht gut funktioniert: Sie ist (im Gegensatz zu komplexen Grammatiken, wie sie in der Linguistik modelliert werden) relativ einfach zu verstehen und unterstützt recht gut das Verfassen von Texten, die dem schulischen Normempfinden entsprechen.

Welche Anforderungen eine „perfekte" Modellierung erfüllen muss, lässt sich also keineswegs zweifelsfrei bestimmen; in der Linguistik herrscht dementsprechend auch kein Konsens darüber, was (zum gegenwärtigen Zeitpunkt) die beste der vorliegenden Modellierungen ist. Viele vorgeschlagene Modellierungen konzentrieren sich z. B. auf die geschriebenen, standardisierten und monolingualen Erscheinungsformen von Sprache. Diese Modelle scheitern dann, sobald beispielsweise gesprochene Sprache oder mehrsprachiger Sprachgebrauch mit modelliert werden sollen.

Der Linguistik – wie anderen wissenschaftlichen Disziplinen auch – ist also daran gelegen, anhand des beobachtbaren Sprachgebrauchs (Empirie) möglichst gute Modelle zur Vorhersage weiteren Sprachgebrauchs zu machen. Das bedeutet, dass die Modelle in der Lage sein müssen, neu entstehenden oder noch nicht untersuchten Sprachgebrauch ebenfalls beschreiben zu können. Wenn also beispielsweise Sätze in grösserer Zahl auftreten, die einer bestimmten Grammatik widersprechen, dann macht diese Grammatik keine gute Vorhersage (mehr). Die Modellierung (die Grammatik) muss angepasst oder eine ganz andere Modellierung erarbeitet werden. Zudem können aufbauend auf den Modellen Theorien entwickelt werden, die die Modelle erklären und begründen können.

Die Empirie, der tatsächliche Sprachgebrauch, sollte also der Prüfstein sein für alles, was die Linguistik behauptet. Selbstverständlich gibt es dabei eine Arbeitsteilung und gewisse Forschende sind primär daran interessiert, Sprachtheorien zu erstellen oder weiterzuentwickeln, während andere versuchen, den Sprachgebrauch zu beschreiben, Modelle zu erstellen und sie an der Empirie zu testen. Immer wieder kommt es auch vor, dass aus grundsätzlichen, z. B. philosophischen Überlegungen eine Theorie hergeleitet wird, für die Richtigkeit beansprucht wird, ohne das empirisch ausreichend geprüft zu haben. Unser Verständnis von Linguistik ist es jedoch, den Sprachgebrauch und damit die empirische Analyse ins Zentrum zu stellen. Diese Sichtweise wird nicht von allen Linguist:innen in gleicher Weise geteilt. Ein prominentes Beispiel dafür ist die bereits erwähnte Generative Grammatik. In ihrer traditionellen Form interessiert diese sich ausschliesslich für die Kompetenz von Sprecher:innen – um diese zu modellieren, sind Selbstauskünfte von Sprecher:innen (meist von Linguist:innen selbst) die primäre Quelle für Erkenntnis – insbesondere in Form von Aussagen, was mögliche und unmögliche Sätze einer Sprache sind –, nicht aber die Beobachtung von tatsächlichem Sprachgebrauch.

1.2 Sprache als System oder Sprache im Gebrauch

Ein wichtiger Unterschied zwischen einem Alltagsverständnis (oder auch: Laienverständnis) von Sprache und der linguistischen Perspektive liegt im Umfang dessen, was als Sprache verstanden wird und wie man an sie herantritt. Das Alltagsverständnis von Sprache ist sehr durch die Schulbildung geprägt: Sprache erscheint uns als System von Regeln, nach denen wir uns richten müssen und bei einem Verstoss dagegen hat dies Konsequenzen: eine schlechte Note oder soziale Sanktionen wie schiefe Blicke oder der Vorwurf, ungebildet zu sein.

Darin zeigt sich die **präskriptive** Haltung, mit der Sprache oft vermittelt wird: Es gibt korrekte und fehlerhafte Sprache. Die Linguistik nimmt dagegen weitgehend eine **deskriptive** Haltung ein: Ganz dem empirischen Credo folgend wird beobachtet, welche Formen von Sprachgebrauch existieren, ohne zu werten, ob dieser nun fehlerhaft ist oder nicht. Es kann jedoch festgestellt werden, ob bestimmte Typen von Sprachgebrauch häufig sind oder eher nicht und ob sie mit bestimmten Kontexten oder mit bestimmten Personengruppen korrelieren. Auch kann detailliert beschrieben werden, welche Folgen ein bestimmter Sprachgebrauch z. B. sozial oder politisch hat: beispielsweise ob rechte politische Parteien wieder häufiger bestimmte Wendungen verwenden, die während des Nationalsozialismus geläufig waren oder welche Formen von Gewalt sprachlich ausgeübt werden. Vor allem bei solchen gesellschaftlich aufgeladenen Themen kann die Linguistik auf der Basis solider wissenschaftlicher Arbeit Empfehlungen oder Einordnungen vornehmen.

Die im Alltagsverständnis oft vorhandene Vorstellung von Sprache umreisst den Gegenstand gewöhnlich auch enger: Sprache wird verstanden als Kombination von Grammatik und Wortschatz. Weil die Linguistik aber den Anspruch hat, Sprache umfassend und erschöpfend zu betrachten, ist klar, dass damit der Gegenstand auch viel breiter ist. So werden alle **Modalitäten** von Sprache miteinbezogen: Schrift, gesprochene Sprache, Gebärden und andere visuelle, auditive oder sogar taktile Zeichensysteme. Lange waren Texte überproportional häufig das primäre Beschäftigungsfeld für die Philologien allgemein, aber auch die Linguistik. Dies mag historisch nachvollziehbar sein, weil die Exegese von Texten eine lange Tradition hat (Theologie, Philosophie, Rechtswissenschaft) und Sprache, besonders auch ältere Quellen, in dieser Form besonders einfach greifbar ist. Es entspricht aber keineswegs der Breite des gesamten Sprachgebrauchs und der Bedeutung der anderen Modalitäten.

Dies führt auch zu einer anderen Gewichtung, welche Aspekte dieser Modalitäten in der Linguistik untersucht werden. Nach strukturalistischer Vorstellung bildet die Struktur von Sprache als „System" eine Art Zentrum des Interesses: Die Bedeutung von sprachlichen Zeichen (Wörtern, Ausdrücken, Gebärden etc.) als **Semantik** und die Regelhaftigkeit der Anordnung dieser Zeichen in Sätzen als **Grammatik**. Doch werden die menschlichen Subjekte mit einbezogen, die Sprache verwenden, um sich sozial zu organisieren, müssen andere Aspekte im Zentrum stehen: Es ist die **Pragmatik**, die sich dafür interessiert, wie Menschen mit Sprache handeln, sowie die **Interaktion**, die von der sprachlichen Ebene nicht getrennt werden kann. Denkt man diese Aspekte im Hinblick darauf, wie Menschen sich auch mit Hilfe von Sprache sozial organisieren, bewegt man sich im Feld der **Soziolinguistik**.

Das Schaubild (Abbildung 1.1) versucht diese Vorstellung zu visualisieren: Im Zentrum des Interesses stehen sprachlich handelnde Subjekte, die mittels sprachlicher Zeichen interagieren und Gesellschaft prägen – aber auch durch sie geprägt werden (grüner Kreis). Die Linguistik als Wissenschaft versucht nun, diesen Sprachgebrauch zu modellieren und erklärende Theorien zu entwickeln (hellgelbe Kreise). Daraus entsteht „Sprache" als theoretisches Konstrukt.

Die Interessen der verschiedenen Teilbereiche der Linguistik sind unterschiedlich: Sie bewegen sich teilweise nah am Sprachgebrauch oder interessieren sich eher für Theoriebildung. Die **Semiotik** interessiert sich für die grundlegende Funktionsweise von (sprachlichen und anderen) Zeichen. Die **Pragmatik** nimmt

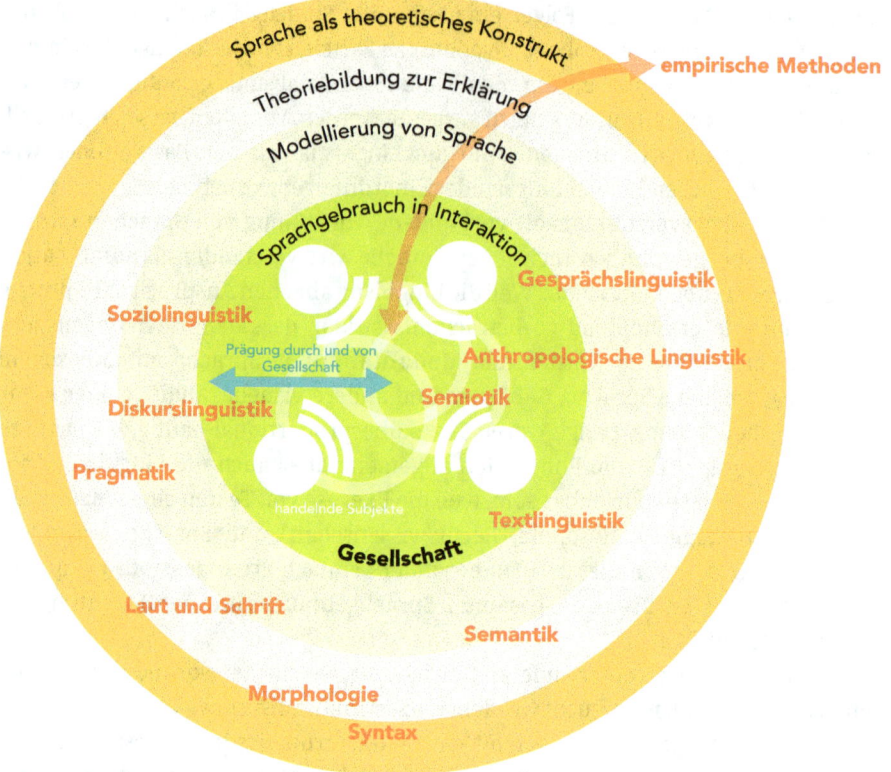

Abbildung 1.1: Handelnde Subjekte und ihr Sprachgebrauch im Zentrum der Linguistik.

die sprachlichen Interaktionen in den Blick und untersucht deren Bedeutung für sprachliches Handeln und verbindet Interesse an Theoriebildung mit einem Blick auf sprachliches Handeln. Auch die **Gesprächs- und Textlinguistik** interessiert sich für diese Interaktionen, fokussiert aber auf die spezifischen Ausformungen mündlicher und schriftlicher Kommunikation in konkreten Alltagssituationen. Die **Soziolinguistik** wiederum ist eng mit dem Gesellschaftsbegriff verknüpft und versucht, Gesellschaft als durch (sprachliches) Handeln geprägt und als dieses Handeln prägend zu verstehen. Das gilt ebenso für die **Diskurslinguistik** und **anthropologische Linguistik**. Aus dieser Gesamtbetrachtung ergibt sich die Vorstellung, dass es so etwas wie „Sprache" geben muss, ein theoretisches Konstrukt, das verschiedene Modelle vereint und sie zu erklären versucht. Diese Idee von Sprache hat eine innere Systematik und Struktur, bestehend aus bedeutungstragenden Einheiten, für die sich die **Semantik** interessiert, und Verwendungsmustern über deren Sequenzialisierung. Das sind Sichtweisen, die im Fokus der Grammatik (**Phonolo-**

gie, **Morphologie** und **Syntax**) liegen. Mit **empirischen Methoden** wird Sprachgebrauch beobachtet, was die Grundlage für die Modell- und Theoriebildung darstellt.

Selbstverständlich ist das Schaubild in 1.1 stark vereinfachend – ein Modell! Es unterschlägt, dass es beispielsweise Strömungen wie die Konstruktionsgrammatik gibt, die sehr deutlich am Sprachgebrauch orientiert sind. Und in der Semantik gibt es z. B. mit der formalen Semantik einen Ansatz, der sich primär für die theoretische Ebene interessiert.

Im Studienbuch wollen wir alle diese Aspekte betrachten und beginnen mit der Semiotik, nicht nur, weil die Beschäftigung mit ihr den Anfang der modernen Linguistik markiert, sondern weil die Idee von Zeichen generell, aber vor allem die Idee sprachlicher Zeichen im Zentrum des Interesses für Sprache steht. Danach beschäftigen wir uns mit den Klassikern der strukturellen Linguistik, die sich für das Systemhafte von Sprache interessieren, ergänzt jedoch mit modernen Theorien: Semantik, Phonetik und Phonologie, Morphologie/Lexikologie, Syntax. Die Erarbeitung der pragmatischen Grundlagen ermöglicht die Komplettierung der Werkzeuge, um mit der Textlinguistik, Gesprächs-/Interaktionslinguistik, Soziolinguistik und einem Kapitel zu Diskurs und Kultur fortzufahren. Ein eigenes Kapitel widmen wir den empirischen Methoden, um auch Orientierung zu geben, wie die Vielfalt von Sprache wissenschaftlich untersucht werden kann.

1.3 Varietätenreiche und mehrsprachige Sprachlandschaft

Das Studienbuch Linguistik ist auf Deutsch geschrieben und behandelt auch meistens das Deutsche aus linguistischer Sicht. Nun leben wir jedoch in einer mehrsprachigen Welt und auch „Deutsch" ist alles andere als eine einheitliche Sprache. Es gibt verschiedene Erscheinungsformen der Standardsprache, denn das Deutscheist eine plurizentrische und pluriareale Sprache: In Deutschland, Österreich, der Schweiz, aber auch in weiteren Ländern, in denen Deutsch Amtssprache ist, wie Liechtenstein und Luxembourg, gibt es je eigene Ausprägungen von Standardsprache. Dazu kommen vielfältige dialektale Varietäten wie Zürituütsch, Baseldytsch, Schwäbisch, Plattdeutsch oder Bairisch. Zudem sind sehr viele Menschen mehrsprachig und auch unsere Kommunikation ist oft mehrsprachig geprägt, was zu vielfältigen multilingualen Praktiken führt. Diese Komplexität wird an verschiedenen Stellen im Studienbuch angesprochen und diskutiert.

Dennoch betrachten und beschreiben viele Einführungen in die Germanistische Linguistik die deutsche Sprache durch eine monozentrisch-bundesdeutsche Brille: Grundlage phonetischer Transkriptionen ist in der Regel der (norddeutsch geprägte) Standard in Deutschland. Aus dem breiten Spektrum der lexikalischen, morphologischen und syntaktischen Phänomene des Sprachgebrauchs werden lediglich die in Deutschland gebräuchlichen berücksichtigt, obwohl das Variantenwörterbuch, die Variantengrammatik und die Sprachatlanten zum deutschen Gebrauchsstandard das breite und vielgestaltig-bunte Spektrum des „Hochdeutschen" inzwischen gut dokumentieren. Die im Vergleich mit den anderen Voll- und Halbzentren der deutschen Standardsprache eher untypischen Verhältnisse in Deutschland bilden auch die Grundlage für die soziolinguistische Profilierung der deutschen Sprache. Augenfällig wird das in einem (natürlich unbeabsichtigt) hegemonialen Sprachgebrauch, wenn nivellierend vom „deutschen" Standard gesprochen wird. Damit vermischt man politische und sprachliche Begriffe. Auch die Standardvarietät in der Schweiz und in Österreich ist jeweils ein „deutscher" Standard, muss aber – anders als die in Deutschland – eigens markiert werden („Schweizer Standard"). Das Deutsche in Deutschland wird damit ohne sachliche Grundlage zum Normalfall erklärt. Wir sprechen deshalb – wie in der Schweizer Linguistik üblich – vom *deutschländischen* Standard, wenn jene Variante der Standardvarietät gemeint ist, die in Deutschland verwendet wird.

Vielleicht ist Ihnen auch bereits aufgefallen, dass wir kein *ß* verwenden und z. B. von *Äusserungen* statt *Äußerungen* schreiben. Wir verwenden die offizielle Schweizer Orthografie des Standarddeutschen, die das *ß* nicht kennt. Falls Sie dadurch irritiert sind, erinnert Sie das in bester sprachreflexiver Absicht an das variantenreiche Deutsch.

Auch bezüglich gendergerechter Sprache haben wir uns für einen sprachreflexiven Ansatz entschieden: Da es bekanntlich verschiedene Möglichkeiten gibt, Genderdiversität oder Neutralität anzuzeigen und wir uns in einem dynamischen Sprachwandelprozess befinden, verwenden wir auch unterschiedliche Varianten.

Schliesslich erleben wir auch technologisch eine interessante Zeit, die die Linguistik stark berührt: Sogenannte *grosse Sprachmodelle*, *textgenerative Künstliche Intelligenz* etc. prägen die öffentliche Diskussion und verändern auch die Art und Weise, wie wir Texte schreiben und lesen. Da und dort werden wir auf die grundlegenden Technologien eingehen und mit der Korpuslinguistik auch einen wichtigen Vorläufer der heute bekannten Methoden im Kapitel **Empirische Methoden** beschreiben.

Im Studienbuch steht eine synchron-gegenwartssprachliche Perspektive auf Sprache, insbesondere das Deutsche, im Vordergrund. Das heisst, dass sprachliche Phänomene so betrachtet werden, wie sie gegenwärtig ausgeprägt sind. Viele dieser Phänomene liessen sich mit einem Rückgriff auf die Sprachgeschichte auch anders erklären. Ein Beispiel wäre das gegenwartssprachliche Nebeneinander von unterschiedlichen Arten, das Präteritum von Verben zu bilden. Aus einer synchronen Perspektive lässt sich nicht erklären, warum bei Verben wie *spielen* und *machen* das Präteritum durch Anhängen eines *-t* an den Verbstamm gebildet wird (*spielte, machte*), bei Verben wie *ziehen* und *lesen* hingegen durch einen Vokalwechsel im Verbstamm (*zog, las*). Mit einem diachronen Blick, also einem Blick auf die Entwicklung des Deutschen, liessen sich diese alternierenden Formen erklären. Im Studienbuch blenden wir diese Perspektive aber bewusst aus, denn der Fokus liegt darauf, wie Sprecher:innen *heute* Sprache gebrauchen und wie dieser Sprachgebrauch modelliert werden kann. Die Modellierung von Sprache als diachrones Phänomen wäre eine ganz andere Zielsetzung.

Nun wünschen wir Ihnen aber viel Spass bei der Lektüre des Studienbuchs Linguistik!

2 Semiotik

2.1 Einleitung

Unsere Welt ist voller Zeichen. Nehmen wir uns als Beispiel diesen Schreibtisch (Abbildung 2.1). Darauf sind verschiedene Objekte erkennbar: ein Computer, ein Bildschirm, ein Telefon, eine Kaffeetasse, verschiedene Bücher und andere Schriftstücke. Doch was ist daran zeichenhaft?

Wir beginnen mit einer vorwissenschaftlichen Erklärung dafür, was ein Zeichen ist: Ein Zeichen ist nicht das Ding an und für sich, sondern ein Zeichen verweist auf etwas. So bedeutet z. B. die Brille auf meiner Nase, dass ich eine Sehschwäche habe. Sie könnte aber auch darauf verweisen, dass ich etwas eitel bin und glaube, damit intellektueller auszusehen.

Diese Definition dient uns nun als „Lesehilfe", um den Schreibtisch in Abbildung 2.1 nochmals genauer anzusehen: Was erkennen Sie darauf als Zeichen?

Man sieht, wenn auch recht klein, Buchstaben, Wörter, etwas Text auf Büchern, Heften, dem Computer und der Computertastatur sowie Ziffern auf dem Telefon. Doch ist auch ein Stadtplan zu sehen, eine Kaffeetasse und ein Becher, eine Brille, ein Brillenetui, mehrere Zettel, ein Laptop, ein Monitor, eine Maus, aber auch der Schreibtisch selbst und ein Korpus mit Schubladen.

Es sind zudem Bilder oder bildhafte Elemente vorhanden. So z. B. auf dem Titelbild des Heftes rechts. Es zeigt einen aufgeschnittenen Apfel und eine aufgeschnittene Birne, zusammen mit dem Titel „Gesunde Frauen und Männer". Auch ein eher abstraktes Bild als Bildschirmhintergrund des Laptops ist zu erkennen.

Auf dem Computerbildschirm öffnet sich eine weitere Welt von Zeichen, die allerdings aufgrund der Grösse nur erahnt werden kann: Es gibt Rechtecke, die Seiten, die beschriftet werden können, symbolisieren. Es gibt Zeichen für Ordner und Dateien, verschiedene Icons, hinter denen sich mitunter komplexe Befehle verbergen.

Was ist nun an all diesen Elementen auf dem Bild – und am Bild selbst – zeichenhaft?

Vielleicht leuchtet es ein, dass Wörter Zeichen sind, denn sie verweisen ja auf Dinge und sind nicht die Dinge selbst. Doch sind auch Bilder, die Icons auf dem Computerbildschirm, der Stadtplan oder gar die Kaffeetasse und der Schreibtischkorpus Zeichen?

Ja, alle diese Elemente können zeichenhaft verwendet werden. Es handelt sich um sehr verschiedene Arten von Zeichen, und ihre Bedeutung ist in einigen Fällen alles andere als klar. Das Ziel dieses Kapitels ist es, diesen unordentlichen Schreibtisch semiotisch zu lesen, etwas Ordnung in den Zeichenbegriff zu bringen und zu zeigen, warum die semiotische Sichtweise eine wichtige Grundlage der Linguistik darstellt.

Abbildung 2.1: Schreibtisch.

2.2 Zeichen

Die Semiotik ist die Lehre der Zeichen, abgeleitet von dem altgriechischen Wort σημεῖον (sēmeîon), das für ‚Zeichen' oder ‚Signal' steht. Diese Disziplin interessiert sich dafür, was ein Zeichen zu einem Zeichen macht: Wie kommt es, dass wir einen Stadtplan als Abbild der realen Stadt erkennen, dass wir der Lautäusserung /baʊm/ eine spezifische Bedeutung zuordnen, der Lautäusserung /ˈfʁaɪ̯haɪ̯t/ aber vielleicht eine weniger konkrete? Oder wie kommt es, dass wir die bräunlichen Spuren in der weissen Tasse als Zeichen lesen und sie als eine leer getrunkene Kaffeetasse deuten? Und wer verwendet diese Zeichen wofür?

Damit sind sehr grundlegende philosophische Fragen verbunden, die das Verhältnis von dem, was wir denken, und dem Bezug zur Welt, in der wir uns bewegen, beleuchten. Beispielsweise kann ich mit der Prädikation *Zürich ist eine Stadt in der Schweiz* auf Dinge in der Welt verweisen und damit die Aussage überprüfbar machen. Dabei vertraue ich jedoch auf eine Reihe entstandener Konventionen, etwa was die Bedeutung von *Stadt* ist, dass dieses Wort auf eine Gattung von Siedlungen verweist und dass mit *Zürich* eine einigermassen konkrete Menge von Siedlungsstrukturen in einem bestimmten Raum gemeint ist.

Der Sprache kommt in der Semiotik eine besonders wichtige Rolle zu, da es sich dabei um ein komplexes System von Zeichen handelt, das es uns erlaubt, auf

Gegenstände im Hier und Jetzt zu verweisen, jedoch auch auf Dinge, die längst vergangen sind, die ich mir wünsche, in Zukunft erhoffe oder befürchte, und auch auf Dinge, die sehr abstrakt sind. Ein Beispiel dazu: „Kylian Mbappé gegen Frankreichs Rechtspopulisten: Spielt wie ein Schmetterling, sticht jetzt wie eine Biene" (Spiegel.de vom 17.6.2024, Haupt 2024). Eine solche Schlagzeile eines Zeitungsartikels ist äusserst voraussetzungsreich, um sie zu verstehen, also um die Wörter und die Bedeutung des ganzen Satzes als Zeichen entschlüsseln zu können.

Die menschliche Sprache gehört zu den meistuntersuchten Zeichensystemen, allerdings mit einem weitgehend blinden Fleck: Denn die menschliche Sprache besteht nicht nur aus der Laut- und Schriftsprache, sondern auch aus der Gebärdensprache, mit der sich beispielsweise Menschen ausdrücken können, die nicht hören können. Wer sich für die Funktionsweise von Gebärdensprachen interessiert, merkt, dass es sich um weit mehr als um eine „Hilfssprache" für nichthörende Menschen handelt, nämlich um ein komplexes, vollständiges und alle Funktionen erfüllendes eigenständiges Zeichensystem mit unterschiedlichen Varietäten und Sprachen.

In den folgenden Kapiteln wird nun zunächst der Zeichenbegriff und das semiotische Dreieck vorgestellt. Danach wird der strukturalistische Zeichenbegriff nach Ferdinand de Saussure eingeführt. Obwohl der strukturalistische Zugang bereits etwas veraltet ist, markiert seine Einführung nicht nur den Beginn der modernen Linguistik, sondern taugt auch gut dazu, das Phänomen der Zeichen überhaupt grundsätzlich fassen zu können. Darauf aufbauend thematisieren wir modernere Zugänge, sowohl im vorliegenden Kapitel als auch in den weiteren Kapiteln dieses Buches.

2.2.1 Typen von Zeichen

Es ist oben bereits angeklungen: Zeichen haben eine Stellvertreterfunktion. Zeichen können einer Zeichenbenutzerin etwas präsent machen, ohne dies selbst zu sein. Der Stadtplan mit seinen Zeichen für Gebäude, Strassen etc. ist eben nicht die Stadt selbst, sondern nur ein Abbild davon – ein verkleinertes Abbild, was deutliche Vorteile hat, um den Plan als Navigationshilfe zu verwenden (ein Stadtplan im Massstab 1:1 wäre zwar extrem genau, aber völlig nutzlos). Auch Sprachzeichen haben den Vorteil, dass wir an dieser Stelle über riesenhafte Dinosaurier und gefrässige Krokodile sprechen können, ohne sie leibhaftig vor uns haben zu müssen.

Allerdings kann das Ding in der Welt, auf das sich das Zeichen bezieht, nicht durch das Zeichen selbst verändert werden: Mit dem Einzeichnen von Baumsymbolen auf einer breiten Strasse auf dem Stadtplan hat sich in Realität die Strasse noch nicht in eine Allee verwandelt. Auch ein reales gefährliches Krokodil kann nicht über Zeichen (z. B. durch die Bezeichnung *ungefährliches Krokodil*) gezähmt werden. So einleuchtend dieser Punkt auf den ersten Blick scheint, vertreten modernere Positionen in der Semiotik hier jedoch einen differenzierteren Standpunkt: Ändere ich durch die Verwendung des Sprachzeichens *Student*innen* anstelle von *Studenten* etwas an der Wirklichkeit? Dass dies durchaus der Fall ist, wird in Kapitel 11 diskutiert.

Um nun aber etwas Ordnung in das Schreibtischzeichenchaos (Abbildung 2.1) zu bringen, soll eine Kategorisierung von Zeichen, die auf **Charles Sanders Peirce** zurückgeht, genutzt werden (vgl. Peirce 1931–1935/1994). Er unterscheidet drei Typen von Zeichen, die sich in der Art ihres Bezugs auf den durch sie bezeichneten Gegenstand unterscheiden: Index, Ikon und Symbol.

- Von einem Zeichen wird dann als **Index** (Plural: *Indices*; auch *Symptom*) gesprochen, wenn es in einem Folgeverhältnis zum Bezeichneten oder Gemeinten steht: Das indexikalische Zeichen (als Folge von etwas) lässt Rückschlüsse auf etwas anderes (einen Grund oder eine Ursache) zu. Rauch wäre in diesem Sinn ein Zeichen für Feuer, Torkeln ein Zeichen für Trunkenheit, Lachen für Freude, eine bestimmte Dialektintonation für die regionale Herkunft, die Stimmqualität für das Geschlecht (und evtl. das Alter), die Lautstärke und Lautqualität für emotionale Zustände. Kriminalistische Indizien sind in diesem Sinn ebenso indexikalische wie medizinische Symptome. Die bräunlichen Rücklagerungen in der weissen Tasse auf meinem Schreibtisch lassen darauf schliessen, dass es sich um eine Kaffeetasse handelt und sich Kaffee darin befand.
- Ein Zeichen ist ein **Ikon** (griech.: ‚Bild'), wenn seine Beziehung zum Gegenstand auf einem Abbildverhältnis, d.h. auf Ähnlichkeiten, beruht. Diese Ähnlichkeiten können optischer Natur sein (wie z. B. bei den meisten Piktogrammen/ *Icons*), aber auch auf Lautlichem beruhen (z. B. bei onomatopoetischen – d. h. lautmalerischen – Ausdrücken wie *miau* oder *wauwau* oder auch in lautmalerischer Lyrik, z. B. Kurt Schwitters' berühmter „Ursonate"). Auf dem Schreibtisch in Abbildung 2.1 gibt es viele Ikone, prominent der Stadtplan, der in einem Abbildungsverhältnis zur realen Stadt steht, dabei vereinfacht und vor allem verkleinert dargestellt ist.
- Im Unterschied zu indexikalischen und ikonischen Zeichen sind **Symbole** Zeichen, deren Beziehung zum Gegenstand weder auf einem Folgeverhältnis noch auf Ähnlichkeit beruht. Die Laut- und Schriftzeichen der menschlichen Sprachen sind fast ausschliesslich Symbole in Peirces Verständnis des Begriffs (der mit anderen, insbesondere literaturwissenschaftlichen Symbolbegriffen wenig zu tun hat!). Das spezielle Verhältnis von Symbolen zu ihrem Gegenstand wird in diesem Kapitel noch wiederholt thematisiert.

In dieser Charakterisierung der drei Zeichentypen sind bereits Hinweise auf die grundsätzlichen Bedingungen enthalten, unter denen diese Zeichen als Zeichen fungieren können. Im Folgenden wird auf diese Punkte näher eingegangen und die Bedingungen unter die Lupe genommen, die gegeben sein müssen, damit etwas sinnlich Wahrnehmbares zum Zeichen wird.

2.2.1.1 Indexikalische Zeichen

Etwas sinnlich Wahrnehmbares (Kaffeesatz) wird zum indexikalischen Zeichen (jemand hat Kaffee getrunken), wenn wir es als Folge in einem Wenn-Dann-Verhältnis auffassen (wenn Kaffee in einer Tasse ist, dann entsteht Kaffeesatz) und aus dem Vorliegen der Folge auf das (nicht unmittelbar ersichtliche) Vorliegen des Grundes schliessen (es war Kaffee in der Tasse). Voraussetzung für diesen Schluss ist unser Erfahrungswissen von der Welt. Aufgrund unseres vielfältigen Umgangs mit den Dingen kennen wir Verknüpfungen zwischen den Erscheinungen dieser Welt. Wir können sie sprachlich fassen als Wenn-Dann-Verhältnisse: „Wenn diese-und-diese Bedingungen erfüllt sind, dann wird sich diese-und-diese Konsequenz einstellen." Wenn es blitzt, donnert es auch (naturkausales Verhältnis); wenn Bekannte sich treffen, grüssen sie sich normalerweise, und zwar auf bestimmte Weise (sozial-konventionelles Verhältnis), usw. Es gibt viele solcher Verhältnisse, mit denen wir problemlos umgehen: Ursache – Wirkung, Zweck – Mittel, Konvention – Handlung usw. Allerdings ist es nicht immer leicht zu beschreiben, welche genau die Faktoren sind, an denen wir ein Ereignis als Ereignis einer ganz bestimmten Art (und zu einem ganz bestimmten Verhältnis gehörig) erkennen und von anderen, ähnlichen unterscheiden (etwa das Lachen als Ausdruck von Freude vom Lachen als Ausdruck von Verlegenheit). Auf dem Bild des Schreibtischs (Abbildung 2.1) sieht man beispielsweise einen teuren Laptop und einen Schreibtischkorpus einer teuren Marke, woraus geschlossen werden könnte, dass die am Schreibtisch arbeitende Person oder der Arbeitgeber vermögend sind.

Das Wissen um solche Verhältnisse ist ziemlich stabil und einigermassen zeitüberdauernd. Es bildet den Hintergrund für das Erkennen des Einzelfalls. Ohne Wissen um die regelmässigen Zusammenhänge können wir einen Einzelfall nicht als Anzeichen für etwas anderes, mit ihm Verbundenes wahrnehmen, oder die Interpretation muss höchst vage bleiben.

Die Folgeverhältnisse, auf denen Indices beruhen, sind sehr verschiedener Art; entsprechend unterschiedlich ist die Zuverlässigkeit des Schlusses. Während das Verhältnis zwischen Donner und Blitz, Asche und Feuer o. Ä. recht zuverlässig ist, gibt es unsichere Schlüsse: Der Schluss von Kleidern auf soziale Schicht oder von Lachen auf Freude usw. kann sehr viel leichter danebengehen. Die Verhältnisse, die hier zur Grundlage des Schlusses genommen werden, sind sehr komplex. Es mag eine gewisse Wahrscheinlichkeit geben, dass der Schluss zutrifft, aber es sind eine Menge von Gründen denkbar, die ebenfalls zu dem Ergebnis (dass jemand diese Kleider trägt, dass jemand lacht) führen können. Läse man Peirce streng, wären solche komplexen Schlüsse auch nicht möglich: Für ihn gelten nur physikalisch nachweisbare Zusammenhänge als indexikalisch.

Indices werden von Zeichenbenutzer:innen häufig nicht als Zeichen anerkannt, sondern als An-Zeichen von den anderen Zeichentypen abgegrenzt. Grund dafür ist, dass Indices vielfach nicht als Zeichen gesetzt sind, sondern sich aus den Zusammenhängen der Situation ohne Intention, d. h. ohne Absicht ergeben. Dies stellt sie in einen Gegensatz zu den ikonischen und symbolischen Zeichen, die wir normalerweise als absichtlich gesetzte interpretieren. Indices sind aber sehr wichtig, z. B. in der Mode oder im körperlichen Verhalten, wo solche Zeichen bewusst gesetzt und gepflegt werden. Man denke etwa an das Konzept des *Doings*, z. B. *Doing Gender* (→ 9.3.2.1), mit dem ein als typisch weiblich oder männlich markiertes Verhalten und Aussehen eingesetzt wird. Hier wird deutlich, dass Indices nicht einfach „gegeben" sind, sondern auch bewusst damit gespielt wird, indem eine Kombination von Kleidung, Sprache, Bewegung etc. eingesetzt wird, um Männlichkeit, Weiblichkeit oder vielleicht auch gerade Nonbinarität anzuzeigen. Dies kann dann als Index für Gender gelesen werden.

Solche para- und nonverbalen Zeichen (→ 2.2.2) sind für die Kommunikation sehr wichtig und auch Gegenstand linguistischer Analysen, die neben den sprachlichen auch andere Merkmale als zeichenhaft interpretieren (→ 11).

Doch auch sprachliche Zeichen wie *ich*, *du*, *hier* und *jetzt* sind als deiktische Wörter (→ 4.2.5) in einem bestimmten Verwendungskontext indexikalische Zeichen, da sie auf eine bestimmte Person, eine Zeit oder einen Ort verweisen. Gleichzeitig sind sie als dekontextualisierte Wörter symbolischer Natur, da es ja keinen inneren Grund gibt, dass für eine Referenz auf ‚Ego' oder ‚Alter' die Wörter *ich* und *du* verwendet werden.

2.2.1.2 Ikone
Etwas sinnlich Wahrnehmbares wird zum ikonischen Zeichen dadurch, dass wir in ihm das Bezeichnete als Abgebildetes wiedererkennen: Der Stadtplan hat Ähnlichkeiten mit der realen Stadt. Voraussetzung dafür ist, dass wir wissen, wie die Dinge aussehen, klingen oder sich anfühlen, und dass wir uns in den Techniken der Abbildung auskennen. Aufgrund dieses Wissens erkennen wir im Einzelfall die

Evokation von Gegenständen, Ereignissen usw. und können uns auch Dinge, die wir real nie gesehen haben, vorstellen bzw. sie in Realität als das vom Zeichen Bezeichnete wiedererkennen (etwa einen Riesenhai oder eine berühmte Politikerin).

Diagramme sind ein wichtiges Beispiel für Ikone. Es handelt sich dabei um ein Phänomen **„operativer Bildlichkeit"** (Krämer 2009: 94), was Folgendes bedeutet: Diagramme stehen in einem ikonischen Verhältnis zum Gemeinten und sind darauf angelegt, dass mit ihnen „operiert" werden kann. Was das bedeutet, zeigt der Stadtplan: Durch seine Ikonizität kann er zur Orientierung verwendet werden. Sobald ich mich „auf dem Plan" verortet und die Ausrichtung des Plans mit der Realität abgeglichen habe, kann ich meine Bewegung in der Realität auf dem Plan simulieren und herausfinden, wie ich an einen bestimmten Ort gelange. Ebenso operativ können Diagramme in Form von geometrischen Beweisen verwendet werden, oder aber ein Balkendiagramm ist in dem Sinne operativ, dass ich Grössenverhältnisse zwischen den Balken abgleichen kann, ohne die genauen Zahlenwerte hinter den Balken kennen und verrechnen zu müssen. Diagramme als spezifische Form von Ikonen sind also entscheidende Mittel, um unsere Welt zu begreifen und verständlich zu machen (vgl. Bubenhofer 2020).

Ein mit vielen ikonischen Elementen arbeitendes Zeichensystem sind Piktogramme, standardisierte Hinweissignale, wie man sie auf Bahnhöfen und Flughäfen findet. Die hier verwendeten Zeichen sind nicht einzelsprachlich gebunden und damit im Prinzip für alle verständlich, obwohl es kulturspezifische Abweichungen gibt.

Abbildung 2.2: Disketten-Ikon in OpenOffice 4.1.10.

Allerdings zeigen sich gerade auch bei Ikonen Veränderungen: In Abbildung 2.2 ist ein Ikon in der aktuellen Textverarbeitungssoftware OpenOffice abgebildet, mit dem sich die Datei speichern lässt. Das Ikon dafür ist eine Diskette, die aussieht wie in Abbildung 2.3 dargestellt. Es handelt sich dabei um ein Speichermedium, das Ende der 1990er-Jahre ausstarb. Während also für ältere Menschen, die die Diskette noch aus eigenem Gebrauch kennen, ein ikonisches Abbildungsverhältnis zwischen der Diskette und dem Vorgang „speichern" einsichtig ist, muss das für jüngere Menschen nicht mehr der Fall sein. Für sie ist das Ikon zu einem Symbol geworden, das in einem arbiträren Verhältnis zum Bezeichneten steht. Ähnlich dürfte es dem Piktogramm für ‚Telefon' ergehen, das Formen von Telefonen zeigt, die kaum mehr üblich sind: ☏ ✆

Abbildung 2.3: Diskette.

Diese Veränderungen eines Zeichens von einem Typ zu einem anderen werden als **Semioseprozesse** bezeichnet. Wie schon bei den indexikalischen Zeichen sehen wir auch bei den Ikonen Semioseprozesse: Beispiele sind Schriftsysteme wie die Hieroglyphen oder chinesische Zeichen, die ursprünglich auf ikonischen Darstellungen des Bezeichneten beruhten, im Lauf der Zeit aber Abstraktionsprozesse durchliefen, sodass sie heute als Symbole aufgefasst werden; die ursprüngliche Abbildungsähnlichkeit ist nicht mehr erkennbar (vgl. Abbildung 2.4).

Ein weiterer interessanter Fall sind Gebärdensprachen, bei denen auf den ersten Blick der Eindruck entstehen könnte, es handle sich um den klaren Fall ikonischer Zeichen. Zwar können viele Gebärden ikonischer als Wörter einer Lautsprache aufgefasst werden, allerdings gibt es viele verschiedene Gebärdensprachen (z. B. die Deutschschweizer, die Deutsche, die Französische Gebärdensprache etc.), die ebenfalls wie Lautsprachen in Sprachfamilien kategorisiert werden können. Und in diesen Sprachen unterscheiden sich die Gebärden für die gleiche Bedeutung mitunter sehr stark und müssen wie Ausdrücke einer Lautsprache erlernt werden.

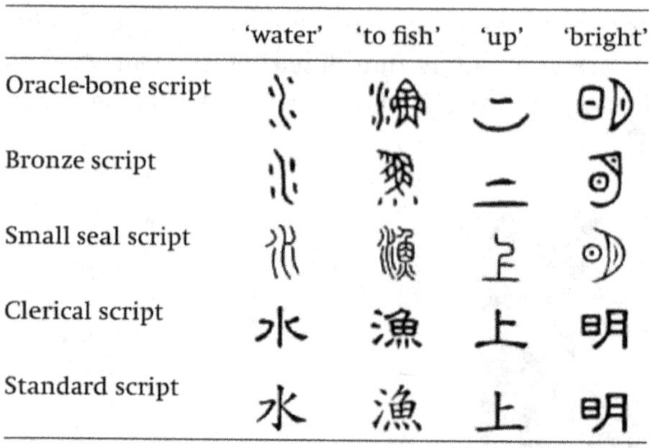

	'water'	'to fish'	'up'	'bright'
Oracle-bone script	𒐏	󰀀	⌣	☽
Bronze script				
Small seal script				
Clerical script	水	漁	上	明
Standard script	水	漁	上	明

Abbildung 2.4: Etymologie von chinesischen Schriftzeichen (Huang/Shi 2016: 9).

Ein Beispiel, das mit dem Aufkommen elektronischer Schriftkommunikation besonders prominent geworden ist, sind Emojis. Die kleinen Bilder werden als Alternative zu Text verwendet, wenn eine visuelle Unterscheidung angestrebt, eine bildliche Kurzform gesucht oder ein mit Worten nur schwer zu beschreibendes Gefühl vermittelt werden soll. Die Ursprünge von Emojis liegen in Emoticons:

:-)

;,-(

Diese bestehen aus Satzzeichen und anderen Symbolen, die über die Tastatur eingegeben werden können (Scott Fahlman, einem Computerwissenschaftler und emeritierten Professor an der Carnegie Mellon University, werden die ersten Emoticons in einem Schreiben vom 19. September 1982 zugeschrieben). Die allerersten Emojis wurden 1999 vom japanischen Designer Kurita Shigetaka für den mobilen Telefonmarkt eingeführt und sind heute sogar im Museum of Modern Art in New York ausgestellt (vgl. Kurita 1998–1999). Daraus entwickelten sich nach und nach die heute üblicherweise verwendeten Gesichter, Gesten und Symbole. Interessanterweise sind uns manche Exemplare nicht sogleich verständlich, sondern benötigen ein kulturelles Hintergrundwissen über japanische Kommunikations- und Darstellungsgewohnheiten. So bedeutet ein Gesicht mit gekreuzten, zu einem X geformten Armen *nein* oder *nicht OK*, während das Emoji, bei dem die Arme O-förmig über dem Kopf zusammenführt werden, *ja* oder *OK* bedeutet – es handelt sich um Gesten, die in Japan tatsächlich (etwa bei Abstimmungen) ausgeführt werden. Kulturelle Codierungen dieser Art können in der heutigen Medienlandschaft sehr einfach vermittelt werden: Dass ein Schweisstropfen im Gesicht als Unbehagen zu verstehen ist, das je nach Gesichtsausdruck nuanciert als negativ oder positiv verstanden werden kann, wird mancher Benutzerin aufgrund von Manga- oder Anime-Erfahrung mittlerweile geläufig sein.

Die Schwierigkeit, Zeichen klar nach Zeichentypen zu ordnen, zeigt sich auch bei den bereits zuvor erwähnten onomatopoetischen Zeichen wie *wauwau*, das das Bellen eines Hundes darstellt. Wir sehen zweifellos eine Ähnlichkeit mit dem tatsächlichen Bellen, allerdings finden wir in verschiedenen Sprachen sehr unterschiedliche Zeichen für dieses Bellen: auf Französisch machen Hunde *vou-vou*, auf Englisch *bow-wow* etc. Damit haben diese Zeichen neben dem ikonischen auch einen symbolischen Anteil.

2.2.1.3 Symbole

Etwas sinnlich Wahrnehmbares wird zum symbolischen Zeichen dadurch, dass ihm eine Bedeutung auf dem Wege der Konvention zugesprochen wird. Der Zusammenhang zwischen dem Symbol und seiner Bedeutung ist arbiträr, also willkürlich, unmotiviert. Es gibt keine äusseren Gründe, warum ein bestimmtes Symbol gerade diese und keine andere Bedeutung trägt oder eine Bedeutung durch dieses und kein anderes Symbol ausgedrückt wird.

Die Wörter *Männer* und *Frauen* (und alle anderen Wörter), wie auch die abgebildeten Apfel- und Birnenhälften auf dem Heftcover auf dem Schreibtisch in Abbildung 2.1, stehen in einem willkürlichen Verhältnis zum Gemeinten; es hätten sich auch andere Wörter dafür herausbilden oder andere Bilder gewählt werden können. Ein Baum heisst auf Deutsch *Baum*, auf Französisch *arbre* und auf Ukrainisch *дерево* – es kann zwar etymologisch hergeleitet werden, woher diese heutigen Bezeichnungen kommen, aber man sieht den Wörtern bei Unkenntnis der Sprache nicht an, was sie bezeichnen.

Doch auch grafische Zeichen können symbolisch sein, so z. B. Signale, Ampeln u. Ä.; Abbildung 2.5 zeigt in der Schweiz gültige Eisenbahnsignale, die mit den Farben Grün, Orange und Rot und verschiedenen Konfigurationen auf zwei Typen von Hintergründen zahlreiche Bedeutungen anzeigen. Zwar ergibt sich eine gewisse innere Systematik (etwa dass die Mischung von Grün und Orange eine geringere Geschwindigkeit anzeigt als nur Grün), aber sowohl die Farben als auch die Kombinationen stehen in einem arbiträren Verhältnis zum Gemeinten. Das zeigt sich auch daran, dass fast jedes Bahnsystem ein eigenes Signalisationssystem hat, sich aber bestimmte Konventionen, nämlich Rot für ‚Halt' und ‚Grün' für Fahrt, analog zu Bedeutungen bei Verkehrsampeln und anderen Systemen (z. B. Grün = ‚richtig', Rot = ‚falsch'), herausbildeten.

Vorsignal	Bedeutung	Hauptsignal	Bedeutung
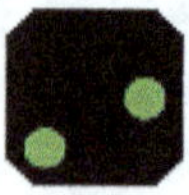	Ankündigung Freie Fahrt.		Freie Fahrt.
	Geschwindigkeitsankündigung 40 km/h		Geschwindigkeitsausführung 40 km/h
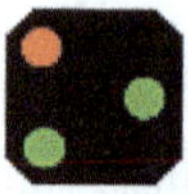	Geschwindigkeitsankündigung 60 km/h		Geschwindigkeitsausführung 60 km/h
	Geschwindigkeitsankündigung 90 km/h.		Geschwindigkeitsausführung 90 km/h
	Warnung		Halt

Abbildung 2.5: Bedeutung von Eisenbahnsignalen in der Schweiz, vereinfacht (Wikipedia: Eisenbahnsignale in der Schweiz).

Voraussetzung für das Verstehen eines Symbols ist die Kenntnis der Konvention, die etwas sinnlich Wahrnehmbares zum bedeutungshaften Zeichen macht. Dieser Zusammenhang muss für jedes Zeichen gelernt werden. Das Wissen um allgemeine

Zusammenhänge in der Welt der Erscheinungen oder um die Techniken der Abbildung von Gegenständen genügt nicht. Sprachliche Zeichen sind in diesem Sinne generell symbolische Zeichen.

2.2.1.4 Zeichendynamik

Die drei Zeichentypen sind als analytische Kategorien hilfreich; für jeden Zeichentyp lassen sich klare, kaum anfechtbare Beispiele geben. Allerdings lässt sich nicht jedes Zeichen problemlos dem einen oder dem anderen Typ zuordnen (wie bereits Peirce selbst angemerkt hat). Hier stellen sich viele kaum lösbare Zuordnungsprobleme. Zu fragen ist z. B.: Unter welchen Umständen wird aus einem Sachverhalt für uns ein Index für einen anderen Sachverhalt? Warum? Wann beginnt ein Abbild, ein Abbild zu werden? Wann verliert es das Ikonische und wird zum Symbol oder zum Index? Wie viele unterscheidbare Elemente enthält ein komplexes Ikon, etwa ein Porträt (Formen, Farben)? Ist ein Ausruf des Schreckens oder der Freude indexikalisch oder symbolisch?

Praktisch und theoretisch interessanter als die Zuordnungs- sind Interpretationsprobleme, wie sie sich bei allen Zeichentypen ergeben können. Sie weisen darauf hin, dass der Umgang mit Zeichen nichts Simples ist, nicht etwas, bei dem mechanisch Zeichen mit dem, was sie bezeichnen, korreliert werden; wie etwa bei Indices. Es ist oft nicht klar, ob wir ein Phänomen als (für uns relevantes) Zeichen verstehen sollen oder nicht. Wir stellen uns doch hie und da Fragen wie: War dieses Lächeln nun eine Aufmunterung? Oder bedeutete es nichts? Ist eine plötzliche Vorahnung eine Botschaft des Unbewussten, des Schicksals oder eine belanglose Begleiterscheinung der Denktätigkeit? Wenn alles Zeichen sein kann, so drängen sich auch überall Deutungen auf. Viele Phänomene, denen wir begegnen, sind potenziell bedeutsam, ohne dass immer klar ist, ob sie es wirklich sind und wie sie interpretiert werden sollen.

Auch das Verstehen sprachlicher Zeichen ist von Unsicherheiten nicht ausgenommen. Sprachliche Zeichen besitzen zwar eine derart spezifische Struktur, dass wir selten zweifeln müssen, ob wir es mit Sprachzeichen zu tun haben oder nicht. Aber auch hier ist unser Verstehen nicht immer frei von Zweifeln. Das eben genannte Spiel der Deutungsprozesse kommt jedoch auf einer höheren Ebene in Gang: Wir verstehen die Zeichen, wir verstehen auch ihre sprachliche Bedeutung; diese macht aber nicht immer ausreichend klar, was von einer Äußerung zu halten ist, worin ihre soziale Bedeutung besteht. War die deutlich ausgesprochene Aufforderung, wieder mal anzurufen oder vorbeizukommen, wirklich eine Einladung, war es nicht bloss Ausdruck formeller Höflichkeit? Es stellen sich hier Interpretationsprobleme von sehr ähnlicher Art wie bei der Interpretation von Indices.

Unser Alltag ist deshalb voll von Zeichenprozessen – von Versuchen, Zeichen zu erkennen und zu verstehen. Nicht alle diese Versuche erweisen sich als sinnvoll oder als durchführbar, und viele führen zu keinem schlüssigen Resultat, aber regelmässig sind die Deutungsmöglichkeiten Gegenstand gesellschaftlicher Debatten.

Ein anschauliches Beispiel dafür ist der Genderstern (z.B. Student*innen), der seit einiger Zeit als Marker für Genderdiversität verwendet wird. Es gibt verschiedene Aussagen darüber, was dieser Stern bedeutet:

(1) „Die Stadt Zürich erlaubt die Verwendung des Gendersterns als typografisches Zeichen. Er ist eine Form, um in der Schriftsprache alle Geschlechter (Männer, Frauen, non-binäre Personen) in Personenbezeichnungen einzubeziehen." (Stadt Zürich, o. J.)

(2) „Die Verwendung des Gendersterns führt zu grammatisch falschen Formen, z. B. Ärzt*in, Bäuer*in. Denn es gibt keinen ‚Ärzt' und keinen ‚Bäuer'." (Tschüss Genderstern, o. J.)

(3) „Der Genderstern oder ähnliche Zeichen geben einer politischen Haltung Ausdruck. Sie haben den Aspekt eines ‚Statements'." (Tschüss Genderstern, o. J.)

Definition 1 versteht den Genderstern als Zeichen der Inklusion aller Geschlechter, also als Symbol, das in der Schriftsprache mit dieser Bedeutung verwendet werden kann. Allenfalls schwingt auch ein ikonischer Gehalt mit, da der Stern als Platzhalter oder Trunkierungszeichen verstanden werden kann, für das beliebige weitere Zeichen stehen können.

Definition 2 hingegen liest den Genderstern als orthografisches Zeichen, um eine morphologische Grenze zu markieren, ähnlich wie der Schrägstrich in *Schüler/-innen*, sodass sich aus *Student*in* die Lesarten *Student* und *Studentin* ergeben. Es wird dann argumentiert, dass analog dazu *Ärzt*in* nicht zu *Ärzt* und *Ärztin* expandiert werden kann.

Definition 3 liest zudem den Genderstern indexikalisch als Ausdruck einer politischen Haltung.

Nach Definition 1 besteht das in Definition 2 aufgeworfene Problem gar nicht, da der Stern ja nicht als morphologisches Trennzeichen gelesen wird, sondern einfach markieren soll, dass bei einer Personenbezeichnung alle Geschlechter mitgemeint sind. Damit wäre auch eine Form wie *Studentin**, **Studentin* oder *Stu*dentin* denkbar; der Stern kann irgendwo platziert werden, um Inklusion zu markieren. Und Definition 3 sieht im Stern weit mehr als ein orthografisches Zeichen, was wir durchaus auch bei anderen typografischen Mitteln kennen, etwa WENN ALLES IN VERSALIEN GESCHRIEBEN WIRD, was je nach Kontext als SCHREIEN empfunden wird.

Die Bedeutung des Gendersterns ist also Gegenstand leidenschaftlicher Debatten, und diese Debatten entzünden sich dabei auch an zeichendynamischen Prozessen: der Stern als Ikon, Symbol oder Index?

2.2.2 Verbale und nonverbale Zeichen, Multimodalität

Eine weitere nützliche Unterscheidung von Zeichen kann über die Kategorien *verbal*, *paraverbal* und *nonverbal* vorgenommen werden. Sprachliche Zeichen, egal ob gesprochen, geschrieben oder gebärdet, sind **verbale Zeichen**. Es handelt sich dabei meistens um symbolische Zeichen (aber nicht zwingend, dazu unten mehr). Davon werden paraverbale und nonverbale Zeichen abgegrenzt.

Paraverbale Zeichen sind nicht sprachlicher Art, jedoch Teil des sprachlichen Ausdrucks: Bei gesprochener Sprache sind stimmliche Qualitäten (Lautstärke, Intonation, Sprechtempo, Stimmhöhe etc.) unmittelbar mit dem verbalen Ausdruck verbunden, und mit ihnen werden weitere Informationen ausgedrückt und abgelesen. Das können Informationen wie Gender oder Alter sein oder aber auch Stimmungen und Gefühle. Paraverbale Zeichen sind enorm wichtig, um beispielsweise Ironie zu markieren.

Auch im schriftlichen Bereich gibt es eine paraverbale Ausdrucksebene, indem beispielsweise typografische Mittel eingesetzt werden, um Aussagen hervorzuheben. Selbst die Wahl eines Schrifttyps beeinflusst die Aussage auf paraverbaler Ebene. Spitzmüller spricht von „graphischer Variation als soziale[r] Praxis" und zeigt die Bedeutung von paraverbalem Ausdruck auf visueller, skripturaler und sowohl hand- als auch maschinenschriftlicher Ebene (Spitzmüller 2013; vgl. zur Handschriftlichkeit auch Gredig 2021). Paraverbale Zeichen sind oft, aber nicht zwingend, indexikalische Zeichen. Allerdings werden sie oft zu einem symbolischen Zeichen, weil sich eine Bedeutungskomponente entwickelt, die in einem willkürlichen, aber konventionalisierten Verhältnis zum Gemeinten steht.

Ein Beispiel ist der Fall der sog. *gebrochenen Schriften* (dazu gehören Schriftfamilien wie Fraktur/Gotisch, Schwabacher, Rotunda und andere) im Gegensatz zur Antiqua, der heute gängigen Schriftart, die im 15. Jahrhundert zur Zeit des italienischen Humanismus wieder vermehrt verwendet worden ist (vgl. Spitzmüller 2013: 297). Der Streit um die Verwendung von Antiqua oder gebrochener Schrift zieht sich über mehrere Jahrhunderte hin, wobei die beiden Schriften auch komplementär eingesetzt werden, um z. B. in mehrsprachigen Texten mit Fraktur Deutsch und mit Antiqua Latein zu markieren. Heute gilt die gebrochene Schrift einerseits als „Nazischrift", wird aber andererseits auch in der Heavy-Metal-Szene verwendet. Ironischerweise verboten die Nationalsozialisten in einem „Führererlass" vom 3. Januar 1941 die Frakturschriften, trotzdem verwenden Neonazis sie regelmässig auf ihren Schriftstücken (vgl. Spitzmüller 2013: 303). Diese komplexe Gemengelage um Schriften und ihre Bedeutung von Identitäten und Ideologien zeigt, dass paraverbale Zeichen eine bedeutende Rolle in der Kommunikation spielen, aber auch, dass die Kategorisierung nach Zeichentypen bei näherer Betrachtung an Grenzen stösst, um der Komplexität der Zeichen gerecht zu werden.

Nonverbale Zeichen sind solche, die unabhängig von Sprache existieren, etwa Gestik, Mimik, Blickkontakt, Körperhaltung, Kleidung, Haarstyling etc. Solche Zeichen begleiten mündliche Kommunikation und sind dort sehr wichtig. Wie bedeutend sie sind, zeigt sich nicht zuletzt daran, dass sich in schriftlicher Kommunikation über Emojis oder Emoticons ein Ersatz für nonverbale Zeichen entwickelt hat. Nonverbale Zeichen können jeglichen Zeichentyps sein: Den Vogel zu zeigen ist ein Beispiel für ein nonverbales symbolisches Zeichen, der panische Blick indexikalisch und die Geste einer bestimmten Anzahl ausgestreckter Finger zur Angabe einer Zahl hat einen ikonischen Charakter. Doch gerade das letzte Beispiel zeigt die Komplexität des Problems: Welche Finger in welcher Reihenfolge benutzt werden, um Zahlen anzuzeigen, ist kulturell unterschiedlich. Während in unserem Raum vom Daumen ausgehend die Finger der Reihenfolge nach ausgestreckt werden, gibt es im angloamerikanischen Raum oder in China ein anderes System (vgl. Wikipedia: Chinesische Zahlzeichen).

Auch der Fall der Gebärdensprache zeigt die Schwierigkeit der Kategorien verbal, paraverbal und nonverbal: Gebärden sind weit mehr als die Sprache begleitende Gestik und Mimik. Sie sind ein eigenes sprachliches System, das komplett ohne Lautsprache auskommt. Die Gebärdensprache benutzt zwar nonverbale Zeichen, diese Zeichen haben aber klar die Funktion von verbalen Zeichen. Wie bereits zuvor bei den Ikonen diskutiert, ist zudem die Zuordnung der Gebärden zu den Zeichentypen schwierig.

Ein Konzept, das die Schwierigkeiten der Unterscheidung von verbal, para- und nonverbal überwinden kann, ist **Multimodalität**. Die unterschiedlichen Modi visuell, auditiv, taktil, olfaktorisch und gustatorisch ermöglichen einen differenzierten Blick auf Kommunikation. So arbeitet man beispielsweise in der Gesprächsanalyse bzw. deren Weiterentwicklung, der Multimodalen Interaktionsanalyse, ungern mit dieser Dichotomie von verbal und dem „Rest" (nonverbal/paraverbal), weil durch diese Terminologie die Sprache sehr stark im Fokus steht bzw. die ganze Analyse stets über Sprache operiert (vgl. → 9). Was bei einer solchen Analyse verloren geht, die mit der Sprache beginnt, zeigt etwa die Untersuchung zum Grussverhalten von Kendon (1990), der minutiös festgehalten und analysiert hat, wie sich Beteiligte einer Gartenparty begegnen und sich z. B. von Weitem schon zuwinken und somit gegenseitige Wahrnehmung signalisieren, bevor überhaupt der erste (sprachliche) Gruss geäussert wurde.

Je nach Untersuchungskontext ist es sinnvoll, den Begriff *multimodal* zu verwenden und Kommunikation als komplexes Zusammenspiel der unterschiedlichen Modi zu verstehen.

2.2.3 Das semiotische Dreieck

Damit etwas zu einem Zeichen wird, sind Lebewesen notwendig, die dieses Etwas als Zeichen verwenden. Damit ist eine wichtige Bezugsgrösse angesprochen: Die Zeichenbenutzer:innen, die ein wahrnehmbares Phänomen auf etwas damit Bezeichnetes beziehen, also einen Referenzbezug herstellen. Die zuvor gegebene Definition von Zeichen als Stellvertretern ist also ungenau: Sie tun dies nicht einfach so, sondern weil Zeichenbenutzer:innen diese Stellvertreterbeziehung herstellen. Eine Referenz auf etwas Bezeichnetes kann also nicht unabhängig von Subjekten gedacht werden, die dies tun.

Diese Überlegungen drücken verschiedene Vorschläge für „semiotische Dreiecke" aus, z. B. im Fall des Vorschlags des Semiotikers und Philosophen Charles W. Morris (1938, vgl. Abbildung 2.6).

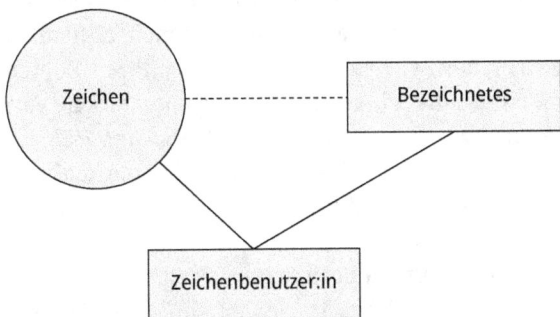

Abbildung 2.6: Das semiotische Dreieck nach Morris (adaptiert).

Die gestrichelte Linie zwischen „Zeichen" und „Bezeichnetes" macht deutlich, dass diese Referenz nicht einfach besteht, sondern erst durch die Zeichenbenutzer:innen zustande kommt. Zudem ist es so, dass die Referenz zwischen Zeichen und Bezeichnetem sehr umstritten sein kann. Der Referenzbezug kann sich je nach Kontext auch stark unterscheiden und im Verlauf der Zeit ändern.

Das semiotische Dreieck integriert also die Subjekte, die das Zeichen benutzen, bleibt jedoch ein beschränktes Modell von Zeichen. So finden sich z. B. in der Semantik weiterführende Überlegungen zum Zeichenbegriff (→ 3.2), und auch in den folgenden Abschnitten wird das Modell erweitert.

2.2.4 Zeichentheoretische Grundbegriffe

Aus der Überlegung, dass Zeichen nicht einfach „da sind", sondern durch Benutzer:innen zu Zeichen gemacht werden, ergeben sich einige Konsequenzen. Um diese Konsequenzen beschreiben zu können, benötigen wir deshalb grundlegende zeichentheoretische Grundbegriffe, die im Folgenden diskutiert werden.

2.2.4.1 Virtuelle und aktuelle Zeichen

Wenn ich laut schreiend durch die Stadt renne und dabei fortwährend *Walfisch!* schreie, dann werden die beobachtenden Personen wahrscheinlich erkennen, dass ich das Zeichen *Walfisch* verwende, jedoch eher ratlos sein, was ich mit der Verwendung dieses Zeichens eigentlich meine. Es gibt also eine immaterielle Vorstellung eines Zeichens ‚Walfisch', ein „virtuelles Zeichen", das als Muster im Sinn einer Vorlage dient, um es in verschiedenen Situationen, auch gänzlich absurden, zu verwenden. Das deutsche Wort *Walfisch* als virtuelles Zeichen ist ein *Type*, während die unablässigen Realisierungen des Zeichens, die aktuellen Zeichen, als *Token* bezeichnet werden.

Das virtuelle Zeichen (Type) ist eine immaterielle Grösse, die wir aus der Beobachtung der Verwendungen ableiten und über die wir uns auch unterhalten können, indem z. B. die umstehenden Personen sich darüber beraten, was ich mit *Walfisch* wohl meinen könnte, und vielleicht zu dem Schluss kommen, es handelt sich nicht um das, was sie als virtuelles Zeichen von ‚Walfisch' in ihren Köpfen haben. Doch selbst in dieser Diskussion sind wir gezwungen, die immaterielle Vorstellung des Zeichens zu realisieren, etwa indem jemand sagt: *Der spinnt doch, ich sehe da keinen Walfisch!* In der Aussage wird das Token *Walfisch* in eine konkrete Situation eingebettet und erhält darin eine spezifische Funktion, nämlich auf das virtuelle Zeichen zu verweisen.

Ein virtuelles Zeichen verweist nicht auf ein bestimmtes Bezeichnetes, was in der Aussage oben durch die Negation deutlich wird: *Ich sehe da keinen Walfisch* meint ja, dass kein Objekt sichtbar ist, das nach der Meinung der sich äussernden Person als Referenz für ‚Walfisch' dienen könnte; sie spricht also ein virtuelles Zeichen an, von dem wir eine Vorstellung haben, worauf es potenziell referieren könnte (→ 3.2.1.1 zu *Intension* und *Extension*).

Die Untersuchung konkreter Verwendungen von Zeichen, statt über virtuelle Zeichen zu sinnieren, ist ein Credo der modernen, empirisch ausgerichteten Linguistik. Nicht zuletzt die Korpuslinguistik sieht es als entscheidend an, die konkreten Zeichenverwendungen anhand grosser Mengen von Sprachgebrauch zu untersuchen. Aber auch in der Theoriebildung interessieren sich grosse Teile der Linguistik seit einiger Zeit stärker für Modellierungen von Sprache im *Gebrauch* (→ 4 und der Performanzbegriff → 11.4.6).

2.2.4.2 Kontext und System

Die Verwendung des Wortes *Walfisch* in der oben geschilderten Situation ist sehr spezifisch, und es ist unmöglich, das Zeichen isoliert zu verstehen. Es ist relevant, dass seine paraverbalen Aspekte (schreien), aber auch weitere Zeichen (verbaler oder nonverbaler Art) einbezogen werden: vielleicht der panische Blick der schreienden Person, die Kleidung, die Art, wie sie sich im Raum bewegt; das sind alles Elemente, die ebenfalls als Zeichen gedeutet werden und in die Interpretation der Umstehenden einfliessen, sodass sich das Zeichen *Walfisch* in ein komplexes Zeichen verwandelt und einen grossen Interpretationsspielraum eröffnet: Ist der oder die Schreiende eine verwirrte Person, und *Walfisch* bezieht sich auf einen Albtraum? Warnt die Person vor der Gefahr von Walfischen?

Die Bedeutung des **Kontextes** ist nicht nur bei dieser etwas aussergewöhnlichen Situation gegeben, sondern der Normalfall aktualisierter Zeichen, also von Zeichen in Verwendung. Selbst bei sprachlichen Zeichen ergibt sich die Bedeutung einer Aussage nicht additiv aus den Einzelbedeutungen der darin enthaltenen Wörter, sondern es ergibt sich eine Gesamtbedeutung, die wiederum je nach Kontext, in der sie geäussert wird, weitere Bedeutungsnuancen einnehmen kann.

Abbildung 2.7: „Gestrandeter ‚Pottwal' mit Verwesungsgeruch am Zürcher Utoquai" titelte die Neue Zürcher Zeitung am 19. August 2024 (Panagiotidis/Coviello 2024). Foto: Noah Bubenhofer.

So sind Kontexte denkbar, in denen der Ausruf *Walfisch* selbst in einer Stadt an einem Binnengewässer sinnvoll sein kann, wie Abbildung 2.7 zeigt: Eine Kunstaktion des belgischen Captain-Boomer-Kollektivs, das auf den Meeresschutz aufmerksam machen will. Dass die Neue Zürcher Zeitung ihren Artikel dazu mit „Gestrandeter ‚Pottwal' mit Verwesungsgeruch am Zürcher Utoquai" betitelt und *Pottwal* in Anführungszeichen setzt, zeigt, dass offenbar eine Differenz zwischen einem Pottwal mit oder ohne Anführungszeichen gemacht wird, *Pottwal* und ‚*Pottwal*' also zwei verschiedene Zeichen sind.

Aus strukturalistischer Sicht ist zudem der **System**gedanke von Zeichen wichtig: Die virtuellen Zeichen können als System von Zeichen aufgefasst werden, da sie in Relation zueinander stehen. Es gibt dabei **paradigmatische** Beziehungen: Das sind Zeichen, die ähnlicher Art und Funktion sind und einander (bis zu einem gewissen Grad) ersetzen können. Bei Sprache ist da z. B. an Synonyme (→ 3.3.1) oder an einen Stamm eines Flexionsparadigmas (→ 6.2) zu denken. Daneben gibt es **syntagmatische** Beziehungen, die verschiedener Art und Funktion sind, jedoch in ihrer Kombination ein komplexes Zeichen bilden. Bei Sprache ist das beispielsweise ein Satz, der nach bestimmten syntaktischen und morphologischen Regeln verschiedene Wörter aneinanderreiht. Doch Ähnliches ist bei nichtsprachlichen Zeichen zu beobachten: Die Bahnsignale in Abbildung 2.5 oben kombinieren syntagmatisch bestimmte Zeichen (die Farben Rot, Grün und Orange, schwarzer Hintergrund) in einer bestimmten Ordnung zueinander und werden so zu einem komplexen Zeichen. Die verschiedenen Signalbegriffe können zudem als Paradigma aufgefasst werden, die ähnlicher Art sind (Befehle für Fahrt, Halt etc.) und einander jeweils ersetzen (Befehl entweder Fahrt oder Halt, aber nicht beides gleichzeitig), dabei jedoch (entscheidende) Bedeutungsnuancen aufweisen. Die Begriffe *Syntagma* und *Paradigma* werden unten im Kontext sprachlicher Zeichen wieder aufgenommen (→ 3.3).

2.2.4.3 Zeichen und Kommunikation

Zeichen dienen der Kommunikation – nur was ist Kommunikation genau? Diese Frage wurde und wird von verschiedenen Disziplinen sehr unterschiedlich beantwortet und tangiert auch die Linguistik, obwohl manchmal der Standpunkt vertreten wird, dass Kommunikation kein Untersuchungsobjekt der Linguistik sei. Es gibt gute Gründe, dies anders zu sehen, wobei es auch stark vom Kommunikationsbegriff abhängt.

Eine einfache Vorstellung von Kommunikation ist jene, die sich an einem technischen Kommunikationsverständnis orientiert und beispielsweise von Claude E. Shannon und Warren Weaver in den 1940er-Jahren für Telekommunikationsprozesse postuliert worden ist (vgl. Shannon 1948). Das Modell geht davon aus, dass ein Sender über ein Sendegerät und einen Kanal eine Mitteilung, die in ein Signal übersetzt worden ist, an ein Empfangsgerät verschickt, mit dem der Empfänger die Mitteilung decodiert und versteht. Dabei können verschiedene Formen der Störung des Kanals oder der Codierung und Decodierung des Signals auftreten.

Diese Grundidee wurde auch für Kommunikation generell als Blaupause verwendet und prägt unser Alltagsverständnis von Kommunikation. Äusserungen wie *Es ist wichtig, dass diese Botschaft positiv rüberkommt!* oder *Ich weiss nicht, was sie damit meint!* suggerieren, dass eine Information von der einen zur anderen Person transportiert wird oder werden müsste. Aus semiotischer Perspektive ist dann auch klar, dass nicht nur sprachliche Zeichen diese Art von Kommunikation, verstanden als Übertragen einer Botschaft von A nach B, erfüllen können, sondern auch Blicke, Gesten, Kleidung etc.

Berühmt geworden sind so in den 1970er-Jahren die auch populärwissenschaftlich publizierten Themen von Watzlawick, Beavin und Jackson zu menschlicher Kommunikation mit dem Credo: „Man kann nicht nicht kommunizieren." (Watzlawick et al. 2011) Jedes noch so unscheinbare Verhalten enthalte eine Botschaft, werde also als Zeichen gelesen.

Dagegen wurde Kritik laut, denn es sei wichtig, absichtliches von unabsichtlichem Verhalten zu unterscheiden, das die Senderin nicht als Zeichen meine und mit dem sie auch keine Botschaft übermitteln wolle. Die **Absichtlichkeit und Gerichtetheit** einer Mitteilung werden also relevant gesetzt, um etwas als Kommunikation aufzufassen.

Allerdings ist es auch so, dass Zeichen, die von der Senderin gar nicht als Zeichen intendiert sind, dennoch als solche von Empfänger:innen aufgefasst werden können. Die Absichtlichkeit und Gerichtetheit werden dann von einer anderen Person unterstellt, egal was die Senderin oder der Sender meinte.

Doch die Schwäche aller dieser Überlegungen ist, dass sie einem traditionellen Verständnis von Kommunikation als Übertragung einer Botschaft von A nach B verhaftet bleiben. Neuere Auffassungen betonen dagegen, dass Kommunikation etwas ist, was von Personen gemeinsam hergestellt wird, indem etwa die beteiligten Personen sich so verhalten, dass eine Koorientierung signalisiert und eine Form von Verständigung inszeniert werden. Ob tatsächlich ein bestimmter Gedanke einer Person A im Verlauf im Kopf von Person B landet, ist dabei schwierig zu wissen (sowohl für die beteiligten Personen als auch für die Beobachterin, z. B. die analysierende Linguistin), da wir nicht in die Köpfe der Personen hineinschauen können, aber auch, weil es womöglich die falsche Frage ist. Kommunikation findet nicht dann statt, wenn eine Botschaft ungestört und unverändert einen Weg zurücklegt, sondern wenn die beteiligten Personen den Eindruck haben, gemeinsam eine Form von Verständigung erreicht zu haben. Wobei hier mit *Verständigung* nicht ‚gleiche

Meinung' o. Ä. gemeint ist; es kann auch Verständigung darüber sein, dass man sich eben gerade nicht versteht.

In diese Richtung argumentieren z. B. soziologische Kommunikationstheorien; so etwa Niklas Luhmann mit seiner Systemtheorie, die Kommunikation als Trias von **Mitteilung, Information und Verstehen** auffasst: Die Unterscheidung von Information (was wahrgenommen wird) und Mitteilung (was bedeutsam sein könnte) ist der Beginn von Verstehen in dem Sinne, dass „Ego" (ein „psychisches System", also eine Person) ein Handeln von „Alter" (einer anderen Person) als Kommunikation selektiert (Luhmann 1999).

Vor allen in den Kapiteln 4, 9 und 11 werden wir die Spuren dieser Grundideen in der Linguistik weiter thematisieren.

2.3 Das sprachliche Zeichen

Nachdem nun im vorherigen Abschnitt ein sehr grundsätzlicher Blick auf Zeichen aller Art geworfen worden ist, sollen in diesem Kapitel sprachliche Zeichen in den Fokus gelangen. Es ist jedoch wichtig, auf folgendes Problem hinzuweisen: Die Linguistik war lange durch einen einseitigen Blick auf Schriftsprache geprägt, hat sich dann allmählich auch für die Lautsprache interessiert und ist heute vermehrt auch für Gebärdensprachen sensibilisiert. Wenn hier also von *sprachlichen Zeichen* die Rede ist, dann sind damit alle Modalitäten gemeint; die Besonderheit dieser sprachlichen Zeichen ist jedoch, dass es sich zu grossen Teilen um symbolische Zeichen handelt (→ 2.2.1). Das gilt – wie bereits betont – auch für die vermeintlich mehrheitlich ikonischen Zeichen der Gebärdensprache.

Zuerst wird nun der Zeichenbegriff nach Ferdinand de Saussure diskutiert, um dabei einige wichtige Eigenschaften von sprachlichen Zeichen zu klären.

2.3.1 Saussure'scher Zeichenbegriff

2.3.1.1 *Signifiant* und *Signifié*

Symbolische sprachliche Zeichen bestehen aus einer Form, z. B. einer Laut-, einer Buchstabenfolge oder einer Gebärde, die auf etwas damit Bezeichnetes verweist. So lässt Sprecher:innen des Deutschen die Lautfolge /ˈkatsə/ höchstwahrscheinlich an eine Katze denken, und wir können uns damit über Katzen unterhalten, ohne auf eine reale Katze zeigen zu müssen. Wer des Deutschen nicht mächtig ist, für den ist diese Lautfolge bedeutungslos, genauso wie es für Deutschsprechende die Lautfolge /knirf/ ist, die vielleicht zu Assoziationen anregt, die aber je nach Person sehr unterschiedlich sein können. Selbstverständlich handelt es sich bei diesen

Form-Bedeutungs-Zuordnungen um ein dynamisches Phänomen: Die Lautfolge /krɪndʒ/ war bis vor wenigen Jahren im Deutschen noch bedeutungslos, heute jedoch gängig in der Schreibweise *cringe*, wobei die Bedeutung und Verwendungsweisen ähnlich sind wie im Englischen (etwa: ein Gefühl peinlichen Unwohlseins, von Scham hervorrufend; vgl. DWDS: „cringe").

Dieses Zusammenspiel von Zeichenform und Zeichenbedeutung macht ein symbolisches Zeichen aus, was deshalb auch als *bilaterales Zeichen* bezeichnet werden kann. Ferdinand de Saussure hat Anfang des 20. Jahrhunderts diese Vorstellung mitgeprägt, indem er diese beiden Seiten als *Signifikant* (‚Zeichenform', frz. *Signifiant*) und *Signifikat* (‚Zeicheninhalt, Bedeutung', frz. *Signifié*) bezeichnet hat (Saussure 1916/1995: 97, siehe Abbildung 2.8). Der Signifikant ist ohne Signifikat eine leere Zeichenform, das Signifikat bleibt ohne Ausdruck eine nicht benennbare Grösse. Ersteres ist für uns wohl ein recht alltägliches Erlebnis, etwa wenn wir neue Wörter lernen, z. B. Fachbegriffe wie diese hier. Letzteres aber auch, beispielsweise wenn wir nach Worten ringen, um eine komplexe Gefühlslage auszudrücken. Auch im Rahmen des Poststrukturalismus, z. B. bei Ernesto Laclau, ist vom „leeren Signifikanten" die Rede, wozu Ausdrücke wie *Nachhaltigkeit*, *soziale Marktwirtschaft* oder *Freiheit* gehörten, die zwar eine (viel benutzte) sprachliche Form hätten, deren Zeicheninhalt jedoch „leer" sei, was gerade das Ziel von Machtpositionen in Diskursen sei. Es wird hier deutlich, dass die Unterscheidung von Signifikant und Signifikat auch abseits der Linguistik eine produktive Denkfigur ist, sich dann aber doch Unterschiede zeigen; linguistisch könnte argumentiert werden, dass auch der Ausdruck *Freiheit* eine Inhaltsseite aufweist, selbst wenn sie höchst vage und divers ist.

Abbildung 2.8: Illustrationen des Zeichenbegriffs von Saussure (1916/1995: 99/158).

Der Signifikant, die Zeichenform, ist eine immaterielle Grösse. Es ist damit also nicht die einzelne Realisation (Token) eines Zeichens gemeint, sondern das, was allen Realisationen dieser Ausdrucksseite als gemeinsames Muster zugrunde liegt. Wir erkennen die jeweilige Realisation (das Token) in unterschiedlichen Ausprägungen schriftlich, lautlich oder gebärdet wieder, unabhängig von Schrifttypen oder Eigenheiten der Aussprache oder Gebärde. Diese Eigenheiten sind selbstverständlich relevant, so erkennen wir am Ton einer Stimme einen bestimmten Menschen, aber der Signifikant muss von einzelnen Abweichungen abstrahiert sein. Den Signifikanten korrekt zu erkennen, ist für uns Menschen relativ einfach, bei Maschinen jedoch schwieriger. Ein Beispiel ist die automatische Sprach- oder Schrifterkennung: Raffinierte Methoden des maschinellen Lernens, die sehr viele Realisierungen von Lauten oder Schriftzeichen verarbeitet haben, müssen eine interne Repräsentation des jeweiligen Signifikanten erreichen, um neue Zeichen erkennen zu können.

Auch das Signifikat, die Bedeutung, der Zeicheninhalt, ist eine immaterielle Grösse. Es vermittelt zwischen der (beliebig realisierbaren und in diesen Realisierungen leicht beschreibbaren) Zeichenform und den im Zeichengebrauch aktualisierten Referenzbezügen. Es bleibt jedoch „innerlich" und schwer greifbar.

Das Verhältnis zwischen Signifikant und Signifikat beschreibt Saussure als Vorder- und Rückseite eines Blattes Papier; die eine Seite ist ohne die andere nicht denkbar. Diese Metapher ist mit Vorsicht zu interpretieren, bedeutet hinsichtlich des Zeichens jedoch, dass wir Zeichen in der Bedeutung ‚Zeichen' nicht anders als in dieser Doppelstruktur denken können. Allerdings sind Zeichenform und Zeicheninhalt nicht generell aneinandergebunden; im Gegenteil: Bei Symbolen ist es willkürlich, welche Zeichenform mit welchem Zeicheninhalt verbunden wird, und im zeitlichen Verlauf können sich die beiden Seiten auch voneinander trennen, was wir an Bedeutungsveränderungen laufend beobachten können.

2.3.1.2 Arbitrarität, Konventionalität und Assoziativität

Die Ausführungen zum Verhältnis von Signifikant und Signifikat machen deutlich, dass dieses Verhältnis arbiträr ist. Deswegen sind Konventionen notwendig, die dazu führen, dass die Verbindungen assoziativ werden. Doch der Reihe nach:

Dass die Lautfolge /baum/ im Deutschen die Bedeutung ‚Baum' hat, ist grundsätzlich zufällig, also arbiträr. Selbstverständlich ist die heutige Form sprachgeschichtlich aus älteren Formen ableitbar, aber es gibt keine inhaltliche Nähe zwischen dieser Lautfolge und einem Baum (vgl. → 2.2.1). Diese Arbitrarität bedingt jedoch, dass eine Form der Konventionalisierung stattgefunden haben muss, denn wir können als Zeichenbenutzer:innen nicht beliebig neue Zuordnungen erfinden und uns damit verständlich machen. Nun ist es aber nicht so, dass bestimmte Menschen zu einem bestimmten Zeitpunkt abgemacht haben, dass ein Baum /baum/ genannt wird, sondern diese Konvention hat sich aus dem Gebrauch heraus ergeben. Es handelt sich also um eine implizite Abmachung, die immer wieder neu bestätigt werden muss, indem wir die Lautfolge /baum/ für die Bezeichnung von Bäumen verwenden.

Diese Überlegungen machen deutlich, wie wichtig es ist, Sprache nicht losgelöst von menschlichem Handeln zu denken. Sprache ist nicht ein System von Zeichen, das einfach „da" ist, sondern ein Aspekt menschlichen Handelns. Durch dieses (besonders auch sprachliche) Handeln emergiert „Sprache" als dynamisches, in dieser Dynamik aber gleichzeitig stabilisiertes Phänomen: Die laufenden Realisierungen von Zeichen nach den Vorstellungen, die Zeichenbenutzer:innen über ihre Bedeutung haben, sind notwendig, damit wir unsere Vorstellungen, was sie bedeuten und welche Form sie haben, anpassen und nötigenfalls leicht verändern können.

Saussure nennt schliesslich mit *Assoziativität* noch ein weiteres Merkmal der Verbindung von Signifikant und Signifikat. Damit nimmt er eine kognitive Perspektive ein, die betont, dass Zeichen im Gedächtnis repräsentiert sind und so eine Form der Assoziation zwischen Zeichenform und Zeicheninhalt vorhanden sein muss.

Zuletzt muss noch betont werden, dass Saussure mit Zeichen normalerweise Wörter meint. Die bisherigen Ausführungen zu Zeichen sollten jedoch klargemacht haben, dass Zeichen beliebig komplex sein und aus einfacheren Zeichen bestehen können. Hier ergeben sich interessante Verbindungen zu Theorien, die versuchen, die Einheit Wort aufzubrechen und generell von Zeichen auszugehen, die beliebige Längen zwischen Buchstaben, Morphemen, Wörtern bis hin zu Mehrworteinheiten aufweisen können. Ein Beispiel dafür ist die Konstruktionsgrammatik, die für (fast) beliebig komplexe Zeichenformen die Bezeichnung *Konstruktion* verwendet, wenn sie eine spezifische Form der Zeichenhaftigkeit aufweisen (→ 7.3.3).

2.3.2 Zeichen im System

Saussure nimmt mit seinem Zeichenbegriff eine wichtige Unterscheidung vor, mit der Zeichen in den Blick genommen werden können: Im französischen Original unterscheidet Saussure *Langue* („Sprache, Sprachsystem') und *Parole* („Sprachgebrauch'). Der Blick auf Sprache als *Langue* interessiert sich für die grundsätzlichen Ressourcen, die zur Verfügung stehen, um sprachliche Äusserungen in Form von gesprochener oder geschriebener Sprache zu machen. Dieser Sprachgebrauch, die *Parole*, ist das, was analytisch zur Verfügung steht, um „Sprache" zu untersuchen. Mit diesem analytischen Blick fallen Systematiken auf, beispielsweise dass bestimmte sprachliche Ausdrücke eine ähnliche Bedeutung haben, weil sie in ähnlichen Kontexten verwendet werden können (*Fahrrad* und *Velo*), oder dass Verben nach bestimmten Regeln ähnlich konjugiert werden. Wenn eine solche Regelhaftigkeit beschrieben wird, wird Sprache als System aufgefasst, in dem die sprachlichen Zeichen in bestimmten Relationen zueinander stehen.

2.3.2.1 Der sprachliche Wert (*Valeur*)
Bei Saussure finden sich bestimmte Ideen, wie sich Sprache als System vorstellen lässt. Es handelt sich nämlich nicht einfach um ein Inventar von Elementen (z. B.

alle Wörter oder eine Liste aller grammatikalischen Regeln). Stattdessen sind diese Elemente in einer Struktur geordnet; die Elemente stehen also in Beziehung zueinander. So ist eine mögliche Beziehung zwischen Elementen semantischer Art folgende: *Fahrrad* und *Velo* stehen zwar in einer semantischen Relation zueinander, nämlich der Bedeutungsähnlichkeit (→ 3.3). Sie sind aber nicht bedeutungsgleich, stehen also in Opposition zueinander, was die Bedeutungsunterschiede betrifft. Der Gedanke geht jedoch darüber hinaus, denn die „Position" der beiden Ausdrücke *Fahrrad* und *Velo* im System *kann* nur über ihre Abgrenzung voneinander und zu anderen Ausdrücken charakterisiert werden. Wenn wir versuchen, jemandem zu erklären, was *Fahrrad* bedeutet, dann nutzen wir Paraphrasierungen, beschreiben also die Bedeutung, indem wir andere Ausdrücke wie Gattungsbegriffe (*Es handelt sich um ein Fahrzeug*) nennen und diese spezifizieren (*das nur zwei Räder hat und mit Muskelkraft betrieben wird*). Die Abgrenzung von *Fahrrad* oder *Velo* zu anderen Ausdrücken bestimmt damit die „Position" im System, was Saussure als *Valeur* (dt. ‚Wert') eines Zeichens beschreibt.

Mit korpuslinguistischen Mitteln kann der Wert von Ausdrücken berechnet werden. Abbildung 2.9 zeigt einen Ausschnitt aus einem automatisch berechneten sog. *Word-Embedding-Modell* von semantisch ähnlichen Ausdrücken rund um *Fahrrad* auf Basis einer grossen Textsammlung. *Rad* ist dabei sehr nah an *Fahrrad* dran (genauer ausgedrückt: Der Winkel zwischen den Vektoren, die die typische Verwendung der beiden Ausdrücke mathematisch beschreibt, ist sehr klein; → 3.4.5 zu weiteren Ausführungen). Doch auch die elektrischen Fahrräder *E-Bike*, *Elektrorad* und *Elektrofahrrad* sind in der Nähe, weiter unten findet sich auch der hauptsächlich in der Schweiz gebräuchliche Ausdruck *Velo*.

Die Prominenz der verschiedenen Ausdrücke für Elektrofahrräder macht deutlich, dass sich das System der Zeichen laufend verändert. Würde für die Berechnung ein Korpus älterer Texte zugrunde gelegt werden, würden die Ausdrücke wahrscheinlich nicht auftauchen (mit Ausnahme von *Pedelec*, das eine ältere Bezeichnung ist). Der Wert der Zeichen ändert sich also laufend, weil sich auch die Umgebung ändert und neue Zeichen hinzukommen oder sich die Bedeutung von Zeichen wandelt.

Ein weiterer Aspekt kommt hinzu: Die Ausführungen oben positionierten die diskutierten Ausdrücke zueinander hinsichtlich eines semantischen Kriteriums. Der Wert eines Zeichens kann jedoch bezüglich vieler unterschiedlicher Kriterien bestimmt werden, so z. B. grammatikalisch (es handelt sich bei allen um Nomen), morphologisch (*Rad, Velo, Auto, Mofa* sind alles Abkürzungen) oder statistisch anhand auffälliger Kollokationen (*Rad* tritt signifikant häufig zusammen mit *fahren* auf, → 12.6.1).

2.3 Das sprachliche Zeichen — 35

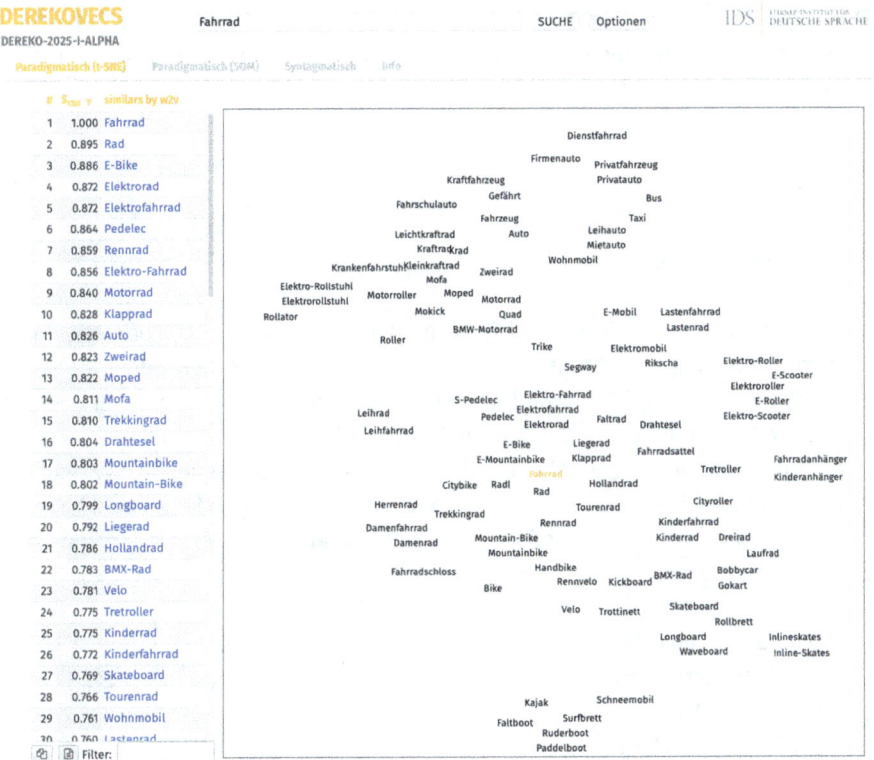

Abbildung 2.9: Semantisch ähnliche Ausdrücke in einem Word-Embedding-Modell (DeReKoVECS: Fahrrad).

Jedes Zeichen kann also hinsichtlich ganz verschiedener Gesichtspunkte in einem „System" verortet werden, wobei je nach Untersuchungsinteresse andere Systeme relevant sind.

2.3.2.2 Syntagma und Paradigma

In Kapitel 2.2.4.2 wurde bereits die Unterscheidung von syntagmatischen und paradigmatischen Beziehungen zwischen Zeichen thematisiert. Diese Überlegungen lassen sich nun auch auf sprachliche Zeichen übertragen. Die Werte der Zeichen (siehe → 2.3.2.1) können in zwei grundsätzlich verschiedenen Beziehungen zueinander stehen. Dies wird sichtbar, wenn wir Zeichen verwenden und Aussagen oder Sätze generieren:

(1) Die Katze faucht.

Dies ist ein **Syntagma**, also eine Kette von Zeichen. Die syntagmatische Beziehung zwischen den Zeichen *die Katze* und *faucht* wird deutlich, wenn wir das Syntagma mit anderen Sätzen kontrastieren:

(2) Die Katze faucht.
(3) Der Tiger faucht.
(4) Der Goldfisch *faucht.
(5) Das Rotkehlchen *faucht.

Die Kombinationen von *Katze* und *Tiger* mit dem Verb *fauchen* (2, 3) passen semantisch zusammen, sodass beide semantisch kohärente Syntagmen bilden. Der Asterisk (*) bei den Beispielen 4 und 5 zeigt hingegen an, dass es sich dabei um eine unübliche Kombination handelt (korpuslinguistisch gesprochen handelt es sich um eher unwahrscheinliche Kollokationen, 12.6.1). Semantisch gesehen kann argumentiert werden, dass es sich um keine sinnvollen syntagmatischen Relationen handelt.

Die Syntagmen können jedoch auch unter grammatischen Gesichtspunkten betrachtet werden:

(6) Die Katze faucht.
(7) Der Goldfisch faucht.
(8) Die Katzen *faucht.
(9) Die Katze *fauchen.

Beispiel 6 und 7 sind bezüglich Kongruenz von Numerus des Nomens und des Verbs korrekte Syntagmen (wobei Beispiel 7 semantisch unüblich bleibt), die Beispiele 8 und 9 sind jedoch bezüglich Kongruenz ungrammatisch.

Die Beziehungen der Zeichen untereinander können jedoch auch aus einer anderen Perspektive betrachtet werden:

(10) Die **Katze** faucht.
  Der **Tiger** faucht.
  Der **Löwe** faucht.
  Der **Drache** faucht.
  Der ***Goldfisch** faucht.

Die Ausdrücke *Katze, Tiger, Löwe* und *Drache* bilden zusammen ein **Paradigma** von Ausdrücken, die einander ersetzen können. Sie bilden eine Gruppe, die die semantische Gemeinsamkeit hat, (auch fiktive) Tiere zu bezeichnen, die fauchen können. *Goldfisch* gehört unter diesem Gesichtspunkt wiederum nicht dazu.

Selbstverständlich bedeutet dies nicht, dass diese Ausdrücke problemlos durch den jeweils anderen ersetzt werden können, ohne dass sich die Satzsemantik verändert; sie gehören nur bezüglich der Eigenschaft, Lebewesen zu sein, die fauchen, ins gleiche Paradigma.

Aus morphosyntaktischer Sicht gehören sie zudem dem Paradigma der Nomen im Singular an, zu dem der Ausdruck *Goldfisch* genauso gehören würde.

Wenn nun also z. B. von einem Flexionsparadigma (vgl. → 6.2) die Rede ist, dann sind damit alle möglichen Wortformen eines Lexems gemeint. Im Fall von *Katze* umfasst das Flexionsparadigma die folgenden Wortformen:

(11) die Katze (Nominativ Singular)   die Katzen (Nominativ Plural)
      der Katze (Genitiv Singular)   der Katzen (Genitiv Plural)
      die Katze (Akkusativ Singular)   die Katzen (Akkusativ Plural)
      der Katze (Dativ Singular)   den Katzen (Dativ Plural)

Es ist oft zur Beschreibung linguistischer Strukturen wichtig, syntagmatische und paradigmatische Perspektiven auseinanderzuhalten. Die Methode der Kollokationsanalyse (→ 12.6.3) kann die typischen Kontexte, in denen ein sprachlicher Ausdruck in Textdaten normalerweise erscheint, berechnen. Damit wird die syntagmatische Perspektive eingenommen: In welche Syntagmen ist der Ausdruck typischerweise eingebettet? In der Berechnung von sog. *Word-Embeddings* wie in Abbildung 2.9 werden hingegen Ausdrücke angezeigt, die anstelle des gesuchten Ausdrucks stehen könnten; es wird also eine paradigmatische Beziehung eingenommen (semantisch ähnliche Ausdrücke für *Fahrrad* sind *Rad*, *E-Bike* etc.).

2.4 Perspektiven auf die Analyse von Sprache

Mit den Termini *Langue* (Sprachsystem) und *Parole* (Sprachgebrauch), *Valeur* (Wert) und *Syntagma* und *Paradigma* haben wir nun die wichtigsten Bausteine, um aus strukturalistischer Sicht über (sprachliche) Zeichen zu sprechen. Diese Sicht geht davon aus, dass sich hinter dem beobachtbaren Sprachgebrauch (*Parole*) ein Sprachsystem (*Langue*) befindet, das aus Zeichen und ihren Verwendungsregeln besteht. Diese Verwendungsregeln können wir nun aus der Beobachtung des Sprachgebrauchs ableiten und sehen dabei verschiedene Arten von Regelmässigkeiten:

- Zeichen werden syntagmatisch nach bestimmten Regelmässigkeiten angeordnet. Bei sprachlichen Zeichen gibt es syntaktische Regeln, etwa dass in Hauptsätzen im Deutschen eine Abfolge von Subjekt, Verb und Objekt üblich ist. Weiter gibt es morphosyntaktische Regeln z. B. der Deklination und Konjugation, um Wortformen diesen Positionen anzupassen bzw. ihre syntaktische Funktion in Sätzen anzuzeigen. So können bestimmte Wortformen paradigmatisch gruppiert werden, z. B. alle möglichen morphosyntaktisch ausgeprägten Wortformen eines Konjugationsparadigmas bei Verben. Dies ist die **grammatische** Perspektive auf Sprachgebrauch.
- Zeichen können in ihren Beziehungen zu anderen Zeichen analysiert werden, um ihren Wert (*Valeur*) im Zeichensystem zu bestimmen. So ist beobachtbar, dass bestimmte Lexeme einen ähnlichen Wert aufweisen, sie also syntagmatisch gesehen immer in ähnlichen Kontexten auftreten. Ein Beispiel sind die Lexeme *Fahrrad, Rad, Zweirad* oder *Velo*. Sie bilden ein Paradigma von bedeutungsähnlichen Lexemen. Daneben gibt es andere Beziehungen, z. B. dass das Lexem *Fahrzeug* eine Art Etikette für dieses Paradigma ist, jedoch noch viele weitere Lexeme enthält, wie z. B. *Elektroauto, Bus* oder *Zug* (es ist also ein Hyperonym; → 3.3.2). Dies ist die **semantische** Perspektive auf Sprachgebrauch.
- Zeichen werden jedoch immer von jemandem verwendet, wie die Zeichenmodelle, z. B. das semiotische Dreieck, modellieren (→ 2.2.3). Es kann beobachtet werden, dass *Velo* eher in der Deutschschweiz verwendet wird, in Deutschland und Österreich jedoch seltener; oder dass das Lexem *E-Mobilität* im Zusammenhang mit Ökologie und Nachhaltigkeit verwendet wird, um sich z. B. als Politiker:in zu positionieren und eine Zukunftsvision auszudrücken (Deutscher Bundestag, Winfried Hermann, 14. Mai 2009: „E-Mobilität ist also ein wichtiger Baustein für eine bessere und nachhaltige Mobilitätspolitik", Plenarprotokoll 16/222).
Dies ist die **pragmatische** Perspektive auf Sprachgebrauch.
- Diese grammatischen, semantischen und pragmatischen Perspektiven auf Sprachgebrauch können wiederum mit zwei verschiedenen Perspektiven kombiniert werden, nämlich aus Sicht der **Synchronie** oder der **Diachronie**. Die synchrone Perspektive beschreibt Sprach*zustände*, beispielsweise indem die Verwendung von *cringe* im Deutschen heute oder indem Formen des Grüssens im 18. Jahrhundert untersucht werden. Die diachrone Perspektive interessiert sich für den *Wandel* von Sprache, also beispielsweise dafür, welche jugendsprachlichen Ausdrücke früher anstelle von *cringe* verwendet worden sind oder welche Formen des Grüssens im 18. Jahrhundert sich heute noch halten. Selbstverständlich sollte auch eine synchrone Sprachbetrachtung nie ganz blind gegenüber der Diachronie sein; es handelt sich eher um Pole eines Kontinuums, die ausdrücken, ob das Interesse eher Wandelphänomenen oder Zuständen gilt.

Diese strukturalistische Sicht auf Sprache geht also davon aus, dass sich hinter Sprachgebrauch eine Art „Sprachsystem" befindet, nach dem sich die Zeichenbenutzer:innen richten und Äusserungen tätigen. Selbstverständlich können dabei „Fehler" passieren: Ich konjugiere das Verb falsch, verwende ein Lexem, dessen Semantik nicht passt, oder meine sprachliche Äusserung ist pragmatisch unangemessen. Das sind unter dieser Perspektive Defizite auf *Parole*-Ebene, die aus verschiedenen Gründen vorkommen können (fehlende Sprachkenntnisse, Trunkenheit, Krankheit, Unachtsamkeit etc.), aber eigentlich die angenommenen Regeln des Sprachsystems nur bestätigen.

Aus dieser Perspektive ergibt sich eine recht klare Priorisierung der Forschungsaufgaben für die Linguistik: Die Analyse von Sprachgebrauch dient dazu, das Sprachsystem dahinter zu verstehen. Dies führte in der Vergangenheit zu disziplinären Bezeichnungen wie *Systemlinguistik*, die sich primär mit Grammatik und ggf. Semantik und Pragmatik beschäftigt, sowie der sog. *Bindestrichlinguistik*: Soziolinguistik, Textlinguistik, Gesprächslinguistik, Diskurslinguistik etc.

Allerdings gab es bereits seit längerer Zeit deutliche Kritik an dieser Sichtweise auf Sprache, und jüngst zeigt sich auch ganz praktisch am Beispiel der textgenerierenden Künstlichen Intelligenz, dass diese Sichtweise überholt ist. Das Beispiel der KI macht deutlich, was die korpuslinguistische Perspektive bereits seit längerer Zeit nutzt, um Sprachgebrauch systematisch zu analysieren: Die Beobachtung von grossen Mengen von Sprachgebrauch erlaubt es, typische Muster dieses Sprachgebrauchs sehr differenziert zu identifizieren, sodass es möglich ist, neue Texte automatisch zu generieren, ohne ein regelhaftes „Sprachsystem" im Hintergrund anzunehmen. Ein grosses Sprachmodell, das eine KI nutzt, „weiss" nichts über Flexionsparadigmen oder syntaktische Regeln und kann trotzdem fehlerfrei Sprachgebrauch produzieren – oder besser gesagt: bestehenden Sprachgebrauch in beliebigen Varianten *reproduzieren*.

Wenn genug Sprachgebrauchsdaten vorhanden sind, können daraus nicht nur grammatisch korrekte, semantisch kohärente und pragmatisch angemessene Texte maschinell generiert, sondern auch menschliche kommunikative Interaktionen in ihrer sozialen Einbettung simuliert werden. Das bedeutet, dass kommunikative und soziale Funktionen von Sprache über den Sprachgebrauch rekonstruiert werden können.

Mit diesen Erkenntnissen zeigt sich, dass wohl die sog. *Bindestrichlinguistik* nicht nur ein Anhängsel einer *Systemlinguistik* ist, sondern die Dimensionen, die damit in den Blick geraten (Interaktion, soziale Funktion, Diskurs etc.), im Zentrum von Sprachlichkeit stehen.

Dies bedeutet jedoch nicht, dass ein Interesse an den Strukturen einer Sprache überflüssig ist. Der strukturalistische Blick auf Zeichensysteme sensibilisiert für strukturelle Zusammenhänge, Gemeinsamkeiten und Unterschiede zwischen

Sprachen und ist die Grundlage, um Erklärungen für sprachliche Phänomene zu finden. Nicht zuletzt hilft das Wissen über Strukturen bei der eigenen Sprachverwendung, etwa wenn es darum geht, eine Fremdsprache zu lernen: Verschiedene Konjugationsformen als Konjugationsparadigma aufzufassen und Vergleiche dieses Paradigmas mit dem einer anderen Sprache anzustellen, vereinfacht den Lernprozess massiv.

Bibliografie

Bubenhofer, Noah (2020): Visuelle Linguistik: Zur Genese, Funktion und Kategorisierung von Diagrammen in der Sprachwissenschaft. Berlin: De Gruyter (= Linguistik – Impulse & Tendenzen Bd. 90).
DeReKoVECS: Fahrrad: https://corpora.ids-mannheim.de/derekovecs?word=Fahrrad&cutoff=500000&n=100&N=2000 (5.2.2025).
DWDS: cringe: https://www.dwds.de/wb/cringe (5.2.2025).
Gredig, Andi (2021): Schreiben mit der Hand: Begriffe – Diskurs – Praktiken. Berlin: Frank & Timme (= Sprachwissenschaft Bd. 49).
Haupt, Florian (2024): Kylian Mbappé gegen Frankreichs Rechtspopulisten: Spielt wie ein Schmetterling, sticht jetzt wie eine Biene. In: Der Spiegel, 17.06.2024. https://www.spiegel.de/sport/fussball/em-2024-frankreichs-kylian-mbappe-ruft-zur-wahl-auf-so-politisch-ist-der-superstar-a-964755e4-e499-4ee6-85ff-13ebcf5c8525 (15.1.2025).
Huang, Chu-Ren (2016): A Reference Grammar of Chinese, Cambridge: Cambridge University Press.
Kendon, Adam (1990): Conducting Interaction: Patterns of Behavior in Focused Encounters. Cambridge: Cambridge Univ. Press (= Studies in Interactional Sociolinguistics 7).
Krämer, Sybille (2009): Operative Bildlichkeit. Von der ‚Grammatologie' zu einer ‚Diagrammatologie'? In: Heßler, Martina/Mersch, Dieter (Hrg.): Logik des Bildlichen. Zur Kritik der ikonischen Vernunft. Bielefeld: transcript. S. 94–123 (= Metabasis 2).
Kurita (1998–1999): Emoji. Museum of Modern Art, https://www.moma.org/collection/works/196070 (5.2.2025).
Luhmann, Niklas (1999): Soziale Systeme. Grundriss einer allgemeinen Theorie, stw 666, 7. Aufl., Frankfurt am Main: Suhrkamp.
Morris, Charles William (1938): Grundlagen der Zeichentheorie. Ästhetik der Zeichentheorie. München: o. V.
Panagiotidis, Elena / Coviello, Michele (2024): https://www.nzz.ch/zuerich/gestrandeter-pottwal-mit-verwesungsgestank-am-zuercher-utoquai-ld.1844308 (5.2.2025).
Peirce, Charles S. (1931–1935/1994): Elements Of Logic, Bd. 2. Charlottesville, Va.: InteLex Corp. (= The Collected Papers of Charles Sanders Peirce) http://www.nlx.com/collections/95 (16.01.2025).
Plenarprotokoll 16/222: Deutscher Bundestag. Stenografischer Bericht. 222. Sitzung, Berlin, Donnerstag, den 14. Mai 2009, Winfried Hermann. https://dserver.bundestag.de/btp/16/16222.pdf (5.2.2025).
Shannon, Claude E. (1948): A Mathematical Theory of Communication. In: Bell System Technical Journal 27(3), S. 379–423. https://doi.org/10.1002/j.1538-7305.1948.tb01338.x. (16.01.2025).
Saussure, Ferdinand de (1916/1995): Cours de linguistique générale, Paris: Payot.
Spitzmüller, Jürgen (2013): Graphische Variation als soziale Praxis. Eine soziolinguistische Theorie skripturaler „Sichtbarkeit". Berlin/Boston: De Gruyter Mouton.

Stadt Zürich (o. J.): https://www.stadt-zuerich.ch/portal/de/index/politik_u_recht/sprache/sprachliche-gleichstellung/genderstern.html (1.11.2024).
Tschüss Genderstern (o. J.): https://tschuess-genderstern.ch/argumente/ (5.2.2025).
Watzlawick, Paul/Beavin, Janet H./Jackson, Don D. (2011): Menschliche Kommunikation: Formen, Störungen, Paradoxien. 12., unveränderte Auflage. Bern: Huber (= Huber Psychologie Klassiker).
Wikipedia: Chinesische Zahlzeichen: https://de.wikipedia.org/wiki/Chinesische_Zahlzeichen (5.2.2025).
Wikipedia: Eisenbahnsignale in der Schweiz: https://de.wikipedia.org/wiki/Eisenbahnsignale_in_der_Schweiz (5.2.2025).

3 Semantik

3.1 Semantik als linguistische Disziplin

3.1.1 Gegenstandsbestimmung

Das zentrale Charakteristikum von Sprache liegt in ihrer Bedeutsamkeit: in der Tatsache, dass Sprachzeichen Bedeutung haben und dass wir im Sprechen oder Schreiben etwas mitteilen können. Unter diesem Aspekt der Bedeutsamkeit können wir Sprache als ein System betrachten, das zwischen einem Universum von (inneren) gedanklichen Konzepten und einem Universum von (äusseren) Lauten oder Schriftzeichen vermittelt – ein System, das es erlaubt, zunächst nur subjektiv Zugängliches fassbar, manipulierbar und mitteilbar zu machen.

Worin besteht nun aber die Bedeutung sprachlicher Zeichen – was genau ist „die Bedeutung von Bedeutung"? Dieser häufig verwendete Titel (vgl. Ogden/Richards 1923 und Putnam 1975) bringt die Klärungsbedürftigkeit des zentralen Begriffs der Semantik prägnant auf den Punkt. Eine Antwort auf diese Frage ist aber alles andere als trivial. In der Alltagssprache decken die unterschiedlichen Verwendungen von *Bedeutung* etwa das breite Spektrum an Möglichkeiten ab, das mit dem semiotischen Diktum *aliquid stat pro aliquo* ‚etwas steht für etwas anderes' eröffnet ist: Wir können *bedeuten/Bedeutung* also immer dann verwenden, wenn wir uns etwas gedanklich als nicht (nur) für sich selber, sondern für etwas anderes stehend (im allerweitesten Sinn) vorstellen (→ 2.2). Verwandte Wörter sind *Inhalt*, *Gemeintes*, *Sinn* u. a. Allerdings lässt sich auf vagen Alltagsbegriffen von Bedeutung noch keine wissenschaftliche Theorie aufbauen.

Doch auch in der Sprachwissenschaft findet man keinen einheitlichen Bedeutungsbegriff (→ 3.2.1). Selbst der Ausdruck *Semantik* ist (wie auch *Grammatik*) systematisch mehrdeutig: Man bezeichnet damit sowohl einen bestimmten Aspekt des sprachwissenschaftlichen Forschungsgegenstands (man spricht beispielsweise von der Semantik eines Wortes oder eines Satzes) als auch die Theorie oder die Lehre von diesem Gegenstand. Interessanterweise gibt es aber kaum Bücher, die etwa „Semantik des Deutschen" heissen, wie es selbstverständlich „Grammatiken des Deutschen" gibt. Das liegt daran, dass es eine Vorstellung von Semantik als einem abgeschlossenen einzelsprachlichen System (wie eine Grammatik) nicht zu geben scheint.

Was ist also nun genau der Gegenstand der Semantik? Im Prinzip fallen sämtliche sprachlichen Einheiten, die eine Bedeutung besitzen, in ihren Zuständigkeitsbereich. Die kleinsten bedeutungstragenden Ausdrücke sind dabei die sog. *Minimalzeichen* (→ 6.1.2.1); noch kleinere Einheiten, etwa einzelne Laute, haben keine Bedeutung mehr. Nach oben hin sind die Einheiten jedoch nicht begrenzt. Entsprechend unterscheidet man eine **lexikalische Semantik** (Wortsemantik), eine **Satzsemantik** und eine **Textsemantik** – nach den grössten Einheiten der jeweiligen Sprachebenen (Morphologie, Syntax und Textlinguistik). Der semantische Charakter dieser Einheiten ist dabei recht unterschiedlich: Die Bedeutung von Wörtern können wir in der Regel in Wörterbüchern nachschlagen. Wir würden aber sicher nicht versuchen, die Bedeutung von Phrasen (Wortgruppen), von Sätzen oder gar von Texten nachzuschlagen. Ausdrücke, die grösser als ein Minimalzeichen sind (d. h. komplexe Wörter, Phrasen, Sätze, Texte), bilden eine offene Klasse. Wir können jederzeit neue komplexe Ausdrücke wie *Bambusphobie* oder *Melonenhaftigkeit* (→ 6.1.3) bilden und tun dies auch laufend im Sprachgebrauch. Ein Nachschlagewerk für solche Ausdrücke wäre somit ein unendliches Unterfangen. Es wäre darüber hinaus aber in weiten Teilen auch ein überflüssiges Unterfangen, weil wir ja nicht nur fähig sind, komplexe Ausdrücke zu formen, sondern meist auch die Bedeutung eines komplexen Ausdrucks aus der Bedeutung seiner Bestandteile (Konstituenten) und der Art ihrer Verknüpfung herleiten und verstehen können (vgl. Partee 1984: 281). Dieses sog. **Kompositionalitätsprinzip** (Frege-Prinzip) stellt sicher, dass wir Neubildungen wie *Melonenhaftigkeit* oder Sätze, die wir noch nie im Leben gehört haben, dennoch unkompliziert verstehen können.

In der Forschung gibt es einen Streit über die Reichweite der Kompositionalität, also darüber, welche Bedeutungsaspekte einer Äusserung tatsächlich aus ihren Bestandteilen vorhersagbar sind. Weiss ich z. B. wirklich, was das komplexe Wort *Taschenbuch* bedeutet, wenn ich die Ausdrücke *Tasche* und *Buch* kenne? Kann man nicht auch fest gebundene Bücher in einer Tasche transportieren? Um welche Art von Tasche geht es überhaupt – eine Hosentasche, eine Handtasche? Auch Phraseologismen, also feste Wortverbindungen wie *ins Gras beissen* ‚sterben' oder *auf die Zwölf*,auf den Kopf' haben eine Bedeutung, die nicht kompositional hergeleitet werden kann, sondern gelernt werden muss, eine sog. **lexikalische Bedeutung**. Da zahlreiche Bedeutungsaspekte komplexer Ausdrücke sich bei genauer Betrachtung als nicht (oder zumindest nicht vollständig kompositional) erweisen, und zwar nicht nur in marginalen Bereichen, sondern auch im Kern der Grammatik, wird das Kompositionalitätsprinzip verschiedentlich kritisch gesehen, z. B. in der Konstruktionsgrammatik (→ 7.3.3) oder der Frame-Semantik (→ 3.4.4).

Wie auch immer man dazu steht: Klar ist, dass eine Zerlegung komplexer Ausdrücke in bedeutungstragende Bestandteile nicht endlos möglich ist, sondern dass man relativ bald bei Konstituenten ankommt (Minimalzeichen, Wörter, Phraseologismen bzw. Konstruktionen), deren Bedeutung man wissen muss, um den komplexen Ausdruck verstehen zu können. Für diese Elemente gilt also eine andere Art von Semantik: nicht eine der Kompositionalität, sondern eine der Arbitrarität (→ 2.3.1.2). Solche Bedeutungen sind Bestandteil unseres mentalen Lexikons und müssen im Rahmen des Spracherwerbs erlernt werden. Entsprechend zerfällt die Semantik als sprachwissenschaftliche Disziplin grob in zwei Teile: Die arbiträre Bedeutung von Wörtern und Wortbestandteilen wird im Rahmen der lexikalischen Semantik behandelt, während Satzsemantik und Textsemantik leistungsfähige logische Formelsprachen entwickelt haben, um die Kompositionalität der Bedeutung komplexer Ausdrücke zu beschreiben (→ 3.1.2). Feste Wortverbindungen wie *ins Gras beissen*, deren Bedeutung nicht-kompositionell ist, werden dagegen schwerpunktmässig in anderen Disziplinen behandelt, etwa in der Phraseologie oder in Grammatiktheorien, die den Anspruch haben, auch solche Ausdrücke zu erfassen (z. B. die Konstruktionsgrammatik).

Im Vergleich mit anderen linguistischen Teildisziplinen ist der Gegenstand der Semantik besonders schwer zu fassen, was sowohl am Beschreibungsobjekt als auch an den Beschreibungsmitteln liegt. Die Inhaltsseite eines sprachlichen Zeichens ist uns – anders als die Ausdrucksseite – nicht unmittelbar sinnlich (auditiv oder visuell) zugänglich, da Bedeutungen einen immateriellen Charakter aufweisen. Wir verwenden deshalb im Alltag eine der folgenden Strategien, wenn wir Bedeutungen explizieren möchten:
- Wir zeigen auf Gegenstände (und retten uns also – semiotisch gesehen – in die Referenz): *Was ist ein „Breitwegerich"? Na, das da* [mit Zeigegeste]!
- Wir formulieren Paraphrasen, produzieren also Zeichen, die ungefähr dasselbe bedeuten wie die fraglichen Zeichen: *„Hippogryph" bedeutet Fabelwesen, das halb Greif, halb Pferd ist.*
- Wir nennen Gebrauchsbedingungen für das Zeichen: *„Gopferdeckel" sagt man in der Schweiz, wenn man sich ärgert.*

Diese Alltagsstrategien, die Bedeutung sprachlicher Zeichen zu explizieren, kommen im Prinzip auch in der Wissenschaft vor: So paraphrasieren wir die Bedeutung von sprachlichen Ausdrücken und definieren spezielle Fachausdrücke (Termini), die anders als umgangssprachliche Ausdrücke in ihrer Bedeutung exakt festgelegt werden. In der Lexikografie erstellen wir Bildwörterbücher, die Fotos oder ikonische Darstellungen eines prototypischen Vertreters enthalten und damit eine indirekte Referenz (mittels eines nicht-sprachlichen Zeichens) auf den betreffenden Gegenstand leisten. Und in vielen Wörterbüchern werden situative, soziale, regionale, medienspezifische u. a. Gebrauchsbedingungen für das jeweilige Wort verzeichnet: In welchen Kontexten verwendet man z. B. den Ausdruck *kriegen* (umgangssprachlich) und wo den Ausdruck *bekommen* (unmarkiert)? Solches Wissen wird in manchen Bedeutungstheorien als ein wesentlicher Aspekt der Bedeutung des Sprachzeichens betrachtet (→ 3.2.1.3). Die relevanten Kontexte können mittlerweile in grossen linguistischen Korpora ermittelt und in sog. *Word-Embeddings* modelliert werden (→ 3.4.5).

Trotz des einer Beobachtung nicht unmittelbar zugänglichen Charakters von Bedeutungen verfügt die Sprachwissenschaft über geeignete Methoden, diese zu untersuchen. Das einfachste und gebräuchlichste Verfahren ist dabei die **Introspektion** (Selbstbeobachtung), also die Nutzung der eigenen semantischen Kompetenz. Zumindest im Kernbereich unserer Erstsprache kennen wir die Bedeutung der meisten Sprachzeichen und können kompetent angeben, ob ein Satz sinnvoll ist. Unser Bedeutungswissen ist allerdings (wie auch unsere grammatische Kompetenz) implizites Wissen, mit dem wir unbewusst semantische Informationen verarbeiten, das sich aber deutlich schwerer explizieren lässt. Zudem ist es subjektives Wissen, dessen allgemeine Geltung erst noch per Befragung überprüft werden müsste. Für die Analyse der kognitiven Organisation unseres Bedeutungswissen kommen auch aufwendigere psycho- und neurolinguistische Methoden zum Einsatz, etwa die Untersuchung von Versprechern und Aphasien (Sprachstörungen), Verstehenszeitmessungen oder der Einsatz von bildgebenden Verfahren.

Wenn wir uns – im Alltag oder in der Wissenschaft – über Bedeutungen austauschen, geschieht das meist unter Verwendung derselben sprachlichen Ressourcen, mit denen der zu erklärende Ausdruck gebildet ist. Wenn z. B. das Duden-online-Wörterbuch die Bedeutung des Ausdrucks *Weintraube* mit der Paraphrase ‚Beerenfrucht der Weinrebe' expliziert, wird die Kenntnis des Ausdrucks *Wein* und ganz allgemein die Beherrschung der deutschen Sprache bereits vorausgesetzt. Untersuchungsgegenstand (das Explikandum) und Beschreibungsmittel (das Explikans) sind also weitgehend identisch. Wir benutzen andere Zeichen derselben Sprache und behaupten damit, dass das Explikandum etwa dasselbe bedeute. Dies wäre nun ein präzises Verfahren, wenn die Bedeutung des Beschreibungsmittels eindeutig geklärt wäre. Das ist jedoch normalerweise beim Sprechen über Sprache nicht der Fall, da beide Ebenen demselben natürlichsprachlichen System angehören (hier: der deutschen Sprache), das prinzipiell mehrdeutig und vage ist (→ 3.2.3). Dieses Verfahren ist somit zirkulär und unpräzise.

Dies ist gewissermassen die semantische Erscheinungsform eines Grundproblems der Sprachwissenschaft: dass nämlich ihre **Objektsprache** (die Sprache der Zeichen, über die man etwas aussagt) und ihre **Metasprache** (die Sprache, mit der man etwas über sprachliche Zeichen aussagt) identisch sind. Wir explizieren die Bedeutungsseite natürlichsprachlicher Zeichen mit ebenfalls natürlichsprachlichen Zeichen, deren Bedeutung dabei alles andere als geklärt ist – ihre Kenntnis wird einfach vorausgesetzt. Es ist im Prinzip eine Stärke menschlicher Kommunikation, dass wir in der Lage sind, über Sprache zu sprechen, Sprache also reflexiv zu benutzen. Es können daraus jedoch leicht Missverständnisse resultieren: So finden sich im Internet z. B. Fotos von Geburtstagstorten mit der Aufschrift „Just write Happy Birthday", bei denen offensichtlich die Sequenz *Happy Birthday* bei Aufnahme der Bestellung nicht als objektsprachlich erkannt wurde. Sehr häufig wird die Vermischung der beiden Ebenen Objekt- und Metasprache mit humoristischer Absicht eingesetzt, etwa wenn auf die Aufforderung „Sag was!" schlicht „was" entgegnet wird.

(1) Let me tell you a little about myself. It's a reflexive pronoun that means „me" (Comedian Ally Houston, *The Guardian*, 25.08.2015).

(2) What's E. T. short for? He's got little legs.

Auch bei (1) beruht die Pointe darauf, dass für die Prämisse unerwartet eine metasprachliche Lesart durchgesetzt wird. Das Element *myself* ist nicht sprecherdeiktisch (→ 4.2.5) auf die erzählende Person zu beziehen, sondern als Objektsprache zu interpretieren. Dieses Verfahren funktioniert ebenso in die andere Richtung: Bei (2) wird die Erwartung einer metasprachlichen Prämisse unterlaufen, indem in der Pointe mit *E. T.* auf die Hauptfigur des gleichnamigen Spielfilms und nicht auf ihren Namen Bezug genommen wird.

Während in der Alltagssprache solche Interpretationsspielräume kein Problem darstellen oder sogar – wie in den genannten Beispielen – erwünscht sind, gelten für wissenschaftliche Texte deutlich höhere Standards an Exaktheit im Ausdruck (→ 6.1.1). Um mögliche Missverständnisse zu vermeiden, werden objektsprachliche Ausdrücke deshalb in linguistischen Texten in der Regel kursiviert, was eine präzisere Argumentation erlaubt. Während z. B. in (3a) etwas über einen Eigennamen ausgesagt wird, bezieht sich (3b) auf die betreffende Person, die im Text möglicherweise gar nicht mit ihrem Vornamen erwähnt ist (sondern mit ihrem Familiennamen, Spitznamen oder einer Berufsbezeichnung). Für viele Ebenen des Sprachsystems (z. B. Phonetik, Phonologie, Graphematik, Morphologie) gibt es sogar eigene Notationen, durch die die objektsprachlichen Einheiten spezifisch gekennzeichnet werden können (vgl. 4a). Bedeutungen werden dabei typischerweise in einfache Anführungszeichen gesetzt (vgl. 4b).

(3) a. *Paulina* kommt im Text zweimal vor.
    b. Paulina kommt im Text zweimal vor.

(4) a. Das Morphem {rot} beginnt mit dem Phonem /r/, das als <r> geschrieben wird und in Deutschland in der Variante [R] vorkommt.
    b. *Kökkenmöddinger* bedeutet ‚Abfallhaufen der Steinzeitmenschen'.

Um eine eindeutige Trennung von Objekt- und Metasprache zu erreichen, verwendet die Formale Semantik (→ 3.1.2) für die Explikation von Bedeutungen sogar den Formalismus der Prädikatenlogik, also eine logisch-mathematische Kunstsprache, die ein exaktes Beschreibungsmittel darstellt. Auch die Theorie der *Natural Semantic Metalanguage* (→ 3.4.2) versucht, dem Problem der zirkulären Bedeutungsbeschreibung zu begegnen.

3.1.2 Forschungsgeschichte

Die Semantik beschäftigt sich ganz allgemein mit der Bedeutung, also mit der immateriellen Seite sprachlicher Zeichen. Bereits im Kapitel zur Semiotik wurde festgehalten, dass etwas ein Zeichen ist, wenn es eine Bedeutung trägt. Semiotik und Semantik haben ähnlich klingende Namen (von griech. *sēmeîon* ‚Zeichen'). Während aber die Semiotik einen allgemeinen Rahmen für die Erklärung von Sprache als Zeichensystem absteckt, liefert die Semantik die analytischen Werkzeuge, um Bedeutungsaspekte solcher Zeichen im Detail zu beschreiben.

Die Bezeichnung *Semantik* wird dabei im Deutschen erst zu Beginn des 20. Jahrhunderts gebräuchlich (entlehnt aus frz. *sémantique*). Überhaupt ist die „Bedeutungslehre" als sprachwissenschaftliche Teildisziplin vergleichsweise spät entstanden. Die gelehrte Beschäftigung mit der Bedeutung von sprachlichen Zeichen hat allerdings eine sehr traditionsreiche Vorgeschichte. Lange Zeit hat man sich damit vor allem im Rahmen sprachphilosophischer Reflexionen beschäftigt. Bereits in Platons Dialog „Kratylos" (4. Jh. v. Chr.), dem europäischen Gründungsdokument philosophischen Nachdenkens über Sprache, wird die Frage diskutiert, ob Wörter ihre Gegenstände von Natur aus bezeichnen (Naturalismus) oder ob sie ihnen konventionell zugeordnet sind (Konventionalismus). Platons Schüler Aristoteles lieferte dann in der Einleitung zu „De interpretatione", dem zweiten Buch seiner Schriften zur Logik (dem sog. *Organon*), die begrifflichen Grundlagen für die spätere wissenschaftliche Diskussion von Bedeutungen. Er unterschied dabei: (1) die Gegenstände der aussersprachlichen Wirklichkeit, (2) Vorstellungen davon, also Abbilder in der Seele (bzw. modern interpretiert: mentale Konzepte), (3) gesprochene Wörter als Symbole für diese Vorstellungen und (4) Geschriebenes als Symbol für das Gesprochene. In dieser gestuften Bezeichnungsordnung seien (3) und (4) offensichtlich sprachspezifisch und damit konventionell, während die Gegenstände und Vorstellungen universellen Charakter hätten. Eine zentrale Rolle nahm die Semantik schliesslich im Denken der mittelalterlichen Scholastik ein – „the largest and most elaborate tradition in the history of semantics" (Meier-Oeser 2011: 154). Hier, im *âge du symbole*, wurden zentrale Grundpositionen entwickelt, die noch heute den Blick auf die Bedeutung sprachlicher Zeichen prägen (→ 3.2.1). Zudem wurden erstmals auch Funktionswörter systematisch untersucht, und mit Petrus Abaelardus verschob sich der Fokus zunehmend von der Wort- auf die Satzsemantik.

Neben solchen theoretischen Fragen der Bedeutung von Sprachzeichen finden sich jedoch auch praktische Zugänge. So wurde etwa in der Theologie für die Textauslegung (Bibelexegese) die Methode des sog. vierfachen Schriftsinns (*quatuor sensus scripturae*) entwickelt, nach der Bibelstellen nicht nur wörtlich (literal) zu verstehen seien. Entsprechend habe beispielsweise *Jerusalem* eine vierfache Bedeutung: literal als Stadt der Juden, „allegorisch" als Kirche Christi, „tropologisch" als die menschliche Seele und „anagogisch" als die „himmlische Gottesstadt, die die Mutter von uns allen ist" (Cassianus 14,8).

Die Intensität der mittelalterlichen Reflexion über semantische Fragen fand in der Frühen Neuzeit zwar keine unmittelbare Fortsetzung, es entstanden dafür aber neue Traditionen, etwa zur Dokumentation von Bedeutungsbeziehungen zwischen Wörtern. So wurden nun erste Synonymwörterbücher als sprachpraktische Hilfsmittel veröffentlicht (z. B. Schöpper 1550), und sog. *Sprachenharmonien* verzeichneten bedeutungsgleiche Wörter aus einer Vielzahl von Sprachen (z. B. Hutter 1602). Auch in der Grammatikografie und der Übersetzungstheorie findet sich viel unsystematisch Verstreutes über die Bedeutung sprachlicher Zeichen. Parallel dazu lieferte die sprachphilosophisch-zeichentheoretische Beschäftigung mit semantischen Fragen weiterhin bedeutende Beiträge (z. B. die Grammatik und Logik von Port-Royal, → 7.2, John Locke und Gottfried Wilhelm Leibniz). Eine im engeren Sinn sprachwissenschaftliche Bedeutungsforschung begann jedoch erst im 19. Jahrhundert nach der Etablierung der Deutschen Philologie als universitärem Studienfach. Dies führte zu einer intensiven Erforschung der historischen Semantik des deutschen Wortschatzes, vor allem im Rahmen der Lexikografie des Alt- und Mittelhochdeutschen und der Etymologie, also der Wissenschaft von Herkunft und Geschichte der Wörter und ihrer Bedeutung. Auch aus der Dialektologie kamen wichtige Impulse, u. a. die Unterscheidung von **Semasiologie** und **Onomasiologie** als komplementäre Perspektiven der Semantik. Während eine semasiologische Fragestellung den Blick von der Ausdrucksseite eines Sprachzeichens auf seine Inhaltsseite richtet, also fragt, was ein bestimmter Ausdruck bedeutet, ist die onomasiologische Perspektive genau entgegengesetzt: Welche Ausdrücke existieren für ein bestimmtes semantisches Konzept als diatopische, also räumliche Varianten (im Standard oder in Dialekten) oder als diachronische, also zeitliche Varianten (in verschiedenen Sprachepochen)? Die nachfolgende Karte (Abb. 3.1) zeigt z. B. die unterschiedlichen Ausdrücke für das Konzept ‚schaukeln' in den schweizerdeutschen Dialekten; der QR-Code liefert zusätzlich noch Aussprachebeispiele.

3.1 Semantik als linguistische Disziplin — 49

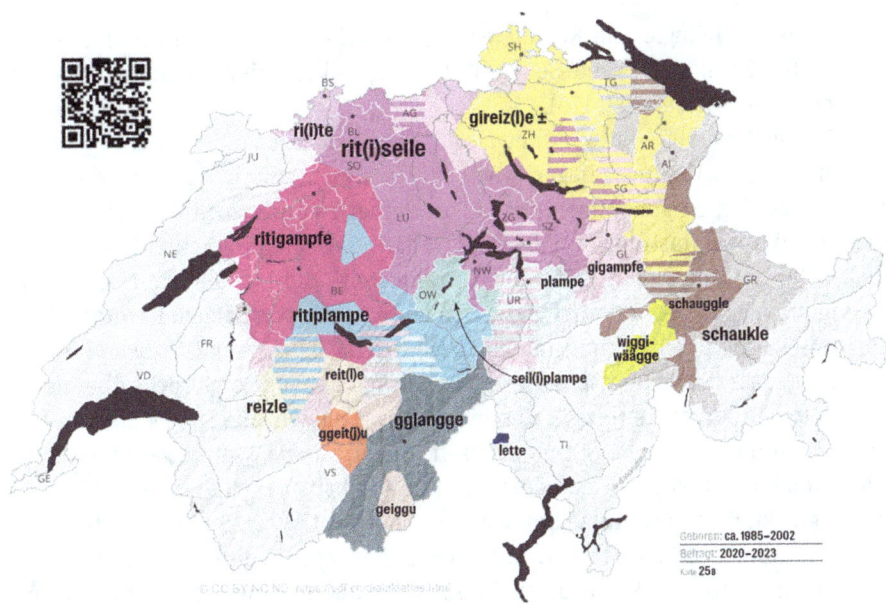

Abbildung 3.1: Konzept ‚schaukeln' im Schweizerdeutschen (Leeman et al. 2025, Karte 25b).

In der ersten Hälfte des 20. Jahrhunderts bildete die Beschäftigung mit semantischen Fragen zunächst keinen Schwerpunkt des aufblühenden Strukturalismus, obwohl gerade die funktionalistisch ausgerichtete Prager Schule (Nikolai Trubetzkoy, Roman Jakobson) die Semantik durchaus als wichtig ansah und z. B. zur Bestimmung von Phonemen (→ 5.5.1) nutzte (vgl. Hajicová 1995: 260 f.). Mit der Zeit entstanden dann aber einflussreiche „strukturalistische" Modelle und Theorien zur Semantik, deren Urheber sich selbst allerdings gar nicht alle als Strukturalisten verstanden: Die von Jost Trier (1931) entwickelte Wortfeldtheorie etwa (→ 3.4.1) wird oft als Ursprung einer strukturalistischen Semantik angesehen, obwohl Trier viel stärker in der Tradition der Inhaltbezogenen Grammatik Leo Weisgebers verwurzelt war, die die germanistische Linguistik in diesen Jahren prägte. Grosse Relevanz gewann während der zweiten Hälfte des 20. Jahrhunderts die sog. Merkmalsemantik (→ 3.4.2) als prominentestes Modell semantischer „Dekomposition" (also Zerlegung von Bedeutungen in kleinere Bestandteile). Ihre Ursprünge liegen im europäischen Strukturalismus (z. B. Hjelmslev 1943/1953: 70) und in der amerikanischen Ethnolinguistik der 1950er-Jahre (vgl. Lounsbury 1956; Goodenough 1956). Aufgrund unübersehbarer Limitationen erwuchs diesem Modell dann ab den 1970er-Jahren erhebliche Konkurrenz, unter anderem aus dem Umfeld von

Kognitionspsychologie und Kognitiver Linguistik (→ 7.3.3), die mit Prototypensemantik (→ 3.4.3) und Frame-Semantik (→ 3.4.4) alternative Entwürfe vorlegten (vgl. bereits Fillmore 1975: 123).

Eine völlig andere Entwicklung als die Wort-Semantik, auf der der hauptsächliche Fokus von Kapitel 3 liegen wird, hat die Beschreibung der Bedeutung von Sätzen und Texten genommen. Diese Forschungstradition wird deshalb nachfolgend noch etwas ausführlicher besprochen: Die Satzsemantik entwickelte ab den 1960er-Jahren unter dem Einfluss der Prädikaten- und Modallogik, also philosophischen bzw. mathematischen Systemen zur Analyse von Sätzen, leistungsfähige formal-logische Beschreibungsmittel. Damit liess sich das grundsätzliche Problem umgehen, dass man in der Sprachwissenschaft mit natürlicher Sprache über natürliche Sprache sprechen muss. Man schuf gewissermassen eine eigene Metasprache zur Bedeutungsbeschreibung von Sätzen. Entsprechend waren gerade Philosophen und Mathematiker wie Rudolf Carnap, Saul Kripke, David Lewis und Richard Montague zu Beginn wichtige Impulsgeber. Nach Vorläufern im Kontext der Generativen Grammatik (Jerrold Katz und Jerry Fodor) entstand im Rahmen der Montague-Grammatik das Forschungsfeld einer **Formalen Semantik** (modelltheoretischen Semantik) mit dem Anspruch, die Bedeutung natürlichsprachlicher Sätze logisch präzise darzustellen. Die ursprüngliche Skepsis, ob die Logik überhaupt ein geeignetes Werkzeug für die Beschreibung der Vagheit und Mehrdeutigkeit (→ 3.2.3) natürlicher Sprachen sei, wurde bei Montague (1970) abgelegt, der selbstbewusst den Anspruch formulierte, „English as a formal language" beschreiben zu wollen. Seither wurden mächtige Beschreibungssysteme entwickelt, mit denen auf der Grundlage des Kompositionalitätsprinzips wahrheitsfunktionale Interpretationen für Aussagesätze in sog. *möglichen Welten* untersucht werden können. Zentral sind also u. a. folgende Elemente:

- das Kompositionalitätsprinzip, nach dem sich die Bedeutung eines komplexen Ausdrucks (z. B. eines Satzes) aus der Bedeutung seiner Teile und der Art ihrer Verknüpfung ergibt (→ 3.1.1).
- die wahrheitskonditionale Semantik, nach der die Bedeutung eines Satzes in dessen Wahrheitsbedingungen besteht, also den allgemeinen Bedingungen, unter denen er wahr ist. „Einen Satz verstehen, heißt, wissen was der Fall ist, wenn er wahr ist." (Wittgenstein 1922: 4.024). Um ihn zu verstehen, muss man also nicht wissen, ob er wahr ist, sondern seine Wahrheitsbedingungen kennen.
- die Mögliche-Welten-Semantik: Die Satzbedeutung (Proposition) wird mit der Menge derjenigen möglichen Welten identifiziert, in denen der in einem Kontext geäusserte Satz wahr ist. Mit dem Konzept möglicher Welten wird – vereinfacht gesagt – der variable Äusserungskontext eines Satzes berücksichtigt.

Als Notation wird auf die Formelsprache der Prädikatenlogik zurückgegriffen. Diese stellt eine Aussage als eine mathematische Funktion des Typs $f(x_1, x_2)$ dar. Dabei ist f das Prädikat des Satzes, x_1 und x_2 stehen für die sog. *Argumente*. Entsprechend kann man auch in der Linguistik Wörter als Funktionen betrachten, die Argumente nehmen und einen Wert liefern. Ein einfacher Aussagesatz wie *Tim ist krank* lässt sich z. B. als krank(Tim) notieren bzw. abgekürzt K(t) mit *K* für *krank* und *t* für den Eigennamen *Tim* (als sog. *Individuenkonstante*). Für Aussagen wie *Tim ist ein Bruder von Anna* werden Relationen, also mehrstellige Prädikate wie Bruder(Tim, Anna) bzw. B(t, a) benötigt. Für komplexere Sätze verwendet man ein spezielles „Alphabet" aus Variablen (wie *x*), Junktoren (wie ∧ ‚und'; ∨ ‚oder'; → ‚wenn, dann') und Quantoren (wie dem Allquantor ∀x ‚für alle x gilt' und dem Existenzquantor ∃x ‚es gibt ein x, für das gilt'). Ein Satz wie *Alle Kinder sind laut* lässt sich dann darstellen als: ∀x(Kind(x) → laut(x)), also ‚für alle x gilt: Ist x ein Kind, dann ist x laut'. Durch zusätzliche Erweiterungen lassen sich dann z. B. auch Tempus oder Modalbegriffe (‚möglicherweise', ‚notwendigerweise') formalisieren. Detaillierte Einführungen auf Deutsch in die Formale Semantik bieten etwa Lohnstein (2011), Schwarz/Chur (2014: Teil II), Pafel/Reich (2016: Kap. IV) oder Gutzmann (2019).

Als eigenständige formalsemantische Theorie und als Alternative zur Mögliche-Welten-Semantik entstand in den 1980er-Jahren die sog. *Situationssemantik* (Jon Barwise, John Perry), deren Ziel es ist, die Kontextgebundenheit von Sätzen genauer zu beschreiben und auch der Tatsache Rechnung zu tragen, dass die Sprechenden unterschiedliche Perspektiven auf eine Situation haben können. Diese Semantik ersetzt deshalb das Konzept möglicher Welten durch sog. *Situationen*, d. h. Mengen von individuellen Einzeldingen (in einem weiten Sinn), Eigenschaften und Relationen. Die Bedeutung von Sätzen entspricht dann der Menge der möglichen Situationen, in denen diese wahr sind. Die verschiedenen Situationen werden dabei als Teile der wirklichen Welt betrachtet, nicht als eigene mögliche Welten (vgl. Stojanovic 2012; Kratzer 2021). Die Situationssemantik lieferte wichtige Impulse für die Entwicklung der Satzsemantik und sogar für den Bereich der dialogischen Interaktion (vgl. Ginzburg 2011).

Eine weitere wichtige Entwicklung in der Formalen Semantik geht auf Überlegungen des Philosophen Donald Davidson (1967) über die Relevanz von Ereignissen für die Bedeutung von Verben und Sätzen zurück. Ereignisse, also spezifische, d. h. nicht wiederholbare raum-zeitliche Entitäten, werden als grundlegende ontologische Kategorien betrachtet, die für die sprachliche Beschreibung der Welt wichtig sind. Die sog. *Ereignissemantik*, die sich vor allem ab den 1980er-Jahren in einer „neo-Davidson'schen" Form sehr dynamisch entwickelt hat, führt deshalb eine eigene Variable für Ereignisse in die formalisierte Beschreibung von Bedeutungen ein. Das Verb (und verschiedene andere lexikalische Kategorien) wird dabei als logisches Prädikat mit einem speziellen Ereignisargument aufgefasst.

Zudem hat man seit den 1980er-Jahren in der Formalen Semantik den Blick über den Satz hinaus auf die Textebene ausgeweitet. Sätze sind keine isolierten Bedeutungsträger, sondern eingebettet in ein „konzeptuelles" Netz von Informationen, die zur Konstituierung ihrer Bedeutung beitragen: Sätze bauen auf vorangehenden Sätzen auf; nachfolgende Sätze können zu einem „Update" ihrer Bedeutung führen. Einer der ersten und einflussreichsten Ansätze zur Beschreibung solcher semantischen Strukturen ist die Diskursrepräsentationstheorie (DRT) von Hans Kamp (1981), bei der ein Satz oder Text sukzessive, analog zum Textverlauf, in eine sog. *Diskursrepräsentationsstruktur* (DRS) übertragen wird. In dem zunächst leeren Feld der DRS werden Personen, Objekte und Ereignisse (die „Diskursreferenten") des Texts schrittweise notiert, und zwar bei neuen Referenten mit einer eigenen Kennzeichnung (z. B. x, y, z); wiederkehrende Elemente werden mit den bereits eingeführten Referenten gleichgesetzt. Die DRT ist damit ein Modell, das die kognitive Repräsentation von Texten dynamisch darstellt und eine Analyse von Bedeutungen auch über Satzgrenzen hinweg erlaubt.

Dies war ein wichtiger Startpunkt für eine flexiblere Sicht auf Bedeutung, wie sie im Rahmen des Forschungsprogramms einer *Dynamic Semantics* seither entwickelt wird. Anstelle einer statischen wahrheitsfunktionalen Bestimmung von Propositionen, bei der der fertige Informationsgehalt eines Satzes dessen Bedeutung liefert, wird in der dynamischen Perspektive die semantische Interpretation von Sätzen als ein Prozess aufgefasst. Sätze werden schrittweise informationell „upgedatet", weshalb das *information change potential* eines Satzes seine Bedeutung konstituiert, nicht sein fixer Informationsgehalt. Prominente Vertreter dieser Richtung sind die sog. *Update Semantics* (vgl. Veltman 1996) und die Dynamische Prädikatenlogik (vgl. Groenendijk/Stokhof 1991).

In neuerer Zeit spielen semantische Fragen aber vermehrt auch in der maschinellen Verarbeitung von Text eine wichtige Rolle: Wenn eine Suchmaschine im Internet relevante Dokumente finden soll oder Texte automatisch in verschiedene Sprachen übersetzt werden, muss ein Computerprogramm bis zu einem gewissen Grad die Bedeutung von Wörtern, Sätzen und Texten verstehen können. Zwar helfen dabei z. B. Wörterbücher, in denen bedeutungsgleiche Wörter (Synonyme) oder Übersetzungen in andere Sprachen aufgelistet sind. Solche Listen stossen jedoch auch schnell an Grenzen, da die Bedeutung eines Ausdrucks stark von seinem jeweiligen Kontext abhängig ist. Genau diese Einsicht ist für den Kontextualismus und Distributionalismus eine wichtige Prämisse. Mit immer grösseren Rechenleistungen und riesigen verfügbaren Mengen von Text in digitaler Form existieren heute Methoden des neuronalen Lernens, um die Bedeutung von Ausdrücken als deren Einbettung in typische Kontexte aufzufassen. Wortbedeutungen können so mathematisch ausgedrückt werden, und es ist möglich, damit zu „rechnen". Wie das grundsätzlich funktioniert, wird in Abschnitt 3.4.5 erklärt. Diese Auffassung von Semantik ist damit nicht nur ein Gegenmodell zur Formalen Semantik, sondern stellt auch Konzepte wie die semantischen Relationen (Synonymie, Antonymie etc., → 3.3) infrage.

3.2 Bedeutung – eine Annäherung

3.2.1 Bedeutungstheorien

Das Nachdenken über sprachliche Bedeutungen hat seit den sprachtheoretischen Schriften der Antike zu einer umfangreichen semantischen Theoriebildung geführt. Nachfolgend werden drei noch heute relevante Familien von Theorien stark vereinfacht vorgestellt, die wissenschaftsgeschichtlich unterschiedlich alt sind, deren Fortsetzer jedoch in der aktuellen Diskussion noch immer eine wichtige Rolle spielen: **realistische, kognitive** (nominalistische) und **handlungstheoretische** Bedeutungstheorien. Die Grundlagen dieser Theorien stammen jeweils aus der Philosophie, wo bereits im Zusammenhang mit klassischen Problemen der Logik, Ontologie und Erkenntnistheorie die Frage sprachlicher Bedeutung über die Jahrhunderte immer wieder aufs Neue relevant geworden war. Für die moderne Sprachwissenschaft waren besonders Entwicklungen seit Beginn des 20. Jahrhunderts prägend, als sich die Sprachphilosophie im Rahmen der sog. *analytischen* Philosophie (Gottlob Frege, Wiener Kreis, Ludwig Wittgenstein etc.) zu einem zentralen Forschungsfeld entwickelte und einen regelrechten *linguistic turn* auslöste. Zahlreiche philosophische Fragestellungen wurden plötzlich als primäre Sprachprobleme aufgefasst, wie bereits die Titel einiger Publikationen von Rudolf Carnap, einem Hauptvertreter dieser sprachphilosophischen Richtung, illustrieren: „Die physikalische Sprache als Universalsprache der Wissenschaft" (1931), „Überwindung der Metaphysik durch logische Analyse der Sprache" (1932) oder „Logische Syntax der Sprache" (1934).

Viele der seither diskutierten bedeutungstheoretischen Positionen der Sprachphilosophie wurden auch in der Linguistik fruchtbar, die ihrerseits – zumindest in gewissem Umfang – auf die Sprachphilosophie eingewirkt hat.

3.2.1.1 Realistische Bedeutungstheorien
Realistisch heißen solche Theorien, weil sie an die Tradition des philosophischen Realismus (siehe Vertiefung 3.1) anknüpfen. Nach dieser Anschauung, der wissenschaftsgeschichtlich ältesten Bedeutungstheorie, bilden natürliche Sprachen

eine aussersprachliche Wirklichkeit ab, deren Gestalt objektiv gegeben, also nicht sprachabhängig sei. Die „ontologische" Struktur der Realität liege auch ohne die Sprache bereits fest. Die Bedeutung von sprachlichen Ausdrücken ergebe sich einfach durch deren Zuordnung zu „Entitäten" der Realität, nämlich Gegenständen, Begriffen und Sachverhalten. Die Anfänge dieser Theorie liegen bereits in der Antike: Nach Platons Ideenlehre existieren Entitäten wie das PFERD AN SICH oder der TISCH AN SICH getrennt von den sinnlich wahrnehmbaren Dingen als reale, unvergängliche „Ideen". Diese liefern die Muster für die Welt der konkreten, einzelnen Dinge. Die Allgemeinbegriffe der Sprache wie *Pferd* oder *Tisch* seien den Ideen zugeordnet.

Vertiefung 3.1: Realismus
In der Philosophie stellt der Realismus eine mögliche Antwort auf die Frage nach dem Status der Realität dar, nämlich die Annahme einer weitgehenden Unabhängigkeit der Wirklichkeit von z. B. dem Bewusstsein (d. h. unserem Wahrnehmen, Denken etc.) oder der Sprache. Die Gegenposition wird als *Idealismus* oder *Antirealismus* bezeichnet. *Realismus* dient dabei als Oberbegriff für verschiedene Positionen zu spezifischen Fragestellungen. So postuliert beispielsweise:
- der *ontologische Realismus*, dass die Beschaffenheit der Realität unabhängig von unserem Bewusstsein sei,
- der *erkenntnistheoretische Realismus*, dass die Wirklichkeit prinzipiell erkennbar sei, freilich in unterschiedlichem Umfang (schwacher vs. starker Realismus), und
- der *semantische Realismus*, dass die Beschaffenheit der Realität unabhängig von unserer Sprache sei.

Die verschiedenen Ebenen sind dabei durchaus unabhängig. Der ontologische Realismus muss beispielsweise nicht zwangsläufig auch einen semantischen Realismus bedingen.

In Beispiel (5a) etwa bezeichnet der Eigenname *Jonas* einen logischen „Gegenstand", nämlich die betreffende Person (der philosophische Sprachgebrauch ist hier etwas gewöhnungsbedürftig), und das einstellige logische Prädikat gross(x) die Eigenschaft des Grossseins. Der ganze Satz bezeichnet den (möglicherweise zutreffenden, möglicherweise falschen) Sachverhalt, dass Jonas gross ist. In (5b) liegt dagegen ein zweistelliges Prädikat grösser(x_1, x_2) vor. Damit wird keine Eigenschaft bezeichnet, sondern eine Relation, und zwar eine zwischen den Gegenständen Jonas und Laura.

(5) a. Jonas ist gross.
    b. Jonas ist grösser als Laura.

Was ein Ausdruck bezeichnet – den jeweiligen Gegenstand, Begriff oder Sachverhalt –, das wird in realistischen Konzeptionen in ihrer einfachsten Form als seine

Bedeutung aufgefasst. Sprachliche Ausdrücke sind Entitäten konventionell zugeordnet (siehe Tabelle 3.1), „und allein in dieser konventionellen Beziehung besteht die semantische Funktion der Ausdrücke. Das ist nach dieser Theorie das ganze Geheimnis der Bedeutung sprachlicher Ausdrücke." (Kutschera 1975: 40)

Tabelle 3.1: Bedeutung in einfachen realistischen Bedeutungstheorien.

Typen sprachlicher Ausdrücke		Entitäten
Name	Zuordnung	Gegenstand
Prädikat		Attribut (Begriff), d. h. Eigenschaft oder Relation
Satz		Sachverhalt (Proposition)

Aus dieser Zuordnungsbeziehung wird in realistischen Bedeutungskonzeptionen eine grundsätzliche Übereinstimmung zwischen Sprache und der aussersprachlichen Welt abgeleitet, ohne die wir – im Verständnis des Realismus – nicht auf diese Welt Bezug nehmen und uns mit anderen darüber verständigen könnten. Mit sprachlichen Ausdrücken könne man also deshalb erfolgreich die Welt beschreiben, weil die Sprache bereits ein Abbild der sprachunabhängigen, objektiven Ontologie der Welt darstelle. Diese auch als „Abbildtheorie" bezeichnete Position wird von Ludwig Wittgenstein im „Tractatus logico-philosophicus" (1922) auf die Spitze getrieben: Sprache und Ontologie der Welt seien isomorph, also strukturgleich.

Diese Bemerkungen bedürfen allerdings einer doppelten Präzisierung. Zum einen ist das Reden von einer „aussersprachlichen Welt" nicht in einem empirisch-faktischen Sinne zu verstehen. Wir können auch über vergangene, zukünftige oder fiktive Entitäten sprechen (*Morgen wird Khaleesi die Drachen füttern*). *Sachverhalt* ist in der Sprachphilosophie also ein weiter gefasster Begriff als *Tatsache*: Tatsachen sind bestehende, also verwirklichte Sachverhalte. Natürliche Sprache bildet somit nicht Tatsachen ab, sondern Sachverhalte in möglichen Welten (also z. B. auch solchen, in denen Drachen existieren).

Zum anderen würde man bei der naiv-realistischen Zuordnung eines Eigennamens zu dem bezeichneten Gegenstand, also einer Gleichsetzung von Bedeutung mit Referenz (→ 2.2.3), schnell in Erklärungsnot kommen. Ein anschauliches und kanonisch gewordenes Beispiel hierfür stammt vom Logiker Gottlob Frege: Für den Planeten Venus stehen im Deutschen auch die beiden stilistisch gehobenen Ausdrücke *Morgenstern* und *Abendstern* zur Verfügung. Diese bezeichnen zwar denselben Gegenstand (die Venus), haben aber unterschiedliche Bedeutungen: das Konzept des betreffenden Himmelskörpers, sofern er entweder am Morgen- oder am Abendhimmel sichtbar wird. Die beiden Wörter sind also referenzidentisch (= logisch äquivalent), nicht aber synonym (= semantisch äquivalent).

Wenn Ausdrücke wie *Abendstern* und *Morgenstern* einfach das bedeuten würden, worauf sie referieren, würde aus der eigentlich sprachlichen Frage nach der Bedeutung zweier Sprachzeichen eine empirische Frage werden, die durch astronomische Himmelsbeobachtung geklärt werden müsste. Deshalb unterscheidet man mit Rudolf Carnap zwischen **Intension** und **Extension** eines Ausdrucks. Die Extension eines logischen Prädikats ist dabei der „Begriffsumfang", also die Menge der möglichen Referenten, die der Ausdruck bezeichnen kann, die Intension sein „Begriffsinhalt", also seine Bedeutung. Ein einstelliges Prädikat wie Mensch(x) hat somit den Begriff ‚Mensch' als seine Intension und die Menge aller Menschen als Extension. Carnap wendet diese Unterscheidung aber auch auf die anderen sprachlichen Ausdrücke an. So wird als Intension eines Satzes dessen Proposition bestimmt, als Extension sein Wahrheitswert. Die Intension eines Namens dagegen ist der „Individualbegriff", seine Extension der einzelne Referent, der diesen Namen trägt (z. B. die Personen Karl der Grosse, Jeanne d'Arc). Die realistische Bedeutungsauffassung in dieser logisch bestimmten Form der analytischen Philosophie (siehe Tabelle 3.2) liegt heute vor allem der Formalen Semantik (→ 3.1.2) zugrunde.

Tabelle 3.2: Bedeutung in avancierteren realistischen Bedeutungstheorien.

Typen sprachlicher Ausdrücke	Intension (Bedeutung)	Extension („Begriffsumfang")
Name	Individualbegriff	individueller Referent
Prädikat	Begriff	Klasse von Referenten
Satz	Proposition	Wahrheitswert (wahr/falsch)

3.2.1.2 Kognitive Bedeutungstheorien

Die traditionelle Gegenposition zum einfachen Realismus ist der sog. *Nominalismus*. Entsprechende Ansätze sind bereits in der antiken Philosophie angedeutet. So wird dem Realisten Platon von den kynischen Philosophen Antisthenes und Diogenes vorgehalten, man könne zwar ein Pferd oder einen Tisch sehen, nicht aber Allgemeinbegriffe wie PFERDHEIT oder TISCHHEIT. Später wirft der Neuplatoniker Porphyrios in seiner Logik-Einführung („Isagoge") die Frage auf, ob Gattungs- und Artbegriffe wie LEBEWESEN und MENSCH real seien oder nur Produkte unseres Geistes – ohne diese selbst zu beantworten. Eine theoretische Fundierung erfährt die nominalistische Position erst im Rahmen der mittelalterlichen Scholastik. Im 14. Jahrhundert entstand eine regelrechte nominalistische Bewegung, die zu dem in Umberto Ecos Roman „Der Name der Rose" thematisierten Universalienstreit führte, einer Kontroverse über die Existenz von Allgemeinbegriffen, die die gelehrte Welt des spätmittelalterlichen Europa tief spaltete: Für die Nominalisten war alles, was real existiert, individuell; Allgemeinbegriffe (Universalien) wie ROSE seien lediglich Sprechschall (*flatus vocis*) oder aber Abstraktionen des menschlichen Geists auf der Grundlage sinnlich wahrnehmbarer Einzeldinge. Diese letztere, gemässigtere Position wird dabei als *Konzeptualismus* bezeichnet. Sie wurde u. a. von Wilhelm von Ockham vertreten und bildet gewissermassen den Anknüpfungspunkt für moderne kognitive Bedeutungstheorien, wie sie seit den 1970er-Jahren entwickelt wurden (Eleanor Rosch, George Lakoff, Leonard Talmy, Ray Jackendoff, Dirk Geeraerts u. a.). Nach diesen entsteht Bedeutung aus der Zuordnung eines sprachlichen Ausdrucks zu mentalen Repräsentationen, sog. *Konzepten*. Der Unterschied zu realistischen Konzeptionen besteht also darin, dass keine unmittelbare Übereinstimmung von Sprache und Welt, sondern nur eine indirekte Verbindung – vermittelt über mentale Konzepte – zwischen sprachlichen Ausdrücken und aussersprachlichen Entitäten angenommen wird. Damit bekommt diese Theorie häufig konstruktivistischen Charakter: „Meaning is not just an objective reflection of the outside world, it is a way of shaping that world" (Geeraerts 2006, 4).

Dabei ist ein Konzept wie ‚Hund' kein visuelles Bild von einem einzelnen Referenten (also einem konkreten Hund), sondern eine Menge von Wissenselementen über Hunde, gespeichert in unserem Langzeitgedächtnis (z. B. ‚hat vier Beine', ‚hechelt', ‚bellt', ‚bewacht das Haus' usw.). Aufgrund dieses Wissens wird entscheidbar, welche Referenten gemeint sein können, wenn jemand den Ausdruck *Hund* äussert. Kommunikation funktioniert folglich, solange die Beteiligten über ein kompatibles konzeptuelles Wissen verfügen, das mit sprachlichen Ausdrücken aktiviert werden kann. Aber wie viel konzeptuelles Wissen ist dazu genau erforderlich? Wird z. B. jedes Mal das gesamte Wissen über Hunde aktiviert, wenn wir das Wort *Hund* äussern oder hören, oder nur ein Teil davon? Und welche Wissensressourcen sind semantisch überhaupt relevant?

- Neben **kategorialem** Wissen über Klassen von Gegenständen (z. B. die Kategorie HUND) verfügen wir über **individuelles** Wissen, das sich auf konkrete Referenten bezieht (z. B. Laika, den ersten Hund im All).
- Neben allgemeinem, **kulturellem** Wissen, das von einer Sprachgemeinschaft breit geteilt wird (z. B. das Wissen, dass Hunde bellen), verfügen wir über **persönliches** Wissen, das in der spezifischen Lebenswirklichkeit einzelner Mitglieder verankert ist (z. B. das Wissen, wie mein Hund Fiffi bellt). Auch **Expertenwissen** (z. B. über den Aufbau des Kehlkopfs von Canis lupus familiaris) fällt nicht unter das geteilte kulturelle Wissen einer Gemeinschaft.
- Häufig wird innerhalb des konzeptuellen Bereichs eine Teilmenge als **semantisches** Wissen vom sog. **Welt-** oder **enzyklopädischen** Wissen abgegrenzt.

Ersteres bezeichnet das, was üblicherweise in einem Wörterbuch unter *Hund* als Bedeutung beschrieben wird; Letzteres umfasst reichhaltigere Informationen, die man in einer Enzyklopädie wie Wikipedia findet. Diese Unterscheidung ist jedoch umstritten. Die Kognitive Linguistik etwa (→ 7.3.3) lehnt eine strikte Trennung von lexikalischer Bedeutung und Weltwissen ab und versucht stattdessen, mit den Mitteln der sog. *Frame-Semantik* das konzeptuelle System in seiner Vernetztheit zu modellieren (→ 3.4.4).

Für das Verhältnis von Konzepten zu Bedeutungen ist überdies zu bedenken, dass nicht zu jedem Konzept auch ein entsprechender Ausdruck existiert, dem dieses als seine Bedeutung zukommt. Als Bedeutungen können also nur lexikalisierte konzeptuelle Einheiten gelten. Das Konzept ‚Nicht-mehr-durstig' etwa ist im Deutschen, anders als z. B. im Schwedischen (*otörstig*), nicht lexikalisiert und wird stattdessen mit syntaktischen Mitteln versprachlicht (*Ich bin nicht mehr durstig*). Ein von der Duden-Redaktion ausgeschriebener Wettbewerb, bei dem 1999 das Kunstwort *sitt* für diesen Zweck gekürt wurde, blieb weitgehend folgenlos. Ein ganzes Wörterbuch solcher „things that there aren't any words for yet" legten Douglas Adams und John Lloyd in humoristischer Absicht vor. Auf dem Klappentext der deutschen Ausgabe wurde das Konzept ‚bestrebt, möglichst schnell möglichst reich zu werden' z. B. durch das Adjektiv *zürich* versuchsweise lexikalisiert.

3.2.1.3 Gebrauchstheorien der Bedeutung

Eine weitere Gegenposition zum Realismus beginnt Mitte des 20. Jahrhunderts Kontur anzunehmen. Ihre Kritik bezieht sich im Wesentlichen darauf, dass Bedeutung in realistischen Theorien auf eine konventionell fixierte Abbildungsfunktion reduziert wird, die vom jeweiligen Gebrauchskontext losgelöst erscheint. Bedeutung konstituiere sich aber nach Einschätzung dieser sog. **handlungstheoretischen Semantik** wesentlich im Gebrauch von Sprache, weshalb man entsprechende Ansätze auch als **Gebrauchstheorien der Bedeutung** bezeichnet. Forschungsgeschichtlich speist sich diese Überzeugung aus verschiedenen Wurzeln:
- der in den 1870er-Jahren entstandenen philosophischen Tradition des **Pragmatismus** (Charles S. Peirce, John Dewey), nicht zu verwechseln mit der forschungsgeschichtlich jüngeren „Pragmatik" (→ 4),
- **behavioristischen** Sprachtheorien der 1940/1950er-Jahre (Charles W. Morris, Burrhus F. Skinner), bei denen sprachliches Verhalten als eine Koppelung von Reizen und Reaktionen beschrieben wird (siehe Vertiefung 3.2), sowie
- der Sprachphilosophie von Willard Van Orman **Quine** (v. a. „Word and Object", 1960). Quine begreift Sprache als „social art" und lehnt die Annahme von Bedeutung im Sinne der realistischen Semantik ab. Sprache werde aus ihrem

Gebrauch, also den Regeln ihrer Verwendung, gelernt. Aus der Korrelation eines sprachlichen Ausdrucks mit bestimmten sinnlichen Wahrnehmungsmustern resultiere eine sog. Reizbedeutung, die mit dem Referenzobjekt selbst oder dessen Abbild nicht identisch sei. Die exakte Referenz einer Äusserung bleibe letztlich unergründlich (*inscrutability of reference*). Was genau z. B. ein Fantasiewort wie *gavagai* in einer unbekannten Sprache bezeichne, sei letztlich nicht zu klären, wie Quine in einem berühmten Gedankenexperiment zu zeigen versucht. Eine eindeutige Interpretation und Übersetzung von Sätzen sei somit nicht möglich (These von der Unbestimmtheit der Übersetzung).

Vertiefung 3.2: Behaviorismus
Behaviorismus bezeichnet ein Forschungsprogramm, welches das Verhalten von Menschen und Tieren „objektiv" z. B. über beobachtbare Reiz-Reaktions-Ketten (*stimulus – response*) zu erklären versucht, statt durch introspektive Analyse innerpsychischer Vorgänge. Der Behaviorismus war in der ersten Hälfte des 20. Jh. eine wichtige Schule der Psychologie, verlor aber nach der sog. *Kognitiven Revolution* an Bedeutung (→ 7.3.3). Eine linguistische Relevanz dieser Theorie ergibt sich aus Versuchen, das behavioristische Instrumentarium auch auf sprachliches Verhalten anzuwenden, v. a. durch Morris („Signs, Language and Behavior", 1946) und Skinner („Verbal Behavior", 1957). Die vernichtende Rezension von Skinners Buch durch Noam Chomsky entwickelte sich gar zu einem Gründungsdokument der kognitiven Revolution und zu einem heroisch verklärten Symbol für die Ablösung des Behaviorismus durch Chomskys Nativismus und ganz allgemein die *cognitive sciences*. In der Folge fand eine Beschäftigung mit behavioristischen Ansätzen in der Linguistik kaum mehr statt, obwohl sich Chomskys – fachfremde – Rezension als problematisch erwiesen hat (vgl. MacCorquodale 1970; Palmer 2006).

Der einflussreichste Impulsgeber für die handlungstheoretische Semantik war indes Ludwig **Wittgenstein**, der in seiner Spätphase eine radikale Wende vollzog und als Antithese zur realistischen Konzeption seines „Tractatus" (→ 3.2.1.1) Ansätze zu einer Gebrauchstheorie der Bedeutung in seinem Werk erkennen lässt. Als geeignetes Mittel, die „Verhexung unseres Verstandes durch die Mittel unserer Sprache" (Wittgenstein 1953/2003: 81) zu verhindern, postuliert der späte Wittgenstein nicht mehr eine wissenschaftliche Idealsprache (z. B. in Gestalt der formalen Logik), sondern die philosophische Durchdringung der „normalen" Sprache. Seine Beschäftigung mit der Alltagssprache, die zum legitimen philosophischen Untersuchungsgegenstand aufgewertet wird („ordinary language is all right"; Wittgenstein 1958: 28), leitete eine Neuorientierung in der Sprachphilosophie ein und beeinflusste massgeblich die bis in die 1960er-Jahre einflussreiche *Ordinary Language Philosophy*, eine sprachphilosophische Bewegung, der auch wichtige Gründerfiguren der linguistischen Pragmatik zuzurechnen sind (John L. Austin, John Searle, Paul Grice).

In seinen „Philosophischen Untersuchungen" (1953 postum erschienen) beschreibt Wittgenstein dabei den Gebrauch von Sprache als eine menschliche Aktivität, die in verschiedenen *Lebensformen* (Kontexten) unterschiedlich realisiert werde. So kämen z. B. beim Befehlen, Grüssen oder Witzerzählen jeweils spezifische *Sprachspiele* (Gebrauchsformen von Sprache) zum Einsatz. Eine Analyse sprachlicher Bedeutungen könne deshalb nicht losgelöst vom Gebrauchszusammenhang erfolgen. Die Radikalität von Wittgensteins Konzeption besteht nun darin, dass eine zusätzliche Bedeutungsebene neben dem Gebrauch verzichtbar wird. Für „eine *große* Klasse von Fällen" gelte: „Die Bedeutung eines Wortes ist sein Gebrauch in der Sprache" (Wittgenstein 1953/2003: 40). Sprachliche Ausdrücke benötigen damit keine ontologisch unklare Zuordnung zu irgendwelchen „realen" Entitäten, um bedeutungsvoll zu werden, sondern nur das Wissen, wie und wozu sie in einem bestimmten Sprachspiel gebraucht werden können. In privaten Gesprächen soll Wittgenstein diesen Gedanken auf die griffige Formel gebracht haben: „Don't look for the meaning, look for the use" (Thys 1979: 286). Dabei bezeichnet *Gebrauch* nicht einfach die Summe der Einzelnennungen oder die syntaktische Distribution eines Ausdrucks, sondern die allgemeinen „Gepflogenheiten" seiner Verwendung in einer Sprachgemeinschaft, mit anderen Worten: das Spektrum der konventionellen Verwendungsweisen.

Diese handlungstheoretischen Ansätze in der Sprachphilosophie haben nicht nur zu einer eigenen semantischen Schule der Linguistik geführt, sondern überdies Spuren in vielen Bereichen der Sprachwissenschaft hinterlassen. Wenn man heute neben den deskriptiven Anteilen für die Bedeutung von Ausdrücken auch expressive und soziale ansetzt (→ 3.2.2) oder in zeichenbasierten Grammatiken wie der Konstruktionsgrammatik ein weites Verständnis von Bedeutung zugrunde legt, das vielfältige Aspekte des Gebrauchs von Konstruktionen miterfasst (→ 7.3.3), so bewegt man sich letztlich im Fahrwasser von Quine und Wittgenstein.

Tabelle 3.3: Bedeutungstheorien im Überblick.

Bedeutungstheorie	Teildisziplin	Bedeutung als ...
realistisch	v. a. Satzsemantik	Abbild der Welt
kognitiv	v. a. Wortsemantik	Repräsentation im Langzeitgedächtnis
handlungstheoretisch	v. a. Wortsemantik	Gebrauch

3.2.2 Assoziationen, Konnotationen, Bedeutungsdimensionen

Wie bereits erwähnt (→ 3.2.1.2), ist eine präzise Bestimmung aller Wissenselemente, die zur Bedeutung eines Ausdrucks zu rechnen sind, schwierig. Beispielsweise wird beim Sprechen oder Hören eines Inhaltsworts wie *Nacht* neben dem

Konzept ‚Nacht' unter Umständen noch weiteres Wissen aktiviert, etwa **persönliche Assoziationen**: Wir erinnern uns daran, dass wir das Wort gerade erst gehört haben, müssen an eine spezifische Nachterfahrung denken oder assoziieren je nach Situation und Gemütslage Konzepte wie ‚schlaflos', ‚lauschig', ‚bedrohlich' oder ‚kühl' damit. Hinzu kommen **kulturelle Konnotationen**, also innerhalb bestimmter Gruppen geteilte kollektive Assoziationen. So verbinden etwa Teile der Sprachgemeinschaft mit dem Ausdruck *Europa* Wissenselemente wie ‚Freizügigkeit' und ‚Frieden', andere dagegen ‚undemokratisch' oder ‚Bürokratie'. Menschen, die über ein vergleichbares konzeptuelles Wissen zum Ausdruck *Auto* verfügen, also in der Lage sind, dieselben Entitäten als Automobile zu identifizieren, können dennoch völlig unterschiedliche Konnotationen damit verbinden: Vorstellungen von Freiheit oder Mobilität vs. Umweltverschmutzung oder Klimawandel – je nachdem, ob sie z. B. Mitglied im Automobil Club der Schweiz oder bei den Jungen Grünen sind. Solche Assoziationen und Konnotationen werden häufig nicht zur Bedeutung gerechnet, da sie nicht konventionell mit dem jeweiligen Ausdruck verbunden sind. Dagegen liegen bei den kursivierten Ausdrücken in (6) stabile **Bedeutungsanteile** vor, die zu unterschiedlichen **Bedeutungsdimensionen** der jeweiligen Sprachzeichen gehören:

(6) a. Ist das *Ihr Hund*?
 b. Was für ein braves *Hundchen*.
 c. *Aua*!
 d. Schaff den *Köter* weg!

Hund, *Hundchen* und *Köter* bringen dasselbe Konzept zum Ausdruck und besitzen eine weitgehend identische **Denotation** (Begriffsumfang): Was ich als *Hund* bezeichnen kann, könnte ich prinzipiell auch als *Köter* bezeichnen und vice versa. Anders als neutrales *Hund* drücken *Hundchen* und *Köter* jedoch zusätzlich einen affektiven Mehrwert aus, nämlich ein melioratives bzw. pejoratives Werturteil über das betreffende Konzept. Im Gegensatz zu Assoziationen und Konnotationen ist die Bewertung bei Ausdrücken wie *Köter* jedoch ein invariabler, fest verankerter Bestandteil der Wortbedeutung. Während ich im Gespräch mit einer unbekannten Person nicht absehen kann, welche persönlichen oder kulturellen Vorstellungen ein bestimmter Wortgebrauch von *Hund* evozieren wird, führt die Verwendung von *Köter* das Konzept unweigerlich als ein negativ bewertetes ein. Solche Bedeutungsanteile nennt man **expressiv** und setzt sie von den rein **deskriptiven** Anteilen ab. Interjektionen wie *autsch* oder *pfui* haben überhaupt nur eine expressive Bedeutung. Sie leisten keinen Beitrag zur Beschreibung eines Konzepts, sondern dienen dem unmittelbaren Ausdruck subjektiven Empfindens in der Sprecherrolle.

Auch die personaldeiktischen Ausdrücke *Du* und *Sie* haben eine identische deskriptive Bedeutung. Sie dienen der Festlegung der Adressatenrolle. Zur Unterscheidung verfügen sie zusätzlich über einen **sozialen** Bedeutungsanteil (formlos/förmlich), der die sozialen Beziehungen zwischen den Gesprächsbeteiligten indiziert. Durch den Wechsel von der förmlichen Distanzform *Sie* zur informellen Balanceform *Du* in (6d) ändert sich zwar nicht die deskriptive Bedeutung des Satzes, es wird jedoch eine Veränderung der sozialen Bezüge deutlich gemacht.

Die Ausdrucksbedeutung eines Sprachzeichens kann also in drei Dimensionen der Bedeutung – deskriptiv, expressiv und sozial – verschiedene Anteile umfassen (siehe Tabelle 3.4), die allesamt fest und damit anders als Assoziationen und Konnotationen unabhängig vom jeweiligen Äusserungskontext sind (zu einer vierten Dimension auf Ebene der Satzbedeutung vgl. Löbner 2015: 45).

Tabelle 3.4: Bedeutungsdimensionen im Überblick.

Bedeutungsdimension	Funktion
deskriptiv	liefert das Konzept für die möglichen Referenten des Ausdrucks
expressiv	signalisiert subjektive Empfindungen und Einstellungen
sozial	signalisiert die soziale Beziehung zwischen den Gesprächspartnern

3.2.3 Ambiguität und Vagheit

Bisher wurde stillschweigend unterstellt, dass ein Ausdruck mit genau einer Bedeutung verbunden, d. h. **monosem** ist. Das ist allerdings eine sehr optimistische Annahme, wie man rasch erkennt, wenn man ein Wörterbuch des Deutschen aufschlägt. Zwar findet man dort monoseme Ausdrücke wie *sechsundzwanzig* oder *September*. Viele Wörter sind aber in Wirklichkeit mehrdeutig oder **lexikalisch ambig**. Ambig sind Ausdrücke immer dann, wenn sie unterschiedlich interpretierbar sind. Die Präzisierung *lexikalisch* bezieht sich darauf, dass Ambiguität auch bei Phrasen und Sätzen vorkommt:

(7) Das war der letzte Anschlag.

(8) a. Ich konnte den Rentner mit der Brille sehen → Wer hat die Brille: der Rentner oder ich?
  b. Ich konnte das Reh mit der Brille sehen → Wer hat die Brille: das Reh oder ich?

Die Mehrdeutigkeit des Satzes (7) ist dabei eine Folge der lexikalischen Ambiguität des Ausdrucks *Anschlag*: Hat jemand einen terroristischen Akt verübt, Zettel aufgehängt oder auf der Tastatur Tasten gedrückt? Aus seinem Äusserungskontext isoliert, sind für den Satz alle drei Lesarten denkbar. Dagegen resultiert die Mehrdeutigkeit in (8a) nicht aus der ambigen Bedeutung eines bestimmten Worts, sondern strukturell aus der Tatsache, dass die Präpositionalphrase *mit der Brille* sowohl als nähere Charakterisierung des Rentners interpretiert werden kann (d. h. als Präpositionalattribut) als auch als Instrument, mit dessen Hilfe man das Geschehen wahrnimmt (d. h. als Adverbial). Der Satz kann prinzipiell beides bedeuten. Hinter seiner Linearität verbergen sich unterschiedliche syntaktische Strukturen mit je eigener Bedeutung (sog. *strukturelle Ambiguität*). Die Variante (8b) zeigt, dass eine **Disambiguierung**, also „Vereindeutigung" der möglichen Lesarten nicht syntaktisch oder semantisch erfolgt, sondern pragmatisch nach dem Äusserungskontext und unserem Weltwissen. Wir wissen, dass Brillen für Rehe nicht relevant sind, und eliminieren diese syntaktisch mögliche Interpretation automatisch. Auch die lexikalische Ambiguität von (7) wäre in einem konkreten Äusserungskontext vermutlich aufgelöst, je nachdem, ob es in dem Gespräch um eine polizeiliche Ermittlung, eine studentische Wohnungssuche oder einen computerunterstützten Schreibprozess geht. In einem konkreten Äusserungskontext kann die lexikalische Bedeutung der einzelnen Ausdrücke durch den Kontext aber auch modifiziert werden (dazu gleich mehr).

Auf der Ebene der lexikalischen Bedeutung ist Ambiguität ein derart alltägliches Phänomen, dass Kinder bereits früh ein Konzept dafür besitzen. So beruht das bekannte Teekesselchenspiel, das bereits in einer Spielesammlung von 1896 überliefert ist, auf einer Gegenüberstellung der unterschiedlichen Interpretationen eines ambigen Ausdrucks:

> One player goes out of the room while the others think of some word which has two or more different meanings. Suppose the word „train" is selected. When the player who has been out comes into the room each of the others, in turn, says something to him – some sentence in which „train" is used, substituting for „train" the word „teapot." One says, for example, „I like to ride in the *teapot*," another says „I hear that Mr Blank is going to *teapot* for the foot-ball match," […]. (White 1896: 117)

Teapot und *Teekesselchen* sind also umgangssprachliche Ausdrücke für ein lexikalisch ambiges Wort. Linguistisch-fachsprachlich sind allerdings unterschiedliche Formen von lexikalischer Ambiguität zu unterscheiden: So findet man bei „Duden online" z. B. ein Lemma (Stichwort) *Seite*, welches semantisch differenziert beschrieben wird – von einer Bedeutung 1a (‚eine von mehreren ebenen Flächen, die einen Körper, Gegenstand begrenzen') bis zu Bedeutung 11 (‚über einen Browser abrufbare grafische Darstellung, die Informationen bietet'). Schlägt man unter *Bank* nach, findet man dagegen zwei gleichlautende Lemmata mit den Kernbedeutungen ‚Sitzgelegenheit' und ‚Geldinstitut', die beide noch semantisch binnengegliedert sind (in Bedeutungen 1a–2 bzw. 1a–5).

Diese unterschiedliche Behandlung von *Seite* und *Bank* im Wörterbuch spiegelt die beiden Basistypen lexikalischer Ambiguität wider: Polysemie und Homonymie. Bei *Seite* dokumentieren die Wörterbücher zwar eine Vielzahl unterschiedlicher Verwendungsweisen. Diese erscheinen aber als so ähnlich, dass sie noch unter einer allgemeinen Kernbedeutung subsumiert und als **Teilbedeutungen** oder **Bedeutungsvarianten** demselben Lexem (→ 6.1.1.2) zugeordnet werden können. *Seite* besitzt also nicht eine einzige (monoseme) Bedeutung, sondern ein breites Bedeutungsspektrum – es ist **polysem**. Wie viele Verwendungsweisen dabei als eigene Teilbedeutung zu zählen sind, ist eine nicht ganz einfache Frage. Der Grund liegt in der oben angedeuteten Möglichkeit, die Bedeutung eines Ausdrucks durch den Äußerungskontext zu modifizieren. Dafür einige Beispiele:

(9) Hegel ist schwer zu verstehen. (Bsp. nach Bierwisch 1983: 76)

(10) Nachtigaller hatte mir sein Standardwerk [...] auf die Festplatte meines Hirns gebrannt. (Moers 1999: 172; DWDS)

(11) Letzte Fischerboote knattern durch die Dämmerung. (*Berliner Zeitung*, 20.11.2004; DWDS)

Der Satz (9) hat verschiedene mögliche Interpretationen: Die Lektüre der Schriften des Philosophen Georg Wilhelm Friedrich Hegel sei schwierig (was stimmt), sein mündlicher Vortragsstil sei undeutlich (was historisch ebenfalls stimmt), sein Verhalten sei erratisch. Man kann aber nicht einfach behaupten, der Eigenname *Hegel* sei polysem und habe Teilbedeutungen wie ‚Hegels Schriften', da Eigennamen keine lexikalische Bedeutung tragen, sondern nur referieren (vgl. Nübling 2015: 32 f.). Diese Verwendungsweisen sind zudem nicht spezifisch für den Ausdruck *Hegel*, sondern grundsätzlich bei allen Personennamen möglich (*Jelinek ist schwer zu verstehen* etc.). Vielmehr modifiziert der Kontext den Ausdruck in einer systematischen Weise (hier: Verschiebung von Referenz auf Person → Referenz auf Werk dieser Person), die wir nicht im Zusammenhang mit dem spezifischen Namen *Hegel* lernen müssen. In der Tradition der Rhetorik werden Ausdrücke, die auf solche Weise in einem übertragenen Sinn verwendet werden (hier die Vertauschung von Ursache und Wirkung, also Autor und Werk), als *Metonymie* bezeichnet. Eine weitere klassische Verwendung von Ausdrücken im übertragenen Sinn ist die Metapher. Analog stellt sich bei Beispiel (10) die Frage, ob Wörterbücher aufgrund der metaphorischen Verwendung eines Worts dafür eine eigene Teilbedeutung verzeichnen sollten, hier also für das Lexem *Festplatte* die Bedeutung ‚menschliches Gehirn'. In der Regel bemüht man sich, solche kontextbedingten **Bedeutungsverschiebungen** (aufgrund von z. B. Metonymie oder Metapher) von den festen Teilbedeutungen eines Lexems abzugrenzen. Eine weitere Möglichkeit illustriert das Beispiel (11), bei dem eine Konstruktion (im Sinne von → 7.3.3), in die das Geräuschverb *knattern* eingefügt wurde, eine Interpretation als Bewegungsverb erzwingt (vgl. Goschler 2011: 39). Auch bei dieser Erklärung wird die spezielle Verwendungsweise, *knattern* im Sinne von ‚knatternd fahren', nicht als Teilbedeutung des Verbs (und damit Teil seines Lexikoneintrags) gewertet. Die entscheidende Frage ist also: Wie viel Ambiguität steckt in der Lexembedeutung selbst, wie viel steuert der Kontext bei? Welche Verwendungsweisen resultieren aus dem im mentalen Lexikon gespeicherten Bedeutungswissen, welche werden *ad hoc* aus dem syntaktischen oder pragmatischen Kontext abgeleitet? Bei der Antwort darauf hat man die Wahl zwischen zwei grundlegend verschiedenen Strategien: dem **Bedeutungsminimalismus** und dem **Bedeutungsmaximalismus** (vgl. Posner 1979: 380).

Eine maximalistische Beschreibung von Bedeutung, wie wir sie z. B. bei „Duden online" antreffen (vgl. Bedeutungen 1a–11 bei *Seite*), bemüht sich um eine möglichst detaillierte und konkrete Verzeichnung aller abgrenzbaren spezifischen Verwendungsweisen. Die Ausdrucksbedeutung eines Lexems wird somit als hochgradig polysem modelliert. Dagegen versucht der Minimalismus, möglichst viele Details in die Pragmatik auszulagern. Die Beschreibung der Ausdrucksbedeutung eines Lexems wird so allgemein („minimal") wie möglich gehalten und Polysemie nach Möglichkeit als Anpassung an den jeweiligen Äußerungskontext erklärt (als Bedeutungsverschiebung). Die Frage, welche Teilbedeutungen ein Lexem umfasst, hängt also ganz wesentlich davon ab, wo man sich auf der Skala zwischen Bedeutungsmaximalismus und -minimalismus verortet.

Nun zum zweiten Typ lexikalischer Ambiguität: Anders als bei *Seite* sind die Kernbedeutungen ‚Sitzgelegenheit' und ‚Geldinstitut' beim Beispiel *Bank* so verschieden, dass die Wörterbücher sie als unabhängig voneinander, d. h. als separate Lexeme *Bank*$_1$ und *Bank*$_2$ behandeln. Solche bedeutungsverschiedenen Lexeme, die dieselbe Form haben, sind **homonym**. Dabei kann die formale Übereinstimmung vollständig sein wie bei *Futter* (‚Tiernahrung' vs. ‚innere Stoffschicht'). Man spricht dann von *totaler Homonymie*. Weisen die beiden Lexeme hingegen formale Unterschiede auf, etwa bei der Pluralbildung (*die Banken* vs. *die Bänke*) oder beim Genus (*das Korpus* ‚Textsammlung' vs. *der Korpus* ‚Teil eines Möbelstücks'), sind sie nur *partiell* homonym. Da sich die formale Übereinstimmung von zwei Homonymen nicht zwingend auf die lautliche und die schriftliche Gestalt zugleich erstrecken muss, kann man noch genauer zwischen **Homophonie** und **Homographie** unterscheiden. Homophone Wörter teilen die gleiche Lautform bei ggf. unterschiedlicher Schreibung (wie bei *Laib/Leib*), homographe dagegen die gleiche Schreibung bei ggf. unterschiedlicher Lautung (wie bei *úmfahren/umfáhren*). Die Beispiele *Bank* und *Futter* sind sowohl homophon als auch homograph.

In der Praxis ist die Unterscheidung zwischen Polysemie und Homonymie allerdings nicht immer so einfach. Die Frage, ob im konkreten Fall zusammenhängende Bedeutungsvarianten oder unterschiedliche Bedeutungen vorliegen, kann z. B. vom individuellen (sprachlichen und enzyklopädischen) Wissenshorizont abhängen. So wird etwa die homonyme Interpretation von *Laib* und *Leib* stark durch die Orthografie gestützt. Wer nicht um die Schreibung mit <ai> weiss, wird den Brotlaib semantisch möglicherweise im Sinne von ‚Brot-Körper' und damit als Fall von Polysemie interpretieren. Deshalb wird für die Unterscheidung zwischen Polysemie und Homonymie oft auf ein historisches Kriterium zurückgegriffen: Polysemie sei die semantische Ausdifferenzierung eines Sprachzeichens im Laufe seiner Entwicklung; Homonymie liege vor, wenn zwei ursprünglich verschiedene Sprachzeichen sich im Verlauf der Geschichte formal angeglichen hätten. Tatsächlich waren *Laib/Leib* in althochdeutscher Zeit noch nicht homophon, sondern klar als separate Lexeme unterscheidbar (*hleib* ‚Brot, rundes Backwerk' vs. *līb* ‚Leben, Körper'), während die verschiedenen Bedeutungsvarianten von *Seite* alle auf dieselbe historische Vorform zurückreichen (ahd. *sīta*). Eine solche historische Argumentation ist jedoch anachronistisch, da diese Zusammenhänge für eine synchrone Analyse des semantischen Wissens der gegenwärtigen Sprachgemeinschaft keine Aussagekraft besitzen. Sie können sogar in die Irre führen. So hat $Bank_2$ ‚Geldinstitut' zwar denselben etymologischen Ursprung wie $Bank_1$ ‚Sitzgelegenheit', nahm aber semantisch durch einen Umweg über das Italienische (*banca* ‚Tisch der Geldwechsler') eine andere Entwicklung und erscheint heute im Deutschen als Homonym zu $Bank_1$.

Abschliessend ist zu ergänzen, dass Ausdrücke häufig nicht nur ambig, sondern zudem noch vage sind. Unter **Vagheit** versteht man die Tatsache, dass die verschiedenen Teilbedeutungen eines Ausdrucks unscharfe Grenzen haben können. Dadurch ist nicht immer exakt klar, auf wen oder was der Ausdruck korrekt angewendet werden kann. Konzepte wie ‚alt', ‚Schönheit' oder ‚trödeln' sind in der Alltagssprache vage. Wir können keine genaue Zahl an Lebensjahren angeben, ab denen uns eine Person als alt erscheint, keine präzisen Gründe nennen, warum wir das Label *Schönheit* für sehr unterschiedliche Erscheinungsbilder vergeben und nicht das konkrete Leistungsniveau beziffern, bei dessen Unterschreitung jemand für uns trödelt. Trotzdem können wir die entsprechenden Ausdrücke in der Regel problemlos in der Alltagskommunikation verwenden. Fach- und Wissenschaftssprachen bemühen sich dagegen, die Vagheit der Bedeutung alltagssprachlicher Ausdrücke zu präzisieren, indem diese entweder präzise definiert oder durch spezielle Termini ersetzt werden (→ 6.1.1). Eine Theorie zur Beschreibung semantischer Vagheit ist die Prototypentheorie (→ 3.4.3).

3.3 Semantische Relationen

Semantische Kompetenz schliesst nicht nur isoliertes Wissen über die Bedeutung einzelner Sprachzeichen ein, sondern auch das Wissen über Beziehungen, die zwischen diesen Bedeutungen bestehen, sog. **semantische Relationen** oder Sinnrelationen (engl. *sense relations*). Aufgrund dieser Relationen erscheint unser mentales Lexikon nicht einfach als ungeordneter Wissensfundus oder als simple (z. B. alphabetische) Listenstruktur, sondern als ein komplexes Netzwerk – „a gigantic multi-dimensional cobweb" (Aitchison 2012: 99).

Dabei lässt sich die Frage nach semantischen Relationen – entsprechend den beiden strukturalistischen Basisperspektiven auf Sprache (syntagmatisch vs. paradigmatisch) – in unterschiedlicher Weise stellen: **Syntagmatische Relationen**, die sich mit den Methoden der distributionellen Semantik sehr genau bestimmen lassen (→ 3.4.5), bestehen zwischen linear verketteten Elementen. So ist beispielsweise die Wahl eines Ausdrucks in der Regel nicht völlig frei, sondern durch andere Elemente im Satz bereits semantisch eingeschränkt. Im nachfolgenden Beispielsatz etwa ist das Verb lediglich mit dem ersten Objekt semantisch kompatibel; die Wörter *Regenbogen* oder *Mittelalter* erscheinen mit der Bedeutungsstruktur von *streicheln* dagegen nicht ohne Weiteres vereinbar:

(12)   Er streichelte die Katze / den ?Regenbogen / das ?Mittelalter.

Dagegen werden unter **paradigmatischen Relationen** solche Bezüge verstanden, die zwischen Elementen bestehen, welche an einer bestimmten syntaktischen Position verfügbar sind.

(13)   Nach diesem __ (heissen / kalten / regnerischen / verregneten ...) Sommer

So besteht z. B. zwischen *heissen* und *kalten* in (13) ein erkennbarer semantischer Gegensatz, während *regnerischen* und *verregneten* als bedeutungsähnlich erscheinen. Psycho-/Neurolinguistisch lässt sich nachweisen, dass solche semantischen Relationen – wenn auch in unterschiedlichem Mass – kognitiv real sind (vgl. Fellbaum 2024; Müller 2024: 110 f.). So wird z. B. ein Wort schneller erkannt und verarbeitet, wenn zuvor andere Wörter erwähnt wurden, die in bestimmten semantischen Relationen dazu stehen (semantisches Priming). Ausserdem erscheinen bei Versprechern Ausdrücke, die bedeutungsgleich sind oder einen Gegensatz bilden, wesentlich häufiger als solche, die in keiner semantischen Relation zu dem gesuchten Wort stehen.

Wie lassen sich solche Relationen nun angemessen beschreiben? Zunächst ist zu bedenken, dass man entsprechend den beiden unterschiedlichen Strategien zur Beschreibung der Bedeutung von Sprachzeichen (intensional vs. extensional, s. o.) auf zwei verschiedenen Ebenen argumentieren kann: Bei einem extensionalen Zugang wird man die Relationen als **logische Beziehungen** zwischen Denotaten beschreiben. Wählt man einen intensionalen Zugang, wird man stattdessen **semantische Beziehungen** zwischen Bedeutungen beschreiben. Der Unterschied ist gravierend, wie man sich am Beispiel der Identitätsrelation leicht klarmachen kann:

(14) a. Im Gebüsch krächzte ein *Vogel*. Offenbar hatte ich das *Tier* aufgeschreckt. Mit lautem Protest flog die *Amsel* fort.
    b. Der *Leopard* hatte seit Tagen nichts gefressen. Mit aufgerissenem Rachen kam das hungrige *Tier* auf mich zu.

In (14a) referieren die kursivierten Lexeme alle auf dasselbe Objekt; man wird jedoch nicht behaupten, dass *Vogel*, *Tier* und *Amsel* deshalb dieselbe Bedeutung besitzen. Schliesslich gilt die Gleichsetzung nur für dieses Beispiel und nicht generell. Bei (14b) z. B. könnte man *Tier* nicht durch *Vogel* oder *Amsel* ersetzen, ohne die Bedeutung der Erzählung völlig zu verändern. Doch selbst bei Wörtern, deren Denotation identisch ist, die also auf dieselbe Menge von Objekten referieren können, ist eine Bedeutungsgleichheit fraglich (vgl. das Beispiel *Morgenstern/ Abendstern* in Kapitel 3.2.1.1).

– **intensionale Bestimmung**: semantische Relationen = Relationen zwischen Konzepten (z. B. Synonymie)
– **extensionale Bestimmung**: logische Relationen = Relationen zwischen Denotationen (z. B. Koreferenz/Referenzidentität)

Bei Beachtung dieses Unterschieds sind semantische Relationen relativ gut beschreibbar, gleichgültig ob man Bedeutung nun realistisch, kognitiv oder handlungstheoretisch auffasst. Konkret geht es dabei um folgende Basisrelationen: semantische **Identität** (Synonymie und Plesionymie), **Hierarchie** (Hyper-/Hyponymie und Holo-/Meronymie) und **Gegensätzlichkeit** (Antonymie, Komplementarität und Konversität). Auf der Grundlage solcher Relationen lässt sich der Wortschatz einer Sprache sogar als semantisches Netz computergestützt modellieren. So umfasst etwa das seit 1996 an der Universität Tübingen entwickelte GermaNet (https://weblicht. sfs.uni-tuebingen.de/rover/), ein digitales Wortnetz für Substantive, Adjektive und Verben, inzwischen 225'000 lexikalischen Einheiten, die zu bedeutungsähnlichen

Gruppen (sog. *Synsets* aus partiellen Synonymen) zusammengefasst und gegenüber Antonymen, Hyponymen usw. abgegrenzt werden (siehe Abbildung 3.2).

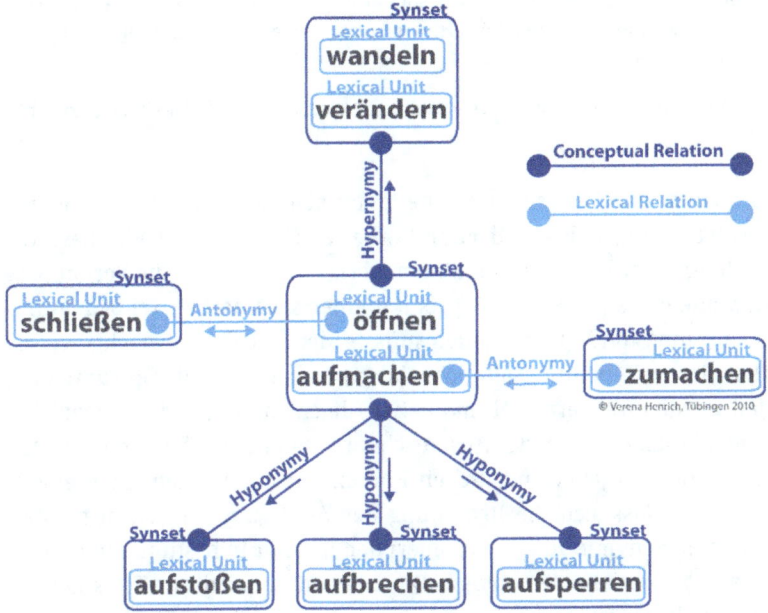

Abbildung 3.2: Semantische Relationen in GermaNet (Abbildung: Verena Heinrich, Tübingen 2010).

Die genannten semantischen Relationen werden nun nachfolgend kurz beschrieben. Ein Warnhinweis: Mitunter lassen sich bestimmte Formulierungen so lesen, als ginge es um Beziehungen zwischen Ausdrücken, Wörtern, Lexemen. Wichtig ist, im Blick zu behalten, dass es sich jeweils um *semantische* Relationen handelt, also um Beziehungen zwischen der Bedeutung von Lexemen – genauer gesagt zwischen konkreten Teilbedeutungen. Auf die Frage nach dem Gegenteil von *gut* wird man z. B. unterschiedliche Antworten erhalten (*böse*, *schlecht*), weil *gut* ein polysemes Wort ist, das in der Variante ‚moralisch gut' eine andere Relation bildet als *gut* im Sinne von ‚qualitativ gut'.

3.3.1 Identität

Das Konzept semantischer Identität, die sog. **Synonymie**, erscheint auf den ersten Blick evident und leicht anwendbar: Zwei Ausdrücke lassen sich als synonym auffassen, wenn sie dieselbe Bedeutung aufweisen. Bei näherer Betrachtung werden unter *Synonymie* allerdings unterschiedliche Phänomene verstanden, wie die folgenden Zitate belegen:

> „Wenn *Wörter* die gleiche Bedeutung haben, spricht man von Synonymie"; diese sei „streng genommen keine Relation zwischen Wörtern, sondern zwischen *Wortbedeutungen* (oder *Lesarten*)" (Harm 2015: 66);
>
> „synonymy, antonymy and hyponymy are semantic relations between [...] *lexical units*" (Lipka 2002: 152).

Unklar ist also zunächst, ob es sich um eine Identitätsrelation auf der Ebene von Wörtern, Wortbedeutungen, **lexikalischen Einheiten** (*lexical units*) oder Lesarten handeln soll. Unter einer lexikalischen Einheit versteht man dabei die Verbindung der Ausdrucksseite eines polysemen Worts mit einer spezifischen Teilbedeutung, also z. B. *Bulle* im Sinne von ‚Polizist'. Zudem müsste Identität objektiv nachgewiesen und von Fällen blosser Bedeutungsähnlichkeit bzw. Fast-Synonymie (**Plesionymie**) unterschieden werden. Wie ermittelt man aber Gleichheit von Bedeutungen? Ein weit verbreiteter Test beruht auf der Austauschbarkeit der betreffenden Elemente: Sofern ein Element A in jedem möglichen Kontext durch ein Element B ersetzt werden kann, ohne dass sich die Bedeutung der Äusserung ändert, liegt totale (strikte, absolute) Synonymie vor. Funktioniert der Test nur in bestimmten Kontexten, spricht man von partieller Synonymie. Die Anwendbarkeit dieses Tests soll nun in drei Szenarien überprüft werden:

Szenario 1: Lift und Aufzug
Bei den nachfolgenden Beispielen für *Lift* und *Aufzug* fällt der Test lediglich für (15) positiv aus; in (16) und (17) offenbaren sich Restriktionen bezüglich der Austauschbarkeit der beiden Wörter.

(15) Als der Lift/Aufzug ausfiel, steckte Peter zwischen dem 2. und 3. Stock fest.

(16) Als der Lift/*Aufzug ausfiel, musste er die Ski den ganzen Berg hochtragen.

(17) In diesem Aufzug/*Lift kannst du nicht zur Hochzeit gehen.

Eine differenzierte Bedeutungsbeschreibung aus einem Wörterbuch (hier: „Duden online"), in dem alle Teilbedeutungen/Gebrauchsweisen für *Lift* und *Aufzug* aufgelistet werden, macht die Gründe deutlich: Die Struktur der beiden Bedeutungen, d. h. die jeweilige Menge an Teilbedeutungen, zeigt lediglich eine minimale Schnittmenge ($Lift_1$ entspricht $Aufzug_2$).

Lift	Aufzug
– **Lift₁** ‚Aufzug' ◄─────┐ – **Lift₂** ‚Ski-, Sessellift' ─┘►	– **Aufzug₁** ‚Aufmarschieren, Herankommen' – **Aufzug₂** ‚Fahrstuhl' – **Aufzug₃** ‚Art der Kleidung' – **Aufzug₄** ‚Abschnitt einer Theateraufführung' – **Aufzug₅** ‚spezifische Turnübung'

Bei einem Vergleich von zwei Lexemen (bzw. zwei komplexen Bedeutungen) setzt Austauschbarkeit in allen Kontexten also eine identische Bedeutungsstruktur der beiden voraus.

Szenario 2: Polizist und Bulle
Statt zweier Lexeme (bzw. deren komplexer Gesamtbedeutungen) können auch lexikalische Einheiten (bzw. deren jeweilige Teilbedeutung) auf eine mögliche Identität überprüft werden. So ist z. B. in (18) das Maskulinum *Bulle* nach „Duden online" polysem mit fünf abgrenzbaren Teilbedeutungen, während für monosemes *Polizist* lediglich die Bedeutung ‚Angehöriger der Polizei' angesetzt wird:

(18) Meine Tochter hat einen Polizisten/Bullen geheiratet.

Bulle₁	*Bulle₂*	*Bulle₃*	*Bulle₄*	*Bulle₅*
[bʊlə]	[bʊlə]	[bʊlə]	[bʊlə]	[bʊlə]
‚männliches Tier (v. a. Rind)'	‚plumper Mann'	‚Angehöriger der Polizei'	‚militärischer Vorgesetzter'	‚wer an der Börse auf steigende Kurse spekuliert'

Polizist₁
[politsɪst]
‚Angehöriger der Polizei'

Von den fünf lexikalischen Einheiten des Lexems *Bulle* entspricht *Bulle₃* semantisch *Polizist₁*, sodass diese beiden näher verglichen werden können. Offensichtlich unterscheidet sich bei beiden die Sprechereinstellung zur fraglichen Person: *Bulle₃* und *Polizist₁* haben im folgenden Schema zwar dieselbe deskriptive Bedeutung (= a), *Bulle₃* umfasst jedoch zusätzlich noch einen expressiven Bedeutungsanteil (= c).

Bulle₃	*Polizist₁*
[bʊlə]	[politsɪst]
a. ‚Angehöriger der Polizei'	a. ‚Angehöriger der Polizei'
b. —	b. —
c. [abwertend]	c. —

Bei diesem Synonymieszenario wurden die Relationen zwischen den Bedeutungsanteilen zweier lexikalischer Einheiten erfasst. Für eine vollständige Ausprägung von Synonymie im Sinne einer uneingeschränkten Austauschbarkeit in allen Kontexten müsste man dabei auch eine Identität aller Bedeutungsanteile einfordern, die bei *Bulle* und *Polizist* nicht vorliegt.

Szenario 3: Velo, weiland, Pädiater
Natürliche Sprachen sind nicht homogen, sondern erscheinen als ein multidimensionaler Varietätenraum, in dem der Gebrauch eines Ausdrucks z. B. für mündliche oder schriftliche Kommunikation, formelle oder informelle Situationen oder auch für bestimmte soziale Gruppen spezifisch sein kann (→ 10.3). Wörterbücher kennzeichnen solche Gebrauchseigenschaften von Wörtern durch entsprechende Markierungen („diasystematic labelling"), mit denen sich die mögliche Spezifität eines Wortgebrauchs nach einer Vielzahl von Markierungsdimensionen (nicht weniger als zwölf bei Wiegand 2017: 50) systematisch erfassen lässt. So können bedeutungsgleiche Ausdrücke z. B. unterschiedlichen diatopisch, diatechnisch oder diachronisch bestimmten Gruppen zugeordnet sein:

a) Synonymenpaare können als **diatopische Varianten** (auch: *Heteronyme, Geo-Synonyme*) zu unterschiedlichen Zentren oder Arealen des deutschen Sprachgebiets gehören (→ 5.2.1). Nach Ausweis des Variantenwörterbuchs (vgl. Ammon et al. 2016) entspricht z. B. *Rahm* im Schweizer Standard den Formen *Schlag(obers)* in Österreich und *Schlagsahne* in Deutschland. Für das gemeindeutsche *Fahrrad* ist in der Schweiz auch *Velo* gebräuchlich. Der Ausdruck *Goalie* (Österreich, Schweiz) erscheint im deutschländischen Standard als *Torwart*. Hinzu kommen regionale Varianten: So steht z. B. dem im grösseren Teil des Sprachgebiets gebräuchlichen *Samstag* die in Nord- und Ostdeutschland verwendete Variante *Sonnabend* gegenüber. Das in Szenario 1 besprochene Beispiel *Aufzug/Lift* zeigt sowohl nationale als auch regionale Variation (siehe Abbildung 3.3): Die Variante *Lift* erscheint alltagssprachlich vor allem in Österreich und in der Schweiz. *Aufzug* ist überwiegend in der Südhälfte Deutschlands anzutreffen, während in Norddeutschland *Fahrstuhl* dominiert.

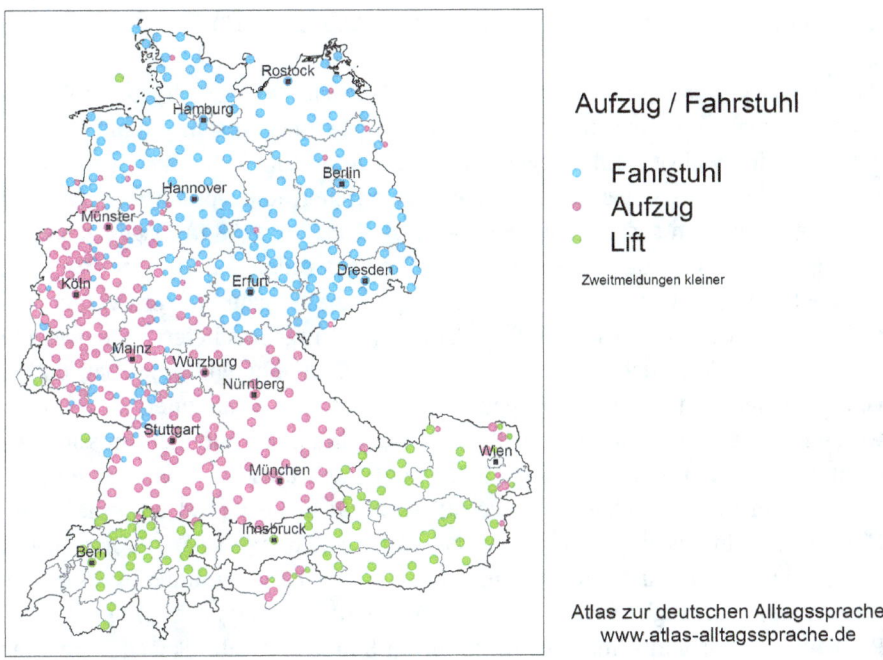

Abbildung 3.3: Diatopische Variation im Deutschen (AdA, Karte *Aufzug/Fahrstuhl*).

b) Synonymkandidaten können zudem als **diatechnische Varianten** zu verschiedenen Fach- oder Wissenschaftssprachen gehören: So ist *Pädiater* das medizinische Äquivalent zum gemeinsprachlichen *Kinderarzt*. Sogar für den linguistischen Terminus *Homonym* findet sich ein gemeinsprachliches Synonym: der Ausdruck *Teekesselchen* (→ 3.2.3).

c) Synonymenpaare können aber auch als **diachronische Varianten** zu unterschiedlichen Sprachstadien gehören. So bedeuten etwa *Kaninchen* und ahd. *lōrihhīn* dasselbe. Der kommunikative Status solcher panchronischen Synonyme unterscheidet sich freilich von dem der übrigen Markierungsdimensionen, da die Varianten nicht in einer gleichzeitigen Sprechergemeinschaft koexistieren und damit nicht als kommunikative Alternativen verfügbar sind. Ein naheliegenderes Szenario zeigt sich in den Belegen (19) und (20):

(19) Als es soweit war und ein Remis gereicht hätte, wollte er, wie *weiland* Magnus Carlsen, plötzlich mehr. (NZZ, 27.03.2018)

(20) Vettel ein Rambo wie *einst* Schumacher (NZZ, 26.06.2017)

Wörter wie *weiland* werden als *Archaismen* bezeichnet – sprachliche Einheiten oder Merkmale, die nicht mehr als gegenwärtig betrachtet, sondern als diachronisch markiert wahrgenommen werden. Das für Archaismen charakteristische Distanzbewusstsein beruht dabei auf laienlinguistischen Konzeptualisierungen der zeitlichen Tiefe von sprachlichen Formen (vgl. Prinz 2014: 58 f.). Dagegen stellen Neologismen Formen dar, die als „neu" empfunden werden.

Bei Szenario 3 wurden also Gebrauchseigenschaften von Wörtern verglichen, wobei der Substitutionstest auch hier ein negatives Ergebnis liefert. *Velo, weiland* oder *Pädiater* sind nicht uneingeschränkt kontextunabhängig ersetzbar, da sie von verschiedenen Sprechergruppen, in verschiedenen Situationen etc. benutzt werden. Für eine vollständige Austauschbarkeit in allen Kontexten müsste man nicht nur auf diatopischer, diatechnischer und diachronischer Übereinstimmung zweier Ausdrücke bestehen, sondern auf Identität in Bezug auf alle relevanten Markierungsdimensionen. Da dies unrealistisch ist, können solche Wortpaare in der Regel nicht ausgetauscht werden, ohne dass sich der kommunikative Sinn der Äusserung ändert (vgl. Cruse 2011: 142). Dies ist allerdings v. a. ein pragmatisches Problem, weniger ein semantisches im engen Sinn der Ausdrucksbedeutung der betroffenen Sätze. Es hängt somit von der Restriktivität der zugrunde gelegten semantischen Konzeption ab, ob man diasystematische Varianten des Typs 3 als Kandidaten für strikte Synonymie betrachten möchte.

Als Fazit bleibt, dass der Substitutionstest offensichtlich mehrere unabhängige semantische und pragmatische Bedingungen für Synonymie zusammenwirft. Kandidaten für strikte Synonymie im Sinne einer vollständigen Austauschbarkeit müssten identische Gebrauchseigenschaften mit einer isomorphen Bedeutungsstruktur, d. h. gleichen Teilbedeutungen mit übereinstimmenden Bedeutungsanteilen, kombinieren. Die Wahrscheinlichkeit, dass zwei Lexeme alle diese Bedingungen erfüllen, ist entsprechend gering.

3.3.2 Hierarchie

Teile unseres Wortschatzes, vor allem der Substantivwortschatz und – weniger ausgeprägt – die Verben (zu den Adjektiven vgl. Harm 2015: 77), sind hierarchisch gegliedert. Dies liegt an einer grundlegenden kognitiven Fähigkeit des Menschen – dem kategorialen Denken. Wir sind in der Lage, unterschiedliche Gegenstände (oder allgemein: Entitäten, also etwas, das existiert) zusammenzufassen und zugleich einer hierarchisch höheren Klasse (= **Kategorie**) unterzuordnen. So können beispielsweise Entitäten wie Emu, Pinguin und Schwalbe aufgrund wahrgenommener Ähnlichkeit zusammengefasst und als Vertreter einer Kategorie interpretiert werden. Für viele Kategorien stellt die Sprache entsprechende Ausdrücke bereit, hier z. B. *Vogel, Tier* oder *Lebewesen*. Das ist jedoch nicht immer der Fall. Das deutsche Wort *Tante* z. B. fasst die Mutterschwester und die Vaterschwester zu einer Kategorie zusammen, dasselbe leistet *Onkel* für die beiden Arten von Brüdern. Für Tante und Onkel zusammen existiert jedoch kein lexikalisierter unmittelbarer Oberbegriff (nur viel allgemeinere wie *Verwandte/r, Mensch* o. ä.).

Kategorisierungsprozesse laufen im Alltag ständig und meist unbewusst ab. Eine einflussreiche Studie zur Frage sprachlicher Kategorisierung trägt deshalb den provokanten Titel „Women, Fire, Dangerous Things": „Many readers, I suspect, will take the title of this book as suggesting that women, fire, and dangerous things have something in common [...] things are categorized together on the basis of what they have in common." (Lakoff 1987: 5)

Die hierarchische Unterordnung von Kategorien kann sich über viele Ebenen erstrecken: z. B. ENTITÄT → LEBEWESEN → TIER → WIRBELTIER → SÄUGETIER → HUND → COLLIE → *Fiffi* (der Eigenname *Fiffi* repräsentiert nur noch ein Element, einen konkreten Hund, fasst also nichts mehr zusammen). In Bezug auf die Bedeutungen der entsprechenden Ausdrücke sagt man dann, die untergeordnete Kategorie SÄUGETIER sei ein **Hyponym** (Unterbegriff) der übergeordneten Kategorie WIRBELTIER, die übergeordnete Kategorie WIRBELTIER ein **Hyperonym** (Oberbegriff) der untergeordneten Kategorie SÄUGETIER. Damit ist gemeint, dass die Bedeutung des Unterbegriffs spezifischer ist als die des Oberbegriffs. Im Rahmen der Merkmalsemantik (→ 3.4.2) lässt sich diese Relation gut modellieren, indem man zur Bedeutung des Oberbegriffs einfach weitere Merkmale hinzufügt. Man kann sich z. B. vorstellen, dass die Bedeutung des Worts *Säugetier* im Prinzip die Bedeutung von *Wirbeltier* enthält, zuzüglich des kennzeichnenden Merkmals, dass diese Wirbeltiere ihren Nachwuchs mit Milch säugen. Im Hinblick auf die möglichen Referenten dieser Ausdrücke bedeutet dies aber, dass der Begriffsumfang (Denotation/Extension) des Unterbegriffs lediglich eine Teilmenge des Begriffsumfangs des Oberbegriffs darstellt (siehe Abbildung 3.4). Man kann dieses Verhältnis auch logisch bestimmen und sagen, dass das Hyponym das Hyperonym einseitig impliziert: Wenn etwas ein Collie ist, ist es auch ein Hund. Wenn etwas ein Hund ist, ist es nicht zwangsläufig ein Collie.

Die gemeinsamen Hyponyme eines Oberbegriffs (auf derselben Ebene) werden dabei als **Kohyponyme** bezeichnet. So sind etwa die Bezeichnungen für die verschiedenen Hunderassen (*Collie, Schäferhund, Dackel, Terrier* etc.) in Bezug auf das Hyperonym *Rassehund* allesamt Kohyponyme. Zusammen decken diese die Kategorie RASSEHUND vollständig ab. Die Anzahl an Hyponymen kann dabei beträchtlich sein. Beispielsweise verzeichnet das semantische Netz GermaNet für die Kategorie HUND immerhin 81 Hyponyme (→ 3.3; Abfrage am 12.02.2025).

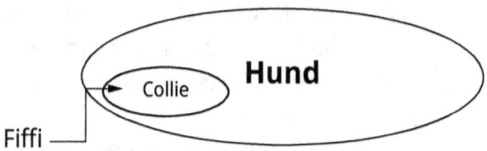

Abbildung 3.4: Hyponymie bei *Hund/Collie*.

Die Relation der Hyponymie/Hyperonymie ist auch für die Grammatik wichtig, da sie sich im Verhältnis der meisten Komposita (→ 6.3.3.1) zu ihren Grundwörtern und von bestimmten Nominalphrasen zu ihren Köpfen (→ 7.6.3) abbildet: So sind etwa *Hühnerei* und *rohes Ei* semantisch betrachtet Hyponyme von *Ei*.

Abschliessend ein Wort zur kognitiven Organisation von Hyponymen/Hyperonymen: Man sollte sich diese Relation nicht als starr fixierte Begriffskette oder Begriffspyramide vorstellen. Die eingangs erwähnte Hierarchie (ENTITÄT → ... → *Fiffi*) wurde unter zoologischen (WIRBELTIER) und philosophischen Aspekten (ENTITÄT) gebildet. An manchen Stellen wären jedoch auch inhaltlich anders bestimmte Kategorien möglich. So liesse sich HUND z. B. unter kulturellem Aspekt als Hyponym zu HAUSTIER auffassen (mit anderen Kohyponymen wie *Katze*, *Kanarienvogel* etc.). Innerhalb von Begriffshierarchien gibt es zudem eine Basisebene mit sog. **Basiskategorien** (*basic-level categories*). Dies sind Kategorien, die in unserem kognitiven System als besonders privilegiert erscheinen. Auf dieser Ebene ist die Reaktionszeit bei Kategorisierungsaufgaben am kürzesten. Möchte man z. B. in der in Abbildung 3.5 dargestellten Szene den Fahrer des Autos warnen, wird die spontane Reaktion eher sein: „Vorsicht, Vogel!" (Basiskategorie) und nicht „Vorsicht, Tier!" (zu allgemein) oder „Vorsicht, Spatz!" (zu spezifisch).

Abbildung 3.5: Basiskategorien.

Basiskategorien sind grundlegende Alltagskategorien. Basal sind sie insofern, als sie kein spezialisiertes (hier: ornithologisches) Wissen erfordern, in den meisten Situationen als unmarkierte Formen verwendet werden können und im Spracherwerb von Kindern zuerst gelernt werden. Im Gegensatz zu Kategorien der anderen Ebenen weisen sie oft eine stark prototypische Struktur (→ 3.4.3) auf. Die Ausdrücke für Basiskategorien sind in der Regel morphologisch einfach, sprachgeschichtlich alt und ererbt (also nicht entlehnt). Falls doch Neubildungen oder Entlehnungen vorkommen, etwa als Ausdrücke für technologische Neuerungen oder Kulturimporte, werden diese meist schnell verkürzt und ggf. assimiliert (wie bei *Bus* < *Omnibus*, *Auto* < *Automobil*, *Keks* < *Cakes* etc.).

Eine völlig andere Art hierarchischer Relation liegt bei **Meronymie/Holonymie** vor, der Beziehung zwischen Teil und Ganzem. Meronyme bilden dabei einen konstitutiven und unmittelbaren Teil eines Holonyms. So ist etwa die Iris Teil des Auges, der Finger Teil der Hand und der Arm Teil des Körpers. Begriffsketten bzw. -pyramiden, die man auf dieser Grundlage bilden kann, haben einen anderen Charakter als die mittels Hyponymie gebildeten. Zwar ist, wie eben beschrieben, der Begriffsumfang eines Hyponyms Teil des Begriffsumfangs seines Hyperonyms – die Menge aller Collies ist ein Teil der Menge aller Hunde. Ein einzelner Collie ist aber nicht Teil eines einzelnen Hundes. Bei den Meronymen ist der Fall genau umgekehrt: Die Menge aller Finger ist nicht eine Teilmenge aller Hände (diese Menge umfasst Hände und nicht Finger), aber der einzelne Finger ist jeweils Bestandteil einer einzelnen Hand. Man kann sich nun fragen, ob bei Meronymie überhaupt eine semantische Relation, also eine Beziehung zwischen Bedeutungen vorliegt und nicht eher eine zwischen Dingen in der realen Welt. Allerdings besteht zwischen einem Meronym und seinem Holonym durchaus eine Bedeutungsbeziehung, insofern als die Zusammengehörigkeit im jeweiligen Konzept fest verankert ist: Unser Konzept für den Ausdruck *Finger* enthält die Information ‚bewegliches Glied einer Hand' und das Konzept für *Hand* setzt die Vorstellung von Fingern voraus (wir würden deshalb Hufe nicht als *Hände* bezeichnen).

3.3.3 Gegensatz

Die dritte zentrale Dimension, nach der unser semantisches Wissen strukturiert ist, ist die des Gegensatzes (Oppositions- oder Kontrastrelation). Dieser intuitive Begriff umfasst recht verschiedenartige semantische Beziehungen, von denen im Folgenden Antonymie, Komplementarität und Konversität kurz betrachtet werden. Gemeinsam ist allen, dass Oppositionspaare stets semantisch **inkompatibel** sind. Die Sätze (21a) und (21b) können also nicht beide zugleich wahr sein.

(21) a. Der Fisch war gross/tot.
     b. Der Fisch war klein/lebendig.

Von **Antonymen** spricht man, wenn gegensätzliche Bedeutungen sich als Pole einer Skala mit Zwischenstufen oder fliessenden Übergängen vorstellen lassen. So kann etwa der morgendliche Kaffee heiss oder kalt sein, er kann aber auch einfach warm oder lauwarm sein, also auf der Skala Positionen zwischen den beiden Antonymen besetzen. Dabei ist der neutrale Mittelbereich lexikalisch oft unbesetzt. Für den Durchschnittswert der Adjektive *hoch* und *tief* bzw. *breit* und *schmal* gibt es z. B. keinen spezifischen Ausdruck; stattdessen werden generische Stellvertreter wie *normal*, *durchschnittlich* oder *mittelmässig* verwendet. Entscheidend ist: Die Negation eines Antonyms liefert nicht zwangsläufig den gegensätzlichen Begriff: Der Satz (22a) impliziert nicht (22b), da auch (22c) möglich ist.

(22) a. Jens ist nicht dick.
     b. Jens ist dünn.
     c. Jens ist weder dick noch dünn.

Antonyme finden sich bei vielen Wortarten: neben den Adjektiven (*klimafreundlich – klimafeindlich*) auch bei Substantiven (*Mut – Feigheit*), Verben (*lieben – hassen*), Pronomen (*alles – nichts*) oder Adverbien (*immer – nie*). Oft ist einer der beiden Pole markiert, d. h. er kann – anders als der unmarkierte Pol – die Skala nicht als Ganzes repräsentieren:

(23) a. Wie gross/alt/schwer bist du?
     b. *Wie klein/jung/leicht bist du?

(24) a. Geben Sie bitte Ihre Grösse/Ihr Alter an!
   b. *Geben Sie bitte Ihre Kleinheit/Ihre Jugend an!

Ein Sonderfall von Antonymie (auch: *direktionale Opposition*) ergibt sich, wenn etwas aus einer festgelegten Perspektive auf einer räumlichen oder zeitlichen Achse wahrgenommen wird, z. B. *vorne – hinten, oben – unten, hinauf – hinunter, kommen – gehen*. Der Bezugspunkt dieser Ausdrücke ist jeweils die Origo (→ 4.2.5) der Sprecherrolle: In Bezug auf die Positionierung meines Körpers, der eine Vorder- und Rückseite besitzt und damit eine Raumachse festlegt, befindet sich für mich etwas entweder vorne oder hinten.

Eine völlig andere Art von Opposition stellt die **Komplementarität** (Kontradiktion) dar, nämlich einen strikt binären Gegensatz wie bei *möglich – unmöglich, Sein – Nichtsein* oder *tot – lebendig*. Um sich letzteren als Skala vorzustellen, müsste man schon auf phantastisch-mythologische Konzepte wie ‚untot' zurückgreifen; in normaler alltagssprachlicher Verwendung sind Vertreter der Kategorie LEBEWESEN entweder lebendig oder tot. Zwei Bedeutungen sind also komplementär, wenn sie gemeinsam eine bestimmte Kategorie abdecken und semantisch inkompatibel sind. Alle potenziellen Referenten fallen dann entweder unter den einen oder den anderen komplementären Ausdruck. Solche Ausdrücke sind im Grunde leicht von Antonymen zu unterscheiden, da die Negation des einen jeweils die Bedeutung des anderen liefert: Jemand, der nicht verheiratet ist, ist ledig; jemand der nicht ledig ist, ist verheiratet. Die Bedeutungen von *ledig* und *verheiratet* sind also komplementär. Anders als antonymische Adjektive sind Komplementäre zudem nicht steigerbar, wie man in Beispiel (25) erkennen kann:

(25) a. Sebastian ist kleiner als sein Mann.
   b. *Sebastian ist verheirateter als sein Mann.

Eine weitere Oppositionsrelation ist die der **Konversität**. Zwei Ausdrücke sind dann zueinander konvers, wenn sie eine Beziehung zwischen zwei Personen oder Dingen aus deren jeweiliger Perspektive (mit vertauschten Rollen) darstellen. So bezeichnen die Ausdrücke *Elternteil* und *Kind* dieselbe soziale Beziehung zwischen zwei Personen. Die Sätze *x ist ein Elternteil von y* und *y ist ein Kind von x* sind deshalb äquivalent. Die Opposition besteht hier also ausschliesslich in der entgegengesetzten Perspektive auf den Sachverhalt. Gleiches gilt z. B. für
– Lagerelationen wie *x über y – y unter x*,
– Vergleiche wie *x ist grösser als y – y ist kleiner als x*,
– oder Handlungen wie *x verkauft an y – y kauft von x*.

In all diesen Fällen handelt es sich um relationale Ausdrücke, die durch ein mehrstelliges Prädikat ausgedrückt werden müssen. Logisch gesehen ist jemand nicht einfach nur ein Kind, sondern immer ein Kind *von jemandem*; etwas ist nicht nur über, sondern *über etwas anderem* etc. Darin besteht der Unterschied zu einem Antonym wie *oben*, das einfach eine Eigenschaft, also ein einstelliges Prädikat darstellt.

3.4 Semantische Modelle und Theorien

3.4.1 Wortfeldtheorie

Das letzte Kapitel hat gezeigt, dass lexikalische Bedeutungen in unserem mentalen Lexikon nicht einfach als isolierte Einheiten abgelegt, sondern durch paradigmatische Relationen mit anderen Bedeutungen verbunden sind. Diese semantischen Beziehungen stiften vielfältige Verknüpfungen in unserem Wortschatzwissen und gliedern und organisieren es in grössere Einheiten. Solche Gruppen von Ausdrücken mit zusammenhängender Bedeutung nennt man **Wortfelder**. Im Gegensatz zur Wortfamilie (→ 6.1.2.2) ist das Wortfeld inhaltsseitig bestimmt, man spricht deshalb auch vom *semantischen Feld*.

Als Pionier der Erforschung solcher Felder gilt der Germanist Jost Trier, der 1931 den deutschen Wortschatz zum „Sinnbezirk des Verstandes" um das Jahr 1200 mit demjenigen um 1300 verglich. Der „Sinnbezirk des Verstandes" ist bei Trier ein aussersprachlicher Sachverhaltsbereich, der diejenigen Wörter einer Sprache zu einem Verband gruppiert, die irgendetwas aus diesem Sachverhaltsbereich bezeichnen. Einen solchen Verband nennt Trier dann *Wortfeld*. Wie der „Sinnbezirk des Verstandes" in der deutschen Sprache um 1200 und um 1300 in sehr unterschiedlicher Art als Wortfeld aufgeteilt war, zeigt vereinfacht Abbildung 3.6.

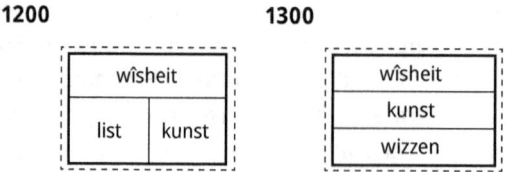

Abbildung 3.6: *Wortfeld* Sinnbezirk des Verstandes.

Triers Grundidee und sein Vorgehen waren in gewisser Weise strukturalistisch, bevor es in der germanistischen Sprachwissenschaft einen Strukturalismus gab. Gleichwohl fügt sich Triers Grundsatz, die Bedeutung eines Ausdrucks nicht isoliert, sondern aus der Relation zu anderen Ausdrücken zu erfassen, nahtlos in das strukturalistische Forschungsprogramm ein. Die so entstehenden Verbände von Ausdrücken betrachtet Trier als geordnet, als strukturiert. Und wo er beim Einzelausdruck Bedeutungsveränderung bemerkt, beschreibt er diese nicht isoliert, sondern vor dem Hintergrund einer Umstrukturierung des ganzen Wortfeldes, die in der Abbildung augenfällig wird: War *wîsheit* z. B. um 1200 noch Oberbegriff über die Verstandeskräfte, hatte es sich um 1300 zum Ausdruck für die höchste Verstandeskraft verengt, neben *kunst* als mittlerer und *wizzen* als alltäglicher Verstandeskraft.

Von einer solchen Einsicht ist es nur ein kleiner Schritt zur systematischen Kontrastierung von Wortbedeutungen und zur Eruierung der sie unterscheidenden Merkmale im Rahmen der sog. *Merkmalsemantik* (→ 3.4.2). Tatsächlich sind im Umkreis der Wortfeldtheorie Untersuchungen entstanden, die man bereits als merkmalsemantische Komponentenanalysen bezeichnen kann. Eine solche liegt dann vor, wenn der Unterschied zwischen den Bedeutungen nicht rein grafisch als unterschiedliche Position in einer flächigen Aufteilung eines „Sinnbezirks" markiert wird, wenn also der Unterschied nicht nur in der Metapher des Feldes versinnbildlicht, sondern in semantischen Merkmalen konkretisiert wird.

Triers Modell war ungemein suggestiv, hatte aber seine Schwächen. So suggeriert das Feld:
- eine Zweidimensionalität von Wortgruppenstrukturen, die jedoch oft mehrdimensional organisiert sind,
- klare Grenzen des Felds und der Bedeutungen, was angesichts häufig vager Konzepte eine Idealisierung darstellt,
- die Vollständigkeit der Feldstruktur, wofür Trier (1931: 1) das Bild eines „lückenlosen Zeichenmantels" wählt. In Wahrheit gibt es aber oft Löcher in der lexikalischen Besetzung eines Sachverhaltsbereichs. So bezeichnet im Deutschen eine Reihe von Adjektiven den Mangel bestimmter sensorischer Fähigkeiten: *blind, taub, lahm, stumm*. Was aber sagen wir von einem Menschen, der nicht riechen, nicht schmecken kann?

Wortfelder können unterschiedliche Gestalt annehmen. Sie können etwa semantisch weitgehend substituierbare Ausdrücke wie *Pulver, Knete, Kohle, Moos, Zaster* usw. für ‚Geld' enthalten. Ein solches „synonymisches" Wortfeld – korrekt müsste man eher von einem plesionymischen (also quasi-synonymischen) Feld sprechen, da die Bedeutungen häufig nicht wirklich Kandidaten für strikte Synonymie sind – erfasst also Ausdrücke, die ersetzt werden könnten, ohne dass sich dabei die Satzbedeutung wesentlich ändert:

(26) a. Ich hab keine Kohle mehr.
     b. Ich hab keine Knete mehr.

Anders liegt der Fall bei hierarchischen Wortfeldern, die insofern auf der Relation von Hyperonymie/Hyponymie beruhen, als sie Kohyponyme eines gemeinsamen Oberbegriffs erfassen, also z. B. *Giraffe, Schwein, Hirsch, Kuh, Kamel, Wisent* usw. für ‚Paarhufer'. Hier ist eine Substitution nicht ohne Weiteres akzeptabel:

(27) a. Er melkt Kühe im Aargau.
 b. Er melkt Schweine im Aargau.

Als Repräsentant für das gesamte Wortfeld wird entweder eine entsprechende Bedeutungsparaphrase oder ein geeignetes Hyperonym, das sog. *Archilexem*, verwendet – in den genannten Beispielen wären *Geld* und *Paarhufer* die Archilexeme der jeweiligen Wortfelder.

Grundsätzlich können für die Modellierung eines Wortfelds alle systematischen Bedeutungsbeziehungen in Kombination verwendet werden. Mit Löbner (2015: 242) kann man dabei folgende allgemeine Bedingungen festhalten:
1. die Lexeme des Wortfelds gehören zur selben Wortart (z. B. Substantiv),
2. die Bedeutungen haben gemeinsame Bestandteile, sind also vergleichbar,
3. zwischen den Bedeutungen bestehen klar definierte Relationen (wie Hyponymie, Komplementarität etc.),
4. das Wortfeld ist im Hinblick auf die verwendeten Relationen abgeschlossen.

Es gibt dabei keine Mindestgrösse für Wortfelder, da bereits ein komplementäres Wortpaar wie *tot/lebendig* eine in sich abgeschlossene Gruppe darstellt und auch die restlichen Bedingungen erfüllt. Die Wortfeldanalyse erbt aber natürlich

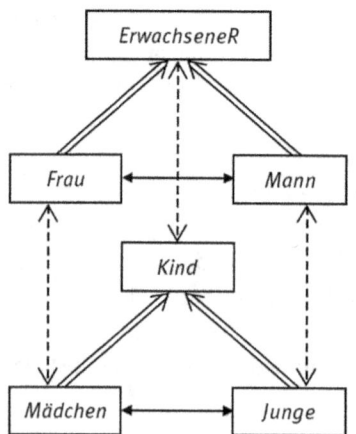

Abbildung 3.7: Allgemeine Personenbezeichnungen (nach Löbner 2015: 244).

Interpretationsspielräume bei der Bestimmung von semantischen Relationen, wie Abbildung 3.7 zeigt. Darin modelliert Löbner das Wortfeld der allgemeinen Personenbezeichnungen, indem er zwei durch Doppelpfeile gekennzeichnete Hyponymie-„Dreiecke" (*ErwachseneR – Frau – Mann* und *Kind – Mädchen – Junge*) miteinander verknüpft. Dies geschieht komplementär nach der Alters- (gestrichelte Pfeile) und der Geschlechtsopposition (einfache Pfeile). Auf diese Weise ergibt sich eine durch unterschiedliche Relationen eng vernetzte Struktur. Allerdings ist die Altersopposition nur juristisch eine komplementäre. Vor dem Gesetz wird man mit dem 18. Geburtstag erwachsen; alltagssprachlich betrachten wir diese Ausdrücke dagegen als antonymisch (*Kind – JugendlicheR – ErwachseneR*). Entsprechend kann man sagen: „Sie ist kein Kind mehr, aber noch lange nicht erwachsen." Auch die Komplementariät der Geschlechtsopposition ist nicht selbstverständlich, da dieses Merkmal auf unterschiedlichen Ebenen angesiedelt sein kann (biologisches oder soziales Geschlecht?) und mittlerweile von vielen als nonbinär oder fluktuierend („genderfluid") konzeptualisiert wird.

In gewisser Weise haben solche Fragen die Wortfeldtheorie von ihrer Entstehung an begleitet. Das Modell entwickelte sich im Dunstkreis der sog. *Inhaltbezogenen Grammatik* Leo Weisgerbers, die eine starke Identifizierung der Einzelsprachstruktur mit der Struktur der Begriffswelt des Menschen vertrat. Nach Trier und Weisgerber nehmen wir die Welt stets durch die strukturierende Brille unserer Muttersprache wahr: „Jede Sprache gliedert das Sein auf ihre Weise, schafft damit ihr besonderes Seinsbild" (Trier 1934/1973: 146). Wortfelduntersuchungen waren vor diesem Hintergrund mehr als nur Studien zur Semantik von Wörtern einer Einzelsprache. Sie wurden ein Mittel zur Erforschung des sprachlichen Weltbildes ganzer Sprachgemeinschaften und ermöglichten Sprachvergleiche – zwischen verschiedenen Sprachepochen (wie in Triers Untersuchung) oder zwischen unterschiedlichen Sprachen: Wie sehen etwa die Deutschen die Natur mit ihrem *Wald, Holz, Gehölz, Forst*, wie die Franzosen mit ihrem *bois, forêt*?

Diese starke Identifizierung von sprachlicher Bedeutungsstruktur und begrifflicher Struktur des Denkens teilte die Inhaltbezogene Grammatik mit den Anhängern des **linguistischen Relativitätsprinzips** (sog. *Sapir-Whorf-Hypothese*, → 11.4.2), welches ungefähr besagt, dass die Wirklichkeit, wie sie uns erscheint, relativ zu unserer Sprache ist. Das kann man so verstehen, dass Unterschiede zwischen Sprachen mit irgendwelchen Unterschieden im Denken korrelieren (= schwache Version der Hypothese), oder dass die jeweilige Muttersprache das individuelle Denken der Sprachgemeinschaft als unbewusstes Hintergrundphänomen regelrecht determiniert (= starke Version): „The structure of anyone's native language strongly influences or fully determines the world-view he will acquire as he learns the language." (Brown 1976: 128)

3.4.2 Lexikalische Dekomposition

Komplexe Ausdrücke wie *Holztisch* oder *ein Tisch aus unbehandeltem Holz* besitzen eine kompositionale Bedeutung, die man als aus den enthaltenen Konstituenten *Holz, Tisch* etc. zusammengesetzt betrachten kann (→ 3.1.1). Das Gegenstück zur Bedeutungskomposition ist die Dekomposition, also die Zerlegung einer Bedeutung in ihre Bestandteile. Die Vorstellung, dass Bedeutungen komplex sind und zerlegt werden können, kann nun auch auf Ausdrücke wie *Holz* oder *Tisch* mit einer nicht-kompositionalen, arbiträren Bedeutung übertragen werden. Mit **lexikalischer Dekomposition** meint man entsprechend, dass auch elementare Grundeinheiten, die formal nicht mehr weiter zerlegt werden können (Minimalzeichen), semantisch nichts Atomares sind, sondern aus **Bedeutungskomponenten** bestehen. Dabei ergibt sich sofort ein Problem: Während bei *Holztisch* die semantische Komplexität unmittelbar mit der formalen Komplexität des Ausdrucks korrespondiert, kann man die postulierte semantische Komplexität von *Holz* nicht am Ausdruck selbst ablesen. Entsprechend wird der Grundgedanke lexikalischer Dekomposition auch nicht universell akzeptiert, sondern in Theorien mit einer holistischen Auffassung von Bedeutung abgelehnt.

Im Folgenden wird vor allem die sog. **Merkmalsemantik** (Komponentenanalyse) als klassisch-strukturalistisches Modell lexikalischer Dekomposition vorgestellt: Was leistet sie und wo liegen ihre Grenzen? Danach folgt ein kurzer Ausblick auf alternative Konzeptionen.

Wenn man im Alltag hört, dass die Person A der Person B ähnlich sieht, kann man das ganzheitlich (holistisch) auffassen. Man kann jedoch auch versuchen, die Ähnlichkeit als Summe weitgehender Übereinstimmungen bzw. Unterschiede zu analysieren: „A hat den gleichen Mund und die gleiche Nase wie B, aber die Augen sind anders." Genau so ist man in der Merkmalsemantik mit Bedeutungsrelationen zwischen Sprachzeichen verfahren: Man hat nach Übereinstimmungen und Unterschieden beschreibbarer Eigenschaften der verschiedenen Konzepte gesucht. Stellt man z. B. deutsche Gewässerbezeichnungen einander gegenüber, erkennt man schnell, dass diese sich im Hinblick auf bestimmte Eigenschaften ähneln oder voneinander unterscheiden. Bäche und Flüsse sind im Gegensatz zu Seen und Teichen fliessende Gewässer. Fluss und See sind relativ grosse Gewässer, Bach und Teich dagegen eher kleine. Manche Gewässer haben einen natürlichen Ursprung (z. B. Flüsse), manche sind künstlich angelegt (z. B. Teiche). Durch solche Gegenüberstellungen gewinnt man also Kategorien wie [FLIESSEND], [GROSS] und [NATÜRLICH], die als **semantische Merkmale** (auch: *Seme*; engl. *features*) bezeichnet und als grundlegende Bedeutungskomponenten des Sprachzeichens aufgefasst werden. Die Bedeutung eines Ausdrucks wie *Fluss* wäre demnach eine Liste aus solchen semantischen Merkmalen, der Fluss gleichsam die Summe seiner Eigenschaften. Die Bedeutung eines Wortes wird also als Bündel von semantischen Merkmalen modelliert, die üblicherweise in Grossbuchstaben oder Kapitälchen geschrieben werden, damit man sie leicht erkennen kann. Diese Idee einer Merkmal- oder Komponentenanalyse ist aus der Phonologie entlehnt, wo die sog. *Phoneme* (→ 5.5.1) bereits in den 1920/1930er-Jahren ganz ähnlich als phonologische Merkmalbündel analysiert wurden. Interessant sind bei der Analyse v. a. **distinktive** Merkmale, also solche, mit deren Hilfe sich eine Bedeutung gegenüber einer anderen abgrenzen lässt. So leistet etwa das Merkmal [ERWACHSEN] eine Abgrenzung von *Welpe* und *Hund*, die Ausdrücke *Student/Studentin* und *Tochter/Sohn* unterscheiden sich jeweils im Merkmal [WEIBLICH], und bei *See* und *Teich* ist lediglich das Merkmal [NATÜRLICH] anders spezifiziert. Dagegen ist die Tatsache, dass ein See Wasser führt, nicht distinktiv gegenüber Ausdrücken wie *Teich* oder *Fluss*, da dies auf alle Gewässerbezeichnungen zutrifft. Ebenso sind in Abbildung 3.8 die ersten drei Merkmale ([LEBEWESEN], [MENSCH], [VERWANDT]) nicht distinktiv. Sie konstituieren lediglich den Lexemverband der Verwandtschaftsbezeichnungen, der dann mittels distinktiver Merkmale intern gegliedert wird.

Semantische Merkmale sind binär angelegt, d. h., dass bei der Bedeutungsbeschreibung nur zwei und nicht etwa kontinuierliche Werte auf einer Skala vergeben werden können. Ein bestimmter Gewässertyp gehört z. B. zur Gruppe der Fliessgewässer oder eben nicht. Für die Darstellung reicht jeweils eine Merkmalsbezeichnung (man verwendet z. B. für Lebewesen [LEBENDIG] *oder* [TOT], nicht aber beides), sofern man diese mit + und – kombiniert. Da [LEBENDIG] und [TOT] in komplementärer Relation zueinander stehen, ist [+LEBENDIG] dasselbe wie [–TOT]. Man muss sich also lediglich entscheiden, ob man [±LEBENDIG] oder [±TOT] als Merkmal verwenden möchte. Da bei binären Merkmalen oft eine Option die „markierte" (→ 6.1.1.2) ist, kann man sich in dieser Frage an der Markiertheit in der jeweiligen Sprache orientieren. Beispielsweise würde man dann für das Deutsche mit dem Geschlechtsmerkmal [±WEIBLICH] arbeiten (und nicht [±MÄNNLICH]), da weibliche Bezeichnungen im Deutschen in der Regel markiert sind (z. B. *Sportler-in*).

Semantische Merkmale müssen ausserdem (zumindest für einige der untersuchten Ausdrücke) relevant sein. Die Bedeutung des Ausdrucks *Mann* schliesst z. B. in allen Kontexten das Merkmal [+MENSCHLICH] ein, nicht aber das Merkmal [+BLOND]. Zwar existieren blonde Männer; diese Eigenschaft ist jedoch nicht konstitutiv für die Bedeutung von *Mann*. Mit anderen Worten: Für die Frage, ob jemand ein Mann ist, ist die Haarfarbe irrelevant.

Die Merkmalsemantik modelliert also sprachliche Bedeutungen als Listen von distinktiven und relevanten binären Merkmalen. Wenn man nun eine solche Modellierung bei einer ganzen Gruppe semantisch ähnlicher Ausdrücke durchführt, bekommt man eine **Merkmalsmatrix**. Darin wird der Verband an semantisch ähnlichen Ausdrücken durch die distinktiven Merkmale strukturiert. Die Beispielsmatrix in Abbildung 3.8 ist das Resultat der klassischen Analyse deutscher Verwandtschaftsbezeichnungen bei Bierwisch (1969: 67). In der oberen Horizontale finden sich die Lexeme, in der linken Vertikale die Merkmale, die den Lexemverband inhaltlich strukturieren. Die Bedeutung der Lexeme ist jeweils die spezifische Bündelung der mit + und − ausgezeichneten Merkmale in der Vertikale. Eine Lücke (oft auch: „0") bedeutet, dass das Merkmal für den betreffenden Ausdruck nicht relevant ist. So ist etwa [WEIBLICH] für Ausdrücke wie *Eltern, Geschwister* oder *Kind* irrelevant. Ausserdem ist die Aufnahme von [WEIBLICH] *und* [MÄNNLICH] bei Bierwisch redundant – die beiden Merkmale liefern exakt spiegelverkehrte Werte.

	Verwandter	Eltern	Vater	Mutter	Geschwister	Bruder	Schwester	Kind	Sohn	Tochter	Onkel	Tante	Cousin	Cousine	Neffe	Nichte
Lebewesen	+	+	+	+	+	+	+	+	+	+	+	+	+	+	+	+
Mensch	+	+	+	+	+	+	+	+	+	+	+	+	+	+	+	+
verwandt	+	+	+	+	+	+	+	+	+	+	+	+	+	+	+	+
dir. Verwandtschaft	(−)	+	+	+	+	+	+	+	+	+	−	−	−	−	−	−
gleiche Generation		−	−	−	+	+	+	−	−	−	−	−	+	+	−	−
älter		+	+	+				−	−	−	+	+			−	−
männlich			+	−		+	−		+	−	+	−	+	−	+	−
weiblich			−	+		−	+		−	+	−	+	−	+	−	+
Mehrzahl		+			+											

Abbildung 3.8: Verwandtschaftsbezeichnungen nach Bierwisch (1969).

Was leistet dieses Modell nun in der Praxis? Zum einen eignet sich die Merkmalsemantik, bestimmte semantische Relationen (→ 3.3) präzise zu beschreiben. Bei Hyperonymie/Hyponymie z. B. enthält der Unterbegriff sämtliche Merkmale des Oberbegriffs, jedoch mindestens eines mehr. So besteht etwa die Bedeutung von *Holzhaus* aus den Merkmalen von *Haus* zuzüglich des Merkmals [+HÖLZERN]. Der Unterbegriff wird dadurch spezifischer. Eine solche merkmalsemantische Beschreibung von Hyperonymie/Hyponymie hat bereits Vorläufer in der Definitionslehre der aristotelischen Logik, bei der ein Unterbegriff mittels des Oberbegriffs (traditionell: das *genus proximum* ‚nächstübergeordnete Gattung') und eines zusätzlichen Merkmals (die *differentia specifica* ‚wesentlicher Unterschied') definiert wurde: z. B. *Der Mensch ist ein vernunftbegabtes* (= differentia specifica) *Lebewesen* (= genus proximum). Man nennt die Merkmalsemantik deshalb manchmal auch „aristotelische" Semantik. Semantische Merkmale wurden ausserdem dazu verwendet, in der Syntax Selektionsbeschränkungen zu formulieren. So muss z. B. das Subjekt des Verbs *buchstabieren* [+MENSCHLICH] sein, bei *erblicken* dagegen [+BELEBT]:

(28) a. *Das Kaninchen buchstabierte den Satz.
  b. *Das Auto erblickte den Polizisten.

Die Merkmalsemantik hat allerdings auch eine Reihe gravierender Limitationen, die ihren Nutzen erheblich einschränken:

(a) Relationale Ausdrücke wie *Bruder* oder *über* sind darin nicht erfassbar, da das Modell auf binären Merkmalen aufgebaut ist. Solche Merkmale sind logisch betrachtet einstellige Prädikate des Typs weiblich(x). Viele Bedeutungen haben aber einen relationalen Charakter. So ist etwa in der Kernbedeutung von *Bruder* angelegt, dass jemand ein Bruder *von jemandem* ist, also z. B. Bruder(Tim, Anna). Ohne Geschwister kann man nicht Bruder, sondern nur Sohn sein. Um solche Ausdrücke angemessen darstellen zu können, bräuchte man nun eigentlich mehrstellige Prädikate statt einfacher binärer Merkmale. Das zeigt sich bereits in Abbildung 3.8, bei der die Merkmale [DIREKT VERWANDT], [GLEICHE GENERATION] und [ÄLTER] gar keine Merkmale, sondern verdeckte Relationen sind, auch wenn sie wie Merkmale präsentiert werden (vgl. Löbner 2015: 281 f.). Ein potenzieller Referent x kann schliesslich nur *mit jemandem* (= y) direkt verwandt/in der gleichen Generation sein bzw. älter *als jemand* (= y) sein. Dieses y lässt sich mit einem binären Merkmal aber nicht erfassen.

(b) Binäre Merkmale sind zudem ungeeignet, skalare und vage Konzepte darzustellen. Antonymie z. B. beruht auf der Vorstellung einer zugrunde liegenden Skala; die graduellen Übergänge zwischen ‚heiss', ‚warm', ‚lauwarm' und ‚kalt' lassen sich mit binären Merkmalen nicht ohne Weiteres abbilden. Prognostiziert wurde dies erstaunlicherweise bereits in einem der „Gründungsdokumente" der Merkmalsemantik:

> In some areas of lexicon, semantic structure may be so complex that it is impossible or unprofitable to approach it in this manner [...] It may become necessary to abandon the Aristotelian dichotomy of A vs. not-A, and the clear distinction between ‚essential' and ‚accidental' features. Continuous scales may be introduced in place of these sharp dichotomies. (Lounsbury 1956: 193)

(c) Die Beschreibung von semantischen Relationen durch semantische Merkmale funktioniert längst nicht überall so gut wie bei der Hyponymie. Für manche Bedeutungsbeziehungen liefert die Komponentenanalyse z. B. nur triviale Ergebnisse, etwa für die Bedeutung von Kohyponymen (→ 3.3.2), also Hyponymen auf derselben Hierarchiestufe eines Hyperonyms. So könnte man zwar für z. B. Wochentage (*Montag – Dienstag – Mittwoch* etc.) oder Ausschnitte aus biologischen Taxonomien (*Hund – Katze – Pferd* etc.) rein formal entsprechende Merkmale festlegen. Die

Bedeutung von *Montag* wäre dann aber durch die Merkmale [+Montag], [–Dienstag], [–Mittwoch] etc. spezifiziert. Bei solchen Reihen hilft die Merkmalsemantik also nicht wirklich weiter. Die Merkmale wiederholen hier nur die Ausgangsdaten, sie explizieren sie nicht.

(d) Ganz allgemein wird das Instrumentarium der Merkmalsemantik der Komplexität der Aufgabe, der Beschreibung des Wortschatzes einer ganzen Sprache, nicht gerecht. Anders als in der Phonologie, wo ein begrenztes Inventar an Phonemen mit binären Merkmalen adäquat beschrieben werden kann, sieht sich ein merkmalsemantischer Ansatz in Bezug auf die semantische Kompetenz vor völlig anders dimensionierte Herausforderungen gestellt. Eine Bedeutungsbeschreibung mit einer überschaubaren Anzahl von Merkmalen ist angesichts des Umfangs und der Komplexität des Lexikons nicht realistisch, zumal der Fokus der Merkmalsemantik auf der deskriptiven Bedeutungsdimension liegt und andere Aspekte ausklammert (→ 3.2.2).

(e) Hinzu kommt, dass der Status der semantischen Merkmale letztlich unklar ist. Sind sie sprachspezifisch oder universell für alle Sprachen gültig? Was stellen Merkmale eigentlich dar – rein heuristische Konstrukte ohne objektive Realität, tatsächliche Eigenschaften der realen Welt, Basiskategorien unserer Kognition, die möglicherweise sogar angeboren sind? Man sollte eigentlich erwarten, dass die Verarbeitung von merkmalsemantisch komplexeren Wörtern längere Zeit in Anspruch nehmen würde, dass also z. B. Hyperonyme schneller verarbeitet werden als ihre Hyponyme (deren Bedeutung mindestens ein zusätzliches Merkmal aufweist). Die kognitive Realität von semantischen Merkmalen ist jedoch bislang nicht psycholinguistisch nachweisbar (vgl. Engelberg 2011a: 140).

Insgesamt ist das merkmalsemantische Modell also nur begrenzt verwendbar, da es theoretische und praktische Defizite aufweist und die meisten semantischen Relationen nicht ausreichend erklären kann. Die Merkmalsemantik ist für bestimmte Wortschatzbereiche bis zu einem gewissen Grad hilfreich, liefert aber keine allgemeine Beschreibung von Einzelbedeutungen und Bedeutungsbeziehungen einer ganzen Sprache. Dennoch hat sich die Idee, Bedeutungen in eine überschaubare Menge kleinster semantischer Einheiten zu „dekomponieren", nicht mit diesem klassisch-strukturalistischen Modell erledigt. In der Folge wurden seit den 1960er-Jahren verschiedene alternative Dekompositionsmodelle entwickelt, unter anderem im Rahmen der Generativen Semantik, der Montague-Grammatik, der Zwei-Ebenen-Semantik/*Lexical Decomposition Grammar* oder der *Distributed Morphology*, oft allerdings ohne eine ausreichende empirische Überprüfung ihrer Leistungsfähigkeit (vgl. den Überblick bei Engelberg 2011b). Im Folgenden sollen nur kurz zwei neuere Ansätze angerissen werden, die – mit ganz unterschiedlicher Zielsetzung – die Suche nach semantischen Komponenten weiter vorangetrieben haben.

Ray Jackendoff: Conceptual Semantics
Jackendoff (1990) schlägt auf der Suche nach kleinsten semantischen Einheiten einen ganz anderen Weg ein als die Merkmalsemantik. Er nimmt an, dass sich Bedeutungen aus einer endlichen Menge von Grundkonzepten (*conceptual primitives*) zusammensetzen, die in der menschlichen Wahrnehmung begründet liegen und daher universal gültig sind. Ein solches Grundkonzept ist etwa GO, die Bewegung eines Objekts im Raum. GO erfordert zwei Argumente, ein Objekt und eine Richtung – vereinfacht: GO(Objekt, TO(Ziel)). Wie das Beispiel zeigt, sind die Grundkonzepte z. T. ineinander verschachtelt. So enthält das Grundkonzept GO als ein Argument das Grundkonzept TO, welches selbst wiederum ein Argument (Ziel) erfordert. Die Grundkonzepte ordnet Jackendoff wiederum allgemeinen Kategorien zu. GO ist ein Ereignis (EVENT), TO eine Richtung (PATH). Auch die Argumente entstammen bestimmten Kategorien. Das Objekt, das sich bewegt, ist ein THING (Gegenstand, Person), das Ziel ein PLACE (Ort). Da die Kategorien der Argumente in ihrer Bedeutung festgelegt sind (GO erfordert z. B. immer Argumente aus den Kategorien THING und PATH), sind sie Bestandteil der Notation. Für das Konzept GO lautet diese wie in (29a). Die Formel repräsentiert dabei die abstrakte Struktur einer räumlichen Bewegung. Die Leerstellen (*slots*) der Formel lassen sich nun mit Argumenten besetzen. Wenn man etwa *Martin* als THING und *Büro* als PLACE einfügt, erhält man die Struktur des Satzes *Martin geht ins Büro* (Beispiel 29b).

(29) a. [$_{Event}$ GO([$_{Thing}$ ___], [$_{Path}$ TO([$_{place}$ ___])])]
 b. [$_{Event}$ GO([$_{Thing}$ MARTIN], [$_{Path}$ TO([$_{place}$ BÜRO])])]

Doch nicht nur dem Verb *gehen* liegt das Grundkonzept GO zugrunde. Es repräsentiert den Vorgang der Bewegung insgesamt und ist Bestandteil sämtlicher Verben, in denen sich Bewegung vollzieht. Dies zeigt, worauf es Jackendoff ankommt: Er will die semantische Struktur von Verben analysieren sowie deren (bisweilen unvermutete) strukturelle Ähnlichkeiten aufdecken.

Anna Wierzbicka: Semantic primitives
Auch Wierzbicka nimmt an, dass allen Sprachen eine endliche Menge universaler und nicht weiter zerlegbarer Konzepte zugrunde liegt. Sie geht dabei wie Jackendoff von kognitiven Überlegungen aus, meint aber mit ihren *semantic primitives* keine abstrakten Konzepte (wie Jackendoffs GO im Sinne einer Bewegung). Vielmehr

nimmt sie an, dass es ein Set von Lexemen gibt, die in allen Sprachen vorkommen, etwa *ich, du, jemand, etwas, wollen, fühlen, sagen*. In Wierzbicka (1996) werden 55 solcher *primitives* aufgeführt, die seit Beginn der 1970er-Jahre durch einen sehr umfassenden Sprachvergleich eruiert wurden. Wierzbicka glaubt, dass sich beliebig komplexe Bedeutungen jeder Sprache allein mit diesen *primitives* beschreiben lassen. Daher konzipiert sie eine Beschreibungssprache, die ausschliesslich aus den *primitives* besteht, die sog. *Natural Semantic Metalanguage* (NSM). Wenn es zutrifft, dass die *primitives* selbst nicht weiter zerlegbar und semantisch analysierbar sind, dann löst die NSM ein grundlegendes Dilemma der semantischen Analyse: die Zirkularität der Bedeutungsbeschreibung (→ 3.1.2). Das Beispiel *Mother* paraphrasiert Wierzbicka (1996: 155) folgendermassen:

> *X* is *Y*'s mother. =
> (a) at one time before now, *Y* was very small
> (b) at that time, *Y* was inside *X*
> (c) at that time, *Y* was like a part of *X*
> (d) because of this, people can think something like this about *X*:
> „*X* wants to do good things for *Y*
> *X* doesn't want bad things to happen to *Y*"

Die Paraphrase enthält selbst zum Teil fest definierte Paraphrasen, die für wichtige, aber keineswegs universale Konzepte stehen. So repräsentiert „at one time before now" die Vergangenheit, die Paraphrase in (d), mit der Wierzbicka die psychologische und soziale Komponente des Konzepts ‚Mutter' erfasst, drückt Erwartungshaltungen (*expectations*) aus.

Die *primitives* sind für Wierzbicka die gemeinsame Basis, auf deren Grundlage man Konzepte verschiedener Kulturen beschreiben und vergleichen kann.

3.4.3 Prototypentheorie

In den deutschsprachigen Ländern (und vielen anderen ebenso) ist es gängige Praxis, drei grössere Mahlzeiten pro Tag zu weitgehend festgelegten Zeiten einzunehmen. Die erste davon, die früh am Tag nach einer längeren Schlafphase mit charakteristischen Lebensmitteln wie Brot und Kaffee eingenommen wird, bezeichnet man als *Frühstück*. Aber was genau macht eine Mahlzeit zu einem Frühstück? Keine der genannten Bedingungen scheint zwingend vorliegen zu müssen (vgl. Fillmore 1982: 118 f.). Man kann auch am Morgen nach einer durchfeierten Nacht oder am späten Nachmittag aufgrund einer anstrengenden Nachtschicht Brot und Kaffe zu sich nehmen und dies als *Frühstück* bezeichnen. Es spricht auch nichts dagegen, den Tag mit einem Frühstück aus Spaghetti (wie in Haiti) oder Reis und Miso-Suppe (wie in Japan) zu beginnen. Nicht jedes Frühstück muss also ein „prototypisches" sein. Dies hat allerdings Konsequenzen für die Beschreibung der Wortbedeutung von *Frühstück*, auf die erstmals die sog. *Prototypentheorie* in aller Deutlichkeit hingewiesen hat. Die wesentlichen theoretischen Grundlagen dieser Theorie verdanken sich dabei dem späten Wittgenstein (→ 3.2.1.3) und der Kognitionspsychologie der 1970er-Jahre (Eleanor Rosch), wenngleich die Grundidee sich auch schon deutlich früher findet:

> Die Grenzen der Wortbedeutung sind verwaschen, verschwommen, zerfließend. Treffender […] wird meines Erachtens der Sachverhalt gekennzeichnet, wenn man überhaupt nicht von Grenzlinien des Umfangs redet, sondern […] von einem Grenzgebiet, das einen Kern einschließt. (Erdmann 1900: 5)

Diese Vorstellung widerspricht nun völlig dem merkmalsemantischen Credo. Wenn Bedeutungen durch binäre Merkmale repräsentiert werden, bekommen sie scharfe Kategoriengrenzen und leisten eine eindeutige Zuordnung: Eine Person gehört zur Kategorie Mann, wenn für sie gilt: [+LEBENDIG], [+MENSCHLICH], [+ERWACHSEN] und [–WEIBLICH]. Ein potenzieller Referent fällt also unter eine bestimmte Kategorie, sofern er alle relevanten Merkmale erfüllt. Tut er das nicht, fällt er unter eine andere. Kategorien sollten damit stets klare Grenzen ihrer Anwendbarkeit haben. Zudem sollten alle potenziellen Referenten gleichberechtigt behandelt sein. Mit anderen Worten: Kategorien sollten keine interne Struktur aufweisen, bei der einige randständige Vertreter gerade noch so dazugehören, während andere eine zentrale Rolle einnehmen.

Allerdings führt schon die blosse Beobachtung der Alltagssprache zu der Einsicht, dass Kategorisierungen in der Praxis nicht immer so einfach und eindeutig sind. Wir verwenden längst nicht nur Begriffe, die wir präzise definieren, d. h. deren Umfang wir eindeutig angeben könnten. Zwar fällt es uns oft leicht, etwas in eine bestimmte Kategorie einzuordnen (*das ist rot, das ist ein Vogel, das ist ein Werkzeug, das scheppert*). Bei anderen Gelegenheiten aber tun wir uns schwer, solche Entscheidungen zu treffen, und sagen dann etwa: *Das hat eine rötliche Farbe. Das ist eigentlich ein Vogel. Das ist eine Art Werkzeug. Das hat irgendwie einen scheppernden Klang.* Mit solchen relativierenden Ausdrucksweisen, sog. **Heckenausdrücken** (engl. *hedges*), wird eine gewisse Unsicherheit oder Reserviertheit gegenüber einer eindeutigen Einordnung signalisiert. Der zu bestimmende Referent entbehrt offensichtlich gewisser Eigenschaften, die ihn zu einem guten Vertreter einer Kategorie machen würden, ohne jedoch klar aus ihr herauszufallen. Der Gebrauch solcher Heckenausdrücke signalisiert vordergründig, dass ein Ausdruck als nicht ganz passend erscheint. Auf einer grundsätzlicheren Ebene signalisiert er jedoch: Auch das mit dem Ausdruck bezeichnete Konzept scheint nicht ganz zu passen bzw. der Referent scheint nicht ohne Weiteres zum Konzept zu passen.

Dies deckt sich mit frühen Erkenntnissen der Kognitionspsychologie, wonach die mentale Repräsentation von Alltagsbegriffen offenbar nicht auf dem Prinzip distinktiver binärer Merkmale beruht, sondern Kernzonen mit besonders typischen Vertretern umfasst, vom Kern immer weiter entfernte periphere Zonen mit untypischen Vertretern und zudem unscharfe Ränder. So stellt man sich z. B. unter VOGEL nicht gerade einen Emu oder Pinguin vor, sondern etwas in der Art eines Rotkehlchens, gefolgt von Spatz, Kanarienvogel, Amsel und Taube (siehe Abbildung 3.9). Entsprechende Kategorisierungen sind dabei spezifisch für bestimmte Sprachgemeinschaften. In Neuseeland z. B. dürfte ein Kiwi ein weniger peripherer Vertreter von VOGEL sein als in der Schweiz. Experimente zeigen ausserdem, dass man bei MÖBEL nicht zuerst an ein Radio oder eine Vase denkt, sondern an einen Stuhl oder ein Sofa (vgl. Rosch/Mervis 1975). Die Kategorie TASSE ist mit der Vorstellung eines Objekts verbunden, welches idealerweise etwa so hoch wie breit ist und einen Henkel besitzt (vgl. Labov 1973). Tassen, die anders aussehen, werden als schlechtere Vertreter der Kategorie wahrgenommen. Auch Farbbezeichnungen lassen sich merkmalsemantisch nicht sinnvoll analysieren. Vielmehr werden bei der Kategorisierung von Farben innerhalb des kontinuierlichen Farbspektrums sog. *Fokalfarben* als Orientierungspunkte herangezogen. Die Interpretation einer konkreten Farbe als ROT gelingt zuverlässiger, je näher am fokalen Rot-Punkt das betreffende Objekt liegt (vgl. Berlin/Kay 1969; Rosch 1973).

All dies führte in den 1970/1980er-Jahren zu einer neuen Sichtweise auf die interne Struktur von lexikalischen Bedeutungen: Wenn man unterstellt, dass nicht alle Vertreter gleich gute Repräsentanten einer bestimmten Kategorie darstellen und dass nicht alle Kategorien wohldefiniert und scharf abgegrenzt sind, heisst das, dass auch Bedeutungen (a) einen **prototypischen Kern** besitzen können, um den sich „bessere" und „schlechtere" Referenten anordnen, und (b) eine **Randbereichsunschärfe**, d. h. unscharfe Grenzen aufweisen können. Dabei stehen allerdings Alltagssprache und Fachsprachen mitunter im Widerspruch. So kann man z. B. Wale laienhaft als *Walfische* konzeptualisieren, obwohl es sich zoologisch betrachtet um Säugetiere handelt, freilich solche, die aufgrund ihrer Gestalt und maritimen Lebensweise der Nachbarkategorie FISCH ähnlicher sind als den meisten anderen Säugetieren.

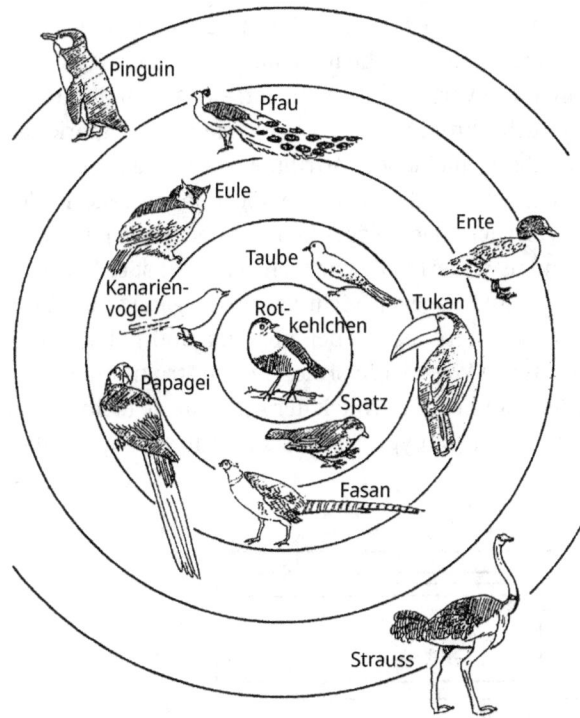

Abbildung 3.9: Prototypische Kategorie VOGEL (nach Aitchison 2012: 69).

Der Prototyp markiert nach dieser Theorie also das Zentrum der Bedeutung eines sprachlichen Zeichens: Mord ist – angesichts der Allgegenwart von Krimis und True-crime-Podcasts – ein prototypischeres VERBRECHEN als Hochverrat oder Wirtschaftskriminalität. Ein Auto kommt unserem prototypischen Konzept von FAHRZEUG näher als ein Rollbrett etc. Allerdings wird beim Sprachverstehen nicht automatisch immer der Prototyp für eine bestimmte Kategorie aktiviert. Durch den Kontext kann die Äusserungsbedeutung eine Verschiebung zugunsten eines spezifischen, sogar marginalen Repräsentanten erfahren. So wird man bei Beispiel (30) vermutlich an Pinguine denken, obwohl diese nicht dem mitteleuropäischen Prototyp der Kategorie VOGEL entsprechen.

(30)   Die Vögel watschelten bis an den Rand der Eisscholle und tauchten ins Meer.

Wie kommt es nun zur Bildung prototypischer Strukturen? Reduziert man die Bedeutungsbestimmung nicht auf ein einziges unterscheidendes semantisches Merkmal (*differentia specifica*), das alle Referenten einer bestimmten Kategorie erfassen soll, sondern nutzt das reiche konzeptuelle Wissen über diese Kategorie, ergibt sich eine Struktur wie in Abbildung 3.10, die man mit Wittgenstein (1953) als **Familienähnlichkeit** bezeichnet. Die Vertreter der Kategorie VOGEL sind untereinander partiell ähnlich, da sie nicht durch ein einzelnes gemeinsames Merkmal, sondern durch mehrere sich überschneidende Attribute verbunden sind: Die meisten Vögel können fliegen (aber nicht alle), fast alle Vögel haben Federn (der Kiwi jedoch zumindest keine typischen), viele Vögel haben einen S-förmigen Körperbau (nicht jedoch der Pinguin) usw. Merkmale wie [+EIERLEGEND] oder [+SCHNABEL], die für alle Vögel zutreffen, sind dagegen nicht spezifisch genug, um diese als Kategorie abzugrenzen. Schnabeltiere legen ebenfalls Eier und haben einen Schnabel, gehören jedoch nicht zu den Vögeln. Die prototypische Struktur der Kategorie ergibt sich hier also aus der Familienähnlichkeit der Attribute. Je mehr davon auf einen Referenten zutreffen, desto prototypischer erscheint dieser (vgl. Kleiber 1993: 36 f.).

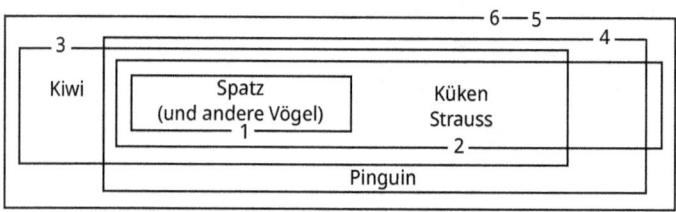

Abbildung 3.10: Familienähnlichkeit bei VOGEL (nach Geeraerts 1988: 278); die nummerierten Eigenschaften sind: 1. ist flugfähig, 2. hat Federn, 3. ist S-förmig, 4. hat Flügel, 5. aus einem Ei geschlüpft, 6. hat einen Schnabel.

Die Prototypentheorie hat bahnbrechende Erkenntnisse über die Mechanismen menschlicher Kategorisierung geliefert und gravierende Mängel der Merkmalsemantik offengelegt. Doch auch sie hat relativ bald Widerspruch erfahren. Man kann z. B. fragen, welche Entitäten Prototypen überhaupt darstellen, was ihr ontologischer Status sein soll. Prototypen können keine individuellen Referenten sein, sonst müsste die gesamte Sprachgemeinschaft einen spezifischen Vogel kennen, um ein kompatibles Konzept von VOGEL zu besitzen. Sind sie also Subkategorien (eine konkrete Vogelart) oder eher Abstraktionsstufen über bestimmten Subkategorien? Sind sie mentale Bilder oder Repräsentationen von zentralen Eigenschaften einer bestimmte Kategorie? Vor allem aber offenbarte die Prototypentheorie methodische und theoretische Defizite, die sie als ein allgemeines Modell der Repräsentation von Sprache für die Kognitive Semantik untauglich machten (vgl. Evans/Green 2015: Kap. 8.1; Löbner 2015: Kap. 11.4). In der Folge wurden sprachliche Prototypeneffekte deshalb im Rahmen leistungsfähigerer Theorien beschrieben, etwa mittels *Idealisierter Kognitiver Modelle* (vgl. Lakoff 1987) oder der Frame-Semantik.

3.4.4 Frame-Semantik

Die nächste Theorie erfordert einen Perspektivenwechsel. Sie fragt nicht direkt nach den sprachlichen Formen und ihren Bedeutungen, sondern spürt dem epistemischen „Hintergrundrauschen" nach, dem kulturellen Wissensfundus, der für sprachliche Äusserungen genutzt wird. Welches **Wissen** ist nötig, um ein Wort in einem bestimmten Kontext angemessen verwenden zu können? Welches Wissen ist relevant, um Äusserungen zu verstehen? Die Frame-Semantik betreibt die Erforschung sprachlicher Bedeutungen als eine breit angelegte Wissensanalyse und betrachtet die traditionelle Fixierung der Semantik auf dekontextualisierte Ausdrucksbedeutungen als einen Irrweg:

> Die Geschichte der modernen Linguistik, auch und gerade der linguistischen Semantik, ist eine Geschichte der systematischen Ignorierung bzw. Verdrängung des verstehensrelevanten menschlichen Wissens in seiner ganzen funktional wirksamen Breite (Busse 2018: 69).

Das Ziel dieser Theorie ist also die Analyse von Wissen, der Weg dorthin die Beschreibung sog. **Frames** – kognitiver Ordnungsstrukturen für erworbenes Wissen. Der Kern der Theorie besteht also in der Vorstellung, dass Erfahrungswissen in Gestalt von Frames gespeichert ist und für die Nutzung lexikalischer Einheiten benötigt wird.

Manchmal entstehen Ideen polygenetisch, d. h. an mehreren Stellen zur selben Zeit. So auch das Frame-Konzept. Die Grundidee lag Mitte der 1970er-Jahre gleichsam „in der Luft" und wurde an verschiedenen Orten gleichzeitig geboren.

Im Juni 1974 publizierte der am *A. I. Laboratory* des MIT arbeitende Künstliche-Intelligenz-Forscher Marvin Minsky ein umfangreiches Memo mit dem Titel „A Framework for Representing Knowledge". Darin skizziert er die Grundzüge einer Theorie von Frames als Wissensstrukturen zur Orientierung im Alltag:

> When one encounters a new situation [...] one selects from memory a structure called a Frame. This is a remembered framework to be adapted to fit reality by changing details as necessary. (Minsky 1974: 1)

Minsky illustriert diese Idee an verschiedenen konkreten Szenarien, u. a. einer Geburtstagsfeier. Ausgangspunkt ist die folgende kurze Erzählung (hier ins Deutsche übersetzt):

(31) Jane war auf Jacks Kindergeburtstag eingeladen. Sie überlegte, ob er wohl gern einen Drachen (*kite*) hätte. Sie ging auf ihr Zimmer und schüttelte ihr Sparschwein. Dieses gab kein Geräusch von sich. (nach Minsky 1974: 35)

Wir verstehen diese Szene problemlos: Jane (offenbar ein Kind) benötigt Geld, um als Geburtstagsgeschenk für Jack einen Drachen zu kaufen, findet aber keines in ihrem Sparschwein. Interessanterweise kommen die Ausdrücke *Geld* und *Geschenk* in der Geschichte nicht vor. Wieso interpretieren wir die Szene also in diesem Sinn? Die Bedeutung des Ausdrucks *Kindergeburtstag*, wie sie im Wörterbuch vermerkt ist, reicht dafür nicht im Ansatz aus: ‚für Kinder veranstaltete Geburtstagsfeier anlässlich des Geburtstags eines Kindes' (Duden online s. v.). Bereits kleine Kinder wissen weitaus mehr über Kindergeburtstage, nämlich dass man das gastgebende Kind durch ein gekauftes und ansprechend verpacktes Geschenk zufriedenstellen muss, dass man bei der Feier mit anderen Kindern Spiele spielt (z. B. Verstecken), dass der Raum besonders geschmückt wird (z. B. durch Ballons), dass es dort spezielles Essen gibt (z. B. Kuchen), dass der Geburtstagskuchen mit Kerzen dekoriert wird, die ausgeblasen werden müssen, dass für das Geburtstagskind ein Geburtstagslied (z. B. *Happy Birthday*) gesungen wird und vieles mehr. All diese im Laufe des Lebens erworbenen Informationen bilden einen Wissensrahmen (Frame), der mit dem Konzept ‚Kindergeburtstag' verbunden ist. Jede Verwendung des entsprechenden Ausdrucks aktiviert diesen Wissensrahmen und erlaubt es, Lücken in der Erzählung problemlos zu füllen.

Dabei muss es sich nicht zwingend um einen sprachlichen Auslöser handeln. Andere sensorische Daten wie der Anblick eines verpackten Geschenks, letztlich alle Arten von Wahrnehmungserfahrung, können einen Frame aufrufen und die Vorstellung einer bestimmten Situation mit vorher erworbenem Wissen anreichern (vgl. Minsky 1985: 24.2). Frames sind also Speicher für unterschiedlichste Formen von Wissen aus den verschiedenen Sinneskanälen oder Modalitäten (→ 2.2.2), die dieses Wissen zudem strukturieren. Minsky (1974: 1) beschreibt den Frame als eine komplexe Datenstruktur („a network of nodes and relations"), die sowohl fixe Standardwerte enthält als auch offene Leerstellen, welche mit spezifischen Werten gefüllt werden können, etwa die Frage, wie das Geburtstagskind heisst oder wie alt es wird. Zudem bilden die einzelnen Frame-Elemente (Kuchen, Kerze etc.) selbst wieder Frames, wodurch ein komplexes Frame-Netzwerk mit über- und untergeordneten Frames entsteht.

Die Forschung zu verstehensrelevanten Wissensordnungen im Anschluss an Minsky verwendet z. T. andere Begrifflichkeiten als *Frame*, etwa das von den Kognitionspsychologen Roger Schank und Robert P. Abelson (1977) am kanonischen Beispiel eines Restaurantbesuchs vorgestellte **Skript**-Modell. Nach diesem ist mit dem

Konzept ‚Restaurant' eine fest im Alltagswissen verankerte typische Abfolge von Teilereignissen verbunden – das Restaurantskript: Man betritt ein Restaurant, setzt sich, studiert eine Speisekarte, gibt seine Bestellung auf, isst, bezahlt und verlässt das Restaurant wieder. Menschliche Handlungen haben also oft den dynamischen Charakter einer kausalen, temporalen oder anderweitigen Serialität. Solche Frame-Netzwerke, die typische Ereignis-Abfolgen in Alltagssituationen beschreiben, also prozedurales Wissen zur Verfügung stellen, werden als *Skripts* bezeichnet:

> A script is a structure that describes appropriate sequences of events in a particular context. A script is made up of slots and requirements about what can fill these slots. The structure is an interconnected whole, and what is in one slot affects what can be in another. Scripts handle stylized everyday situations. (Schank/Abelson 1977: 41)

Eine weitere einflussreiche kognitionswissenschaftliche Frame-Theorie wurde von dem Psychologen Lawrence W. Barsalou in den 1990er-Jahren entwickelt und im Düsseldorfer Sonderforschungsbereich 991 („The Structure of Representations in language, cognition, and science") formal präzisiert. Barsalou geht davon aus, dass Konzepte grundsätzlich die Struktur von Frames besitzen und dass Frames überhaupt das Basisformat unseres Wissens darstellen: „I propose that frames provide the fundamental representation of knowledge in human cognition" (Barsalou 1992: 21). Die sog. **Barsalou-Frames** werden dabei als eine rekursive Struktur aus sog. *Attributen* und *Werten* modelliert. Attribute können z. B. Eigenschaften der potenziellen Referenten sein, konstitutive Bestandteile wie die Information, dass eine Hand Finger umfasst (→ 3.3.2 zu Meronymie), oder das Wissen um Handlungen, die mit den Referenten durchgeführt werden können (z. B. dass man mit einem Auto fahren oder aus einer Tasse trinken kann). Für die Werte können Beschränkungen festgelegt sein. Bei einem Kindergeburtstag z. B. ist klar, dass das Alter des Geburtstagskinds eine numerische Grösse ist, und zwar eine natürliche Zahl ca. zwischen 3 und 13. Im Vergleich z. B. zur Merkmalsemantik ist Barsalous Frame-Theorie expliziter und ausserdem nicht auf Binarität reduziert, sodass problemlos kontinuierliche Werte abgebildet werden können. Auch prototypische Eigenschaften lassen sich darin darstellen. Eine gute Einführung in diese Theorie bietet Löbner (2015: Kap. 12).

Doch noch einmal zurück zu den Anfängen: Im selben Jahr wie Minsky publizierte der Soziologe Erving Goffman ein Buch mit dem Titel „Frame Analysis: An Essay on the Organization of Experience", in dem er aus sozialwissenschaftlicher Perspektive das Frame-Konzept nutzbar machte. Für Goffman sind Frames grundlegende Deutungs- und Orientierungsmuster, mit denen in Gruppen und Gesellschaften Erfahrungen kohärent gemacht und Handlungen koordiniert werden

(→ 9.4.2 zu Goffmans Frame-Konzept). Diese sozialwissenschaftliche Variante des Frame-Begriffs hatte erheblichen Einfluss auf die medien- und kommunikationswissenschaftliche Forschung und auf die Interaktionale Linguistik.

Die kognitions- und sozialwissenschaftlichen Ansätze weckten früh auch ein sprachwissenschaftliches Interesse an Frames. Als Begründer einer genuin linguistischen Frame-Theorie, einer **Frame-Semantik**, gilt Charles J. Fillmore, der 1975 eine „alternative" Semantik auf der Grundlage von Prototypen (→ 3.4.3) und Frames einforderte. Fillmores Interesse an Frames hat dabei eine Vorgeschichte. Bereits 1968 hatte er in einem einflussreichen Beitrag mit dem Titel „The Case for Case" – damals noch im Rahmen der Generativen Grammatik (→ 7.3.1) – eine Theorie sog. *Tiefenkasus* entwickelt. Deren Grundidee war, dass ein Satzglied in einem Satz semantisch unterschiedlich am Geschehen beteiligt sein kann. Während z. B. das Subjekt in (32b) das Instrument darstellt, mit dem das Fenster zerbrochen wird, bezeichnet es in (32a) den Urheber des Geschehens.

(32) a. John broke the window.
 b. A hammer broke the window. (Fillmore 1968: 22)

Die von Fillmore dafür entwickelte Kasusgrammatik (*case grammar*) war der Ausgangspunkt für die Theorie semantischer Rollen des Typs Agens und Patiens (→ 7.5.2), die heute in vielen Grammatiken zum Einsatz kommen. Laut Fillmore würden die Tiefenkasus (er ging zunächst von sechs universellen, d. h. nicht verbspezifischen *deep cases* aus) sog. *case frames* bilden, die dann vom jeweiligen Verb selegiert werden können. Dieses Konzept der Kasusrahmen hatte deutliche Berührungspunkte mit dem Valenzmodell (→ 7.3.2, → 7.5), vom Frame-Begriff der späteren Frame-Semantik sind Fillmores *case frames* dagegen noch sehr verschieden. Sie haben einen engen syntaktischen Zuschnitt, bei dem der allgemeine Wissenshintergrund der Sätze keine Rolle spielt. Dies ändert sich jedoch wenige Jahre später:

> By the word ‚frame' I have in mind any system of concepts related in such a way that to understand any one of them you have to understand the whole structure in which it fits; when one of the things in such a structure is introduced into a text, or into a conversation, all of the others are automatically made available. (Fillmore 1982: 111)

Frames erscheinen nun auch bei Fillmore als verstehensrelevante und semantisch spezifische Wissensrahmen, die Wortbedeutungen strukturieren. Dabei können bestimmte Elemente des Frames entweder profiliert oder in den Hintergrund gerückt werden, wie Fillmore am Beispiel des *commercial-event*-Frames zeigt, der aus den Frame-Elementen ‚Käufer', ‚Verkäufer', ‚Ware' und ‚Geld' besteht. Dieser

Frame ist mit einer Reihe von englischen Verben verbunden (*buy, sell, pay, spend, cost ...*), die ihn „evozieren", d. h. aktivieren, dabei aber jeweils auf unterschiedliche Aspekte den Fokus legen: *buy* auf die Aktivität des Käufers in Bezug auf die Ware, *pay* auf die Aktivität des Käufers in Bezug auf das Geld, *sell* auf die Aktivität des Verkäufers in Bezug auf die Ware usw. (vgl. Fillmore 1982: 116). Die Frames werden dabei stets von lexikalischen Einheiten (→ 3.3.1) evoziert, also von Lexemen in *einer* spezifischen Teilbedeutung, nicht von Lexemen an sich. Dieser Unterschied ist wichtig, da die verschiedenen Bedeutungen polysemer Wörter verschiedene Frames aktivieren: Die beiden lexikalischen Einheiten *Lift*$_1$ im Sinne von ‚Aufzug' und *Lift*$_2$ im Sinne von ‚Skilift' werden jeweils in völlig anderen Wissenskontexten interpretiert. Nicht das Wort *Lift* per se, sondern eine bestimmte Bedeutung des Worts evoziert also einen Frame.

Die Frame-Semantik ist eine Theorie, die den Fokus auf die Frage der Konstitution von Bedeutungen legt und dabei eine enzyklopädische Auffassung von Bedeutung vertritt. Es wird keine grundlegende Trennung von sprachlichem und enzyklopädischem Wissen angenommen; stattdessen soll das gesamte verstehensrelevante Wissen einer Sprache modelliert werden. Frames werden als sprach- und kulturspezifisch betrachtet, sie können also nicht einfach übertragen werden. Allerdings eignen sie sich gut als Grundlage für einen kontrastiven Vergleich zwischen Sprachen.

Zunächst besass die Frame-Semantik einen eher heuristischen Charakter und beschränkte sich auf exemplarische Fallstudien. Das 1997 in Berkeley begonnene FrameNet-Projekt, eine lexikographische Datenbank, die die Frame-Struktur des Englischen auf der Grundlage von Korpusdaten grossflächig modelliert, stellte die Theorie jedoch auf eine breite empirische Basis und lieferte vielfältige Anwendungsmöglichkeiten. Inzwischen versteht sich die Frame-Semantik als eine empirisch fundierte Theorie, die semantische Strukturen korpusanalytisch ermittelt. Aktuell sind ca. 1200 Frames in FrameNet dokumentiert, die untereinander durch eine Reihe von Relationen (z. B. *subframe, metaphor, inheritance*) verbunden sind und damit ein komplexes Netzwerk bilden. Abbildung 3.11 illustriert die Relationen zwischen den verschiedenen Frames am Beispiel unseres Wissens im Bereich ‚Anstellung' – vom allgemeinen *Employment_scenario*-Frame, der unser Wissen über Beschäftigungsverhältnisse beschreibt (also den Zusammenhang zwischen: Angestellte(r), ArbeitgeberIn, Aufgabe, Beschäftigungsdauer etc.) bis hin zu einem spezifischen Frame wie *Quitting*, der unser Kündigungswissen abbildet. FrameNets sind damit andersartige semantische Modellierung des Wortschatzes als die in Kapitel 3.3 vorgestellten WordNets, welche auf semantischen Relationen, nicht auf Frame-Beziehungen beruhen (vgl. Boas 2005; Fellbaum 2011).

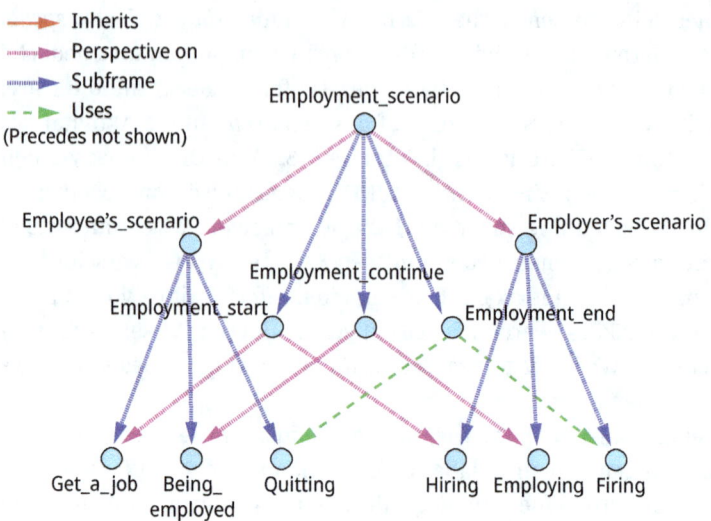

Abbildung 3.11: Frame-Relationen im Bereich ‚Anstellung' (Boas et al. 2024: 11).

Bald entstanden auch FrameNet-Ableger für andere Sprachen. Für das Deutsche wurde ab 2005 an der Universität Austin (Texas) an einem *German FrameNet* gearbeitet. Daraus ist mittlerweile ein *German Frame-semantic Online Lexicon* (G-FOL) entstanden, das das Modell für die Fremdsprachendidaktik nutzt:

> The German Frame-semantic Online Lexicon (G-FOL) is based on the theory of Frame Semantics and draws on linguistic data from the real world in order to create entries about German words and expressions that are readable, easy to understand and above all USEFUL for learners. (https://frames.coerll.utexas.edu/project; 12.02.2025)

Das umfangreichste FrameNet des Deutschen entsteht derzeit an der Universität Düsseldorf im Zusammenhang mit einem Konstruktikon, also einem Lexikon der Konstruktionen des Deutschen (→ 7.3.3). Wie das Vorbild aus Berkeley dokumentiert auch das deutsche FrameNet, welche lexikalischen Einheiten einen bestimmten Frame evozieren, aus welchen Frame-Elementen dieser besteht und ob es sich dabei um Kernelemente handelt, also solche, die einen bestimmten Frame von anderen unterscheiden. Die Daten für das deutsche FrameNet – derzeit sind etwa 1300 Frames mit ca. 13'000 Frame-Elementen online zugänglich – stammen aus Korpusbelegen und Valenzwörterbüchern (https://framenet-constructicon.hhu.de/; 12.02.2025).

3.4.5 Distributionelle Semantik

Die in Kapitel 3.2.1.3 beschriebenen handlungstheoretischen Bedeutungstheorien sind die Basis für die „distributionelle Semantik". Bedeutung wird als musterhafter Gebrauch aufgefasst: Die Bedeutung eines Wortes ist die Summe seiner Gebrauchsweisen, könnte man Wittgensteins Diktum paraphrasieren. Empirisch – korpuslinguistisch – gewendet, gibt es damit die Möglichkeit, Bedeutung zu „berechnen". So geben **Kollokationsprofile** Auskunft über die typischen Verwendungsweisen eines Lexems in einem Korpus (→ 12.6.3). Ein Kollokationsprofil kommt zustande, indem berechnet wird, was die typischen Kontexte eines Lexems sind, also z. B. die Wörter, die in einem gewissen Bereich um jede Verwendung des Lexems herum auftreten. Dabei ist entscheidend, wie überzufällig oder überraschend es ist, dass ein bestimmtes Wort als sog. **Kollokator** mit dem Ausgangslexem zusammen auftritt. Dies ist nicht mit „häufig" gleichzusetzen, sondern wird als statistische Assoziation ausgedrückt: Diese drückt aus, wie stark die *beobachtete* Häufigkeit, mit der die beiden Wörter zusammen auftreten, von der *erwarteten* Häufigkeit abweicht. Die erwartete Häufigkeit ergibt sich aus der Annahme, dass die Wörter zufällig in den Daten verteilt sind. Wenn zwei Wörter sehr häufig in den Daten vorkommen, dann überrascht es auch nicht, wenn sie auch immer wieder zusammen auftreten, z. B. *das* und *Haus*. Beobachten wir jedoch, dass zwei Wörter viel häufiger zusammen auftreten, als wir es bei einer gleichmässigen Verteilung erwarten würden, dann gibt es eine starke statistische Assoziation zwischen den Wörtern. So ist etwa *weiss* ein statistisch signifikanter Kollokator zu *Haus*: Aufgrund des Ausdrucks *das Weisse Haus* (in Washington) kommt diese Assoziation massgeblich zustande.

Die distributionelle Semantik systematisiert nun diese Grundidee des Berechnens von Kollokationen (vgl. dazu Lenci 2018 für einen Überblick): Die Grundannahme lautet, dass zwei Wörter semantisch ähnlich sind, wenn sich ihre Kollokationsprofile ähneln – also wenn sie systematisch in ähnlichen Kontexten verwendet werden. Teilt man diese Auffassung, kann nun für jeden *Type* im Korpus (also jedes unterschiedliche Wort) das Kollokationsprofil berechnet werden. Dabei wird das Kollokationsprofil als Zahlenvektor in einer Matrix aufgefasst.

Die folgende Tabelle 3.5 gibt ein Beispiel: In der Matrix wird erfasst, mit welchen anderen Formen die Wörter *Schnee*, *Berg*, *Haus* etc. eine Kollokation bilden, also in einer statistisch signifikanten Verbindung stehen. Aufgeführt sind im Beispiel nur die ersten paar Wörter: *weiss*, *Tür*, *Gefühl*, *essen*, *Garten*, *fahren*, *Zug*, *grün* etc. Wenn das der Fall ist, wird die Häufigkeit, mit der das der Fall ist, notiert. So ergibt sich ein Zahlenvektor, und die Bedeutung von *Schnee* ist demnach (25, 12, 20, 1, 10, 22, 5, 1 ...), also die ganze Zeile von *Schnee* in der Tabelle, während sie von *Berg* (28, 8, 10, 0, 3, 11, 5, 9 ...) lautet.

Tabelle 3.5: Matrix mit Vektoren.

	weiss	Tür	Gefühl	essen	Garten	fahren	Zug	grün	...
Schnee	25	12	20	1	10	22	5	1	...
Berg	28	8	10	0	3	11	5	9	...
Haus	15	28	2	1	22	1	0	1	...
Bahnhof	1	9	6	4	1	26	30	0	...
...									

Anstelle der Häufigkeit könnte auch ein Assoziationsmass erfasst werden, das Prinzip bleibt jedoch gleich. Die Vektoren lassen sich in einem Vektordiagramm visualisieren. Abbildung 3.12 zeigt eine solche Visualisierung, die jedoch nur zwei Dimensionen berücksichtigt, nämlich die ersten beiden Spalten der Tabelle (*weiss* und *Tür*).

Das Diagramm zeigt also nur die Häufigkeiten, mit denen *Haus*, *Schnee*, *Berg* etc. mit *Tür* und *weiss* zusammen vorkommen. Doch bereits jetzt ist semantische Nähe ablesbar: Je kleiner der Winkel zwischen den Vektoren ist bzw. je kleiner die Distanz zwischen den Positionen der Wörter im Vektorraum, desto semantisch näher sind auch die Wörter.

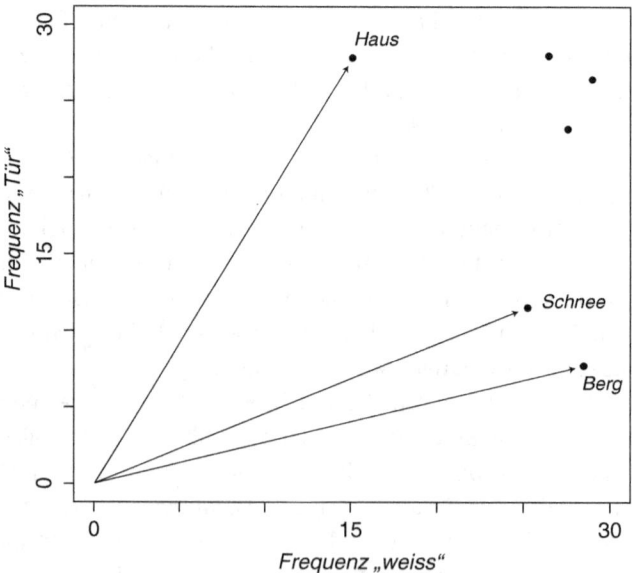

Abbildung 3.12: Vektordiagramm mit den Vektoren *Haus*, *Schnee* und *Berg*, reduziert auf zwei Dimensionen (*Tür* und *weiss*).

3.4 Semantische Modelle und Theorien — **103**

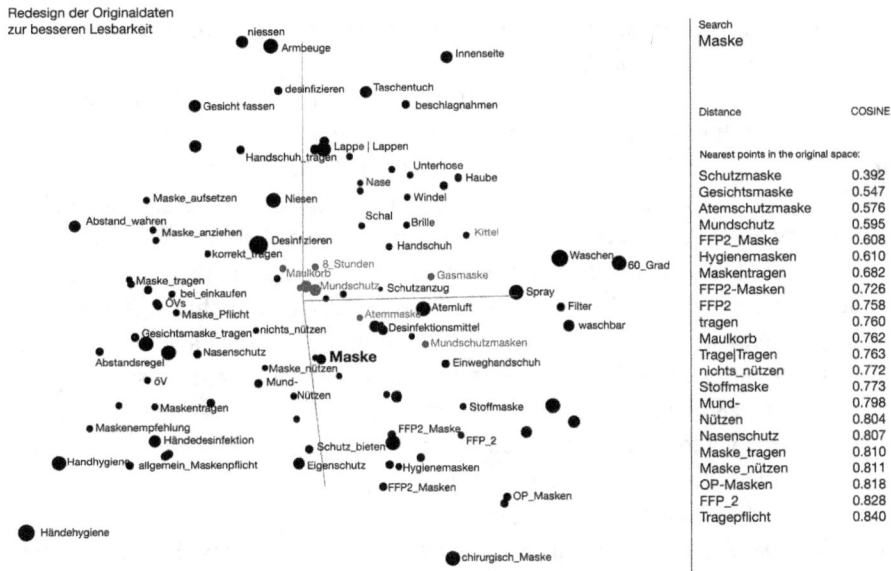

Abbildung 3.13: Vektorraum rund um *Maske* in einem Zeitungskorpus aus der Zeit der Coronapandemie.

Anstelle von nur zwei Dimensionen (*weiss* und *Tür* als x- und y-Achsen) können beliebig viele Dimensionen hinzugefügt werden – was zwar nicht mehr dargestellt werden kann, die Distanzen können aber noch immer vektorgeometrisch berechnet werden.

Um die Vektoren zu berechnen, werden heute neuronale Lernmethoden eingesetzt, also eine Form des maschinellen Lernens. Daraus ergibt sich ein statistisches Modell, ein Vektorraum, der exploriert werden kann. Abbildung 3.13 zeigt einen solchen Vektorraum, der eigentlich über 1000 Dimensionen aufweist (also das Ko-Vorkommen mit 1000 unterschiedlichen Wörtern repräsentiert), jedoch hier auf drei Dimensionen reduziert worden ist, um ihn darstellbar zu machen.

Das Modell muss jedoch nicht unbedingt visualisiert werden. Stattdessen kann beispielsweise abgefragt werden, welches die „nächsten Nachbarn" eines bestimmten Wortes sind:

So sind etwa die nächsten Nachbarn in einem Zeitungskorpus von 2021 bei der Abfrage nach *Maske*: *Schutzmaske, Gesichtsmaske, Atemschutzmaske, Mundschutz, FFP2 Maske, Hygienemaske, Maskentragen, FFP2-Masken, FFP2, tragen, Maulkorb, Tragen, nichts nützen, Stoffmaske, Mund-, Nasenschutz, Maske tragen, OP-Masken, FFP 2* etc.

Wohlgemerkt, es handelt sich hier nicht um Kollokatoren, sondern um Lexeme, die ähnlich wie *Maske* verwendet werden, also eine semantische Ähnlichkeit aufweisen. Sie sind zudem nach zunehmender Distanz geordnet – sind also tendenziell immer unähnlicher zu *Maske*.

Wir sind nun davon ausgegangen, dass das Modell „semantisch ähnliche" Ausdrücke findet. Im Beispiel oben von *Maske* sind die ersten Ausdrücke wie *Schutzmaske*, *Gesichtsmaske* oder auch *Hygienemaske* auf alle Fälle semantisch ähnlich. Doch wie steht es mit *Maskentragen, tragen* oder *Maulkorb*? Einerseits handelt es sich bei zweien um andere Wortarten (nominalisiertes Verb und Verb), andererseits würden wir sie nicht mehr als Synonyme auffassen, zumindest nicht kontextunabhängig. Denn *Maulkorb* wurde z. B. von Coronamassnahmengegner:innen durchaus als Synonym für *Maske* verwendet, allerdings als Stigmawort (also verunglimpfende Bezeichnung). Ausdrücke wie *tragen* oder *nichts nützen* sind dagegen wohl meistens Kollokatoren zu *Maske* oder zu einem der anderen Ausdrücke. Dies zeigt, dass die Vektorähnlichkeit nicht immer nur paradigmatisch ist, sondern auch auf syntagmatischer Ebene Kollokationen anzeigt.

Die Liste der „nächsten Nachbarn" zeigt zweierlei:
1. Die Liste ist nach Distanz aufsteigend geordnet: Je weiter weg vom Ausgangsausdruck, desto unähnlicher sind die Kontexte. Synonymie kann damit hier als graduelles Phänomen modelliert werden, was dem Sprachgebrauch viel eher entspricht als eine kontextunabhängige Entscheidung darüber, ob ein Ausdruck synonym ist oder nicht.
2. Synonymie und semantische Ähnlichkeit muss je nach Kontext unterschiedlich bewertet werden: Es gibt Kontexte, in denen zwei Ausdrücke synonym sind, so etwa im Fall von Coronamassnahmen und ihrer Kritik, in dem *Maske* und *Maulkorb* synonym sind. Diese Synonymie würden wir jedoch nicht für andere Kontexte behaupten (→ 3.3.1).

Der empirische Zugang ermöglicht es, semantische Ähnlichkeit als graduelles und kontextabhängiges Phänomen aufzufassen. Solche *Word-Embedding*-Modelle erlauben jedoch noch mehr: So können in einem Modell Relationen zwischen Ausdrücken berechnet werden. Ein Beispiel dafür ist, den Vektor zwischen den Punkten *Schweiz* und *Bern* zu berechnen (in Abbildung 3.14 links in roter Farbe eingezeichnet) und auf einen anderen Punkt, z. B. *Frankreich*, zu übertragen. Vom Vektor *Bern* wird also der Vektor *Schweiz* abgezogen, daraus ergibt sich der rote Vektor. Dieser wird nun zu *Frankreich* dazugerechnet. Um den Punkt herum, auf den der neue (gestrichelte) Vektor zeigt, finden wir als nächsten Nachbarn höchstwahrscheinlich *Paris*. Formalisiert konnte also folgende Gleichung gelöst werden: *Schweiz : Bern* ≙ *Frankreich : x*

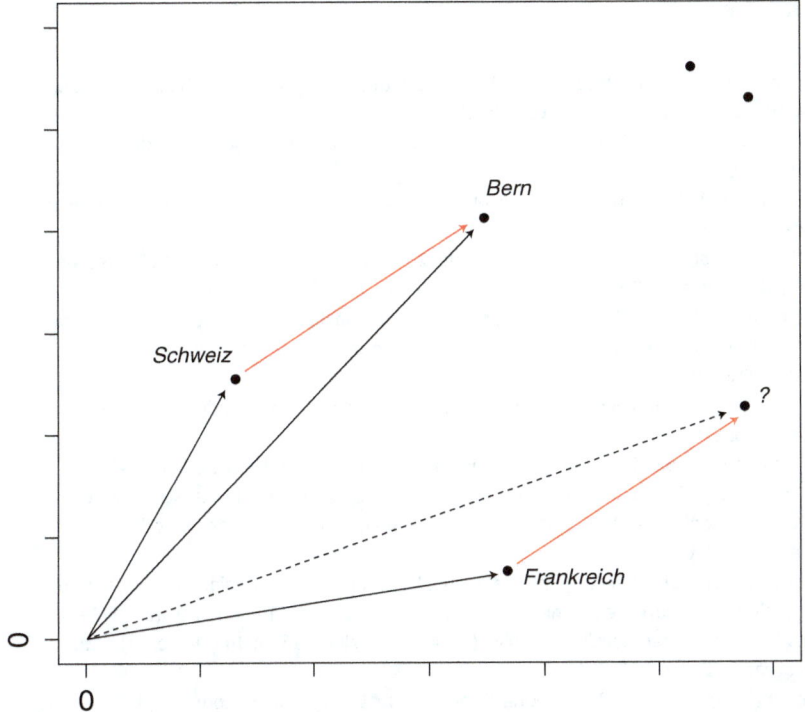

Abbildung 3.14: Semantische Kalkulation mit Vektoren: Berechnung semantischer Relationen.

Der rote Vektor repräsentiert also eine Land-Hauptstadt-Relation und kann auf jeden beliebigen Vektor, der ein Land repräsentiert, angewandt werden. Dies funktioniert für alle möglichen semantischen Relationen, z. B. Geschlecht (*Mann* : *Frau* ≙ *König* : *Königin* ≙ *Onkel* : *Tante* ≙ *Student* : *Studentin*) oder auch Tempus (*gehen* : *gegangen* ≙ *laufen* : *gelaufen*). Auf der Seite http://vectors.nlpl.eu/explore/embeddings/en/ kann mit einem „Semantic Calculator" ausprobiert werden, wie mit semantischen Relationen gerechnet werden kann.

Erstaunlich daran ist, dass ein *Word-Embedding*-Modell, das „nur" eine geschickte statistische Modellierung des Distributionsverhaltens von Wörtern in Daten ist, solche semantischen Relationen darstellen kann. Sehr avancierte Weiterentwicklungen solcher distributionellen Modelle sind dann auch die Grundlage für Systeme textgenerierender künstlicher Intelligenz.

Bibliografie

AdA = Elspaß, Stephan/Möller, Robert (2003 ff.): Atlas zur deutschen Alltagssprache (AdA). https://www.atlas-alltagssprache.de/ (18.02.2025).

Adams, Douglas/Lloyd, John/Böttcher, Sven (2003): Der tiefere Sinn des Labenz. Frankfurt: Zweitausendeins.

Aitchison, Jean (2012): Words in the mind: an introduction to the mental lexicon. 4. Aufl. Chichester, Malden: Wiley-Blackwell.

Ammon, Ulrich/Bickel, Hans/Lenz, Alexandra Nicole (2016): Variantenwörterbuch des Deutschen. 2. Aufl. Berlin/Boston: De Gruyter.

Barsalou, Laurence W. (1992): Frames, concepts, and conceptual fields. In: Lehrer, Adrienne/Kittay, Eva (Hrg.): Frames, fields and contrasts: new essays in semantic and lexical organization. Hillsdale: Erlbaum, S. 21–74.

Berlin, Brent/Kay, Paul (1969): Basic Color Terms. Their Universality and Evolution. Berkeley: University of California Press.

Bierwisch, Manfred (1969): Strukturelle Semantik. In: Deutsch als Fremdsprache 2, S. 66–74.

Bierwisch, Manfred (1983): Semantische und konzeptuelle Repräsentation lexikalischer Einheiten. In: Růžička, Rudolf/Motsch, Wolfgang (Hrg.): Untersuchungen zur Semantik. Berlin/Boston: De Gruyter, S. 61–100.

Boas, Hans C. (2005): From Theory to Practice: Frame Semantics and the Design of FrameNet. In: Langer, Stefan/Schnorbusch, Daniel (Hrg.): Semantik im Lexikon. Tübingen: Narr, S. 129–159.

Boas, Hans C./Ruppenhofer, Josef/Baker, Collin (2024): FrameNet at 25. In: International Journal of Lexicography 37/3, S. 263–284.

Brown, Roger (1976): Reference: In Memorial Tribute to Eric Lenneberg. In: Cognition 4, S. 125–153.

Busse, Dietrich (2018): Überlegungen zu einem integrativen Frame-Modell: Elemente, Ebenen, Aspekte. In: Alexander Ziem (Hrg.): Frames interdisziplinär. Modelle, Anwendungsfelder, Methoden. Düsseldorf: University Press, S. 69–92.

Cassianus = Vierundzwanzig Unterredungen mit den Vätern (*Collationes patrum*). In: Sämmtliche Schriften des ehrwürdigen Johannes Cassianus. Bd. 1. Übersetzt von Antonius Abt. Kempten: Kösel 1879.

Cruse, Alan (2011): Meaning in language. An introduction to semantics and pragmatics. 3. Aufl. Oxford: University Press.

Davidson, Donald (1967): The Logical Form of Action Sentences. In: Rescher, Nicholas (Hrg.): The Logic of Decision and Action. University of Pittsburgh Press.

Duden online. URL: https://www.duden.de/ (08.02.2025).

Engelberg, Stefan (2011a): Lexical decomposition: Foundational issues. In: Maienborn, Claudia et al. (Hrg.): Semantics. Bd. 1. Berlin/Boston: De Gruyter Mouton, S. 122–142. (HSK 33/1).

Engelberg, Stefan (2011b): Frameworks of lexical decomposition of verbs. In: Maienborn, Claudia et al. (Hrg.): Semantics. Bd. 1. Berlin/Boston: De Gruyter Mouton, S. 356–397. (HSK 33/1).

Evans, Vyvyan/Green, Melanie (2015): Cognitive Linguistics. New York: Routledge.

Erdmann, Karl Otto (1900): Die Bedeutung des Wortes. Leipzig: Avenarius.

Fellbaum, Christiane (2011): Klassifikation des Verblexikons in WordNet und Abgleichung mit FrameNet. In: Engelberg, Stefan et al. (Hrg.): Sprachliches Wissen zwischen Lexikon und Grammatik. Berlin/Boston: De Gruyter, S. 459–481.

Fellbaum, Christiane (2024): Stichwort „WordNet". In: Schierholz, Stefan/Giacomini, Laura (Hrg.): Wörterbücher zur Sprach- und Kommunikationswissenschaft (WSK) Online. Berlin/

Boston: De Gruyter. https://www.degruyter.com/database/WSK/entry/wsk_id914c9223-4ca2-47d9-9527-529c6796ae2f/html (13.02.2025)

Fillmore, Charles J. (1968): The Case for Case. In: Bach, Emmon W./Harms, Robert Th. (Hrg.): Universals in Linguistic Theory. New York: Holt, Rinehart, and Winston, S. 1–88.

Fillmore, Charles J. (1975): An Alternative to Checklist Theories of Meaning. In: Proceedings of the First Annual Meeting of the Berkeley Linguistics Society. Berkeley, S. 123–131.

Fillmore, Charles J. (1982): Frame Semantics. In: The Linguistic Society of Korea (Hrg.): Linguistics in the Morning Calm. Seoul: Hanshin, S. 111–137.

Geeraerts, Dirk (1988): On Necessary and Sufficient Conditions. In: Journal of Semantics 5, S. 275–291.

Geeraerts, Dirk (2006): Cognitive Linguistics. Basic Readings. Berlin: De Gruyter Mouton.

GermaNet. URL: https://weblicht.sfs.uni-tuebingen.de/rover/ (18.02.2025).

Ginzburg, Jonathan (2011): Situation Semantics: From indexicality to metacommunicative interaction. In: Maienborn, Claudia et al. (Hrg.): Semantics. Bd. 1. Berlin/Boston: De Gruyter Mouton, S. 852–872. (HSK 33/1).

Goffman, Erving (1974): Frame Analysis. An Essay on the Organization of Experience. Boston: Northeastern University Press.

Goodenough, Ward H. (1956): Componential Analysis and the Study of Meaning. In: Language 32, S. 195–216.

Goschler, Juliana (2011): Geräuschverben mit direktionaler Erweiterung: Syntax, Semantik und Gebrauch. In: Lasch, Alexander/Ziem, Alexander (Hrg.): Konstruktionsgrammatik III. Tübingen: Stauffenburg, S. 29–43.

Groenendijk, Jeroen/Stokhof, Martin (1991): Dynamic predicate logic. In: Linguistics and Philosophy 14, S. 39–100.

Gutzmann, Daniel (2019): Semantik. Eine Einführung. Berlin: Metzler.

Hajicová, Eva (1995): Prague School Syntax and Semantics. In: Koerner, Ernst F. K./Asher, Ronald E. (Hrg.): Concise History of the Language Sciences. New York: Pergamon, S. 253–262.

Harm, Volker (2015): Einführung in die Lexikologie. Darmstadt: WBG.

Hjelmslev, Louis (1943/1953): Prolegomena to a Theory of Language. Baltimore: Indiana University. [= englische Ausgabe]

Hutter, Elias (1602): Offentlich Außschreiben/ An allgemeine Christliche Obrigkeit [...] Nürnberg.

Jackendoff, Ray (1990): Semantic structures. Cambridge, Mass.: MIT Press.

Kamp, Hans (1981): A Theory of Truth and Semantic Representation. In: Groenendijk, Jeroen et al. (Hrg.): Formal Methods in the Study of Language. Amsterdam: Mathematisch Centrum Tracts, S. 277–322.

Kay, Paul/Kempton, Willet (1984): What is the Sapir-Whorf hypothesis? In: American Anthropologist 86, S. 65–79.

Kleiber, Georges (1993): Prototypensemantik. Eine Einführung. Tübingen: Narr.

Kratzer, Angelika (2021): Situations in Natural Language Semantics. In: Zalta, Edward N./Nodelman, Uri (Hrg.): The Stanford Encyclopedia of Philosophy. URL = https://plato.stanford.edu/entries/situations-semantics/ (18.02.2025).

Kutschera, Franz v. (1975): Sprachphilosophie. 2. Aufl. München: Finck.

Labov, William (1973): The boundaries of words and their meanings. In: Bailey, Charles-James/Shuy, Roger (Hrg.): New Ways of Analysing Variation in English. Washington: University Press, S. 340–373.

Lakoff, George (1987): Women, Fire, and Dangerous Things. What Categories Reveal About the Mind. Chicago: University of Chicago Press.

Leemann, Adrian et al. (2025): Dialäktatlas. 1950 bis heute. Zürich: vdf.

Leiss, Elisabeth (2012): Sprachphilosophie. Berlin/Boston: De Gruyter.

Lenci, Alessandro (2018): Distributional Models of Word Meaning. In: Annual Review of Linguistics 4/1, S. 151–171.
Löbner, Sebastian (2015): Semantik. Eine Einführung. 2. Aufl. Berlin/Boston: De Gruyter.
Lohnstein, Horst (2011): Formale Semantik und natürliche Sprache. 2. Aufl. Berlin/New York: De Gruyter.
Lounsbury, Floyd G. (1956): A Semantic Analysis of Pawnee Kinship Usage. In: Language 32, S. 158–194.
MacCorquodale, Kenneth (1970): On Chomsky's Review of Skinner's Verbal Behavior. In: Journal of the Experimental Analysis of Behavior 13/1, S. 83–99.
Meggle, Georg (2010): Handlungstheoretische Semantik. Berlin/New York: De Gruyter.
Meier-Oeser (2011): Meaning in pre-19th century thought. In: Maienborn, Claudia et al. (Hrg.): Semantics. Bd. 1. Berlin/Boston: De Gruyter Mouton, S. 145–172. (HSK 33/1).
Minsky, Marvin (1974): A Framework for Representing Knowledge. (Massachusetts Institute of Technology, A. I. Laboratory, Artificial Intelligence Memo No. 306). URL = https://dspace.mit.edu/handle/1721.1/6089 (18.02.2025).
Minsky, Marvin (1985): The Society of Mind. New York: Simon & Schuster.
Moers, Walter (1999): Die 13 1/2 Leben des Käpt'n Blaubär, Frankfurt a. M.: Eichborn.
Montague, Richard (1970): English as a Formal Language. In: Visentini, Bruno et al. (Hrg.): Linguaggi nella Società e nella Tecnica. Milano: Edizioni di Comunità, S. 188–221.
Morris, Charles (1946): Signs, Language and Behavior. New York: Prentice-Hall.
Müller, Horst M. (2024): Einführung in die Neurolinguistik. Berlin: Springer.
Newen, Albert/Schrenk, Markus A. (2013): Einführung in die Sprachphilosophie. 2. Aufl. Darmstadt: WBG.
Nübling, Damaris/Fahlbusch, Fabian/Heuser, Rita (2015): Namen. Eine Einführung in die Onomastik. 2. Aufl. Tübingen: Narr.
Ogden, Charles K./Richards, Ivor A. (1923): The Meaning of Meaning. London: Paul, Trench, Trubner & Co.
Pafel, Jürgen/Reich, Ingo (2016): Einführung in die Semantik. Grundlagen – Analysen – Theorien. Stuttgart: Metzler.
Palmer, David C. (2006): On Chomsky's Appraisal of Skinner's Verbal Behavior: A Half Century of Misunderstanding. In: The Behavior analyst 29/2, S. 253–267.
Partee, Barbara (1984): Compositionality. In: Landman, Fred/Veltman, Frank (Hrg.): Varieties of Formal Semantics. Dordrecht: Foris, S. 281–311.
Posner, Roland (1979): Bedeutungsmaximalismus und Bedeutungsminimalismus in der Beschreibung von Satzverknüpfern. In: Harald Weydt (Hrg.): Die Partikeln der deutschen Sprache. Berlin/Boston: De Gruyter, S. 378–394.
Prinz, Michael (2014): Christoph Zobels Glossar zum sächsisch-magdeburgischen Recht (1537) und die Anfänge einer deutschen Archaismen-Lexikographie. In: Zeitschrift für deutsche Philologie 132 (Sonderheft), S. 29–70.
Putnam, Hilary (1975): The Meaning of „Meaning". In: Gunderson, Keith (Hrg.): Language, mind, and knowledge. Minneapolis: University of Minnesota Press, S. 131–193.
Quine, Willard Van Orman (1960): Word and Object. Cambridge, Mass.: MIT Press.
Rosch, Eleanor (1973): Natural Categories. In: Cognitive Psychology 4, S. 328–350.
Rosch, Eleanor/Mervis, Carolyn (1975): Family Resemblances: Studies in the Internal Structure of Categories. In: Cognitive Psychology 7, S. 573–605.
Schank, Roger/Abelson, Robert P. (1977): Scripts, plans, goals and understanding: An inquiry into human knowledge structures. New Jersey: Erlbaum.

Schöpper, Jacob (1550): SYNONYMA. Das ist Mancherley gattungen. Deutscher worter so im Grund einerley bedeutung haben. Dortmund: Melchior Soter.
Schwarz-Friesel, Monika/Chur, Jeannette (2014): Semantik. Ein Arbeitsbuch. 6. Aufl. Tübingen: Narr.
Skinner, Burrhus Frederic (1957): Verbal Behavior. New York: Appleton.
Stojanovic, Isidora (2012): Situation Semantics. In: Newen, Albert/Riel, Raphael van (Hrg.): Identity, Language and Mind: An Introduction to the Philosophy of John Perry. University of Chicago Press, S. 67–86.
Thys, Guido (1979): Wittgenstein and linguistic pragmatics: Some remarks on Wittgenstein's „meaning-and-use" dictum and its influence. In: Velde, Marc/Vandeweghe, Willy (Hrg.): Bedeutung, Sprechakte und Texte. Bd. 2. Berlin, New York: Niemeyer, S. 285–294.
Trier, Jost (1931): Der deutsche Wortschatz im Sinnbezirk des Verstandes. Bd. 1. Heidelberg: Winter.
Trier, Jost (1934/1973): Das sprachliche Feld. Eine Auseinandersetzung. Wiederabdruck in: van der Lee, Anthony/Reichmann, Oskar (Hrg.): Jost Trier: Aufsätze und Vorträge zur Wortfeldtheorie. The Hague/Paris: Mouton, S. 145–178.
Veltman, Frank (1996): Defaults in Update Semantics. In: Journal of Philosophical Logic. 25(3), S. 221–261.
WebVectors. URL: http://vectors.nlpl.eu/explore/embeddings/en/ (18.02.2025).
White, Mary (1896): The Book of a Hundred Games. New York: Scribner's.
Wiegand, Herbert Ernst et al. (2017): Wörterbuch zur Lexikographie und Wörterbuchforschung. Bd. 2. Berlin/Boston: De Gruyter.
Wierzbicka, Anna (1996): Semantics. Primes and Universals. Oxford: Oxford Univ. Press.
Wittgenstein, Ludwig (1922): Tractatus Logico-Philosophicus. With an Introduction by Bertrand Russell. London: Paul, Trench, Trubner & Co.
Wittgenstein, Ludwig (1958): The Blue and Brown Books: Preliminary Studies for the „Philosophical Investigations". New York: Harper & Row.
Wittgenstein, Ludwig (1953/2003): Philosophische Untersuchungen. Auf der Grundlage der Kritisch-genetischen Edition neu herausgegeben von Joachim Schulte. Frankfurt a. M.: Suhrkamp.

4 Pragmatik

4.1 Pragmatik als linguistische Disziplin

4.1.1 Einführung

Betrachten wir den folgenden kurzen Beginn aus einer Kommunikation über einen Instant Messenger:

Abbildung 4.1: Ausschnitt aus einem Chat.

Die Nachricht der einen Person (A) – als Initialäusserung – informiert darüber, was sich in einem Kühlschrank befindet: Drei Blut- und Leberwürste sowie ein bisschen Sauerkraut. Doch wahrscheinlich ist noch viel mehr daraus zu schliessen:
- Die Anrede *Liebster* und die Schlussformel *Küss[Name]*, die A benutzt, verraten etwas über die Beziehung der beiden Personen A und B.
- Die Zeitstempel sagen etwas über die zeitliche Abfolge der Nachrichten.
- Die Antwort von B, *Ok, danke!*, zeigt an, dass die Information über den Kühlschrankinhalt offenbar hilfreich war.

Doch darüber hinaus stellt sich die Frage, was A mit der Nachricht eigentlich bezweckt: Geht es tatsächlich nur darum, über den Inhalt des Kühlschranks zu informieren?

Schaut man sich die Nachricht genauer an, verrät das *nun* in ... *sind nun im Kühlschrank*, dass offenbar davor die Würste noch nicht im Kühlschrank waren. Ein möglicher Schluss daraus ist, dass A diese Würste in den Kühlschrank gelegt hat – und wahrscheinlich vorher gekauft hat. Auch dass B sich bedankt, ergibt vor diesem Hintergrund mehr Sinn: B könnte sich nicht primär für die Information bedanken, sondern dafür, dass A die Würste besorgt hat.

In diesem Licht erhält nun auch der zweite Satz, *Sauerkraut hat es nur noch ein bisschen*, eine weitere Bedeutung. Mit dem möglichen Weltwissen (→ 3.2.1.2), dass Würste und Sauerkraut eine passende Kombination für eine Mahlzeit sind, sowie der Information, dass *nur noch ein bisschen* Sauerkraut vorhanden ist, könnte daraus Folgendes abgeleitet werden: A möchte, dass B noch Sauerkraut einkauft. Die Antwort *Ok* von B könnte damit nicht nur den Erhalt der Information über den Kühlschrankinhalt bestätigen, sondern auch anzeigen, dass B die Aufforderung, Sauerkraut zu kaufen, akzeptiert und in die Tat umsetzen wird.

Diese detaillierte Analyse wäre wahrscheinlich nicht notwendig gewesen, um den Aufforderungscharakter der Nachricht von A zu erkennen, also den Kontext des kurzen Nachrichtenaustauschs zu rekonstruieren. Es zeigen sich daran jedoch ein paar Grundprinzipien, die den Kern dessen ausmachen, was unter Pragmatik verstanden wird:

1) Ein Satz wie *Sauerkraut hat es nur noch ein bisschen.* kann je nach Kontext viel mehr bedeuten, als einfach eine Aussage über die Wirklichkeit zu sein. Im gezeigten Kontext wird die Nachricht wahrscheinlich als **Handlungsaufforderung** verstanden: Es geht nicht nur darum, über einen Sachverhalt zu informieren, sondern mit einem Satz – oder besser: einer **Äußerung** – zu **handeln**, nämlich ein Gegenüber aufzufordern, etwas zu tun. Interessanterweise unterscheidet sich dabei die sprachliche Oberfläche (Aussagesatz mit Punkt am Ende) vom Handlungswert (z. B. *Kauf doch noch Sauerkraut!* mit Ausrufezeichen).

2) Das bedeutet auch, dass die sprachliche Form ohne **Kontext** nicht vollständig verstanden werden kann: Relevant sind der mediale (Instant Messages), zeitliche (Frage-Antwort in relativ kurzer Abfolge) und räumliche (Personen sind räumlich getrennt) Kontext sowie die weiteren Lebensumstände (Beziehung der Personen zueinander) und die Einbettung in die vorausgehenden Kontexte (vielleicht eine Unterhaltung am Morgen über das Abendessen). In einem anderen Kontext könnte die Interpretation auch komplett anders ausfallen.

3) Die sprachlichen Äußerungen sind in eine sequenziell organisierte **multimodale Interaktion** eingebettet. Äußerungen, egal in welcher Modalität – geschrieben, gesprochen, gebärdet –, können als Botschaften verstanden werden und wiederum zu Reaktionen führen. Nur die morphosyntaktische Struktur von Zeichen und ihre Semantik isoliert zu betrachten, würde der Komplexität von Kommunikation nicht gerecht.

Dies sind im Grundsatz die Kernelemente eines pragmatischen Verständnisses von Sprache. „Pragmatisch" wird hier nicht, wie im Alltagsverständnis, als „undogmatisches" oder „unkompliziertes" Handeln o. Ä. verstanden. Es ist vielmehr die

Bedeutungskomponente des griechischen Wortes *pragma* relevant, das ‚Tun' oder ‚Handeln' bedeutet. Die Pragmatik untersucht also, wie mit Sprache gehandelt wird. Klar ist dabei, dass Sprachgebrauch Gegenstand der Pragmatik ist, also Sprache eingebettet in Interaktionen.

Ein weiteres zentrales Konzept der Pragmatik ist **Kontext**. Der Kontext einer sprachlichen Äusserung ist ihre sprachliche, situative, kulturelle und kognitive Umgebung (Franck 1995, → 2.2.4.2). In der Pragmatik ist vor allem der nicht-sprachliche Kontext von Interesse, also die Situation, die personelle Konstellation, das individuelle und das kollektive Wissen der involvierten Personen, der die Bedeutung und die Funktion einer sprachlichen Äusserung prägt – und gleichzeitig stellen diese sprachlichen Äusserungen Kontexte her, wirken also kontextualisierend (→ 10.4.2 zur **Kontextualisierung**).

4.1.2 Forschungsgeschichte

Bereits in Kapitel 2.2.3 wurde das semiotische Dreieck vorgestellt und gezeigt, wie wichtig die Integration von Zeichenbenutzer:innen ist, um die Bedeutung von Zeichen zu verstehen. Diese Idee geht auf den Semiotiker Charles W. Morris zurück, der die Beziehung des Zeichens zu einem Subjekt als „Pragmatik" bezeichnet hat (vgl. Morris 1938). Die Sprache als Instrument bzw. Werkzeug zu nutzen, hat Karl Bühler in seiner Sprachtheorie ebenfalls in den 1930er Jahren beschrieben. Wir werden diese beiden Klassiker weiter unten vorstellen.

Doch erst ab den 1960er-Jahren gewinnt die pragmatische Perspektive an Konturen: Es ging darum, die Linguistik aus einer Spielerei im Elfenbeinturm zu einer sozial nützlichen Wissenschaft zu machen und daher die Verwendung von Sprache in der Gesellschaft in den Fokus zu nehmen. Zur gleichen Zeit sind auch die Soziolinguistik und Gesprächsanalyse entstanden (→ 9 und 10), die mit der Untersuchung von Sprache, wie sie im Alltag vorkommt, teilweise überlappende Interessen verfolgten.

Das Programm dieser „pragmatischen Wende" kann als Gegenprogramm sowohl zum Saussure'schen Strukturalismus oder auch der sog. „systemlinguistischen" Perspektive als auch zur Generativen Grammatik und Formalen Semantik (→ 3.1.2) verstanden werden. Wenn auch Saussure mit der Unterscheidung von *Langue* (Sprachsystem) und *Parole* (Sprachgebrauch, → 2.3.2) zwei Perspektiven auf Sprache postulierte, interessierte er sich doch primär für die *Langue*. Ähnlich liegt auch das Interesse z. B. von Noam Chomsky, dem amerikanischen Linguisten, der die Generative Grammatik begründete (→ 7.3.1), bei der grundsätzlichen Sprachkompetenz von Menschen: Er fragt also danach, was ein Mensch grundsätzlich im Kopf haben muss, um sprachfähig zu sein. Was tatsächlich geäussert wird, ist „Performanz" – und grundsätzlich in den Augen der Generativen Grammatik weniger interessant.

Mit der pragmatischen Wende wird jedoch das Interesse an Performanz deutlich gemacht, denn – so die Prämisse – sprachliche Zeichen bzw. Äußerungen können nur dann umfassend untersucht werden, wenn die konkrete Verwendungsweise und ihre kommunikativen Zwecke mitberücksichtigt werden. Ein wichtiges Element der pragmatischen Wende sind die Überlegungen zur Sprechakttheorie des britischen Philosophen John L. Austin, die er im Rahmen einer Vorlesung 1955 entwickelte. Nach seinem Tod wurde die Nachschrift dieser Vorlesung unter dem programmatischen Titel „How to Do Things with Words" herausgegeben. Der Titel ist Programm: Es geht um die Frage, wie wir mit sprachlichen Äußerungen handeln.

Wir werden auf die Sprechakttheorie ausführlich zurückkommen. Allerdings muss betont werden, dass sie zwar im Lauf der Kanonisierung der Pragmatik von den 1970er-Jahren bis heute eine wichtige Rolle spielt, seitdem jedoch viele weitere Konzepte hinzugekommen sind.

Im Folgenden werden zunächst die spezifischen Fragestellungen der Pragmatik vorgestellt und dann auf wichtige Dimensionen eingegangen, darunter auch die „Klassiker" der Sprechakttheorie und der Gesprächsmaximen.

4.2 Dimensionen der Sprachhandlung

4.2.1 Kommunikativer Austausch

Ein Zeichen wird zu einem Zeichen, weil es jemand als Zeichen interpretiert. Dies wurde bereits im Rahmen der Semiotik und mit dem Zeichenmodell, dass die Zeichenbenutzer:innen integriert, deutlich (→ 2.2.3). Wenn beispielsweise ein riesiger, echt aussehender, aber künstlicher Wal am Ufer des Zürichsees liegt (→ 2.2.4.2), wird er zu einem Zeichen dadurch, dass Umstehende eine kommunikative Absicht dahinter unterstellen, z. B. um auf die Klimakrise und die Erwärmung der Meere aufmerksam zu machen. Denn es wird angenommen, dass jemand den Wal absichtlich und mit einem kommunikativen Ansinnen dort platziert hat.

Es ist demnach ein Kerngedanke des pragmatischen Zeichenbegriffs, dass Zeichen nicht per se etwas Bezeichnetes repräsentieren, sondern dass gegenseitige Erwartungen von Subjekten dafür verantwortlich sind, dass etwas zeichenhaft wird. Verschiedene Denktraditionen haben darauf verwiesen; **Karl Bühler** ist eine der wichtigen Figuren, die mit dem **Organonmodell** der Sprache diese Idee vertritt (vgl. Bühler 1934/1999).

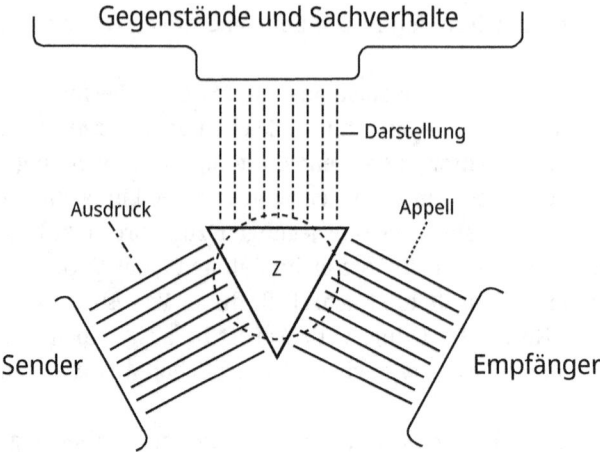

Abbildung 4.2: Organonmodell von Karl Bühler (1934/1999).

Abbildung 4.2 zeigt dieses Modell, das Sender:in und Empfänger:in integriert. Die Bezeichnung *Organon* geht auf griechisch *órganon* zurück, was ‚Werkzeug' bedeutet; Platon benutzt den Organonbegriff im „Kratylos", um zu beschreiben, dass Sprache ein Werkzeug sei, mit dem eine Person einer anderen etwas mitteilen könne. Diese Grundidee findet sich im Bühler'schen Modell ebenfalls: Das Zeichen in der Mitte (Dreieck) ist dreifach interpretierbar, nämlich:
- als Symbol in seiner Zuordnung zu Gegenständen und Sachverhalten: Darstellungsfunktion;
- als Symptom in seiner Abhängigkeit vom Sendenden: Ausdrucksfunktion;
- als Signal wegen seines Appells an die Empfangenden: Appellfunktion.

Bühler hat der Darstellung des Dreiecks Z mit einem gestrichelten Kreis das sog. konkrete Schallphänomen hinzugefügt. Damit werden zwei Flächen beschreibbar, die Folgendes darstellen: Jede konkrete Äußerung kann mehr Informationen enthalten, als durch die Zeichenempfänger:innen verarbeitet werden. Diese Tatsache wird durch die drei Kreisflächen, die über das Dreieck hinausragen, dargestellt und als sog. „abstraktive Relevanz" bezeichnet. Die drei aus dem Kreis ragenden Ecken des Dreiecks stehen für Informationen, die nicht realisiert wurden, aber mitgedacht werden müssen. Diese werden von Bühler als „apperzeptive Ergänzung" bezeichnet. Dies ist auch, was uns in diesem Kapitel hauptsächlich beschäftigt: Das „Mitgemeinte", das wir wissen müssen, um eine Mitteilung richtig interpretieren zu können.

Wir sehen bei Bühlers Modell Anleihen an die Peirce'schen Kategorien Symbol und Index (Symptom), wie in Kapitel 2.2.1 diskutiert, die hier als zwei Facetten des gleichen Zeichens gesehen werden. Deutlich wird auch, dass mit Zeichen etwas getan, also kommuniziert wird, was mit der Appellfunktion ausgedrückt wird.

Auch Charles S. Morris bezieht in seinem semiotischen Dreieck (siehe Abbildung 4.3) mit dem:der Interpret:in die Verwendung des Zeichens ein (vgl. Morris 1938/1988). Ein Zeichen (hier „Zeichenträger" genannt) steht im Prozess einer Semiose. Unter Semiose wird die Zuordnung bestimmter Zeichen zu bestimmten Objekten verstanden, was über psychologische Prozesse von Zeichenbenutzer:innen geschieht.

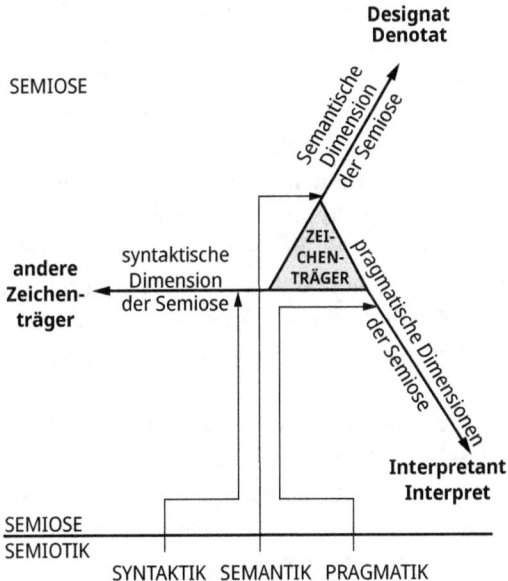

Abbildung 4.3: Semiotisches Dreieck nach Charles W. Morris (1938/1988).

Diese Semiose geschieht bezüglicher dreier Dimensionen:
- In Bezug zu anderen **Zeichenträgern** (Zeichen). Das ist die **syntaktische Dimension**; linguistisch gesehen handelt sich bei der Untersuchung solcher Phänomene um den Gegenstandsbereich der „Syntaktik" (wir würden sagen: der Grammatik).
- In Bezug zum **Designat**, also der Gegenstandsart oder -klasse mit bestimmten Eigenschaften, wobei dieser Bezug nur zustande kommt, weil Interpret:innen diesen Bezug herstellen. **Denotat** ist ein einzelnes Element der Gegenstandsklasse. Es handelt sich bei diesen Bezügen um das Forschungsfeld der **Semantik**.

– In Bezug zum **Interpreten**, der durch Sprachhandeln mit dem Zeichen verknüpft ist. Mit „**Interpretant**" ist die grundsätzliche Anlage eines Interpreten, einer Interpretin gemeint, auf eine bestimmte Weise auf ein Zeichen zu reagieren. Diese Dimension ist primärer Gegenstandsbereich der **Pragmatik**.

Auch wenn ein semiotisches Dreieck die Zeichenbenutzer:innen mit einbezieht, bedarf es weiterer Präzisierungen, um Zeichen, sprachliches Handeln und Kommunikation genauer zu verstehen. Eine Zeichentheorie, die das sprachliche Handeln ins Zentrum stellt, ist jene von Rudi Keller (1995). Er geht davon aus, dass Zeichen – und damit Sprache insgesamt – eine *Folge* von kommunikativen Bemühungen sind, wobei es viele verschiedene Zeichensysteme gibt: Laute, Gesten, Geruchs-, Geschmackscodes sowie musikalische Codes und natürlich auch symbolische Zeichen in Form von Sprache (vgl. Bechmann 2018: 66). Die Bedeutung von Zeichen besteht nicht aus Referenzbeziehungen zu Dingen oder Vorstellungen, sondern liegt im Gebrauch von Zeichen in bestimmten Kontexten zu bestimmten Zwecken. Diesen Gebrauch von Zeichen erleben wir als regelhaft, weil bestimmte Zeichen, sprachliche Wendungen, Gesten etc. immer wieder für bestimmte Zwecke verwendet werden. Zu verstehen bedeutet also, diese **Gebrauchsregeln** zu kennen (→ 3.2.1.3). Diese Kenntnis ermöglicht es, den Sinn einer Äusserung pragmatisch zu erschliessen, also kommunikative Absichten dahinter zu sehen (z. B. Sauerkraut einzukaufen, vgl. Abbildung 4.1).

Diese **Gebrauchstheorie der Bedeutung** geht u. a. auf den Philosophen Ludwig Wittgenstein zurück, der in seinen „Philosophischen Untersuchungen" (Wittgenstein 1953/1995) diese Idee entwickelt hat. Daraus leitet Keller auch den Begriff der **Kommunikation** ab: „*Kommunikation* soll jedes intentionale Verhalten genannt werden, das in der Absicht vollzogen wird, dem anderen auf offene Weise etwas zu erkennen zu geben" (Keller 1995: 142).

Sprachliches Handeln ist also Ausdruck eines kommunikativen Bedürfnisses, somit eingebettet in soziales Handeln und Ergebnis von Kooperation. Aus dieser Perspektive wäre es zu kurz gegriffen, Zeichensysteme isoliert zu betrachten, ohne zu fragen, welche Regularitäten von sozialem Handeln sich darin abbilden. Wir sehen diesen Grundgedanken in vielen Bereichen der Linguistik widergespiegelt, was in den weiteren Kapiteln (→ 8 bis 11) dieses Studienbuches deutlich wird.

4.2.2 Sprechakttheorie

In Kapitel 4.1.2. wurde die Bedeutung der Sprechakttheorie bereits kurz angesprochen: Austins „How to Do Things with Words" ebnete den Weg für die Handlungsperspektive sprachlicher Äusserungen, wobei sein Schüler John Searle seine Grundideen weiterentwickelte.

Ausgangspunkt ist Austins Beobachtung, dass Sätze nicht immer deskriptiv sind und deshalb wahr oder falsch sein können. Folgender Satz ist deskriptiv:

(1) Zürich ist die grösste Stadt der Schweiz.

Er macht eine Aussage, die wahr oder falsch sein kann. Im Gegensatz dazu gibt es Sätze, mit denen Handlungen vollzogen werden. Beispiele für solche Sätze sind:

(2) Wir nennen unsere Katze ab heute „Mimi".

(3) Hiermit gelobe ich, die Wahrheit zu sagen!

(4) Ich bedanke mich für deinen Beitrag!

Die Beispiele 2 bis 4 vollziehen etwas, indem sie geäussert werden: Die Katze heisst *Mimi* ab dem Zeitpunkt, an dem die Äusserung 2 vollzogen wird, das Gelübde wird mit der Äusserung 3 abgelegt und die Äusserung 4 ist selbst der Dank. Austin nennt diese Sätze **performativ**, weil sie selbst die Handlung vollziehen, die sie benennen.

Sätze, die Aussagen machen (wie Äusserung 1), bezeichnet Austin als **konstativ**. Sie können bestritten werden, weil sie Aussagen machen, die als richtig oder falsch bewertet werden können. Auf performative Äusserungen hingegen kann nicht mit *das stimmt nicht* oder *das glaube ich nicht* reagiert werden, weil sie Handlungen vollziehen, nicht Aussagen tätigen. Zwar kann bezweifelt werden, ob der Dank ehrlich gemeint ist, oder in Frage gestellt werden, wer der Katze einen Namen geben darf, aber mit Äusserung des Satzes wird eben bereits gedankt oder die Katze benannt.

Das Eingangsbeispiel (Abbildung 4.1) zeigt jedoch, dass die Unterscheidung von performativ und konstativ problematisch ist: Die Äusserung *Sauerkraut hat es nur noch ein bisschen.* ist zwar einerseits konstativ, weil eine Aussage über die Welt (den Kühlschrank) gemacht wird, die wahr oder falsch sein kann. Aber gleichzeitig ist sie auch performativ, weil sie – im gezeigten Kontext – eine Handlungsaufforderung darstellt, nämlich noch mehr Sauerkraut zu besorgen. Deshalb nahm Austin drei wichtige Korrekturen vor:

- **Äusserungsakte** und **Propositionen** statt Sätze: Bisher haben wir von „Sätzen" gesprochen, die performativ oder konstativ sein können. Allerdings ist es ja so, dass ein:e Sprachbenutzer:in notwendig ist, damit Sätze einen Handlungscharakter haben können. Es braucht ein Subjekt mit einer Absicht dazu – der Satz allein kann nicht handeln. Das kann die Person sein, die den Satz äussert, aber auch eine Person, die einen Satz liest oder hört. Deshalb spricht man besser von „Äusserungsakten" oder „Äusserungen" statt von Sätzen.

Dies gilt auch für konstative Äusserungen, da sie einen Kontext benötigen, den ein Subjekt entsprechend setzt. Beim Satz *Zürich ist die grösste Stadt der Schweiz* muss ein Zeit- und ein Weltbezug hergestellt werden – zum heutigen Zeitpunkt und zum realen Zürich in der Schweiz (und nicht z. B. zu der Simulation einer Stadt Zürich in einem Computerspiel). Man spricht deshalb von Propositionen, die wahr oder falsch sein können.

- **Performative Äusserungen können auch konstativ sein:** Ist die Äusserung *Sie sind ein Lügner und Betrüger!* performativ oder konstativ? Hinter der Äusserung können unterschiedliche performative Akte vermutet werden: Es kann eine (ungerechtfertigte) Verleumdung oder eine (gerechtfertigte) Benennung sein. Wenn nun die der Lüge und des Betrugs bezichtigte Person Strafanzeige wegen Verleumdung einreicht, muss ein Gericht prüfen, ob die Benennung gerechtfertigt ist oder nicht. Es muss also die Proposition auf ihre Richtigkeit überprüft werden. Wenn die Person tatsächlich gelogen und betrogen hat, dann könnte argumentiert werden, dass die Äusserung gar nicht performativ, sondern konstativ ist.
- **Jede Äusserung ist performativ:** Dies löst das zuvor dargestellte Problem. Die Unterscheidung von performativen und konstativen Äusserungen ist nicht haltbar, denn jede Äusserung hat sowohl einen Handlungs- als auch einen Wahrheitsaspekt. Es passiert beides gleichzeitig: Sobald ein Satz nicht einfach ein Satz ist, sondern eine Äusserung, also in einer bestimmten kommunikativen Situation geäussert wird, wird sowohl eine Handlung vollzogen als auch eine Proposition geäussert.

Mit diesen Überlegungen ist es nun sinnvoll, jede Äusserung unter mehreren Perspektiven gleichzeitig zu betrachten. Ein Äusserungsakt wird so, in der Ausarbeitung durch Searle, als Kombination von vier **Teilakten** verstanden, wie Tabelle 4.1 zeigt. Im Detail sind dies:

Äusserungsakt

Eine Äusserung machen bedeutet, dass Stimmwerkzeuge bewegt werden, um Laute zu erzeugen; oder dass geschrieben, getippt oder gebärdet werden muss. Dieser Teilakt kann daraufhin beurteilt werden, ob er grammatisch und semantisch wohlgeformt ist, also als Zeichen wahrnehmbar ist. Die Äusserung *Der Hund ist bissig* ist z. B. grammatisch und semantisch wohlgeformt.

Propositionaler Akt

Sodann bezieht man sich mit der Äusserung auf Dinge in der realen (oder einer imaginierten) Welt und sagt etwas über sie aus, es wird also eine Proposition geäussert. Diese kann danach beurteilt werden, ob sie für wahr oder falsch gehalten wird. Der propositionale Gehalt von *Der Hund ist bissig* ist also die Aussage, dass der gemeinte Hund bissig ist. Als Hörer kann ich das glauben oder nicht glauben, ich könnte es ggf. auch überprüfen.

Illokutiver Akt

Mit der Äusserung wendet sich ein:e Sprecher:in an ein Gegenüber mit einer möglichen Intention. Die Äusserung *Der Hund ist bissig* möchte vielleicht einfach darüber informieren oder aber warnen oder sogar drohen. Für Searle gehört die Illokution zur Bedeutung der Äusserung dazu, was plausibel ist, wenn wir an Formulierungen denken wie *Was willst du damit sagen?* oder *Worauf will sie eigentlich hinaus damit?*. Die Äusserung wird sowohl als Äusserungsakt als auch als propositionaler Akt wahrgenommen, es ist aber nicht klar, was damit intendiert werden soll, die Illokution ist also nicht klar.

Eine Illokution kann glücken oder nicht glücken: Ist die intendierte Illokution die der Warnung, sie wird aber nicht so verstanden, ist sie nicht geglückt.

Perlokutiver Akt

Schliesslich gehört der perlokutive Teilakt zu einer Äusserung dazu: Da eine Illokution vorhanden ist, muss damit auch ein Zweck oder eine intendierte Reaktion der Hörerin verbunden sein. Zwar kann die Illokution der Warnung erfolgreich wahrgenommen werden, aber vielleicht sieht die Leserin des Schildes mit der Aufschrift „Der Hund ist bissig" den kleinen Pudel neben dem Schild, hat deswegen keine Angst vor dem Hund und betritt das Grundstück trotzdem. Dann war die Perlokution nicht erfolgreich.

Beim Eingangsbeispiel *Sauerkraut hat es nur noch ein bisschen* sind also ebenfalls alle vier Teilakte analysierbar: Der Lesende kann die Äusserung lesen und verstehen, sowohl die Proposition erkennen (eine Aussage über das vorhandene Sauerkraut im Kühlschrank) als auch eine Illokution (nicht nur INFORMIEREN, sondern auch AUFFORDERN zum Einkaufen). Und es kann gefragt werden, ob auch die Perlokution erfolgreich war, der Lesende also noch mehr Sauerkraut eingekauft hat.

Tabelle 4.1: Sprechakt nach J. R. Searle.

	Teilakt			
	Äusserungsakt	Propositionaler Akt	Illokutiver Akt	Perlokutiver Akt
Resultat des Teilaktes	Äusserung	Proposition	Illokution	Perlokution
Erläuterung	Laute Wörter Sätze Gebärden	Aussagen über die Welt	Handlungswert	Zweck/intendierte Reaktion des:der Hörer:in
Beurteilungskriterien	grammatisch und semantisch wohlgeformt / nicht wohlgeformt	wahr / falsch	glücken / nicht glücken (bezüglich des Erkennens der Illokution)	erfolgreich sein / nicht erfolgreich sein (bezüglich des Zwecks)
Beispiel	Der Hund ist bissig	BISSIG$_{(hund)}$	MITTEILUNG oder FESTSTELLUNG oder WARNUNG oder DROHUNG oder EMPFEHLUNG	Hörer:in weiss, was Sprecher:in weiss Hörer:in lässt vom Vorhaben ab Hörer:in kauft Hund

Welche Illokution hinter einem Sprechakt stecken könnte und welche Perlokution wohl erhofft wird, versuchen wir als Hörer:in anhand der Äusserung und des Kontextes herauszufinden. Manchmal ist das sehr einfach, weil die sprachliche Form der Äusserung mit der Illokution übereinstimmt, beispielsweise wenn jemand eine Frage stellt: *Weisst du, wo Mimi ist?* Die Illokution dieser Äusserung ist (wahrscheinlich) FRAGEN. Doch je nach Kontext könnte auch eine andere Illokution vermutet werden: Nach langem Warten auf die Katze Mimi könnte jemand die gleiche Frage, jedoch in entnervtem Ton stellen. Die auf formaler Ebene als Frage markierte Äusserung könnte dann neben der Illokution des FRAGENS allenfalls auch als AUFFORDERUNG verstanden werden, die Katze suchen zu gehen.

Genauso ist dies beim Eingangsbeispiel *Sauerkraut hat es nur noch ein bisschen*. Diese Äusserung ist auf formaler Ebene ein Aussagesatz (FESTSTELLUNG), sie ist im Kontext jedoch als AUFFORDERUNG verstanden worden, welches zu kaufen.

Illokutionen und **Perlokutionen** stehen also in einem **beliebigen Verhältnis zu sprachlichen Ausdrücken.** Nicht jede sprachliche Äusserung kann als

Versprechen fungieren, und eine Äusserung muss nicht zwingend das Verb *versprechen* enthalten, um als solches verstanden zu werden. Und eine bestimmte Illokution bzw. Perlokution kann sehr unterschiedlich realisiert werden. Wenn ich jemanden davon abhalten will, in der Strassenbahn meinen Hund zu streicheln, kann ich sagen

(5) Würden Sie das bitte lassen?

(6) Mein Hund ist bissig!

(7) Ich würde ihm nicht zu nahe kommen.

(8) Haben Sie es gern, wenn Ihnen wildfremde Leute den Kopf kraulen?

Auf formaler Ebene haben wir es mit Frage-, Befehls- und Aussagesätzen zu tun, bei allen kann jedoch die gleiche Illokution und Perlokution verstanden werden.

Allerdings gibt es sog. **Illokutionsindikatoren**, also formale Elemente, die hinsichtlich bestimmter Illokutionen recht stark konventionalisiert sind. Darunter fallen folgende Indikatoren:
- performative Verben in explizit performativer Verwendung: *ich verspreche dir*; *ich behaupte, dass*; *ich taufe dich* XY etc.
- Modus: *Wenn Mimi doch endlich wieder da wäre!*
- Adverbien, Konjunktionen, Partikeln, z. B.: *bitte, hoffentlich, gefälligst, wenn … doch*
- Satzarten: Aussagesätze (im Deutschen mit Verbzweitstellung) vs. Fragesätze (mit Verberststellung); → 7.8: Satzmodus.
- Prosodie: Intonation und Betonung.

Searle (1976) schlug zur Klassifikation von Sprechakten fünf Typen vor: Repräsentativa, Direktiva, Kommissiva, Expressiva und Deklarativa (vgl. Tabelle 4.2). Es ist aber wichtig in Erinnerung zu behalten, dass diese keine Garantie für die jeweilige Illokution sind! Im Anschluss an Searle wurden verschiedene weitere Klassifikationen vorgeschlagen, z. B. auch einen Typ wie „Anerkennung" mit Verben wie *sich entschuldigen, gratulieren* oder *kondolieren* (vgl. zu einer weiterführenden Diskussion Liedtke 2018: 32).

Tabelle 4.2: Illokutionstypen nach Searle 1976.

Illokutionstyp	Beschreibung	Performative Verben
Assertiva (Behauptungen, Feststellungen)	Es werden Ansprüche auf eine wahre Darstellung der Welt erhoben (die Äusserung muss aber nicht wahr sein!).	*behaupten, mitteilen, berichten, informieren, beschreiben* etc.
Direktiva (Befehle, Anordnungen, Fragen, Bitten)	Es werden Forderungen an den:die Hörer:in gerichtet.	*befehlen, bitten, anordnen, verbieten* etc.
Kommissiva (Versprechen, Drohungen)	Damit werden (Selbst-)Verpflichtungen eingegangen.	*versprechen, geloben, drohen, garantieren* etc.
Expressiva (Danksagungen, Gratulationen, Emotionsausdrücke)	Damit werden soziale Kontakte etabliert oder aufrechterhalten sowie Gefühle ausgedrückt.	*danken, klagen, begrüssen, sich entschuldigen* etc.
Deklarativa (Taufe, Worterteilung, Kriegserklärung)	Sie sind institutionell eingebunden, offiziell und ritualisiert und drücken aus, was in dieser Institution der Fall sein soll.	*taufen, trauen, verhaften, begnadigen* etc.

Neben diesen auf formaler Ebene und anhand der unmittelbaren Äusserung feststellbaren Illokutionsindikatoren spielt jedoch der weitere **Kontext** und die **Interaktion**, in der sich die miteinander sprechenden Personen befinden, eine grosse Rolle. Das ist wiederum am Eingangsbeispiel sichtbar, bei dem der mediale Kontext (wie funktioniert Instant Messaging generell) und die individuellen Routinen (wie verwenden diese beiden Gesprächspartner:innen Instant Messaging normalerweise) ebenso in die Interpretation einbezogen werden wie die Interaktionen davor (→ 9).

Wenn auf der Äusserungsebene klare Illokutionsindikatoren vorhanden sind, jedoch eine andere Illokution gemeint ist, kann von sog. **indirekten Sprechakten** gesprochen werden. So ist je nach Kontext die Äusserung *Ich rate dir, das nicht noch einmal zu versuchen.* nicht als ANRATEN gemeint, sondern als DROHUNG. Ein Grund für die Verwendung von indirekten Sprechakten kann Höflichkeit sein, um die eigentlich gemeinte Illokution abzuschwächen. Aber auch Sprachwitz und das Spiel mit Illokutionen sind Gründe dafür.

Das Konzept der Sprechakte ist aus folgenden Gründen nicht unproblematisch:
- **Es ist sprecherzentriert:** Zwar geht auch die Sprechakttheorie davon aus, dass jemand die Sprechakte hören muss, trotzdem ist sie sehr darauf fokussiert zu modellieren, was ein:e Sprecher:in mit einer Äusserung tut und erreichen will. Implizit geht die Theorie von einem vereinfachten Kommunikationsmo-

dell von Sender:in und Empfänger:in aus, das bereits im Rahmen der Semiotik kritisiert worden ist (→ 2.2.4.3). In anderen Kapiteln werden Modellierungen von Interaktion gezeigt, die betonen, dass gemeinsam von allen Sprechenden ein Gespräch hergestellt wird (→ 9). Illokutionen und Perlokutionen werden also sozusagen gemeinsam ausgehandelt.
- **Es ist satzzentriert:** Die Sprechakttheorie geht von Äußerungen aus, die meist in Form von Sätzen diskutiert werden. Wir haben am Eingangsbeispiel bereits deutlich gesehen, wie stark sich die Interpretation von Illokutionen je nach Kontext unterscheiden kann. Die Text- und Gesprächslinguistik (→ 9) entwickelte deshalb einen viel weiteren Blick auf sprachliche Interaktion.
- **Es beansprucht einen universalistischen Charakter:** Austin und Searle ging es darum, universell und kulturübergreifend Sprechakte zu klassifizieren. Dabei gehen aber möglicherweise kulturspezifische Formen der Interaktion unter, für die andere Klassifikationen angenommen werden müssten.

Trotz dieser Kritik: Die Sprechakttheorie kann analytisch nützlich sein, um den Handlungscharakter sprachlicher Äußerungen zu beschreiben und die Unterschiede zwischen formaler Gestalt der Äußerung und den Effekten in einer Interaktion fassen zu können. Und die Sprechakttheorie war für die weitere Entwicklung der Linguistik enorm bedeutend, weil sie Sprechen als Handeln konzeptualisiert; ganz im Gegensatz zur Formalen Logik und Semantik sieht die Sprechakttheorie im Sprechen und Hören nicht primär den Zweck der Informationsübertragung. Diese Idee beeinflusste in der Folge das Fach stark, was sich beispielsweise auch in der Semantik mit Gebrauchstheorien der Bedeutung zeigt (→ 3.2.1).

4.2.3 Konversationsmaximen, Implikaturen und Präsuppositionen

Das vorherige Kapitel zu den Sprechakten hat bereits gezeigt, dass es zwischen dem, *was* und *wie* etwas gesagt wird, und dem, was *gemeint* ist, eine Differenz gibt. Der Sprachphilosoph Paul H. Grice hat sich ausführlich damit auseinandergesetzt und versucht, Regeln zu beschreiben, nach denen sich Menschen in der Interaktion offenbar richten. Er formulierte das **Kooperationsprinzip** und damit verbundene **Maximen**, bei denen wiederum **Implikaturen** eine wichtige Rolle spielen. Diese beiden Elemente werden im Folgenden dargestellt.

Grice (1989/1995) geht davon aus, dass Menschen in Gesprächen kooperieren. Sie richten sich nach folgendem Prinzip:

Cooperative Principle
>   Make your conversational contribution such as is required, at the stage at which it occurs, by the accepted purpose or direction of the talk exchange in which you are engaged. (Grice 1989/1995: 26)

Mit den Prinzipien unterstellen Kommunikationsteilnehmer:innen zudem anderen, dass sie sich grundsätzlich ebenfalls kooperativ verhalten, also ihre Beiträge auf eine passende Art und zum passenden Zeitpunkt machen, wobei sie wissen, dass diese Erwartung immer wieder auch enttäuscht wird.

Grice führt dieses Kooperationsprinzip detaillierter aus und formuliert vier grundlegende Maximen, nach denen wir unsere Beiträge ausrichten:

- **Maxime der Quantität**
  - Mache deinen Beitrag so informativ wie (für die aktuelle Situation) nötig ...
  - ... aber mache ihn nicht informativer als nötig.
- **Maxime der Qualität**
  - Sage nichts, dass du für unwahr hältst.
  - Sage nichts, wofür du keine hinreichenden Anhaltspunkte hast.
- **Maxime der Relation (oder Relevanz)**
  - Sei relevant.
- **Maxime der Modalität**
  - Vermeide Unklarheit im Ausdruck.
  - Vermeide Mehrdeutigkeit.
  - Fasse dich kurz.
  - Gehe der Reihe nach vor.

Es fallen einem nun viele Beispiele ein, bei denen diese Maximen offensichtlich nicht gelten: Sprecher:innen lügen, übertreiben masslos, sagen Dinge, die nicht relevant sind, und können sich auch nicht immer kurz halten. Grice argumentiert aber, dass wir gerade diese Maximen im Hinterkopf haben müssen, um das Gesagte vom Gemeinten zu unterscheiden. Wenn also jemand zu mir sagt:

(9) Schau mal draussen, das ist aber ein prächtiges Wetter!
    Kontext: Die Sonne scheint, der Himmel ist wolkenlos.

Dann entspricht das Gesagte wohl dem Gemeinten, weil alle Maximen eingehalten werden: Die Aussage ist relevant (Maxime der Relation) und wahr (Maxime der Qualität) bezüglich des Wetters draussen, sie ist auch klar (Maxime der Modalität) und mit der Prädikation *prächtig* auch so informativ wie nötig (Maxime der Quantität). Wenn aber jemand zu mir sagt:

(10) Schau mal draussen, das ist aber ein prächtiges Wetter!
      Kontext: Es regnet draussen in Strömen.

Dann überlege ich mir:
- Die Person sagt, das Wetter ist prächtig.
- Ich sehe jedoch, dass es in Strömen regnet. Und ich sehe, dass die Person das auch sieht und weiss.
- Eigentlich gehe ich davon aus, dass sich die Person an die Maxime der Qualität hält, also nichts sagt, was sie für unwahr hält.
- Das ist jetzt offensichtlich nicht der Fall, also muss die Person etwas anderes meinen als das, was sie sagt.
- Aha, es handelt sich wahrscheinlich um eine ironische Bemerkung!

Es handelt sich bei den Gedankenschritten um eine **pragmatische Inferenz**, die in einer Implikatur endet, also dem Schluss, dass es sich um Ironie handeln muss. Selbstverständlich führen wir in der Realität den Gedankengang nicht in dieser Ausführlichkeit und Naivität durch, sondern sind gewöhnt, dass es typische Schlussverfahren gibt. Wir kennen diese beispielsweise als **Ironie** oder **Metaphorik**.

Grice geht es also darum zu verstehen, wie **pragmatische Schlüsse** abgeleitet werden, die es möglich machen, das Gesagte vom Gemeinten zu unterscheiden, wie also implikatiert (von Implikatur: implikatieren – nicht implizieren, siehe unten zu konventioneller Implikatur) wird. Diese Schlüsse nennt er **konversationelle Implikaturen**. Es gibt aber neben den konversationellen Implikaturen weitere Typen von Schlüssen; schauen wir uns dazu folgenden Satz an:

(11) Auf dem Dorfplatz von Gais in Appenzell Ausserrhoden läuteten früher kleine Glöckchen an den opulenten Spätbarockfassaden. (*NZZ*, 10.09.2020)

Die folgenden Schlüsse können daraus gezogen werden:
1. Konventionelle Implikatur: Aus *früher* kann geschlossen (impliziert, aber nicht implikatiert) werden, dass heute keine Glöckchen mehr auf dem Dorfplatz von Gais läuten.
2. Präsupposition 1: Es kann zudem geschlossen werden, dass es ein Dorf namens *Gais* in Appenzell Ausserrhoden gibt.
3. Präsupposition 2: Es kann auch geschlossen werden, dass es auf dem Dorfplatz von Gais opulente Spätbarockfassaden gibt.
4. Konversationelle Implikatur: Es kann möglicherweise implikatiert werden, es sei schade, dass die Glöckchen nicht mehr läuten.

Für alle Schlüsse (1 bis 3) gilt, dass sie zwingend sind. Der „konventionelle Implikatur" (1) genannte Schluss unterscheidet sich leicht von den Präsuppositionen (2, 3), wie wir später sehen werden.

Zunächst aber zu den **konversationellen Implikaturen**: Der Schluss 4 ist nicht zwingend und kann je nach Kontext (z. B. geäussert in bedauerndem Ton) gezogen werden. Pragmatische Aspekte spielen also eine Rolle bei der Interpretation (wie auch bei Beispiel 10). Solche konversationellen Implikaturen weisen die folgenden zentralen Eigenschaften auf:

- Ableitbarkeit: Sie werden von einem pragmatischen Schlussprozess abgeleitet; sie ergeben sich also aus dem übergeordneten Kooperationsprinzip und den Maximen: Die Maxime wird (scheinbar) verletzt, wenn nur das Gesagte in Betracht gezogen wird. Durch die Implikatur kann auf das Gemeinte geschlossen werden.
- Annullierbarkeit: Die Implikatur kann durch den:die Sprecher:in zurückgenommen werden, ohne dass daraus ein Widerspruch entsteht. Ein Weg dafür ist beispielsweise, eine weitere Äusserung nachzuschieben; im Fall von Beispiel 10 oben (Wetter) z. B.: *Ich bin wirklich froh, dass es nach dieser Trockenperiode und Hitze endlich regnet!*
- Kontextabhängigkeit: Wenn sich der Kontext verändert, dann gilt eine andere Implikatur.
- Uneindeutigkeit: Es gibt verschiedene mögliche Implikaturen, da es verschiedene Interpretationen gibt, um das Gemeinte zu erschliessen.

Sobald also eine oder mehrere der oben genannten Konversationsmaximen verletzt und repariert werden muss bzw. müssen, indem man eine andere Interpretation vornimmt, handelt es sich um eine **konversationelle Implikatur**.

Grice unterscheidet bei solchen konversationellen Implikaturen wiederum **generalisierte** und **partikularisierte konversationelle Implikaturen** (vgl. Abbildung 4.4 zu einem Überblick). Das „Schönes-Wetter"-Beispiel (10) ist eine partikularisierte konversationelle Implikatur, weil das Gemeinte nur in einem spezifischen Kontext (es regnet draussen gerade in Strömen) implikatiert werden kann – nicht jede Äusserung *Was für ein prächtiges Wetter!* führt zu diesem Schluss.

Generalisierte konversationelle Implikaturen sind viel weniger stark von einem spezifischen Kontext abhängig. Ein Beispiel ist:

(12) Ich habe zwei Würste gegessen.

Daraus kann unter Ausnutzung der Maxime der Quantität implikatiert werden, dass die Person genau zwei Würste gegessen hat. Denn auch wenn die Person drei oder mehr gegessen hätte, würde streng genommen die Aussage stimmen, dass sie zwei gegessen hat. Wir erwarten jedoch, dass eine Äusserung so ausführlich wie nötig, aber nicht ausführlicher gemacht wird (Maxime der Quantität). Diese Implikatur gilt nicht nur in einem spezifischen Kontext und ist deshalb eine generalisierte konversationelle Implikatur. Dies gilt auch für folgende Aussage:

(13) Sie gab ihm die Kreditkarte und er bezahlte.

Die generalisierte konversationelle Implikatur ist, dass sie ihm *zuerst* die Kreditkarte gab und er *danach* (und damit) bezahlte, obwohl ein *und* eigentlich zwei Konjunkte ohne spezifische Reihenfolge verbindet (*Ich fahre mit dem Velo und dem Tram*). Gemäss der Maxime der Modalität („gehe der Reihe nach vor") erwarten wir bei 13, dass eine spezifische Reihenfolge gemeint ist.

Von den konversationellen Implikaturen unterscheidet Grice grundsätzlich noch die **konventionellen Implikaturen**. Betrachten wir die beiden Beispiele:

(14) Ich bin laut, aber ehrlich, ich sage, was sich andere nicht zu sagen trauen.
(*NZZ*, 07.10.2019)

(15) Ich bin laut und ehrlich, ich sage, was sich andere nicht zu sagen trauen.
(Abgeleitet von 14)

Im Vergleich von 14 und 15 wird deutlich, dass die Bedeutung von *aber* dazu führt, dass ein Gegensatz zwischen *laut* und *ehrlich* hergestellt wird. Die Person behauptet von sich also nicht nur, dass sie *laut* und *ehrlich* ist, also beides zutrifft, sondern dass *laut sein* eine eigentlich negative Eigenschaft sei, die aber in Kauf genommen werden könne, wenn man dafür *ehrlich* sei.

Es handelt sich bei 14 nach Grice um eine Zwischenkategorie: Es ist keine konversationelle Implikatur, hat aber trotzdem eine Zusatzbedeutung, die über das Gesagte hinausgeht. Diese Zwischenkategorie nennt Grice eine konventionelle Implikatur, weil sie sich aus der konventionellen Bedeutung von *aber* ergibt. Allerdings handelt es sich um eine in der Forschung umstrittene Kategorie (vgl. Meibauer 2018: 78).

Zum Schluss kommen wir nochmals auf die **Präsuppositionen** zu sprechen, die in Beispiel 11 (mit den Schlüssen 2 und 3) genannt worden sind. Im Unterschied zu Implikaturen bleiben Präsuppositionen auch bei einer Negation oder einer Frage bestehen:

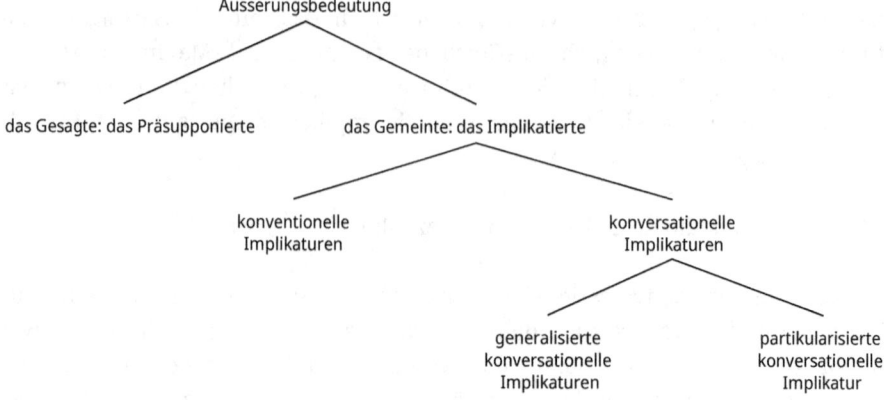

Abbildung 4.4: Arten von Implikaturen nach Grice 1989/1995 (vgl. auch Meibauer 2018: 77 f.), modifiziert.

(16) Auf dem Dorfplatz von Gais in Appenzell Ausserrhoden läuteten früher **keine** kleinen Glöckchen an den opulenten Spätbarockfassaden.

Präsupposition 1: Es gibt ein Dorf namens „Gais" in Appenzell Ausserrhoden.
Präsupposition 2: Es gibt in Gais opulente Spätbarockfassaden.

Wie Tabelle 4.3 zeigt, bleiben diese Präsuppositionen erhalten, wenn die Aussage negiert wird – im Unterschied zu den Implikaturen.

Tabelle 4.3: Übersicht Präsuppositionen und Implikaturen.

Aussage	Präsupposition	konventionelle Implikatur	konversationelle Implikatur
Auf dem Dorfplatz von Gais in Appenzell Ausserrhoden läuteten früher kleine Glöckchen an den opulenten Spätbarockfassaden.	Es gibt ein Dorf namens „Gais" in Appenzell Ausserrhoden.	Aus *früher* kann geschlossen werden, dass heute keine Glöckchen mehr auf dem Dorfplatz von Gais läuten.	Es ist schade, dass die Glöckchen nicht mehr läuten!
negierte Aussage	Präsupposition ist negationsfest	konventionelle Implikatur wechselt Bedeutung	konversationelle Implikatur wechselt Bedeutung
*Auf dem Dorfplatz von Gais in Appenzell Ausserrhoden läuteten früher **keine** kleinen Glöckchen an den opulenten Spätbarockfassaden.*	Es gibt ein Dorf namens „Gais" in Appenzell Ausserrhoden.	Aus *früher* kann geschlossen werden, dass heute neuerdings kleine Glöckchen auf dem Dorfplatz von Gais läuten.	Das ist eine schöne Idee, dass heute kleine Glöckchen läuten!

Die Unterscheidung von Implikaturen und Präsuppositionen ist nicht immer einfach und die Terminologie manchmal nicht stringent. So werden z. B. generalisierte konversationelle Implikaturen auch als gebrauchsgebundene Präsuppositionen bezeichnet.

Die Analysekategorie der Präsuppositionen und Implikaturen hilft nicht nur, alltägliche Kommunikation zu verstehen, sondern ist auch ein Mittel, um in Texten zugrunde liegende Argumentationen aufzudecken. Ein Beispiel dafür ist ein Ausschnitt aus der (verschriftlichen) Rede von Wladimir Putin vom 24. Februar 2022 zur Ankündigung des Angriffskriegs auf die Ukraine:

> Russland kann sich nicht sicher fühlen, sich nicht entwickeln und nicht existieren, *wenn es ständig von der Ukraine bedroht wird* (1). *Die Aneignung der Ukraine durch das Nordatlantische Bündnis* (2) ist inakzeptabel. Die russische Politik basiert auf Freiheit, und *dieses Recht sollte jeder genießen können*, auch die Einwohner der Ukraine (3). (Putin in: Zeit Online 2022, Hervorh. d. Verf.)

In dieser Passage verstecken sich mindestens die folgenden Schlüsse:
1. Der Satz sagt nicht, *wie* Russland durch die Ukraine bedroht wird, sondern stellt die Bedrohung als Faktum dar, was aus *wenn es ständig von der Ukraine bedroht wird* präsupponiert werden muss.
2. Aus der Nominalphrase *die Aneignung der Ukraine ...* wird präsupponiert, dass es diese Aneignung durch die NATO gibt.
3. Die in 3 nahegelegte Implikatur ist, dass die Einwohner:innen der Ukraine unter Russlands Herrschaft frei seien (sonst würde die Maxime der Relation verletzt).

In Kapitel 11.3.3.1 wird diese Rede im Rahmen der Diskurslinguistik nochmals thematisiert, um zu zeigen, wie die Analyse von Präsuppositionen und Implikaturen eine kritische Reflexion von Sprache ermöglicht. Es wird zudem deutlich, wie einflussreich Sprachhandeln ist, um eine bestimmte Sicht auf die Wirklichkeit durchzusetzen.

Sprechakte und Konversationsmaximen sind wichtige Elemente, um den pragmatischen Charakter von Sprache zu erfassen.

4.2.4 *Face-work* und Höflichkeit

Grice' Konzept der Maximen ist aufgrund seines Universalitätsanspruchs und der fehlenden Berücksichtigung sozialer Kontexte kritisiert worden. So kann nicht erklärt werden, warum sich Menschen an den Maximen orientieren. Im Alltag kommt es sogar vielfach zum Bruch mit den Maximen, insbesondere mit indirekten Sprechakten, sodass unklares Sprechen also in Kauf genommen wird.

Penelope Brown und Steve Levinson schlagen in ihrem bekannten Werk „Politeness: Some Universals in Language Usage" von 1987 *face* und **Höflichkeit** als Erklärung für das häufige Auftreten von Phänomenen wie indirekten Sprechakten vor (Brown/Levinson 1987). Dabei beziehen sie sich auf den Begriff des *face-work*, der von Erving Goffman geprägt wurde (Goffman 1955, zitiert wird aber in der Regel die überarbeitete Version von 1967). Dieser besagt, dass Menschen Strategien einsetzen, um ihre Selbstpräsentation und soziales Ansehen in der Interaktion zu wahren und das „Gesicht" bzw. das *face* anderer zu schützen. Das *face* ist dabei das Selbstbild, das eine Person in einer spezifischen sozialen Situation auszudrücken versucht.

Höflichkeit spielt im Kontext des *face-work* eine zentrale Rolle. Indem Brown und Levinson Goffmans Konzept erweitern, unterscheiden sie zwischen zwei zentralen Arten von *face*: Das sog. **positive face**, mit dem der Wunsch nach Anerkennung und Zugehörigkeit etabliert wird, und das sog. **negative face**, das die Wahrung von individueller Autonomie und uneingeschränkter Freiheit sichert.

Beispiele für *positives face-work* sind etwa Komplimente, Zustimmung oder Verhandlungen von Gemeinsamkeiten wie etwa am Beginn oder am Ende eines Gesprächs (→ 9).

Beispiele für *negatives face-work* sind etwa Entschuldigungen, das Vermeiden von Themen, die für das Gegenüber unangenehm sein könnten, oder eben indirekte Sprechakte, die etwa verhindern, dass man das *face* des Gegenübers verletzt (*Kommst du heute mit mir ins Kino? Oh, ich habe noch ziemlich viel zu tun leider ...* statt *Nein, mit dir habe ich keine Lust ins Kino zu gehen.*). Dies schliesst sowohl defensive Strategien, um das eigene Gesicht zu wahren, als auch unterstützende Strategien ein, die darauf abzielen, anderen zu helfen, ihr Gesicht zu wahren.

Höflichkeit umspannt also sowohl die Arbeit an Harmonie und Gemeinschaftlichkeit als auch die Arbeit am Respekt vor der eigenen Privatsphäre wie auch derjenigen anderer.

Das Konzept von *face* ist zudem kulturell unterschiedlich und hängt stark von den gesellschaftlichen Strukturen ab. Offensichtlich werden diese Unterschiede in der Sprache. Während sich etwa im Deutschen Höflichkeitsformen anhand der Wahl von Pronomen zeigen (*du* vs. *Sie*), wirken sich die Höflichkeitsformen im Japanischen bis auf die Wahl bestimmter Verben und morphosyntaktischer Formen aus (vgl. Tabelle 4.4). Neben einer einfachen Höflichkeitsform (*Teineigo*) existiert eine komplexe Höflichkeitsform, die ranghöheren oder älteren Gesprächspartner:innen und formellen Gästen (wie im Restaurant) vorenthalten ist (*Sonkeigo*). Dabei wählt man ein spezifisches Verb (z. B. *meshiagaru* statt *taberu* für essen, im Deutschen existiert zwar auch das Verb *speisen*, wird aber in Gesprächssituationen kaum mehr gebraucht). Daneben gibt es auch die Höflichkeitsform, sich selber tiefer zu stellen (*Kenjougo*), indem ebenfalls spezifische Verben (z. B. *sashiageru* statt *ageru* für *geben*) zum Zug kommen.

Tabelle 4.4: Höflichkeitsformen Deutsch und Japanisch im Vergleich.

Deutsch			Japanisch	
Was möchtest du essen?			Nani-wo taberu?	Tamero (タメ口) / Tamego (タメ語)
Was möchten Sie essen?		Höfl.	Nani-wo tabemasuka?	Teineigo (丁寧語)
(veraltet: Was möchten Sie speisen?)		-	Nani-wo meshiagarimasuka?	Sonkeigo (尊敬語)
Ich gebe dir ein Geschenk.			Purezento-wo aerumasu	Teineigo (丁寧語)
Ich gebe Ihnen ein Geschenk.		Höfl.	Purzento-wo sashiagemasu.	Kenjougo (謙譲語)

An Browns und Levinsons Höflichkeits- bzw. *face*-Konzept ist mitunter kritisiert worden, dass sie dieses zu stark *a priori* (vor-)annimmt und zu wenig innerhalb der laufenden Interaktion untersucht. Spencer-Oatey (2009) arbeitet im Gegensatz dazu die Konzepte stärker dynamisch und unter Berücksichtigung beider Parteien heraus.

4.2.5 Deixis

Mit **Deixis** (Plural: Deiktika) ist die Bezugnahme auf Personen, Gegenstände, Orte und Zeiten in einem bestimmten Kontext gemeint. Siehe dazu das folgende Beispiel von Fricke und Mittelberg (2018: 315):

(17) *[und gehst **hier** geradeaus (.)]*

Ohne weiteren Kontext ist es unmöglich zu bestimmen, wer mit *du* (bzw. der 2. Person Singular des Verbs) gemeint ist und wo *hier* ist. Personalpronomen (*ich, du, sie* etc.), Demonstrativa und demonstrativ verwendete bestimmte Artikel (wie *der, die, das, dieser, diese* etc.), Lokal- oder Pronominaladverbien (*hier, da, dort, drüben, dahin, daher* etc.) oder Zeit- und Temporaladverbien sowie Tempus (*jetzt, vorhin, bald, in einer Stunde* etc.) sind sprachliche Mittel, die in Funktionen auftreten, in denen ihre Referenz nur in den jeweiligen Äusserungskontexten bestimmt werden kann. Wenn diese Ausdrücke so verwendet werden, werden sie **deiktisch** verwendet. Entsprechend spricht man von Personaldeixis (*Ich sehe dich!*, **Objektdeixis** (*Gib mir diesen da!*), **Lokaldeixis** (*Gib mir diesen da!*) und **Temporaldeixis** (*Gib mir ihn jetzt!*).

Darüber hinaus werden bei einem weiten Deixisverständnis Diskursdeixis und Sozialdeixis unterschieden (vgl. Levinson 2006: 118 f.): **Diskursdeiktika** sind Ausdrücke, die sich auf Teile des aktuellen Diskurszusammenhangs beziehen, in einem Text beispielsweise auf frühere oder kommende Textstellen (*wie oben erwähnt, im nächsten Kapitel* etc.). Sie sind dabei nur relativ zur aktuellen Position des:der Leser:in verständlich. Auch Diskursmarker wie *aber* oder *jedoch* werden zu den Diskursdeiktika gezählt, weil sie die Beziehung zwischen Diskursbeiträgen bestimmen.

Mit **Sozialdeixis** sind Ausdrücke gemeint, die soziale Beziehungen und Statusunterschiede zwischen Personen definieren und *face-work* ermöglichen (→ 4.2.4). Beispiele sind Ehrenbezeichnungen (*Ihre Majestät*), respektvolle Anredeformen und Honorifikationen (*Ich bitte **Sie**, ich wünsche **dir***, das Suffix *-san* im Japanischen) oder Titel (wie *Herr* oder *Frau*). Auch Registerwechsel (Verwendung von *dinieren* statt *essen*), verstanden als eine Bezugnahme auf ein Setting, zählen dazu.

Bei einem engen Deixisverständnis werden Diskursdeiktika wie *wie oben erwähnt* oder *im nächsten Kapitel* als räumliche, ein Ausdruck wie *später im Text* als zeitlich Deixis aufgefasst. Sozialdeiktika werden bei einem engeren Deixisverständnis unter die Personaldeixis subsumiert.

Nicht jede Verwendung von Ausdrücken, die deiktisch verwendet werden können, ist auch deiktisch, wie folgendes Beispiel zeigt:

(18) *Was tut die Schweiz, wenn im UNO-Menschenrechtsrat 36 Länder Saudi-Arabien verurteilen und fordern, **das Land** müsse die UNO-Ermittlungen zum Mord an Journalist Jamal Khashoggi unterstützen? **Sie** kneift. [...] **Diese** Schweiz also, die sich oft auch dort windet, wo es um ihre fundamentalen Werte geht, will 2023 und 2024 in den UNO-Sicherheitsrat.* (Aargauer Zeitung, 06.12.2020, Hervorhebungen von uns)

Wer mit *das Land* gemeint ist (Saudi-Arabien), was mit *Sie* (die Schweiz) und *diese Schweiz* (die Schweiz, die kneift) gemeint ist, wird im Textkontext klar. Diese Ausdrücke sind Anaphern (→ 8.4.3), die kontextunabhängig und unabhängig von der Leseposition auf Ausdrücke davor verweisen.

Da Deiktika auf Äusserungskontexte verweisen, in denen Subjekte mit ihren Körpern in einem Raum handeln, ist es naheliegend, die Gestik ebenfalls unter deiktischer Perspektive zu betrachten. Die Richtungsanweisung in Beispiel 17 oben wird durch eine sog. richtungsdeiktische Geste von A begleitet (vgl. Abbildung 4.5).

Abbildung 4.5: Beispiel für eine gestische Origoversetzung in die Adressatin in der Äusserung von Beispiel 17 (Fricke/Mittelberg 2018: 315).

Händische Zeigegesten kommen häufig zusammen mit sprachlichen Deiktika vor, wobei die Zeigegesten noch unterschieden werden können: Mit ausgestrecktem Zeigefinger und nach unten gerichteter Handfläche, die auf einen Raumpunkt verweist (G-Form) sowie die seitlich flache Hand, die als „Zeigen in eine Richtung" (PLOH-Form: Palm Lateral Open Hand) paraphrasiert werden kann (vgl. Fricke/Mittelberg 2018: 314; vgl. Abbildung 4.5).

Deiktika haben eine **Origo** (lat. für ‚Ursprung', ‚Herkunft'), die im „Zeigfeld der Sprache im direkten Sprecherverkehr [...] das hier-jetzt-ich-System der subjektiven Orientierung" (Bühler 1934/1999: 149, vgl. auch Vertiefung 9.2) ist. Normalerweise ist die Origo einer Zeigegeste (wie auch das *ich* in verbaler Form) der Körper des Subjekts, das zeigt oder *ich* sagt. Im Beispiel 17 oben und der damit verbundenen Geste in Abbildung 4.5 ist nun interessant, dass Sprecherin A eine „Origoversetzung" vornimmt, indem ihre flache Hand parallel zur Vorne-hinten-Achse der Adressatin B ausgerichtet ist statt zu ihrer eigenen Achse. A versetzt also ihre Origo gestisch zu B – sie wird zum Ausgangspunkt der Zeigegeste –, was sie auch verbal durch *gehst* in der 2. Person Singular ausdrückt.

Die Kombination von Geste und verbalem Ausdruck erlaubt es also, in der Interaktion miteinander einen *Common Ground*, ein geteiltes Wissen, zu erzeugen, der zu einem neuen Referenzpunkt wird. Doch nicht nur die Origo kann so versetzt werden, sondern auch das Deixisobjekt selbst kann gestisch ausgedrückt werden: Das Deixisobjekt ist beispielsweise der Ort, auf den mit der Geste gezeigt wird. Wenn nun eine Strasse als Deixisobjekt mit der Hand angezeigt wird, kann mit der anderen Hand wiederum ein Ort auf dieser „Strasse" (der anderen Hand) markiert werden. Das Deixisobjekt (also eigentlich die weit entfernte Strasse) liegt nun sozusagen auf der Hand und wird zu einem neuen Referenzpunkt, von dem wiederum auf andere Deixisobjekte (z. B. ein Haus an dieser Strasse) referiert werden kann.

Mit gesprächs- und interaktionslinguistischen Mitteln kann systematisch und im Detail herausgearbeitet werden, mit welchen multimodalen Mitteln wir komplexe Sachverhalte und Relationen ausdrücken können (→ 9). Dabei zeigt beispielsweise Hanks (2011), dass Deixis durch **soziale Interaktion** und den **geteilten Kontext**, von Hanks auch „**soziales Feld**" (*social field*) genannt, zustande kommt und es zu kurz gegriffen wäre, Deixis bloss als egozentrisch auf den:die Sprecher:in fokussiert anzunehmen. Zudem macht Hanks auch darauf aufmerksam, dass deiktische Praktiken zwischen Sprachen und Kulturen variieren und oft in soziale Hierarchien und Praktiken eingebettet sind, wie beispielsweise Sozialdeiktika als Höflichkeitsformen zeigen.

4.3 Erweiterungen der klassischen Pragmatik

4.3.1 Sprachhandeln als multimodales Handeln

Viele grundlegende Arbeiten der Pragmatik, so auch die Sprechakttheorie, die in Kapitel 4.2.2 detailliert dargestellt worden ist, sind auf verbale Sprache fokussiert. Das gesprochene oder geschriebene Wort in Form von Äusserungen von Sprecher:innen steht im Vordergrund. Bereits in Kapitel 2.2.2 wurde auf die Bedeutung von Multimodalität in der Kommunikation hingewiesen. Sprachliche Äusserungen finden nicht losgelöst von menschlichen Körpern statt und sind eingebettet in soziale Interaktionen. Dies ist auch eine Selbstverständlichkeit in Traditionen der Anthropologischen oder Interaktionalen Linguistik, wie sie in den Kapiteln 9, 10 und 11 angesprochen werden. Auch im Kapitel zur Deixis (→ 4.2.5) wurde die Bedeutung von Gesten bereits deutlich.

Der Gesprächslinguist Arnulf Deppermann plädiert in diesem Zusammenhang für einen neuen Blick auf die Pragmatik, die nicht nur Multimodalität im Sinne von ‚Leiblichkeit' stärker berücksichtigt, sondern auch Sozialität, die zeitlichen Strukturen von Interaktionen und der Bedeutung von geteiltem Wissen. Deppermann rückt damit die vier folgenden Aspekte ins Zentrum (Deppermann 2015):

- **Leiblichkeit:** Sprachliches Handeln ist multimodal und eng mit körperlichen Ausdrucksformen wie Gestik, Mimik und Blick verbunden. Sprache wird als Teil eines holistischen Handlungskontextes verstanden, bei dem diese Ausdrucksformen in Kombination zu sprachlichem Handeln führen.
- **Zeitlichkeit:** Sprachliche Interaktion ist prozesshaft und sequenziell organisiert. Bedeutungen entstehen durch retrospektive und prospektive Bezüge innerhalb von Gesprächssequenzen. Während in Face-to-Face-Situationen diese Zeitlichkeit noch einigermassen überblickbar ist, wird es z. B. in Kombination mit medial vermittelter Kommunikation (Instant Messaging, Chats, E-Mails etc.) recht komplex.
- **Sozialität:** Sprache ist stets sozial verankert. Handlungen entstehen in sozialen und kulturellen Kontexten und reproduzieren soziale Strukturen. Konzepte wie Intersubjektivität und Beteiligungsstrukturen werden als zentral hervorgehoben. Unter „Intersubjektivität" wird verstanden, dass in einer Interaktion durch Kommunikation ein gemeinsames Verständnis der Handlungen, Absichten und Bedeutungen konstruiert wird. Und mit „Beteiligungsstrukturen" ist gemeint, welche (dynamischen) Rollenverteilungen in Interaktionen herrschen: Sprecher:in, (aktive, passive) Zuhörer:in, (direkte, indirekte) Adressat:in etc.
- **Epistemizität:** Sprachliches Handeln basiert auf geteiltem Wissen und kognitiven Prozessen wie Perspektivübernahme und Aufmerksamkeit. Diese sind entscheidend für die Konstruktion von Bedeutungen.

Deppermann fordert, die Pragmatik als Wissenschaft vom sprachlichen Handeln von raumzeitlich situierten soziohistorischen Subjekten zu begreifen. Dabei sollte nach Deppermann der Fokus auf der situierten Praxis liegen, nicht auf theoriegesteuerten Abstraktionen wie Sprechakten. Das Kapitel Gesprächs- und Interaktionslinguistik (→ 9) diskutiert ausführlich diese Forschungsperspektiven.

4.3.2 Korpuspragmatik

Um der Bedeutung der situierten Praxis in ihrer ganzen Komplexität (Multimodalität, Körper, Raum, Zeit) gerecht zu werden, um Sprachhandlungen zu untersuchen, ist ein komplexes empirisches Analysesetting notwendig. Es können nicht nur Gespräche transkribiert werden, sondern die Multimodalität muss ebenfalls erfasst werden, wie in Kapitel 12 gezeigt wird.

Oft sind solche Analysen qualitativ angelegt: Es werden eher überschaubare Datenmengen, diese aber dafür in ihrer ganzen Komplexität untersucht. Als Gegengewicht dazu gibt es allerdings Ansätze, einen korpuslinguistischen Zugang zu pragmatischen Phänomenen zu wählen, die sog. Korpuspragmatik. Auf die Korpuslinguistik wurde bereits im Rahmen der Semantik (→ 3.4.5) verwiesen; sie wird auch in Kapitel 12 ausführlich Thema sein. Die Idee liegt darin, quantitative Methoden zu nutzen, um grosse Sprachdatenmengen auf Muster hin zu untersuchen. Oft werden Textkorpora verwendet, da sie deutlich einfacher zu erstellen sind als Korpora von multimodalen Daten.

Quantitative Methoden sind gut geeignet, um Muster in Daten zu identifizieren. Im Fall von Sprache ist von „Sprachgebrauchsmustern" die Rede. Ein solches Sprachgebrauchsmuster ist ein Zeichenkomplex, bestehend aus einem oder mehreren Wortformen und ggf. nonverbalen Elementen und prosodischen Formen, der als Vorlage für die Produktion weiterer Zeichenkomplexe dient (vgl. Bubenhofer 2009: 23). Es sind also beispielsweise Phrasen, typische Wendungen, Konstruktionen oder auch Kombinationen von sprachlichen Wendungen, Gesten und prosodischen Formen, die auch als sprachliche Routinen oder kommunikative Muster bezeichnet werden können (vgl. Günthner/Knoblauch 1994: 695 f.; Luckmann 1986).

Solche Sprachgebrauchsmuster sind statistisch identifizierbar, indem Assoziations- oder Signifikanztests verwendet werden, um zu prüfen, ob eine Zeichenkombination häufiger in den Daten vorkommt, als wir es bei einer gleichmässigen Verteilung erwarten würden (vgl. z. B. den Kollokationsbegriff, → 12.6.3).

Der Clou ist nun, dass die Grundlage für das Entstehen solcher Sprachgebrauchsmuster sprachliches Handeln ist. Sie können also pragmatisch begründet werden – und umgekehrt sind sie Indikatoren für sprachliches Handeln. Dass wir viele mehr oder weniger feststehende Wendungen für Begrüssungen finden, liegt daran, dass das Begrüssen eine wichtige soziale Funktion hat und wir deshalb auf Routinen zurückgreifen. Wir kennen, mit Keller gesprochen (→ 4.2.1), die Gebrauchsregeln dieser Sprachgebrauchsmuster. Feilke beschreibt diesen Effekt für sog. „idiomatische Prägungen", die Ausdruck einer „Common-Sense"-Kompetenz sind, also „eine wichtige Grundlage unserer Fähigkeiten, gemeinsame Kontexte für Meinen und Verstehen zu *erzeugen*" (Feilke 1993: 366).

Ein kurzes Beispiel mag illustrieren, wie mit der einfachen Methode des Berechnens von n-Grammen (→ 12.6.3), also häufigen Wortverbindungen, pragmatische Funktionen untersucht werden können. Der Datensatz der Studie von Bubenhofer (2017) besteht aus den Protokollen aus dem Deutschen Bundestag. Damit können für die verschiedenen Parteien typische Sprachgebrauchsmuster berechnet werden, wobei im Vergleich der Parteien untereinander die Muster berechnet werden können, die typisch für eine bestimmte Partei sind.

Tabelle 4.5: Mehrworteinheiten (lemmatisiert), typisch für Bündnis 90/Grüne (Auswahl), aus Bubenhofer (2017: 80).

Mehrworteinheit	Freq. Korpus	Freq. Referenz	p
Kritisieren, fragen			
Sie|sie sicherstellen wollen ,	5	10	< 0.05
wie erklaren Sie|sie	13	64	< 0.05
wie wollen Sie|sie eigentlich	6	14	< 0.05
glauben Sie|sie eigentlich ,	5	13	< 0.05
Sie|sie haben versuchen ,	10	45	< 0.05
Sie|sie sagen , dass	59	417	< 0.0001
Verschleierung/Zusammenhänge			
nichts andere als eine	31	228	< 0.01
schon bezeichnend , dass	5	13	< 0.05
es sein schon interessant	9	37	< 0.05
Anklage			
keine Wort dazu ,	5	9	< 0.05
einfach ignorieren ,	5	9	< 0.05
konnen Sie|sie ausschliesen ,	8	25	< 0.05
Argument aus der Übereinstimmung aller			
wir alle wissen :	18	99	< 0.01
Metaphorizität/Topoi			
Schritt in die richtig	36	222	< 0.001
in die Praxis	85	759	< 0.05
in die Versenkung verschwinden	7	10	< 0.01
Regen stehen lassen .	9	34	< 0.05

Tabelle 4.6: Mehrworteinheiten (lemmatisiert), typisch für die CDU (Auswahl) (Bubenhofer 2017: 81).

Mehrworteinheit	Freq. Korpus	Freq. Referenz	p
Überzeugen			
davon überzeugt , dass	109	349	< 0.0001
zuversichtlich , dass	100	183	< 0.01
froh , dass wir	106	213	< 0.05
Wir-Gefühl			
haben wir in Deutschland	54	92	< 0.05
dies Jahr haben wir	29	40	< 0.05
wir Deutsche haben	78	162	< 0.05
, sondern wir müssen			

Tabelle 4.6 (fortgesetzt)

Mehrworteinheit	Freq. Korpus	Freq. Referenz	p
Mensch in unser Land	253	493	< 0.0001
Bürger in unser Land	33	51	< 0.05
unser Soldat ,	26	36	< 0.05
Verteidigung			
sein schlichtweg falsch .	26	36	< 0.05
richtig , dass wir	302	544	< 1e-06
Sie|sie wissen ganz genau	58	111	< 0.05
Werte			
Hilfe zu Selbsthilfe	59	101	< 0.05
sozial Marktwirtschaft ,	49	84	< 0.05
Gott sein dank	132	239	< 0.01
ich ganz offen	30	42	< 0.05
unser freiheitlich-demokratisch Grundordnung	29	37	< 0.05

Die Tabellen 4.5 bzw. 4.6 zeigen eine Auswahl von n-Grammen, die typisch für das Bündnis 90/Grüne bzw. die CDU sind, interpretativ gruppiert nach pragmatischen Funktionen und Themen. Damit wird deutlich, dass die Parteien nicht nur je spezifische Themen verfolgen, sondern dass die politische Rolle (z. B. in der Opposition oder in der Regierung zu sein) auch zu unterschiedlichen Sprachhandlungen führt.

Viele weitere korpuspragmatische Studien wurden bereits anhand unterschiedlicher Korpora vorgenommen, beispielsweise zu typischen sprachlichen Mustern in Erzählungen von Müttern über die Geburten ihrer Kinder; auch hier werden pragmatische Funktionen durch statistisch auffällige n-Gramme indiziert, z. B.:

- **Verzweiflung und Kontrollverlust:** *ich konnte einfach nicht mehr; ich kann nicht mehr; Ich fing an zu weinen; ich kann nicht mehr und; , dass ich nicht mehr kann; ich nicht mehr kann; Ich war fix und fertig; geschrien wie am Spieß*
- **Gefühlsvergleiche und Grenzerfahrungen:** *kam mir vor wie eine; fühlte sich an, als; Ich weiß nicht, wie; , aber das war mir*
- **Geschwindigkeit:** *ging alles sehr schnell; Dann ging alles ganz schnell; Dann ging alles sehr schnell*
- **Überraschung:** *Ich konnte es kaum glauben; konnte es gar nicht glauben*
- **Retrospektive und Zusammenfassung:** *Alles in allem kann ich; in allem war die Geburt; Alles in allem war die Geburt; das Beste was mir je; war es eine wunderschöne Geburt* (Bubenhofer 2018)

Diese Muster und ihre Funktionen treten auch systematisch an spezifischen Positionen der Geschichten auf (eher am Anfang, mittendrin oder gegen Ende) und können mit Erzählstrukturen wie den Kategorien Orientierung, Komplikation, Evaluation, Resolution und Coda (vgl. Labov/Waletzky 1973) in Verbindung gebracht werden.

Diese und ähnliche Studien (vgl. zu einer Übersicht Felder et al. 2011) zeigen, dass auch mit quantitativen Methoden pragmatische Fragestellungen untersucht werden können.

Bibliografie

Bechmann, Sascha (2018): Pragmatische Zeichentheorie. In: Liedtke, Frank/Tuchen, Astrid (Hrg.): Handbuch Pragmatik. Stuttgart: Metzler. S. 65–75. https://doi.org/10.1007/978-3-476-04624-6_6.

Brown, Penelope/Levinson, Stephen C. (1987): Politeness. Some Universals in Language Usage. New York: Cambridge University Press (= Studies in Interactional Sociolinguistics 4).

Bubenhofer, Noah (2009): Sprachgebrauchsmuster. Korpuslinguistik als Methode der Diskurs- und Kulturanalyse. Berlin/New York: De Gruyter (= Sprache und Wissen 4).

Bubenhofer, Noah (2017): Kollokationen, n-Gramme, Mehrworteinheiten. In: Roth, Kersten Sven/Wengeler, Martin/Ziem, Alexander (Hrg.): Handbuch Sprache in Politik und Gesellschaft. Berlin/Boston: De Gruyter. S. 69–93. (= Handbücher Sprachwissen 19) https://doi.org/10.1515/9783110296310-004.

Bubenhofer, Noah (2018): Serialität der Singularität: Korpusanalyse narrativer Muster in Geburtsberichten. In: Zeitschrift für Literaturwissenschaft und Linguistik Jg.(Nr.), S. 1–32. https://doi.org/10.1007/s41244-018-0096-4.

Bühler, Karl (1934/1999): Sprachtheorie: die Darstellungsfunktion der Sprach. Ungekürzter Neudr. d. Ausg. Jena: Fischer 1934, 3. Auflage. Stuttgart: Lucius und Lucius (= UTB für Wissenschaft Uni-Taschenbücher Psychologie, Sprachwissenschaften 1159).

Deppermann, Arnulf (2015): Pragmatik revisited. In: Eichinger, Ludwig M. (Hrg.): Sprachwissenschaft im Fokus Positionsbestimmungen und Perspektiven. Berlin/Boston: De Gruyter. S. 323–352. https://doi.org/10.1515/9783110401592.323.

Eckardt, Regine (2021): Sprache und Kontext. Eine Einführung in die Pragmatik. Berlin/Boston: De Gruyter. https://doi.org/10.1515/9783110491067.

Feilke, Helmuth (1993): Sprachlicher Common sense und Kommunikation. Über den „gesunden Menschenverstand", die Prägung der Kompetenz und die idiomatische Ordnung des Verstehens. In: Der Deutschunterricht VI, S. 6–21.

Felder, Ekkehard/Müller, Marcus/Vogel, Friedemann (Hrg.) (2011): Korpuspragmatik. Thematische Korpora als Basis diskurslinguistischer Analysen. Berlin/New York: De Gruyter.

Franck, Dorothea (1995): Kontext und Kotext. In: Dascal, Marcelo/Gerhardus, Dietfried/Lorenz, Kuno/Meggle, Georg (Hrg.): Sprachphilosophie. Berlin/New York: De Gruyter. S. 1323–1335. https://doi.org/10.1515/9783110139914.2.5.1323.

Fricke, Ellen/Mittelberg, Irene (2018): Gesten. In: Liedtke, Frank/Tuchen, Astrid (Hrg.): Handbuch Pragmatik. Stuttgart: Metzler. S. 312–324. https://doi.org/10.1007/978-3-476-04624-6_31.

Goffman, Erving (1955): On Face-Work: An Analysis of Ritual Elements in Social Interaction. In: Psychiatry. Journal for the Study of Interpersonal Processes 18, S. 213–231.

Goffman, Erving (1967): On Face-Work. In: Goffman, Erving: Interaction Ritual. Essays on Face-to-Face Behavior. New York: Pantheon Books. S. 5–45.

Grice, Herbert Paul (1989/1995): Studies in the Way of Words. 4. Auflage. Cambridge, MA: Harvard University Press.

Günthner, Susanne/Knoblauch, Hubert (1994): „Forms are the Food of Faith." Gattungen als Muster kommunikativen Handelns. In: Kölner Zeitschrift für Soziologie und Sozialpsychologie 46, S. 693–723.

Hanks, William F. (2011): 11. Deixis and indexicality. In: Bublitz, Wolfram/Norrick, Neal R. (Hrg.): Foundations of Pragmatics. Berlin/Boston: De Gruyter Mouton. S. 315–346. https://doi.org/10.1515/9783110214260.315.

Horn, Laurence R./Ward, Gregory L. (Hrg.) (2006): The Handbook of Pragmatics. Malden, MA; Oxford: Blackwell (= Blackwell Handbooks in Linguistics).

Keller, Rudi (1995): Zeichentheorie. Zu einer Theorie semiotischen Wissens. Tübingen: Francke.

Labov, William/Waletzky, Joshua (1973): Erzählanalyse. Mündliche Versionen persönlicher Erfahrung. In: Ihwe, Jens (Hrg.): Literaturwissenschaft und Linguistik, Bd. 2. Frankfurt a. M.: Athenäum Fischer. S. 78–126 (= Eine Auswahl Texte zur Theorie der Literaturwissenschaft).

Levinson, Stephen C (2006): Deixis. In: Horn, Laurence R./Ward, Gregory L. (Hrg.): The Handbook of Pragmatics. Malden, MA; Oxford: Blackwell. S. 97–121 (= Blackwell Handbooks in Linguistics).

Liedtke, Frank (2018): Sprechakttheorie. In: Liedtke, Frank/Tuchen, Astrid (Hrg.): Handbuch Pragmatik. Stuttgart: Metzler. S. 29–40. https://doi.org/10.1007/978-3-476-04624-6_3.

Liedtke, Frank/Tuchen, Astrid (Hrg.) (2018): Handbuch Pragmatik. Stuttgart: Metzler. https://doi.org/10.1007/978-3-476-04624-6.

Luckmann, Thomas (1986): Grundformen der gesellschaftlichen Vermittlung des Wissens: Kommunikative Gattungen. In: Kölner Zeitschrift für Soziologie und Sozialpsychologie, Sonderheft 27: „Kultur und Gesellschaft", S. 191–211.

Meibauer, Jörg (2008): Pragmatik. eine Einführung. 2., verbesserte Auflage. Tübingen: Stauffenburg (= Stauffenburg-Einführungen 12).

Meibauer, Jörg (2018): Neo-Gricesche Pragmatik. In: Liedtke, Frank/Tuchen, Astrid (Hrg.): Handbuch Pragmatik. Stuttgart: Metzler. S. 76–86. https://doi.org/10.1007/978-3-476-04624-6_7.

Morris, Charles W. (1938/1988): Grundlagen der Zeichentheorie. Frankfurt a. M.: Fischer-Taschenbuch-Verl.

Searle, John R. (1976): A Classification of Illocutionary Acts. In: Language in Society 5(1), S. 1–23.

Spencer-Oatey, Helen (2009): Face, Identity and Interactional Goals. In: Bargiela-Chiappini, Francesca/Haugh, Michael (Hrg.): Face, Communication and Social Interaction. London: Equinox. S. 137–153.

Wittgenstein, Ludwig (1953/1995): Philosophische Untersuchungen. In: Wittgenstein, Ludwig: Tractatus logico-philosophicus. Tagebücher 1914–1916. Philosophische Untersuchungen. Frankfurt a. M.: Suhrkamp (= Werkausgabe 1).

Zeit Online (2022): Die Rede von Wladmir Putin im Wortlaut. https://www.zeit.de/politik/ausland/2022-02/wladimir-putin-rede-militaereinsatz-ukraine-wortlaut (5.2.2025).

5 Phonetik und Phonologie

Jeden Abend um 20:45 Uhr spielt sich in der vonRoll-Bibliothek, einer grossen und modernen Teilbibliothek der Universität Bern, eine bemerkenswerte Szene ab. Fünfzehn Minuten, bevor die Bibliothek ihre Tore schliesst und eine Schar von Schweizer und internationalen Studierenden in den verdienten Feierabend entlässt, ertönt in allen Bibliothekssälen über die Lautsprecheranlage folgende offizielle Durchsage:

(1) Liebi Gescht, äs isch viertu vor nüüni. Am nüüni schliesst ds Geböide. Bitte lueget doch, dass dir bis denn dusse sit. Mir danke öich für öie Bsuech u wünsche ä schöne Abe. [Übersetzung: Liebe Gäste, es ist Viertel vor 9. Um 9 schliesst das Gebäude. Bitte sehen Sie zu, dass Sie es bis dahin verlassen haben. Wir danken Ihnen für Ihren Besuch und wünschen einen schönen Abend.]

Die exakte mündliche Präsentationsform dieser Botschaft variiert jeden Tag geringfügig, da sie nicht „vom Band" kommt, sondern stets „live" gesprochen wird, freilich auf der schriftlichen Grundlage eines kleinen Zettels, der dabei jeweils als Vorlage dient (siehe Abbildung 5.1). Weshalb ist dieser Vorgang nun bemerkenswert?

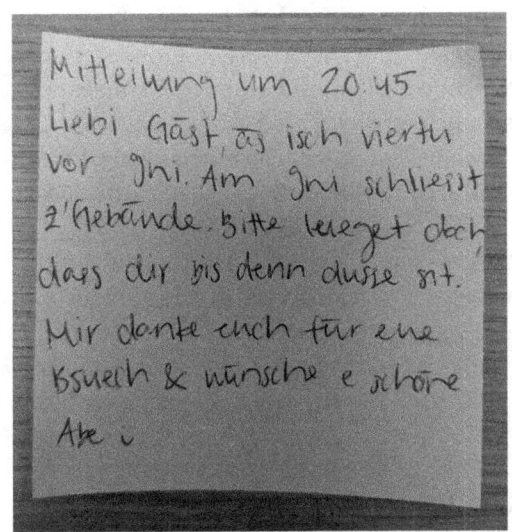

Abbildung 5.1: Vorlagezettel (Original; Foto: Michael Prinz).

Die Durchsage erfolgt offensichtlich nicht „auf Hochdeutsch", also der deutschen Standardsprache, sondern dialektal auf Berndeutsch. Formen wie *Abe* ‚Abend' (gegenüber den Varianten *Abig* und *Abet*) kennzeichnen die Äusserung als eine aus der Westhälfte der Deutschschweiz, ebenso die Tatsache, dass in höflicher Anrede nicht gesiezt, sondern „geihrzt" wird (*euch, eue* und *dir* aus -*d+ihr*). Die Vokalisierung des <l> in *viertu* ‚viertel' ist eine typische Kennlautung gerade für den Raum Bern.

An den meisten Universitäten des deutschen Sprachgebiets wäre eine solche Durchsage schwer vorstellbar. Vielerorts würde es klaren Normerwartungen widersprechen, wenn eine offizielle Verlautbarung an einer akademischen Bildungsinstitution:
- in einer lokal gebundenen dialektalen Form erfolgte, also nicht im Standard oder wenigstens einer standardnahen regionalen Umgangssprache (Regiolekt), sondern in einem Basisdialekt,
- exklusiv in dieser sprachlichen Form erfolgte und nicht noch durch eine Mitteilung im Standard oder auf Englisch flankiert würde,
- in dieser dialektalen Form auch schriftlich fixiert wäre.

Bern nimmt hier sicherlich eine Sonderrolle in Bezug auf die Wertschätzung und Loyalität gegenüber dem eigenen Dialekt ein und stellt vielleicht die dialektalste Grossstadt des deutschen Sprachgebiets überhaupt dar, in dem Sinne, dass der lokale Dialekt auch im öffentlichen Raum eine besonders hohe schriftliche Sichtbarkeit besitzt. Der Bibliothekszettel lässt allerdings auch typische Probleme erkennen. Der Text orientiert sich teilweise an der Schweizer Orthografie, indem z. B. die Regeln der Grossschreibung eingehalten werden, er bildet aber dialektale Lautungen nicht immer konsequent ab, etwa bei der schriftlichen Umsetzung des *sch*-Lauts (*Gäst* vs. *isch*), da die Schreibung der Dialekte in der Schweiz nicht offiziell kodifiziert ist.

Das einleitende Beispiel reisst bereits eine Reihe von Fragen an, die nachfolgend vertieft werden sollen: Standard- und Nonstandardvarietäten, Mündlichkeit und Schriftlichkeit, Variation und Normierung. Der Fokus des Kapitels liegt dabei auf der Standardsprache in ihrer mündlichen Form; die schriftliche ist an anderen Stellen im Studienbuch bereits in einer Vielzahl von Zugängen prominent vertreten.

5.1 ‚Sprechen' als wissenschaftliches Konzept

Sprechen ist für die meisten Menschen ein elementarer und omnipräsenter Kommunikationsmodus und damit ein alltagssprachliches Konzept. Zugleich fächert dieses Konzept jedoch ein breites interdisziplinäres Spektrum an wissenschaftli-

chen Fragestellungen im Spannungsfeld von Mündlichkeit und Schriftlichkeit, von gesprochener und geschriebener Sprache, von Oralität und Literalität auf. Man kann sich z. B. fragen,
- (aus anthropologisch-humanbiologischer Sicht) wann und wie Homo sapiens die Fähigkeit zum Sprechen entwickelt hat (= phylogenetische Perspektive),
- (aus entwicklungspsychologischer Sicht) wie der einzelne Mensch diese Kompetenz im Laufe des Lebens jeweils erwirbt (= ontogenetische Perspektive),
- (aus ethnologischer und kulturgeschichtlicher Perspektive) wann bestimmte Kulturen in Ergänzung dazu die Fähigkeit zum Schreiben entwickelt haben und wofür diese genutzt wurde,
- (aus literaturwissenschaftlicher bzw. narratologischer Sicht) wie die Produktions- und Rezeptionsbedingungen historischer Dichtung, etwa der homerischen Epen oder der mittelalterlichen Literatur, durch das Verhältnis von Mündlichkeit und Schriftlichkeit bestimmt waren,
- (aus soziologischer Sicht) wie Gespräche als mündliche Alltagshandlungen organisiert sind,
- (aus sprechwissenschaftlicher und rhetorischer Sicht) wie die Sprechkommunikation optimiert und professionalisiert werden kann.

Die Linguistik ist an der Erforschung dieser und ähnlicher Themenkomplexe meist aktiv beteiligt. Es gibt kaum eine linguistische Teildisziplin, die von Dichotomien wie *mündlich/schriftlich* oder *gesprochen/geschrieben* nicht unmittelbar betroffen wäre. So befasst sich allein schon das vorliegende Studienbuch mit:
- mündlichen und schriftlichen Zeichen im Rahmen einer semiotischen Auffassung von Sprache (→ 2.2.2),
- Allomorphie aufgrund lautlicher Variation von Wortbestandteilen (→ 6.1.2.2),
- syntaktischen Unterschieden zwischen gesprochener und geschriebener Sprache (→ 7.3, 9.5.2, 9.5.3),
- dem Unterschied zwischen schriftlichen Texten und mündlichen Gesprächen (→ 8.1, 9.2),
- mündlicher und schriftlicher Kommunikation aus soziolinguistischer Perspektive (→ 10.3),
- der Medialität performativer Praktiken wie Begrüssungen (→ 9.4.2, 9.6.1, 11.4.6),
- und den spezifischen Methoden für die Analyse von mündlichen oder schriftlichen Sprachdaten (→ 12).

Da die Blickwinkel, Fragestellungen und Erkenntnisinteressen dabei jeweils sehr unterschiedlich ausfallen, ist es notwendig, zunächst eine terminologische Klärung vorzunehmen. Mit Dürscheid (2016: 60–62) lassen sich mindestens drei Dimensionen des Themas unterscheiden und durch die Begriffspaare *oral* vs. *literal*, *mündlich* vs. *schriftlich* und *gesprochen* vs. *geschrieben* zum Ausdruck bringen.

5.1.1 Oralität und Literalität

Die Unterscheidung *oral/literal* ist dabei keine primär linguistische, sondern eine kulturwissenschaftliche, die auf die Lese-/Schreibfähigkeit von Individuen und Sprachgemeinschaften Bezug nimmt. **Literalität** ist zunächst die individuelle Fähigkeit, handschriftliche, gedruckte oder elektronisch publizierte Informationen zu verstehen und selbst schriftförmig zu kommunizieren, eine Fähigkeit, die meist schon im Kindesalter erworben wird. Literalität besteht dabei unabhängig von einem bestimmten Schriftsystem und von konkreten Erscheinungsformen wie Handschrift oder Druckschrift. Auf der Makro-Ebene der Gesellschaft wirkt sie als eine transformatorische Kraft, die den Wissenstransfer innerhalb einer Sprachgemeinschaft grundlegend stabilisiert, intensiviert und professionalisiert. Dies hat erhebliche Auswirkungen auf individuelle und kollektive Mentalitäten. Inwieweit zunehmende Literalisierung kulturgeschichtlich zu einer „Domestizierung des wilden Geistes" (Goody 1977) und zu einer „Technologisierung des Worts" (Ong 1982) führt, ist eine Frage, die im gegebenen Rahmen nicht diskutiert werden kann. Dass die Schrift in hochgradig literalisierten Sprachkulturen wie der unseren aber z. B. die Vorstellung von der eigenen Sprache beeinflusst, steht völlig ausser Zweifel. So wirkt sich etwa die visuelle Wahrnehmung von schriftlichen Leerzeichen (Spatien), zu denen sich keine unmittelbare Entsprechung im Sprechschall findet, massgeblich auf unser Konzept vom Wort aus (→ 6.1.1.1).

Auch **Oralität** kommt in einer Reihe unterschiedlicher Lesarten vor und bildet deshalb nur partiell eine semantische Opposition zu Literalität. Orale Kulturen sind zunächst solche, die keine Schriftlichkeit entwickelt haben und damit nicht unter dem Einfluss von Literalität stehen (**primäre Oralität**). Wissen existiert hier ausschliesslich als kognitive Grösse im Rahmen eines menschlichen Lebenszyklus und kann nicht bewusstseinsunabhängig und dauerhaft gespeichert, sondern nur weitergegeben und damit kollektiv bewahrt werden. Spezielle Mnemotechniken, Rituale und Formeln (Spruchweisheiten, Rechtsformeln etc.) helfen dabei, relevantes Wissen zu sichern und zu tradieren. Der Gegensatz zwischen literalen und oralen Gesellschaften ist dabei kein absoluter, sondern ein gradueller, wie die vielfältigen Konstellationen bei Komposition, Aufführung, Rezeption und Tradierung antiker und mittelalterlicher *oral poetry* zeigen (vgl. Zeman 2023: 686 f.). Auch literalisierte Kulturen verzichten nicht auf orale Formen der Wissensweitergabe: Wir informieren uns nicht nur schriftbasiert, sondern konsumieren Nachrichten per Radio oder TV, abonnieren Podcasts und verfolgen Vorträge oder Tutorials im Netz. Diese **sekundäre Oralität** ist jedoch stets implizit von der Schriftlichkeit beeinflusst (vgl. Ong 1982: 133 f.). Nachrichtentexte werden schriftlich konzipiert und von einer schriftlichen Vorlage abgelesen, Podcast und Tutorial sind möglicherweise nicht improvisiert, sondern *scripted*. Eine solche Mündlichkeit kann deshalb auch als Form **inszenierter Oralität** betrachtet werden. Doch selbst ein frei gehaltener Vortrag beruht auf einem weitgehend schriftbasierten Wissenserwerb. Die Inhalte, die Art der Präsentation und die verwendeten Kategorien sind also geprägt vom Leben in einer hochgradig literalisierten Welt, in der permanent Informationen gelesen und nachgeschlagen werden. Sekundär orales Kommunizieren beruht somit letztlich auf literalem Denken. Die Weltsicht der primären Oralität, in denen z. B. mündliche Verträge und sogar Zaubersprüche als wirkungsmächtig angesehen wurden, ist uns gar nicht mehr zugänglich.

5.1.2 Mündlichkeit und Schriftlichkeit

Sprechen und Schreiben sind äusserst unterschiedliche Formen verbaler (und paraverbaler, d. h. in Form von Akzent, Intonation etc. erfolgender) Kommunikation. **Gesprochene Sprache** beruht auf der Produktion von Sprechschall, also sich wellenförmig ausbreitenden Luftdruckschwankungen, mithilfe bestimmter anatomischer Strukturen (→ 5.3.2). Ihre Rezeption erfolgt über den auditiven Sinneskanal. Dagegen resultiert **geschriebene Sprache** aus der handmotorischen Manipulation von Schreibgeräten (Stift, Tastatur) und wird visuell wahrgenommen. Sprechen gilt dabei als die primäre Kommunikationsform. Es ist gattungsgeschichtlich ungleich älter als die ältesten bekannten Schriftzeugnisse aus dem 4. Jahrtausend v. Chr. (→ 5.1.1) und wird auch im frühkindlichen Spracherwerb zuerst erlernt (ausser in Sonderfällen, z. B. bei Gehörlosigkeit). Inwieweit die geschriebene Sprache von der gesprochenen auch abhängig ist bzw. in welchem Umfang sie eine relative Autonomie beanspruchen kann, ist dagegen umstritten.

Die beiden Existenzformen von Sprache unterscheiden sich hinsichtlich einer Vielzahl von Merkmalen, die jedoch meist nur prototypischen Charakter besitzen, da sich durch die technische Entwicklung und gerade durch die vielfältigen Möglichkeiten computervermittelter Kommunikation inzwischen immer auch Gegenbeispiele finden lassen (vgl. Dürscheid 2016: Kap. 1.2). So gilt gesprochene Sprache etwa als flüchtig, Geschriebenes dagegen als dauerhaft fixiert. Seit über 150 Jahren lässt sich allerdings auch akustische Information auf Tonträgern konservieren. Eine Kopräsenz der Gesprächspartner am selben Ort zur selben Zeit ist ebenfalls nicht mehr zwingend erforderlich und kann im Zeitalter von (Bild-)Telefonie und Videokonferenzsystemen auch die Kopräsenz in einem virtuellen Raum sein. Und auch wenn die Kommunikation mittels gesprochener Sprache im prototypischen Fall synchron erfolgt, die mittels geschriebener dagegen zeitlich entkoppelt (asynchron), so können Audionachrichten heute beispielsweise beim Instant Messaging asynchron genutzt, also zeitversetzt abgehört werden. Und kollaboratives Schreiben auf entsprechenden Online-Plattformen erlaubt mittlerweile ein vollständig synchrones Lesen und Schreiben (und Intervenieren im Schreibprozess).

Mündlichkeit und Schriftlichkeit unterscheiden sich allerdings nicht nur medial, sondern auch im Hinblick auf ihre Konzeption. Oft hat man z. B. das diffuse Gefühl, bestimmte Ausdrücke oder Konstruktionen zwar mündlich, nicht aber schriftlich verwenden zu können. Solche Formen sind **konzeptionell mündlich**. Ein Vortragsmanuskript dagegen entspricht, auch wenn es (medial) mündlich vorgelesen wird, dennoch der schriftlichen Konzeption, bleibt also **konzeptionell schriftlich**. Diese Begriffe werden an anderer Stelle ausführlich erklärt (→ 8.1.3.1, 10.3.5), müssen hier also nicht weiter besprochen werden.

Erstaunlicherweise lag der Fokus der Sprachwissenschaft trotz des Primats des Mündlichen lange Zeit auf der Erforschung der geschriebenen Sprache, was zu einem ausgesprochenen „written-language bias" (Linell 2005) geführt hat, einem „impliziten Skriptizismus, welcher das Untersuchungsobjekt Sprache wie einen schriftförmigen Gegenstand behandelt" (Krämer 1996: 107). Zwar kann es aus praktischen Gründen oft sinnvoll sein, sich auf geschriebene Sprache zu beschränken. Wer beispielsweise die Struktur des Lexikons untersucht, wird kaum mit Tonbandaufnahmen arbeiten. Allerdings birgt ein Ausblenden von vermeintlich „uninteressanten" Faktoren immer die Gefahr, dass das Ausgeblendete doch irgendwie wesentlich sein könnte. Wenn also die Sprache in ihrer Gesamtheit erfasst werden soll, so kann die gesprochene Sprache als primärer Ausdruck des menschlichen Sprachvermögens nicht unberücksichtigt bleiben. Entsprechend befassen sich zahlreiche Teildisziplinen der Linguistik inzwischen mehr oder weniger intensiv auch mit Fragen der gesprochenen Sprache, sodass insgesamt eine differenziertere und balanciertere Betrachtung der deutschen Sprache in ihren verschiedenen Existenzformen möglich wird. Einige Ansätze werden im Studienbuch kursorisch behandelt (→ 5.1), im vorliegenden Kapitel die Phonetik und Phonologie. Sie bilden den Ausgangspunkt und die Grundlage für die weitere Beschreibung von gesprochener Sprache und Mündlichkeit in den späteren Kapiteln. Dazu muss allerdings zunächst der Gegenstand der Beschreibung noch genauer bestimmt werden: Welches Deutsch soll überhaupt die Grundlage der Beschreibung sein? Es reicht dabei nicht, sich wie eingangs des Kapitels auf „die Standardsprache in ihrer mündlichen Form" zu berufen, da der Standard keine einheitliche Existenzform der deutschen Sprache darstellt, sondern erheblicher Variation unterliegt.

5.2 Variation und Kodifizierung der Standardaussprache

5.2.1 Variation

Natürliche Sprachen werden variabel verwendet – Variation erscheint dabei als sprachliche Normalität, als Grundkonstante menschlicher Kommunikation in ihrer medial schriftlichen wie mündlichen Form, und zwar auf allen Ebenen des Sprachsystems und in allen Aspekten des Sprachgebrauchs (→ 10.3). Dies gilt somit auch für die deutsche Standardsprache (oder kurz: den Standard), also das, was landläufig als „Hochdeutsch" bezeichnet wird. Zwar hat sich für das Deutsche in den letzten gut 200 Jahren in der Frage seiner schriftlichen Fixierung eine Praxis allgemein verbindlicher Rechtschreibung (Orthografie) etabliert, die aber immer noch sehr viel Variation zulässt (z. B. *-graphie* neben *-grafie*, *Krepp* neben *Crêpe*, *Schänke* neben *Schenke* usw.). Auch Grammatik und Wortschatz zeigen nach wie vor erhebliche Variation. So enthält das Beispiel (2) Passagen aus einem Artikel über die Corona-Lage in Deutschland am Ende des Pandemiejahrs 2021. Der Text wurde in der Online-Ausgabe des Schweizer Tages-Anzeigers publiziert und erschien seiner Leserschaft damals sprachlich sicher völlig unverdächtig:

(2) Grossveranstaltungen werden auf maximal 15'000 Personen im Freien und 5000 in geschlossenen Räumen beschränkt. [...] Die Spitäler erwarten den Höhepunkt der Belastung erst zu Weihnachten, ganz unabhängig von den jetzt beschlossenen Massnahmen. [...] Nach Scholz und dem grünen Vizekanzler Robert Habeck signalisierte nun auch FDP-Chef Christian Lindner sein Einverständnis. Die Impfquote sei einfach viel zu tief, sagte er im TV-Programm von «Bild». [...] Die Unionsparteien CDU/CSU und die Linkspartei stimmen einem Obligatorium schon länger zu [...] („Merkel: Corona-Lage «sehr ernst» Lockdown für Ungeimpfte in Deutschland"; Tages-Anzeiger 02.12.2021)

Aus bundesdeutscher Perspektive enthält der Text dagegen eine Reihe von orthografischen, interpunktorischen, lexikalischen und syntaktischen Besonderheiten, die nicht den eigenen Normerwartungen entsprechen. So stechen neben der Nichtverwendung des <ß> in *Grossveranstaltungen* und *Massnahmen* die französischen Anführungszeichen (z. B. *«sehr ernst»*) und der Gebrauch des Apostrophs als Tausendertrennzeichen (*15'000*) ins Auge. Die Ausdrücke *Spital* und *Obligatorium* sind in Deutschland weitgehend ungebräuchlich und auch die Kookkurrenz von *Quote* und *tief* ist typisch für den Schweizer Standard, während eine deutsche Tageszeitung sicherlich über eine *niedrige Quote* geschrieben hätte.

Im mündlichen Standard sind Varianten sogar allgegenwärtig. Die Vorstellungen davon, wie das Deutsche auszusprechen sei, unterscheiden sich z. B. erheblich, je nachdem, ob man jemanden aus Zürich, Innsbruck oder Hamburg befragt. Eine obligatorische Einheitsartikulation existiert nicht (→ 5.2.2) und wäre angesichts einer Sprecherzahl von mehr als 90 Millionen (mit Deutsch als Erstsprache) auch ein beunruhigendes Zeichen gesellschaftlicher Uniformierung. Dabei kommen in der Variation regionale, soziale, situative und andere Aspekte des Sprachgebrauchs zum Ausdruck. Die Verwendung von Varianten kann Reflex bestimmter sozialer Parameter wie Herkunft, Bildung oder Geschlecht sein, aber auch eine effektive kommunikative Strategie (→ 10.3.2, 10.4.2).

Dies gilt wie gesagt auch für die Standardsprache, nicht nur für Dialekte, Umgangssprachen oder Regiolekte, also Varietäten des sog. *Non-* oder *Substandards* (des Varietätenraums unterhalb der Standardsprache). Der Standard ist zwar überregional gültig, er „überdacht" regionale Existenzformen des Deutschen. Dies bedeutet jedoch nicht, dass er uniform verwendet würde. Traditionell wird das Deutsche als eine sog. **plurizentrische Sprache** mit drei nationalen Vollzentren (Deutschland, Österreich, Schweiz) und weiteren sieben Halb- und Viertelzentren beschrieben (vgl. Ammon et al. 2016: Kap. 4), sodass bereits von zehn verschiedenen Erscheinungsformen der deutschen Standardsprache auszugehen wäre (→ 10.3.7). Hinzu kommt eine ausgeprägte areale (regionale) Variation, die im Konzept der **Pluriarealität** zum Ausdruck kommt. Damit ist gemeint, dass sich in Arealen, denen keine nationalstaatliche Geltung zukommt (z. B. Westösterreich, Norddeutschland) und die z. T. auch politische Grenzen überschreiten (z. B. Bayern und Österreich), eigene Formen des Standards empirisch nachweisen lassen. Eine Übersicht über die Reichweite der tatsächlichen **Gebrauchsstandards** des Deutschen liefert die Abbildung 5.2. Die Varianten dieser Areale gelten als standardsprachlich, sofern sie in konzeptionell schriftlichen oder formellen Verwendungszusammenhängen gebraucht werden (vgl. Elspaß/Kleiner 2019: 159).

Das Verhältnis dieser beiden Perspektiven – Deutsch als plurizentrische Sprache und Deutsch als pluriareale Sprache – wird seit Längerem kontrovers diskutiert (vgl. zuletzt etwa Auer 2021a, Elspaß 2025). Für unsere Zwecke ist v. a. entscheidend, dass die sprachideologische Vorstellung von *einer* überregional einheitlichen Standardvarietät in der Forschung bereits seit langer Zeit aufgegeben und durch Modelle abgelöst wurde, die das real existierende Spektrum an Realisierungsformen des Standards erfassen und beschreiben (über Zentren oder Areale). Dokumentiert sind diese u. a. im „Variantenwörterbuch" (Ammon et al. 2016), in der „Variantengrammatik" (VG) und im „Atlas zur Aussprache des deutschen Gebrauchsstandards" (AADG). Auch das „Deutsche Aussprachewörterbuch" (DAWB) dokumentiert die Standardaussprache in Deutschland, Österreich und der Deutschschweiz, also gemäss dem plurizentrischen Modell. Vor diesem Hintergrund orientiert sich das Studienbuch bewusst nicht (zumindest nicht exklusiv) an einer norddeutschen Version des deutschländischen Standards.

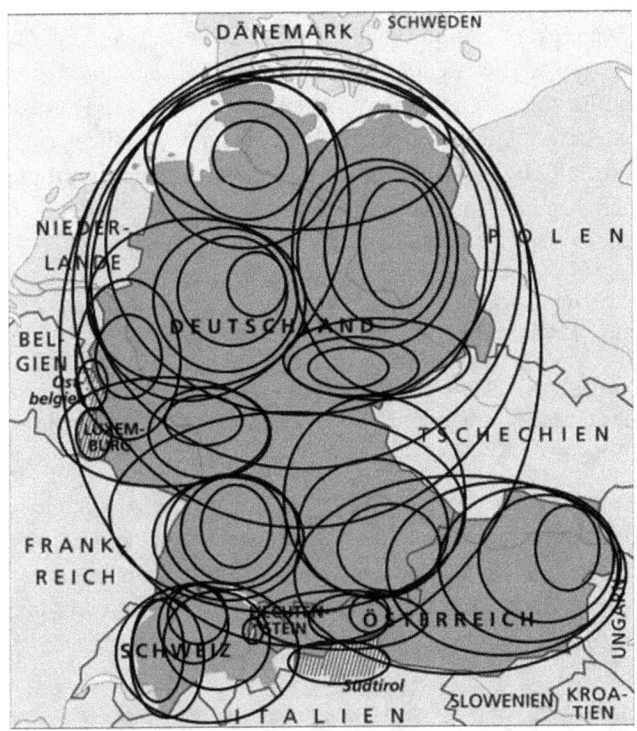

Abbildung 5.2: Areale der deutschen Gebrauchsstandards (Elspaß 2025: 38).

Ein wichtiger Unterschied zwischen den verschiedenen Zentren bzw. Arealen des Deutschen besteht darin, dass die Kommunikationsanlässe, zu denen der Standard gebraucht wird, und die Häufigkeit, mit der er im Alltag zum Einsatz kommt, nicht identisch sind. Während der Standard (oder eine standardnahe Umgangssprache) in der Nordhälfte **Deutschlands** bei nahezu allen öffentlichen wie nichtöffentlichen Anlässen mündlich und schriftlich verwendet wird und die erwartete Norm darstellt, ist die mündliche Verwendung des Standards in anderen Gebieten im Alltag stärker eingeschränkt. In vielen Teilen des Sprachgebiets werden stattdessen Dialekte oder Regiolekte (grossregionale Umgangssprachen) verwendet. In Teilen Süddeutschlands besteht ein breites Dialekt-Standard-Kontinuum mit gleitenden Übergängen zwischen standardsprachlichen, umgangssprachlichen und dialektalen Formen. Innerhalb dieses Kontinuums kann man sich dann beim Sprechen relativ flexibel bewegen. Zusätzlich entwickelt sich in Deutschland (wie in anderen Ländern auch) neben der „alten" Standardsprache, die klar von der Schriftlichkeit her bestimmt ist, ein sog. *Neo-Standard*, also eine zweite, rein mündliche Standardvarietät, die vielfach bereits als Erstsprache erworben wird und – anders als die

Umgangssprachen und Regiolekte – kaum noch regionale Züge aufweist, dafür aber eine höhere Toleranz gegenüber Reduktionssformen (z. B. [ham, main] für *haben, meinen*). Im Gegensatz zum alten Standard bezieht der neue „sein Prestige gerade [...] daraus, dass er (bzw. seine Sprecher und Sprecherinnen) modern, cool, persönlich, spontan und urban klingt" (Auer 2021b: 177). In **Österreich** wird die Standardsprache mündlich nur in formellen und (semi-)öffentlichen Zusammenhängen verwendet. Sie ist:

> die Sprachform der Nachrichtensprecher, Ansager und Moderatoren in Rundfunk und Fernsehen; der Geistlichen und Gläubigen bei Lesungen, Gebeten, Gesängen und Predigt in der Kirche; weitgehend die Unterrichts- und Vortragssprache in den verschiedenen Schultypen und an den Universitäten; die Verhandlungs- und Urteilssprache an den Gerichten; meist die Vortrags- und Diskussionssprache in Gremien; und die häufigste Sprachform öffentlicher Reden und Ansprachen sowie vielfach in Interviews. (DAWB S. 233)

Als informelle Alltagssprache spielt sie kaum eine Rolle. Vielmehr wird auch hier das Dialekt-Standard-Kontinuum genutzt. In der **Deutschschweiz** kommt der gesprochene Standard im Alltag nur sehr reduziert zum Einsatz und verliert sogar Einsatzgebiete an die Dialekte, die zunehmend auch schriftlich eingesetzt werden, etwa für Instant Messaging oder in Werbeanzeigen (siehe Abbildungen 5.3 und 5.4).

Abbildung 5.3 & 5.4: Werbeanzeigen in Bern (März 2025; Fotos: Michael Prinz).

Im Rahmen der gesellschaftlichen Funktionsteilung zwischen dem Schweizerdeutschen (also den Dialekten) und dem Schweizer Standard (→ 10.3.7) wird das „Schweizerhochdeutsch" zwar ebenfalls im Schul- oder akademischen Unterricht verwendet, nicht aber z. B. im Gespräch mit den Dozierenden vor oder nach der Vorlesung, nicht während der Sprechstunden, nicht in Referatsgruppen, nicht in der Mensa usw. Auch die Radio- und Fernsehlandschaft ist in der Deutschschweiz keineswegs dominant vom Standard geprägt. In vielen Programmen gibt es einen ständigen Wechsel zwischen den Varietäten. So interviewt die Nachrichtensprecherin in den Hauptnachrichten am Abend ihren Gast zwar im Schweizer Standard, in den Nachrichten kurz vor 10 dagegen im Dialekt; der Wetterbericht ist zu allen Tageszeiten eine Domäne des Dialekts (vgl. Burger/Luginbühl 2014: Kap. 12.3). Ohnehin findet der überwiegende Teil der mündlichen Kommunikation im Alltag (bei Behörden, beim Einkaufen usw.) nicht in der Standardsprache, sondern in einem Dialekt statt. Umgangssprachen oder vergleichbare Nonstandardvarietäten gibt es in der Deutschschweiz nicht; das Varietätengefüge ist also ein grundlegend anderes als in Deutschland und (weiten Teilen von) Österreich.

Ein weiterer Aspekt der Variation innerhalb der gesprochenen Standardsprache (neben dem regionalen) ist die sog. **phonostilistische Differenzierung**, also die Unterscheidung verschiedener Aussprachestile. Ein und derselben Person stehen je nach Situation Formen zur Verfügung, mit denen unterschiedliche Grade an Förmlichkeit und Präzision angezeigt werden können: Je nachdem, ob ich öffentlich oder privat spreche, ob der Anlass ein formeller oder informeller ist, ob ich ablese oder frei spreche, ob ich in Eile bin oder Zeit habe, werde ich unterschiedlich explizit artikulieren. Beispielsweise wäre es für viele Menschen ungewöhnlich, bei einem informellen Gespräch unter Freunden mit derselben Artikulationspräzision zu sprechen wie bei einem öffentlichen Vortrag. Die verschiedenen Stile erlauben es, die Standardsprache entsprechend dem jeweiligen Kontext flexibel und situationsangemessen einzusetzen bzw. den Kontext auch selbst aktiv zu bearbeiten. Eine besonders förmliche Aussprache kann für mein Gegenüber z. B. ein Hinweis darauf sein, dass der Kontext nun ein förmlicher geworden ist. Je nach Artikulationspräzision (überhoch, sehr hoch, hoch bis mittel, vermindert) werden traditionell folgende Lautungen unterschieden (vgl. DAWB S. 98–115; Duden 2016: 51–60):

(a) Die sog. **Überlautung** stellt eine unnatürlich explizite Artikulation dar, die z. B. beim Chorgesang, beim Kommunizieren auf Distanz oder in lauter Umgebung, im Unterrichtsdiktat und in vergleichbaren didaktischen Kontexten zum Einsatz kommt. Dabei entsteht in Anlehnung an die Schreibung eine künstliche Lautform, bei der z. B. stummes <h> gesprochen, Schwa (also [ə], das unbetonte <e>) als Vollvokal realisiert und Doppelkonsonanten separat artikuliert werden: Aus ['ge:ən] wird ['ge:hɛn] (für *gehen*), aus ['bɛtu:x] wird ['bɛttu:x] (für *Betttuch*) usw.

(b) Die stilistisch höchste Stufe der Aussprache des tatsächlichen Standards ist die **Explizitlautung**, bei der jedes Wort als isoliert ausgesprochen und normal betont betrachtet wird, ohne Beeinflussung durch benachbarte Wörter und eine mögliche Tilgung von Silben oder Vokalen. Die Explizitlautung wird zwar nicht in normalen Gesprächssituationen verwendet, höchstens bei einem feierlichen Festvortrag oder für das Rezitieren lyrischer Texte, dient aber z. B. als Grundlage für die Aussprachwörterbücher und als Orientierung für die Laut-Buchstaben-Zuordnung im Rahmen der Orthografie. So würde man etwa das Schwa, das in der Verbendung -*en* beim Sprechen meist getilgt wird (z. B. [geːn]), in Explizitlautung realisieren (also: [ˈgeːən]).

(c) Die **Standardlautung** deckt das Spektrum der „Normalaussprachen" des Standards ab, die z. B. im Theater gebraucht, zum Ablesen von Nachrichten und Vorträgen verwendet und in Sprachlehrwerken als Zielvarietät zugrunde gelegt werden. In Deutschland wird die Standardlautung vielfach auch – mit weniger präziser Artikulation – in privaten Kontexten verwendet (z. B. für den Neo-Standard). Sie umfasst also unterschiedliche Realisierungen mit hoher, mittlerer oder verminderter Artikulationsgenauigkeit, weshalb der Übergang zu Lautungen der Nonstandardvarietäten wie Regiolekten und Soziolekten fliessend ist (vgl. DAWB S. 104 f.). In Österreich lassen sich ebenfalls verschiedene Erscheinungsformen unterscheiden, eine gehobene und eine gemässigte professionelle Standardaussprache und die Standardaussprache der Laien, und auch in der Schweiz steht eine Bandbreite an Realisierungsvarianten zur Verfügung (vgl. DAWB S. 235, 260). Bestimmt wird die Standardlautung deskriptiv, entsprechend dem tatsächlichen Sprechgebrauch. Sie stellt also eine Gebrauchsnorm dar und zeigt deshalb auch Variation im Raum, da der Standard national unterschiedlich kodifiziert ist und zudem arealer Variation unterliegt (s. o.). Man hört also häufig, woher jemand stammt, der die Standardlautung verwendet. Die Unterschiede sind jedoch so gering, dass das Verständnis nicht gefährdet ist. Im Unterschied zur Explizitlautung toleriert die Standardlautung z. B. silbische Konsonanten wie in *geben* [ˈgeːbn̩] und *Schlüssel* [ˈʃlʏsl̩] (statt explizitem [ˈgeːbən] und [ˈʃlʏsəl]). Die Grenze zwischen den beiden Stilen verläuft in den verschiedenen Zentren jedoch unterschiedlich: So ist z. B. in Deutschland und Österreich die Aussprache des <r> als Vokal bei Wörtern wie *Fahrer* und *hinter* ein Merkmal der Standardlautung. Man würde hier in der Standardlautung [ˈfaːrɐ] und [ˈhɪntɐ] sagen (gegenüber [ˈfaːrər] und [ˈhɪntər] in Explizitlautung). Im Schweizer Hochdeutsch kommt die *r*-Vokalisierung dagegen nicht vor; [ˈfaːrər] und [ˈhɪntər] sind hier Standardlautung.

(d) Der grösste Teil der mündlichen Alltagskommunikation findet in weiten Teilen des Sprachgebiets jedoch in einer **Umgangslautung** statt, also einem informellen und freien Stil (ohne ausformulierte Vorlage), der durch schwankende Sprechgeschwindigkeit, eine verminderte Artikulationspräzision und regional spezifische oder unspezifische Abweichungen von der Standardlautung gekennzeichnet ist. So werden etwa in Norddeutschland einsilbige Wörter wie *Glas* und *Rad* oft kurz gesprochen (also: [glas], [rat]) und [g] im Auslaut als Reibelaut (Frikativ) realisiert, etwa bei [zaːxst] für *sagst*. Vielfach werden Laute an benachbarte angeglichen (assimiliert), z. B. [glau̯bn̩] > [glau̯bm̩] für *glauben*, oder gerundete Vokale entrundet, z. B. [zʏsˈteːm] > [zɪsˈteːm] für *System*. Stark expansiv ist der gegenläufige Prozess, die *i*-Rundung in Fällen wie [tʏʃ] für *Tisch* (vgl. Ikenaga 2023: 210). Allerdings kann man solche Erscheinungen bei hochfrequenten Wörtern (sog. *schwachen Formen*) durchaus auch schon in der Standardlautung antreffen. So kommen z. B. für *haben* (Explizitlautung: [ˈhaːbən]) beim Sprechen in Standardlautung durchaus auch reduzierte Formen wie [ˈhaːbm̩], [haːm] oder [ham] häufig vor (vgl. DAWB S. 114). Überhaupt ist eine deutliche „Verumgangssprachlichung" typisch für den in Deutschland sich entwickelnden Neo-Standard (vgl. Auer 2021b: 173). In der Schweiz wird dagegen unterhalb der Standardlautung keine Umgangslautung verwendet, sondern gleich der Dialekt.

5.2.2 Kodifizierung

Ein Merkmal von Standardvarietäten ist ihre Normierung; diese bildet gewissermassen das Gegengewicht zur Variation. Im Bereich des Standards sind dabei – anders als bei Nonstandardvarietäten – präskriptive Normen anzutreffen, die auf die Durchsetzung eines als „gut" oder „korrekt" bewerteten Sprachgebrauchs abzielen (z. B. im Bereich der Orthografie) und gezielt kodifiziert werden. Unter **Kodifizierung** versteht man die explizite, schriftliche Fixierung einer solchen Norm in Gestalt eines Regelwerks. Die Kodifikation soll den Sprachgebrauch der Sprachgemeinschaft anleiten und regulieren, indem entweder eine bereits etablierte Norm gestützt oder eine neue etabliert wird (z. B. in Gestalt einer Rechtschreibreform). Häufig werden Normen sogar doppelt kodifiziert: Es werden sowohl allgemeine Regeln festgelegt und veröffentlicht (z. B. „Substantive schreibt man gross") als auch Verzeichnisse der normgemässen Aussprachen oder Schreibungen in Gestalt von Wörterbüchern publiziert. Manche Aussprache- oder Rechtschreibwörterbücher enthalten neben der Wörterliste auch gleich noch einen entsprechenden Regelteil.

Als normsetzende Autoritäten treten staatliche oder staatlich beauftragte Institutionen in Erscheinung, etwa der von sechs Ländern getragene „Rat für deutsche Rechtschreibung" oder die Sprachakademien in Italien, Frankreich und Spanien, aber auch nichtstaatliche Akteure wie Verlage (z. B. Rechtschreibduden). Daneben kommt der Sprachkritik und Sprachberatung, dem Lehrpersonal und weithin akzeptierten Vorbildern (z. B. öffentlich-rechtlichen Nachrichten) eine wichtige Multiplikationsfunktion zu (vgl. Auer 2021b: 180 f.). Die Erfolgswirkung der Kodifizierung, also das Mass, in dem eine bestimmte Norm effektiv durchgesetzt wird, fällt dabei sehr unterschiedlich aus. Während sich ein Grossteil der Sprachgemeinschaft z. B. an der orthografischen Norm orientiert, ist die Existenz einer kodifizierten **Rechtlautung** oder **Orthoepie** gar nicht allgemein bekannt. Deren Norm wird nicht in gleichem Mass als verbindlich erachtet.

Dabei sind die Bemühungen um eine Kodifizierung der deutschen Standardaussprache ähnlich alt wie die amtliche Regelung der Orthografie. Eine von Theodor Siebs geleitete Kommission aus Theaterintendanten und Sprachwissenschaftlern schuf 1898 eine Kodifikation der „Deutschen Bühnenaussprache", die für die deutschsprachigen Theater massgebend sein sollte. Da wandernde Schauspielgruppen bereits früh gezwungen waren, sich um eine möglichst weiträumig verständliche Aussprache zu bemühen (vgl. Hakkarainen 1995: 13 f.), war die Aussprache auf den Bühnen im deutschen Sprachraum um 1900 bereits relativ einheitlich. Die von der Siebs-Kommission kodifizierte Norm entsprach im Wesentlichen norddeutschen Aussprachekonventionen und verlangte z. B. eine stimmhafte Artikulation des anlautendem <s>: „Unsere Bühnenaussprache ist darauf erbaut, daß hochdeutsche Sprachformen [...] ausgesprochen werden mit den einfachen niederdeutschen Lautwerten" (Siebs 1898: 18 f.). Das eigentlich norddeutsche Zäpfchen-*r* wurde allerdings erst in der 16. Auflage von 1957 akzeptiert, weil die apikale Artikulation (das Zungenspitzen-*r*) auf den Bühnen besser verständlich sei. Ab den 1920er-Jahren begann der „Siebs" seinen Geltungsanspruch auch auf kommunikative Domänen ausserhalb des Theaters auszuweiten (1931 folgte zudem eine „Rundfunkaussprache") und wurde zunehmend als Kodifikation für *das* Deutsche überhaupt wahrgenommen, eine Entwicklung, die vielfach auf Kritik stiess. Mangels Alternativen blieb der „Siebs" jedoch für lange Zeit die Orientierungsinstanz auch ausserhalb des Theaters, wenngleich in Österreich für die Verwendung im Unterricht ein eigenes „Beiblatt" zum Siebs entwickelt wurde (vgl. DAWB S. 231). In der zweiten Jahrhunderthälfte entstanden schliesslich moderne Aussprachewörterbücher, in denen die Standardlautung aus der Empirie des tatsächlichen Sprachgebrauchs und nicht vom realitätsfremden Ideal einer artifiziellen Literaturaufführung hergeleitet wurde, so etwa 1964 das in Halle auf der Grundlage umfangreicher phonetischer Forschung erarbeitete „Wörterbuch der deutschen Aussprache" (WDA). Moderne Kodifikationen wie das „Deutsche Aussprachewörterbuch" (DAWB) sind mittlerweile nicht mehr einseitig auf eine idealisierte „Hochlautung" von geschulten sprachlichen Vorbildern (von Theaterbühnen oder Nachrichtenmedien) hin orientiert, sondern tragen der Variation der Standardaussprache Rechnung.

5.3 Phonetik und Phonologie als linguistische Disziplinen

5.3.1 Phonetik vs. Phonologie – zwei Seiten einer Medaille

Von der Vielzahl an anatomisch möglichen Lauten, also Lauten, die der menschliche Sprechapparat hervorzubringen vermag, wird in den meisten Sprachen jeweils nur eine überschaubare Menge für die Kommunikation genutzt. Dabei besteht eine erhebliche Schwankungsbreite. So reicht etwa das Inventar an Konsonanten von nur sechs in der auf Papua-Neuguinea gesprochenen Sprache Rotokas bis 122 in !Xóõ in Botswana (vgl. Maddieson 2013). Wie das jeweilige System lautlicher Einheiten einer Sprache beschaffen ist und auf welche Weise diese Einheiten konkretisiert, übermittelt und wahrgenommen werden, sind genuin linguistische Fragestellungen, die im Rahmen der **Phonetik** und **Phonologie** untersucht werden. Der Unterschied zwischen den beiden Disziplinen entspricht dabei dem zwischen den Fragen „Was ist X?" und „Wozu dient X?". Die Phonologie (auch: *Phonemik, Phonematik*) betrachtet die Sprache als System abstrakter, funktionaler (d. h. konkret: bedeutungsunterscheidender) Einheiten („Wozu?"), während die Phonetik deren konkrete Realisierung, Übertragung und Wahrnehmung beschreibt („Was?"). Die Produktion, physikalische Beschaffenheit und Rezeption von phonetischen Lauten (**Phonen**) als Bestandteil des Sprechschalls ist somit die Domäne der Phonetik, die Funktion von phonologischen Lauten (**Phonemen**) in einem spezifischen Sprachsystem die der Phonologie. Allerdings sind nicht nur Laute phonologische Einheiten, sondern auch komplexere Gebilde wie phonologische Silben, Füsse (also Silbengruppen), Wörter oder Phrasen. Die unterschiedliche Perspektive hat auch Konsequenzen im Hinblick auf den methodischen Charakter der beiden Teildisziplinen, worauf bereits einer der Begründer der Phonologie, Nikolaj S. Trubetzkoy, hingewiesen hat:

> Entsprechend ihrem verschiedenen Gegenstand müssen die beiden Lautlehren ganz verschiedene Arbeitsmethoden anwenden: die Sprechaktlautlehre, die mit konkreten physikalischen Erscheinungen zu tun hat, muß naturwissenschaftliche, die Sprachgebildelautlehre dagegen rein sprach- (bezw. geistes- oder sozial-)wissenschaftliche Methoden gebrauchen. Wir bezeichnen die Sprechaktlautlehre mit dem Namen Phonetik, die Sprachgebildelautlehre mit dem Namen Phonologie. (Trubetzkoy 1939:7)

Die zentrale Rolle der Phonetik für das Verständnis lautsprachlicher Kommunikation zeigt sich, wenn man den Gesamtprozess von der Lautproduktion bis zur -rezeption betrachtet, der mitunter als *signalphonetisches Band* bezeichnet wird: Die Mitteilungsabsicht eines Sprechenden führt zunächst zur kognitiven Aktivierung eines Konzepts, das im mentalen Lexikon (→ 6.1.3) das betreffende Lemma mit der zugehörigen phonologischen Form und Silbenstruktur aufruft. Danach werden die zugehörigen motorischen Pläne für die Artikulation des Wortes aktiviert und durch muskuläre Aktivität des Sprechapparats ausgeführt. Durch entsprechende Rückkopplungsschleifen wird dieser Prozess ständig überwacht und ggf. korrigiert. Die Muskeltätigkeit produziert Schallereignisse, die sich in der Luft fortpflanzen und vom Gegenüber als akustischer Input wahrgenommen und auf unterschiedlichen Pfaden zu Nervenreizen verarbeitet werden. Dies führt schliesslich zur Aktivierung von Informationen im konzeptuellen Netzwerk des/der Hörenden (vgl. Kröger 2018: 228–232).

Ein guter Teil dieses komplexen Prozesses, des langen Wegs von einer Kommunikationsabsicht bis zum Verstehen, fällt in den Zuständigkeitsbereich der Phonetik: die Tätigkeit der Sprechorgane, die damit erzeugten Schallwellen sowie deren Aufnahme und Weiterverarbeitung zu Nervenreizen, also das sprachliche Hören. Entsprechend unterscheidet man drei Teilgebiete der Phonetik, die jeweils eine der drei Etappen des Lautsignals zum Gegenstand haben:
– die artikulatorische Phonetik,
– die akustische Phonetik und
– die auditive Phonetik.

Die **artikulatorische Phonetik** befasst sich dabei mit dem anatomischen Bau der Sprechorgane und ihrer Funktion bei der Produktion von Sprachlauten. Die **akustische Phonetik** untersucht das von den Sprechorganen erzeugte Produkt, also die akustische Struktur der Schallwelle. Die **auditive Phonetik** schliesslich befasst sich mit dem Aufbau des Wahrnehmungsapparats, d. h. des gesamten „akustischen Analysators" von der Ohrmuschel bis zur Grosshirnrinde, und den sprachlich relevanten Vorgängen bei der Perzeption von Sprechschall. Aus rein pragmatischen Gründen und ohne damit eine Wertung bezüglich der Relevanz der einzelnen Teilgebiete zu verbinden, beschränkt sich die vorliegende Darstellung auf den Bereich der artikulatorischen Phonetik als Grundlage für die darauf aufbauende Phonologie.

Die Phonologie ermittelt einerseits das Phoneminventar und die distinktiven (bedeutungsunterscheidenden) Merkmale, also die sog. **segmentalen** Eigenschaften einer Sprache (Eigenschaften von einzelnen Lautsegmenten). Andererseits analysiert sie aber auch Eigenschaften von komplexeren phonologisch relevanten Äusserungseinheiten wie Silben, Füssen, Wörtern, Phrasen oder Sätzen, die über einzelne Lautsegmente hinausreichen – sog. **suprasegmentale** Eigenschaften. Entsprechend lassen sich zwei Teilgebiete unterscheiden: die segmentale und die suprasegementale (oder: prosodische) Phonologie.

Eine streng sequentielle Darstellung von distinkten Lautsegmenten ist aus phonetischer Perspektive allerdings eine Idealisierung. So hat sich die langjährige Hoffnung, aus den Bewegungsvorgängen beim Sprechen oder aus dem akustischen Signal mittels entsprechender technischer Hilfsmittel einzelne Lautsegmente herauspräparieren zu können, nicht erfüllt und musste letztlich aufgegeben werden. Wir sprechen nicht, indem wir statisch artikulieren und durch Einschnitte („Haltephasen") separierte Einzellaute sequenziell aneinanderreihen. „Der ‚Sprachlaut' per se [ist] nicht in den artikulatorischen Abläufen zu finden" und auch nicht signalphonetisch in den akustischen Daten (Pompino-Marschall 2009: 7; vgl. Ladd 2011: 367). Die lautsprachliche Kommunikation basiert vielmehr auf kontinuierlichen Artikulationsbewegungen, bei denen die Laute ineinander übergehen und sich überlappen (vgl. auch → 6.1.1.1 zur Wortabgrenzung). Diese **Koartikulation** kann man leicht selbst beobachten, wenn man etwa die Aussprache von *Kinder* und *Kunde* vergleicht. Während das <K> bei *Kunde* mit Lippenrundung (d. h. labialisiert) artikuliert wird, sprechen wir es im ersten Fall ungerundet. Die labialisierte Aussprache des nachfolgenden <u> wird bei *Kunde* also bereits antizipiert – wir spitzen bei <K> schon mal die Lippen, um uns auf den folgenden Laut vorzubereiten. Trotz dieses Befunds sind wir durchaus in der Lage, kontinuierliche Artikulation als Lautsegmente wahrzunehmen, eine wichtige Fähigkeit, ohne die wir nicht in der Lage wären, Alphabetschriften zu nutzen.

5.3.2 Forschungsgeschichte

Die Geschichte von Phonetik und Phonologie reicht weit zurück – nicht im Sinne einer akademischen Fachgeschichte, sehr wohl aber im Sinne der gelehrten Beschäftigung mit ihrem Gegenstand (siehe Vertiefung 5.1).

Vertiefung 5.1: Anfänge der Phonetik/Phonologie
Die frühesten phonetischen Analysen finden sich im Rahmen der altindischen Grammatiklehre um die Mitte des ersten vorchristlichen Jahrtausends. Damals entstanden Rezitationsanleitungen (*śikṣā*) zur korrekten Aussprache des Veda, einer Sammlung hinduistischer religiöser Texte. Diese Texte zeigen bereits ein sehr umfassendes Verständnis der für die phonetische Beschreibung von Lauten relevanten Merkmale, so etwa die *Pāṇinīyaśikṣā*: „Sounds are distinguished from each other on the basis of accents (*svara*), time or duration (*kala*), point of articulation (*sthana*), manner (*prayatna*), and type of phonation (*anupradana*)" (zit. nach Deshpande 1997: 43). Besonders Pāṇinis systematische Beschreibung des Sanskrit in fast 4000 Regeln – „the most complete generative grammar of any language yet written" (Kiparsky 2022: 38) – gilt als Meilenstein auch der Phonologie. Das Reflexionsniveau der altindischen grammatischen Tradition erlaubt einen unmittelbaren Vergleich mit linguistischen Arbeiten des 20. Jhs. (vgl. MacMahon 2013: 107). Dagegen fallen die antiken Überlegungen zu phonetischen Fragen bescheidener aus (einflussreich waren v. a. Dionysios Thrax, Galen und Priscian). Im frühen Mittelalter lieferte der persische Gelehrte Sībawayhi (8. Jh.) eine detaillierte Beschreibung der arabischen Sprache, die zur Koranlektüre anleiten sollte und wesentlich die Ausbreitung des Arabischen im Nahen Osten förderte, gleichzeitig aber auch

einen Meilenstein in der Entwicklung einer wissenschaftlichen Phonetik darstellt. Ein weiterer Meilenstein findet sich im 12. Jh. auf Island, wo der Verfasser des sog. Ersten Grammatischen Traktats die Laut-Buchstaben-Zuordnung zwischen der isländischen Sprache und dem dafür verwendeten lateinischen Alphabet verbessern wollte und dabei eine im Ansatz phonologische Beschreibung des Lautsystems lieferte, die in gewisser Weise bereits das strukturalistische Konzept von Minimalpaaren (→ 5.5.1) vorwegnahm (vgl. Dekker 2000: 619 f.).

Während der Frühen Neuzeit verbesserte sich die anatomischen Kenntnis des menschlichen Körpers und es entstanden, z. T. im Kontext der Gehörlosenpädagogik, detailreiche Beschreibungen der Sprechwerkzeuge (z. B. bei William Holder, Johann Konrad Ammann), allerdings noch ohne eine wirklich fundierte Kenntnis der Wirkungsweise des Kehlkopfs (vgl. etwa Braun 2015). Erst das Verständnis der Funktion der Stimmlippen bei der Phonation (→ 5.4.1) und die Entwicklung der Kehlkopfspiegelung brachten hier einen Fortschritt. Im Jahr 1854 konnte der spanische Opernsänger Manuel García erstmals die Aktivität der Stimmlippen (und zwar seiner eigenen) mittels eines Spiegels beobachten. Wolfgang von Kempelen schuf 1791 eine funktionstüchtige Sprechmaschine, die auf einer mechanischen Imitation der menschlichen Sprechorgane beruhte (mit Blasebalg für die Lunge, einem künstlichen Nasaltrakt, einem Elfenbein-Rohrblatt für die Stimmlippen etc.) und zum ersten Mal überhaupt eine Sprachsynthese möglich machte.

Im 19. Jahrhundert machte die Erforschung der Physiologie des Sprechens (und Hörens) sowie der Akustik grosse Fortschritte. Nach 1850 entstanden wichtige technischen Voraussetzungen für eine Instrumentalphonetik: Schwingungsverläufe konnten durch Kymograph oder später Oszillograph sichtbar gemacht werden; Audiorekorder sicherten den Untersuchungsgegenstand dauerhaft. Die älteste erhaltene Aufnahme einer menschlichen Stimme stammt dabei aus dem Jahr 1860 (s. QR-Code).

Sprachaufzeichnung und -visualisierung ermöglichten nunmehr eine präzisere Analyse der akustischen Eigenschaften von Vokalen und Konsonanten (z. B. bei Franciscus Cornelis Donders, Louis Bevier Jr.). Der Fokus verschob sich zunehmend von der artikulatorischen und auditiven zur akustischen Phonetik. Während die frühere Forschung auf die Beobachtung von Sprechwerkzeugen angewiesen war, konnte man die Laute nunmehr präzise vermessen. In der deutschsprachigen Forschung dieser Zeit hatte v. a. Eduard Sievers als Vertreter der sog. *Junggrammatiker* enormen Einfluss; in seinen „Grundzügen der Lautphysiologie" von 1876 war das phonetische Wissen seiner Zeit zusammengefasst und erweitert (vgl. Öhlschläger 2013: 58–62). Weitere herausragende Phonetiker an der Wende zum 20. Jahrhundert waren Otto Jespersen, Henry Sweet (ein Vorbild für George Bernard Shaws Figur des Professor Higgins in „Pygmalion" und dem Musical „My fair lady") und Paul Passy, der Gründer der *Association phonétique internationale*.

Die Begründung der Phonologie durch Trubetzkoy und die sog. *Prager Schule* Ende der 1920er-Jahre, als Gegenbewegung zur damals tonangebenden Experimentalphonetik, führte zur Etablierung von zwei separaten Theorien, Phonetik und Phonologie, die sich in der Folge sehr unterschiedlich entwickelt haben. Die rasante Entwicklung der Technik nach dem 2. Weltkrieg hatte zur Folge, dass v. a. die akustische Phonetik seit dieser Zeit einen starken Aufschwung nahm. Methoden wie die Sonagrafie, also der Einsatz moderner Lautspektrogramme, mit denen Stimmen präzise visualisiert und analysiert werden konnten, beeinflussten wiederum nachhaltig phonologische Theorien. Die Entwicklung der digitalen Sprachverarbeitung seit den 1970er-Jahren eröffnete viele neue Möglichkeiten, u. a. die Nutzung leistungsfähiger Algorithmen zur Signalverarbeitung auf dem PC. Freie Werkzeuge wie Praat liefern heute unkompliziert Spektrogramme, welche die Frequenzen des Signals visualisieren, und Oszillogramme, die den Schalldruck anzeigen und bei der Segmentierung helfen (s. Abbildung 5.5). Solche Hilfsmittel ermöglichen inzwischen mit relativ geringem Aufwand fortgeschrittene instrumentalphonetische

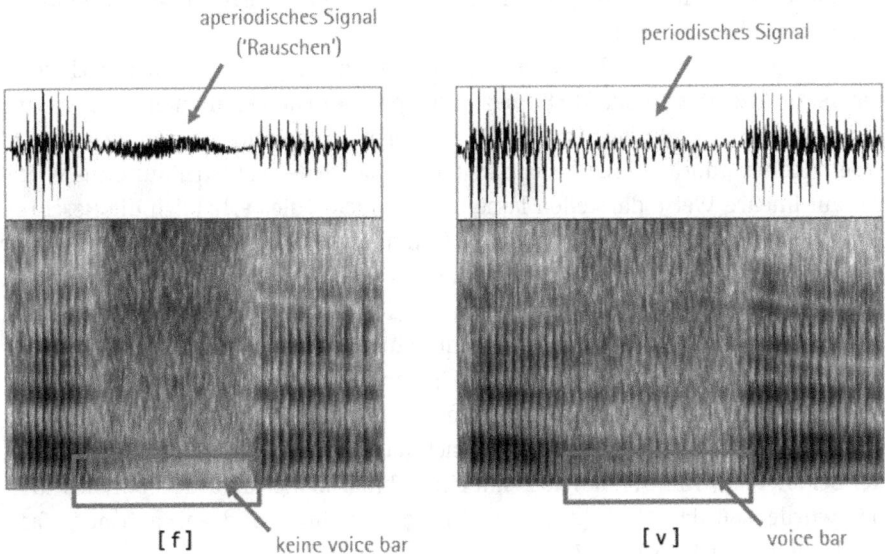

Abbildung 5.5: Unterschied zwischen stimmlosem [f] und stimmhaftem [v] im Oszillogramm und Spektrogramm von Praat (aus: Conrad 2019: 12).

Analysen von einzelnen Lauten und prosodischen Phänomenen (vgl. Ladefoged 2003), die für eine Vielzahl von Forschungsfragen zum Einsatz kommen: für das Testen von Spracherwerbsmodellen, für die Auswirkung von Hörprothesen oder den Einfluss von Variablen wie Alter oder Geschlecht auf die Sprachproduktion, für Spracherkennung im Rahmen der forensische Phonetik zur Analyse von z. B. Erpresseranrufen u. v. m. (vgl. Knight/Setter 2021: sect. III).

Auch die phonologische Theorie entwickelte sich ausgehend vom ursprünglichen Modell der Prager Schule rasch weiter. Im amerikanischen Strukturalismus wurden Phoneme bereits früh als Bündel distinktiver Merkmale wie [stimmhaft] konzeptualisiert: „distinctive features occur in lumps or bundles, each one of which we call a phoneme" (Bloomfield 1933: 79) – eine Vorstellung, die später systematisch zur Phonologie der distinktiven Merkmale ausgearbeitet wurde (vgl. Jakobson et al. 1952). Bahnbrechende Wirkung für die weitere phonologische Forschung hatte die in Chomsky/Halle (1968) vorgestellte klassische generative Phonologie, das sog. *SPE*-Modell („The Sound Pattern of English"). Dieses entstand aus der Kritik an den Limitationen des strukturalistischen Modells in einem langjährigen kollaborativen Prozess am *Massachusetts Institute of Technology* (MIT) und präsentierte die Phonologie nun als Modul einer übergeordneten generativen Grammatikkonzeption, deren Ziel es war, die Sprecherkompetenz regelbasiert zu modellieren (vgl. Kenstowicz 2022). Analog zur Unterscheidung von Tiefen- und Oberflächenstruktur in der Syntax (→ 7.3.1) setzte man auch für die Phonologie eine *underlying representation* an, aus der dann mittels phonologischer Regeln die Oberflächenrepräsentation einer Form abgeleitet wurde.

Als Reaktion auf das *SPE*-Modell entstanden in den Jahren danach rasch alternative Ansätze. Der verstärkte Einbezug von prosodischen Phänomenen führte zur Entwicklung sog. *nichtlinearer* Modelle, die die phonologischen Merkmale auf mehreren Ebenen anordneten. Da sich nicht alle Aspekte der Lautstruktur ohne weiteres auf lineare Weise darstellen lassen, vereinfachte dies erheblich die Beschreibung von Erscheinungen, die an grössere Einheiten (Silben) gebunden sind oder über mehrere Einheiten hinweg wirken wie Vokalharmonien etc. (vgl. Kisseberth 2022). Die beiden Hauptströmungen der nichtlinearen Phonologie waren dabei in den 1970er-Jahren die Autosegmentale Phonologie und die Metrische Phonologie. Erstere untersuchte z. B. Töne in Tonsprachen (wie Chinesisch). Ende der 1980er-Jahre entwickelte sich daraus die sog. *Merkmalsgeometrie* (*Feature Geometry*). Die Metrische Phonologie befasst sich dagegen mit Fragen des Wortakzents, der bei Chomsky/Halle (1968) noch mit einem binären Merkmal [±betont] beschrieben wurde, seit den 1970ern aber nicht mehr als lineare Eigenschaft aufgefasst wird (vgl. Hall 2011: Kap. 6, 7, 9).

Mitte der 1990er-Jahre führte die Optimalitätstheorie (Prince/Smolensky 1993) zu einem ähnlichen Paradigmenwechsel in der Phonologie wie 25 Jahre zuvor das *SPE*-Modell – „the theory became a lingua franca of phonologists" (Oostendorp 2022: 551). Die Optimalitätstheorie (OT) ersetzt die Idee von Regeln durch das Konzept universeller *Constraints* (Beschränkungen), die in den verschiedenen Sprachen einem je spezifischen *Ranking* (der Rangfolge vom wichtigsten zum unwichtigsten Constraint) unterliegen. Die Kandidaten für die mögliche Realisierung eines Ausdrucks in einer bestimmten Sprache (in Bezug auf die Oberflächenform) konkurrieren dann miteinander und durchlaufen eine Evaluation, bei der der optimale Kandidat gewinnt, nachdem alle suboptimalen Kandidaten ausgeschlossen wurden. Für die Visualisierung des Evaluationsprozesses wird eine tabellarische Notation, das sog. *Tableau*, verwendet (siehe Abbildung 5.6), bei der die Constraints entsprechend ihrer Dominanz von links nach rechts angeordnet sind. Jede Verletzung eines Constraints wird mit einem Asterisk markiert, eine „fatale" Verletzung, durch die der Kandidat aus dem Wettbewerb ausscheidet, mit einem Ausrufezeichen. Das Handsymbol markiert dann am Ende den optimalen Kandidaten. Auf diese Weise kann man nun z. B. die Aussprache von *Sieb* analysieren, das im deutschländischen Standard einer Auslautverhärtung zu [ziːp] unterliegt (→ 6.1.2.2), gleichzeitig aber in flektierten Formen als [ziːb] realisiert wird. Es existieren also offenbar zwei konfligierende Constraints: Eines soll die Identität aller Wortformen mit der zugrunde liegenden Form auf /b/ gewährleisten (Treueconstraint), das andere verhindert, dass ein Plosiv wortfinal stimmhaft gesprochen wird. Da das Treueconstraint im Deutschen niedriger eingestuft ist als das Constraint der Auslautverhärtung, setzt sich von den beiden Kandidaten am Ende [ziːp] durch.

input	Constraint A	Constraint B	Constraint C
output a	*!		
output b		**!	
☞ output c		*	*

Abbildung 5.6: Beispiel für ein OT-Tableau (nach Oostendorp 2022: 552).

Zwar wurde OT bislang nicht als dominierendes Paradigma abgelöst, die Phonologie befindet sich allerdings aktuell in einem Prozess der Diversifikation, der unter anderem die Frage ihrer empirischen Fundierung betrifft. Ein steigendes Interesse an Fragen phonologischer Variation hat z. B. eine deutliche Zunahme korpuslinguistischer Ansätze und die Konsolidierung einer eigenen *Corpus Phonology* begünstigt, die Gesprochene-Sprache-Korpora ins Zentrum phonologischer Forschung rückt (vgl. Durand 2017; Hall 2022). Auch das Verhältnis zur Phonetik ist letztlich ungeklärt. Trotz ausgleichender Stimmen, die Phonetik und Phonologie als „zwei Seiten nur einer Medaille" (Pompino-Marschall 2009: 9) betrachten wollen, etwa im Rahmen unifizierender Theorien wie der *Articulatory Phonology* (vgl. Browman/Goldstein 1986), besteht weiterhin eine deutliche Schere zwischen phonologischer Theorie und den empirischen Ergebnissen der phonetischen Forschung. Entsprechend sind auf beiden Seiten zentrifugale Kräfte am Werk, die auf eine Aufkündigung des disziplinären Zusammenhalts hinwirken: aus phonetischer Sicht, weil eine Repräsentation von Lautsprache durch empirisch nicht ausreichend gesicherte lautsymbolische Einheiten abgelehnt wird, aus phonologischer Sicht, um sich für eine von sprachspezifischen phonetischen Daten entkoppelte „substance-free phonology" frei zu machen (Ladd 2011: 367 f.).

Da eine Besprechung avancierter Modelle im vorliegenden Rahmen nicht zu leisten ist, werden nachfolgend lediglich „klassische" phonetisch-phonologische Konzepte in Grundzügen vorgestellt. Für eine vertiefte Beschäftigung sei auf die jeweiligen Spezialeinführungen verwiesen (für das Deutsche z. B. Ramers 2001; Pompino-Marschall 2009; Hall 2011; Fuhrhop/Peters 2013).

5.4 Grundlagen der Phonetik

5.4.1 Der Sprechvorgang

Physikalisch betrachtet wird beim Sprechen ein Luftstrom in Gang gesetzt, der durch einen Kanal gelenkt und dabei zum Träger eines Klangs und/oder Geräuschs gemacht wird. Der akustische Unterschied ist folgender: Klänge stellen eine Kombination aus mehreren regelmässigen Sinusschwingungen (Tönen) dar, Geräusche dagegen zufällige, nichtperiodische Schallsignale. In diesem Sinne erscheinen Vokale wie [a] als Klänge, stimmhafte Konsonanten wie [d] als Klänge mit einem Geräuschanteil und stimmlose Konsonanten wie [t] als Geräusche. Die anatomischen Strukturen, die zum Sprechen erforderlich sind – Lunge, Kehlkopf, Zunge, Zähne, Lippen usw. – haben zwar ursprünglich andere Aufgaben. Sie dienen primär der Atmung und Verdauung, werden aber sekundär auch für die Produktion von Sprachlauten genutzt. Dabei lassen sich drei Phasen unterscheiden:

Die erste Phase, die Erzeugung des Luftstroms, wird als **Initiation** bezeichnet. Sie erfolgt im Deutschen auf dem Wege der Lungenatmung, und zwar üblicherweise während des Ausatmens, was zu einem sog. *egressiven* (ausströmenden) Luftstrom führt. Neben pulmonalen, also aus der Lunge erzeugten Lauten kommen in anderen Sprachen auch glottal oder oral initiierte Laute vor. Relativ häufig sind

z. B. sog. *Ejektive*, nichtpulmonale Konsonanten, deren Luftstrom allein durch eine Kehlkopfbewegung entsteht (z. B. im Georgischen). Orale Initiation findet sich bei sog. *Klicks*, Schnalzlauten, die wir im Deutschen oft parasprachlich verwenden, z. B. als Ausdruck des Missfallens oder als eine Kussgeste, bei der die Luft eingesogen wird (diese ähnelt einem bilabialen Klick), die aber nicht zum Lautinventar der deutschen Sprache gehören. Systematisch als Phoneme werden solche Laute v. a. in Khoisan- und Bantu-Sprachen im südlichen Afrika verwendet (vgl. Ladefoged/ Disner 2012: 172–175).

Die zweite Phase, die sog. **Phonation** (Stimmgebung), bei der die Atemluft in sog. *Rohschall* umgewandelt wird, findet im Kehlkopf (Larynx) statt, dem oberen Abschluss der Luftröhre. Dieser hat die primäre Aufgabe, die Luftröhre zu verschliessen, um ein Eindringen von Fremdkörpern zu verhindern. Dies gelingt, indem zwei segelartige Gewebefalten, die sog. *Stimmlippen* (ihre Innenränder werden als *Stimmbänder* bezeichnet), gegeneinander gepresst werden. Dagegen sind sie beim Atmen geöffnet. Die Stimmlippen haben auf der einen Seite einen gemeinsamen Ausgangspunkt, auf der anderen Seite sind sie jeweils an einem beweglichen Stellknorpel angeheftet. Mit diesen beiden Knorpeln können die Stimmlippen auseinanderbewegt (**abduziert**) oder zusammengeführt (**adduziert**) werden. Der variable Zwischenraum zwischen den Stimmlippen und Stellknorpeln wird als **Stimmritze** oder **Glottis** bezeichnet (siehe Abbildung 5.7). Da die Stimmlippen und Stellknorpel beweglich sind, kann das gesamte Ensemble sehr unterschiedliche Konfigurationen annehmen. Sowohl die Position der Stimmlippen zueinander und damit die Form und Grösse der von ihnen gebildeten Glottis kann verändert werden, als auch ihre Länge und Spannung:

- Beim Atmen ohne Phonation (**Atemstellung**) sind die Stellknorpel nach aussen gedreht, wodurch die Stimmlippen zur Seite weggespreizt, also weit geöffnet werden. Bei der Produktion stimmloser Laute wie [h] oder [f] ist die Stellung vergleichbar.
- Beim **Glottisverschluss** sind die Stimmlippen fest adduziert, sodass der Luftstrom blockiert wird.
- In der **Stimm-** oder **Phonationsstellung**, die wir zur Bildung stimmhafter Laute (wie Vokale oder Resonanten wie [m]) verwenden, sind die Stimmlippen locker adduziert. Der Luftstrom staut sich unterhalb der geschlossenen Glottis, bis er die Stimmlippen schliesslich aufbricht: Etwas Luft kann die Glottis passieren, der Druck fällt dadurch ab, worauf sich die Glottis wieder schliesst. Von hier an beginnt der Zyklus von vorne: Der Druck wächst an, sprengt die Stimmlippen auf, diese schliessen sich wieder usw. Durch die Stimmlippenbewegung entsteht oberhalb des Kehlkopfs eine rhythmische Abfolge von Luftdruckschwankungen – eine Schallwelle. Je nach Länge, Dicke und Spannung der

Stimmlippen verläuft dieser Vibrationsvorgang nun unterschiedlich schnell, was wir als Tonhöhe wahrnehmen. Männer phonieren im Mittel mit rund 120 Hz, also 120 Zyklen pro Sekunde, Frauen mit ca. 230 Hz, Säuglinge mit 400 Hz. Dabei sind die Stimmlippen so regulierbar, dass die Zyklusdauer länger oder kürzer ausfallen kann. So reicht etwa die Frequenz der menschlichen Gesangsstimme von ca. 80 Hz bei einem Bass bis 1'100 Hz bei einem Koloratursopran (vgl. Pompino-Marschall 2009: 35 f.). Die produzierte Stimmhöhe ist allerdings kulturell beeinflusst. Berg et al. (2017) stellen z. B. einen geringeren Unterschied zwischen Frauen und Männern fest (168,5 gegenüber 111,9 Hz), zudem grosse Unterschiede innerhalb der Geschlechter. Sie vermuten, dass sich der Grundton der Frauen in den letzten Jahrzehnten gesenkt hat, was mit der Veränderung der Stellung der Frau erklärbar sei.
- Hinzu kommen weitere Phonationsarten wie Murmel- und Knarrstimme (*creaky voice, vocal fry*). Beim Flüstern sind die Stimmlippen zwar adduziert, die Stellknorpel lassen jedoch eine kleine dreieckige Öffnung frei („Flüsterdreieck"), durch die die Luft ausströmt und dabei stark verwirbelt wird.

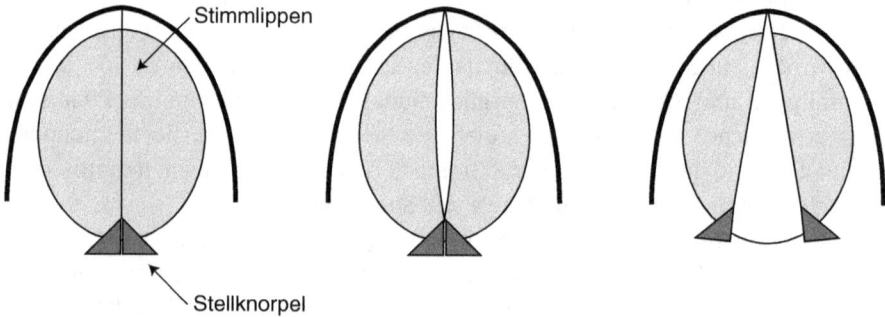

Abbildung 5.7: Glottis verschlossen (adduziert), in Stimmstellung und in Atemstellung bzw. Stellung zur Produktion stimmloser Laute (abduziert).

Oberhalb des Kehlkopfs kann der Schall nun im Rahmen der dritten Phase der Lautproduktion, der **Artikulation**, weiter modifiziert werden. Das artikulatorische System dient dazu, den Rohschall in Sprechschall umzuwandeln, und zwar im sog. **Ansatzrohr** oder **supraglottalen** Raum, also dem Bereich oberhalb der Glottis. Das Ansatzrohr ist ein aus drei Kammern – Rachen-, Mund- und Nasenhöhle – bestehender Hohlraum, der am oberen Ende von den Lippen und Nasenlöchern und am unteren Ende von der Glottis begrenzt wird. Für die Artikulation werden im Ansatzrohr sowohl feste **Artikulationsstellen** genutzt als auch bewegliche Artikulationsorgane, die sog. **Artikulatoren**. Nachfolgend ist der Bau dieser Strukturen kurz beschrieben (siehe Abbildung 5.8). Die gängigen phonetischen Termini orientieren sich dabei an den griechisch-lateinischen Bezeichnungen der Anatomie. Die Mundhöhle enthält die meisten für die Artikulation relevanten Strukturen: die Schneidezähne (*dentes*), den Zahndamm, d. h. die Stelle, an der die Schneidezähne in den Zahnfächern (*alveoli*) verschwinden, und den Gaumen, welcher die Mund- von der Nasenhöhle trennt. Der Gaumen setzt sich dabei zusammen aus dem vorderen, harten Gaumen (*palatum durum*) und dem hinteren, weichen Gaumen, einem schräg herabhängenden Gaumensegel (*velum*), das im Zäpfchen (*uvula*) endet. Als Artikulatoren sind folgende Strukturen zu bestimmen:

- Die Zunge (*lingua*) als der beweglichste Artikulator wird üblicherweise in mehrere Abschnitte unterteilt: Die Zungenspitze (*apex*) geht ohne scharfe Grenze in das Zungenblatt (*lamina*) über. Dem Gaumen gegenüber liegt der Zungenrücken (*dorsum*), welcher in der Zungenwurzel (*radix*) endet. Für bestimmte Artikulationen sind zudem die seitlichen Zungenränder (*margines laterales*) relevant.
- Die Lippen (*labia oris*) erlauben eine Reihe von Bewegungen, die z. T. phonetisch relevant sind: Sie können verschlossen oder zum Vibrieren gebracht werden. Werden sie vorgestülpt, wird das Ansatzrohr verlängert (sog. *Lippenrundung*).
- Die Aktivitäten von Zunge und Lippen sind freilich nicht unabhängig von der Position des Unterkiefers (*mandibulum*) zu sehen, dessen Anheben den Abstand zwischen Zunge und Gaumen verringert und die Lippen schliesst.
- Das Gaumensegel (*velum*) ist beweglich und verschliesst im angehobenen Zustand den Zugang zum Nasenraum. Der Schall tritt dann ausschliesslich durch den Mundraum aus. Die Position des Gaumensegels entscheidet also darüber, ob orale oder nasale Laute gebildet werden. Das Zäpfchen (*uvula*) am Ende des Gaumensegels kann zudem in Vibration versetzt werden.
- Auch die nur eingeschränkt bewegliche Rachenmuskulatur ist in manchen Sprachen phonetisch relevant, zudem der Kehlkopf, dessen Hebung oder Senkung das Ansatzrohr verkürzt bzw. verlängert. Die Stimmlippen lassen sich ebenfalls als eigene Artikulatoren auffassen, da sie neben der Phonation auch glottale Verschlusslaute bilden können (allerdings sind sie streng genommen nicht Teil des *supra*-glottalen Raums).

Bei der Bildung von konsonantischen Lauten wird dann jeweils ein Artikulator einer unbeweglichen Artikulationsstelle angenähert. Die Artikulation erfolgt im Normalfall zwischen einander gegenüberliegenden Gebieten, also z. B. zwischen Zungenspitze und Alveolen bzw. Zungenrücken und hartem Gaumen bzw. Hinterzunge und Velum. Entsprechend heissen solche Artikulationen dann apikal-alveolar, dorsal-palatal etc.

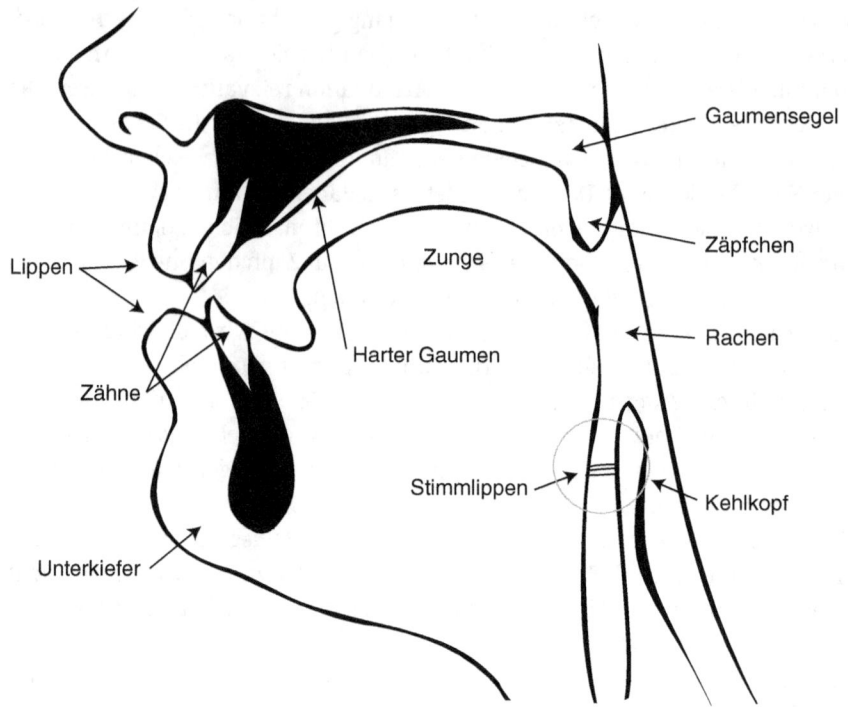

Abbildung 5.8: Artikulationsstellen und Artikulatoren.

5.4.2 Konsonanten des Deutschen

Der vorherige Abschnitt hat gezeigt, dass Sprechen auf einem komplexen Zusammenspiel von Luftstromdynamik (Initiation), Phonation und Artikulation beruht. Durch die Bewegung der Artikulationsorgane wird die Form des Ansatzrohrs und dadurch sein Resonanzverhalten verändert und das Rohprodukt der ersten beiden Teilmechanismen zum eigentlichen Lautstrom geformt. Obwohl Artikulationsprozess und Lautstrom kontinuierlich sind (→ 5.3.2), lassen sich elementare auditive Einheiten „heraushören", die als Laute (Phone) beschrieben werden können. Dafür werden bestimmte artikulatorische Merkmale dieser Einheiten verwendet, die auch die Basis des Internationalen Phonetischen Alphabets (IPA) bilden.

Laute, bei denen die Artikulatoren eine Enge oder einen Verschluss im Ansatzrohr erzeugen, nennt man **Konsonanten**. Diese werden üblicherweise nach drei Parametern eingeteilt:
– der Artikulationsstelle (Artikulationsort), an der sie gebildet werden, und ggf. dem beteiligten Artikulator,

- dem Artikulationsmodus (Artikulationsart), also der Art ihrer Hervorbringung, und
- der Stimmbeteiligung (stimmhaft / stimmlos).

Das IPA sieht elf **Artikulationsstellen** vor, von denen für die deutsche Standardsprache folgende acht genutzt werden:
- Die **bilabialen** Laute [p, b, m] werden gebildet, indem sich die Unterlippe als Artikulator zur Oberlippe als Artikulationsstelle bewegt.
- Die **labiodentalen** Laute [f, v, pf] werden gebildet, indem sich die Unterlippe als Artikulator zu den oberen Schneidezähnen als Artikulationsstelle bewegt.
- Die **alveolaren** Laute [t, d, s, z, ts, n, l, r] werden am oberen Zahndamm gebildet, und zwar im Deutschen mit der Zungenspitze als Artikulator (apikal).
- Die **postalveolaren** Laute [ʃ, tʃ] werden zwischen Zahndamm und hartem Gaumen gebildet, und zwar mit dem Zungenblatt als Artikulator (laminal).
- Die **palatalen** Laute [ç, j] werden am vorderen (harten) Gaumen gebildet, und zwar mit dem Zungenrücken als Artikulator (dorsal).
- Die **velaren** Laute [k, g, x, ŋ] werden am hinteren (weichen) Gaumen gebildet, und zwar ebenfalls mit dem Zungenrücken als Artikulator (dorsal).
- Die **uvularen** Laute [χ, ʁ, ʀ] werden am bzw. mit dem Zäpfchen gebildet.
- Die **glottalen** Laute [ʔ, h] werden im Bereich der Stimmritze gebildet.

Keine Rolle spielen im Deutschen dagegen dentale Konsonanten wie das englische <th>, retroflexe, also mit zurückgebogener Zungenspitze gesprochene Laute wie in schwedisch *fors* [fɔʂ] ‚Wasserfall' und pharyngale Konsonanten, bei denen sich die Zungenwurzel der Rachenwand nähert (z. B. im Arabischen).

Der **Artikulationsmodus** beschreibt die Art und Weise, wie der Luftstrom bei der Lautbildung das Ansatzrohr passiert. Das Deutsche nutzt hier folgende Modi:
- Bei den **Plosiven** (Verschlusslauten) [b, p, d, t, g, k, ʔ] wird mit den Lippen, der Zunge oder den Stimmlippen vorübergehend ein Verschluss gebildet, der schliesslich mit einem Geräusch (*burst*) wieder gelöst wird. Ein „Deutschlandismus" ist dabei der sog. **Glottisschlag** [ʔ] (engl. *glottal stop*, „Knacklaut"), ein Kehlkopfverschlusslaut, der vor Vokalen im Stamm- oder Präfixanlaut gesprochen, aber nicht geschrieben wird: z. B. [bəʔaːtmən] für *beatmen*. Im deutschländischen Standard dient er der Stabilisierung der Worträndern, im österreichischen und Schweizer Standard wird dagegen in der Regel kein glottaler Plosiv realisiert (vgl. Szczepaniak 2007: 320; DAWB S. 252, 262). Zudem wird der Glottisschlag für die mündliche Realisierung der Sonderzeichen in gendersensiblen Schreibungen wie *Polizist*innen, Kabarettist_innen* oder *Lehrer_innen* genutzt (vgl. auch → 5.5.2).

- Bei den **Frikativen** (Spiranten, Reibelauten) [f, v, s, z, ʃ, ç, x, χ, ʁ, h] wird zentral im Ansatzrohr eine starke Verengung gebildet. Dadurch entsteht in der ausströmenden Luft eine Turbulenz, die als Reibegeräusch wahrnehmbar ist. Nach diesem Modus werden im Deutschen sehr viele Laute gebildet: Allein für die Buchstabenkombination <ch> finden sich drei unterschiedlich verteilte frikativische Realisierungen: der sog. *Ich*-Laut z. B. in *nicht* [nɪçt] und die beiden als *Ach*-Laut bezeichneten Varianten in *Buch* [buːx] (velar) und *nach* [naːχ] (uvular). Eine Untergruppe der Frikative bilden die sog. **Sibilanten** (Zischlaute), zu denen neben [s, z, ʃ] auch ein stimmhafter postalveolarer Sibilant [ʒ] gehört, der in Fremdwörtern wie *Garage* vorkommt. Das stimmhafte [z] ist dabei v. a. ein Deutschlandismus, da in Österreich und der Schweiz (aber auch in Teilen Süddeutschlands) der stimmlose Lenis-Laut [z̥] gesprochen wird (→ 6.1.2.2). Der uvulare Frikativ [ʁ] ist die gängige Artikulation des <r> in der Nordhälfte des deutschen Sprachgebiets. Frikative und Plosive werden oft zusammenfassend als **Obstruenten** bezeichnet.
- Bei den **Nasalkonsonanten** (Nasalen) [m, n, ŋ] kommt es wie bei den Plosiven zu einem totalen oralen Verschluss. Durch die Absenkung des Gaumensegels kann die Luft jedoch durch die Nase entweichen.
- Bei **Approximanten** bildet die Zunge eine leichte Enge, ohne dass es zu einem Reibegeräusch kommt. Man unterscheidet zentrale Approximanten (**Gleitlaute**) wie [j], bei denen die Luft zentral entweicht, und laterale Approximanten (**Laterale**) wie [l], bei denen die Luft links und rechts an den Zungenseiten vorbeiströmt.
- Bei **Vibranten** (Trills) wird ein elastischer Artikulator in Vibration versetzt, d. h. es werden in schneller Folge 2-3 orale Verschlüsse gebildet und gelöst. Anatomisch ist dies mit den Lippen, der Zunge und dem Zäpfchen möglich. Im Deutschen kommen vor: der alveolare Vibrant [r], also das v. a. in der Südhälfte des Sprachgebiets gebräuchliche „Zungenspitzen-r", und der uvulare Vibrant [ʀ], das sog. „Zäpfchen-r", in der Nordhälfte (häufiger ist dort allerdings die Artikulation als Frikativ [ʁ]). Der labiale Vibrant kommt z. B. in der Interjektion *brr* vor, mit der ein Kälteeindruck mitgeteilt wird.

In manchen Fällen erfolgt die Artikulation zweier Konsonanten in einer zeitlich koordinierten Form, die diese als eine Einheit erscheinen lässt. Die sog. **Affrikaten** [ts, tʃ, pf] z. B. sind Plosive, die in **homorgane** Frikative übergehen, also in Reibelaute, die etwa an derselben Stelle artikuliert werden. So wird z. B. im Anlaut von *Zunge* der alveolare Verschluss [t] in einen alveolaren Frikativ [s] gelöst. Es handelt sich bei [ts] also um eine Affrikate, nicht jedoch bei [ks] in *Keks*, das als Kombination aus velarer ([k]) und alveolarer ([s]) Artikulation aufzufassen ist.

Der dritte Parameter der Beschreibung von Konsonanten ist die **Stimmbeteiligung**: Viele Konsonanten kommen ohne und mit Phonation vor, d. h. in einer stimmlosen und einer stimmhaften Form. Stimmhafte Konsonanten entstehen, wenn die Stimmlippen locker adduziert sind und zum Vibrieren gebracht werden (→ 5.4.1). Im Deutschen sind Nasalkonsonanten, Vibranten und Approximanten stimmhaft. Plosive und Frikative können sowohl stimmhaft als auch stimmlos vorkommen (z. B. [v] vs. [f]). Alternativ werden sie nach ihrer Artikulationsstärke auch in sog. **Fortis-Laute** (stark artikuliert) und **Lenis-Laute** (schwach artikuliert) eingeteilt, unabhängig von der Frage ihrer Stimmhaftigkeit. Neben den Fortes [p, t, k] und Lenes [b, d, g] können dann auch stimmlose Lenes [b̥ d̥ ɡ̊] angesetzt werden. Dies ist für das Deutsche wichtig, da der Unterschied zwischen stimmhaften und stimmlosen Plosiven v. a. für den deutschländischen Standard relevant ist. In Österreich und der Schweiz werden <b, d, g> dagegen in praktisch allen Positionen im Wort standardsprachlich als stimmlose Lenes [b̥ d̥ ɡ̊] ausgesprochen (vgl. DAWB S. 239, 253, 265, 267).

Das Verhalten der Glottis ist noch aus einem weiteren Grund wichtig: Bei der Artikulation von Plosiven kann die Dauer zwischen der Verschlussöffnung und dem Einsetzen des Stimmtons, die sog. *Voice Onset Time* (VOT), unterschiedlich lang ausfallen. Ab einer Dauer von ca. 20 ms lässt sich das Entweichen der Luft aber als charakteristisches Hauchgeräusch wahrnehmen (vgl. Pompino-Marschall 2009: 190). Diese sog. **Aspiration** kann durch ein hochgestelltes [ʰ] in der Transkription markiert werden: z. B. [pʰanə] für *Panne*, [tʰaːl] für *Tal*, [kʰiːno] für *Kino*.

Die nachfolgende Tabelle fasst die Konsonanten des Deutschen noch einmal zusammen. Um die Übersicht nicht zu verkomplizieren, werden dabei nicht alle in der Standardartikulation vorkommenden Varianten verzeichnet (z. B. keine stimmlosen Lenes).

Tabelle 5.1: Konsonanten des Deutschen.

	bilabial	labiodental	alveolar	postalveolar	palatal	velar	uvular	glottal
Plosiv	p b		t d			k g		ʔ
Frikativ		f v	s z	ʃ ʒ	ç	x	χ ʁ	h
Affrikate		pf	ts	tʃ dʒ				
Nasal	m		n			ŋ		
Vibrant			r				R	
Gleitlaut					j			
Lateral			l					

5.4.3 Vokale des Deutschen

Laute, bei deren Artikulation der Mundraum offen ist und die Luft weitgehend ungehindert durch das Ansatzrohr strömt, nennt man **Vokale**. Auch diese werden üblicherweise nach drei artikulatorischen Parametern eingeteilt:

- Die **Zungenhöhe** gibt die vertikale Position des höchsten Zungenpunkts im Mund an, also z. B. hoch für [i, u] oder tief für [a]. Abbildung 5.9 zeigt, dass der höchste Punkt der Zunge bei [i] und [u] tatsächlich markant höher liegt als bei [a]. Da die Zungenhöhe mit dem Öffnungsgrad der Mundhöhle korreliert, werden [i, u] oft auch als geschlossen, [a] als offen bezeichnet. Entsprechend kann man z. B. die Vokale des Deutschen in ein Schema mit den vier Positionen hoch – halb hoch – halb tief – tief bzw. geschlossen – halb geschlossen – halb offen – offen einordnen.
- Die **Zungenlage** erfasst die horizontale Position des höchsten Zungenpunkts im Mund. In dieser Hinsicht liegt [i] vor [u], [a] dagegen hinter [i], aber noch vor [u] (siehe Abbildung 5.9). Entsprechend lassen sich vordere, zentrale und hintere Vokale unterscheiden. Von den Zentralvokalen treten [ə] (Schwa) und [ɐ] (a-Schwa) allerdings im Deutschen nur in unbetonten Silben auf, weshalb sie auch als *Reduktionsvokale* bezeichnet werden.
- Manche Vokale, etwa [u], nicht aber [i] und [a], werden labialisiert, also mit **Lippenrundung** gesprochen. Das Vorstülpen der Lippen verlängert dabei das Ansatzrohr. Die Wörter *Mieten* und *Mythen* z. B. unterscheiden sich artikulatorisch nur im Hinblick auf dieses Merkmal.

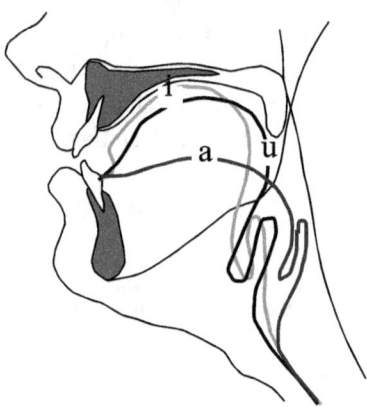

Abbildung 5.9: Artikulation der Eckvokale [i, a, u] (aus Pompino-Marschall 2009: 222).

Danach kann man Laute nun in das Schema der sog. **Kardinalvokale** einordnen, ein Referenzsystem für die Beschreibung von vokalischen Lauten. Ausgangspunkt sind dabei die drei Eckvokale [i, a, u] in ihrer anatomisch extremen Ausprägung. Das kardinale [i] z. B. würde bei noch stärker geschlossener Artikulation zu einem Konsonanten [j, ʝ]. Von diesen Eckvokalen aus können dann gleichmässig äquidistante Positionen im Mundraum für die übrigen Kardinalvokale festgelegt und in ein „Vokalviereck" eingeordnet werden. Dieses Schema dient als praktischer Bezugsrahmen für die Beschreibung der Vokalsysteme konkreter Sprachen, auch wenn die artikulatorischen Eigenschaften der einzelnen Vokale sich von Sprache zu Sprache geringfügig unterscheiden. Das [i] einer bestimmten Sprache ist nicht unbedingt identisch mit dem [i] einer anderen Sprache.

Eine Übersicht über die Vokale des Deutschen enthält die Abbildung 5.10. Nicht berücksichtigt sind darin nasalierte Vokale, die im Deutschen nur bei Fremdwörtern wie *Parfum* eine Rolle spielen.

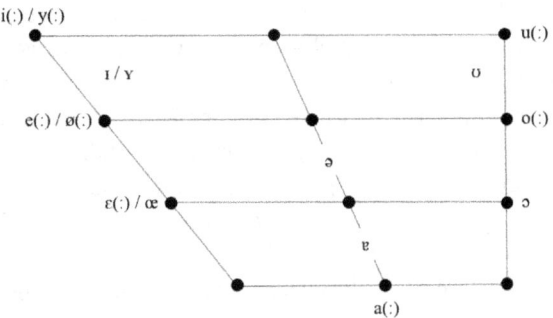

Abbildung 5.10: Vokale des Deutschen (phonetische Laute).

Beispiele für die verschiedenen vokalischen Laute finden sich in der nachfolgenden Tabelle 5.2:

Tabelle 5.2: Beispiele für die Vokallaute des Deutschen.

vorn		zentral		hinten	
i:	*mieten*			u:	*suchen*
i	*vital*			u	*spekulativ*
y:	*Süden*				
y	*Isotypie*				
ɪ	*Kind*			ʊ	*Mutter*
ʏ	*Mütter*				
e:	*geben*			o:	*Note*
e	*elastisch*			o	*Moral*
ø:	*Köter*				
ø	*Obszönität*				
		ə	*gebe*		
ɛ:	*gäben*			ɔ	*Loch*
ɛ	*Kette*				
œ	*möchte*				
		ɐ	*unter*		
		a:	*raten*		
		a	*Mann*		

Diese Darstellung enthält sowohl lange als auch kurze Vokale, da im Deutschen zwischen Wörtern wie [ʃtaːt] und [ʃtat] ein Bedeutungsunterschied besteht. Die Frage ist jedoch, ob für diesen Unterschied das Merkmal der Vokaldauer verantwortlich gemacht werden muss. In vielen Sprachen gibt es die Tendenz, Vokale, die peripherer, also weiter von einer mittleren und zentralen Lage entfernt liegen, „gespannt" zu artikulieren. Der **Gespanntheit** liegt die (bislang nicht experimentell bewiesene) Vorstellung zugrunde, dass eine periphere Artikulation eine höhere Muskelspannung erfordert, die zudem in einer tendenziell längeren Dauer resultiert. **Ungespannte** Vokale in einer weniger peripheren Lage würden dagegen tendenziell eher kurz artikuliert. In der Phonologie spielt die Unterscheidung zwischen gespannten und ungespannten Vokalen eine wichtige Rolle. Man kann deshalb das Vokalsystem des Deutschen auch mit lediglich drei Zungenhöhen und der Gespanntheitsopposition erklären: Die Vokale [i, y, u, ɪ, ʏ, ʊ] wären dann allesamt hohe Vokale, bei denen sich [i, y, u] durch das Merkmal gespannt von [ɪ, ʏ, ʊ] unterscheiden.

Bisher lag der Fokus stets auf Vokalen mit einer gleichbleibenden Qualität, sog. **Monophthongen**. Daneben gibt es jedoch auch dynamische Vokale, bei denen sich die Qualität während der Artikulation ändert. Solche **Diphthonge** werden notiert, indem der Gesamtverlauf ihrer Artikulation stellvertretend durch die Anfangs- und Endqualität abgebildet wird. Der Diphthong in *Maus* z. B., der mit einer [a]-artigen Qualität beginnt und bei [ʊ] endet, lässt sich entsprechend mit [aʊ] wiedergeben. Der Diphthong bildet dabei den Silbenkern (→ 5.5.4) und führt nicht zu einer Zweisilbigkeit des Worts (also nicht *[ma.ʊs], sondern [maʊs]). In der deutschen Standardsprache kommen die drei echten Diphthonge [aɪ, aʊ, ɔɪ] vor, andere lediglich peripher (z. B. in Interjektionen wie *hui* und *pfui*). Eine grosse Anzahl von sekundären Diphthongen resultiert allerdings aus der Tatsache, dass in weiten Teilen des Sprachgebiets <r> nach einem Vokal zu *a*-Schwa vokalisiert wird: z. B. [iːɐ] in *wir*, [yːɐ] in *Tür*, [uːɐ] in *Uhr* usw. Dadurch entstehen mehr als ein Dutzend sog. *zentralisierende* Diphthonge, also Diphthonge, deren Artikulation sich auf den Zentralvokal [ɐ] zubewegt. Im Schweizer Standard, der keine *r*-Vokalisierung kennt, fehlen diese Laute allerdings – dort heisst es [viːr], [tyːr] und [uːr] (vgl. DAWB S. 266).

5.5 Grundlagen der Phonologie

Mit den in Kapitel 5.4 dargestellten Grundlagen der Phonetik kann die Vielzahl anatomisch möglicher Laute genau beschrieben werden. Allerdings muss sich dazu nun eine weitere Perspektive gesellen, nämlich die Frage, welche Elemente dieses Lautsystems in einer Sprache bestimmte Funktionen erfüllen. Ein Beispiel dafür sind die verschiedenen Realisierungsmöglichkeiten von *r*: Der Laut kann als uvularer Vibrant [ʀ] (am Gaumenzäpfchen gerolltes *r*), als uvularer Frikativ [ʁ] (nicht gerolltes Zäpfchen-*r*) oder als alveolarer Vibrant [r] (an der Zunge gerolltes *r*) erzeugt werden. Der gleiche Ausdruck, z. B. *Radieschen*, wird von verschiedenen Personen unterschiedlich ausgesprochen, allerdings werden [ʁaˈdiːsçən], [ʀaˈdiːsçən] oder [raˈdiːsçən] nicht als bedeutungsunterschiedlich eingeschätzt. Trotzdem werden die Aussprachevarianten als unterschiedlich wahrgenommen und allenfalls auch mit sozialen Faktoren wie Herkunft verbunden (→ 10.3.2).

In der Phonologie geht es also darum, die Sprachlaute als strukturelle Elemente des Lautsystems aufzufassen und ihre Funktion zu untersuchen. Dabei ist es wichtig, zunächst die phonetisch beschreibbaren, anatomisch möglichen Laute nach ihrer phonologischen Funktion in sog. *Phoneme* zu kategorisieren.

5.5.1 Phonem und Allophon

Um die grosse Zahl an phonetischen Lauten (Phonen, vgl. Kapitel → 5.3.1) nach ihren Funktionen in einer bestimmten Sprache zu gliedern, wird das Konzept **Phonem** verwendet. Unter Phonem wird die kleinste distinktive, also bedeutungsunterscheidende Einheit einer Sprache verstanden. Die Gesamtheit der Phoneme einer Sprache wird als **Phoneminventar** bezeichnet. Um Phoneme von Phonen zu unterscheiden, verwendet man folgende Schreibkonventionen: Während Phone in eckige Klammern gesetzt werden ([m]), werden für Phoneme Schrägstriche verwendet (/m/).

Die Bestimmung des Phoneminventars erfolgt über **Minimalpaaranalysen**. Eine solche Analyse besteht darin, zwei Wörter miteinander zu vergleichen, die sich nur in einem einzigen Laut (Phon) an derselben Position unterscheiden. Führt diese minimale Veränderung zu einem Bedeutungsunterschied, spricht man von einer **phonologischen Opposition**. Dies zeigt, dass es sich bei den untersuchten Lauten um eigenständige **Phoneme** handelt. Die folgenden Beispiele illustrieren das Verfahren:

(3) [maɪn] – [paɪn] (*mein* vs. *Pein*): Die Laute [m] und [p] bilden eine phonologische Opposition und sind damit separate Phoneme (/m/ und /p/).

(4) [ʁaˈdiːsçən] – [ʀaˈdiːsçən] – [raˈdiːsçən] (Radieschen mit uvularem Frikativ, uvularem Vibranten oder alveolarem Vibranten): Die Laute [ʁ], [ʀ] und [r] bilden keine phonologische Opposition und sind damit keine separaten Phoneme.

Im Fall von (4) handelt es sich um **Allophone** (aus griech. *állos* ‚anderer'), die also als „Andersklinger" jeweils Varianten desselben Phonems darstellen. Mit dem strukturalistischen Konzept des Phonems ist zudem klar, dass es sich um eine Analyse auf Ebene der *Langue* und nicht der *Parole* handelt (→ 2.3.2). Im tatsächlichen Sprachgebrauch realisieren Sprecher:innen die Laute mitunter modifiziert (z. B. durch undeutliche Aussprache); davon wird jedoch bei der Bestimmung des Phoneminventars abstrahiert.

Beispiel (3) zeigt die phonologische Opposition in paradigmatischer Relation: Die Laute [m] und [p] werden an derselben Stelle ausgetauscht (nämlich im Anlaut). Die folgenden Beispiele zeigen weitere Minimalpaaranalysen, die nach den Positionen der Phoneme im Wort unterschieden werden:

(5) Paradigmatische phonologische Opposition im Anlaut:
mein, Pein, dein, kein, Wein, Schein usw.
[maɪn] [paɪn] [daɪn] [kaɪn] [vaɪn] [ʃaɪn] usw.
/m/, /p/, /d/, /k/, /v/ /ʃ/ usw.

(6) Paradigmatische phonologische Opposition im Inlaut:
wann, wenn
[van] [vɛn]
/a/ /ɛ/

(7) Paradigmatische phonologische Opposition im Auslaut:
wann, was
[van] [vas]
/n/ /s/

Neben der paradigmatischen kann auch eine **syntagmatische Perspektive** eingenommen werden: [van] enthält die Phoneme /a/, /v/ und /n/, wobei diese im **Kontrast** zueinander stehen.

Wenn eine Minimalpaaranalyse keine Bedeutungsunterschiede liefert, handelt es sich – wie bereits gezeigt – um Allophone. Diese können wiederum in Allophone mit **freier Variation** und solche mit **komplementärer Distribution** (Verteilung) unterteilt werden. Freie Variation liegt vor, wenn zwei Allophone im gleichen Lautkontext austauschbar sind, ohne dass sich die Bedeutung ändert. Diese Allophone sind nicht durch phonologische Bedingungen voneinander getrennt, sondern entweder durch individuelle (persönliche, emotionale) oder durch soziale bzw. regionale Faktoren. Die bereits oben erwähnten Allophone [ʁ], [ʀ] und [r] gehören dazu. Im selben phonologischen Kontext realisieren verschiedene Sprecher:innen unterschiedliche Varianten, ohne dass dies bedeutungsunterscheidend ist. Die unterschiedlichen Varianten können jedoch sehr wohl sozial bedeutsam sein; am Beispiel der Aussprache von /r/ hat das beispielsweise die Kaufhausstudie von Labov gezeigt (→ 10.1.2).

Komplementär verteilt sind Allophone, wenn sie jeweils in unterschiedlichen lautlichen Umgebungen vorkommen. Ein typisches Beispiel ist die sogenannte *Ich-/Ach*-Allophonie im Deutschen, also die Distribution der Allophone [ç] und [x, χ] (→ 5.4.2):
- [x, χ] steht nach Zentral- und Hinterzungenvokalen: z. B. in *Bach, suchen, Loch*,
- [ç] steht nach Vorderzungenvokalen, nach /n, l, r/ und am Anfang mancher Wörter: z. B. in *ich, Milch, Chemie* – wobei die Aussprache von [ç] im Anlaut von Wörtern wie *Chemie* regional mit [k] und [ʃ] variiert ([keˈmiː] bzw. [ʃeˈmiː]).

Da die Kontexte, in denen diese beiden Laute vorkommen, sich nicht überschneiden (komplementäre Distribution), können *Ich-* und *Ach*-Laut keinen Bedeutungsunterschied bewirken und gelten somit als Allophone desselben Phonems. Allerdings ist hierbei wiederum regionale Variation zu beobachten. So gilt die Verteilung von [ç] und [x, χ] z. B. nicht in den alemannischen Dialekten, weshalb auch im Schweizer Standard oft entweder konsequent [x] oder [ç] gesprochen wird (vgl. DAWB S. 266).

5.5.2 Konsonantenphoneme des Deutschen

Für das Deutsche ergibt sich durch Anwendung der Minimalpaaranalyse eine Reihe phonologischer Oppositionen, wie etwa zwischen stimmhaften und stimmlosen Obstruenten (z. B. /b/ vs. /p/ oder /d/ vs. /t/). Die entsprechenden Konsonantenphoneme können nach den bereits bekannten (→ 5.4.2) Merkmalsdimensionen Stimmhaftigkeit, Artikulationsstelle (Artikulationsort) und Artikulationsmodus (Artikulationsart) kategorisiert werden. Es ergeben sich also dadurch bilabiale (/p/, /b/, /m/), labiodentale (/f/, /v/), alveolare (/t/, /d/, /s/, /z/, /n/, /r/, /l/), postalveolare (/ʃ/, /ʒ/), palatale (/ç/, /j/), velare (/k/, /g/, /ŋ/) sowie glottale (/h/) Konsonanten, wobei nicht immer alle Allophone eines Phonems an der jeweilen Artikulationsstelle gebildet sein müssen. So sind z. B. im Phonem /ç/ palatale, velare und uvulare Allophone, also [ç, x, χ], zusammengefasst. Nach dem Artikulationsmodus kann man im Deutschen Nasale (/m/, /n/, /ŋ/), Laterale (/l/), Vibranten (/r/), Gleitlaute (/j/), Frikative (/f/,

/v/, /s/, /z/, /ʃ/, /ç/, /h/), Plosive (/p/, /b/, /t/, /d/, /k/, /g/) und Affrikaten (/pf/, /ts/, /tʃ/, /dʒ/) unterscheiden. Tabelle 5.3 zeigt die konsonantischen Phoneme des Deutschen im Überblick.

Tabelle 5.3: Konsonantische Phoneme des Deutschen.

	bilabial	labiodental	alveolar	postalveolar	palatal	velar	uvular	glottal
Plosiv	p b		t d			k g		
Frikativ		f v	s z	ʃ ʒ	ç			h
Affrikate		pf	ts	tʃ dʒ				
Nasal	m		n			ŋ		
Vibrant			r					
Gleitlaut					j			
Lateral			l					

Im Vergleich zur Übersicht über die konsonantischen Phone des Deutschen (vgl. Tabelle 5.1 in Kapitel → 5.5.2) zeigt sich nun ein reduzierter Umfang, da Allophone nur unter einem Phonem aufgeführt sind – die in freier Variation vorkommenden Varianten [r, ʀ, ʁ] z. B. unter /r/, da [r] in der Schweiz die verbreitetste Realisierung ist. Orientiert man sich am deutschländischen Standard, wird üblicherweise /ʀ/ angesetzt (vgl. Hall 2011: 62). Auch [x] und [χ] werden in der Tabelle nicht mehr aufgeführt, da sie Allophone des Phonems /ç/ darstellen. Die Entscheidung zugunsten der Variante [ç] fällt dabei wegen ihrer breiteren Distribution (→ 5.5.1). Die hinteren Varianten [x, χ] lassen sich mit einer einfachen Regel als Angleichungen (Assimilationen) an die zentralen oder hinteren Nachbarvokale beschreiben (*Bach, suchen, Loch*). Würde man dagegen den *Ach*-Laut als Phonem ansetzen, wäre es schwierig, die disparaten Kontexte des *Ich*-Lauts (nach Vorderzungenvokalen, nach /n, l, r/, am Wortanfang) mit einer einfachen Regel zu erklären.

Auch der Glottisverschluss [ʔ] ist nicht als Phonem aufgeführt, da er in der Regel nicht als Phonem betrachtet wird. Für diese Sichtweise spricht, dass er ohne Bedeutungsänderung weglassbar ist: z. B. [bəˈʔaχtən] (*beachten*) in Deutschland vs. [bəˈaχtən] in Österreich und der Schweiz. Zudem ist das Auftreten voraussagbar (vgl. Fuhrhop/Peters 2023: 72). Interessant ist die Aussprache von Gendermarkierungen wie dem Genderstern in *Student*innen*, das als [ʃtuˈdɛntʔɪnən] ausgesprochen werden kann und eine Opposition zu [ʃtuˈdɛntɪnən] (*Studentinnen*) bildet. Hier könnte argumentiert werden, dass ein Bedeutungsunterschied entsteht. Allerdings hat sich diese Aussprache noch nicht breit durchgesetzt und könnte auch als prosodisches Merkmal aufgefasst werden.

In der phonologischen Forschung werden darüber hinaus weitere Zweifelsfälle diskutiert (Fuhrhop/Peters 2023: 70–72): Im deutschländischen Standard gibt es inlautend eine Opposition von [s] und [z] wie in *reisen* [ˈʁaɪ̯zən] vs. *reissen* [ˈʁaɪ̯sən]. Im Anlaut wird stimmhaftes [z], im Auslaut stimmloses [s] gesprochen, was wiederum regelhaft voraussagbar ist und deshalb für einen Allophon-Status sprechen würde. Auch ob die Affrikaten [pf, ts, tʃ] (in *Napf, Platz, Matsch*) als eigene Phoneme gelten können, ist umstritten. In vielen Analysen werden sie als Einzelsegmente behandelt, in anderen jedoch als Phonemkombinationen (z. B. /p/ + /f/). Auch der velare Nasal [ŋ] wird verschiedentlich nicht als eigenes Phonem interpretiert, sondern abstrakt aus /nk/ bzw. /ng/ abgeleitet.

5.5.3 Vokalphoneme des Deutschen

Bezüglich der Vokale ist das Phoneminventar übersichtlicher, wie Abbildung 5.11 zeigt.

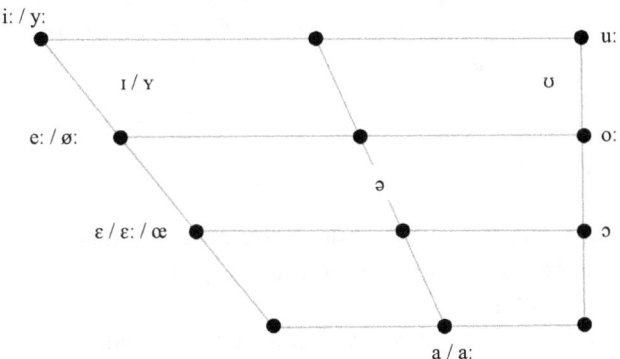

Abbildung 5.11: Vokalphoneme des Deutschen.

Im Vergleich zur Vielzahl möglicher phonetischer Realisierungen zeigt das phonologische Inventar des Deutschen einige systematische Reduktionen. Das betrifft insbesondere kurze Vokale, vokalisierte Laute und Diphthonge.

Die **gespannten Vokale** [i, y, u, e, ø, o] treten im Deutschen zwar auch phonetisch kurz auf (z. B. in *Mutti* [ˈmʊti] oder *Motto* [ˈmɔto]). Diese Varianten werden jedoch nicht als eigenständige Phoneme aufgeführt, da eine komplementäre Verteilung zwischen Langform und Kurzform besteht. Gespannte Langvokale erscheinen stets in betonter Silbe (z. B. *viele* ['fiːlə]), während die Kurzformen in unbetonten Silben stehen (z. B. *Mutti* ['mʊti]). Die langen Vokale gelten deshalb als phonologisch grundlegend; die kurzen Varianten entstehen regelhaft durch Kürzung in unbetonter Stellung.

Auch das zum *a*-**Schwa** [ɐ] vokalisierte <r> (z. B. *Tier* [tiːɐ], *leert* [leːɐt] etc.) muss nicht als eigenständiges Phonem behandelt werden. Es lässt sich systematisch aus /r/ ableiten, das je nach Kontext auch wieder erscheinen kann: z. B. *Tier* → *Tiere* ['tiːrə] oder *leert* → *lehren* ['leːrən]. Zudem kommt die vokalisierte Form im Schweizer Standard nicht vor. Es handelt sich also um eine phonetische Reduktion eines zugrunde liegenden /r/ oder /ər/.

Das **Schwa** [ə] tritt in Minimalpaaren zu Vollvokalen auf, etwa in *Motto* ['mɔto] vs. *Motte* ['mɔtə], hat aber einen besonderen Status als Reduktionsvokal. Die meisten phonologischen Analysen behandeln [ə] dennoch als eigenes Phonem, da es eine regelmässige Segmentposition besetzt und grammatische Funktionen übernehmen kann, z. B. in der Substantiv- (*Brote* ['broːtə]) und Verbflexion (*ich bitte* ['bɪtə]).

Ein Sonderfall sind die **Diphthonge** /aɪ/, /aʊ/ /ɔɪ/ (wie in *Mai, bauten, Häute*). Diese gelten üblicherweise als eigene Phoneme, werden also monophonematisch interpretiert: z. B. *bauten* ['baʊtən] vs. *baten* ['baːtən]. Sie lassen sich jedoch auch als biphonematische Sequenzen analysieren und zu Vokal und Konsonant in Opposition setzen: z. B. *kaute* ['kaʊtə] vs. *Kante* ['kantə].

5.5.4 Suprasegmentale Einheiten

In der bisherigen Darstellung der Phonologie lag der Fokus auf segmentalen Einheiten, also einzelnen Phonemen, die in linearen Abfolgen organisiert sind. Diese Ebene ist für die Beschreibung vieler lautlicher Kontraste zentral. Allerdings reicht sie nicht aus, um alle phonologisch relevanten Strukturen einer Sprache zu erfassen. Sprachliche Laute sind nicht nur linear aneinandergereiht, sondern auch durch übergreifende Strukturen organisiert, die sich über einzelne Segmente hinaus erstrecken. Hier setzt der Blick auf suprasegmentale Merkmale an, also lautliche Eigenschaften, die ganze Silben, Füsse, Wörter oder Phrasen betreffen. Die Gesamtheit dieser suprasegmentalen Eigenschaften wird auch als **Prosodie** bezeichnet (Fuhrhop/Peter 2023: 14).

Die Analyse solcher Merkmale ist Gegenstand der **nichtlinearen** oder **prosodischen Phonologie** (→ 5.3.2), die sich mit hierarchischen und parallelen Strukturen im Lautsystem befasst. Dazu zählen insbesondere **Silbenstruktur**, **Betonung** (Wortakzent), **Intonation**, **Rhythmus** und **Sprechtempo**. Diese Phänomene spielen eine entscheidende Rolle für Sprachverarbeitung, Sprachproduktion und Sprachwahrnehmung. Ohne sie wäre z. B. der Unterschied zwischen einer Frage und einer Aussage (vgl. auch Prosodie als Illokutionsindikator → 4.2.2) oder zwischen einem einfachen und einem zusammengesetzten Wort nicht klar erkennbar. Auch morphologische Informationen können über suprasegmentale Merkmale vermittelt werden.

Ein konkretes Beispiel dafür, wie sich die Analyse durch eine suprasegmentale Perspektive verändert, ist die Interpretation von Komposita. So unterscheidet sich *Spiegelei* [ˈʃpiːɡəl.aɪ̯] (des Spiegels) von *Spiegel-Ei* [ˈʃpiːɡəl.ʔaɪ̯] allein durch die Präsenz eines Glottisverschlusses. Segmental sind die Formen nahezu identisch – der Bedeutungsunterschied ergibt sich durch ein suprasegmentales Merkmal, den Glottisverschluss, der eine Wortgrenze markiert. Eine streng segmentale Analyse könnte diesen Kontrast nicht erklären und kommt damit auch zum Schluss, dass der Glottisverschluss im Deutschen keinen Phonemstatus aufweist (→ 5.5.2).

Im Folgenden werden sehr knapp wichtige prosodische Kategorien vorgestellt; eine ausführliche Darstellung findet sich z. B. in Hall (2011) und Fuhrhop/Peters (2023).

Die **Silbe** (σ) ist definiert als kleinste Lautfolge, die selbständig, ohne weitere Laute, geäussert werden kann. Sie weist Merkmale auf, die nicht aus den Merkmalen der einzelnen Laute erklärbar sind. Dazu gehört z. B. die Länge von Vokalen oder die Gespanntheit (*biete* [ˈbiːtə] – gespannt vs. *bitte* [ˈbɪtə] – ungespannt). Eine Silbe besteht typischerweise aus einem **Silbenkern** (meist ein Vokal), einem optionalen **Anfangsrand (Onset)** und einem optionalen **Endrand (Koda)**; Abbildung 5.12 zeigt einige Beispiele. Die Ränder umfassen die Konsonanten, die dem Kern innerhalb der Silbe vorangehen oder nachfolgen. Die Silbenstruktur beeinflusst, welche Lautkombinationen möglich sind, wie Laute verteilt sind und welche phonologischen Prozesse greifen (z. B. Auslautverhärtung oder Schwa-Tilgung). Ein Beispiel: In Wörtern wie *Leben* [ˈleːbən] und *Lebensmittel* [ˈleːbn̩sˌmɪtl̩] wird das Schwa in -*ben* getilgt, sobald die folgende Silbe stärker betont ist. Der Hochstrich [ˈ] steht für den primären, der Tiefstrich [ˌ] für den sekundären **Wortakzent**.

σ = phonologische Silbe, A = Anfangsrand, K = Kern, E = Endrand

Abbildung 5.12: Beispiele für die Analyse von Silben (Fuhrhop/Peters 2023: 87).

Intonation bezeichnet den Verlauf der Tonhöhe über eine Äusserung hinweg, also deren melodische Gestaltung. Sie trägt zur Unterscheidung von Satztypen bei, wie Beispiel 8 zeigt:

(8) Aussage: *Du gehst.* [duː ɡeːst] → ↓
    Frage: *Du gehst?* [duː ɡeːst] → ↑

Intonationsverläufe können aber auch emotionale oder pragmatische Informationen übermitteln. Ein Beispiel findet sich in Kapitel 11.4.6 in Abbildung 11.6: Bei Fahrkartenkontrollen zeigen sich beispielsweise typische fallende Intonationskonturen, die durch ihre Musterhaftigkeit anzeigen, dass es sich nicht um eine normale Begrüssung handelt, sondern um den Start einer Fahrkartenkontrolle.

Weiter wird gesprochene Sprache in **Intonationsphrasen** gegliedert, die sich durch Tonhöhenverlauf, Pausen und Rhythmus voneinander abgrenzen lassen. Innerhalb dieser Phrasen tragen einzelne Silben einen **Intonationsakzent**, meist auf dem semantisch oder informationsstrukturell wichtigsten Wort. Dieser **Akzent** ist der zentrale Orientierungspunkt für die Intonationskontur, wie folgendes Beispiel zeigt:

(9) *Du hast das **BUCH** gelesen.* → Betonung auf *Buch*, fallende Kontur
    *Du hast das Buch **GELESEN**?* → Betonung auf *gelesen*, steigende Kontur

Im Rahmen der Gesprächs- und Interaktionslinguistik spielt Intonation eine wichtige Rolle z. B. bei der Analyse von Sprecherwechseln (→ 9.4.1.4). Bei der Transkription von gesprochener Sprache werden deshalb viele suprasegmentale Elemente wie Akzent (noch detaillierter unterschieden nach Haupt-/Fokusakzent und Nebenakzent) oder Intonation vermerkt (→ 12.5.1).

Bibliografie

AADG = Kleiner, Stefan (2011 ff.): Atlas zur Aussprache des deutschen Gebrauchsstandards (AADG). Unter Mitarbeit von Ralf Knöbl. http://prowiki.ids-mannheim.de/bin/view/AADG/

Ammon, Ulrich/Bickel, Hans/Lenz, Alexandra Nicole (2016): Variantenwörterbuch des Deutschen. 2. Aufl. Berlin, Boston: De Gruyter.

Auer, Peter (2021a): Reflections on linguistic pluricentricity. In: Sociolinguistica 35/1, S. 29–47.

Auer, Peter (2021b): Gibt es einen deutschen Neo-Standard und – wenn ja – wie verhält er sich zu den Entwicklungen der Standards anderer europäischer Sprachen? In: Lobin, Henning et al. (Hrg.): Deutsch in Europa: Sprachpolitisch, grammatisch, methodisch. Berlin, Boston: De Gruyter, S. 159–186.

Berg, Martin et al. (2017): The Speaking Voice in the General Population: Normative Data and Associations to Sociodemographic and Lifestyle Factors. In: Journal of Voice 31/2.
Bloomfield, Leonard (1933): Language. New York: Holt.
Braun, Angelika (2015): William Holder – a Pioneer of Phonetics. In: Hoffmann, Rüdiger/Trouvain, Jürgen (Hrg): HSCR 2015. Proceedings of the First International Workshop on the History of Speech Communication Research. Dresden: TUDpress, S. 106–117.
Browman, Catherine P./Goldstein Louis M. (1986): Towards an articulatory phonology. In: Phonology Yearbook 3, S. 219–52.
Burger, Harald/Luginbühl, Martin (2014): Mediensprache. Eine Einführung in Sprache und Kommunikationsformen der Massenmedien. Berlin, Boston: De Gruyter.
Chomsky, Noam/Halle, Morris (1968): The Sound Pattern of English. New York u. a.: Harper & Row.
Conrad, François (2019): Kleine Einführung in PRAAT. URL: https://www.francoisconrad.com/_files/ugd/7c0460_0c3ac60466794624a221bc3a8895fd4b.pdf
DAWB = Krech, Eva-Maria et al. (2009): Deutsches Aussprachewörterbuch. Berlin, New York: De Gruyter.
Dekker, Kees (2000): The Latin tradition and Icelandic. In: Auroux, Sylvain et al. (Hrg.): History of the Language Sciences. Bd. 1. Berlin, Boston: De Gruyter, S. 617–633. (= HSK 18).
Deshpande, Madhav M. (1997): Śaunakīyā Caturādhyāyikā. A Prātiśākhya of the Śaunakīya Atharvaveda. Cambridge, Mass.: Harvard Univ. Press.
Dürscheid, Christa (2016): Einführung in die Schriftlinguistik. 5. Aufl. Göttingen: Vandenhoeck & Ruprecht.
Duden (2016) = Duden. Die Grammatik. Hg. von Angelika Wöllstein und der Dudenredaktion. 9. Aufl. Berlin: Dudenverlag.
Durand, Jacques (2017): Corpus Phonology. In: Mark Aronoff (Hrg.): Oxford Research Encyclopedia of Linguistics. January 25, 2017. Oxford University Press. URL: https://oxfordre.com/linguistics/view/10.1093/acrefore/9780199384655.001.0001/acrefore-9780199384655-e-145 (23.03.2025).
Elspaß, Stephan/Kleiner, Stefan (2019): Forschungsergebnisse zur arealen Variation im Standarddeutschen. In: Herrgen, Joachim/Schmidt, Jürgen Erich (Hrg.): Sprache und Raum – Ein internationales Handbuch der Sprachvariation. Berlin, Boston: De Gruyter, S. 159–184. (= HSK 30/4)
Elspaß, Stephan (2025): Pluriareal languages and the case of German. In: Meer, Philipp/Durgasingh, Ryan (Hrg.): Pluricentricity and Plurireality: Dialects, Variation, and Standards. Amsterdam, Philadelphia: John Benjamins, S. 15–44.
Fuhrhop, Nanna/Peters, Jörg (2023): Einführung in die Phonologie und Graphematik. 2. Aufl. Stuttgart/Weimar: Metzler.
Goody, Jack (1977): The Domestication of the Savage Mind. Cambridge: University Press.
Hakkarainen, Heikki J. (1995): Phonetik des Deutschen. München: UTB.
Hall, Kathleen Currie (2022): Corpora and phonological analysis. In: Dresher, B. Elan/Hulst, Harry van der (Hrg.): The Oxford History of Phonology. Oxford: University Press, S. 619–638.
Hall, T. Alan (2011): Phonologie. Eine Einführung. 2. Aufl. Berlin, New York: De Gruyter.
Ikenaga, Hana (2023): „Ich kann nichts anderes als Hochdeutsch." Sprachliche Variation in Hannover. In: Muttersprache 133, S. 116–123.
Jakobson, Roman et al. (1952) Preliminaries to Speech Analysis. The Distinctive Features and their Correlates. Cambridge, Mass.: MIT Press.
Kenstowicz, Michael J. (2022): *The Sound Pattern of English* and early generative phonology. In: Dresher, B. Elan/Hulst, Harry van der (Hrg.): The Oxford History of Phonology. Oxford: University Press, S. 396–416.

Kiparsky, Paul (2022): Pāṇini. In: Dresher, B. Elan/Hulst, Harry van der (Hrg.): The Oxford History of Phonology. Oxford: University Press, S. 38–63.
Kisseberth, Charles W. (2022): Representations in generative phonology in the 1970s and 1980s. In: Dresher, B. Elan/Hulst, Harry van der (Hrg.): The Oxford History of Phonology. Oxford: University Press, S. 440–461.
Knight, Rachael-Anne/Setter, Jane (2021): The Cambridge Handbook of Phonetics. Cambridge: University Press.
Krämer, Sybille (1996): Sprache und Schrift oder: Ist Schrift verschriftete Sprache? In: Zeitschrift für Sprachwissenschaft 15/1, S. 92–112.
Kröger, Bernd J. (2018): Neuronale Modellierung der Sprachverarbeitung und des Sprachlernens. Eine Einführung. Berlin: Springer.
Ladd, D.R. (2011): Phonetics in Phonology. In: Goldsmith, John et al. (Hrg.): The Handbook of Phonological Theory. 2. Aufl. Malden u. a.: Blackwell, S. 348–373.
Ladefoged, Peter (2003): Phonetic Data Analysis. An Introduction to Fieldwork and Instrumental Techniques. Malden u. a.: Blackwell.
Ladefoged, Peter/Disner, Sandra F. (2012): Vowels and Consonants. 3. Aufl. Malden u. a.: Wiley-Blackwell.
Linell, Per (2005): The Written Language Bias in Linguistics Its Nature, Origins and Transformations. London u. a.: Routledge
MacMahon, Michael K. C. (2013): Orthography and the Early History of Phonetics. In: Allan, Keith (Hrg.): The Oxford Handbook of the History of Linguistics. Oxford: University Press, S. 105–122.
Maddieson, Ian (2013): Consonant Inventories. In: Dryer, Matthew S./Haspelmath, Martin (Hrg.): The World Atlas of Language Structures Online (v2020.4). URL: https://doi.org/10.5281/zenodo.13950591 (19.03.2025).
Öhlschläger, Günther (2013): Eduard Sievers und die Junggrammatiker. In: Ders. et al. (Hrg.): Leipziger Germanistik: Beiträge zur Fachgeschichte im 19. und 20. Jahrhundert. Berlin, Boston: De Gruyter, S. 31–77.
Ong, Walter J. (1982): Orality and literacy: the technologizing of the word. London u. a.: Methuen.
Oostendorp, Marc van (2022): Optimality Theory. In: Dresher, B. Elan/Hulst, Harry van der (Hrg.): The Oxford History of Phonology. Oxford: University Press, S. 551–568.
Pompino-Marschall, Bernd (2009): Einführung in die Phonetik. 3. Aufl. Berlin, New York: De Gruyter.
Prince, Alan/Smolensky, Paul (1993): Optimality Theory: Constraint Interaction in Generative Grammar. New Brunswick: Rutgers University Center for Cognitive Science.
Ramers, Karl Heinz (2001): Einführung in die Phonologie. München: Fink.
Siebs, Theodor (1898): Deutsche Bühnenaussprache. Ergebnisse der Beratungen zur ausgleichenden Regelung der deutschen Bühnenaussprache, die vom 14.–16. April 1898 im Apollosaale des Königlichen Schauspielhauses zu Berlin stattgefunden haben. Berlin u. a.: Albert Ahn.
Szczepaniak, Renata (2007): Der phonologisch-typologische Wandel des Deutschen von einer Silben- zu einer Wortsprache. Berlin, Boston: De Gruyter.
Trubetzkoy, Nikolaj S. (1939): Grundzüge der Phonologie. Prag: Cercle Linguistique de Prague.
VG = Variantengrammatik des Standarddeutschen (2018). Ein Online-Nachschlagewerk. Verfasst von einem Autorenteam unter der Leitung von Christa Dürscheid, Stephan Elspaß und Arne Ziegler. http://mediawiki.ids-mannheim.de/VarGra/index.php/%C3%9Cber_uns.
WDA = Wörterbuch der deutschen Aussprache. Leipzig: VEB Bibliogr. Institut.
Zeman, Sonja (2023): Oral Storytelling in Ancient Greek and German Medieval Literature. In: Hühn, Peter et al. (Hrg.): Handbook of Diachronic Narratology. Berlin, Boston: De Gruyter, S. 684–709.

6 Morphologie/Lexikologie

„Words are, of course, the most powerful drug used by mankind" – mit ihrer infizierenden, narkotisierenden und lähmenden Wirkung, zugleich aber auch der Fähigkeit, Farbe noch in die allerkleinste Gehirnzelle zu transportieren (nach Kipling 1928: 223). Die drastische Metapher, mit der der britische Autor Rudyard Kipling 1923 in einer Rede vor dem Royal College of Surgeons in London die Macht von Wörtern beschreibt, lässt sich in gewisser Weise auch auf die Sprachwissenschaft übertragen. Als linguistischer Gegenstand wirft das Wort zahlreiche, mitunter narkotisierend schwierige Fragen auf. Gleichzeitig durchzieht es als eine der fundamentalen und unverzichtbaren Basiseinheiten die gesamte Sprachwissenschaft und steht im Zentrum verschiedener linguistischer Teildisziplinen. Vor einer vertieften Beschäftigung mit morphologischen und lexikologischen Fragen in den Kapiteln 6.2 (Flexion), 6.3 (Wortbildung) und 6.4 (Wortarten) ist deshalb zunächst der Zentralbegriff *Wort* zu klären und ein Blick auf seine Bestandteile (*Minimalzeichen, Morphem, Allomorph, Morph*) und die Gesamtheit der Wörter (*Lexikon*) zu werfen.

6.1 Grundbegriffe

6.1.1 Das Wort – Zugänge und Konzepte

Es erscheint paradox, dass in der Wissenschaft gerade die grundlegendsten Kategorien häufig besonders vielseitig verwendet werden und damit unerwartete Verständnisprobleme schaffen. Während z. B. in der Sprachwissenschaft keine grosse Unsicherheit darüber besteht, welches Konzept mit dem Ausdruck *Possessivkompositum* bezeichnet werden soll (→ 6.3.3.1), ist zunächst unklar, was genau in einem linguistischen Text mit *Wort*, *Satz* oder *Text* gemeint ist. Dies hat mehrere Gründe:

Ausdrücke wie *Wort* sind – anders als Fachausdrücke wie *Possessivkompositum* – auch im alltäglichen Leben relevant. Alltagssprachliche Ausdrücke werden aber in der Regel „kernprägnant" (und nicht „randscharf") verwendet, d. h. wir wissen ungefähr, was damit gemeint ist, könnten sie jedoch nicht präzise definieren, also angeben, wo ihr Geltungsbereich exakt endet und wo die Grenze zu anderen Kategorien verläuft (→ 3.4.3 zur Prototypentheorie). In der Alltagskommunikation ist derartige Exaktheit nicht notwendig oder sogar unerwünscht, weil sie die Kommunikation dramatisch verlangsamen würde und eine Vielzahl an Kontexthinweisen die Verstehbarkeit der Äusserung ohnehin sicherstellt. Ausserdem kann im Bedarfsfall immer noch nachgefragt werden. Fach- und wissenschaftssprachliche Äusserungen bemühen sich dagegen in viel höherem Mass um eine exakte Verwendung sog. *Termini*, also „randscharf" definierter Fachausdrücke. Wenn beispielsweise in einer Boulevardzeitung ein Tötungsdelikt als *Mord* bezeichnet wird, kann man nicht unbedingt unterstellen, dass vor der journalistischen Verwendung des Ausdrucks die Liste der Tatbestandsmerkmale überprüft wurde, die relevant sind, um die fragliche Tat in einem juristischen Sinn als *Mord* bezeichnen zu können. Hinzu kommt, dass ein bestimmtes Konzept auch in wissenschaftlichen Zusammenhängen fachlich unterschiedlich prominent sein kann: Das Konzept ‚proterokinetisch' (für ein spezifisches Akzent- und Ablautmuster) ist zwar für die Rekonstruktion der urindogermanischen Morphologie und damit für das Fach Indogermanistik hochrelevant; in anderen Wissenschaften spielt es jedoch keine Rolle. Dagegen werden Konzepte, die mit den Ausdrücken *Kultur*, *Diskurs* oder *performativ* verbunden sind, in einer Vielzahl von Disziplinen der Geistes- und Sozialwissenschaften verwendet – oft allerdings in disziplinspezifischer Weise. Je allgemeiner ein Konzept relevant ist, desto mehrdeutiger (→ 3.2.3) erscheinen in der Regel die zugeordneten Ausdrücke. *Wort* ist nun ein Ausdruck, der alltagssprachlich hochfrequent und für nahezu alle Teildisziplinen der Linguistik relevant ist – mit jeweils markant unterschiedlicher Perspektive auf das zugrunde liegende Konzept. Deshalb ist es notwendig, sich zunächst einen Überblick über wichtige Konzeptualisierungen von *Wort* zu verschaffen.

6.1.1.1 Zur Segmentierung von Wörtern

Als Wort fassen wir beim Lesen intuitiv das auf, was zwischen Leerzeichen (Spatien) oder Satzzeichen als zusammenhängende Buchstabenfolge steht. Dieses simple Prinzip wird auch beim Aufbau digitaler Korpora eingesetzt, wo ein sog. *Tokenizer* aus maschinenlesbaren Texten entsprechende Einheiten identifiziert und als Textwörter (Tokens) interpretiert (darunter allerdings auch Zahlen und Satzzeichen; → 12.4.5). Solche **graphematischen Wörter** werfen aber Fragen auf: Die Setzung von Spatien beruht auf Rechtschreibkonventionen, die sich häufig ändern. So wurde im Zuge der Orthografiereform von 1996 die Getrennt-/Zusammenschreibung im Deutschen neu geregelt und Getrenntschreibung als Normalfall eingeführt. Aus *wieviel, haltmachen* und *nahestehend* wurde plötzlich *wie viel, Halt machen* und *nahe stehend*. Infolge der Kritik am neuen Regelwerk wurden die Änderungen 2004 und 2006 zum Teil wieder zurückgenommen, sodass in allen drei Fällen die ursprüngliche Schreibung heute wieder verbindlich gilt oder zumindest empfohlen wird. Es ist nicht plausibel, dass sich allein durch diese politischen Entscheidungen innert zehn Jahren die Struktur des deutschen Lexikons mehrfach massiv geändert haben soll. Hinzu kommt, dass in der Geschichte des Deutschen erst in jüngster Zeit überhaupt eine verbindliche Orthografie entstand. Dagegen war z. B. im älteren Deutsch bei zusammengesetzten Wörtern (→ 6.3.3.1) die Getrenntschreibung eine von mehreren üblichen Strategien – neben Zusammen- und Bindestrichschreibung. Diese sog. *Komposita* hätten damit lange Zeit unklaren Wortstatus besessen. Hand- und Inschriften der klassischen Antike verwendeten mit der *scriptio continua* gar einen Schreibstil, der auf jegliche Wortsegmentierung verzichtete. Ganz grundsätzlich kann die Kategorie WORT nicht von Literalität, also der Existenz schriftlicher Kommunikation, abhängig gemacht werden, da ja auch schriftlose Kulturen Sprache verwenden und selbst in literalisierten Sprachgemeinschaften sog. *low varieties* (→ 10.3.7) in der Regel nicht verschriftet werden. Gelegentlich wird kritisiert, dass empirisch nicht ausreichend untersucht sei, ob solche Sprachen überhaupt ein kompatibles Konzept ‚Wort' besitzen oder ob unsere Vorstellung vom Wort möglicherweise eine westliche ist. Allerdings basiert bereits die altindische Grammatiktradition (Pāṇinis Lehrbuch zum klassischen Sanskrit und damit die älteste bekannte Grammatik überhaupt) auf der Vorstellung von Wörtern (*pada*) (vgl. Cardona 2000: 114).

Man kann die Wortabgrenzung natürlich auch anhand lautlicher Kriterien vornehmen und erhält dann ein **phonologisches Wort**. Allerdings sind aus einer grafischen Darstellung des Sprechschalls zunächst keine eindeutigen Wortgrenzen ablesbar, da sich die Laute im Signal überlappen (→ 5.3.1) und Pausen beim Sprechen vorrangig der Markierung von Bedeutungseinheiten und nicht der Segmentierung von Wörtern dienen. Ein amüsanter Verstehenstest hinter dem folgenden QR-Code verdeutlicht das Segmentierungsproblem.

Ohne Kontext erweist sich diese Sequenz bei zügigem Sprechtempo als unsegmentierbar und unverständlich (vgl. Härle et al. 2004). Eine Wortabgrenzung kann also nicht über wahrnehmbare Pausen im Sprechschall erfolgen. Deshalb argumentiert man meist so, dass beim Sprechen zwischen Wörtern pausiert werden *könnte*. Zudem weisen viele Sprachen phonologische Merkmale auf (z. B. Akzentposition, Laut- und Silbenstruktur, Vokalharmonie), die effektiv die Wortgrenzen markieren. Bei finnischen und tschechischen Wörtern beispielsweise wird stets die erste Silbe eines Worts betont. Auch im Deutschen ist die Tendenz zur Markierung des phonologischen Worts stark ausgeprägt (vgl. Szczepaniak 2007).

In der Grammatik bildet das Wort sowohl die grösste Einheit der Morphologie als auch die Basis für die Syntax, weshalb man unter diesem Blickwinkel oft vom **morphosyntaktischen Wort** spricht (vgl. Haspelmath 2011; Mugdan 2022b).

Der Ausdruck *grammatisches Wort* ist dagegen – etwas irreführend – für einen anderen Aspekt reserviert (→ 6.1.1.2). Die morphosyntaktischen Wörter zeigen nun gewisse distributionelle Besonderheiten: In klassisch-strukturalistischer Sichtweise sind sie syntaktisch isolierbar, d. h. sie können allein eine elliptische Äusserung bilden, „a minimum free form" (Bloomfield 1933: 178), etwa als Antwort auf eine Frage:

(1) a. Was macht ihr dieses Wochenende? Nichts.
    b. Wer hat den letzten Keks geklaut? Er.

Sie besitzen zudem eine unveränderliche Konstituentenfolge, d. h. ihre Bestandteile können in der Regel nicht ohne Bedeutungsänderung oder Verlust ihrer Grammatikalität umgestellt werden (→ 6.3.3.1 zu Ausnahmen). So kann die Reihenfolge von *ver* + *gab* nicht in **gab* + *ver* geändert werden, und ein *Feld* + *spiel* ist etwas anderes als ein *Spiel* + *feld*. Gleichzeitig können Wörter als Ganzes jedoch im Satz ihre Position wechseln. Sie sind also nach innen hin fest und nach aussen beweglich.

Morphosyntaktisch bestimmte Wörter gelten zudem – anders als Phrasen – als lexikalisch nicht unterbrechbar: „a word cannot be interrupted by other forms" (Bloomfield 1933: 180). Es erscheint zunächst plausibel, dass lexikalisches Material nicht einfach in ein bestehendes Wort eingefügt werden kann, auch wenn sich z. B. erste Belege für Vulgarismen des Typs *unfuckingfassbar* in Korpora finden. Schwerer wiegt, dass im Deutschen **trennbare Verben**, also Partikelverben wie *abnehmen*, Substantiv-Verb-Verbindungen wie *kopfstehen*, Adjektiv-Verb-Verbindungen wie *krankschreiben* und Verb-Verb-Verbindungen wie *kennenlernen*, jeweils Instanzen haben, die sowohl morphologisch als auch syntaktisch unterbrechbar sind. So wird beim Infinitiv ein Element *zu*, das man (anders als *-ge-* im Partizip) als Wort interpretieren könnte, direkt in das Verb integriert (*abzunehmen*). Bei einfachen und untrennbaren Verben steht es dagegen isoliert vor dem Verb (*zu vernehmen* statt **verzunehmen*). Auch syntaktisch sind Partikelverben trennbar, unterbrechbar und sogar in ihrer Reihenfolge umkehrbar:

(2) a. $ab_1nehmen_2$ → Für die Hochzeit $nahm_2$ er vier Kilo ab_1
    b. $kennen_1lernen_2$ → Dann $lernst_2$ du sie endlich mal $kennen_1$

In Nebensatzstellung ist eine syntaktische Unterbrechung dagegen ausgeschlossen (siehe Beispiel 3). Aufgrund solcher Besonderheiten ist der Wortstatus trennbarer Verben – komplexes Wort oder Syntagma? – in der Forschung umstritten (vgl. Fuhrhop 2007; Knobloch 2009; Fleischer/Barz 2012: 91, 379).

(3) a. dass du sie endlich mal kennenlernen konntest.
    b. *dass kennen du sie endlich mal lernen konntest.

Man kann also aus völlig unterschiedlichen Perspektiven (hier Graphematik, Phonologie oder Morphosyntax) versuchen, Wörter als segmentierbare Einheiten einer längeren Äusserung zu identifizieren. Die Ergebnisse dieser Bemühungen werden dabei nicht immer übereinstimmen. Ein phonologisches Wort muss z. B. nicht zwangsläufig mit einem morphosyntaktischen Wort zusammenfallen. Es liegt also kein einheitliches Konzept von *Wort* zugrunde. Hinzu kommt, dass die verschiedenen Konzeptualisierungen auch sprachspezifisch sind: In unterschiedlichen Sprachen werden z. B. sehr unterschiedliche Einheiten als morphosyntaktische Wörter gewertet. Daraus könnte man nun den Schluss ziehen, dass in der Sprachwissenschaft auf *Wort* am besten ganz verzichtet werden sollte. Eine weniger radikale Lösung schlägt Haspelmath (2023: 285) vor, der eine universelle Definition des morphosyntaktischen Worts liefert, dabei allerdings kein homogenes Konzept beschreibt, sondern verschiedene Wortkandidaten „disjunktiv" zu einer Mischkategorie zusammenbindet: „A word is (i) a free morph, or (ii) a clitic, or (iii) a root or a compound possibly augmented by nonrequired affixes and augmented by required affixes if there are any", also z. B. *work, the, go-ing* und *flower-pot*.

6.1.1.2 Zur Klassifikation von Wörtern

Die im vorherigen Abschnitt besprochenen Zugänge haben eines gemein: Trotz unterschiedlicher Fachperspektiven zielen sie jeweils auf eine nicht-abstrakte Erscheinungsform von Wörtern ab. Es geht um konkrete Formen, die in einer gegebenen Äusserung graphematisch, phonologisch oder morphosyntaktisch abgegrenzt werden können. Dabei handelt es sich aber nicht um die einzigen relevanten Konzeptualisierungen des Wortbegriffs. In der Sprachwissenschaft wird zusätzlich zwischen *grammatischem Wort*, *Wortform* und *Lexem* unterschieden. Die folgende Aufgabe hilft zu verstehen, worum es dabei geht. Gegeben sei der folgende Satz:

(4) Wenn Fliegen hinter Fliegen fliegen, fliegt eine Fliege nach Fliegen.

Zu diesem bekannten (und leicht modifizierten) Zungenbrecher nun zwei Fragen:
I. „Wie viele Wörter hat dieser Satz?"
II. „Wie viele verschiedene Wörter hat dieser Satz?"

Vermutlich lautet die Antwort auf die erste Frage „zehn". Auf die zweite Frage sind verschiedene Antworten möglich, nämlich „neun", „acht" oder „sechs". Die

Uneindeutigkeit bei Frage (II.) hat mit der Mehrdeutigkeit des Ausdrucks *Wort* zu tun (dazu gleich mehr). Die Unterschiede zwischen (I.) und (II.) liegen dagegen im Unterschied zwischen sog. **Token** (oder *Tokens*) und **Types** begründet. Wer im Testsatz zehn Wörter zählt, zählt Token; wer neun, acht oder sechs Wörter zählt, zählt Types.

Alles, was man im Text als graphematisches Wort wahrnehmen kann, wird zunächst als Token gezählt. Es spielt dabei keine Rolle, ob ein solches Textwort mehrfach vorkommt. Wenn man fünf Mal *Test* auf einen Zettel schreibt, hat man fünf Token produziert, auch wenn es sich immer um dasselbe Wort (im Sinne von Type) handelt. In einem Type sind also Token eines Texts zusammengefasst, wenn sie im Hinblick auf ein bestimmtes Kriterium übereinstimmen, z. B. identische orthografische Gestalt besitzen (wie *Fliegen* im Testsatz). In der Sprachwissenschaft verwendet man *Token/Type* meist in Bezug auf die Wortebene (→ 12.4.5). Präziser wäre es aber, von *Worttoken* und *Worttype* zu sprechen. Die Unterscheidung kann nämlich durchaus auch auf sprachliche Einheiten anderer Ebenen angewendet werden. So könnte man z. B. alle Vorkommen von [s] in einem Gespräch als Token erfassen und sie den orthografischen Types <s>, <ss> und <ß> zuordnen. Ganz allgemein handelt es sich bei einem Token also um das konkrete Vorkommen einer sprachlichen Einheit, während Type die abstrakte sprachliche Einheit darstellt, der mehrere zusammengehörige Token zugeordnet werden können.

Zurück zu Testsatz (4): Von den zehn Token stimmen einige überein, die sich deshalb zu Types zusammenfassen lassen. Aber in welcher Hinsicht stimmen sie überein und was genau wird dabei zusammengefasst? Zur Klärung müssen drei Types von Wörtern eingeführt werden:

- Wer *Fliegen*$_{Dat.Pl.}$ und *Fliegen*$_{Nom.Pl.}$ separat zählt (und damit als Antwort „neun verschiedene Wörter" bekommt), zählt **grammatische Wörter**. *Fliegen*$_{Dat.Pl.}$ kommt zwei Mal vor, wird aber nur einmal gezählt. Die zehn Token des Satzes sind also zu neun Types von grammatischen Wörtern zusammengefasst worden.
- Wer hingegen *Fliegen*$_{Dat.Pl.}$ und *Fliegen*$_{Nom.Pl.}$ zusammen nur einmal zählt (und deshalb als Antwort „acht verschiedene Wörter" bekommt), zählt **Wortformen**.
- Wer schliesslich *Fliegen*$_{Dat.Pl.}$, *Fliegen*$_{Nom.Pl.}$ und *Fliege* zusammen nur einmal zählt und zudem die beiden Verben *fliegen* und *fliegt* zusammenfasst (und damit als Antwort „sechs verschiedene Wörter" bekommt), zählt **Lexeme**.

Tabelle 6.1: Wörter des Testsatzes.

Grammatische Wörter	Wortformen	Lexeme
Wenn	Wenn	Wenn
hinter	hinter	hinter
2x Fliegen$_{Dat.Pl.}$	2x Fliegen$_{Dat.Pl.}$Fliegen$_{Nom.Pl.}$	2x Fliegen$_{Dat.Pl.}$Fliegen$_{Nom.Pl.}$Fliege
Fliegen$_{Nom.Pl.}$	Fliegen	fliegen fliegt
fliegen	fliegt	eine
fliegt	eine	nach
eine	Fliege	
Fliege	nach	
nach		
9	8	6

Die neuen Begriffe müssen nun noch etwas näher bestimmt werden:
(i) Ein **grammatisches Wort** ist jede spezifische grammatische Ausprägung eines Wortes, d. h. jede Form, die spezifische grammatische Merkmale wie Numerus, Kasus, Tempus etc. aufweist (→ 6.2.2). *Fliegen* im Nominativ Plural und *Fliegen* im Dativ Plural sind damit unterschiedliche grammatische Wörter.
(ii) Die Unterschiede zwischen grammatischen Wörtern können unter Umständen lautlich oder grafisch erkennbar sein, wie z. B. bei *fliege*$_{1.Sg.}$, *fliegst*$_{2.Sg.}$, *fliegt*$_{3.Sg.}$ etc. Die grammatischen Wörter kommen hier jeweils in einer eigenen **Wortform** zum Ausdruck (Vorsicht: Das englische *word form* wird in der Linguistik dagegen meist im Sinne von ‚grammatisches Wort' verwendet!). Die grammatischen Unterschiede müssen jedoch nicht notwendig ausdrucksseitig erkennbar sein. Es gibt im Deutschen sehr viele homonyme, also formgleiche grammatische Wörter. So teilen sich etwa *fliegen*$_{Inf.}$, *fliegen*$_{1.Pl.}$ und *fliegen*$_{3.Pl.}$ dieselbe Wortform. Auch das Substantiv *Fliegen* besitzt eine hochgradig mehrdeutige Wortform, die in allen Kasus des Plurals erscheint. *Fliegen* kann also vier verschiedene grammatische Wörter repräsentieren. Die Homonymie von Endungen (Flexionssuffixen) wie *-en* wird dabei als **Synkretismus** bezeichnet (→ 6.2 ausführlich dazu).
(iii) Ein **Lexem** ist die Abstraktionsstufe eines Wortes, das alle seine grammatischen Wörter zusammenbindet, unabhängig von ihren grammatischen Merkmalen und ihren verschiedenen Erscheinungsformen. In unserem Beispiel *Fliege/Fliegen* haben diese sowohl den Bestandteil [fliːɡə] mit der Bedeutung ‚kleines Insekt mit zwei Flügeln' als auch die Zugehörigkeit zur Wortart Substantiv gemeinsam. Darum gehört die Verbform *fliegt* nicht zum selben Lexem wie *Fliege*, obwohl sie ebenfalls einen Bestandteil [fliːɡ̊] enthält. Das Verb bildet ein eigenes Lexem, welches die grammatischen Wörter *fliege, fliegst, fliegt* etc. zusammenfasst. Lexeme werden häufig mit Kapitälchen geschrieben und in

Gestalt eines sog. **Paradigmas** dargestellt; vgl. etwa das Paradigma für lat. AMĪCUS ‚Freund':

Tabelle 6.2: Flexionsparadigma von lat. AMĪCUS.

Kasus	Numerus	
	Singular	Plural
Nominativ	amīcus	amīcī
Genitiv	amīcī	amīcōrum
Dativ	amīcō	amīcīs
Akkusativ	amīcum	amīcōs
Vokativ	amīce	amīcī
Ablativ	amīcō	amīcīs

Dieses Paradigma enthält zwölf Token, die sich wieder zu Types gruppieren lassen, nämlich zu zwölf grammatischen Wörtern (jede Position im Paradigma repräsentiert ein eigenes grammatisches Wort), zu acht Wortformen, aber eben nur zu einem Lexem. Für die Schreibung eines Lexems, bei dem es sich ja um eine Menge von konkreten Formen und damit eine abstrakte Grösse handelt, wird üblicherweise eine bestimmte **Zitierform** verwendet. Im Deutschen ist es Konvention, bei Substantiven das grammatische Wort für den Nominativ Singular als Zitierform zu verwenden, bei Verben den Infinitiv. Häufig wird eine **unmarkierte Form** des Paradigmas gewählt, also eine, die mit geringen Mitteln auskommt (z. B. *Haus*) und von der die übrigen Formen (z. B. *Häuser*) gut ableitbar sind. *Häuser* ist im Vergleich zu *Haus* sowohl morphologisch als auch semantisch komplexer. Unmarkierte Formen haben allgemein eine hohe Gebrauchshäufigkeit und werden im Spracherwerb früher gelernt. Allerdings sind Zitierformen sprachspezifisch. Für Verben wird im Lateinischen z. B. die 1. Person Singular Indikativ Präsens verwendet (*amō* ‚ich liebe', statt *amāre* ‚lieben'), im Hebräischen und Arabischen dagegen die 3. Person Singular Maskulinum Perfekt. Diese Formen werden auch in Wörterbüchern als Lemmata verwendet (→ 6.1.3). Das liegt daran, dass Wörterbücher Lexeme inventarisieren, nicht etwa grammatische Wörter oder Wortformen. Niemand erwartet für *Fliege*$_{Sg.}$ und *Fliegen*$_{Pl.}$ zwei separate Einträge im Wörterbuch; wir rechnen aber für das Substantiv und das Verb mit je einem eigenen Wörterbucheintrag.

Festzuhalten bleibt: Wer in der Wissenschaftssprache der Linguistik den Ausdruck *Wort* verwendet, meint manchmal ‚Lexem', manchmal ‚Wortform' und manchmal ‚grammatisches Wort'. Um Missverständnisse zu vermeiden, lohnt es sich genau hinzusehen, von welcher Erscheinungsform von *Wort* jeweils die Rede ist.

6.1.2 Die Wortbestandteile – zwischen Minimalzeichen und Morphem

Ähnlich kompliziert wie beim Wort selbst ist die Situation bei den Bestandteilen, aus denen komplexe Wörter aufgebaut sind. Auch hier gibt es eine Reihe unterschiedlicher linguistischer Konzeptualisierungen: konkrete, am Sprachgebrauch orientierte *Minimalzeichen* und unterschiedliche Abstraktionsstufen über diesen (*Morphem, Allomorph, Morph*).

6.1.2.1 Minimalzeichen

Die klassische strukturalistische Morphologie hat ihre Theorie auf ideale grammatische Wörter wie *Mondscheins, hinuntergeht, königliche* oder *vorgestern* zugeschnitten. Ideal sind diese Wörter insofern, als sich ihre Ausdrucksseite leicht in einzelne Wortsegmente zerlegen lässt, denen jeweils eine eigene Bedeutung oder Funktion zugeordnet werden kann. So kann *Mondscheins* etwa in die beiden auch isoliert vorkommenden Segmente [moːnd̩] und [ʃaɪn] zerlegt werden, die wir mit den entsprechenden lexikalischen Bedeutungen, also memoriertem Wissen über die Konzepte ‚Mond' und ‚Schein', in Verbindung bringen. Hinzu kommt der wortfinale *s*-Laut, der anzeigt, dass das Wort im Genitiv verwendet wird. Die Struktur der Ausdrucksseite entspricht somit der Struktur der Inhaltsseite (beide erscheinen „isomorph"), sodass sich das Wort als eine Verkettung (**Konkatenation**) von kleineren Sprachzeichen auffassen lässt. Bei der Zerlegung stösst man jedoch bald an Grenzen: So lässt sich die Lautfolge [moːnd̩] nicht mehr weiter in bedeutungs- oder funktionstragende Einheiten zerlegen, sie ist als Sprachzeichen elementar. Solche nicht mehr weiter zerlegbaren Zeichen werden **Minimalzeichen** genannt – minimale bilaterale Sprachzeichen im Saussure'schen Sinne (→ 2.3.1) bzw. minimale Form-Funktions-Paare im Verständnis zeichenbasierter Grammatiken wie der Konstruktionsgrammatik (→ 7.3.3). Minimalzeichen sind die kleinsten bedeutungs- bzw. funktionstragenden Einheiten einer Sprache (vgl. Mugdan 2020a). Traditionell wird diese Definition für sog. *Morpheme* verwendet, was jedoch missverständlich ist und einer Präzisierung bedarf (→ 6.1.2.2). Eine weitere Segmentierung von Minimalzeichen kann zwar noch immer auf relevante sprachliche Einheiten wie Silben oder Phoneme führen (→ 5.5.1), diesen kommt dann jedoch keine lexikalische Bedeutung oder grammatische Funktion mehr zu. Dagegen spricht übrigens nicht, dass ein Laut wie /t/ in der Konjugation deutscher Verben grammatische Funktion übernehmen kann (und z. B. bei *bearbeite-t* zur Bildung der 3. Person Singular und des Partizips II dient) oder dass in manchen Sprachen Einlautwörter zugelassen sind: z. B. schwedisch *ö* ‚Insel', französisch *eau* ‚Wasser', deutsch *eh* ‚sowieso' oder bairisch *i* ‚ich' (letztere allerdings ohne *lexikalische* Bedeutung). In all diesen Fällen kommt die jeweilige Funktion bzw. Bedeutung nicht einem Laut zu, sondern einem konkreten monophonemisch (d. h. durch ein Phonem) realisierten Sprachzeichen mit einer spezifischen morphologischen oder syntaktischen Distribution. Einfacher gesagt: Nur als eigenständiges Wort bedeutet /e:/ ‚sowieso‘, nicht aber als Anlaut des Substantivs *Esel*.

Ein Wort kann also entweder – wie bei *Mond* oder *Schein* – ein nicht weiter zerlegbares **Simplex** (Pl. *Simplizia*) darstellen, oder es ist **komplex**, d. h. es besteht – wie *Mondschein* – aus mehreren Minimalzeichen. In diesem Fall lässt es sich segmentieren. Die Segmentierung setzt dabei voraus, dass eine Bildung formal durchsichtig ist, d. h. dass ihre Bestandteile (Konstituenten) auch isoliert oder in anderen Kombinationen vorkommen können. *Mondschein* z. B. lässt sich segmentieren, da man es zu Wörtern wie *Mondsichel* und *Sonnenschein* in Beziehung setzen kann, zumal die beiden Wortsegmente *Mond-* und *-schein* auch als Simplex vorkommen können. Dagegen lässt sich ein Kunstwort wie *potamas* nicht auf diese Weise morphologisch zerlegen, auch wenn es mit sieben Phonemen als Simplex eher lang erscheint. Für eine erfolgreiche Zerlegung müssen jedoch nicht zwingend alle Konstituenten bekannt sein, wie die Beispiele *Brom-beere*, *Sams-tag*, *plötz-lich* oder modifiziertes *potamas-ier-en* zeigen. Deren Segmentierbarkeit ergibt sich aus der Bekanntheit der übrigen Bestandteile: *Beere*, *Tag*, *-lich* (als Minimalzeichen zur Bildung von Adjektiven) und *-ier-* (als Minimalzeichen zur Bildung von Verben, in Verbindung mit der typischen Verbendung *-en*). Die unbekannten Elemente *Brom-*, *Sams-*, *plötz-* und auch *potamas-* werden somit wenigstens indirekt oder „defektiv" segmentierbar. Ihre Existenz verdanken solche **unikalen Einheiten** meist historischen Entwicklungen. So kann ein selbstständiges Wort wie althochdeutsch *brāma* ‚Dornbusch‘ seine ursprünglich noch zahlreichen Verwendungskontexte einbüssen (z. B. *brām-ahi* ‚Dorngestrüpp‘, *bren-brāma* ‚Kratzbeere‘ etc.) und heute isoliert in einer einzigen Umgebung erscheinen (*Brombeere*). Die gängige Bezeichnung „unikales Morphem" für solche Einheiten ist allerdings unzutreffend, da sie aktuell keine Bedeutung mehr tragen und somit weder als Minimalzeichen noch als Morphem gelten können.

Die besprochenen Beispiele lassen jedoch vermuten, dass eine Segmentierung nicht rein strukturell-formbezogen erfolgen kann und dass komplexe Wörter auch semantisch ausreichend interpretierbar sein müssen. Zwar unterstützt die Lautstruktur eines Worts den Segmentierungsprozess. Bei der Zerlegung von *Samstag* in *Sams-* und *-tag* wissen wir z. B. intuitiv,
- dass die Konsonantenverbindung [st] im Deutschen silbeninitial möglich ist (wie bei *längste* [ˈlɛŋ.stə], der Punkt markiert die Silbengrenze), nicht aber im Wortanlaut, wo stattdessen [ʃt] steht (wie bei *Stall* [ʃtal]),
- und dass Vollvokale im Deutschen in unbetonten Silben normalerweise zu [ə] (Schwa) reduziert sind (z. B. *gehe* [geːə], *begrünte* [bəˈgryːntə]). Zusammengesetzte Wörter (Komposita) tragen allerdings einen Nebenakzent auf

dem zweiten Bestandteil, der diese Abschwächung verhindert (z. B. *Handvoll* [hantfɔl] und nicht [-fəl]). Das erhaltene [aː] in [samstaːg] deutet also auf ein Kompositum hin, zumal *-s-* im Deutschen einen typischen Grenzmarker darstellt: z. B. *Liebe-s-brief, Hochzeit-s-fest* (→ 6.3.3.1).

Letztlich wird aber erst dadurch, dass bei *Samstag* mit der Lautfolge [taːg] eine Bedeutung ‚Tag' assoziiert werden kann, das Minimalzeichen *-tag* eindeutig identifizierbar und das komplexe Wort *Samstag* zerlegbar.

Es klang bereits an, dass zwei Basistypen des Minimalzeichens unterschieden werden können, je nachdem, wie seine Inhaltsseite beschaffen ist: Ein **lexikalisches** Minimalzeichen besitzt eine kontextunabhängige lexikalische Bedeutung (→ 3.1.1), d. h. konzeptuelles Wissen über den betreffenden Begriff. **Grammatischen** Zeichen kommen dagegen grammatische Funktionen zu, darunter etwa:
– Flexionsmerkmale aus Numerus (SINGULAR, PLURAL), Kasus (NOMINATIV, GENITIV, DATIV, AKKUSATIV), Tempus (PRÄSENS, PRÄTERITUM) etc. (→ 6.2): z. B. *Mondschein-s, hinuntergeh-t, königlich-e,*
– Wortartenmarkierungen: z. B. bei Adjektiven (*könig-**lich**-e,* damen-**haft**-e), Substantiven (*Vag-**heit**, Begeh-**ung***) oder Verben (*diphthong-**ier**-en*),
– kontextabhängige Verweise auf Personen durch deiktische Kommunikanten-Pronomina (*ich, du/Sie, wir,* Pl. *ihr/Sie*) oder Personalpronomina der 3. Person (*er, sie, es,* Pl. *sie*).

Die Unterscheidung *lexikalisch/grammatisch* ist jedoch in der Praxis nicht immer leicht zu treffen, weshalb in linguistischen Einführungen meist klare Fälle wie Substantive (lexikalisch) oder Flexionsendungen (grammatisch) angeführt werden oder bestimmte Wortarten pauschal als lexikalisch (Substantiv, Adjektiv, Verb, Adverb) oder grammatisch (Artikel, Pronomen, Präposition, Konjunktion) klassifiziert werden. Hat aber ein Modalverb wie *will* nicht auch grammatische und eine Präposition wie *mangels* nicht auch lexikalische Züge? Deshalb wird für die Inhaltsseite von Sprachzeichen mitunter auch ein fliessender Übergang angenommen (anstelle zweier klar abtrennbarer Typen). Als Oberbegriff für die lexikalische Bedeutung und grammatische Funktion von Minimalzeichen kann man *Inhalt* verwenden.

Eine weitere sinnvolle Unterscheidung ist die zwischen **freien** und **gebundenen** Minimalzeichen. Frei sind diese immer dann, wenn sie auch als eigenständige Wortform auftreten könnten. Im Beispiel *Mondscheins* etwa sind *Mond-* und *-schein* auch isoliert im Satz verwendbar. Gebundene Minimalzeichen wie *-s* treten dagegen nie als selbstständige Wortformen auf, sondern stets in Verbindung mit anderen Minimalzeichen, mit denen sie dann zusammen eine Wortform bilden (z. B. *Computer-s, Fenster-s, Toast-s* etc.).

Die Dichotomien *lexikalisch/grammatisch* und *frei/gebunden* zielen auf unterschiedliche Eigenschaften von Minimalzeichen ab, ihre Unterteilung ist deshalb nicht deckungsgleich. Es gibt aber eine Tendenz, dass lexikalische Minimalzeichen auch frei vorkommen, während grammatische Minimalzeichen gebunden sind. Ausnahmen sind etwa Artikelwörter wie *dem* oder Konjunktionen wie *und*, die frei und zugleich grammatisch sind. Etwas unübersichtlich ist die Situation bei den Verben. Diese bestehen in der Regel aus mindestens einem lexikalischen Minimalzeichen, bilden aber meist nur in Verbindung mit einem grammatischen Minimalzeichen (nämlich einer Flexionsendung) ein Wort. Manche der lexikalischen Minimalzeichen sind dabei frei, andere gebunden. Von den fünf standardsprachlichen Wortformen des Lexems *nehmen* beispielsweise – *nehm-, nimm, nahm-, -nomm-, nähm-* – können die zweite und dritte auch frei vorkommen (als Imperativ bzw. 1./3. Person Singular Präteritum), die übrigen nur gebunden.

Tabelle 6.3: Typen von Minimalzeichen I.

Minimalzeichen	frei	gebunden
lexikalisch	*Haus, nimm, gestern*	*Häus-, nehm-*
grammatisch	*dem, und, habe (gesehen), ich*	*ge-, -lein, -s*

Gebundene grammatische Minimalzeichen (das dunkel schattierte Feld in Tabelle 6.3) nennt man **Affixe**, bei ihrer Verwendung spricht man von *affigieren* und *Affigierung*. Das, woran affigiert wird, heisst üblicherweise **Stamm** (in der Wortbildung auch: *Basis*). Ein Stamm kann ein einzelnes lexikalisches Minimalzeichen sein (*Nase-n, mach-t, mensch-lich*), aber auch ein komplexes Wort aus mehreren Minimalzeichen (*Pappnase-n, aufmach-t, unmensch-lich*). Der Ausdruck *Stamm* wird oft auch etwas enger verwendet für Wortformen ohne Flexionsaffixe, genauer gesagt für den Teil eines Worts, den man bekommt, wenn alle vorhandenen oder möglichen Flexionsaffixe fehlen. In diesem engen Verständnis würde man zwar *unmenschlich-* als den Stamm von *unmenschliche* bestimmen, nicht aber *unmensch-* als den Stamm von *unmenschlich-*, weil *-lich* kein Flexionsaffix darstellt (also keine Wortformen bildet, sondern neue Wörter). Wir werden *Stamm* im weiteren Sinn verwenden (um in Kapitel 6.3 bei der Analyse von Fällen wie *vergeblich* vom „Verbstamm" *vergeb-* sprechen zu können).

Stämme spielen in allen Bereichen der Morphologie eine wichtige Rolle. In der Flexion bilden sie das lexikalische Zentrum eines Worts, an das die Flexionsaffixe antreten (*Haarbüschel-s*). In der Wortbildung dienen sie entweder als Basis bei abgeleiteten Wörtern wie *Haarbüschel-chen* oder als Kompositionsglied bei zusammengesetzten Wörtern wie *Haarbüschel-Entfernung*. Meist wird angenommen, dass nicht nur Wörter, sondern auch Stämme wortartgebunden sind. *Lauf* als Substantiv und *lauf-* als Verb wären demnach zwei homonyme Stämme (Substantiv- und Verbstamm), von denen meist der eine als primär und der andere als abgeleitet angesehen wird. Alternative Sichtweisen wären, dass Stämme auch unterspezifiziert sein könnten (also keine Bindung an eine spezifische Wortart besitzen) und dass sie „polykategorial" sein könnten (also z. B. sowohl für Verben als auch für Substantive spezifiziert sind).

Bei den Affixen kann man im Deutschen je nach Ort der Affigierung **Präfixe** (vorn), **Suffixe** (hinten) und **Zirkumfixe** unterscheiden. Präfixe sind z. B. *un-* und *ver-* in *Unglück* und *vergeben*, Suffixe z. B. *-lich* und *-t* in *glücklich* und *vergibt*. Ein (allerdings umstrittener) Kandidat für ein Zirkumfix im Deutschen ist die Konstruktion *ge-*VERBSTAMM*-t* im Partizip II der schwachen Verben (*ge-sag-t*, *ge-mach-t* etc.). Grundsätzlich kommen Affixe in der Flexion wie auch in der Wortbildung zum Einsatz. So können etwa mit einem Suffix sowohl Wortformen eines Lexems (z. B. *Herz-en*) als auch neue Wörter (*herz-lich*) gebildet werden. Flexionssuffixe nennt man dabei auch **Endungen**. In komplexen Wörtern können beiderlei Suffixe verbaut sein. Das Verb *hofieren* etwa enthält das Flexionssuffix *-en* für den Infinitiv, aber auch ein Wortbildungssuffix *-ier-*.

Eine weitere recht verbreitete Einteilung der Minimalzeichen (neben *frei/gebunden* und *lexikalisch/grammatisch*) ist die in Affix und **Wurzel**. Die Ausdrücke *Wurzel* und *Stamm* werden häufig verwechselt. Anders als Stämme sind Wurzeln aber Minimalzeichen, können also nicht mehr weiter zerlegt werden. Zum Beispiel enthält der Stamm *vergeblich-* einerseits den Stamm *vergeb-*, andererseits drei Minimalzeichen: neben den beiden Affixen *ver-* und *-lich* auch die Verbwurzel *-geb-*. Definiert man *Wurzel* lediglich *ex negativo*, ist die Sache einfach: Jedes Minimalzeichen, das kein Affix ist, ist eine Wurzel (vgl. Abbildung 6.1). Allerdings wird der Begriff meist noch inhaltlich näher bestimmt, z. B. indem man ihn auf freie oder auf lexikalische Minimalzeichen bezieht: Wurzeln seien die lexikalischen Kerne von Wörtern und kämen in der Regel frei vor. Damit fallen aber zahlreiche Fälle durchs Raster, wie ein Blick auf Tabelle 6.3 zeigt. Wenn Affixe grammatisch und gebunden sind, Wurzeln aber lexikalisch (und frei?), was ist dann mit den übrigen Optionen? Soll man z. B. Fälle wie *dem*, *und*, *ich* etc. als Wurzeln auffassen oder nicht? Sie bilden jedenfalls keine lexikalischen Kerne und fungieren auch nicht als Stamm für Affixe. Für dieses Problem werden unterschiedliche Lösungen diskutiert: Man könnte etwa die Binarität der Einteilung aufgeben und einen dritten Typ postulieren. Verschiedentlich wurde auch vorgeschlagen, Wurzel und Affix als prototypische Fälle eines Kontinuums von Minimalzeichen zu betrachten. Auch manche gebundenen Minimalzeichen scheinen nämlich irgendwo zwischen Affix und Wurzel zu liegen.

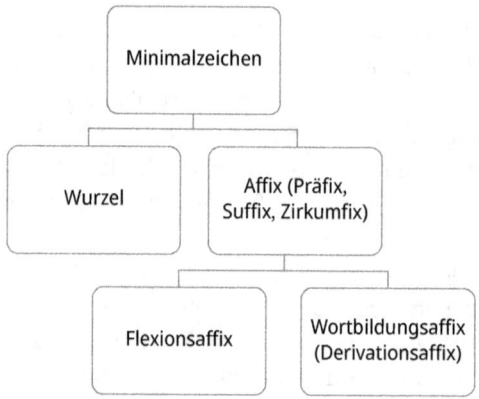

Abbildung 6.1: Typen von Minimalzeichen II.

In diesem Abschnitt wurden die Grundzüge einer rein konkatenativen Morphologie vorgestellt, die komplexe Wörter als eine Verkettung von analysierbaren Minimalzeichen auffasst. Diese Betrachtungsweise stösst aber schnell an Grenzen. Wörter zeigen nämlich nicht in jedem Fall eine isomorphe Struktur – Ausdrucks- und Inhaltsseite entsprechen sich nicht immer in idealer Weise. Gerade grammatische Minimalzeichen drücken oft mehr als nur ein morphosyntaktisches Merkmal gleichzeitig aus. Die Endung -e in *der Tage* etwa steht gleichzeitig für einen bestimmten Kasus (GENITIV) und Numerus (PLURAL), ohne dass man diese auf unterschiedliche Segmente aufteilen kann. Beide Inhalte sind in einem Minimalzeichen „kumuliert" ausgedrückt. Das Gegenteil der **Kumulation** ist die **Separation**, bei der wie in türkisch *gün-ler-in* oder schwedisch *dag-ar-na-s* ‚der Tage' die Inhalte Plural (-*ler-*/-*ar-*) und Genitiv (-*in*/-*s*) separat ausgedrückt werden (→ 6.2.5). Auch lexikalische Minimalzeichen können mehrere Inhalte kumulieren, so etwa das Adjektiv *mehr*: Es hat die lexikalische Bedeutung ‚viel' und die grammatische Funktion ‚KOMPARATIV'.

Eine weitere Schwierigkeit für die konkatenative Perspektive stellen Fälle dar, bei denen morphologische Informationen nicht durch segmentierbare Minimalzeichen, sondern durch eine lautliche Modifikation des Stamms zum Ausdruck gebracht oder phonologisch gar nicht markiert werden:

(5) a. M**u**tter – M**ü**tter
　　b. wir n**eh**men – wir n**ah**men

(6) a. die Frau – der Frau
　　b. grün – das Grün

In (5a) und (5b) wird der Unterschied im Numerus (Singular vs. Plural) und Tempus (Präsens vs. Präteritum) lediglich durch eine Änderung des Stammvokals zum Ausdruck gebracht. Diese **innere Flexion**, die im Fall von (5a) *Umlaut*, bei (5b) dagegen *Ablaut* genannt wird (→ 6.2.5), ist nicht mehr über ein abtrennbares Affix realisiert, sondern nur über eine charakteristische Vokalalternation, also die Substitution eines Phonems innerhalb des Minimalzeichens. Bei Beispiel (6) ist noch nicht mal mehr diese gegeben. Die Unterschiede in Kasus (Nominativ vs. Genitiv bei 6a) und Wortart (Adjektiv vs. Substantiv bei 6b) werden ausdrucksseitig gar nicht mehr lautlich, sondern syntaktisch markiert. Allenfalls könnte man hier ein **Nullaffix** postulieren, also ein Minimalzeichen ohne phonologische Form, das die entsprechende grammatische Funktion ausdrückt (also *Frau-Ø* in der Bedeutung ‚Frau-GENITIV.SINGULAR'). Die Annahme von Nullaffixen ist allerdings problematisch (→ 6.2.5 zu solchen Problemfällen).

6.1.2.2 Morphem und Allomorph

Im Vergleich zum Minimalzeichen, das man bei der Zerlegung eines Wortes auf der Ebene der Parole erhält, ist das **Morphem**, welches häufig ebenfalls als kleinste bedeutungstragende Einheit definiert wird, auf einer anderen Ebene angesiedelt. Morpheme sind abstrakte Einheiten auf der Ebene der Langue. Sie werden meist mit {...} markiert, weil sie sich als eine Menge von mehreren Minimalzeichen auffassen lassen. In konkreten Äußerungen zeigt sich ein Morphem nämlich häufig nicht uniform, sondern realisiert durch unterschiedliche Varianten (sog. **Allomorphe** oder Alternanten). Dafür zunächst einige Beispiele: Die verschiedenen Formen eines Worts wie *Pfad* unterscheiden sich im deutschländischen Standard in Bezug auf das auslautende <d>. Grund ist die sog. *Auslautverhärtung*. Während <d> bei *Pfad-es* und *Pfad-e* stimmhaft gesprochen werden soll (also: [ˈpfaːdəs] etc.), sei der Plosiv am Wortende stets stimmlos zu sprechen (also: [pfaːt] *Pfad*). Da sich die Inhaltsseite dabei nicht ändert, führt die Auslautverhärtung zu Allomorphie, also zum Nebeneinander zweier Morphemvarianten [pfaːd] und [pfaːt]. Die Auslautverhärtung ist allerdings ein „Deutschlandismus". In Österreich und der Schweiz gilt im Standard dagegen in allen Positionen [d̥], also stimmlose Lenis (vgl. Miehm 2004: 184 f.; DAWB S. 253, 265).

Stärker ausgeprägt ist die Variation bei einem Verb wie *sehen*. Das Morphem erscheint hier in der Südhälfte des Sprachgebiets – ohne die jeweilige Endung – in Gestalt der Varianten [seː], [siː], [saː] und [sɛː], also z. B. *seh-e, sieh-st, sah-en* und *säh-e*. Auch hier sind die Varianten nicht einfach frei wählbar. Das Segment [saː] begegnet lediglich im Präteritum, [sɛː] ist für den Konjunktiv reserviert usw. Die Distribution der Allomorphe des Morphems {seh-}, d. h. die phonologischen, morphologischen oder lexikalischen Umgebungen, in denen sie begegnen, sind also klar festgelegt und schliessen sich wechselseitig aus: Die Allomorphe erscheinen in sog. **komplementä-**

rer **Distribution**. In jedem Kontext ist genau eine Variante korrekt; Präsensformen wie *ich *sah-e* (1. Pers. Sg.) oder *du *seh-st* (2. Pers. Sg.) wären ungrammatisch.

Daneben existiert die **freie Variation** von Allomorphen. Viele Varianten sind unabhängig von ihrer Distribution prinzipiell austauschbar, so etwa die kurze und die lange Endung des Genitivs bei bestimmten Maskulina und Neutra (*des Erfolg-s* vs. *des Erfolg-es*). Oft kommen in dieser Variation jedoch regionale oder soziale Sprachgebrauchsunterschiede zum Ausdruck. Wie die Sprachkarte für das Beispielwort *Sirup* in Abbildung 6.2 zeigt, wird z. B. ein wortlautendes <s> in der Nordhälfte des Sprachgebiets im Gebrauchsstandard (voll oder partiell) stimmhaft artikuliert. Das Morphem {Sirup} umfasst also freie Varianten wie [ziːʁʊp] und [siːrʊp]. Entsprechend wären im vorigen Beispiel zusätzlich zu den komplementären Varianten auch noch freie Varianten zu erfassen: [zeː] neben [seː], [ziː] neben [siː] usw. Die Anzahl der Varianten reduziert sich, wenn man die Allomorphe abstrakter ansetzt, d. h. phonemisch und nicht phonetisch schreibt. In der **Morphonologie** bemüht man sich, für verwandte Allomorphe eines Morphems eine gemeinsame Repräsentation zu finden. So wurde etwa ein sog. *Archiphonem* vorgeschlagen, eine abstrakte Zusammenfassung zweier Phoneme unter Nichtberücksichtigung ihrer Unterschiede, mit dem man *Pfad* und *Pfad-es* unabhängig von der Auslautverhärtung durch /pfaːD/ wiedergegeben kann. Das ändert jedoch letztlich nichts an der Tatsache, dass in einem abstrakten Morphem eine Vielzahl von konkreten Realisierungsvarianten des Sprachgebrauchs zusammengefasst sind.

Da es sich beim Deutschen um eine plurizentrische und pluriareale Sprache mit einer ausgeprägten Variation auf der Ebene des Standards handelt (→ 5.2.1; 10.3.7), finden sich zahlreiche Beispiele für freie Variation von Allomorphen etwa in den Sprachatlanten zum deutschen Gebrauchsstandard (AADG, AAS) oder in der „Variantengrammatik des Standarddeutschen" (VG): So wird z. B. statt [ʃɪp] im Verb *schipp-en* ‚(Schnee) schaufeln' in Mittelwestdeutschland das Allomorph [ʃʏp] gebraucht (*schüpp-en*). Bei einsilbigen Substantiven wie *Rad* und *Bad* finden sich im nördlichen Drittel des deutschländischen Standards die kurzvokalischen Realisierungen [ʁat] und [bat]. Für den Plural von *Park* existiert neben [park] auch ein Allomorph [pɛrk] (im Schweizer Standard: *die Pärke*). Neben *Pflaster-ung* gibt es auch eine Variante mit Umlaut (Schweiz: *Pfläster-ung*), und neben *Januar* existiert in Österreich die Variante *Jänner*.

Allomorphe sind somit Minimalzeichen, die komplementär distribuiert sind oder frei variieren und zusammen ein abstraktes Morphem bilden. Da Morpheme durchaus auch aus einem einzigen Minimalzeichen bestehen können (z. B. {zwar}), stellen sie eine Abstraktionsstufe dar, in der Minimalzeichen aufgrund von Gemeinsamkeiten zusammengefasst sind (so wie in einem Lexem grammatische Wörter zusammengefasst sind). An dieser Stelle wird klar, weshalb die klassische Definition für das Morphem eigentlich problematisch ist. Sie beschreibt Morpheme einerseits

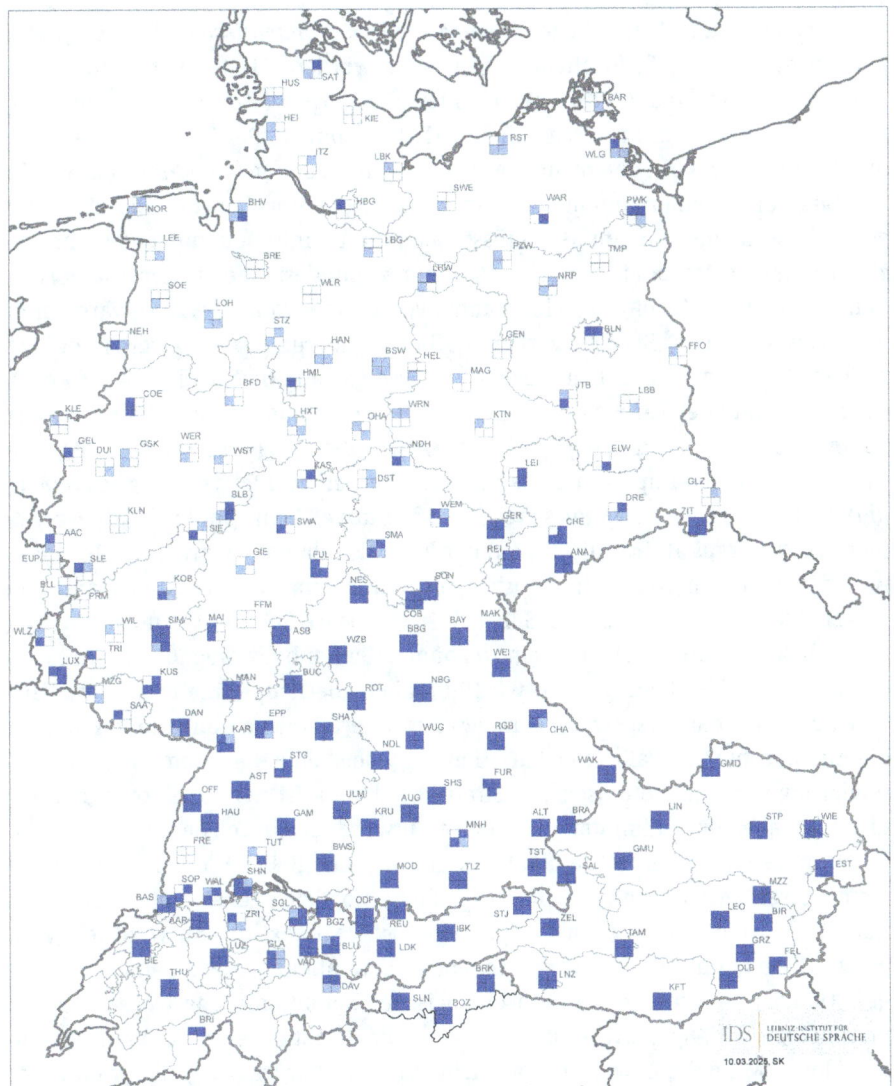

Abbildung 6.2: <s> im Anlaut (AADG, Karte „Sirup").

als kleinste bedeutungs- oder funktionstragende Einheiten, fasst sie jedoch gleichzeitig als Mengen aus zusammengehörigen Minimalzeichen auf. Notiert werden Morpheme in der Regel in orthografischer Form, die gewissermassen als Normalform für die unterschiedlichen phonetischen oder phonologischen Realisierungen steht: {seh-} → [zeː], [seː], [ziː], [siː] etc.

Die oben eingeführten Dichotomien *lexikalisch/grammatisch* und *frei/gebunden* können nun auch auf Morpheme angewendet werden. Die Unterscheidung zwischen frei und gebunden ist bei Morphemen allerdings erschwert, da sich die Allomorphe diesbezüglich unterschiedlich verhalten können. Bei {Mann} z. B. kommt die Variante *Mann* frei vor, nicht aber das im Plural verwendete *Männ-*, das nur in Kombination mit einer Endung wortfähig wird. Da das Morphem offenbar freie und gebundene Allomorphe umfasst, müsste man die Definition dahingehend modifizieren, dass ein Morphem dann frei ist, wenn zumindest eines seiner Allomorphe ohne zusätzliche Morpheme selbstständig vorkommen kann. {Mann} wäre damit ein freies Morphem. Bei den Verben ergibt sich allerdings eine Zweiteilung. Die meisten verbalen Wortformen beruhen auf Affigierung (*nehm-en, ge-geb-en* etc.). Allerdings kann der Verbstamm – ggf. mit innerer Flexion – zum Teil auch isoliert vorkommen, etwa bei den sog. starken Verben in der 1./3. Person Singular Präteritum (*gab, ritt*). Den Imperativ bilden manche Verben ebenfalls endungslos (*nimm, hilf*), andere dagegen obligatorisch auf *-e* (*öffne, atme*). Man könnte also die Vertreter des ersten Typs als frei, die des zweiten Typs als gebunden betrachten. Teilweise wird für die endungslosen Imperative jedoch auch ein sog. „Nullallomorph" von {IMPERATIV SINGULAR} ergänzt (s. S. 197), also eine leere Endung *-Ø*, um alle Verben einheitlich als gebunden behandeln zu können (Bergenholtz/Mugdan 1979: 119).

Unter welchen Bedingungen wird nun aber überhaupt eine bestimmte Variante des Morphems ausgewählt – anders formuliert: Welche **Konditionierung** hat die Allomorphie? Im Fall freier Variation liegt meist eine diasystematische Konditionierung vor, d. h. diatopische, diastratische, diaphasische etc. Faktoren sind für die Auswahl einer bestimmten Variante verantwortlich: Ein Teil der Sprachgemeinschaft präferiert Variante A, ein anderer Teil Variante B. Bei Allomorphen in komplementärer Verteilung gibt es unterschiedliche Möglichkeiten: Bei phonologischer Konditionierung steuert etwa der phonologische Kontext die Auswahl der Varianten. Diese kann z. B. vom vorausgehenden Laut abhängen wie beim Plural auf *-(e)n* (*Katze-n* vs. *Frau-en*). Bei morphologischer Konditionierung wären dagegen morphologische Aspekte wie das Genus für die Selektion eines Allomorphs entscheidend. Wenn die Zuweisung gar nicht vorhersagbar ist, also „idiosynkratisch" erfolgt, spricht man von *lexikalischer Konditionierung*. Ob etwa ein Verb im Deutschen das Präteritum mit einem *t*-Suffix bildet (*sage, sagte*) oder über Vokalalternation (*rufe, rief*), muss mit dem jeweiligen Wort mitgelernt werden. Die relevanten Konditionierungsfaktoren unterscheiden sich dabei je nach Sprache erheblich.

An dieser Stelle ist noch genauer zu klären, was bei Allomorphie in welcher Weise variiert und was die unterschiedlichen Varianten am Ende in unserer Wahrnehmung zu einem Morphem zusammenbindet. Die formale Variation von Allomorphen kann man sich als ein breites Spektrum an Möglichkeiten vorstellen: von geringen Abweichungen, die sich regelhaft erklären lassen (sog. ***phonologische Allomorphie***), über Anmutungen von Ähnlichkeit, die aber nicht mehr über phonologische Regeln erklärt werden können (sog. ***schwache suppletive Allomorphie***), bis hin zu Formen, die sich so stark unterscheiden, dass man sie gar nicht mehr als ähnlich empfindet (***starke suppletive Allomorphie***). Phonologische Allomorphie liegt etwa der Variation zwischen [pfa:d] und [pfa:t] zugrunde, bei der sich lediglich ein einzelnes Merkmal ändert, und zwar gemäss den Regularitäten der Auslautverhärtung. Schwache suppletive Allomorphie wie bei [seː] und [siː] kann hingegen nicht einfach mittels einer phonologischen Regel erklärt werden. Immerhin lassen sich beide Varianten aber noch als Instanzen eines allgemeinen Musters [s] + Langvokal und damit als ähnlich auffassen. Bei *bist*, *sind* und *waren* ist dies nicht mehr möglich. Die drei Formen gehören im Deutschen zu einem Paradigma, das auf **Suppletion** beruht. Das bedeutet, dass das Verb *sein* aus Wortformen zusammengebaut ist, die man nicht als formal zusammengehörig wahrnimmt. Aber liegt in solchen Fällen starker suppletiver Allomorphie überhaupt noch Allomorphie vor, oder hat man es bei *bist*, *sind* und *waren* vielleicht eher mit drei unterschiedlichen Morphemen zu tun? Mit besonderer Dringlichkeit stellt sich diese Frage für den Bereich der Flexion (→ 6.2), da Endungen, die identische morphosyntaktische Merkmale ausdrücken, meist sehr unterschiedlich aussehen, für den Nominativ Plural der Substantive z. B. *-er* (*Rind-er*), *-e* (*Schaf-e*), *-en* (*Geiss-en*), *-n* (*Trute-n*) oder *-s* (*Capybara-s*).

Grundsätzlich gibt es für den Umgang mit formaler Variation bei Allomorphen zwei alternative Betrachtungsweisen: (a) eine inhaltsbasierte und (b) eine formbasierte. Bei der Lösung (a) wird formale Variation nicht beschränkt, d. h. auch sehr unterschiedliche und sogar suppletive Formen werden als Allomorphe eines Morphems akzeptiert. Dieser Begriff des Morphems ist also ein rein **inhaltsbasierter**. Entscheidend ist lediglich der Inhalt der betreffenden Minimalzeichen. So könnte man beispielsweise jedes grammatische Minimalzeichen, das im Deutschen am Substantiv Plural ausdrückt, als Allomorph eines allgemeinen Morphems {PLURAL} werten. Für lexikalische Morpheme ist die Stabilität der Inhaltsseite ohnehin durch das Paradigma gesichert. Bei den verschiedenen Formen eines Lexems wie *Pfad* oder *sehen* ändert sich jeweils nur die grammatische Funktion; die Bedeutung des lexikalischen Minimalzeichens bleibt stabil: [pfa:d] bezeichnet dasselbe Konzept wie [pfa:t]. Was ist aber mit möglichen Varianten ausserhalb des eigenen Paradigmas? Sind Morpheme wortspezifisch, wortartspezifisch, oder lassen sich sogar die lexikalischen Minimalzeichen von z. B. *Hof* und *höf-isch* in einem Morphem {Hof} zusammenfassen? Anders als bei Wörtern und Stämmen, die in der Regel als weitgehend wortartgebunden betrachtet werden (siehe oben), wird bei lexikalischen Morphemen häufig unterstellt, dass sie nicht nur den Lexemzusammenhang von grammatischen Wörtern herstellen, sondern auch – unter Neutralisierung des Wortartmerkmals – den Zusammenhang ganzer Lexemverbände oder **Wortfamilien** organisieren (vgl. Fleischer/Barz 2012: 82; Harm 2015: 95f.). Folglich würde etwa das Morphem {Frucht} eine Wortfamilie aus *Frucht, fruchtbar, fruchten, Südfrucht, fruchtig, Früchtchen* usw. begründen. Bei der Flexion geht man dagegen restriktiver vor und beschränkt die Morpheme auf eine bestimmte Wortart. PLURAL z. B. ist auch bei Adjektiven relevant, deren Endungen jedoch nicht mit den Substantivendungen zu einem allgemeinen Pluralmorphem zusammengefasst werden. Dies zeigt bereits, dass der Morphembegriff kein einheitliches Konzept darstellt, sondern für lexikalische und grammatische Morpheme zum Teil unterschiedlich angewendet wird.

Ein Problem des strikt inhaltsbasierten Morphembegriffs ist, dass er bedeutungsgleiche Minimalzeichen automatisch zu Allomorphen macht, weil die Form des Zeichens keine Rolle spielt. Man könnte also z. B. versucht sein, die nicht weiter zerlegbaren *Semmel, Weck* und *Schrippe* als Allomorphe eines einzigen Morphems zu werten. Zwar sind sie nicht komplementär verteilt (im Sinne von: Sg. *die Semmel*, Pl. *die Schrippen*). Sie wären aber freie Varianten, wenn für die Formseite keine Beschränkungen definiert sind.

Im Gegensatz dazu gehen **formbasierte** Auffassungen von Allomorphie davon aus, dass Varianten eines Morphems auch formal, also im Ausdruck, ähnlich sein müssen (= Lösung b). Man kann dann natürlich kein allgemeines Morphem {PLURAL} ansetzen, da einige der Pluralendungen im Deutschen keinerlei Ähnlichkeit aufweisen. Stattdessen wären mehrere verschiedene Pluralmorpheme zu postulieren, etwa {e-PLURAL} wie in *Schaf-e*, {(ə)n-PLURAL} mit den Allomorphen [ən] und [n] wie in *Frau-en, Trute-n* usw. Da „ähnlich" eine subjektive Zuschreibung ist, sollte formale Variation regelhaft beschreibbar sein. So sind die Plural-Allomorphe [ən] und [n] nicht einfach nur subjektiv ähnlich; ihre Variation lässt sich durch eine phonologische Regel erfassen, nach der [ə] nach einer ə-Silbe getilgt wird (also *Trute-n* statt **Trute-en*). Solche Erklärungen sind aber nur für phonologische Allomorphie möglich. Für Fälle mit suppletiver Allomorphie besteht diese Möglichkeit nicht. Beide Strategien, die inhalts- wie die formbasierte Definition von *Morphem* und *Allomorph*, werfen somit Fragen auf, die sich nicht leicht beantworten lassen. Da die Forschung diese Termini zudem auf verwirrende Weise inkonsequent verwendet, wird inzwischen auf *Morphem* und *Allomorph* zum Teil ganz verzichtet (vgl. Haspelmath 2020; Mugdan 2022a).

6.1.2.3 Morph

Nicht viel besser ist es mit dem ebenfalls mehrdeutigen Terminus **Morph**, der teils im Sinne von ‚Minimalzeichen', teils für unterschiedliche Mengen von Minimalzeichen unterhalb der Abstraktionsstufe Morphem gebraucht wird (vgl. Mugdan

2020b). Die nachfolgende Tabelle illustriert gängige Verwendungsweisen von *Morph* in der Forschung, je nachdem, ob es sich dabei um grammatische oder lexikalische Zeichen handelt und ob die Ausdrucks- oder Inhaltsseite des Zeichens variiert.

Tabelle 6.4: Verwendungsweisen von *Morph*.

	. . . als Minimalzeichen (MZ)	. . . als Menge von MZ
Morph . . . (grammatisch)	1. zwei separate Morphe -*s* ‚PLURAL' und -*er* ‚PLURAL' (wegen Variation im Ausdruck) 2. zwei separate Morphe -*er* ‚NOMEN AGENTIS' und -*er* ‚KOMPARATIV' (wegen Variation im Inhalt)	5. ein Morph für ‚PLURAL' (unabhängig vom Ausdruck) 6. ein Morph -*er* (unabhängig vom Inhalt)
(lexikalisch)	3. zwei separate Morphe *stadt-* und *städt-* (wegen Variation im Ausdruck) 4. zwei separate Morphe *ball-* ‚Tanzveranstaltung' und *ball-* ‚Spielgerät' (wegen Variation im Inhalt)	7. ein Morph für ‚Stadt' (unabhängig vom Ausdruck) 8. ein Morph -*ball* (unabhängig vom Inhalt)

Welche der acht Szenarien sollte man nun mit dem Ausdruck *Morph* sinnvollerweise erfassen? Wenn alle Minimalzeichen mit einer spezifischen Inhalts- und Ausdrucksseite jeweils als separate Morphe gewertet werden (Nr. 1–4), ist der Begriff synonym mit *Minimalzeichen* und damit überflüssig. Auch die Zusammenfassung unterschiedlicher Pluralendungen oder alternierender Minimalzeichen wie *stadt-* und *städt-* (Nr. 5 und 7) zu abstrakten Morphen scheint zunächst kein sinnvoller Anwendungsfall zu sein. Wäre *Morph* dann nicht mit *Morphem* identisch und ebenfalls überflüssig? Morph ist allerdings eine niedrigere Abstraktionsstufe als Morphem. Oft wird ein gewisses Mass an regelhafter Variation innerhalb des Morphs akzeptiert (vgl. Haspelmath 2020). Man könnte z. B. die Varianten [m] und [n] der Infinitivendung (also: [ge:bm̩] vs. [maxn̩]) zu einem Morph zusammenfassen, suppletive Einheiten wie *bist* und *sind* aber als zwei separate Morphe behandeln (und dann ggf. auf der Ebene des Morphems zusammenbinden).

An einer solchen sprachgebrauchsnahen Terminologie orientiert sich auch das vorliegende Studienbuch: Nicht weiter zerlegbare Wortbestandteile mit einer spezifischen Ausdrucks- und Inhaltsseite bezeichnen wir als *Minimalzeichen*. Inhaltsgleiche Minimalzeichen, deren formale Unterschiede sich regelhaft beschreiben lassen (z. B. *stadt-* und *städt-*), werden zu einem *Morph* zusammengefasst, suppletive Fälle dagegen werden als separate Morphe gerechnet. Eine weitere Abstraktionsstufe (Morphem) ist weitgehend verzichtbar.

6.1.3 Lexikon/Wortschatz

Unter einem *Lexikon* werden in der Linguistik sehr unterschiedliche Dinge verstanden. Wir unterscheiden nachfolgend vier Lesarten: In einer ersten fachsprachlichen Lesart – **Lexikon**$_1$ als soziales Phänomen – bezeichnet der Ausdruck (oft auch: *die Lexik/der Wortschatz*) die kollektiv verfügbare Anzahl der Wörter einer Sprache. Gezählt werden dabei alle „usuellen" (lexikalisierten) Elemente, also solche, die in der gemeinsamen Kommunikationspraxis der Sprachgemeinschaft Verwendung finden bzw. – vergegenständlichend formuliert – das Inventar *der Sprache* bilden. Die zweite Formulierung verweist dabei bereits auf die Auffassung vom Lexikon als einem sprachsystematischen Phänomen. Viele Sprachtheorien beruhen auf der Vorstellung, dass das Sprachsystem ein Lexikon als Speicherkomponente besitzt (= **Lexikon**$_2$), welches die elementaren Einheiten der Sprache bereitstellt, sog. *Lexikoneinträge*, und eine Grammatikkomponente, die diese Einheiten dann zu komplexen Ausdrücken kombiniert. Daneben stellt das psycholinguistische Modell des sog. *mentalen Lexikons* (= **Lexikon**$_3$ als kognitives Phänomen) die Repräsentation lexikalischer Einheiten im Gehirn von individuellen Sprecherinnen und Sprechern dar, also das Repositorium von Wörtern oder Wortbestandteilen, auf das man bei der Sprachproduktion (als produktiver/aktiver Wortschatz) und beim Sprachverstehen (als Verstehens-/rezeptiver/passiver Wortschatz) zugreifen kann. Dazu muss das mentale Lexikon Informationen über die formalen wie auch semantischen Eigenschaften der einzelnen Elemente enthalten. Beim Verstehen von Sprache erfolgt der lexikalische Zugriff (*lexical access*) von der Ausdrucksseite auf die Inhaltsseite als eine Aktivierung von Bedeutungswissen. Beim Sprechen dagegen, also bei der produktiven Wortfindung, von einem semantischen Konzept auf einen phonetischen Ausdruck mit ganz bestimmten formalen Eigenschaften. Will ich mich z. B. über das gestrige Wetter austauschen und dafür das Konzept ‚regnen' aktivieren, muss ich wissen, wie das Wort *regnen* korrekt ausgesprochen und konjugiert wird – Informationen, die im mentalen Lexikon gespeichert sind. Häufig wird zwischen Lexikon$_2$ und Lexikon$_3$ nicht klar unterschieden, was u. a. im Mentalismus (→ 7.3.1) der Generativen Grammatik begründet liegt (vgl. Neef/Vater 2006: 30 f.).

Der Ausdruck **Lexikon**$_4$ schliesslich referiert auf die Kodifikation solcher Wortschätze – kollektiver, aber auch individueller (vgl. Autorenwörterbücher wie das Goethe-Wörterbuch) – in einem alphabetisch geordneten, in der Regel enzyklopädischen Nachschlagewerk. Dabei besteht der Unterschied zwischen einer Enzyklopädie (wie „Wikipedia") und einem Wörterbuch (wie „Duden Rechtschreibung") darin, dass Enzyklopädien primär Sachinformationen über die Referenten liefern, Wörterbücher dagegen sprachliche Informationen über das betreffende Sprachzeichen. Während der „Duden" zu *Regen* z. B. mitteilt, dass es sich dabei um ein maskulines Substantiv für tropfenförmigen Niederschlag handelt, liefert „Wikipedia" ausführliche Informationen, wie Regen entsteht und gemessen wird, welche Formen von Regen existieren, wie seine chemische Zusammensetzung ist und welche geologische und kulturgeschichtliche Bedeutung Regen hat. Die Unterscheidung von Sach- und Sprachinformation hat allerdings heuristischen Charakter. Teile der Linguistik lehnen eine scharfe Trennung zwischen lexikalischen Bedeutungen und enzyklopädischem Wissen entschieden ab (→ 3.2.1.2 und 3.4.4).

Die vier Lesarten von *Lexikon* stellen also unterschiedliche Konzeptualisierungen desselben Gegenstands dar: Wortschatz als kollektives Eigentum einer Sprachgemeinschaft, als Komponente in einem sprachtheoretischen Modell, als individueller Wissensbestand im Kopf oder als alphabetisierte Dokumentation (siehe Tabelle 6.5).

Tabelle 6.5: Lesarten von *Lexikon*.

Lexikon$_1$	soziales Phänomen	kollektiv verfügbare Anzahl der Wörter einer Sprache
Lexikon$_2$	sprachsystematisches Phänomen	Speicherkomponente eines formalen Sprachmodells
Lexikon$_3$ (mentales L.)	kognitives Phänomen	individuelle Repräsentation lexikalischer Einheiten im Gehirn
Lexikon$_4$	praktisches Hilfsmittel	Kodifikation von Wortschatz in einem Nachschlagewerk

Der Gesamtumfang der verschiedenen Lexika der deutschen Sprache (zumindest der Lexika$_{1-3}$) lässt sich in der Praxis nicht präzise beziffern, da er u. a. von der kontroversen Frage abhängt, welche Formen überhaupt als eigenes Wort gewertet werden sollen (→ 6.1.3). Hinzu kommen Phraseologismen, also feste Mehrwortverbindungen des Typs *fix und fertig, treulose Tomate* oder *an die Decke gehen*, die nicht einfach syntaktisch hergeleitet werden können, sondern als *long words* gelernt werden müssen. Ausserdem entwickelt sich das Lexikon dynamisch und erfährt ständig Zugänge (Neologismen) und Verluste (Archaismen). Ein Wort wie *weiland* ‚einst, früher' wird heute als „veraltet" bewertet, was sich in seiner Gebrauchshäufigkeit widerspiegelt (vgl. Abbildung 6.3). Die laienlinguistischen Einschätzungen sind also ein Indikator für das objektive Verschwinden des Ausdrucks aus dem aktuellen Sprachgebrauch.

Eine Wortschatzerweiterung kann dagegen z. B. durch Wortbildung (→ 6.3), Wortschöpfung (z. B. bei Produktnamen) oder Entlehnung aus anderen Sprachen erfolgen. So verzeichnet das Neologismenwörterbuch des Instituts für deutsche Sprache (IDS) allein über 600 Neologismen für die 2010er-Jahre und zudem eine Vielzahl von neuen Wörtern, die im Zuge der COVID-19-Pandemie (zumindest vor-

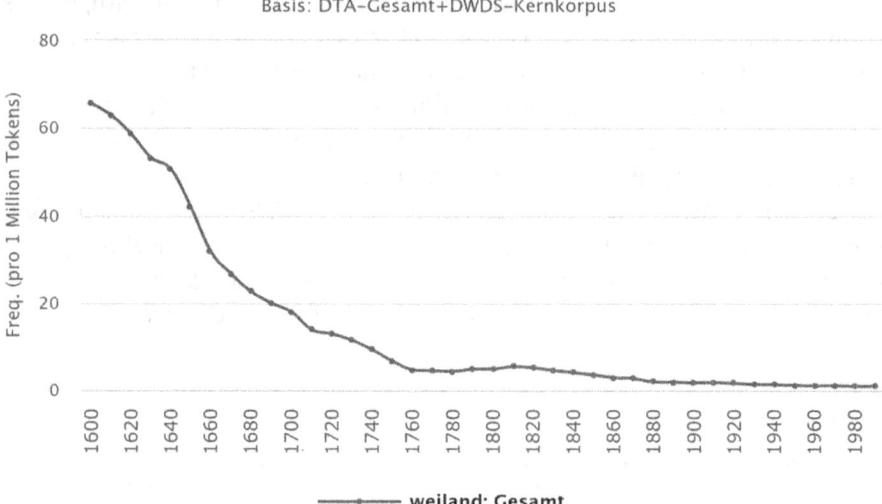

Abbildung 6.3: Wortverlaufskurve für *weiland*, erstellt durch das Digitale Wörterbuch der deutschen Sprache, <www.dwds.de>, abgerufen am 23.08.2024.

übergehend) im Deutschen usuell geworden sind. Längst nicht alle neuen Wörter werden jedoch zu Neologismen. Die meisten Kandidaten verbleiben im Stadium der Ad-hoc-Bildung (sog. *Okkasionalismen*). Spontane Neubildungen wie *Bambusphobie* oder *Melonenhaftigkeit* werden von der Sprachgemeinschaft zwar verstanden, aber nicht gekannt (als Einheiten des mentalen Lexikons); sie sind in der deutschen Sprache nicht lexikalisiert. Das Beispiel *Melonenhaftigkeit* verwendete die Grünenabgeordnete Dr. Bard 1984 in einer Wortmeldung während der 88. Plenarsitzung des Deutschen Bundestags *ad hoc*, um eine bestimmte politische Gesinnung zu charakterisieren („außen grün und innen rot"; DWDS), womit der Ausdruck aber noch nicht zu einem usuellen Bestandteil des Deutschen wurde. Allerdings ist die Grenze zwischen okkasionellen und usuellen neuen Wörtern fliessend. So begegnet etwa *Igelhaftigkeit* in einem guten Dutzend von Texten, *Katzenhaftigkeit* in mehreren hundert (Google-Suche vom 16.11.2024). Von Wörterbüchern des Deutschen werden beide Wörter damit aber noch nicht verzeichnet. Dazu müssten sie erst mit einer definierten Mindesthäufigkeit über einen festgelegten Zeitraum in einem bestimmten Textsortenspektrum nachweisbar sein.

Aus all diesen Gründen ist es nicht sinnvoll, eine feste Grösse für den Wortumfang des Deutschen anzugeben. Vorsichtige Schätzungen belaufen sich auf etwa 300'000 bis 500'000 Einheiten, inklusive Fachwörter sogar auf fünf bis zehn Millionen. Personen mit Deutsch als Erstsprache kennen und verwenden davon aber lediglich einen geringen Teil in ihrem Lexikon₃. Die Schätzungen für den durchschnittlichen produktiven Wortschatz liegen zwischen 6'000 und 16'000 Wörtern, für den rezeptiven oder Verstehenswortschatz zwischen 50'000 und 100'000. Dabei ist von einer hohen individuellen Schwankungsbreite auszugehen. So verzeichnet etwa das Goethe-Wörterbuch ca. 93'000 Wörter aus allen überlieferten Textzeugnissen des Autors.

Ähnlich schwierig wie die Frage nach dem Umfang des Wortschatzes ist die nach seiner Struktur, da für jede der vier Lesarten von *Lexikon* völlig unterschiedliche Antworten zu geben sind. So ist z. B. ein Wörterbuch (**Lexikon₄**) auf mehreren Ebenen komplex strukturiert: Die Wörter sind in Wörterbuchartikel aufgeteilt, an deren Beginn das sog. *Lemma* steht, eine konventionell festgelegte Zitier- oder Nennform (im Deutschen z. B. *werfen*, nicht *warf*). Die Makrostruktur des Lexikons₄ betrifft nun die Frage, wie die einzelnen Lemmata aufeinander folgen, d.h. ob sie glattalphabetisch (von A–Z), nach Wortfamilien, rückläufig oder vielleicht onomasiologisch, also nach Sachgruppen, angeordnet wurden. Dies kann im Einzelfall kompliziert sein. So wird z. B. das „Schweizerische Idiotikon", das Wörterbuch der schweizerdeutschen Dialekte, nach dem Konsonantengerüst der „Stammsilben" alphabetisiert. Folglich ist ein Wort wie *ûfgumpe*ⁿ ‚aufspringen' unter *G-* zu finden, und *Gump* ‚Sprung' steht im Wörterbuch noch vor *Gîgampfi* ‚Schaukelpferd', weil bei *-gampf-* ein zusätzlicher Konsonant folgt. Hinzu kommt, dass Wörter mit dem Anlaut *B-* zu *P-*, mit *Ch-* zu *K-*, mit *D-* zu *T-* und mit *V-* zu *F-* gestellt sind und anderes mehr. Auf der mittleren Ebene (Mesostruktur) sind die Wörterbuchartikel – wie das folgende Beispiel – in einen Artikelkopf (gelb), einen Bedeutungsteil (grün) und einen Anmerkungsteil (lila) gegliedert, die jeweils noch eine komplexe Mikrostruktur aufweisen können.

Wëpf II ZO. (vgl. u.), *Wëpfe*ⁿ II GT.; ‚WGräch., Vt.' *(-a)*; ZO. (vgl. o.), *Weipfe*ⁿ THPfyn — f.: der entstehende, tw. auch der fertige Zettel beim Weben; aaOO., in THPfyn; ZO. auch ‚das zum Zettel und Eintrag erforderliche Garn, welches der Fabrikant dem Weber abgibt'; Synn. *Wupp 1* (Sp. 782); *Wërpfen*. ‚Ein w. gilt ungevarlich 3 ₰ haller, die git 3 schürlitz tuoch, das ist ein tuoch am zettel 1 ₰.' B PES. S. noch Bd XII 252 o. (Z Teilrodel 1614). — Mhd. *wëpf* n., *wëpfe* m.; vgl. Gr. WB. XIII 2611 (unter ‚Webe'); Jutz II 1587; Schm.² II 965; Fischer VI 682. 3403. Obwohl die Wortsippen *Wëpf I* und *Wëpf II* etym. wohl ident. sind, setzen wir sie aus praktischen Gründen und in Anlehnung an den zweifachen Ansatz von *wëben* (Bd XV 93. 108) getrennt an. — Als (In) Namen; unsicher, ob hieher. Flurn.: ‚Wepfenhalden' UBürglen ‚ist ein aker und lit an W. am Stalden.' 1370, QW). FN.: ‚Wepf' THMü. (vor 1671).

Abbildung 6.4: Schweizerisches Idiotikon, Artikel *Wepf* (Bd. XVI, Sp. 791).

Ganz andere Fragen stellen sich in Bezug auf die Struktur des **Lexikons**$_1$, etwa die nach einem Kernwortschatz innerhalb des Gesamtwortschatzes des Deutschen. Dahinter steckt die Vorstellung, dass eine abgrenzbare Teilmenge der Lexik am intensivsten kommunikativ genutzt wird und deshalb eine grundlegende Verständigung in nicht-fachlichen Kontexten ermöglicht. In der Fremdsprachendidaktik (DaF/DaZ) führt dies zur Festlegung sog. Grundwortschätze (Basiswortschätze), die beim Lernen priorisiert werden. Empirisch lässt sich die Annahme eines Kernwortschatzes jedoch nicht stützen. Die gängigen Grundwortschätze zum Deutschen zeigen in der Regel nur geringe Schnittmengen, und grosse Korpora lassen keine klaren Grenzen zwischen dem angeblichen Kern und der Peripherie des Wortschatzes erkennen (vgl. Scharloth et al. 2016).

Das mentale Lexikon (**Lexikon**$_3$), also der individuelle Anteil am Wortschatz einer Sprache, wird dagegen als Teil des komplexen kognitiven Systems betrachtet, welches bei der Sprachverarbeitung zum Einsatz kommt. Dieses Lexikon wird oft mit einer Computermetapher als ein Langzeitspeicher für Wörter beschrieben, welche bei Bedarf ins Arbeitsgedächtnis geladen und dort bearbeitet würden. In den meisten Modellen wird das mentale Lexikon als ein neuronales Netz auf drei Ebenen dargestellt (vgl. etwa Stille et al. 2020): Für jedes Wort gibt es eine Konzeptebene, die die Wortbedeutung enthält (→ 3.2.1.2), eine Lemma-Ebene mit grammatischen Informationen (z. B. Wortart) und eine phonologische Ebene mit dem Wissen über die jeweilige Lautfolge. Innerhalb dieser Ebenen sind die verschiedenen Einheiten neuronal miteinander verbunden, z. B. auf der Konzeptebene semantisch verwandte Ausdrücke wie *rot* und *grün* (→ 3.3). Zusätzlich sind die Ebenen miteinander verbunden, sodass jede Aktivierung einer Einheit sich problemlos innerhalb der Ebene und zwischen den Ebenen weiter ausbreiten kann. Das mentale Lexikon bildet somit ein komplexes mehrdimensionales Netzwerk. Unterstützt wird das mentale Lexikon durch einen mentalen Silbenspeicher (*mental syllabary*), ein System, das sensorisch-motorische Informationen über die gängigen Silben der deutschen Sprache enthält: Wie werden diese gebildet? Wie klingen sie? Wie fühlt sich ihre Artikulation beim Sprechen an?

Die Architektur von **Lexikon**$_2$ schliesslich (als Konstrukt linguistischer Modellierung) wird in verschiedenen Sprachtheorien völlig unterschiedlich beschrieben. Entsprechend gibt es auf die Frage, welche lexikalischen Einheiten dieses umfasst und welche innere Struktur deren „Lexikoneinträge" (*lexical entries*) aufweisen, viele mögliche Antworten. Umstritten ist etwa, ob das Lexikon bereits die fertig flektierten Wörter enthält oder nur Hinweise auf Flexionsklassen, die dann für die Bildung morphosyntaktisch bestimmter Ausdrücke genutzt werden. Nachfolgend einige Beispiele für die unterschiedliche Bedeutung des Lexikons in verschiedenen linguistischen Schulen (→ 7.2). Im Strukturalismus des frühen 20. Jahrhunderts wurde das Lexikon lediglich als strukturarmes Anhängsel der Grammatik betrachtet, als „list of basic irregularities" (Bloomfield 1933: 274), eine Anschauung, die sich später auch in der Generativen Grammatik findet: „The lexicon is like a prison – it contains only the lawless [...] we reject [...] the idea that the lexicon has structure" (Di Sciullo/Williams 1987: 3f.). Die Diskussionen über den sog. *Lexikalismus* rückten das Lexikon in den 1970er-/1980er-Jahren dann aber ins Zentrum der Morphologie. Es wurde zunehmend als eigenständige generative Komponente gesehen, in der komplexe Wörter aus kleineren Einheiten entstehen und die folglich Unterschiedliches enthalten müsse: lexikalische Morpheme, Affixe (→ 6.1.2), Wortbildungsregeln für neue Wörter, aber auch usuelle Wörter wie *Fahrbahn*, die als Ganzes abgerufen werden und nicht immer wieder neu gebildet werden. Der Gründervater der Generativen Grammatik, Noam Chomsky, beschreibt das Lexikon allerdings traditionell als „a list of ‚exceptions', whatever does not follow from general principles" (Chomsky 1995: 235). Eine wichtige Rolle kommt dem Lexikon in der Valenztheorie zu: Das Wissen, in welchen Satzumgebungen ein bestimmtes Wort verwendet werden kann, wird hier als eine im Lexikon gespeicherte Eigenschaft von Wörtern gesehen, als „eine Zeitbombe, die im Lexikon deponiert ist und in der Grammatik detoniert" (Ágel 1995: 2). Die Trennung zwischen den beiden Komponenten ist in der Valenztheorie also nur „relativ" (Welke 2009: 82). Radikaler erscheint die Sichtweise zeichenbasierter Sprachtheorien wie der Konstruktionsgrammatik, bei denen auf eine Grenzziehung zwischen Lexikon und Grammatik verzichtet und vielmehr ein *syntax-lexicon continuum* angenommen wird. Der Anspruch ist hier, Sprache als ein Kontinuum zwischen lexikalischen und grammatischen Einheiten unterschiedlicher Abstraktheit zu beschreiben, die sich alle zeichenhaft, also als Form-Funktions-Paare (Konstruktionen) auffassen lassen (vgl. Boas 2010).

Unterschiedliche Auffassungen gibt es auch zur inneren Struktur der Lexikoneinträge des Lexikons$_2$. Diese können eher knapp ausfallen wie in dem Beispiel (7), bei dem neben der phonologischen Gestalt des Worts nur kategoriale und semantische Informationen enthalten sind:

(7) Lexikoneintrag für engl. *eat*
    eat   PHON   /iːt/
           CAT   transitive verb
           SEM   x devours some food y   (Wunderlich 2006: 3)

Um ein Wort im Deutschen korrekt verwenden zu können, braucht es aber unter Umständen noch weitere morphologische, syntaktische, semantische und pragmatische Angaben, weshalb Lexikoneinträge mit zusätzlichen Informationen zur Flexion, zur Valenz und Argumentstruktur (→ 7.5) und zu möglichen diasystematischen Restriktionen des betroffenen Worts (z. B. *ist fachsprachlich, umgangssprachlich, dialektal* etc.) angereichert sein können.

6.1.4 Zuständigkeiten und Abgrenzungsprobleme

Fragen des Wortschatzes werden in der Linguistik teils im Rahmen der Lexikologie, teils in der Morphologie behandelt. Während die Morphologie (traditionell auch: *Formenlehre*) seit Langem einen kanonischen Teil der Grammatik bildet, hat sich die Lexikologie als die jüngere der beiden Teildisziplinen erst in den 1960er-Jahren herausgebildet. Der Terminus **Morphologie** bedeutet dabei so viel wie ‚Wissenschaft von den Formen'. Er wurde von Goethe geprägt zur Bezeichnung der Lehre von den verschiedenen formalen und strukturellen Ausprägungen der Gattungen und Arten lebender Organismen. Im 19. Jahrhundert übernahm man den Terminus in die Sprachwissenschaft.

Der Gegenstandsbereich der Morphologie, die sich mit der inneren Struktur von Wörtern beschäftigt, wird üblicherweise in folgende Themenfelder unterteilt:
- Die **Flexion** (Flexionsmorphologie) dient der Bildung von „Flexionsformen" zu bestehenden Wörtern, also der Ausdifferenzierung eines Lexems in unterschiedliche grammatische Wörter.
- Die **Wortbildung** (Wortbildungsmorphologie) dient der Bildung neuer Lexeme aus bereits vorhandenen Bausteinen.
- Gelegentlich wird unter Morphologie auch die **Wortartenlehre** behandelt.

Eine exakte Abgrenzung von Flexion und Wortbildung erweist sich in der Praxis als schwierig, da zwischen beiden eine Übergangszone mit Phänomenen existiert, deren Zuordnung umstritten ist. So wird etwa die **Komparation** der Adjektive (*schön, schön-er, schön-st-*) mitunter als Teil der Wortbildung betrachtet (vgl. z. B. Neef 2023: 41f.), da nicht alle Adjektive komparierbar sind und einzelne Vertreter der eigentlich nicht flektierenden Wortart Adverb ebenfalls Komparation aufweisen (z. B. *oft – öfter*). Aufgrund ihres äusserst regelhaften Charakters wird die Komparation jedoch meist als die dritte Erscheinungsform von Flexion gewertet (neben Deklination und Konjugation). Dies erlaubt eine deutlich sparsamere grammatische Modellierung des Phänomens, welches sonst lexikografisch beschrieben werden müsste. Der Adjektivwortschatz würde sich in den Wörterbüchern des Deutschen dabei spontan verdreifachen, da man neben *schön* auch *schöner* und *schönst-* als eigene Lemmata aufnehmen müsste. Auch die **Diminuierung** von Substantiven mit *-chen* oder *-lein* erweist sich als hochgradig regelmässig, sodass hier ebenfalls umstritten ist, ob ein neues Lexem entsteht (vgl. z. B. Fleischer/Barz 2012) oder ob sie der Flexion nahekommt (vgl. z. B. Eisenberg 2020a: 223, 283). Gleiches gilt für sog. *Inflektive*, also die Verwendung unflektierter Verbstämme im Comic oder in der digitalen Kommunikation (*seufz, raschel, grins*). Die sprachhistorisch schon älteren Inflektive (deshalb mitunter auch scherzhaft: *Erikativ*) wurden im Deutschen durch

Erika Fuchs, die Übersetzerin der Donald-Duck-Comics, popularisiert. Phänomene wie diese bilden eine Übergangszone zwischen Flexion und Wortbildung, deren Bewertung ausser von sprachsystematischen und heuristischen Faktoren (Sparsamkeitserwägungen) oft auch vom eigenen Standort abhängt. Ein Flexionsmorphologe wird den Inflektiv z. B. eher als Wortform werten (vgl. Teuber 1998), eine Wortbildungsmorphologin dagegen als Kurzwort (vgl. Fleischer/Barz 2012: 295).

Anders als die Morphologie strebt die **Lexikologie** eine Beschreibung des Wortschatzes „als strukturierte Ganzheit" an (Harm 2015: 10). Sie stellt damit die strukturalistische Antwort auf die fokussierte Analyse einzelner Wörter in der älteren Sprachwissenschaft dar. Klassische lexikologische Themenfelder sind dabei:
- die formale und semantische Struktur des Wortschatzes,
- die soziolinguistische Gliederung des Wortschatzes, d. h. die diasystematische Markiertheit von Wortschatzeinheiten hinsichtlich einer Vielzahl von Dimensionen (diatopisch, diastratisch, diatechnisch etc.),
- Wortkonzepte und Worttypologien (oft auch: Wortartenlehre),
- die lexikalische Semantik (inklusive semasiologischem und onomasiologischem Wandel) und oft auch
- die Phraseologie, also die Theorie fester Wortverbindungen.

Vor diesem Hintergrund bemüht sich Kapitel 6 um eine integrierte Darstellung zentraler Inhalte aus Morphologie und Lexikologie, nämlich Konzepte von Wort und Wortschatz (6.1), Flexion (6.2), Wortbildung (6.3) und Wortarten (6.4). Die lexikalische Semantik wird ausführlich in Kapitel 3 behandelt, phraseologische Aspekte werden in Kapitel 7 gestreift. Für die (Meta-)Lexikografie als Theorie und Praxis der Dokumentation von Wortschätzen in Wörterbüchern liegt eine Reihe guter Einführungswerke vor (vgl. z. B. Schlaefer 2009; Harm 2015).

6.2 Flexion

6.2.1 Wozu dient Flexion?

Damit Lexeme syntaktisch in einem Satz verwendungsfähig sind, müssen sie meist spezifische formseitige Anpassungen erfahren; im Deutschen ist also nicht nur die lineare Anordnung von Lexemen zentral für den Aufbau eines Satzes (z. B. die Positionierung des finiten Verbs), sondern auch die Anpassung ihrer Form. Wenn wir z. B. aus den Lexemen *die, Mitarbeiterin, markieren, der, Ordner, mit, mehrere, farbig* und *Klebezettel* einen Satz bilden wollen, dann ist es mit einer gewissen linearen Anordnung dieser Lexeme allein nicht getan: **Die Mitarbeiterin markieren der Ordner mit mehrere farbig Klebezettel* ist ungrammatisch. Was in diesem Satz fehlt, ist **Flexion**:

die morphosyntaktische Ausdifferenzierung der verwendeten Lexeme. Die Bezeichnung *Flexion* stammt aus der traditionellen lateinischen Grammatik und bedeutet übersetzt ‚Beugung' (lat. *flectere* ‚beugen, biegen') – die Form eines Lexems wird so „gebogen", dass sie sich grammatisch in den Satz einfügt und syntaktisch verwendungsfähig ist. Erst in der folgenden Form ist der Beispielsatz grammatisch: *Die Mitarbeiterin markiert den Ordner mit mehreren farbigen Klebezetteln.* Die Mehrheit der Lexeme erfährt morphosyntaktische Anpassungen: Das Verb *markieren* erscheint als *markiert* (genauer: an den Verbstamm *markier-* tritt das Suffix *-t*), das Adjektiv *farbig* erscheint als *farbigen* (genauer: an den Adjektivstamm *farbig* tritt das Suffix *-en*) usw.

In der Eigenschaft, dass Lexeme flektiert werden müssen, um syntaktisch verwendungsfähig zu werden, unterscheidet sich das Deutsche von Sprachen wie dem Vietnamesischen oder Chinesischen, bei denen es keine solche Form der morphologischen Ausdifferenzierung gibt (zu unterschiedlichen Sprachbautypen siehe Vertiefung 6.1). Flexion erfolgt im Deutschen mithilfe unterschiedlicher morphologischer Mittel – beispielsweise durch das Anhängen eines Suffixes an den Wortstamm, aber auch über die Veränderung des Vokals im Wortstamm. Wichtige Flexionsmittel des Deutschen wurden bereits in Kapitel 6.1.2 terminologisch eingeführt, einen systematischen Überblick geben die folgenden Kapitel.

Vertiefung 6.1: Sprachbautypen
In der typologisch orientierten Sprachwissenschaft gibt es bereits eine lange Tradition, Sprachen in sog. *Sprachbautypen* zu unterteilen. Dabei geht es nicht um genealogische Verwandtschaft von Sprachen (resultierend in Sprachfamilien wie z. B. dem Indogermanischen), sondern um strukturelle grammatische Gemeinsamkeiten. Auf Friedrich Schlegel, Begründer der Sprachtypologie, geht die Unterscheidung zwischen flektierenden und affigierenden Sprachen zurück. August Wilhelm Schlegel greift die Typologie seines jüngeren Bruders auf und fügt einen dritten Sprachtyp hinzu, nämlich isolierende Sprachen ohne Flexion oder Affigierung. Wilhelm von Humboldt schliesslich ergänzt diese Typologie um einen vierten Typ: inkorporierende Sprachen, in denen Verb und Objekt in einem Wort ausgedrückt werden. Hinter diesen Typologien steckt die Idee, Sprachen gesamthaft aufgrund eines einzigen Parameters zu klassifizieren. In der modernen Typologie wird diese Terminologie noch verwendet, jedoch deutlich differenzierter – und nicht mehr mit dem Anspruch, Sprachen allein aufgrund morphologischer Strukturen zu unterscheiden (vgl. Croft 2003).

Sprachen unterscheiden sich zum einen dahingehend, wie transparent Morphemgrenzen innerhalb eines Wortes sind. Auf der einen Seite des Kontinuums befinden sich isolierende Sprachen: In diesen entspricht ein Wort genau einem Morphem. Das folgende Beispiel zeigt dies anhand des Vietnamesischen (Nguyễn 1997: 223, zit. nach Haspelmath/Sims 2010: 4):[1]

---

[1] Die Beispiele werden *glossiert* dargestellt (sog. Interlinearglossierung): Die erste Zeile enthält das Beispiel in der Ausgangssprache, die dritte Zeile enthält eine Übersetzung – zwischen diesen beiden Zeilen (d. h. interlinear) steht eine morphembasierte Glossierung (*morpheme-by-morpheme glosses*), d. h. eine lexikalische oder grammatische Übersetzung für jedes Morphem (z. B. steht *1SG* für 1. Person Singular, *NEG* für Negation). Für Glossierungen wird meist auf die *Leipzig Glossing Rules* zurückgegriffen.

(8) Vietnamese
Hai dú.a   bo?   nhau   là   tại   gia-đình   thàng   chông.
two individual   leave   each.other   be   because.of   family   guy   husband
‚They divorced because of his family.'

In agglutinierenden Sprachen werden Morpheme konkateniert (aneinandergereiht), wobei jedes Morphem genau eine Bedeutung oder eine Funktion trägt. Morphemgrenzen sind also innerhalb eines Wortes vollkommen transparent. Ein Beispiel ist das Türkische. Im folgenden Beispiel treten an den Wortstamm *okú* fünf Morpheme mit einer je separaten Funktion, nämlich POT (Potentialis, ein Verbmodus), NEG (Negation), AOR (Aorist, eine Tempusform), 1SG (1. Person Singular) (Kornfilt 1997: 375, zit. nach Haspelmath/Sims 2010: 68).

(9)   *okú-ya-ma-yabil-ir-im*
      read-POT-NEG-POT-AOR-1SG
      ‚I might not be able to read.'

In fusionierenden Sprachen gibt es keine eindeutigen Morphemgrenzen, und Morpheme sind polyfunktional: Distinkte Bedeutungen und Funktionen können mithilfe eines einzigen Morphems ausgedrückt werden. Diese Eigenschaft ist typisch für das Deutsche. Beispielsweise drückt das Suffix *-em* in *diesem* sowohl Numerus (Singular), Kasus (Dativ) als auch Genus (maskulin) aus. Eine weitere morphologische Zerlegung ist nicht möglich.

Zum anderen unterscheiden sich Sprachen in Bezug auf die interne Komplexität von Wortformen. Auch das ist wieder als Kontinuum zu verstehen. In analytischen Sprachen liegt eine Eins-zu-Eins-Beziehung zwischen Wort und Morphem vor, Wortformen sind also nicht komplex – so wie im Vietnamesischen. In synthetischen Sprachen bestehen Wortformen aus mehreren Morphemen; Morpheme kommen also gebunden vor, und es entstehen komplexere Wortformen (so wie im Deutschen). Polysynthetische Sprachen zeichnen sich durch ein sehr hohes Morphem-Wort-Verhältnis aus; Wortformen sind dadurch nochmals deutlich komplexer. Das folgende Beispiel aus dem Nuu-chah-nulth, gesprochen an der Westküste Nordamerikas, drückt in einer Wortform ein komplexes Subjekt (*several small fires* – in der Glossierung steht PL steht für Plural und DIM für Diminutiv, also Verkleinerung), einen Vorgang (*were burning*, PAST steht für Vergangenheit, 3IND für 3. Person Indikativ) und einen Ort (*in the house*) aus (Aronoff/Fudeman 2023: 172).

(10) ʔinkʷ-ˈiɬ-m̓inḥ-ʔis-(m)it-ma
      fire-in.house-PL.DIM.PAST-3IND
      'several small fires were burning in the house'

Sprachen lassen sich hinsichtlich dieser beiden Parameter charakterisieren (aber eben auch hinsichtlich vieler anderer Parameter): So gibt es beispielsweise polysynthetisch-fusionierende, analytisch-isolierende oder synthetisch-fusionierende Sprachen (vgl. Aikhenvald 2007: 8), wobei man sich die verschiedenen Typen als Punkte auf einem Kontinuum und nicht als trennscharfe Kategorien vorstellen sollte. Das Deutsche weist gemäss dieser Typologisierung typische Eigenschaften von synthetischen und fusionierenden Sprachen auf, aber zum Teil auch Eigenschaften analytischer Sprachen.

6.2.2 Morphosyntaktische Merkmalsklassen

Die im Beispielsatz vorkommenden flektierbaren Lexeme werden hinsichtlich sog. **grammatischer** oder auch **morphosyntaktischer Merkmalsklassen** ausdifferenziert. Da diese Ausdifferenzierung mit morphologischen Mitteln geschieht und der Syntax dient, spricht man von morphosyntaktischer Ausdifferenzierung. Das Verb *markieren* wird hinsichtlich der grammatischen Merkmalsklassen Numerus und Person ausdifferenziert, indem das Suffix *-t* an den Stamm *markier-* angehängt wird. Im konkreten Fall ist dieses Suffix Träger der Merkmale SINGULAR und 3. PERSON (es werden hier also zwei Merkmale mit nur einem Suffix ausgedrückt). Notwendig ist diese Anpassung, weil es im Deutschen Kongruenz (lat. *congruentia* ‚Übereinstimmung') gibt: Das finite Verb eines Satzes stimmt in Person und Numerus mit dem Subjekt überein (im gezeigten Beispiel: *die Mitarbeiterin*). Das Adjektiv *farbig* wird hinsichtlich der grammatischen Merkmalsklassen Kasus und Numerus angepasst: Das Affix *-en* ist Träger der Merkmale DATIV (Kasus) und PLURAL (Numerus). Notwendig ist diese Anpassung, weil auf mehrere Klebezettel referiert wird (Plural) und weil es im Deutschen Rektion (lat. *regere* ‚beherrschen') gibt, d. h. ein Wort bestimmt die morphosyntaktische Form eines anderen Wortes im Satz. Im konkreten Fall regiert die Präposition *mit* den Dativ von *farbigen Klebezetteln*. Das Beispiel zeigt aber auch, dass nicht alle Lexeme morphosyntaktisch ausdifferenziert werden können. Während beispielsweise Verben und Substantive Flexionsformen ausbilden und damit zu den flektierbaren Wortarten gehören, ist das bei Präpositionen wie *mit* nicht der Fall, sie sind nicht flektierbar.

Das Zusammenspiel morphosyntaktischer Merkmalsklassen trägt wesentlich zur Wortartdifferenzierung im Deutschen bei, ebenso die Differenzierung zwischen flektierbaren und nicht-flektierbaren Wortarten. Wortarten werden in Kapitel 6.4. systematisch eingeführt, an dieser Stelle liegt der Fokus allein auf der Morphosyntax und dem Thema Flexion. Tabelle 6.6 bietet einen Überblick über die morphosyntaktischen Merkmalsklassen des Deutschen. Aufgelistet werden nur diejenigen Merkmale, die mit Mitteln der Flexion gebildet werden (also z. B. durch Affigierung). Nicht aufgelistet sind hingegen solche Merkmale, die neben der Flexion auf syntaktische Mittel angewiesen sind, d. h. durch die Kombination mehrerer Wörter gebildet werden. Ein Beispiel: PERFEKT ist zwar ein Merkmal der Klasse Tempus, wird aber durch eine Kombination aus *haben* im Präsens + Vollverb im Partizip II gebildet (z. B. *hat gelesen*). Diese Bildungsweise wird als *analytisch* oder auch *periphrastisch* bezeichnet (→ 6.2.3).

Tabelle 6.6: Morphosyntaktische Merkmalsklassen des Deutschen.

	Morphosyntaktische Merkmalsklassen		
	Konjugation: Verben	Deklination: Substantive, Pronomen, Artikelwörter, Adjektive	Komparation: Adjektive, (Adverbien)
Tempus: PRÄSENS, PRÄTERITUM	Modus: INDIKATIV, KONJUNKTIV I UND II, IMPERATIV	Person: 1., 2., 3. PERSON Numerus: SINGULAR, PLURAL Genus Verbi: AKTIV Kasus: NOMINATIV, GENITIV, DATIV, AKKUSATIV Genus: MASKULIN, FEMININ, NEUTRUM Numerus: SINGULAR, PLURAL	POSITIV, KOMPARATIV, SUPERLATIV

Die Tabelle enthält alle Wortarten, die morphosyntaktisch ausdifferenziert werden können (also flektierbar sind). Dazu gehören u. a. Substantive, Pronomen, Artikelwörter und Adjektive. Bei diesen spricht man von **Deklination**. Zu den Deklinationsklassen gehören Kasus, Numerus und Genus. Ebenfalls zu den flektierbaren Wortarten gehören Verben; bei diesen spricht man von **Konjugation**. Zu den Konjugationsklassen werden Tempus, Modus, Person, Numerus und Genus Verbi gezählt. Die **Komparation** (d. h. die Steigerung von Adjektiven und wenigen ausgewählten Adverbien) wird manchmal zur Deklination gezählt, manchmal aber auch als separate Klasse behandelt (→ 6.1.4).

Flektierbare Lexeme wie Substantive oder Verben sind hinsichtlich der morphosyntaktischen Merkmalsklassen unterspezifiziert (mit Ausnahme des invariablen Genus bei Substantiven); die Spezifizierung erfolgt erst mithilfe der konkreten Wortform in ihrem jeweiligen syntaktischen Verwendungskontext (bedingt durch Rektion und Kongruenz). Durch Flexion entstehen also – im Gegensatz zur Wortbildung – keine neuen Lexeme, da sich die Wortartzugehörigkeit nicht ändert und auch die Bedeutung unverändert bleibt. Aus grammatiktheoretischer Sicht werden flektierte Wortformen demzufolge nicht als Teil des Lexikons betrachtet (verstanden im Sinne von Lexikon$_2$, → 6.1.3), sondern als Teil der Grammatik.

6.2.3 Flexionsparadigmen

Flektierbare Lexeme bilden Paradigmen aus. In Kapitel 6.1.1.2 wurde das Paradigma als Gesamtheit aller grammatischen Wörter eines Lexems bezeichnet, auch in der Semiotik (→ 2) ist der Begriff relevant gewesen. Tabelle 6.7 zeigt das Flexionsparadigma für *Kind:* Es enthält acht Positionen und spezifiziert die Merkmalsklassen Kasus und Numerus.

Tabelle 6.7: Flexionsparadigma für *Kind*.

	Singular	Plural
Nominativ	Kind	Kinder
Genitiv	Kindes	Kinder
Dativ	Kind (veraltet: Kinde)	Kindern
Akkusativ	Kind	Kinder

Das Beispiel *Kind* zeigt, dass es innerhalb eines Paradigmas phonologisch identische Wortformen für unterschiedliche Funktionen bzw. Positionen im Paradigma gibt – so sind beispielsweise die grammatischen Wörter für den Nominativ, Dativ und Akkusativ Singular identisch. Diese Form der Identität wurde in Kapitel 6.1.1.2 als *Synkretismus* bezeichnet: Für mehrere Kategorienwerte (z. B. Nominativ Singular und Dativ Singular) wird die gleiche Wortform verwendet. In der Entwicklung des Deutschen wird Synkretismus speziell bei Kasus immer stärker ausgebaut. Am Paradigma von *Kind* ist dies noch zu erkennen: In einer inzwischen bereits veralteten Form ist der Dativ noch mit einem *-e* markiert (*Kinde*), durchgesetzt hat sich inzwischen die Form *Kind*, die damit formal mit dem Nominativ und Akkusativ zusammengefallen ist (sog. *Dativschwund*). Erhalten sind solche Dativformen noch in Phraseologismen, also festen Wortverbindungen, z. B. *zu Rande kommen*. Gut markiert hingegen ist die Numerusdistinktion (kein Synkretismus zwischen Plural- und Singularformen).

Je nach Wortart werden im Paradigma unterschiedliche Bündel von Merkmalen ausgedrückt. Bei Substantiven werden die Wortformen hinsichtlich Kasus und Numerus ausdifferenziert. Artikelwörter und Pronomen werden im Singular zusätzlich noch hinsichtlich des Genus ausdifferenziert (→ 9.5.2 zu Genderlinguistikdiskursen). Während bei Substantiven das Genus inhärent ist (*Kind* ist unabhängig vom syntaktischen Kontext immer Neutrum), ist es bei Artikelwörtern und Pronomen variabel und ergibt sich durch Rektion, ausgehend vom Bezugssubstantiv (*das Telefon, die Schnecke, der Stuhl*). Tabelle 6.8 zeigt das vollständige Paradigma für den Demonstrativartikel *dieser*; auch hier fällt der Formensynkretismus deutlich auf:

Tabelle 6.8: Flexionsparadigma für den Demonstrativartikel *dieser*.

	Singular			Plural
	Mask.	Fem.	Neut.	
Nominativ	dieser	diese	dieses	diese
Genitiv	dieses	dieser	dieses	dieser
Dativ	diesem	dieser	diesem	diesen
Akkusativ	diesen	diese	dieses	diese

Das Flexionsparadigma des Demonstrativartikels *dieser* zeigt eine weitere typische morphologische Eigenschaft des Deutschen: Flexionsaffixe können mehr als eine Funktion tragen. So drücken beispielsweise die Affixe im Singular (*-er, -es, -em, -en*) gleichzeitig Kasus, Genus und Numerus aus; es ist nicht möglich, für jedes Merkmal ein separates Affix zu segmentieren. Dieses Phänomen wird als **Fusion** bezeichnet: Ein Affix dient zur Ausdifferenzierung mehrerer Merkmalsklassen gleichzeitig, eine morphologische Zerlegung ist nicht möglich. Das gegenteilige Phänomen wird als *Agglutination* bezeichnet und liegt dann vor, wenn jedem Affix eindeutig eine Merkmalskategorie bzw. ein Merkmal zugeordnet werden kann – im Deutschen ist das nur gelegentlich zu beobachten (so bei schwachen Verben im Präteritum, z. B. *mal-te-st*: Stamm-Präteritum-3. Person); weitaus typischer ist der Fall der Fusion. Daher wird das Deutsche aus sprachvergleichender Perspektive als *fusionierende Sprache* bezeichnet (siehe Vertiefung 6.1).

Bei Verben ist die Systematisierung von Flexionskategorien komplex, da zum einen zwischen synthetischen und analytischen Verbformen und zum anderen zwischen finiten und infiniten Verbformen unterschieden werden muss. Finite Verbformen sind hinsichtlich der Merkmalsklassen Person und Numerus spezifiziert, weil sie mit dem Subjekt des Satzes kongruieren (Bsp.: *Er* liest *ein Buch*; *Sie* lesen *ein Buch*); für finite Verben kann ausserdem immer auch Tempus, Modus und Genus Verbi angegeben werden (*Er* liest *ein Buch*. → 3. Person Singular Präsens Aktiv). Infinite Verbformen kongruieren nicht mit dem Subjekt und sind entsprechend nicht hinsichtlich Person und Numerus spezifiziert (Bsp.: *Er wird ein Buch* lesen; *Sie werden ein Buch* lesen).

Verben verfügen über drei infinite Formen (vgl. Duden 2022: 662, Eisenberg 2020b: 104f.), d. h. Formen, die nicht hinsichtlich Numerus, Person, Tempus und Modus markiert sind: den reinen Infinitiv (*lesen*), den Infinitiv mit *zu* (*zu lesen*) und das Partizip II (*gelesen*). In manchen Grammatiken (z. B. älteren Auflagen der Duden-Grammatik) wird auch das Partizip I (*lesend*) zu den infiniten Verbformen gezählt, weil es z. B. über Valenz verfügt (→ 7.5.1). Der Imperativ steht zwischen infiniten und finiten Verbformen und wird entsprechend als *semifinit* bezeichnet, weil er nur bezüglich Numerus spezifiziert ist (Bsp.: *Lies ein Buch!*; *Lest ein Buch!*).

Nun zur Unterscheidung von synthetischen und analytischen (auch: periphrastischen) Verbformen: Nur synthetische Verbformen (von griech. *synthesis* ‚Zusammensetzung') werden ausschliesslich durch Flexion gebildet, analytische bzw. periphrastische Verbformen (von griech. *periphrastikós* ‚umschreibend') werden zusätzlich durch die Kombination mehrerer Verben gebildet (z. B. *hat gespielt*). Sie sind damit nur sekundär Gegenstand der Flexionsmorphologie und primär ein Thema der Syntax (deswegen wurden sie in Tabelle 6.6 auch nicht aufgelistet). So werden im Deutschen nur das Präsens und das Präteritum mithilfe von Flexion gebildet, nicht aber das Perfekt (z. B. *hat gespielt*). Das Perfekt ist aber insofern auf

Flexion angewiesen, als die Hilfsverben *haben* und *sein* flektieren (eine Form wie *hat gespielt* wird deswegen insgesamt als finite Verbform bezeichnet). Systematisieren lässt sich das Ganze mit einem Blick auf die Merkmalsklassen, hinsichtlich derer Verben ausdifferenziert werden: Synthetisch gebildet werden im Deutschen Person (d. h. die Differenzierung zwischen 1., 2. und 3. Person erfolgt im Deutschen ausschliesslich durch Flexion), Numerus (Singular und Plural), die Tempusformen Präsens und Präteritum, die Modusformen Indikativ, Imperativ und Konjunktiv und das Genus Verbi Aktiv. Analytisch gebildet werden die Tempusformen Perfekt, Plusquamperfekt (*hatte gespielt*), Futur I (*wird spielen*) und Futur II (*wird gespielt haben*) sowie das Genus Verbi Passiv (*wurde gespielt*). Tabelle 6.9 zeigt das vollständige finite Paradigma von *spielen*.

Tabelle 6.9: Paradigma für *spielen*.

Aktiv, Präsens	Singular	Plural
1. Person	*ich spiele*	*wir spielten*
2. Person	*du spielst*	*ihr spielt*
3. Person	*er/sie/es spielt*	*sie spielen*
Aktiv, Präteritum	**Singular**	**Plural**
1. Person	*ich spielte*	*wir spielten*
2. Person	*du spieltest*	*ihr spieltet*
3. Person	*er/sie/es spielte*	*sie spielten*
Konjunktiv Präsens	**Singular**	**Plural**
1. Person	*ich spiele*	*wir spielen*
2. Person	*du spielest*	*ihr spielet*
3. Person	*er/sie/es spiele*	*sie spielen*
Konjunktiv Präteritum	**Singular**	**Plural**
1. Person	*ich spielte*	*wir spielten*
2. Person	*du spieltest*	*ihr spieltet*
3. Person	*er/sie/es spielte*	*sie spielten*
Imperativ	**Singular**	**Plural**
	spiel	*spielt*

Natürlich kann man das in Tabelle 6.9 dargestellte Paradigma noch um die analytischen Formen erweitern (z. B. *ich habe gespielt, du hast gespielt, er/sie/es hat gespielt* für das Perfekt usw.); die Tabelle konzentriert sich allein auf die synthetischen (durch Flexion erzeugten) Formen.

6.2.4 Flexionsklassen

Paradigmen weisen systematische Gemeinsamkeiten auf. So flektieren fast alle Substantive mit femininem Genus gleich (beispielsweise *Frau*, siehe Tabelle 6.10) und können daher zu einer **Flexionsklasse** zusammengefasst werden (genauer gesagt: Alle Feminina, die den Plural auf *-en* bilden, gehören zur gleichen Flexionsklasse); besonders auffallend ist hier der Formensynkretismus – es gibt nur zwei morphologisch unterschiedliche Wortformen, die nur den Unterschied zwischen Singular und Plural markieren, eine morphologische Kasusdifferenzierung findet nicht mehr statt. Die Kombination mit einem Artikel trägt zur Differenzierung der Kasusformen bei, jedoch auch nicht bei allen Formen (im Singular sind jeweils Nominativ und Akkusativ identisch sowie Genitiv und Dativ, im Plural Nominativ und Akkusativ).

Tabelle 6.10: Flexionsparadigma für *Frau*.

	Singular	Plural
Nominativ	*(die) Frau*	*(die) Frauen*
Genitiv	*(der) Frau*	*(der) Frauen*
Dativ	*(der) Frau*	*(den) Frauen*
Akkusativ	*(die) Frau*	*(die) Frauen*

Interessanterweise kommt es nicht in allen nominalen Flexionsparadigmen zu einer so ausgeprägten Form des Synkretismus. Sog. schwache Maskulina markieren nämlich einen Unterschied zwischen Genitiv/Dativ/Akkusativ und Nominativ, wie das Beispiel *Experte* in Tabelle 6.11 zeigt (und auch der Artikel zeigt die Kasusmarkierung deutlicher an als bei den Feminina).

Tabelle 6.11: Flexionsparadigma für schwache Maskulina (hier am Beispiel *Experte*).

	Singular	Plural
Nominativ	*(der) Experte*	*(die) Experten*
Genitiv	*(des) Experten*	*(der) Experten*
Dativ	*(dem) Experten*	*(den) Experten*
Akkusativ	*(den) Experten*	*(die) Experten*

Diese Flexion wird traditionell als *schwach* bezeichnet, was aber eine wenig aussagekräftige Bezeichnung ist. Mit Ausnahme des Nominativs sind alle Kasus mit *-(e)n* markiert, sowohl im Singular als auch im Plural. Dadurch unterscheidet sich diese

Flexionsklasse von der sog. *starken* Flexion, bei der es keine *-(e)n*-Suffixe gibt (sondern z. B. ein *-s*-Suffix im Genitiv, z. B. *des Lehrer-s*).

Der Unterschied zwischen der Flexionsklasse der Feminina und der schwachen Maskulina zeigt sehr gut, dass Grammatik nicht einfach von der sozialen Wirklichkeit entkoppelt ist, sondern zwischen beiden eine wechselseitige Beziehung besteht. So argumentiert die Genderlinguistik dafür, dass die Flexionsmorphologie Sedimente stereotyper männlicher und weiblicher Rollenzuschreibungen anzeigt (vgl. Kotthoff/Nübling 2024: 72–77; Krifka 2009). Anders formuliert: Die soziale Wirklichkeit hat einen Einfluss auf die Grammatik, in diesem Fall auf die Flexionsmorphologie (→ 9.5.2). Die Klasse der schwachen Maskulina enthielt im Alt- und Mittelhochdeutschen zahlreiche Nomina aus ganz unterschiedlichen semantischen Bereichen. Im Laufe der Sprachgeschichte hat diese Klasse jedoch eine immer stärkere Eingrenzung auf männliche Lebewesen erfahren (*der Bote, der Kunde, der Matrose*); so haben beispielsweise Lexeme, die eine unbelebte Referenz haben, die Flexionsklasse gewechselt und flektieren heute nicht mehr nach dem Muster schwacher Maskulina (z. B. mhd. *der brunne* ‚Brunnen'). In früheren Sprachstufen des Deutschen gab es neben schwachen Maskulina auch schwache Feminina und Neutra, die inzwischen aber die Flexionsklasse gewechselt haben. Man kann daher inzwischen von einer „exklusiven Männerklasse" sprechen (Kotthoff/Nübling 2024: 73). Warum sieht die Genderlinguistik darin nun eine Sedimentierung von Rollenzuschreibungen? Das hängt mit der prototypischen Semantik zusammen, die mit den Kasus Nominativ, Akkusativ und Dativ verbunden ist. Der Nominativ bezeichnet in der Regel das Agens einer Handlung (die Person, die eine Handlung ausführt), der Dativ den Rezipienten einer Handlung und der Akkusativ das Patiens (die Person, die von einer Handlung betroffen ist). Agens, Patiens und Rezipient sind sog. *semantische Rollen* (→ 7.5.2). Die folgenden Sätze zeigen diese prototypische Zuordnung:

(11)   a.   [*Der Experte*]$_{Agens}$ *gibt* [*dem Kunden*]$_{Rezipient}$ [*einen Brief*]$_{Patiens}$.
      b.   [*Die Frau*]$_{Agens}$ *gibt* [*der Kundin*]$_{Rezipient}$ [*eine Brille*]$_{Patiens}$.

Eine morphosyntaktische Unterscheidung zwischen Nominativ, Dativ und Akkusativ ist aus funktionaler Sicht eine sehr praktische Angelegenheit: Semantische Rollen werden morphologisch markiert und sind damit deutlicher an der Sprachoberfläche erkennbar. Das Agens ist die unmarkierte Form, Patiens und Rezipient sind markiert. Aber wie an den Paradigmen in Tabelle 6.10 und 6.11

deutlich wurde: Nur bei den schwachen Maskulina ist das der Fall, nicht bei den Feminina! Anders formuliert: Bei männlichen Lebewesen (n-Deklination) ist die Agensrolle morphologisch unmarkiert (Nominativ) und die anderen Rollen markiert (Dativ, Akkusativ). Bei weiblichen Lebewesen ist dieser Unterschied nicht markiert. Erklärt wird dieser Unterschied mit der „historischen Ungleichbewertung der Geschlechter, wo Frauen daran gehindert wurden, Handlungsträgerschaft zu übernehmen und damit in Agensrollen zu treten" (Kotthoff/Nübling 2024: 75).

Auch Adjektive und Verben zeigen eine Systematik im Flexionsparadigma und bilden Flexionsklassen aus. Bei den Verben ist insbesondere die Unterscheidung zwischen starken und schwachen Verben zentral. Starke Verben bilden das Präteritum mit einem Vokalwechsel, dem sog. *Ablaut* (*schwimmen – schwamm – geschwommen*). Dieser Vokalwechsel ist aus synchroner Perspektive nicht regelhaft erklärbar, man spricht daher auch von unregelmässigen Verben. Schwache Verben bilden das Präteritum durch das Suffix -*te* am Verbstamm (*reden – redete – geredet*).

Zu einer systematischen Darstellung von Flexionsparadigmen verweisen wir an dieser Stelle auf Darstellungen innerhalb einschlägiger Grammatiken, beispielsweise in der Duden-Grammatik (vgl. Duden 2022) oder in der IDS-Grammatik (vgl. Zifonun et al. 1997).

Die bisher gezeigten Paradigmen sind immer vollständig gewesen – d. h. alle vorgesehenen „Slots" im Paradigma sind auch tatsächlich mit einer Wortform belegt (z. B. haben Substantive Formen für alle Kombinationen von Kasus und Numerus). Das ist ein typisches Merkmal von Flexion. Syntaktisch gesehen ist das nachvollziehbar: Ein vollständiges Paradigma gewährleistet, dass ein Lexem auch tatsächlich in allen syntaktischen Kontexten verwendet werden kann. Dennoch gibt es Ausnahmen, in denen Paradigmen nicht vollständig sind. Ausnahmen von diesem Prinzip können semantisch erklärt werden – so haben Lexeme wie *Leute* oder *Spesen* keinen Singular, sondern kommen bedingt durch ihre Semantik ausschliesslich im Plural vor (sog. *Pluraletantum*). Andersherum gibt es auch sog. *Singularetantum*, also Lexeme, die über keinen Plural verfügen (z. B. *Schnee* oder *Butter*). Manchmal versuchen Sprecher:innen, Formen, die im Paradigma (aus semantischen Gründen) eigentlich nicht vorgesehen sind, dennoch zu bilden, analog zu den Formen anderer Lexeme – ein Beispiel dafür ist die Steigerung von *einzige* zu *einzigste*, die semantisch tautologisch ist.

6.2.5 Flexionsmittel

Bisher wurde gezeigt, dass Flexion im Deutschen mithilfe von **Affigierung** erfolgt, d. h. durch das Anhängen eines (oder mehrerer) Affixe an den Stamm des Lexems. Im Deutschen erfolgt diese Form der Ausdifferenzierung fast ausschliesslich über Suffixe, d. h. an der rechten Peripherie des Wortes. Flexionsaffixe bilden im Deutschen eine kleine und geschlossene Klasse, d. h. es gibt ein festes Set an Affixen, mit denen beispielsweise Substantive flektiert werden. Eine Entlehnung von Affixen aus anderen Sprachen ist typologisch gesehen ein sehr seltenes Phänomen. Für entlehnte Lexeme gilt allerdings, dass sie ohne weiteres flektiert werden können – auch wenn die Position der Flexionsaffixe mitunter nicht eindeutig ist, wie das Beispiel *downloaden* zeigt. Man findet in Korpora sowohl *down-ge-loadet* als auch *ge-downloadet*, wie eine Frequenzabfrage im DWDS zeigt (siehe Abbildung 6.5). Es scheint hier eine Unsicherheit bei Sprecher:innen zu geben, ob *downloaden* ein morphologisch komplexes, trennbares Verb ist (wie beispielsweise *runterladen* und *runtergeladen*) oder nicht.

Auch wenn das Deutsche heute über ein festes Set an Flexionsaffixen verfügt – sprachhistorisch ist das Flexionssystem starken Veränderungen unterworfen, insbesondere im Bereich des Kasus. So verschwinden zwischen dem Alt- und Frühneuhochdeutschen viele Kasusmarker, was sich heute in Paradigmen mit einem hohen Grad an Synkretismus äussert (sog. *Kasusnivellierung*). Kasus kann in solchen Fällen nicht mehr an der Wortform erkannt werden, sondern sekundär über den Artikel oder durch den syntaktischen Kontext, wie im folgenden Beispiel:

(12) a. Sie liest [die Zeitung]$_{Akk}$
 b. [Die Zeitung]$_{Nom}$ wird nur sonntags gedruckt.

Wie geht man in einer morphologischen Modellierung damit um, wenn scheinbar überhaupt keines der genannten Flexionsmittel verwendet wird, um grammatische Kategorien zu markieren? In sog. **morphembasierten Modellen** wird ein Nullmorphem (-Ø) angenommen, und zwar mit dem Argument, dass bei der morphologischen Zerlegung eines Wortes jedem grammatischen Merkmal ein Morphem zugeordnet werden muss und es morphologische Regeln gibt, nach denen Morpheme zu Wortformen konkateniert werden (vgl. Haspelmath/Sims 2010: 41–46). Geht man so vor, nimmt man an, dass es Morpheme ohne eine phonologische Form gibt. Den Akkusativ Singular von *Zeitung* würde man dann als *Zeitung-Ø* analysieren, Ø wäre Träger der Merkmalsklassen Numerus (Singular) und Kasus (Nominativ, Genitiv, Dativ oder Akkusativ).

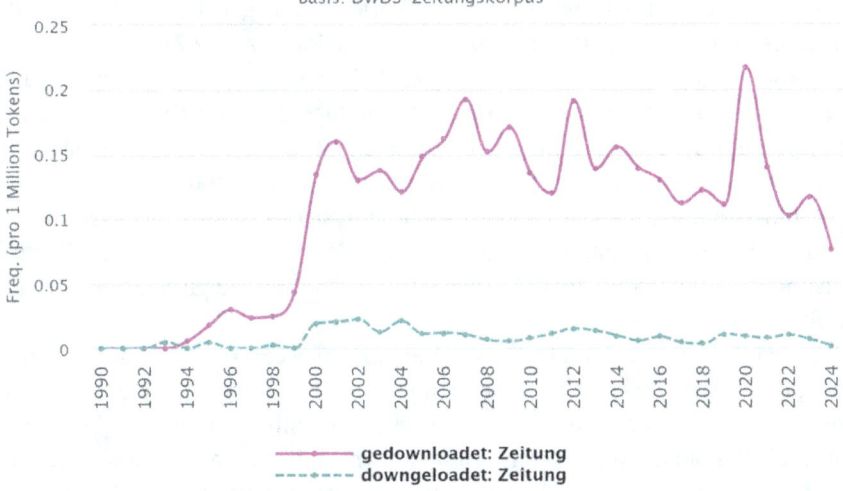

Abbildung 6.5: Wortverlaufskurve für *downgeloadet* und *gedownloadet*, erstellt durch das DWDS, abgerufen am 25.09.2024.

Wir kommen an dieser Stelle noch einmal auf das Problem der Allomorphie zu sprechen, welches in Kapitel 6.1.1.2 eingeführt wurde. Zur Erinnerung: Es gibt Minimalzeichen, die komplementär verteilt sind oder frei variieren und die gleiche Funktion bzw. Bedeutung tragen; gezeigt haben wir das u. a. am Beispiel der Auslautverhärtung und von wortanlautendem *s-*. Die Minimalzeichen weisen mal mehr und mal weniger phonologische Ähnlichkeit auf. Wir haben auch gezeigt, dass solche Minimalzeichen entweder inhaltsbasiert oder formbasiert betrachtet werden können. Aus inhaltsbasierter Perspektive können unterschiedliche Formen der Pluralbildung bei Substantiven als Minimalzeichen eines zugrunde liegenden grammatischen Morphems PLURAL aufgefasst werden. Die Suffixe sind komplementär verteilt und haben alle die gleiche Funktion, die Markierung von Plural:

(13) a. Katze – Katze-n
 b. Mensch – Mensch-en
 c. Kind – Kind-er
 d. Hund-e
 e. Auto-s
 f. Zettel – Zettel-Ø

Argumentiert man so, gibt es ein Morph PLURAL, das lexikalisch konditioniert als unterschiedliche Minimalzeichen realisiert wird. Phonologische „Unähnlichkeit" ist unter Berücksichtigung des Begriffs der Suppletion (→ 6.1.2.2) kein Problem: Die Funktion PLURAL wird durch eine ganze Reihe von Formen ausgedrückt, die von vornherein alle ungleich sind (keine phonologische Ähnlichkeit/Ableitbarkeit). Suppletion stellt ein Kontinuum dar und kann entweder schwach oder stark ausgeprägt sein (Pluralallomorphie ist dann ein Fall von starker Suppletion). Das ist konsequenter, als mehrere abstrakte Morpheme anzunehmen (wie man es bei einem formbasierten Ansatz tun müsste), denn es gibt kein trennscharfes Kriterium dafür, ab wann zwei Minimalzeichen sich phonologisch ähnlich oder unähnlich sind.

Eine weitere Form der Flexion ist die **innere Abwandlung des Stamms** (manchmal auch als *innere Flexion* bezeichnet). Bei dieser Form der Flexion ist im Vergleich zur Affigierung eine morphologische Segmentierung nicht ohne weiteres möglich. Die Modifikation erfolgt vor allem am Stammvokal; es wird zwischen den Prozessen Ablaut und Umlaut unterschieden. Umlaut tritt beim Plural von Substantiven auf (*Haus – Häuser*), bei der Komparation von Adjektiven und ausgewählten Adverbien (*stark – stärker, oft – öfter*) und in der Flexion starker Verben (*ich grabe – du gräbst*). Ein historisch deutlich älterer Vokalwechsel zwischen den Formen der starken Verben ist der Ablaut (z. B. *lesen – las – gelesen, schwimmen – schwamm – geschwommen*). Seltener kommt es bei der Flexion zu konsonantischen Veränderungen, z. B. *ziehen – zog*. Genau wie der Umlaut hat der Ablaut sprachhistorische Ursachen. Aus synchroner Sicht ist es unerheblich, zwischen Ablaut und Umlaut zu unterscheiden – denn die jeweiligen historischen Auslöser sind nicht mehr erkennbar oder synchron nachvollziehbar. Es reicht, beide als innere Abwandlung oder innere Flexion zusammenzufassen; entscheidend ist, dass im Ergebnis Varianten desselben Wortstamms vorliegen. Innere Abwandlung führt zu Allomorphie, speziell zu sog. *Stammallomorphie* (z. B. *schwimm-*, *schwamm-* und *schwomm-*). Damit ist auch innere Abwandlung ein Fall von (schwacher) Suppletion.

Es bleiben schliesslich noch Fälle, bei denen es innerhalb *eines* Paradigmas zum Wechsel von phonologisch gänzlich verschiedenen Minimalzeichen kommt. Ein Beispiel ist das Paradigma von *sein* in Tabelle 6.12, an dem drei verschiedene Verbstämme beteiligt sind (in der Tabelle farbig markiert):

Tabelle 6.12: Flexionsparadigma von *sein*.

Aktiv, Präsens	Singular	Plural
1. Person	ich bin	wir sind
2. Person	du bist	ihr seid
3. Person	er/sie/es ist	sie sind

Aktiv, Präteritum	Singular	Plural
1. Person	ich war	wir waren
2. Person	du warst	ihr wart
3. Person	er/sie/es war	sie waren

Auch bei der Komparation von Adjektiven sind solche Fälle anzutreffen (beispielsweise *gut – besser*). Hier liegt **starke Suppletion** vor.

6.2.6 Hierarchien, Nivellierungen und Profilierungen

Aus sprachtypologischer Sicht lässt sich nun beobachten, dass es zwischen der Art des grammatischen Merkmals und der Art, wie dieses Merkmal ausdrucksseitig realisiert wird, einen Zusammenhang gibt. Joan Bybee hat in einer 1985 publizierten Studie zur Verbalmorphologie 50 Sprachen miteinander verglichen, die weder miteinander verwandt waren noch in benachbarten Regionen gesprochen wurden (vgl. Bybee 1985). Sie hat sich gezielt angeschaut, wie Merkmalsklassen wie Person oder Tempus bei Verben markiert sein können. Ihre Beobachtungen münden in der Formulierung von zwei wichtigen Konzepten: dem der Fusion und dem der Relevanz. Auch auf das Deutsche sind diese Konzepte übertragbar, wie das folgende Kapitel zeigt.

Zunächst zum Konzept der **Fusion**. Damit ist gemeint, dass lexikalische und grammatische Kategorien (Bybee spricht von „meaning elements") unterschiedlich stark miteinander verbunden sein können. Bybee identifizierte in ihrem Sprachsample die folgenden ausdrucksseitigen Mittel:
– Lexikalische Verfahren: Alle Informationen sind in einer Wortform so miteinander verschmolzen, dass keine ausdrucksseitige Zerlegung in einzelne bedeutungstragende Minimalzeichen möglich ist. Lexikalisch realisiert sind im Deutschen z. B. die Bedeutung ‚sich zu Fuss fortbewegen' und ‚sich zu Fuss durch Wasser fortbewegen' – nämlich durch die Lexeme *gehen* und *waten*.

- Derivationelle und flexivische Verfahren: Hier treten gebundene Minimalzeichen an den Wortstamm, eine Segmentierung ist möglich (z.B. *geh-st*).
- Freie grammatische Elemente: Darunter versteht Bybee (1985: 12) grammatische Morpheme, die zu einer geschlossenen Klasse gehören, in einer festen Position stehen, aber nicht an eine lexikalische Einheit gebunden sind (also keine Flexion sind). Ein Beispiel für eine solche Konstruktion ist das Perfekt im Deutschen: *hat* stellt ein freies grammatisches Element dar, was z. B. daran erkennbar ist, dass es die linke Satzklammer besetzen kann, während der Infinitiv in der rechten Satzklammer steht (→ 7.4 zum Begriff *Satzklammer*).
- Syntaktische Verfahren: Bei solchen Verfahren braucht es mehrere Wörter, um Merkmale zu codieren. Es gibt im Deutschen zwar ein Lexem *waten*, will man aber ausdrücken, dass man das an einem sonnigen Tag macht, dann kann man das nur syntaktisch realisieren: *bei schönem Wetter durch das Wasser waten* – im Deutschen gibt es dafür kein separates Verb, man kann diese Bedeutung nur syntaktisch ausdrücken.

Diese ausdrucksseitigen Mittel unterscheiden sich nun im Grad ihrer Fusion mit dem Verbstamm: Den höchsten Fusionsgrad erreichen lexikalische Verfahren, den geringsten Fusionsgrad hingegen syntaktische Verfahren. Die genannten Verfahren bilden hinsichtlich ihres Fusionsgrades das folgende Kontinuum aus:

> lexikalisch – derivationell – flexivisch – freie grammatische Elemente – syntaktisch (vgl. Bybee 1985)

Welches der ausdrucksseitigen Verfahren zum Einsatz kommt, hängt gemäss Bybee nun mit dem zweiten wichtigen Konzept zusammen: der **Relevanz**. Damit ist gemeint, dass die Semantik eines Zeichens die Semantik eines anderen Zeichens beeinflussen kann.

> A meaning element is relevant to another meaning element if the semantic content of the first directly affects or modifies the semantic content of the second. If two meaning elements are, by their content, highly relevant to one another, then it is predicted that they may have lexical or inflectional expression, but if they are irrelevant to one another, then their combination will be restricted to syntactic expression. (Bybee 1985: 13)

Je nach Grad der Relevanz (bzw. gegenseitiger Beeinflussung) werden unterschiedliche Mittel verwendet. Vereinfacht ausgedrückt: Je relevanter ein bedeutungstragendes Zeichen für ein anderes bedeutungstragendes Zeichen ist, umso näher stehen diese beiden beieinander; es kommen lexikalische oder flexivische Verfahren zum Einsatz. Man bezeichnet diesen Zusammenhang als *diagrammatischen*

Ikonismus: Höhere Relevanz resultiert in stärkerer Fusion. In Bezug auf Verben identifiziert Bybee (1985) die folgende **Relevanzhierarchie**:

Valenz → Diathese → Aspekt → Tempus → Modus → Numerus → Person

Diese Hierarchie besagt, dass z. B. Tempus einen höheren Grad an Fusion mit dem Verbstamm aufweist als Numerus und Person, weil Tempus die Semantik eines Verbs stärker beeinflusst. Während Numerus und Person sich stärker auf den Handlungsträger selbst beziehen (z. B. das Subjekt, mit dem ein Verb kongruiert), bezieht sich Tempus stärker auf das Verb und dessen Semantik (eine Handlung kann z. B. in der Vergangenheit oder Zukunft liegen). Tatsächlich konnte Bybee in ihrem Sprachsample beobachten, dass Tempus häufig flexivisch am Verb markiert ist (z. B. *wir nehmen – sie nahmen*), Numerus und Person aber eher syntaktisch realisiert werden (z. B. wir *nehmen* – sie *nehmen*).

Auf Substantive angewendet entsteht die folgende Relevanzhierarchie:

Numerus → Definitheit → Kasus

Numerus ist demzufolge eine für das Substantiv relevantere Kategorie als Definitheit und Kasus. Auch diese Hierarchie lässt sich gut nachvollziehen: Numerus wirkt sich direkt auf die Anzahl der Entitäten aus, auf die das Substantiv referiert – Numerus ist bei Substantiven also nicht etwas syntaktisch Notwendiges, sondern hängt einzig davon ab, auf wie viele Entitäten referiert werden soll; Kasus hingegen hat keinen semantischen Einfluss auf das Substantiv, sondern ist für die Relation zu einer anderen Einheit im Satz grammatisch bzw. syntaktisch notwendig. Die Relevanzhierarchie für Substantive hat einen Einfluss auf die Reihenfolge, in der Derivations- und Flexionsaffixe realisiert werden: Je relevanter ein Affix ist, umso näher steht es am Wortstamm; je weniger relevant es ist, umso weiter entfernt in der Peripherie des Wortstamms steht dieses Affix. Bei Substantiven gilt deswegen: Numerus wird näher am Wortstamm ausgedrückt als Kasus (z. B. *Kind-er-n*).

Die Relevanzhierarchie lässt sich nun heranziehen, um zu erklären, warum es im Deutschen im Laufe seiner Entwicklung zu **Numerusprofilierung** und **Kasusnivellierung** kommt (vgl. z. B. Kürschner 2008: 23–26); zwei zentrale morphologische Umbauprozesse, die bereits in den vorangehenden Kapiteln thematisiert wurden. *Kasusnivellierung* meint den Vorgang, dass im Deutschen immer mehr Kasusmarkierungen am Substantiv abgebaut werden und der Anteil an formgleichen Wortformen in einem Paradigma steigt. Mit *Numerusprofilierung* ist gemeint, dass es bei Substantiven eine immer deutlichere Differenz zwischen Singular- und Pluralformen gibt; Singular- und Pluralwortformen sind formal unterscheidbar. Beide Begriffe beziehen sich auf Reorganisationsprozesse innerhalb der Flexion von Substantiven: Die Markierung von Kasus am Substantiv wird im Laufe der deutschen Sprachgeschichte abgebaut, die Markierung von Numerus hingegen ausgebaut. Das wird an gegenwartssprachlichen Flexionsparadigmen deutlich, z. B.:

- Starke Maskulina und Neutra haben im Plural nur noch im Dativ einen markierten Kasus (z. B. *die Bälle, der Bälle, den Bällen, die Bälle*).
- Bei Substantiven auf *-el* ist gegenwärtig der Schwund des Dativ-*n* beobachtbar (vgl. Gallmann 1996), darauf verweisen Varianten wie *Bretter mit Nägel* (also kein Dativ-*n*), die zwar gegenwärtig nicht normgerecht sind (laut Norm heisst es *Bretter mit Nägel-n*), aber im Sprachgebrauch nachweisbar sind und auf einen Sprachwandelprozess hinweisen.
- Bei schwachen Maskulina gibt es nur die Opposition Nom. vs. Gen./Dat./Akk. (z. B. *Löwe* vs. *Löwen*).
- Auch bei den Feminina gibt es keine Kasusdistinktion mehr im Singular und im Plural (Nom./Gen./Dat./Akk. Sg. *Frau*, Nom./Gen./Dat./Akk. Pl. *Frauen*).

Wie hängt das mit der Relevanzhierarchie zusammen? Numerus ist eine für das Substantiv relevantere Kategorie als Kasus. Es ist also relevanter, dass beim Substantiv Singular- und Pluralformen formal unterschiedlich markiert sind, als dass Kasusformen markiert sind.

6.3 Wortbildung

6.3.1 Grundlagen

Im Jahr 1880 veröffentlichte der amerikanische Autor Mark Twain einen Essay mit dem Titel „The Awful German Language", der während eines längeren Europa-Aufenthalts entstand und die Erfahrungen des Autors beim Deutschlernen auf höchst unfaire, aber amüsante Weise zusammenfasst. Darin heisst es unter anderem:

> Some German words are so long that they have a perspective. Observe these examples: – Freundschaftsbezeigungen. Dilettantenaufdringlichkeiten. Stadtverordnetenversammlungen. These things are not words, they are alphabetical processions. And they are not rare; one can open a German newspaper any time and see them marching majestically across the page [...] it is a great distress to the new student, for it blocks up his way; he cannot crawl under it, or climb over it, or tunnel through it. So he resorts to the dictionary for help, but there is no help there. The dictionary must draw the line somewhere – so it leaves this sort of words out. And it is right, because these long things are hardly legitimate words, but are rather combinations of words, and the inventor of them ought to have been killed. (Twain 1880: 611 f.)

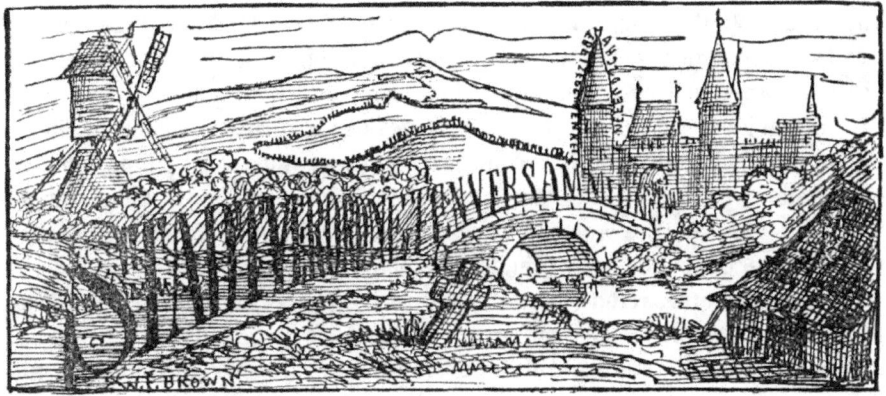

Abbildung 6.6: Beispiel *Stadtverordnetenversammlungen*; Illustration von Walter Francis Brown in: Twain (1880: 612); Public domain, via Wikimedia Commons: https://commons.wikimedia.org/wiki/File: A_Tramp_Abroad_0632h.jpg.

Laienbeobachtungen wie diese berühren linguistisch hochgradig relevante Fragestellungen. So ist der Vergleich der durchschnittlichen Wortlänge (Silben pro Wort) in verschiedenen Sprachen ein wichtiges und nicht-triviales Anliegen der Quantitativen Linguistik (vgl. Best 2005). In Bezug auf die Unterschiede zwischen dem Englischen und Deutschen übertreibt Twain zwar masslos; zutreffend ist allerdings seine Beobachtung, dass viele deutsche Wörter eine Kombination aus bestehenden Wörtern darstellen und dass solche Formen durchaus gebräuchlich sind. Auch finden sich besonders lange Wörter mitunter tatsächlich nicht in Wörterbüchern, wenngleich das in der Originalausgabe des Essays sogar bildlich verewigte Wort *Stadtverordnetenversammlung* (siehe Abbildung 6.6) heute von vielen Wörterbüchern verzeichnet wird. Mit all diesen Fragen, also mit den formalen und semantischen Aspekten der Bildung von Lexemen, beschäftigt sich die Wortbildungsmorphologie oder kurz: die Wortbildung. Der Ausdruck **Wortbildung** wird allerdings mehrdeutig verwendet. Neben der linguistischen Teildisziplin bezeichnet man damit auch das Produkt entsprechender Forschung („eine Wortbildung des Deutschen schreiben") und die betreffenden sprachlichen Einheiten („*könig-lich* ist eine komplexe Wortbildung"). Für letztere Lesart sind auch die Termini *Wortbildungsprodukt* und *Wortbildungskonstruktion* in Gebrauch.

Der genaue Charakter der Wortbildungsmorphologie und ihr Platz innerhalb der Grammatik ist dabei umstritten und variiert je nach Theorie. Man kann z. B. versuchen, entsprechende Bildungen regelbasiert (d. h. durch spezielle *word-formation rules*, syntaktische Regeln etc.) zu erklären, wie in der generativen Morphologie (vgl. Lieber 2015), oder konstruktionsbasiert über sog. *constructional schemas* (vgl. Booij 2015). Die nachfolgende Darstellung folgt keiner spezifischen

Theorie der Wortbildung, sondern bemüht sich um eine möglichst neutrale deskriptive Darstellung der wichtigsten Erscheinungsformen. Ausdrücke wie *Regel* oder *Schema* werden in der Folge also nicht theorieabhängig verwendet.

Formal können neue Wörter auf dem Weg der Ausdruckserweiterung (durch Komposition oder Derivation), der Ausdruckskürzung (Kurzwortbildung) oder der Konversion gebildet werden. Damit ist gemeint, dass der Umfang bzw. die Komplexität eines Worts bei der Wortbildung zunehmen (*flexibel* → *unflexibel*), abnehmen (*Computer* → *Compi*) oder unverändert bleiben kann (*grün* → *das Grün*). Die zentralen **Wortbildungsarten** (Wortbildungsprozesse) des Deutschen, Komposition, Derivation und Konversion, werden in Kapitel 6.3.2 vorgestellt. Diesen Wortbildungsarten sind jeweils verschiedene **Wortbildungsmuster** (Wortbildungsmodelle) zugeordnet, also konkrete Strukturschemata mit einer spezifischen **Wortbildungsbedeutung**, die sich aus vergleichbaren Wortbildungen abstrahieren lassen. So kann man etwa aus Wörtern wie *Häuschen, Blümchen, Tellerchen* etc. das Muster Substantivstamm + Suffix -*chen* in diminuierender (verkleinernder) Bedeutung herleiten. Eine Reihe von Adjektiven mit adjektivischem Erstglied (z. B. *hochrelevant, hochbetagt; tiefreligiös, tiefschwarz; bitterböse, bitterkalt*) bildet im Deutschen ein Muster, dessen Wortbildungsbedeutung man mit ‚sehr *X*' angeben könnte. Das erste Adjektiv hat also eine verstärkende, intensivierende (augmentative) Funktion.

Grundsätzlich lassen sich Wortbildungsbedeutungen in zwei Gruppen einteilen: Bei der **Modifikation** wird ein Bestandteil durch die Wortbildung in seiner Bedeutung genauer bestimmt, also modifiziert. So haben *Häuschen* und *hochrelevant* im Vergleich zu ihren Ausgangsformen eine spezifischere Bedeutung (‚Haus' → ‚kleines Haus' bzw. ‚relevant' → ‚sehr relevant'). Bei der **Transposition** wird die Bedeutung dagegen in eine ganz andere Klasse überführt (transponiert). So können z. B. aus Eigenschaften Vorgänge werden (‚bleich' → ‚erbleichen') oder aus Tätigkeiten Täter (‚werfen' → ‚Werfer'). Bei der Transposition ist dies, anders als bei der reinen Modifikation, oft mit einem Wortartenwechsel verbunden: Tätigkeiten werden normalerweise durch Verben ausgedrückt, Täterbezeichnungen durch Substantive.

Als typische semantische Modifikationen, die im Deutschen durch Wortbildung ausgedrückt werden, begegnen:
- **Diminuierung**: Verkleinerungs- und Koseformen wie *Lämm-chen, Äug-lein*, dialektal z. B. schweizerdeutsch *Chind-li*, bairisch *Kind-l*, niederdeutsch *Stepp-ke*,
- **Augmentation**: semantische Intensivierung (durch Ausdruck eines hohen Grads, einer besonderen Grösse etc.), oft mit einer expressiven Bedeutungskomponente: z. B. *Un-menge, Riesen-problem, hoch-relevant, sau-kalt,*

- **Movierung** (Motion): Bildung von weiblichen Bezeichnungen zu männlichen (*Lehrer-in*) bzw. – allerdings nur selten – männlichen Bezeichnungen zu weiblichen (*Witwe-r*),
- **Negation**: Ausdruck von Gegenteil, Unwahrheit, Nichtexistenz: z. B. *un-höflich, Non-konformismus, in-akzeptabel, miss-verstehen*,
- **Kollektiv**: Wahrnehmung einer Vielzahl als Einheit: z. B. *Ge-birg-e* (eine Vielzahl von Bergen), *Ge-äst* (eine Vielzahl von Ästen), *Lehrer-schaft, Aristokrat-ie*.

Als typische semantische Transpositionen, die im Deutschen durch Wortbildung ausgedrückt werden, begegnen:
- **Nomen Actionis** (Verbalabstraktum): Bezeichnung für ein Geschehen oder eine Handlung, wenn unter einem bestimmten Blickwinkel betrachtet, nämlich als einzelner, punktueller Akt (*der Ruf, Seufz-er*), als Kontinuum (*die Forsch-ung, das Seufzen*) oder iterativ, also wiederholt auftretend (*die Renn-erei, das Ge-seufz-e*).
- **Nomen Acti**: Bezeichnung für das Resultat eines Geschehens (*die Spend-e, Ordn-ung*). Solche Bildungen sind oft mehrdeutig und haben dann auch eine Lesart als z. B. Nomen Actionis: *Forschung* kann den Prozess des Forschens bezeichnen („Forschung und Lehre"), aber auch das Resultat des Prozesses („Für seine Forschung bekam er den Nobelpreis").
- **Nomen Patientis**: Bezeichnung für betroffene Personen eines Geschehens (*Prüf-ling*).
- **Nomen Agentis**: Bezeichnung für die handelnde Instanz, den Handlungsträger (*Mal-er, Eindring-ling*).
- **Nomen Instrumenti**: Bezeichnung für ein Instrument, mit dem eine Handlung ausgeführt wird (*Weck-er, Brems-e*).
- **Nomen Qualitatis** (Adjektivabstraktum): verdinglichende Bezeichnung für eine Eigenschaft (*das Gute, die Schön-heit, Finster-nis*).

Die meisten Wortbildungen, nämlich solche, die auf dem Wege der Komposition und Derivation entstanden sind, haben in der Regel eine binäre Konstituentenstruktur, d. h. sie lassen sich, ähnlich wie Sätze in der Syntax (→ 7.6), in zwei **unmittelbare Konstituenten** (UK) zerlegen, z. B. *Zugfahrt* in *Zug* und *Fahrt*, *windig* in *Wind* und *-ig* usw. Das Gleiche gilt für die Partikelverbbildung von trennbaren Verben wie *heimlaufen* oder *zuhören*, die zwischen Wortbildung und Syntax steht (→ 6.1.1.1). Trinäre Komposita sind dagegen selten (*das Schwarz-Rot-Gold, die rot-gelb-grüne*

Koalition, die Grafschaft Hohenlohe-Neuenstein-Öhringen). Eine nichtbinäre Struktur weisen auch die Konversion und die Kurzwortbildung auf.

Strukturell besitzen die meisten Wortbildungen eine Konstituente, die die grammatischen Eigenschaften des gesamten Worts festlegt. In Anlehnung an die Syntax (→ 7.6.1) nennt man diese Konstituente den **Kopf** des gesamten Worts. Das Suffix *-heit* z. B. bildet stets feminine Wörter mit einem Plural auf *-en* (*die Krankheit*, Pl. *die Krankheit-en*), das Suffix *-chen* dagegen Neutra mit endungslosem Plural bzw. Nullsuffix *-Ø* (*der Tisch* → *das Tischchen*, Pl. *die Tischchen*). Selbst in Personenbezeichnungen wie *Männchen* und *Mädchen* ist das ursprüngliche Geschlecht durch das neutrale Genus des Suffixes überschrieben. Auch bei Komposita gibt die zweite unmittelbare Konstituente die Wortart, das Genus und die Flexionsklasse vor: Das Substantiv *Gelbwurst* wird genauso dekliniert wie *Wurst*, während ein Adjektiv *wurstgelb* die kategorialen Eigenschaften von *gelb* übernimmt. Für Sprachen wie das Deutsche kann man deshalb eine Art „Righthand Head Rule" postulieren (Williams 1981: 248), wonach fast immer die am weitesten rechts stehende Konstituente des Wortes ihren Kopf bildet. Dagegen finden sich in den romanischen Sprachen linksköpfige Strukturen. So ist z. B. das Kompositum $oiseau_{Mask}$-$mouche_{Fem}$ ‚Kolibri, wörtlich: Vogel-Fliege' im Französischen Maskulinum, weil *oiseau* Maskulinum ist.

Im Prozess der Wortbildung entstehen also komplexe sprachliche Zeichen, die sowohl im Hinblick auf die Beschaffenheit ihrer Inhaltsseite, d. h. die sog. *Motivation* (→ 6.3.2), als auch hinsichtlich der Struktur ihrer Ausdrucksseite analysiert werden müssen. Diese Analyse, also die Zuordnung einer Wortbildung zu einem bestimmten Muster, erfolgt dabei nach folgenden Modellierungsschritten (vgl. Fleischer/Barz 2012: 73 f.):

- Ermittlung einer Grundform der betreffenden Wortbildung: z. B. *Verkäufe* → *Verkauf*,
- Ermittlung der grundsätzlichen Struktur: binär wie *Un-menge* oder *Kind(es)-wohl*, nicht-binär wie *Rot-Weiss-Rot*,
- Bestimmung der enthaltenen Konstituenten: z. B. Präfix *Un-*, Basis *Menge*,
- Analyse von Kompositions- und Derivationsfugen (→ 6.3.3.1): z. B. *Kind|es|-wohl, frühling|s|haft*,
- Bestimmung der spezifischen Wortbildungsarten: z. B. Determinativkompositum, Präfigierung,
- Analyse der funktional-semantischen Aspekte der Wortbildung: Modifikation/Transposition (z. B. Nomen Actionis *Rennerei*); Paraphrase.

Nicht alle Wortbildungsmuster sind jedoch in gleichem Mass nutzbar. Das Muster, das z. B. dem Wort *Schenk* ‚Schankwirt' (zum Verb *schenken* ‚ausschenken') und dem in der Schweiz und in Bayern gebräuchlichen Ausdruck *Beck* ‚Bäcker' (zum Verb *backen*) zugrunde liegt, kann man nicht mehr verwenden, um neue Wörter wie *Lenk ('jemand, der lenkt') oder *Fehr ('jemand, der fährt') zu bilden. Es ist heute nicht mehr **produktiv**. Ein Muster ist dann produktiv, wenn damit neue Wörter gebildet werden (können). So, wie in der Flexionsmorphologie das unproduktive Muster der starken Verbflexion nicht mehr für (relativ) neue Verben wie *checken* 'überprüfen' verwendet werden kann (also nicht *checken, chack, gechecken* wie *geben, gab, gegeben*, sondern *checken, checkte, gecheckt*), haben auch in der Wortbildung manche Muster ihren Zenit überschritten und ihre Produktivität eingebüsst. Die nach einem solchen Muster bereits gebildeten und lexikalisierten Wörter werden damit freilich nicht aus der Sprache aussortiert, es kommen jedoch keine neuen Instanzen des betreffenden Schemas mehr hinzu.

Produktivität ist allerdings ein graduelles Phänomen. Das Spektrum der Möglichkeiten reicht von völlig unproduktiven Wortbildungsmustern bis hin zu hochproduktiven, mit feinen Abstufungen dazwischen. Betrachten lässt sich dies auf unterschiedliche Weise. Man kann sich etwa fragen, ob ein Muster *prinzipiell* für die Bildung neuer Wörter genutzt werden darf oder wie intensiv es im Sprachgebrauch *tatsächlich* genutzt wird. Entsprechend wird Produktivität heute meist (mit Bauer 2001: 205–211) als ein Konzept mit zwei Seiten beschrieben, als eine Kombination aus der prinzipiellen **Verfügbarkeit** (*availability*) eines Wortbildungsmusters und seinem tatsächlichen Ertrag (*profitability*). Erstere bezeichnet das Potential des Musters, zu einer bestimmten Zeit neue Wörter zu bilden, und lässt sich durch einen binären Wert (ja/nein) erfassen. Möchte man z. B. ein Nomen Agentis zu dem Kunstwort *potamasieren* bilden, steht dafür aktuell das Suffix *-er* zur Verfügung (*Potamasierer*), jedoch nicht mehr das eingangs erwähnte Muster, nach dem *Schenk* und *Beck* gebildet sind.

Die **Profitabilität** des Musters, der tatsächliche Ertrag seiner Nutzung im Sprachgebrauch, hängt dann von verschiedenen Faktoren ab: Aussersprachlich entsteht zu unterschiedlichen Zeiten abhängig von der gesellschaftlichen und kulturellen Entwicklung ein wechselnder kommunikativer Bedarf an bestimmten Wortbildungen. So wurden z. B. im Umfeld der mittelalterlichen Mystik ungewöhnlich viele negierte Wörter mit *niht-* und *un-* gebildet, um die angeblich „unsagbare" mystische Gotteserfahrung wenigstens indirekt versprachlichen zu können. In der ersten Hälfte des 20. Jahrhunderts entstand in den technischen Fachsprachen ein Bedarf an verbalen Komposita, der zu zahlreichen Bildungen des Typs *brennhärten* geführt hat (vgl. Fleischer/Barz 2012: 441). Zur problematischen Konjunktur von *-ismus* im aktuellen politischen Diskurs siehe Kapitel 11.3.3. Die Liste an Beispielen liesse sich problemlos verlängern.

Als innersprachlicher Faktor ist dagegen die Frage relevant, welche Sprachzeichen überhaupt als „Input" für ein bestimmtes Muster in Frage kommen. Grundsätzlich gilt: Je weniger Restriktionen (sog. **Bildungsbeschränkungen**) dafür existieren, dass ein Element eine akzeptable Instanz für ein bestimmtes Muster sein

kann, desto mehr Wörter kann es bilden und desto höher fällt vermutlich seine Profitabilität aus. Bildungsbeschränkungen können dabei unterschiedlicher Natur sein (vgl. Fleischer/Barz 2012: 77 f.):
- phonologische Bildungsbeschränkungen beziehen sich u. a. auf die lautliche Struktur der Basis und regeln etwa die Verteilung der Suffixe -*chen* und -*lein* in Diminutivbildungen: Sofern die Basis auf /ç/ auslautet, wird -*lein* verwendet (z. B. *Bächlein* vs. *Flüsschen*).
- morphologische Bildungsbeschränkungen sind z. B. dafür verantwortlich, dass Wörter des Typs *Geschnaufe, Gerenne* etc. nicht von präfigierten Basen gebildet werden (*Ge-verschnauf-e, *Ge-verrenn-e).
- semantische Bildungsbeschränkungen führen etwa dazu, dass mit dem Suffix -*fach* nur von quantifizierenden Ausdrücken wie *vier* oder *mehr* Adjektive gebildet werden (*gernfach, *schönfach).

Neben solchen Input-Beschränkungen, die nicht zulassen, dass ein bestimmtes Element erfolgreich in ein Muster eingeht, existieren auch Output-Beschränkungen, die verhindern, dass eine formal und semantisch angängige Wortbildung am Ende auch akzeptiert wird. So spricht grundsätzlich nichts dagegen, von dem Verb *stehlen* ein Nomen Agentis auf -*er* zu bilden. Das Lexikon **blockiert** jedoch eine mögliche Bildung *Stehler, weil dieses Konzept bereits in Gestalt von *Dieb* lexikalisiert ist. Auch Bildungen wie *Verratung oder *Tiefheit erscheinen nicht akzeptabel, da durch die bereits existierenden Wörter *Verrat* und *Tiefe* eine wirksame Blockierung besteht. Solche Beschränkungen sind jedoch nicht universell wirksam. So war z. B. die Wortbildung *Schwäche* trotz der älteren Form *Schwachheit* möglich; noch heute koexistieren beide im Deutschen. Auch im Spracherwerb kommen solche Formen zunächst durchaus vor (vgl. Peltzer-Karpf 1994: 92).

Wortbildungsmuster unterliegen also verschiedenen Bildungsbeschränkungen, die ihre Produktivität begrenzen. Dies gilt vor allem für die Wortbildungsarten der Derivation und Konversion. Die Komposition aus zwei Substantiven z. B. ist dagegen sehr produktiv, weil kaum Restriktionen dafür bestehen (→ 6.3.3.1).

Mitunter wird die Frage der Produktivität auf einen Bereich regulärer, d. h. allgemeiner Wortbildungsmuster beschränkt, unter Ausklammerung von Fällen, bei denen ein neues Wort nach einem konkreten, individuellen Vorbild durch Analogie entsteht. Solche „kreativen" (statt regulären) Bildungen seien nämlich im Prinzip immer möglich. So ist etwa der Filmtitel der Komödie „Die Findelmutter" sicher kein Beleg für die Produktivität eines allgemeinen Musters *Findel-* + X ‚verlassen aufgefundenes X' im Deutschen (mit einer Reihe von entsprechenden Wortbildungen), sondern eine singuläre ironische Analogiebildung zu *Findelkind*. Eine scharfe Trennung zwischen regelgesteuerten und kreativ-analogischen Bildungen ist in der Forschung jedoch umstritten.

Die Produktivität eines Musters lässt sich nun empirisch bestimmen, indem man ermittelt, wie häufig es für Neubildungen tatsächlich herangezogen wird (vgl. Baayen 2009; Haspelmath/Sims 2010: Kap. 6.5). Ein wichtiger Indikator dafür ist die Type-Token-Relation des betreffenden Musters, also die Frage, wie oft die einem bestimmten Schema zuzuordnenden Wortbildungen in grossen Korpora vorkommen (→ 12.4.5). Das Muster wird dabei als besonders produktiv erachtet, wenn viele Wörter (Types) danach gebildet sind, diese aber jeweils relativ selten belegt sind (Token). Im Extremfall begegnet eine solche Wortbildung als sog. *Hapaxlegomenon* nur einmal im Korpus. Da Neubildungen in der Regel zunächst selten vorkommen, kann ein Wortbildungsmuster, nach dem in einem grossen Korpus viele Hapaxlegomena gebildet sind, als hochproduktiv gelten. Unproduktive Muster kann man dagegen daran erkennen, dass nur wenige Wörter so gebildet sind, die dann lexikalisiert (→ 6.1.3) und meist alt sind und tendenziell eher häufig vorkommen.

6.3.2 Motivation komplexer Wörter

Während Simplizia wie *blau* oder *Licht* meist arbiträr sind (→ 2.3.1.2), sind komplexe Wörter wie *Blaulicht* in der Regel transparent, sie besitzen eine sog. **Motivation**: Wenn ich weiss, was *blau* und *Licht* bedeuten, erscheint mir die Bedeutung von *Blaulicht* nicht mehr völlig arbiträr. Unter *Motivation* versteht man also den Grad, zu dem die lexikalische Bedeutung eines Sprachzeichens aus seiner phonologischen oder morphologischen Struktur erschlossen werden kann (zu weiteren Formen von Motivation vgl. Fleischer/Barz 2012: 42). Der erste Fall betrifft onomatopoetische, also lautmalende Wörter wie *miau* und *klick* bzw. *Wauwau* und *Kuckuck*, deren Bedeutung uns aufgrund ihrer Lautstruktur plausibel erscheint. Der Kuckuck heisst *Kuckuck*, weil sein Ruf so ähnlich klingt. Für die Wortbildung ist dagegen v. a. die **morphosemantische Motivation** relevant, also die Frage, in welchem Umfang sich die lexikalische Bedeutung einer Wortbildung aus ihrer sog. *Motivationsbedeutung* erschliessen lässt. Was bedeutet das nun konkret?

Eine **lexikalische Bedeutung** hat ein komplexes Wort immer dann, wenn seine Bedeutung im mentalen Lexikon gespeichert ist (→ 3.1.1, 6.1.3). Wir kennen die lexikalische Bedeutung von Simplizia wie *Bambus* oder *Phobie* und von komplexen Wörtern wie *Bambussprossen* oder *Klaustrophobie*, weil wir sie irgendwann erworben bzw. gelernt haben. Allerdings besitzen nicht alle Wörter eine solche lexikalische Bedeutung, sondern lediglich die lexikalisierten, d. h. im mentalen Lexikon gespeicherten. Trotzdem verstehen wir auch ganz neue Wörter, etwa **Ad-hoc-Bildungen** wie *Bambusphobie*, ohne sie gelernt zu haben, denn ihre Bedeutung ist kompositional (→ 3.1.1) und deshalb relativ problemlos herleitbar. Kompositionalität ist dabei allerdings kein Verstehensautomatismus, sondern nur eine

Heuristik. Oft müssen erst noch verschiedene mögliche Interpretationen disambiguiert werden, um die genaue semantische Beziehung zwischen den Konstituenten zu identifizieren: Ist eine Bambusphobie z. B. die Angst einer Bambuspflanze oder die Angst *vor* einer Bambuspflanze? Durch die Nutzung unterschiedlicher Wissensressourcen (z. B. Kontext, Weltwissen) gelingt es meist ohne grössere Probleme, die beabsichtigte Interpretation bereits beim erstmaligen Lesen oder Hören einer neuen Wortbildung korrekt zu identifizieren (vgl. etwa Klos 2011: Kap. 11). Bei *Bambusphobie* unterstellen wir, dass Pflanzen keine Emotionen haben und schliessen diese Interpretation von vornherein aus.

Die **Motivationsbedeutung** einer neuen oder bereits existierenden (lexikalisierten) Wortbildung ist unabhängig von der lexikalischen Bedeutung. Sie ergibt sich kompositional aus der Bedeutung der Konstituenten und der Art ihrer Verknüpfung. Mit „Art ihrer Verknüpfung" ist dabei zweierlei gemeint:

a) die Abfolge der Konstituenten: So führt etwa die Anordnung *hundert-fünf* zu einer anderen Bedeutung als die Anordnung *fünf-hundert*.
b) die Wortbildungsbedeutung, also die allgemeine Funktion des verwendeten Wortbildungsmusters (s. oben).

Was bedeutet das nun etwa für das eingangs erwähnte Beispiel *Blaulicht*? Aus den (arbiträren) Konstituentenbedeutungen ‚blau' und ‚Licht' und der Art ihrer Verknüpfung lässt sich unschwer eine (kompositionale) Motivationsbedeutung ‚blaues Licht' erschliessen. Diese Bedeutung ist allerdings nicht die tatsächliche lexikalische Bedeutung des Ausdrucks, welche die Wörterbücher viel spezifischer verzeichnen. Mit *Blaulicht* meint man so etwas wie ‚blau strahlende Signalleuchte an Fahrzeugen der Polizei etc., mit der man Vorfahrt im Verkehr beansprucht'. Die lexikalische Bedeutung umfasst also Bedeutungskomponenten, die in der allgemeinen Paraphrase ‚blaues Licht' nicht enthalten sind – die lexikalische Bedeutung von *Blaulicht* steht sozusagen in hyponymer Relation (→ 3.3.2) zur allgemeineren Motivationsbedeutung.

Dies lässt bereits erkennen, dass Motivation keine binäre, sondern eine kontinuierliche Grösse darstellt. Zwar ist die Wortbildung *Blaulicht* – anders als z. B. *Kerzenlicht* ‚Licht von einer Kerze' – nicht vollständig motiviert (die lexikalische Bedeutung ist nicht identisch mit der Motivationsbedeutung). Beide Bedeutungen sind jedoch noch recht ähnlich und lassen sich durch eine elementare semantische Relation problemlos aufeinander beziehen. Mit anderen Worten: Wir verstehen intuitiv, warum das Blaulicht *Blaulicht* heisst. Anders liegt der Fall bei Wortbildungen wie *Zwielicht* oder *Halblicht*, deren lexikalische Bedeutung jeweils weniger gut aus einer tentativen Motivationsbedeutung erschliessbar ist, die aber immerhin noch erkennbar eine bestimmte Lichtwahrnehmung bezeichnen. Bei *Lebenslicht* dagegen wird es schwierig, eine Motivationsbedeutung zu konstruieren, die eine semantische Nähe zur lexikalischen Bedeutung des Ausdrucks aufweist. Man müsste dafür zunächst wissen, dass das menschliche Leben in manchen Kulturen durch ein brennendes Kerzenlicht versinnbildlicht wird, welches ein personifizierter Tod am Ende ausbläst (*das Lebenslicht auslöschen*). Die Motivation des Ausdrucks *Lebenslicht* setzt also eine Art von kulturellem Wissen voraus, das deutlich über den engen Bereich des rein sprachlichen Wissens hinausgeht und lediglich im Rahmen von Frame-Theorien systematisch erfasst wird (→ 3.4.4).

Eine Wortbildung ist also umso motivierter, je besser die lexikalische Bedeutung des komplexen Worts aus der Motivationsbedeutung, also den Bedeutungen der enthaltenen Konstituenten und der Art ihrer Verknüpfung, erschlossen werden kann. Eine schrittweise abnehmende Motivation von „voll motiviert" bis „demotiviert" zeigen z. B. die Wortbildungen *Zeitablauf – Zeitansage – Zeitbombe – Zeitkino – Zeitkarte – Zeitalter – Zeitlupe* (vgl. Fleischer/Barz 2012: 44f.). In der Praxis reicht es häufig aus, bei der Analyse mit drei Stufen zu arbeiten und einfach zwischen vollmotivierten, teilmotivierten und demotivierten Bildungen zu unterscheiden. Üblicherweise sind komplexe Wörter zum Zeitpunkt ihrer Bildung vollmotiviert, büssen dann jedoch im Laufe ihrer Wortgeschichte durch Bedeutungswandel zunehmend an Motivation ein (vgl. Marzo 2015: 994). Solange die formale Struktur einer Wortbildung transparent bleibt, besteht allerdings die Möglichkeit zu sog. **Remotivation** wie in den Beispielen (14) und (15). Remotivation ändert zwar nicht das Verhältnis zwischen der lexikalischen und der Motivationsbedeutung eines komplexen Worts. Durch die Bindestrichsetzung (*Hoch-Zeit*) bzw. entsprechende phonetische Hinweise ([hoːx] statt [hɔx]) wird aber die Lesart der Motivationsbedeutung („hohe Zeit") aktiviert und in der konkreten Situation gegenüber der lexikalischen Bedeutung des Ausdrucks („Feier anlässlich einer Eheschliessung') durchgesetzt. Wir registrieren plötzlich wieder, dass das Wort *Hochzeit* mit dem Element *hoch* gebildet ist.

(14) Die **Hoch-Zeit** des Figaro (DWDS, Tagesspiegelkorpus, 30.07.2004)

(15) Das häufig verwendete Substantiv ***Augen-zeuge*** ist eine direkte Lehnübersetzung (*testis ocularis*), dessen Grundwort *testis* „Zeuge" u. a. dem deutschen Verb *testieren* „bezeugen" zu Grunde liegt. (DWDS, Wikipedia-Korpus)

6.3.3 Wortbildungsarten

In diesem Kapitel werden die zentralen Wortbildungsarten **Komposition**, **Derivation** und **Konversion** kursorisch besprochen. Diese stellen allerdings nur einen Ausschnitt aus einem breiteren Spektrum an Möglichkeiten dar, nach denen im

Deutschen neue Wörter gebildet werden können – etwa auf dem Wege der **Kurzwortbildung** (z. B. *WG* aus *Wohngemeinschaft*, *Akku* aus *Akkumulator*, *funzen* aus *funktionieren*), **Rückbildung** (z. B. *schutzimpfen* aus *Schutzimpfung*, *staubsaugen* aus *Staubsauger*), **Kontamination** (z. B. *jein* aus *ja + nein*, *denglisch* aus *deutsch + englisch*) oder **Reduplikation** (z. B. *Krimskrams, tipptopp*, schweizerdt. *waseliwas*).

Einen besonders produktiven Bereich stellt dabei die **Fremdwortbildung** dar. Neben der Entlehnung bereits gebrauchsfertiger Lexeme aus den verschiedenen Kontaktsprachen bestehen vielfältige Möglichkeiten, innerhalb des Deutschen mithilfe exogener („fremder") Einheiten neue Wörter zu bilden. Besonders häufig, aber nicht exklusiv, kommen dabei griechische und lateinische Wortstämme zum Einsatz. Die Fremdwortbildung entspricht in Vielem der endogenen („einheimischen") Wortbildung, es gibt jedoch auch markante Unterschiede. Der wichtigste ist die Verwendung einer speziellen Wortbildungseinheit, die als **Konfix** bezeichnet wird. Konfixe sind entlehnte gebundene (also nicht wortfähige) Minimalzeichen, die – anders als Affixe – eine lexikalische Bedeutung tragen: z. B. *mikro-, pseudo-, auto-, mono-*. Solche Elemente können exklusiv als Kompositionsglieder auftreten wie *geo-* (z. B. *Geo-grafie*), nur als Ableitungsbasen wie *fanat-* (z. B. *fanat-isch*) oder aber in beiden Funktionen wie *-phob-* (z. B. *Phob-ie, homo-phob*).

6.3.3.1 Komposition

Von **Komposition** oder **Zusammensetzung** spricht man, wenn bestimmte Konstituenten zusammengekoppelt werden, um ein neues Wort (v. a. Substantiv oder Adjektiv) zu bilden; die Produkte dieser Wortbildungsart werden entsprechend als *Komposita* oder *Zusammensetzungen* bezeichnet, die beiden unmittelbaren Konstituenten als **Erst-** und **Zweitglied**. Der Hauptakzent liegt dabei üblicherweise auf dem Erstglied; das Zweitglied trägt einen Nebenakzent (z. B. *Fússbàll*). Flektiert wird allerdings das Zweitglied, welches den Kopf bildet und damit Wortart, Flexionsklasse und Genus vorgibt: *Dorfstrasse* ist Femininum, *Strassendorf* dagegen Neutrum.

Welche Konstituenten es genau sein sollen, aus denen Komposita zusammengesetzt sind, ist allerdings nicht leicht zu sagen. Meist wird auf Wörter (vgl. Olsen 2020) oder wortfähige (freie) Einheiten (vgl. Fleischer/Barz 2012: 84) Bezug genommen. Damit werden aber nur bestimmte prototypische Fälle erfasst – eine universelle Definition, die alle Erscheinungsformen abdeckt, erweist sich als schwierig. Deshalb wird die Komposition oft auch einfach *ex negativo* in Abgrenzung von der Derivation, also der anderen Form der Ausdruckserweiterung, definiert (vgl. Barz 2021): Während an der Derivation Affixe, also gebundene grammatische Minimalzeichen, beteiligt sind, die eine lexikalische Basis erweitern (*könig-lich*), handle es sich bei der prototypischen Komposition um eine binäre Kombination von gleichrangigen Konstituenten (*Zaun-könig*), etwa lexikalischen Minimalzeichen (vgl. Haspelmath 2023: 288). Doch auch das trifft nur eingeschränkt zu. Zwar ist die einfachste Grundstruktur des Kompositums eine Verbindung aus zwei lexikalischen Minimalzeichen (z. B. *Wasch-küche, maus-grau*). Häufig sind jedoch morphologisch oder sogar syntaktisch komplexe Konstituenten in die Zusammensetzung integriert. Dabei gelten für die beiden Konstituenten unterschiedliche Restriktionen: Während das Zweitglied ein Stamm oder ein Konfix sein muss, kommt als Erstglied recht Verschiedenartiges vor:

- komplexe Wortstämme: *Fussball-torwart, Stadtverordneten-versammlung*,
- Syntagmen (freie oder feste Wortverbindungen) oder sogar ganze Sätze, die häufig mit Bindestrich durchgekoppelt werden: *Vieraugengespräch, Eine-Welt-Laden, Trimm-dich-Pfad, Eine-Person-eine-Stimme-Prinzip*,
- Buchstaben, die dann meist eine Position auf einer (z. B. Leistungs-, Tonhöhen- oder Modell-) Skala festlegen: *A-Jugend, B-Dur, C-Klasse* etc. Gelegentlich haben solche Buchstaben auch ikonische Funktion (*S-Form, V-Ausschnitt*). Bildungen des Typs *U-Boot* (für *Unterseeboot*) oder *D-Dorf* (salopp für *Düsseldorf*) gehören dagegen in den Bereich der Kurzwortbildung.
- Konfixe wie *pseudo-* (→ 6.3.3).

Wie wenig die Besetzung der Erstgliedposition im Deutschen beschränkt ist, zeigen die Bildungen in Beispiel (16), bei denen sogar ein Affix als erste unmittelbare Konstituente vorkommt, was den gängigen Definitionen von Komposition und Derivation eigentlich widerspricht. Dass hier keine Ableitung vorliegt, sondern ein Kompositum, ergibt sich aus der Abfolge der Konstituenten (das Suffix *-lein* kann nicht Präfix sein) und aus ihrer semantischen Relation (ein „*ingen*-Name" ist eine bestimmte Art von Name). Die beiden Suffixe werden durch Kursivierung und Bindestrichschreibung als objektsprachliche Einheiten markiert, wodurch ihr Wortbildungspotential deaktiviert wird.

(16) a. einen stärkeren Anteil von **-*lein*-Bildungen** (Fleischer/Barz 2011: 233)
 b. Die ***ingen*-Namen** sind vorwiegend im alem. Raum verbreitet (Nübling et al. 2015: 217)

Die Komposition stellt also im Deutschen aufgrund der geringen Beschränkungen ein äusserst leistungsfähiges, da sehr umfassend verwendbares (dadurch aber auch wenig spezifisches) Werkzeug zur Bildung neuer Wörter dar. Entsprechend dem Verhältnis von Erst- und Zweitglied (Subordination vs. Koordination) unterscheidet man dabei zwei Typen von Komposita: Determinativkomposita und Kopulativkomposita.

Bei einem **Kopulativkompositum** stehen die beiden Kompositionsglieder gleichrangig koordiniert nebeneinander: z. B. *nasskalt, süss-sauer, Schwefelwasserstoff, Singer-Songwriter, Strichpunkt, Baden-Württemberg, brennhärten, niesfurzen*. Sie gehören derselben Wortart an und können prinzipiell vertauscht werden, wobei in der Regel nur eine Variante gebräuchlich ist: Für die Kreuzung aus Schaf und Ziege ist zwar das Kopulativkompositum *Schafziege* üblich; *Ziegenschaf* wäre jedoch semantisch äquivalent. Die Umkehrprobe ist deshalb ein guter Test für diesen Kompositionstyp.

Bei einem **Determinativkompositum** determiniert, also bestimmt das Erstglied das Zweitglied semantisch näher, es liegt also ein Verhältnis semantischer Subordination vor: Der Ausdruck *Kirchturm* bezeichnet eine bestimmte Art von Turm, *dunkelgrau* eine bestimmte Art von grau. Man nennt die beiden unmittelbaren Konstituenten eines Determinativkompositums deshalb auch **Bestimmungs-** und **Grundwort**. Die semantische Relation zwischen beiden kann dabei ganz unterschiedlich gestaltet sein: Beispielsweise ist ein *Damenschuh* ein Schuh, der dazu gemacht ist, dass ihn Damen tragen, ein *Lederschuh* ein Schuh, der aus Leder gemacht ist, ein *Turnschuh* ein Schuh, der dazu gemacht ist, dass man ihn beim Sport trägt, ein *Schnürschuh* ein Schuh, den man schnüren muss, wenn man ihn tragen will. Die Paraphrasen zeigen, dass völlig unterschiedliche semantische Beziehungen vorliegen, die aus der allgemeinen Wortbildungsbedeutung des Musters nicht vorhersagbar sind (→ 6.3.2).

Nach dem semantischen Verhältnis zwischen Grundwort und gesamter Wortbildung lassen sich zudem zwei Subtypen von Determinativkomposita unterscheiden:

- Bei einem **endozentrischen** Determinativkompositum liegt die Gesamtbedeutung „innerhalb" der Bedeutung des Grundworts, mit anderen Worten: Das Grundwort ist ein Hyperonym des gesamten Kompositums (→ 3.3.2): Ein Bücherregal ist ein Regal, ein Holzhaus ist ein Haus. Nach diesem Typ ist im Deutschen die überwiegende Mehrzahl der Determinativkomposita gebildet.
- Bei einem **exozentrischen** Determinativkompositum liegt die Gesamtbedeutung „ausserhalb" der Bedeutung des Grundworts. So ist ein Angsthase kein Hase, eine Naschkatze keine Katze. Ein exozentrisches Bedeutungsverhältnis findet sich v. a. bei Personen-, Pflanzen- und Tierbezeichnungen, die ein Besitzverhältnis zum Ausdruck bringen. Solche Bildungen nennt man deshalb **Possessivkomposita**. *Rotkäppchen* referiert z. B. nicht auf ein Kleidungsstück, sondern auf jemanden, der ein rotes Käppchen besitzt bzw. trägt. Die Bildun-

gen *Dickkopf* und *Lästermaul* bezeichnen keine Körperteile, sondern Personen, die über solche Körperteile verfügen (einen dicken Kopf, ein Maul, das viel lästert). Das possessive Verhältnis kann dabei auch ein metaphorisches sein. So haben der Hahnenfuss und der Löwenzahn ihre Namen von ihren vogelfussähnlichen bzw. gezahnten Blättern.

Mitunter erscheint zwischen den beiden Kompositionsgliedern ein vokalisches oder konsonantisches **Fugenelement**: z. B. *Land|s|mann, Freund|es|kreis, Sonn|en|aufgang, Herz|ens|angelegenheit, Wart|e|zimmer, Hühn|er|farm*. Solche Elemente sind semantisch leer: Beim Sonnenaufgang geht in Wirklichkeit nur eine Sonne auf (nicht mehrere *Sonnen-*), und ein Freundeskreis besteht auch nicht nur aus einem Freund (*Freundes-* ist Gen. Sg.). Es handelt sich bei Fugenelementen also nicht um grammatische Minimalzeichen, da Komposita nicht binnenflektiert werden. Historisch betrachtet sind Fugenelemente zwar häufig ursprüngliche Flexionselemente, die sich als sprachliche Relikte erhalten haben. Heute kommt ihnen jedoch v. a. Gliederungs- und prosodische Funktion zu (vgl. Nübling/Szczepaniak 2009: 203). Sie stellen jedenfalls keine unmittelbare Konstituente der Wortbildung dar, sondern eine Eigenschaft des Erstglieds.

Das abschliessende Beispiel *Schweinsbratwürste* zeigt eine konkrete Wortbildungsanalyse bei einem Kompositum in Form eines Stemmas (siehe Abbildung 6.7): Zunächst ist durch Eliminierung der Flexionsmerkmale die Grundform *Schweinsbratwurst* (Nom. Sg.) herzustellen, auf deren Grundlage dann die Wortbildung analysiert werden kann. Die naheliegende Paraphrase ‚Bratwurst vom Schwein' offenbart die beiden unmittelbaren Konstituenten: *Schweins-* (mit einem Fugen-*s*) und *-bratwurst-*. Die andere mögliche Segmentierung (*Schweinsbrat-wurst*) erscheint semantisch unplausibel (‚Wurst vom Schweinsbrat'?). Da das Zweitglied selbst komplex ist, muss es in einem zweiten Schritt in die beiden Minimalzeichen *brat-* (Verbstamm von *braten*) und *Wurst* zerlegt werden. Zwar handelt es sich bei *Brat-* etymologisch um ein Substantiv in der Bedeutung ‚Muskelfleisch', das mit dem Verb nicht verwandt ist (vgl. EWA II: 298); für eine gegenwartssprachliche Analyse der Motivation ist dies jedoch irrelevant. Wir interpretieren *Bratwurst* heute im Sinne von ‚Wurst zum Braten' oder ‚gebratene Wurst'. Beide Wortbildungen entsprechen dem Muster der Determinativkomposita: Es sind keine Affixe, sondern nur (Verbindungen aus) lexikalischen Minimalzeichen daran beteiligt und das semantische Verhältnis ist eines der Subordination, nicht der Koordination. Eine Schweinsbratwurst ist eine bestimmte Art von Bratwurst, eine Bratwurst eine bestimmte Art von Wurst.

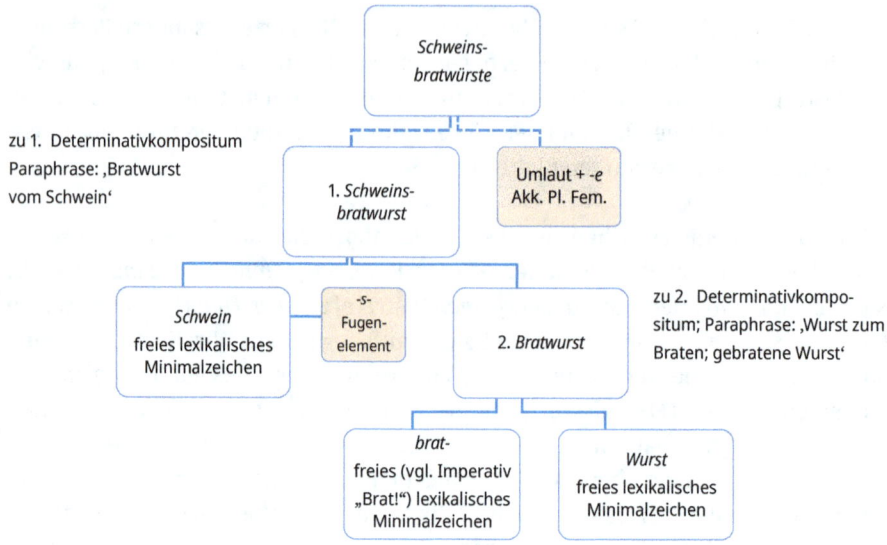

Abbildung 6.7: Beispiel *Schweinsbratwürste*.

6.3.3.2 Derivation

Die **Derivation** oder **Ableitung** stellt die zweite Form der Ausdruckserweiterung dar (die Wortbildungen selbst werden als *Derivate* oder *Ableitungen* bezeichnet). Charakteristisch für diese Wortbildungsart ist, dass als eine der unmittelbaren Konstituenten ein Affix erscheint – die andere ist die sog. **Ableitungsbasis**. Im Unterschied zur Flexion, bei der ebenfalls Affixe zum Einsatz kommen (→ 6.2), entstehen bei der Derivation keine Wortformen, sondern neue Lexeme. Die Konstituente, die als Ableitungsbasis dient, wird also durch das Affix (ein Präfix, Suffix oder Zirkumfix) zu einer morphologisch komplexen bzw. komplexeren Wortbildung erweitert („abgeleitet"): Aus *nutzen* wird *be-nutzen*, aus *benutz(en)* wird *benutz-bar*, aus *benutzbar* wird *Benutzbar-keit*.

Wie die Komposition besitzt die Derivation eine binäre Konstituentenstruktur. Auf der ersten Segmentierungsebene lassen sich also jeweils genau zwei unmittelbare Konstituenten identifizieren (z. B. *un-zumutbar*, *verantwort-lich*). Obwohl strukturell mehrdeutige Wortbildungen nicht selten sind, erscheint meist eine der möglichen Interpretationen als weitaus plausibler, d. h. aus den Konstituentenbedeutungen bzw. -funktionen leichter motivierbar. So lässt sich *unzumutbar* problemlos als Negation von *zumutbar* verstehen, nicht jedoch als eine *-bar*-Ableitung aus einem Verb, da **unzumut(en)* nicht existiert. Auch das Beispiel *verantwortlich* entspricht einem gängigen Muster, bei dem mit dem Suffix *-lich* Adjektive aus Verbstämmen gebildet werden (*nachdenk-lich, zöger-lich* etc.). Dagegen wäre eine Interpretation als *ver*-Ableitung einer Basis *antwortlich, die ebenfalls nicht existiert, semantisch völlig unplausibel.

Grundsätzlich können drei Subtypen der Derivation unterschieden werden, je nachdem, mit welcher Art von Affix die Ableitung erfolgt: **Präfigierung**, **Suffigierung** und **Zirkumfigierung**. Bei der Bildung von Substantiven und Adjektiven wird die Suffigierung am intensivsten genutzt, für die verbale Wortbildung kommt vor allem die Präfigierung zum Einsatz (zu Partikelverbbildungen wie *heimlaufen* siehe Kapitel 6.1.1.1). Zirkumfigierungen begegnen insgesamt eher selten.

Als Ableitungsbasen kommen bei der Derivation sowohl Wortstämme (von lexikalischen Minimalzeichen, komplexen Wörtern, aber auch Konfixen) als auch ganze Wortgruppen vor. In letzterem Fall spricht man von *Zusammenbildung* (z. B. *kurzbeinig, blauäugig, langhaarig*). Die Interpretation von Zusammenbildungen als Phrasenableitungen ist allerdings umstritten (vgl. Olsen 2021). Die nachfolgende Tabelle enthält Beispiele zu verschiedenen Kombinationen:

Tabelle 6.13: Typen von Ableitungen.

	Suffigierung	Präfigierung	Zirkumfigierung
lexikalische Minimalzeichen	*durst-**ig***, zu: *Durst* *Ahn-**ung***, zu: *ahn(en)*	***un**-gut*, zu: *gut* ***Miss**-gunst*, zu: *Gunst*	***be**-brill-**t***, zu: *Brille* ***Ge**-renn-**e***, zu: *renn(en)*
komplexe Wortbildungen	*vorsicht-**ig***, zu: *Vorsicht* *Beglaubig-**ung***, zu: *beglaubig(en)*	***un**-vorhersehbar*, zu: *vorhersehbar* ***Miss**-verhältnis*, zu: *Verhältnis*	***un**-ausweich-**lich***, zu: *ausweich(en)* ***ver**-unrein-**ig**(en)*, zu: *unrein*
Wortgruppen („Zusammenbildung")	*breitschultr-**ig***, zu: *breite Schultern* *Ingangsetz-**ung***, zu: *in Gang setz(en)*	—	—

Suffixe fungieren dabei als Kopf der jeweiligen Wortbildung, d. h. sie legen ihre morphosyntaktischen Merkmale fest (→ 6.3.1): So sind z. B. in der Tabelle alle Bildungen auf *-ig* Adjektive, die auf *-ung* dagegen feminine Substantive mit einem Plural auf *-en*. Ob auch Präfixe Kopffunktion haben können, ist dagegen umstritten (vgl. Fleischer/Barz 2012: 54; Olsen 2022).

Eine Beispielanalyse der doppelt abgeleiteten Form *unglückliche* (in: *der unglückliche Sturz*) zeigt abschliessend Abbildung 6.8:

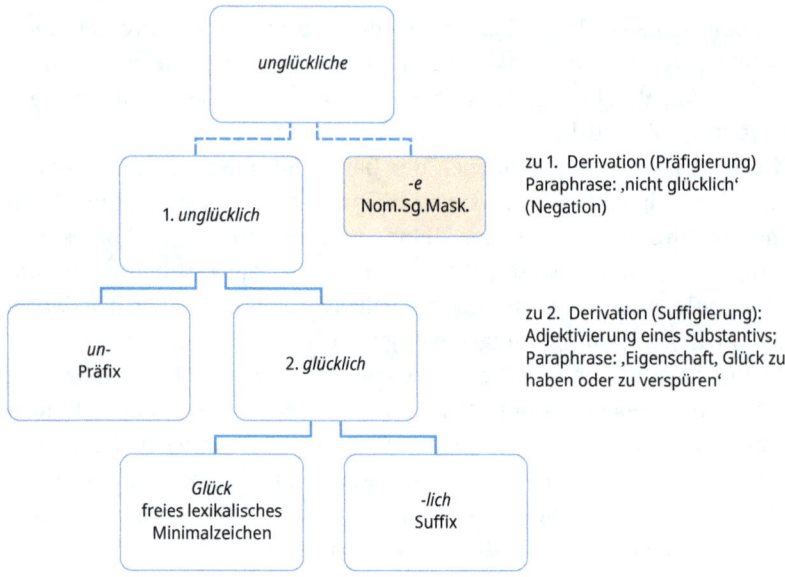

Abbildung 6.8: Beispiel *unglückliche*.

6.3.3.3 Konversion

Als dritte der zentralen Wortbildungsarten ist die **Konversion** für die Bildung zahlreicher Substantive, Adjektive, Verben und Adverbien im Deutschen verantwortlich. Dabei leistet sie einen Wortartwechsel ohne Beteiligung eines weiteren Wortbildungselements (Kompositionsglied, Wortbildungsaffix, Konfix). So wird in Beispiel (17) das Verb *herummäkeln* als Substantiv verwendet, also kategorial zu einem anderen Wort gemacht, ohne dass dies wortbildungsmorphologisch gekennzeichnet würde. Die Kennzeichnung erfolgt dafür orthografisch durch die Grossschreibung, syntaktisch durch die Artikelverwendung und flexionsmorphologisch durch die Deklination des Worts als Substantiv. Das Filmzitat in Beispiel (18) zeigt den gegenläufigen Vorgang: Ein Substantiv kann auch zum Verb werden.

(17) **Das Herummäkeln** bestimmter Zuschauergruppen ging mir wirklich auf den Keks. (DWDS, Tagesspiegelkorpus, 04.10.2004)

(18) I'm gonna have **to science** the shit out of this (Schauspieler Matt Damon im Film „The Martian", 2015)

Formal lassen sich dabei zwei Typen von Konversion unterscheiden:
- Fälle wie (17), bei denen das Flexionssuffix in den Stamm des neuen Worts integriert wird (sog. *syntaktische* oder *Infinitivkonversion*): vgl. *herummäkel-n* (Verb) vs. *des Herummäkeln-s* (Substantiv).
- Fälle wie *das lyrische Ich* ← *ich* (Pronomen), *das Hoch* ← *hoch* (Adjektiv) oder *der Kauf* ← *kauf-en* (Verb), in denen der unflektierte Stamm als Basis der Konversion dient (sog. *morphologische* oder *Stammkonversion*). Bildungen wie *Trank* ← *trinken* oder *Ritt* ← *reiten*, die einen historisch bedingten Stammvokalwechsel zeigen, werden z. T. auch als sog. *implizite Ableitungen* analysiert.

Als Konversionsbasis kommen Simplizia vor (*das Grün* ← *grün*), komplexe Wortbildungen (*das Durcheinander* ← *durcheinander*), aber auch Syntagmen wie bei *Dreikäsehoch* oder *Vergissmeinnicht*. Eine gewisse Schwierigkeit ist allerdings die Festlegung der Konversionsrichtung, da beide Möglichkeiten plausibel erscheinen können. Wie ist z. B. das Verhältnis zwischen *Film* und *filmen* einzuschätzen? Ist das Substantiv eine Konversion aus dem Verb (*Film* = Resultat des Filmens) oder das Verb eine Konversion aus dem Substantiv (*filmen* = einen Film machen)? Zwar lassen sich die tatsächlichen Entstehungsumstände in der Regel historisch ermitteln. Für eine gegenwartssprachlich-synchrone Bestimmung ist allerdings die Frage der Motivation entscheidend: In welcher der beiden Richtungen sind die lexikalischen Bedeutungen der beteiligten Wörter besser motiviert? Dies ist jedoch nicht in allen Fällen immer sicher zu entscheiden, da entsprechende Bildungen auch ambig sein können.

6.4 Zugänge zu Wortarten

Wortarten sind ein zentraler Bestandteil jeder grammatischen Beschreibung des Deutschen. Sie sind ein klassischer Gegenstand der schulgrammatischen Ausbildung und gehören neben den syntaktischen Funktionen zum linguistischen Basiswissen. In den vorangegangenen Kapiteln wurde deswegen ein grundlegendes Wissen um Wortarten vorausgesetzt. Das folgende Kapitel greift dieses Thema nun systematischer auf und zeigt vor allem, dass Wortarten (wie so viele andere Themen in der linguistischen Forschung) keineswegs so unkontrovers sind, wie es bis hierhin klingen mag.

Wortarten sind das Ergebnis eines Klassifikationsprozesses: Wörter werden aufgrund von geteilten Eigenschaften in „Arten" (oder auch Klassen) zusammengefasst. Man sagt dann, dass *Tasse, Edelstein* und *Schmutz* zur Klasse der Substantive gehören, *parkieren, malen* und *rosten* zur Klasse der Verben und *lieblich, gross* und *aufregend* zur Klasse der Adjektive. Hier ergeben sich unmittelbar drei Anschlussfragen:

1) Was wird klassifiziert? Wenn *Wort*arten klassifiziert werden sollen, braucht es einen Begriff von Wort!
2) Nach welchen Kriterien erfolgt diese Klassifikation? Wie kommt man also dazu, dass *Edelstein, parkieren* und *lieblich* zu unterschiedlichen Klassen gehören?
3) Zu welchem Zweck erfolgt die Klassifikation?

In der linguistischen Forschung existiert eine ganze Reihe verschiedener Klassifikationssysteme und -vorschläge. Einen Konsens gibt es nicht, was angesichts der Bandbreite an Grammatiktheorien nicht verwunderlich oder problematisch ist. Was sich aber dennoch zeigt, sind gewisse Übereinstimmungen in Teilen der Klassifikationssysteme und stärkere Abweichungen in anderen. So wird für eine morphologisch reiche Sprache wie das Deutsche zwischen flektierenden und nicht-flektierenden Wortarten unterschieden, wie bereits in Kapitel 6.2.2 gezeigt worden ist; hinsichtlich der Differenzierung von nicht-flektierenden Wortarten sind wiederum erhebliche Unterschiede festzustellen. Aber wir greifen damit bereits vor – kommen wir also zunächst zu den eben formulierten Fragen zurück, bevor wir am Ende des Kapitels Klassifikationssysteme vorstellen.

6.4.1 Was wird klassifiziert?

In Kapitel 6.1.1 wurde gezeigt, dass es verschiedene Lesarten von *Wort* gibt. Das wirkt sich unmittelbar auf die Klassifikation von Wörtern aus.

(i) Man kann beispielsweise *Wortformen* nach ihren phonologischen Eigenschaften gruppieren, etwa nach der Art der Phoneme oder der Anzahl der Silben.

(ii) Man kann *Lexeme* nach semantischen Merkmalen klassifizieren. Darauf basiert beispielsweise die bereits sehr alte (theoretisch aber heikle, → 6.4.2) Unterscheidung zwischen Autosemantika (Lexeme mit einer referenziellen, lexikalischen Bedeutung wie *Lampe, Gerechtigkeit* und *Sonnenaufgang*) und Synsemantika (Lexeme mit einer grammatischen Bedeutung wie *mit, schon* und *dieser*). Weitere semantisch basierte Unterscheidungen sind die zwischen Abstrakta (*Liebe, Freiheit*) und Konkreta (*Baum, Vogel*) oder zwischen zählbaren Substantiven (*Stein, Mensch*) und unzählbaren Substantiven (*Wasser, Schnee*).

(iii) Man kann *grammatische Wörter* nach ihren morphosyntaktischen Merkmalen klassifizieren. Eine solche Klasse könnte man z. B. mit dem Etikett „Nominativ Singular" versehen; das wäre die Menge aller grammatischen Wörter mit diesem morphosyntaktischen Merkmal.

Diese Liste könnte man noch um weitere Klassifikationseinheiten erweitern. Für die weiteren Ausführungen ist nun aber die Unterscheidung zwischen Lexemen und grammatischen Wörtern entscheidend. Wortartklassifikationen beruhen nämlich entweder auf der Unterscheidung von Lexemen oder aber auf der Unterscheidung von grammatischen Wörtern – oder auf einer Vermischung beider Perspektiven.

6.4.2 Kriterien für Wortartklassifikationen

Die eben aufgelisteten Möglichkeiten, was der Gegenstand von Wortartklassifikationen sein kann, nehmen bereits auf mögliche Kriterien einer solchen Klassifikation Bezug. Bei Wortarten wird auf die folgenden Kriterien zurückgegriffen:

i) **Semantische Kriterien:** Auf dieses Kriterium bezieht sich die bereits genannte, auf Lexeme bezogene Unterscheidung zwischen Synsemantika und Autosemantika, zwischen Abstrakta und Konkreta oder zwischen zählbaren und unzählbaren Substantiven. Auch in der Schulgrammatik begegnet uns ein semantischer Zugang zu Wortarten, wenn Substantive als *Dingwörter* oder *Gegenstandswörter*, Verben als *Tuwörter* und Adjektive als *Eigenschaftswörter* eingeführt werden. Solche semantischen Einteilungen von Wörtern sind jedoch heikel, weil es viele Beispiele gibt, die nicht eindeutig zugeordnet werden können (drückt beispielsweise *heissen* tatsächlich eine Handlung aus bzw. etwas, das man tun kann?).

Im Handbuch der Deutschen Grammatik von Hentschel/Weydt (2021) wird eine Klassifikation vorgenommen, die in erster Linie auf semantischen Kriterien beruht (und erst dann auch morphologische und syntaktische Kriterien einbezieht). Es wird dort zwischen drei grossen Klassen unterschieden:
- Wörter mit einer *kategorematischen Bedeutung*, womit (vereinfacht formuliert) das gemeint ist, was in Kapitel 6.4.1 mit dem Begriff der *Autosemantika* und in Kapitel 3 mit dem Begriff *lexikalische Bedeutung* eingeführt wurde.
- Wörter mit einer *deiktischen Bedeutung*; gemeint sind Wörter, die auf etwas „zeigen", ausgehend von der aktuellen Sprechsituation (Wörter wie *ich, du, hier, da, jetzt*).
- *Synkategorematika* (auch: Synsemantika) schliesslich referieren nicht auf eine aussersprachliche Wirklichkeit, sondern dienen dazu, Relationen zwischen Phänomenen auszudrücken (z. B. drückt *weil* eine kausale Relation aus und *auf* eine lokale Relation).

Kategorematische und deiktische Bedeutungen können unterschiedlich realisiert werden: Als Beispiel nennen Hentschel/Weydt das Substantiv *Blut*, das Adjektiv *blutig* und das Verb *bluten*:

Offensichtlich wird dabei das außersprachliche Faktum, das der kategorematischen Bedeutung ‚blut-' entspricht, jeweils in verschiedener Weise erfasst. Als Substantiv (*Blut*) wird es als ein Etwas aufgefasst, als eine abgeschlossene Größe oder ein Objekt (nicht im syntaktischen Sinne). Mit einem Adjektiv (*blutig*) hingegen wird dasselbe Phänomen als eine Eigenschaft gefasst, die einem Gegenstand zugeschrieben wird. Das Verb (*bluten*) schließlich drückt das Phänomen als einen Vorgang in der Zeit aus. Einem außersprachlichen Phänomen x wird also bei der sprachlichen Erfassung stets auch eine Wortartbedeutung zugeordnet. Es muss entweder als ein *X* (also substantivisch), als *x-ig* (also adjektivisch) oder als *x-en* (also verbal) gestaltet werden. (Hentschel/Weydt 2021: 19)

Solchen semantisch basierten Kategorisierungen wird jedoch auch Kritik entgegengebracht – so kritisiert beispielsweise Busse (1992), dass man schon rein logisch Wortarten nicht ausschliesslich semantisch herleiten kann, um dann gleichzeitig zu argumentieren, dass es mit den Synsemantika eine Gruppe von Wörtern gibt, die über gar keine eigene Semantik verfügen.

ii) **Morphologische Kriterien:** Lexeme können hinsichtlich ihrer morphologischen Eigenschaften klassifiziert werden. Eine solche Vorgehensweise wurde bereits in Kapitel 6.2.2 zur Flexionsmorphologie gezeigt, denn dort wurde zwischen flektierbaren und nicht-flektierbaren Wortarten unterschieden. **Flektierbare Lexeme** können morphosyntaktisch ausdifferenziert werden (via Konjugation oder Deklination) und bilden Paradigmen aus; **nicht-flektierbare Lexeme** können dies nicht und existieren nur in einer morphologisch invarianten Form. In Kapitel 6.2.2 wurde ausserdem gezeigt, dass flektierbare Lexeme sich dahingehend voneinander unterscheiden, in welche morphosyntaktischen Kategorienklassen sie ausdifferenziert werden können.

Das morphologische Kriterium allein genügt jedoch nicht, um Wörter exhaustiv in Wortarten einzuteilen. Zum einen bleibt mit der Gruppe der nicht-flektierbaren Wörter eine sehr grosse, heterogene Gruppe von Wörtern übrig, die aber unter morphosyntaktischen Gesichtspunkten nicht weiter differenziert werden kann. Zum anderen gibt es Substantive, deren paradigmatische Formen sich kaum oder sogar gar nicht unterscheiden, sondern über eine einzige invariante Form verfügen (z. B. *Wut*) – genau wie nicht-flektierbare Wörter also! Ebenso „problematisch" sind Singularetantum und Pluraletantum, also Wörter, die nicht über die Kategorie Plural bzw. Singular verfügen, oder Adjektive, die nicht flektierbar sind. Hier kann man sich aber mit dem Begriff des Prototyps weiterhelfen – Kasus und Numerus sind demzufolge prototypische Eigenschaften von Substantiven, aber nicht alle Wörter der Kategorie Substantiv verfügen darüber. Dieses Konzept ist insbesondere aus der Semantik bekannt (Prototypensemantik, → 3.4.3).

iii) **Syntaktische Kriterien:** Wörter unterscheiden sich dahingehend, welches distributionelle Verhalten sie innerhalb von Sätzen zeigen und welche syntaktischen Funktionen sie übernehmen können. Das zeigen die folgenden vier Sätze:

(19) a. ... liest ein Buch.
 b. Der Polizist ... im Auto.
 c. Das Kind sieht einen ... Teddy.
 d. Der Trampilot arbeitet ...

Versucht man die mit ... markierten Stellen mit genau einem Wort zu besetzen (Einsetzprobe), greifen wir auf distributionelles syntaktisches Wissen zurück und berücksichtigen, was mögliche und unmögliche syntaktische Kontexte sind. Die vier Positionen können nicht mit demselben Wort gefüllt werden (z. B. *Maria liest ein Buch*, aber **Der Polizist Maria im Auto*) In der freien Position des ersten Satzes muss ein Subjekt stehen, was (prototypisch) auf ein Substantiv oder Pronomen verweist (z. B. *Maria* oder *Sie*). Im zweiten Satz fehlt das Prädikat und damit ein Verb, im dritten Satz kann *Teddy* durch ein Adjektiv attribuiert werden (z. B. *braunen*), im vierten Satz ergänzen wir mit einem Adverb (z. B. *lange*). Diese Beispiele sind natürlich stark verkürzend (siehe Kapitel 7 für viele Aspekte, die hier eigentlich erwähnt werden müssten – z. B. Konstituentenstruktur, topologische Felder, Valenz); sie zeigen aber, dass es einen Zusammenhang gibt zwischen dem syntaktischen Slot und der Wortform, die diesen Slot besetzt. Anders als bei semantischen und morphologischen Kriterien steht hier nicht das Lexem im Vordergrund, sondern das grammatische Wort.

Syntaktische Kriterien können herangezogen werden, um nicht-flektierbare Wörter weiter zu differenzieren. So ist beispielsweise die Klassifikation des Wortes *zu* abhängig vom syntaktischen Kontext und führt zur Unterscheidung zwischen Präposition (z. B. *Sie ist zu Hause*) oder Adverb (z. B. *Ab und zu ist sie im Büro*).[2] Im Kapitel zur Syntax werden wir auf diese Unterscheidung zurückkommen, wenn es um die Bestimmung von sog. *Phrasen* geht – diese beruhen nämlich auf der syntaktisch bestimmten Wortart.

iv) Auch **pragmatische Kriterien** können herangezogen werden, um Wörter zu kategorisieren. Im Zentrum steht dann die kommunikative Funktion, die ein Wort übernehmen kann. Auf dieser Basis können insbesondere Interjektionen identifiziert werden – gemeint sind Wörter, mit denen vor allem in der gesprochenen

---

[2] Bei *zu*-Infinitiven wird *zu* (analog zum Präfix *ge-* im Partizip II) als Bestandteil des Verbs betrachtet und nicht als eigenständiges Wort (vgl. Duden 2022: 670).

Sprache unmittelbare Emotionen oder andere mentale Zustände ausgedrückt werden (z. B. *igitt, puh, ah, hm*).

v) Eng verwandt mit dem pragmatischen Kriterium sind schliesslich Wortartenklassifikationen, die auf **funktionalen Kriterien** basieren, anknüpfend an die Felderlehre von Karl Bühler (→ 9.3.1) und die funktionale Pragmatik. Demzufolge gibt es einen Zusammenhang zwischen sprachlichen Mitteln und sog. *sprachlichen Prozeduren*, die mit diesen Mitteln ausgedrückt werden. Ein Beispiel sind expressive Prozeduren, die der emotionalen Anpassung zwischen Sprecher:innen in einer Interaktion dienen und (u. a.) mithilfe von Interjektionen erreicht werden. Diese Theorie wird in Kapitel 9.3.1 (insb. Vertiefung 9.2) genauer vorgestellt, so dass es hier bei diesen knappen Hinweisen bleibt.

6.4.3 Zu welchem Zweck wird klassifiziert?

Wie eine Wortartklassifikation aussieht, ist schliesslich auch davon abhängig, zu welchem Zweck diese Klassifikation erfolgt. So macht es beispielsweise einen Unterschied, ob es
- um die Entwicklung eines Lehrwerks für den DaF- und DaZ-Unterricht geht (die Klassifikation muss für Lernende in der konkreten Situation des Spracherwerbs anwendbar sein),
- um die Entwicklung eines sog. *Tagsets* für die automatische Wortartenannotation eines umfangreichen Korpus (die Klassifikation muss anhand von morphologischen und distributionellen Kriterien maschinell erlernbar sein),
- um die Beschreibung des kindlichen Spracherwerbs (die Klassifikation muss auf Konstruktionen anwendbar sein, die in einzelnen Phasen des Spracherwerbs im Zentrum stehen) oder
- um das Schreiben einer umfassenden Grammatik der deutschen Sprache (die Klassifikation muss möglichst präzise alle möglichen Wortartausprägungen berücksichtigen).

Immer wieder wird die typologische Gültigkeit von Wortartklassifikationen diskutiert. In der typologisch orientierten Linguistik gibt es sehr viel Forschung dazu, ob es universelle Wortarten gibt und welche das sind (vgl. Bisang 2011). Aus der Perspektive von Einzelsprachen, in unserem Falle dem Deutschen, wird daher immer wieder das Argument formuliert, dass Wortarten so definiert sein müssen, dass sie sprachvergleichend anwendbar sind. So kritisieren Hentschel und Weydt die für das Deutsche zentrale Unterscheidung zwischen flektierenden und nicht-flektierenden Wortarten:

Die Flektierbarkeit ist indessen ein äußerst unsicheres Kriterium der Wortklasseneinteilung, bei dem man in Kauf nehmen muss, dass die erarbeiteten Definitionen im besten Fall jeweils nur für einzelne Sprache Gültigkeit haben. Wenn man Partikeln generell und sprachübergreifend als unflektierbare Wörter definieren wollte, so wären beispielsweise auch die Adjektive des Englischen Partikeln, und es gäbe sogar Sprachen wie beispielsweise das Chinesische, die ausschließlich aus Partikeln bestünden. (Hentschel/Weydt 2021: 262)

6.4.4 Wortartklassifikationen

Es gibt eine grosse Anzahl an verschiedenen Wortartklassifikationen; diese unterscheiden sich zum Teil erheblich hinsichtlich der zugrunde liegenden Kriterien. Busse (1997) nennt Klassifikationen mit vier bis hin zu mehreren Dutzend Wortarten. Im Folgenden werden zwei Klassifikationen vorgestellt: die mit einer sehr langen Tradition verbundene sog. *10-Wortarten-Lehre*, die heute aber zumindest in der linguistischen Fachliteratur kaum noch anzutreffen ist, und die sog. *5-Wortarten-Lehre*.

In der 2000-jährigen Geschichte der griechisch-abendländischen Grammatikschreibung ist die **10-Wortarten-Lehre** gewachsen, die die traditionelle Grammatik und auch die Schulgrammatik stark beeinflusst hat. Ihre zehn Wortarten sind (1) Substantiv, (2) Verb, (3) Adjektiv, (4) Artikel, (5) Pronomen, (6) Adverb, (7) Konjunktion, (8) Präposition, (9) Numerale und (10) Interjektion. Dieser Einteilung ist eine Reihe von Kritikpunkten entgegengebracht worden, sodass sie heute in dieser Form nicht mehr vertreten wird. Es ist nicht eindeutig entscheidbar, ob Lexeme, grammatische Wörter oder Wortformen klassifiziert werden. Zu verstehen ist das wie folgt: Die Unterscheidung zwischen Substantiv, Verb, Adjektiv, Artikel und Pronomen verweist darauf, dass Lexeme klassifiziert werden, und zwar hinsichtlich ihrer Zugänglichkeit für morphosyntaktische Merkmale. Bei Konjunktion und Präposition hingegen werden direkt syntaktische Kriterien angesetzt. Denn würde man sie nur hinsichtlich ihrer Zugänglichkeit für morphosyntaktische Merkmale bewerten, dann müssten sie gemeinsam eine Klasse bilden (sie können nicht flektiert werden). Zusätzlich scheinen auch noch semantische Kriterien eine Rolle zu spielen, wenn eine Extraklasse für Numerale angenommen wird („Wörter, die Zahlen bedeuten"). Wendet man dieses Kriterium konsequent an, müssten aber auch Wörter wie *verdreifachen* oder *Million* Numerale sein – die man aber aufgrund morphologischer Kriterien auch als Verb bzw. Substantiv klassifizieren kann. Die 10-Wortarten-Lehre ist also in der Anwendung von Klassifikationskriterien weder konsequent noch transparent.

Weit verbreitet ist die **5-Wortarten-Lehre**, die von Hans Glinz bereits in den 1950er-Jahren entwickelt wurde (vgl. Glinz 1965). Sie liegt u. a. der Wortartklassifikation der aktuellen Duden-Grammatik zugrunde (vgl. Duden 2022), an der sich auch Abbildung 6.9 orientiert. In diesem System werden Lexeme klassifiziert, und zwar nach ihrer prinzipiellen Zugänglichkeit für flexionsmorphologische Prozesse. Es wird zwischen flektierbaren Wortarten (Verb, Substantiv, Adjektiv, Pronomen/ Determinativ) und nicht-flektierbaren Wortarten (bei Glinz als *Partikeln* bezeichnet, in Abbildung 6.9 unter der Bezeichnung *Nicht-Flektierbare* zusammengefasst) unterschieden. In der Wortartklassifikation in Abbildung 6.9 finden sich entsprechend auch alle Wortarten wieder, die bereits in Kapitel 6.2.2 eingeführt wurden, als die morphosyntaktischen Merkmalsklassen vorgestellt wurden. Die eben aufgezeigten Schwächen der 10-Wortarten-Lehre werden damit konsequent vermieden, indem das Klassifikationskriterium offengelegt und durchgehalten wird (Zugänglichkeit für flexionsmorphologische Prozesse bzw. morphosyntaktische Ausdifferenzierung). Ist ein Lexem prinzipiell für morphologische Veränderungen zugänglich, dann wird es entsprechend als flektierbar eingeordnet. Das Wort *schön* ist demzufolge in allen folgenden Beispielen als *Adjektiv* zu klassifizieren:

(20) *Sie hat schönes Haar.*
(21) *Sie ist schön.*
(22) *Sie singt schön.*
(23) *Sie ist ganz schön gross.*

Nur in (20) ist es tatsächlich flektiert, in allen anderen Beispielen nicht. In (21) wird *schön* prädikativ gebraucht, in (22) und (23) adverbial – an der Wortartklassifikation ändert das aber nichts. Im sog. Stuttgart-Tübingen-Tagset (STTS), einem korpuslinguistischen Wortartklassifikationssystem (→ 12.4.5), wird dem Rechnung getragen, indem zwischen attributiv gebrauchten Adjektiven (ADJA) und adverbial/ prädikativ gebrauchten Adjektiven (ADJD) unterschieden wird.

Aus syntaktischer Sicht ist die 5-Wortarten-Lehre aber noch sehr grob – es werden Lexeme zusammengefasst, die sich syntaktisch gesehen sehr unterschiedlich verhalten. Das trifft vor allem auf die Gruppe der Nicht-Flektierbaren zu (z. B. *heute, im, oder, huch*). Das ist zwar konsequent (siehe die Kritik an der 10-Wortarten-Lehre), für eine grammatische Beschreibung des Deutschen (aber beispielsweise auch für didaktische Kontexte) ist jedoch eine weitere Subklassifikation notwendig. In Abbildung 6.9 wird zwischen Präpositionen, Adverbien, Junktionen und Partikeln differenziert. Und auch diese Wortarten lassen sich weiter subklassifizieren – Adverbien werden beispielsweise in Prädikats-, Satz- und Konjunktionaladverbien unterteilt, Präpositionen in Postpositionen (nachgestellt), Zirkumpositionen (vor- und nachgestellter Teil) und Präpositionen im engeren Sinne (vorangestellt). Spätestens auf diesen tieferen Ebenen der Subklassifizierung gibt es grosse Unterschiede zwischen einzelnen Grammatiken. Dies soll abschliessend und beispielhaft

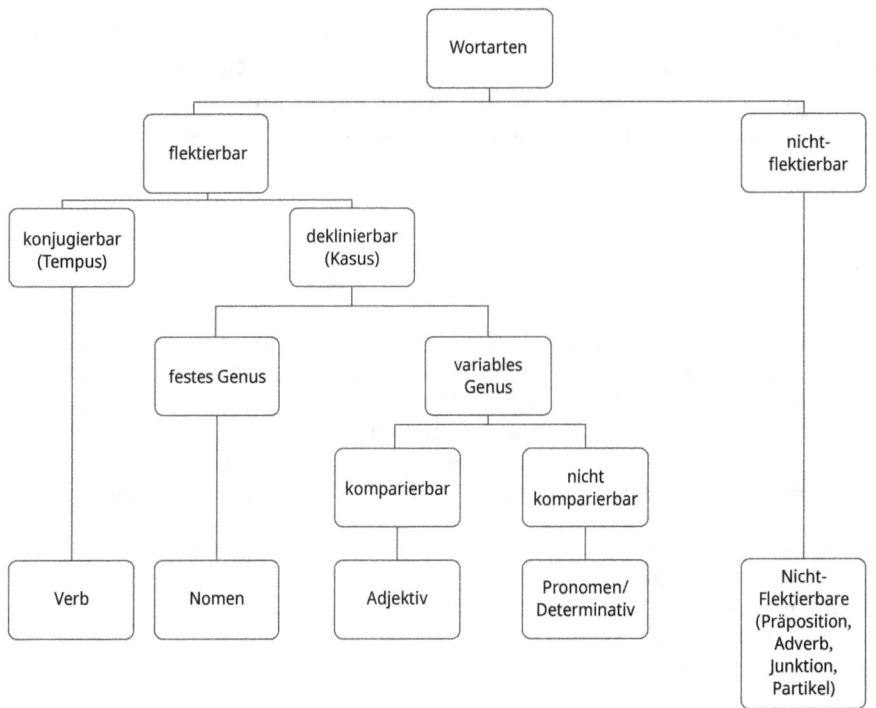

Abbildung 6.9: Wortarten des Deutschen, aufbauend auf der 5-Wortarten-Lehre von Glinz (1965). Die Darstellung orientiert sich an der Klassifikation in Duden (2022).

an sog. *Junktionen* gezeigt werden, also solchen Wörtern, die sprachliche Einheiten miteinander verknüpfen (*und, oder, sondern* . . .). In der IDS-Grammatik von Zifonun et al. (1997) gehören Konjunktionen und Subjunktionen beide zur Oberklasse der Junktoren. Im Duden (2022) wird der Begriff im Gegensatz zu älteren Auflagen nicht mehr verwendet und direkt zwischen Konjunktionen, Subjunktionen und Adjunktionen unterschieden (vgl. Duden 2022: 822–835). Pafel (2011) setzt Subjunktionen als eigene Wortart an und zählt Konjunktionen zur Klasse der Partikeln. Er argumentiert, dass Konjunktionen und Subjunktionen nicht zu einer Oberklasse zusammengefasst werden können, weil sich beide syntaktisch unterschiedlich verhalten: Konjunktionen verbinden zwei Teilsätze zu einem komplexen Satz, Subjunktionen verbinden einen Teilsatz mit einem übergeordneten Hauptsatz zu einem komplexen Satz.

Vergleicht man also Vorschläge zur Wortartklassifikation in einzelnen grammatischen Arbeiten, wird deutlich, dass es allgemein akzeptierte Klassifikationskriterien gibt (insbesondere die Unterscheidung zwischen flektierbaren und nicht-flektierbaren Wortarten) sowie Wortarten, über die Konsens herrscht (dazu zählen Verben, Substantive und Adjektive). Insbesondere bei den nicht-flektierbaren Wortarten hingegen gehen Klassifikationsvorschläge zum Teil weit auseinander.

Bibliografie

AADG = Kleiner, Stefan (2011 ff.): Atlas zur Aussprache des deutschen Gebrauchsstandards (AADG). Unter Mitarbeit von Ralf Knöbl. http://prowiki.ids-mannheim.de/bin/view/AADG/ (24.02.2025).

AAS = König, Werner (1989/2019): Atlas zur Aussprache des Schriftdeutschen in der Bundesrepublik Deutschland. Digitale Fassung bearbeitet von Jeffrey Pheiff et al. In: Schmidt, Jürgen Erich et al. (Hrg.): Regionalsprache.de (REDE II). Marburg: Forschungszentrum Deutscher Sprachatlas.

Ágel, Vilmos (1995): Valenzrealisierung, Grammatik und Valenz. In: Zeitschrift für Germanistische Linguistik 23(1), S. 2–32.

Aronoff, Mark/Fudeman, Kirsten (2023): What is Morphology? 3. Aufl. Hoboken, NJ: John Wiley & Sons (= Fundamentals of Linguistics).

Baayen, R. Harald (2009): Corpus linguistics in morphology: Morphological productivity. In: Lüdeling, Anke/Kytö, Merja (Hrg.): Corpus Linguistics. Bd. 2. Berlin, New York: De Gruyter Mouton, S. 899–919. (HSK 29/1).

Barz, Irmhild (2021): [Art.] Konstituentenstruktur. In: Wörterbücher zur Sprach- und Kommunikationswissenschaft (WSK) Online. Berlin/Boston: De Gruyter (20.02.2025). https://www.degruyter.com/database/WSK/entry/wsk_id_wsk_artikel_artikel_17276/html.

Bauer, Laurie (2001): Morphological Productivity. Cambridge: University Press.

Bergenholtz, Hennig/Mugdan, Joachim (1979): Einführung in die Morphologie. Stuttgart u. a.: Kohlhammer.

Best, Karl-Heinz (2005): Wortlänge. In: Köhler, Reinhard et al. (Hrg.): Quantitative Linguistik. Ein internationales Handbuch. Berlin/New York: de Gruyter, S. 260–273 (HSK 27).

Bisang, Walter (2010): Word Classes. In: Song, Jae Jung (Hrg.): The Oxford Handbook of Linguistic Typology. Oxford: Oxford University Press. S. 280–302. https://doi.org/10.1093/oxfordhb/9780199281251.013.0015.

Bloomfield, Leonard (1933): Language. New York: Holt.

Boas, Hans (2010): The Syntax-lexicon Continuum in Construction Grammar. A Case Study of English Communication Verbs. In: Belgian Journal of Linguistics 24(1), S. 54–82.

Busse, Dietrich (1992): Partikeln im Unterricht Deutsch als Fremdsprache. Semantische und didaktische Probleme der Synsemantika. In: Muttersprache 102, S. 37–59.

Busse, Dietrich (1997): Wortarten und semantische Typen. Überlegungen zu den Grundlagen der lexikalisch-syntaktischen Wortarten-Klassifikation. In: Dürscheid, Christa et al. (Hrg.): Sprache im Fokus (= Festschrift für Heinz Vater). Tübingen: Niemeyer, S. 219–240.

Bybee, Joan (1985): Morphology: A Study of the Relation between Meaning and Form. Amsterdam: John Benjamins.

Cardona, George (2000): Pāṇini. In: Auroux, Sylvain et al. (Hrg.): Geschichte der Sprachwissenschaften. Bd. 1. Berlin, Boston: De Gruyter Mouton, S. 113–124. (HSK 18/1).

Chomsky, Noam (1995): The Minimalist Program. Cambridge, MA: MIT Press.

Croft, William (2003): Typology and Universals. 2. Aufl. Cambridge: University Press.
DAWB = Krech, Eva-Maria et al. (2009): Deutsches Aussprachewörterbuch. Berlin/New York: De Gruyter.
Di Sciullo, Anna M./Williams, Edwin (1987): On the Definition of Word. Cambridge, MA: MIT Press.
Dudenredaktion (Hrg.) (2022): Die Grammatik. Struktur und Verwendung der deutschen Sprache: Sätze – Wortgruppe – Wort. 10. Aufl. Berlin: Dudenverlag.
DWDS = Der deutsche Wortschatz von 1600 bis heute. https://www.dwds.de (24.02.2025).
Eisenberg, Peter (2020a): Grundriss der deutschen Grammatik. Das Wort. Unter Mitarbeit von Nanna Fuhrhop. 5. Aufl. Stuttgart/Weimar: Metzler.
Eisenberg, Peter (2020b): Grundriss der deutschen Grammatik. Der Satz. Unter Mitarbeit von Rolf Schöneich. 5. Aufl. Stuttgart/Weimar: Metzler.
Fleischer, Wolfgang/Barz, Irmhild (2012): Wortbildung der deutschen Gegenwartssprache. 4. Aufl. Berlin/Boston: De Gruyter.
Fuhrhop, Nanna (2007): Zwischen Wort und Syntagma. Zur grammatischen Fundierung der Getrennt- und Zusammenschreibung. Tübingen: Niemeyer.
Glinz, Hans (1965): Deutsche Syntax. 3. Aufl. Stuttgart: Metzler.
Härle, Markus et al. (2004): Mapping the Brain's Orchestration during Speech Comprehension: Task-specific Facilitation of regional Synchrony in Neural Networks. In: BMC Neuroscience 5(1), Art.-Nr. 40. https://doi.org/10.1186/1471-2202-5-40.
Harm, Volker (2015): Einführung in die Lexikologie. Darmstadt: WBG.
Haspelmath, Martin (2011): The Indeterminacy of Word Segmentation and the Nature of Morphology and Syntax. In: Folia Linguistica 45(1), S. 31–80.
Haspelmath, Martin (2020): The Morph as a Minimal Linguistic Form. In: Morphology 30(3), S. 117–134. https://doi.org/10.1007/s11525-0
Haspelmath, Martin (2023): Defining the Word: In: Word 69(3), S. 283–297.
Haspelmath, Martin/Sims, Andrea D. (2010): Understanding Morphology. 2. Aufl. London/New York: Routledge Taylor & Francis Group.
Kipling, Rudyard (1928): A Book of Words. London: MacMillan & Co.
Klos, Verena (2011): Komposition und Kompositionalität. Möglichkeiten und Grenzen der semantischen Dekodierung von Substantivkomposita. Berlin/New York: De Gruyter. (Reihe Germanistische Linguistik 292).
Knobloch, Clemens (2009): Noch einmal: Partikelverbkonstruktionen. In: Zeitschrift für Germanistische Linguistik 37(3), S. 544–564.
Kornfilt, Jaklin (1997): Turkish. London: Routledge (= Descriptive Grammars).
Kotthoff, Helga/Nübling, Damaris (2024): Genderlinguistik. Eine Einführung in Sprache, Gespräch und Geschlecht. 2. Aufl. Tübingen: Narr Francke Attempto. https://doi.org/10.24053/9783381105922.
Krifka, Manfred (2009): Case Syncretism in German Feminines: Typological, Functional and Structural Aspects. In: Steinkrüger, Patrick O./Krifka, Manfred (Hrg.): On Inflection. Berlin/New York: Mouton de Gruyter, S. 141–172. https://doi.org/10.1515/9783110198973.141.
Kröger, Bernd J. (2018): Neuronale Modellierung der Sprachverarbeitung und des Sprachlernens. Eine Einführung. Berlin: Springer.
Kürschner, Sebastian (2008): Deklinationsklassen-Wandel. Eine diachron-kontrastive Studie zur Entwicklung der Pluralallomorphie im Deutschen, Niederländischen, Schwedischen und Dänischen. Berlin/New York: De Gruyter (= Studia Linguistica Germanica 92) https://doi.org/10.1515/9783110210842.

Marzo, Daniela (2015): Motivation, compositionality, idiomatization. In: Müller, Peter O. et al. (Hrg.): Word-formation. An International Handbook of the Languages of Europe. Bd. 2. Berlin, Boston: De Gruyter Mouton, S. 984–1001. (HSK 40/2).

Miehm, Arend (2004): Zur Geschichte der Auslautverhärtung und ihrer Erforschung. In: Sprachwissenschaft 29(2), S. 133–206.

Mugdan, Joachim (2020a): [Art.] Minimalzeichen. In: Wörterbücher zur Sprach- und Kommunikationswissenschaft (WSK) Online. Berlin/Boston: De Gruyter (20.02.2025). https://www.degruyter.com/database/WSK/entry/wsk_id5df4e4c7-56fa-42a9-a158-e8124e1264b8/html (20.02.2025).

Mugdan, Joachim (2020b): [Art.] Morph. In: Wörterbücher zur Sprach- und Kommunikationswissenschaft (WSK) Online. Berlin/Boston: De Gruyter (20.02.2025). https://www.degruyter.com/database/WSK/entry/wsk_id_wsk_artikel_artikel_18326/html (20.02.2025).

Mugdan, Joachim (2022a): [Art.] Morphem. In: Wörterbücher zur Sprach- und Kommunikationswissenschaft (WSK) Online. Berlin/Boston: De Gruyter (20.02.2025). https://www.degruyter.com/database/WSK/entry/wsk_id_wsk_artikel_artikel_17820/html (20.02.2025).

Mugdan, Joachim (2022b): [Art.] Wort. In: Wörterbücher zur Sprach- und Kommunikationswissenschaft (WSK) Online. Berlin/Boston: De Gruyter (20.02.2025). https://www.degruyter.com/database/WSK/entry/wsk_id_wsk_artikel_artikel_18123/html (20.02.2025).

Neef, Martin (2023): Wortart. Heidelberg: Winter.

Neef, Martin/Vater, Heinz (2006): Concepts of the Lexicon in Theoretical Linguistics. In: Wunderlich, Dieter (Hrg.): Advances in the Theory of the Lexicon. Berlin/New York: Mouton de Gruyter, S. 27–55.

Nguyễn, Đình-Hoà (1997): Vietnamese. Amsterdam: John Benjamins (= London Oriental and African Language Library 9) https://doi.org/10.1075/loall.9.

Olsen, Susan (2020): [Art.] Kompositum. In: Wörterbücher zur Sprach- und Kommunikationswissenschaft (WSK) Online. Berlin/Boston: De Gruyter (20.02.2025). https://www.degruyter.com/database/WSK/entry/wsk_id_wsk_artikel_artikel_17615/html.

Olsen, Susan (2021): [Art.] Zusammenbildung. In: Wörterbücher zur Sprach- und Kommunikationswissenschaft (WSK) Online. Berlin/Boston: De Gruyter (20.02.2025). https://www.degruyter.com/database/WSK/entry/wsk_id_wsk_artikel_artikel_17338/html.

Olsen, Susan (2022): [Art.] Kopf. In: Wörterbücher zur Sprach- und Kommunikationswissenschaft (WSK) Online. Berlin/Boston: De Gruyter (20.02.2025). https://www.degruyter.com/database/WSK/entry/wsk_idc07e9323-c91c-4032-b5ca-cb7e9883cc14/html.

Pafel, Jürgen (2011): Einführung in die Syntax. Stuttgart: Metzler.

Peltzer-Karpf, Annemarie (1994): Spracherwerb bei hörenden, sehenden, hörgeschädigten, gehörlosen und blinden Kindern. Tübingen: Narr.

Scharloth, Joachim/Okamura, Saburo/Lange, Willi (2016): Gibt es einen Kernwortschatz? Datengeleitete Perspektiven auf die Erstellung von Grundwortschätzen für Deutsch als Fremdsprache. In: Brunetti, Simona et al. (Hrg.): Versprachlichung von Welt. Il mondo in parole. Tübingen: Stauffenburg, S. 273–284.

Schlaefer, Michael (2009): Lexikologie und Lexikographie. Eine Einführung am Beispiel deutscher Wörterbücher. 2. Aufl. Berlin: Erich Schmidt.

Schweizerisches Idiotikon (1881–[2024]). Wörterbuch der schweizerdeutschen Sprache. Bd. I–XVII/ Lfg. 231, Frauenfeld: Huber bzw. Basel: Schwabe.

Stille, Catharina Marie et al. (2020): Modeling the Mental Lexicon as Part of Long-Term and Working Memory and Simulating Lexical Access in a Naming Task Including Semantic and Phonological Cues. In: Frontiers in Psychology 11:1594.

Szczepaniak, Renata (2007): Der phonologisch-typologische Wandel des Deutschen von einer Silben- zu einer Wortsprache. Berlin/Boston: De Gruyter.

Teuber, Oliver (1998): *fasel beschreib erwähn* – Der Inflektiv als Wortform des Deutschen. In: Germanistische Linguistik 141/142, S. 7–26.

Twain, Mark (1880): A Tramp Abroad. Hartford, Conn.: American Publishing Company.

VG = Variantengrammatik des Standarddeutschen (2018). Ein Online-Nachschlagewerk. Verfasst von einem Autorenteam unter der Leitung von Christa Dürscheid, Stephan Elspaß und Arne Ziegler. http://mediawiki.ids-mannheim.de/VarGra/index.php/%C3%9Cber_uns (24.02.2025).

Welke, Klaus (2009): Valenztheorie und Konstruktionsgrammatik. In: Zeitschrift für Germanistische Linguistik 37(1), S. 81–124.

Williams, Edwin (1981): On the Notions „Lexically Related" and „Head of a Word". In: Linguistic Inquiry 12/2, S. 245–274.

Wunderlich, Dieter (2006): Introduction: What the Study of the Lexicon Is about. In: Ders. (Hrg.): Advances in the Theory of the Lexicon. Berlin/New York: Mouton de Gruyter, S. 1–25.

Zifonun, Gisela/Hoffmann, Ludger/Strecker, Bruno (1997): Grammatik der deutschen Sprache. Berlin/New York: De Gruyter.

7 Syntax

7.1 Womit befasst sich die Syntax?

> Verdaustig war's, und glaße Wieben
> rotterten gorkicht im Gemank.
> Gar elump war der Pluckerwank,
> und die gabben Schweisel frieben.

Das sind die ersten vier Zeilen aus dem Gedicht „Der Zipferlake" von Christian Enzensberger, eine Übersetzung des Gedichts „Jabberwocky" aus Lewis Carrolls „Alice hinter den Spiegeln". Obwohl es sich hier um den Anfang eines sog. *Nonsense-Gedichts* handelt, bei dem nahezu alle Wörter erfunden sind, beginnen wir doch beim Lesen intuitiv, Bedeutung und Struktur der Gedichtzeilen zu interpretieren: In Zeile 1 lesen wir höchstwahrscheinlich *glaße Wieben* als Kombination aus Adjektiv und Substantiv, in Zeile 2 interpretieren wir *rotterten* als Verb und *gorkicht* wohl als Adverb. Vielleicht stellen wir uns eine Naturszene vor, etwa einen Sonnenuntergang und Bäume (*glaße Wieben*), die unheimliche Geräusche machen (*rotterten gorkicht im Gamank*). Zu dieser grammatischen Analyse trägt v. a. unser eigenes sprachliches Wissen bei, abgerufen durch Faktoren wie Gross- und Kleinschreibung, die Anordnung in vier Zeilen, durch die prosodische Merkmale vorweggenommen werden, oder das Vorkommen bekannter morphologischer Bestandteile von Wörtern.

Das Beispiel zeigt, worum es bei der Syntax geht: Die Syntax (griech. *sýntaxis*, ‚Zusammenordnung') beschäftigt sich mit den Prinzipien und Regularitäten, nach denen sich einzelne Wörter zu grösseren strukturellen Einheiten und schliesslich zu einem Satz verbinden. Anders gesagt: Es geht um die strukturellen Relationen zwischen Wörtern sowie die Eigenschaften von Wortgruppen bis hin zu ganzen Sätzen. Damit wird auch deutlich, dass die Syntax stark mit anderen sprachlichen Beschreibungsebenen verwoben ist:
- mit der Morphologie (denn viele Lexeme werden erst durch Flexion syntaktisch verwendungsfähig; in Kapitel 6.2 wurde dieser Prozess als morphosyntaktische Ausdifferenzierung bezeichnet),
- der Semantik (beispielsweise haben nicht nur Wörter eine Bedeutung, sondern auch grössere strukturelle Einheiten – eine Sichtweise, die vor allem in der sog. *Konstruktionsgrammatik* eine zentrale Rolle spielt),
- der Pragmatik (beispielsweise können Sätze hinsichtlich der mit ihnen ausgedrückten Sprachhandlungen klassifiziert werden),
- und auch über die Satzgrenze hinaus ist Syntax relevant – nämlich dann, wenn es um Relationen zwischen Sätzen geht (so verfolgt beispielsweise die Textgrammatik das Ziel, Analysemittel der Syntax für die Untersuchung von Texten zu verwenden).

Im Gedicht von Christian Enzensberger erkennen wir recht intuitiv, dass *glaße* und *Wieben* enger zusammengehören als *und* und *glaße* (obwohl beide jeweils in unmittelbarer Nachbarschaft stehen). Wir erkennen auch recht intuitiv, dass *rotterten* ein Verb ist und wiederum sehr eng mit *glaße Wieben* zusammenhängt. Dabei handelt es sich bereits um eine – wenn auch einfache – Theorie über Syntax: Wörter bilden schrittweise grössere Strukturen aus. Die grösste Einheit ist der Satz. Hier liegt eine hierarchische Perspektive auf den Satz vor, die in der Syntax unter den Begriffen **Konstituenz** und **Dependenz** zusammengefasst wird. Gemeint ist, dass Sätze nicht einfach Aneinanderreihungen von Wörtern sind, sondern dass Wörter innerhalb eines Satzes in unterschiedlich engen Beziehungen zueinander stehen und jeweils in grössere Strukturen eingebettet sind.

Der syntaktische Aufbau von Sätzen ist keineswegs eine rein formale oder strukturelle Angelegenheit, sondern wirkt sich auch auf die Semantik aus. Dies zeigen die folgenden beiden Sätze, die aus einem identischen Set an Wörtern bestehen.

(1) Maria schenkt Peter ein Spielzeugauto.
(2) Peter schenkt Maria ein Spielzeugauto.

Je nachdem, mit welcher prosodischen Akzentuierung man die Sätze liest, haben die Sätze die gleiche oder eine unterschiedliche Bedeutung, abhängig davon, ob nun *Peter* oder *Maria* die Rolle des bzw. der Schenkenden einnimmt (sog. *syntaktische Ambiguität*). Diesen Unterschied kann man syntaktisch erklären, indem man eine Satzgliedanalyse vornimmt, bekannt aus dem Schulunterricht: Man kann für Satz (1) und (2) eine identische lineare Abfolge von Satzgliedern annehmen, bestehend aus den Slots

[Subjekt] [Prädikat] [Dativobjekt] [Akkusativobjekt]

Die Slots für Subjekt und Dativobjekt sind dann unterschiedlich gefüllt, sodass einmal *Maria* die Schenkende ist und einmal *Peter*. Oder aber man liest die Sätze so, dass beide Male *Maria* die Rolle der Schenkenden übernimmt, dann hat Satz (1) die folgende lineare Struktur:

[Subjekt] [Prädikat] [Dativobjekt] [Akkusativobjekt]

Und Satz (2) diese:

[Dativobjekt] [Prädikat] [Subjekt] [Akkusativobjekt]

Damit sind zwei weitere wichtige Aspekte der Syntax genannt: Sie befasst sich nicht nur damit, welche Einheiten in einem Satz enger zusammengehören, sondern auch damit, welche **syntaktische Funktionen** solche Einheiten im Satz innehaben und welche **linearen Abfolgen** sich unterscheiden lassen.

Und noch etwas Wichtiges leistet die Syntax. Zwar gibt es eine unendliche Menge an produzierbaren Äusserungen, jedoch nur eine endliche Menge an syntaktischen Strukturen, die diesen Äusserungen zugrunde liegen. Die Syntax versucht, diese Menge an syntaktischen Strukturen systematisch zu erfassen, in einem Modell zu formalisieren und eine Theorie abzuleiten. Denn: Menschen greifen beim Sprechen nicht einfach auf ein riesiges mentales Lexikon von Sätzen zurück, sondern setzen diese Sätze aus kleineren Einheiten zusammen (und bilden daraus wiederum grössere Einheiten wie Turns in Interaktionen) – wäre dem nicht so, bräuchte es auch keine Syntaxtheorien. An dieser Stelle wird aus dem Thema Syntax ein sehr komplexes Unterfangen, was sich in einer Vielzahl unterschiedlicher Syntaxtheorien äussert, die zum Teil einander diametral gegenüberstehen. Keine dieser Theorien wird unter Linguist:innen allgemein als Grundlagentheorie akzeptiert, stattdessen sind wir in der Syntax stets mit einem **Theorienpluralismus** konfrontiert. In diesem Kapitel werden zunächst bedeutende Denktraditionen in der Syntaxforschung vorgestellt sowie ein erster Überblick über drei wichtige Syntaxtheorien gegeben: die Generative Grammatik, die Valenztheorie sowie die Konstruktionsgrammatik. Im Anschluss erfolgt ein möglichst theorieneutrales und deskriptives Vorgehen, um wichtige syntaktische Eigenschaften des Deutschen vorzustellen, jedoch auch immer wieder mit Bezug zu den genannten Syntaxtheorien.

Das vorliegende Kapitel widmet sich der Syntax aus der Perspektive der geschriebenen Sprache. Auf die Syntax der gesprochenen Sprache geht das Kapitel zur Gesprächs- und Interaktionslinguistik ein (→ 9.5.2 und 9.5.3) ein. Dort wird gezeigt, dass gesprochene Sprache eine Herausforderung für die strukturalistisch geprägte Grammatikforschung darstellt und Forschende daher für eine Grammatik der gesprochenen Sprache im Unterschied zur geschriebenen Sprache argumentieren. In den folgenden Kapiteln liegt der Fokus auf der geschriebenen Sprache – die vorgestellten Konzepte und Theorien helfen aber, die Analyse von Phänomenen der gesprochenen Sprache besser zu verstehen, weil dort auf terminologische Konzepte Bezug genommen wird, die hier eingeführt werden.

Wann immer sinnvoll, werden (schrift- und standardsprachliche) empirische Beispiele verwendet, oftmals aber auch grundlegende syntaktische Phänomene an konstruierten Beispielen gezeigt.

7.2 Bedeutende Denktraditionen

Das folgende Kapitel zeigt in groben Zügen auf, wie sich die Auseinandersetzung mit Syntax wissenschaftshistorisch entwickelt hat. „Grob" erstens, weil Syntax nicht nur in der Linguistik behandelt wird und auch kein klar umrissener Gegenstandsbereich ist. Syntaktische Fragestellungen fallen z. B. mit denen aus der Erkenntnistheorie, Kulturanthropologie oder Rhetorik zusammen (und werden dort lange vor der Herausbildung einer eigentlichen Linguistik diskutiert). Zweitens bleibt der folgende Überblick „grob", weil die Auseinandersetzung mit Syntax bis in die Antike zurückreicht und die Zahl an Wissenschaftler:innen, die diese Auseinandersetzung vorangetrieben haben, enorm ist und gegenseitige Bezugnahmen äusserst komplex sind. Auch ist Syntax keineswegs nur ein Thema westlicher Forschung, auch wenn sich das Kapitel im Folgenden auf die Entwicklung in Europa und den USA konzentriert. Einen beeindruckenden Überblick zur Geschichte der Linguistik gibt beispielsweise das dreibändige Handbuch von Auroux et al. (2000–2006).

Die Ursprünge der Auseinandersetzung mit Syntax liegen in der **griechischen Antike**. So setzt sich laut Aristoteles ein Aussagesatz aus Subjekt (*ónoma*) und Prädikat (*rhema*) zusammen, wobei aber beide Begriffe von unserer heutigen Terminologie abweichen: Das Subjekt entspricht einem Gegenstand, über den mithilfe des Prädikats etwas ausgesagt wird. Aristoteles' Ausführungen sind von der Logik geprägt, womit nicht etwa mathematische Formalisierungen gemeint sind, sondern die Kunst des richtigen Denkens und des korrekten Schlussfolgerns. Die Logik ist auch noch in den folgenden Jahrhunderten für die Sicht auf Syntax prägend. Davon zeugt beispielsweise auch Priscians (ein Grammatiker der Spätantike, dessen Lehrbuch zum Standard für das Lateinstudium im Mittelalter wurde) Definition von *Satz*: „oratio est ordinatio dictionum congrua, sententiam perfectam demonstrans" („a sentence is a coherent word combination, expressing a complete thought", Graffi 2001: 113). Sätze müssen demnach gewissen Kriterien der Wortkombination genügen, die wiederum einem vollständigen Gedanken entsprechen.

Im 17. Jahrhundert wurde das Primat der Logik in der sog. **Grammaire générale**, einem sprachphilosophischen Werk aus dem Jahr 1660, weiter gefestigt (auch *Port-Royal-Grammatik* genannt, verfasst von Antoine Arnauld und Claude Lancelot). Sie prägte die Auseinandersetzung mit Grammatik bis zur Mitte des 19. Jahrhunderts. Sprache wird als Spiegel des Geistes gesehen, unveränderlich in Zeit und Raum. Demnach bestehe ein direkter Zusammenhang zwischen Logik und mentalen Prozessen einerseits und Syntax andererseits, der auch in allen Sprachen gleich sei. Ein Beispiel dafür sind Überlegungen zur „natürlichen" Abfolge von Subjekt, Kopula und Prädikat im Satz (sog. *Kopulatheorie*), die der Abfolge mentaler Ideen entspreche und in jedem Satz vorhanden sei. Sprache sei immer Ausdruck von Urteilen; Sätze wiederum seien das Ergebnis solcher Urteile.

Im Laufe des 19. Jahrhunderts wurde diese Sichtweise immer stärker kritisiert. Kritik kommt insbesondere aus der **historisch-vergleichenden Sprachwissenschaft**, da beispielsweise die Kopulatheorie der beobachteten sprachlichen Vielfalt nicht mehr standhielt. Dies resultierte in einer schrittweisen Ablösung der auf Logik begründeten Sichtweise durch eine nun **psychologische Sichtweise** auf Syntax und Sprache insgesamt; zudem erfolgte damit eine „Vernaturwissenschaftlichung" von Sprachforschung. Prägend für diesen Paradigmenwechsel ist Heymann Steinthal, der gemeinsam mit Moritz Lazarus die sog. *Völkerpsychologie* und damit eine kulturanthropologische Sichtweise auf Sprache begründete. Steinthal argumentierte dafür, dass Grammatik und Logik (weiterhin verstanden als korrektes Denken und Schlussfolgern) voneinander unabhängig sind. Ein Satz, der grammatisch vollkommen korrekt ist, kann logisch vollkommen falsch sein:

> Nach allem, was vorangegangen ist, kann die allgemeine Scheidung der sprachlichen oder grammatischen Verhältnisse von den Verhältnissen des Denkens und der Logik nicht mehr ungewiß, noch auch schwierig sein. Wir geben aber doch noch ein neues Beispiel. Es tritt jemand an eine runde Tafel und spricht: *diese runde Tafel ist viereckig*: so schweigt der Grammatiker, vollständig befriedigt; der Logiker aber ruft: Unsinn! Jener spricht: *dieser Tafel sind rund*, oder *hic tabulam sunt rotundum*: der Logiker an sich versteht weder Deutsch, noch Latein und schweigt, der Grammatiker tadelt. (Steinthal 1855: 220)

An die Stelle der Logik rückt bei Steinthal nun die Psychologie. Sätze sind demnach nicht das direkte Ergebnis von Urteilen, sondern „das Abbild des psychologischen Processes, in welchem das Urtheil sich bildete" (Steinthal 1855: 195). Die Rolle der Linguistik sei es, „diese psychologische Thätigkeit des Abbildens der Wirklichkeit darzustellen" (Steinthal 1855: 194). Steinthals Ausführungen gehen in vielen Punkten auf Wilhelm von Humboldt zurück, der sich in seinen typologischen Arbeiten ausgiebig mit Syntax befasste und ebenfalls dafür argumentierte, dass Sprache und Grammatik kein unmittelbares Ergebnis von Logik („Denkgesetzen") sind, sondern mentale Prozesse aktiv beeinflussen (d. h. Denken ist sprachabhängig). Ein anderer Vertreter dieser neuen, psychologischen Sichtweise auf Sprache ist Georg von der Gabelentz, der zwischen einem psychologischen Subjekt und Prädikat sowie grammatischem Subjekt und Prädikat unterscheidet, um Zusammenhänge zwischen linguistischen Ausdrücken und mentalen Konzepten herzustellen.

Eine prägende Rolle kommt auch der **Schulgrammatik** des 19. Jahrhunderts zu. Karl Ferdinand Becker veröffentlichte 1827 und 1829 eine zweibändige „Deutsche Sprachlehre" und später eine „Schulgrammatik der Deutschen Sprache". Ziel Beckers war es, den dialektalen, als minderwertig empfundenen Spracherwerb der Kinder durch schulischen Grammatikunterricht zu „korrigieren". Aufgabe der Schüler war es, mithilfe der Schulgrammatik Sätze in ihre Bestandteile zu zergliedern. Becker prägte den heutigen Gebrauch syntaktischer Terminologie; zu nennen sind beispielsweise die Begriffe *Kopula, präpositionales Objekt, Prädikat* und *Objekt* (Wildgen 2010: 16). Die Schulgrammatik von Becker steht noch ganz in der Tradition der *Grammaire générale* und wurde insbesondere von Vertretern der neuen, psychologischen Sichtweise kritisiert.

Die historisch-vergleichende sowie durch die Psychologie geprägte Sprachwissenschaft bildete den Nährboden für die **Junggrammatiker**, deren Vertreter insbesondere im letzten Viertel des 19. Jahrhunderts wirkten. Ihr Fokus lag zwar vor allem auf der Laut- und Formenlehre, jedoch fand auch eine Auseinandersetzung mit Wortstellung und Satzbau statt. Berthold Delbrück beispielsweise argumentierte 1893 im dritten Band seiner „Vergleichenden Syntax der indogermanischen Sprachen" gegen die Kopulatheorie der Port-Royal-Grammatik, aber auch dafür, dass die beiden Konzepte Subjekt und Prädikat für jede syntaktische Theorie unumgänglich sind. Hermann Paul entwickelte 1880 in den „Prinzipien der Sprachgeschichte" u. a. die von Gabelentz eingeführte terminologische Unterscheidung zwischen psychologischem Subjekt und Prädikat weiter.

Zusammenfassend ist festzustellen, dass es im 19. und beginnenden 20. Jahrhundert keinen Konsens darüber gibt, was Syntax ist (vgl. Graffi 2001: 83). Zwar herrschte unter den Vertretern dieser Zeit Einigkeit, dass eine Abkehr von der Port-Royal-Grammatik notwendig sei. In der Folge wurden aber beispielsweise eine Vielzahl ganz unterschiedlicher Auffassungen von Satz formuliert, und es gab intensive Dispute darüber, wie genau das Verhältnis von mentalen/psychologischen (heute würde man vielleicht eher sagen: kognitiven) Repräsentationen und grammatischen Eigenschaften eines Satz ist.

Im 20. Jahrhundert beginnt die Phase des **Strukturalismus**. Den Beginn markiert traditionell Ferdinand de Saussures „Cours de linguistique générale", 1916 posthum von seinen Schülern Charles Bally und Albert Sechehaye auf der Grundlage von Vorlesungsmitschriften veröffentlicht. Für die Auseinandersetzung mit Satzbau und Wortstellung hat der Strukturalismus weitreichende Folgen: Sprache wird als Struktur verstanden, deren Elemente systematisch in Beziehung zueinander stehen. Ziel des Strukturalismus ist es, diese Einheiten und deren Beziehungen untereinander umfassend zu beschreiben. Die Hauptströmungen des Strukturalismus entwickeln sich in Europa in mehreren Zentren: dazu gehören Genf (rund um Saussure), Prag (rund um Roman Jakobson) und Kopenhagen (rund um Louis Hjelmslev). Auch die Valenzgrammatik von Lucien Tesnière (tätig in Strassburg und Montpellier) ist eine Form der strukturalistischen Syntax (→ 7.3.2 und 7.5). Ebenso ist das in der germanistischen Linguistik äusserst einflussreiche syntaktische Feldermodell das Ergebnis des Strukturalismus; eine frühe Form geht auf die Arbeit von Erich Drach (1937/1963) zurück (→ 7.4).

In den USA sind die Arbeiten von Leonard Bloomfield und Edward Sapir prägend (sog. *Amerikanischer Strukturalismus*). Eine zentrale Rolle bei Bloomfield (der zeitweise bei den Junggrammatikern August Leskien und Karl Brugmann in Leipzig studierte) nahm die Auseinandersetzung mit Konstituenz ein: Auf ihn geht beispielsweise die *immediate constituent analysis* zurück, d. h. die schrittweise, jeweils binäre Zerlegung eines Satzes in seine einzelnen Bestandteile (→ 7.6).

Prägend für den amerikanischen Strukturalismus ist auch die von Bloomfield vertretene distributionelle Sichtweise auf Sprache, der zufolge Aussagen über Grammatik empirisch validiert sein müssen.

Noch in der Tradition des Strukturalismus steht Zellig S. Harris, der mit seiner Idee der syntaktischen Transformationen zu Beginn der zweiten Hälfte des 20. Jahrhunderts den Grundstein für die **Generative Grammatik** legte. Die Folge war eine Formalisierung der Syntax. Da der Generativen Grammatik enorme Bedeutung in der Syntaxforschung zukommt, wird ihr ein separates Kapitel gewidmet. Ab der zweiten Hälfte des 20. Jahrhunderts haben sich syntaktische Theorien stark diversifiziert (→ 7.3). Viele bauen auf Noam Chomskys (ein Schüler von Zellig Harris) Generativer Grammatik auf, eine ganze Reihe geht jedoch auch auf strukturalistische Schulen zurück, so beispielsweise die bereits erwähnte Konstruktionsgrammatik. In Kapitel 7.3.3 wird ihr ein eigener, ausführlicher Abschnitt gewidmet. Ebenfalls in den 1980er Jahren begann eine verstärkte Auseinandersetzung mit der Syntax der gesprochenen Sprache (→ 9.5.2 und 9.5.3).

7.3 Zugänge zu Syntax: Ausgewählte Syntaxtheorien

Die Bandbreite syntaktischer Theorien ist gross und kann in einem Studienbuch nur angedeutet werden. Zum Überblick helfen die folgenden Unterscheidungen:
- **funktionale vs. formale Syntaxtheorien**
  Funktional orientierte Syntaxtheorien interessieren sich für die kommunikative Funktion von syntaktischen Konstruktionen, d. h. welchen Beitrag sie leisten, damit Verständigung gewährleistet ist. Theorien wie die *Functional Discourse Grammar*, die Funktionale Grammatik, aber auch die Konstruktionsgrammatik (→ 7.3.3) gehen davon aus, dass es einen Zusammenhang zwischen der sprachlichen Form und der Funktion gibt, die diese Form erfüllt. Formal orientierte Syntaxtheorien aus dem Umfeld der Generativen Grammatik (→ 7.3.1) formalisieren eine Sprache mithilfe von Regeln und Bedingungen, durch die grammatische Sätze produziert werden können. Charakteristisch ist auch der Anspruch formaler Grammatiktheorien, sprachübergreifende Formalisierungen zu erarbeiten, also Prinzipien, die nicht nur für eine Einzelsprache wie das Deutsche gelten, sondern auch für andere Sprachen.
- **performanz- vs. kompetenzorientierte Theorien**
  Eng verknüpft mit der Unterscheidung zwischen formalen und funktionalen Syntaxtheorien ist die Unterscheidung zwischen performanz- und kompetenzorientierten Theorien. Die Generative Grammatik ist kompetenzorientiert: Auf der Basis sprachlicher Intuition entwickelt sie Modelle, um grammatische Sätze einer Sprache zu formalisieren und von ungrammatischen Sätzen zu

unterscheiden. Performanzorientierte Theorien sind am Sprachgebrauch interessiert und nutzen empirische Daten für die Entwicklung ihrer Modelle. Dazu gehören beispielsweise die Kognitive Linguistik und die Konstruktionsgrammatik.
- **Generativ aufzählende vs. beschränkungsbasierte Theorien**
Generativ aufzählende Theorien haben zum Ziel, Regeln zu formulieren, mit denen alle wohlgeformten Wortfolgen einer Sprache erzeugt (generiert) werden können. Nur Sätze, die mit diesen Regeln gebildet werden können, sind grammatisch. Dazu zählen Phrasenstruktur- und Transformationsgrammatiken oder das Minimalistische Programm von Noam Chomsky. Beschränkungsbasierte Theorien formulieren Bedingungen, die für wohlgeformte Sätze einer Sprache gelten. Alle Sätze, die diesen Bedingungen genügen, sind grammatisch. Dazu zählen die sog. *Head Driven Phrase Structure Grammar* (HPSG), die *Lexical Functional Grammar* (LFG) oder die *Relational Grammar*.
- **Fokus auf gesprochene oder geschriebene Sprache**
Schliesslich unterscheiden sich Syntaxtheorien dahingehend, ob sie für ihre Modellierung von geschriebener (Standard-)Sprache ausgehen oder von gesprochener Sprache. In der Grammatikforschung steht meist die geschriebene Sprache im Vordergrund (so auch in diesem Kapitel), inzwischen gibt es aber im Rahmen der Interaktionsforschung eine ganze Reihe von Arbeiten, die sich mit sog. *Online*-Syntax auseinandersetzen und zeigen, dass für die Schriftsprache entwickelte Modellierungen nicht ohne Weiteres auf „talk-in-interaction" übertragbar sind (vgl. z. B. Auer 2024). Das Kapitel zur Gesprächs- und Interaktionslinguistik geht darauf näher ein (→ 9.5.2 und 9.5.3).

Nachfolgend werden drei Theorien, die für die germanistische Linguistik besonders einflussreich waren bzw. sind, näher vorgestellt: die Generative Grammatik, die Valenztheorie und die Konstruktionsgrammatik.

7.3.1 Generative Grammatik

Es gibt wohl wenige andere Theorien über Sprache und Grammatik, die so stark mit einer einzigen Person verknüpft sind, wie die Generative Grammatik (kurz: GG). Noam Chomsky publizierte 1957 die Monografie „Syntactic Structures " und legte damit den Grundstein der Generativen Grammatik. Chomsky argumentierte dort, dass Syntax vollständig mathematisch formalisierbar sei. Eine zentrale Rolle spielen dabei zahlreiche sog. **Transformationsregeln** (weshalb diese frühe Form der Generativen Grammatik auch als *Transformationsgrammatik* bezeichnet wird), die syntaktische Tiefenstrukturen in syntaktische Oberflächenstrukturen umwandeln (transformieren). Man kann sich das wie zwei Ebenen vorstellen, auf denen ein Satz existiert: einer sichtbaren Sprachoberfläche (z. B. *Maria stellt das Buch in den Lesesaal*) und einer darunterliegenden (nicht sichtbaren) Ebene, aus der die Konfiguration an der Sprachoberfläche regelhaft abgeleitet wird (für den Beispielsatz wäre das *Maria das Buch in den Lesesaal stellt*; woher diese Annahme stammt, wird in Kapitel 7.6.4 gezeigt). Das erklärt auch die Bezeichnung *Generative Grammatik*: Eine Grammatik ist dann generativ, wenn es ein abgeschlossenes Set an Regeln und Formalismen gibt, aus denen eine unendliche Menge an grammatischen Sätzen produziert (oder eben: generiert) werden kann.

1965 folgt mit „Aspects of the Theory of Syntax" die erste Weiterentwicklung von Chomskys Syntaxtheorie, die bald so einflussreich war und so breit rezipiert wurde, dass sie als *Standard Theory* bezeichnet wurde. Im Jahr 1981 erschien mit „Lectures on Government and Binding" die nächste, erneut äusserst einflussreiche Weiterentwicklung von Chomskys generativer Grammatiktheorie. Diese Theorie ist auch in der germanistischen Linguistik breit rezipiert worden, und zwar unter den Bezeichnungen *Rektions- und Bindungstheorie* oder *Prinzipien und Parameter*. Es wird weiterhin eine syntaktische Tiefenstruktur und eine syntaktische Oberflächenstruktur angenommen (nun als *d-* und *s-structure* bezeichnet), jedoch wird das Set an Transformationsregeln nun auf eine einzige Regel eingeschränkt (sog. *move-α*, ‚move-Alpha', → 7.6.4). 1995 schliesslich folgt mit „The minimalist programme" die (vorerst) letzte Entwicklungsstufe der Generativen Grammatik, der sog. *Minimalismus*. Hier nun wird das Postulat von Tiefen- und Oberflächenstruktur aufgegeben, da – so die Argumentation – dafür gar keine konzeptuelle Notwendigkeit besteht.

Grundüberlegungen der Generativen Grammatik lassen sich sehr gut verstehen, indem man sie zunächst in ihren historischen Entstehungskontext einordnet. Ein Grundanliegen Chomskys war es, eine Grammatiktheorie zu erarbeiten, die sich explizit von der damals vorherrschenden Systemlinguistik, insbesondere dem US-amerikanischen Strukturalismus der 1940er- und 1950er-Jahre, abgrenzt. Diese Abgrenzung zeigt sich z. B. in der Gegenstandsbestimmung. Während im Strukturalismus die Beschreibung konkreter sprachlicher Äusserungen sowie die Ableitung von Regelmässigkeiten und Systematik einer Einzelsprache im Zentrum steht, fasst Chomsky in der Generativen Grammatik Sprache als mentales bzw. kognitives System auf und fragt: Was weiss jemand oder hat jemand prinzipiell im Kopf, der eine Sprache, z. B. die deutsche Sprache, beherrscht? Damit wird Sprache als kognitive Fähigkeit verstanden, tatsächlich vorliegende Äusserungen sind von untergeordneter Bedeutung. In der Generativen Grammatik äussert sich dieser Fokus im Begriffspaar **Kompetenz** und **Performanz**. Das Interesse der GG gilt dem, was ein Mensch prinzipiell kann (der Kompetenz), und nicht der Performanz, also dem tatsächlichen Gebrauch der Sprache. Die Performanz ist nach Auffassung der

GG immer durch störende Faktoren beeinflusst (z. B. zu wenig Konzentration, zu geringe Gedächtnisleistung, Ablenkung). In diesem Sinne beschäftigt sich die GG immer mit einer idealen Sprecherin/Hörerin und damit, was diese prinzipiell kann, und nicht damit, was sie aus ihrem Können in einer bestimmten Sprachgebrauchssituation macht. Deshalb ist die GG eine mentalistische bzw. kognitivistische Theorie. Sie betreibt dafür jedoch keine psycho- oder neurolinguistische Forschung und ist nicht an physiologischen Prozessen interessiert, die im Gehirn ablaufen. Stattdessen interessiert sie sich dafür, wie sprachliches Wissen im Kopf abstrakt repräsentiert ist. Sprache, insbesondere die Syntax, wird als vollständig formalisierbar angesehen, sodass eine Linguistik im Sinne der Generativen Grammatik deutlich in die Nähe der Naturwissenschaften rückt:

> Syntax is the study of the principles and processes by which sentences are constructed in particular languages. Syntactic investigation of a given language has as its goal the construction of grammar that can be viewed as a device of some sort for producing the sentences of the language under analysis. (Chomsky 1957: 11)

Was das bedeutet, wird vor allem in Kapitel 7.6.4 ersichtlich, da dort einige charakteristische Formalisierungen der GG vorgestellt werden. Dieses stark formalistische, geradezu mathematische Interesse an Sprache ist dabei einer der Hauptgründe, warum die Generative Grammatik und ihre einzelnen theoretischen Ausbau- und Entwicklungsstufen eher schwer rezipierbar sind und vor allem einer Gruppe von Expert:innen und Kenner:innen vorbehalten sind. Die Generative Grammatik spielt deswegen beispielsweise auch keine Rolle in der Schulgrammatik.

Die Generative Grammatik greift für die Erarbeitung ihrer Theorien und die genannten Formalisierungen nicht auf empirisch vorliegende Sprachdaten zurück (z. B. Korpora), sondern auf sprachliche Intuition und sog. *Introspektion*. Es ist eine charakteristische Praktik generativer Grammatiker:innen, mit Beispielsätzen zu arbeiten, die nicht einem Korpus entnommen sind, sondern der eigenen sprachlichen Intuition entstammen (gute Argumente gegen diese Auffassung formulieren beispielsweise Featherston 2007 und Gibson/Fedorenko 2013). Dies hängt einerseits damit zusammen, dass das alleinige Interesse der sprachlichen Kompetenz gilt, und andererseits auch damit, welche Rolle der Spracherwerb in der GG spielt, wie die folgenden Ausführungen verdeutlichen.

Die GG geht davon aus, dass Menschen über eine angeborene Universalgrammatik verfügen und Sprache nicht allein induktiv lernen, d. h. nicht allein aus der intuitiven Ableitung von Regelmäßigkeiten aus dem sprachlichen Input während der Phase des **Spracherwerbs**. Aus Sicht der GG könne Spracherwerb gar nicht induktiv erfolgen, wofür die folgenden drei Argumente formuliert werden (die aber von der modernen, gebrauchsbasierten Spracherwerbsforschung stark kritisiert werden, vgl. Tomasello 2003):

- Der Input ist zu klein, er weist nicht alle für eine eindeutige Regelableitung nötigen sprachlichen Äusserungen auf.
- Der Input weist darüber hinaus fehlerhafte Äusserungen auf, da uns eben in der gesprochenen Sprache häufig Fehler unterlaufen. Diese gelangen ohne Fehlermarkierung an das Kind und müssten es in seiner Regelbildung kolossal verunsichern.
- Der Input ist in einer entscheidenden Hinsicht grundsätzlich zu arm: Er enthält keinerlei Informationen darüber, was in einer Sprache „nicht geht". Man spricht von der *fehlenden negativen Evidenz*.

Was mit einem solchen Input lerntheoretisch möglich ist, müsste auch faktisch eintreffen: Kinder müssten bei gleichem Input verschiedene Grammatiken, verschiedene Regelsysteme erwerben. Dem widerspricht nun aber die alltägliche Realität: Ein Kind weiss eines Tages, was in seiner Sprache geht, und es weiss auch, was nicht geht, und besonders Letzteres hat ihm im Spracherwerb nie jemand systematisch gesagt (keine negative Evidenz). In der GG wird dieses Erklärungsproblem als *logisches Problem des Spracherwerbs* bezeichnet, bekannt ist auch der Begriff *poverty of the stimulus*. Der Weg aus diesem Erklärungsnotstand ist für die GG der folgende: Wenn etwas partout nicht erworben worden sein kann, so muss es eben von Anfang an da gewesen sein. Tatsächlich vertritt die GG die These einer von allen Menschen gleicherweise angeborenen, ihnen also mit dem genetischen Erbmaterial mitgegebenen **Universalgrammatik** (kurz: UG). Die Universalgrammatik hat man sich vorzustellen als ein Set von hoch abstrakten, universellen Prinzipien, die für alle Sprachen gelten, und von Parametern, d. h. einer beschränkten Palette an Wahlmöglichkeiten innerhalb eines Prinzips. Chomsky hat das in den 1980er-Jahren in der G&B-Theorie beschrieben. Die Prinzipien und Parameter der angeborenen UG definieren die Menge der möglichen natürlichsprachlichen Einzelsprachen; jede natürliche Einzelsprache muss in ihnen Platz finden. Und sie verhindern, dass ein Kind aus einem Input eine Sprache erwirbt, die „es nicht gibt". Spracherwerb ist nach Auffassung der GG also keine induktive Regelfindung (wie man es beispielsweise in gebrauchsbasierten Spracherwerbstheorien annimmt), sondern eine deduktive Regelableitung, und zwar eine Ableitung aus vorgegebenen Prinzipien und Parametern. Mit dieser Theorie verändert sich der Stellenwert des Inputs radikal: Der Input löst die Parametrisierung der UG aus und lenkt sie an den Weggabelungen, die offen sind, aufgrund positiver Evidenz in die richtige Richtung.

7.3.2 Valenztheorie

Das linguistische Valenzkonzept wird häufig mit einer eingängigen Metapher veranschaulicht, wonach bestimmte Wörter syntaktische „Leerstellen" eröffnen würden, die dann entsprechend zu besetzen seien. So schafft z. B. das Verb *geben* Leerstellen sowohl an der Subjektsposition als auch für ein Dativ- und ein Akkusativobjekt *(jemand gibt jemandem etwas)*, die dann unterschiedlich gefüllt werden können (ausführlich → 7.5). Allgemeiner formuliert werden mit *Valenz* also verschiedene Bindungsrelationen bezeichnet, die wortspezifische Umgebungsrestriktionen erzeugen, also regeln, in welchen syntaktischen Umgebungen ein bestimmtes Wort verwendet werden kann (vgl. Jacobs 2003).

Diese Vorstellung hat Vorläufer bereits in der mittelalterlichen Grammatiktradition. So kann z. B. nach dem Rektionsbegriff des Petrus Helias ein Wort ein anderes in eine Konstruktion einbeziehen, die damit vervollständigt wird. Dem Grammatiker Johann Werner Meiner (1781: 127) gilt im 18. Jahrhundert das Prädikat als „der vornehmste Theil des Satzes", aus dem dann der gesamte Satz entstehe wie ein Zweig aus einer Knospe. Dabei unterscheidet Meiner sogar schon ein-, zwei- und dreiseitige Prädikate. Die zur Beschreibung von Valenz häufig herangezogene Leerstellenmetapher findet sich wohl erstmals bei Karl Bühler (1934/1965: 173), laut dem „die Wörter einer bestimmten Wortklasse eine oder mehrere Leerstellen um sich eröffnen, die durch Wörter bestimmter anderer Wortklassen ausgefüllt werden müssen". Als Begründer der modernen Valenztheorie gilt allerdings Lucien Tesnière, dessen Hauptwerk „Éléments de syntaxe structurale" (dt. „Grundzüge der strukturalen Syntax", 1959/1980) Ende der 1930er-Jahre weitgehend abgeschlossen war, aber erst 1959 postum gedruckt wurde. Tesnière hat als Erster die blosse Valenzmetapher zu einer relativ geschlossenen Theorie ausgearbeitet und diese als Modul in seine sog. *Dependenzgrammatik* integriert, die die hierarchischen Strukturen des Satzes nicht über Konstituenz (→ 7.6) erklärt, sondern über Abhängigkeiten der Satzbestandteile. Die metaphorische Übertragung des Terminus *Valenz* von der Chemie auf die Sprachwissenschaft erklärt er dabei folgendermassen:

> Man kann so das Verb mit einem Atom vergleichen, an dem Häkchen angebracht sind, so daß es je nach der Anzahl der Häkchen eine wechselnde Zahl von Aktanten an sich ziehen und in Abhängigkeit halten kann. Die Anzahl der Häkchen, die ein Verb aufweist, und dementsprechend die Anzahl der Aktanten, die es regieren kann, ergibt das, was man die Valenz des Verbs nennt (Tesnière 1959/1980: 161).

Im deutschsprachigen Raum begann die Tesnière-Rezeption bereits zu Beginn der 1960er-Jahre und löste einen regelrechten Valenz-Boom aus. Das Konzept wurde rasch zu einem wichtigen Bestandteil der grammatikografischen Beschreibung des Deutschen. Hinzu kam eine produktive Valenzlexikografie: Bereits seit den späten 1960er-Jahren wurden verbale wie nichtverbale Valenzträger in entsprechenden Wörterbüchern erfasst. Zudem erwies sich das Valenzkonzept als praktische Grundlage, um verschiedene Sprachen syntaktisch zu vergleichen. Diese kontrastive Valenzforschung wurde in den 1980er-Jahren vor allem am Institut für Deutsche Sprache (IDS) in Mannheim betrieben und führte zu einem Vergleich des Deutschen mit zahlreichen anderen Sprachen.

Während das Valenzmodell noch in den 1980er-Jahren eine dominante Stellung in der germanistischen und in der DaF-Linguistik (Deutsch als Fremdsprache) einnahm, geriet es während der 1990er-Jahre zunehmend in die Krise. In einem einflussreichen Beitrag mit dem Titel „Kontra Valenz" sprach sich Joachim Jacobs (1994) dafür aus, dass die problematische Vorstellung von einem einheitlichen Valenzbegriff durch mehrere „Valenzrelationen" ersetzt werden sollte. In der Folge wurde das Modell Tesnières neu diskutiert; es entstanden alternative Valenzkonzeptionen (→ 7.5.3).

Die germanistische Linguistik verdankt dem Valenzkonzept wichtige theoretische und praktische Impulse. Vielfach bestand dabei eine enge Verbindung zwischen Valenz und einer dependenziellen Syntaxauffassung (→ 7.5.4). Die unter *Valenz* subsummierten Erscheinungen sind jedoch, oft unter anderem Namen, auch in konkurrierenden Grammatikmodellen relevant. Gleichzeitig verzögerte die ausgeprägte Frontstellung zwischen der etablierten Valenzschule und der expansiven generativen Bewegung (→ 7.3.1) lange das Aufkommen alternativer Grammatiktheorien in der Germanistik. Beispielsweise begann eine breite Beschäftigung mit der in den 1980er-Jahren entstandenen Konstruktionsgrammatik (→ 7.3.3) erst mit 20-jähriger Verspätung. Inzwischen bemüht sich die Forschung aber intensiv um eine Vermittlung zwischen valenztheoretischen und konstruktionsgrammatischen Positionen (vgl. Herbst 2011; Welke 2019: 194; Engelberg 2019: 27f.). Berührungspunkte mit dem Valenzmodell werden auch in der Frame-Semantik (→ 3.4.4) immer wieder betont (vgl. etwa Busse 2018: 71f.; Zima 2021: 159, 169).

7.3.3 Konstruktionsgrammatik

Die Konstruktionsgrammatik (*Construction Grammar*, kurz: CxG) ist eine Theorie sprachlicher Strukturen und ihrer Funktionen, die in den 1980er-Jahren an der amerikanischen Westküste im Rahmen der Kognitiven Linguistik (siehe Vertiefung 7.1) entstand und sich seither zu einem dynamischen und global organisierten Forschungsfeld entwickelt hat. Traditionell wurde mit *Konstruktion* auf unspezifische Weise die Formung komplexer syntaktischer Strukturen aus ihren Konstituenten bezeichnet. In diesem Sinn fand der Terminus ursprünglich auch in der

GG (→ 7.3.1) Verwendung, welche Konstruktionen im spezifischen Sinne der CxG allerdings ausdrücklich ablehnt.

> **Vertiefung 7.1: kognitive Linguistik vs. Kognitive Linguistik**
> *Kognitiv* ist ein weitgefasster Oberbegriff für eine Vielzahl unbewusster und bewusster mentaler Prozesse wie Objektwahrnehmung, Erkenntnis, mentale Repräsentation (Speicherung), Entscheidung usw. Mit der *cognitive revolution* entstand in den 1950er-Jahren ein interdisziplinärer Forschungsbereich mit dem Ziel, die dominant behavioristische (→ 3.2.1.3) Analyse menschlichen Verhaltens durch eine analytische Durchdringung der zugrunde liegenden kognitiven Prozesse zu ersetzen. Eine wichtige Rolle spielten dabei auch die kognitiven Grundlagen der menschlichen Sprachfähigkeit. Wichtiger als eine Analyse der Performanz sei die Modellierung der Kompetenz, also des inneren Sprachmechanismus. Im Zuge der *linguistics wars* der späten 1960er-Jahre spaltete sich die Bewegung der kognitiven Linguistik jedoch auf (vgl. Harris 2022): Während die Semantik im Rahmen der orthodoxen Generativen Grammatik (GG) lediglich die syntaktische Tiefenstruktur (→ 7.3.1) interpretieren sollte („interpretative Semantik"), postulierten die Vertreter der sog. *Generativen Semantik* bereits für die Tiefenstruktur semantische Strukturen. Diese Bewegung bildete eine Keimzelle für die sich vor allem an der amerikanischen Westküste in den 1970er-Jahren entwickelnden neuen *Cognitive Linguistics* (u. a. Fillmore, Lakoff, Langacker), die sich durch die kapitalisierte Schreibung mit <C> als eigenständige Bewegung absetzten. In diesem Kontext entstanden einflussreiche Theorien wie die Frame-Semantik, Prototypentheorie und die Konstruktionsgrammatik (CxG). Der ursprüngliche Dualismus innerhalb der kognitivlinguistischen Bewegung spiegelt sich bis zum heutigen Tag in der z. T. erbitterten Frontstellung zwischen GG und CxG wider.

Die Konstruktionsgrammatik versteht unter einer Konstruktion jede konventionelle Verbindung von formalen und funktionalen Aspekten einer sprachlichen Äußerung, d. h. eine Art Form-Funktions-Paar. In gewisser Weise stellt dieser Ansatz eine radikale Ausweitung des bilateralen Zeichenmodells von Saussure dar (→ 2.3.1), und zwar hinsichtlich des Form- wie des Funktionsaspekts. Nicht nur lexikalische Sprachzeichen wie *Baum* mit einer wortförmigen Ausdrucksseite und einer lexikalischen Bedeutung bilden ein Form-Funktions-Paar (= Konstruktion), Gleiches gilt für bedeutungstragende Strukturen
– unterhalb der Wortebene: z. B. Minimalzeichen wie in (3a) sowie
– oberhalb der Wortebene: z. B. feste Wortverbindungen wie die folgenden, welche traditionell als *Idiome* (3b) bzw. *Phraseoschablonen* (3c) bezeichnet werden.

(3) a *flieg-* ‚sich in der Luft bewegen'
    b *auf den Putz hauen* ‚angeben; ausgelassen sein'
    c *Du und Arzt?* ‚Es fällt mir schwer zu glauben, dass Du Arzt bist'
    d *Er bäckt ihr einen Kuchen.*

In all diesen Fällen ist mit den formalen Strukturen eine Bedeutung assoziiert, die sich nicht vollständig kompositional aus den jeweiligen Bestandteilen ergibt (→ 3.1.1 zum Kompositionalitätsprinzip). So erklärt sich beispielsweise die Bedeutung von (3c), einem Beispiel für die sog. *Incredulity Response Construction*, nicht einfach aus einer additiven Verknüpfung des deiktischen Hörer-Pronomens *du* mit dem Konzept ‚Arzt'. Die Konstruktion leistet vielmehr eine Prädikation (‚Du bist Arzt'), die gleichzeitig angezweifelt oder als absurd verworfen wird: „Du und Arzt?". Anders als bei lexikalischen Sprachzeichen lässt sich die Inhaltsseite von Konstruktionen also nicht allein auf lexikalische oder grammatische Bedeutungen reduzieren (→ 6.1.2.1), sondern verlangt einen weiten Begriff von Funktion, der semantische, pragmatische und diskursfunktionale Aspekte einschliesst.

Zur Grammatik wird dieses Konzept dann, wenn man annimmt, dass auch ganz allgemeine syntaktische Muster mit einer spezifischen Funktion verbunden sein können, etwa die Struktur in Bsp. (3d), also das Vorkommen des Subjekts mit einem Dativ- und Akkusativobjekt. Das Muster erzwingt hier für das Verb *backen* eine besondere benefaktive Interpretation, die dem Satz ohne das Dativobjekt (*Er bäckt einen Kuchen*) nicht zukäme. Neben der blossen Herstellung wird nämlich in (3d) auch der Transfer des fraglichen Kuchens impliziert, was in der lexikalischen Bedeutung von *backen* normalerweise nicht angelegt ist. Die Bedeutung ‚etwas backen mit der Absicht, es jemandem zukommen zu lassen' erhält der Satz erst dadurch, dass das Verb in das betreffende syntaktische Muster eingefügt wird. Das Muster besitzt also offenbar selbst eine eigene Bedeutung, die die lexikalische Bedeutung des eingesetzten Verbs *backen* überschreibt. Auch diese Art von Form-Funktions-Paar ist im Sinne der CxG eine Konstruktion.

Der Anspruch der CxG ist es nun, mit solchen Konstruktionen rein formale syntaktische Regeln überflüssig zu machen. Stattdessen könne die gesamte Grammatik einer Sprache als eine „Konstruktionsgrammatik", also ein System von Form-Funktions-Paaren, analysiert werden. CxG ist somit – wie etwa auch die HPSG (*Head-driven Phrase Structure Grammar*) – eine zeichenbasierte Grammatik, die grammatische Strukturen als System von Sprachzeichen zu beschreiben versucht. Anstelle eines formalen Regelsystems (Grammatik), das auf ein separates Lexikon als Datenspeicher zugreift, wird in einem holistischen Verständnis ein sog. *Konstruktikon* angenommen, also ein Syntax-Lexikon-Kontinuum, das alle Konstruktionen einschliesst – unabhängig von ihrer formalen und semantischen Struktur (→ 6.1.3).

Entstanden ist die CxG in den 1980er-Jahren an der University of California, Berkeley. Wichtige Impulsgeber waren in der Gründungsphase vor allem Charles Fillmore, Paul Kay und George Lakoff mit ersten Fallstudien. Ein früher Vorläufer war Ronald Langackers ab den späten 1970er-Jahren entwickelte *Cognitive Grammar* (CG, ursprünglich *Space Grammar*). Einige frühe Dissertationen loteten zunächst das Potenzial des neuen Ansatzes aus (einflussreich war vor allem Goldberg 1995), bevor in den 2000er-Jahren eine Internationalisierung und Ausdifferenzierung erfolgte: CxG wurde zunehmend auch für andere Sprachen als das Englische eingesetzt und begann sich in verschiedene Strömungen aufzuspalten. Gleichzeitig begann eine Orientierung an einem gebrauchsbasierten Modell von Sprache, was dem Ansatz eine Vielzahl neuer Anwendungsmöglichkeiten jenseits von Syntax und Phraseologie eröffnete (z. B. in den Bereichen Spracherwerb, Interaktionale Linguistik oder digitale Kommunikation). Damit wandelte sich die CxG zunehmend von einer Grammatiktheorie zu einer umfassenderen Sprachtheorie, die heute eine gemeinsame Plattform für ganz unterschiedliche linguistische Teildisziplinen bietet.

In der germanistischen Linguistik wurde die CxG erst etwas verzögert, dann allerdings breit rezipiert. Ein erster deutschsprachiger Forschungsbericht entstand bereits früh (vgl. Wildgen 1990), löste jedoch kein nennenswertes Interesse aus. Eine Rezeption erfolgte zunächst sporadisch v. a. im Rahmen der „Auslandsgermanistik" (USA, Finnland, Belgien), in den deutschsprachigen Ländern auf breiter Basis dann ab Mitte der 2000er-Jahre, als erste CxG-Tagungen in Münster und Bremen stattfanden. Grosse Breitenwirkung entfalteten dabei das DFG-Netzwerk „Konstruktionsgrammatik" (2005–2009) und die daraus resultierenden Publikationen. Dabei wurde der Ansatz bereits von Beginn an für ein breites Spektrum an linguistischen Teildisziplinen vorgestellt (vgl. Fischer/Stefanowitsch 2006) und früh als eine mögliche Grammatiktheorie für die gesprochene Sprache propagiert (vgl. Günthner/Imo 2006; Deppermann 2011). Mittlerweile ist CxG ein etablierter Ansatz (allerdings eher eine Familie von verwandten CxG-Ablegern als eine einheitliche Theorie), der an vielen Universitäten im Rahmen unterschiedlicher Teildisziplinen der germanistischen Linguistik unterrichtet wird.

7.4 Die lineare Struktur des Satzes: Das topologische Satzmodell

Zur Systematisierung der Wort- und Satzgliedstellung im Deutschen hat sich das sog. *topologische Satzmodell* etabliert. Es dient dazu, den **linearen Aufbau** (d. h. die Topologie) von einfachen und komplexen Sätzen in Form von topologischen Feldern systematisch zu beschreiben und in einem Modell zu abstrahieren. Gleichzeitig dient es dazu, aufgrund von Verbstellungsmerkmalen zwischen Satztypen zu unterscheiden. Anders als bei hierarchisch orientierten Modellen (→ 7.5 und 7.6) werden im topologischen Satzmodell keine Aussagen über Abhängigkeitsbeziehungen zwischen Elementen eines Satzes gemacht – stattdessen wird der Satz in nur einer Dimension als Kette von Wörtern beschrieben. Das Modell hat den Anspruch, für alle (Teil-)Sätze einer Sprache gültig zu sein. Es geht für das Deutsche auf Arbeiten von Erdmann (1886), Herling (1821) und Drach (1937/1963) zurück und wurde in verschiedenen Varianten ausgearbeitet. Dabei wird zwischen sog. *uniformen Modellen*, die ein gemeinsames Schema für Sätze aller Verbstellungstypen entwerfen (z. B. Wöllstein 2014) und *Differenzmodellen*, die jeweils unterschiedliche Schemata entwerfen (z. B. Höhle 1986), differenziert. Die folgende Darstellung entspricht einem *Differenzmodell*, da zwischen Schemata für Verberst-, Verbzweit- und Verbletztsätzen unterschieden wird. Das Modell wird auf Basis der geschriebenen Standardsprache eingeführt; aber auch für die Analyse gesprochener Sprache ist das Modell verwendbar, wie beispielsweise Günthner/König (2015) und Imo (2015) zeigen.

7.4.1 Verbstellung und grundlegende Satztypen im topologischen Modell

Grundlegend für die topologische Beschreibung des Deutschen ist die **Position des finiten Verbs** im Satz. Es wird zwischen Verberstsätzen (V1-Sätze), Verbzweitsätzen (V2-Sätze) und Verbletztsätzen (VL-Sätze) unterschieden. Diese Typologie wird sowohl auf einfache als auch komplexe Sätze angewendet, eignet sich aber auch für die Analyse von Teilsätzen. Die folgenden Beispiele verdeutlichen die Rolle der Verbposition:

(4) *Hätte* er das Programm nicht genutzt, [...] (cash.ch, 20.09.2017)

(5) *Fehlten* schlichtweg Ressourcen bei den Behörden? (Der Bund, 06.01.2017)

(6) Sie *halten* das Geschäft langfristig für sinnvoll [...] (bernerzeitung.ch, 23.05.2016)

(7) Im Gespräch mit dem Tech-Guru Elon Musk *durfte* Alice Weidel erklären, warum die AfD die einzig vernünftige Partei Deutschlands sei. (tagesanzeiger.ch, 09.01.2025)

(8) [...], weil alle unsere Sinne abgelenkt *werden*. (Sonntagsblick, 28.08.2016)

So steht in (4) und (5) das finite Verb an erster Position im Satz (= Verberstsatz), in (6) und (7) steht es an zweiter Position (= Verbzweitsatz). Achtung: Mit „zweiter Position" ist nicht gemeint, dass das Verb das zweite Wort im Satz ist. Stattdessen wird damit ausgedrückt, dass vor dem Verb noch ein weiteres topologisches Feld besetzt ist, nämlich das Vorfeld. (8) ist ein Beispiel für einen Teilsatz, der als Verbletztsatz analysiert wird.

Ausgehend von der Position des finiten Verbs ergeben sich weitere Positionen innerhalb eines Satzes: Das Vorfeld, das Mittelfeld und das Nachfeld. Massgeblich für die Bezeichnung dieser Felder ist eine Klammerstruktur, erzeugt durch die im Satz vorkommenden Verben.

7.4.2 Topologische Felder in Verberst- und Verbzweitsätzen

Für V1- und V2-Sätze gelten die folgenden beiden topologischen Grundschemata:

Verberstsätze: FIN   MITTELFELD   VK   NACHFELD
Verbzweitsätze: VORFELD   FIN   MITTELFELD   VK   NACHFELD

In beiden Schemata bildet das finite Verb die **linke Satzklammer**. Da nur finite Verben in dieser Position stehen können, wird dafür auch die Bezeichnung **FIN** verwendet (so u. a. Eisenberg 2006; Höhle 1986; Pafel 2011). Eventuell vorhandene Verben im Infinitiv oder Partizip II, aber auch trennbare Verbpartikeln bilden die **rechte Satzklammer** aus. Eine andere Bezeichnung dafür ist **Verbalkomplex** (VK). Das **Mittelfeld** (MF) steht zwischen FIN und VK. Die Position nach der rechten Klammer wird als **Nachfeld** (NF) bezeichnet. Nur in Verbzweitsätzen gibt es eine Position links vor der linken Satzklammer: das **Vorfeld**.

Der V1-Satz in (4) verfügt über die folgende topologische Struktur (auf Satzzeichen wird bei dieser Form der Darstellung verzichtet):

	FIN	Mittelfeld	VK	Nachfeld
	Hätte	er das Programm nicht	genutzt	

Die V2-Sätze in (6) und (7) werden wie folgt dargestellt:

Vorfeld	FIN	Mittelfeld	VK	Nachfeld
Sie	halten	das Geschäft langfristig für sinnvoll		
Im Gespräch mit dem Tech-Guru Elon Musk	durfte	Alice Weidel	erklären	warum die AfD die einzig vernünftige Partei Deutschlands sei

Die Position FIN ist in V1- und V2-Sätzen obligatorisch besetzt, VK hingegen nur fakultativ, beispielsweise wenn periphrastische (d. h. aus mehreren verbalen Teilen bestehende) Verbformen enthalten sind wie in Bsp. (7).

Für Vor-, Mittel- und Nachfeld gelten die folgenden Generalisierungen:
- Im **Vorfeld** steht in V2-Sätzen in der Regel genau eine Konstituente. Die Bandbreite von Konstituenten, die im Vorfeld stehen können, ist gross: Subjekte wie in (5), aber auch Objekte, Prädikative, Adverbiale können hier vorkommen. Nicht im Vorfeld können hingegen das Pronomen *es* als Akkusativobjekt (siehe Bsp. 9 und 10) stehen sowie das obligatorische Reflexivpronomen *sich* (siehe Bsp. 11 und 12); zu weiteren Elemente, die nicht im Vorfeld stehen können, sei hier auf Altmann/Hofmann (2008: 89f.) verwiesen.

	Vorfeld	FIN	Mittelfeld	VK	Nachfeld
(9)	*Es	verweigert	sie		
(10)	Sie	verweigert	es		
(11)	*Sich	ranken	Geheimnisse um sie		
(12)	Es	ranken	sich Geheimnisse um sie		

- Das **Mittelfeld** ist in V1- und V2-Sätzen fakultativ. Im Mittelfeld können beliebig viele Konstituenten stehen. Die Abfolge von Konstituenten im Mittelfeld ist im Deutschen sehr variabel und beispielsweise durch Faktoren wie Pronominalität, Definitheit und Kasus beeinflusst (siehe Vertiefung 7.2).
- Das **Nachfeld** ist in V1- und V2-Sätzen fakultativ besetzt. Liegt ein Nachfeld vor, wird je nach Art der Konstituente auch von *Ausklammerung* oder *Extraposition* gesprochen (siehe Vertiefung 7.3). Typischerweise stehen Nebensätze (z. B. Relativ-, Subjekt- und Objektsätze) und Präpositionalphrasen in dieser topologischen Position.

Vertiefung 7.2: Abfolge im Mittelfeld
Anhand des Mittelfeldes lässt sich sehr gut zeigen, dass die Stellung von Satzgliedern nicht nur grammatisch bedingt ist, sondern das Ergebnis zum Teil komplexer Interaktionen von weiteren, insbesondere pragmatischen Faktoren. Die Abfolge im Mittelfeld ist im Deutschen durch einen hohen Grad an Variabilität geprägt. Beispielsweise steht im Mittelfeld von Satz (13) das Akkusativobjekt vor dem Adverbial, die umgekehrte Reihenfolge ist aber ebenfalls möglich.

(13) Die Ärztin hat [die Narkose]$_{AkkObj}$ [gestern]$_{Adverbial}$ verabreicht.
(14) Die Ärztin hat [gestern]$_{Adverbial}$ [die Narkose]$_{AkkObj}$ verabreicht.

Auch bei zwei nominalen Objekten ist eine Variation der Abfolge möglich. Das folgende Beispiel zeigt aber, dass manche Varianten syntaktisch auffälliger sind als andere. So ist (zumindest ohne jeglichen Kontext) die Abfolge der beiden Objekte in Satz (15) natürlicher als die in (16).

(15) Die Ärztin hat [dem Mann]$_{AkkObj}$ [eine Narkose]$_{DatObj}$ gegeben.
(16) Die Ärztin hat [eine Narkose]$_{DatObj}$ [dem Mann] gegeben.

Dass die Abfolge so variabel ist, es aber gleichzeitig so etwas wie auffällige und unauffällige (man sagt auch „markierte" oder „unmarkierte") Abfolgen gibt, ist erklärungsbedürftig und Gegenstand vieler syntaxtheoretischer Arbeiten. Sie befassen sich beispielsweise mit der Frage, ob es so etwas wie eine Grundabfolge im Mittelfeld gibt, von der nur unter bestimmten Bedingungen abgewichen werden kann (so in der Generativen Grammatik, in der solche „Abweichungen" als *scrambling* bezeichnet werden, z. B. Lenerz (1994) in der Tradition des Government & Bindings). Ausserdem werden Faktoren diskutiert, die potenziell einen Einfluss auf die Abfolge im Mittelfeld haben können. Je nach Arbeit stehen phonologische, grammatische, pragmatische (insbesondere informationsstrukturelle), semantische und auch kognitive Faktoren im Vordergrund. Informationsstruktur könnte beispielsweise der Grund sein, warum Bsp. (16) als markiert empfunden wird, da es vom Prinzip „alte Information vor neuer Information" abweicht. Aufgrund des indefiniten Artikels lässt sich *eine Narkose* als neue Information interpretieren, *dem Mann* aufgrund des definiten Artikels hingegen als alte Information. Auf Otto Behaghel geht das *Gesetz der wachsenden Glieder* zurück, dem zufolge bei gleichrangigen Satzgliedern das phonologisch leichtere bzw. kürzere Satzglied dem phonologisch schwereren bzw. längeren Satzglied vorausgeht. Andere Faktoren, die in der Literatur diskutiert werden, sind Belebtheit (belebt vor unbelebt), Affiziertheit (Agens vor Patiens) oder Empathie (das, womit man sich als Sprecher:in identifizieren kann vor dem, mit dem man sich weniger identifizieren kann). Heylen (2005) zeigt in einer Korpusanalyse und mithilfe einer statistischen Modellierung, dass bei der Abfolge im Mittelfeld mehrere Faktoren miteinander interagieren, d. h. es ist z. B. nie *nur* Informationsstruktur oder *nur* Belebtheit, die die Abfolge beeinflussen.

Manchmal ist nicht unmittelbar erkennbar, ob in einem V2-Satz ein Mittelfeld oder ein Nachfeld vorliegt. Dies ist dann der Fall, wenn nur ein finites Verb vorhanden ist, auf welches direkt ein Nebensatz folgt (sog. *offene Klammer*). In solchen Fällen hilft es, VK zu besetzen, d. h. eine einfache Verbform in eine periphrastische Verbform umzuformen (z. B. in das Perfekt), und den Nebensatz einmal ins Nachfeld zu setzen und einmal ins Mittelfeld. Für den Satz *Anna liest, dass heute kein Unterricht stattfinden wird* entstehen dann die folgenden beiden Varianten:

	Vorfeld	FIN	Mittelfeld	VK	Nachfeld
Variante 1	Anna	hat		gelesen	dass heute kein Unterricht stattfinden wird
Variante 2	*Anna	hat	dass heute kein Unterricht stattfinden wird	gelesen	

Nur Variante 1 ist grammatisch, sodass für den Nebensatz eine Nachfeldposition angenommen wird.

Die **topologische Bestimmung des Vorfeldes** stellt bei einigen Satzstrukturen des Deutschen eine Herausforderung dar. In den meisten Beschreibungen für topologische Felder des Deutschen wird angenommen, dass das Vorfeld mit genau einer Konstituente besetzt werden kann. Unter bestimmten Bedingungen können aber auch mehrere Konstituenten vor der linken Satzklammer (man sagt auch „in der linken Peripherie") stehen. Zwei spezifische Phänomene stehen im Folgenden im Fokus.

Das erste Phänomen wird durch die folgenden Sätze verdeutlicht:

(17) *Die Mieten, die* haben sich ebenfalls vervielfacht. (Basler Zeitung, 29.03.2024)

(18) *Dass die Überfälle jetzt aufhören, daran* glaubt aber keiner so recht. (Berliner Zeitung, 01.12.2005, aus dem Korpus Berliner Zeitung des DWDS, abgerufen am 10.01.2025)

Hier ist die Frage, ob man solche Fälle als doppelte Vorfeldbesetzung analysiert (d.h., es kann doch mehr als eine Konstituente im VF stehen) oder ob man ein zusätzliches Feld vor dem Vorfeld annimmt. Dass es sich in (17) und (18) um zwei Konstituenten vor FIN bzw. der linken Satzklammer handelt (und nicht etwa um eine), kann man mit einer Verschiebeprobe (→ Kapitel 7.6.2) leicht herausfinden; man kann beispielsweise *die Mieten, die* nicht ins Mittelfeld verschieben. In der Literatur wird unter Hinzunahme sehr unterschiedlicher Argumente von *Vor-Vorfeld, doppelter Vorfeldbesetzung, Linksversetzung, linkem Aussenfeld* oder *Topikfeld* gesprochen. So argumentiert beispielsweise Altmann (1981) für eine doppelte Vorfeldbesetzung, weil die linksversetzte NP syntaktisch stark in den Satz integriert ist. Argumente sind u.a. die Kasus- und Numeruskongruenz mit der darauffolgenden Pro-Form und dass es keine Satzpause zwischen dem linksversetzten Element und der Pro-Form gibt. Zifonun et al. (1997: 1579) hingegen argumentieren konträr dazu für ein linkes Aussenfeld, das syntaktisch nicht zum Satz gehört und informationsstrukturell stark vom vorhergehenden Satz abhängig ist (bezogen auf Bsp. (17): Im vorhergehenden Satz muss über die Erhöhung von Preisen oder Lebenskosten gesprochen worden sein). Das bisher gezeigte Modell müsste dann also um ein weiteres Feld in der linken Peripherie erweitert werden.

Ausserdem gibt es Sätze, in denen sog. *Diskursmarker* zusätzlich im oder vor dem Vorfeld stehen können; gemeint sind Wörter wie *und, aber* und *doch* wie im folgenden Beispiel, die an den unmittelbar vorausgehenden Satz anschliessen:

(19) *Doch darüber beklagen* mag sich beim Team der Stunde nach der 4:0-Gala in der Halbfinal-Serie gegen die ZSC Lions keiner. (BLICK, 04.07.2023)

Pafel (2009) argumentiert dafür, ein sog. *Anschlussfeld* vor dem Vorfeld anzunehmen. Dort können Diskursmarker stehen, die den Satz an den vorhergehenden Diskurs „anschliessen".

Die eingangs gezeigten Schemata werden daher in einigen Arbeiten noch um weitere Positionen vor dem Vorfeld erweitert, z. B.:

Verberstsätze:
Anschlussfeld   Topikfeld   FIN MITTELFELD VK NACHFELD

Verbzweitsätze:
Anschlussfeld   Topikfeld   VORFELD FIN MITTELFELD VK NACHFELD

Zum Schluss dieses Kapitels geht es um die Analyse von koordinativen Strukturen, denn diese sind mit den bisher gezeigten Schemata nicht ohne Weiteres analysierbar.

(20) Das Mädchen liest ein Buch und isst dabei Süssigkeiten.

In welcher Position steht das Konjunkt *und isst dabei Süssigkeiten*? Das Konjunkt scheint ja offensichtlich wiederum eine Klammerstruktur zu besitzen, d. h. das finite Verb *isst* dürfte in der Position von FIN stehen. Entscheidend ist, dass in diesem Satz eine sog. *Koordinationsellipse* vorliegt: In einem der koordinierten Konjunkte werden (z. B. aus sprachökonomischen Gründen) Teile weggelassen (getilgt), weil sie im anderen Konjunkt bereits vorkommen. Satz (20) lautet also eigentlich *Das Mädchen liest ein Buch und das Mädchen isst dabei Süssigkeiten*. Es werden also eigentlich zwei Sätze miteinander koordiniert. Für eine topologische Analyse von Sätzen wie (20) werden die getilgten Teile rekonstruiert und die beiden Teilsätze dann separat analysiert:

Vorfeld	FIN	Mittelfeld	VK	Nachfeld
Das Mädchen	liest	ein Buch		
Das Mädchen	isst	dabei Süssigkeiten		

Vertiefung 7.3: Nachfeldbesetzung, Extraposition und Ausklammerung
Das Nachfeld weist Eigenschaften auf, die es in einzelnen syntaktischen Theorien zu einem besonders interessanten Untersuchungsgegenstand machen. Das wird allein schon an den zahlreichen Bezeichnungen für dieses Phänomen deutlich. So wird von *Nachfeldbesetzung* oder *-realisation* gesprochen, aber auch von *Extraposition*, *Ausklammerung*, *Rechtsversetzung* oder *Nachstellung* (um nur einige zu nennen).

Das Nachfeld ist syntaxtheoretisch interessant, weil es keine obligatorisch zu füllende Position darstellt (d. h. Sätze brauchen nur in gewissen Fällen ein Nachfeld) und weil die Bandbreite an Satzgliedern, die im Nachfeld stehen können, zwar gross ist (PPs, AdvP, NPs, unterschiedliche

Arten von Nebensätzen, ebenso Satzgliedteile), es aber innerhalb dieser Bandbreite dennoch auffällige Einschränkungen gibt; beispielsweise kann eine lange/komplexere AdvP eher im Nachfeld stehen als eine kurze AdvP:

(21) ?Die Ärztin hat ihr das Medikament verschrieben [heute]$_{AdvP}$
(22) Die Ärztin hat ihr das Medikament verschrieben [während der letzten Sprechstunde]$_{AdvP}$

Ausserdem ist das Nachfeld insofern speziell, als in manchen Fällen Satzglieder im Nachfeld stehen müssen (eine Verschiebeprobe ins Mittelfeld gelingt nicht), in anderen Fällen aber auch im Mittelfeld platziert werden können (eine Verschiebeprobe gelingt also):

(i) bei Relativsätzen
(23) Die Ärztin hat ihr ein Medikament verschrieben, [das gegen die Schmerzen helfen wird].
(24) Die Ärztin hat ihr ein Medikament, [das gegen die Schmerzen helfen wird], verschrieben.

(ii) bei Komplementsätzen
(25) Die Ärztin hat gefragt, [ob sie starke Schmerzen hat].
(26) *Die Ärztin hat, [ob sie starke Schmerzen hat], gefragt.

Und schliesslich kommt hinzu, dass in einigen Fällen nicht eindeutig ist, über welchen Bereich sich das Nachfeld überhaupt erstreckt. So unterscheidet die IDS-Grammatik (Zifonun et al. 1997) zwischen einem Nachfeld und einem syntaktisch nicht integrierten rechten Aussenfeld wie im folgenden Beispiel:

(27) Die Patientin war von starken Schmerzen geplagt, [und zwar schon seit Monaten]$_{rechtes\ Aussenfeld}$

Ein Argument für eine solche Analyse ist beispielsweise, dass die Konstituente im Aussenfeld einen eigenen Satzakzent benötigt; beim klassischen Nachfeld ist das nicht der Fall.

In der Generativen Grammatik wird die Frage bearbeitet, ob Konstituenten direkt im Nachfeld „basisgeneriert" werden oder aus dem Mittelfeld dorthin bewegt werden. Die Auffassungen dazu gehen weit auseinander. Anhand von Relativ- und Komplementsätzen kann man das Problem gut verdeutlichen. Der Relativsatz in (23) gehört strukturell zur NP *ein Medikament*, die weiterhin im Mittelfeld verbleibt. Dafür spricht auch, dass die gesamte NP (d. h. inklusive Relativsatz) im Mittelfeld stehen kann wie in (24). Schwieriger ist es bei Komplementsätzen, die im Nachfeld stehen und bei denen eine Verschiebeprobe nicht gelingt, wie in (26). In manchen Fällen hinterlässt der Komplementsatz im Nachfeld auch eine sog. *Spur* im Mittelfeld (ein sog. *Korrelat*):

(28) Die Patientin hat [es] sehr beruhigt, dass sie nun ein Medikament gegen die Schmerzen nehmen kann.

7.4.3 Topologische Felder in Verbletztsätzen

Für VL-Sätze gilt das folgende topologische Grundschema:

Verbletztsätze: COMP MITTELFELD VK NACHFELD

Es ergibt sich damit die folgende Analyse:

		COMP	Mittelfeld	VK	Nachfeld
(29)	(Viele stillende Mamas haben bereits schlechte Erfahrungen gemacht)	weil	sie von Fremden	zurechtgewiesen wurden	wenn sie in der Öffentlichkeit stillten	(Schweizer Illustrierte, 08.05.2023)
(30)		Ob	das dann auch unter Ausschluss der Öffentlichkeit	geschieht		(St. Galler Tagblatt, 03.04.2017)
(31)	(Sie wurden von sogenannten Erpressungstrojanern befallen)	die	sie	verschlüsseln		(derbund.ch, 13.05.2017)
(32)	(Aber es ist die Frage)	mit welchen Komponenten	man die Mannschaft in Zukunft	bauen will		(blick.ch, 27.03.2025)

Es gibt also genau wie in V1- und V2-Sätzen eine Klammerstruktur. Die linke Satzklammer wird in VL-Sätzen nicht als FIN, sondern als COMP bezeichnet. In COMP (für engl. *complementizer*) stehen beispielsweise Subjunktionen wie *weil*, *dass* und *nachdem* sowie Relativ- und Interrogativphrasen, aber eben nie finite Verben. COMP ist obligatorisch besetzt. In der rechten Satzklammer stehen alle finiten und infiniten Verben des Satzes (daher auch die Bezeichnung *Verbalkomplex*, kurz: VK).

Bei der Analyse topologischer Felder gibt es unterschiedliche Auffassungen darüber, wie in Verbletztsätzen die Position von Relativ- und Interrogativphrasen zu analysieren ist, da diese im Gegensatz zu nebensatzeinleitenden Subjunktionen den Status eines Satzgliedes haben. In (31) hat *die* beispielsweise die Funktion des Subjekts. In der linken Satzklammer stehen nach traditioneller Auffassung jedoch keine Satzglieder. Statt einer Zuordnung zu COMP gibt es daher die Auffassung, dass auch in Verbletztsätzen ein Vorfeld vorhanden ist. Die Sätze in (31) und (32) werden dann entsprechend mit einem Vorfeld analysiert (so beispielsweise in Wöllstein et al. 2006 und auch in Duden 2022). COMP bleibt dann leer:

		Vorfeld	COMP	Mittelfeld	VK	Nachfeld
(33)	(Sie wurden von sogenannten Erpressungstrojanern befallen)	die		sie	verschlüsseln	
(34)	(Aber es ist die Frage)	mit welchen Komponenten		man die Mannschaft in Zukunft	bauen will	

Ein Argument, das für eine solche Analyse spricht, findet sich in dialektalen Belegen, beispielsweise aus dem Schweizerdeutschen:

(35) Er het nöd welle säge, wo dass er geschtern gsii isch. (Er hat nicht wollen sagen, wo dass er gestern gewesen ist.)

	Vorfeld	COMP	Mittelfeld	VK	Nachfeld
(Er hat nöd welle säge)	wo	dass	er geschtern	gsii isch	

Eine weitere Besonderheit stellen satzwertige Infinitivkonstruktionen dar. Diese passen insofern nicht in das Schema für Verbletztsätze, als COMP scheinbar leer bleibt, denn es gibt keine Subjunktion. Hier nimmt man eine sog. *stumme* bzw. *phonologisch leere Subjunktion* an (vgl. Pafel 2011: 69). Denn nimmt man an, dass COMP eine obligatorisch zu besetzende Position im Satz ist, dürfen satzwertige Infinitivkonstruktionen keine Ausnahme darstellen.

		COMP	Mittelfeld	VK	Nachfeld
(36)	(Dennoch würde ich nicht behaupten)	(stumme Subjunktion)	ein anderer Mensch	zu sein (Schweiz am Wochenende, 15.12.2018)	

7.4.4 Rechte Satzklammer

Zum Abschluss geht es um die rechte Satzklammer, weil es sich hier um ein topologisches Feld handelt, das wiederum in einzelne Felder unterteilt werden kann, die bestimmten Abfolgeprinzipien folgen. Relevant werden diese Prinzipien dann, wenn mehrere Verben in der rechten Satzklammer bzw. in VK stehen. Die topologische Beschreibung des Verbalkomplexes geht auf die Arbeit des dänischen Linguisten Gunnar Bech (1955) zurück, der statt VK den Begriff *Schlussfeld* verwendet. Bech unterteilt das Schlussfeld in ein Oberfeld und ein darauffolgendes Unterfeld, wobei das Oberfeld nur in bestimmten Konstruktionen besetzt ist, das Unterfeld hingegen immer.

VK (= Schlussfeld)	
Oberfeld (OF)	Unterfeld (UF)

Für beide Felder gelten im Standarddeutschen je eigene Abfolgeregularitäten bei den Verben, die sich durch Selektion ergeben: Im Unterfeld folgt auf ein Verb das Verb, von dem es statusregiert bzw. selegiert (d. h. „gefordert") wird, im Oberfeld ist es genau umgekehrt. Die folgenden Beispiele zeigen dieses Prinzip. Die eckigen Klammern in VK markieren jeweils Oberfeld (OF) und Unterfeld (UF), die Indizes an den Verben markieren die Rangfolge bei der Selektion (1 = das finite und damit ranghöchste Verb, es wird von keinem anderen Verb regiert; 2 = dieses Verb wird vom Verb mit dem Index 1 regiert, 3 = dieses Verb wird vom Verb mit dem Index 2 regiert usw.). Im Nebensatz in Bsp. (37) ist *wird* das ranghöchste Verb, als Futurauxiliar regiert es den Infinitiv, der im VK unmittelbar vorausgeht (*kassieren*). Beide Verben stehen im Unterfeld, es liegt eine absteigende Abfolge vor: V_2V_1. In (38) liegen zwei dreigliedrige VK vor, ebenfalls im Unterfeld und mit absteigender Abfolge $V_3V_2V_1$.

(37) Romano erklärt, dass der FCB sogar 50 Prozent der Ablöse [kassieren$_2$ wird$_1$]$_{UF}$. (Berner Zeitung, 26.07.2024)

(38) Damit geht auch die Frage einher, was ein Porträt sein kann, was [gezeigt$_3$ werden$_2$ möchte$_1$], aber auch, was [verborgen$_3$ bleiben$_2$ soll$_1$] (St. Galler Tagblatt, 18.05.2023)

Das Prinzip der absteigenden Abfolge in VK gilt auch in Verbzweitsätzen, in denen V_1 in der linken Satzklammer steht:

(39) Die Schweiz wird$_1$ nie [wegverhandeln$_3$ können$_2$]$_{UF}$ dass der EuGH die Auslegungskompetenz hat, wenn es um europäisches Recht geht. (Neue Zürcher Zeitung, 01.12.2023)

Die folgenden Beispiele zeigen Konstruktionen mit besetztem Oberfeld. Im Standarddeutschen können im Oberfeld nur das Perfektauxiliar *haben* und das Futurauxiliar *werden* stehen (Bsp. 40 und 41). Die Verben im Unterfeld stehen im Infinitiv. In Perfektkonstruktionen spricht man aus diesem Grund vom sog. *Ersatzinfinitiv* (oder auch *Infinitivus Pro Participio*, kurz IPP), denn eigentlich regiert *haben* ein Verb im Partizip II. Beim Futurauxiliar *werden* ist alternativ auch die absteigende Abfolge im Unterfeld, ohne Oberfeld, möglich (Bsp. 42).

(40) Das spanische Gespann spielt zu wenig präzis, als dass es den Match ausgeglichen [hätte$_1$]$_{OF}$ [gestalten$_3$ können$_2$]$_{UF}$ (BLICK, 23.04.2024)

(41) Und wusste da bereits, dass sie 100 Meter vor dem Ziel während zehn Sekunden [würde$_1$]$_{OF}$ [stehen$_4$ bleiben$_3$ müssen$_2$]$_{UF}$. (Badener Tagblatt, 11.07.2023)

(42) Der Firmengründer ist überzeugt, dass man künftig viele Microlinos durch die Strassen [flitzen$_3$ sehen$_2$ wird$_1$]$_{UF}$ (Zürichsee Zeitung, 13.02.2023)

Dass im Oberfeld die Reihenfolge der Verben genau umgekehrt zu der im Unterfeld ist, zeigt das folgende Beispiel aus einem Werk des Schriftstellers Martin Walser (1998). Solche Beispiele sind empirisch allerdings sehr selten zu beobachten.

(43) Anselm schrieb, Tell habe, als Johann zum Arbeitsdienst eingerückt sei, von niemandem mehr Nahrung angenommen, sei zweimal ausgebrochen, [habe$_1$ müssen$_2$]$_{OF}$ [eingefangen$_4$ werden$_3$]$_{UF}$, um sich gebissen habe er, bis Herr Brugger, der Jäger und Viehhändler, es fertiggebracht habe, ihm einen Maulkorb überzutun. (In: Walser, Martin (1998): Ein springender Brunnen. Frankfurt a.M.: Suhrkamp, S. 290. Aus dem DWDS-Kernkorpus (1900–1999), abgerufen am 26.11.2014; Suchanfrage: `hat $p=VM* $p=V*`)

Es gibt im Verbalkomplex eine ganze Reihe von Spezialfällen, die an dieser Stelle nicht im Detail thematisiert werden können. Nur auf einen Spezialfall soll hier kurz eingegangen werden. Gemeint sind Fälle wie der folgende:

(44) Wie schon in Chur, als sie nach einem Trainingssturz nicht [hatte$_1$]$_{OF}$ am Wettkampf [teilnehmen$_3$ können$_2$]$_{UF}$, stürzte die 21-jährige WM-Zweite. (nzz. ch, 20.11.2021)

(45) Ein besonderes Lob sprach er Mitarbeitenden aus, die teils gravierende Einschnitte [haben$_1$]$_{OF}$ in Kauf [nehmen$_3$ müssen$_2$]$_{UF}$ (St. Galler Tagblatt, 14.10.2015)

In beiden Sätzen steht zwischen Oberfeld und Unterfeld nichtverbales Material, nämlich ein Präpositionalobjekt (44) und ein Teil eines Funktionsverbgefüges (45). In der Generativen Grammatik wird für solche Konstruktionen der Begriff *verb projection raising* verwendet (vgl. Haegeman/van Riemsdijk 1986), andere Bezeichnungen sind *Linksstellung* oder *Einklammerung* (vgl. Kefer/Lejeune 1974; Meurers 2000). In der Generativen Grammatik stellen diese Phänomene insofern eine Herausforderung dar, als eigentlich davon ausgegangen wird, dass Verbalkomplexe sog. *komplexe Köpfe* darstellen und daher nicht von anderen Phrasen „unterbrochen" werden dürfen (→ 7.6.1). Beispiele wie diese sind vor allem auf das standardsprachliche Schriftdeutsch beschränkt. Auch können nicht alle Konstituenten gleichermassen in die Position zwischen Oberfeld und Unterfeld geschoben werden.

In diesem Kapitel wurde die Struktur von VK im Standarddeutschen dargestellt. Der Verbalkomplex ist in der Syntaxforschung aber insbesondere deswegen ein breit diskutiertes Phänomen, weil z. B. in dialektalen Varietäten des Deutschen ganz andere Abfolgen möglich sind (beispielsweise ist im Schweizerdeutschen im Unterfeld auch die Abfolge $V_1 V_2$ möglich). Zudem gibt es den Verbalkomplex auch in anderen westgermanischen Sprachen, er ist dort aber zum Teil komplett gegensätzlich ausgebildet. Im Niederländischen beispielsweise gilt genau die umgekehrte Abfolge wie im Standarddeutschen. Der Verbalkomplex ist also ein Paradebeispiel für Wortstellungsvariation, auch aus sprachtypologischer Sicht.

7.5 Hierarchische Struktur des Satzes: Valenz

7.5.1 Valenz syntaktisch: Ergänzungen und Angaben

Die Grundidee des Valenzkonzepts besteht wie in Kapitel 7.3.2 skizziert darin, dass durch die Verwendung bestimmter Ausdrücke die syntaktische Umgebung strukturiert wird, dass sich also – metaphorisch gesprochen – „Leerstellen" im Satz eröffnen, die auf spezifische Weise zu besetzen sind. Als Valenzträger treten verschiedene lexikalische Kategorien auf, u. a. das Verb, welches mittels seiner Verbvalenz das strukturelle Zentrum des gesamten Satzes bildet. Es legt Anzahl und Art weiterer Elemente fest und liefert eine Art Stellenplan für den Satz. In der Terminologie der Valenztheorie werden valenzgebundene Elemente als *Ergänzungen* bezeichnet (auch: *Komplemente, Aktanten* = ‚Mitspieler'). Dabei sind sowohl **obligatorische Ergänzungen** (E_{obl}) wie das Subjekt als auch **fakultative Ergänzungen** (E_{fak}) wie Objekte und gewisse Adverbialbestimmungen abhängig von der Verbvalenz. Die maximale Anzahl der obligatorischen und fakultativen Ergänzungen, die ein Verb zu sich nehmen kann, bildet seine **Wertigkeit** (Stelligkeit). So impliziert z. B. das Verb *anbieten* in Sätzen wie (46), dass jemand jemandem etwas anbietet. Es handelt sich also um ein dreiwertiges Verb mit Ergänzungen im Nominativ (*Er*), Dativ (*der Ministerin*) und Akkusativ (*seinen Rücktritt*). Von diesen erweisen sich zwei als obligatorisch; ihre Eliminierung würde den Satz ungrammatisch machen (Bsp. 46b und 46d). Die Verwendung der Dativergänzung dagegen ist fakultativ (46c). Wird eine fakultative Ergänzung nicht realisiert, ist der Informationsgehalt des Satzes zwar geringer, seine Grammatikalität jedoch unbeeinträchtigt.

(46) a. Er wird der Ministerin seinen Rücktritt anbieten.
   b. *[—] Wird der Ministerin seinen Rücktritt anbieten.
   c. Er wird [—] seinen Rücktritt anbieten.
   d. *Er wird der Ministerin [—] anbieten.

Zusätzlich können sog. **freie Angaben** (Supplemente) auftreten, die von der Valenz des Verbs völlig unabhängig sind. Beispielsweise liesse sich das Geschehen in (46) räumlich oder zeitlich präzisieren (*in der Staatskanzlei, am Wochenende*), ohne dass in der Bedeutung des Verbs *anbieten* angelegt ist, wo und wann sich die Verbalhandlung vollzieht. Angaben stellen semantisch eine auf den Gesamtsatz bezogene Prädikation dar (*Er liest am Wochenende* → *Er liest* und das geschieht/ist *am Wochenende*) und sind somit anders als Ergänzungen nicht spezifisch für bestimmte Verbklassen („subklassenspezifisch"). Mit anderen Worten: Eine Angabe wie *am Wochenende* kann zu praktisch jedem Satz hinzugefügt werden und wird deshalb nicht in die Wertigkeit des Verbs miteingerechnet.

Bei näherer Betrachtung erweist sich die Wertigkeit allerdings als abhängig von den Teilbedeutungen (Lesarten) des Valenzträgers. Polyseme Verben z. B. können unterschiedliche Ergänzungen fordern (siehe Bsp. 47) oder hinsichtlich der Obligatorik ihrer Ergänzungen variieren (siehe Bsp. 48):

(47) a. Die Suppe kocht.
   → *kochen*$_1$ ‚den Siedepunkt erreichen' = einwertig (mit Ergänzung im Nominativ)
   b. Ich koche eine Suppe.
   → *kochen*$_2$ ‚zubereiten' = zweiwertig (mit Ergänzungen im Nominativ und Akkusativ)

(48) a. Kupfer leitet [den Strom]$_{fak}$.
   b. Die Dekanin leitet [die Sitzung]$_{obl}$.

Valenzwörterbücher können deshalb nicht einfach global die Valenz von Lexemen verzeichnen, sondern müssen nach den semantischen Lesarten differenzieren. Für das Verb *geben* führt etwa das „Elektronische Valenzwörterbuch deutscher Verben" (E-VALBU) nicht weniger als 18 unterschiedliche Lesarten mit je unterschiedlichen Valenzeigenschaften an.

Die Definition kann folglich präzisiert werden: Die maximale Anzahl der Ergänzungen, die ein Verb in einer spezifischen Lesart zu sich nehmen kann, stellt deren Wertigkeit dar. Für das Deutsche werden dabei in der Regel nullwertige (avalente) bis vierwertige (tetravalente) verbale Valenzträger angesetzt:

(49) a Es donnert. = nullwertig
   b [Luca]₁ schweigt. = einwertig
   c [Sie]₁ umarmte [ihre Freundin]₂. = zweiwertig
   d [Der Verkäufer]₁ gab [mir]₂ [eine Tafel Schokolade]₃. = dreiwertig
   e [Lara]₁ übersetzt [den Text]₂ [aus dem Italienischen]₃ [ins Deutsche]₄. = vierwertig

Für die Annahme nullwertiger Verben gibt es gute Gründe. So ist in (49a) das formale Subjekt *es* („Scheinsubjekt") zwar syntaktisch unverzichtbar, aber nicht ohne Weiteres ersetzbar (*Die Wolke donnert*). Dieses *es* referiert nicht, d. h. es verweist nicht auf ein aussersprachliches Bezugsobjekt, und übernimmt als Subjekt auch nicht die Rolle des Handlungsträgers (→ 7.5.2 zu semantischen Rollen). Deshalb werden Witterungsverben wie *donnern, regnen* etc. häufig als nullwertig klassifiziert, durch die keine Leerstelle für eine variabel zu besetzende Ergänzung entstehe. Allerdings wird zur Beschreibung solcher Fälle häufig (seit Stötzel 1970) zwischen einer semantischen und einer syntaktischen Valenz (Inhalts- vs. Ausdrucksvalenz) unterschieden: Syntaktisch sei *donnern* einwertig, semantisch dagegen nullwertig.

Für die Valenzbeschreibung, z. B. im Rahmen eines Valenzwörterbuchs, sind also unterschiedliche Aspekte relevant. So umfasst etwa die Beschreibung von *verteilen* in der Lesart ‚jemand teilt etwas an jemanden aus'

– die **quantitative Valenz** (= Wertigkeit), d. h. die Zahl der vom Verb geforderten E_{obl} und E_{fak}, hier also *verteilen*$_{2 + (1) = 3}$: *Die Studentin verteilte das Handout (an die Teilnehmenden)* sowie
– die **qualitative Valenz**, d. h. die Form der vom Verb geforderten Ergänzungen, hier also eine NP im Nominativ (*Die Studentin*), eine NP im Akkusativ (*das Handout*) und eine fakultative PP (*an die Teilnehmenden*).

Als häufigste syntaktische Funktionen werden dabei für die qualitative Valenz des Verbs angesetzt:
1) E_{nom} (Nominativergänzung) oder auch E_{sub} (Subjektergänzung): *[Sie] wartete vergeblich.*
2) E_{akk} (Akkusativergänzung): *Seht ihr [das Haus hinter den Bäumen]?*
3) E_{dat} (Dativergänzung): *Er ähnelt [einem berühmten Schauspieler].*
4) E_{gen} (Genitivergänzung): *Man verdächtigte sie [der Tat].*
5) $E_{präp}$ (Präpositionalergänzung) oder auch E_{prp} (Präpositivergänzung): *Elisa freute sich [auf den Samichlaus].*
6) $E_{präd}$ (Prädikativergänzung) bzw. noch weiter differenziert in Nominal- und Adjektivalergänzung: *Ich bin [ein Berliner]. / Das Buch war [dick].*

7) E_adv (Adverbialergänzung) bzw. noch weiter differenziert in z. B. Situativ- und Direktivergänzung (Direktionalergänzung): *Alle wollen [dort] wohnen.* / *Fährst Du [nach Stockholm]?*

Man erkennt unschwer, dass diese Typologie den traditionellen Satzgliedern ähnelt. Besonders umstritten ist dabei die Rolle der Nominativergänzung, also des Subjekts (→ ausführlich 7.5.3).

Qualitative und quantitative Valenz bilden zusammen den sog. **Valenzrahmen** eines Worts, also die Information, welche obligatorischen und fakultativen Ergänzungen welches Typs vom Valenzträger verlangt werden. So wäre etwa der Valenzrahmen des Verbs *verteilen* in der oben erwähnten Lesart: E_{nom} E_{akk} ($E_{präp}$). Da andere Verben denselben Valenzrahmen besitzen können (z. B. *jemand erfährt etwas über jemanden*), gibt es nur eine begrenzte Zahl an unterschiedlichen valenzbedingten **Satzbauplänen**, also Basisstrukturen von grammatisch möglichen Sätzen.

Das Verb gilt zwar als primärer Valenzträger im Satz, daneben wird aber auch für andere Wortarten eine Valenz angesetzt (Substantiv-, Adjektivvalenz). Die folgenden Beispiele zeigen, dass auch diese Ergänzungen fordern können:

(50) a. der [in Olten] *wohnhafte* Professor
     b. *der [—] *wohnhafte* Professor

(51) a. [des Kämpfens] *müde*
     b. *dem Kämpfen *müde*

(52) a. die *Hoffnung* [auf Frieden]
     b. ?die *Hoffnung* nach Frieden

Offenbar können also auch Adjektive und Substantive das Vorkommen und die Erscheinungsform weiterer Elemente im Satz festlegen. Bei der Substantivvalenz ist allerdings umstritten, inwiefern diese selbstständig vorkommt oder nur ererbt ist, also lediglich bei Nominalisierungen durch Übertragung vom Basisverb auftritt (*hoffen auf* → *Hoffnung auf*).

Abschliessend noch eine wichtige Einschränkung: Die in diesem Kapitel beschriebenen Verhältnisse lassen sich v. a. bei situationsentbundenen schriftlichen Texten beobachten. In der Syntax des gesprochenen Deutsch dagegen und in bestimmten der Mündlichkeit nahen Textsorten (Tagebücher, Textnachrichten per SMS etc.) begegnen häufig Ellipsen, bei denen auch obligatorische Ergänzungen wie das Subjekt fehlen (∅ in den folgenden Beispielsätzen). Die eingesparte Ergänzung kann dann in der Regel problemlos situativ erschlossen werden (vgl. Imo 2014: 153). Solche subjektlosen Konstruktionen können eine spezielle Funktion haben, z. B. der pointierten Darstellung von rasch aufeinanderfolgenden Geschehnissen dienen (vgl. Günthner 2007: 114). In manchen Zusammenhängen sind sie sogar so häufig, dass sie als unmarkiert erscheinen, also gar nicht mehr als Ellipse wahrgenommen werden. Manche sind sogar auf dem Weg zu festen Routineformeln (z. B. Ø *weiss nicht*; Ø *freu mi*).

(53) Ø Machte gegen Abend einen Spaziergang mit K. und den Hunden. (aus einem Tagebuch, zit. nach Eichinger 2011: 159)

(54) Ø Freu mi uf dich und dini Eltere. (aus einer Schweizer SMS, zit. nach Frick 2017: 94)

(55) F: wòlln sie die Númmer haben?
      M: ja hábbe se ne Nummer von em;
      F: ich háb di:e, soll ich ich ich suchs se eben ráus [ja?
      M: [ja
      F: Ø dáuert n Augen[blick. (aus einem Gespräch, zit. nach Auer 1993: 200)

7.5.2 Valenz semantisch: Argumente und Rollen

Der Unterschied zwischen semantischer und syntaktischer Valenz muss nun noch etwas genauer betrachtet werden. Syntaktisch werden durch Valenz bestimmte Positionen im Satz für Ergänzungen reserviert und formale Restriktionen für deren Realisierung festgelegt (z. B. in einem bestimmten Kasus). Die Grundlage dafür liefert allerdings die logisch-semantische Struktur des Valenzträgers. So lässt sich etwa die Bedeutung von *essen* im Sinne von ‚etwas zu sich nehmen' als ein zweistelliges logisches Prädikat essen (x_1, x_2) auffassen, also ein Konzept mit zwei semantischen **Argumenten** x_1 (jemand) und x_2 (etwas). Mit anderen Worten: Unser Konzept von *essen* beinhaltet die Vorstellung, dass jemand etwas isst (andere Lesarten des Verbs haben freilich eine andere Struktur: vgl. *Wir essen um 12*). Argumente sind also die beteiligten Elemente, die ein Valenzträger benötigt, um semantisch vollständig zu sein. Die Unterscheidung der beiden Ebenen ist deshalb wichtig, weil zuvor bereits deutlich wurde, dass semantische und syntaktische Valenz nicht immer exakt übereinstimmen: Nicht alle Argumente müssen im Satz zwingend als Ergänzung realisiert werden, bei manchen ist die Realisierung fakultativ. Und Witterungsverben wie *regnen* kommen zwar auf der semantischen Ebene ohne ein

Argument aus, syntaktisch muss die Subjektsposition jedoch durch eine formale E_{nom} (*es*) besetzt sein.

Die Art und Weise der formalen Realisierung von Argumenten ergibt sich allerdings nicht aus der Bedeutungsstruktur des Lexems, sondern muss gelernt werden. Die Verben *helfen* und *unterstützen* z. B. haben in ihren kompatiblen Lesarten („jmd. hilft/unterstützt jmd. mit etwas bei etwas') zwar eine vergleichbare logisch-semantische Struktur. Man kann sie als vierstellige Prädikate helfen(x_1, x_2, x_3, x_4) bzw. untestützen(x_1, x_2, x_3, x_4) bestimmen, mit ähnlichen Kandidaten für die vier Argumentstellen (siehe Bsp. 56). Was sich jedoch deutlich unterscheidet, ist deren formale Realisierung. Auf der Ebene der syntaktischen Valenz muss z. B. x_2 bei *helfen* als E_{dat} realisiert werden, bei *unterstützen* dagegen als E_{akk}.

(56) a. Der Pfleger half dem Patienten bei der Genesung mit aufmunternden Worten.
b. Der Pfleger unterstützte den Patienten bei der Genesung mit aufmunternden Worten.

Im Lexikoneintrag (→ 6.1.3) für *unterstützen* muss also sowohl die Anzahl der Argumente vermerkt sein als auch die Besonderheiten ihrer syntaktischen Realisierung. Beides zusammen bildet die **Argumentstruktur** des Valenzträgers.

(57) E_{nom1}, E_{akk2}, ($E_{präp3}$), (E_{adv4})
unterstützen(x_1, x_2, x_3, x_4)

Die Argumentstruktur in (57) beschreibt das Verb *unterstützen* als ein vierstelliges logisches Prädikat, dessen erste beide Argumente als Nominativ- bzw. Akkusativergänzung obligatorisch im Satz realisiert werden müssen. Die Realisierung der anderen beiden Argumente ist dagegen fakultativ.

Leider bleibt gerade der semantische Teil der Argumentstruktur in dieser Beschreibung noch sehr undeutlich. Die Argumente lassen sich aber leicht näher charakterisieren. An der Situation in Satz (56), und zwar in beiden Versionen (a und b), ist beispielsweise der Pfleger ganz anders beteiligt als der Patient. Ersterer erscheint jeweils als Verursacher oder Träger der Handlung (sog. *Agens*), Letzterer als Betroffener (sog. *Patiens*). Daran würde sich auch nichts ändern, wenn man die beiden Stellen anders besetzen würde, z. B. mit *Die Oma* und *uns*. Unabhängig von der konkreten Füllung der Leerstellen bezeichnet das Argument, das in (57) als E_{nom} realisiert wird, immer den Verursacher des Geschehens, das im Akkusativ realisierte Argument dagegen die betroffene Partei. Je nachdem, wie die Teilnehmenden am Geschehen beteiligt sind, können Argumente also nach ihren **semantischen Rollen** (auch: thematische Rollen, in der GG: Theta-Rollen) näher bestimmt werden. Semantische Rollen sind Bedeutungsrelationen der verschiedenen Argumente in der vom Valenzträger vorgegebenen Situation. Leider besteht in der Forschung kein Konsens darüber, wie viele und welche Rollen genau anzusetzen sind. Hier einige prominente Beispiele:

- Das **Agens** ist in der Regel eine belebte Entität, die das Geschehen aktiv verursacht, also die Handlungskontrolle darüber besitzt. Es wird im Deutschen in der Regel als Subjekt realisiert, z. B. *Tina* in (58).
- Das **Patiens** (auch: Thema) ist von der Handlung unmittelbar betroffen und erfährt durch sie eine Zustandsveränderung, z. B. die Textnachricht in (58), die durch das Schreiben erst entsteht.
- Die **Rezipienten**-Rolle trifft auf Situationsbeteiligte zu, die etwas erhalten, z. B. *Dir* in (58).
- Die **Experiencer**-Rolle trifft auf Situationsbeteiligte zu, die etwas wahrnehmen oder fühlen, z. B. *mich* in (59) und *Die Führende* in (60).
- Die **Possessor**-Rolle trifft auf Situationsbeteiligte zu, die etwas besitzen oder enthalten, z. B. *meiner Schwester* in (61).
- Die **Lokativ**-Rolle ordnet die Situation räumlich ein, z. B. das Argument *nach Wallisellen* in (62), wobei häufig noch spezifischere Rollen differenziert werden (Position, Quelle, Ziel ...).
- Die **Instrument**-Rolle trifft auf Situationsbeteiligte zu, die eine Handlung nicht willentlich, sondern durch die Kontrolle eines Agens bewirken, z. B. *mit dem Hammer* in (63).

(58) Tina schreibt Dir gleich noch eine Textnachricht.

(59) Mich friert.

(60) Die Führende sieht bereits die Zielgerade.

(61) Das Handy gehört meiner Schwester.

(62) Die Katze geht nach Wallisellen.

(63) Marcus zerdepperte das Sparschwein mit dem Hammer.

Alternativ kann man Agens und Patiens auch als prototypische Kategorien (→ 3.4.3) auffassen (vgl. Dowty 1991). Eine bestimmte Rolle kann z. B. eine grössere oder geringere Menge agentivischer Merkmale aufweisen und somit eher im Zentrum oder an der Peripherie der Kategorie Agens erscheinen. Ein solches **Proto-Agens** kann dann auch agensähnliche Rollen wie Experiencer und Possessor integrieren.

Im Extremfall erlaubt eine solche Lösung die Vereinigung aller Einzelrollen unter den beiden Proto-Rollen Proto-Agens und Proto-Patiens. Einige Rollen (z. B. Rezipient) besitzen allerdings einen hybriden Charakter, d. h. sie zeigen sowohl Agens- als auch Patiensmerkmale und nehmen somit eine Zwischenstellung zwischen den beiden Proto-Rollen ein (vgl. Primus 2012: 60).

Das Agens kann allerdings auch unterdrückt werden. In Passiv-Konstruktionen z. B. ist das Agens nicht als Subjekt realisiert, sondern als eine weglassbare PP mit *von* (Bsp. 64). Aus syntaktischer Sicht wird beim Passiv also die Anzahl an obligatorischen Ergänzungen reduziert, aus semantischer Sicht das Agensargument unterdrückt. Eine wichtige Rolle spielt die Agensvermeidung in der Wissenschaftssprache, deren Stil durch eine Vielzahl von Konstruktionen geprägt ist, die ohne die Agensrolle auskommen (siehe Vertiefung 7.4).

(64) a. Die Wespe stach den Zirkusdirektor.
b. Der Zirkusdirektor wurde (von der Wespe) gestochen.

Vertiefung 7.4: Deagentivierung
Wissenschaftssprachlicher Stil ist durch eine auffällige Vermeidung der Agensrolle geprägt. Unter diese **Deagentivierung** fallen neben dem Passiv und dem sog. „Ich-Tabu" (Kretzenbacher 1995), also der meist unreflektierten Überzeugung, dass man in der Wissenschaft nicht *ich* sagen dürfe, z. B. auch Reflexiv- und Infinitivkonstruktionen (65a-d) und der sog. „Subjektschub" (vgl. Hennig/Niemann 2013). Damit ist gemeint, dass bei einem Handlungsverb ein semantisch unpassendes Argument an die Subjektsposition geschoben wird, womit für das Agens dann kein Platz mehr im Satz ist. Aus (66a) wird die wissenschaftssprachliche Variante (66b), bei der der Text gleichsam als autonom handelnde Instanz auftritt. Ziel dieser Deagentivierungsmittel ist es, Objektivität zu signalisieren. Wissenschaftliche Aussagen beanspruchen eine überindividuelle Gültigkeit, die durch eine ständige Bezugnahme auf eine konkrete Sprecher- und Leserrolle (*ich*, *Sie*) gestört werden könnte. Man möchte das Geschehen so darstellen, als ob es nicht von irgendwem im Rahmen des Forschungs- und Publikationsprozesses bewirkt, sondern objektiv notwendig sei.

(65) a. Ich zeige an diesem Beispiel … = agentivisch
b. An diesem Beispiel wird gezeigt … = Passivkonstruktion
c. An diesem Beispiel zeigt sich … = Reflexivkonstruktion
d. Zu zeigen ist … = Infinitivkonstruktion

(66) a. Ich beschäftige mich in dem vorliegenden Beitrag mit … = agentivisch
b. Der vorliegende Beitrag beschäftigt sich mit … = Subjektschub

Festzuhalten bleibt: Zur semantischen Valenz gehört neben der Zahl der semantischen Argumente auch die Zuweisung bestimmter semantischer Rollen an diese Argumente. So kommt etwa dem Verb *backen* (in der Lesart ‚im Backofen herstellen') folgende Argumentstruktur zu:

(67) E_{nom1}, E_{akk2}
backen(x_1, x_2)
x_1: Agens, x_2: Patiens

Solche Argumentstrukturen wurden mit der Rezeption der Konstruktionsgrammatik in der germanistischen Linguistik (→ 7.3.3) Gegenstand intensiver Diskussionen (vgl. z. B. Jacobs 2009; Welke 2019). Es finden sich nämlich häufig Belege wie in (68) mit einem zusätzlichen Argument, das die Rezipientenrolle bekommt und als Dativergänzung realisiert ist. Woher kommt aber dieses überschüssige Dativargument und weshalb erhält *backen* plötzlich eine Transferbedeutung (‚etwas backen mit der Absicht, es jemandem zukommen zu lassen')?

(68) Er bäckt ihr einen Kuchen.

Valenzerhöhungen des Typs *jemandem etwas backen* werden traditionell als *Dativus commodi* oder *Dativ des Nutzniessers* bezeichnet. Während die Valenzforschung damit erhebliche Erklärungsprobleme hatte (ist dieser „freie" Dativ valenzgebunden oder eher eine Angabe?), postuliert die Konstruktionsgrammatik, dass das zusätzliche Argument und die Transferbedeutung auf eine spezielle **Argument(struktur)konstruktion** mit drei Argumenten zurückgehen, in die das Verb *backen* eingebettet ist (vgl. Goldberg 1995: 75–77, 151; Ekberg 2012: 171–174, → 6.4). Argumentstruktur wird hier also gerade nicht als lexikalische Eigenschaft eines Valenzträgers gesehen, sondern als ein eigenständiges sprachliches Zeichen, das ein syntaktisches Muster (als Ausdrucksseite) mit einer abstrakten Bedeutung (als Inhaltsseite) verbindet. Wird nun ein Verb mit zwei Argumenten in eine Konstruktion mit drei Argumentstellen eingebettet, erzwingt die Konstruktion eine neue Lesart. Die „Argumentrollen" der Konstruktion setzen sich gegenüber den „Partizipantenrollen" des konkreten Verbs durch – aus zweiwertigem wird dreiwertiges *backen*.

7.5.3 Valenztests

Für die Praxis der Bestimmung von valenzgebundenen Ergänzungen und freien Angaben wurden zahlreiche Testprozeduren vorgeschlagen, die zum Teil den traditionellen Satzgliedproben (→ 7.7) und den Konstituententests (→ 7.6.2) ähneln. Die Valenztests sind dabei unterschiedlich leistungsfähig und setzen auf verschiedenen Ebenen an, weshalb sie mitunter zu komplexen Testalgorithmen kombiniert werden (vgl. z. B. Zifonun et al. 1997: 1030–1064). Während solche kompetenzorientierten Tests dazu dienen, konkrete Einzelsätze zu analysieren, kann man mittlerweile die Valenzrealisierung auch in grossen digitalen Textkorpora ermitteln und damit die Zuverlässigkeit der Tests empirisch überprüfen.

Zunächst zu den **obligatorischen Ergänzungen**: Mit der Bemerkung, Ergänzungen seien obligatorisch oder notwendig, können ganz unterschiedliche Begriffe von Notwendigkeit verbunden sein. Semantisch könnte man fragen, welche Elemente notwendig sind, damit ein Satz sinnvoll wird (Sinnnotwendigkeit). Meist wird unter einer $E_{obl.}$ jedoch eine *syntaktisch* notwendige Einheit verstanden, also ein Valenzkandidat, ohne den der Satz ungrammatisch wird. Daraus ergibt sich sogleich der erste Test:

ELIMINIERUNGSTEST: $E_{obl.}$ sind Valenzkandidaten, ohne die ein kommunikativ isolierbarer Satz ungrammatisch wird.

(69) *Tina beantwortet [—]

(70) *Die Wiese liegt [—]

Die Einschränkung „kommunikativ isolierbar" bezieht sich darauf, dass im Gespräch auch elliptische Äusserungen wie in (71) kommunikativ möglich sind. Man würde die E_{nom} (*Du*) von *gehen* dennoch nicht als fakultativ bestimmen.

(71) a. Willst Du lieber zu Fuss gehen oder mit dem Bus fahren?
     b. Lieber gehen.

Zudem muss bei der Anwendung des Tests darauf geachtet werden, dass die Verbbedeutung stabil bleibt. Durch die Weglassung können nämlich andere Lesarten (Bsp. 72 a vs. b) oder völlig neue Bedeutungen (Bsp. 73a vs. b) mit einer abweichenden Valenz entstehen:

(72) a. Laura flog [durch die Prüfung]$_{obl.}$ → *Laura flog [—].
     b. Laura flog. (‚steuert ein Flugzeug')

(73) a. *Lukas versprach sich [dicke Gewinne]$_{obl.}$ → *Lukas versprach sich [—].
     b. Lukas versprach sich. (‚sagt etwas Falsches')

Heikler ist die Unterscheidung zwischen **Angaben** und **fakultativen Ergänzungen**, die beide weglassbar bzw. nicht sinnnotwendig sind. Bei den folgenden Beispielen etwa kann es kommunikativ irrelevant und grammatisch verzichtbar sein, was jemand isst oder wo jemand schwimmt:

(74) Sie schwimmt [im See].

(75) Er isst [Schwarzbrot].

Um zu ermitteln, ob es sich bei den beiden Valenzkandidaten um Angaben oder fakultative Ergänzungen handelt, braucht es Testverfahren wie die folgenden:
- GESCHEHEN-TEST: Angaben sind alle Valenzkandidaten, die mit einem semantisch unspezifischen Proverb wie *geschehen* (oder *tun, machen*) angeschlossen werden können.
- UND-DAS-TEST: Angaben sind alle Valenzkandidaten, die mit *und das* angeschlossen werden können.

In beiden Fällen wird der Kandidat ausgelagert und am Ende des Satzes angeschlossen, was lediglich bei Angaben zu grammatischen Strukturen führt:

(76) a. Sie schwimmt und das geschieht *im See*.
 b. Sie schwimmt und das *im See*.

(77) a. *Er isst und das geschieht/tut/macht *Schwarzbrot*.
 b. *Er isst und das *Schwarzbrot*.

Als fakultative Ergänzungen lassen sich also Kandidaten wie in (77) bestimmen, die den Eliminierungstest bestehen, aber durch den *geschehen*-Test (bzw. *und-das*-Test) fallen. Kandidaten, die beide Tests bestehen, sind Angaben.

Leider liefern Valenztests nicht immer so eindeutige Ergebnisse. In der Geschichte der Valenzforschung wurde eine Vielzahl von Tests für die Abgrenzung von Ergänzungen und Angaben vorgeschlagen und dann wieder verworfen, weil sie sich für diesen Zweck als unzureichend erwiesen. Auch die verschiedenen Valenzwörterbücher liegen in ihrer Einschätzung der Valenzkandidaten oft erstaunlich weit auseinander. Der Versuch, eine klare Dichotomie zwischen Ergänzungen und Angaben zu finden, ist letztlich gescheitert und wird inzwischen als „müßiges Unterfangen" betrachtet (Storrer 2003: 778). Valenz scheint vielmehr ein graduelles, gestuftes Phänomen zu sein, bei dem Elemente unterschiedlich stark an einen Valenzträger gebunden sein können. Der Grund dafür ist, dass es sich bei Valenz in Wirklichkeit nicht um ein einheitliches Phänomen handelt, sondern um einen Sammelbegriff für mehrere verschiedenartige Bindungsrelationen, die eigentlich separat getestet werden sollten. Ein „multidimensionales" Valenzmodell wie das von Jacobs (2003) unterscheidet deshalb verschiedene Dimensionen von Valenz und stellt für diese jeweils ganz unterschiedliche Forderungen auf:

- „Realisierungsforderungen" (abgekürzt dargestellt durch das Merkmal ± obl): Der Satz wird ohne den syntaktisch notwendigen Valenzkandidaten ungrammatisch.
- „Merkmalsforderungen" (± form): Der Valenzträger legt formal spezifische Merkmale des Valenzkandidaten fest, z. B. einen bestimmten Kasus oder eine bestimmte Präposition.
- „Relatforderungen" (± not): Die Bedeutungsstruktur des Valenzträgers bestimmt, welche Argumente semantisch an der bezeichneten Situation beteiligt sind, bei *erblicken* z. B. jemand und etwas.
- „Sortale Forderung" (± sort): Der Valenzträger legt bestimmte semantische Bedingungen für den Valenzträger fest, z. B. dass das Subjekt von *erblicken* belebt sein muss (vgl. **Das Auto erblickte den Polizisten*).
- „Rollenforderungen" (± part): Der Valenzträger legt fest, wie der Valenzkandidat in die jeweilige Situation involviert ist, d. h. welche semantische Rolle er übernimmt.

Die sog. *Valenztests* testen also nicht wirklich global „die Valenz", sondern setzen auf ganz unterschiedlichen Ebenen an. Während beispielsweise der Eliminierungstest die Realisierungsforderungen (also das Merkmal ± obl) überprüft, ermittelt der *geschehen*-Test die Relatforderungen, also die semantische Notwendigkeit (± not) eines Valenzkandidaten – dies allerdings nicht sehr zuverlässig. Kandidaten, die nun nach allen Relationen an einen Valenzträger gebunden sind, haben eine stärkere Bindung als solche, bei denen nur einige Bindungsrelationen gegeben sind. Valenz wird damit von einer praktischen und leicht zu handhabenden, aber theoretisch unzureichend fundierten Metapher (das Verb als Atom mit verschiedenen Leerstellen) zu einem komplexen Modell, mit dem sich hierarchische Strukturen des Satzes differenziert beschreiben lassen. Dass es sich bei Valenz nicht um einen einheitlichen Begriff handelt, ist dabei kein grundsätzliches Problem. Auf viele alltagssprachliche, aber auch linguistische Begriffe trifft dies ebenfalls zu (→ 6.1.1 zu *Wort*). Und niemand wird beispielsweise auf *Wetter* verzichten wollen, nur weil es sich dabei um ein komplexes Zusammenspiel aus den Faktoren Lufttemperatur, Luftfeuchtigkeit, Luftdruck, Wind, Niederschlag und Bewölkung, also ebenfalls einen mehrdimensionalen Begriff handelt.

7.5.4 Dependenz und Konstituenz

Es gibt eine einflussreiche Tradition seit der aristotelischen Logik, eine grundlegende binäre Satzstruktur aus Subjekt (*subiectum* ‚Begriff') und Prädikat (*praedicatum* ‚das darüber Ausgesagte') anzunehmen. Diese Subjekt-Prädikat-Dichotomie lieferte lange Zeit das Grundgerüst für die Analyse von Sätzen und führte zur Entwicklung mehrstufiger binärer Satzmodelle etwa in der deutschen Schulgrammatik (Karl Ferdinand Becker) und im amerikanischen Strukturalismus (Leonard Bloomfield, Zellig Harris). Entsprechend beruht die Beschreibung hierarchischer Strukturen im Satz heute in zahlreichen Grammatiktheorien auf einer binären Analyse unmittelbarer Konstituenten (→ 7.6). Allerdings gab es stets auch Stimmen, die der traditionellen Auffassung von der Binarität des Satzes und der „unbegrenzten Zweiteilungssucht" (Glinz 1947: 53) widersprachen, insbesondere im Lager dependenzieller Grammatiken.

Eine Dependenzgrammatik versucht im Gegensatz zu einer Konstituentenstrukturgrammatik, die hierarchische Struktur als ein Gefüge von Abhängigkeitsbeziehungen, also gerichteten Relationen, zu beschreiben, wobei unter *abhängig* Verschiedenartiges verstanden werden kann. Solche Abhängigkeiten können ähnlich wie Konstituentenstrukturen mit einem Baumdiagramm (Stemma) wiedergegeben werden, wobei die tiefer stehenden Elemente dann als **Dependentien** von den höher platzierten Elementen (**Regentien**) abhängen. Die Abbildungen 7.1 und 7.2 illustrieren diese beiden Möglichkeiten. Der Konstituentenstrukturbaum beginnt mit dem gesamten Satz, der dann schrittweise zerlegt wird; der Dependenzbaum beginnt mit dem Strukturzentrum des Satzes, also hier dem finiten Verb. In einem dependenziellen Stemma finden sich anders als in einem Konstituentenstemma keine phrasalen Knoten. Kategorien wie NP oder PP erscheinen im Dependenzbaum nur implizit – der orange markierte linke Teilbaum entspricht z. B. dem Subjekt. Die Kanten in Abbildung 7.1 und Abbildung 7.2 bedeuten somit grundlegend Verschiedenes.

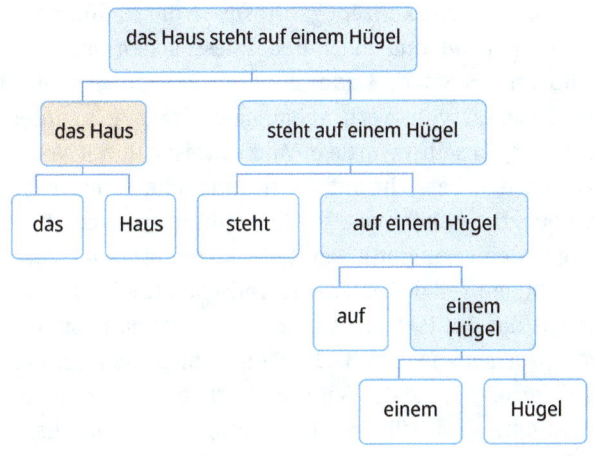

Abbildung 7.1: Konstituentenstrukturbaum.

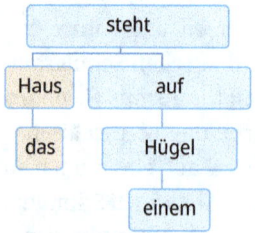

Abbildung 7.2: Dependenzbaum.

In eine solche Dependenzgrammatik lässt sich das Valenzmodell nun leicht einfügen: Das Verhältnis zwischen einem Verb und seinen Ergänzungen wird einfach als Abhängigkeit zwischen einem Regens und seinen Dependentien interpretiert. Die Valenz ist also eine zentrale (wenngleich nicht die einzige) Abhängigkeitsbeziehung und damit ein wesentliches Modul einer Dependenzgrammatik. Meist erscheint der Verbalknoten als zentraler Knoten des gesamten Stemmas.

Das Verhältnis zwischen Dependenz und Konstituenz wurde in der Forschung unterschiedlich beurteilt – teils als komplementär, teils als alternativ. Man kann sich darüber streiten, ob mit den beiden Darstellungsweisen unterschiedliche Aspekte der hierarchischen Struktur eines Satzes beschrieben werden oder ob von weitgehend äquivalenten Darstellungsalternativen auszugehen ist. Deshalb findet man heute in Textkorpora mit einer syntaktischen Annotation (sog. *Baumbanken*) häufig eine hybride Repräsentation der hierarchischen Satzstrukturen. Konstituenz und Dependenz werden gemischt annotiert, um sich nicht auf eine der beiden Sichtweisen festlegen zu müssen.

Besonders augenfällig wird der Unterschied wie eingangs erwähnt bei der Behandlung des Subjekts. Mit seinem Valenzkonzept gab Tesnière die traditionelle Subjekt-Prädikat-Dichotomie bewusst auf und machte stattdessen den verbalen Valenzträger zum Strukturzentrum des Satzes. Dadurch verlor das Subjekt seine prominente Rolle und wurde zu einer vom Verb abhängigen Ergänzung unter vielen degradiert. Der Terminus *Subjekt* selbst wurde in Valenzkreisen durch *Nominativergänzung* (E_{nom}) ersetzt, um den Verzicht auf die traditionelle Sonderrolle dieses Satzglieds zu unterstreichen. Die Abkehr von der Zweiteilung des Satzes und der terminologische Kampf gegen den vermeintlichen „Subjekt-Teufel" (Ágel 2000: 90) bildeten lange Zeit einen wichtigen Teil des valenztheoretischen Credos.

Ganz abgesehen davon, dass das Subjekt nicht immer im Nominativ stehen muss (z. B. nicht in sog. *Ergativsprachen* wie dem Baskischen), gibt es auch für das Deutsche eine Reihe von Besonderheiten, die das Subjekt durchaus als besondere Ergänzung erscheinen lassen. Anders als die übrigen Ergänzungen ist es praktisch nie weglassbar – subjektlose Sätze des Typs *Ihm lag daran* sind im Deutschen so selten, dass man sich fragen muss, ob das Subjekt wirklich als valenzgebunden oder vielleicht besser als strukturell notwendig angesehen werden sollte. Zudem kongruiert das Subjekt mit dem finiten Verb und weist gegenüber den Objekten einige Asymmetrien auf. Zum Beispiel ist das Subjekt die einzige Konstituente, die in Infinitivkonstruktionen getilgt werden muss. Und bei den Sätzen (78b) und (79b) können alle Ergänzungen, Hilfsverben und sogar das Reflexivpronomen Bestandteil der Nominalisierung werden, nicht jedoch das Subjekt (Bsp. 78c und 79c). Dem Subjekt kommt also sicherlich eine Sonderrolle unter den Ergänzungen zu.

(78) a. Ich warte auf dich.
 b. Das Auf-dich-Warten nervt.
 c. *Das Ich-auf-dich-Warten nervt.

(79) a. Die Schüler haben sich auf Weihnachten vorbereitet.
 b. Das Sich-auf-Weihnachten-vorbereit-Haben nervt.
 c. *Das Die-Schüler-sich-auf-Weihnachten-vorbereitet-Haben nervt.

7.6 Hierarchische Struktur des Satzes: Konstituenz

7.6.1 Grundbegriffe

Im vorangegangenen Kapitel wurde mit der Valenztheorie eine Spielart der hierarchischen Analyse von Sätzen vorgestellt. Im folgenden Kapitel wird nun mit dem Begriff der Konstituenz eine weitere hierarchische Sichtweise auf den Satz vorgestellt. Im Folgenden werden zunächst wichtige Begriffe eingeführt, bevor anschliessend eine vertieftere Auseinandersetzung mit ausgewählten Aspekten der hierarchischen Struktur von Sätzen vorgestellt wird.

Konstituenten sind sämtliche Einheiten eines Satzes vom einzelnen Wort bis zum ganzen Satz, wobei sich stets zwei kleinere Konstituenten zu einer grösseren zusammenschliessen und dann schlussendlich den Satz ergeben. Genau wie in der Phonologie und Morphologie handelt es sich um eine Form der strukturellen Beschreibung. So wie sich Morpheme beispielsweise zu Komposita verbinden (→ 6.3), verbinden sich Wörter zu syntaktischen Konstituenten. Die Konstituentenanalyse geht auf den amerikanischen Strukturalismus des frühen 20. Jahrhunderts zurück (→ 7.2), insbesondere auf die Arbeiten von Leonard Bloomfield (1933).

Im folgenden Satz lassen sich intuitiv zwei grössere strukturelle Einheiten identifizieren, die für die Notation jeweils mithilfe eckiger Klammern umschlossen werden.

(80) [Die junge Frau]₁ [telefonierte mit ihrem Bruder]₂.

Dass es sich tatsächlich um zusammengehörige Einheiten handelt, lässt sich mit einer Reihe von Tests (auch: Proben) herausfinden. Beispielsweise lässt sich *die junge Frau* durch ein Pronomen (z. B. *sie*) ersetzen, ohne dass der Satz dadurch an grammatischer Akzeptabilität verliert (sog. *Pronominalisierungstest*). Solche Tests werden beispielsweise in der Schulgrammatik eingesetzt, um Satzglieder zu ermitteln oder in der Valenztheorie, um Ergänzungen zu bestimmen (→ 7.5.3). Die gängigen Tests werden in Kapitel 7.6.2 vorgestellt und hinsichtlich ihrer Anwendbarkeit für die Satzgliedbestimmung problematisiert.

Es handelt sich bei der Darstellung von Bsp. (80) (man spricht auch von einer *indizierten Klammerung*) noch nicht um eine vollständige **Konstituentenstrukturanalyse** (also eine vollständige Zerlegung des Satzes in seine Konstituenten), sondern lediglich um eine Stufe innerhalb dieser Analyse. Bei einer vollständigen Analyse wird schrittweise eine binäre Zerlegung in jeweils **unmittelbare Konstituenten** vorgenommen, beginnend auf der Ebene des Satzes und endend auf der Ebene der einzelnen grammatischen Wörter, denn auch diese sind Konstituenten. Eine typische Darstellungsform dafür sind **Konstituentenstrukturbäume**.

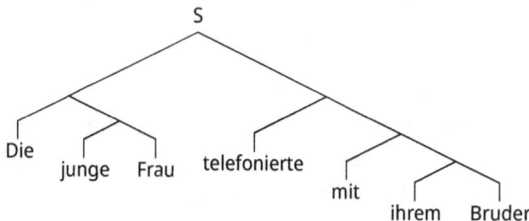

Abbildung 7.3: Konstituentenstrukturbaum.

In Abbildung 7.3 wird der Satz (S) also zunächst (bei einer Leseweise von oben nach unten) in zwei unmittelbare Konstituenten zerlegt (*die junge Frau* und *telefonierte mit ihrem Bruder* – sie sind deswegen *unmittelbare* Konstituenten, weil es zwischen ihnen und S nicht noch eine weitere Stufe der Zerlegung gibt), welche sich dann wiederum in unmittelbare Konstituenten verzweigen (*die junge Frau* z. B. in *die* und *junge Frau* usw.). Diese Art der Notation zeigt, was mit hierarchischer Beziehung gemeint ist: Die Konstituente *mit ihrem Bruder* steht mit *telefonierte* in engerer syntaktischer Beziehung als mit *die junge Frau*. Für die Beschreibung von Konstituentenstrukturen wird eine metaphorische Terminologie in Anlehnung an matrilineare Stammbaumstrukturen verwendet: Man spricht von *Knoten* (für Konstituenten), von *Ästen*, die sich *verzweigen*, von *Mutter-*, *Tochter-* und *Schwesterkonstituenten* oder *-knoten* (*Mutter*: nächsthöher, *Schwester*: nebengeordnet).

Konstituente ist der Oberbegriff für sämtliche Einheiten einer syntaktischen Struktur. Darunter fallen also die Wörter als minimale Konstituenten zuunterst im Strukturbaum (man spricht auch von *terminalen Knoten*); aber auch sämtliche komplexere Einheiten bis hinauf zum ganzen Satz (und der Satz inbegriffen) sind Konstituenten.

Die Syntax befasst sich u. a. damit, die Regularitäten zu erfassen, die bei der Kombination von Wörtern zu grösseren Konstituenten gelten. Denn: Nicht jeder Satz des Deutschen und nicht jede Konstituente haben eine je individuelle Struktur, einen je individuellen Bauplan. Konstituenten lassen sich systematisch aufgrund von wortartlicher Prägung sowie grammatischen Merkmalen zu sog. **Phrasenkategorien** zusammenfassen. Sätze werden durch die Kombination solcher Phrasenkategorien gebildet und verfügen über eine **Phrasenstruktur**. Eine **Phrasenstrukturgrammatik** erfasst entsprechend, wie Sätze in Phrasen zerlegt werden können und wie man aus Phrasen grammatische Sätze generieren kann.

Die Bsp. (81) bis (83) sind lexikalisch zwar ganz unterschiedlich gefüllt, sie verfügen aber über eine identische Phrasenstruktur. Sie beginnen mit einer Nominalphrase (NP),[1] gefolgt von einer Form des Auxiliars *sein* und enden mit einer Adjektivphrase (AdjP).

(81) [Die weiteren Aussichten]$_{NP}$ sind [düster]$_{AdjP}$ (Grenchner Tagblatt, 26.05.2020)

(82) [Telefonische Voranmeldung]$_{NP}$ ist [nötig]$_{AdjP}$ (SRF, 16.03.2020)

(83) [Die Lust nach Parties]$_{NP}$ ist [gross]$_{AdjP}$ (watson.ch, 26.06.2020)

Mit Nominal- und Adjektivphrasen sind bereits zwei wichtige Phrasenkategorien des Deutschen genannt. **Phrasen** verfügen immer über einen **Kopf**, der die wortartliche Prägung und damit die grammatischen Merkmale der Phrase festlegt. Bei Nominalphrasen ist immer ein Substantiv der Kopf (*Aussichten, Voranmeldung, Lust*), bei Adjektivphrasen sind es immer Adjektive (*düster, nötig, gross*). Phrasen können selbst Teil grösserer Phrasen sein; z. B. ist in (83) *nach Parties* eine Präpositionalphrase, die Teil einer grösseren Nominalphrase ist. Phrasen sind ausserdem immer gesättigte Einheiten, d. h. sie enthalten alle obligatorischen Ergänzungen. In (83) ist *nach* keine gesättigte Phrase, da die Präposition *nach* weitere Ergänzungen fordert (nämlich eine NP, hier *Parties*). Das heisst also, dass nicht alle Konstituenten immer auch Phrasen sind. *Nach* ist zwar eine Konstituente, aber keine Phrase.

---

1 Der Begriff Nominalphrase ist in der Syntaxforschung üblicher als Substantivphrase.

Andersherum sind alle Phrasen immer auch Konstituenten (siehe Vertiefung 7.5). Das Prinzip der Phrasensättigung spielt in der Generativen Grammatik eine zentrale Rolle, es wird in Kapitel 7.6.4 vertieft.

Konstituentenstrukturbäume können nun um diese Phrasenkategorien erweitert werden. Eine andere gängige Bezeichnung ist daher auch **Phrasenstrukturbaum**. Abbildung 7.4 zeigt einen solchen Baum für Bsp. (80). Bei diesem Phrasenstrukturbaum handelt es sich noch um eine vergleichsweise theorieneutrale Form der Darstellung. Die Struktur, der Aufbau und die Beziehung zwischen Phrasen ist Gegenstand syntaktischer Theoriebildung und insbesondere durch die Generative Grammatik geprägt.

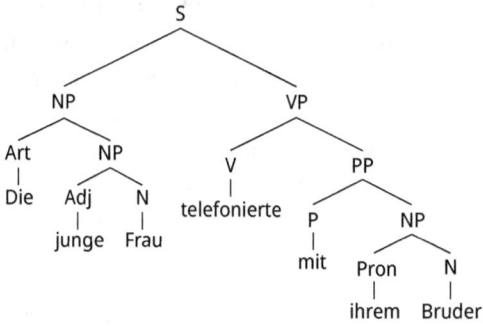

Abbildung 7.4: Phrasenstrukturbaum.

Vertiefung 7.5: Konstituenten, Phrasen, Satzglieder
Was ist der Unterschied zwischen Konstituenten, Phrasen und Satzgliedern? Sätze lassen sich in binären Operationen schrittweise in Konstituenten zerlegen. Damit ist also der Satz eine Konstituente, aber auch jedes Wort eines Satzes. Mithilfe von Permutations- und Substitutionstest (Umstellungs- bzw. Ersatzprobe, → 7.6.2) können Konstituenten in einem Satz identifiziert werden. Konstituenten werden aufgrund ihrer wortartlichen Prägung und ihrer grammatischen Merkmale zu Phrasenkategorien zusammengefasst. Phrasen sind gesättigte syntaktische Einheiten und verfügen über einen Kopf, der den internen Aufbau und die wortartliche Prägung der Phrase sowie das syntaktische Verhalten der Phrase im Satz bestimmt. Es sind also nicht alle Konstituenten immer auch Phrasen (die beiden Begriffe sind also nicht synonym), aber alle Phrasen sind Konstituenten – deswegen können sie mithilfe von Konstituententests identifiziert werden. Satzglieder sind Phrasen, die syntaktische Funktionen im Satz erfüllen, beispielsweise die Funktion einer Nominalphrase als Subjekt oder Akkusativobjekt (→ 7.7). Aber: Nicht alle Phrasen haben den

Status von Satzgliedern, was einer der Gründe ist, warum Permutations- und Substitutionstest in der Schulgrammatik nicht immer zur korrekten Analyse von Satzgliedern führen. Beispielsweise können gewisse Attribute im Vorfeld stehen; sie sind aber keine Satzglieder. Sowohl einzelne Wörter als auch Wortgruppen können Phrasen sein. In einzelnen syntaktischen Theorien wird insbesondere mit den Begriffen Konstituente und Phrase nochmals je spezifisch und differenziert umgegangen. In der Generativen Grammatik beispielsweise wurde mit der sog. *X'-Theorie* ein einheitliches Framework für die Analyse aller Phrasen vorgeschlagen. Kapitel 7.6.4 geht darauf detaillierter ein.

7.6.2 Konstituententests

Mithilfe spezifischer Tests bzw. Proben können Konstituenten im Satz identifiziert werden. Sie beruhen auf den Operationen Permutation (Umstellung) und Substitution (Ersetzung). Nicht in allen Fällen führen diese Tests zu validen Ergebnissen. Das heisst, wenn ein Wort oder eine Wortgruppe einen Test nicht besteht, kann nicht automatisch geschlossen werden, dass keine Konstituente vorliegt; und andersherum: wenn ein Wort oder eine Wortgruppe einen Test besteht, kann nicht automatisch geschlossen werden, dass es sich um eine Konstituente handelt. Konstituententest stellen somit weder hinreichende noch notwendige Bedingungen dar, die den Status als syntaktische Einheit rechtfertigen; sie sind aber dennoch etablierte und nützliche Verfahren. Dass in spezifischen Fällen Tests nicht funktionieren, ist aber keineswegs zufällig, sondern im Rahmen syntaktischer Theorien erklärbar. In der Schulgrammatik werden diese Tests zur Identifikation von Satzgliedern angewendet. Problematisch dabei ist, dass nicht alle als Konstituenten identifizierten Wörter/Wortgruppen auch den Status eines Satzglieds haben (siehe Vertiefung 7.5).

Permutationstest
Bei diesem Test wird der Satz so umgestellt, dass die auf ihren Status hin zu untersuchende Wortgruppe vor das finite Verb des Satzes verschoben wird. Er wird daher auch als **Vorfeldtest** bezeichnet, in Bezug auf die Terminologie des topologischen Feldermodells (→ 7.4). Ist der entstandene Satz nach dieser Umstellung weiterhin grammatisch, dann ist das ein Indiz dafür, dass es sich bei der ins Vorfeld verschobenen (permutierten) Wortgruppe um eine Konstituente handelt. Die folgenden Beispielsätze zeigen, dass es sich bei *das Haus zu reinigen* und *seiner Mutter im Alter helfen* um Konstituenten handelt, da sie problemlos vor dem finiten Verb des Satzes stehen können.

(84) Er hat seiner Mutter angeboten, [das Haus zu reinigen].

(85) [Das Haus zu reinigen] hat er seiner Mutter versprochen.

(86) Er möchte [seiner Mutter im Alter helfen].

(87) [Seiner Mutter im Alter helfen] möchte er.

Der Vorfeldtest kann auch in anderen Varianten durchgeführt werden, denn auch die Möglichkeit, eine Wortgruppe in das Nachfeld oder Mittelfeld des Satzes zu verschieben, kann ein Indiz für den Status als Konstituente sein (man spricht dann auch von *Extrapositionstest* und *Scramblingtest*). Zu beachten ist dabei jedoch, dass gerade im Nachfeld typischerweise Nebensätze und Präpositionalphrasen stehen und Sätze mit einer Nominalphrase im Nachfeld sehr markiert sind (d. h. weniger erwartbar und weniger frequent), sodass Aussagen über grammatische Akzeptabilität eher schwierig sind, wie das folgende Beispiel zeigt:

(88) ?Es hat diesen Winter nicht ein einziges Mal gegeben [einen Schneesturm].

Das folgende Beispiel zeigt, dass der Vorfeldtest keine notwendige Bedingung für Konstituenz darstellt:

(89) Sie versuchte [es] ernsthaft.

(90) *[Es] versuchte sie ernsthaft.

Der Test suggeriert, dass *es* keine Konstituente ist. Dass es sich bei *es* aber dennoch um eine Konstituente handelt, kann durch den Substitutionstest gezeigt werden (siehe unten).

In der Schulgrammatik ist diese „Umstellprobe" ein gängiges Mittel, um Satzglieder zu bestimmen. Bsp. (87) zeigt aber, dass Konstituenten ins Vorfeld verschoben werden können, die keine Satzglieder sind; [*seiner Mutter im Alter helfen*] ist kein Satzglied. Bsp. (91) bzw. (92) zeigen, dass auch Teilkonstituenten ins Vorfeld verschoben werden können, die keinen Satzgliedstatus haben.

(91) Hermine hat [viele Bücher] gelesen.

(92) [Bücher] hat Hermine viele gelesen.

Viele Bücher ist eine Konstituente (dafür sprechen eine Reihe anderer Konstituententests) und ist auch als Satzglied (als Akkusativobjekt) zu analysieren. Der Vorfeldtest suggeriert jedoch, dass bereits *Bücher* den Status eines Satzgliedes hat. In der Generativen Syntax spricht man bei Fällen wie in (92) von *NP-Spaltung* oder *split topicalization*, weil der Kopf einer NP in das Vorfeld *bewegt* wird (in die sog. *Topikalisierungsposition*, → 7.4.2), der Rest der Phrase aber in der Basisposition verbleibt.

Substitutionstests
Mit Varianten dieses Tests wird überprüft, ob eine Wortgruppe ersetzt werden kann. Liegt nach diesem Test weiterhin ein grammatischer Satz vor, handelt es sich bei der ersetzen Wortgruppe mit hoher Wahrscheinlichkeit um eine Konstituente. Es wird zwischen den folgenden Varianten des Substitutionstests unterschieden:

Beim **Fragetest** wird ein Satz in einen Fragesatz umgewandelt, indem die auf ihren Status hin zu untersuchende Wortgruppe durch ein Fragepronomen oder eine andere Proform (z. B. *womit, wohin*) ersetzt wird; Proformen sind Einheiten, die andere Einheiten wieder aufnehmen, vertreten bzw. auf diese verweisen. Diese können entweder klassisch am Satzanfang stehen (dann wird gleichzeitig auch der Vorfeldtest angewendet, es entsteht eine Ergänzungsfrage) oder auch an der gleichen Position wie die Wortgruppe (sog. *Echofrage* oder auch *In-Situ-Frage*). Wenn der entstandene Fragesatz grammatisch ist (und die ersetzte Wortgruppe die Antwort auf die Frage ist), handelt es sich bei der ersetzten Wortgruppe mit hoher Wahrscheinlichkeit um eine Konstituente. Bsp. (93) lässt sich in einen Fragesatz wie in (94) umwandeln, indem *einen Schneesturm* durch das Fragepronomen *was* ersetzt wird.

(93) In diesem Winter hat es kein einziges Mal [einen Schneesturm] gegeben.

(94) *[Was]* hat es diesen Winter kein einziges Mal gegeben? – Einen Schneesturm.

(95) In diesem Winter hat es kein einziges Mal *[was]* gegeben? – Einen Schneesturm.

Nicht alle Konstituenten eines Satzes lassen sich durch eine Proform ersetzen. In Bsp. (93) trifft das auf die Wortgruppe *kein einziges Mal* zu, deren Konstituentenstatus aber beispielsweise mit dem Vorfeldtest gezeigt werden kann.

Nicht korrekt wird der Fragetest in folgendem Beispiel angewendet:

(96) Sie hat den Computer [mit dem verrosteten Schraubenzieher] repariert.

(97) Mit was für einem Schraubenzieher hat sie den Computer repariert? – Mit dem verrosteten.

Die zu erfragende Wortgruppe muss vollständig ersetzt werden; in Bsp. (96) ist die Präposition *mit* Teil der Ersetzung und gleichzeitig auch Teil der Antwort. Ausserdem zeigt das Beispiel, dass der Fragetest zu einem falschen Ergebnis führen kann: *mit dem verrosteten* stellt – entgegen dem, was der Fragetest aussagt – keine Konstituente dar, es handelt sich hier vielmehr um eine elliptische Antwort, bei der das Substantiv *Schraubenzieher* getilgt wird. Es wird hier deutlich, dass in bestimmten Fällen zusätzliche linguistische Argumentation notwendig ist, um Konstituenten gesichert zu identifizieren.

Eine ähnliche Variante des Fragetests stellt der **Pronominalisierungstest** dar. Die auf ihren Status hin zu untersuchende Wortgruppe wird durch ein Pronomen ersetzt. So lässt sich beispielsweise *den Computer* in Bsp. (98) durch das Pronomen *ihn* ersetzen:

(98) Die Mutter will [den Computer] nun auf Tutti verkaufen.

(99) Die Mutter will [ihn] nun auf Tutti verkaufen.

Neben der Ersetzung durch Pronomen kann auch eine Ersetzung durch Adverbien durchgeführt werden. In Bsp. (100) wird *auf Tutti* durch *dort* ersetzt. Die Wahl der Einheit, durch die eine Wortgruppe ersetzt werden soll, hängt also von der wortartlichen Prägung der zu ersetzenden Wortgruppe ab.

(100) Die Mutter will den Computer nun [dort] verkaufen.

Beim **Koordinationstest** wird die zu untersuchende Wortgruppe mit einer Wortgruppe der gleichen Kategorie koordiniert, d. h. mithilfe einer Konjunktion wie beispielsweise *und* verbunden (es handelt sich also letztlich auch um eine Form der Ersetzung). Ist der entstandene Satz grammatisch, handelt es sich dementsprechend wieder mit hoher Wahrscheinlichkeit um eine Konstituente.

(101) In diesem Winter hat es kein einziges Mal [einen Schneesturm oder einen Orkan] gegeben.

In Bsp. (101) wird *einen Schneesturm* mit *einen Orkan* koordiniert. Da der Satz weiterhin grammatisch ist, spricht dies dafür, dass *einen Schneesturm* eine Konstituente ist. Beim Koordinationstest ist es manchmal notwendig, weitere grammatische Anpassungen vorzunehmen. Im folgenden Satz muss bei der Ersetzung durch eine Koordination das Verb *geht* angepasst werden, um Numeruskongruenz herzustellen:

(102) [Die alte Frau] geht schwimmen.

(103) [Die alte Frau und der junge Mann] gehen schwimmen.

Auch der Koordinationstest identifiziert nicht immer zweifelsfrei Konstituenten, wie das folgende Beispiel aus Dürscheid (2010: 52) zeigt:

(104) Peter [kauft neue] Kartoffeln.

(105) Peter [kauft neue und verkauft alte] Kartoffeln.

Der in Bsp. (105) angewendete Koordinationstest suggeriert, dass es sich bei *kauft neue* um eine Konstituente handelt, weil es mit *verkauft alte* koordiniert werden kann. Es handelt sich in diesem Fall jedoch um eine elliptische Konstruktion (→ 7.4.2), in der das Substantiv *Kartoffeln* im ersten Konjunkt getilgt ist. Es werden also eigentlich die beiden Konstituenten *kauft neue Kartoffeln* und *verkauft alte Kartoffeln* miteinander koordiniert.

Halten wir also fest: Die gezeigten Tests stellen nützliche Verfahren dar, um Konstituenten in Sätzen zu identifizieren. Die einzelnen Tests stellen weder notwendige noch hinreichende Bedingungen dar. Wenn ein Test nicht funktioniert, heisst das nicht automatisch, dass keine Konstituente vorliegt; das Funktionieren eines Tests zeigt nicht zwangsläufig an, dass eine Konstituente vorliegt. Die Heuristik ist insbesondere dann aussagekräftig, wenn mehrere Tests zum selben Ergebnis führen (beispielsweise Vorfeldtest und Pronominalisierungstest).

7.6.3 Phrasenkategorien

Der Phrasenbegriff wurde bereits eingeführt: Als *Phrasen* werden einzelne Wörter oder Gruppen von Wörtern bezeichnet, die eine syntaktische Einheit bilden und über einen Kopf (auch: Kern, Nukleus) verfügen, der die wortartliche Prägung sowie die grammatischen Merkmale der Phrase durch Rektion festlegt. Phrasen sind meist kontinuierlich, d. h. die Bestandteile stehen unmittelbar nebeneinander. Es gibt aber auch Fälle von diskontinuierlichen Phrasen. Phrasen können selbst wiederum Teil grösserer Phrasen sein.

Es wird im Deutschen zwischen den folgenden Phrasenkategorien unterschieden, wobei deren Bezeichnungen angeben, welches Element Kopf der Phrase ist:
1) **Nominalphrase**: [Wer]_NP überhaupt [eine Rendite]_NP will, muss [ein Anlagerisiko]_NP in Kauf nehmen, [Wohnimmobilien]_NP dürften darum gefragt bleiben. (baz.ch, 21.08.2020)
2) **Präpositionalphrase**: Und [auf dem Turniergelände (...)]_PP wird peinlichst genau darauf geschaut, dass sich alle [an die Sicherheits-Standards]_PP halten. (SRF, 01.09.2020)
3) **Adjektivphrase**: Die Luft zirkuliere [vertikal]_AdjP und werde nicht in der Kabine verteilt. (Tagesanzeiger, 05.07.2020)
4) **Adverbphrase**: [Bereits heute]_AdvP haben Streaminganbieter wie Netflix oder Amazon verschiedene Inhalte in UHD-Qualität auf ihren Plattformen im Angebot. (Grenchner Tagblatt, 08.05.2020)
5) **Verbalphrase**: Die grösste Schweizer Airline Swiss [präsentiert heute die Zahlen für das vergangene Jahr]_VP (blick.ch, 19.03.2020)

Im Folgenden werden auf deskriptive Weise die phrasalen Kategorien des Deutschen vorgestellt. Der Fokus liegt dabei insbesondere auf Nominalphrasen, da diese auch in vielen Syntaxtheorien eine herausgehobene Rolle spielen.

7.6.3.1 Nominalphrasen

Phrasen, in denen ein Substantiv oder auch ein Pronomen der Kopf ist, werden als *Nominalphrasen* (NPs) bezeichnet (z. B. *eine Rendite*; *Wohnimmobilien*; *wer*). NPs können im minimalen Fall nur aus dem Kopf bestehen oder aber durch ein Determinativ und Attribute (z. B. Adjektiv- oder Genitivattribute) erweitert und dadurch komplex werden. Da es sich bei Pronomen um Einheiten handelt, die eine Nominalphrase ersetzen können oder bei einem Substantiv stehen (und genau wie Substantive in Kasus und Numerus flektieren), wird keine separate Kategorie für Phrasen mit einem Pronomen als Kopf angesetzt.

Im Folgenden werden die möglichen Erweiterungen von Köpfen einer Nominalphrase möglichst theorieneutral systematisiert.

a) Erweiterung durch ein Determinativ

Nominalphrasen können links durch einfache (z. B. *der, die, das, ein, dieses*) oder komplexe Determinative erweitert werden (z. B. *solch ein, die meisten, das gleiche*). Zu den Determinativen zählen nicht nur definite und indefinite Artikel, sondern auch Demonstrativpronomen, Quantifikatoren oder Possessivpronomen (siehe auch Vertiefung 7.6).

Vertiefung 7.6: Nominalphrasen als Determinativphrasen
Hier geht es um die Frage, was der Kopf in Nominalphrasen ist. Man kann entweder dafür argumentieren, dass ein Substantiv der Kopf ist (deswegen auch die Bezeichnung *Nominalphrase*) oder ein Determinativ (dann spricht man korrekterweise von *Determinativphrase* oder *DP*). Beispielsweise sprechen semantische Kriterien dafür, dass das Substantiv der Kopf ist. In der Phrase *der rote Apfel* steuert insbesondere *Apfel* die Semantik. Auch legt im Deutschen das Substantiv das Genus der Phrase fest (*Apfel* ist maskulin, daher *der Apfel*, nicht **das Apfel*), was ebenfalls für eine Analyse als NP spricht. Im Zuge der Government & Binding-Theorie argumentierte nun Steven Abney 1987 in seiner Dissertation dafür, Determinative als Kopf zu analysieren. In einer solchen Analyse verlangt ein Determinativ eine NP als Ergänzung und selegiert (als typische Eigenschaft von Phrasenköpfen) dessen grammatische Merkmale. Dafür sprechen die folgenden Beispiele:

Auf dem Tisch liegt ein roter Apfel. vs. **Auf dem Tisch liegt roter Apfel.*
Auf dem Tisch liegt Geld. vs. **Auf dem Tisch liegt ein Geld.*

Die Argumentation lautet hier, dass *ein* sog. *Individuativa* selegiert (Substantive, die Einzeldinge bezeichnen und in den Plural gesetzt werden können, z. B. *Apfel*), aber keine *Kontinuativa* (Substantive, die Substanzen oder Kollektive bezeichnen und in der Regel nicht in den Plural gesetzt werden können, z. B. *Geld*). Ausserdem flektieren Adjektive nach Determinativa anders, als wenn ihnen kein Determinativ vorausgeht (*roter Apfel* vs. *der rote Apfel*). Und auch die Semantik verändert sich in Abhängigkeit vom Determinativ. *Ein roter Apfel* hat eine indefinite Lesart, *der rote Apfel* eine definite. Für Phrasen ohne Determinativ (wie in *Auf dem Tisch liegt Geld.*) nimmt man dann an, dass das Determinativ stumm ist, d. h. strukturell vorhanden, aber nicht an der Oberfläche realisiert. Und auch das zuvor genannte Argument zur Semantik hält bei genauerer Betrachtung nicht lange stand:

Der Apfel ist lecker.
*Apfel ist lecker.
Der ist lecker.

Die Beispiele zeigen, dass ein Determinativ notwendig ist, damit das Substantiv seine sog. *referenzierende Funktion* erfüllen kann (den Bezug auf das aussersprachlich existierende Objekt Apfel). *Apfel* steuert zwar einen wichtigen Teil zur Semantik bei, was aber erst richtig „funktioniert", wenn auch ein Determinativ vorhanden ist. Deswegen ist es naheliegend, zwischen einem lexikalischen Kopf (dem Substantiv) und einem funktionalen Kopf (dem Determinativ) zu unterscheiden. Manche Generativist:innen sprechen aus diesen (und weiteren) Gründen konsequent von DPs, nicht mehr von NPs.

b) Erweiterung durch Attribuierung

Rechts oder links des Kopfes einer Nominalphrase können weitere unmittelbare Konstituenten stehen, die Teil der Nominalphrase sind und diese näher bestimmen. Sie werden als *Attribute* bezeichnet und können entweder in nominaler und präpositionaler Form auftreten oder auch adjektivisch, in Form eines Adverbs, eines Partizips, als satzwertiger Infinitiv oder in Form eines Nebensatzes.

Die folgenden Beispiele zeigen einige unterschiedliche Typen nominaler Attribute (jeweils kursiv):

(106) In der Stube kicken ist keine gute Idee – [*Omas* Vase]$_{NP}$, der Christbaum oder der Vierbeiner. (Sonntagszeitung, 16.12.2023) → pränominale NP im Genitiv (auch: Genitivattribut oder „sächsischer Genitiv")

(107) Die Monarchen des Mittelalters hatten [Hofnarren, *deren freche Spässe sie an ihre Fehlbarkeit erinnern sollten*]$_{NP}$ (NZZ am Sonntag, 26.07.2024) → attributiver Relativsatz

(108) [Der Trost und die Unterstützung *ihrer Familie*]$_{NP}$ würden ihr helfen, „in diesen schwierigen Zeiten weiterzumachen und voranzukommen". (BLICK, 21.09.2021) → postnominale NP im Genitiv (auch: Genitivattribut)

(109) @Hunk: [*dem Wiesner seine* Barolowürste]$_{NP}$ sind noch dunkler, vielleicht kocht er sie im Wein? (Barolo-Hauswurst, hausgemacht. Lamiacucina, 2010-10-11, aus dem Korpus Blogs des DWDS, abgerufen am 10.01.2025) → pränominale NP im Dativ (auch: Dativattribut)

(110) Dass [die Temperaturen *diesen Dezember*]$_{NP}$ nicht sonderlich tief waren, ist unbestritten. (BLICK, 28.12.2023) → postnominale NP im Akkusativ (auch: Akkusativattribut)

(111) Das ist [eine absolute Zumutung *für die Benützer*]$_{NP}$ (Aargauer Zeitung, 01.05.2023) → Präpositionalattribut

(112) Inzwischen ist Fabian Molina [der *schärfste kalte* Krieger der Schweiz]$_{NP}$ (Weltwoche, 12.06.2024) → Adjektivattribut

(113) Dafür andere berühmte Werke des englischen Kunst-Millionärs: [*in Formaldehyd schwimmende* Haie]$_{NP}$, künstlerisch zusammengestellte Apothekenkästen, Schmetterlingsbilder und Punktegemälde. (Sonntagszeitung, 16.01.2010) → Partizipialattribut

Pränominale Genitive stehen immer in maximaler Entfernung vom Kopfnomen[2] (Bsp. 114 vs. 115) und können nicht gleichzeitig mit einem Determinativ vorkommen (Bsp. 116). Diese beiden Eigenschaften sprechen dafür, dass pränominale Genitive strukturell an der Position stehen, an der sonst Determinative in NPs stehen

---

[2] Der Begriff *Kopfsubstantiv* ist eher unüblich, gemeint ist aber dennoch das Substantiv, das Kopf der Phrase ist.

(vgl. Pafel 2011: 117–188, der ein topologisches Feldermodell für Nominalphrasen vorstellt).

(114) [Omas dunkle Schokolade]$_{NP}$ mag ich nicht.

(115) *[dunkle Omas Schokolade] mag ich nicht.

(116) *[Omas die dunkle Schokolade] mag ich nicht.

Postnominale Genitive stehen hingegen immer direkt nach dem Kopfnomen und verhindern auch nicht, dass das Kopfnomen ein Determinativ hat.

(117) Ich konnte [die dunkle Schokolade meiner Oma]$_{NP}$ noch nie leiden.

(118) *Ich konnte [die dunkle Schokolade] noch [meiner Oma] nie leiden.

Bsp. (109) zeigt einen sog. *adnominalen possessiven Dativ*: Der Kopf der NP wird durch eine NP im Dativ modifiziert, immer in Kombination mit einem Possessivpronomen. Solche Formen der Attribuierung treten fast ausschliesslich in der gesprochenen Umgangssprache, dialektal oder in konzeptuell mündlichen Äusserungen auf (vgl. Zifonun 2003).

Einen speziellen Fall der Attribuierung stellen sog. *Appositionen* dar. Als *enge Apposition* werden in der Regel nichtflektierte Substantive und Adjektive bezeichnet, die den Kopf einer Nominalphrase rechts oder links erweitern. Sie sind orthografisch nicht vom Kopf abgesetzt (im Gegensatz zu lockeren Appositionen, siehe unten). In der Literatur finden sich unterschiedliche Definitionen für den Begriff der Apposition, auch werden unterschiedliche Phänomene darunter subsumiert (vgl. Eisenberg 2020: 279–285). Die folgenden Beispiele zeigen eine Reihe enger Appositionen.

(119) Ich hätte gerne [*100 Gramm* Schokolade]$_{NP}$. → Mass-, Mengen- und Sammelbezeichnungen

(120) [Ich *Idiot*]$_{NP}$ habe die Schokolade vergessen. → Substantiv

(121) [*Wachtmeister* Dimpfelmoser]$_{NP}$ hat Verdacht geschöpft. → Berufsbezeichnungen

(122) [*Herrn* Dimpfelmoser]$_{NP}$ kann man nicht vertrauen. → Titel und Anredenomina

(123) Er hat [Karl *den Grossen*]$_{NP}$ besiegt. → Beinamen

(124) Ich trinke gerne [Apfelsaft *pur*]$_{NP}$. → nichtnominale enge Apposition

Enge Appositionen werden nicht flektiert, mit Ausnahme von Anredenomina, Titeln und zum Teil auch Beinamen (siehe Bsp. 122 und 123). Bei NPs mit engen Appositionen ist es manchmal schwierig, das Kopfnomen von der Apposition zu unterscheiden. In Bsp. (120) ist *Ich* das Kopfnomen, was man daran erkennt, dass der Satz ungrammatisch wird, wenn man es weglässt. In Bsp. (121) ist *Dimpfelmoser* das Kopfnomen, was bei einer Umformung in ein Genitivattribut sichtbar wird (*Wachtmeister Dimpfelmosers Verdacht*: Das Kopfnomen wird mit dem Genitiv-s markiert, die enge Apposition bleibt unflektiert).

Unter lockeren Appositionen schliesslich werden Wortgruppen verstanden, die syntaktisch zwar Teil der NP sind, mit dem Kopf der NP aber dennoch nur „lose" verbunden sind. Das drückt sich durch eine intonatorische und orthografische Abhebung aus, aber auch semantisch: Lockere Appositionen tragen nicht dazu bei, die Referenz des Substantivs festzulegen (im Gegensatz zu engen Appositionen), sondern enthalten „Nebengedanken" zu diesem Referenten (Pafel 2011: 127). Das zeigen die folgenden Beispiele:

(125) Herr Dimpfelmoser, *einer der besten Wachtmeister aller Zeiten*, hat Verdacht geschöpft.

(126) Herr Dimpfelmoser, *weitaus schlauer als alle anderen Wachtmeister*, hat Verdacht geschöpft.

7.6.3.2 Präpositionalphrasen
Eine Präpositionalphrase (kurz: PP) hat eine Präposition als Kopf, die eine weitere Ergänzung fordert. Der Begriff Präpositionalphrase ist streng genommen etwas ungenau: Es gibt im Deutschen neben Präpositionen (die, wie der Name schon sagt, ihrer Ergänzung vorangestellt sind) auch Postpositionen (der Ergänzung nachgestellt) und sog. *Zirkumpositionen* (sie enthalten einen vorangestellten und nachgestellten Teil, z. B. *um ... willen*). Üblicherweise werden alle diese drei Ausprägungen aber als Präpositionen zusammengefasst (so auch in den folgenden Ausführungen), und man spricht daher auch in allen Fällen von Präpositionalphrasen.

Am häufigsten werden Präpositionen durch Nominalphrasen erweitert; die Präposition regiert dann den Kasus dieser NP (*auf* [*dem Hof*]$_{\text{NP-Dat}}$, *während* [*des Spiels*]$_{\text{NP-Gen}}$), aber auch Adverbphrasen (*bis* [*morgen*]) oder wiederum PPs (*zugunsten* [*von meiner Mutter*]). Ausserdem können Präpositionalphrasen erweitert werden, und zwar entweder links oder rechts (*zehn Meter hinter dem Eingang, direkt neben dem Eingang, hinter dem Haus ganz links*).

In einigen syntaktischen Arbeiten werden auch sog. *Pronominaladverbien* als Präpositionalphrasen analysiert. Pronominaladverbien bestehen aus einem Adverb und einer Präposition, oft mit einem dazwischengeschobenem *r* (z. B. *da* + *über* = *darüber, wo* + *über* = *worüber*); in einigen Arbeiten (beispielsweise der Duden-Grammatik) wird daher auch die Bezeichnung *Präpositionaladverb* verwendet. Die Nähe zu Verbindungen aus Präposition und Ergänzung wird also sehr deutlich und spielt auch bei der syntaktischen Analyse eine Rolle. Dafür spricht auch, dass Pronominaladverbien „normale" Präpositionalphrasen ersetzen können:

(127) Ich erinnere mich noch gut [an dieses Buch].

(128) Ich erinnere mich noch gut [daran].

Pronominalphrasen unterscheiden sich aber in einer Eigenschaft wiederum doch von „normalen" Präpositionalphrasen: Adverb und Präposition können – zumindest umgangssprachlich und dialektal – in Distanzstellung stehen, unterbrochen von anderen Konstituenten. Das zeigt das folgende Beispiel:

(129) Ich habe damit nichts zu tun.

(130) Da habe ich nichts mit zu tun.

(131) Ich habe mit dieser Sache nichts zu tun.

(132) *Dieser Sache habe ich nichts mit zu tun.

Konstruktionen wie in (130) werden in der Generativen Grammatik unter dem Begriff des *preposition stranding* zusammengefasst. Damit ist gemeint, dass die Präposition in der Basisposition verbleibt („gestrandet" ist), die Ergänzung (in diesem Fall das Adverb) aber im Vorfeld steht. Im Niederdeutschen sind solche Konstruktionen üblich (vgl. Fleischer 2003), ebenso im Englischen (z. B. *Whom did you talk to?*).

7.6.3.3 Adjektivphrasen

Adjektivphrasen (kurz: AdjP) können nur aus dem Adjektiv (= dem Kopf) bestehen oder aber erweitert sein; Adjektivphrasen können attributiv vorkommen, prädikativ oder adverbial.

(133) der [heisse] Tee → attributiv gebrauchte AdjP

(134) der [furchtbar heisse] Tee → attributiv gebrauchte AdjP

(135) Der Tee war [furchtbar heiss]. → prädikativ gebrauchte AdjP

(136) Sie sang [laut] in der Küche. → adverbial gebrauchte AdjP

7.6.3.4 Adverbphrasen

Adverbphrasen können entweder nur aus einem Adverb (= dem Kopf) bestehen oder aber erweitert vorkommen. Die Erweiterung von Adverbphrasen ist im Deutschen jedoch nur eingeschränkt möglich und insbesondere vom Adverb abhängig. Im Folgenden werden einige Beispiele gezeigt:

(137) Ich trinke [ziemlich oft] Kaffee.

(138) [Heute vor drei Jahren] habe ich zum letzten Mal Kaffee getrunken.

(139) [Gestern Abend] hätte ich einen Espresso gut gebrauchen können.

Adverbphrasen können als Attribute in Nominalphrasen auftreten oder als Adverbialbestimmung den Verbalkomplex oder den gesamten Satz modifizieren.

7.6.4 Phrasenstruktur in der Generativen Grammatik

Zum Abschluss des Kapitels zur Konstituentenstruktur wird ein etwas vertiefterer Einblick in die Funktions- und Argumentationsweise der Generativen Grammatik gegeben und gezeigt, wie Phrasenstrukturen formalisiert werden. Im Zentrum steht die X'-Theorie (gelesen als „X-Bar-Theorie"), die bereits in den 1970er-Jahren von Noam Chomsky entwickelt wurde und zentraler Bestandteil der Government & Binding-Theorie war. In der germanistischen

Linguistik ist das Modell breit rezipiert worden. In der jüngsten Variante der Generativen Grammatik, dem Minimalismus, spielt die X'-Theorie zwar keine Rolle mehr, sie wird hier dennoch gezeigt, weil (1) es ein klassisches Modell der Syntaxforschung ist, das bei der Analyse von Phrasenstrukturen immer noch Anwendung findet und das man deswegen kennen sollte; (2) es systematische Zusammenhänge mit dem topologischen Feldermodell gibt und (3) es sehr gut veranschaulicht, was gemeint ist, wenn man von syntaktischen Formalisierungen in der GG spricht.

In der Generativen Grammatik geht man von einem universalen Prinzip aus, dem sog. *Phrasenprinzip*: Wörter sind nicht als Wörter syntaktisch verwendungsfähig, sondern erst als Phrasen. Um Phrasen zu werden, müssen grammatische Wörter häufig (nicht immer) ergänzt werden – das wurde schon bei der Vorstellung der einzelnen Phrasenkategorien in den vorangegangenen Kapiteln gezeigt. Wie grammatische Wörter zu ergänzen sind, das steuert ihr Selektionsrahmen (→ 7.5.1 zum Begriff des Valenzrahmens). Durch diese Ergänzungen werden sie syntaktisch verwendungsfähig (man sagt auch „gesättigt") und können mit anderen Gliedern einer syntaktischen Struktur in Kontakt kommen. Die folgenden Beispiele zeigen, was hier gemeint ist:

(140) [Sarah] steht auf dem Regal.

(141) *[Buch] steht auf dem Regal.

(142) [Das/Ein Buch] steht auf dem Regal.

Um im Fragment *[...] steht auf dem Regal* die Stelle des Subjekts auszufüllen, reicht das grammatische Wort *Sarah* aus, mit *Buch* hingegen funktioniert es nicht. *Sarah* ist ein Wort, das zugleich als Phrase verwendungsfähig ist, das also nicht ergänzt zu werden braucht. Bei *Buch* hingehen sehen wir, dass es alleine nicht syntaktisch als Phrase verwendungsfähig ist; vielmehr bedarf *Buch* der Erweiterung durch einen Artikel (siehe Vertiefung 7.6 zur Analyse von NPs als DPs).

Gegeben sei der Zielsatz *Sarah würde das Buch in den Lesesaal stellen*. Für diesen Satz wird in diesem und im nächsten Kapitel schrittweise ein Phrasenstrukturbaum entwickelt, und zwar so, wie man es im Rahmen der Government & Binding-Theorie machen würde – aber ohne auf alle Details der Formalisierung einzugehen.

In der GG wird angenommen, dass sich hinter dem Zielsatz u. a. die Teilstruktur in Abbildung 7.5 verbirgt.

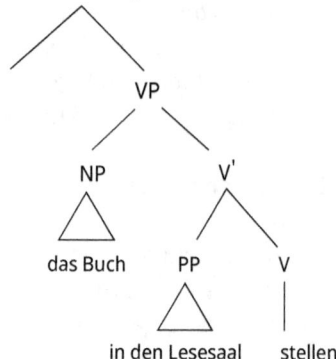

Abbildung 7.5: Teilstruktur für den Satz *Sarah würde das Buch in den Lesesaal stellen*.

Als Orientierung dient die Leitfrage: „Was kann die Leerstelle von *Sarah würde [...]* füllen?" Es wird gezeigt, dass das eine Verbalphrase ist, nämlich mit dem Kopf *stellen*. Dieser Kopf muss gemäss seinem Selektionsrahmen ergänzt werden:
- *Stellen* ist ein syntaktisches Wort mit der kategorialen Prägung V. Es ist als solches nicht syntaktisch verwendungsfähig (ungesättigt), was daran erkennbar ist, dass **Sarah würde stellen* ungrammatisch ist.
- Demzufolge muss *stellen* zunächst ergänzt werden, bevor es das Fragment *Sarah würde [...]* ergänzen kann. Eine erste Ergänzung ist *in den Lesesaal*, selbst ein Wortkomplex, der syntaktisch verwendungsfähig ist, also Phrasenstatus hat und als solcher eben *stellen* ergänzen kann. Dass [*in den Lesesaal stellen*] eine Konstituente bildet, wird unter Rückgriff auf den Vorfeld- und Ersetzungstest deutlich (→ 7.6.2). Man kann diesen Komplex gesamthaft an den Satzanfang stellen ([*In den Lesesaal stellen*] *würde Sarah das Buch*), und man kann ihn gesamthaft durch ein Verb ersetzen, z. B. *Sarah würde das Buch* [*lesen*]. Der Ersetzungstest zeigt, dass der ganze Komplex [*in den Lesesaal stellen*] trotz Ergänzung immer noch verbalen Charakter hat.
- Der Komplex [*in den Lesesaal stellen*] ist jedoch offensichtlich noch immer nicht fähig, das Fragment *Sarah würde [...]* zu einem wohlgeformten Satz zu ergänzen: **Sarah würde [in den Lesesaal stellen]*. Nun nimmt man *das Buch* hinzu, selbst wieder eine phrasale Konstituente, die ergänzen kann. Das ergibt [*das Buch in den Lesesaal stellen*].

Proben zeigen:
(i) Man kann auch diesen Komplex gesamthaft, z. B. an den Satzanfang (in das Vorfeld), verschieben: *[Das Buch in den Lesesaal stellen] würde Sarah.*
(ii) Man kann den ganzen Komplex durch ein Verb ersetzen, beispielsweise durch *schlafen*: *[Sarah würde schlafen].* Der ganze Komplex ergänzt das Fragment *Sarah würde [...]* genauso zu einem wohlgeformten Satz wie die einzelne verbale Wortform *schlafen.* Das ist ein starkes Argument dafür, dass der Komplex *[das Buch in den Lesesaal stellen]* verbale Prägung hat und syntaktisch gesättigt, verwendungsfähig und also eine Phrase, nämlich eine *Verbalphrase* (VP) ist.

Man kann nun sagen: Das Fragment *Sarah würde [...]* ruft zur Ergänzung durch eine Verbalphrase auf. Das grammatische Wort *schlafen* kann aufgrund seines Selektionsrahmens als eine solche VP auftreten, *stellen* kann das offensichtlich nicht, es muss selbst erst ergänzt werden.

Dabei benötigt *stellen* zwei Ergänzungen, und es kommt in der syntaktischen Struktur zwischen dem alleinigen Wort *stellen*, das ein V ist, und der Phrasenstufe VP (*das Buch in den Lesesaal stellen*) zu einer Zwischenstufe, nämlich der Konstituente *in den Lesesaal stellen*, bei der es sich nicht mehr um ein einfaches syntaktisches Wort, aber auch noch nicht um eine Phrase handelt, aber auf jeden Fall um ein verbal geprägtes Gebilde. Solche Zwischenstufen werden mit einem Strich markiert: V' (lies: „V Strich"). V' und VP nennt man *Projektionen* von V.

Eines der Ziele der Generativen Grammatik liegt nun darin, das, was für die VP im Beispiel soeben illustriert wurde, so weit als nur möglich zu verallgemeinern, d. h. dahinter ein möglichst allgemeines (in allen Sprachen gültiges) Prinzip zu sehen. Ein solches Prinzip ist im X'-Schema (gelesen als „X-Bar-Schema") formuliert und Gegenstand des folgenden Kapitels.

7.6.4.1 X': Grundschema

Grundlegendes Element dieser Theorie ist, dass alle Phrasen endozentrisch sind, d. h. jede XP hat einen Kopf X, was einer Lesart von *oben nach unten* im Phrasenstrukturbaum entspricht. Dieses Prinzip ist bereits aus der Beschreibung der einzelnen Phrasentypen bekannt: Nominalphrasen haben ein Substantiv als Kopf, Präpositionalphrasen eine Präposition usw. Liest man den Strukturbaum von *unten nach oben*, dann sagt man in der X'-Terminologie, dass jedes grammatische Wort X zu einer Phrase XP projiziert wird. Die X'-Theorie argumentiert nun dafür, dass alle Phrasentypen einem gleichen, gestuften Aufbau mit mehreren sog. *Projektionsstufen* folgen.

Abbildung 7.6 zeigt das X'-Schema in einer basalen und abstrakten Version. Zu sehen ist die Projektion eines grammatischen Wortes X zur Phrase XP. In einer ersten Stufe wird der Kopf (X^0) durch eine Phrase ZP zu einer intermediären Projektion bzw. Zwischenkategorie erweitert (X'); man spricht von einer Erhöhung der Projektionsstufe; diese Stufe der Projektion hat noch nicht den Status einer vollständigen (gesättigten) Phrase; z. B. wird ein Verb (V^0) in diesem ersten Schritt zu V' (und noch nicht zu einer VP). In einer zweiten Projektionsstufe wird X' durch die Kombination mit einer zweiten Phrase (YP) zu einer vollständigen Phrase XP (auch als *Maximalprojektion* bezeichnet).

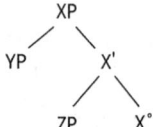

Abbildung 7.6: Grundlegendes X'-Schema.

Angewendet auf das obige Beispiel (siehe Abbildung 7.7): [*das Buch in den Lesesaal stellen*] ist eine VP mit dem Kopf V^0 = *stellen*, der durch Ergänzung der beiden Phrasen [*in den Lesesaal*] (eine PP) und [*das Buch*] (eine akkusativische NP) zur VP projiziert wird. Die beiden ergänzenden Phrasen sind intern ebenfalls projiziert: Das P *in* ist zur PP [*in den Lesesaal*] projiziert, das N *Buch* ist zur NP [*das Buch*] projiziert. In Abbildung 7.7 ist dies durch die beiden Dreiecke lediglich angedeutet.

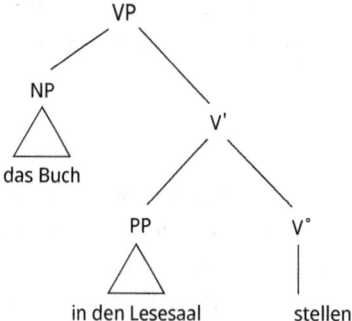

Abbildung 7.7: Phrasenstruktur für die VP *das Buch in den Lesesaal stellen*.

Sämtliche syntaktische Gebilde aller Sprachen der Welt sollen nach dem X'-Schema gebaut sein. Um diesen Anspruch einzuhalten, ist es entsprechend allgemein formuliert:

1) Es lässt einerseits offen, ob ein Wort ergänzt zu werden braucht, um als Phrase verwendungsfähig zu werden. Das hängt vom Selektionsrahmen des einzelnen Wortes ab. Das Verb *stellen* muss ergänzt werden, das Substantiv *Johanna* muss hingegen bei der Projektion zur Phrase (Abbildung 7.8) nicht zwingend ergänzt werden. Es kann aber ergänzt werden, z. B. zu *die heilige Johanna* (Abbildung 7.9). Obligatorische Ergänzungen werden in der GG als *Komplemente* bezeichnet, fakultative Ergänzungen als *Adjunkte* (die Unterscheidung zwischen Adjunkt und Komplement entspricht der zwischen Ergänzung und Angabe in der Valenzgrammatik).

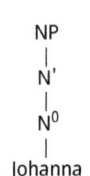

```
           NP
          /  \
NP      DET   N'
|        |   / \
N'      die AP  N°
|           △   |
N⁰        heilige Johanna
|
Johanna
```

Abbildung 7.8: Phrasenstruktur für die NP *Johanna*.

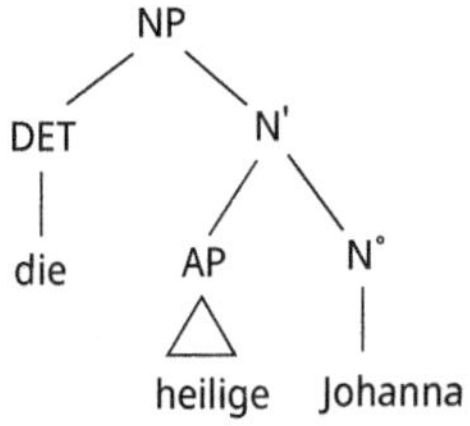

Abbildung 7.9: Phrasenstruktur für die NP *die heilige Johanna*.

2) Es lässt ausserdem offen, über wie viele Stufen hinweg projiziert wird oder werden muss, d. h. wie viele X'-Zwischenstufen es gibt oder geben muss. Das zeigt der Phrasenstrukturbaum für *die heilige Johanna der Schlachthöfe* in Abbildung 7.10.
3) Das X'-Schema lässt die Verzweigungsrichtung und damit den Verlauf der sog. *Projektionslinie* (gemeint ist die Linie des X) offen. Die abstrakte Darstellung oben ist rechtsverzweigend – aber das ist keineswegs vorgegeben, sondern variiert zwischen einzelnen Sprachen. Hier liegt also ein Fall von einzelsprachlicher Parametrisierung vor. Es gibt Sprachen mit links angehängten adnominalen Adjektiven wie das Deutsche (*das gelbe Haus*) und Sprachen mit rechts angehängten adnominalen Adjektiven wie das Französische (*la maison jaune*), es gibt Sprachen mit linksständigen Präpositionen und Sprachen mit rechtsständigen Postpositionen; im Deutschen gibt es sowohl linksständige Präpositionen (*für Anna*) wie rechtsständige Postpositionen (*Anna zuliebe*; siehe Abbildung 7.11 und 7.12).

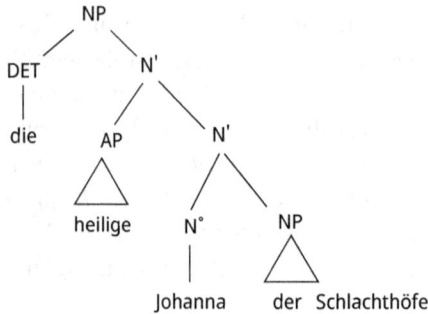

Abbildung 7.10: Phrasenstruktur für *die heilige Johanna der Schlachthöfe*.

Abbildung 7.11: Linksverzweigende PP.   **Abbildung 7.12:** Rechtsverzweigende PP.

7.6.4.2 X': CP, IP und move-α

Bis jetzt wurde gezeigt, wie man das X'-Schema auf Phrasen unterhalb der Satzebene anwendet. Für den Satz *Sarah würde das Buch in den Lesesaal stellen* liegt damit also erst die Analyse der VP *das Buch in den Lesesaal stellen* vor; nun geht es darum, *Sarah würde* in den Strukturbaum zu integrieren.

Um der Argumentation der GG gut folgen zu können, wird zunächst die Struktur für *Sarah das Buch in den Lesesaal stellen würde* erarbeitet. Warum das finite Verb *würde* an das Satzende gestellt wird, klärt sich im Anschluss.

Für die Analyse solcher (Teil-)Sätze werden zwei weitere Phrasenkategorien eingeführt, die in zwei Schichten das bisher gezeigte Schema ergänzen: Complementizerphrasen (CP; vgl. die COMP-Position → 7.4.3) und Inflectionphrasen (IP).

Der Kopf der IP ist I^0, eine funktionale Kategorie, die das Tempus (Temp) des finiten Verbs sowie Kongruenz (Agr) mit dem Subjekt herstellt. I^0 ist entweder lexikalisch mit Auxiliaren oder Modalverben gefüllt (im Beispiel: *würde*) oder phonologisch leer; *Temp* und *Agr* sind dann am finiten Vollverb erkennbar. Kongruenz und Tempus sind also nicht „einfach so" da, sondern bekommen durch die IP einen Ort im Phrasenstrukturbaum. Über der IP wird noch eine weitere „Schicht" hinzugefügt: eine CP mit einer Zwischenprojektion C', die aus dem Kopf C und der IP besteht. C steht für *Complementizer*, CP entsprechend für *Complemen-*

7.6 Hierarchische Struktur des Satzes: Konstituenz — 321

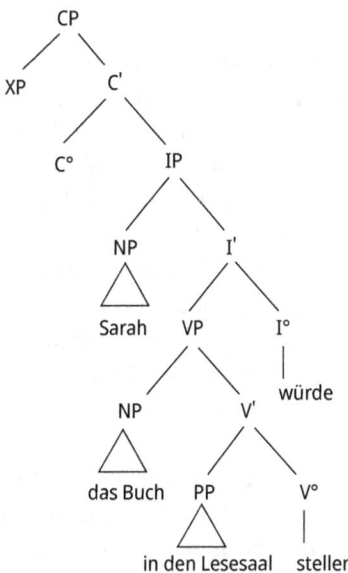

Abbildung 7.13: Phrasenstruktur mit CP und IP.

tizer Phrase. C⁰ kann auch wieder lexikalisch gefüllt sein, z. B. mit einer Subjunktion wie *weil*. Fügt man beide Schichten hinzu, sieht der Phrasenstrukturbaum für den Beispielsatz wie in Abbildung 7.13 aus.

Der Phrasenstrukturbaum enthält zwei Leerpositionen: C⁰ (der Kopf der CP) und den Schwesterknoten von C' (in der Darstellung als XP bezeichnet). Warum es diese Leerpositionen strukturell braucht, wird gleich gezeigt. Auch wenn dieser Phrasenstrukturbaum bereits sehr komplex ist, lässt sich das zu Beginn gezeigte basale X'-Schema deutlich erkennen (mehrfach aufeinandergestapelte Projektionsstufen).

Was die Darstellung zeigt, ist die in der GG angenommene Grundstruktur deutscher Sätze. Demzufolge haben Sätze in ihrer Grundstruktur eine Verbletztstellung. Ein Anspruch, den die GG an eine solche Formalisierung stellt, ist es, aus dieser Grundstruktur nun alle anderen möglichen (d. h. grammatischen) Satzstrukturen des Deutschen abzuleiten. Das heisst also: Aus diesem Strukturbaum kann der Satz *Sarah würde das Buch in den Lesesaal stellen* abgeleitet werden. Unmittelbar offensichtlich ist, dass dafür zumindest das finite Verb verschoben werden muss. Dafür formuliert die GB das Prinzip *move-α* („move-Alpha"). Es besagt: „Bewege das Element α in eine angemessene Position α'" (Öhl 2015: 216). Angemessen meint, dass Elemente nur „nach oben" bewegt werden können, also an eine höhere Stelle im Strukturbaum. Und es meint auch, dass Elemente nur an Positionen bewegt werden dürfen, die nicht bereits lexikalisch gefüllt sind. Weiterhin gilt: Phrasen dürfen nur in Phrasenpositionen (XP) bewegt werden, Köpfe nur in Kopfpositionen (X⁰).

Auf das Beispiel bezogen:
- Das Wort mit dem Merkmal I⁰ wird an die Stelle von C⁰ bewegt (aus einer Kopfposition in eine andere, nicht lexikalisch gefüllte Kopfposition). Dadurch entsteht: *würde_j die Studentin das Buch in den Lesesaal stellen.* In Sätzen, in denen C⁰ leer ist, ist diese Bewegung obligatorisch. Ist C⁰ hingegen bereits mit einer Subjunktion besetzt (z. B. mit *weil*), kann keine Bewegung stattfinden (es bleibt also bei einer Verbletztstellung, z. B. *weil Sarah das Buch in den Lesensaal stellen würde*).
- In einer zweiten, fakultativen Bewegung kann noch XP besetzt werden. Es kann also z. B. *Sarah* in diese Position bewegt werden. Dadurch entsteht der Verbzweitsatz *Sarah würde das Buch in den Lesesaal stellen.* Die Bewegung ist fakultativ – findet sie nicht statt, liegt ein Verberstsatz vor, beispielsweise bei Fragesätzen (*Würde Sarah das Buch in den Lesesaal stellen?*).

Mit move-α können also auf elegante Weise aus der Grundstruktur des VL-Satzes die beiden weiteren Verbstellungstypen im Deutschen abgeleitet (generiert) werden, die bereits aus dem topologischen Feldermodell bekannt sind: Verbzweitstellung und Verberststellung.

Bewegungen hinterlassen sog. *Spuren*, die im Strukturbaum mit t (für engl. *trace*) und einem entsprechenden Index markiert werden (siehe Abbildung 7.14).

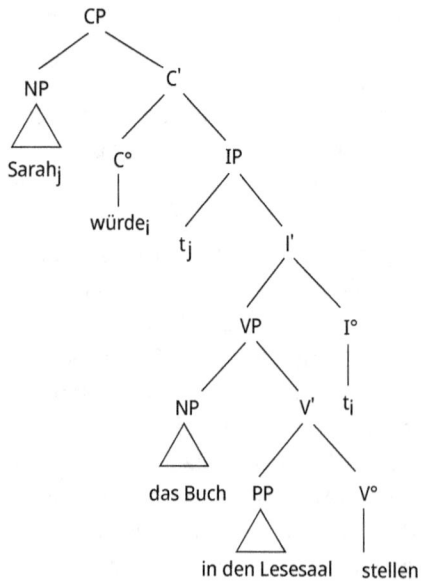

Abbildung 7.14: Vollständige Phrasenstruktur für den Zielsatz *Sarah würde das Buch in den Lesesaal stellen.*

Mit der Bewegungsoperation können auch andere Varianten des Zielsatzes erzeugt (oder eben generiert) werden. Zum Beispiel kann auch *das Buch* oder *in den Lesesaal* in XP verschoben werden. Diese Permutation wurde bereits in Kapitel 7.6.2 gezeigt, als es um den Vorfeldtest ging.

An dieser Stelle muss nun auch noch geklärt werden, wie eigentlich die Generierung ungrammatischer Sätze verhindert wird. Aus Platzgründen sei hier nur gesagt, dass in der GG eine Reihe sog. *beschränkender Module* definiert werden, die beispielsweise move-α einschränken, um die Generierung ungrammatischer Sätze zu verhindern (z. B. könnte man ja auch auf die Idee kommen, zwei Konstituenten in XP zu schieben; dann erhält man z. B. den ungrammatischen Satz **Sarah das Buch würde in den Lesesaal stellen*). Eine dieser Beschränkungen besagt beispielsweise, dass nicht zwei verschiedene Konstituenten in ein und dieselbe Position verschoben werden dürfen.

Zum Abschluss soll gezeigt werden, dass mithilfe von move-α und der angenommenen Grundstruktur deutscher Sätze systematische Bezüge zum topologischen Feldermodell und den dort beschriebenen Verbstellungstypen im Deutschen hergestellt werden können:
- C^0 entspricht der linken Satzklammer.
- V^0 und I^0 bilden die rechte Satzklammer bzw. VK.
- XP entspricht dem Vorfeld.
- Die übrigen Positionen ergeben das Mittelfeld.

Anhand des Zielsatzes sehen diese Korrespondenzbeziehungen wie in Abbildung 7.15 dargestellt aus.

7.7 Syntaktische Funktionen

Die Analyse syntaktischer Funktionen ist vermutlich derjenige Teilbereich der Syntax, der über die Grenzen der Grammatikforschung hinaus bei linguistischen Laien am besten bekannt ist. Es handelt sich dabei um die Analyse von Satzgliedern. Sie ist ein zentrales Element der Schulgrammatik und des Deutschunterrichts. Ziel einer Satzgliedanalyse ist es, die Funktion von Wörtern bzw. Wortgruppen im Satz zu bestimmen, also ob sie als Subjekt, Prädikat, Objekt, Adverbialbestimmung oder Attribut verwendet werden. Man könnte daher meinen, dass es sich bei der Satzgliedanalyse um denjenigen Bereich der Grammatikforschung bzw. Syntax handelt, für den es ein grosses Mass an Konsens gibt (in Form von gesicherter Terminologie

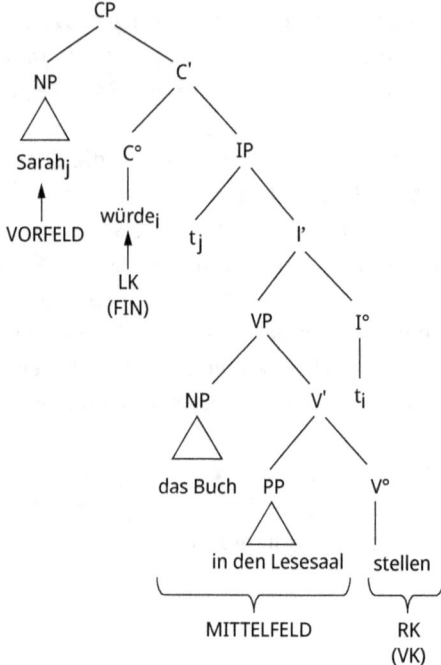

Abbildung 7.15: Topologische Felder im X'-Schema.

sowie gesicherter Definitionen). Interessanterweise ist dies aber gerade nicht so, weil sich bei der Satzgliedanalyse auf eindrückliche Weise zeigt, wie sich formale Kriterien (die im Zentrum der Syntax stehen) mit semantischen und pragmatischen Kriterien vermischen können und wie dadurch terminologische und konzeptuelle Unschärfen entstehen. Daraus sollte jedoch nicht geschlossen werden, dass es sich bei der Satzgliedanalyse nicht um ein geeignetes syntaktisches Analyseinstrument handelt. Sie ist insbesondere eine gute Grundlage, um sich im Anschluss mit der komplexen Phrasenstrukturgrammatik zu beschäftigen, weil sie eben bereits Teil der Schulgrammatik ist, mit einfachen Mitteln einen Überblick über die Struktur von Sätzen ermöglicht und weil sie sich dadurch – im Gegensatz wiederum zu komplexen Grammatiktheorien – durchaus für die Analyse beliebiger empirisch belegter Sätze eignet.

Zunächst ist die Satzgliedanalyse genau wie die Dependenz- und Phrasenstrukturanalyse eine Form der relationalen syntaktischen Analyse: Im Fokus steht, in welcher Beziehung Wörter und Wortgruppen eines Satzes zueinander, insbesondere aber zum Prädikat, dem verbalen Kern eines Satzes, stehen. Die Satzgliedanalyse macht dementsprechend Aussagen darüber, welche Funktion ein Wort/eine

Wortgruppe im Satz hat. Eine Satzgliedanalyse ist damit immer auf einen konkreten Satz bezogen, wie die folgenden Beispiele zeigen:

(143) [Robert]$_{Subj}$ wurde heute zum Essen eingeladen.

(144) Maria hat [Robert]$_{AkkObj}$ heute zum Essen eingeladen.

(145) Maria ist [eine Kollegin [von Robert]$_{PAttr}$].

Die NP *Robert* hat in (143) die Funktion eines Subjektes, in (144) hingegen die eines Akkusativobjekts, und in (145) ist *Robert* Teil eines Präpositionalattributs. Ein Wort/ eine Wortgruppe desselben Typs (hier: NP) kann also in ganz unterschiedlichen syntaktischen Funktionen vorkommen. Hier wird der Unterschied zur Analyse syntaktischer Kategorien deutlich: *Robert* ist in allen drei Beispielen (und auch in allen anderen potenziellen Beispielen) ein Substantiv (und z. B. niemals ein Adjektiv), weil es immer über die gleichen morphologischen Eigenschaften verfügt. Dass nun *Robert* in (143) ein Subjekt ist und in (144) ein Akkusativobjekt, hängt hingegen von seiner Relation zum Prädikat ab. In (143) ist *Robert* die Nominativergänzung zu *hat eingeladen*, in (144) die Akkusativergänzung zu *wird eingeladen*. Das Gleiche gilt übrigens auch umgekehrt: Ein bestimmtes Satzglied/eine bestimmte syntaktische Funktion kann mithilfe verschiedener syntaktischer Kategorien realisiert werden. Ein Subjekt ist zwar typischerweise als NP realisiert, kann aber auch in Form von *dass*-Sätzen oder Fragesätzen vorkommen:

(146) [Dass Maria ihn heute zum Essen eingeladen hat]$_{Subj}$, macht Robert sehr glücklich.

An dieser Stelle sei auf zwei wichtige Dinge hingewiesen: Erstens muss für eine Satzgliedanalyse immer auch eine Konstituentenanalyse durchgeführt werden. Für die Satzgliedanalyse elementar sind deswegen die in Kapitel 7.6.2 eingeführten Konstituententests (z. B. Vorfeldtest, Fragetest). Zweitens wird im Folgenden auf die Terminologie der Valenzgrammatik zurückgegriffen, um syntaktische Funktionen einzuführen: Subjekte und Objekte werden als obligatorische Ergänzungen des Verbs eingeführt, Adverbialbestimmungen hingegen als fakultative Angaben (siehe vergleichend dazu Vertiefung 7.7 zur Satzgliedanalyse in der Konstruktionsgrammatik). Attribute sind Teile von Ergänzungen oder Angaben und damit keine Satzglieder, sondern Satzgliedteile. Es wäre aber auch möglich, Satzglieder über die Semantik einzuführen, dann sind sowohl Subjekte als auch Objekte Argumente des Prädikats und Adverbialbestimmungen Modifikatoren. Oder man könnte auch die

Terminologie der X'-Theorie nutzen; Subjekte sind dann Spezifikatoren, Objekte Komplemente und Adverbialbestimmungen Adjunkte.

7.7.1 Das Prädikat

Der Begriff des Prädikats stammt (ebenso wie der Begriff des Subjekts) aus der aristotelischen Logik. In diesem logisch-semantischen Sinne geht es um den Aufbau einer Aussage, die demzufolge immer zweigeteilt ist und aus dem Subjekt (dem Satzgegenstand, dem „Zugrundeliegenden") und dem Prädikat (einer Aussage über diesen Satzgegenstand, dem „Ausgesagten") besteht. Im folgenden Satz wird über einen Edelstein („den Satzgegenstand") etwas ausgesagt, nämlich dass er glänzt.

(147)   Der Edelstein glänzt.

Unter grammatischer Perspektive gibt es unterschiedliche Auffassungen, was zum Prädikat eines Satzes gehört. So unterscheiden Zifonun et al. (1997) – wiederum unter Bezug auf die ältere Grammatikforschung – zwischen einem maximalen und einem minimalen Prädikat. Das maximale Prädikat bezieht sich auf die gesamte Verbalphrase eines Satzes, zu der alle Ergänzungen und Angaben gehören, mit Ausnahme des Subjekts.

(148)   Das Mädchen *poliert den Edelstein mit einem Tuch.* → maximales Prädikat

Hier wird die logisch-semantische Konzeption erkennbar: Das Prädikat sagt etwas über das Subjekt (den Satzgegenstand) aus.
    Der enge Prädikatsbegriff umfasst das finite Verb des Satzes und (falls vorhanden) weitere von ihm abhängige Bestandteile eines Satzes. Ein Prädikat kann dementsprechend einfach oder komplex sein, d. h. aus lediglich einem finiten Verb bestehen oder aus einer Zusammensetzung aus finitem Verb und weiteren Bestandteilen. Zu diesen Bestandteilen gehören insbesondere infinite Verbformen (Bsp. 150), trennbare Verbpartikeln (Bsp. 151) und (nach Ansicht einschlägiger Arbeiten wie z. B. Zifonun et al. 1997: 691) nichtverbale Bestandteile von Funktionsverbgefügen (Bsp. 152).

(149)   Heute *scheint* die Sonne.

(150)   Gestern *hat* die Sonne *geschienen.*

(151)   Das Mädchen *bläst* die Kerze *aus.*

(152) Gestern *ging* die schöne Vase *zu Bruch*.

Hier wird der Zusammenhang zur topologischen Struktur von Sätzen deutlich (→ 7.4.1): Einfache Prädikate stehen in der linken Satzklammer (bzw. FIN), komplexe Prädikate teilen sich entweder in die linke und rechte Satzklammer auf oder stehen vollständig in der rechten Satzklammer (in Verbletztsätzen).

Ausserdem gibt es eine kleine Gruppe sog. *Kopulaverben*, die das Prädikat nicht allein bilden können, sondern ein sog. *Prädikativ* benötigen. Es geht dabei um die Verben *sein*, *werden* und *bleiben*, die neben dem Subjekt noch eine weitere Ergänzung fordern. Je nach Grammatik werden auch weitere Verben zur Gruppe der Kopula gezählt. Das Prädikativ kann in unterschiedlicher Form realisiert werden, wie die folgenden Beispiele zeigen:

(153) Maria ist [Studentin]$_{Prädikativ}$

(154) Maria bleibt [mutig]$_{Prädikativ}$

(155) Diese Entscheidung wird [extrem schwer]$_{Prädikativ}$

Vertiefung 7.7: Satzglieder in der Konstruktionsgrammatik

Satzglieder werden in diesem Kapitel sehr traditionell eingeführt, wobei immer wieder mit der Terminologie der Valenzgrammatik gearbeitet wird. In anderen syntaktischen Theorien spielen Satzglieder ebenfalls eine Rolle, haben aber einen anderen Stellenwert innerhalb dieser Theorien oder werden mit anderer Terminologie bezeichnet. Im Folgenden wird kurz vorgestellt, welche Perspektive die Konstruktionsgrammatik (CxG) auf Satzglieder einnimmt.

Während in der Valenzgrammatik das Verb im Zentrum steht und die syntaktische Struktur eines Satzes ausgehend vom Verb analysiert wird, stehen bei der Konstruktionsgrammatik Form-Bedeutungs-Paare, sog. *Konstruktionen*, im Mittelpunkt (→ 7.3.3). Anders gesagt: Die Valenzgrammatik beginnt beim Verb und versucht systematisch zu erfassen, welche Konstruktionen (Satzbaupläne) mit einem Verb möglich sind. Die Konstruktionsgrammatik beginnt bei der Konstruktion und leitet ab, welche Verben in diese einsetzbar sind (die CxG spricht hier von *Fusion*). Einen Bezugspunkt für Satzgliedanalysen bieten insbesondere sog. *Argumentstrukturkonstruktionen*, bei denen es sich um die konstituierenden Konstruktionen auf der Ebene von Sätzen handelt (ein klassisches Beispiel sind Ditransitivkonstruktionen wie *Sie schenkte ihm Blumen*). Nimmt die Valenzgrammatik an, dass Verben die Argumentstruktur von Sätzen festlegen (im genannten Beispiel: *schenken* fordert *sie*, *ihm* und *Blumen* als Ergänzungen), geht die CxG davon aus, dass Argumentstrukturen unabhängig von Verben existieren und über eine (mehr oder weniger abstrakte) Bedeutung verfügen (Schema für Ditransitivkonstruktionen: Subj V Obj$_1$ Obj$_2$), beide dann aber im konkreten Satz durch spezifische Prinzipien miteinander kombiniert werden. Terminologisch greift die CxG die Begriffe Subjekt und Objekt auf; diese werden als Argumente innerhalb von Konstruktionen analysiert.

7.7.2 Das Subjekt

Am Beispiel des Subjekts lässt sich zeigen, wie formale, semantische und pragmatische Kriterien bei der Bestimmung syntaktischer Funktionen vermischt werden. Zu den typischen formalen Kriterien bei der Bestimmung von Subjekten zählt, dass es sich um Nominativergänzungen handelt, die mit dem Prädikat des Satzes kongruieren. Subjekte sind demnach NPs im Nominativ, die in Person und Numerus mit dem finiten Verb des Satzes übereinstimmen, wie im folgenden Satz:

(156) Solche Patienten [sehen]$_{\text{Präd.1P.Pl}}$ [wir]$_{\text{Subj.1P.Pl}}$ in der physiotherapeutischen Praxis häufig. (beobachter.ch, 30.04.2020)

Weitere Erscheinungsformen von Subjekten sind *dass*-Nebensätze und Infinitivkonstruktionen:

(157) [Dass die Krakelmännchen nicht echt sind]$_{\text{Subj}}$ wirkt ungemein beruhigend. (Berliner Zeitung, 12.02.2004, aus dem Korpus Berliner Zeitung des DWDS, abgerufen am 10.01.2025)

(158) „[In Äthiopien zu helfen]$_{\text{Subj}}$, war leichter", sagt er, „dort hatten wir genug Zeit für die Projekte, konnten sie entwickeln und vor Ort verbessern." (Berliner Zeitung, 22.11.1999, aus dem Korpus Berliner Zeitung des DWDS, abgerufen am 10.01.2025)

Die beiden satzförmigen Konstruktionen in (157) und (158) können durch eine NP im Nominativ oder ein Pronomen im Nominativ ersetzt werden (z. B. [*Das*]$_{\text{Subj}}$ *wirkt ungemein beruhigend*). Rein formal treten Subjekte also nicht nur als Nominativergänzungen des finiten Verbs im Satz auf, sondern auch als satzförmige Konstruktionen, die an der Stelle von Nominativergänzungen stehen.

Ein typisches semantisches Kriterium, welches insbesondere in der Schulgrammatik eine wichtige Rolle spielt, ist, dass Subjekte mit „Wer?" oder „Was?" erfragt werden können. Daraus folgt, dass Subjekte immer auf etwas Aussersprachliches referieren (z. B. einen Gegenstand oder ein Lebewesen):

(159) Wer oder was hilft dem Mädchen? – Der kleine Hund.

Damit verknüpft ist die Vorstellung, dass Subjekte prototypisch mit Agentivität verknüpft sind, d. h., dass das Subjekt eines Satzes gleichzeitig der:die Verursacher:in der im Satz ausgedrückten Handlung ist (das Agens) und damit beispielsweise auch das semantische Merkmal „belebt" trägt. Auch diese Eigenschaft würde auf das Subjekt *der kleine Hund* in Bsp. (159) zutreffen.

Ein typisches pragmatisches Kriterium ist, dass man unter einem Subjekt den Satzgegenstand versteht. Dieses Kriterium geht auf die aristotelische Logik zurück: Der Aristoteles-Übersetzer Boethius hat das griechische *Hypokeimenon* mit dem lateinischen Wort *subiectum* übersetzt, was man im Deutschen wiederum mit ‚Satzgegenstand' übersetzen würde. Dazu gehört als zweiter wichtiger Begriff das *Kategorumenon*, von Boethius als *praedicatum* übersetzt: die ‚Satzaussage' (→ 7.7.1). In eine ähnliche Richtung gehen Ansätze, denen zufolge das Subjekt eines Satzes mit dem sog. *Topic* bzw. dem sog. *Thema* eines Satzes korreliert. Diese Begriffe beziehen sich auf die im Satz bereits bekannte, alte Information. Demzufolge würden sich Subjekte immer auf etwas beziehen, das kontextuell bereits bekannt ist oder vorausgesetzt werden kann.

Einige der genannten Kriterien sind aus unterschiedlichen Gründen problematisch und eignen sich daher nur bedingt, um die syntaktische Funktion *Subjekt* hinreichend zu definieren. Eine ausführliche Auseinandersetzung mit diesen Kriterien findet sich in zwei bereits etwas älteren Aufsätzen von Marga Reis, die aber immer noch massgebend für eine linguistische Auseinandersetzung mit dem Begriff *Subjekt* sind (vgl. Reis 1982, 1986). Für Marga Reis sind die genannten formalen, semantischen und pragmatischen Kriterien sogar so problematisch, dass sie dem Begriff *Subjekt* die Daseinsberechtigung abspricht. Im Folgenden werden daher einige problematische Fälle etwas genauer besprochen um dann noch einmal auf Reis' Kritik zurückzukommen.

Zunächst zu den semantischen und pragmatischen Kriterien. Agentivität beispielsweise ist offensichtlich kein gutes Kriterium für die Bestimmung von Subjekten. Ein wichtiges Argument dafür sind Sätze im Passiv und mit intransitiven Verben, bei denen das Subjekt eindeutig in der Rolle des Patiens steht (d. h. in der Rolle einer Entität, mit der etwas geschieht bzw. gemacht wird) und nicht in der Rolle des Agens:

(160) Damit werden [Computer]$_{\text{Subj.Patiens}}$ infiziert und gesperrt, während die Angreifer Lösegeld verlangen. (derbund.ch, 13.05.2017)

(161) [Die Kugel]$_{\text{Subj.Patiens}}$ rollt. (Dürscheid 2010: 33)

Weiterhin ist das Erfragen des Subjekts mithilfe von „Wer?" oder „Was?" in solchen Fällen problematisch, in denen das Subjekt über keine aussersprachliche Referenz verfügt. Typische Beispiele dafür sind Sätze mit Wetterverben:

(162) [Es]_{Subj} hat heute Nachmittag gehagelt. → *Wer oder Was hat heute Nachmittag gehagelt? – Es.

(163) [Es]_{Subj} regnet. → *Wer oder Was regnet? – Es.

Das Pronomen *es* steht hier rein formal in der Funktion des Subjekts, es kann aber nicht erfragt werden und ist semantisch leer. Man spricht hier vom sog. *expletiven es*.

Auch in Hinblick auf sprachformale Merkmale finden sich Sätze, die zwar ein Subjekt haben, bei denen dieses aber nicht durch eine NP/ein Pronomen oder eine satzförmige Konstruktion realisiert ist, sondern durch eine PP:

(164) [An die Zehntausend]_{Subj} waren anwesend. (Welke 2011: 139)

Zumindest aus schulgrammatischer Sicht problematisch sind auch sog. *subjektlose Sätze*. Dazu gehören zum Beispiel Sätze im Imperativ (165), infinite Sätze (166) und Sätze mit Empfindungsverben (167).

(165) Sei offen, freundlich und nimm dich nicht zu ernst. (Aargauer Zeitung, 29.10.2019)

(166) Zwar versprechen die Anbieter stets, *sich an den Datenschutz zu halten*. (St. Galler Tagblatt, 23.03.2015)

(167) „*Mich friert*", klagt meine Lebens- und Wohnpartnerin Lada – und hüllt sich als bekennende Frostbeule bibbernd in die allzeit bereitliegende Sofadecke. (Basler Zeitung, 30.03.2015)

Es gibt auch Sätze, die zwei NPs im Nominativ enthalten. Es handelt sich hier um sog. *Kopulakonstruktionen* (→ 7.7.1).

(168) *Er* ist *Professor* für Hausarztmedizin und hat die Studie lanciert. (SRF, 01.09.2018)

Die zweite NP (*Professor*) bezeichnet man in solchen Fällen als *Prädikativ* (auch *Prädikatsnomen, Prädikatskomplement*).

Marga Reis plädiert deswegen dafür, den Begriff Subjekt aufzugeben, weil er „keine relevante Beschreibungskategorie für das Deutsche" darstellt (Reis 1986: 79), d. h. mit ihm nichts erklärt werden kann, was nicht auch mithilfe anderer Begriffe zu erklären ist. Sie fragt beispielsweise, ob NPs im Nominativ und sog. *Subjektsätze* (siehe oben) sich trotz ihrer formalen Unterschiede syntaktisch gleich verhalten, was ein Argument für das Konzept des Subjekts wäre. Dass das nicht der Fall ist, wurde schon am Beginn dieses Kapitels gezeigt: In Sätzen mit satzwertigem Subjekt steht das Verb immer in der 3. Person Singular. Es spielt auch keine Rolle, ob das satzwertige Subjekt eine sog. *pluralische Referenz* aufweist (*und*-Koordinationen wie im nächsten Beispiel). Auch dann steht das Verb in der 3. Person Singular und nicht etwa in der 3. Person Plural (vgl. Reis 1982: 194):

(169) Dass der kleine Hund dem Mädchen hilft und dass er nicht die ganze Zeit bellt, beruhigt/*beruhigen die Mutter.

Will man den Begriff dennoch verwenden, was beispielsweise für typologische Fragestellungen durchaus sinnvoll ist, dann plädiert Reis dafür, Subjekt im Deutschen als NP im Nominativ zu definieren. In anderen Sprachen werden Subjekte anders realisiert und sprachvergleichende Analysen werden durch die Kategorie Subjekt ermöglicht. Für die Schulgrammatik bleiben dann als formale Erkennungsmerkmale die Kongruenz mit dem finiten Verb sowie der Wegfall in Infinitivsätzen relevant, semantische und pragmatische Kriterien hingegen sind nicht mehr zulässig.

7.7.3 Objekte

Neben dem Subjekt kann das Prädikat im Satz noch weitere Ergänzungen fordern. Dazu gehört insbesondere die Gruppe der Objekte, um die es im folgenden Kapitel gehen soll. Abhängig von Form und Funktion wird zwischen Akkusativ-, Dativ-, Genitiv- und Präpositionalobjekten unterschieden. Ähnlich wie beim Subjekt kommen auch bei den Objekten syntaktische/formale, semantische und pragmatische Kriterien bei der Analyse zusammen.

Ein wichtiges syntaktisches Kriterium ist die **Passivierbarkeit** und eine damit einhergehende Kasuskonversion. Nur Akkusativobjekte können durch Passivierung zum Subjekt im Satz werden und dadurch den Kasus wechseln, nämlich in den Nominativ. Für alle anderen Objekte ist das hingegen nicht möglich, wie die folgenden beiden Beispiele zeigen:

(170) [Der Junge]_Subj versorgt [den kleinen Hund]_AkkObj liebevoll. → [Der kleine Hund]_Subj wird [von dem Jungen]_Adverbial liebevoll versorgt.

(171) [Der Junge]_Subj gibt [dem Hund]_DatObj gerne Leckerlis. → *[Der Hund]_Subj wird [von dem Jungen]_Adverbial gerne Leckerlis gegeben.

In der Generativen Grammatik wurde aufgrund dieses unterschiedlichen Verhaltens von Akkusativ- und Dativobjekten für das Deutsche eine Unterscheidung zwischen sog. **strukturellem und lexikalischem Kasus** postuliert (vgl. z. B. Haider 1993). Nominativ und Akkusativ sind demzufolge strukturelle Kasus, weil sie durch die syntaktische Struktur des Satzes bedingt sind (sie verändern sich bei Passivierung). Genitiv und Dativ werden vom regierenden Verb hingegen an die Nominalphrase (d. h. lexikalisch) vergeben und ändern sich auch bei Passivierung nicht.

Im Zusammenhang mit dem Kriterium der Passivierbarkeit werden Akkusativobjekte auch als *direkte Objekte* bezeichnet und Dativobjekte als *indirekte Objekte*. Akkusativobjekte sind direkt von der Verbhandlung betroffene Objekte, in der Terminologie semantischer Rollen sind sie das *Patiens* der Verbhandlung. Durch Passivierung wird das Patiens dann zum Agens (→ 7.5.2). Das Kriterium der Passivierung zur Unterscheidung von Akkusativ- und Dativobjekt (und damit auch die Unterscheidung zwischen lexikalischem und strukturellem Kasus) stellt jedoch kein absolutes, d. h. stets gültiges Kriterium dar. Die folgenden beiden Beispiele zeigen, dass aufgrund semantischer Restriktionen doch nicht alle Akkusativobjekte durch Passivierung zum Subjekt werden können (vgl. Zifonun et al. 1997: 1796–1805):

(172) Er schüttelt den Kopf. → *Der Kopf wurde von ihm geschüttelt.

(173) Er riskiert sein Leben. → *Sein Leben wurde von ihm riskiert.

Bsp. (174) zeigt ausserdem das Passiv mit *bekommen* und *kriegen*. In solchen Konstruktionen kann das Dativobjekt doch in die Funktion des Subjekts rutschen, ist also nicht „immun" gegen Kasuskonversion:

(174) Der Junge wirft [ihm] ständig Leckerlis hin. → [Er] bekommt/kriegt vom Jungen ständig Leckerlis hingeworfen.

Das zeigt sehr gut, dass die Unterscheidung von strukturellem und lexikalischem Kasus konstruktionsabhängig und eben nicht universell gültig ist, wie zunächst in der Generativen Grammatik behauptet (vgl. Dürscheid 2010: 133). Es gibt also Verben, die den Dativ als strukturellen Kasus (wie beispielsweise *bekommen*) regieren und Verben, die ihn als lexikalischen Dativ regieren (z. B. *helfen*).

Ähnlich wie bei Subjekten können Objekte erfragt werden, was aber nur bei belebten Objekten wirklich hilfreich ist, da diese mit „*Wen?*" (= Akkusativobjekt), „*Wem?*" (= Dativobjekt) oder „*Wessen?*" (= Genitivobjekt) erfragt werden können, unbelebte Objekte hingegen nur mit dem in allen Kasus gleichen „*Was?*". Präpositionalobjekte werden mit Präpositionaladverbien erfragt (Zusammensetzungen aus Präposition und Adverb; in Kapitel 7.6.3.2 unter dem alternativen Begriff *Pronominaladverbien* eingeführt).

Formal können Objekte unterschiedlich realisiert werden. **Akkusativobjekte** können als NP auftreten, aber auch satzförmig sein:

(175) Zudem will der Kanton [alle Instrumente]$_{AkkObj}$ nutzen, die der Bund zur Verfügung stellt. (nzz.ch, 22.12.2016) → NP

(176) Wir verstehen, [dass diese Grösse und unsere neuen Geschäftsmodelle zu Diskussionen führen, auch in der Politik]$_{AkkObj}$. (derbund.ch, 28.11.2016) → ins Nachfeld ausgeklammerter dass-Satz

(177) Als Parteimitglied muss ich mir dann überlegen, [ob ich antreten will oder nicht]$_{AkkObj}$. (derbund.ch, 23.12.2019) → indirekter Fragesatz

(178) Sie macht, [was ihr gefällt]$_{AkkObj}$, und wird dafür gefeiert. (blick.ch, 28.01.2021) → freier Relativsatz

Dativobjekte werden meist als NP realisiert, können aber auch die Form von freien Relativsätzen haben.

(179) Innenministerin Amber Rudd sagte am Samstag [dem Sender BBC]$_{DatObj}$, der NHS müsse seine IT-Systeme besser schützen. (derbund.ch, 23.05.2017) → NP

(180) Soll der Hund doch nachlaufen, [wem er gerne will]$_{DatObj}$ → freier Relativsatz

Nur noch wenige Verben regieren heute ein **Genitivobjekt**. Ein Blick in die Sprachgeschichte des Deutschen zeigt aber, dass es in älteren Sprachstufen deutlich mehr Verben gibt, die den Genitiv regieren.

(181) Seit Freitag feiern die Juden das Passahfest und gedenken dabei [des Auszugs aus Ägypten, der nach langer Unterdrückung die Freiheit brachte]$_{GenObj}$ (Tagesanzeiger, 03.04.2018)

(182) Er nahm sich [des Untieres]$_{\text{GenObj}}$ an. (St. Galler Tagblatt, 10.08.2018)

Präpositionalobjekte treten entweder prototypisch als Präpositionalphrasen auf (183), aber auch in Form von Präpositionaladverbien (184) und Nebensätzen, die sich auf ein Korrelat im Hauptsatz (realisiert als Präpositionaladverb) beziehen (185).

(183) Man denke [an Venedig oder die Kurzzeitwohnungsvermietungen von Barcelona bis Berlin]$_{\text{PräpObj}}$ (SRF, 22.09.2022)

(184) Ich dachte [daran, was für ein Glückspilz ich war, dass ich diese Arbeit mit Salat machte]$_{\text{PräpObj}}$ (Tagesanzeiger, 20.06.2020)

(185) Sie erzählen [davon, dass etwas schiefläuft]$_{\text{PräpObj}}$ und dass wir Wörter benutzen, um etwas zu verbergen statt zu erhellen (Aargauer Zeitung, 09.01.2016)

Die Präposition wird vom finiten Verb regiert und ist deswegen auch nicht durch eine andere Präposition austauschbar. Das ist ein hilfreiches analytisches Mittel, um Präpositionalobjekte von adverbialen Präpositionalphrasen zu unterscheiden, wie im nächsten Kapitel gezeigt wird.

7.7.4 Adverbiale

Adverbiale stellen eine recht heterogene Gruppe von Satzgliedern dar, die sich vom Subjekt und den Objekten syntaktisch vor allem dadurch unterscheiden, dass sie in den meisten Fällen nicht obligatorisch, d. h. Angaben, sind. Ausserdem werden Adverbiale nach semantischen Kriterien in Unterkategorien eingeteilt. Wichtig: Adverbiale dürfen nicht mit Adverbien verwechselt werden! Bei Adverbien handelt es sich um eine Wortart, bei Adverbialen um ein funktionales Satzglied. Adverbiale können zwar in Form von Adverbien realisiert sein, aber beispielsweise auch in Form von Nominal-, Präpositional- oder Adjektivphrasen:

(186) Der Junge liebt den Hund [abgöttisch]$_{\text{Adverbial}}$

(187) Die Eltern kaufen [heute]$_{\text{Adverbial}}$ einen Hund.

(188) Er will [den ganzen Tag]$_{\text{Adverbial}}$ mit dem Hund spielen.

(189) Die Leckerlis stehen [im Schrank]$_{\text{Adverbial}}$

Zunächst zum Kriterium, dass Adverbiale prototypisch Angaben sind. Aus der Perspektive der Valenzgrammatik sind Adverbiale demnach fakultativ und werden nicht vom Verb regiert. Die Beispiele (186) bis (188) sprechen dafür: In allen Sätzen sind die Adverbiale fakultativ und können problemlos weggelassen werden. Bsp. (189) aber zeigt, dass Adverbiale auch den Status von obligatorischen Ergänzungen haben. Ohne das Adverbial *im Schrank* wäre der Satz ungrammatisch.

Aus semantischer Perspektive bestimmen Adverbiale entweder das Prädikat des Satzes oder aber den gesamten Satz näher. In der Schulgrammatik werden Adverbiale daher auch als *Umstandsangabe* bezeichnet. Die Unterscheidung zwischen Satz- und Prädikatsadverbialen bringt zum Ausdruck, dass Adverbiale einen unterschiedlichen Skopus, d.h. semantische Reichweite haben können. Typische Prädikatsadverbiale sind adverbial gebrauchte Adjektive, typische Satzadverbiale sind modale Adverbien wie *vielleicht*, *wahrscheinlich* oder *normalerweise*, weil sie den Geltungsbereich des Satzes insgesamt betreffen (in diesem konkreten Fall: abschwächen).

Adverbiale werden basierend auf ihrer Semantik in Untergruppen differenziert. Typisch ist z.B. die Unterscheidung zwischen Temporal- und Lokaladverbialen, d.h. Adverbiale, die den Zeitpunkt, wie in Bsp. (187), oder den Ort, wie in Bsp. (189), angeben. Es gibt verschiedene solcher semantischer Klassifikationssysteme für Adverbiale, beispielsweise das der Duden-Grammatik oder dasjenige der IDS-Grammatik (vgl. Zifonun et al. 1997).

Im vorangegangenen Kapitel ist bereits angedeutet worden, dass Adverbiale in der syntaktischen Analyse nicht immer unmittelbar von Präpositionalobjekten und Kasusobjekten unterschieden werden können (vgl. Dürscheid 2010: 39f.). Zur Abgrenzung zwischen präpositionalen Adverbialen und Präpositionalobjekten können insbesondere zwei Kriterien angesetzt werden: das der Austauschbarkeit/ des semantischen Gehalts und das der Erfragbarkeit. So kann die Präposition in einem präpositionalen Adverbial problemlos ausgetauscht werden (sie wird also nicht vom Verb regiert), wodurch sich aber gleichzeitig die Semantik des Satzes ändert (man sagt auch: „die Präposition hat eine Eigensemantik"):

(190) Die Leckerlis stehen [im Schrank]$_{präpAdverbial}$/[auf dem Schrank]$_{präpAdverbial}$/ [neben dem Schrank]$_{präpAdverbial}$

(191) Der Hund hofft [auf Leckerlis]$_{PräpObj}$/[*in Leckerlis]$_{PräpObj}$ /[*unter Leckerlis]$_{PräpObj}$

Die Präposition *im* in (190) ist problemlos austauschbar, die Semantik ändert sich aber dadurch (der Ort, an dem die Leckerlis liegen, ist jeweils ein anderer). In (191) kann die Präposition *auf* nicht ausgetauscht werden; sie hat ausserdem auch keinen semantischen Gehalt (es handelt sich in keinem Fall um eine lokale Angabe). Das spricht dafür, dass *auf* vom Verb *hoffen* regiert wird. Versucht man, die PP in (191) zu erfragen, wird diese enge Beziehung zwischen Präposition und Verb ebenfalls deutlich: *Worauf hofft der Hund? Auf Leckerlis.* Die Präposition wird also sogar Teil des Fragworts. In (190) hingegen wird die PP mit einem einfachen Fragepronomen erfragt (*Wo stehen die Leckerlis?*) – ein Argument dafür, dass es sich bei *im Schrank* um ein präpositionales Adverbial handelt.

Ganz ähnlich funktioniert die Abgrenzung zwischen Kasusobjekten und Adverbialen: Nur bei Objekten wird der Kasus vom Verb regiert, und nur Objekte können mit „Wen?", „Wessen?" oder „Wem?" erfragt werden. Das folgende Beispiel enthält zwei NPs im Akkusativ:

(192) Der Hund sucht [die ganze Zeit]$_{Adverbial}$ [sein Herrchen]$_{AkkObj}$

Nur die NP *sein Herrchen* ist mit „Wen?" erfragbar. Das Verb *sucht* regiert den Kasus von *sein Herrchen*, nicht aber den von *den ganzen Spaziergang*, wie eine Ersetzungsprobe durch ein (durchaus etwas altertümlich anmutendes) Adverbial im Genitiv zeigt:

(193) Der Hund sucht [des Morgens]$_{Adverbial}$ [sein Herrchen]$_{AkkObj}$

Auch die Analyse des *ob*-Nebensatzes in den folgenden beiden Beispielen ist nicht ganz einfach:

(194) Der Vater weiss nicht, ob Hunde Joghurt fressen dürfen.

(195) Die Tierärztin informiert, ob Hunde Joghurt fressen dürfen.

Eine Ersetzungsprobe zeigt, dass es sich bei (194) um ein Akkusativobjekt handelt, da der Nebensatz mit einem Pronomen ersetzt werden kann (*Er weiss es nicht* oder *Er weiss das nicht*). Bei (195) hingegen muss man mit dem Präpositionaladverb *darüber* ersetzen – ein Argument dafür, dass es sich bei dem Nebensatz um ein Präpositionalobjekt handelt. Ein weiteres (damit zusammenhängendes) Argument für die Analyse von (195) als Präpositionalobjekt ist, dass *informieren* die Präposition *über* regiert. Genau das wird am Präpositionaladverb *darüber* sichtbar (vgl. Meibauer et al. 2015: 157). In der Literatur werden auch noch weitere Kriterien diskutiert, um Objekte und Adverbiale voneinander zu unterscheiden (vgl. dazu beispielsweise Dürscheid 2010).

7.7.5 Attribute

Attribute unterscheiden sich von den bisher gezeigten syntaktischen Funktionen, da sie nicht selbstständig, sondern selbst Teile von nominalen Satzgliedern sind. Attribute werden daher auch als *Satzgliedteile* bezeichnet. Da Attribute bereits in Kapitel 7.6.3.1 als Ergänzung von Nominalphrasen ausführlicher thematisiert wurden, sei an dieser Stelle explizit auf dieses Kapitel vewiesen.

7.8 Sätze

7.8.1 Was ist ein Satz?

In Kapitel 7.1 wurde die Syntax als Disziplin vorgestellt, die sich mit der Art und Weise beschäftigt, wie sich einzelne Wörter zu grösseren strukturellen Einheiten verbinden, um schliesslich einen Satz zu bilden. Der Satz ist damit der zentrale Gegenstandsbereich der Syntax. Der Satz als Einheit wurde dabei gewissermassen vorausgesetzt, ohne diesen überhaupt näher zu definieren; stattdessen lag der Fokus auf seinen Bestandteilen, nämlich grammatischen Wörtern, zwischen denen hierarchische und lineare Beziehungen bestehen. Genau wie *Wort* ist *Satz* ein Begriff, der einerseits zum alltagssprachlichen Vokabular gehört, für den es aber andererseits in der Linguistik keine allgemein akzeptierte Definition gibt, sondern eine Vielzahl solcher Definitionen (bereits 1931 hat John Ries 140 verschiedene Satzdefinitionen zusammengetragen). Die neuste Auflage der Duden-Grammatik verzichtet sogar gänzlich auf eine Definition und formuliert stattdessen formale, semantische und funktionale Kriterien von Sätzen. Typische Sätze erfüllen diese Kriterien; andere Sätze erfüllen sie nur zum Teil (vgl. Duden 2022: 25). Diesem Vorgehen wird hier ebenfalls gefolgt und Kriterien vorgestellt, die zur Definition von Sätzen herangezogen werden, um diese dann an Beispielen zu überprüfen.

Ein zentrales formales Kriterium ist, dass Sätze über ein **Prädikat** in Form eines finiten Verbs verfügen und ggf. über obligatorische Ergänzungen (z. B. ein Subjekt, mit dem das finite Verb dann in Person und Numerus kongruiert). In Kapitel 7.4 wurde mit dem topologischen Feldermodell ausserdem gezeigt, dass Sätze über Stellungsfelder verfügen und Klammerstrukturen ausbilden – in Form einer linken Satzklammer und ggf. einer rechten Satzklammer. Verberst-, Verbzweit- und Verbletztsätze lassen sich systematisch anhand dieser Felder und Klammerstruktur unterscheiden und beschreiben.

Ein semantisches Kriterium ist, dass Sätze **Propositionen** enthalten, d. h. einen Sachverhalt beschreiben, der sprachlich durch das Prädikat und die von ihm geforderten Ergänzungen realisiert und durch zusätzliche (nichtobligatorische)

Angaben ergänzt wird (z. B. die zeitliche oder lokale Einordnung des ausgedrückten Sachverhalts betreffend).

Eine funktionale Eigenschaft von Sätzen ist es, dass mit ihnen **sprachliche Handlungen** vollzogen werden – z. B. der Vollzug von Aufforderungen, Wünschen oder Fragen. Der Begriff der sprachlichen Handlung wurde in Kapitel 4 eingeführt. In Bezug auf Sätze wird dieser kommunikative Aspekt insbesondere durch den Begriff des Satzmodus systematisiert (siehe Vertiefung 7.8).

Es gibt Sätze, auf die alle der genannten Kriterien zutreffen, und Sätze, die nur einige davon erfüllen. Der folgende Satz ist in diesem Sinne prototypisch:

(196)   Sie muss die Kaffeemaschine reparieren.

Der Satz verfügt über ein Prädikat, bestehend aus einem finiten Verb in der linken Satzklammer und einem infiniten Verb in der rechten Satzklammer; alle obligatorischen Ergänzungen, die das Vollverb *reparieren* fordert, sind vorhanden (Subjekt und Akkusativobjekt). Die Proposition ist damit vollständig. Aus funktionaler Sicht handelt es sich um einen prototypischen Deklarativsatz mit einer klassischen assertiven (d. h. mitteilenden) kommunikativen Funktion.

Legt man die genannten formalen und inhaltlichen Kriterien zugrunde, ist auch das folgende Beispiel als Satz zu klassifizieren:

(197)   weil er noch schnell den Haushalt erledigen musste.

Der Satz verfügt über ein Prädikat und eine Klammerstruktur (COMP und VK), alle obligatorischen Ergänzungen des Vollverbs *erledigen* sind vorhanden, inhaltlich ist der Satz also vollständig. Einzig: Man kann keine abgeschlossene sprachliche Handlung vollziehen, dafür fehlt ein übergeordneter sog. *Matrixsatz* (→ 7.8.2 zur Terminologie).

Noch etwas „weniger prototypisch" ist dann die folgende Struktur, weil hier kein finites Verb, sondern nur ein Infinitiv mit *zu* vorliegt:

(198)   ohne noch schnell den Haushalt zu erledigen.

Insbesondere die Eigenschaft, den Vollzug einer sprachlichen Handlung zu ermöglichen, erlaubt es, auch Beispiele wie die folgenden als Satz zu klassifizieren:

(199)   Weg da!

(200)   Los jetzt!

(201) Doch!

Alle drei Beispiele erfüllen keine der genannten formalen und semantischen Kriterien, sind aber Ausdruck sprachlicher Handlungen. In der IDS-Grammatik von Zifonun et al. (1997) wird der eben gezeigten absteigenden Prototypizität damit Rechnung getragen, dass zwischen Satz und **kommunikativen Minimaleinheiten** unterschieden wird. Diese werden definiert als „kleinste[ ] sprachliche[ ] Einheiten, mit denen sprachliche Handlungen vollzogen [werden] können" (Zifonun et al. 1997: 91). Hier steht also der funktionale Aspekt im Fokus. Sätze hingegen „sind übergreifende Konstruktionsformen, die mindestens aus einem finiten Verb und dessen [...] notwendigen Komplementen bestehen" (Zifonun et al. 1997: 91). Dieser Definition liegen also formale und semantische Kriterien zugrunde. Bei Sätzen wird in der IDS-Grammatik weiter zwischen Vollsätzen (mit Verbzweit- oder Verberststellung) und Teilsätzen unterschieden. **Vollsätze** sind auch kommunikative Minimaleinheiten, denn mit ihnen werden sprachliche Handlungen vollzogen. **Teilsätze** hingegen sind keine kommunikativen Minimaleinheiten, weil sie alleine keine sprachlichen Handlungen vollziehen. Teilsätze sind Teile von kommunikativen Minimaleinheiten. Die folgenden Beispiele zeigen diesen Unterschied:

(202) Weg da. → kommunikative Minimaleinheit, aber kein Satz

(203) Sie muss die Kaffeemaschine reparieren. → kommunikative Minimaleinheit und Satz (Vollsatz)

(204) Er kommt heute zu spät, weil er noch schnell den Haushalt erledigen musste. → kommunikative Minimaleinheit und Satz (Vollsatz)

(205) Er kommt heute zu spät. → kommunikative Minimaleinheit und Satz (Vollsatz)

(206) weil er noch schnell den Haushalt erledigen musste. → Satz (Teilsatz), keine kommunikative Minimaleinheit

Die Unterscheidung zwischen Vollsatz und Teilsatz entspricht übrigens der Unterscheidung zwischen *sentence* und *clause* im Englischen.

Warum wird nicht einfach Interpunktion als Kriterium für die Definition von Satz herangezogen? Interpunktion ist Teil der Orthografie und damit normativ und auf die Schriftsprache bezogen. Sie dient dazu, sprachliche Äusserungen sichtbar an der Oberfläche zu strukturieren. Für eine Definition von Satz ist dieses Kriterium also ungeeignet. Es wird daher zwischen **syntaktischen Sätzen** (basierend auf all den Kriterien, die eben vorgestellt wurden) und **orthografischen Sätzen** (am Anfang grossgeschrieben und mit einem Interpunktionszeichen beendet) unterschieden.

Mit Blick auf die bisher im Kapitel vorgestellten Grammatiktheorien wird ebenfalls deutlich, dass eine allgemeine Definition von Satz nicht möglich ist. In der Generativen Grammatik liegt eine projektionistische Auffassung von Satz vor: Ein Satz entsteht entlang der Projektionslinie von Phrasenköpfen (→ 7.6.4 und die formale Analyse von Sätzen als CPs), es gibt Prinzipien und sprachspezifische Parameter, die diese Projektion steuern. Die Generative Grammatik hat wenig Interesse daran, den Satz als performativen Gegenstand (also als Produkt des Sprachgebrauchs) zu untersuchen; stattdessen ist der Satz eine abstrakte Grösse, für die allgemein geltende Prinzipien formuliert werden können. In der Valenzgrammatik spielt das Verb die zentrale Rolle im Satz – ein Satz ist vollständig, wenn alle obligatorischen Ergänzungen eines Verbs realisiert sind. In der Konstruktionsgrammatik sind Konstruktionen die Grundeinheiten, die unabhängig von einzelnen Wörtern existieren (eine Auffassung, die konträr zur projektionistischen Auffassung ist). In der CxG geht es dementsprechend nicht darum, Regeln zu formulieren, auf deren Basis Wörter zu Sätzen kombiniert werden. Stattdessen geht die CxG von einem Netzwerk unterschiedlich komplexer Konstruktionen aus, auf die Sprecher:innen zurückgreifen.

7.8.2 Verknüpfung von Sätzen

Abhängig von formalen und strukturellen Kriterien können Sätze in unterschiedliche Typen klassifiziert werden. Mit der in der IDS-Grammatik vorgeschlagenen Unterscheidung zwischen Vollsatz und Teilsatz wurden bereits zwei Satztypen vorgestellt. Auch eine weitere zentrale Unterscheidung ist bereits genannt worden, basierend auf der Stellung des finiten Verbs: Gemeint ist die Unterscheidung zwischen Verberst-, Verbzweit- und Verbletztsätzen. Eine andere Differenzierung von Sätzen basiert darauf, in welcher Art und Weise Einstellungen der Sprecherin zur Proposition des Satzes ausgedrückt werden. Damit ist insbesondere die Unterteilung in Imperativ-, Deklarativ- und Interrogativsatz gemeint. Diese Unterteilung wird in der Literatur unter dem Begriff **Satzmodus** oder auch Satztyp zusammengefasst – in Vertiefung 7.8 wird darauf näher eingegangen. Im folgenden Kapitel geht es nun aber um eine andere Perspektive auf Sätze, nämlich um die Verknüpfungen von Sätzen und die hierarchischen Beziehungen zwischen Sätzen.

Sätze können auf unterschiedliche Art und Weise miteinander verknüpft sein. Eine **Parataxe** (auch: *Satzreihe* oder *Satzkoordination*) ist eine Verknüpfung von jeweils eigenständigen und syntaktisch gleichrangigen Sätzen (in der Terminologie aus Kapitel 7.8.1: Beide sind für sich genommen kommunikative Minimaleinheiten). Die Gleichrangigkeit der koordinierten Sätze ist an der identischen Verbstellung erkennbar. Die Verknüpfung der beiden Teilsätze wird als **asyndetische Satzreihe** bezeichnet, wenn sie ohne Konjunktion erfolgt. Verknüpfungen mit Konjunktion werden als **syndetische Satzreihe** bezeichnet. Die folgenden Beispiele zeigen den Unterschied:

(207) [Du kannst jetzt noch lesen] oder [du gehst gleich ins Bett]. → syndetische Satzreihe

(208) [Die Schulglocke läutet], [alle Schüler gehen zurück in ihre Klassen]. → asyndetische Satzreihe

(209) [Hände nicht durch das Gitter stecken], [es besteht Verletzungsgefahr]. → asyndetische Satzreihe

(210) Die Schulleitung verspricht, [das Sommerfest durchzuführen] und [die Eltern zu informieren]. → syndetische Satzreihe

Bsp. (210) unterscheidet sich von den anderen drei Beispielen insofern, als dort zwei Nebensätze miteinander koordiniert werden (zum Begriff siehe unten). Sowohl für asyndetische als auch syndetische Satzreihen gilt, dass die koordinierten Sätze (oder auch: Konjunkte) in einem spezifischen semantischen Verhältnis zueinander stehen. Bei der Syndese wird dieses Verhältnis durch die Konjunktion ausgedrückt. Bei der Asyndese besteht ebenfalls eine semantische Beziehung zwischen den Teilsätzen – die aber an der Sprachoberfläche nicht unmittelbar erkennbar ist. So kann man z. B. zwar in den Sätzen (208) und (209) eine kausale, temporale oder finale Beziehung annehmen, diese ist aber nicht markiert.

Als **Hypotaxe** (auch: Satzgefüge) werden Konstruktionen bezeichnet, bei denen die verknüpften Sätze in einer hierarchischen syntaktischen Beziehung zueinander stehen. Der hierarchisch übergeordnete Satz wird als **Matrixsatz** bezeichnet. Als **Nebensatz** werden satzförmige Strukturen bezeichnet, die von einem Matrixsatz abhängen. Nebensätze können die Funktion eines Satzglieds übernehmen (sog. *Gliedsätze*) oder Teile von Satzgliedern sein (sog. *Gliedteilsätze*). Matrixsätze können wiederum Teil einer grösseren syntaktischen Struktur sein.

(211) Der Schüler behauptet, dass er die Hausaufgaben nicht zeigen kann, weil der Hund sie gefressen hat.

In diesem Satz ist *der Schüler behauptet* der Matrixsatz von *dass er die Hausaufgaben nicht zeigen kann*. Und *dass er die Hausaufgaben nicht zeigen kann* ist Matrixsatz zu *weil der Hund sie gefressen hat*. Der Satz verfügt über zwei Nebensätze, nämlich *dass er die Hausaufgaben nicht zeigen kann* und *weil der Hund sie gefressen hat*.

Der Begriff **Hauptsatz** ist insofern problematisch, als er nicht eindeutig definiert ist (im Gegensatz zum Begriff *Matrixsatz*, der relational gebraucht wird und immer über einen untergeordneten Satz verfügt). So wird *Hauptsatz* z. B. als Bezeichnung für den obersten Matrixsatz verwendet, unabhängig davon, ob dieser selbstständig verwendet werden kann oder nicht. *Der Schüler behauptet* wäre dann ein Hauptsatz. Hauptsatz wird aber auch synonym verwendet zu Matrixsatz – dann wären sowohl *der Schüler behauptet* als auch *dass er die Hausaufgaben nicht zeigen kann* Hauptsätze. Im Gegensatz dazu verwenden Zifonun et al. (1997) den Begriff *Hauptsatz* nur für selbstständige oberste Matrixsätze und *Hauptsatzfragment*, wenn der oberste Matrixsatz nicht selbstständig verwendbar ist. *Der Schüler behauptet* ist demzufolge ein Hauptsatzfragment. Eisenberg (2020) verwendet den Begriff *Hauptsatz* als Bezeichnung für die gesamte Hypotaxe.

7.8.3 Klassifikation von Nebensätzen

Nebensätze können aufgrund syntaktischer, formaler und semantischer Kriterien klassifiziert werden. Zu den syntaktischen Kriterien zählt, dass Nebensätze als Gliedsätze die Funktion des Subjekts, Objekts, Prädikativs oder Adverbials übernehmen, als Gliedteilsätze hingegen die Funktion eines Attributs. Dies zeigen die folgenden Beispiele:

(212) Es ist erstaunlich, [wie weit man so fliegen kann]. (SRF, 05.07.2020) → Subjekt

(213) „Wir unterstützen die Wirtschaftshilfen im Covid-Gesetz, [aber diese Massnahmen in einem Gesetz mit dem Zertifikat zu verbinden], ist eine Mogelpackung." (blick.ch, 08.11.2021) → Subjekt (satzwertige Infinitivkonstruktion)

(214) [Wer diesen Kuchen nicht mag], ist selbst schuld. → Subjekt (freier Relativsatz)

(215) Er hat dem Publikum versprochen, [dass es sich zum Jubiläum einen besonders grossen Namen wünschen darf] (Basler Zeitung, 13.08.2018) → Objekt

(216) Es war also so, [wie es schon die ganze Saison und auch an der WM war.] (Basler Zeitung, 14.02.2015) → Prädikativsatz (freier Relativsatz)

(217) [Nachdem Mercedes auf Anhieb ein überlegenes Konzept für die komplexe Technik gefunden hatte], gesellte sich der Vorwurf der Langeweile dazu. (nzz.ch, 16.11.2015) → Adverbialsatz

(218) Den Gegenstand, [den er in die Hand gedrückt bekam], musterte er nur oberflächlich. (Der Bund, 12.11.2021) → Attributsatz

Attributsätze haben in den meisten Fällen ein Substantiv oder ein Pronominaladverb im Matrixsatz, auf das sie sich beziehen. Dieser Bezug wird bei Substantiven typischerweise durch ein Relativpronomen hergestellt (Bsp. 218), kann aber beispielsweise auch durch *dass* oder *ob* hergestellt werden (Bsp. 219) oder gänzlich uneingeleitet sein (Bsp. 220 und 221):

(219) Die Eltern wurden daran erinnert, [dass die Kinder lernen müssen].

(220) Die Befürchtung, [es werde morgen regnen], hat sich nicht bewahrheitet.

(221) Der Versuch, [den Wettbewerb bei Regen durchzuführen], war gescheitert.

Werden Nebensätze vom Valenzrahmen des Verbs im Matrixsatz gefordert, spricht man von **Komplementsätzen**. Von **Supplementsätzen** spricht man, wenn der Nebensatz nicht vom Valenzrahmen des übergeordneten Verbs gefordert wird. Adverbialsätze sind damit typischerweise Supplementsätze, können aber auch als Komplementsatz fungieren, wie das Beispiel aus Zifonun et al. (1997: 88) zeigt:

(222) Er wohnt, [wo früher die Schmids gewohnt haben]. → Adverbialsatz als Komplement, freier Relativsatz

Das Prädikat *wohnt* fordert ein Subjekt sowie ein Objekt. Letzteres wird durch den Nebensatz *wo früher die Schmids gewohnt haben* realisiert. Dass es sich tatsächlich um eine obligatorische Ergänzung (ein Komplement) handelt, zeigt die Weglassprobe (*Er wohnt).

Nebensätze können mit allen Verbstellungstypen vorkommen, d. h. sie können Verbletzt-, Verbzweit- und Verberstsätze sein (formales Kriterium):

(223) Es sei aber möglich, [dass einzelne Geräte betroffen seien]. (derbund.ch, 13.05.2017) → Verbletztsatz

(224) [Stimmt das Volk Nein], ist wieder das Parlament am Zug (nzz.ch, 22.12.2016) → Verberstsatz

(225) Ich denke, [es wird noch spannende Innovationen geben]. (NZZ am Sonntag, 10.11.2019) → Verbzweitsatz

Prototypisch (oder auch: kanonisch) sind Nebensätze mit Verbletztstellung; eine Verberststellung in Nebensätzen hat meistens eine konditionale Lesart zur Folge: Das merkt man, wenn man Satz (224) in eine Wenn-Dann-Struktur überführt (*Wenn das Volk nein stimmt* ...). Verbzweitnebensätze treten insbesondere im Zusammenhang mit sog. *verba dicendi*, also Verben des Sagens, Meinens und Denkens auf und stellen damit Komplementsätze dar (vgl. die Ausführungen zu syntaktischer Integration in Kapitel 7.8.4). Sie haben auch immer ein Pendant mit Verbletztstellung (im Falle von (225) z. B. *Ich denke, dass es noch spannende Innovationen geben wird*).

Eng verknüpft mit der Verbstellung ist die Einleitung von Nebensätzen. Es wird grundsätzlich zwischen eingeleiteten und uneingeleiteten Nebensätzen unterschieden. Uneingeleitete Nebensätze haben immer eine Verberst- oder Verbzweitstellung, was sich unter Rückgriff auf das topologische Feldermodell beschreiben lässt: Gibt es kein Einleitewort, ist die linke Klammer leer und das finite Verb kann in diese Position „rutschen" (vgl. Freywald 2013). In der Generativen Grammatik nimmt man entsprechend eine Bewegungsoperation an (genauer: das Verb wird in die Position von C bewegt, → 7.6.4). Bei Verbletztsätzen mit Einleitewort (Subjunktionen wie *weil* oder *dass*, Relativpronomen, w-Pronomen) besteht diese Möglichkeit nicht: C ist bereits besetzt, und das Verb bleibt in der rechten Satzklammer (oder in der Terminologie der GG: in seiner Basisposition). Bei satzwertigen Infinitiven wurde in Kapitel 7.4.3 gezeigt, dass man ein phonologisch leeres Einleitewort annimmt.

Nebensätze können in allen topologischen Feldern eines Satzes stehen. Allerdings gelten je nach syntaktischer Funktion und Verbstellung Einschränkungen. So können Attributsätze, die in Distanz zu ihrem Bezugswort stehen, nur im Nachfeld stehen, nicht aber im Vorfeld oder im Mittelfeld. Am wenigsten eingeschränkt sind freie Relativsätze.

7.8.4 Syntaktische Integration von Nebensätzen

Mit dem Begriff der **syntaktischen Integration** besteht eine weitere Möglichkeit, um Nebensätze voneinander zu unterscheiden. Er geht auf die Arbeit von Reis (1997) zurück, Ausgangspunkt sind Verbzweitnebensätze mit Komplementstatus (siehe Bsp. 225: *Ich denke, es wird noch spannende Innovationen geben*). Der Begriff erfasst, wie eng ein Nebensatz mit seinem Matrixsatz verbunden ist. Kriterien, an denen sich Integration festmachen lässt, sind syntaktischer, semantischer und informationsstruktureller Natur.

Syntaktisch absolut unintegriert ist der Nebensatz im folgenden Beispiel:

(226) Das Wetter war auch nicht das beste, [sodass ich schliesslich zu Hause blieb]. (Reis 1997: 127)

Als Argumente führt Reis an, dass der Nebensatz syntaktisch nicht notwendig ist (z. B. im Gegensatz zu Gliedsätzen), nicht vorfeld- oder mittelfeldfähig ist und eine vom Matrixsatz unabhängige Informationseinheit darstellt.

Syntaktisch voll integriert ist hingegen der Nebensatz im folgenden Beispiel, das bereits oben als Beispiel für einen Nebensatz in Objektfunktion gezeigt wurde:

(227) Er hat dem Publikum versprochen, [dass es sich zum Jubiläum einen besonders grossen Namen wünschen darf] (Basler Zeitung, 13.08.2018)

Dass es sich zum Jubiläum ... ist ein Komplement (eine obligatorische Ergänzung) zum Verb *versprochen*. Er kann auch ohne Weiteres in das Vorfeld verschoben werden. Ohne diesen Komplementsatz ist der Satz unvollständig (**Er hat dem Publikum versprochen*.) Etwas anders sieht es aus, wenn im Matrixsatz dieses Beispiels noch ein *es* eingefügt wird:

(228) Er hat es dem Publikum versprochen, dass es sich zum Jubiläum ...

Dann ist der Nebensatz weniger integriert; er ist zwar immer noch ein Komplement, der Satz wird aber nicht ungrammatisch, wenn man ihn weglässt. Und er ist auch nicht mehr in das Vorfeld verschiebbar (**Dass es sich zum Jubiläum einen besonders grossen Namen wünschen darf, hat er es dem Publikum versprochen*).

Semantische Integration bezieht sich darauf, ob ein Nebensatz Teil der gleichen Proposition wie der Matrixsatz ist. Aus dieser Perspektive ist der Nebensatz in (228) semantisch integriert. Das Beispiel zeigt, dass ein Satz syntaktisch zwar wenig integriert sein kann, semantisch hingegen stark. Ein Beispiel für einen semantisch weniger integrierten Nebensatz ist das Folgende:

(229) Er hat der Klasse einen Kuchen versprochen, was der Lehrerin aber vollkommen egal war.

Der Nebensatz führt zu keinerlei Einschränkung der Proposition (oder auch: des Wahrheitsgehalts) der Aussage im Matrixsatz (anders formuliert: Das Desinteresse der Lehrerin ändert nichts daran, dass er der Klasse einen Kuchen versprochen hat).

Informationsstrukturelle Integration bezieht sich darauf, ob der Nebensatz (sehr vereinfacht ausgedrückt) zur gleichen Informationseinheit gehört wie der Matrixsatz oder ob zwei unterschiedliche Informationseinheiten vorliegen. Als Marker dafür kann Prosodie herangezogen werden; so folgt meist eine merkliche intonatorische Pause bei Nebensätzen, die nicht oder wenig integriert sind, und der Matrixsatz endet mit fallender Intonation; bei integrierten Nebensätzen folgt keine solche merkliche Pause. Das sollen die beiden folgenden Beispiele verdeutlichen:

(230) Ich kann morgen einen Kuchen mitbringen, [wenn keiner was dagegen hat]. → geringe informationsstrukturelle Integration

(231) Er hat der Klasse versprochen, [dass er einen Kuchen backen wird]. → hohe informationsstrukturelle Integration

Damit kommen wir aber in den Bereich der gesprochenen Sprache, und es ist anzumerken, dass die prosodische Gestaltung syntaktisch integrierter bzw. nichtintegrierter Nebensätze sehr vielfältig sein kann. Die bereits angesprochenen Verbzweitnebensätze mit Komplementstatus bezeichnet Reis als *relativ-unintegrierte Nebensätze*: Sie weisen einerseits Merkmale von syntaktisch nichtintegrierten Nebensätzen auf (insbesondere weil sie nicht frei verschiebbar sind). Zum anderen weisen sie Merkmale vollintegrierter Nebensätze auf (insbesondere hinsichtlich Prosodie und Informationsstruktur).

Vertiefung 7.8 Satzmodus
Der Begriff des Satzmodus geht auf die Arbeiten von Altmann (1987, 1993) zurück. Im Zentrum steht die Annahme, dass Sätze unterschiedliche formale Eigenschaften haben und sich hinsichtlich ihrer pragmatischen und kommunikativen Funktion unterscheiden. Sätze verfügen demzufolge über einen Satzmodus, der aus einer Form- sowie einer Funktionsseite besteht (analog zum sprachlichen Zeichen, das über eine Form- und eine Bedeutungsseite verfügt). Altmann versteht unter Satzmodus

> ein komplexes sprachliches Zeichen mit einer Formseite, normalerweise eine oder mehrere satzförmige Strukturen mit angebbaren formalen Eigenschaften („Formtyp"), und einer Funktionsseite („Funktionstyp"), also der Beitrag dieser Struktur(en) zum Ausdruck propositionaler Einstellungen [...] oder zur Ausführung sprachlicher Handlungen (Altmann 1993: 1007).

Das heisst, dass es zwischen formalen Eigenschaften eines Satzes (z. B. Verbstellung) und der Sprachhandlung, die mit diesem Satz vollzogen wird, einen prototypischen Zusammenhang gibt. Die folgenden Beispiele zeigen die drei zentralen Satzmodi des Deutschen: Aufforderung, Aussage, Frage. Die dazugehörigen Satztypen werden als *Imperativ-*, *Deklarativ-* und *Interrogativsatz* bezeichnet.

(1) Schliess die Tür!
(2) Sie schliesst die Tür.
(3) Schliesst du bitte die Tür?

Jeder der drei Satztypen verfügt über formale Merkmale, die ihn vom jeweils anderen Satztyp abgrenzen. Sie unterscheiden sich formal hinsichtlich der Stellung und der morphologischen Markierung des finiten Verbs, der An- und Abwesenheit eines lexikalischen Subjekts sowie prosodischer Merkmale. Und sie unterscheiden sich dahingehend, welche Einstellungen zum propositionalen Gehalt zum Ausdruck gebracht werden. Mit Imperativsätzen werden prototypisch Aufforderungen formuliert; bei Interrogativsätzen steht eine Fragehandlung im Vordergrund (auf die das Gegenüber beispielsweise mit *ja* oder *nein* antworten kann); Deklarativsätze sind hinsichtlich ihrer Funktion deutlich weniger spezifisch, können aber am besten als mitteilend oder aussagend beschrieben werden. Weitere in der Literatur diskutierte Satztypen sind der Optativsatz (zum Ausdruck eines Wunsches) und der Exklamativsatz (zum Ausdruck eines Ausrufes) – diese sind aber schwer von den anderen drei genannten Satztypen abgrenzbar (z. B. ist der Ausdruck eines Wunsches schwer vom Ausdruck einer Aufforderung abgrenzbar) – sodass beide in einigen Grammatiken nicht als separate Satztypen postuliert werden.

Bibliografie

Ágel, Vilmos (2000): Valenztheorie. Tübingen: Narr.
Altmann, Hans (1987): Zur Problematik der Konstitution von Satzmodi als Formtypen. In: Meibauer, Jörg (Hrg.): Satzmodus zwischen Grammatik und Pragmatik. Tübingen: Max Niemeyer. S. 22–56. https://doi.org/10.1515/9783111560588-003.
Altmann, Hans (1993): Satzmodus. In: Jacobs, Joachim/Von Stechow, Arnim/Sternefeld, Wolfgang/Vennemann, Theo (Hrg.): Syntax. Ein internationales Handbuch zeitgenössischer Forschung, Bd. 1. Berlin/New York: Walter de Gruyter. S. 1006–1029. (= Handbücher zur Sprach- und Kommunikationswissenschaft 9) https://doi.org/10.1515/9783110095869.1.15.1006.
Altmann, Hans (1981): Formen der „Herausstellung" im Deutschen: Rechtsversetzung, Linksversetzung, freies Thema und verwandte Konstruktionen. Tübingen: Max Niemeyer. https://doi.org/10.1515/9783111635286.
Altmann, Hans/Hofmann, Ute (2008): Topologie fürs Examen: Verbstellung, Klammerstruktur, Stellungsfelder, Satzglied- und Wortstellung. Göttingen: Vandenhoeck & Ruprecht. https://doi.org/10.5282/UBM/EPUB.74224.
Auer, Peter (1993): Zur Verbspitzenstellung im gesprochenen Deutsch. In: Deutsche Sprache 23(3), S. 193–222.
Auer, Peter (2024): Online-Syntax: Eine Einführung in die Analyse gesprochener Sprache. Berlin, Heidelberg: Springer. https://doi.org/10.1007/978-3-662-68611-9.

Auroux, Sylvain/Koerner, E. F. K./Niederehe, Hans-Josef/Versteegh, Kees (Hrg.) (2000–2006): Geschichte der Sprachwissenschaft. Ein internationales Handbuch zur Entwicklung der Sprachforschung von den Anfängen bis zur Gegenwart. Berlin/New York: Walter de Gruyter. (= Handbücher zur Sprach- und Kommunikationswissenschaft 18.1-18.3) https://doi.org/10.1515/9783110167351

Bech, Gunnar (1955): Studien über das deutsche Verbum Infinitum. Kopenhagen: Munksgaard.

Bloomfield, Leonard (1933): Language. New York City: Henry Holt.

Bühler, Karl (1934/1965): Sprachtheorie. Die Darstellungsfunktion der Sprache. 2. Aufl. Stuttgart: Fischer.

Busse, Dietrich (2018): Überlegungen zu einem integrativen Frame-Modell: Elemente, Ebenen, Aspekte. In: Alexander Ziem et al. (Hrg.): Frames interdisziplinär: Modelle, Anwendungsfelder, Methoden. Düsseldorf: university press, S. 69–92.

Chomsky, Noam (1957): Syntactic Structures. The Hague,/Paris: Mouton & Co. https://doi.org/10.1515/9783112316009.

Deppermann, Arnulf (2011): Konstruktionsgrammatik und Interaktionale Linguistik: Affinitäten, Komplementaritäten und Diskrepanzen. In: Lasch, Alexander/Ziem, Alexander (Hrg.): Konstruktionsgrammatik III. Aktuelle Fragen und Lösungsansätze. Tübingen: Stauffenburg, S. 205–238.

Dowty, David (1991): Thematic Proto-Roles and Argument Selection. In: Language 67(3), S. 547–619.

Drach, Erich (1937/1963): Grundgedanken der deutschen Satzlehre. 4., unveränderte Auflage. Darmstadt: WBG.

Dürscheid, Christa (2010): Syntax: Grundlagen und Theorien. 5., durchgesehene Auflage. Göttingen: Vandenhoeck & Ruprecht.

Eichinger, Ludwig M. (2011): Was man braucht, kann nicht fehlen. Grammatik, Textstil und Interaktionsmodalität. In: Kolehmainen, Leena et al. (Hrg.): Kommunikative Routinen. Formen, Formeln, Forschungsbereiche. Frankfurt a. M.: Lang, S. 153–167.

Eisenberg, Peter (2020): Grundriss der deutschen Grammatik. Der Satz. 5., aktualisierte und überarbeitete Auflage. Stuttgart, Weimar: Metzler. https://doi.org/10.1007/978-3-476-00743-8.

Ekberg, Edith (2012): Aspekte des Dativs. Zur Relation zwischen der Dativ-DP und der Ereignisstruktur der Verben in ditransitiven Konstruktionen im Deutschen. Lund: Universität Lund (= Lunder germanistische Forschungen 72).

Engel, Ulrich (1996): Tesnière mißverstanden. In: Gréciano, Gertrud/Schumacher, Helmut (Hrg.): Lucien Tesnière – Syntaxe structurale et opérations mentales. Tübingen: Niemeyer, S. 53–61 (= Lingustische Arbeiten 348).

Engelberg, Stefan (2019): Argumentstrukturmuster. Ein elektronisches Handbuch zu verbalen Argumentstrukturen im Deutschen. In: Czicza, Dániel et al. (Hrg.): Konstruktionsgrammatik VI. Varianz in der konstruktionalen Schematizität. Tübingen: Stauffenburg, S. 13–38.

Erdmann, Oskar (1886): Grundzüge der deutschen Syntax nach ihrer geschichtlichen Entwicklung dargestellt. Erste Abteilung. Stuttgart: Verlag der J. G. Cotta'schen Buchhandlung.

Eroms, Hans-Werner (2000): Syntax der deutschen Sprache. Berlin/New York: De Gruyter.

E-VALBU = Elektronisches Valenzwörterbuch deutscher Verben. https://grammis.ids-mannheim.de/verbvalenz (12.02.2025).

Featherston, Sam (2007): Data in Generative Grammar. The Stick and the Carrot. In: Theoretical Linguistics 33(3), S. 269–318. https://doi.org/10.1515/TL.2007.020.

Fischer, Kerstin/Stefanowitsch, Anatol (2006) (Hrg.): Konstruktionsgrammatik I. Von der Anwendung zur Theorie. Tübingen: Stauffenburg.

Frick, Karina (2017): Elliptische Strukturen in SMS. Eine korpusbasierte Untersuchung des Schweizerdeutschen. Berlin/Boston: De Gruyter.

Fleischer, Jürg (2003): Die Syntax von Pronominaladverbien in den Dialekten des Deutschen: eine Untersuchung zu Preposition Stranding und verwandten Phänomenen. Stuttgart: Steiner. (= Zeitschrift für Dialektologie und Linguistik, Beiheft 123).

Freywald, Ulrike (2013): Uneingeleiteter V1- und V2-Satz. In: Meibauer, Jörg/Steinbar, Markus/ Altmann, Hans (Hrg.): Satztypen des Deutschen. Berlin/Boston: De Gruyter. S. 317–337.

Gibson, Edward/Fedorenko, Evelina (2013): The Need for Quantitative Methods in Syntax and Semantics Research. In: Language and Cognitive Processes 28(1–2), S. 88–124. https://doi.org/10.1080/01690965.2010.515080.

Glinz, Hans (1947): Geschichte und Kritik der Lehre von den Satzgliedern in der deutschen Grammatik. Bern: Francke.

Goldberg, Adele (1995): Constructions. A Construction Grammar Approach to Argument Structure. Chicago: University of Chicago Press.

Graffi, Giorgio (2001): 200 Years of Syntax: A Critical Survey. Amsterdam: John Benjamins. (= Studies in the History of the Language Sciences 98) https://doi.org/10.1075/sihols.98.

Günthner, Susanne (2007): Techniken der „Verdichtung" in der alltäglichen Narration. Kondensierungsverfahren in Beschwerdegeschichten. In: Bär, Jochen et al. (Hrg.): Sprachliche Kürze: Konzeptuelle, strukturelle und pragmatische Aspekte. Berlin/New York: De Gruyter, S. 391–411.

Günthner, Susanne/Imo, Wolfgang (2006) (Hrg.): Konstruktionen in der Interaktion. Berlin/New York: De Gruyter.

Günthner, Susanne/König, Katharina (2015): Temporalität und Dialogizität als interaktive Faktoren der Nachfeldpositionierung – ‚irgendwie' im gesprochenen Deutsch. In: Vinckel-Roisin, Hélène (Hrg.): Das Nachfeld im Deutschen. Berlin/Boston: De Gruyter. S. 255–278. (= Reihe Germanistische Linguistik 303) https://doi.org/10.1515/9783110419948-013.

Haider, Hubert (1993): Deutsche Syntax, generativ. Vorstudien zur Theorie einer projektiven Grammatik. Tübingen: Narr.

Harris, Randy (2022): The Linguistics Wars. Chomsky, Lakoff, and the Battle over Deep Structure. 2. Auflage. New York: Oxford University Press.

Herbst, Thomas (2011): The Status of Generalizations. Valency and Argument Structure Constructions. In: Zeitschrift für Anglistik und Amerikanistik 59(4), S. 347–368.

Herling, Simon Heinrich Adolf (1821): Über die Topik der deutschen Sprache. In: Abhandlungen des frankfurtischen Gelehrtenvereins für deutsche Sprache, Bd. Drittes Stück. Frankfurt a. M. S. 296–362.

Heylen, Kris (2005): A Quantitative Corpus Study of German Word Order Variation. In: Kepser, Stephan/Reis, Marga (Hrg.): Linguistic Evidence. Berlin/Boston: Mouton de Gruyter. S. 241–264. (= Studies in Generative Grammar 85) https://doi.org/10.1515/9783110197549.241.

Höhle, Tilman N. (1986): Der Begriff „Mittelfeld". Anmerkungen über die Theorie der topologischen Felder. In: Weiss, Walter (Hrg.): Kontroversen alte und neue. Akten des VII. Internationalen Germanistenkongresses Göttingen 1985. Tübingen: Niemeyer. S. 329–340.

Imo, Wolfgang (2014): Elliptical Structures as Dialogical Resources for the Management of Understanding. In: Günthner, Susanne et al. (Hrg.): Grammar and Dialogism. Sequential, Syntactic, and Prosodic Patterns between Emergence and Sedimentation. Berlin/Boston: De Gruyter, S. 139–176.

Imo, Wolfgang (2015): Nachträge im Spannungsfeld von Medialität, Situation und interaktionaler Funktion. In: Vinckel-Roisin, Hélène (Hrg.): Das Nachfeld im Deutschen. Theorie und Empirie.

Berlin/Boston: De Gruyter. S. 231–254. (= Reihe Germanistische Linguistik 303) https://doi.org/10.1515/9783110419948-012.
Jacobs, Joachim (1994): Kontra Valenz. Trier: WVT (= Fokus 12).
Jacobs, Joachim (2003): Die Problematik der Valenzebenen. In: Ágel, Vilmos et al. (Hrg.): Dependenz und Valenz. Berlin/New York: De Gruyter, S. 378–399 (= HSK 25.1).
Jacobs, Joachim (2009): Valenzbindung oder Konstruktionsbindung? Eine Grundfrage der Grammatiktheorie. In: Zeitschrift für germanistische Linguistik 37(3), S. 490–513.
Järventausta, Marja (2003): Das Subjektproblem in der Valenzforschung. In: Ágel, Vilmos et al. (Hrg.): Dependenz und Valenz. Berlin/New York: De Gruyter, S. 781–794 (= HSK 25.1).
Kefer, Michel/Lejeune, Joseph (1974): Satzglieder innerhalb eines Verbalkomplexes. In: Deutsche Sprache 2, S. 322–334.
Kretzenbacher, Heinz L. (1995): Wie durchsichtig ist die Sprache der Wissenschaften? In: Kretzenbacher, Heinz L./Weinrich, Harald (Hrg.): Linguistik der Wissenschaftssprache. Berlin/New York: De Gruyter, S. 15–39.
Lenerz, Jürgen (1994): Pronomenprobleme. In: Haftka, Brigitta (Hrg.): Was determiniert Wortstellungsvariation? Wiesbaden: VS Verlag für Sozialwissenschaften. S. 161–173. https://doi.org/10.1007/978-3-322-90875-9_10.
Meibauer, Jörg/Demske, Ulrike/Geilfuß-Wolfgang, Jochen/Pafel, Jürgen/Ramers, Karl Heinz/Rothweiler, Monika/Steinbach, Markus (2015): Einführung in die germanistische Linguistik. 3., überarbeitete und aktualisierte Auflage. Stuttgart/Weimar: Metzler.
Meiner, Johann Werner (1781): Versuch einer an der menschlichen Sprache abgebildeten Vernunftlehre. Leipzig: Breitkopf.
Meurers, Walt Detmar (2000): Lexical Generalizations in the Syntax of German Non-Finite Constructions. Tübingen: Universität Tübingen. (= Arbeitspapiere des SFB 340 145).
Öhl, Peter (2015): Satz – aus Sicht der Generativen Grammatik. In: Dürscheid, Christa/Schneider, Jan Georg (Hrg.): Handbuch Satz, Äußerung, Schema. Berlin/Boston: De Gruyter. S. 205–230. (= Handbücher Sprachwissen 4) https://doi.org/10.1515/9783110296037-010.
Pafel, Jürgen (2009): Zur linearen Syntax des deutschen Satzes. In: Linguistische Berichte 217, S. 37–79.
Pafel, Jürgen (2011): Einführung in die Syntax. Grundlagen – Strukturen – Theorien. Stuttgart: J.B. Metzler. https://doi.org/10.1007/978-3-476-00467-3.
Primus, Beatrice (2012): Semantische Rollen. Heidelberg: Winter.
Reis, Marga (1982): Zum Subjektbegriff im Deutschen. In: Abraham, Werner (Hrg.): Satzglieder im Deutschen. Tübingen: Narr. S. 171–211. https://publikationen.uni-tuebingen.de/xmlui/handle/10900/47023(1.9.2022).
Reis, Marga (1986): Subjekt-Fragen in der Schulgrammatik? In: Der Deutschunterricht. Beiträge zu seiner Praxis und wissenschaftlichen Grundlegung 38(2), S. 64–84.
Reis, Marga (1997): Zum syntaktischen Status unselbständiger Verbzweit-Sätze. In: Dürscheid, Christa/Ramers, Karl Heinz/Schwarz, Monika (Hrg.): Sprache im Fokus. Festschrift für Heinz Vater zum 65. Geburtstag. Tübingen: Max Niemeyer Verlag. S. 121–144.
Steinthal, Heymann (1855): Grammatik, Logik und Psychologie. Ihre Principien und ihr Verhältniss zu einander. Berlin: Dümmler.
Storrer, Angelika (2003): Ergänzungen und Angaben. In: Ágel, Vilmos et al. (Hrg.): Dependenz und Valenz. Berlin/New York: De Gruyter, S. 764–780 (= HSK 25.1).
Stötzel, Gerhard (1970): Ausdrucksseite und Inhaltsseite der Sprache. Methodenkritische Studien am Beispiel der deutschen Reflexivverben. München: Hueber.
Tesnière, Lucien (1959/1980): Grundzüge der strukturalen Syntax. Hrg. und übers. v. Ulrich Engel. Stuttgart: Klett-Cotta 1980.

Tomasello, Michael (2003): Constructing a language: A usage-based theory of language acquisition. Cambridge, MA: Harvard University Press. https://doi.org/10.2307/j.ctv26070v8.
Welke, Klaus (2011): Einführung in die Satzanalyse: Die Bestimmung der Satzglieder im Deutschen. Berlin/New York: Walter de Gruyter. https://doi.org/10.1515/9783110894103.
Welke, Klaus (2019): Konstruktionsgrammatik des Deutschen. Ein sprachgebrauchsbezogener Ansatz. Berlin/Boston: De Gruyter (= Linguistik – Impulse & Tendenzen 77).
Wildgen, Wolfgang (1990): Konstruktionsgrammatik. In: Wagner, Karl Heinz/Wildgen, Wolfgang (Hrg.): Studien zur Grammatik und Sprachtheorie. Bremen: Universität Bremen, S. 65–84.
Wildgen, Wolfgang (2010): Die Sprachwissenschaft des 20. Jahrhunderts. Versuch einer Bilanz. Berlin/New York: De Gruyter. https://doi.org/10.1515/9783110228519.
Wöllstein, Angelika (2014): Topologisches Satzmodell. 2., aktualisierte Auflage. Heidelberg: Winter. (= Kurze Einführungen in die germanistische Linguistik 8).
Wöllstein, Angelika/Dudenredaktion (Hrg.) (2022): Duden - Die Grammatik: Struktur und Verwendung der deutschen Sprache: Sätze – Wortgruppe – Wort. 10., völlig neu verfasste Auflage. Berlin: Dudenverlag. (= Der Duden in zwölf Bänden Bd. 4).
Wöllstein, Angelika/Heilmann, Axel/Stepan, Peter/Vikner, Sten (Hrg.) (2006): Deutsche Satzstruktur: Grundlagen der syntaktischen Analyse. Unveränderter Nachdruck der 1. Auflage. Tübingen: Stauffenburg-Verl. (= Stauffenburg-Einführungen 3).
Zifonun, Gisela (2003): Dem Vater sein Hut – Der Charme des Substandards und wie wir ihm gerecht werden. In: Deutsche Sprache 31(2), S. 97–126. https://doi.org/10.37307/j.1868-775X.2003.02.02.
Zifonun, Gisela/Hoffmann, Ludger/Strecker, Bruno (1997): Grammatik der deutschen Sprache. Berlin/New York: De Gruyter.
Zima, Elisabeth (2021): Einführung in die gebrauchsbasierte Kognitive Linguistik. Berlin/Boston: De Gruyter.

8 Textlinguistik

Abbildung 8.1: Die Welt der Texte ist bunt (Bildcollage: Hiloko Kato, Quellen von links nach rechts und oben nach unten: Harry Potter MinaLima Edition: Abdruck mit freundlicher Genehmigung durch Scholastic Inc.; Liebesbrief von 1906: https://liebesbriefarchiv.de/; Litfasssäulenwerbung: Foto Kato; Tagesanzeiger vom 19.10.2015; WWF Kampagne 2009: https://www.wwf.ch/; Haltestellenfahrplan: https://www.zvv.ch/; Fühlbuch: https://www.ravensburger.de/; Erpresserbrief: Spiegel 3.2.2013; Roman „O.T.": Foto: Kato; ZVV-Transaktionsbeleg: Foto: Kato).

8.1 Textlinguistik als linguistische Disziplin

8.1.1 Die Welt der Texte ist bunt

Liebesbrief, Roman, Kassenzettel, Anmeldeformular, Tramfahrplan, Gesetzestext, Flyer, Beipackzettel, Fühlbuch, Schulaufsatz, Anfahrtsskizze, Fabel, Erpresserbrief, Aufbauanleitung, Werbeplakat, Fahrkarte, E-Mail. Die Welt der Texte ist bunt (Abbildung 8.1 und auch → Abbildung 2.1). Wie lässt sich diese Vielfalt in einer linguistischen Disziplin abbilden? Durch welche Merkmale zeichnen sich Texte aus? Und wie geht man mit der Vielfalt bei einem zunehmend exklusiven Gebrauch von elektronischen Medien in der Textproduktion um?

Die Textlinguistik ist eine relativ junge linguistische Disziplin. Ihr Untersuchungsgegenstand sind „Texte", die – betrachtet man die Eingangsbeispiele – zunächst einmal als sprachliche Einheiten gefasst werden können. Texte sind im Rahmen der

https://doi.org/10.1515/9783111516172-008

Syntax (→ 7) nicht mehr sinnvoll beschreibbar: Prototypische Texte (→ 8.3) gehen über die Satzgrenze hinaus (bei den Beispielen etwa: Liebesbrief, Roman, Gesetzestext, Schulaufsatz). Texte bilden aber auch oft keine „richtigen" Sätze (z. B. Kassenzettel, Anfahrtsskizze). Der heute etablierte pragmatische Zugang bezeichnet diese Beispiele nicht mehr als *Nicht-Texte*, sondern bezieht sie, aufgrund ihrer doch vorhandenen Sprachlichkeit, in die textlinguistische Betrachtung mit ein. Ein Text ist damit ein lesbares Etwas auf einem typischen Text-Trägermedium wie Papier. Bezeichnungen wie *Fahrkarte, Kassenzettel* oder *Flyer* zeigen zudem auf, dass sich Texte aufgrund von bestimmten, jeweils prägenden Merkmalen zu *Textsorten* etablieren können (→ 8.4.6). Die Textlinguistik beschäftigt sich mit diesen grösseren (Textsorten-)Verbänden gleichwohl wie mit der grundlegenden Frage, was das „Texthafte" an Texten ausmacht. Man spricht von ihrer sog. *Textualität*.

Wenn man sich also fragt, was die spezifischen Merkmale von Werbeplakaten, Flyern oder Liebesbriefen sind, bürsten wir die Alltagsroutine bezüglich unseres Umgangs mit Texten gegen den Strich und nehmen für einmal genau unter die Lupe, warum etwas unter „Textverdacht" (Hausendorf/Kesselheim 2008: 25) gerät. Von eindeutigen Definitionen („Das ist ein Text!") wird also abgesehen. Dies wird weiter unten begründet (→ 8.3) und stattdessen die wissenschaftliche Herangehensweise der Prototypentheorie angewendet, die bereits in der Semantik thematisiert wurde (→ 3.4.3). So lässt sich bei der Buntheit unserer Textbeispiele feststellen, dass gewisse Exemplare prototypischer sind für Texte (Schulaufsatz) als andere (Tramfahrplan).

In den folgenden Kapiteln werden nicht nur die noch relativ junge Geschichte der Textlinguistik und deren Vorläufer skizziert, sondern Texte als Forschungsgegenstand beleuchtet und unterschiedliche Perspektiven auf Texte vorgestellt. Wie die bunte Vielfalt der Eingangsbeispiele zeigt, folgt unser wissenschaftlicher Zugriff auf Texte einem dezidiert pragmatischen Ansatz. Das bedeutet, dass wir so an Texte herangehen, wie wir sie in unserem Alltag antreffen. Wir beschäftigen uns also von unserer Wahrnehmung geleitet und ganzheitlich mit Texten, anstatt sie nur aus mikroanalytischer linguistischer Sichtweise zu analysieren. Mit anderen Worten: Texte sind oben absichtlich so eingeführt worden, wie sie uns in ihrer Ganzheit, Materialität und spezifischen sprachlichen Ausformung begegnen, anstatt sie als sprachliche Gebilde vorzustellen, die über die Satzgrenze hinausgehen. Tatsächlich hat sich die Linguistik lange Zeit exklusiv mit Sätzen beschäftigt. Bemerkenswerterweise sind die ersten Überlegungen in der Textlinguistik aber stark von einer holistischen Betrachtungsweise geprägt und bewegen sich von einem Blick aufs Ganze zu den Details (→ 8.2.3, Phasen der Textlinguistik). Diese modernen Ansätze werden im zweiten Teil präsentiert, ohne aber bekannte Termini (z. B. Kohärenz und Kohäsion) aussen vor zu lassen, die die textlinguistische Forschung geprägt haben.

8.1.2 Schriftliches vs. Gesprochenes – warum Gespräche keine Texte sind

schweigen schweigen schweigen
schweigen schweigen schweigen
schweigen   schweigen
schweigen schweigen schweigen
schweigen schweigen schweigen

```
          ˌpfelApfelApfelApteɪ⌒
        ͻfelApfelApfelApfelApfelA,
       ͵elApfelApfelApfelApfelApfe
      ApfelApfelApfelApfelApfelApfⱼ
      pfelApfelApfelApfelApfelApfel⼂
      ͵ApfelApfelApfelApfelApfelApfe
      pfelApfelApfelApfelApfelApfelA
      ApfelApfelApfelApfelApfelApfe
      ͻfelApfelApfelApfelApfelApfel⸝
       \pfelApfelApfelApfelApf
        ͻlApfelApfelApfelWurmAp⸍
        ⸡elApfelApfelApfelApfel⸍
         \ofelApfelApfelApfel⸍
          ⌐felApfelApfelA⸜
            \ ⌐felApfel⌐
```

Abbildung 8.2: Konkrete Poesie: Gomringers *Schweigen* (1960) oder Döhls *Apfel mit Wurm* (1970).

Wie die Eingangsbeispiele zeigen (Abbildung 8.1), handelt es sich bei ihnen ausschliesslich um Schriftliches. Tatsächlich gibt es nicht wenige textlinguistische Arbeiten, die auch Gesprochenes unter Texte subsumieren. Dies zeigt auch Maximilian Scherners Untersuchung zur Begriffsgeschichte von „Text", die nachzeichnet, wie „sich die begrifflichen Gehalte von ‚Text' im Verlauf der europäischen Geistesgeschichte" stärker als andere Begriffe mit unterschiedlichen Termini verbinden (Scherner 1996: 104). Dabei sind im Lauf der Zeit verschiedene Ausdrücke häufiger in Gebrauch (von griech. *logos [λόγος]* und lat. *oratio* über *Rede* und *Text*). Wie im Kapitel *Gesprächsanalyse* (→ 9) aus der Perspektive des Gesprochenen nochmals erläutert wird, ist die hier vertretene Meinung, dass Texte (Schriftliches) und Gespräche (Mündliches) jeweils eigene Zuständigkeitsbereiche haben: Während Gespräche unter Anwesenheit der Beteiligten zustande kommen, ist Schriftliches genau für Situationen gemacht, in denen die Beteiligten nicht (mehr) anwesend sind. Schriftkommunikation muss, gerade weil die Beteiligten nicht unmittelbar anwesend sind, auf eine fundamental andere Art funktionieren als Gespräche. Während Ferdinand de Saussure (→ 2.3.1) der Schrift noch eine reine Hilfsfunktion zugeschrieben hat, ist mittlerweile durch die poststrukturalistischen und dekonstruktivistischen Arbeiten insbesondere von Jacques Derrida minutiös aufgezeigt worden (Derrida 1967/1976, 1990/2001), dass Schrift einer selbstbewussten und eigenständigen Analyse bedarf. Die überdauernde Schrift übermittelt Botschaften auf eine ganz eigene Weise und unterscheidet sich vom flüchtigen Schall des Gesprochenen. Schrift hat, und damit lässt sich sehr einfach die Brücke zu Texten schlagen, viel zu tun mit Materialität – also mit der Art und Weise, wie Schriftliches übermittelt wird, etwa auf einem Blatt Papier (zu modernen Formen etwa auf einem Bildschirm, → 8.1.3). Ein Paradebeispiel dafür ist Konkrete Poesie, die interessanterweise gerade in der Zeit, als erste textlinguistische Arbeiten entstanden, Hochkonjunktur hatte. Gomringers *Schweigen* (1960) oder Döhls *Apfel mit Wurm*

(1970) zeigen deutlich auf, wie Gedichte von der Materialität (bestehend aus Schrift und Schriftfläche) her gedacht werden können (Abbildung 8.2). Insbesondere die Werke der experimentellen Lyrik, die die Arbeiten der konkreten Poesie weiterentwickelten, sind sogar materielle Gesamtkompositionen, die sich für Performances eignen (z. B. Gomringers „Kein Felher im System", 1957).

In den 1960er Jahren begann man auch damit, die Auswirkungen des Buchdrucks auf (Lese-)Kultur und Gesellschaft zu untersuchen (z. B. Marshall McLuhans „The Gutenberg Galaxy: The Making of Typographic Man" von 1962). Die seit der Erfindung der austauschbaren Druck-Buchstaben stetig wachsende und immer günstiger werdende Massenproduktion von Texten prägt bis heute unseren (Lese-)Alltag: Heute ist unsere Lesesozialisierung so ausgeprägt, dass wir ins Lesen kommen, schon bevor wir aktiv realisiert haben, dass wir einen Text vor uns haben. Dieses faszinierende Phänomen wird insbesondere in der Werbung (aus-)genutzt, wie das Beispiel eines Berliner Bestattungsunternehmens zeigt, welches eine Zeit lang in der U-Bahn an der Wand gegenüber dem Bahnsteig zu finden war (Abbildung 8.3).

Abbildung 8.3: Anzeige eines Bestattungsinstituts in der Berliner U-Bahn (Quelle: Spiegel, 30.10.2008).

Dass man ohne Weiteres die makabre Aufforderung schon gelesen (und gelacht oder sich empört) hat, bevor man sich überhaupt dazu entscheidet, dafür sorgen natürlich auch die textuelle Gestaltung (ein kurzer prägnanter Satz mit einer Anrede auf einer grossen weissen Fläche, die aufgrund eines fehlenden Bildes für ein Werbeplakat ungewöhnlich und damit rätselhaft wirkt, und womöglich aufgrund des schwarzen Trauerrandes andere musterhafte Vorstellungen von Texten weckt) und die spezielle Situation („nichts tun" und warten auf die U-Bahn). An diesem Beispiel wird (auf etwas abstrakte Weise) nochmals deutlich, dass es einen Unterschied zwischen Texten und Gesprächen gibt. Texte lassen aufgrund ihrer schriftlichen Form, die Flüchtigkeit überdauert und aufgrund der Abwesenheit der Beteiligten eine andere, langsamere Form der Interpretation zu. Passagen können, auch im Moment, nach- und wiedergelesen werden und laden so zu einer kreisenderen Art der Rezeption ein. Untersuchungen von Augenbewegungen (sog. *Saccaden* und *Fixationen*) haben ergeben, dass sich Lesende auf der Textfläche ähnlich wie auf einer Karte orientieren (Gross 1994: 9). Mündliche Kommunikation hingegen muss dem flüchtigen und kontinuierlichen Gesprächsfluss mit gleichzeitig ablaufender Mimik, Gestik und Körpersprache folgen. Teilnehmende eines Gesprächs können jederzeit reagieren und den Lauf der Dinge beeinflussen. Sie sind zudem in einer gemeinsamen Situation, die dem jeweils anderen zugänglich ist. Andererseits aber ist die Rezipientin von Texten auf sich alleine gestellt, kann nicht gleich zurückfragen, sich vielleicht sogar direkt beschweren über so viel Morbidität. Texte müssen alleine funktionieren. Sie müssen die notwendigen *Hinweise* liefern, damit wir als Rezipierende „etwas damit anfangen" können.

8.1.3 Multimodale Texte

Bereits in den 1960er-Jahren propagierte McLuhan die Rückkehr der Mündlichkeit, die durch moderne elektronische Technologien (wie dem Telefon) eine neue Erreichbarkeit ermöglichen – und damit auch die Entwicklung einer neuen sozialen Gemeinschaftsform – dem sog. *globalen Dorf* (*global village*, McLuhan/Powers 1992). Tatsächlich hat Mündlichkeit Einzug gehalten in Textformen, die bislang allein der Schriftsprache vorbehalten waren: Man denke an die Möglichkeit, bei Instant Messengern Sprachnachrichten aufzunehmen oder beim Live-Streaming mündliche Beiträge der Streamer:innen zu hören und gleichzeitig schriftliche Chat-Beiträge der Zuschauenden zu lesen. Allein das Format des Chats scheint die Grenzen des Schriftlichen zu sprengen, wenn man schreibt „wie einem der Schnabel gewachsen ist". Wie kann eine textlinguistische Forschung nun auf solche Entwicklungen eingehen? Insbesondere, wenn sie von der Notwendigkeit einer Unterscheidung zwischen schriftlicher und mündlicher Kommunikation ausgeht?

8.1.3.1 Mündlichkeit vs. Schriftlichkeit

Mündlichkeit und Schriftlichkeit sind keine eindimensionalen Begriffe. Peter Koch und Wulf Oesterreicher zeigen auf (z. B. Koch/Oesterreicher 1994, erstmalig bereits Koch/Oesterreicher 1986), welche Schwierigkeiten auftreten können, wenn die Begriffe *mündlich* vs. *schriftlich* im doppelten Sinn verwendet werden: Es kann zum einen das *Medium* betreffen, also ob etwas auf z. B. Papier aufgeschrieben oder hörbar vermittelt wird. Zum anderen kann damit die *Konzeption* gemeint sein: So kann z. B. eine Rede sehr wohl mündlich erfolgen, aber vorher verschriftlicht worden sein und abgelesen werden. Andererseits kann eine schriftliche Mitteilung sehr stark mündlich bzw. informell geschrieben sein und damit an den Sprachduktus in mündlicher Kommunikation erinnern. Insbesondere bei Formaten wie Chat oder SMS/Messaging ist das der Fall – diese modernen Formen machen die Notwendigkeit einer Unterscheidung besonders evident. Koch und Oesterreicher haben daher die Präzisierung *medial* und *konzeptionell* vorgeschlagen. Eine vorher aufgeschriebene Hochzeitsrede ist als *medial mündlich*, aber *konzeptionell schriftlich* beschreibbar; eine SMS an Freunde *medial schriftlich*, aber oftmals *konzeptionell mündlich*, insbesondere wenn im Dialekt geschrieben wird. Koch und Oesterreicher stellten zudem fest, dass die abstrakte Ebene der Konzeption die Möglichkeit bietet, Aussagen über fundamentale Charakteristika der Kommunikationssituation zu machen. Sie führen dazu die Dichotomie *Nähe* und *Distanz* ein. So zeichnen sich medial und konzeptionell mündliche Situationen wie ein Gespräch am Familientisch oder bei einem Date nicht nur über raum-zeitliche Nähe, sondern auch über Vertrautheit, Emotionalität wie auch eine sehr spezifische Origo (→ 4.2.5) aus. Demgegenüber führen Koch und Oesterreicher als Beispiele für Distanz Leitartikel und Gesetzestexte an, typischerweise also konzeptionell schriftliche Textsorten (vgl. die tabellarische Darstellung in → 10.3.5.2).

Lange Zeit schien das Konzept von Koch und Oesterreicher die Lösung für die Charakteristika moderner Medien wie Chat oder Instant Messaging zu sein und wurde äusserst rege angewendet. Dass das Konzept aber zu kurz greift bzw. in sich nicht konsistent ist, haben u. a. Dürscheid (2016) und Albert (2013) herausgearbeitet. Kritisiert wird dabei etwa die ungenaue Handhabung von Beispielen, bei denen nicht klar unterschieden wird zwischen Kommunikationsformen (z. B. E-Mail) und Textsorten (geschäftliche E-Mail, Werbemail, Einladungsmail, etc.). Wenn also Kommunikationsformen auf einem Nähe-Distanz-Kontinuum eingeordnet werden, so ist dies ungenau. Bei Koch und Oesterreicher befindet sich das *Telefongespräch* auf der Skala weit links, also bei *Nähe*. Dieses kann aber sehr wohl unpersönlich sein, wenn es sich um einen Geschäftsanruf handelt. Andererseits wird infrage gestellt, ob eine klare Unterscheidung zwischen Medialität und Konzeption überhaupt der Realität entspricht. Denn im Grunde geht eine solche Annahme davon aus, dass es so etwas wie „neutrale" Inhalte gibt, die je nach gegebenem Kontext in ein Medium

„verpackt" werden können und so Erweiterungen oder Einschränkungen erfahren. Spätestens nach den Forschungsbemühungen der Medienwissenschaft um McLuhan, Kittler, Giesecke oder Ong sind solche „naiven" Kommunikationstheorien obsolet. Sehr plausibel zeigt dies Spitzmüller am Beispiel von sog. *emulierter Mündlichkeit* (Beispiele: *grins*, *ehm/öhm* im Chat), die nur genau deswegen funktionieren, da sie im Schriftlichen passieren und daher nur bedingt als konzeptionell mündlich angesehen werden können (Spitzmüller 2005). Zudem ist darauf hingewiesen worden, dass die Deklaration *Mündlichkeit* mit einer unterschwellig an Norm und Abweichung orientierten Auffassung von Schreibvarianzen einhergeht: Sobald eine Schreibung wie im Chat nicht einer „korrekten Schriftsprache" entspricht, wird eine defizitorientierte Perspektive (ähnlich wie in der Soziolinguistik, → 10.5.1) eingenommen, die dem Untersuchungsobjekt nicht gerecht wird.

8.1.3.2 Ein interdisziplinärer Umgang mit neuen, multimodalen Formen

Was ist also die Lösung für den Umgang mit **multimodalen** Formen, die nicht nur einen Sinneskanal bedienen, sondern unterschiedliche (Geschriebenes, Gesprochenes, Standbilder, bewegte Bilder, Geräusche)? Statt von einer Dichotomie von Mündlichkeit und Schriftlichkeit auszugehen, müssen Kommunikationsphänomene in ihrer Komplexität analysiert werden. Beispiele für solche komplexen Phänomene sind insbesondere in den sozialen Medien zu finden (z. B. Instagram, TikTok) und auf Videoportalen wie YouTube oder Twitch. Diese Phänomene zeichnen sich durch ein komplexes Nebeneinander von Video, Chat, Mündlichkeit und Schriftlichkeit aus (Abbildung 8.4). Was den Chat bezüglich seiner an ein Gespräch

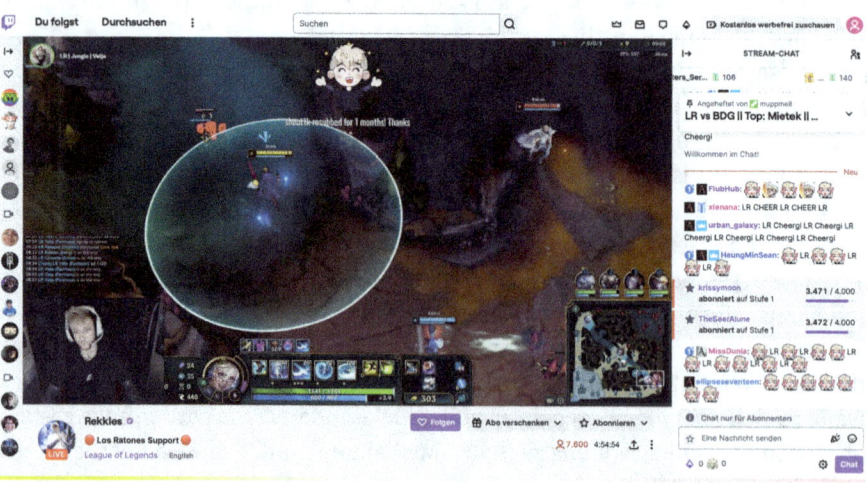

Abbildung 8.4: Live-Stream-Standbild aus Twitch (Quelle: https://www.twitch.tv/rekkles).

erinnernden Geschwindigkeit („instant messaging") und informellen Art betrifft, spricht Dürscheid (2003: 44) von „Quasi-Synchronizität". Hier wird also auf die (mögliche!) zeitgleiche Verfügbarkeit der Schreibenden verwiesen. Die Übermittlung der Nachricht erfolgt aber nicht synchron wie bei einem Telefongespräch oder einem Gespräch face-to-face, sondern „en bloc" auf einer sog. **Sehfläche** (Gross 1994: 66; Schmitz 2007), z. B. auf dem Bildschirm eines Smartphones. Somit ist die Grundlage für die Kommunikationsstrategien der Beteiligten eine ganz andere als etwa in einem Gespräch, wo sich das Geschehen sequenziell entfaltet (→ 9.4). Eine solche quasi-synchrone Kommunikationsform hat jedoch seine Tücken und führt – sozusagen als Vergleichsfolie – vor Augen, was zeitliche Koordinierung in Gesprächen bedeutet (→ 9.4.1): Weil gerade nicht klar ist, ob die andere Person nichts tut, etwas tippt oder überhaupt anwesend ist, wurden schon relativ früh (patentiert 1999, Cuomo 2019) die hilfreichen, aber auch zuweilen berüchtigten drei Punkte erfunden, der „chat feedback indicator". Der Eintrag im Patent zeigt interessanterweise die Wichtigkeit des Schreibens „en bloc":

> The sender is [...] provided with some sense of security in that the typed text will not be displayed to the receivers until complete.

Im Patent wird auch die Bedeutung des Feedbacks an die Angeschriebenen thematisiert:

> In addition, the receivers are provided with an indication that something is being prepared for display to them.

Heute haben gewisse Instant-Messaging-Dienste diese Information noch stärker ausdifferenziert („online", also Anwesenheits-Status oder das Gegenüber „schreibt..."), um die Quasi-Synchronizität noch stärker auf die Seite einer Kommunikation zwischen Anwesenden zu rücken.

Mit den sich ständig weiterentwickelnden technologischen Möglichkeiten wandelt sich auch unsere Medienlandschaft. Im Chat ist es z. B. die Einführung von Sprachnachrichten, die uns deutlich macht, dass eine eindimensionale Herangehensweise mit etwa „nur" textlinguistischem Werkzeug kaum mehr der Königsweg ist. Ganz zu schweigen von weiteren Beispielen wie bei der Streaming-Plattform Twitch mit ihren multiplen, parallel laufenden Ebenen (Abbildung 8.4): Es findet die live-Kommentierung z. B. des Spielgeschehens durch den Spieler statt, wobei er als Person mittels einer sein Gesicht filmenden „Face-Cam" am Rand des Bildschirmfläche hineinprojiziert zu sehen ist. Zwischendurch werden kurze Videos in einer Überblendung eingespielt, die etwa neue Abonnent:innen ankündigen. Daneben läuft zumeist auch ein Chat mit z.B. der typischen Gross- und Kleinschreibung, die Prosodie imitiert (die aber deshalb funktionieren, weil sie im Schriftlichen passieren, s.o. Spitzmüller 2005). Insbesondere wird aufgrund der Einbindung von Gesprochenem und des interaktiven Spielgeschehens deutlich, dass das textlinguistische Werkzeug zwar wichtige grundlegende Analysemöglichkeiten bietet, jedoch weiteres Werkzeug beigezogen werden muss (wie etwa Konzepte der Gesprächsanalyse, → 9.6 und → 9.4.2). Dazu gehören auch semiotische und multimodale Ansätze, um z. B. Bildliches und Hörbares ebenfalls analysieren und in einen sinnvollen Zusammenhang bringen zu können. Es müssen auch Untersuchungsansätze aus der Medienlinguistik (z. B. Kommunikationskanäle, Burger/Luginbühl 2014) und nicht zuletzt auch Ansätze aus der Pragmatik und Soziolinguistik (wie z. B. soziale Parainteraktion, Ayaß 1993) beigezogen werden, um spezifische Merkmale des Formats Streaming zu erfassen.

Tatsächlich werden unsere Kommunikationsformen nicht einfacher, sondern komplexer, und damit das intra- und interdisziplinäre Arbeiten mit unterschiedlichen Ansätzen immer notwendiger. Es wird deshalb im Folgenden wichtig sein, die grundlegenden Ansätze, Fragen und Diskussionen, die in der Beschäftigung mit traditionellen textuellen Objekten entwickelt wurden, erst einmal kennenzulernen, um überhaupt die neueren Kommunikationsformen in ihrer Weiterentwicklung (auch gedacht als Emanzipierung von diesen alten Formen) verstehen und das entscheidend Neue herausarbeiten zu können.

Dieses Kennenlernen soll an zwei Herangehensweisen gekoppelt werden. Einerseits geht es darum, die Entwicklung der Textlinguistik nachzuvollziehen (→ 8.2), weil sich daran sehr gut aufzeigen lässt, wie unterschiedliche Perspektiven auf Text im Laufe der Zeit erarbeitet wurden. Dies wird auch relevant, wenn die Möglichkeit einer Textdefinition im Zwischenfazit in Kapitel 8.3 reflektiert wird. Andererseits wird es im zweiten Teil um die Vorstellung der wichtigsten Analysezugänge gehen (→ 8.4).

8.2 Entwicklungsgeschichte der Textlinguistik

8.2.1 Vorläufer

Obwohl die Beschäftigung mit Texten bis in die Antike zurückgeht, finden sich keine Disziplinen, die als direkte Vorläufer der Textlinguistik angesehen werden können. Dies liegt insbesondere darin begründet, dass es der Textlinguistik um die konstitutiven Eigenschaften von Texten geht – was Texte also zu Texten macht (Textualität). Man setzt aus textlinguistischer Sicht also an einer ganz anderen Stelle an, als wenn man etwa nach der Tradierung, Kommentierung und Interpretation von Texten und deren Inhalten, etwa bei der biblischen Exegese, fragt. Lange Zeit, von der klassischen Hermeneutik bis hin zur philologischen Tradition, wurde dies aber als die primäre Textarbeit verstanden. Natürlich kann man textlinguistische

Arbeit ohne dieses Fundament an unterschiedlichen Disziplinen nicht leisten. Die Verschmelzung sprachgeschichtlicher, literaturwissenschaftlicher und literaturgeschichtlicher Fragestellungen bei der Beschäftigung mit Texten der älteren Epochen des Deutschen führte beispielsweise in der Germanistik des 19. Jahrhunderts zu Untersuchungsmethoden und auch zu einzelnen Analyseergebnissen, die man heute durchaus als „textlinguistisch" bezeichnen würde. Dies gilt ebenso für die Gattungslehre in der Literaturwissenschaft, die sich mit der Textsortenbestimmung im Rahmen einer bestimmten Textwelt, also der Welt literarischer Texte, befasst.

Insbesondere aufgrund der Analysen von satzübergreifenden sprachlichen Phänomenen werden Rhetorik und Stilistik regelmässig als Vorläufer in Betracht gezogen. Es gibt jedoch keine kontinuierlichen forschungsgeschichtlichen Übergänge aus diesen Traditionen heraus und in die Textlinguistik hinein. Dennoch gibt es gewisse interessante Berührungspunkte, wie etwa die Tatsache, dass Rhetorik und Stilistik sich wie die Textlinguistik für satzübergreifende sprachliche Phänomene interessieren.

Das Ziel der **Rhetorik** ist es, mittels Sprache wirksam ein Publikum von einem Sachverhalt zu überzeugen (Knape 2000). Somit ist Rhetorik als Redekunst an einer spezifischen Art von Texten interessiert. Berührungspunkt zur Textlinguistik ist nun, was bereits in der Antike als ethisch problematisch eingestuft wurde: Nämlich, dass die Rhetorik einzig an der Überzeugungskraft von Sprache interessiert ist, unabhängig davon, welcher Inhalt dem Publikum vermittelt wird. Diese Unabhängigkeit vom Inhaltlichen erinnert an die strukturalistische Herangehensweise (Fokus auf die Form statt auf den Inhalt) und ist in den Grundzügen kompatibel mit der Frage nach grundlegenden Charakteristiken von Texten.

Im Fall der **Stilistik** fällt die Abgrenzung zur Textlinguistik schwerer. Das Ziel der Stilistik ist es, Ausdrucksweisen und sprachliche Varietät in Textsorten in Abhängigkeit von sozialen Kontexten und Genrekonventionen zu analysieren und zu beschreiben – Aufgaben, die durchaus auch für die textlinguistische Arbeit interessant sind. So lässt sich etwa bei den eingangs erwähnten Textbeispielen nach gehobenem oder informellem Stil fragen, oder untersuchen, wie Originalität oder Emotionalität (z. B. als typische Merkmale von Liebesbriefen) erzeugt werden. Dabei bleibt die stilistische Analyse auf Einzelaspekte (der Stilmittel) beschränkt und erweitert diese, ähnlich wie in der Rhetorik, insbesondere auf die Wirkungsebene (etwa mit der Frage nach der Funktion von Stilmitteln). Die Stilistik liefert der Textlinguistik aber wichtige Impulse, wie etwa Barbara Sandig zur Frage, was Texte sind, in „Textstilistik des Deutschen" (Sandig 2006: 309–312). Ihr Vorschlag einer prototypischen Herangehensweise an Texte (statt einer rigiden Definition was Texte sind und was nicht) entspricht auch der hier propagierten Herangehensweise (→ 8.2.1).

8.2.2 Hartmanns und Weinrichs programmatische Impulse

Die Textlinguistik hat sich ursprünglich aus der Kritik an einer Sprachbeschreibung heraus entwickelt, für die neben Laut und Wort der Satz die grundlegende Beschreibungseinheit darstellt. Als Grundstein für die Etablierung der Textlinguistik als eigenständige Disziplin gilt dabei das Plädoyer Peter Hartmanns aus den frühen 1960er-Jahren:

> Sucht man nach einem Wort, mit dem das – und alles – terminologisch bekannt werden kann, was an beobachtbar geäußerter Sprache wo immer vorkommend vorliegt, dann bietet sich Text an. Text, in diesem Sinn, ist dann Sprache in dem Zustand und in der Form, wo sie Äußerung, Mitteilung und damit etwas Verstehbares ist bzw. geworden ist. (Hartmann 1964: 3)

Unabhängig davon fordert Harald Weinrich in seinem 1966 erschienenen Essay „Linguistik der Lüge", der als „ein verstecktes Manifest der Textlinguistik" (Weinrich 1966/2000: 80) gedacht war, ein linguistisches Vorgehen, das sprachliche Strukturen auf einer höheren Ebene als dem Satz analysiert:

> Die Semantik der Wörter im Text ist grundverschieden von der Semantik isolierter Einzelwörter, und die Wortsemantik ist zu ergänzen durch eine Textsemantik. Die alte Semantik war weitgehend Wortsemantik; sie verwies alles, was die Wortgrenze zum Satz hin überschreitet, in die Syntax. Aber Syntax ist etwas ganz anderes. Sie beginnt erst jenseits der Textsemantik. (Weinrich 1966/2000: 19)

Weinrichs „Textgrammatik der deutschen Sprache" von 1993 beinhaltet genau dies: Die Grammatik bzw. Semantik wird aus der Sicht eines Gesamttextes betrachtet. Dies beinhaltet etwa das Tempus-System, womit ausgedrückt wird, dass Zeitformen nicht nur grammatische Funktion haben, sondern Texte organisieren (Weinrich 1993/2007). Auch sind funktionale Kontexte eines Textes konstitutiv, wenn Grammatik als Werkzeug verstanden wird, um kommunikative Ziele zu erreichen.

Weinrichs und Hartmanns programmatische Impulse sind zugleich systemlinguistisch wie auch pragmatisch: Systemlinguistisch zu verstehen ist ihre Forderung nach einer Neubegründung der modernen Linguistik mit der Analyse von Sprache als Texte, indem etwa Hartmann feststellt, dass der Text das „originär sprachliche[] Zeichen" ist (Hartmann 1964: 7). Und für Weinrich steht fest: „Linguistik ist Textlinguistik" (Weinrich 1967: 109), womit er womöglich als Erster die Disziplin benennt. Pragmatisch zu verstehen ist hingegen ihre Forderung nach einem Umdenken in der linguistischen Vorgehensweise. Sprache, wie sie im Alltag vorkommt, besteht nicht aus einzelnen Sätzen – denn „der Mensch spricht ja nicht in Wörtern, Sätzen, sondern in Texten" (Hartmann 1966: 56). Mit einer pragmatischen Vorgehensweise ist aber auch gemeint, dass „im Rahmen einer Textlinguistik die [linguistischen, d. Verf.] Fundierungsverhältnisse umzukehren" sind (Hartmann 1971: 16) mit dem

Wunsch, Impulse für eine maximal pragmatische Herangehensweise zu setzen, die sich von den bisherigen Methoden löst, bei denen linguistisch noch unbekannte, aber grössere Einheiten (wie Texte) aus bekannten, aber kleineren Einheiten (wie Sätzen oder Wörtern) heraus analysiert werden. Fest steht, dass sich die Textlinguistik mittlerweile nach 60 Jahren tatsächlich so weit entwickelt hat, dass sie mit diesem „umgekehrten" Zugang arbeitet – wie in unserem Einstieg mit Textbeispielen aus dem Alltag.

8.2.3 Die vier Phasen der Textlinguistik

Diese unterschiedlichen Herangehensweisen machen deutlich, dass die textlinguistische Forschung bereits mehrere Phasen erlebt hat, in denen unterschiedliche Themen im Fokus standen, sodass es schwierig ist, von *der* Textlinguistik zu sprechen, die in den 1960er-Jahren begründet wurde. Es ist daher üblich, die Entwicklung der Textlinguistik in Phasen (Adamzik 2016; Fix 2019; Schoenke 2001) einzuteilen, ohne dies als teleologische, also auf ein Ziel hin gerichtete Entwicklung zu meinen. Vielmehr hat man sich zu unterschiedlichen Zeiten für unterschiedliche Aspekte interessiert. Die Einteilung in Phasen hat insbesondere den Vorteil, die Disziplin fachgeschichtlich nach den bestimmten thematischen Foci kennenzulernen und einen groben Überblick zu erhalten. Der Nachteil dieser Vorstellung ist einerseits, dass ein Eindruck von hermetisch geschlossenen Abschnitten vermittelt wird. Obwohl bestimmte Themen prominent untersucht wurden und somit die Bezeichnungen der einzelnen Phasen prägen, sind auch andere Themen behandelt worden. Darunter sind auch solche, die erst später in den Vordergrund getreten sind. Andererseits werden Themen, die sich durch alle Phasen durchziehen, nicht eigens genannt. Das betrifft im Fall der Textlinguistik die semantische Untersuchung (die auch als „arme Verwandte der Linguistik" beschrieben wurde, Greimas 1966/1971: 2), die einerseits teilweise im Begriff „Kohärenz" subsumiert wird, andererseits besonders durch den Begriff „Thema" repräsentiert ist. Auf dieses Begriffsverhältnis wird in Kapitel 8.3.2 näher eingegangen. Die Einteilung der textlinguistischen Entwicklung erfolgt in vier Hauptphasen:
– Transphrastische Phase: Der Text als Zusammensetzung von Sätzen
– Funktionale/pragmatische Phase: Der Text als Sprachverwendung
– Kognitivistische Phase: Der Text als Produkt mentaler Prozesse
– Multimodale Phase: Der Text als materielle Ganzheit

8.2.3.1 Transphrastische Phase: Der Text als Zusammensetzung von Sätzen

Ganz der linguistischen Herangehensweise verpflichtet, die, von kleinen Einheiten ausgehend, grössere Einheiten analysiert, wird in der ersten Hauptphase in der Textlinguistik untersucht, wie Sätze zusammengesetzt werden, sodass sie zu Texten werden. Es ist ausserdem ein strukturalistisch bzw. sprachsystematisch orientierter Ansatz, der den Text zum neuen Gegenstand von grammatischen Untersuchungen und Beschreibungen erklärt mit Leitfragen wie: Welche systematischen Bezüge bestehen zwischen benachbarten Sätzen? Gibt es – analog zu den Satzbaumustern – Textbildungsregeln, die den Bau ganzer Texte betreffen? Und: Wie lässt sich die Grösse *Text* vom sog. *Nicht-Text* abgrenzen? Diesen Fragestellungen entsprechend haben sich die ersten textlinguistischen Arbeiten auf die unterschiedlichen Formen der grammatischen Verknüpfung von benachbarten Sätzen und damit auf die sprachlichen Mittel konzentriert, die auch über die Satzgrenze hinaus Bezüge ermöglichen. Eine in diesem Zusammenhang bekannte Textdefinition lautet folglich: „ein durch ununterbrochene pronominale Verkettung konstituiertes Nacheinander sprachlicher Einheiten" (Harweg 1968: 148). Diese heute auch als *Kohäsion* bekannte grammatische Struktur lässt sich besonders gut bei Anfängen von Märchen nachvollziehen:

> In alten Zeiten, als das Wünschen noch geholfen hat, lebte einmal ein König, der hatte wunderschöne Töchter. Die jüngste von ihnen war so schön, daß die Sonne selber, die doch so vieles schon gesehen hat, sich verwunderte, sooft sie ihr ins Gesicht schien. Nahe bei dem Schlosse war ein großer, dunkler Wald, und mitten darin, unter einer alten Linde, war ein Brunnen. Wenn nun der Tag recht heiß war, ging die jüngste Prinzessin hinaus in den Wald und setzte sich an den Rand des kühlen Brunnens. Und wenn sie Langeweile hatte, nahm sie eine goldene Kugel, warf sie in die Höhe und fing sie wieder auf. Das war ihr liebstes Spiel.
> (Der Froschkönig oder der eiserne Heinrich, Projekt Gutenberg)

In diesem Sinne „ideale" Texte bieten einen Einstieg, bei dem Redegegenstände eingeführt werden, die bislang als unbekannt gelten (zu spezifischen Terminologien wie *Ana- und Kataphorik*, → 8.4.3). Diese Tatsache wird grammatisch mithilfe von unbestimmten oder fehlenden Artikeln angezeigt (*ein König, wunderschöne Töchter, ein Wald, ein Brunnen*). Diese können nun im nächsten Satz per bestimmten Artikeln (*Die* jüngste von ihnen, in *den* Wald, an den Rand *des* kühlen Brunnens) oder substituierenden Pronomina (die jüngste Prinzessin – *sie*, eine goldene Kugel – warf *sie* in die Höhe) und Possessivpronomina (Die jüngste von *ihnen*) wieder aufgegriffen werden, sodass eine kontinuierliche sprachliche Verkettung entsteht. Nimmt man solche sprachlichen Mittel bei einem Text unter die Lupe, fällt natürlich sofort auf, dass Redegegenstände durch ein gemeinsames (Welt-)Wissen vorausgesetzt sein können. Im obigen Märchen gilt dies für die Existenz einer einzigen Sonne (*die* Sonne) oder im königlichen Kontext für das Vorhandensein eines Schlosses (*dem* Schlosse).

Es ist festzuhalten, dass bereits bei einem so simplen Beispiel wie einem Märchenbeginn auf Weltwissen zurückgegriffen werden muss, um definite Ausdrücke zu interpretieren. Ein formales bzw. grammatisches Analysieren auf der sog. *Textoberfläche* allein, auf das Harweg hinauswill, scheint also nur bedingt möglich. Auch gegen seine Textdefinition ist mit Gegenbeispielen argumentiert worden, wie etwa das folgende bekannte Beispiel zeigt:

> Es gibt niemanden, den ihr Gesang nicht fortreißt. Unsere Sängerin heißt Josephine. Gesang ist ein Wort mit fünf Buchstaben. Sängerinnen machen viele Worte. (Bierwisch 1965: 72)

Es handelt sich dabei laut Bierwisch um eine „zufällige Satzanhäufung[]", die vorgibt mittels verknüpfender, sog. *kohäsiver* Mittel (→ 8.4.3) einen zusammenhängenden Text zu ergeben mit z. B. Pronomen („ihr") und Wortwiederholung, sog. *Rekurrenz* („Gesang", „Wort(e)"). Diese Argumentation mit konstruierten Beispielen, die so im Alltag kaum vorkommen, fungieren also auch als Exemplare von *Nicht-Texten*, die von „korrekten" Textdefinitionen nicht erfasst werden dürfen (→ 8.3).

Die Frage nach systematischen Bezügen zwischen Sätzen, die zu einem kohärenten Text führen, wird auch mit semantisch-thematischen Ansätzen untersucht. Ein bis heute regelmässig diskutierter Ansatz ist das **Thema-Rhema-Konzept** der Prager Schule. Zunächst wurde das Konzept auf Satzebene diskutiert: **Thema** ist das Gegebene, **Rhema** das Neue. In *Es war ein Mann, der hatte drei Söhne davon hieß der jüngste der Dummling* gibt es zunächst ein Neues/Rhema 1 (*ein Mann*), der im Relativsatz wieder aufgegriffen wird und somit zum Gegebenen/Thema 2 wird (Thema 1 ist das *es*, einem sog. Horizontpronomen-*es*, → 8.4.4). Im nächsten Satzteil – *der hatte drei Söhne* – ist *drei Söhne* das neue Rhema 2 zum Thema 2 (*der*) etc. Daneš' (1970) hat nun dieses Konzept auf Texte übertragen. Sein Begriff der *thematischen Progression*, wie auch der von Brinker (1979) geprägte Begriff der *Themenentfaltung* zeigen auf, wie sprachsystematische Ansätze durchaus zur Erforschung von textueller Zusammengehörigkeit beitragen (→ 8.4.4).

In dieser anfänglichen Phase werden bereits Ansätze entwickelt, die von ihrer Fragestellung und Vorgehensweise her den nächsten (pragmatischen und kognitiven) Phasen verpflichtet sind. Ein Beispiel dafür sind Teun A. van Dijks Arbeiten zur Makro- bzw. Tiefenstruktur von Texten. Hier ist die grundlegende Idee, aus Sätzen Propositionen herauszuziehen, indem sog. *Makroregeln* (Auslassung, Verallgemeinerung und Konstruktion) angewendet werden. So entstehen etwa aus dem einfachen Beispiel *John was playing with his top. Mary was building a sand castle, and Sue was blowing soap bubbles* durch Auslassen und Verallgemeinern die drei einzelnen Satzpropositionen *A child was playing* und weiter durch Konstruktion die Makroproposition *The children were playing* (van Dijk 1980: 46). Diese Annahme basiert auf der Beobachtung, dass Textinhalte nicht im Detail, aber in groben Zügen richtig memoriert werden können. Van Dijks Makro-Struktur wird bei der Besprechung von *Thema* nochmals aufgegriffen (→ 8.4.4)

Diese Prozesshaftigkeit der Regeln weist bereits auf die nachfolgende funktionale Phase hin, wobei die anfängliche Paraphrasierung des Textes noch deutlich an ein sprachsystematisches Vorgehen gebunden ist.

8.2.3.2 Pragmatische Phase: Der Text als Sprachverwendung

Mit dem Aufkommen pragmatischer Zugangsweisen zu Sprache (→ 4), die nunmehr spezifisch als Alltagsphänomen betrachtet werden sollte, verlagerte sich auch das textlinguistische Interesse von einer rein formalen Analyse von Sätzen auf die Betrachtung von Texten als funktionale Einheiten. Texte wurden nicht länger nur als Ansammlungen einzelner sprachlicher Strukturen verstanden, sondern als „Texte-in-Funktion" (Schmidt 1976: 145), d. h. als kommunikative Grössen, die bestimmte Zwecke erfüllen, in Kommunikationsprozesse eingebunden und in spezifischen sozialen Kontexten verankert sind. Der Begriff *Textpragmatik* wird der herkömmlichen *Textgrammatik* gegenübergestellt (Dressler 1972). Zugleich handelt es sich um die Phase, in der sich die Textlinguistik als linguistische Disziplin konsolidiert. Es findet daher eine enge Verzahnung von allgemein pragmatischen und textlinguistischen Themen statt, sodass im Rückblick der Eindruck entsteht, dass die Textlinguistik von dieser forschungsgeschichtlichen Entwicklung hervorgebracht, aber auch zugleich durch dominierende Konzepte eingeschränkt wurde (vgl. Feilke 2001).

Insbesondere die von Searle weiterentwickelte Sprechakttheorie Austins (→ 4) übt einen starken Einfluss auf textlinguistische Ansätze aus. Besonders bedeutsam ist dabei die von Austin propagierte und von Searle weitergeführte Auffassung, dass Sprache selbst Handlungen vollziehen kann und somit wirklichkeitskonstitutiv ist. Wichtige textlinguistische Ansätze, die in dieser pragmatischen Phase entstehen, machen jedoch auch das Hauptproblem der Sprechakttheorie deutlich – nämlich, dass sie auf die Ebene des Satzes beschränkt bleibt, da der Fokus auf dem illokutionären Sprechakt liegt (Searle 1969/1971). Bei der (modularen) Textanalyse mithilfe von Illokutionsstrukturen etwa nimmt man an, dass ein Text aus elementaren illokutiven Handlungen besteht, die in eine hierarchisch gegliederte Abfolge gebracht wurden (z. B. bei Motsch/Viehweger 1991). Damit werden im Grunde genommen wieder Sätze nach ihrem illokutionären Gehalt analysiert und versucht, eine kommunikative Gesamthandlung aus Hierarchieverhältnissen heraus zu eruieren. Als Gegenprogramm dazu arbeitet der textfunktionale Ansatz mit Grundfunktionen, die Texten innewohnen und die nach Searles Illokutionstypologie und Bühlers

Sprachfunktionen (Darstellung, Appell, Ausdruck, → 4.2.1) mittels Analyse von textinternen und textexternen Indikatoren bestimmt werden (z. B. Informations- oder Obligationsfunktion, vgl. Brinker 1983). Trotz der Unterschiedlichkeit der beiden Ansätze verbindet sie die Auffassung, dass Texte durch unterschiedliche Ebenen strukturiert werden: Das Illokutionsstrukturkonzept arbeitet mit zwei Ebenen (einer grammatischen und pragmatischen Ebene mit Informations- bzw. Illokutionsstruktur), der textfunktionale Ansatz mit drei Ebenen (pragmatisch, thematisch und grammatisch). Damit etabliert sich ein Verständnis, dass die kohärente Struktur von Texten durch ein mehrdimensionales Zusammenspiel unterschiedlicher Ebenen erreicht wird. Dazu gehören sog. Mehrebenen-Modelle (wie von Heinemann/Viehweger 1991 oder Nussbaumer 1991), wie auch Textualitätsmodelle (de Beaugrande/Dressler 1981 oder später Hausendorf/Kesselheim 2008).

Mit dem Fokus auf der Textfunktion und mit dem Hintergrund, dass Textsorten Routinelösungen sind, um bestimmte Funktionen bzw. Texthandlungen auszuführen, kommt es dazu, dass sich die Textlinguistik verstärkt für Textsorten interessiert (→ 8.4.6).

8.2.3.3 Kognitivistische Phase: Der Text als Produkt mentaler Prozesse

Arbeiten, die man zu einer kognitiven Textlinguistik zählen kann, entstanden bereits in den 1970er-Jahren. Eine intensive Auseinandersetzung mit Themen der Kognition und Psychologie zeigt sich in der Textlinguistik jedoch erst in ihrer dritten Phase. Die unter dem Adjektiv *kognitiv* zusammengefassten Interessen nehmen den Text als Produkt mentaler Prozesse unter die Lupe, wobei damit nicht nur eigentliche Produktionsprozesse, sondern auch Prozesse des Verstehens gemeint sind. Betrachtet man Disziplinen und Konzepte, die als Vorläufer zu einer kognitiv ausgerichteten Textlinguistik gezählt werden (z. B. bei Figge 2001), so zeichnen sich diese durch eine Auffassung aus, die in irgendeiner Form (mentale) Wissensorganisation beinhaltet.

Figge (2001) fasst diese Vorläufer der kognitiven Textlinguistik unter dem Begriff *Tiefenstruktur* zusammen, der durch Chomskys Transformationsgrammatik prominent geworden ist (→ 7.3.1). Einige semantische Konzepte (z. B. Greimas' Transformationen von Subjekt- und Objektverhältnissen zu handelnden Akteuren oder auch die Ursprünge von Fillmores Frame-Semantik, → 3.4.4) gehen auf diese Auffassung zurück, dass unterhalb der konkret anzutreffenden sprachlichen Oberfläche eine abstrakte syntaktische Basis liegt. Diese ermöglicht es nicht nur, durch Transformationsregeln jegliche erdenkliche Kombination an Sätzen und letztendlich Texte zu produzieren, sondern auch Sätze wie *Colorless green ideas sleep furiously* (*farblose grüne Ideen schlafen zornig*, Chomsky 1957/2002: 15) als grammatisch korrekten Satz zu interpretieren.

Die kognitive Textlinguistik setzt sich jedoch zum Ziel, Textverstehen und -produktion über solche einzelnen Sätze hinaus erklären zu können. Dazu geht man auch interdisziplinäre Wege. Eines der ersten Modelle, das Textverarbeitung prozessual erklärt, ist eine Weiterentwicklung der Makrostruktur van Dijks (→ 8.2.3.1), die durch seine Zusammenarbeit mit dem Psychologen Walter Kintsch entsteht (z. B. Kintsch/van Dijk 1978). Es handelt sich dabei um eine Zusammenführung der Makrostruktur mit neuropsychologischen Konzepten (z. B. Arbeitsprozesse des Kurzzeitgedächtnisses). Um das Verhältnis von Textverstehen und allgemeinem Weltwissen erklären zu können, nehmen sie ein Situationsmodell an, das im episodischen Gedächtnis eine Art Schema aufbaut und das alles, was textextern für das Verständnis notwendig ist, beinhaltet.

Ein weiteres Textmodell, das versucht zu erklären, wie Textverstehen und Weltwissen zusammenhängen, ist dasjenige von Alain de Beaugrande und Wolfgang Dressler (de Beaugrande/Dressler 1981). Sie haben zum einen den Begriff der **Textualität** bekannt gemacht, um Charakteristiken eines Textes nach **Textualitätsmerkmalen** zu kategorisieren. Zum anderen haben sie die Begriffe **Kohäsion** und **Kohärenz** geprägt, die noch heute zu den meistgenutzten Begriffspaaren der Textlinguistik gehören. De Beaugrande und Dressler gehen dabei von einem prozeduralen Ansatz aus, der Textverarbeitung und -produktion als mentalen Prozess ansieht, bei dem die linear erfolgenden neuen Informationen in das bisherige Textverständnis integriert und operationalisiert werden müssen. Dabei werden auch Aussagen zu Textproduktionsprozessen gemacht. Dieser kognitive Hintergrund ist hilfreich, um die Konzeption von Kohäsion und Kohärenz zu verstehen, die in Kapitel 8.3.2 vorgestellt werden. Bezeichnenderweise findet in der heutigen Textlinguistik von allen Textualitätsmerkmalen nur noch dieses textzentrierte Begriffspaar Verwendung, dafür umso prominenter.

8.2.3.4 Multimodale Phase: Den Text in seiner Ganzheit analysieren

Die vierte Phase in der Textlinguistik ist geprägt durch einen Zugang, der Hartmanns Plädoyer nunmehr ernst nimmt: Texte werden als Ganzes, in ihrer materiellen Ganzheit wahrgenommen und analysiert. Ausdruck davon ist auch, dass Textbeispiele nicht mehr nur abgeschrieben werden, um sie zu analysieren, sondern eingescannt und abgedruckt werden, um ihre Materialität mitabzubilden. Dieser Unterschied wird etwa in einem Vergleich zwischen de Beaugrande und Dresslers Werk von 1981 und Sandigs Neuauflage ihrer „Stilistik des Deutschen" (2006) besonders evident: Statt abgeschriebener Textpassagen dominieren nunmehr Abbildungen von Karikaturen, Werbeplakaten, Zeitungsausschnitten und Todesanzeigen. Und die Textanalysen beginnen nicht mehr beim sprachlichen Inhalt, sondern berücksichtigen von Anfang an alle weiteren Elemente (Schriftgrössen, -farben, Layout, Bilder).

Die technologischen (Druck-)Möglichkeiten machen es heutzutage einfacher, Texte in ihrer Ausgestaltung und Materialität zu analysieren. Auch das Bewusstsein, den materiellen Aspekt in den Analyseprozess einfliessen zu lassen, hat sich mittlerweile geschärft. Ein Beispiel dafür ist etwa das Textmodell von Hausendorf und Kesselheim (2008). Das erste Merkmal in diesem Textmodell lautet *Begrenzbarkeit* und ist also nicht sprachzentriert. Es nimmt nicht gleich grammatische Verknüpfungen oder thematische Zusammenhänge unter die Lupe. Das Merkmal ist aber auch keines, das sogleich nach der Funktion bzw. der Nützlichkeit eines Textes fragt. Denn damit kann man Gefahr laufen, subtile oder nebenherlaufende Phänomene auszublenden (insbesondere, wenn man nach der Sprechakttheorie von einer einzigen Funktion ausgeht und nicht mit Roman Jakobson nach unterschiedlich gewichteten Funktionen, → 8.4.2). Das Merkmal der Begrenzbarkeit widmet sich der Charakteristik, dass jeder Text auf eine Weise materiell (gegen aussen) begrenzt ist und sich (gegen innen) auf bestimmte Weisen gliedert. Es ist ein Merkmal, das man sich weniger mit Sprachwissen erschliesst, als mit genuiner Wahrnehmung (→ 8.4.1). Hausendorf und Kesselheims Lesbarkeitsmodell (→ 8.3) ist somit bislang analysetechnisch dasjenige Textmodell, das der Programmatik Hartmanns (→ 8.2.2) am nächsten kommt, weil es erlaubt, beim Text in seiner Ganzheit zu beginnen. Im Fall der Textbeispiele aus der Alltagswelt (Abbildung 8.1) wären dies die Texte als Ganzes, eingebettet in ihrer wahrnehmbaren Umgebung: Gerade bei Werbeanzeigen ist die Platzierung für die Rezeption entscheidend, sei es auf einer ganzen Zeitungsseite oder an einer Litfasssäule neben anderen Konkurrenz-Anzeigen für Veranstaltungen. Ebenso ist die Gliederung im Text selbst dem Umstand verschrieben, das Produkt (sei es ein Auto oder ein Event), für das geworben wird, maximal appellativ (im Sinne des Sprechaktes und der Haupttextfunktion) an die Rezipient:innen zu bringen. Die Analyse von Werbesprache zeigt deutlich, dass ein Charakteristikum von Werbeanzeigen ihr modularer Aufbau mit verschieden gegliederten Bausteinen ist (vgl. Kapitel 3 in Janich 2013).

8.3 Text als prototypisches Konzept und als lesbares Etwas

Nach diesem Überblick über die Entwicklung der textlinguistischen Forschung, in dem wichtige Zugänge zu Text vorgestellt wurden, ist es möglich, ein Zwischenfazit zu ziehen und auch darüber zu reflektieren, in welcher Weise eine Definition von „Text" überhaupt möglich ist.

Michael Klemm hat 2002 Textdefinitionen gesammelt und sie nach Kategorien sortiert (Klemm 2002). Ohne sie hier alle aufzählen zu können, lässt eine Auswahl und Bündelung jedoch zu, die Entwicklung der Textlinguistik – so wie sie oben vorgestellt wurde – nochmals Revue passieren zu lassen. Wir verweisen auch kurz bei jeder Kategorie auf das entsprechende Kapitel.

Der Text als Basiseinheit des Sprachgebrauchs/als originäres sprachliches Zeichen.
→ *8.2.2 Hartmanns und Weinrichs programmatische Impulse*

Der Text als lineare Verkettung von Zeichen/Sätzen/Aussagen.
Der Text als semantische Verkettung.
Der Text als abgeschlossene thematische Einheit.
→ *8.2.3.1 Transphrastische Phase: Der Text als Zusammensetzung von Sätzen*

Der Text als strukturell-funktionale Einheit.
Der Text als sprachliche und kommunikative Handlung.
Der Text als Ausschnitt aus einem gesellschaftlichen Diskurs („Text-in-Funktion").
→ *8.2.3.2 Pragmatische Phase: Der Text als Sprachverwendung*

Der Text als Wissensstruktur und kognitives Konstrukt („Text-im-Kopf").
Der Text als Anregung/Angebot und Konstruktion der Rezipient:innen.
→ *8.2.3.3 Kognitivistische Phase: Der Text als Produkt mentaler Prozesse*

Komplexe Definitionen: Der Text als Realisierung von Textualitätskriterien.
Der Text als ‚Ganzheit' (mehr als die Summe seiner Teile).
Der Text als übersprachlicher Zeichenkomplex.
→ *8.2.3.4 Multimodale Phase: Den Text in seiner Ganzheit analysieren*

Bereits diese Auflistung eines Teils der Textdefinitions-Kategorien macht deutlich, dass eine einheitliche Definition schwer zu finden ist. Ziehen wir zu dieser Überlegung auch noch die immens umfangreiche Vielfalt an Textexemplaren heran, wird deutlich, dass man mit einer fixen Definition, was ein Text ist, sehr wahrscheinlich auf keinen grünen Zweig kommen wird. Damit verhält es sich also genau gleich wie mit Definitionen zu *Wort* (→ 6.1.1) und zu *Satz* (→ 7.8.1).

Barbara Sandig hat, mit Rückgriff auf die Prototypentheorie (→ 3.4.3), vorgeschlagen, Text nicht mittels einer einheitlichen Definition zu fassen, sondern als prototypisches Konzept (Abbildung 8.5, links). Dies bedeutet, in der für die Prototypentheorie üblichen konzentrischen Darstellung die für Texte prototypischen Charakteristika im Zentrum zu platzieren (mit einem „besten" Vertreter, falls vorhanden) und weitere Charakteristika nach Seltenheitsgrad abgestuft an den Rändern. Die Charakteristika, die Sandig für ihre Darstellung gewählt hat, orientieren sich hauptsächlich an den Textualitätskriterien von de Beaugrande und Dressler (1981) mit den Kriterien *Kohäsion, Kohärenz* und *Situationalität*. Als besten Vertreter sieht Sandig die *Textfunktion*, womit sie von de Beaugrande und Dresslers *Intentionalität* umbenennt. Zusätzlich zu diesen Kriterien kommt das Merkmal *Thema* hinzu, das den inneren Kreis der prototypischsten Merkmale komplettiert.

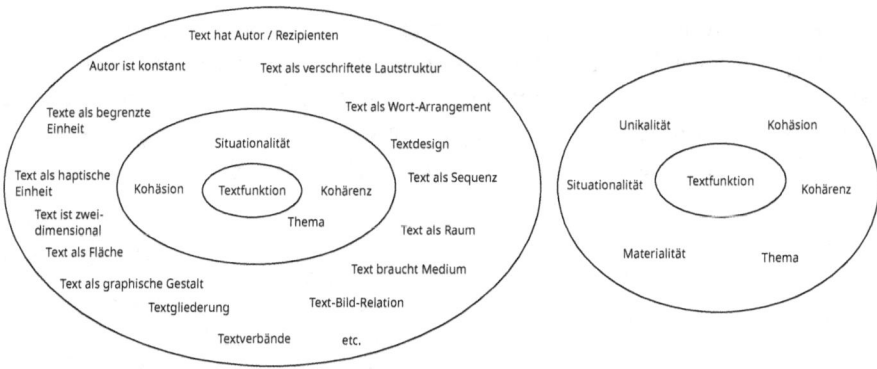

Abbildung 8.5: Text als prototypisches Konzept nach Sandig (2000: 108) und Sandig (2006: 311).

An der Peripherie stehen zum einen Kriterien, die in der Entwicklung der Textlinguistik thematisiert werden (z. B. *Text als Sequenz* oder *Text hat Autor/Rezipient*). Zum anderen aber dominiert eine Vielzahl an Merkmalen, die stark mit Wahrnehmbarkeit und Materialität (→ 8.2.3.4; → 8.4.1) zu tun haben (z. B. *Text als Fläche, Text braucht Medium, Textdesign, Text als begrenze Einheit*). In der revidierten Form in *Textstilistik des Deutschen* hat Sandig diese Kriterien unter *Materialität* subsumiert (Sandig 2006, Abbildung 8.5, rechts). Zudem ist mit dem Kriterium *Unikalität* (Fix 1991) das individuelle, stilistische Anpassen des Texts an den gegebenen Kontext gemeint.

Sandigs Auffassung von Text ist einerseits sehr flexibel: Je nach Textsorte kann die Prototypik der Kriterien anders ausfallen. Z.B. wäre die Situationalität bei manchen Werbeanzeigen wie bei derjenigen in der Berliner U-Bahn (Abbildung 8.3) als sehr prototypisch zu erachten, jedoch weniger für belletristische Literatur, die man am Strand, im Bett oder unterwegs im Zug lesen kann. Andererseits ist Sandigs Auffassung auch deutlich pragmatisch ausgerichtet, wenn sie sowohl die Textfunktion als besten Vertreter (die in der pragmatischen Phase stark ins Zentrum rückte) wie auch zahlreiche materielle Merkmale in das Konzept einbringt.

Was mit dieser Herangehensweise an Texte als prototypisches Konzept obsolet wird, ist die Frage nach der Existenz von **Nicht-Texten** bzw. dem Ausschluss von Exemplaren mit der Begründung, dass es Nicht-Texte seien. Diese Haltung entstammt noch einer Zeit, als einheitliche Definitionen für Texte gesucht wurden. Im alltäglichen Umgang mit Texten wird diese Frage („Ist das (k)ein Text?") sich kaum je stellen. Statt Ein- und Ausschlussverfahren interessiert sich die moderne Textlinguistik für Exemplare, die in einen gewissen Textverdacht kommen bzw. dass sie überhaupt in diesen Verdacht, Texte zu sein, geraten.

Dass materielle Merkmale tatsächlich eine wichtige Rolle spielen, zeigen Beispiele einer anderen Zugangsweise zu Texten mit den Werkzeugen der Prototypentheorie. In Anlehnung an Roschs Darstellung von prototypischen Vertretern der Kategorie *Vogel* haben Studierende in Linguistik-Einführungsseminaren am Deutschen Seminar der Universität Zürich den Auftrag erhalten, die Kategorie *Text* zu zeichnen. Die Anordnung der Exemplare aus zwei Durchläufen aus den Jahren 2019 und 2021 zeigt ein ähnliches Gesamtbild (Abbildung 8.6).

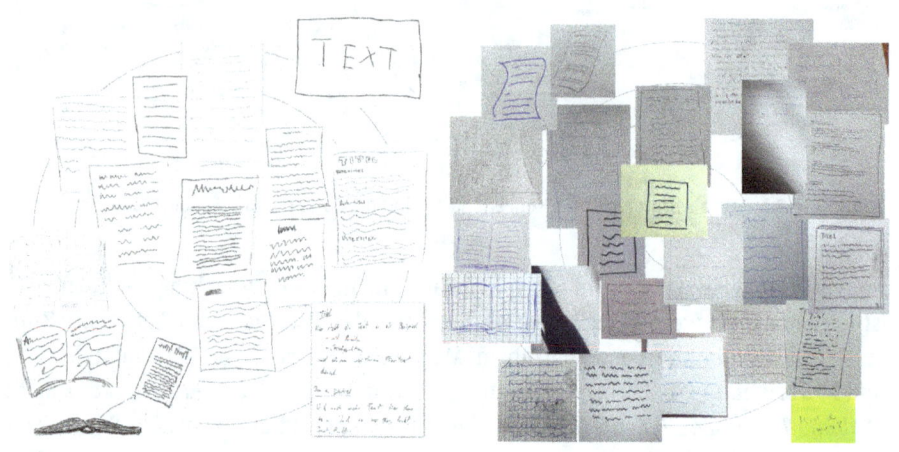

Abbildung 8.6: Antworten auf die Aufforderung „Bitte zeichnet einen Text".

Der hier von den Teilnehmenden vorgeschlagene prototypische Text ist eine (zumeist durch Schlangenlinien repräsentierte) schriftliche Einheit im Blocksatz, die durch eine Abgrenzung als Blatt Papier ausgewiesen wird. Während 2019 das Vorhandensein eines Titels – und somit vielleicht auch die Existenz eines Themas – sich als prototypisch zeigt, ist dies 2021 nicht der Fall. An der Peripherie liegen Exemplare mit Untertiteln, Bildern, Gesprochenes (Post-it mit *Hörst du mich?*) und das Buch. Es lässt sich also feststellen, dass Schriftsprache und die Abgrenzbarkeit die wichtigsten Merkmale für prototypische Vertreter von Texten sind (→ 8.4.1). „Text als ‚lesbares Etwas'" (Hausendorf et al. 2017: 24) ist in diesem Sinne eine adäquate Annäherung an Textexemplare, womit sowohl der Prototyp (in Adamziks Darstellung Goethes *Wahlverwandschaften*, Adamzik 2016: 43) wie auch untypische Exemplare (Fahrplan, Kassenzettel und Telefonbuch in Adazmiks Darstellung) miteinbezogen werden. Analytische Perspektiven auf *Text* sollten auf die gesamte Skala anwendbar sein.

Um dieser pragmatischen Zugangsweise, mit der auch nicht-prototypische Exemplare von Texten adäquat beschrieben werden können, gerecht zu werden, schlagen Hausendorf und Kesselheim (2008) ein dreiteiliges Textmodell vor. Im Zuge der Schärfung ihrer Theorie und der Abgrenzung gegenüber gesprochener

Sprache (→ 8.1.2) schlagen sie zudem vor, den Begriff *Textualität* mit dem Konzept *Lesbarkeit* zu ersetzen (Hausendorf et al. 2017).

Erstens arbeiten sie mit dem Konzept der **Lesbarkeitshinweise**. Ein Text besteht aus diesen Hinweisen und sie helfen den Rezipierenden, diesen auch zu verstehen. Denn – in der Regel – haben sie keine Produzent:innen in Reichweite und der Text muss in deren Abwesenheit funktionieren. Diese Hinweise können sprachlicher Natur sein (Kohäsionsmittel oder thematische Hinweise wie Wörter desselben Wortfeldes), jedoch auch nicht-sprachlich wie ein Trauerrand (bei Todesanzeigen oder dem Werbeplakat in der U-Bahn, Abbildung 8.3) oder wie die spezifische Haptik bei einer Ansichtskarte, die Bild- und Schriftseite bestimmen (Abbildung 8.9).

Zweitens benötigen Textrezipierende bestimmte Ressourcen, um Lesbarkeitshinweise überhaupt entschlüsseln zu können. Dabei schöpfen sie aus den **Lesbarkeitsquellen** *Wahrnehmbarkeit*, *Vertrautheit* und *Sprachlichkeit*. Wie insbesondere die nicht-prototypischen Beispiele deutlich machen, ist es – so banal dies auch klingen mag – von entscheidender Bedeutung, dass „Etwas" wahrgenommen werden kann, wozu Schriftsprachliches gehört wie auch Materielles (*Wahrnehmbarkeit*). Das Beispiel des Werbeplakats in der U-Bahn macht zudem deutlich, was für eine wichtige Rolle Erfahrungs- und Weltwissen im Umgang mit Texten innehaben (*Vertrautheit*). Damit ist nicht nur gemeint, dass es für die Textlektüre von Vorteil ist, der Sprache, in der der Text geschrieben ist, mächtig zu sein. Denn, etwas überspitzt gesagt, kann man im Beispiel (1a, → 8.4.3) auch ohne Deutsch-Kenntnisse erkennen, dass die Buchstabenfolge V-o-g-e-l dreimal vorkommt und demnach den Verdacht auslöst, dass es irgendeine bedeutsame Bewandnis mit diesem Wort hat. Auch nicht-sprachlich Wahrnehmbares wie ein schwarzer Rand und das Wissen um das Aussehen von Todesanzeigen schöpfen aus der Quelle der Vertrautheit.

Drittens lassen sich diese Lesbarkeitshinweise zu **Lesbarkeitsmerkmalen** bündeln. Bei einer Textanalyse ist es jedoch kaum möglich, alle Hinweise zu erfassen und je nach Fragestellung ist ein solches exhaustives Vorgehen auch nicht notwendig. Lesbarkeitsmerkmale können auch als Vorschläge verstanden werden, wie analytische Zugänge zu Texten erfolgen können. Im folgenden Kapitel werden sie vorgestellt und reflektiert.

8.4 Analytische Zugänge zu Texten

Im Folgenden werden unterschiedliche analytische Zugänge zu Texten vorgestellt. Es handelt sich dabei nicht um eine explizite Anleitung zur Analyse von Texten, die Schritt für Schritt – in einer Art Rasterfahndung – umgesetzt werden muss. Sie bietet vielmehr Vorschläge, was für Aspekte und Charakteristika von Texten für eine eingehende Analyse nützlich sein könnten. Je nach Textexemplar und Fragestellung ist eine exhaustive Analyse nicht unbedingt zielführend, denn es stehen bestimmte Perspektiven im Vordergrund. Möchte man hingegen die Charakteristika einer bestimmten Textsorte (z. B. Bilderbuch, Erörterung oder Kassenzettel) herausarbeiten, bietet es sich an, die einzelnen Perspektiven durchzugehen.

8.4.1 Texte zwischen Materialität, Lokalität und Sprachlichkeit

Texte sind materielle Erscheinungen. Sie liegen vor uns – wie im Fall der Auslage auf dem Schreibtisch aus dem Kapitel Semiotik (→ 2) – und wir nehmen sie zunächst einmal in ihrer Gesamtheit wahr. Damit wird eine Idee wieder aufgegriffen, die in der textlinguistischen Entwicklung in den Anfängen etwa bei Hartmanns Plädoyer (→ 8.2.2) bereits zu finden war, und die etwa auch Max Bense in seinen Arbeiten und Analysen zu konkreter Poesie aufgreift. Er schlägt einen „erweiterten Begriff des Textes" vor, der aus „linear, flächig oder auch räumlich angeordnete[n] Mengen von Material" besteht (Bense 1969: 76). Was aufgrund der damals noch vorherrschenden systemlinguistischen Vorgehensweise (zerteilen der Texte in Bausteine, also Sätze in der ersten transphrastischen Phase, → 8.2.3.1) noch mehrheitlich und mit wenigen Ausnahmen wie bei Hartmann und Bense, verschüttet ging, hat nicht zuletzt aufgrund der digitalen Transformation wieder ins Bewusstsein gefunden: Das Zelebrieren von Haptischem und Ausloten von technisch Möglichem (etwa im Buchdruck, Abbildungen 8.8 und 8.9) hat in den letzten Jahren Hochkonjunktur, und damit auch das Interesse an Wahrnehmbaren und **Materialität**.

Dies verdeutlicht etwa der Vergleich zwischen drei Magazinformaten (Abbildung 8.7). Die in der Mitte abgebildete „Coopzeitung", der grössten Wochenzeitschrift eines der umsatzstärksten Detailhandelsunternehmen in der Schweiz, besitzt das Format A4. Das Kindermagazin „GEOlino" weist, dem Zielpublikum gerecht werdend, ein leicht kleineres Format auf. Ein „Statement" setzend präsentiert sich das Magazin „Zürcher Bahnhofstrasse" in einem weitaus grösseren Format. Ebenso zeigt sich der unterschiedliche Umgang mit Materiellem an den verwendeten Materialien der Textträger. Die wöchentlich erscheinende „Coopzeitung" besteht aus eher dünnem Zeitungspapier. Das monatlich erscheinende Geolino setzt auf „fotofreundliches" Hochglanzpapier. Das zweimal im Jahr erscheinende Bahnhofstrasse-Magazin setzt auf dickes Papier, das man als „[v]oluminöses Papier mit charmanter Haptik", das „angenehm in der Hand" liegt (https://www.smartpaper24.com/), bezeichnen könnte und ist dementsprechend schwer. Die unterschiedlichen Magazinformate machen also deutlich, dass der Materialität und den Textformaten bereits eine starke Aussagekraft innewohnt.

Abbildung 8.7: Unterschiedliche Magazinformate und Haptik mit Aussagekraft (Foto: Hiloko Kato)

Das Beispiel der Magazine wirft die Frage auf, wo Texte beginnen und wo sie aufhören. Wenn man die prototypischen Texte der Studierenden anführt (s.o.), könnte man verneinen, dass es sich bei einem Magazin um *einen* Text handelt. Die zuvor besprochene Materialität und das Gebundensein als *ein* Objekt, das in die Hand genommen werden kann, zeugen aber davon, dass auf der materiellen Ebene vieles dafür getan wird, dass *ein* Text wahrgenommen wird. Die Textsorte *Magazin* zeigt aber auch auf, dass in Texten weitere Texte vorkommen können. Dies wird durch Inhaltsverzeichnisse, Titel und layouttechnisch als zusammengehörig gestaltete Seiten unterstrichen. Das gleiche erreichen Textsortenbezeichnungen (*Editorial, Impressum, Titelstory* oder im Fall von Geolino *Gecheckt* mit einem Beitrag mit Checker Tobi, eine sog. Ethnokategorie, → 8.4.6).

Mit modernen Drucktechnologien ist es mittlerweile möglich geworden, aufwendige materielle Ausformungen kostengünstig umzusetzen. Beispiele hierfür sind etwa die Ausgaben von *Harry Potter* in der MinaLima-Edition, die sog. *paper engineering* Techniken verwenden, um dreidimensionale und haptische Lektüreerlebnisse von Schlüsselmomenten zu kreieren (Abbildung 8.8).

Es handelt sich beinahe um eine Gegenbewegung zur digitalen Transformation, wenn immer mehr auf e-Readern, Tablets und Smartphones gelesen wird. Dezidiert diesen Grund – Bücher zu kreieren, die nicht digitalisiert werden können – geben die Autoren J. J. Abrams (der mit digitalen Mitteln wie CGI – Computer Generated Imagery – erprobte Regisseur von *Star Wars* und *Star Trek*) und Doug Dorst bei *S* an, einem Roman im Roman, der auf verschiedenen Ebenen mit

Abbildung 8.8: Haptische und dreidimensionales Lektüre bei der MinaLima Harry Potter Edition (Abdruck mit freundlicher Genehmigung durch Scholastic Inc.).

Materialität spielt. Aus dem mit *S* betitelten Schuber herausgezogen, entpuppt sich das Buch als ein mit *The Ship of Theseus* betiteltes Werk von einem gewissen V. M. Straka. Mit zahlreichen Mitteln (z. B. mit vergilbten Seiten und einem Zettel mit Stempeleinträgen auf der hinteren Schmutzseite) camoufliert dieses ein Bibliotheksbuch, in das an den Rändern zwei Leser:innen mit farbiger Tinte sich über das Buch austauschen. Auf diese Weise entfaltet sich ein regelrechter Thriller über das Geheimnis der Existenz von V. M. Straka und der Suche nach ihm, bei der u.a. Postkarten, Zeitungsartikel und eine auf einer Serviette aufnotierte Karte eine Rolle spielen. Diese sind dem Buch tatsächlich als materielle Supplements beigegeben (Abbildung 8.9).

Dieses Beispiel regt zu weiterführenden Reflexionen an. Zum einen zeigt sich hier eine Textwelt (→ 8.4.5), die sich an bestimmten Punkten der Lektüre immer wieder auftut und, in diesem Fall, als tatsächliche materielle Beigaben mitgeliefert wird. Mit der Möglichkeit, weitere Lektüre zwischen den Seiten einzuklemmen, wird das *lokomobile*, also – anders als Steintafeln – tragbare Buch (Ehlich 1994: 30) gleich doppelt zum Zeichenträger. Zudem wird auf diese Weise deutlich, wie Bücher Textsammlungen sind, die in ihrer Ausformung als Codex die weniger praktische Rollen-Form antiker Texte abgelöst und sich über die Jahrhunderte zum prototypischen Format entwickelt haben (ein Prozess, der in den 1960er-Jahren stark erforscht wurde, vgl. Giesecke 1991 oder McLuhan 1962).

Abbildung 8.9: Materielle Zelebrierung eines nicht-digitalisierbaren Texts: Roman S von J. J. Abrams und Doug Dorst © Canongate Books.

Die zusätzlichen Texte sind dem Roman an bestimmten Stellen beigegeben. Obwohl sie also lose sind, machen sie nur an bestimmten Textstellen Sinn. Auch das Beispiel aus der Berliner U-Bahn (Abbildung 8.3) lässt sich in seiner morbiden Scherzhaftigkeit nur an jener Wand gegenüber den Gleisen verstehen. Fix (2008) hat für diese Ortsgebundenheit von gewissen Texten den Begriff **Lokalität** eingeführt. Ihre Beispiele sind Graffiti, die aufgrund ihrer Platzierung an schwierig zugänglichen Orten an Anerkennung gewinnen, bei denen also die räumliche Verortung eine massgebliche Rolle spielt. Im Fall von Graffiti ist es aber nicht nur die Textumgebung, die eine Rolle spielt, sondern das Gebäude oder die Mauer wird selbst zum eigentlichen Textträger. Das zeigt die Wandbeschriftung am sog. Fundus des Zürcher Opernhauses, in dem Bühnenbilder, Kleider und Requisiten eingelagert sind (Abbildung 8.10). Dass es sich dabei nicht um ein waghalsiges Graffiti handelt, machen dieselbe Schriftfarbe und die gleichen Schrifttypen (des Pfeils mit der Hauptanschrift wie auch des in Kapitälchen gehaltenen Zusatzes und der Pfeilbeschriftung) klar, die zusammen mit dem Textinhalt starke Indizien für professionalisierte Druckschriftlichkeit (statt Handschriftlichkeit wie bei Graffitis) aufweisen. Vielmehr wird darauf hingewiesen, dass auf dem Dach Solarstrom erzeugt wird (*Hier auf dem Dach wird Solarstrom für Zürich produziert. www.opernhaus.ch/solarstrom*).

Abbildung 8.10: Kein Graffiti, sondern eine Eigenwerbung des Opernhauses für die Solaranlage auf dem Dach (Foto: Hiloko Kato).

Mit dieser Nutzung der Gebäudewand als **Text- bzw. Zeichenträger** (vgl. auch die Kategorisierung bei Adamzik 2016: 160) betreibt das Opernhaus gleichzeitig Informations- wie Imagearbeit. Prototypisch ist natürlich ein Textträger aus Papier und – wie die Zeichnungen der Studierenden gezeigt haben (Abbildung 8.6) – mit einer grösseren Masse an Schriftmaterial. Aber auch innerhalb derselben Textsorte (→ 8.4.6) gibt es grosse Unterschiede, was das Vorhandensein von **Sprachlichkeit** angeht. Dabei muss keine Opposition eröffnet werden zwischen Sprache und Materialität, wie an der Typografie des Opernhaus-Beispiels zu sehen ist. Hier gehen Farbe und Schrifttyp Hand in Hand mit der Sicht- und Identifizierbarkeit von Sprache. Wie das Beispiel der Gebäudewand als Text aufzeigt, geht es bei Materialität auch immer um **Dauerhaftigkeit** oder **Vergänglichkeit** (vgl. Adamzik 2016: 156). So ändert sich zurzeit auch die Dauerhaftigkeit von Texten, wenn etwa Filzstifte bzw. Fineliner ausradierbar, aber nicht mehr hitzebeständig sind und verblassen können (ähnlich mit günstigem, säurehaltigem Papier, das sich zersetzt), oder wenn die Überdauerung von digitalen Daten zu einem Archivierungsproblem wird.

Intensiv diskutiert wurde um die 2000er-Jahre das Verhältnis von Schrift und Bild. Während Bilder in Zeitungen etwa eine die Bedeutung vereinheitlichende Wirkung erzielen (Burger/Luginbühl 2014), ist die hierarchische Eindeutigkeit zugunsten der Schrift etwa bei Bilderbüchern nicht immer gegeben. Dasselbe gilt auch für Werbespots oder -anzeigen, bei denen Bildelemente vorherrschen. Hier sind Bestrebungen unternommen worden, dezidiert Bilder in die Linguistik miteinzubeziehen. Die Multimodalitätsforschung (Bucher 2010; Klug/Stöckl 2016; Wildfeuer et al. 2020) oder die Bildlinguistik verdeutlichen (z. B. Diekmannshenke/ Klemm/Stöckl 2011), wie nunmehr Bilder fester Bestandteil in der Untersuchung von Texten sein können. Dabei ist der Grundtenor, dass Bild und Schrift gegenseitig an der Sinnkonstitution mitbeteiligt sind und sich aufgrund ihrer fundamental unterschiedlichen Rezeptionsart optimal ergänzen können: Bilder werden simultan, ganzheitlich und schnell wahrgenommen und sind daher wirkungsstark, Sprache hingegen wird linear, sukzessive und langsamer wahrgenommen und daher als wirkungsschwach beschrieben (wobei die Vorlesesituation etwa von Bilderbüchern die Wirkungsstärke von Sprache wieder unterstützt).

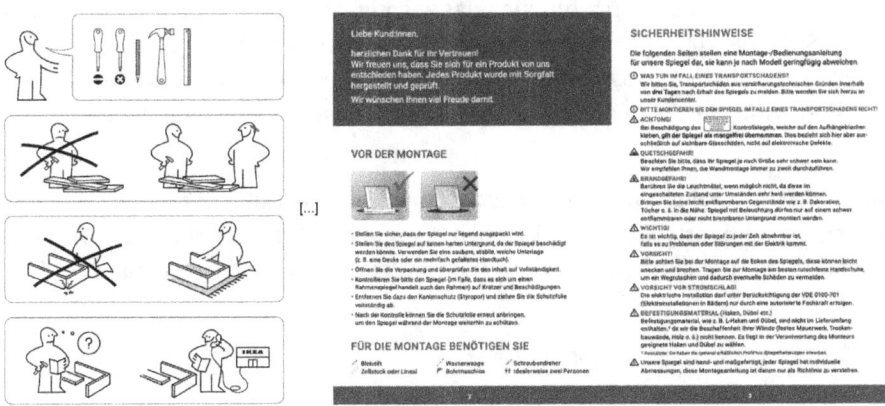

Abbildung 8.11: Anteil an Sprachlichkeit bei Textexemplaren von Montageanleitungen (Quelle: www.ikea.ch und www.spiegel21.de).

Was ist aber, wenn Sprache gänzlich fehlt? Montageanleitungen für Möbel kommen etwa oft ganz ohne Sprache aus (Abbildung 8.11, links). Hingegen findet sich bei einem Beispiel für einen Wandspiegel Sprache zur Genüge (Abbildung 8.11, rechts). Es handelt sich bei Textsorten also um eine Skala, an deren einen Ende auch Exemplare ganz ohne Sprache stehen können. Auch hier ist die prototypische Auffassung hilfreich. Interessanterweise mag für Montageanleitungen die sprachlose Variante prototypischer sein als manch sprachlastige Variante. Hier zeigt sich deutlich das Welt- bzw. Erfahrungswissen, wobei eine Generalisierung problematisch sein kann. Hausendorf und Kesselheim schlagen vor, dieses Erfahrungswissen, das bei anderen Ansätzen unter Kohärenz subsumiert wird (→ 8.4.4), in die Lesbarkeitsquelle der **Vertrautheit** auszulagern (→ 8.3). Materialität, das Verhältnis von Bild zu Text sowie Lokalität lassen sich also mithilfe der Lesbarkeitsquelle der Wahrnehmung fassen. Prototypisch schöpft man bei Texten jedoch primär aus der Lesbarkeitsquelle der Sprachlichkeit.

8.4.2 Funktion

Die Welt der Texte reicht von Montageanleitungen bis hin zu literarischen Werken, die ganz unterschiedliche Funktionen innehaben. Montageanleitungen informieren und leiten an, literarische Werke unterhalten und richten „das Augenmerk auf die Spürbarkeit der Zeichen" (Jakobson 1960/1979: 92f.). Texte zu finden, die keine Funktion haben, scheint unmöglich, so dass mancher textlinguistische Ansatz davon ausgeht, dass die Textfunktion das wichtigste aller Merkmale ist (Brinker et al. 2018; Sandig 2000). In der textlinguistischen Forschung gibt es heute zwei gegensätzliche Positionen, was Funktionen angeht. Sie berufen sich auf verschiedene Traditionsstränge, die in unterschiedliche Funktionstypologien münden:

a) Traditionsstrang Bühler & Jakobson: Polyfunktionalität von Texten
Die eine Funktionstypologie bezieht sich auf Bühlers Organon-Modell mit den drei Seiten eines sprachlichen Zeichens: **Darstellung**, **Appell** und **Ausdruck** (→ 4.2.1

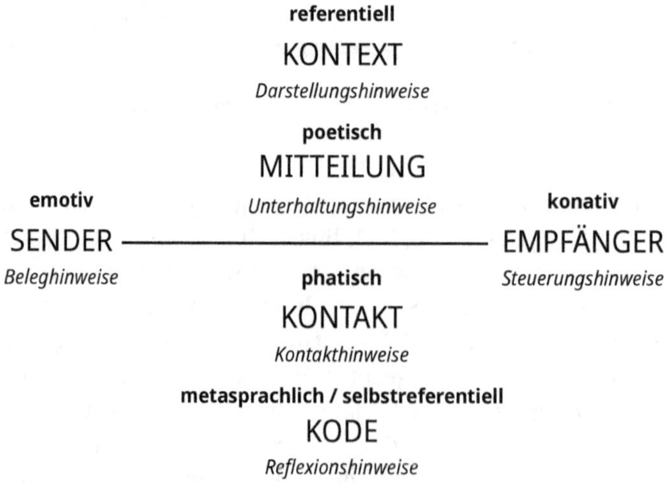

referentiell
KONTEXT
Darstellungshinweise

poetisch
MITTEILUNG
Unterhaltungshinweise

emotiv   konativ
SENDER ─────────────────────────── **EMPFÄNGER**
Beleghinweise   *Steuerungshinweise*

phatisch
KONTAKT
Kontakthinweise

metasprachlich / selbstreferentiell
KODE
Reflexionshinweise

Abbildung 8.12: Jakobsons Funktionstypologie nach Bühler, ergänzt durch die Begriffe nach Hausendorf und Kesselheim (kursiv).

wie auch Tabelle 8.1 mit dem Vergleich der verschiedenen Funktionstypologien). Roman Jakobson hat diese drei Seiten bzw. Funktionen (**referentiell, konativ** und **emotiv**) in seiner für Literaturwissenschaft wie Linguistik wegweisenden Untersuchung *Linguistik und Poetik* (1960) um drei Funktionen erweitert (Abbildung 8.12). Es kommen hinzu: eine **phatische** Funktion (um Kommunikation herzustellen und verlängern zu können), eine **metasprachliche** Funktion (um über Sprache, nicht über die Welt, sprechen zu können) und eine **poetische** Funktion (um die Ausrichtung auf die Mitteilung um ihrer selbst willen betrachten zu können).

Bedeutend war nun, dass Jakobson die poetische Funktion als grundlegenden Zweck von Mitteilungen ansieht. Mitteilungen sind also nicht gleichzusetzen mit Darstellung von Welt, sondern haben immer etwas Selbstreferentielles. Jakobson plädiert aus diesem Grund dafür, dass die poetische Funktion nicht auf Dichtung allein beschränkt sein soll. Dies bedeutet aber auch, dass es die Aufgabe der Linguistik ist, sich nicht allein auf Dichtung zu beschränken, wenn sie sich mit der poetischen Funktion beschäftigt (Jakobson 1960/1979: 92f.). Mit anderen Worten: Bei jedem Text gibt es eine poetische Funktion, auch wenn sie noch so gering ausgeprägt ist, die eine Betrachtung dieses Textes zu etwas Selbstgenügsamen macht. Diese Einstellung hat aber Konsequenzen: Genau wie Bühler die drei Funktionen als drei Seiten des sprachlichen Zeichens betrachtet und somit als gleichzeitig gegeben annimmt (→ 4.2.1), gilt für Jakobson, dass sich alle sechs Funktionen in der Regel in einem Text manifestieren. Adamzik spricht daher von der *Polyfunktionalität* von Texten (Adamzik 2016: 178). Falls gewisse Funktionen nur schwach ausgeprägt oder gar nicht vorhanden sind, lässt sich dies aufgrund der Dominanz anderer Funktionen erklären (siehe unten Abbildung 8.13). Tatsächlich stehen in der Regel einzelne Funktionen im Vordergrund, jedoch ist es für die Analyse gewinnbringend, die verdeckten Funktionen ebenfalls in die Gesamtbetrachtung miteinzubeziehen. Diesen Traditionsstrang führen Hausendorf und Kesselheim (2008) fort, verwenden jedoch andere Bezeichnungen für die sechs Funktionen (Tabelle 8.1)

b) Traditionsstrang Sprechakttheorie: Unifunktionalität von Texten
Die andere Funktionstypologie bezieht sich auf die Sprechakttheorie und basiert insbesondere auf der Illokutionskategorisierung Searles (→ 4.2.2). Daraus resultieren fünf Funktionen, die Brinker et al. (2018) in eine eingängige Terminologie überführt hat:
- **Information:** *assertiv*, Wissensvermittlung
- **Appell:** *direktiv*, Meinungs- oder Handlungsbeeinflussung
- **Kontakt:** *expressiv*, Herstellung und Erhaltung persönlichen Kontakts, aber auch „Ausdruck einer psychischen Einstellung des Sprechers" (Brinker 2010: 96)
- **Obligation:** *kommissiv*, Verpflichtung eingehen
- **Deklaration:** *deklarativ*, Schaffen einer neuen Realität

Brinker bezieht sich dabei ebenfalls auf Bühler, was bei den Funktionen *Information* und *Appell* einfach nachzuvollziehen ist. Weniger klar ist jedoch die Funktion des *Kontakts*, der zum einen eine psychische Komponente innehat und daher Bühlers *Ausdrucksfunktion* gleichzusetzen ist, jedoch auch der Herstellung und Erhaltung des persönlichen Kontakts dient, und somit der *phatischen* Funktion Jakobsons entspricht

Was das mögliche Vorhandensein mehrerer Textfunktionen angeht, ist dieser Traditionsstrang der Sprechakttheorie verpflichtet. Diese hat das Ziel, jeder Sprachäusserung einen bestimmten Illokutionstyp zuzusprechen und geht davon aus, dass sich Illokutionstypen gegenseitig ausschliessen. Ein Text besitzt also eine Hauptfunktion. Adamzik spricht hier daher von *Unifunktionalität* von Texten.

Eine Mischform beider Stränge schlagen Heinemann und Viewweger (1991) vor. Sie orientieren sich an der Begrifflichkeit bei Searle, nehmen aber die poetische Funktion Jakobsons (als sog. *Ästhetisches Wirken*) auf. Zudem sprechen sie manchen Texten ein gleichzeitiges Vorhandensein mehrerer Textfunktionen zu.

Tabelle 8.1: Verschiedene Funktionstypologien aus Hausendorf et al. (2017: 237), mit leichten Anpassungen (blau: Sprachfunktionen nach Bühler, rot: Weiterführungen bei allen, grün: nur von einigen realisierte Funktionen).

Austin	Searle	Brinker	Bühler	Jakobson	Hausendorf/Kesselheim	Heinemann/Viehweger
verdiktiv / expositiv	assertiv	Information	Darstellung	referentiell / Kontext	Darstellung	Informieren
konduktiv / exerzitiv	direktiv	Appell	Appell	konativ / Empfänger	Steuerung	Steuern
	expressiv	Kontakt	[Darstellung]	phatisch / Kontakt	Kontakt	Kontaktieren
kommissiv	kommissiv	Obligation				
		[Kontakt]	Ausdruck	emotiv / Sender	Beleg	Sich Ausdrücken
	deklarativ	Deklaration				
			[Darstellung]	metasprachlich / Kode	Reflexion	
		[poet./ästhet.]	[Darstellung]	poetisch / Mitteilung	Unterhaltung	Ästhet. Wirken

Als Beispiel werden im Folgenden zwei Typen von – wie sich die Texte selbst bezeichnen – Transaktions-Belegen bzw. (Kassen-)Bons analysiert (Abbildung 8.13). Der rechte ist der mittlerweile eher ungewöhnliche Fall, der aber für den unifunktionalen Zugang besonders geeignet scheint: Kommissiv garantiert dieser Transaktions-Beleg, dass ein Kauf eines Mehrfahrkarten-Tickets des Zürcher Verkehrsverbundes (ZVV) für CHF 23.80 an der Tramhaltestelle Rudolf-Brun-Bücke in Zürich am

24. März 2023 um 19:38 Uhr mittels einer PostFinance Card kontaktlos erfolgt ist. Der Grossteil des Schriftlichen ist für den Laien nicht verständlich. Die Abkürzungen (*Trm-/Akt-Id, AID, Seq/Ref/Aut*) und Zahlen (*21092751/3918* etc.) lassen jedoch vermuten, dass es sich um die Codierung im Zusammenhang einer institutionalisierten Wirtschaftskommunikation handelt. Man spricht in diesem Zusammenhang auch

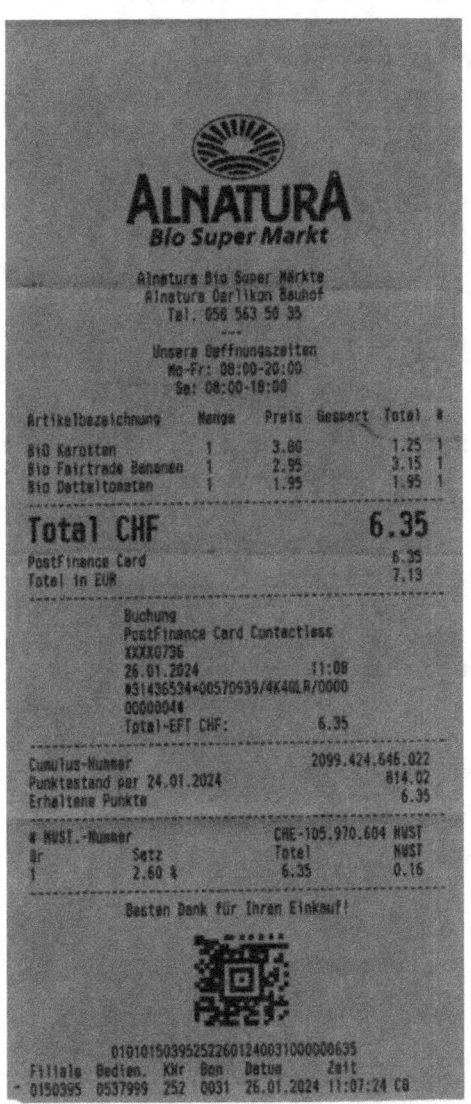

Abbildung 8.13: Verschiedene Typen von Transaktions-Belegen bzw. (Kassen-)Bons (Fotos: Hiloko Kato).

von *gesellschaftlichen Funktionsbereichen* wie Wirtschaft, Politik, Familie, Schule etc. Es stellt sich hier die Frage, ob die alleinige kommissive Funktion bestritten werden kann. In Konkurrenz tritt dabei die assertive Illokution im Sinn der Darstellung von Welt, beispielsweise mit der *Rudolf-Brun-Brücke* und den *CHF 23.80* – diese Brücke bzw. die Tramhaltestelle existiert tatsächlich und auch das (Mehrfahrkarten-)Ticket kostet so viel. Im Grunde genommen geht es dabei also um die Frage, die sich Austin für Äusserungen stellte (→ 4.2.2): Die assertive bzw. referentielle Darstellung von Welt kann prinzipiell für jede Art von Text als gegeben erachtet werden.

Mit einer polyfunktionalen Analyse treten insbesondere beim linken Beispiel viele Facetten zu Tage, die bei einer unifunktionalen Analyse nicht zur Sprache kommen würden. Neben der klar gegebenen dominanten Funktion des Belegs – nun in der Terminologie Hausendorf und Kesselheim gesprochen – sind auch weiteren Funktionen auf diesem Kassenzettel zu finden:

Darstellungsfunktion: Angaben zum Einkauf (z. B. *Bio Karotten)* oder die Angaben zu den Öffnungszeiten. Oder auch die Angaben zur Filiale oder Bedienung in Form von Zahlen (wiederum Wirtschaftskommunikation und Einbettung in einen bestimmten gesellschaftlichen Funktionsbereich).

Steuerungsfunktion: Die Öffnungszeiten fungieren natürlich nicht nur als reine Information, sondern auch, um wieder zum Einkauf einzuladen. QR-Codes sind mittlerweile ein klares Aufforderungssignal, insbesondere wenn, wie hier, nicht klar ist, wofür der Code steht.

Kontaktfunktion: Mit der direkten Rede (*Besten Dank für Ihren Einkauf!*) kommt es zu einer Inszenierung von Nähe. Die Perspektiven werden vermischt, sodass zum Teil aus Sicht des Supermarkts „gesprochen" wird (*Unsere Öffnungszeiten*), zum Teil aber aus der Sicht des Kunden (*Erhaltene* und nicht „vergebene" *Punkte*). Als Grund dafür lässt sich ebenfalls eine Verringerung von Distanz vermuten. Zudem ist eine Inszenierung von Persönlichkeit (*Unsere*) feststellbar. *Ihre* drückt zudem eine Respektsbeziehung zu den Kund:innen aus.

Unterhaltungsfunktion: Mit dem Logo und dem als Ausruf deklarierten Dank (*Besten Dank für Ihren Einkauf!*), der sogar an altmodische Höflichkeitsrituale erinnert. Zudem werden die gesammelten Bonus- bzw. Cumulus-Punkte bzw. der Punktestand jeweils angegeben, was eine extrinsische Motivierung bzw. Gamification des Einkaufs vorführt.

Reflexionsfunktion: In beiden Beispielen wird über sich selbst gesprochen (*Transaktions-Beleg* und *Bon*). Diese Selbstreferenz wird jedoch unterschiedlich gehandhabt. Während im rechten Beispiel die Bezeichnung *Transaktions-Beleg* sehr gut sichtbar aufgedruckt ist (in Grossbuchstaben und abgesetzt), befindet sich die Bezeichnung *Bon* auf dem linken Beispiel in der zweituntersten Zeile neben den anderen Bezeichnungen *Filiale, Bedien., KNr.* oder *Datum* und *Zeit*. Insbesondere die Abkürzungen und die Verbindung mit der Durchnummerierung bei der Kundennummer deuten darauf hin, dass dieser Text, wie das rechte Beispiel, in eine institutionalisierte Wirtschaftskommunikation eingebunden ist. Die Firmenbezeichnungen auf den beiden Texten sind bereits als eigenständige Hinweise darauf zu verstehen.

Allgemein lässt sich feststellen, dass polyfunktionale Zugänge mitunter interessantere Perspektiven auf Texte eröffnen als der streng unifunktionale Zugang. Die meisten Texte in unserem Alltag arbeiten auf verschiedenen Funktionsebenen. Dieser Zugang lädt zudem ein, die zumeist von Textsorten (→ 8.4.6) vorbestimmte Haupttextfunktion kritisch unter die Lupe zu nehmen. So ist die Hauptfunktion von Werbeanzeigen natürlich die Appellfunktion. Jedoch wird sehr viel in weitere Funktionen investiert: Darstellung von Welt (z. B. auf der Bildebene), Darstellung einer ehrlichen Überzeugung des eigenen Produkts (Belegfunktion), direkte Anrede oder die Angabe der Webseite zur (weiteren) Kontaktaufnahme, Verwendung von unterschiedlichen Schrifttypen bei Produktnamen und Einsatz von anderen metasprachlichen Auszeichnungen, oder der Einsatz von ästhetisch ansprechenden Bildern oder anderweitig unterhaltenden sprachlichen Mitteln.

8.4.3 Kohäsion (vs. Kohärenz)

Textlinguistik verbindet man heute noch in erster Linie mit dem Begriffspaar *Kohäsion und Kohärenz*, das von de Beaugrande und Dressler (1981) geprägt wurde: Eine der zentralsten Fragen der Textlinguistik war es seit Beginn, wie ein textuelles Gebilde seine Zusammengehörigkeit (auch wortwörtlich als Gewebe von lat. *textum*, „Gewebtes") nachvollziehbar machen kann. Es schien einleuchtend, dass dies nicht nur anhand von grammatischen Strukturen an der Textoberfläche geschieht – mit sog. **kohäsiven Mitteln** –, sondern ebenso in der darunterliegenden Tiefenstruktur mit Strukturen semantischer Art und dem dazugehörigen Sprach-, Welt- und Handlungswissen – mit sog. **kohärenten Mitteln** (→ 8.4.4).

In der Forschung existieren unterschiedliche Auffassungen darüber, welche sprachlichen Phänomene zum Begriff **Kohäsion** zu zählen sind. Folgende drei (konstruierte) Beispiele zeigen auf, worin die Problematik liegt und wann sinnvollerweise von Kohäsion gesprochen werden kann und wann nicht:

(1a) Gestern habe ich einen **Vogel** beim Nestbau beobachtet. Der **Vogel** war ganz klein, hat aber trotzdem ziemlich grosse Zweige angeschleppt. Als Nistplatz hatte sich der **Vogel** ausgerechnet die Nische über unserem Rolladenladenkasten ausgesucht.

(1b) Gestern habe ich einen **Hausspatz** beim Nestbau beobachtet. Der **Vogel** war ganz klein, hat aber trotzdem ziemlich grosse Zweige angeschleppt. Als Nistplatz hatte sich der **Spatz** ausgerechnet die Nische über unserem Rolladenladenkasten ausgesucht.

(1c) Gestern habe ich einen **xyz** beim Nestbau beobachtet. Der **xyz** war ganz klein, hat aber trotzdem ziemlich grosse Zweige angeschleppt. Als Nistplatz hatte sich der **xyz** ausgerechnet die Nische über unserem Rolladenladenkasten ausgesucht.

Das erste Beispiel 1a stellt den einfachsten Fall dar. Ohne jegliche Kenntnisse der deutschen Sprache können wir wahrnehmen, dass hier ein Ausdruck mit denselben fünf Buchstaben dreimal wiederholt wird. Beim zweiten Beispiel ist es bereits nicht mehr so einfach. Hier ist *Vogel* mit den drei Ausdrücken *Hausspatz, Vogel, Spatz* ersetzt worden (man spricht auch von *Substitution*, → 8.4.4). Hier sind sprachliche Kenntnisse bzw. lexikalisches Wissen notwendig, das die drei Ausdrücke in ein hierarchisches Verhältnis (*Hyper- und Hyponym*, → 8.4.4) zueinander setzt und so miteinander in Zusammenhang bringen kann. Dieser Zusammenhang geht sogar so weit, dass wir verstehen, dass sich *Hausspatz, Vogel* und *Spatz* auf das gleiche Referenzobjekt in der Welt beziehen. Man spricht auch von **Ko-Referenz**. Diese Tatsache lässt sich anhand des Begriffs **Rekurrenz** verdeutlichen, also die Art und Weise, wie gleiche Referenzobjekte wiederaufgegriffen werden. In der Literatur existieren unterschiedliche Auffassungen darüber, was Rekurrenz alles beinhaltet: Linke et al. (2004) gehen von einem **weiten Rekurrenz-Begriff** aus, die die gewählten Ausdrücke in Beispiel 1a wie auch in 1b als Rekurrenz kategorisieren. Dahingegen schlagen Hausendorf/Kesselheim 2008 einen **engen Rekurrenz Begriff** vor, bei dem nur Wortwiederholungen (also nur 1a) als Rekurrenz verstanden werden.

Beispiel 1c führt vor Augen, dass nicht nur die Wortwiederholung oder die Rekurrenz den Hinweis gibt, dass es sich um eine Ko-Referenz handelt. Ein weiteres, sehr einfach zu ermittelndes sprachliches bzw. grammatisches Mittel bietet die Pronominalisierung mit unbestimmtem Artikel (*einen xyz*) und anschliessendem bestimmten Artikel (*der xyz*). Auch die sprachliche Umgebung, der sog. *Ko-Text* (im Vergleich zu *Kontext*, → 4.1.1), hilft mit, den Zusammenhang herzustellen. Ausdrücke wie *Nestbau* oder *Nistplatz* verengen die Möglichkeit, was *xyz* sein könnte, massiv ein. Konsultiert man für *Nistplatz* das Digitale Wörterbuch der deutschen Sprache (www.dwds.de), so werden als typische Verbindungen aber auch *Wildbiene* und *Fledermaus* angegeben. Hier helfen die Ausdrücke *Nest(-bau)* und *Zweige* weiter, denn wir wissen, dass weder Wildbienen noch Fledermäuse ein *Nest* bauen und nicht in der Lage sind, Zweige anzuschleppen. Anhand dieser Überlegungen wird deutlich, dass wir es mit lexikalischem Wissen (*Nestbau* und *Nistplatz*) und Weltwissen zu tun haben (Lesbarkeitsquelle der Vertrautheit, → 8.4.1).

Wortwiederholungen müssen aber nicht immer Ko-Referenz anzeigen, wie dieses (ebenfalls konstruierte) Beispiel verdeutlicht:

8.4 Analytische Zugänge zu Texten — 387

Meine **Mutter** ist fürchterlich und denkt immer gleich das Schlimmste. Annas **Mutter** ist da viel pflegeleichter: Die liess ihre Tochter auch abends alleine weggehen. So eine **Mutter** wäre mir natürlich auch lieber.

Die Besonderheit, dass es sich also nicht um eine übliche Ko-Referenz handelt, wird hier durch sprachliche Mittel wie Genitivattribuierung (*Annas Mutter*) und Linksversetzung (*So eine Mutter wäre [...]*) angezeigt.

Adamzik hat die Kontroverse um den Zuständigkeitsbereich des Begriffspaars *Kohäsion und Kohärenz* tabellarisch dargestellt (Tabelle 8.2). Einig ist man sich darüber, dass grammatisches Wissen in den Bereich der Kohäsion und Weltwissen in den Bereich der Kohärenz gehört. Uneinig ist man sich jedoch, was das lexikalische Wissen angeht. Manche sehen es im Zuständigkeitsbereich der Kohärenz, andere aber im Zuständigkeitsbereich der Kohäsion (vgl. Adamzik 2016).

Tabelle 8.2: Auffassungen von Kohäsion (und Kohärenz) nach Adamzik (2016) mit der Erweiterung (d).

	grammatisches Wissen Funktionswörter	lexikalisches Wissen Inhaltswörter	Weltwissen
(a)	Kohäsion	Kohärenz	
(b)	Kohäsion		Kohärenz
(c)	Kohäsion		Kohärenz
(d)	Kohäsion gramm. Hinweise	Thema Themahinweise	–
			Lesbarkeitsquelle *Wahrnehmbarkeit, Sprachlichkeit* *und Vertrautheit*

Der hier vertretene Vorschlag präferiert die Position a, ersetzt jedoch den Begriff der Kohärenz durch Thema (→ 8.4.4) und lagert das Weltwissen in die Lesbarkeitsquelle Vertrautheit aus (→ 8.3). Dies hat den Vorteil, bei der Textanalyse ganz auf die sprachlichen Lesbarkeitshinweise auf der Textoberfläche fokussieren zu können, ohne das diffuse Konzept von Weltwissen ständig aufrufen zu müssen (dazu auch → Vertiefung 9.1). Das Lesbarkeitshinweise-Konzept arbeitet also viel stärker mit Signalisierungen, anstatt mit Aktivierungen, die auf kognitive Prozesse verweisen. Diese laufen sicherlich ab, sind jedoch nicht unmittelbar fassbar (Hausendorf et al. 2017: 9).

Somit gehört nur die Ausführung um die Wortwiederholung von *Vogel* bzw. das erste Beispiel 1a in den Zuständigkeitsbereich von Kohäsion. Beispiel 1b, das Inhaltswörter bzw. lexikalisches Wissen aufruft, gehört in den Zuständigkeitsbereich von Thema. Mit den Lesbarkeitsquellen agiert man auf einer anderen Ebene: Um etwa die Wortwiederholung von *Vogel* zu „erkennen" schöpft man aus der Lesbarkeitsquelle der Wahrnehmbarkeit; um grammatische Hinweise wie den unterschiedlichen Gebrauch von unbestimmten und bestimmten Artikel zu verstehen, schöpft man aus der Lesbarkeitsquelle der Sprachlichkeit; und um das Wissen über unterschiedliche Nistverhalten von Tieren abzurufen, schöpft man aus der Lesbarkeitsquelle der Vertrautheit.

Hausendorf und Kesselheim haben eine vollständige Darstellung von kohäsiven Mitteln vorgelegt (in ihrer Terminologie: *Verknüpfungshinweise*, Hausendorf/ Kesselheim 2008). Diese ist in Tabelle 8.3 wiedergegeben, im Folgenden wird aber nur auf einige wichtige oder weniger bekannte Terminologien, zum Teil ausgehend von Beispielen, eingegangen. Übrigens ist zu beachten, dass kohäsive Mittel auch die Basis für thematische Analysen bilden, wie im Fall *Vogel*. Dieser Ausdruck wird kohäsiv eingesetzt, zeigt aber zugleich eine Themenbeibehaltung (→ 8.4.4) an. Gleiches gilt etwa auch für unbestimmte und bestimmte Artikel (*da erblickte sie einen Frosch [...] „Sei still und weine nicht", antwortete der Frosch*).

Tabelle 8.3: Vollständige Liste der Kohäsionsmittel nach Hausendorf und Kesselheim 2008.

K1	**Wiederholungen** von		
		Buchstaben, Buchstabenkombinationen Wörtern (und Wortgruppen)	Sätzen und syntaktischen Konstruktionen morphologischen Merkmalen
K2	**Konstanz** von		
		Tempus Modus Diathese	
K3	**Verkettung**shinweise		
		Grammatische Vor- und Rückverweise durch Pronominalisierung Personalpronomina Demonstrativpronomina Possessivpronomina Indefinitpronomina Adverbien/Pronominaladverbien Interrogativpronomina Proverben Artikel	Elliptische Vor- und Rückverweise Metakommunikative Vor- und Rückverweise Textbeachtungsanweisungen Textgebrauchsanweisungen
K3	**Relation**shinweise		
		additive Relationshinweise alternative Relationshinweise explikative Relationshinweise restriktive Relationshinweise adversative Relationshinweise konzessive Relationshinweise	Hinweise auf Mittel-Zweck-Verknüpfungen Hinweise auf Ursache-Wirkung- und Grund-Folge-Verknüpfungen konditionale Relationshinweise temporale Relationshinweise komparative Relationshinweise

Tabelle 8.3 (continued)

K4	**Struktur**hinweise	
	Narrative Strukturhinweise	Deskriptive Strukturhinweise
	Argumentationshinweise	Explanative Strukturhinweise

K1) Wiederholungen

Dass Textarbeit in erster Linie Arbeit am Sprachmaterial ist, zeigt sich etwa an Gedichten. Während Wiederholungen im sonstigen Schreiballtag wegen ihrer Eintönigkeit (Beispiel 1a) eher verpönt sind („Ersetze *Vogel* durch einen passenden Ausdruck", „Schreibe nicht immer immer *kaputt* und *schön*"), werden sie in Gedichten gezielt eingesetzt. Wiederholungen von Buchstabenkombinationen sind – schon allein *um des Reimes willen* („Das ästhetische Wiesel" von Christian Morgenstern) – typisch. Auch Wiederholungen von Sätzen und syntaktischen Konstruktionen (sog. *Parallelismen*) können ausdrucksstark eingesetzt werden, wie bei Erich Frieds „Was es ist". Beispiele für Wiederholungen von morphologischen Merkmalen finden sich etwa bei Jandls Gedichten mit den Allomorphen *dunkel/dunkle* bei „luise".

Was es ist	luise
Es ist Unsinn	ich erinnere mich dunkel: ich war dunkel
sagt die Vernunft	und wollte einen dunklen mann.
Es ist was es ist	er war blond und wollte eine blonde frau.
sagt die Liebe.	ich erinnere mich genau wie blond er war
Es ist Unglück	ich erinnere mich dunkel: er war blond
sagt die Berechnung	und wollte eine blonde frau.
Es ist nichts als Schmerz	ich war dunkel und hatte einen mann der blond war.
sagt die Angst	ich erinnere mich genau wie blond er war
Es ist aussichtslos	
sagt die Einsicht	ich erinnere mich dunkel: weil ich dunkel war
Es ist was es ist	wollte ich einen dunklen mann.
sagt die Liebe.	er war blond doch er hatte eine frau die war dunkel.
	ich erinnere mich genau wie dunkel ich war.
Es ist lächerlich	
sagt der Stolz	Ernst Jandl (1954)
Es ist leichtsinnig	
sagt die Vorsicht	
Es ist unmöglich	
sagt die Erfahrung	
Es ist was es ist	
sagt die Liebe.	
Erich Fried (1983)	

Wiederholungen von einzelnen Buchstaben sind in rhetorischen Mitteln wie Alliterationen zu finden, aber meistens innerhalb einer Wendung bzw. eines Satzes (*derweil der Löw Zähne zeigt und Zunge* in Rilkes „Karussell"). Vereinzelte experimentelle Texte versuchen beispielsweise *Tautogramme*, also Sätze und Texte, in denen die Wörter mit demselben Buchstaben beginnen, zu kreieren:

> Adele Abderhalden, Adoptivtochter alteingesessener Apotheker aus Affoltern am Albis, arbeitet Anfang Achtzigerjahre aushilfsweise als Aupairmädchen aristokratischer Aargauer. Angenehme Aufgaben. Außerdem allerhand Annehmlichkeiten: aparte Attikawohnung, ausgedehntes Anwesen, Auto auf Abruf, allabendlicher Ausgang. Andererseits aufreibend.
> Magoria, Beginn von *Adeles Aufstieg* (2018)

K2) Konstanz von Tempus, Modus oder Diathese
Ein wichtiges kohäsives Mittel sind Wiederholung bzw. Beibehaltung von Tempus (z. B. Präteritum bei Erzähltexten), Modus (z. B. Konjunktiv bei indirekter Rede, die auch in Erzähltexten eingesetzt werden kann) und Diathese (oder auch *Genus Verbi*, also die Handlungsrichtung des Verbs wie im typischen Fall von Aktiv und Passiv). Ein Beispiel, wie kunstvoll Tempus und Modus als Kohäsionsmittel eingesetzt werden können, ist Heinrich von Kleists „Die Marquise von O...." (1808). Die Novelle wird zwar im Präteritum erzählt, weite Teile geben jedoch indirekte Rede wieder und sind im Konjunktiv gehalten. Dieser für Kleist typische Stil kommt bereits zu Beginn zum Einsatz.

> In M..., einer bedeutenden Stadt im oberen Italien, ließ die verwitwete Marquise von O..., eine Dame von vortrefflichem Ruf, und Mutter von mehreren wohlerzogenen Kindern, durch die Zeitungen bekannt machen: daß sie, ohne ihr Wissen, in andre Umstände gekommen sei, daß der Vater zu dem Kinde, das sie gebären würde, sich melden solle; und daß sie, aus Familienrücksichten, entschlossen wäre, ihn zu heiraten.

In indirekter Rede ist auch der letzte Satz gehalten, womit Kleist die Gattung *Novelle* (das Erzählen eines besonderen Vorkommnisses) nicht nur inhaltlich, sondern auch formal auf holistische Weise bedient.

> Eine ganze Reihe von jungen Russen folgte jetzt noch dem ersten; und da der Graf, in einer glücklichen Stunde, seine Frau einst fragte, warum sie, an jenem fürchterlichen Dritten, da sie auf jeden Lasterhaften gefaßt schien, vor ihm, gleich einem Teufel, geflohen wäre, antwortete sie, indem sie ihm um den Hals fiel: er würde ihr damals nicht wie ein Teufel erschienen sein, wenn er ihr nicht, bei seiner ersten Erscheinung, wie ein Engel vorgekommen wäre. (Projekt Gutenberg)

K3) Verkettungshinweise
Diese Kategorie ist sicherlich bekannter als diejenige der Wiederholungen. Besonders prominent ist das Begriffspaar der **Anapher** und **Katapher**. Es handelt sich

dabei um grammatische Vor- und Rückverweise durch Pronomina. Diese können z. B. durch Personalpronomen realisiert sein, wie die beiden Romananfänge in Tabelle 8.4 verdeutlichen.

Tabelle 8.4: Mit Pronomina realisierte Anaphern und Kataphern in zwei Romananfängen.

anaphorischer Bezug (rückwärts)	kataphorischer Bezug (vorwärts)
(a) Ilsebill salzte nach. Bevor gezeugt wurde, gab es Hammelschulter zu Bohnen und Birnen, weil Anfang Oktober. Beim Essen noch, mit vollem Mund sagte **sie**: [...] Günter Grass, Der Butt	(b) **Sie** haben **mir** eine Strafarbeit gegeben. [...] Deutsche Aufsätze von Siggi Jepsen [...] Niemand anders als Karl Joswig, ein zierlicher, scheuer Mann, hat mich zur Strafarbeit eingeschlossen. Siegfried Lenz, Deutschstunde

Bei der Anapher wird man beim Lesen zurückverwiesen: *Sie* bezieht sich auf die bereits erwähnte Person *Ilsebill* (a). Bei der Katapher wird der Bezug erst noch hergestellt. Der Anfang von Siegfried Lenz' „Deutschstunde" führt den Rätselcharakter und die Erwartungshaltung, die man nun an den weiteren Verlauf der Lektüre hat, vor Augen: Wer ist *sie* und wer ist *mir*? Es werden zwar kurz darauf Namen genannt – *Siggi Jepsen* und *Karl Joswig*. Diese geben aber keine eindeutigen Antworten, sondern nur Verdachtsmomente (die Aufsätze, die der Ich-Figur vorgelegt werden, müssen seine eigenen sein; warum erfahren wir nur etwas von einem einzigen Wärter, Karl Joswig, und nicht von mehreren Personen (*sie*)?).

Die meisten Verkettungshinweise (wie Personal-, Possessiv- und Interrogativpronomina oder Textbeachtungsanweisungen) müssen nicht eigens erklärt werden. Folgendes Beispiel enthält aber auch einige der weniger eingängigen Verkettungshinweise. Es handelt sich dabei um einen Zeitungsbeitrag „Das weisse Loch", der in Abbildung 8.14 mit seiner unmittelbaren Leseumgebung abgedruckt ist, der auch Aufschluss über die Titel-Bezeichnung gibt.

Obwohl der Zeitungsbeitrag mit einem sog. *Lead* oberhalb des Titels beginnt, ist der Titel in grosser Schrift und so markant abgesetzt, dass angenommen werden muss, dass er als erstes gelesen wird. Der erste Kandidat ist somit der bestimmte Artikel *Das*. Dieser markiert die besondere Stellung des Titels. Während ein bestimmter Artikel in einem Fliesstext die rückbezügliche (anaphorische) Suche nach dem Bezugswort auslöst, verweist er in einem Titel kataphorisch auf das, von dem der Text handeln wird (das Thema, → 8.4.4). Dass immer auch der Textzusammenhang mitanalysiert werden muss, zeigt sich im Fall des Anrede- und Demonstrativpronomens in *Wenn Sie diesen Text lesen*. Es handelt sich dabei um deiktische Verweise auf die Leserschaft bzw. auf den Text selbst (→ 4.2.5). Anders verhält es sich bei *dieser pausbäckige Triumph: Dieser* verweist hier auf einen bereits gelaufenen oder laufenden Diskurs um die Wahlen, was auch der bestimmte Artikel in *zu*

Abbildung 8.14: „Das weisse Loch" (Tagesanzeiger 19.10.2015).

den Wahlen signalisiert. Diskutabel ist es im Fall von *inzwischen* und *jetzt*. Tatsächlich sagen diese **deiktischen Adverbien** etwas darüber aus, wie das momentane Lektüremoment sich zu den vorherigen oder nachfolgenden Einheiten verhält und so den Gesamttext zusammenhält. Der Text enthält auch ein **Pronominaladverb** *damit*, der sich auf den nächsten Satz und Empfehlung bezieht (*Damit Sie nicht der Einzige bleiben*). Auch eine **Textgebrauchsanweisung** ist zu finden. Diese unterscheidet sich von **Textbeachtungshinweisen** (wie *siehe unten, in den folgenden Kapiteln*), indem sie der Leseanweisung expliziten Raum geben (*Weshalb wir Ihnen dringlich raten, mit dem Lesen aufzuhören*). Die meisten weiteren im Text vorkommenden Verkettungshinweise (Wortwiederholungen oder unbestimmte Artikel) sind selbsterklärend. Man beachte, wie das Setzen von unbestimmten und bestimmten Artikeln es ermöglichen, Wortwiederholungen zu vermeiden (*ein Stöffchen, das Leichte*), indem auf grammatischer Ebene der Bezug klar gemacht wird.

K4) Relationshinweise

Für Relationshinweise wird derselbe Zeitungsartikel herangezogen. Auch hier sind die meisten selbsterklärend (**additive**, **adversative** oder **explikative Relationshinweise**). **Konzessive Relationshinweise** ermöglichen es, den geäusserten Sachverhalt zu entkräften oder als ungültig zu erklären (*dennoch, trotzdem, allerdings,* etc.). Dies kann auch vorangestellt eingesetzt werden (*zwar, abgesehen davon, dass*). In diesem Fall (*doch*) wird die Tatsache, dass einem nichts mehr einfällt, beiseitegeschoben (*Und doch muss etwas Geschriebenes her*). Bei diesem Text fällt auf, wie oft Relationshinweise den Satz eröffnen (*und, stattdessen, weshalb, aber*). Damit wird auf der grammatischen Ebene vieles dafür getan, den Text als zusammenhängendes Etwas darzustellen – obwohl oder gerade aus dem Grund, weil er, wie er selbst sagt, nichts beinhaltet. Diese Tatsache zeigt sich auch im bekannten Kohäsionsmittel der **Ellipse**, das hier besonders explizit zur Geltung kommt, da das elliptische Auslassung (von *man fühlt sich*) genau dasjenige vorführt, um das es geht: die Leere.

D) Strukturhinweise

Bislang ging es um kohäsive Mittel zwischen Sätzen. Bei den Strukturhinweisen hingegen geht es darum, wie Texte auf einer „globalen" Ebene, also in ihrer Gesamtstruktur verknüpft sind (vgl. Hausendorf/Kesselheim 2008). Dabei lassen sich Unterschiede feststellen, je nachdem ob es sich um einen **narrativen, argumentativen, explanativen** oder **deskriptiven** Text handelt. Bei Brinker et al. (2018) werden Strukturhinweise unter thematischen Gesichtspunkten betrachtet (sog. *Grundformen thematischer Entfaltung*). Dahingegen wird hier die Ansicht vertreten, dass Texte durch Strukturhinweise themenunabhängig beschrieben werden können. Auf lexikalische Vernetzungen wird im nächsten Kapitel zu Thema eingegangen.

Ähnlich wie bei der polyfunktionalen Auffassung von Textfunktionen können Texte verschiedene oder sogar alle Arten von Strukturhinweisen beinhalten. Dies zeigt das Beispiel *Das weisse Loch*. Argumentationshinweise mit begründenden Relationshinweisen (*weswegen, stattdessen*) und der Anrede an die Leserschaft wechseln sich ab mit deskriptiven Strukturhinweisen (z. B. mit Attributen *zweispaltig, pausbäckig, weiss, schwarz* und Konkreta: *Stöffchen, Text, Bild*). Dazu kommen explanative Strukturhinweise (etwa präzisierende Erklärungen, was der Text alles nicht ist). Und nicht zuletzt sogar Strukturhinweise, die man als narrativ bezeichnen kann (z. B. die temporale Struktur mit *inzwischen, jetzt*). Angesichts dieser hochgradigen Textarbeit und Reaktion auf die Wahlen ist die Betitelung als „Das weisse Loch" also als spielerisch-zynische Gaukelei zu werten.

8.4.4 Thema (statt Kohärenz)

Texte handeln von etwas. Oder, wie es Andreas Lötscher formuliert: „Von Texten erwartet man gemeinhin, dass sie Texte „über etwas" sind, dass sie eines oder mehrere Themen behandeln" (Lötscher 1987: 2). Dieses, wie es Lötscher nennt, „alltägliche" Verständnis steht im Gegensatz zu der Behandlung von **Thema** in der textlinguistischen Forschung, die das Vorhandensein eines Themas „als gegeben" (Adamzik 2016: 208) annahm. Dies hat mit der Dominanz des Begriffs der **Kohärenz** zu tun, die im Textmodell von de Beaugrande und Dressler (1981) als Textualitätskategorie eingeführt wurde und sich als Begriffspaar mit Kohäsion (als einzige der sechs Kategorien) etablieren konnte. Die Auffassung von Kohärenz wird besonders vor dem Hintergrund der kognitiven Phase (→ 8.2.3.3) und dem starken Einfluss der Generativen Grammatik (→ 7.3.1) verständlich. Kurz gefasst geht es um die Frage, wie ein Text inhaltlich zusammengehalten wird. Eine Antwort liegt darin, zu untersuchen, wovon ein Text handelt (*Thema*). Eine andere Antwort liegt darin, zu untersuchen, wie Texte zusammenhängen und in diesem Gesamtzusammenhang prozedural verarbeitet (oder produziert) werden (*Kohärenz*). Während *Thema* zu Analysen auf der Textoberfläche, fokussiert am sprachlichen Material, führt, befasst sich *Kohärenz* zusätzlich zum sprachlichen Material mit kognitiven Prozessen, die Welt- und Handlungswissen miteinschliessen. In diesem kognitiven Ansatz liegt die Attraktivität des Kohärenz-Begriffs, aber auch seine in konkreten Analysen schwer fassbare Komplexität.

Die beinahe als monolithisch zu bezeichnende Präsenz des Begriffspaars *Kohäsion und Kohärenz* hat sich jedoch immer stärker mit dem Einbezug des Themenbegriffs relativiert, nicht zuletzt durch Sandigs prototypisches Modell (Abbildung 8.5), bei dem *Thema* in den Kreis essenzieller Textualitätsmerkmale aufgenommen wurde. Die gängigen Einführungsbücher von Brinker (1985/2018), Adamzik (2004/2016) und Hausendorf und Kesselheim (2008) befassen sich ausführlich mit Thema, wenn auch mit unterschiedlichen Abgrenzungen zu Kohäsionsmitteln (bzw. *Verknüpfungshinweisen*) und unter Berücksichtigung verschiedener Ansätze.

Mit der Vorstellung von *Thema* statt von *Kohärenz* liegt also der Fokus auf dem Inhalt (wovon ein Text handelt), der mithilfe von Sprachmaterial analysiert wird. Es werden zunächst die wichtigsten Zugänge vorgestellt und danach linguistisches Werkzeug für die Thema-Analyse präsentiert. Die folgende kurze Darstellung verhandelt zwar bei weitem nicht alle Ansätze zu Thema, sondern solche, die entweder regelmässig diskutiert werden oder interessante Vergleichsmöglichkeiten bieten.

Auf Daneš **thematische Progression** wie auch auf van Dijks **Makrostrukturen** wurde bereits in der Vorstellung textlinguistischer Entwicklungen verwiesen (→ 8.2). Betrachtet man die vorliegenden Textbeispiele, so wird schnell klar, dass die Anwendung dieser Konzepte nicht so leicht gelingt. Umstritten ist auch, inwieweit dieses progressive bzw. additive Prinzip Lektüreprozesse tatsächlich abbildet.

In seiner wenig beachteten Arbeit *Text und Thema* gibt Lötscher einen umfassenden Überblick über verschiedene Themenbegriffe (Lötscher 1987). So werden u. a. *Thema als zentrales Referenzobjekt* (im Sinne der Darstellungsfunktion Bühlers oder der referentiellen Funktion Jakobsons, → 8.4.2), als *Informationskern* (im Sinne van Dijks Makrostruktur) oder als *fokussierter Gegenstand* (im Sinne der Haupthandlung einer Interaktion, siehe Fokussierung bei der Gesprächsanalyse, → 9.4.1) diskutiert. Lötschers Synthese ist es, das Thema eines Textes als ein „in irgendeiner Beziehung **mangelhaftes Objekt**" zu beschreiben (Lötscher 1987: 84), das im Text bearbeitet und somit beseitigt wird.

Lötscher diskutiert ebenfalls das Thema als Fragestellung, indem er sich auf Hellwig (1984) bezieht. Bekannt geworden ist in diesem Zusammenhang der Ansatz der **Quaestio** von Klein/von Stutterheim (1992), die Fragen formulieren (z.B.: „Was ist dir zum Zeitpunkt t1 passiert?" oder „Was geschah dann?"), um ein Thema zu eruieren. Eine Quaestio kann in der Regel nicht mit einem Satz beantwortet werden. Es kommt bei der Beantwortung zu einer sog. **referentiellen Bewegung**, mit der einzelne Fragen Stück für Stück beantwortet werden.

Diese referentielle Bewegung ist ein ähnliches Konzept wie die **Themenentfaltung**, die Brinker et al. (2018) als gedankliche Ausführung eines Themas bestimmt. Dieser Zugang arbeitet zum Teil noch mit Propositionen (also in der satzbezogenen Tradition van Dijks), andererseits aber auch mit den vier typischen textuellen Grundformen. Indem er narrative, deskriptive, argumentative und explikative Themenentfaltungen annimmt, verortet er grammatische Mittel ebenfalls auf einer inhaltlichen Ebene, was damit erklärt werden kann, dass Brinker mit dem Kohärenz-Begriff arbeitet (Brinker et al. 2018: 12). Damit unterscheidet sich Brinkers Ansatz von dem hier vertretenen Zugriff, der grammatische Mittel wie auch die globalen Textstrukturen der vier Grundformen in der Kohäsion verortet (→ 8.4.3).

Der im Folgenden vorgestellte Analysezugang zum Thema eines Textes anhand von **Themahinweisen** (Hausendorf/Kesselheim 2008, Tabelle 8.5) beruft sich ebenfalls auf eine referentielle Bewegung bzw. auf das Konzept der Themenentfaltung, jedoch ohne einzelne Propositionen aus Sätzen zu extrahieren oder für jede Äußerung eine Quaestio zu formulieren. Stattdessen geht der Ansatz davon aus, dass sich ein thematischer Gesamtzusammenhang eines Textes **dynamisch** „mit dem Voranschreiten der Lektüre" entwickelt (Hausendorf/Kesselheim 2008: 103). Dabei signalisiert ein Text Schritt für Schritt, ob ein Thema gerade eingeführt, beibehalten, entwickelt oder abgeschlossen wird. Es geht also auch darum, dass „Themaerwartungen im Moment der Lektüre aufgebaut, eingelöst und auch wieder abgebaut werden" (Hausendorf et al. 2017: 191 f.).

Tabelle 8.5: Leicht angepasste Liste der Themahinweise nach Hausendorf und Kesselheim 2008.

T1	**Themaeinführung** durch	
	Titel und Überschriften	Fokus-Hinweise
	Metakommunikative Hinweise	Fragen
		Fokus-Adverbien
		Horizont-Pronomen *es*
		kataphorische Hinweise
T2	**Themabeibehaltung** durch	
	Anaphorische Beibehaltungshinweise	Rekurrenz
	Pronominale Beibehaltungshinweise	Elliptische Hinweise
T3	**Themaentwicklung** durch	
	Substitution (?)	Semantische Entwicklungshinweise
	Lexikalische Themaentwicklungshinweise	Isotopiehinweise
	Hypero- und Hyponymie, Holo- und Meronymie	Rahmenhinweise
	Antonymie	
	Metaphorik und Metonymie	
T4	**Themaabschluss**hinweise	

Wie bei den Kohäsionsmitteln werden hier wiederum nur diejenigen Terminologien ausgeführt, die wichtig oder weniger bekannt sind. Dabei ist zu beachten, dass bei diesem Ansatz strikt vom Thema aus gedacht wird. Dies hat zur Folge, dass auch grammatische Mittel aufgelistet werden, die im Text nicht nur kohäsive Aufgaben erfüllen, sondern auch thematische Hinweise sein können.

T1) Themaeinführung
Titel, Überschrift, metakommunikative Hinweise sowie *Fragen* als **Fokus-Hinweise** sind selbsterklärend. Bei den **Fokus-Adverbien** handelt es sich um sprachliche Mittel, deren grammatische Bedeutung eine Fokussierung erzeugt: *ausgerechnet, vor allem, hauptsächlich* etc. Beim **Horizont-Pronomen *es*** handelt es sich um die sprachliche Möglichkeit, vor einem unauffälligen Hintergrund bzw. Horizont („[d]er Horizont ist Inbegriff der Unauffälligkeit schlechthin", Weinrich 1993/2007: 395) eine maximale Unterscheidung bzw. Gefälle zum fokussierten Teil herzustellen. Das Paradebeispiel sind Märchenanfänge (*Es war einmal*), aber auch in „Das weisse Loch" (Tabellen 8.5 und 8.6) findet sich ein Beispiel (*es muss ihnen klar geworden sein, dass dieser Text nichts enthält, was Sie unterhält, informiert, überrascht, bildet, provoziert, amüsiert oder empört*, Zeile 20). Hier nimmt das *es* die Subjektstelle im Vorfeld ein und gibt damit ein „Vorsignal" (Weinrich 1993/2007: 396), dass noch etwas folgt. In diesem Fall handelt es sich um ein ziemliches Paket

an fehlenden Eigenschaften des vorliegenden Texts (*was Sie unterhält, informiert, überrascht* [...]), das durch das Horizont-Pronomen einen maximalen Fokus erhält.

T2) Themabeibehaltung

Themen lassen sich beibehalten, indem durch sprachliche Mittel **anaphorische** Lektürebewegungen stattfinden, die einen zurückblicken lassen auf ein bereits eingeführtes Element (*das Leichte > ein Stöffchen, der Vogel > einen Vogel/Haussspatz*). Dies geschieht also typischerweise mit einem bestimmten Artikel. Genauso auf einer grammatischen Ebene arbeiten **pronominale** Themabeibehaltungshinweise (*Empfehlen Sie ihn weiter* oder einen *dunklen Mann/er war blond* bei Jandls „luise").

T3) Themaentwicklung

Bei den sprachlichen Hinweisen bezüglich der Themaentwicklung unterscheiden Hausendorf und Kesselheim drei Unterkategorien. Substitutionen werden hier zwar als eigene Kategorie angegeben, es ist jedoch üblicher (etwa bei Linke et al. 2004) **Substitution** als Oberbegriff für lexikalische und semantische Hinweise zu verstehen.

Lexikalische Themaentwicklungshinweise unterscheiden sich von den semantischen Themaentwicklungshinweisen, indem es sich um klar formalisierte (lexikalische) Relationen handelt (→ 3.3.2):
- Hypero- und Hyponymie: Ober- und Unterbegriff
- Holo- und Meronymie: Ganzes- und Teilbegriffe (*Nest – Zweige*) (hier gehört zu Metapher und Metonymie die dritte Trope der Synekdoché dazu)
- Antonymie: Gegensatz-Verhältnis (*schwer – leicht, Teufel – Engel*)
- Metaphorik: Bedeutungsübertragung (*Das weisse Loch*)
- Metonymie: Ersetzung durch einen Begriff mit ähnlichem Bedeutungsgehalt (*Text – Geschriebenes*)

Die **semantischen Themaentwicklungshinweise** kann man hingegen kaum formalisieren und die fraglichen Begriffe müssen nach Bedeutungskomponenten (Seme, → 3.4.2) und je nach Textzusammenhang einzeln betrachtet werden. Ein bekanntes Analysewerkzeug ist dabei **Greimas Isotopiekonzept** (Greimas 1966/1971). Greimas hat den chemischen Begriff der Isotope gewählt, um auf semantischer Ebene die Gleichwertigkeit bzw. Vernetzung von Lexemen (→ 6.1.1.2) nach gleichen Bedeutungskomponenten – heruntergebrochen auf eine atomare Einheit, dem Sem – untersuchen zu können. Seme für „Das weisse Loch" (Tabelle 8.6) sind etwa [+Substanzlosigkeit] (rot markiert), [+Lesbares] (orange und gelb), [+Leichtes] (hellblau), [+Zeitliches] (grün), [+Geographisches] (braun), [+negativ Konnotiertes] (dunkelblau), [+Politisches (violett)].

Tabelle 8.6: Semantische Themenentwicklungshinweise in „Das weisse Loch" (Tagesanzeiger 19.10.2015).

1	Das weisse Loch
2	Zeitverschwendung. Wenn Sie diesen Text lesen, verschwenden Sie 45 Sekunden Ihres
3	Lebens.
4	Von Jean-Martin Büttner
5	Zu den Wahlen fällt einem nichts mehr ein, das Resultat deprimiert zu sehr, dieser
6	pausbäckige Triumph der Rechthabe, sowieso wird die Zeitung wieder voller Wahlen sein,
7	Köppelwohin, Widmerschlumpfwarum, Mörgeliwieweiter, was sagt Europa? Und doch
8	muss etwas Geschriebenes her. Denn sonst klafft ein zweispaltiges Loch unter der
9	Analyse von Michael Herrmann. Glücklicherweise enthält die so viel Substanz, dass man
10	darunter etwas Leichteres bringen könnte, ein Stöffchen, wie wir dem sagen, luftgebacken.
11	Aber das Leichte fällt einem so schwer an diesem schweren Morgen. Und frei lassen geht
12	nicht. Es mag im Weltall schwarze Löcher geben, weisse Löcher in der Zeitung sind
13	ungehörig.
14	Inzwischen sind Sie beim Lesen 23 Sekunden älter geworden, werden diesen Teil Ihres
15	Lebens nie mehr zurückbekommen, und es muss Ihnen klar geworden sein, dass dieser Text
16	nichts enthält, was Sie unterhält, informiert, überrascht, bildet, provoziert, amüsiert oder
17	empört. Sowieso ist dieser Text auf bedenkliche Weise unpolitisch. Er sagt nichts zur
18	Lage der Schweiz, schweigt über die Arbeitsbedingungen in Indonesien. Hier könnte ein
19	Gedicht stehen, eine Karikatur, ein schönes Bild. Stattdessen steht dieser Text, der nichts
20	sagt.
21	Weshalb wir Ihnen dringlich ragen, mit dem Lesen aufzuhören. Vielleicht denken Sie, dieser
22	Text explodiere in einer Pointe, welche die ganze vorgängige Langweile rechtfertige. Aber
23	es wird keine Pointe geben, weil einem keine einfällt, deprimiert und ausgeschrieben, wie
24	man sich fühlt, missverstanden sowieso, in einem Wort: leer.
25	Jetzt gleich geht der Text zu Ende. Seine Lektüre hat gebracht, was sie versprach: nichts.
26	Damit Sie nicht der Einzige bleiben, der bis hierhin gelesen hat und sich blöd vorkommt, gibt
27	es nur eines: Empfehlen Sie ihn weiter.

Seme, die im Text mehrfach vorkommen (*Text, Loch*), bezeichnet Greimas als *dominante Seme* (sog. *Klasseme*). In diesem Beispiel wird deutlich, dass unterschiedliche Isotopie-Ebenen vorliegen, die durch die Klasseme [+/- Substanz] miteinander verwoben werden. Dabei eröffnen *Text* (mit den Semen [+Geschriebenes] und [+Substanz]) und *Loch* (mit den Semen [-Substanz] und [+negativ Konnotiertes]) ein Spannungsfeld, das die Themenentwicklung und somit den Zusammenhalt beeinflusst. Auch der **Rahmen** spielt in diesem Text eine Rolle. Dieser besagt, dass ein Thema auch entwickelt werden kann, indem bekannte Handlungsrahmen (sog. *Frames*, → 3.4.4) oder -abläufe (sog. *Scripts*) aufgerufen werden. In diesem Fall ist es die Erwartung, einen Zeitungsbericht in Form einer Kolumne oder einem Kommentar zu den Wahlen vor sich zu haben, der *unterhält, informiert, überrascht, bildet, provoziert, amüsiert oder empört* (Zeile 16). Der Text arbeitet aber intensiv daran, ganz im Gegenteil, *nichts* zu liefern und somit gleichzeitig ein Maximum an Kritik loszuwerden.

T4) Themaabschluss
Im Fall von „Das weisse Loch" ist das eigentliche Thema ein Kommentar zu den Wahlen. Dieses Thema endet scheinbar mit der Aussage und dem Antonym, dass *dieser Text auf bedenkliche Weise unpolitisch* ist. Texte enden in der Regel – ähnlich wie Gespräche (→ 9.4.2 und 9.6) – nicht abrupt, sondern werden mit einem Vorlauf abgeschlossen. Im Fall des „Weissen Loch" wird der Abschluss durch die zeitliche Signalisierung vorbereitet (die *23 Sekunden* signalisieren eine Restzeit von 22 Sekunden) und meta-kommunikativ angekündigt (*Jetzt gleich geht der Text zu Ende*). Den Abschluss bildet die nochmalige Anrede an die Leserschaft mit der Aufforderung den Text weiterzuempfehlen (*Empfehlen Sie ihn weiter*). In literarischen Werken eröffnet sich mit dem Themaabschluss die Möglichkeit, das Erzählte nochmals Revue passieren zu lassen. Im Fall von „Die Marquise von O...." (→ 8.4.3) wird mit dem Abschluss nochmals an den Beginn des ungeheuerlichen und in den berüchtigten Auslassungspunkten ungeschriebenen Ereignisses zurückerinnert (*wenn er ihr nicht, bei seiner ersten Erscheinung, wie ein Engel vorgekommen wäre*).

Texte können Bezüge über weite Distanzen herstellen – in diesem Beispiel sogar vom Ende zurück zum Beginn der Novelle. Zusätzlich zu solchen sog. *intratextuellen* Bezügen können sich Texte auf andere Texte beziehen. Im Folgenden werden zwei zentrale Aspekte besprochen, bei denen es um Bezüge zu anderen Texten geht. Zum einen kann ein Text **intertextuell** auf einen anderen Text reagieren („Das weisse Loch" auf die „Analyse von Michael Herrmann", Abbildung 8.14) oder sich auf andere Textwelten beziehen (*sowieso wird die Zeitung wieder voller Wahlen sein* oder in der „Deutschstunde" die *Deutsche[n] Aufsätze von Siggi Jepsen*). Zum anderen orientiert sich ein Text an **Textsorten**, also an anderen Texten, die durch ihre Ähnlichkeit ein Muster vorgeben.

8.4.5 Intertextualität

Texte beziehen sich auf andere Texte. Diese grundlegende Auffassung ist bereits seit der Antike bei der Auslegung von Texten zentral. Die Einführung des Begriffs **Intertextualität** durch Julia Kristeva (1967), die damit Michail M. Bachtins Auffassung von der kreativen Kraft literarischer Polyphonie und Dialogizität fortführte, markiert das gesteigerte, poststrukturalistische Interesse in den Literaturwissenschaften an diesem grundlegenden Gedanken, dass Texte keine autonomen und autoritären Gebilde sind, sondern sich immer auf andere Texte beziehen. In der Textlinguistik ist der Begriff der Intertextualität erst durch die Aufnahme als siebtes Textualitätskriterium durch de Beaugrande und Dressler (1981) präsent geworden. Ausgehend von ihrer Auffassung von *Intertextualität* werden im Folgenden grundlegende Herangehensweisen an das Konzept der Intertextualität vorgestellt (vgl. auch Hausendorf et al. 2017).

Referentielle und typologische Intertextualität: De Beaugrande und Dressler (1981) diskutieren zwei Aspekte von *Intertextualität*. Während sich die **typologische** Intertextualität auf allgemeine Textmuster bezieht und somit zum Zuständigkeitsbereich der Textsorte gehört (→ 8.4.6), beschreibt die **referentielle** Intertextualität direkte Textbezüge. De Beaugrande und Dressler verstehen unter der referentiellen Intertextualität in erster Linie Anspielungen auf bekannte Texte, während Bezüge zu Texten jedoch viel facettenreicher sind.

Text-Text-Beziehungen, Text-Textwelt-Beziehungen und Text-Textmuster-Beziehungen: Diese von Fix vorgeschlagene Unterscheidung kann als grundlegende Kategorisierung für Intertextualität angesehen werden (Fix 2001: 449). Text-Textmuster-Beziehungen werden im nächsten Kapitel zu Textsorten und Musterhaftigkeit besprochen, was aber deutlich macht, wie sich die beiden Merkmale gegenseitig bedingen und wie fliessend die Übergänge zwischen ihnen sind.

Mit der Unterscheidung zwischen *Text-Text-Beziehungen* und *Text-Textwelt-Beziehungen* hängt der in der Forschung diskutierte Aspekt der **engen** und **weiten Intertextualität** zusammen (Nussbaumer und Linke 1997 sprechen von *moderater* und *radikaler* Intertextualität): Die enge Auffassung betrachtet Intertextualität als expliziten Bezug zwischen Texten, während die weite Auffassung davon ausgeht, dass jeder Text Teil eines universellen Netzes intertextueller Bezüge ist. Insbesondere die Text-Textwelt-Beziehung bereitete der Textlinguistik Schwierigkeiten, was dazu führte, dass sie die Zuständigkeit für diesen empirisch nur schwer fassbaren Aspekt an die Literaturwissenschaft abschob. Mit dem Aufkommen diskurslinguistischer Ansätze ist es jedoch mittlerweile auch für die (Text-)Linguistik möglich – etwa anhand der Analyse von Schlüsselwörtern (Bondi/Scott 2010; Liebert 2003) – Text-Textwelt-Bezüge empirisch zu fassen und zu untersuchen.

Kategorisierung von Intertextualität: In der Intertextualitätsforschung sind verschiedene Kategorisierungsvorschläge vorgelegt worden. Adamzik hat diejenige von Gérard Genette 1982/1993 für die Literaturwissenschaft und diejenige von Wolf-Dieter Krause (2000) für die Linguistik tabellarisch nebeneinander gestellt, die hier in einer adaptierten Form wiedergegeben werden (Tabelle 8.7). Die Aufstellung ermöglicht es, die Bandbreite von Intertextualität (bzw. Transtextualität bei Genette) übersichtlich zu erfassen.

Tabelle 8.7: Leicht überarbeitete und zum Teil aus dem Französischen übersetzte Darstellung von Intertextualitätstypen bei Adamzik (2016: 325).

Genette 1982 Transtextualité	Krause 2000 Intertextualität	Erläuterungen/Beispiele	
		Genette	Krause
Architextualité	allgemeine	Gattungskategorien	Textsorten
Intertextualité	deiktische (auch: referentielle)	Zitat, Plagiat, Anspielung	punktuelles Verweisen, Zitieren, Referieren
Metatextualité	transformierende	Kommentar, (Literatur-)Kritik	Nacherzählung, Adaptation, Vorlesungsmitschrift, Zusammenfassung
Hypertextualité		Überarbeitung, Parodie, Pastiche,	
Paratextualité	inkorporierende	Titel, Widmung, Vorwort, Fussnoten, Bilder, Klappentext	Fussnoten, Vita in Laudatio, Literaturverzeichnis
	translatorische		Übersetzungen
	kooperative		Briefwechsel, Dementi, Rezension

Für konkrete Textanalysen in der Textlinguistik sind weitere Kategorisierungen konkreter Vorkommnisse (Text-Text-Bezüge, aber auch Text-Textmuster-Bezüge) von Interesse. Nina Janich hat eine Kategorisierung für Werbesprache vorgeschlagen (Janich 2014), die jedoch auch für die Analyse von Alltagstexten geeignet ist (Tabelle 8.8). Sie bezeichnet den Text, in dem die intertextuelle Referenz vorgefunden wird, als *Phänotext* und den Text, worauf Bezug genommen wird, als *Referenztext*.

Tabelle 8.8: Formen von Intertextualität bei Janich (2014: 233) mit Beispielen.

Einzeltextreferenz		Gattungs- oder Systemreferenz
1. vollständige oder unvollständige Übernahme (Zitat)		Mustermetamorphose kann affirmativ, kritisch oder manipulativ sein
a) markiert Der Roman „O.T.", U.D. Bauer (Abbildung 8.16)	b) unmarkiert Winter is coming bei einer Mercedes-Benz-Werbung Phänotext: „A Song of Ice and Fire", G.R.R. Martin	Der Roman „S", der auf sprachlicher wie bildlicher Ebene wie ein Bibliotheksbuch wirkt (Abbildung 8.9)
Anspielung durch Übernahme von (meist syntaktischen) Strukturen bei lexikalischer Substitution Buchtitel/Phänotext: „Manche mögen's steil" Filmtitel/Referenztext: „Manche Mögen's Heiss" (1959)		Mustermontage/Mustermischung Die dem Roman „S" beigegebenen fiktiven Postkarten oder Zeitungsausschnitte (Abbildung 8.9)

Tabelle 8.8: continued

Einzeltextreferenz	Gattungs- oder Systemreferenz
Anspielung durch Übernahme zentraler lexikalischer Elemente bei struktureller Modifikation Buchtitel: „Lebst Du schon oder erziehst Du noch?" Referenztext: Lebst Du schon oder wohnst Du noch? (Slogan eines bekannten Möbelherstellers)	**Musterbrechung** punktueller Verstoss gegen einzelne Struktur- und Formulierungsmerkmale eines Textmusters Publireportagen in der Zeitung
Anspielung über den visuellen Kode Abbildungen von Pokémon-Figuren auf Flugzeugen einer japanischen Airline	**Anspielung über den visuellen (und sogar musikalischen) Kode** bspw. Abbildungen von nicht näher identifizierten Figuren und Objekten wie Ritter oder Raumschiffe

Es stellt sich in diesem Zusammenhang die Frage, welche Funktionen intertextuelle Bezüge innehaben und zu welchem Zweck Texte auf andere Texte zurückgreifen. Schulte-Middelich (1985) schlägt für literarische Texte vor, Funktionen von intertextuellen Bezügen auf verschiedenen Ebenen und je nach Perspektive auf den Phäno- oder Referenztext zu analysieren (Abbildung 8.15).

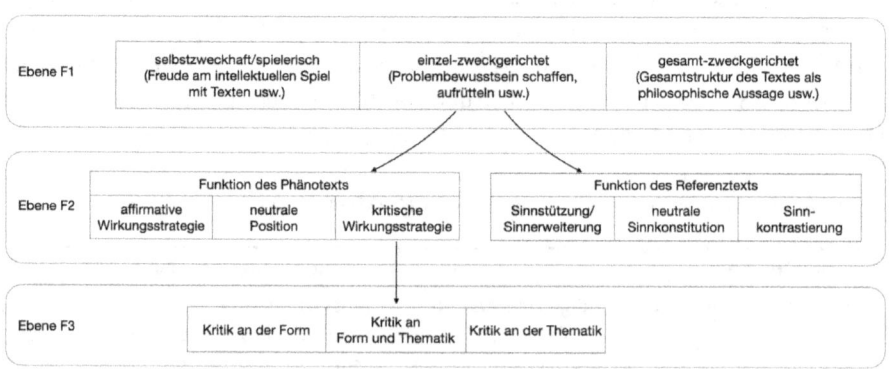

Abbildung 8.15: Funktionen intertextueller Bezüge nach Schulte-Middelich (1985:215).

Im Fall der Automarken-Werbung, die sich auf den Referenztext von G. R. R. Martins „Songs of Ice and Fire" bezieht (→ Tabelle 8.8), lässt sich beispielsweise die einzel-zweckgerichtete Funktion als sinnunterstützende, affirmative Wirkungsstrategie weiter differenzieren. Aber auch hier sind, wie bei jeder Taxonomie, die Grenzen fliessend, da natürlich die spielerische und unterhaltende Wiedererkennungsfunktion eine wichtige Rolle spielt.

Aus Susanne Holthuis ausführlicher Taxonomie lassen sich einzelne Begriff ebenfalls ergänzend anführen (Holthuis 1993):
- Auto-Intertextualität: referentielle Bezüge zwischen verschiedenen Texten desselben Autors
- Hetero-Intertextualität: referentielle Bezüge zwischen Texten mehrerer Autoren
- Pseudo-Intertextualität: Bezüge werden signalisiert, lassen sich aber nicht rekonstruieren
- ästhetische Intertextualität: Bezüge mit Involvierung eines literarischen Texts (hier sei auch auf den Begriff der *intermedialen Intertextualität* hingewiesen, Fix 2000: 454)
- Referenzen in präsentia: Zitat, Paraphrase, Reproduktion, Collage, Parodie
- Referenzen in absentia: Allusion (indirekte Anspielung)

Für den Roman „O.T." von U. D. Bauer (Abbildung 8.16), der nur aus Zitaten anderer literarischer Werke besteht, sind es also *Referenzen in präsentia*, zudem gilt auch *Hetero-Intertextualität* und maximale *ästhetische Intertextualität*. Bei der Automarken-Werbung handelt es sich um eine *ästhetische Intertextualität* mit einer Referenz *in präsentia* (*Winter is coming*).

Die unterschiedliche Erkennbarkeit von intertextuellen Bezügen ist von Manfred Pfister in seiner Kategorisierung aufgegriffen worden (Pfister 1985). Er unterscheidet bei dieser rezeptionstechnisch interessanten Herangehensweise:
- Referentialität: Wie auffällig ist die Thematisierung? (beispielsweise sogleich erkennbar durch typografische Auszeichnung)
- Strukturalität: Wie stark ist die Struktur des Phänotextes beeinflusst durch den Referenztext?
- Selektivität: Wie hoch ist die Prägnanz des intertextuellen Bezugs?
- Autoreflexivität: In welchem Ausmass wird der Bezug reflektiert?
- Dialogizität: Was ist das inhaltliche Verhältnis zwischen Referenz- und Phänotext und wie hoch ist die semantische und ideologische Spannung?
- Kommunikativität: Wie bewusst ist der Bezug für die Produzent:innen wie für die Rezipient:innen? Wie deutlich wird dieses Bewusstsein markiert?

Für „O.T." gilt also ein sehr hoher Grad an *Kommunikativität*, *Strukturalität* und *Selektivität*, da der Roman mit der Intention „geschrieben" wurde, nur Zitate zu verwenden. Obwohl keine Anführungszeichen zum Einsatz kommen, die typografisch gesehen Zitate am eindeutigsten markieren, ist ein Layout gewählt worden, das die einzelnen zusammengehörigen Zitate mit weisser Hintergrundfarbe (die Seitenfarbe ist in Hellbeige gehalten) unterstreicht (Abbildung 8.16). Dazu schliessen die Zitate durchwegs mit einer Endnote ab.

Abbildung 8.16: Roman „O.T." von U. D. Bauer (Fotos: Hiloko Kato).

Autoreflexivität, also eine Reflexion des Bezugs, kann ein Text, der nur aus Zitaten besteht, nicht wirklich leisten. Stattdessen geschieht dies im Paratext (im Klappentext, auf der Verlagsseite), der die Besonderheit des Romans ausweist. Schwieriger einzuschätzen ist die Dialogizität. Sie kann als minimal – da ja kein eigentlicher Phänotext besteht, daher auch der Titel „O.T." (ohne Titel) – oder als maximal – da ja gerade die Referenztexte den Phänotext ausmachen – verstanden werden. Da jedoch die eigene, spezielle „Gemachtheit" bereits im zweiten Zitat reflektiert wird („als ein zusammengewürfeltes Durcheinander", aus dem Vorwort von E. T. A. Hoffmanns „Lebensansichten des Katers Murr"), scheint auch hier die maximale *Dialogizität* wahrscheinlich. Der Roman, der vom Verlag als „Manifest für die Freiheit und Grenzenlosigkeit der Kunst" beworben wird, erinnert an die Autorschafts-Diskussion um ChatGPT, mit dem entscheidenden Unterschied, dass es sich bei „O.T." um markierte, menschlich-generierte Intertextualität handelt.

8.4.6 Textsorten und Musterhaftigkeit

Mit dem Begriff **Textsorte** können die Beispiele vom Beginn des Kapitels wieder aufgegriffen werden (Abbildung 8.1). Liebesbrief, Kassenzettel, Beipackzettel, Fabel, Werbeplakat, Einladungs-E-Mail – wie diese Beispiele zeigen, sind Textsorten, vage ausgedrückt, schriftsprachliche, musterhaft konventionalisierte Routinen für wiederkehrende Probleme kommunikativer Art (→ 9.4.2 zu Luckmanns Auffassung von kommunikativen Gattungen).

Den Begriff **Textsorte** führte bereits Hartmann ein, wobei vor allem die Monografie von Elisabeth Gülich und Wolfgang Raible (*Textsorten. Differenzierungskri-*

terien aus linguistischer Sicht, Gülich/Raible 1972) dem Begriff zum Durchbruch verhalf. Daneben kursierten aber auch weitere Begriffe wie *Texttyp, Textklasse* oder *Textart* (Ehlich 2011). Die Vorschläge für Textsortenklassifizierungen sind zahlreich und zeichnen sich insbesondere dadurch aus, dass es bezüglich einer Definition nur zu einem Minimalkonsens kommt: Texte gehören immer einer bestimmten Textsorte an und verfügen innerhalb einer Textsorte über bestimmte gemeinsame Merkmale.

Dass eine plausible Klassifizierung der Textwelt mit einer einheitlichen Definition nicht erreicht werden konnte, lag auch an dem Anspruch dieses sog. *texttypologischen Unterfangens* bezüglich des Begriffs der Textsorte selbst, die nicht nur einheitliche Kriterien zur Erfassung von Textsorten forderte, sondern auch Eindeutigkeit bei der Zuteilung und zudem die Begrenzung der Typen auf eine überschaubare Menge (z. B. bei Isenberg 1978). Es ist dies eine problematische Annahme, die davon ausgeht, „die Wissenschaft entspräche einer objektiven Sicht auf Welt" (Adamzik 2016: 327). Heute gilt das Projekt einer einheitlichen Textsorten-Typologie als gescheitert, was aber nicht als Verfehlung betrachtet werden muss, sondern als Einsicht, dass „wissenschaftliche Konzepte Konstrukte darstellen und von Interessen und Fragestellungen abhängen" (Adamzik 2016: 327). Auch der Einsatz prototypischer Kategorien (→ 8.3) hat dazu beigetragen, die wissenschaftliche Strenge zu Gunsten von produktiven Untersuchungen zurückzunehmen. So liegen mittlerweile zahlreiche Untersuchungen vor, die im Zusammenhang mit Textsorten vielfältige Anwendungsbezüge vorweisen können; etwa die Analyse zu Textsortenspezifik von Attributen von Thurmair (2007), die von Adamzik/Krause (2005) herausgegebenen Untersuchungen zu Textsorten im fremd- und muttersprachlichem Unterricht, die im Zusammenhang mit Mediensprache vorgelegte Kategorisierung von Pressetextsorten bei Burger und Luginbühl (2014), der von Hausendorf und weiteren herausgegebene Sammelband zu Ansichtskarten (Hausendorf et al. 2023) oder der von Habscheid (2011) herausgegebene Sammelband zu Textsorten, Handlungsmustern und Oberflächen.

Texte sind intertextuell mit anderen Texten verknüpft. Aber auch Textsorten können untereinander sog. **Textsortenvernetzungen** bilden (Adamzik 2016: 334). Das kann beispielsweise eine **Textsortenkette** sein, mit der die Bezüge von Textsorten zueinander in eine zeitlich lineare Struktur gebracht wird, wie dies etwa bei literarischen Texten *mit* verschiedenen Entstehungs- und Überlieferungsstufen der Fall ist (etwa mit *Manuskript, Ausgabe erster Hand, Ausgabe letzter Hand, Leseausgabe* etc.). Adamzik nimmt auch Hollys Vorschlag der **Textsortenfamilien** auf (Holly 2011), worunter Textsorten subsumiert werden, die eine grundlegende Funktion teilen (z. B. zu informieren, dabei kann dies mittels einer Berichterstattung in der Zeitung geschehen oder im Fernsehen). Holly wiederum greift dabei auf Thomas Luckmanns Konzept der Gattungsfamilien zurück (Luckmann 1989: 42).

Ebenfalls auf Luckmann geht das Konzept der **Ethnokategorien** zurück, das vor Augen führt, wie Wirklichkeit durch diejenigen, die mit ihr zu tun haben (in diesem Fall: mit Texten) nach bestimmten Merkmalen geordnet wird. Luckmann orientiert sich dabei an Alfred Schützs Auffassung der *Konstrukte erster Ordnung* (vgl. Hausendorf et al. 2017: 334), die im Gegensatz zu den Konstrukten zweiter Ordnung – hier also Textsorten – nicht auf wissenschaftlichen Analysen basieren (mehr zu dieser soziologischen Auffassung von Strukturierung und Organisation der sozialen Welt → 9.3). Ethnokategorien können sich in verschiedenen gesellschaftlichen Funktionsbereichen (vgl. die Analyse der Kassen-Bons bzw. Transaktions-Belege) als notwendig erweisen. Luginbühl/Perrin (2011) zeigen dies für das Handlungsfeld journalistischer Fernsehnachrichten im Funktionsbereich der Medien. Ethnokategorien sind hier, im Vergleich zu „außengeleiteten", wissenschaftlichen Kategorien (Luginbühl/Perrin 2011: 590), von Produktionspraktiken geprägt, die prototypische, dafür aber nicht klar voneinander abgrenzbare Bezeichnungen schaffen (z. B. der unscharfe Sammelbegriff *Geschichte*). Kategorien wie *Rausschmeisser*, den „vergleichsweise leichten Abschluss einer Ausgabe einer Nachrichtensendung" (Luginbühl/Perrin 2011: 591), machen deutlich, wie Ethnokategorien für journalistische Handlungsmuster stehen, die den praktischen und theoretischen Sprachgebrauch in diesem spezifischen Kontext verständlich machen.

Ob nun alltagsorientierte Ethnokategorien oder wissenschaftlich fundierte Textsorten: Die Kategorisierungen, die vorgenommen werden, orientieren sich an bestimmten Merkmalen. Diese Merkmale manifestieren sich als konkrete Hinweise an der Textoberfläche. Je nach Textsorte sind bestimmte Hinweise gehäuft zu finden und somit musterhaft ausgeprägt. Textsorten ergeben sich also aus der **Musterhaftigkeit** der Hinweise und ihrer Kombination. Die Hinweise lassen sich gruppieren nach den Merkmalen, die in den bisherigen Kapiteln besprochen wurden: Materialität, Kohäsion, Thema, Funktion und Intertextualität. Texte besitzen zumeist alle diese Merkmale, wobei diese aber – wie bei den Textfunktionen (→ 8.4.2) – in unterschiedlicher Ausprägung auftreten können. Statt einer vollständigen Textsortenkategorisierung einzelner Beispiele nach der Musterhaftigkeit jedes einzelnen Merkmals werden hier stichwortartig die wichtigsten Punkte dieser fünf Merkmale besprochen:

– **Materialität**: Nicht alle Texte erscheinen prototypisch auf einem Blatt Papier in A4-Format (vgl. die Text-Bilder der Studierenden, → 8.3). Textsorten, bei denen sich das Merkmal der Materialität zur Analyse aufdrängt, sind **Paper-Engineering-Bücher** (Abbildung 8.8), **Fühlbücher** (Abbildung 8.1) oder **Flyer** (vgl. die Flyer-Analysen in Hausendorf et al. 2017). Insbesondere an Paper-Engineering-Büchern und Fühlbüchern erkennt man den Wunsch, sprachliches Material und Textträger „lebendig" zu machen und so die Dominanz des Visuellen auf das Taktile zu verlagern oder erfahrbare Räume zu

erzeugen. Zudem machen Drucktechnologien heutzutage eine kostengünstige Umsetzung solcher Texte möglich. Manche Textsorten tragen Hinweise auf ihre Materialität oder deren Erfahrung schon in ihrer Bezeichnung (*Fühl*bücher, Kassen*zettel*, Fahr*karten*). **Kassenzettel** und **Fahrkarten** (ebenfalls in Hausendorf et al. 2017 analysiert) treten in kleineren, unscheinbaren Formaten „Kleine[r] Texte" auf (Pappert/Roth 2021). Sie bilden mit ihrer „Einsteckbarkeit" einen Gegenpol zu Gebäude-Texten (Abbildung 8.10). Bei diesen bildet die Textumgebung nicht mehr nur den situativen Kontext; die Gebäudewand wird selbst zum Textträger. Damit kommt der Begriff der *Lokalität* besonders gut zum Tragen. Eine besondere Materialität mit einer Ansammlung von ausgeschnittenen und aufgeklebten Buchstaben genossen reale Erpresserbriefe – mittlerweile treffen diese per E-Mail ein. Diese Textsorten, die ihre Materialität sozusagen zur Schau stellen, stehen auf einer Materialitätsskala an einem Ende. Interessanterweise ist hier die Materialität der ausgeschnittenen Buchstaben beinahe zu einer textsortenspezifischen Ästhetik geworden, was sich an speziellen Schriftfonts (*Ransom* oder *Blackmail*) oder bei Webseiten, die wie Erpresserbriefe aussehende Texte digital erstellen (https://www.ransomizer.com), zeigt. Auf der Gegenseite stehen diejenigen Exemplare, deren Materialität lange Zeit ignoriert wurde, weil man den Sinn *hinter* dem Geschriebenen suchte (vgl. Krämer/König 2002), insbesondere Romane, Fabeln und alle literarischen Texte, die in diesem Kapitel in abgeschriebener Form vorliegen (beispielsweise die Gedichte oder „Marquise von O.").
- **Kohäsion**: Auch hier sind die Textsorten, die einen hohen Grad an Kohäsion aufweisen, „traditionelle" Texte (**Gedichte, Fabeln, Novellen**). Gesetzestexte sind Textsammlungen, die – neben der sprachlich komplexen Ausformulierung – musterhaft Verknüpfungen mithilfe von Paragraphen herstellen. Interessante Fälle sind **Tramfahrpläne** und **Kassenzettel** (Abbildung 8.13). Sie scheinen nur auf den ersten Blick über keine kohäsiven Mittel zu verfügen. Hier fungieren aber insbesondere Zahlen als verknüpfende Elemente. Am meisten Schwierigkeiten, Kohäsion zu entdecken, bereiten Anfahrtsskizzen und Flyer. Mit den Merkmalen Materialität und Funktion wird dieses Fehlen kohäsiver Mittel jedoch kompensiert.
- **Thema**: Während gewisse Textsorten das Thema in ihrer Bezeichnung ausweisen (**Liebes-, Fantasyromane, Fabeln**), fällt es bei anderen schwer, vom Thema *Beipackzettel* oder *Anfahrtsskizze* zu sprechen. Auch sprachliche Mittel der Themaeinführung und -entwicklung fehlen. Hier helfen Frames, bestimmte Informationsabläufe oder das notwendige Wiedergeben von Informationen (bei Beipackzetteln etwa Informationen zur Anwendung oder Nebenwirkungen des Medikaments) erwartbar zu machen. Auch eine Anfahrtsskizze muss zwingend gewisse Informationen auf eine bestimmte Weise aufbereiten.

Dass auch Kassenzettel Ansätze von Thema aufweisen, zeigt der Bio Supermarkt-Bon mit mehrfachen Wiederholungen von *bio* und die Bezeichnungen mit Sem-Gehalt [+ÖKOLOGISCH] (-*NATURA, Fairtrade* in Abbildung 8.13). Die Bezeichnungen für Waren, Kosten, Währungsangaben etc. sind dabei ein Ausschnitt von Welt mit einem bestimmten gesellschaftlichen Funktionsbereich und den Kauf-/Verkaufs-Frames (→ 3.4.4).

– **Funktion**: Bei manchen Textsorten ist insbesondere die Funktion so stark musterhaft ausgeprägt, dass die übrigen Merkmale stark zurücktreten oder sogar nur schwer zu finden sind. Was einem bei der Analyse jedoch entgeht, wenn man sich zu rasch auf die Funktion fokussiert und die anderen Merkmale aussen vorlässt, hat man am Beispiel der Kassenzettel und Fahrkarten sehen können. Texte besitzen alle eine Hauptfunktion, die teilweise sogar in der Textsortenbezeichnung selbst thematisiert wird (Erpresserbrief, Werbeanzeigen). Es spielen aber auch andere Funktionen eine Rolle, was bei Erpresserbriefen wie Werbeanzeigen sehr gut zur Geltung kommt. *Kontakt* aufzunehmen, das Gegenüber mit Forderungen zu *steuern*, die Tatsachen *darzustellen*, womit erpresst werden kann und die Ernsthaftigkeit des Unterfangens zu *belegen*, gehören alle zu den Funktionen von Erpresserbriefen. Beispiele digitaler Erpresserschreiben weisen ebenfalls ein auffälliges Mass an umschreibenden, rhetorischen und ausschmückenden Elementen auf (Verbraucherzentrale 2024; Watson 2024). Wenig besprochen wurde bisher einzig die *reflexive* Funktion. Textsorten, bei denen Metareflexion eine wichtige Rolle für deren Musterhaftigkeit spielt, sind etwa solche aus dem gesellschaftlichen Funktionsbereich der Wissenschaft. Hier sind Begriffe nicht selbstverständlich gegeben, sondern benötigen eine grundlegende Reflexion. Die meisten musterhaften Textsortenexemplare thematisieren bzw. reflektieren ihre Ausdrucksmittel nicht (z. B. Anfahrtsskizzen oder Werbeanzeigen). Sie signalisieren damit, dass bei ihnen alles wie selbstverständlich gegeben ist.

– **Intertextualität**: Textsorten, bei denen das Merkmal der Intertextualität eine zentrale Rolle spielt, reagieren sowohl auf Texte innerhalb der eigenen Textsorte (z. B. die unendliche Verweiskette **literarischer Textsorten**) wie auch auf Texte anderer Textsorten (z. B. bei **Textsorten religiöser Glaubensgemeinschaften** – im Christentum etwa mit der Bibel, apokryphen Schriften, Predigten, Werbung für Veranstaltungen, ausdruckbarem „Wort zum Sonntag" oder Nachrichten von der „Psalm of the Day"-App). Texte, die sich auf Textwelten beziehen, sind etwa bei **Werbetextsorten** zu finden, wenn mit Schlüsselwörtern ganze Kontexte erschlossen werden (vgl. die Analyse des „Bounty"-Schokoriegels in Hausendorf/Kesselheim 2008: 197f.) Aufgrund der Möglichkeit neben dieser *referentiellen* Intertextualität auch *typologische* Bezüge herzustellen, können über Textmuster auch Bezüge zu Exemplaren der gleichen Textsorte hergestellt werden. Ein Text existiert also kaum nur für sich, sondern steht immer in einem Bezug zu anderen Texten derselben Textsorte. Besonders bei Texten, bei denen kreative Prozesse im Sinne von Auffälligkeit und Alleinstellungsmerkmal eine wichtige Rolle spielen, wie bei Werbetextsorten und literarischen Werken, kommt es zu einem Spannungsfeld zwischen Innovation und Erwartbarkeit von bestimmten Mustern. So löste etwa die Modemarke United Colors of Benetton durch die Zusammenarbeit mit dem Fotografen Oliviero Toscani regelmässig aufmerksamkeitsförderliche Skandale aus. Die Sujets zeigten nicht, wie erwartbar, Themen um Bekleidung und Mode, sondern zu unterschiedlichen gesellschaftskritischen Aspekten. Innerhalb derselben Textsorte können auf solche Weise unterschiedliche Grade an intertextueller Musterhaftigkeit existieren.

Zu guter Letzt scheint die mit KI in neue Bahnen kommende Textproduktion den Aspekt des aus einer unendlichen Verweiskette entstehenden Textes tatsächlich nachweislich Realität werden zu lassen. Die neuronal- und wahrscheinlichkeitsoptimierte Zusammenstellung von Textbausteinen ist die moderne Form von Musterhaftigkeit. Wie die Entwicklung dieser sich immer wieder reproduzierenden Texte aussehen wird, muss weiter beobachtet werden.

Bibliografie

Adamzik, Kirsten (2004): Textlinguistik: Eine einführende Darstellung. Tübingen: Max Niemeyer Verlag.
Adamzik, Kirsten (2016): Textlinguistik: Grundlagen, Kontroversen, Perspektiven. Berlin/Boston: De Gruyter. https://doi.org/10.1515/9783110339352.
Adamzik, Kirsten/Krause, Wolf-Dieter (Hrg.) (2005): Text-Arbeiten. Textsorten im fremd- und muttersprachlichen Unterricht an Schule und Hochschule. Tübingen: Narr.
Albert, Georg (2013): Innovative Schriftlichkeit in digitalen Texten: syntaktische Variation und stilistische Differenzierung in Chat und Forum. Berlin: Akademie Verlag.
Ayaß, Ruth (1993): Auf der Suche nach dem verlorenen Zuschauer. In: Holly, Werner/Püschel, Ulrich (Hrg.): Medienrezeption als Aneignung. Methoden und Perspektiven qualitativer Medienforschung. Wiesbaden: VS Verlag für Sozialwissenschaften. S. 27–41. https://doi.org/10.1007/978-3-322-87281-4_2.
de Beaugrande, Robert-Alain/Dressler, Wolfgang Ulrich (1981): Einführung in die Textlinguistik. Tübingen: Niemeyer.
Bense, Max (1969): Einführung in die informationstheoretische Ästhetik. Grundlegung und Anwendung der Texttheorie. Reinbek: Rohwolt.
Bierwisch, Manfred (1965): Review Zellig S. Harris, Discourse Analysis Reprints. In: Linguistics 2, S. 61–73.
Bondi, Marina/Scott, Mike (2010): Keyness in Texts. Amsterdam: John Benjamins.

Brinker, Klaus (1983a): Linguistische Textanalyse. 1. Auflage. Berlin: Erich Schmidt Verlag. http://www.esv.info/17760 (8.2.2025).
Brinker, Klaus/Cölfen, Hermann/Pappert, Steffen (2018): Linguistische Textanalyse. 9. Auflage. Berlin: Erich Schmidt Verlag. http://www.esv.info/17760 (8.2.2025).
Brinker, Klaus (1979): Zur Gegenstandsbestimmung und Aufgabenstellung der Textlinguistik. In: Petöfi, Janos (Hrg.): Text vs Sentence. Basic Questions of Text Linguistics. Hamburg: Buske. S. 3–12.
Brinker, Klaus (1983b): Textfunktionen. Ansätze zu ihrer Beschreibung. In: Zeitschrift für germanistische Linguistik 11, S. 127–148.
Bucher, Hans-Jürgen (2010): Multimodalität – eine Universalie des Medienwandels: Problemstellungen und Theorien der Multimodalitätsforschung. In: Bucher, Hans-Jürgen/Gloning, Thomas/Lehnen, Katrin (Hrg.): Neue Medien – neue Formate. Ausdifferenzierung und Konvergenz in der Medienkommunikation. Frankfurt a.M: campus. S. 41–79.
Burger, Harald/Luginbühl, Marin (2014): Mediensprache: Eine Einführung in Sprache und Kommunikationsformen der Massenmedien. 4., neu bearbeitete und erweiterte Auflage. Berlin/Boston: De Gruyter (= De Gruyter Studium). https://doi.org/10.1515/9783110285925.
Chomsky, Noam (1957/2002): Syntactic Structures. Berlin: De Gruyter Mouton. https://doi.org/10.1515/9783110218329.
Cuomo, Jerry (2019): The story of „someone's typing...". https://www.linkedin.com/pulse/story-someones-typing-jerry-cuomo/ (8.2.2025).
Daneš, František (1970): Zur linguistischen Analyse der Textstruktur. In: Folia Linguistica 4, S. 72–78.
Derrida, Jacques (1967/1976): Die Schrift und die Differenz. Frankfurt a. M: Suhrkamp. https://www.suhrkamp.de/buch/jacques-derrida-die-schrift-und-die-differenz-t-9783518277775 (8.2.2025).
Derrida, Jacques (1990/2001): Limited Inc. Wien: Passagen Verlag. https://www.passagen.at/gesamtverzeichnis/philosophie/limited-inc/ (8.2.2025).
Digitales Wörterbuch der deutschen Sprache (DWDS): https://www.dwds.de/ (3.3.2025).
van Dijk, Teun A./Kintsch, Walter (1983): Strategies of Discourse Comprehension. New York: Academic Press.
van Dijk, Teun A. (1980): Macrostructures. An Interdisciplinary Study of Global Structures in Discourse, Interaction, and Cognition. Hillsdale: Lawrence Erlbaum Assoc.
Dressler, Wolfgang (1972): Einführung in die Textlinguistik. Tübingen. Tübingen: Niemeyer.
Dürscheid, Christa (2003): Medienkommunikation im Kontinuum von Mündlichkeit und Schriftlichkeit: theoretische und empirische Probleme. In: Zeitschrift für angewandte Linguistik: ZfAL 38, S. 37–56.
Dürscheid, Christa (2016): Nähe, Distanz und neue Medien. In: Feilke, Helmuth/Hennig, Mathilde (Hrg.): Zur Karriere von ›Nähe und Distanz‹: Rezeption und Diskussion des Koch-Oesterreicher-Modells. 1st edition. Berlin/Boston: De Gruyter. S. 357–385.
Ehlich, Konrad (1994): Funktion und Struktur schriftlicher Kommunikation. In: Günther, Hartmut/Ludwig, Otto (Hrg.): Schrift und Schriftlichkeit / Writing and its Use, Bd. 1. Berlin/Boston: De Gruyter. S. 18–41.
Ehlich, Konrad (2011): Textartenklassifikation. Ein Problemaufriss. In: Habscheid, Stefan (Hrg.): Textsorten, Handlungsmuster, Oberflächen. Linguistische Typologien der Kommunikation. Berlin: De Gruyter. S. 33–46.
Eroms, Hans-Werner (2001): Der Beitrag der Prager Schule zur Textlinguistik. In: Brinker, Klaus/Fritz, Gerd (Hrg.): Text- und Gesprächslinguistik. Handbücher zur Sprach- und

Kommunikationswissenschaft. Berlin: De Gruyter. S. 36–43. https://www.degruyter.com/database/GERMANISTIK/entry/ogerm.gm03140299/html (8.2.2025).

Feilke, Helmuth (2001): Die pragmatische Wende in der Textlinguistik. In: Brinker, Klaus/Fritz, Gerd (Hrg.): Text- und Gesprächslinguistik. Handbücher zur Sprach- und Kommunikationswissenschaft. Berlin: De Gruyter. S. 64–82. https://www.degruyter.com/database/GERMANISTIK/entry/ogerm.gm03140299/html (8.2.2025).

Figge, Udo L. (2001): Die kognitive Wende in der Textlinguistik. In: Brinker, Klaus/Fritz, Gerd (Hrg.): Text- und Gesprächslinguistik. Handbücher zur Sprach- und Kommunikationswissenschaft. Berlin: De Gruyter. S. 96–104. https://www.degruyter.com/database/GERMANISTIK/entry/ogerm.gm03140299/html (8.2.2025).

Fix, Ulla (1991): Unikalität von Texten und Relativität von Stilmustern. In: Beiträge zur Erforschung der deutschen Sprache 10, S. 51–60.

Fix, Ulla (2001): Aspekte der Intertextualität. In: Brinker, Klaus/Fritz, Gerd (Hrg.): Text- und Gesprächslinguistik. Handbücher zur Sprach- und Kommunikationswissenschaft. Berlin: De Gruyter. S. 449–457. https://www.degruyter.com/database/GERMANISTIK/entry/ogerm.gm03140299/html (8.2.2025).

Fix, Ulla (2008): Nichtsprachliches als Textfaktor: Medialität, Materialität, Lokalität. In: 36(3), S. 343–354. https://doi.org/10.1515/ZGL.2008.031.

Fix, Ulla (2019): Text und Textlinguistik. In: Janich, Nina (Hrg.): Textlinguistik.15 Einführungen und eine Diskussion. Tübingen: Narr. S. 17–29. https://www.narr.de/textlinguistik-18220/ (8.2.2025).

Genette, Gérard (1982/1993): Palimpseste. Die Literatur auf zweiter Stufe. Frankfurt a. M: Suhrkamp.

Giesecke, Michael (1991): Der Buchdruck in der frühen Neuzeit. Eine historische Fallstudie über die Durchsetzung neuer Informations- und Kommunikationstechnologien. Frankfurt a. M: Suhrkamp.

Greimas, Algirdas Julien (1966/1971): Strukturale Semantik: Methodologische Untersuchungen. Wiesbaden: Vieweg+Teubner Verlag. https://doi.org/10.1007/978-3-663-06836-5.

Gross, Sabine (1994): Lese-Zeichen. Kognition, Medium und Materialität im Leseprozeß: Kognition, Medium und Materialität im Leseprozess. Darmstadt: Wissenschaftliche Buchgesellschaft.

Gülich, Elisabeth/Raible, Wolfgang (1972): Textsorten. Differenzierungskriterien aus linguistischer Sicht. Frankfurt a. M: Athenäum Verlag.

Habscheid, Stefan (Hrg.) (2011): Textsorten, Handlungsmuster, Oberflächen. Linguistische Typologien der Kommunikation. Berlin: De Gruyter.

Hartmann, Peter (1964): Text, Texte, Klassen von Texten. In: Bogawus. Zeitschrift für Lite- ratur, Kunst, Philosophie 2, S. 15–25.

Hartmann, Peter (1966): Die Sprache als linguistisches Problem. In: Hartmann, Peter/Mayer, Hans/Müller-Schwefe, Hans-Rudolf/Patzig, Günther/Sternberger, Dolf/Trier, Jost (Hrg.): Die deutsche Sprache des 20. Jahrhundert. Göttingen: Vandenhoeck und Ruprecht. S. 29–63.

Hartmann, Peter (1971): Texte als linguistisches Objekt. In: Beiträge zur Textlinguistik. München: Fink. S. 9–29.

Harweg, Roland (1968): Pronomina Und Textkonstitution. München: Fink.

Hausendorf, Heiko/Bubenhofer, Noah/Sugisaki, Kyoko/Scharloth, Joachim (Hrg.) (2023): Ansichten zur Ansichtskarte, Textlinguistik, Korpuspragmatik und Kulturanalyse. Bielefeld: transcript.

Hausendorf, Heiko/Kesselheim, Wolfgang (2008): Textlinguistik fürs Examen. Tübingen: Vandenhoeck und Ruprecht.

Hausendorf, Heiko/Kesselheim, Wolfgang/Kato, Hiloko/Breitholz, Martina (2017): Textkommunikation: Ein textlinguistischer Neuansatz zur Theorie und Empirie der Kommunikation mit und durch Schrift. 1. Auflage. Berlin/Boston: De Gruyter.

Heinemann, Margot/Heinemann, Wolfgang (2002): Grundlagen der Textlinguistik. Interaktion – Text – Diskurs. Tübingen: Niemeyer.
Heinemann, Wolfgang/Viehweger, Dieter (1991): Textlinguistik - Eine Einführung. Tübingen: Niemeyer.
Hellwig, Peter (1984): Titulus oder Über den Zusammenhang von Titeln und Texten. In: Zeitschrift für germanistische Linguistik S. 1–20.
Holly, Werner (2011): Medien, Kommunikationsformen, Textsortenfamilien. In: Habscheid, Stefan (Hrg.): Textsorten, Handlungsmuster, Oberflächen. Linguistische Typologien der Kommunikation. Berlin: De Gruyter. S. 144–163.
Jakobson, Roman (1960/1979): Linguistik und Poetik. In: Poetik. Ausgewählte Aufsätze 1921–1971. Frankfurt a. M: Suhrkamp. S. 83–121.
Janich, Nina (2013): Werbesprache: Ein Arbeitsbuch. 6th ed. Tübingen: Narr Francke Attempto Verlag. (= narr STUDIENBÜCHER).
Kintsch, Walter/van Dijk, Teun A. (1978): Toward a model of text comprehension and production. In: Psychological Review US: American Psychological Association. 85(5), S. 363–394. https://doi.org/10.1037/0033-295X.85.5.363.
Klein, Wolfgang/von Stutterheim, Christiane (1992): Textstruktur und referentielle Bewegung. In: Zeitschrift für Literaturwissenschaft und Linguistik 86, S. 67–92.
Klemm, Michael (2002): Wie hältst Du's mit dem Textbegriff? Pragmatische Antworten auf eine Gretchenfrage der (Text-)Linguistik. In: Fix, Ulla/Adamzik, Kirsten/Antos, Gerd/Klemm, Michael (Hrg.): Brauchen wir einen neuen Textbegriff? Antworten auf eine Preisfrage. Frankfurt a.M: Lang. S. 143–161.
Klug, Nina-Maria/Stöckl, Hartmut (Hrg.) (2016): Handbuch Sprache im multimodalen Kontext. Berlin: De Gruyter. https://www.lehmanns.ch/shop/geisteswissenschaften/28970318-9783110295740-handbuch-sprache-im-multimodalen-kontext (9.2.2025).
Knape, Joachim (2000): Allgemeine Rhetorik. Stationen der Theoriegeschichte. Stuttgart: Reclam.
Koch, Peter/Oesterreicher, Wulf (1986): Sprache der Nähe - Sprache der Distanz: Mündlichkeit und Schriftlichkeit im Spannungsfeld von Sprachtheorie und Sprachgeschichte. In: Romanistisches Jahrbuch Universität Tübingen. 36, S. 15–43. https://doi.org/10.15496/publikation-20410.
Koch, Peter/Oesterreicher, Wulf (1994): Schriftlichkeit und Sprache. In: Universität Tübingen. https://doi.org/10.15496/publikation-20411.
Krämer, Sybille/König, Ekkehard (Hrg.) (2002): Gibt es eine Sprache hinter dem Sprechen? Frankfurt a. M: Suhrkamp. https://www.suhrkamp.de/buch/gibt-es-eine-sprache-hinter-dem-spracheno-t-9783518291924 (9.2.2025).
Krause, Wolf-Dieter (2000): Kommunikationslinguistische Aspekte der Textsortenbestimmung. In: Textsorten. Kommunikationslinguistische und konfrontative Aspekte. Frankfurt a. M: Lang. S. 34–67.
Liebert, Wolf Andreas (2003): Zu einem dynamischen Konzept von Schlüsselwörtern. In: Zeitschrift für angewandte Linguistik : ZfAL, S. 57–83.
Linke, Angelika/Nussbaumer, Markus (2001): Rekurrenz. In: Brinker, Klaus/Fritz, Gerd (Hrg.): Text- und Gesprächslinguistik. Handbücher zur Sprach- und Kommunikationswissenschaft. Berlin: De Gruyter. S. 305–315. https://www.degruyter.com/database/GERMANISTIK/entry/ogerm.gm03140299/html (8.2.2025).
Linke, Angelika/Nussbaumer, Markus/Portmann, Paul R. (2004): Studienbuch Linguistik: Ergänzt um ein Kapitel »Phonetik/Phonologie« von Urs Willi. 5. Auflage. Tübingen: Max Niemeyer Verlag. https://www.degruyter.com/document/isbn/9783484311213/html?lang=de&srsltid=AfmBOoo4XYl8k6r_py5qVYgtq1kPggf0xcMq0KLzMY4lSTLTcggeL0Cn (9.2.2025).

Lötscher, Andreas (1987): Text und Thema. Studien zur thematischen Konstituierung von Texten. Tübingen: Niemeyer.

Luginbühl, Martin/Perrin, Daniel (2011): „das, was wir in der Tagesschau den Rausschmeißer nennen": Altro- und Ethno-Kategorisierung von Textsorten im Handlungsfeld journalistischer Fernsehnachrichten. In: „das, was wir in der Tagesschau den Rausschmeißer nennen": Altro- und Ethno-Kategorisierung von Textsorten im Handlungsfeld journalistischer Fernsehnachrichten. Berlin/New York: De Gruyter. S. 577–596. https://doi.org/10.1515/9783110229301.577.

McLuhan, Marshall (1962): The Gutenberg Galaxy: The Making of Typographic Man. Reprint. Toronto: University of Toronto Press.

McLuhan, Marshall/Powers, Bruce R. (1992): The Global Village: Transformations in World Life and Media in the 21st Century. Oxford/New York: Oxford University Press. (= Communication and Society).

Motsch, Wolfgang/Viehweger, Dieter (1991): Illokutionsstruktur als Komponente einer modularen Textanalyse. In: Brinker, Klaus (Hrg.): Aspekte der Textlinguistik. Hildesheim: Olms. S. 107–132.

Nussbaumer, Markus (1991): Was Texte sind und wie sie sein sollen. Tübingen: Niemeyer.

Opernhaus Zürich, „Solarstrom für Zürich": *www.opernhaus.ch/solarstrom (3.3.2025).*

Pappert, Steffen/Roth, Kersten Sven (Hrg.) (2021): Kleine Texte. Bern: Peter Lang. https://www.peterlang.com/document/1058855(9.2.2025).

Ransomizer (Website): https://www.ransomizer.com (3.3.2025).

Sandig, Barbara (2000): Text als prototypisches Konzept. In: Mangasser-Wahl, Martina (Hrg.): Prototypentheorie in der Linguistik. Tübingen: Stauffenburg Verlag. S. 93–112.

Sandig, Barbara (2006): Textstilistik des Deutschen. Berlin: Walter de Gruyter.

Scherner, Maximilian (1996): „TEXT„: Untersuchungen zur Begriffsgeschichte. In: Archiv für Begriffsgeschichte Temporary Publisher. 39, S. 103–160. https://www.jstor.org/stable/24360969 (9.2.2025).

Schmidt, Siegfried J. (1976): Texttheorie. Probleme einer Linguistik der sprachlichen Kommunikation. München: o. V.

Schmitz, Ulrich (2007): Sehlesen. Text-Bild-Gestalten in massenmedialer Kommunikation. In: Roth, Kersten Sven/Spitzmüller, Jürgen (Hrg.): Textdesign und Textwirkung in der massenmedialen Kommunikation. 1. Auflage. Konstanz: UVK. S. 93–108.

Schoenke, Eva (2001): Textlinguistik im deutschsprachigen Raum. In: Brinker, Klaus/Fritz, Gerd (Hrg.): Text- und Gesprächslinguistik.Handbücher zur Sprach- und Kommunikationswissenschaft. Berlin: De Gruyter. S. 123–131. https://www.degruyter.com/database/GERMANISTIK/entry/ogerm.gm03140299/html (8.2.2025).

Schulte-Middelich, Bernd (1985): Funktionen intertextueller Textkonstitution. In: Broich, Ulrich/Pfister, Manfred (Hrg.): Intertextualität. Berlin: De Gruyter. S. 197–242.

Searle, John R. (1969/1971): Sprechakte. Ein sprachphilosophischer Essay. Frankfurt a. M: Suhrkamp.

Spitzmüller, Jürgen (2005): Spricht da jemand? Repräsentation und Konzeption in virtuellen Räumen. In: Kramorenko, Galina (Hrg.): Aktualnije problemi germanistiki i romanistiki. Smolensk: SGPU. S. 33–56. (= 9/1).

Thurmair, Maria (2007): Ihre katzengrünen Augen blickten auf das mit edlem Buchenholz getäfelte Parkett. Zur Textsortenspezifik von Attributen. In: Buscha, Joachim/Freudenberg-Findeisen, Renate (Hrg.): Feldergrammatik in der Diskussion. Funktionaler Grammatikansatz in Sprachbeschreibung und Sprachvermittlung. Frankfurt a. M: Lang. S. 165–183.

Verbraucherzentrale (2024): Erpressung per E-Mail: Angeblich Porno geguckt und Kamera gehackt | Verbraucherzentrale.de. https://www.verbraucherzentrale.de/wissen/digitale-welt/

phishingradar/erpressung-per-email-angeblich-porno-geguckt-und-kamera-gehackt-29927 (9.2.2025).

Warnke, Ingo (1999): Wege zur Kultursprache. Die Polyfunktionalisierung des Deutschen im juridischen Diskurs (1200–1800). Berlin: De Gruyter.

Watson (2024): Das steckt hinter den Sextortion-E-Mails mit persönlicher Anrede, die Tausende erhalten. watson.ch. https://www.watson.ch/!330152943 (9.2.2025).

Weinrich, H. (1967): Syntax Als Dialektik. In: Poetica 1, S. 109–126. https://www.jstor.org/stable/43028560 (8.2.2025).

Weinrich, Harald (1966/2000): Linguistik der Lüge. 8. Auflage. Verlag C.H. Beck. https://www.jstor.org/stable/j.ctv116996x (8.2.2025).

Weinrich, Harald (1964/2001): Tempus: besprochene und erzählte Welt. München: C.H. Beck.

Weinrich, Harald (1993/2007): Textgrammatik der deutschen Sprache. Darmstadt: Wissenschaftliche Buchgesellschaft.

Wildfeuer, Janina/Bateman, John/Hiippala, Tuomo (2020): Multimodalität: Grundlagen, Forschung und Analyse – Eine problemorientierte Einführung. Multimodalität. Berlin: De Gruyter. https://doi.org/10.1515/9783110495935.

Zürcher Bahnhofstrasse (Magazin): https://www.smartpaper24.com (3.3.2025).

9 Gesprächs- und Interaktionslinguistik

9.1 Gegenstandsbestimmung

Der Untersuchungsgegenstand der Gesprächslinguistik sind Gespräche. Es handelt sich dabei um Sprache, so wie sie als Alltagsphänomen, mitunter auch völlig unspektakulär, vorkommt. Gesprächsanalyse wird deshalb auch gerne als Paradebeispiel für pragmatische Herangehensweisen herangezogen (→ 9.3, Forschungsgeschichte und -ansätze). Als Auftakt werden im Folgenden Gesprächseröffnungen in zwei völlig unterschiedlichen Szenarien betrachtet. Es kommt dabei ein bedeutsamer Forschungsansatz innerhalb der Gesprächslinguistik zum Tragen, der als ethnomethodologische Konversationsanalyse bezeichnet wird und der im Rahmen dieser Einführung detailliert vorgestellt wird.

9.1.1 Ein Alltagsbeispiel: Gesprächseröffnungen

Das Alltagsbeispiel, das zum Einstieg dient, sind sog. **Gesprächseröffnungen** (*openings*). Dazu wird das Beispiel aus Harvey Sacks' erster Vorlesung (aus dem Jahr 1964) herangezogen (Abbildung 9.1, vgl. Sacks 2006/I). Diese Vorlesungen werden – in einer auf Aufzeichnungen basierenden posthumen Veröffentlichung – in der Forschungsgemeinschaft als prägende Begründungsschrift aufgefasst: Sacks und sein Team hatten im Rahmen ihrer Untersuchung von Telefongesprächen, die in einem für Suizidprävention spezialisierten psychiatrischen Spital geführt wurden, zahlreiche solcher Gespräche ausgewertet. Die drei Beispiele, die Sacks nun zu Beginn seiner Vorlesung vorstellt, haben Gemeinsamkeiten und Besonderheiten, die an sich unspektakulär scheinen, jedoch als grundlegende Eigenschaften von Gesprächen anzusehen sind: Zunächst einmal das abwechselnde Sprechen von A und B, wobei immer nur eine Person auf einmal spricht. Dann eine gewisse regelhafte Form von paarweise auftretenden Äusserungen (*Hello* und *Hello*, *This is ...* und *Yes, this is ...*). Sacks spricht bei diesem abwechselnden, paarweisen Auftreten auch von einer **prozeduralen Regel** (*procedural rule*), die auf eine Weise erwartbar macht, was als Nächstes folgen wird (das Sprechen des Gegenübers worauf wieder das Sprechen des anderen folgt etc.). Das dritte Beispiel hingegen durchbricht die Prozeduralität der erwartbaren Antwort: Auf die Eröffnungsformel (*This is ...*) wird nicht auf erwartbare Weise wie in Beispiel (2) ein Name genannt (*Yes, this is ...*), sondern es folgt eine Feststellung, die als Aufforderung zur Wiederholung des Gesagten verstanden werden kann: *I can't hear you*. Was in den Beispielen (2) und (3) zudem auffällt, ist das stark formale Setting: Der Einstieg mittels Begrüssungen

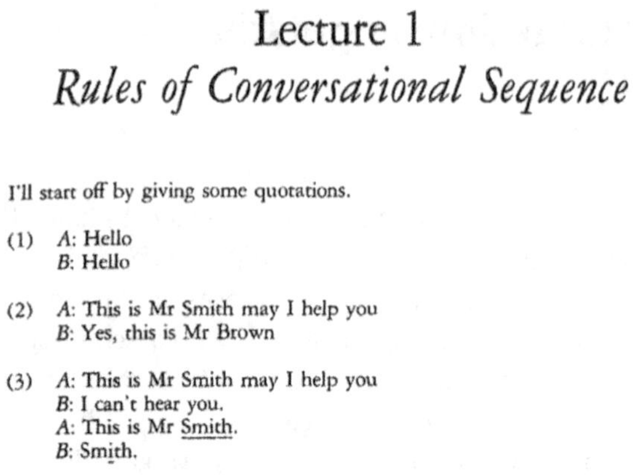

Lecture 1
Rules of Conversational Sequence

I'll start off by giving some quotations.

(1) A: Hello
    B: Hello

(2) A: This is Mr Smith may I help you
    B: Yes, this is Mr Brown

(3) A: This is Mr Smith may I help you
    B: I can't hear you.
    A: This is Mr Smith.
    B: Smith.

Abbildung 9.1: Der Anfang von Harvey Sacks' „Lectures in Conversation" (Sacks 2006/I: 3).

fehlt und die angerufene Person A beginnt sogleich mit der namentlichen Vorstellung (*This is Mr Smith*). Diese ungewöhnliche Art, einen Anruf entgegenzunehmen, fungierte laut Sacks für das Spitalpersonal als Lösung für das Problem, dass Anrufende ihre Namen in vielen Fällen nicht nennen wollten. In diesem Fall nutzte das Personal gezielt eine offenbar ungeschriebene Regel aus, bei der diese Form der Gesprächseröffnung einen indirekten Zugzwang erzeugt, den eigenen Namen zu nennen. Diese Regel lässt sich als *prozedural* charakterisieren. Wie jedoch das dritte Beispiel verdeutlicht, bestehen Möglichkeiten, diese Regel bzw. Erwartung zu umgehen und den Namen nicht sofort preiszugeben.

Sacks beginnt nun seine Vorlesung mit folgender Fragestellung: Wann wird in diesen Gesprächen klar, dass die anrufende Person ihren Namen nicht preisgeben will? Davon ausgehend entwickelt er sodann seine Kernthematik, die **Regeln der konversationellen Sequenz** (*rules of conversational sequence*), die genau mit den Beobachtungen zum wechselhaften Sprechen, den paarweise auftretenden Routineformeln und mit der Auffälligkeit der nicht eingehaltenen Regel (*I can't hear you*) einhergehen. Tatsächlich fiel Sacks auf, dass genau dieser erste Bruch mit der Regel ein starkes Indiz dafür ist, dass die anrufende Person ihren Namen auch im weiteren Verlauf des Gesprächs nicht preisgeben würde. Diese offensichtliche Abhängigkeit der einzelnen Äusserungssequenzen voneinander vergleicht Sacks metaphorisch mit Puzzleteilen. Diese können für sich als Einzelteile untersucht werden, tragen jedoch aufgrund der Regeln der konversationellen Sequenzierung zu einem multidimensionalen Gesamtbild bei.

Wie bereits dieses auf den ersten Blick simple, jedoch analytisch weitreichende Einstiegsbeispiel zeigt, arbeitet der konversationsanalytische Ansatz auf das Ziel hin, vermeintliche Trivialitäten – wie z. B., dass ein Gruss einen Gegengruss einfordert – nicht einfach hinzunehmen, sondern im Detail herauszuarbeiten, wie diese Regelhaftigkeiten in Gesprächen aussehen – und sogar gebrochen werden können. In einem ähnlichen Masse veränderbar sind spezifische kommunikative Gattungen, die in Zusammenhang mit neuen Technologien entstehen (→ Vertiefung 9.8, *Veränderbarkeit kanonischer Strukturen*).

Dieser einführende Teil schliesst nun mit der etwas detaillierteren, aber für die Konversationsanalyse typischen – und oft als *feingradig (finely-grained)* bezeichneten – Analyse einer ungewöhnlichen Gesprächssituation ab. Dabei handelt es sich um eine Begrüssungssequenz im virtuellen Raum zwischen zwei Teilnehmenden (Fabian und Martin). Diese Sequenz findet während eines Playtestings statt, bei dem ein gerade in Entwicklung befindliches digitales Spiel auf seine Funktionstüchtigkeit und Spielbarkeit getestet wird. In diesem Spiel namens „Spacecraft – A New Way Home" (Chris Elvis Leisi 2021) spielen Fabian und Martin kooperativ mit Virtual-Reality-Brillen. Die technologische Spezialität dieses VR-Spiels, das als Masterthesis an der Zürcher Hochschule der Künste (ZHdK) im Bereich Game Design entwickelt wurde, ermöglicht es nun, sich frei in einem Areal, etwa in der eigenen Wohnung, zu bewegen: Sie wurde nämlich vorher so in das System „gemappt", dass sie als vorgegebener Spielbereich mit all den Wänden, Möbeln und Gegenständen festgelegt ist. In bisherigen kommerziellen VR-Anwendungen hingegen sind Spielende wegen der Gefahr, in Möbel oder Wände hineinzulaufen, durch ein vorher festgelegtes Raster (namens *guardian*) mehr oder weniger an einen festen Platz gebunden; dieser *guardian* leuchtet auf, sobald man den zuvor bestimmten Bereich verlässt. Bei „Spacecraft" aber ist die Begrenzung nunmehr der physische Raum. Für das Playtesting des Spiels wurde eine Wohnung mithilfe von Wänden, Spanplatten und Boxen rekonstruiert, in der sich nun die beiden Testspieler bewegen sollen (siehe Beispiel 9.1). Ebenfalls anders als bei den meisten VR-Games, die auf dem Markt sind, befinden sich also beide Spieler:innen vor Ort (man spricht in solchen Fällen von *co-location*) und es wird eine tatsächliche Face-to-Face-Situation analysiert, in der sich die Beteiligten – als virtuelle Avatare – sehen können, aber auch tatsächlich gemeinsam vor Ort miteinander interagieren und spielen können.

Die Begrüssungssequenz findet in einer Phase statt, in der Fabian und Martin, gerade mit VR-Brillen ausgestattet, zunächst in der „Wohnung" herumgeschickt werden, um die Akkuratheit des Mappings zu kontrollieren. So laufen sie nicht Gefahr, an Türöffnungen oder Möbelecken hängen zu bleiben. Ungewöhnlich mutet die Begrüssung nun an, weil sich die beiden Testspieler vorher beim Eintreffen zum Playtesting, also sozusagen „in der realen Welt", bereits begrüsst haben:

```
             M bemerkt F, stoppt, Hand berührt leicht die Box
        01   M:   ((lacht))
        02        *ei FAbian.
                  *winkt--->
        03   F:   Δ ah`.*Δ#
                  ----->*
                  Δwinkt-Δ
                          #fig. 1
        04        Δsind ja BEIdi (-) die gliich farb;Δ
                  sind ja beide die gleiche farbe
                  Δschaut häufiger wohin er tritt----Δ
        05   M:   hesch au GRÜen gno *ja;                    fig.1
                                     *dreht den Kopf zur Box
                  hast du auch grün genommen ja
        06   F:   jaha,
                  C steht vor F, um die VR-Brille zu justieren
        07   C:   chasch du GANZ churz schtoppe?
                  kannst du ganz kurz stoppen
        08   F:   ja?
```

Beispiel 9.1: Winken, um die gegenseitige Wahrnehmung zu bestätigen: Begrüssungen in VR.

Dass es sich um eine Begrüssungssequenz handelt, wird insbesondere an der Gestik und an der Körpersprache deutlich: Fabian und Martin wenden sich einander zu und winken (siehe Beispiel 9.1). Gleichzeitig zeigt sich aber auch das Ungewöhnliche an diesem Format einer „Begrüssung im Virtuellen", indem die *summons* (→ 9.4.1.3 und Vertiefung 9.8) von Martin eher an eine Interjektion erinnert (*ei*, Zeile 02) und Fabian die eigentliche Grusspaarformel tatsächlich nur als Interjektion erwidert (*ah*, Zeilen 02 und 03). Auch bei anderen Playtestings wird dieser unsichere Status sichtbar, wenn die Begrüssungsformel nur leise gesprochen wird oder nur der eine winkt, weil der andere gerade etwas mit seinen Controllern erledigen muss. Auffallend ist die Art und Weise, wie diese Begrüssung in VR zudem primär über die sichtbare und körperbezogene Gestik vollzogen wird (→ Vertiefung 9.10 zu Kendons Untersuchung zu menschlichen Begrüssungen). Offensichtlich soll die gemeinsame Anwesenheit in der virtuellen Welt nochmals etabliert werden, die für die Beteiligten noch nicht zum „alltäglichen Geschäft" gehört. Dies zeigt auch der Vergleich mit denjenigen Playtestingdaten, in denen einerseits der Game-Designer und seine Kommilitonen und andererseits die Game-Design-Dozierenden (die gleichzeitig als Fachjury der Masterarbeit fungieren) das Spiel testen: Hier wird der Nachvollzug der Anwesenheit der anderen Person im Virtuellen gar nicht oder nur über ein kurzes Kopfnicken angezeigt (vgl. Kato 2024). Insbesondere das in unserem Beispiel ostentative Winken, bei dem der eigene virtuelle Arm in der Spielumgebung für einen selbst sichtbar ins Blickfeld ragt (siehe die kleinen eingefügten Ausschnitte der *in-game*-Sicht an den Ecken bei Beispiel 9.1), ist Zeuge dessen, dass damit womöglich auch die eigene Handlungsfähigkeit für die Spieler:innen selbst erkennbar bestätigt werden soll.

Nun bleibt es nicht nur bei dieser gegenseitigen Wahrnehmung durch die Begrüssung und das Winken: Es kommt zu einem kurzen Austausch, in dem Fabian bemerkt, dass sie die gleiche Farbe bei der Avatarkleidung gewählt haben (Zeile 04). Martin geht darauf ein, indem er rückfragend Bestätigung sucht, dass Fabian auch Grün genommen habe, was dieser bejaht (Zeilen 05 und 06). Es handelt sich bei dieser Sequenz um eine kanonische Form eines Gesprächsanfangs (→ 9.4.2.2), die Sacks als *noticing* bezeichnet hat: Mit diesem Begriff werden Bemerkungen bezeichnet, die eingestreut werden und sich auf die unmittelbare Umgebung der Gesprächsteilnehmenden beziehen, z. B.

> ‚environmental' noticings like „Hey you have a hole in your shoe" and all sorts of things which occur in conversation and which involve the noticing of, e. g., the passing world („Hey your cigarette's gone out," „What was that noise?" „Did you see that?") (Sacks 2006/II: 90).

Sacks stellt nun fest, dass solche *noticings*, die am Anfang eines Gesprächs passieren, insbesondere die Sammlung an Merkmalen, die eine Person besitzt, aufgreifen. In unserem VR-Beispiel geschieht genau das: Die Farbe des Gewandes wird zu einem sog. ***now-sayable*** (Sacks 2006/II: 93), also einer Thematik, die gerade in diesem Augenblick auf der Hand liegt. Mehr noch wird mit einem solchen *noticing* der Fokus exklusiv auf das Gegenüber gelenkt, und, wenn es darauf eingeht, ein Moment der **Zusammengehörigkeit** (*togetherness*) erschaffen. Dass dies in den VR-Playtesting-Daten eine Art Notwendigkeit zu sein scheint, zeigt sich daran, dass es sich nicht um ein einmaliges Ereignis handelt: Bei vier der sechs Spielerpaare wird unmittelbar nach der Begrüssung die Gewandfarbe ein *now-sayable*. Was Sacks für „normale" Gespräche festgestellt hat, findet sich also in solchen ungewöhnlichen Settings wieder. Dies macht deutlich, dass die Formen der Etablierung von sozialer Interaktion – z. B. das ostentative Winken, das *noticing* – gleich bleiben, ja sogar noch deutlicher als Hilfestellung für das Agieren in solchen neuartigen, hier virtuellen, Umgebungen hervortreten.

Im nächsten Kapitel wird die grundlegende Unterscheidung zwischen Gesprächen und Texten besprochen, die fundamental unterschiedliche Voraussetzungen hinsichtlich ihrer Konstitution mit sich bringen (ausgelegt auf *Anwesenheit* vs. *Abwesenheit*) und damit andere methodische Herangehensweisen einfordern (→ 9.2). Anschliessend werden in einem kurzen Forschungsüberblick zwei der prominentesten Gesprächsforschungsansätze vorgestellt (→ 9.3). Die Ethnomethodologische Konversationsanalyse und ihr klassisches Thema – die Gesprächsorganisation – werden danach vorgestellt (→ 9.4). Die beiden letzten Kapitel sind einerseits der Fokussierung auf Sprache innerhalb von Gesprächen mit einem Einblick in die sog. **Interaktionale Linguistik** gewidmet (→ 9.5) und andererseits der Öffnung über Gesprochenes hinaus hin zu einer **multimodalen Perspektive** auf Gespräche bzw. Interaktionen (→ 9.6). Zuletzt noch eine Bemerkung zu den Beispielen: Diese werden, wenn immer möglich, aus bereits publizierten Arbeiten im Original abgedruckt; die eigenen Beispiele sind nach GAT 2-Transkriptions-Konventionen transkribiert (→ 12.5.1).

9.2 Gesprochenes vs. Schriftliches: Anwesenheit und seine Konsequenzen

Bevor vorgestellt wird, wie Gespräche linguistisch untersucht werden können, sind theoretische Vorüberlegungen notwendig, was zum Gegenstand der Untersuchung gemacht werden soll. Dabei geht es aber nicht um die Entscheidung, ob etwas ein Gespräch ist oder nicht (vgl. auch zur Frage nach Nicht-Texten → 8.3): Vielmehr geht es um die Frage, ob Gesprochenes und Schriftliches mit den gleichen Untersuchungskriterien analysiert werden können und somit unter einem Begriff zusammengefasst werden sollten. Bereits im Kapitel zur Textlinguistik ist für eine Eigenständigkeit beider Disziplinen plädiert worden (→ 8.1.2). Hier soll die Argumentation dezidiert von der gesprächslinguistischen Seite vorgebracht werden: **Gesprochenes** beruht auf dem **Prinzip der Anwesenheit** der sprechenden Person. Damit muss keine Face-to-Face-Situation gemeint sein (man denke an ein Telefongespräch), jedoch muss die Möglichkeit einer fortlaufend hergestellten kommunikativen Präsenz bestehen, bei der sich die Beteiligten in mehr oder weniger zeitgleicher Weise aufeinander einlassen können (→ 9.5 zur *On-line Syntax*). Dies wird deutlich an der Möglichkeit erkennbar, dass jederzeit in der laufenden Interaktion Rückfragen oder Rückmeldungen gestellt werden können (wie *ahja, mhm*, sog. *recipient response*, → 9.4.1.2), und dabei auch nicht dezidiert sprachliche Äusserungen „mithelfen", das Gesagte zu verstehen. Dahingegen ist Schriftliches (historisch mit der Erfindung von Schrift) dazu konzipiert worden, Dinge/Inhalte festzuhalten, die der Anwesenheit der schreibenden Person eben gerade nicht bedürfen: Schriftliches überdauert die temporale Flüchtigkeit (des Gesprochenen) und macht sich damit gleichzeitig unabhängig von dem Moment der Produktion. Direkte Rücksprachen sind einerseits nicht mehr möglich, andererseits aber auch – und zumeist so intendiert – nicht nötig, da alles, was für die sinnvolle Lektüre des Texts benötigt wird – sog. *Textualitäts-/Lesbarkeitshinweise* (→ 8.3) –, auch vorhanden ist bzw. sein sollte. Gespräche beruhen also auf Anwesenheit der Teilnehmenden, und dies in all ihren multimodalen Facetten, d. h. mit allem, was zur Konstituierung des Gesprächs beiträgt. Das betrifft also nicht nur Verbales, sondern generell alles Hör- und Sichtbare (etwa Mimik, Gestik, Körperverhalten und -orientierung [Praxeologie], → 9.6).

9.3 Forschungsgeschichte und -ansätze

Gespräche bzw. die gesprochene Sprache sind die genuine Form von Sprachäusserungen. Dennoch ist die wissenschaftliche Erforschung von Gesprächen, die nicht das normative Gelingen thematisiert (*wie soll ein Gespräch geführt werden?*), sondern die fundamentale Art und Weise, was denn eigentlich ein Gespräch zu einem Gespräch macht, eine relativ junge Disziplin, die erst in den späten 1950er-Jahren beginnt.

Von besonderer Bedeutung ist in diesem Zusammenhang das beginnende pragmatische Interesse an Sprache als Alltagsphänomen (→ 4), die einen veränderten Zugriff auf das Untersuchungsobjekt fordert (→ 8.2.2 das Zitat von Hartmann zu Texten gilt in diesem Sinne auch für Gespräche). Es ist der Impuls, als Wissenschaft gesellschaftlich relevante Beiträge zu erforschen und aus dem bisherigen Elfenbeinturmdasein herauszufinden. Es kommt zu einer Art **Entdeckung des Alltags**, die der Annahme entspringt, dass soziale Wirklichkeit durch menschliches Handeln und Kommunikation geschaffen und aufrechterhalten wird. Einen grossen Einfluss üben dabei die soziologischen Arbeiten von Alfred Schütz aus, der in seinem Vorhaben die Phänomenologie Edmund Husserls und die sogenannte „verstehende Soziologie" Max Webers weiterentwickelt und so das Ziel verfolgt, eine soziologische Grundlage zu schaffen, die das subjektive Erleben und Handeln des Individuums und die gemeinsame Herstellung von Intersubjektivität in den Mittelpunkt stellt, um die **Struktur und Organisation der sozialen Welt** zu erklären. Sein Hauptwerk, „Strukturen der Lebenswelt", wurde von seinem Schüler Thomas Luckmann weiterentwickelt und herausgegeben (Schütz/Luckmann 2017). Zusammen mit einem weiteren Schüler Schütz', Peter L. Berger, hatte Luckmann bereits 1966 „The Social Construction of Reality" veröffentlicht (Berger/Luckmann 1966), welches insbesondere im deutschsprachigen Raum enorm einflussreich ist (Berger/Luckmann 1980). Schütz, der seit Ende der 1930er-Jahre in den Vereinigten Staaten im Exil lebte und forschte, übte auch einen grossen Einfluss auf Harold Garfinkels Entwicklung der Ethnomethodologie aus (→ 9.3.2), die sich zum Ziel setzte, praktische Alltagsphänomene zu analysieren. Damit rückten nach und nach Gespräche und deren Regelhaftigkeiten in den Mittelpunkt der Betrachtung, da sie als zentrale Orte gelten, an denen **soziale Wirklichkeit** ausgehandelt, bestätigt oder auch transformiert wird.

> **Vertiefung 9.1: Analysezugang zu Gesprächen (und Texten)**
> Auch wenn wir hier dezidiert von einer notwendigen Trennung zwischen der Untersuchung von Gesprächen und der Untersuchung von Texten ausgehen, ist die Art und Weise, wie wir sie betrachten, doch der gleichen grundlegenden Methode geschuldet: Wir konzentrieren uns auf ihre Oberfläche, indem wir Texte wie Gespräche in ihrem uns in dem Augenblick zugänglichen

> und für die gerade zu leistende Untersuchung zur Verfügung stehenden Zustand so detailliert wie möglich (siehe unsere Analysebeispiele, aber auch mittels Transkriptionen, → 11.2.4) zu betrachten suchen, also z. B. ohne nachträgliche Interviews hinzuzuziehen oder ohne uns vorgängig gezielt die individuelle Biografie der Schreibenden angeeignet zu haben. Obwohl zusätzliches Wissen nie schaden kann und wir alle nicht als unbeschriebenes Blatt („white paper" im Lockeschen Sinn) an eine Analyse herangehen, sondern über einen Rucksack an Gesprächs- und Textwissen verfügen – es handelt sich also nicht um eine naive Textimmanenz, die wir propagieren –, ist es eine Art und Weise, das zu untersuchende Material ernst zu nehmen – in seiner Form, so wie wir es antreffen – und uns analytisch auf seine Details einzulassen. Mit anderen Worten ist davon abzuraten, dass die Analyse von Gesprächen (und auch von Texten) das Aufdecken „wahrer" Intentionen der Produzierenden zum Ziel hat. An der Oberfläche der Gespräche und Texte zu arbeiten heisst in dem Sinne auch, dass wir mit dem arbeiten, was uns als Gespräche und Texte vorliegt, und wir davon absehen, in die Köpfe der anderen Person schauen zu wollen.

Bezüglich der Untersuchung von Gesprächen haben sich im deutschsprachigen Raum zwei Forschungsansätze etabliert: Die **Funktional-Pragmatische Diskursanalyse** wurde in den 1970er-Jahren durch Konrad Ehlich und Jochen Rehbein auf der Grundlage der Theorien von Bühler und der Sprechakttheorie nach Austin und Searle (→ 4) entwickelt und kann als genuin linguistisch orientierter Ansatz verstanden werden. Dahingegen ist die in den USA seit den 1960er-Jahren entwickelte und seit den 1970er-Jahren im deutschsprachigen Raum rezipierte **Ethnomethodologische Konversationsanalyse** der Soziologie verpflichtet. Mit dem Fokus auf Gesprächen und Interaktion unternimmt sie aber den interdisziplinären Brückenschlag zwischen linguistischen und soziologischen Fragestellungen.

Im Rahmen des Studienbuchs kann die Funktional-Pragmatische Diskursanalyse nur verkürzt dargestellt werden. Es ist jedoch wichtig, diesen Ansatz zu würdigen und als etablierte Alternative mit ihren Stärken vorzustellen, um zu ermöglichen, in dieser Überblicksdarstellung beide Ansätze kennenzulernen. Am Ende dieses Kapitels werden die Gemeinsamkeiten und Unterschiede der beiden Ansätze vorgestellt.

9.3.1 Funktional-pragmatische Diskursanalyse/Funktionale Pragmatik

Das Ziel der Funktional-Pragmatischen Diskursanalyse, die auch **Funktionale Pragmatik** genannt wird, ist es, Sprache als soziale Praxis anhand von echter Interaktion – so wie Sprache im Alltag und vor allem in Institutionen vorkommt – zu rekonstruieren. Es handelt sich um einen linguistischen Ansatz, der sowohl Gespräche wie auch Texte analysiert (daher *Diskurs*analyse; vgl. aber in Abgrenzung dazu die Diskurslinguistik → 11.3). Die beiden deutschen Sprachwissenschaftler Konrad Ehlich und Jochen Rehbein orientieren sich dabei stark am dialektischen Materialismus nach Marx und Engels. Dieser ist ein Gegenprogramm zu Hegels Phänomenologie des Geistes: Es werden nicht Ideen einer kritischen (dialektischen) Beschreibung und Analyse unterzogen, sondern dasjenige, das tatsächlich **in einer Gesellschaft materiell vorfindbar** ist – wie **Sprache**. Im Sinne des Marxismus ermöglicht eine solche kritische und genaue Analyse eine Veränderung der sozialen Praxis, die den Bedürfnissen einer Gesellschaft besser gerecht wird. Damit nimmt sie – natürlich stark von der marxistischen Ideologie geprägt – die Strömungen des *pragmatic turn* (→ 4) der 1970er-Jahre auf. Dabei beruft sie sich auch explizit auf die Theorien Bühlers und Austins. Der Sprechakttheorie im Sinne Searles, der Austins spielerisch-fluktuierenden Ansatz zu einer Dogmatik weiterentwickelt hat, ist die Funktionale Pragmatik jedoch kritisch eingestellt, weil für sie klar ist, dass eine Untersuchung von Gesprächen nicht nur auf der Analyse von einzelnen (isolierten) Äußerungen beruhen kann, also der Fokus nicht nur auf der Illokution liegen sollte. Es müssen vielmehr auch die Äußerungen des Gegenübers berücksichtigt werden, um das Glücken der Illokution eruieren zu können (→ 4.2.2 zu dieser Problematik): „Sprachliches Handeln ist Sprecher-Hörer-Interaktion" (Ehlich 1996: 187). Statt also wie bei Searle die grundlegenden Bedingungen z. B. der Illokution *Versprechen* minutiös und auf einer theoretischen Basis zu klassifizieren, müssen die Äußerungen des Gegenübers am empirischen Material vollwertig in die Betrachtung einbezogen werden: Durch diese Hörerbeteiligung, die als „elementare Form der Kooperation" (Ehlich 1996: 187) zentral ist, kommt Kommunikation erst zustande.

Ein weiteres zentrales Element, für das sich die Funktionale Pragmatik stark macht (und wodurch sie sich im Wesentlichen von der hier im Kapitel später vorgestellten Ethnomethodologischen Konversationsanalyse unterscheidet), ist der **Zweck**, der jegliches sprachliche Handeln leitet: Sprachliches Handeln ist „kein sich selbst genügendes Glasperlenspiel", sondern „Ausdruck und Medium des Verhältnisses von Menschen zueinander. Als praktisches Bewußtsein dient sie Zwecken der Menschen" (Ehlich/Rehbein 1994: 315). Der instrumentelle Charakter einer sprachlichen Handlung wird also als zentrale Charakteristik betont und dementsprechend vollwertig in die Analyse einbezogen. Eine wichtige Rolle spielt dabei die Sprachtheorie Bühlers (vgl. Bühler 1934/2019). Sein Konzept der sprachlichen Felder wird dabei weiterentwickelt: Was bei Bühler noch zweigeteilt ist – in Zeigfeld und Symbolfeld –, wird in der Funktionalen Pragmatik erweitert: Einerseits kommen drei Felder hinzu (Lenkfeld, Malfeld und operatives Feld, siehe Vertiefung 9.2, *Sprachliche Felder*). Andererseits aber werden die Elemente in diesen Feldern, die bei Bühler noch auf Zeichen bzw. Wörter zentriert waren auf allgemeinere Prozeduren erweitert, womit z. B. auch Intonation (z. B. von Befehlen beim Lenkfeld, von expressiven Ausdrücken im Malfeld oder als Verständnishilfe mittels Satzintonation im Operationsfeld) berücksichtigt werden kann. Mittels

424 — 9 Gesprächs- und Interaktionslinguistik

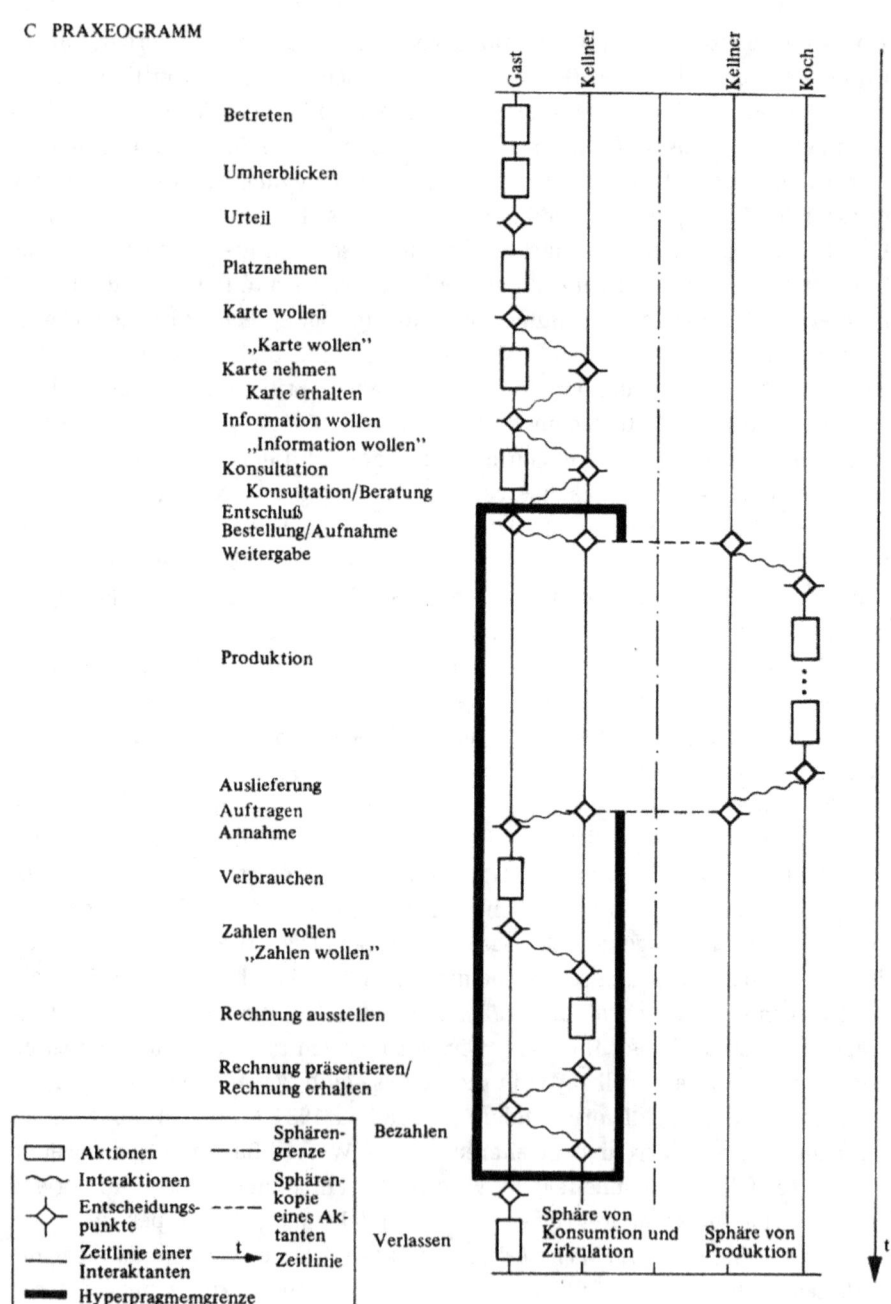

Abbildung 9.2: Praxeogramm (Ehlich/Rehbein 1972).

dieser Erweiterung soll die ganze Bandbreite der elementaren sprachlichen Handlungsmuster als Einheiten greifbar werden.

> **Vertiefung 9.2: Sprachliche Felder**
> In seiner Sprachtheorie von 1934 führt Karl Bühler die Zweifeldertheorie ein, mit der es möglich wird, die aktuelle Situation der sprechenden Person einzubeziehen und die Äusserungen nicht in einem kontextfreien Vakuum zu verorten:
> *Symbolfeld*: besteht aus den herkömmlichen „Nennwörtern", die lexikalische Bedeutung besitzen (Autosemantika).
> *Zeigfeld*: besteht aus Wörtern, die keine eigene lexikalische Bedeutung besitzen (Synsemantika). Durch die Fixierung einer Ursprungsposition – der Origo der sprechenden Person (→ 4.2.5) – werden die restlichen Positionen durch diese sprachlichen Ausdrücke bzw. „Zeigwörtern" wie *ich*, *hier*, *jetzt* bestimmt und somit ein gemeinsamer Sinnhorizont geschaffen.
> In der *Funktionalen Pragmatik* werden dem Zeigfeld und dem Symbolfeld (mit den deiktischen bzw. benennenden Prozeduren) nun drei weitere Felder hinzugefügt:
> *Lenkfeld*: besteht aus sog. expeditiven Prozeduren, die ohne Rückgriff auf propositionale Gehalte in das Rezeptionshandeln der Adressat:innen eingreifen (beispielsweise Signale wie *hm*, die das Gegenüber „rückmeldet", in der Ethnomethodologischen Konversationsanalyse auch als *recipient response* bezeichnet, → 9.4.1.2). Vokative (Anredeformen) und Befehlsintonation sind hier gängige Prozeduren.
> *Malfeld*: besteht aus expressiven Prozeduren, die dazu genutzt werden, um eine emotionale Anpassung zwischen Sprecher:in und Adressat:in zu erreichen. Interjektionen wie *toll!/wunderbar!* oder bestimmte Intontationsverläufe sind als Beispiele zu nennen.
> *Operationsfeld*: besteht aus operativen Prozeduren, die dem:der Adressat:in helfen, das Gesagte als angebotene Information adäquat zu prozessieren. Beispiele hierfür sind etwa Flexionsendungen (z. B. für Plural oder Genitiv) → 6.2, Nebensatzkonstruktionen → 7.8.3, Intonation → 5.5.4 oder kata- und anaphorische Ausdrücke → 8.4.3.

Zudem wird deutlich, dass diese Kategorisierungen auf diesen unterschiedlichen Ebenen eine Art Operationalisierung darstellen, um das, was als Alltagssprache vorfindbar ist, von den **Handlungsprozessen**, die in der Regel musterhaft sind, zu unterscheiden: „Muster sind Organisationsformen des sprachlichen Handelns" (Ehlich 1996: 188). Hier wird zwischen der **Oberfläche** (dem sprachlich Vorfindbaren, z. B. den multimodalen Handlungen bei einem Restaurantbesuch in all seinen Varianten, s.u.) und den **Tiefenstrukturen** (den Prozeduren, den Mustern, also der Handlungsabfolge bei dem Restaurantbesuch) unterschieden und die linguistische Analyse dezidiert als diejenige Arbeit aufgefasst, um diese komplexen Vermittlungsverhältnisse zwischen Oberfläche und Tiefenstrukturen zu untersuchen.

Dabei kommen aufgrund der Auffassung, dass sprachliches Handeln als organisierte Form vorkommt, die einen bestimmten Zweck verfolgt, auch Diagramme – sog. **Praxeogramme** – zum Einsatz, mit deren Hilfe **Handlungsmusterabläufe** dokumentiert werden können. In ihrem Artikel zu Analysen von Restaurantbesuchen etwa unterscheiden Ehlich und Rehbein Aktionen (Betreten, Umherblicken,

Urteil, Platznehmen, etc. siehe Abbildung 9.2), Entscheidungspunkte (Urteil über die Angemessenheit des Restaurants, Karte benötigen) und Interaktionen (diagrammatisch abgebildet durch Linien), die sie den einzelnen Beteiligten wie dem Gast und dem:r Kellner:in zuordnen bzw. als fortlaufenden, interaktionalen Handlungsprozess nachvollziehbar machen (vgl. Ehlich/Rehbein 1972). Diese Handlungsmusterabläufe sind Adaptationen von Strukturen, die auch als *Scripts* oder *Frames* in der Forschung diskutiert werden (→ 3.4.4).

Diese Visualisierungen verdeutlichen, dass der Funktionalen Pragmatik vor allem an der Aufdeckung von sozial verfestigten Mustern gelegen ist: Für die Analyse und Präsentation solcher Muster sind natürlich **Diskursarten in institutionellen Rahmen** besonders geeignet und gewinnbringend. Dies erklärt auch, warum Vertreter:innen der Funktionalen Pragmatik früh explizit das Verhältnis von Sprache und Institutionen behandeln. Sie werfen der Linguistik vor – insbesondere mit einem Seitenblick auf philologisch geprägte ethnologische Untersuchungen –, Sprache nur insofern zu untersuchen, als „sie sich unmittelbar aufdräng[e]". Sprache werde dabei „unreflektiert als unhinterfragte Grundgröße" hingenommen (Ehlich/Rehbein 1994: 309). Auch hier ist wiederum die Kritik an zeichenimmanenter Sprachauffassung zu erkennen, wohingegen die Analyse von Handlung mit und durch Sprache insbesondere in zweckgebundenen Kontexten propagiert wird. Ehlich und Rehbein verstehen darunter etwa „Schulen, Krankenhäuser, Verwaltungen, das Militär, Gefängnisse, die Familie, der Tourismus, entwickelte Vereine, Rundfunkanstalten, Banken, der Zoll, die Börse usw." (Ehlich/Rehbein 1994: 318). In Institutionen wiederholen sich spezifische gesellschaftliche Handlungen immer wieder (die repetitiven Handlungen in einer Arztpraxis oder bei Gericht), sodass man sie als „[e]ine andere Form von Strukturen repetitiver gesellschaftlicher Handlungen" beschreiben kann. Institutionen werden als **Handlungsräume** bezeichnet, die Handlungsmuster „in einer spezifischen Auswahl und Kombinatorik" strukturieren und erwartbar machen (Ehlich/Rehbein 1994: 317). Sprache kommt nun die fundamentale Bedeutung zu, das gemeinschaftliche Handeln zu ermöglichen und zur Wissenssicherung der **Handlungsmöglichkeiten** beizutragen.

Im Rahmen des Studienbuchs wird die **Ethnomethodologische Konversationsanalyse** im Detail vorgestellt, die anders als die Funktionale Pragmatik zwar nicht auf linguistischen Konzepten der Pragmatik (Bühler/Austin/Searle) basiert, sondern auf soziologischen Konzepten fusst, sich jedoch mittlerweile aufgrund ihrer äusserst wirksamen und produktiven Forschungsgemeinschaft auch ausserhalb der USA als Disziplin etabliert hat. Beide Forschungsansätze verbindet aber auch wichtige Gemeinsamkeiten: Auffallend ist, wie sich **beide Ansätze einer pragmatischen Vorgehensweise** verschreiben, die sich mit echten Vorkommnissen von Sprache beschäftigen, sich also aus der Tradition der systemimmanenten und abstrakten Betrachtung der linguistischen Anfänge lösen und pragmatisch orientiert Sprache als Alltagsgegenstand und -praxis analysieren. Als Untersuchungsgegenstände ziehen beide authentische, sog. **natürliche Daten** heran, also solche, die tatsächlich stattgefunden haben. Diese werden aufgenommen und mithilfe von Transkriptionen so aufbereitet, dass sie für Detailanalysen schriftlich zugänglich sind und auch den wissenschaftlichen Qualitätskriterien der Überprüfbarkeit und Nachvollziehbarkeit entsprechen (vgl. die unterschiedlichen Transkriptionssysteme HIAT und GAT 2, Tabelle 9.1).

Die Hauptunterschiede der beiden Forschungsansätze lassen sich a) über den disziplinären Hintergrund, b) über den primären Untersuchungsgegenstand und c) über grundlegende Unterschiede in der analytischen Konzeption fassen:

a) Während sich die Funktionale Pragmatik als eine klar in der germanistischen Linguistik verortete Disziplin versteht, ist die Ethnomethodologische Konversationsanalyse zunächst klar in der Soziologie verortet. Trotz des Namens lag dabei das Interesse nicht am Gespräch selbst im linguistischen Sinn, sondern in der Art und Weise, wie Beteiligte menschliche Handlungen beim Miteinander-Sprechen vollziehen. Inzwischen hat sich dies geändert: Die Prinzipien der Konversationsanalyse haben sich zur Untersuchung von Gesprächen in der Linguistik etabliert, nicht zuletzt mit der Verengung auf Sprache durch die Interaktionale Linguistik (→ 9.5). Die soziologische Verankerung verhinderte aber die ausschliessliche Beschäftigung mit Sprache, was jedoch zu fruchtbaren Weiterentwicklungen geführt hat, wie z. B. dem Einbezug einer multimodalen Perspektive, die davon absieht, Sprache als Hauptmodus der Interaktion anzusehen und andere Modi wie Gestik, Mimik, Körperbewegungen etc. gleichberechtigt in der Analyse berücksichtigt (→ 9.6).

b) Die Zweckgerichtetheit von Sprache, die bei der Funktionalen Pragmatik zentral ist, bestimmt auch ihren Untersuchungsgegenstand, nämlich Gespräche insbesondere im institutionellen Rahmen. Mittlerweile aber nimmt sich auch die Funktionale Pragmatik, wie die Konversationsanalyse, jeglicher Formen von Alltagsgesprächen an.

c) Es geht der Konversationsanalyse nicht um vorgängig schon angelegtes Musterwissen, sondern um strukturelle Deutungen in der gerade ablaufenden Interaktion. Anstatt Gesprächsmuster in Handlungsmusterdiagrammform zu bringen, werden Gespräche streng **sequenziell,** also Schritt für Schritt, untersucht. Im Gegensatz dazu geht die Funktionale Pragmatik nach einem hermeneutischen Ansatz vor. Dies hat auch zur Folge, dass der Handlungsraum bzw. die Handlungsmuster als vorgeprägtes, häufig unbewusstes Wissen angenommen werden, nach denen die Gesprächsteilnehmenden agieren. Durch ihre spezifische Prägung (als Gegenentwurf zu solchen strukturalen Ansätzen) ist es dagegen der Konversationsanalyse wichtig zu betonen, dass Gesprächsteilnehmende ihre sprachlichen Handlungen nicht ständig mit einem sozial vorgefestigten Wissen abgleichen und den Handlungsmustern des Handlungsraumes zuarbeiten. Im Gegenteil betont die Konversationsanalyse sehr stark, dass Gespräche und Interaktionen gemeinsam und situativ ausgehandelt und hervorgebracht werden, auch wenn Gesprächssequenzen durchaus muster- oder routinehaft sind. Von daher wird auch nicht, wie in der Funktionalen Pragmatik, von Oberflächen- und Tiefenstrukturen ausgegangen (Terminologien, die der Generativen Grammatik entlehnt sind, → 7.3.1).

Tabelle 9.1: Gegenüberstellung Funktionale Pragmatik und Konversationsanalyse.

Funktionale Pragmatik	*Ethnomethodologische Konversationsanalyse*
– Ausgangspunkt: Linguistik und Sprechakttheorie	– Ausgangspunkt: Soziologie und Ethnomethodologie
– strikt empirisch, Analyse „natürlicher" Daten	– strikt empirisch, Analyse „natürlicher" Daten
– Zweckgerichtetheit und Musterhaftigkeit des Sprachgebrauchs (Oberflächen- und Tiefenstruktur)	– Interaktionale Herstellung von geordneten Gesprächsabläufen, die aufgrund der *proof procedure* für Analyst:innen ersichtlich werden
– Gesprächsteilnehmende orientieren sich nach Handlungsmustern und in sozial vorgeformten Handlungsräumen	– Gesprächsteilnehmende bringen alles hervor, was in dem Moment für die Interaktion relevant ist, und machen es nachvollziehbar
– Darstellung in Praxeogrammen	– streng sequenzielles Vorgehen
– Anwendungsbereiche: vor allem institutionalisierte Kommunikation (z. B. im schulischen Bereich mit Normen und Handlungsregeln)	– Anwendungsbereiche: alle Bereiche des Alltags („Konversation" daher auch etwas irreführend)
– Transkriptionssystem HIAT	– Transkriptionssystem im deutschsprachigen Raum nach GAT 2
https://www.ehlich-berlin.de/HIAT/DEMOTXT1.HTM	Ein Transkriptionsbeispiel aus dem GAT 2-Aufsatz

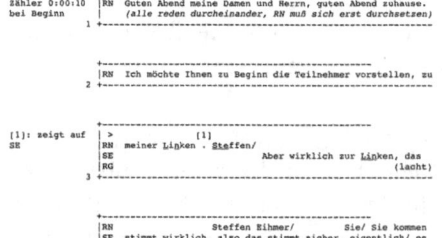

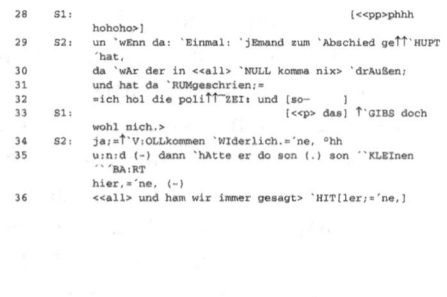

Im weiteren Verlauf dieses Kapitels gehen wir auf den Ansatz der Ethnomethodologischen Konversationsanalyse ein. Der Hauptgrund ist, dass dieser Ansatz im deutschsprachigen Raum und international weiter verbreitet ist. Es ist uns jedoch wichtig, darauf hinzuweisen, dass Forschungstraditionen wie die Funktionale Pragmatik bedeutende Impulse für die Linguistik leisten.

9.3.2 Ethnomethodologische Konversationsanalyse (bzw. Gesprächsanalyse)

Die Ethnomethodologische Konversationsanalyse – engl. *Ethnomethodological Conversation Analysis* (kurz: EMCA) – ist ein Forschungsansatz, der in den frühen 1960er-Jahren durch Harvey Sacks, Emanuel Schegloff und Gail Jefferson begründet wurde. Als Schüler von Erving Goffman an der soziologischen Abteilung der University of Berkeley in Kalifornien waren Sacks und Schegloff mit dessen Ansatz, echte Alltagsbegegnungen zwischen Personen und insbesondere sog. **fokussierte Interaktion** zu untersuchen, bestens vertraut. Das Interesse der beiden Soziologen galt jedoch mehr der Beobachtung solcher Interaktionen mittels genauer Analysen am Material (in ihrem Fall: Audioaufnahmen), während Goffman stärker abstrakt und theoretisch mit nacherzählten Beispielen arbeitete. Einen besonderen Einfluss auf das wissenschaftliche Vorgehen der EMCA hatte zudem, wie der Name bereits andeutet, die **Ethnomethodologie**, eine Disziplin, die durch den Soziologen Garfinkel seit den 1950er-Jahren entwickelt wurde. Es folgt deshalb zunächst eine kurze Überblicksdarstellung dieses soziologischen Ansatzes, bevor auf die Charakteristika der Konversationsanalyse eingegangen wird.

9.3.2.1 Theoretischer Hintergrund

Die Definition, die Garfinkel in seinen „Studies in Ethnomethodology" (1967) formuliert, dient als Ausgangspunkt.

> I use the term ethnomethodology to refer to the investigation of the rational properties of indexical expressions and other practical actions as contingent ongoing accomplishments of organized artful practices of everyday life. (Garfinkel 1967: 11)

Eine Konsequenz dieses Ansatzes ist eine klar empirisch ausgerichtete Vorgehensweise, die Alltagshandlungen, so wie sie tatsächlich zwischen Mitgliedern einer Gesellschaft (altgriech. *ethnos*) stattfinden, unter die Lupe nimmt. Diese Alltagshandlungen – zwischenmenschliche Interaktionen –, die uns auf den ersten Blick als chaotisches Durcheinander erscheinen, begreift Garfinkel als **kunstvoll organisierte, regelhafte Alltagspraktiken** (Ethnomethoden), mit denen Teilnehmende ihre soziale Wirklichkeit mit und durch ihre Äusserungen und Handlungen fortlaufend und intersubjektiv herstellen. Man spricht in diesem Zusammenhang in der spezifischen Terminologie auch davon, dass eine für die Teilnehmenden in diesem Moment geltende Vollzugswirklichkeit **hervorgebracht** (*accomplished*) wird. Hervorbringungen haben **indexikalischen,** also auf alles Relevante verweisenden Charakter (→ 2, 10.4, 10.5.3) und werden somit – für die Beteiligten, aber auch für die Analysierenden – nachvollziehbar gemacht (engl. *making accountable*): „Ethnomethodological studies analyze everyday activities as members' methods for making those activities visibly-rational-and-reportable-for-all-practical-purposes, i. e. ‚accountable'" (Garfinkel 1967: VII).

> **Vertiefung 9.3: Konversation oder Gespräch?**
> Eine Spezialität der ethnomethodologischen Konversationsanalyse ist es, Gespräche des Alltags zu untersuchen. In diesem Sinne täuscht die Bezeichnung *Konversation* (einer Lehnübersetzung), da damit der Eindruck entstehen mag, es handle sich um eine spezifische Form von Gesprächen (etwa laut Duden: „bildungssprachlich, häufig konventionelles, oberflächliches und unverbindliches Geplauder; Gespräch, das in Gesellschaft nur um der Unterhaltung willen geführt wird", www.duden.de). Im deutschsprachigen Raum ist man daher zum Teil dazu übergegangen, von Gesprächsanalyse zu sprechen, was jedoch den Nachteil hat, nicht genau auszuweisen, dass man von einem spezifischen Ansatz ausgeht. Wir bleiben deshalb bei der üblichen Bezeichnung *Ethnomethodologische Konversationsanalyse* bzw. kürzen zu *Konversationsanalyse* ab. Eine ähnliche Problematik herrscht übrigens auch im Englischen, wie ten Have in seiner lesenswerten Einführung ausführt: „As a broad term, it [conversation, unsere Hervorhebung] can denote any study of people talking together, ‚oral communication', or ‚language use'. But in a restricted sense, it points to one particular tradition of analytic work that was started by the late Harvey Sacks and his collaborators Emanuel Schegloff and Gail Jefferson." (ten Have 2007: 5)

Die Besonderheit in Garfinkels Methodologie liegt darin – womit er mit Goffmans Untersuchungen von Face-to-Face-Kommunikation übereinstimmt–, den ganz normalen, beinahe schon banalen Vorkommnissen des Alltags dieselbe Aufmerksamkeit zukommen zu lassen wie den aussergewöhnlichen Momenten und sie als ebenso untersuchenswert einzustufen. Bei diesem Neuansatz, den Garfinkel seit den 1950er-Jahren verfolgte und der es zum Ziel hatte, gesellschaftliches Verhalten direkt im Alltag der Menschen in ihrem beobachtbaren Tun zu untersuchen, handelt es sich um ein **soziologisches Programm**, das sich radikal von der bisherigen soziologischen Tradition unterschied: Bis anhin wurde – etwa von Garfinkels Doktorvater, dem Soziologen Talcott Parsons – angenommen, dass sich die Mitglieder einer Gesellschaft, ähnlich wie Marionetten, an Ordnungen von allgemeingültigen Normen und Werten orientieren und danach handeln. Garfinkel hingegen konzentrierte sich auf eine genuin individuelle und somit **praktische** Perspektive (→ 10.2.2). Der persönliche Austausch mit Schütz (→ 9.3) bestärkte ihn dabei, die Überzeugung weiterzuverfolgen, dass die soziale Welt **nicht einfach vorgegeben** ist, sondern **aktiv durch menschliches Handeln und Denken geschaffen** wird. Es ging ihm dabei um sehr ähnliche Fragen: Wie handeln Teilnehmende im alltäglichen Geschehen diese anzunehmenden kulturellen Werte konkret aus und wie machen sie diese relevant für das, was sie gerade aktuell miteinander tun? Mehr noch geht man in der Ethnomethodologie davon aus, dass „gesellschaftliche Tatbestände" erst in den Interaktionen selbst „Wirklichkeitscharakter" (Bergmann 2019: 340) erhalten, also durch uns erkennbar (d. h. nachvollziehbar!) gemacht werden und nicht einfach „in den Köpfen" als subjektive Wahrnehmung verbleiben. Es geht dem ethnomethodologischen Ansatz also darum „Techniken des Verstehens-und-sich-verständlich-Machens, die die Handelnden in ihren Äußerungen und Aktivitäten dem Interaktionspartner [in der gerade ablaufenden Situation, d. Verf.] als Verstehenshilfen mit auf den Weg geben" (Bergmann 2001: 921), als regelhaftes Tun zu analysieren.

Ein prominent angewendetes verbales Konstrukt dieses Herstellens von sinnhaften Handlungen ist *Doing*: Damit werden z. B. das Frau-, Mann- bzw. Nichtbinär-Sein (*doing gender*, → 11.5, vgl. auch Garfinkel 1967, Kapitel 5), bestimmtes Sich-Verhalten (*doing observation, doing aggression*) oder spezifische Handlungen (*doing seeing* oder *doing digital play*) als Hervorbringungen ausgewiesen. Eine besondere Emphase auf dieses **gemeinsame Hervorbringen** wird auch deshalb gelegt, da uns viele Handlungen des Alltags in ihrem Wesen nicht mehr auffallen und uns in ihrer Routinehaftigkeit entgehen. Eine Methode, die Garfinkel nutzt, um diese Routinen gegen den Strich zu bürsten und als gemeinsame Hervorbringungen wieder sichtbar zu machen, ist das sog. **Krisenexperiment** oder **Brechungsexperiment** (*breaching experiment*). In verschiedenen Aufgabeszenarien wies Garfinkel seine Studierenden an, sich gegen eine bestimmte angenommene Norm zu verhalten. So sollten sie beispielsweise in Gesprächen mit Bekannten und Freund:innen deren, im Grunde unverfänglichen, Bemerkungen durch gezielte Nachfragen, was denn damit genau gemeint sei, auf die Probe

CASE 3

"On Friday night my husband and I were watching television. My husband remarked that he was tired. I asked, 'How are you tired? Physically, mentally, or just bored?'"

(S) I don't know, I guess physically, mainly.
(E) You mean that your muscles ache or your bones?
(S) I guess so. Don't be so technical.
   (*After more watching*)
(S) All these old movies have the same kind of old iron bedstead in them.
(E) What do you mean? Do you mean all old movies, or some of them, or just the ones you have seen?
(S) What's the matter with you? You know what I mean.
(E) I wish you would be more specific.
(S) You know what I mean! Drop dead!

Abbildung 9.3: Bericht einer Studentin Garfinkels zu ihrem *Breaching Experiment* (Garfinkel 1967: 43).

stellen. Dabei zeigte sich, dass viele simple Bemerkungen wie „Ich bin müde", „Wie geht es Deiner Freundin?", „Ich hatte einen Platten" nicht als nicht-verstehbar deklariert werden können: Bei insistierenden Rückfragen (wie etwa: „Was meinst du damit?") reagierten die Gesprächsteilnehmenden irritiert, wenn nicht sogar feindselig (Abbildung 9.3).

Gesprächsbeiträge sind also auf ganz spezifische Weise sanktioniert, erfordern intrinsisch einen Interpretationsaufwand und verlangen spezifisches Verhalten – die Verpflichtung zur Kooperation (→ 4.2.3 zum *Kooperationsprinzip*).

9.3.2.2 Analyseperspektiven

Basale Phänomene des Alltags als Untersuchungsgegenstand in den Fokus zu nehmen ist auch das zentrale Thema von Sacks, Jefferson und Schegloff, die sehr stark durch den ethnomethodologischen Ansatz beeinflusst waren. Ihr **soziologisches Interesse** liegt dabei in der detaillierten Untersuchung **sozialer Alltagshandlungen**, wobei sich diese **in Gesprächen**, als grundlegende Basis unseres sozialen Daseins, am nachvollziehbarsten manifestieren. Die ersten Untersuchungen von Gesprächen, die durch Sacks und seine Mitstreiter:innen durchgeführt wurden, finden in einem sehr speziellen Rahmen statt: Es handelt sich um **Tonbandaufnahmen** von Telefongesprächen, die in einem „Suicide Prevention Center" aufgenommen wurden, und die Sacks für seine wissenschaftliche Arbeit am „Center for the Scientific Study of Suicide" in Los Angeles untersucht (→ 9.1.1). Dabei stehen zwei zentrale Fragestellungen im Zentrum: Wie und auf welche Weise kategorisieren Gesprächsteilnehmende einander im Gespräch als Mitglieder einer bestimmten Gruppe? Und wie sind Gespräche überhaupt organisiert? Während sich Sacks mit der ersten Frage nach der Kategorisierung von Gesprächsteilnehmenden nicht ausführlicher befasste – erst ab den späten 1990er-Jahren wurde sie unter dem Begriff **MCA** (engl. *Membership Categorization Analysis*, → 9.4.2.5) intensiver untersucht (vgl. z. B. Eglin/Hester 1997) –, wurde die Regelhaftigkeit im Ablauf von Gesprächen zum ersten grossen Forschungsthema der noch jungen Konversationsanalyse. Wissenschaftlich publizierte Meilensteine sind u. a. die Artikel „Opening up closings" (Schegloff/Sacks 1973) und „Simplest Systematics" (Sacks et al. 1974), die Sacks zusammen mit Schegloff und Jefferson verfasste, sowie die Aufzeichnungen der Vorlesungen, die Sacks seit 1964 hielt und die nach seinem frühen Unfalltod 1975 posthum in Buchform als „Lectures on Conversation" erschienen (1992).

Vertiefung 9.4: Von der Schwierigkeit Garfinkel & Co. zu lesen
Dass dieses Nachdenken und Schreiben über sozialen Praktiken als methodische Sichtbarmachung kein leichtes Unterfangen ist, liegt auf der Hand – insbesondere weil wir Sprache benutzen, um über Spachliches zu sprechen (d. h. Metasprache ist gleich Objektsprache). Dies hat dazu geführt, dass Garfinkels Texte als äusserst schwierig zu lesen verschrien sind. Dennoch lohnt sich die Lektüre, nicht zuletzt, um gerade dieses Ringen nach der adäquaten Beschreibung alltäglicher Phänomene erlebt zu haben. Ein ähnliches Lektürephänomen tritt bei den Texten von Sacks, Jefferson und Schegloff auf. Bei den zwei Klassikern der Konversationsanalyse „Simplest Systematics" und „Opening-up Closings" handelt es sich um sehr dicht geschriebene Grundlagenarbeiten, die einiges an Durchhaltevermögen erfordern. Der Lohn ist nicht allein die eingehende Beschäftigung mit Pionierarbeiten, in denen die Grundlagen für alle weiteren Arbeiten gelegt wurden, sondern auch ein Verständnis davon, was die Konversationsanalyst:innen der ersten Stunde beschäftigte und wie akribisch sie die verschiedenen Themen untersuchten. Das Gleiche gilt für Sacks' Vorlesungstranskripte, in denen praktisch alle Fragestellungen, die die Konversationsanalyse seither beschäftigt haben, in der einen oder anderen Form bereits behandelt werden.

Inspiriert von Garfinkel berufen sich Sacks und seine Mitstreiter also auf dessen ethnomethodologisches Programm (siehe oben) und gehen bei dieser neuen Art, Gespräche zu erforschen, radikal empirisch vor: Herangezogen werden zum einen reale Alltagsgespräche (**natürliche Daten**), die in soziale Handlungen eingebettet sind (sog. **Sprechen-in-Interaktion**, *talk-in-interaction*), und man geht möglichst unvoreingenommen an das zu analysierende Material heran.

Während bisherige Ansätze mit einem konkreten Fragenkatalog (z. B. *wie verhält sich der Arzt im Gespräch?*) an die Untersuchung herangehen, stellt die Konversationsanalyse vielmehr die fundamentale Frage, wie überhaupt die Kategorie ÄRZTIN/ARZT in dem Gespräch erkennbar, relevant gemacht und hervorgebracht wird. Bereits vorhandenes Wissen (Sprecherin A ist die Ärztin, Sprecher B ist der Patient) wird also nicht einfach als gegeben hingenommen, sondern die spezifischen Methoden der Gesprächsteilnehmenden mittels **systematischer Analysen von Gesprächen** genau unter die Lupe genommen. Mit anderen Worten: Indem man das vorhandene, bereits etablierte Wissen nochmals gegen den Strich bürstet, lassen sich die Charakteristiken und Mechanismen nachvollziehen, wie die Gesprächsteilnehmenden – dieser sehr spezifischen Konstellation ÄRZTIN/ARZT–PATIENT:IN – ihre Rollen nachvollziehbar machen, sie sozusagen „ausleben" (siehe dazu auch Goffmans bekanntes Werk „The Presentation of Self in Everyday Life", 1959).

Eine zentrale Annahme der Konversationsanalyse ist es also, dass die Beteiligten alles, was im konkreten Augenblick des Gesprächs von Relevanz ist, **gegenseitig nachvollziehbar** machen. Wir können nicht in den Kopf unseres Gegenübers schauen und auch nicht ständig versuchen, die Intention des Gegenübers zu erraten (vgl. Vertiefung 9.1). Wir sind aber auch – in den allermeisten Fällen – gewillt, alles, was gerade zur Bewältigung der kommunikativen Aufgabe ansteht, miteinander zu lösen (**Kooperationsprinzip**, → 4.2.3). Dies geht vielfach so weit, dass wir unsere Äusserungen so gestalten, dass fortlaufend die Bedürfnisse, das Wissen, die Erwartungen und die Perspektive unseres Gegenübers berücksichtigt werden, um unsere Mitteilungen optimal anzupassen. Man spricht in diesem Fall von **recipient design**, das beispielsweise bei der Wahl von Wörtern, der Strukturierung von Sätzen oder der Bereitstellung von Hintergrundinformationen ersichtlich wird.

Die Annahme, dass bei Gesprächen prinzipiell gemeinsam, kooperativ, angemessen und geordnet (**order at all points**) gehandelt wird, kann nun für die Analyse von Gesprächen genutzt werden: Das von Sacks und seinen Mitstreitern als (next-turn) **proof procedure** bezeichnete methodische Vorgehen besagt, dass die darauffolgende Aussage in einem Gespräch, der nächste Schritt also (*Turn*, → 9.4.1) offenbart, ob das Mitgeteilte von den Gesprächsteilnehmenden auch tatsächlich so verstanden worden ist, wie intendiert (Sacks et al. 1974: 728). Es hängt also nicht alles von der sozusagen „ersten" Aussage ab (wie in der Sprechakttheorie), sondern vielmehr von dem, was **sequenziell** darauf folgt (→ 9.4). Mit dieser „Reaktion" (auf die dann wiederum eine Reaktion folgen wird usw.) machen sich die Beteiligten klar, wie sie das, was gerade abläuft, verstehen (oder eben gerade nicht). Dieses gegenseitige Verständlichmachen gibt aber auch seinerseits den Forschenden die Möglichkeit zu verstehen, was gerade in diesem Gespräch abläuft:

> But while understanding of others turn's talk are displayed to co-participants they are available as well to professional analysts, who are thereby afforded a proof criterion (and a search procedure) for the analysis of what a turn's talk is occupied with. (Sacks et al. 1974: 729)

Dieses Verstehen bedeutet aber keineswegs ein psychologisierendes Einnehmen der Beteiligtenperspektive oder einer „einfühlenden" Interpretation des Gesagten, indem man nach den Intentionen der Beteiligten fragt oder Mutmassungen darüber anstellt, was die persönlichen Motivationen ihrer Handlungen gewesen sein könnten. Man bleibt **strikt an der sichtbaren und somit nachweisbaren Oberfläche des Geschehens** (→ 8 zur ähnlichen Vorgehensweise in der Textlinguistik). Ein kurzes Beispiel soll hier zur Veranschaulichung genügen:

```
0 ((sonnerie))        0 ((sonnerie))         0 ((sonnerie))
1 B ((silence))       1 B ((silence))        1 B ((silence))
2 A c'est madame      2 A c'est madame untel? 2 A c'est madame untel?
  untel?              3 B oui!               3 B oui!
                                             4 A oui. elle est là ta
                                               maman?
```

Beispiel 9.2: Ein Telefongespräch (Gülich/Mondada 2012: 76, Original von Widmer 1987).

Das vorliegende Telefongespräch beginnt (Zeile 0, *((sonnerie))*) gleich mit einer „Panne": Nicht nur schweigt die angerufene Person nach Abnahme des Telefons (Zeile 1, *((silence))*); es findet auch keine Begrüssung statt (Zeile 2, *c'est madame untel?*). Hier – und deshalb sind Pannen oder Krisenexperimente (siehe oben) so interessant – wird evident, wie die Regel am Beginn eines Telefongesprächs lautet: Die angerufene Person spricht als Erstes. Wenn das Klingeln (*((sonnerie))*), das ja keine sprachliche Äusserung ist, als Aufruf und Initiation einer Paarsequenz (einer sog. **summons-answer-Sequenz**, vgl. Schegloff 1968, → 9.4.1.3 und Vertiefung 9.8) verstanden wird, wäre das Abnehmen und Sich-Melden bereits die Antwort darauf. In unserem Beispiel jedoch herrscht Schweigen, sodass die anrufende Person eine zweite Paarsequenz startet (Zeile 2, *c'est madame untel?*). Nun meldet sich eine Person B (Zeile 3, *oui!*). Ihr affirmatives „Ja" beantwortet zwar die Frage, jedoch bleibt der Eindruck dieser Anfangssequenz dennoch fragwürdig – irgendetwas scheint hier nicht zu stimmen bzw. erwartet man, dass das anfängliche Schweigen aufgelöst wird (z. B. mit *Oui, qui est-ce?* o. Ä.). Die Auflösung dieses pannenbehafteten Beginns geschieht, wie auch für die Beteiligten selbst, sequenziell (was wir mit der schrittweisen Aufdeckung der Zeilen versucht haben nachzuzeichnen). Und hier wird es bezüglich der Prämisse, dass alles, was für die gerade laufende Interaktion relevant ist, auf den Tisch gebracht wird, besonders interessant: Die nächste Frage von A zeigt (Zeile 4, *oui elle est là ta maman?*), dass es sich bei Person B um ein Kind handelt, das offensichtlich die Telefonierregeln noch nicht gelernt und internalisiert hat. Übrigens zeigt dies natürlich auch, was für ein immenses Vorwissen wir als geschulte Telefonierer:innen (und somit als Analyst:innen) besitzen. Als Analysierende der Audioaufnahme hätten wir natürlich sofort zusammen mit A erkannt, dass es sich um ein Kind handelt. Aber tatsächlich wird dies, weil es ein für die Interaktion relevantes, da ungewöhnliches Ereignis ist, auch von B durch die Frage aufgeworfen und verhandelt.

Das hier kurz vorgestellte sequenzielle Analysevorgehen bildet also sozusagen die Interaktion in Echtzeit ab, so wie sie tatsächlich ablaufen würde. Diese Art der Analyse, die Moment für Moment voranschreitet, stellt nicht nur sicher, dass wir als „Analyst:innen" die Interaktion auch genauso „abwickeln" wie die Beteiligten selbst. Auf diese *sequenzielle* Weise können wir nachvollziehen, wie die an der Interaktion Beteiligten in einem Wechselspiel Aussagen machen und Handlungen vollziehen. Damit wird ein Verständnis und eine Sinnhaftigkeit über das Gesagte gemeinsam entwickelt und erreicht. Diese Art der Analyse vermag auch die Regeln und Finessen genau unter die Lupe zu nehmen, mit denen Beteiligte das Gespräch (in den meisten Fällen) problemlos, d. h. geregelt und ohne sich ständig ins Wort zu fallen, führen. In unserem Beispiel eines ungewöhnlichen Telefonats ist es in erster Linie der Mechanismus der Paarsequenz aus Frage und Antwort, die das Gespräch weiterentwickelt und am Laufen hält. Damit stellt sich nun die Frage, wie Gespräche organisiert werden.

> **Vertiefung 9.5: Eine kurze Notiz zum Vorgehen bei der Analyse**
> Ein Kernpunkt der Ethnomethodologischen Konversationsanalyse ist, dass sie mit empirischen Daten arbeitet und diese qualitativ analysiert. Ein weiterer wichtiger Punkt bezüglich des Analysevorgehens ist es zudem, dass sie *streng datengeleitet* vorgeht. Dies bedeutet, dass nicht Annahmen und Hypothesen am Anfang einer Analyse stehen – denn diese können einen dazu verleiten, dasjenige, was man in der Hypothese annimmt, in den Daten „suchen" zu gehen –, sondern die Daten sprechen für sich. Natürlich hat man die Daten mit einer gewissen (aber groben!) Fragestellung aufgenommen, jedoch sollte diese Fragestellung nicht bereits zu spezifisch sein (→ 12 zu den verschiedenen Vorgehensweisen). Beispiele für solche offenen Fragen wären: Wie sieht die Interaktion zwischen Spielenden in VR aus? (Statt: Spielende, die VR nicht gut kennen, bewegen sich unsicher im virtuellen Raum). Oder: Welche Unterschiede lassen sich zwischen Anrufen ohne und mit Kamera feststellen? (Statt: In Anrufen mit Facecam wird der *location talk* weggelassen). Auch wenn ein solches Vorgehen anfänglich Schwierigkeiten bereiten mag (einerseits, weil andere Fachrichtungen konkrete Hypothesen verlangen, andererseits weil ein solches zunächst noch unbestimmteres Vorgehen einem selbst bezüglich der Resultate unklar erscheint), so lohnt es sich, sich darauf einzulassen. Jede Interaktion, sei sie noch so kurz (Begrüssungssequenz am Telefon), bietet eine Fülle an interessanten Beobachtungen, bei denen z.B. aufgezeigt werden kann, wie routinehaft sich menschliche Interaktion erweist. So führte die allgemeine Frage nach den VR-Daten zu der Beobachtung, dass VR-unerprobte Spielende sich routinehaft wahrnehmbar zuwinken, um die gegenseitige Wahrnehmung anzuzeigen, aber auch um sich ihrer eigenen Körperlichkeit zu vergewissern (→ 9.6).

9.4 Das klassische Thema der Konversationsanalyse: Die Gesprächsorganisation

Die zentrale Fragestellung der Konversationsanalyse ist es, herauszufinden, wie ein Gespräch organisiert ist. Wie kann es dazu kommen, dass, wenn mehrere Personen miteinander sprechen, es nicht zu einer heillosen Kakophonie kommt, bei der alle wild durcheinandersprechen und man verzweifelt um Gehör ringen muss? Natürlich existieren solche Situationen, aber diese sind auf wenige sehr spezifische Gesprächsarten beschränkt, bei denen in erster Linie kein Kooperationswille vorliegt – sei es beim Streiten als Paar oder in einer Präsidentschaftsdebatte (→ 9.4.1.4). Trotzdem lassen sich auch in diesen Situationen die Beteiligten aufeinander ein. Goffman (1981: 137) spricht von **Partizipationsrahmen** oder **-struktur** (*participation framework*), der bzw. die alle am Gespräch Beteiligten einschliesst, also nicht nur exklusiv auf die Sprechenden fokussiert. Ausserdem nimmt er die Rolle der Beteiligten, die im klassischen Kommunikationsmodell eindimensional ist, genau unter die Lupe.

So lässt sich beim **Gegenüber** zunächst zwischen der Person, die angesprochen wird – dem:der **Adressat:in** – und der Person, die auch zu erkennen gibt, dass sie angesprochen ist – dem:der **Rezipient:in** – unterscheiden. Adressat:in und Rezipient:in sind zwar oftmals identisch, dennoch ist die Unterscheidung sinnvoll, um etwa den Fall beschreiben zu können, dass jemand, der nicht adressiert war, antwortet. Dazu kommen weitere Teilnehmende, die aufgrund der Hörweite oder ihrer Ausrichtung auf das Geschehen den Eindruck erwecken, Teil der gerade vorliegenden Gesprächssituation zu sein: Neben den nicht-adressierten Teilnehmenden, die aber klar Teil des Partizipationsrahmens und somit sog. **ratifizierte Teilnehmende** (*ratified participants*) sind, gibt es auch **nicht-ratifizierte Teilnehmende** (*unratified participants*), wie **Zuhörende** (*bystanders*, die ein Gespräch sozusagen passiv mitbekommen) oder sogar **Lauschende** (*eavesdroppers*, die nicht zur Teilnahme am Gespräch eingeladen wurden, es aber trotzdem unverschämterweise aktiv tun).

Im Beispiel der VR-Interaktion etwa sind nicht nur Manuel und Fabian auf dem Bild zu sehen, sondern auch der Game-Designer, und die Linguistin, die das Ganze mit der Handkamera für die Analysen filmt (siehe oben, Beispiel 9.1). Es ist nicht ganz einfach, den Status der beiden zu bestimmen, da sie – und das ist sehr speziell am Virtual-Reality-Setting – für die beiden Spielenden nicht zu sehen sind, auch wenn ihnen in dieser Situation klar ist, dass sie sich im gleichen Raum befinden. Wären sie für die Spielenden sichtbar, wäre klar, dass sie als ratifizierte Teilnehmende dazugehören, schon alleine aufgrund der Tatsache, dass sie sich inmitten des Sichtfeldes der beiden Spielenden befinden. Ihr unsichtbarer Status hilft jedoch auch, sie sozusagen aus dem Interaktionsgeschehen auszublenden und sie – insbesondere die Linguistin, die das Geschehen zu Forschungszwecken filmt und aktiv mithört – sozusagen zur Lauschenden zu machen. In milderer Form gilt dies auch für den Game-Designer, dessen Aufgabe es ist, das Spiel der Teilnehmenden zu beobachten, um Verbesserungen am Spiel vornehmen zu können. Dass diese Kategorisierung als Lauschende aber zu extrem wäre, zeigt Fabians völlig unüberraschte Reaktion am Ende des Transkripts, als der Game-Designer kurz eingreift (Zeilen 07 und 08). In diesem Fall könnte es sinnvoll sein, zwei Partizipationsrahmen anzunehmen: Einen inneren Partizipationsrahmen des Spiels (mit den ratifizierten Teilnehmenden Manuel und Fabian) und einen äusseren Partizipationsrahmen des wissenschaftlich begleiteten Playtestings (an dem auch der Game-Designer und die Linguistin beteiligt sind).

Auch bei der Rolle der Sprechenden unterscheidet Goffman mehrere Typen, wobei er zunächst vier **Sprechertypen** annimmt (vgl. Goffman 1974, wo noch die Verkörperung einer Figur, wie etwa in schauspielerischen Darbietungen – daher auch *figure* –, besprochen wird), später dann drei (vgl. Goffman 1979). Dabei geht Goffman davon aus, dass Sprecher:innen mehrere Sprechertypen in sich vereinen können: Zunächst sind sie diejenigen, die Äusserungen tatsächlich physisch produzieren und sozusagen als Sprachrohr auftreten. Diesen Typ bezeichnet Goffman als **Animator** (*animator*). Wenn man den Inhalt der Äusserung auch tatsächlich entwickelt hat und somit die intellektuelle oder kreative Verantwortung für das Geäusserte trägt, so ist man auch **Autor** (*author*). Es kann aber auch der Fall sein, dass man den Inhalt nicht entwickelt hat, aber dennoch das Gesagte verantwortet. Diesen Typ bezeichnet Goffman als **Prinzipal** (*principal*). Normalerweise vereinigt man als Sprecher:in alle drei Sprechertypen, aber die Möglichkeit zur Unterscheidung kann in manchen Alltagssituationen hilfreich sein. So ist man zwar nicht *author* des neusten Klatsches (im Sinne von „Weisst du, was er dann gesagt hat?"), aber durchaus *animator* und *principal*, wenn man das Gerücht in die Welt streut. Komplex wird es im institutionellen Rahmen, wenn beispielsweise ein:e klassische:r Nachrichtensprecher:in einzig als *animator* auftritt, mit Nachrichten, die das Redaktionsteam geschrieben (*author*) hat, und das Medienunternehmen verantwortet, ob und wie gewisse dieser Nachrichten gesendet werden sollen (*principal*). Bei politischen Reden etwa kann unklar sein, ob diese tatsächlich selbst geschrieben wurden, aber die Verantwortung trägt der:die Politiker:in auf jeden Fall.

Wie lässt sich nun aber diese Kunst des Miteinander-Sprechens und -Interagierens überhaupt fassen? Wie kommt es, dass Gespräche zumeist doch reibungslos funktionieren? Und was passiert, wenn es doch mal schiefgeht?

Im Folgenden wird dieses klassische Thema der Gesprächsorganisation anhand der wichtigsten Merkmale vorgestellt:

Sprecherwechsel (→ 9.4.1): Der Fokus liegt zunächst auf dieser zentralen Schaltstelle des Gesprächs, anschliessend werden folgende Punkte genauer vorgestellt:

- das **Regelwerk**, das den Sprecherwechsel überhaupt ermöglicht, und **grundlegende Fakten,**
- die **Aktivitäten der am Gespräch Beteiligten**,
- gängige **minimale Paarsequenzen,**
- **Formen von Übergängen** mit Arten von Pausen, Überlappungen, Unterbrechungen
- und **Reparaturen**, wenn der Gesprächsfluss ins Stocken gerät.

Zum Abschluss wird zudem auf die **Phasen von Gesprächen** eingegangen (→ 9.4.2), um auch hier einen Überblick zu bieten. Es geht dabei um die Strukturierung eines Gesprächs, indem **Gesprächsteile** benannt und die im Gesprächsmoment gerade anstehenden **Interaktionsaufgaben** betrachtet werden. Multimodale Perspektiven auf Mimik, Blickverhalten oder Körperhaltung kommen hier nur am Rande vor, da sie später noch im Fokus stehen werden (→ 9.6). Sie sind bei der Gesprächsorganisation aber ebenfalls nicht zu vernachlässigen.

9.4.1 Der Sprecherwechsel als zentrale Schaltstelle des Gesprächs

Der Sprecherwechsel ist das Herzstück eines Gesprächs. Damit ist gemeint, dass sich ein Gespräch durch diejenigen Momente konstituiert, in denen die Gesprächsbeteiligten sich „das Wort reichen". So entsteht eine sequenziell verkettete und kontinuierliche Abfolge von **Sprecherwechseln** bzw. Gesprächsübernahmen, das *Turn-Taking*. Die Redebeiträge selbst sind also nicht die Elemente, die die Gesprächsordnung bestimmen, sondern die Art und Weise, wie zwischen den Beiträgen gewechselt wird. Das liegt auch daran, dass Redebeiträge in ihrer Länge variabel wie auch in ihrem Inhalt ganz unterschiedlich sein können. Ein Redebeitrag wird dementsprechend als **Turn** bezeichnet, was ihn metonymisch bzw. von seinen Rändern her definiert und so den Fokus auf die Charakteristiken des momentanen „An-der-Reihe-Seins" legt. Die Schaltstelle, an der ein Sprecherwechsel stattfinden kann, wird als *Transition Relevance Place* (TRP, der **mögliche Übergabepunkt**) bezeichnet. Ein Minimalbeispiel eines solchen Sprecherwechsels wäre etwa die bereits besprochene Sequenz aus Sacks' erster Vorlesung:

S: This is Mrs. Smith, may I help you?
B: Yes, this is Mrs. Brown

Mrs. Smith nimmt den Anruf entgegen und übernimmt, den Telefonkonventionen entsprechend, zuerst den *Turn*. An diesem zeigt sich, dass ein Turn *einfach* oder *komplex* sein kann. Denn theoretisch wäre es möglich, dass sie nur den ersten Teil ihres Turns realisiert (also nichts mehr sagt nach *This is Mrs. Smith*). Damit hätte sie bereits eine **vollständige turnkonstitutive Einheit** (*Turn Constructional Unit*, TCU) realisiert, bei der prinzipiell eine Übergabe (TRP) möglich wäre und Mrs. Brown das Wort ergreifen könnte. Mrs. Smith erweitert den **einfachen Redebeitrag** jedoch um eine weitere TCU, nämlich um die Frage (*may I help you?*), und konstruiert somit einen **komplexen Redebeitrag**, der aus mehr als einem TCU besteht (hier aus zwei TCUs). Mit dieser Frage ermöglicht sie explizit einen TRP und initiiert somit das Turn-Taking. Dieses wird von Mrs. Brown angenommen, und sie übernimmt mit ihrer Antwort den Turn. Wie das simple Beispiel zeigt, ist der Sprecherwechsel also eine Form von Rollenwechsel, der in einem Zweiergespräch regelmässiger und einfacher von statten geht als in einem Gruppengespräch (in dem den Sprecher:innen mehrere potentielle Adressat:innen gegenüberstehen) und folglich beim Sprecherwechsel immer von vornherein klar ist, wer als Nächste:r die Sprecherrolle erhält.

In ihrem Grundlagenartikel „A Simplest Systematics for the Organization of Turn-Taking for Conversation" (1974) haben Sacks, Schegloff und Jefferson für

Gespräche jeglicher Art akribisch analysiert, welche Gesetzmässigkeiten beim Sprecherwechsel zum Zuge kommen und wie die „Maschinerie" eines Gespräches *turn by turn*, also mit dem Hin- und Herwechseln zwischen den Gesprächsbeteiligten am Laufen gehalten wird. Darauf wollen wir im folgenden Kapitel eingehen.

9.4.1.1 Who's next: Das Regelwerk eines Sprecherwechsels

Ein Sprecherwechsel vollzieht sich nicht per Zufall, sondern tritt – wie auch das obige simple Beispiel zeigt – an der übergaberelevanten Stelle auf. An den *Transition Revelant Places* (TRP) manifestiert sich ein Regelwerk, das Sacks, Schegloff und Jefferson als „simplest systematics", also „einfachste Systematisierung", folgendermassen beschrieben haben (Übersetzung d. Verf.):

    An einer TRP

(1a)   kann die momentane Sprecherin die nächste Sprecherin auswählen, wobei diese „Ausgewählte" (und niemand sonst) nicht nur das Recht, sondern auch die Pflicht hat, als Nächste das Wort zu ergreifen;

(1b)   kann man, wenn die momentane Sprecherin keine nächste auswählt (d. h. 1a trifft nicht zu), sich selbst als nächste Sprecherin wählen, muss aber nicht;

(1c)   kann, wenn die momentane Sprecherin keine nächste auswählt (d. h. 1a trifft nicht zu), die momentane Sprecherin fortfahren.

(2)   Wenn weder (1a) noch (1b) funktioniert haben und die aktuelle Sprecherin mit (1c) weitergesprochen hat, dann gelten (1a) bis (1c) wieder an der nächsten TRP und rekursiv an jeder weiteren TRP, bis der Sprecherwechsel erfolgt ist.

Das „Vorrecht" auf *Turn*-Weitergabe hat an jeder TRP die momentane Sprecherin, wobei sie auch sich selbst wählen kann. Es lassen sich nun zwei Arten des Sprecherwechsels unterscheiden: Entweder wird das Wort erteilt (*Fremdwahl*) oder man erteilt sich das Wort, indem man sich selbst wählt (*Selbstwahl*).

    Fremdwahl (Regel 1a: *current speaker selects next*) kann auf explizite oder implizite Art und Weise erfolgen. Die deutlichste Form der Fremdwahl ist die direkte Anrede oder gar der namentliche Aufruf (in Beispiel 9.1 oben etwa: *Hey Fabian!*). Fremdwahl kann aber auch multimodal erfolgen, durch deutliche Körperzuwendung zu einer bestimmten Gesprächspartnerin oder durch eine auffordernde Geste bzw. durch einen entsprechenden Blick. Ebenso kann eine bestimmte inhaltliche bzw. strukturelle Vorgabe deutlich machen, dass jetzt eine ganz bestimmte Person innerhalb der Gesprächsrunde an der Reihe ist und folglich das Wort erhält. Besonders deutlich wird dies in institutionellen Gesprächen wie in der Schule (der Lehrer fragt, der Schüler antwortet), im Gericht (die Anwältin nimmt den Zeugen ins Kreuzverhör) oder an der Supermarktkasse („Cumulus-Charte händ si?", wenn in einem Schweizer Detailhandelunternehmen nach der Punktekarte gefragt wird).

Selbstwahl (Regel 1b: *self-selection* und 1c: *current speaker continues*) ist – verglichen mit Fremdwahl – die kompliziertere Form des Turn-Takings. Selbstwahl kann immer dann erfolgen, wenn eine Sprecherin einen Beitrag beendet hat, ohne dass eine bestimmte Person aus der Gesprächsrunde bereits zur nächsten Sprecherin fremdgewählt worden ist. Dabei gilt: Wer nach einem Gesprächsbeitrag zuerst als Nächste:r das Wort ergreift, hat das Anrecht auf den Gesprächsbeitrag (*first starter principle*).

Das bedeutet, dass die anwesenden *potenziellen* nächsten Sprecherinnen
- sich darüber klar sein müssen, dass die Sprecherin jetzt tatsächlich mit dem Gesprächsbeitrag aufhören will bzw. gerade aufgehört hat – und nicht einfach nur eine kurze Denk- oder Formulierungspause macht;
- sich darüber klar sein müssen, ob irgendein Signal für eine Fremdwahl erfolgt ist oder ob einer der Anwesenden irgendeine Art Sprechvorrecht hat – z. B. weil jemand schon vorher etwas sagen wollte und nicht dazu kam und folglich auf einer Art unsichtbaren Rednerliste ganz obenan steht;
- sich in irgendeiner Weise untereinander koordinieren müssen, sodass nicht alle gleichzeitig versuchen, das Wort zu ergreifen (was aber auch vorkommen kann – dann greifen Reparaturen, → 9.4.1.4).

Es wird deutlich, dass bei all dieser Komplexität alle Beteiligten – Sprecherin wie Adressatin, aber auch alle anderen, die fokussiert am Gespräch teilnehmen – kontinuierlich ihren Beitrag leisten müssen.

Mit der rekursiven Regel (2) operationalisiert das Regelwerk das kontinuierliche Wiederholen von Sprecherwechseln (*turn by turn*), wie es im Normalfall bei Gesprächen vorkommt. In diesem Sinne ist das Regelwerk des Turn-Taking eine elegante Art, das Gerüst eines Gesprächs mit wenigen Regeln zu umschreiben. Es ist somit auch eine strukturorientierte Herangehensweise.

Neben diesem Regelwerk analysieren Sacks, Schegloff und Jefferson weitere Charakteristiken, bei denen es sich, wie sie selbst sagen, um „grossly apparent facts" handelt (Sacks et al. 1974: 700). Manche Punkte mögen tatsächlich „völlig offensichtlich sein, jedoch helfen sie, das, was wir tagtäglich in Gesprächen zumeist unbewusst und routiniert vollführen, gegen den Strich zu bürsten und analytisch greifbar zu machen:
1. Sprecherwechsel tritt wiederholt oder zumindest gelegentlich auf.
2. In der überwiegenden Mehrheit der Fälle spricht nur eine Person zur gleichen Zeit.
3. Fälle, in denen mehrere Personen gleichzeitig sprechen, sind üblich, aber kurz.
4. Sprecherwechsel ohne *gap* (Pause, siehe unten) und ohne *overlap* (Überlappung, siehe unten) erfolgen häufig. Zusammen mit solchen, die sehr kurze *gaps* und *overlaps* aufweisen, machen sie die Mehrheit der Sprecherwechsel aus.

5. Die Reihenfolge der *Turns* ist nicht festgelegt, sondern variiert.
6. Die Länge der *Turns* ist nicht festgelegt, sondern variiert.
7. Die Dauer des Gesprächs ist nicht im Voraus festgelegt (und das Beenden eines Gesprächs ist eine Kunst für sich, vgl. den „Opening-up Closings"-Artikel, Schegloff/Sacks 1973).
8. Der Inhalt dessen, was die Gesprächsteilnehmenden sagen, ist nicht im Voraus festgelegt.
9. Die relative Verteilung der *Turns* ist nicht im Voraus festgelegt.
10. Die Anzahl der am Gespräch Beteiligten kann variieren.
11. Gespräche können kontinuierlich oder diskontinuierlich sein.
12. Techniken zur Gesprächssteuerung kommen offensichtlich zum Zug (siehe oben).
13. Verschiedene *Turn*-konstruierende Einheiten kommen zur Anwendung.
14. Es gibt Reparaturen, um Fehler und Verstösse beim Sprecherwechsel zu beheben (siehe unten).

Bevor weiter unten auf einige Punkte (3, 4, 11, 14) genauer betrachtet werden, ist es wichtig, den Partizipationsrahmen zu definieren und die Rolle der Gesprächsbeteiligten und ihre Aktivitäten kritisch zu reflektieren.

9.4.1.2 Aktivitäten der am Gespräch Beteiligten

Bei einem Gespräch wechseln sich Sprecher:innen und Adressat:innen kontinuierlich ab und nehmen die Rolle des jeweiligen Gegenübers ein. Es ist jedoch wichtig zu bedenken, dass nicht allein das Sprechen zentral ist, sondern auch die Adressat:innen einen aktiven Part im Gespräch leisten. Dies mag offensichtlich erscheinen, liegt aber vielleicht auch an einem kleinen Kniff, den wir angewendet haben: Wir haben auf klassische Begriffe verzichtet und den Sprecher:innen keine Hörer:innen gegenübergestellt, sondern von Anfang an von dem:der **Adressat:in** gesprochen, um eine mögliche passive Konnotierung der Rolle des Gegenübers (das „nur zuhört") zu vermeiden (**Partizipationsrahmen**, → 9.4).

Etabliert hat sich die Analyse der aktiven Rolle des Gegenübers zunächst mit dem einleuchtenden Begriff des **back-channelling** (Yngve 1970, auch *back-channel-behavior* oder *Rückmeldeverhalten*). Damit wurden Gesprächsaktivitäten zusammengefasst, die parallel zum Gesprächsbeitrag der Sprecherin erfolgen, aber nicht als eigene Turns aufgefasst werden. In der Forschungsliteratur gibt es unterschiedliche Auffassungen darüber, was *back-channel*-Signale umfassen. Vereinfacht lassen sich funktional zwei Haupttypen unterscheiden:

1) Aufmerksamkeitsbezeugende, die Sprecherrolle bestätigende Signale, die zeigen, dass der:die Adressat:in noch da, noch wach und noch aufmerksam ist; sie sind in jedem Fall von *back-channel*-Verhalten gegeben.
2) Kommentierende Signale, die die Einstellung der Adressat:innen zum Gesagten signalisieren, also z. B. Zustimmung, Zweifel, Spannung etc.; sie stellen eine erweiterte Form von 1) dar.

Die Probleme bei der Art der Auffassung, dass es sich bei Adressatenaktivitäten um ein *back-channeling* handelt, liegen zunächst an dem Begriff selbst. Es wird suggeriert, dass eine Gesprächshandlung im Vordergrund steht (*front communication*) und damit die Gesprächssituation zugunsten der Sprecher:innen hierarchisiert. Zudem werden mit dieser Auffassung die Adressatenaktivitäten von denjenigen der Sprecher:innen isoliert gesehen, was der Hauptgrund ist, warum man den Begriff heute in der Forschung nunmehr meidet. Man spricht stattdessen von *recipient response*, also **Rezeptionssignalen**, und präferiert die konkrete Benennung des Phänomens als *continuer* (**Fortsetzungssignal**). Diese signalisieren zum einen, dass man den Redebeitrag vernommen hat, und zum anderen, dass man auf eine Übernahme des Turns verzichtet. Für die Realisierung von Fortsetzungssignalen stehen sowohl sprachliche Mittel (*ah, mhm, hmm, ja, jaja, wie ach ja, wirklich?, genau, eben*) als auch **multimodale Mittel** zur Verfügung (Blickkontakt, Körperzuwendung, Mimik/Gesichtsausdruck, Gestik oder Kopfbewegungen wie Kopfnicken oder Kopfschütteln, → 9.6). Ein Grossteil dieser Rezeptionssignale ist stark automatisiert – wir senden diese Signale, ohne dass wir es bewusst bemerken. Sie treten in der Nähe von Turn-konstitutiven Einheiten (TCUs) auf, also immer dann, wenn theoretisch eine Übergabe (TRP) möglich wäre, aber das Gegenüber dem:der Sprecher:in signalisiert, mit dem Turn fortzufahren. Es konnte in diesem Zusammenhang gezeigt werden, dass die Rezeptionssignale genau dann erfolgen, wenn Sprecher:innen die Rezipient:innen anschauen und ein sog. *gaze window*, ein kurzer Blickkontakt, etabliert wird (Bavelas et al. 2002). Ist das Rezeptionssignal – als Ratifizierung, dass das bisher Gesagte verstanden wurde – erfolgt, wendet die Sprecherin den Blick sogleich ab, um mit ihrem Turn fortzufahren.

Wenn es zu kurzen Phasen von Parallelsprechen kommt, werden diese normalerweise nicht als Störung der Kommunikation und auch nicht als Unterbrechungsversuch gewertet. Ganz im Gegenteil führen zu wenige Signale zur Verunsicherung der Sprecher:innen, und dies hat entsprechende Folgen (vermehrte rhetorische Bemühungen, Nachfragen in Sinne von *Hörst Du mir eigentlich noch zu?*).

Der Einsatz von Rezeptionssignalen hängt jedoch auch von individuellen Sprechstilen ab. Zudem lässt sich beobachten, dass sie in Kontexten bzw. Gesprächssorten häufiger vorkommen (etwa im Psychotherapiekontext). Auch kulturelle Unterschiede lassen sich feststellen. Im Japanischen etwa existiert ein spezifischer

Begriff für die häufig auftretenden Rezeptionssignale: *Aizuchi* (übersetzt etwa als ‚wechselseitige Hammerschläge'). Dieser Begriff veranschaulicht bildhaft das gemeinsame „Schmieden" am Gespräch.

Die Aktivitäten der Sprecher:innen soll natürlich nicht unbeachtet bleiben. Wenn man – durch Selbst- oder Fremdwahl (siehe oben) – in einem Gespräch zu Wort gekommen ist, so hat man damit auch das Anrecht erhalten, über einen gewissen Zeitraum die Sprecherrolle innezuhaben. Wie lang dieses „Recht" dauert, hängt von Faktoren wie Ort, Zeitpunkt, Öffentlichkeitscharakter des Gesprächs, Beziehung der Gesprächsteilnehmenden, Thema des Gesprächs, kommunikative Gattung (z. B. Vortrag, narrative Rekonstruktion, Beschwerdeerzählung etc.) ab. So sind z. B. Gesprächsbeiträge in öffentlichen Diskussionsrunden bedeutend länger als bei einer Diskussion im Freundeskreis; eine Fachexpertin kann und darf bei einem entsprechenden Thema weiter und länger ausholen als jemand, der nichts davon versteht; jemand, der gerade aufgefordert wurde, doch die Geschichte seiner ersten Liebe zu erzählen, wird kaum unterbrochen werden, bevor die Geschichte zu Ende ist etc.

Dennoch sind wir uns als Sprecher:innen immer der Tatsache bewusst, dass wir (irgendwann) das Wort weitergeben müssen. Innerhalb eines Gesprächsbeitrags lassen sich deshalb meist Signale festmachen, die zeigen, ob bzw. dass der:die aktuelle Sprecher:in noch weitersprechen möchte: Denk- oder Formulierungspausen sind mit *äh, ahmm* oder *öh* gefüllt, und auch die Intonationskurve bleibt erhöht oder geht deutlich nach oben zum Zeichen, dass der Gesprächsbeitrag noch nicht zu Ende ist (→ 9.5 zu der Frage nach den grammatikalischen Einheiten in Gesprächen und → 12.5.1 zu Transkriptionskonventionen). Leiser werdende Stimme, langsamerer Redefluss, ein zum Sprecherwechsel animierendes *... oder?, ... nicht wahr?, ... wie findest denn du das?* dagegen können als sog. **Kontextualisierungshinweise** (*contextualization cues*, → 11.4.2) signalisieren, dass der:die Sprecher:in zum Schluss kommen und das Wort freigeben könnte. Die letztgenannte Erscheinung, nämlich die verbalen Anhängsel, die je nach Region prototypisch *gell?, oder?, nich?, eh?* lauten und die im Englischen besonders komplexe Formen annehmen (Negierung des Hilfsverbs und Intonationsmuster wie in *it is, isn't it?; she will, won't she?*), werden als *tag questions* bezeichnet.

Wird man – bevor man mit seinem Gesprächsbeitrag zum Schluss kommt – vom Gegenüber unterbrochen, so kann man sich auf verschiedene Weisen zur Wehr setzen:
– lauter sprechen, um damit das Gegenüber zu ‚übertönen', zumeist zusätzlich zu einer höheren Stimmlage und/oder einer Reduzierung des Sprechertempos;
– den unterbrochenen Redeteil nochmals wiederholen, eventuell sogar mehrmals, bis die unterbrechende Person ihrerseits wieder schweigt;

- sich nach vorne beugen und stark gestikulieren und damit die unterbrechende Person „zurückdrängen";
- die Unterbrechung thematisieren und sich explizit dagegen verwahren *(Moment, ich bin noch nicht fertig!* oder sogar drastisch mit *Will you shut up man* im Beispiel 9.9).

Wenn das Rederecht völlig unangetastet ist, werden Sprecher:innen nicht auf eine gewisse Zuwendung zu ihrem Publikum und damit auch auf eine beständige Versicherung ihrer Sprecherrolle verzichten. Das zeigt sich dann
- im Blickkontakt mit den Adressierten und möglichen weiteren Beteiligten,
- durch (verständniserleichternde) Gliederungssignale *(Soweit, so gut, aber dann...)*,
- durch sog. **Projektorkonstruktionen** *(Die Sache ist die, dass ...* oder *Ehrlich gesagt ...)*, die musterhaft anzeigen, dass nun komplexe Argumentationen zu erwarten sind,
- in aufmerksamkeitssichernden und/oder zur Zustimmung auffordernden Floskeln und Wendungen *(nicht wahr?, weisst du, verstehst du?)* bzw. in rhetorischen Fragen, die dann durchaus nicht als Aufforderung zur „Turn-Übernahme" gedacht sind, sondern nur den Kontakt zur Adressat:in verstärken sollen,
- durch Einstiegsstrategien in verschiedene kommunikative Gattungen, wie beispielsweise Erzählung *(Stell dir mal vor, was mir passiert ist ...)*, Klatschgeschichte *(Hast du schon das Neuste gehört ...)* oder Witz *(Kennst du den schon ...)*.

Nachdem nun detailliert der Sprecherwechsel als zentrales Merkmal von Gesprächen und die Rolle der am Gespräch Beteiligten im Fokus stand, werden gängige **minimale Paarsequenzen** betrachtet, die ein Gespräch sozusagen „zusammenkitten".

9.4.1.3 Paarsequenzen

An Paarsequenzen wird besonders deutlich, wie Gespräche sequenziell organisiert sind und sich schrittweise als eine gemeinsame Handlung vollziehen und entfalten.

Die Fremdwahl wurde bereits vorgestellt, bei der die derzeitige Sprecherin an einem TRP ihren Turn an eine andere Person abgibt. Eine typische Form einer solchen Initiierung zur Turn-Abgabe ist es, eine Frage zu stellen. Die nächste Sequenz, die nun erwartet wird, ist eine Antwort. Schegloff hat diesen Zugzwang – also dass nun ein Gesprächsbeitrag des Gegenübers erwartet wird – als „conditionally relevant" bezeichnet (Schegloff 1968: 1084). Tatsächlich lässt sich die **konditionelle Relevanz** *(conditional relevance)* anhand von **Paarsequenzen** *(adjacency*

pairs) sehr gut nachvollziehen. Sie halten als Basiseinheiten ein Gespräch zusammen (Birkner et al. [2020: 242] sprechen auch vom „Kitt"). Weitere Beispiele für Paarsequenzen sind und sollen im nächsten Abschnitt besprochen werden:
- Fokussierungsaufforderung – Fokussierungsbestätigung (*summons – answer*)
- Gruss – Gegengruss
- Selbstvorstellung – Gegenvorstellung
- Kompliment – Reaktion auf Kompliment (Dank/Herunterspielen/Zurückweisung)
- Vorwurf – Reaktion auf Vorwurf (Rechtfertigung/Entschuldigung/Gegenvorwurf)
- Vorschlag – Annahme oder Verwerfung des Vorschlags/Annahme unter Modifikationen

In Sacks' Telefonbeispiel aus seiner ersten Vorlesung (siehe oben, → 9.4) werden sogar zwei Paarsequenzen miteinander verknüpft: Zum einen die Selbstvorstellung (*This is Mrs. Smith*), die das Personal absichtlich als konditionelle Relevanz einsetzte, um so früh wie möglich im Gespräch den Namen der anrufenden Person in Erfahrung bringen zu können. Zum anderen die Fragefloskel *May I help you?*, die eine Antwort erwartbar macht. Auf eine solche Initiierung gar nicht oder aber mit irgendeiner anderen, unkonventionellen Antwort zu reagieren (wie in Sacks' drittem Beispiel), bedeutet, den sequenziell dazugehörigen Teil der Paarsequenz nicht zu liefern und sich somit unkooperativ zu verhalten (mit der Verletzung der Maxime der Relation, → 4.2.3). Aufgrund der starken Konventionalisierung, etwa von solchen (immer wiederkehrenden und somit routinisierten) Gesprächsanfängen, fällt eine solche Verletzung besonders auf. Im VR-Beispiel (Beispiel 9.1 oben) kann man statt von der Paarsequenz Gruss – Gegengruss, die teilweise durch das Winken übernommen wird (siehe auch unten für multimodale Analysen bzw. *embodied interaction*, → 9.6), von einer Fokussierungsaufforderung und Fokussierungsbestätigung sprechen. Bei Telefonanrufen wird, etwas abstrakt, das Klingeln des Telefons und das erste Hallo als solche Fokussierungspaarsequenz kategorisiert. Im Italienischen und im Japanischen existieren sogar eigene *answer*-Floskeln dafür: *Pronto!* und *Moshimoshi?* Das obige Telefonanrufbeispiel mit dem Kind, bei dem es zu einer Panne kommt (Beispiel 9.2), illustriert diese Notwendigkeit zur Fokussierung sehr gut. Denn, auch wenn es banal klingt, ohne gegenseitige Bestätigung der Fokussierung aufeinander kommt kein Gespräch zustande. Dies zeigen auch die zahlreichen Hör- und Sehbekundungen bei Videokonferenzen, bei denen aufgrund technischer Hürden eine einfache Fokussierungssequenz verunmöglicht werden kann. Weiter unten wird, im Zuge der multimodalen Analyse von Interaktionen, noch genauer auf das Thema, das man salopp als „Wann geht's los?" beschreiben könnte, eingegangen (→ 9.4.2.2) und auch im Zuge der multimodalen Analyse von Interaktionen nochmals detailliert analysiert (→ 9.6).

Neben den bisher beschriebenen sog. **minimalen Paarsequenzen**, die aus einem ersten und zweiten Paarsequenzteil (*first* und *second pair part*) bestehen, gibt es zahlreiche Beispiele, die diese minimale Sequenz erweitern. So etwa, wenn eine Frage eingeleitet wird (im Folgenden nicht kursiviert), bevor die Frage tatsächlich gestellt wird (Darf ich Sie kurz etwas fragen? – Natürlich – *Wo geht es hier zum Dom?*). Oder wenn ein Einschub erfolgt (*Geht es Dir Montag?* – Meinst Du nächsten Montag? – Ja – *Nein, da bin ich weg* – Ach so). Hier spricht man von Erweiterungen, die als Vorlauf, Einschub oder Nachlauf (*pre-expansion, insert-expansion* und *post-expansion*), wobei das *Ach so* im vorherigen Beispiel auch als sequenzschliessendes Drittes (*sequence closing third*) bezeichnet wird. Apropos Drittes: Es gibt tatsächlich in spezifischen, insbesondere institutionellen Kontexten auch dreigliedrige Sequenzen. Dies ist z. B. in der Schule der Fall, in der nebst Frage und Antwort auch das Feedback (*richtig!*) eine entscheidende Rolle für das institutionelle Gesprächsmuster spielt.

Im Folgenden werden Formen von Übergängen beim Sprecherwechsel mit den möglichen Arten von Pausen und Überlappungen genauer unter die Lupe genommen, bevor Reparaturen vorgestellt werden, die aufzeigen, was passiert, wenn es doch einmal schiefläuft.

9.4.1.4 Formen von Übergängen beim Sprecherwechsel

Bei Sprecherwechsel lassen sich unterschiedliche Formen beobachten, die von Überlappungen, nahtlosen Übergängen bis hin zu langen Pausen reichen können:

Sprecherwechsel mit oder ohne „gap" (mit oder ohne Schweigephase)
Sprecherwechsel geschehen im Idealfall nahtlos, d.h. zwischen dem Ende des letzten Gesprächsbeitrags und dem Einsetzen des neuen Gesprächsbeitrags entstehen keine oder nur sehr kurze **Schweigephasen** (vgl. Bergmann 1982) bzw. Pausen. Solche reibungslosen Sprecherwechsel zeugen von einer intensiven Koordination in unseren Gesprächsaktivitäten, man spricht auch von der **Involviertheit** (*involvement*) der Teilnehmenden. Wie Untersuchungen gezeigt haben, benötigt die Planung und Durchführung eines Sprecherwechsels mindestens 600 Millisekunden. Der Sprecherwechsel selbst benötigt im Durchschnitt um die 200 Millisekunden (vgl. Levinson 2016). Damit nachfolgende Sprecher:innen mit ihren Beiträgen genau dann einsetzen können, wenn die vorhergehenden Sprecher:innen mit ihren Beiträgen aufhören, bedarf es also einer genauen Antizipierung der Gesprächshandlungen.

Eine minimale Stille zwischen Redebeiträgen ist jedoch zumeist kein unmittelbares Problem und fällt z. B. erst beim Transkribieren auf (→ 12.5.1). Dabei zeigt die *next-turn proof procedure* (→ 9.3.2.2) den Problemgehalt der jeweiligen Schweigephase. Je nachdem also, wie die Reaktion der Gesprächsteilnehmenden ausfällt (z. B. durch Blickkontakte oder Nachfragen), kann eine Schweigephase als problematisch erkannt werden. Falls es zu einer Panne kommt, greifen Reparaturmechanismen (im Detail siehe unten), wie man sie sicherlich kennt: So können *gaps*, die in der Fachliteratur exklusiv für die Schweigephasen zwischen Sprecherwechseln vorbehalten sind und bei denen erwartet wird, dass die andere Person weiterspricht (daher auch: **Redezugvakanz**, vgl. Bergmann 1982), zu *pauses* umgewandelt werden: Es „entsteht" eine Schweigephase im eigenen Sprecherbeitrag, wenn bei einer solchen Panne ausserplanmässig weitergesprochen wird. Pausen, bei denen nicht ersichtlich ist, zu welchem Sprecherbeitrag sie gehören, bezeichnet man als **freie Gesprächspause**.

Sprecherwechsel mit längeren Schweigephasen
Auch wenn es mittels Transkriptionssoftware (z. B. mit *Elan* oder *Exmaralda*, → 12.5.1) möglich ist, Stille in Gesprächen sehr genau zu messen und diese durch Transkriptionskonventionen wiederzugeben (man klassifiziert Mikropause, kurze, mittlere und längere *gaps/pauses*, sowohl zwischen Turns als auch bei sog. **redezuginternen Sprechpausen**), so handelt es sich doch bei Schweigephasen um eine relative Grösse, die in verschiedenen Sprachgemeinschaften und Sprachkulturen unterschiedlich ausfallen oder auch unterschiedlich wahrgenommen werden kann. Gespräche mit längeren Schweigephasen können Gesprächsteilnehmende als unangenehm bzw. peinlich empfinden. Dies mag v. a. damit zusammenhängen, dass solche „Gesprächslöcher" als Signal für mangelnde Koordination und damit zusammenhängend auch als mangelndes Interesse am oder als schwieriger Zugang zum Gesprächsthema oder gar zum:zur Gesprächspartner:in interpretiert werden kann. Allenfalls bei Fremdwahl (siehe oben, → 9.4.1.1) einer nächsten Sprecherin sind längere Sprecherwechselpausen akzeptabel – sie lassen sich als Denkpause bzw. Formulierungspause interpretieren. Ein Spezialfall sind sehr lange Schweigephasen, z. B. wenn Gesprächsbeteiligte mit etwas beschäftigt sind und sich 16 Sekunden lang niemand zu Wort meldet. In diesen Fällen spricht man von *lapses*, und das Gespräch wird dann auch als **diskontinuierlich** (*discontinuous*) bezeichnet.

9.4 Das klassische Thema der Konversationsanalyse: Die Gesprächsorganisation — 449

Vertiefung 9.6: Die Legende von den kulturellen Unterschieden bei Schweigephasen
In der Literatur, insbesondere der anthropologischen, findet man zahlreiche Berichte von verschiedenen „Pausenverhalten" in unterschiedlichen Kulturen. Man hat sicherlich auch von literarischen oder anekdotischen Beispielen gehört, wie z. B. dass im Finnischen und in weiteren nordischen Sprachen sehr lange Schweigephasen üblich seien und sich die Gesprächsteilnehmenden dadurch nicht irritieren liessen. Man vermutete sogar einen Zusammenhang mit den Sprachfamilien, wonach Schweigephasen in westgermanischen Sprachen länger ausfallen würden. In einer Studie von 2009 überprüfte ein Forschungsteam um Tanja Stivers diese Annahme (vgl. Stivers et al. 2009). Untersucht wurden das Pausenverhalten bzw. die Antwortdauer (*response time*) von zehn verschiedenen Sprachen: Dänisch, ǂAkhoe Haillom (einer namibischen Varietät), Laotisch, Italienisch, Englisch, Koreanisch, Niederländisch, Yélî Dnye (einer Papuasprache), Tzeltal (einer indigenen mexikanischen Sprache) und Japanisch. Das Forschungsteam fand zwar heraus, dass es Unterschiede in den Längen bei Schweigephasen gibt, diese jedoch nur sehr minimal ausfallen: So weist tatsächlich die nordische Sprache des Dänischen im Durchschnitt die langsamste Antwortdauer mit 469 Millisekunden auf, während erwartungsgemäss das Japanische die kürzesten Schweigephasen mit 7 Millisekunden aufweisen. Dies deckt sich mit dem Gesamtbild der Daten, die ein Antwortintervall bzw. eine Antwortspanne von ca. 500 Millisekunden aufweisen. Konkret heisst das aber, dass die kürzesten Schweigephasen durchschnittlich nur etwa so viel kürzer sind wie zwei (englische) Silbenlängen lang sind. Obwohl also in Zahlen ausgedrückt keine grossen Unterschiede im Verhalten existieren, scheint der Eindruck diametral anders zu sein – ein Fakt, der immer noch Gegenstand von weiterführenden Untersuchungen ist. Was die Ergebnisse aber bestätigen, ist die grundlegende Annahme der Konversationsanalyse, dass das Sprecherwechselsystem (*turn-taking system*) universal ist. Eine über Stunden dauernde Unterbrechung, von denen manche Legenden erzählen, hätte ganz andere Formen zur Gesprächserhaltung vorausgesetzt. Oder mit anderen Worten: Es gibt keine grundsätzlich abweichenden Mechanismen bei Gesprächen als den Sprecherwechsel-„Motor".

Sprecherwechsel mit „overlap" („Überlappen")

Das Sprecherwechselsystem führt zu einer erstaunlichen Geordnetheit in Gesprächen, jedoch kommt es in den meisten Situationen zu Phasen simultanen Sprechens. Dabei spricht man von **Überlappungen** (*overlaps*). Diese können am Ende eines Gesprächsbeitrags geschehen, aber auch mittendrin, wie die Beispiele 9.3 bis 9.6 zeigen:

Das heisst also, obwohl wir hier Fälle von simultanem Sprechen haben, handelt es sich nicht um ein Versagen der Mechanismen: Überlappungen kommen in Gesprächen sehr oft vor und werden von den Beteiligten meist nicht als störend wahrgenommen. Dass dem so ist, hängt damit zusammen, dass wir die Anfänge und Enden unserer Gesprächsbeiträge mit verbalen „Pufferzonen" oder „Knautschzonen" ausstatten (in den Beispielen etwa in (9.3): *ne ..., und so ...*; weitere Beispiele wären *Ja also ..., also ich meine, dass ..., Äh, ich wollte sagen ...* am Anfang und *... find ich einfach, ... gell?, ... nicht wahr?* etc. am Ende). Selbst wenn nun diese Passagen durch simultanes Sprechen unverständlich werden, wird dadurch der wesentliche

Inhalt der einzelnen Gesprächsbeiträge nicht berührt und das Gespräch also nicht beeinträchtigt. Und sogar, wenn am Ende eines Gesprächsbeitrags einige inhaltlich gewichtige Wörter überdeckt werden und dies nicht sozusagen materiell vernachlässigbar ist, „reparieren" dies die Teilnehmenden (siehe auch unten zu *Reparatur*), indem sie das Gesagte nochmals wiederholen (Beispiel 9.7, *I'm not saying*).

```
27           <<all> und sich mit den ↑`NACHbarn ange[`legt,=`ne,]>   Roger:  I happen tuh wear buloo jeans constantly.
                  (1.2)                                                       (0.3)
28    S1:                                       [<<pp>phhh          Ken:    Well,
             hohoho>]                                                        (.)
29    S2:    un `wEnn da: `Einmal: `jEmand zum `Abschied ge↑↑`HUPT
             `hat,
30           da `wAr der in <<all> `NULL komma nix> `drAußen;        Roger:  Even [in-
31           und hat da `RUMgeschrien;=                              Ken:         [so do I now,
32           =ich hol die poli↑↑`ZEI; und [so-        ]                           (.)
33    S1:                                 [<<p> das] ↑`GIBS doch    Roger:  formal occasions, y'know? hheh hh!
             wohl nich.>
```
GAT 2 Aufsatz   (Jefferson 1975/2004: 51f.)

Beispiel 9.3: *overlap* am Ende eines Gesprächsbeitrags beim Sprecherwechsel bei Zeile 32/33. Bei Zeile 27/28 gibt S1 „nur" einen *recipient response* (→ 9.4.1.2), sodass S2 weiterfährt und der *gap* von 1.2 Sekunden zu einer *pause* umgewandelt wird.

Beispiel 9.4: *overlap* in der Mitte eines Turns, wobei Roger die Selbstinitiierung (siehe unten) von Ken übergangen hat. (Jefferson zeigt in diesem Beispiel das genaue Ende des *overlaps* – im GAT 2-Transkript links mittels der geschlossenen Klammer ersichtlich – leider nicht an).

```
Loren:   ...people thet jus' come en leave their little kids
         et th' skating rink's appalling.
              (pause)
Loren:   Y'know[drops them ]
Kate:          [dump them ]=
Loren:   =Yeah.
              (.)
Kate:    Yeah.
              (.)
Loren:   Yeah dump. Y' know. These car pools just pour
         out five and ten kids.
```
(Jefferson 1975/2004: 57)

```
 7     C:  my teacher was
 8     B:  you know what my teacher was gone
 9         fer a week, she went
10         (.)
11         [she's in the hospita:l
12 → C:    [(she's in the) hospita:l
13     D:  mmm mm.
14     B:  she has an [operation
15 → C:               [(opera)tion
16     C:  she gets this pretty (bathrobe)
17         (.)
18     B:  nightgown
```
(Lerner 2002: 226)

Beispiel 9.5: Sequenzen mit *overlaps*, die im Wortlaut (beinahe) identisch sind, zeugen von einer hohen Beteiligung am Gespräch. Hier wird Kates radikalere Wortwahl (*dump them*) von Loren aufgegriffen.

Beispiel 9.6: In dieser Sequenz ist der Wortlaut sogar identisch (Zeilen 11/12 und 14/15). Man spricht auch von *turn-sharing* und *choral co-production*.

```
Fran:   He's not gunnuh li:sten [tuh tha: :t, ]
Jim:                            [I'm not say]in- I'm not sayin that ...
```

Beispiel 9.7: (Jefferson 1975/2004: 51).

In den Beispielen findet sich auch ein interessantes Phänomen: So findet sich in Lerners Beispiel (9.6) eine Form der Überlappung, die als *turn-sharing* und *choral co-production* bezeichnet wird. Diese kann einen ganzen Redebeitrag oder nur einen Schlussteil eines Beitrags umfassen. Auffallend an diesem Beispiel ist die grosse Anzahl an realisierten *turn-sharings*. Dieser Befund lässt sich tatsächlich auch begründen: Es handelt sich bei den Beteiligten tatsächlich um kleine Kinder, die mit einer erwachsenen Person (D) sprechen. In Jeffersons Beispiel (9.5) geschieht etwas Ähnliches. Kate beendet Lorens Redebeitrag, projiziert aber auf ein anderes Wort, sodass sich *drops them* und *dump them* überlappen. Loren wiederholt später den radikaleren „Vorschlag" von Kate (*Yeah dump*) mit einer Betonung (die bei Jefferson durch Unterstreichung gekennzeichnet ist, → 12.5.1 zu den Transkriptionskonventionen). Dies erweckt den Eindruck, dass sie Kates Beitrag anerkennt.

Sprecherwechsel durch Unterbrechung
Die Unterbrechung ist eine latent aggressive und von betroffenen Sprecher:innen meist als unangenehm empfundene Form der Selbstwahl. Sie unterscheidet sich vom überlappenden Sprecherwechsel einerseits dadurch, dass die Sprecherin sich tatsächlich unterbrochen fühlt, und andererseits durch die damit verbundene Tatsache, dass der Gesprächsbeitrag der aktuellen Sprecherin noch nicht in seiner unmittelbaren Endphase ist und deshalb – bei erfolgreichen Unterbrechungen – wesentliche Teile dieses Beitrags nicht mehr realisiert werden können.

Besonders viele Unterbrechungen treten bei kommunikativen Gattungen auf, in denen z. B. eine kompetitive Einstellung herrscht, etwa in politischen Talks oder Streitinterviews, wie z. B. Schegloff zeigt (siehe unten, Beispiel 9.8). Bush wartet z. B. nicht, bis Rathers Beitrag zu Ende ist, sondern unterbricht ihn (Zeile 083). Der schnelle Anschluss von Rather (markiert durch die Gleichheitszeichen) zeigt an, dass er mit seinem Beitrag noch nicht zu Ende ist, Bush jedoch ebenfalls weitersprechen oder wenigstens durch Zwischenrufe (*read the memo*) den Beitrag Rathers unterbrechen will. Das Beispiel zeigt auch sehr schön, wie Unterbrechungen simultan prozessiert werden können: Rather geht auf Bushs Unterbrechung (*read the memo*) ein, indem er signalisiert, dass er ihn trotz des gleichzeitigen Sprechens verstanden hat (*I have sir*). Zudem zeigt das Beispiel, wie die sich wiederholende syntaktische Struktur Rathers das Insistieren auf eine Antwort untermauern kann (*How do/can you reconcile*, Zeilen 84 und 87).

Insbesondere wenn solche **spezifischen kommunikativen Gattungen** wie Streitinterviews und Debatten mit normalen Alltagsgesprächen verglichen werden, fällt auf, dass Unterbrechungen oft ziemlich eindeutig von überlappenden Sprecherwechseln unterschieden werden können. Im extremen Fall kann die unterbrechende Person das Gespräch sogar ganz an sich reissen. Dies wird in

```
075            the o:nly other man the:re. Mister Ni:r. Mister
076            Amiron Nir, ·hh who's the Israeli's ·hh to:p anti-
077            terrorist man,
078   Bush:   ⌈ Ye: ⌈ s.
079   Rather:   ·hh  ⌊ Those two men >were in a meeting with you an'
080            Mister Nir not once, < but three: times. three times,
081            underscored with you that this was a straightout
082            arms ⌈ fer hostages swap. ⌉ = ·h h h          ⌉ =
083   Bush:          ⌊ W h a t   t h e y::⌋ (·) were doing. ⌋
084   Rather:  =Now ⌈ how do you- How⌉ do you reconc-⌉ I have (sir)⌉
085   Bush:         ⌊ Read the memo  ⌋ Read the memo.⌋ What they::⌋
086            were doing.
087   Rather:  How: can you reconci:le that you were there< Mister
088            Nir a- underscored three:: separate occa:sions, ·hh
```

Beispiel 9.8: (Schegloff 1988: 232).

Beispiel 9.9 deutlich ab Zeile 07, wo das Rederecht (zunächst bei B) durch die penetranten Unterbrüche (durch T) korrumpiert wird. Im Transkript zeigt sich dies durch die Umkehr der Reihenfolge der Passagen, die simultanes Sprechen kennzeichnen. Während zunächst B durch T unterbrochen wird, scheint ab Zeile 09 T durch B unterbrochen zu werden. Das Resultat ist, dass B entnervt aufgibt und seine Frustration verbalisiert (Zeile 19: *Will you shut up man*). Übrigens wird nun, um solche schwierigen, wenn nicht sogar entwürdigenden Momente zu verhindern, den Debattenteilnehmenden von den Moderatoren genau vorgegeben, wann sie sprechen dürfen, und das Mikrofon auf stumm gestellt, solange sie nicht an der Reihe sind.

Es ist allerdings nicht jede Unterbrechung gleich „schlimm": Innerhalb eines jeden Gesprächsbeitrags gibt es übergangsrelevante Punkte (TRP, → 9.4.1), die sich teilweise syntaktisch bestimmen lassen (z. B. das Ende eines Satzes oder eines Teilsatzes), teilweise aber auch inhaltlich motiviert sind (z. B. am Ende einer Argumentationskette, eines Witzes oder einer Erzählung). Unterbrechungen an solchen TRPs werden von den Betroffenen oft nicht als Unterbrechung, sondern eher als eine Art überraschende Selbstwahl empfunden.

Es ist jedoch nicht immer einfach, die Situation richtig zu deuten. So kann eine Denk- oder Formulierungspause von Sprecher:innen, die aber noch mitten in einem Gedankengang stecken, von Gesprächspartner:innen durchaus als Ende des Gesprächsbeitrags und damit als Aufforderung zum Sprecherwechsel (miss-)verstanden werden. Auch Intonationskurven können falsch gedeutet, rhetorische Fragen ernstgenommen oder eine eindringlich gedachte Anrede als Fremdwahl interpretiert werden. Die Beurteilungen eines Sprecherwechsels können also für alle Beteiligten durchaus stark auseinanderklaffen.

```
01  B:  the Issue is (.) the american people should SPEAK-
02      YOU should go OUt and VOTE.
03      you_re in VOting NOW.
04      VOte and let your senators knOw [how strongly you feel.      ]
05  T:                                  [are you gonna pAck the COURT?]
06  B:  let_vote NOW.=
07  T:  =are you gonna pAck the [COURT?]
08  B:                          [Make  ] sure you in fact let people KNOW.=
09  T:  =he doesn_t [want to ANswer the] question.
10  B:              [we_re SEnators.  ]
11      i_m NOT going to answer the ques[tion because- (--)          ]
12  T:                                  [WHY wouldn_t you answer the]
        [question.]
13  B:  [because  ][the QUEStion is; (--)]
14  T:            [you want put a LOT_a-]
15      [new supreme court] JUStice.
16  B:  [the QUEStion i:s;]
17  T:  [the !RA!dical    ] left-
18  B:  [the question-   ]
19      will you [shut up MAN;]
20  T:           [WHO is your-]
        LISten whO is on your lIst joe,
21  B:  [this is SO:-          ]
22  T:  [who is on YOUR list.]
21  B:  [this is so-]
22  M:  [gentelMEN- ]
```

Beispiel 9.9: US-Präsidentschaftsdebatte 2020 (Guardian News 2024).

Reparaturen

Nur in der Idealvorstellung laufen Gespräche rund, und es kann immer vorkommen, dass der Gesprächsfluss ins Strudeln bzw. der Motor ins Stocken kommt. Störungen werden beispielsweise erkennbar, wenn es zu Organisationspannen kommt (z. B. zu Schweigen oder zu einer Unterbrechung) oder wenn jemand etwas nicht versteht oder kurzzeitig nicht aufgepasst hat und nachfragen muss. Es kann aber auch passieren, dass beim Sprechen Fehler passieren, z. B. bei der Aussprache oder bei der Wahl der Wörter, und man sich deshalb selbst korrigieren muss.

In solchen Fällen stehen den Beteiligten Routinen zur Verfügung, sog. **Reparaturen**. Dabei unterscheidet man, wer die Reparatur initiiert und wer die Reparatur vornimmt. In der Kombination entstehen somit vier Typen:
1) selbstinitiierte Selbstreparaturen,
2) fremdinitiierte Selbstreparaturen,
3) selbstinitiierte Fremdreparaturen und
4) fremdinitiierte Fremdreparaturen.

Ein Beispiel für eine **selbstinitiierte Selbstreparatur** ist der folgende Gesprächsausschnitt. Es stammt aus einem einstündigen Telefonat zweier Freundinnen, bei dem sie ihre Französisch-Leseliste besprechen. Das Beispiel stammt aus der Datenbank für Gesprochenes Deutsch (DGD), die zahlreiche Gespräche aus verschiedenen

Korpora zu Forschungszwecken mit Transkripten und Audiodateien bereitstellt. Im Folgenden wird wiederholt auf dieses Telefonat der beiden Freundinnen zurückgegriffen (ID FOLK_E_00392). Dabei sind die bereitgestellten Transkriptausschnitte nochmals nach GAT 2-Konventionen überarbeitet worden (→ 12.5.1). Die erste Zeilennummer stimmt mit der Zeilennummer im Originaltranskript überein.

CS berichtet, dass ihr der Dozent mitgeteilt hat, Michel Houellebecq müsse unbedingt im Referat erwähnt werden (Beispiel 9.10).

```
0150    R1    CS    ER dann noch so zu mir hat dann noch so zu mir
                    gemeint <<len> wen man Auch (.) nEnnen
                    (.) MUSS (.) is->
0151                °h öhm houelleBECQ,
0152                also michel houelleBECQ,
0153                <<pp> heisst der glaub ich mit VORname michEl (.)
                    oder?>
                    (1.4)
0154    R2    RG    oKAY,
0155    R3    CS    °h Öhm und DANN hatt ich da mAl,
                    (0.75)
0156                <<acc/pp JA genau michel heisst der,>
0157                und dann hatt ich da mal in lyO:N-
```

Beispiel 9.10: Selbstinitiierte Selbstreparatur: Michel Houellebecq (DGD-Korpus, ID FOLK_E_00392_SE_01_T_01).

CS repariert bzw. präzisiert (eingeleitet mit *also*) ihre Aussage in Zeile 0152 und nennt den Vornamen des Autors gleich selbst. Dabei bezeichnet man das zu Reparierende, das sog. **Reparandum** (in diesem Fall: Houellebecq), mit der korrekten Fassung, dem sog. **Reparans** (Michel Houellebecq). Dass solche Reparaturen aber oftmals gemeinsam gelöst werden (wollen), sieht man an diesem Beispiel gleich im Anschluss: CS markiert ihre Unsicherheit über die Korrektheit des Vornamens (*heisst der glaub ich* in Zeile 0153), wobei der Turn sehr leise geäussert ist (nach GAT2-Konvention ausgewiesen mit <<p>>), als wäre es eher zu sich selbst gesprochen. Sie lädt zudem RG dazu ein, die Korrektheit des Vornamens zu bestätigen, indem sie ein *question tag* anfügt (*oder?*). Diese Einladung schlägt fehl, da RG nur, nach einer Schweigephase, mit *Okay* antwortet. CS fährt in ihrem Bericht fort, hat aber (auf eine uns nicht feststellbare Art) herausgefunden, dass der Vorname korrekt ist (Zeile 0156). Mit der Korrektur gerät der Bericht von CS ins Stocken, und es tut sich ein Nebenschauplatz auf, der über mehrere Turns ausgehandelt wird. Gail Jefferson (1975/2004) bezeichnet solche Vorkommnisse als Nebensequenz (*side sequence*). Dabei handelt es sich um die Möglichkeit der Eröffnung von Nebensequenzen, die sich in einem Gesprächsverlauf auftun und

9.4 Das klassische Thema der Konversationsanalyse: Die Gesprächsorganisation — 455

die nach erfolgreicher Aushandlung wieder geschlossen werden, um mit der Hauptsequenz weiterzufahren.

Bei einer **fremdinitiierten Selbstreparatur** wird der Reparaturprozess von einer anderen Person angestoßen, während die eigentliche Reparatur durch die ursprüngliche Sprecherin erfolgt, wie bei Beispiel 9.11 in Zeile 0602 und 0603.

```
0600   R1  CS    und ich hatte_s auch mit anna schon drüber und sie
                 meinte auch also sie fängt <<len> damit (.) NICHTS
                 an.>
                 (1.25)
0601               [also ich glaub-    ]
0602   R2  RG    [mit wem hattest du_s] drüber?
                 (0.75)
0603   R3  CS    mit ANna.
                 (0.75)
0604   R4  RG    ach SO.
```
Beispiel 9.11: Fremdinitiierte Selbstreparatur: Mit Anna (DGD-Korpus, ID FOLK_E_00392_SE_01_T_01).

Eine **selbstinitiierte Fremdreparatur** tritt auf, wenn die Sprecherin die Reparatur selbst initiiert, aber die Reparatur selbst vom Gegenüber vorgenommen wird. Folgendes Beispiel zeigt den klassischen Fall: In einer Prüfungssituation entfällt der Studentin der Name, und die Reparatur wird durch die Prüferin vollzogen (Zeile 0015).

```
0011   R1  FF    °h zwischen den äh PHIlologen oder germanisten-
0012             ÄHM-
0013             PAUL-
                 (0.4)
0014             PAUL ((schnalzt)) <<geflüstert> oh jetz hab
                 [ich das-]>
0015   R2  BR    [hErmann ] ´PAUL-
                 [ja      ]
0016   R3  FF    [hermann ] PAUL <<:-)> genau->
```
Beispiel 9.12: Selbstinitiierte Fremdreparatur: Hermann Paul (DGD-Korpus, ID: FOLK_E_00028_SE_01_T_01).

Die **fremdinitiierte Fremdreparatur** zeigt sich in Interaktionen, bei denen eine andere Person sowohl die Reparatur initiiert als auch ausführt. In diesem Beispiel wird die falsche Wortwahl und somit das Reparandum von RG (*Bibliographie*, Zeile 0752) von CS (Reparans *Biographie*, Zeile 0756) korrigiert. Die Akzentuierung auf der ersten Silbe (*BIographie*) zeigt den speziellen Einsatz von Prosodie bei solchen Korrekturen.

```
0751   R1   RG    was die [anonymisiert] halt als geSAGT hat-=
0752              =so ne bibliograPHIE <<all> aber dann dacht ich nee
                  des is ja eher> ähm-
0753              fal also was heißt FALSCH,=
0754              =aber des is ja dann nur über caMUS und dann halt
                  nich über die-
                  (0.75)
0755              über=
0756   R2   CS    =ne BIographie meinst du,
                  (0.7)
0757   R3   RG    JA,
                  (0.5)
0758   R4   CS    ja (.) oKAY;
```

Beispiel 9.13: Fremdinitiierte Fremdreparatur: Biographie (DGD-Korpus, ID FOLK_E_00392_SE_01_T_02).

Reparaturen vorzunehmen ist auf einen gewissen Raum beschränkt. Die Forschung zeigt, dass dieser sog. **Reparaturinitiierungsraum** (*repair initiation opportunity space*, vgl. Schegloff et al. 1977: 375) vier Redezüge (R1–R4) beinhalten kann. Die Mehrheit der Reparaturen wird aber in unmittelbarer Nähe vollzogen: R1 und R3 bei Selbstreparaturen und R2 und R4 bei Fremdreparaturen. In den Transkriptbeispielen sind die Redezüge deshalb ebenfalls, zwischen Zeilennummer und Siglen, notiert. Sie zeigen alle die Präferenz, Reparaturen problemnah anzubringen. Schegloff, Jefferson und Sacks (1977) stellen in ihren Analysen zu Reparaturverfahren ebenfalls fest, dass Selbstreparaturen gegenüber Fremdreparaturen präferiert werden. Weitere Untersuchungsfragen bezüglich Reparaturen beziehen sich beispielsweise auf die Art und Weise, wie sog. **problemanzeigende Signale** im Vorfeld der Reparatur angezeigt werden. Im Fall von Wortsuchen sind dies etwa Schweigephasen. In Beispiel 9.12 signalisiert aber bereits der Diskursmarker *ähm* das Problem, bevor die Wiederholung des Namens und der redezuginternen Sprechpause (zwischen Zeile 0013 und 0014) weitere Signale für ein Problem liefern. Des Weiteren stellen sich Fragen nach der Unterschiedlichkeit von Initiierungspraktiken bei Selbst- und Fremdreparatur oder den Formen von Ratifizierungen. In allen obigen Beispielen ist beispielsweise auffallend, dass die Ratifizierungen *explizit* gemacht werden, statt stillschweigend fortzufahren (mit einer sog. **impliziten Ratifizierung**). Sogar die selbstinitiierte Selbstreparatur (*Ja genau Michel heisst der*) erfährt eine sog. **explizite Ratifizierung**, wobei CS schnell und leise spricht (Beispiel 9.10, Zeile 0156 , angezeigt durch <<acc/pp>>) und so deutlich macht, dass diese Ratifizierung noch zu der vorher eröffneten Nebensequenz gehört. Diese Beobachtungen zeigen auf, wie Reparaturen mit ihrer eigenen Systematik vielfältig und stets kontextsensitiv realisiert werden.

9.4.2 Gespräche als Multitaskingsystem von Interaktionsaufgaben

Bisher stand das Sprecherwechselsystem im Mittelpunkt – gewissermassen der Motor, der das Gespräch am Laufen hält. Eine weitere Perspektive auf dieses System ergibt sich durch die Frage: „Wer kommt als Nächstes?" Betrachtet man Gespräche unter diesem Aspekt, wird deutlich, dass sie ein regelrechtes Multitaskingsystem darstellen (vgl. Hausendorf 2015), in dem gleichzeitig mehrere situativ relevante Fragen beantwortet werden müssen: „Wann beginnt es? Was kommt als Nächstes? Wer sind wir? Wo befinden wir uns? Was geschieht hier? Wann endet es?"

9.4.2.1 Gesprächsphasen

Es lässt sich feststellen, dass einige dieser Fragen das Gespräch in Phasen unterteilen: Anfang (Wann geht's los? Wo ist „hier"? Was geht hier vor? Wer sind wir?) – Mitte (Was kommt als Nächstes?) – Ende (Wann hört's auf?). Andere Fragen stellen sich kontinuierlich durch das gesamte Gespräch hindurch, wie das bislang behandelte Sprecherwechselsystem (Wer kommt als Nächstes?). Aber auch die zu Beginn gestellten Fragen können wieder aktuell werden, weil sich beispielsweise während des Gesprächs Ortswechsel ereignen können (Wo ist „hier"?) oder Wechsel beim Thema, bei der gerade laufenden Aktivität oder der kommunikativen Gattung (Was geht hier vor?). Man denke etwa an ein Gespräch im Bus oder Auto oder an das Beispiel des Telefonats zweier Freundinnen zu einer Französisch-Leseliste (siehe oben, Reparatur), bei dem in der zweiten Hälfte des Gesprächs persönliche Erlebnisse zum Thema werden. Zudem können die Rollen der Gesprächsbeteiligten im Laufe des Gesprächs je nach kommunikativer Handlung, die gerade abläuft, oder je nach Thema, das gerade verhandelt wird, wechseln. Im Telefongespräch mit der Mutter beispielsweise könnte sich die Rolle der Tochter folgendermassen ändern: Tochter (*Wie geht es Dir?*), Studentin (*Was macht das Studium?*), Teilzeitangestellte (*Verdienst Du auch genug?*), Gamerin *(Trefft Ihr Euch auch mal in der Realität?)*, Enkelin (*Gehst Du mal wieder die Oma besuchen?*), Vertraute (*Ich muss Dir dann bei einem Kaffee erzählen, was der Nachbarin gerade passiert ist!*).

Die **Unterteilung in drei Phasen** ist ein Muster, welches zwar in prototypischer bzw. ritualisierter Form auch für geschriebene Sprache konstitutiv ist (z. B. formal deutlich markiert in Briefen) und sowohl bei der Textproduktion als auch bei der Rezeption als Orientierungshilfe dient. Die Realisierung dieses Musters ist in Texten – organisatorisch gesehen – jedoch eine bedeutend einfachere Angelegenheit als in Gesprächen. Denn hier sind zwei oder mehrere Personen daran beteiligt, gemeinsam in einem zeitlichen Nacheinander den gesamten Verlauf eines Gesprächs gemeinsam zu entwickeln, also von der Eröffnungsphase über den Hauptteil bis hin zur Beendigungsphase und zum Gesprächsschluss. Es ist insgesamt also ein Unterfangen, das hohe Anforderungen an die interaktiven und gesprächsorganisatorischen Fähigkeiten der Beteiligten stellt.

Im Folgenden werden die oben eingeführten Fragen bzw. Aufgaben, die sich situationell im Gespräch stellen, anhand von Beispielen vorgestellt.

9.4.2.2 Wann geht's los?

Diese Frage wurde bereits zu Beginn im Zusammenhang mit den Anfängen von Telefongesprächen behandelt. Die fehlende visuelle Ebene kann dabei zweierlei sein: Sie kann die Analyse vereinfachen, da sie sich auf eine Modalität fokussiert. Sie kann aber auch die Analyse erschweren, weil hilfreiche Hinweise fehlen. Definitiv komplex wird die Analyse bei Interaktionen sozusagen „auf offenem Feld". Nehmen wir beispielsweise die Situation am Bahnhofsschalter. Geht es los mit der ersten verbalen Begrüssung? Oder wenn der:die Kund:in am Schalter angekommen ist? Oder bereits schon, wenn Kund:in und Schalterbeamt:in Augenkontakt aufgenommen haben? Oder noch früher, aber wann genau? Tatsächlich mögen diese Fragen spitzfindig klingen, aber sie eröffnen auch eine neue Perspektive auf Alltagssituationen. Und: Nicht ohne Grund sind bzw. waren Telefongespräche ein beliebtes Untersuchungsobjekt, da hier der Anfang ganz klar (durch das Klingeln als *summons*) markiert ist. Komplex wie faszinierend zugleich sind im Gegensatz dazu die Analysesituationen, die sich mit Videoaufnahmen eröffnen, wie etwa im Fall von Begrüssungen der Schaltergespräche (→ 9.6 zur multimodalen Analyse). Diese Art von Untersuchungen und die damit verbundenen Fragestellungen spiegeln jedoch exakt unsere alltäglichen Interaktionen wider – mitsamt den spezifischen Herausforderungen.

Eine zentrale Rolle spielt dabei der Begriff der **fokussierten Interaktion** (*focused interaction*, Goffman 1963: 24). Damit wird die Tatsache beschrieben, dass ein Gespräch bzw. eine Interaktion nicht „aus dem Nichts", sondern erst damit beginnt, wenn die Beteiligten ihre Aufmerksamkeit bewusst aufeinander richten (ko-orientieren) und sich einem gemeinsamen Interaktionsgeschehen widmen (ko-ordinieren und ko-operieren, → 9.4.2.6). Die gegenseitige spürbare Präsenz der Beteiligten wird als **Kopräsenz** (*co-presence*) bezeichnet (Goffman 1963: 17; zu aktuellen Fragen, etwa hinsichtlich der Digitalisierung, vgl. Hausendorf 2025). Dabei zeigt sich, dass die Beteiligten und ihre Handlungen in diesem Moment auf besondere Weise füreinander zugänglich sind. Anders ausgedrückt: Man nimmt wahr, dass man selbst wahrgenommen wird (**Wahrnehmungswahrnehmung**, vgl. Hausendorf 1992). Dies äussert sich am deutlichsten im Augenkontakt, kann jedoch ebenso subtilere Formen annehmen, etwa durch eine bestimmte Ausrichtung des Körpers. Im Fall des Telefongesprächs, bei dem die visuelle Ebene wegfällt, werden zusätzliche Massnahmen notwendig, um Kopräsenz herzustellen und beizubehalten – sei es mit Hilfe einer Klingel als technisches Hilfsmittel oder durch Kontrollfragen („bist du noch da?").

Um es zusammenzufassen und auf das Kapitel 9.6 zu verweisen: Will man die Frage „Wann geht's los?" sinnvoll beantworten, genügt es also bei Weitem nicht, bei dem ersten gesprochenen Wort zu beginnen (vgl. auch Vertiefung 9.10).

Vertiefung 9.7: *Gespräche vs. Interaktion*
Anhand des Begriffs der *fokussierten Interaktion* lässt sich der Unterschied zwischen Gespräch und Interaktion sehr gut fassen. Interaktionen sind zunächst alle Formen des sozialen Miteinanders, bei denen Menschen auf irgendeine Weise aufeinander reagieren und ihr Verhalten aufeinander abstimmen. Sie umfassen ein breites Spektrum an Begegnungen, von beiläufigen Blickwechseln bis hin zu komplexen, geplanten Aktivitäten. Dies verdeutlicht die Unterscheidung zwischen **fokussierter** und **unfokussierter Interaktion**: Während der Begriff der fokussierten Interaktion jene Momente hervorhebt, in denen sich die Beteiligten aktiv und bewusst aufeinander beziehen, beinhaltet der Begriff der unfokussierten Interaktion all jene Momente, in denen zwar die Beteiligten aufeinander abgestimmt sind, die Handlungen aber ohne gemeinsamen Fokus durchführen. Goffman, der die unterschiedlichen Arten der Interaktion in „Behavior in Public Spaces" (1963) eingehend untersucht, nutzt für diese unfokussierten Momente auch den Begriff **Ansammlung** (*gathering*). Beispiele hierfür sind etwa das koordinative Aneinander-Vorbeigehen in einer Menschenmenge oder die Art und Weise, wie man durch eine Warteschlange an der Kasse hindurchgeht. In beiden Situationen wird Fokussierung, etwa in Form von Augenkontakt, vermieden. **Gespräche** hingegen sind das genaue Gegenteil. Hier geht es um den kommunikativen Austausch und die wechselseitige Herstellung von Aufmerksamkeit, Orientierung und Bezugnahme. Gesprächsteilnehmende richten ihren Fokus bewusst aufeinander, um Bedeutungen auszuhandeln, Informationen auszutauschen und soziale Beziehungen zu gestalten. Das Gespräch ist somit zwar keineswegs die einzige, aber die exemplarischste Form von fokussierter Interaktion (Birkner et al. sprechen auch vom „Interaktionssystem Gespräch", Birkner et al. 2020: 33).

9.4.2.3 Was kommt als Nächstes?

Die Frage nach bestimmten nächsten Gesprächsinhalten ist nicht pauschal zu beantworten, unterscheiden sie sich doch stark je nach kommunikativer Gattung (z. B. ein Firmenmeeting, eine Zufallsbegegnung auf der Strasse, die Situation beim Multiplayer-Gamen auf dem Sofa oder wenn die Mutter anruft) und je nach Einstellung und Verfassung der Beteiligten (z. B. die Zufallsbegegnung, die bei einem Mal zum gemeinsamen Kaffeetrinken ausartet, beim anderen Mal nur aus kurzem Small Talk besteht). Für viele kommunikative Gattungen gibt es aber eine Art kanonische Struktur, die sich aus prototypischen Elementen zusammensetzt. Diese Strukturen kann man als Lösungsstrategien für immer wiederkehrende Probleme bzw. **Interaktionsaufgaben** verstehen (vgl. Luckmann 1986). In vielen Fällen ist es also erwartbar, was als Nächstes kommt bzw. kommen muss.

Vertiefung 9.8: Veränderbarkeit kanonischer Strukturen
Kanonische Strukturen können sich auch verändern, was man an Telefongesprächsanfängen nachvollziehen kann. Schegloffs Vorschlag für deren kanonische Struktur besteht aus den folgenden vier Sequenzen (vgl. Schegloff 1986):
1) *summons-answer*: Das Klingeln ist der initiale Auftakt des Gesprächs (*first ‚intersubjective' move*), womit das Sprechen der angerufenen Person eingefordert wird. Es werden damit der Kanal für das Gespräch eröffnet und die Anwesenheit der Beteiligten etabliert.
2) *identification* (*and/or recognition*) *sequence:* Es folgt eine gegenseitige Identifizierung der Gesprächsteilnehmenden. Dies kann bei sofortigem Erkennen mit der nächsten Sequenz der Begrüssung verschmelzen (Schegloffs Beispiel: *Hello – Hi Jan – Hi Tom*), mit einer Rückfrage expliziert werden (*Hello – Hello Carla? – Yeh – Hello, Bernie. – Hello Bernie*) oder sich gar als ausdrückliches Rätselraten präsentieren (Schegloffs Beispielausdruck lautet *you'll never guess who this is*).
3) *greetings:* Die Begrüssung ist ebenfalls eine Paarformel, die streng genommen nach Schegloff nicht von der *identification sequence* abgetrennt werden kann. An dieser Stelle ist der Status einer ratifizierten gegenseitigen Teilnahme erreicht (→ 9.4), und das Gespräch kann fortgeführt werden.
4) *howareyou sequence:* Ein prinzipiell individuell expansionsfähiges Moment im Gespräch. Die drei möglichen Antworten auf die Frage nach dem Befinden (positiv, negativ, neutral) entscheiden, ob bei dieser Thematik verblieben wird bzw. verblieben werden muss. Neutrale Antworten laden dabei am wenigsten dazu ein, das Befinden des Gegenübers weiter zu elaborieren.

Dass sich diese vier Sequenzarten nicht strikt voneinander trennen lassen und jede immer bereits Elemente der anderen beinhalten, wird laut Schegloff insbesondere an der Verschmelzung der *identification sequence* mit der *greetings*-Sequenz deutlich. Aber auch in der *summons-answer*-Sequenz ist bereits eine Identifikationsarbeit im Gange, wenn die Stimme der angerufenen Person (ist sie es tatsächlich oder nimmt jemand anderes aus der Familie ab?) erkannt und zugeordnet wird. Festzuhalten ist ebenfalls, dass trotz der geregelten Aufgabenstellung individuelle – kulturelle, beziehungstechnische und situationelle – Variationen durchaus ihren Platz haben und von Gesprächsteilnehmenden angewendet werden.

Technische Entwicklungen führen nun zu Veränderungen solcher kanonischen Strukturen: So zum Beispiel entfällt bei Mobiltelefonanrufen die Notwendigkeit der *identification*-Sequenz, da die Namen der anrufenden Personen in den meisten Fällen auf dem Display angezeigt werden (siehe Beispiel 9.18). Verschiedene Untersuchungen halten zudem fest, dass eine zusätzliche Sequenz hinzu kommt, worin über den aktuellen Aufenthaltsort der Teilnehmenden verhandelt wird – der sog. *location talk* (vgl. z. B. Laursen/Szymanski 2013). Der typische *location talk* dient dazu, den Grund des Anrufs einzuleiten, oder auch dazu, gerade anstehende Aktivitäten zu koordinieren (*Hi – Hi where are you? – I'm here at Ernesto's already*, Arminen/Leinonen 2006: 348). Unser Eindruck ist es jedoch, dass diese Spezialität von Mobiltelefonanrufen – ortsungebunden getätigt werden zu können – sich mittlerweile so etabliert hat, dass *location talk* seltener geworden ist. Diese Hypothese müsste jedoch anhand grösserer Anrufkorpora überprüft werden.

Der Grad der Erwartbarkeit von dem, was als Nächstes kommen wird, hängt aber auch davon ab, in welcher Phase eines Gesprächs (**Anfang – Mitte – Ende**) man sich befindet. Mit anderen Worten: Gesprächsphasen wie die Eröffnung und die Beendigung sind stärker durch festgelegte Strukturen und Routinen geprägt, während etwa die Gesprächsmitte flexibler gestaltet werden kann.

Am **Anfang** eines Gesprächs steht die Konstituierung bzw. die Rückversicherung sozialer Beziehungen – je nachdem, ob sich die Gesprächsbeteiligten schon kennen oder nicht. Eine Faustregel könnte etwa lauten, dass die Eröffnungsphase umso kürzer ist, je besser man sich kennt und je weniger weit zurück der Zeitpunkt des letzten Gesprächs liegt (siehe unten, Beispiel 9.18). Eröffnungsphasen sind nicht unheikel, bestimmen sie doch zum erheblichen Teil den weiteren (angenehmen oder schwierigen) Verlauf eines Gesprächs. In der Regel bemühen sich die Beteiligten, um Goffmans bekanntes Konzept zu nennen, um (positives) *face-work* und stellen so eine kooperative Einstellung zueinander her (→ 4.2.4). Dazu stehen uns bestimmte musterhafte und ritualisierte Sprachhandlungen zur Verfügung, die wir in mehr oder weniger automatisierter Weise zur Anwendung bringen: In formal-sprachlicher Hinsicht etwa Grussformeln und Begrüssungsgesten, in inhaltlicher Hinsicht prototypische Themenbereiche (beispielsweise das Wetter, das gesundheitliche Befinden, die Probleme mit den öffentlichen Verkehrsmitteln etc.). In dem VR-Beispiel etwa (siehe oben, Beispiel 9.1) lässt sich das Phänomen des *noticings* erkennen, das direkt anschliessend an die Begrüssung stattfindet: Was bei Sacks der berühmt gewordene Loch im Schuh ist, ist hier das grüne Gewand, das beide Spieler für ihren Avatar ausgewählt haben. Auf diese Weise – indem man also etwas am Gegenüber bemerkt – wird ein **gemeinschaftliches Zusammensein** (*togetherness*) etabliert, bevor man zum eigentlichen Thema bzw. Grund des Gesprächs, dem sog. *main topic* kommt.

Die Frage nach dem Nächsten stellt sich in der **Mitte** des Gesprächs am nachdrücklichsten, da die Themenordnung durchaus sehr flexibel gehandhabt werden kann. Grundsätzlich lassen sich zwei Arten von Themenorganisation unterscheiden: Solche, bei denen das Thema von vornherein festgelegt ist (wie etwa bei Arbeitssitzungen, Fernsehdiskussionen etc.), und solche, bei denen die Wahl des Themas den situativen Zufällen bzw. den augenblicklichen Bedürfnissen der Gesprächsteilnehmer überlassen ist (z. B. beim Familienfrühstück, beim gemeinsamen Geschirrspülen, bei der Fahrt im Bus etc.). Telefongespräche sind wiederum interessante Fallbeispiele, weil erwartet wird, dass jemand aus einem Grund anruft. Bleibt das Gespräch lange in der Eröffnungsphase, wird das Fehlen des Themas sicherlich zum Thema werden (z. B. mit „Ich dachte, ich melde mich wieder" oder „Sag mal, wieso hast du eigentlich angerufen?"). In der Analyse interessiert nicht nur das „Was", sondern insbesondere das „Wie", also die Art und Weise, wie Themen eingeführt werden (vgl. dazu etwa die Einstiegsstrategien und Projektorkonstruktionen → 9.4.1.2).

9.4.2.4 Wann hört's auf?

Wer kennt sie nicht, die nie enden wollenden Telefonanrufe, bei denen mehrfach vergeblich versucht wird, „Schluss zu machen"? Gespräche enden auch im Normalfall alles andere als abrupt. Die Frage, wie Gesprächsbeteiligte es schaffen, zu einem Ende zu kommen, stand schon früh im Fokus des gesprächsanalytischen Interesses. In ihrem Artikel „Opening up Closings" (1973) haben Schegloff und Sacks untersucht, wie Gesprächsbeteiligte das Ende einer Unterhaltung strukturieren. Dabei wird deutlich, dass das Beenden eines Gesprächs besondere sprachliche und soziale Mechanismen erfordert, um den Übergang zur **Beendigungs-** oder **Abschlussphase** (*closing sequence*) fliessend zu gestalten und den vom Sprecherwechselsystem angetriebenen Motor zum Halten zu bringen.

Ein zentrales Element, das Schegloff und Sacks für Beendigungsphasen aufzeigen, sind sog. **mögliche Vorabschlusssequenzen** (*possible pre-closing sequences*). Diese dienen dazu, das Gespräch schrittweise auf das Ende hinzuleiten. Mit Ausdrücken wie *okay, also dann* oder *gut*, die man auch als Diskursmarker bezeichnet (→ 9.5), signalisieren Gesprächsbeteiligte beispielsweise, dass für sie der Zeitpunkt gekommen ist, um die Unterhaltung zu einem Abschluss zu bringen. Es handelt sich dabei aber nicht um den eigentlichen Schluss, sondern erst um eine Möglichkeit, das Ende zu akzeptieren. Es bleibt also immer noch offen, ob das Gegenüber dieses Angebot annimmt. In manchen Fällen werden noch offengebliebene Themen oder ein noch einzulösendes Redebedürfnis nachgeholt und so der eigentliche Schluss nochmals hinausgezögert. Dies zeigt die Flexibilität und Dynamik des Abschlussprozesses, der auf ein kooperatives Zu-Ende-kommen-Wollen beider Gesprächsbeteiligten angewiesen ist. Das tatsächliche **Gesprächsende** (*terminal exchange*) wird durch musterhafte Floskeln markiert, die auch die soziale Funktion von Gesprächsbeendigungen verdeutlichen (Höflichkeiten wie *Hat mich gefreut, War schön Dich zu sehen* oder *Eine gute Zeit*, Prospektives wie *Bis bald* oder *Man sieht sich* und natürlich Abschiedsgrüsse mit Gegengruss wie *Tschüss* oder *Auf Wiederhören*). Dass es sich dabei um Paarsequenzen handelt, zeigt die strukturelle Notwendigkeit eines gemeinsam ratifizierten Abschlusses nochmals deutlich auf.

Ein Beispiel für eine Gesprächsbeendigung, in der die *possible pre-closing sequence* gleich vierfach vorkommt, findet sich in „Französisch-Leseliste, Hochzeit und kein Bock auf Sommer".

9.4 Das klassische Thema der Konversationsanalyse: Die Gesprächsorganisation

```
0933    RG      mJA-
0934    RG      °hh
0935    RG      <<gähnend> JOa->
0936            (1.0)
                ((stöhnt))
0937    CS      AH ja.
0938    RG      °hh mja ((schmatzt)) °h okay ich muss dann mal
                langsam EINkaufen gehen auch,
0939    CS      Okay.
0940            (1.0)
0941    CS      KOCHT [ihr noch was heut abend, °h]
0942    RG            [ähm also wir KÖNnen ja-         ]
0943    RG      WAS?
```

Beispiel 9.14: Erster Versuch von vier *possible pre-closings*: Einkaufen (DGD-Korpus, ID FOLK_E_00392_SE_01_T_02).

Das erste *possible pre-closing* eröffnet RG mit Diskursmarkern (*mja, joa*), einem Gähnen und der Aussage, dass sie *dann mal langsam einkaufen gehen* muss. CS geht zwar darauf ein (*okay*), schneidet aber ein zur Aussage passendes Thema an (*kocht ihr noch was*).

```
1004    CS      <<p> mJA,>
                (0.75)
1005            °hh (--) JA↓-
1006            ↑GU⁻T, (--)
1007            DA[NN,] (--)
1008    RG       [oka]y ja wir können ja auch gern noch mal so
                irgendwann mal telefonieren oder SO?
1009    CS      j[a kö ma gern MACHen;          ]
1010    RG       [ich mach des mit der JAni auch] voll oft-
```

Beispiel 9.15: Zweiter Versuch von vier *possible pre-closings*: Jani (DGD-Korpus, ID FOLK_E_00392_SE_01_T_02).

Das zweite *possible pre-closing* eröffnet nun CS, mit dem gleichen Diskursmarker (*mja*) wie vorher RG. Hier deuten Einatmen, *gaps* sowie die weiteren Diskursmarker (*ja, gut, dann*), die sich alle durch eine spezifische Prosodie auszeichnen (beispielsweise auffällige Tonhöhensprünge in den Zeilen 1006 und 1007), die Vorbereitung für den Abschluss an. Dieser wird wiederum verzögert, diesmal von RG. Sie kommt auf Jani zu sprechen, eine gemeinsame Bekannte, mit der sie viel telefoniere.

Das dritte *possible pre-closing* wird nun wiederum von RG eröffnet. Hier zeigt sich ein auffälliges Echoverhalten bereits zu Beginn. RG und CS äussern die exakt

```
1176    RG      O↓kA:[y.]
1177    CS           [O↓][kA:y. ]
1178    RG              [GU:↓T.]
1179    CS      GU:↓T-
1180    RG      DA[NN]-
1181    CS        [DA]NN?
1182    RG      SCHREIben [wir einfach und hö]rn uns-
1183    CS                [KÖNnen wir ja-     ]
1184            (0.87)
1185    CS      GE^nau.
1186            dann SCHREIB ma einfach un-
1187            JA-
1188            FALLS du dann mal hier bist kannst dich ja auch melden.
1189            (0.64)
1190    RG      ge^NAU mach ich auf jeden fall.
                ((kichert))
1191    CG      wenn du da ZUM:-
1192            herr ((anoynmisiert)) ins kolloquium gehst oder so-
                dann bIs[t du ja auch unter der WOche mal-  °h]
1193    RG              [ja (.) geNAU.                        ]
```

Beispiel 9.16: Dritter Versuch von vier *possible pre-closings* : Jani (DGD-Korpus, ID FOLK_E_00392_SE_01_T_02).

gleichen Diskursmarker (*okay, gut, dann*), teilweise sogar überlappend. Auffällig sind auch hier die stark fallenden Tonhöhensprünge (in den Zeilen 1176 bis 1179) und RGs stark steigendem Tonhöhensprung bei *dann* (Zeile 1181), der einer Frage gleichkommt. Es kommt aber immer noch nicht zum *terminal exchange*, sondern es wird noch ausgehandelt, wie der nächste Kontakt zustande kommen wird.

Erst im vierten Versuch kommen CS und RG zur tatsächlichen Gesprächsbeendigung. CS leitet diese mithilfe einer Anhäufung von drei Diskursmarkern ein (*also gut dann*, Zeile 1227). Es werden noch letzte Grussaufträge ausgetauscht (Zeilen 1233 bis 1240) und die nächste Kontaktmöglichkeit noch einmal ratifiziert (Zeilen 1241 bis 1243). Danach folgen wieder echoartig Diskursmarker (*genau, okay*), Höflichkeitsfloskeln (*dann mach's gut*), ein letztes Mal ein Diskursmarker (*ja*) und dann die *terminal exchange*. Hier wird besonders die hohe Komplexität der kontextualisierenden Funktion von **Rhythmus** und **Tempo** deutlich (vgl. Auer/Couper-Kuhlen 1994: 101): Die Gesprächsteilnehmenden passen sich in einem regelmässigen Rhythmus aneinander an. Es kann aber durchaus in diesem **isochronen** Muster zu Tempoveränderungen kommen, wie in den Zeilen 1239 und 1241, in denen RG schneller spricht. Nach diesem letzten „Schwung" kommt es zum *terminal exchange*. Hier scheint es tatsächlich so, als „ob die Beteiligten noch einmal ein Stück gemeinsam tanzen wollten, bevor sie sich trennen" (Auer/Couper-Kuhlen 1994: 102).

```
1227    CS    ↓ALs[o ↑gU:t]-
1228          DANN?
1229    RG         [oKAY,  ]
1230          GUT-
1231    CS    JA:,
1232          g GRÜss[e an en ((ano]nymisiert))-
1233    RG            [DANN?          ]
1234    CS    ((kichert))
1235    RG    [MACH i]ch liebe grüsse an en ((anonymisiert))
1236          ((lacht, 1.31s))
1237    CS    ((lacht, 1.2s)) richt ich AUS?
1238          ((kichert))
1239    RG    U:[ND dann <<all> könn ma ja noch mal SCHREI]ben->
1240    CS      [gut (.)                          DANN::-]
1241    RG    <<all> wann wir noch [mal telefoNIEren wollen> oder] so-
1242    CS                         [SCHREIB ma einfach.         ]
1243          (0.83)
1244    CS    gen[AU.]
1245    RG       [GEn]au-
1246          (0.71)
1247    RG    O↓KA:Y-
1248    CS    oKAY-
1249    CS    also da[nn MACH_s gut;]
1250    RG           [dann MACH_s gu]t;
1251          (0.56)
1252    RG    J[A],
1253    CS     [J]A,
1254    RG    TSCHA^U.
1255    CS    BIS^ dann.
1256          TSCHÜ^üs;
1257          (0.74)
1258    RG    TSCHÜ^üs;
1259          (0.95)
1260    CS    TSCHÜ^üs;
```

Beispiel 9.17: Letzter Versuch und der Abschluss mit *terminal exchange*: Jani (DGD-Korpus, ID FOLK_E_00392_SE_01_T_02).

Anders als es Schegloff, Jefferson und Sacks (1973) für das Amerikanische festgestellt haben, kann im Deutschen diese letzte Begrüssung aus mehreren abschliessenden Grüssen bestehen. Multiple Paarsequenzen, wie in diesem Fall mit *Tschau/Tschüss*, kommen dabei insbesondere bei familiären Gesprächen vor. Die fokussierte Interaktion endet mit dem Auflegen.

Vertiefung 9.9: Diskursmarker
Unter *Diskursmarkern* sind zentrale Elemente der gesprochenen Sprache gemeint, die als Werkzeuge zur Strukturierung von Gesprächen und zur Aushandlung sozialer Beziehungen dienen. Die Erforschung von Diskursmarkern entwickelt sich weitgehend parallel zur Entstehung und Weiterentwicklung der Gesprächsanalyse. Diese läuft jedoch relativ unabhängig zur Partikelforschung, die in der germanistischen Linguistik ab den 1960er-Jahren Abtönungs- und Modalpartikel (wie *ja*, *denn*, *halt*) untersuchte. Die Wertschätzung der Partikeln als nützliche Elemente der äusserst partikelreichen deutschen Sprache ist also relativ neu. Traditionellerweise galten Partikeln eher als überflüssige, manierte Spracheinsprengsel, die einen (schriftlichen) Text unnötig aufblähten und inhaltlicher Klarheit eher abträglich seien. Bei der Beschäftigung mit gesprochener Sprache und vor allem bei der Analyse von Gesprächen drängt sich nun eine funktionale Betrachtungsweise mehr auf als bei einer Sprachanalyse, deren Grundlage vorwiegend geschriebene Texte sind. Wo man früher aus der semantischen Leere bzw. Vagheit von Partikeln auf deren Nutzlosigkeit geschlossen und ihnen im besten Fall gewisse stilistische Bedeutung zugesprochen hatte, begann man nun, aus der vielseitigen Verwendung dieser Wörtchen auf ihre (funktionale) Bedeutung zu schliessen.

Die erste Arbeit zu „Gesprächswörtern" – und in diesem Sinne zu Diskursmarken überhaupt – ist Elisabeth Gülichs Studie zu Gliederungssignalen im Französischen (vgl. Gülich 1970). Erst in der Mitte der 1970er-Jahre findet der englische Begriff *discourse marker* zum ersten Mal Verwendung. Den Terminus *marker* hatte bereits Searle für Ausdrücke benutzt, die Sprechakte „markieren" („they mark features of illocutionary force", Searle 1976: 10). *Discourse marker* ist zunächst als deskriptive ad-hoc-Prägung bei Labov und Fanshel (1977: 156) zu finden, die *well* als auf gemeinsames Wissen der Beteiligten rückverweisenden *discourse marker* beschreiben (*Well, when do you plan t'come home?*). Als technischer Terminus wird *discourse marker* von der Labov-Schülerin Schiffrin (1982/1987) eingeführt, die damit Diskurseinheiten anzeigende und verknüpfende Ausdrücke versteht und somit funktional deutet. Die deutsche Bezeichnung *Diskursmarker* ist dem englischen Begriff entlehnt. Daneben existieren auch Begriffe wie **(Diskurs-) Partikel, pragmatischer Marker, (pragmatischer) Operator, Gesprächswort** oder **Gliederungssignal**.

9.4.2.5 Wer sind wir?

Die Frage danach, wer wir sind, die sich an einem Gespräch beteiligen, ist komplexer, als man gemeinhin annehmen könnte. Es fängt damit an, dass zu Beginn eines Gesprächs die Frage ganz unterschiedlich ausgehandelt werden muss, je nachdem, was für einen **Bekanntheitsgrad die Beteiligten** aufweisen. Dies haben wir in Beispielen von Telefongesprächsanfängen bereits gesehen, wenn Namen und Personen zunächst identifiziert werden müssen (Abbildung 9.1 und Beispiel 9.2). Wenn sich die Beteiligten gut kennen oder sich im Vorfeld abgesprochen haben – etwa per SMS, was heutzutage nicht selten der Fall ist –, kann dieser Teil ziemlich rasch abgearbeitet werden. Dies zeigt sich auch in „Französisch-Leseliste, Hochzeit und kein Bock auf Sommer" (Beispiel 9.18 unten). Ein Grossteil der *identification, recognition* und *howareyou sequence* werden durch eine Sequenz ersetzt, in der das technische Setting geklärt wird (u. a. die Frage, ob noch etwas bestätigt werden muss, in Zeile 009 und ob der Lautsprecher genutzt werden soll in den Zeilen 0019 bis 0045). Auch der Übergang zum *main topic*, der Gestaltung des Französisch-Leseliste (ab Zeile 0051), erfolgt sehr zügig. Dies führt zu der Annahme, dass bereits Vorgespräche per SMS oder per E-Mail stattgefunden haben müssen, aber auch dass sich die Gesprächspartnerinnen bereits besser kennen. In diesem einstündigen Telefongespräch werden dann auch die verschiedenen Rollen der beiden Beteiligten nachvollziehbar: Sie sind einerseits Studienkolleginnen, die für ein Referat arbeiten, andererseits aber auch Freundinnen, die sich in einem zweiten Teil über verschiedene, für sie gerade aktuelle Themen austauschen.

In sozialen Interaktionen werden also Identitäten ausgedrückt und verhandelt. Man spricht – in der Tradition Goffmans – von **Selbst- und Fremddarstellung** oder auch von **Selbst- und Fremdpositionierung**. Selbstdarstellung bezeichnet dabei die Art und Weise, wie Individuen Informationen über sich selbst vermitteln, ihre soziale Rolle definieren und ihre Zugehörigkeit zu bestimmten Gruppen signalisieren. Fremddarstellung hingegen beschreibt die Zuschreibungen, die durch die Beteiligten über andere Personen gemacht werden, sei es durch explizite Aussagen oder implizite Signale. Es sind dabei sehr feine Mechanismen, durch die diese Darstellungen erzeugt und ausgehandelt werden. Beispielsweise können Personen durch Wortwahl, Intonation oder Reihenfolge in der Gesprächsstruktur ihre Expertise, Zugehörigkeit oder emotionale Haltung präsentieren.

Im obigen Beispiel zeigt sich dies bereits in der Übergangssequenz zum *main topic*. CS initiiert in Zeile 0051 das Thema der Französisch-Leseliste mit einem prosodisch betonten und markant abfallenden Diskursmarker (Vertiefung 9.9) *gut* (GU: `T), fährt dann aber eher zögerlich fort, was an den Mikropausen ((.)), dem Ein- und Ausatmen (h°/°h) wie auch den Partikeln (*ähm, ja*) und der Unsicherheitsfloskel (*ich weiss net*, Zeile 0051) ersichtlich wird. Es wird deutlich, dass keine der beiden Studentinnen ihr potenzielles Wissen zur Schau stellen möchte, sondern beide an einem gemeinsamen Ausdiskutieren auf Augenhöhe interessiert sind, was sich in weiteren Unsicherheitsmarkern wie *also ich glaub, irgendwie* oder *keine Ahnung* im weiteren Gesprächsverlauf äussert. Zudem sind die Turns mit zahlreichen Wechseln eher kurz gehalten, und es kommt auch zu keinerlei Fremddarstellungen, die das Potenzial haben, *face-threatening* zu sein (→ 4.2.4). Das anschliessende zweite *main topic* handelt von einer Hochzeit, die RG am Wochenende besucht hat. Die Rolle der beiden Studentinnen wechselt hier also zu der Rolle zweier Freundinnen, die sich Persönliches berichten.

Hier kommt es auch zu einem klassischen Fall von Fremddarstellung, indem von Bekannten berichtet wird, die sehr früh geheiratet haben. Es zeigt sich (in Beispiel 9.19), dass Fremddarstellungen als „etwas Erzählenswertes" mit einer Wertung, die evtl. sogar „moralisch kontaminiert" sei könnte (Bergmann 1987: 79), einhergeht (*okay krass*). Mehr noch führt CS ihr zunächst als *recipient response*

```
0001    RG    halLO?
0002          (0.9)
0003    CS    HI? (.) ((kichert))
0004    RG    AH ((kichert, 1.35s))
0005    CS    °h
0006    CS    ((kichert))
0007          (0.6)
0008    CS    o[KAY also ((unverständlich))            ]
0009    RG     [°h ich dachte ich muss jetzt noch irg]endwas
              beSTÄtigen oder SO;
              ((Lachansatz)
0010          (0.27)
0011    RG    °h
0012    CS    NEE.
0013    RG    mh
0014          (0.23)
0015    CS    O^kay.
0016          (0.2)
0017    CS    ALso jetzt funktioniErt_s ganz normal eigentlich,
0018          (0.98)
0019    RG    ja (.) hast du LAUTsprecher An?
(Auslassung 27 Sekunden)
0045    CS    Aber ich mach_s trotzdem noch kurz aus,
0046          (0.21)
0047    CS    so jetzt ((Lachansatz)) (.) °hh o!KAY!.
0048    RG    ((Lachansatz))
0049    CS    °h
0050          (0.58)
0051    CS    GU:`T h° ähm (.) ja (.) h° ich weiss net ähm- °h
0052          (0.26)
0053    CS    WIE hast du hast du dir was überLEGT,=
              wie wir des (.) geSTALten könnten,=
              =wie wir da am besten ANfangen oder so,=
              =oder hast du irgendwelche FRAgen,
```

Beispiel 9.18: Ein Fall von minimaler Selbstdarstellung in der Eröffnung (DGD-Korpus, ID FOLK_E_00392_SE_01_T_01).

geäussertes Erstaunen (Zeile 0289) in ihrem anschliessenden Turn noch weiter aus (Zeile 0290) und arbeitet auf diese Weise an einer gemeinsamen Formung und Aushandlung der von RG initiierten Fremddarstellung. Ebenfalls ist auffällig, aber auch für Fremddarstellungen nicht untypisch, dass dabei gelacht bzw. gekichert wird. All diese Auffälligkeiten deuten darauf hin, dass es sich um die Gesprächsgattung „Klatsch" handelt (vgl. Bergmann 1987).

```
0288   RG   [so und die warn dann] ((unverständlich, 1.0s)) ja
            die warn noch nich mal en JAHR zusammen da war die
            dann schon verLOBT, ((lacht, 2.33s))
0289   CS   [o'KAY KRASS,            ]
0290   CS   °h ja STIMMT ich glaub ich erinner mich des hab ich
            sogar noch mitgekriegt dass die-
0291   CS   [öh da]ss die sich verlobt haben ich glaub des hast
            du mal erzählt °h aber KRASS die jetzt dann auch
            schon oha-
            ((kichert, 1.5s))
0292   RG   [JA,  ]
```

Beispiel 9.19: Fremddarstellung (DGD-Korpus, ID FOLK_E_00392_SE_01_T_02).

Selbst- und Fremddarstellung sind Themen, die besonders in den 1980er- und 1990er-Jahren stark untersucht worden sind (vgl. etwa Hausendorf 2000 zu Selbst- und Fremddarstellung bzw. der Frage nach Zugehörigkeit nach der Wende).

Die Ursprünge dieses Themas gehen jedoch bereits auf Sacks zurück. Besonders einschlägig und bekannt ist seine Analyse des Erzählbeginns eines Kleinkindes: „The baby cried. The mommy picked it up" (Sacks 1995/III: 236). Aufgrund unseres Wissens bezüglich der Frage „Wer sind wir?" können wir ohne weiteres Zutun sofort beobachten, dass wir annehmen, dass *the mommy* die Mutter des Kindes ist. Dies zeigt, wie wir soziale Kategorien nutzen, um etwa bei Erzählungen Bedeutungen zu konstruieren. Sacks prägte in diesem Zusammenhang den Begriff *membership categorization device*, der eine Sammlung verschiedener Kategorien wie „Mutter" umfasst, ohne aber weiter in diese Richtung zu forschen. Später entwickelte sich die **Membership Categorization Analysis** (MCA) als eigener Forschungsbereich innerhalb der Konversationsanalyse. Hier wird untersucht, wie Gesprächsbeteiligte bestimmte Personen oder Gruppen anhand von Kategorien wie „Mutter", „Kind", „Kommiliton:in" oder „Freund:in" identifizieren und ihnen spezifische Merkmale, Tätigkeiten oder Erwartungen zuschreiben. Was man am Erzählanfang der Dreijährigen ebenfalls sehen kann, ist die Tatsache, dass die Kategorien, also die *categorization devices*, nicht isoliert stehen, sondern in Verbindung mit bestimmten **„kategoriegebundenen" Tätigkeiten** (*category-bound activities*) verwendet werden. So wird beispielsweise die Kategorie „Mutter" häufig mit fürsorglichem Verhalten assoziiert, was eben dazu berechtigt bzw. erwartbar macht, dass ein weinendes Baby von seiner Mutter in den Arm genommen wird. Diese Assoziationen basieren also auf gemeinsamen kulturellen Kenntnissen und ermöglichen es den Gesprächsteilnehmenden, sich gegenseitig zu verstehen und Bedeutungen zu verhandeln.

9.4.2.6 Wo ist „hier"?

Die Frage nach dem „Hier" bzw. der Situierung der Interaktion scheint sich in den meisten Fällen von selbst zu beantworten. Ob auf der Strasse, im Vorlesungssaal, am Bahnhofsschalter (→ 9.6) oder, wenn überhaupt noch damit telefoniert wird, am Festnetztelefon: Entweder sieht und weiss man, wo man sich gerade befindet, oder die Umstände (als es noch keine mobilen Telefonapparate gab) mach(t)en dies klar. Diese raumzeitliche Verankerung und der subjektive Ausgangspunkt sind von Bühler in seiner Sprachtheorie (→ 4.2.1) auch als **Origo** (lat. ‚Ursprung') bezeichnet worden.

Dass es sich um eine gemeinsame Aufgabe ist, dieses „Hier" zu bestimmen und auszuhandeln, wird deutlich, wenn nicht so eindeutig feststellbar ist, wo „hier" ist. Dies ist etwa der Fall bei Mobiltelefonen (s. *location talk* in der Vertiefung 9.8). Oder auch beim Erzählen, bei dem ein fiktiver oder raumzeitlich entfernter Ort etabliert wird und dies interaktiv den Beteiligten klargemacht werden muss. Verschiedene Untersuchungen zeigen, was für eine wichtige Aufgabe dabei Gesten übernehmen (vgl. exemplarisch etwa Stukenbrock 2014 zur Deixis am Phantasma oder Heller 2018 zu multimodalen Praktiken beim gemeinsamen Anschauen von Bilderbüchern mit Kleinkindern).

> **Vertiefung 9.10: Begrüssungen und Gesten**
> Adam Kendon (1934–2022) hat dazu bereits in den 1980er-Jahren in einer Untersuchung, bei denen 16-mm-Kameras zum Einsatz kamen, einen faszinierenden Einblick in das Grussverhalten gegeben (vgl. Kendon 1990). Seine Analysen, die bei einer Gartenparty und auf einer Hochzeit gemacht wurden, zeigen verschiedene Ausformungen wie den unterschiedlichen Einsatz des Kopfs wie beim Zurückwerfen (*head toss*) oder Nicken (*nod*) oder das Heben der Hand (*flapped*) zum Gruss oder Winken (*wagged*). Kendon stellt fest, dass je nach Distanz andere Formen üblich sind; die Genannten kommen bei einer grösseren Distanz vor (*distance salutation*). Die Ausrichtung der Gesichter (*facial orientation*) geschieht zumeist zusammen mit dieser initialen Begrüssung aus der Ferne, wird jedoch nicht permanent durchgehalten, sondern erst kurz vor der zweiten Begrüssung aus der Nähe (*close salutation*) wiederhergestellt. Ohne hier weitere respektive alle Details (wie etwa das *grooming*, also das Sich-Zurechtbringen in Sachen Kleidung oder Haare) aufzählen zu wollen, wird deutlich, wie vielschichtig schon alleine der Prozess des Sich-Begrüssens ist, noch bevor das erste Hallo fällt.

Tatsächlich ist die Auseinandersetzung mit dem „Hier" und vor allem dem Raum, in dem Interaktion überhaupt stattfindet, besonders evident geworden, seit Videoaufnahmen die Perspektive auf multimodale Phänomene erweitert haben.

Obwohl der sog. **Interaktionsraum** (vgl. Mondada/Schmitt 2007) noch nicht explizit im Mittelpunkt steht, haben zahlreiche Untersuchungen zu multimodaler Interaktion indirekt räumliche Ressourcen analysiert. Dazu gehören etwa die Analysen zu Grussverhalten (vgl. Kendon 1990), die sich je nach Distanz zwischen den

Beteiligten verändern (→ Vertiefung 9.10) oder Kendons Analysen zu Körperpositionierung und -ausrichtung in fokussierten Interaktionen (→ 9.6). Weitere wichtige Untersuchungen sind etwa die *workplace studies* von Luff et al. (2000, → 9.6), die sich mit der Komplexität von interaktiven Handlungen innerhalb eines räumlichen Settings mit zahlreichen technischen Vorrichtungen (etwa in einer Londoner Metroüberwachungsstation) befassen.

Mit dem Begriff des Interaktionsraums wird nun der Fokus gezielt auf die körperlichen Ausrichtungen und Bewegungen der Beteiligten sowie auf ihre Nutzung des gebauten oder in einer bestimmten Konstellation vorgefundenen Raums gelegt. Dazu gehören etwa die halbkreisförmige Positionierung der Teilnehmenden um die Stadtführerin (vgl. Mondada 2007) oder das Sitzen in den nach vorne zu einem Podium bzw. einer Rednerin hin orientierten Bankreihen in einem Hörsaal (vgl. Hausendorf 2015) – in beiden Fällen werden die räumliche Nähe oder Distanz zwischen den Beteiligten (**Ko-Ordination**), ihre Ausrichtung zueinander (**Ko-Orientierung**) und der Handlungsraum bzw. -rahmen (**Ko-Operation**) durch den Interaktionsraum reguliert. Hausendorf versteht diese drei Dimensionen als Teilaufgaben, die es ermöglichen, die komplexe Fragestellung der Situierung („Wo ist hier?") zu differenzieren und in handhabbare Segmente zu unterteilen (vgl. Hausendorf 2015: 59).

Statt eines weiteren Beispiels zu Interaktionsräumen verweisen wir auf drei an anderer Stelle ausgeführte Analysen:
- das im nächsten Abschnitt vorgestellte „Himmel und Hölle"-Beispiel Charles Goodwins (Beispiel 9.21), das eindrücklich aufzeigt, wie räumliche und körperliche Ressourcen innerhalb einer Spielrahmung zusammengehen,
- die Ko-Orientierung, Ko-Ordination und Ko-Operation beim gemeinsamen Hinstehen im räumlichen Verhältnis zu einem virtuellen Objekt in VR, im zweiten *Spacecraft*-Beispiel in Kapitel 9.6.2 (Beispiel 9.32), und
- die Konsequenzen, die ein Ticketsystem mit sich bringt, wie im Fall der Eröffnungssequenz einer Bahnhofsschalterinteraktion in Kapitel 9.6.1.

Diese Beispiele zeigen, wie Interaktionsräume nicht nur als physische, sondern auch als soziale Räume betrachtet werden müssen, die durch institutionelle, kulturelle und situative Kontexte geprägt sind.

9.4.2.7 Was geht hier vor?
Gespräche und Interaktionen finden nie in einem Vakuum statt, sondern sind immer in eine Struktur eingebettet, die uns hilft zu verstehen, was (gerade) vorgeht, und uns Interpretationshilfen anbietet. Goffman hat hierzu das Konzept des **Rahmens** bzw. des *Frames* bekannt gemacht, das er in seinem bekannten Werk „Frame Ana-

lysis" (1986) entwickelt (→ 3.4.4). Ein Frame ist der interpretative Rahmen, der es Beteiligten ermöglicht, Ereignisse und Handlungen zu verstehen und ihnen Bedeutung zuzuweisen. Frames lenken unser Erleben und Handeln, indem sie bestimmte Aspekte der Realität hervorheben und andere ausblenden. Indem sie somit definieren, was in einer Situation als relevant, akzeptabel oder angemessen gilt, sind Frames essenziell für die Ordnung sozialer Interaktionen.

Frames haben in dem Sinn auch eine normative Komponente: Sie schaffen Erwartungen darüber, wie sich Menschen in bestimmten Situationen verhalten sollten. Hier wird auch deutlich, wie Frames kulturspezifisch verschieden sein können (z. B. Unterschiede bezüglich Begrüssungsritualen oder Augenkontakt zwischen westlichen und asiatischen Kulturen). Frames zeichnen sich jedoch auch durch eine gewisse Flexibilität aus, da sie transformiert werden können. Solche **Transformationen** können etwa in humorvollen oder ironischen Kontexten auftreten, in denen die ursprüngliche Bedeutung eines Ereignisses spielerisch verändert wird. Ganz der Prämisse verpflichtet, dass Strukturen nicht einfach von vornherein gegeben sind (also in der Tradition von Schütz, → 9.3), versteht Goffman Frames als soziale Konstruktionen. Es ist also immer ein soziales Aushandeln, inwieweit ein Rahmen zur Anwendung kommt bzw. wie er interpretiert wird oder wie er situativ verändert bzw. transformiert werden kann.

Im Folgenden wird die Frage des „Was geht hier vor?" anhand von Spielsituationen genauer vorgestellt. Die Wahl scheint auch aufgrund der Herkunft des Framebegriffs passend: Goffman hat ihn von Gregory Bateson übernommen, der in seinem Aufsatz „A Theory of Fantasy and Play" (Bateson 1955/1976) über die Metaebene von „Etwas ist Spiel" als Schlüsselmoment für Kommunikation und Gebrauch von Zeichen bzw. Symbolen (wie Sprache) nachdenkt: Es muss etwas geben, das Spiel von Ernst unterscheidet. Batesons Beispiele dafür umfassen etwa Tiere, die ihre Artgenossen im Spiel angreifen und dabei die Nicht-Ernsthaftigkeit signalisieren müssen; oder auch von Zeremonien auf den Andamanen, bei denen Frieden geschlossen wird, indem sich beide Parteien gegenseitig schlagen. Bateson erwähnt dazu den Begriff *Frames* im Sinne von Interpretationshilfen: „it will be necessary to examine the nature of the frame in which these interpretations are offered". Goffman beruft sich in seinem Aufsatz „Fun in Games" (Goffman 1961) auf Bateson und beschreibt, wie das Spiel eine Rahmung setzt, die eine spezifische Struktur für alles vorgibt, was in dem Rahmen geschieht: „In Bateson's apt term, games place a ‚frame' around a spate of immediate events, determining the type of ‚sense' that will be accorded everything within the frame" (Goffman 1961: 20). Für Goffman ist dabei die Spielsituation insbesondere deshalb interessant, weil dieser spezifische Frame besonders strenge Geordnetheit bezüglich der Handlungen einfordert. Dies stellt auch Huizinga in seiner Untersuchung „Homo ludens" zu Kultur und Spiel

As he begins to count to ten, Susan and Nancy move to about halfway across the pool.

STEVEN: One, two, three, ((pause)) four, five, six, ((pause)) eleven, eight nine ten.
SUSAN: "E*le*ven"?—eight, nine, ten?
STEVEN: Eleven, eight, nine, ten.
NANCY: "E*le*ven"?
STEVEN: Seven, eight, nine, ten.
SUSAN: That's better.

Whereupon the game resumes.[1]

Beispiel 9.20: Aushandlung über falsches Zählen beim Fangen (Jefferson 1972: 295).

fest: „Innerhalb des Spielplatzes herrscht eine eigene und unbedingte Ordnung" (Huizinga 1944/2004: 19).

Gerade für Kinder, so zeigen multimodal-interaktionslinguistische Analysen, scheinen diese strengen Spielframes zu gelten. Bereits 1972 verwendet Jefferson die Spielsituation einer „Marco-Polo"-Runde, einer Form des Fangens bzw. Nachlaufens, um **Nebensequenzen** (*side sequences*) in Gesprächen zu analysieren (vgl. Jefferson 1972, siehe auch zu Reparaturen → 9.4.1.4). Im konkreten Fall (Beispiel 9.20) ist die *side sequence* eine Korrektur, ausgelöst durch falsches Zählen, was sofort durch Susan korrigiert wird. Erst als der „Regelbrecher" Steven die Zahlenfolge richtig aufzählt, kann die Nebensequenz geschlossen und die Spielinteraktion weitergeführt werden.

Ebenfalls die Situation einer strengen Befolgung des Spielframes zeigt Goodwins Analyse in seinem Artikel „Action and Embodiment within Situated Human Interaction" (Goodwin 2000). Darin wird Diana von Carla beschuldigt, ihren Wurfstein regelwidrig auf das fünfte statt auf das vierte Feld geworfen zu haben, und unterbricht diese bei ihrer Handlung (Beispiel 9.21). Goodwin zeigt anhand dieses Materials kunstvoll auf, wie Carla massiv auf unterschiedlichen multimodalen Ebenen gegen diesen vermeintlichen Regelbruch arbeitet:

– Prosodisch etwa durch starke Betonungen;
– syntaktisch durch die Realisierung des im Spanischen eigentlich nicht notwendigen „Du" (*tú*) in Zeile 4;
– mithilfe der räumlichen und zugleich semiotischen Ressource des aufgemalten Himmel-und-Hölle-Spielfelds, auf das sie wortwörtlich einschreitet, und
– durch den deutlichen Einsatz ihres Körpers in einer sog. *embodied interaction*, indem sie vor Diana hin steht und sie daran hindert, auf das nächste, eben falsche Feld zu hüpfen, und
– zusätzlich unter Einsatz ihrer Hände, welche die Zahlen gestisch anzeigen – wobei Goodwin diese Geste nicht als simple visuelle Spiegelung des Gesagten deutet, sondern aufgrund des übertrieben deutlichen Displays einen semiotisch eigenständigen Modus zuspricht.

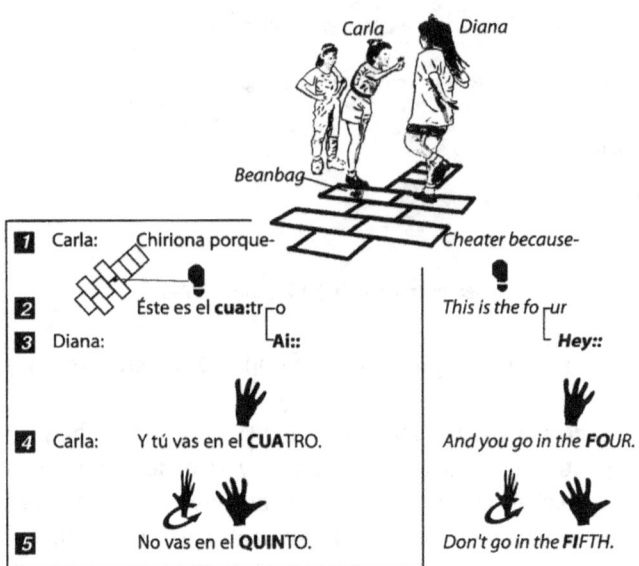

Beispiel 9.21: Aushandlung über falsche Feldwahl bei Himmel und Hölle (Goodwin 2000: 1497).

Diese Analyse macht deutlich, dass neben der Sprache weitere Modi von entscheidender Bedeutung für die Interaktion sind, in der die Strenge des Spielframes ausgehandelt wird.

Auch das Begrüssungsbeispiel aus dem VR-Spiel *Spacecraft* (siehe oben, Beispiel 9.1) zeigt den Frame des Spiels auf spezifische Weise: Während Manuel seinen Mitspieler Fabian in derselben virtuellen Welt erblickt, ihm zuruft und zuwinkt, bleibt seine linke Hand in ständigem Kontakt mit dem Objekt, dessen Mappingadäquatheit er gerade am überprüfen war (siehe Beispiel 9.1). Dies macht deutlich, dass Manuel dem Spielframe bzw. der Anordnung des Game-Designers Folge leistet und der Aufgabe der Überprüfung, ob sich die Dimensionen der virtuellen Objekte mit den reellen decken, durch *embodiment* kontinuierlich nachkommt. Damit könnte die Begrüssungssequenz nahezu als soziale Nebensequenz innerhalb einer frameadäquaten Haupthandlung kategorisiert werden.

9.5 Fokussierung auf Sprache im interaktionalen Gebrauch

Es mag seltsam klingen, Sprache in Gesprächen zu betrachten – basieren Gespräche doch auf gesprochener Sprache. In den bisherigen Kapiteln haben wir uns aber vornehmlich mit der Organisationsstruktur von Gesprächen befasst und weniger mit konkreten linguistischen Fragestellungen beschäftigt wie z. B. mit grammatischen Formen. In diesem Kapitel wird der Fokus auf den Sprachgebrauch gelegt, beginnend mit einem kurzen Überblick über das Forschungsfeld der Interaktionalen Linguistik. Anschliessend wird die Diskussion um eine Grammatik der gesprochenen Sprache thematisiert. Das Unterkapitel schliesst mit der Besprechung von zwei konkreten grammatischen Beispielen: *weil*-Nebensätzen mit Verbzweitstellung und Apokoinu-Konstruktionen.

9.5.1 Einblick in die Interaktionale Linguistik

In den letzten Jahren hat sich das Forschungsfeld der **Interaktionalen Linguistik** etabliert, die sich mit sprachlichen Formen und Strukturen befasst, die in der zwischenmenschlichen Interaktion verwendet werden. Sprachliche Phänomene werden also in ihrem situativen und kontextuellen Gebrauch, also in Gesprächen, untersucht, so wie sie in der Alltagssprache tatsächlich vorkommen. In diesem Sinn arbeitet die Interaktionale Linguistik am gleichen Material wie die Konversationsanalyse und erweitert die Methodik durch ihren intra- und interdisziplinären Zugriff auf Arbeiten der Syntax- und Morphologieforschung oder mittels Berücksichtigung ethnografischer oder quantitativer Methoden. Dabei betrachtet sie **Grammatik** nicht als starres Regelwerk, sondern **als dynamische Ressource**, die flexibel und kreativ in der Interaktion eingesetzt wird. Somit ist die Zielsetzung von Konversationsanalyse und Interaktionaler Linguistik unterschiedlich: Während die Konversationsanalyse ihre Ursprünge in der Soziologie hat und danach fragt, wie soziale Wirklichkeit in Alltagsinteraktionen konstruiert werden, ist die Interaktionale Linguistik an der sprachlichen Umsetzung interessiert. Sie wurde aber auch stark von zwei weiteren Forschungsfeldern beeinflusst. Zum einen ist dies die **Theorie der Kontextualisierung** (*Contextualization Theory*), die der Interaktionalen Soziolinguistik entstammt und von Gumperz geprägt wurde (→ 10.2). Diese Theorie geht davon aus, dass mit jeder Äusserung prosodische, syntaktische, semantische, aber auch gestische Verfahren einhergehen, durch welche Bedeutungen erst kontextualisiert und damit interpretierbar gemacht werden. Zum anderen ist es die **Linguistische Anthropologie**, die ebenfalls von Gumperz, aber auch von weiteren Forscher:innen wie Stephen C. Levinson (→ 4.2.4 zu Höflichkeit), Michael Silverstein (→ 11.5.2 zu Sprachideologien), Kendon (→ Vertiefung 9.10 zu Begrüssungen) oder Charles Goodwin und Marjorie H. Goodwin (→ 9.4.2.7) geprägt wurden. Diese Disziplin untersucht Sprache bzw. zwischenmenschliche Interaktion (siehe oben, Vertiefung 9.7, *Gespräche vs. Interaktion*) in ihrer soziokulturellen Einbettung und setzt sich zum Ziel, sowohl **soziokulturell geprägte als auch universelle Verfahren** aufzudecken, mit denen soziales Handeln, soziale Beziehungen und soziale Wirklichkeit in unterschiedlichen kulturellen Kontexten im Prozess zwischenmenschlichen Interagierens konstruiert werden. Ähnlich wie in der Interaktionalen Soziolinguistik liegt einer der Hauptaugenmerke der Linguistischen Anthropologie auf Aspekten des Sprach- und Kulturvergleichs, des soziokulturellen Kontextes, soziokulturell sedimentierter Gattungsformationen etc., wie etwa in der Analyse von Günthner (2000) zu kulturell divergierenden Argumentationsstrategien in deutsch-chinesischen Interaktionen oder in der Untersuchung von Stivers et al. (2009) zu den Unterschiedenen im Verhalten bei *gaps* (siehe oben, Vertiefung 9.6).

9.5.2 Diskussion um eine Grammatik der gesprochenen Sprache

Frühe Arbeiten, die man als Vorläufer der Interaktionalen Linguistik zählen kann, tragen Titel wie „Grammar in Interaction" (Ford 1993) oder „Interaction and Grammar" (Ochs et al. 1997). Daneben lässt sich ein Strang an Diskussionen verfolgen, die sich mit der Frage beschäftigen, ob es eine Art Standardgrammatik für das gesprochene Deutsch gibt bzw. inwiefern die schriftsprachlich orientierte Grammatik des Deutschen überhaupt auf gesprochenes Deutsch anwendbar ist. Es ist hier nicht der Ort, um diese Diskussionsgeschichte aufzurollen, jedoch zeigt sich darin sehr deutlich, dass die Daseinsberechtigung einer gründlichen wissenschaftlichen Beschäftigung mit dem Phänomen gesprochener Sprache erst etabliert werden musste. Insbesondere sind es die Abweichungen von der (Schrift-)Norm im Gesprochenen, mit denen die traditionelle Grammatik ihre Schwierigkeiten hatte. Dass diese nun überhaupt in den Fokus wissenschaftlicher Beschäftigung genommen und als konstituierende Merkmale gesprochener Sprache betrachtet und aufgewertet werden konnten, ist ein Verdienst der Interaktionalen Linguistik.

Hier seien also nur grob einige Argumentationsstränge zusammengefasst: Dass Schrifttexte und Gespräche sich unterscheiden, wurde oben bereits am Konzept der **An- und Abwesenheit** der Beteiligten ausgeführt. Ein weiterer Unterschied ist die **Zeitlichkeit** gesprochener Sprache, eine Tatsache, die Auer mit den drei Merkmalen Flüchtigkeit, Irreversibilität und Synchronisierung beschreibt (vgl. Auer 2000). Aufgrund der Flüchtigkeit von gesprochener Sprache bereiten wir das Gesagte syntaktisch mehrheitlich so auf, dass wir möglichst wenig Gedächtnisarbeit leisten müssen (z. B. natürliche Abfolgen wie zeitlich Früheres vor Späterem, Ursache vor Wirkung, Vorliebe für Relativsätze statt Einschübe etc.). Im Gegensatz zu Texten können wir Gesagtes nicht mehr ohne Aufwand zurücknehmen. Mit anderen Worten: Einmal Gesagtes ist irreversibel in der Welt, womit Ungrammatisches, Reparaturen und Formulierungsänderungen an der Tagesordnung sind. Mit dem dritten Merkmal der Synchronisierung ist gemeint, dass Beteiligte instantan Zugang zu gesprochener Sprache haben. Sie sind gemeinsam am Gesprochenen beteiligt (im Extremfall mit *turn sharing* oder *choral co-productions*, siehe oben) und nehmen es gemeinsam wahr. Auer nimmt also die Zeitlichkeit von gesprochener Sprache ernst und spricht deshalb von einer *On-line* Syntax. Diese ist inkompatibel mit dem „herkömmlichen" Syntaxbegriff, der von aufgeschriebenen Sätzen im Sinne von Textarbeit auf der Fläche (→ 8) ausgeht: Hier sind die Sätze mit dem Aufschreiben lesbar, während gesprochene Sprache flüchtig ist.

Diese spezifische Medialität ist ebenfalls Gegenstand in Schneiders Aufsatz „Hat die gesprochene Sprache eine eigene Grammatik?" (Schneider 2011). Anhand von Beispielen werden folgende Bedingungen durchgetestet (Schneider 2011: 178):
(a) Gesprochensprachliche Phänomene sind aus den medialen Grundbedingungen der gesprochenen Sprache erklärbar.
(b) Es handelt sich um eine eigenständige grammatische Konstruktion und nicht um ein reines Performanzphänomen (gemeint im Sinne von Gegenbegriff zu Kompetenz in der Generativen Grammatik, [s. Kapitel 7.3.1]).
(c) Es gehört zur Grammatik der gesprochenen Sprache und gilt im geschriebenen Standard als nicht korrekt.

Für verschiedene grammatische Konstruktionen treffen diese Bedingungen unterschiedlich zu, etwa nur teilweise für Anakoluthe und Herausstellungen. Weitestgehend bzw. vollständig treffen sie für *weil*-Konstruktionen mit Verbzweitstellung und für Apokoinu-Konstruktionen zu. Auf diese letzten beiden Phänomene wird daher weiter unten nochmals gezielt eingegangen.

Günthner (2007), die in zahlreichen Arbeiten genau solche grammatischen Konstruktionen gesprochener Sprache untersucht hat (siehe auch unten zu *weil*-Konstruktionen), argumentiert in die gleiche Richtung. Sie verweist zusätzlich auf die maximal pragmatische Ausrichtung, die bereits in den Anfängen der Textlinguistik etwa durch Hartmann gefordert wurde (→ 8.2.2): Man spricht nicht in Sätzen, sondern mit Wörtern und Sätzen in Texten (für Hartmann galt damals noch ein weiter Textbegriff, der auch gesprochene Sprache einbezog). Günthner stellt zur Diskussion, ob ein möglicher Bezugsrahmen für die Etablierung einer solchen praxisorientierten und interaktional ausgerichteten Grammatik die Konstruktionsgrammatik sein könnte (→ 2.4). Besonders wichtig scheint hier die Tatsache, dass Grammatik, ähnlich wie Gesprächsgattungen oder Textsorten, als Muster für immer wiederkehrende Problemlösungen zu verstehen sind (oder als „Ablagerungen zahlloser vergangener kommunikativer Handlungen", Günthner 2007: 5). Für mündliche Kommunikation, bei der man unter Zeit- und Handlungsdruck steht, gilt dies im besonderen Masse (vgl. auch Auer 2000).

Im Folgenden werden *weil*-Konstruktionen mit Verbzweitstellung und Apokoinu-Konstruktionen vorgestellt. Es handelt sich um prominente Beispiele, die vor dem Hintergrund der oben geführten Diskussion die Existenz von Grammatik in Interaktion aufzeigen.

9.5.2.1 Beispiel 1: *weil*-Konstruktionen mit Verbzweitstellung

Im Gegensatz zur standardsprachlichen Regel, bei der das finite Verb in Nebensätzen am Satzende steht (Verbendstellung), zeigt sich bei manchen *weil*-Konstruktionen in der gesprochenen Sprache eine Abweichung:

> (1) Das war wirklich krass, **weil** eben wie gesagt sie heute das Präpkurstestat **haben**.
> (2) Das war wirklich krass, **weil** eben wie gesagt sie **haben** heute das Präpkurstestat.

Die beiden Beispiele zeigen denselben Satz, einmal mit einer *weil*-Konstruktion in der Verbendstellung (1) und einmal in der Verbzweitstellung (2). Die zweite Variante ist die im Gespräch realisierte (siehe unten, Beispiel 9.26). In diesem Fall handelt es sich bei dem *weil* um einen Diskursmarker (siehe unten zu anderen Funktionen). Deshalb schlagen wir mit Pafel (2009), der das Feld *Anschlussposition* für Diskursmarker einführt, folgende Einteilung ins Topologische Feldermodell vor:

Tabelle 9.2: Vorschlag für die Einteilung ins topologische Feldermodell für *weil* als Diskursmarker.

weil in Verbendstellung (unmarkierter Fall)						
Anschlussposition	Topikfeld	VORFELD	FIN/COMP	MITTELFELD	VK	NACHFELD
			weil	eben wie gesagt sie heute das Präpkurstestat	haben	
weil in Verbzweitstellung (markierter Fall)						
Anschlussposition	Topikfeld	VORFELD	FIN/COMP	MITTELFELD	VK	NACHFELD
weil		eben wie gesagt	sie	haben	heute das Präpkurstestat	

Diese sog. **weil-Konstruktionen mit Verbzweitstellung** gelten als eines der prominentesten Beispiele dafür, wie grammatische Strukturen nicht dem geschriebenen Standard entsprechen, aber in gesprochener Sprache dennoch häufig auftreten und auch, wie weiter unten gezeigt wird, teilweise unterschiedliche Funktionen innehaben. In ihrer Bedeutsamkeit für die Gesprächsstrukturierung lassen sich diese Konstruktionen unter anderem als Diskursmarker bezeichnen (siehe unten).

Lange Zeit herrschten jedoch statt einer solchen positiven Einstellung vor allem sprachkritische Stimmen vor, die in dieser Irregularität eine zu korrigierende Ungrammatikalität und sogar Verrohung der Sprache sahen. Angefangen beim deutschen Philologen Otto Behagel wird diese Konstruktion noch bis in die 1980er-Jahre nur als Eigentümlichkeit verschiedener regionaler Dialekte verhandelt. Erst mit zunehmenden empirischen Studien zur Grammatik der gesprochenen Alltagssprache stellte sich auch vermehrt die Frage nach den Charakteristiken solcher Abweichungen. In mehreren Arbeiten hat Günthner für die *weil*-Konstruktion aufgezeigt, dass es sich nicht einfach um eine „Verlotterung" stringenter grammatischer Strukturen oder sogar um ein Unvermögen der Sprechenden handelt, sondern dass diese Konstruktionen vielmehr als Mittel der gesprochenen Sprache verstanden werden müssen, die in unterschiedlichen Kontexten mit spezifischen Funktionen vorkommen (vgl. Günthner 1993, 2008; Günthner/Gohl 1999). Günthner (2008) unterscheidet dabei vier Ausprägungen:

a) Markierung einer relativen syntaktischen und pragmatischen Unabhängigkeit des weil-Satzes

Weil dient hier dazu, einen relativ unabhängigen Teilsatz zu gestalten, der stärker das Merkmal eines eigenständigen Hauptsatzes aufweist. Pragmatisch gesehen handelt es sich also bei diesem (Neben-)Satzinhalt um eine ähnlich wichtige Information wie beim Hauptsatzinhalt. Durch den Einsatz von *gaps* und entsprechender Prosodie (z. B. indem der Teilsatz, der mit *weil* eingeleitet wird, als Frage intoniert wird) konstruiert die Konjunktion *weil* den Satz zu einer syndetischen Satzreihe um (→ 7.2). Ein Beispiel aus dem Telefonat der beiden Französisch-Studentinnen ist folgende Passage:

```
1211    RG      ja da bin ich ja dann EH weil des kollOquium is ja
                glaub ich irgendwie erst-
1212            NACHmittags oder so,
                (1.12)
1213    CS      WEISS ich net a[ber wahrsch]einlich jA-
1214    RG                     [ja         ]
```

Beispiel 9.22: Unabhängigkeit des *weil*-Satzes (DGD-Korpus, ID FOLK_E_00392_SE_01_T_02).

In diesem Beispiel handelt es sich zwar tatsächlich – im Gegensatz zu den weiteren Beispielen unten – um eine Erklärung des Sachverhalts. Der zweite Teilsatz beinhaltet aber einen wichtigen, eben zeitlich begründenden Informationsanteil (*nachmittags*), der dann interessanterweise durch Unsicherheitsmarker (*ja, glaub ich, irgendwie*) noch weiter nach rechts versetzt wird.

b) Die mit weil eingeleiteten Begründungen liegen nicht auf der Inhaltsebene, sondern im epistemischen Bereich

In diesem Fall wird nicht eine Erklärung mit *weil* bezüglich des Sachverhalts vollzogen, sondern eine Begründung für die Schlussfolgerung, die gezogen wird, gegeben.

```
FRÜHSTÜCK
12    Anni: der hat sicher wieder gsoffen. (-)
            weil (-) sie läuft total deprimiert durch die gegend.
```

Beispiel 9.23: *weil* als epistemische Begründung (Günthner 2008: 110).

An diesem Beispiel wird deutlich, dass es sich nicht um eine einfache Umstellung des Satztyps handelt, denn „weil sie total deprimiert durch die Gegend läuft" wäre keine adäquate Begründung für den Hauptsatz. Vielmehr zeigt sich hier ein kunstvoller Dreh, bei dem die informationsgewichtige Schlussfolgerung (er hat wieder getrunken) vorangestellt wird und der *weil*-Satz rückwirkend die Begründung für diese Vermutung liefert.

c) Die mit weil *eingeleiteten Begründungen liegen im Bereich der Sprechhandlung*
In diesem Fall wird ebenfalls nicht der Sachverhalt mit *weil* erklärt, sondern der Grund für die Sprechhandlung, die gerade vollzogen wurde.

Im folgenden Fall liefert der *weil*-Teilsatz in Zeile 0615 den Grund für die Sprechhandlung Sich-freuen-auf-kühlere-Zeiten:

```
0609     CS      AH ja okay aber is schon-
                 °hh kühler aber ich freu mich ja die ganze zeit schon
                 MEga dass es endlich kalt wird,
                 °h oh [ich hab so kein bock mehr] auf den sommer,
0610     RG            [ja ich EIgentlich Auch-  ]
0611     CS      j[a]
0612     RG      [ge]NAU-
0613     RG      also ich EIgentlich AUch weil jetzt kann man Endlich
                 mal LÜFten und es bringt was,
```

Beispiel 9.24: *weil* als Sprechhandlungsbegründung (DGD-Korpus, ID FOLK_E_00392_SE_01_T_02).

Insbesondere handelt es sich hier um eine Aushandlung der Tatsache, dass man sich üblicherweise das Ende des Sommers kaum herbeiwünscht und dieser Wunsch demnach gezielt begründet werden muss.

d) weil *als Diskursmarker*
Weil kann auch als Mittel zum Einsatz kommen, um ein Gespräch zu organisieren und zu strukturieren. In diesem Fall verliert es seine grammatische Funktion als Kausalsubjunktion und wird zu einem Diskursmarker. In dieser Rolle kann *weil* zum Beispiel zusätzliche Informationen einfügen, eine Erzählsequenz oder einen thematischen Wechsel einführen oder als Fortsetzungssignal dienen.

```
Autopanne
01 Nina:  ohh ja des- bei mir wars eigentlich ziemlich lustig;
02        weil also-
03        ich hatte mal ne zeitlang n auto gehabt,
04        und dann ähm: hatt ich auf der autobahn ne panne,
05        und äh s ging echt nichts;
06 Iris:  mhm,
```

Beispiel 9.25: *weil* als Diskursmarker (Günthner 2008: 112).

Das Beispiel 9.25 zeigt einen besonders expliziten Diskursmarkereinsatz, um etwas Lustiges zu erzählen (vgl. auch Tabelle 9.2). Etwas subtiler ist der Einsatz von *weil* als Diskursmarker in Beispiel 9.26 (das nicht aus unserem Telefonatbeispiel, sondern aus einem anderen Gespräch aus dem DGD-Korpus stammt). *Weil* ist hier neben *ähm* und *eben wie gesagt* in weitere Fortsetzungs- und Rückgriffsignale eingebettet:

```
0629 AK  das war richtig KRASS ähm-
0630     weil eben wie gesagt [anonymisiert] und so die ham heute das
         ähm-
0631     präpkurstesTA:T,
```

Beispiel 9.26: *weil* als Diskursmarker (DGD-Korpus, ID FOLK_E_00499_SE_01_T_01).

Man kann also feststellen, dass die Verbzweitstellung in *weil*-Konstruktionen nur scheinbar ungrammatisch ist. Vielmehr erfüllen diese in der gesprochenen Sprache häufig vorkommenden Konstruktionen unterschiedliche Funktionen. Es kann auch beobachtet werden, dass es sich dabei um eine Rekalibrierung von Subjunktionen (bzw. *complementizer*, → 7.4.3) als Konjunktoren handelt. Und es stellt sich auch die Frage, ob dies auch für weitere Subjunktionen der Fall ist. Ohne ins Detail gehen zu können, lässt sich feststellen, dass diese Rekalibrierung etwa für *obwohl* tatsächlich zutrifft, hingegen nicht für *wenn* oder *da* (vgl. Günthner 1993). Dies kann auch damit zusammenhängen, dass gewisse Subjunktionen in gesprochener Sprache nicht häufig vorkommen. Sicherlich falsch ist die Annahme, dass *weil*- oder *obwohl*-Konstruktionen zukünftig immer mehr oder nur noch in Verbzweitstellung vorkommen werden. Die Untersuchungen der Interaktionalen Linguistik zeigen vielmehr, dass es punktuelle Präferenzen sind, mit denen Sprechende bestimmte Abhängigkeitsbeziehungen zwischen Teilsätzen gezielt deutlicher strukturieren.

9.5.2.2 Beispiel 2: Apokoinu-Konstruktionen

Apokoinu-Konstruktionen sind ein sprachliches Phänomen, bei dem ein Satzteil syntaktisch und/oder semantisch sowohl zu einem vorangehenden als auch zu einem nachfolgenden Satzglied gehört. Eine Definition findet sich etwa bei Scheutz

(1992: 248): Apokoinu-Konstruktionen werden „grundsätzlich durch drei unmittelbar aufeinander folgende Teile gekennzeichnet, wobei sowohl A-B wie auch B-C, nicht aber A-B-C eine syntaktisch wohlgeformte Kette bilden". Der B-Teil ist das gemeinsame Element und wird als *Koinon* bezeichnet (altgriech. *apo koinu* ‚vom Gemeinsamen'). Ein berühmtes, schriftlich überliefertes Beispiel ist der Anfang des Nibelungenlieds, wobei *von weinen und klagen* das Koinon darstellt:

Uns ist in alten mæren wunders vil geseit
[. . .]
von weinen und von klagen, muget ir nu wunder hœren sagen.

Beispiel 9.27: Anfang des Nibelungenlieds.

Apokoinu-Konstruktionen sind als rhetorische Mittel bekannt, finden sich heutzutage aber ausschliesslich in der gesprochenen Sprache. Auch für sie treffen die drei Kriterien beinahe ausnahmslos zu, die laut Schneider (2011) den fundamentalen Unterschied zwischen einer Grammatik der geschriebenen zu einer Grammatik der gesprochenen Sprache aufzeigen: Sie lassen sich (a) aus den medialen Grundbedingungen der gesprochenen Sprache erklären, da sie das Paradebeispiel sind für eine *On-line* Syntax, bei der die Konstruktion nicht „auf dem Papier" entsteht, sondern in einem zeitlichen Nacheinander, bei dem es eben vorkommen kann, dass man den Satz auf eine Weise beginnt, dann aber mittendrin auf ein anderes Ende hin umformt. Des Weiteren sind Apokoinu-Konstruktionen (b) eine eigene grammatische Konstruktion und nicht ein reines Performanzphänomen (im Sinne der Generativen Grammatik, die sich nicht mit den scheinbar „chaotischen" und „falschen" Ausformungen tatsächlicher Äusserungen beschäftigt, sondern mit der sprachlichen Kompetenz, also damit, was Sprechende theoretisch im Kopf haben, → 7.3.1). Dies wird durch die Tatsache erklärt, dass sie als rhetorische Mittel wie auch durch zahlreiche Belege in Korpora beschrieben sind. Und dennoch gelten diese Konstruktionen zu guter Letzt (c) im geschriebenen Standard als nicht korrekt, was auch die Formulierung „syntaktisch wohlgeformt" in Scheutz' Definition verrät. Hier zeigt sich wiederum, wie die Norm anhand geschriebener Sprache festgelegt ist, und alles davon Abweichende lange Zeit degradiert wurde.

Apokoinu-Konstruktionen zeigen also sehr schön auf, wie Sprecher:innen ihren Äusserungsplan wortwörtlich „mitten im Satz" abändern können. Für geschriebene Sprache, die sich an – fertigen, d.h. gegebenenfalls nochmals auf ihre Korrektheit überprüften – Sätzen orientiert, wirken solche Umstrukturierungen ungewohnt, wenn nicht gar falsch. Für gesprochene Sprache ist dies jedoch gang und gäbe. Auer (2024) hat in diesem Zusammenhang vorgeschlagen, für eine *On-line*-Syntax nicht mehr von Sätzen auszugehen, sondern von **Projektionen**. Auer übernimmt dabei die Definition von Streeck (1995: 87): „[Projections] prefigure the next moment, allowing the participants to negotiate joint courses of action until, finally, a communication problem is solved collaboratively." Dieses Kommunikations-„Problem" gilt generell für Gespräche und Interaktionen, in denen ja Teilnehmende gemeinsam am Verlauf beteiligt sind. Auch lassen sich mit diesem Begriff die in der Gesprächsanalyse analysierten Turns sinnvoller beschreiben, denn diese hängen nicht von der Satzstruktur ab, sondern von Intonationsphrasen (→ 12.5.1). Dabei spielen syntaktische Muster und, wie es Auer nennt, **Übergangswahrscheinlichkeiten** (Auer 2024: 26), eine wichtige Rolle – also das Erfahrungswissen, das man benötigt, um vorauszuprojizieren, was für sprachliche Elemente als Nächstes erwartbar sind. Für Apokoinu-Konstruktionen kommt nun hinzu, dass Projektionen nicht so eingelöst werden, wie sie begonnen werden.

Wir führen hier exemplarisch zwei Apokoinu-Strukturen an, eine aus Auer (2024) und eine aus unserem Hauptbeispiel „Französisch-Leseliste, Hochzeit und kein Bock auf Sommer":

```
(24)(DOM, Depression)
  01 RIC:     ((räuspert sich))
  02          also es is so,=
  -----------
  03          =ich bin ja: ähm (2.0)
  04          wenn ich mal SO sagen möcht;=
→ 05          =ich bin mit VIERzehn;
→ 06          (--) bin ich depresSIV geworden,
```

Beispiel 9.28: Apokoinu-Konstruktion (Auer 2024: 115).

In Beispiel 9.28 wäre die Projektionseinlösung im Anschluss an Zeile 05 ein Prädikat (*depressiv*), was aber nicht passiert. Stattdessen folgt ein finites Verb (*bin*). Damit wechselt die Expansion bzw. die Präpositionalphrase *mit Vierzehn* vom Mittelfeld ins Vorfeld.

Tabelle 9.3: Wechsel des Koinon vom Mittelfeld ins Vorfeld.

VF	FIN	MF			
ich	bin	mit Vierzehn	bin	ich depressiv	geworden
		VF	FIN	MF	VK

Dadurch erhält das Koinon eine stärkere Gewichtung, was auch durch die Betonung (VIERzehn) ersichtlich wird. Die Umstrukturierung geht ausserdem nicht spurlos vonstatten: Es kommt zu einem kurzen *gap* nach dem Koinon (Zeile 06). Dies zeigt auch das Beispiel aus dem Telefonat der beiden Studentinnen (Beispiel 9.29):

```
0537 RG  Und dann hat des aber <<len> irgendWIE,>
0538     (0.27)
0539 RG  is mir dann AUFgefallen,=
         =dass bei mir von pAypal gar nix Abgebucht wurde für die
         SITZplätze-=
         =dann ich so SCHEISSE hat des jetzt net funktioNIERT oder was.
         JA? °hh
```

Beispiel 9.29: Apokoinu-Konstruktion (DGD-Korpus, ID FOLK_E_00499_SE_01_T_01).

RG hat für eine Reise Sitzplätze reserviert, was aber nicht geklappt hat. Dies (*nicht geklappt*) wäre auch die Projektion zu Zeile 0537 (*Und dann hat des aber irgendwie nicht geklappt*). Stattdessen fährt RG nach einer kurzen redezuginternen Sprechpause (Zeile 0538) fort mit einem finiten Verb (*is*). Auch hier fällt auf, wie das Koinon *irgendwie* betont wird, in diesem Fall sogar mit einer Dehnung (angezeigt durch <<len>>).

Apokoinu-Konstruktionen sind zugegebenermassen ein Sonderfall, zeigen aber dadurch besonders einprägsam, wie Projektionsverläufe zutage treten. Auer (2024) spricht daher von *Projektemergenz* und weist darauf hin, dass dies insbesondere im Deutschen aufgrund der Verbzweitstellung und der damit einhergehenden Struktur des Vorfelds (wohin das Koinon mit dem Konstruktionswechsel wandert) möglich ist.

9.6 Über Sprache hinaus: Multimodale Perspektiven

Bereits in den vorangehenden Kapiteln wurde deutlich, dass ein alleiniger Fokus auf Sprache vieles ausser Acht lässt, was bei einem Gespräch von Relevanz ist (→ 3.1 zu Sprachhandeln als multimodales Handeln). Nicht zuletzt hat die technische Möglichkeit, Gespräche nicht nur auditiv, sondern auch visuell durch **Videoaufnahmen** festzuhalten, die Fragestellungen deutlich erweitert. Prosodie, Mimik und Gestik etwa sind mehr als nur „neben" dem Sprachlichen vorkommende Phänomene, sondern werden gezielt und rhetorisch wirkungsvoll eingesetzt. Dies verdeutlicht beispielsweise die Tatsache, dass *Let's Player* – also Content-Produzenten, die ihre Game-Sessions auf Plattformen wie YouTube oder Twitch aufzeichnen oder live streamen – häufig sich selbst beim Spielen mit einer Facecam aufzeichnen (vgl. Abbildung 8.4). In erster Linie dient diese visuelle Ebene der Etablierung einer sozialen Parainteraktion (sic! vgl. Ayaß 1993 zu der berechtigten Kritik am Begriff *parasoziale Interaktion* von Horton/Wohl 1956), also der illusionären Beziehung zwischen Zuschauenden und Medienschaffenden. Eine wichtige Funktion von Körpersprache wie Mimik und Gestik ist aber auch die Unterstützung von Handlungsmotivierungen, denn die Spielenden sind nebst Unterhaltenden auch Moderator:innen ihres Tuns. Der Schwede Felix Kjellberg (YouTube-Name „Pewdiepie") etwa setzte dieses Konzept erfolgreich zum seinerzeit meist abonnierten YouTuber mit 111 Millionen Follower:innen um, indem er sich beim Spielen von Horror-Games in Szene setzte (trotz aller Authentizität seiner Schreckmomente und Ängstlichkeit, die das Publikum belustigte, muss allgemein bei *Let's Plays* die Inszeniertheit des Gezeigten berücksichtigt werden). In Beispiel 9.30, einem *Let's Play* zum Dating Sim bzw. Visual Novel Game *Hatoful Boyfriend*, inszeniert und parodiert Pewdiepie tatsächlich das sog. *weeb*-Sein, also das obsessive Nacheifern der japanischen Popkultur als westliche Person, mit übertriebener Prosodie (immer lauter werdend und einem extrem langgezogenen „i" in „kawaii", dem japanischen Wort für ‚süss') und einer dazu passenden Geste (Hände an die Wangen).

```
01   P:    +<<cresc> oh he is so KAWA!!ΔII::+:::!!>
           +blickt auf Bildschirm      Δcroaky voice
                                       Vokallänge 3.0
                                              +nimmt nach 2.0
           beide Hände an die Wangen--->
           (2.0)
           blickt in die Kamera
02         SOR+ry my (-) my weeabi:-
           --->+Blick wieder auf Bildschirm
03         weea<<:-) BI:tches> took over.
```

Beispiel 9.30: „Kawaiiii!" Pewdiepies *weeb*-Parodie (vgl. Kato/Bauer 2021).

```
02         *YOU should *go OUt and *VOTE.
           *kTst         *kTst        *mTst
03         you_re in *VOting #NOW.
                      *gTst   #Abb. Beispiel 9.31
```

Beispiel 9.31: „You're in voting now!" Bidens Taktstockgeste (Guardian News 2024).

> **Vertiefung 9.11: Zu multimodaler Transkriptionskonvention**
> Die Transkripte zu Beispiel 9.30 und 9.31, aber auch zu den *Spacecraft*-Daten (Beispiel 9.1 und 9.32) orientieren sich an den multimodalen Konventionen, die Mondada (2018, 2019) vorschlägt. So werden körperliche Handlungen (*embodied actions*) durch Sonderzeichen wie Δ Dreieck, * Stern oder + Pluszeichen an der entsprechenden Stelle, an der die Handlung beginnt, angebracht (wie etwa in Beispiel 9.30 +*nimmt nach 2.0 beide Hände an die Wangen* in Zeile 01). Bewegungsverläufe, die länger anhalten, werden mittels eines Pfeils, bestehend aus Minusstrichen und einer spitzen Klammer (--->) angezeigt, wobei das Ende des Verlaufs dann an entsprechender Stelle mit der gleichen Notierung und dem Abschlusssignal mittels Sonderzeichen angezeigt wird (hier also in Zeile 02). Für *embodied actions* derselben Person wird immer dasselbe Sonderzeichen verwendet (im *Spacecraft*-Beispiel 9.32 unten: * für Romy, + für Walter. Dort wurde zudem das Δ Dreieck gewählt, um solche Handlungen anzuzeigen, die beide betreffen). Zu weiteren und detaillierteren Konventionen vgl. Mondada (2018, 2019).

Ein anderes Beispiel für multimodale Analysen ist die Untersuchung von Gesten bei politischen Reden, wie sie etwa Streeck für US-Präsidentschaftskandidaten im Jahr 2004 analysiert (vgl. Streeck 2008). Er zeigt dabei nicht nur die unterschiedlichen Formen von Handgesten wie das Ausstrecken des Zeigefingers, den Präzisionsgriff (das Formen eines Rings mit Zeigefinger und Daumen) oder den sog. *power grip* (wenn die Hand zu einer Faust zusammengeballt wird). Vielmehr geht es um die zeitliche Koordinierung der Gesten im Verhältnis zum Gesprochenen wie auch um die Darstellung der Diskursstruktur durch Änderungen in der Gestik. Ein Beispiel aus der US-Präsidentschaftsdebatte 2020, die bereits in Beispiel 9.9 zu Gesprächsunterbrüchen behandelt wurde, zeigt eine solche spezifischen Handbewegung

(Beispiel 9.31, vgl. auch Beispiel 9.9 oben). Biden setzt seine vertikal ausgerichtete Handfläche so koordiniert zum Gesprochenen ein, dass die Geste seiner Aufforderung Nachdruck verleiht. Dabei unterscheiden sich die sog. **Taktstockgesten** (vgl. auch Stukenbrock 2015 zu weiteren Gestikulationen bzw. Gestentypen) in ihrem Umfang (klein: kTst, mittel: mTst und gross: gTst) und werden, angepasst an die prosodische Emphase, zum Ende eines Satzes hin grösser. Gleichzeitig unterstreicht die Geste mit den nach vorne in die Kamera gerichteten Fingerspitzen – in Kombination mit seinem Blick in die Kamera – den Aufforderungscharakter an die Zuschauer, jetzt wählen zu gehen.

Bereits diese beiden in sog. **Standbildern** festgehaltenen Momente machen deutlich, dass die verschiedenen Modi (**Sprache**, **Prosodie**, **Gestik**, **Mimik**, **Blickrichtung** und **Körperhaltung**) einerseits simultan und nicht isoliert voneinander ablaufen, andererseits in komplexen Mustern miteinander interagieren und sich gegenseitig beeinflussen können. Bei der multimodalen Analyse geht es genau darum, diese Simultaneität und ihre Muster zu untersuchen. Goffman bringt es in seinem Artikel „The Neglected Situation" von 1964 auf den Punkt: „Note then that the natural home of speech is one in which speech is not always present." (Goffman 1964: 135) Es folgt daraus, dass man nicht mehr die Unterscheidung *verbal-paraverbal-nonverbal* vornimmt (→ 2.2.2), sondern dezidiert von **Multimodalität** spricht. Damit soll unterstrichen werden, dass man sich bei Gesprächen bzw. Interaktionen sehr wohl auch auf dasjenige fokussieren kann, was neben Sprache noch vorzufinden ist: Gestik, Mimik, Blickverhalten, Körperhaltung (Proxemik), Raumkonstellationen (→ 9.4.2.6, wie auch die Beispiele unten) sowie der Einsatz von Objekten und immer mehr auch von Technik.

9.6.1 Wann geht es eigentlich los? (aus multimodaler Perspektive)

Die Frage nach dem Beginn von Gesprächen ist am Beispiel von Telefonaten bereits besprochen worden. Im Folgenden wird ein Beispiel analysiert, das den Anfang einer Interaktion aus multimodaler Perspektive unter die Lupe nimmt. Das Material stammt aus dem Projekt „Am Schalter – Au guichet – Allo sportello", das von Lorenza Mondada und Heiko Hausendorf geleitet wurde und zum Ziel hatte, soziale Interaktionen an Schaltern der Schweizerischen Bundesbahnen (SBB CFF FFS) zu untersuchen. Dazu wurden vom Oktober bis Dezember 2014 mit bis zu vier Kameras pro Schalter Videoaufnahmen in den Hauptbahnhöfen Basel, Zürich, Genf und Lugano gemacht. Dabei entstand ein Korpus von Hunderten von Schalterinteraktionen. Der multimodale Ansatz des Projekts unterstreicht dabei, dass, anders als beispielsweise in Callcentern, Interaktionen am Bahnhofschalter nicht ausschliesslich verbal erfolgen. Der direkte visuelle Kontakt zwischen den Teilnehmenden, aber auch die **körperlichen Interaktionen** (*embodied interaction*) mit Objekten wie Tickets oder Computern spielen eine zentrale Rolle. Hinzu kommt die räumliche Gestaltung des Schalters, die den Interaktionsablauf beeinflusst und die sich in den letzten Jahren verändert hat: Statt Trennscheiben tendiert man nunmehr stark zu offenen Schaltern, was zusätzliche Fragen zur Beziehung zwischen sozialer Interaktion und architektonischem Design aufwirft (→ 9.4.2.6).

Im Folgenden wird ein Beispiel aus Mondadas und Hausendorfs Studie vorgestellt (vgl. Hausendorf/Mondada 2017), die Eröffnungssequenzen der Interaktion an klassischen Trennwand- und offenen Bahnhofsschaltern zum Gegenstand hat. Im Fokus der Analyse steht der Prozess, wie Personen zu „aktuellen Kund:innen" an Schaltern in Bahnhöfen werden – ein Prozess, der schon mit dem Betreten des Bahnhofs anläuft und sich zu Beginn der Interaktion manifestiert. Aufgrund des multimodalen Ansatzes gilt das Interesse insbesondere der Zeitspanne, in der die Übergabe der Rolle als Kund:in organisiert wird, noch bevor das erste Wort gesprochen wurde. Diese Zeitspanne betrifft nicht nur das **pre-beginning** (Schegloff 1979: 27, auch *pre-interactional step*, Kendon 1990: 165), das mit dem gegenseitigen Wahrnehmen initiiert wird, sondern auch den gesamten Vorlauf. Dieser wird als **Prä-Eröffnung** (*pre-opening*) bezeichnet (Mondada 2010). In dieser Vor-Eröffnung wechselt die Rolle einer Person von einer wartenden Kundin zu einer nächstmöglichen Kundin bis hin zu der Kundin, die unmittelbar an einer Interaktion teilnimmt. Wie genau dieser Wechsel stattfindet, wird in der Analyse sequenziell Schritt für Schritt nachvollzogen.

Bezeichnenderweise handelt es sich bei vielen Videoaufnahmen um Dokumente von Interaktionen, in denen (noch) nicht gesprochen wird. Deshalb arbeiten Hausendorf und Mondada mit einer **multimodalen Transkription**, die als ELAN-Transkript implementiert wurde (→ 12.5.1). Dies hat den Vorteil, dass die relevante Transkription und die Anmerkungen mit einer fortlaufenden Zeitachse verbunden werden, die den sequenziellen Ablauf jeder Handlung und somit die zeitliche Koordination wie Organisation der Interaktion in ihren Feinheiten nachvollziehbar macht.

Das im Folgenden ausgewählte Beispiel findet an einem offenen Schalter im Hauptbahnhof Zürich statt – eine Designstrategie, die mit der kürzlich erfolgten Neueröffnung des Schalterbereiches mittlerweile für alle bedienten Schalter gilt, sodass alle Schalter geschlossen wurden, die über eine Trennwand mit Drehscheibe verfügen. Statt in einer Warteschlange zu stehen, wie es vorher an den geschlossenen Schaltern der Fall war, erfolgt ein Aufruf über eine Anzeige und ein Klingeln des Ticketsystems.

Die Initiation zur Interaktion erfolgt also durch die Aktivierung der nächsten Nummer im Ticketsystem durch die Mitarbeiterin. Mondada und Hausendorf diskutieren anhand weiterer Beispiele, wie das Ertönen der Klingel als *summons* bei einer Mehrzahl der Wartenden zu einer Aufmerksamkeitsfokussierung und mitunter körperlichen Orientierung in Richtung Anzeigetafel führt. Auch in unserem Fall führt das Klingeln zunächst zu einem Aufschauen der wartenden Person (Abbildung 9.4b), die bislang auf ihr Tablet fokussiert war (Abbildung 9.4a). Wie das ELAN-Transkript zeigt, verläuft das Zusammenpacken der Sachen (Abbildung 9.4c), der zweite Blick zur Anzeige (Abbildung 9.4d), das Aufstehen (Abbildung 9.4e) und schliesslich der Kontrollblick zurück (Abbildung 9.4f) in einer Zeitspanne von sieben Sekunden (von Sekunde 37 bis Sekunde 44). Das zweimalige Aufblicken zur Anzeige veranlasst Hausendorf und Mondada in ihrer Analyse dazu, zwischen *summons* (dem Ertönen der Klingel als allgemeinem Fokussierungssignal) und dem *call* (Aufruf mit der Ticketnummer und der Schalternummer) zu unterscheiden.

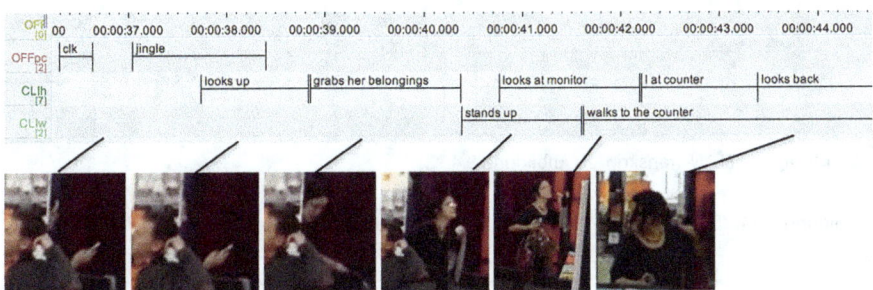

Abbildung 9.4a–f: Extract 13 (BS_3811) (Hausendorf/Mondada 2017).

Diese erste Phase der Interaktion zwischen der Kundin und der Beamtin geschieht also *in absentia* und auf Distanz. Sie wird durch Technologien gesteuert, unterstützt und vermittelt, wobei die Aktivitäten für beide Beteiligten sequenziell, jedoch noch nicht *face-to-face* organisiert sind (das Ticket zieht man von einer Maschine). Es ist zudem eine Organisation, die für beide Parteien noch „für sich" passiert und noch nicht in eine Interaktionsdyade eingebettet ist. Mondada und Hausendorf sprechen daher von einem „einsam/individuell" organisierten Verhalten. Dennoch ist dieses Verhalten, wie die Videoaufnahmen zeigen, durchaus etwa von einem Zuschauenden (*bystander*, → 9.4), beobachtbar – und natürlich auch von denjenigen, die die Interaktion untersuchen.

Die nächste Phase wird aus der Perspektive der Mitarbeiterin betrachtet. Tatsächlich macht die Aufbereitung der aufgenommenen Daten deutlich, wie methodisch herausfordernd die Analyse eines solchen vielfältigen Settings ist. Es ist beispielsweise oftmals schwierig, eindeutig festzustellen, worauf der Blick tatsächlich gerichtet ist, obwohl Kameras die Blickrichtung und Kopfbewegungen der Teilnehmenden sichtbar machen (siehe zu Eyetrackern in der Interaktionsforschung am Ende dieses Kapitels). Als Lösung für dieses Problem schlagen Mondada und Hausendorf vor, im ELAN-Transkript mit verschiedenen Formulierungen wie *looks at the direction of the counter* („Blick in Richtung des Schalters"), *looks in front* („Blick nach vorne") oder *looks at the officer* („Blick auf die Beamtin") zu arbeiten (Abbildung 9.5). Den Blickkontakt schreiben die Autor:innen zudem nur dann eindeutig zu, wenn dies auf Basis der Videoaufnahmen unstrittig erscheint. Ausserdem wird zwischen einem Blick aus der Distanz (z. B. in Richtung des Schalters) und einem näheren Blick (z. B. auf die Beamtin) unterschieden, ebenso wie zwischen Blickrichtung und Körperausrichtung (*turns head to OFF*).

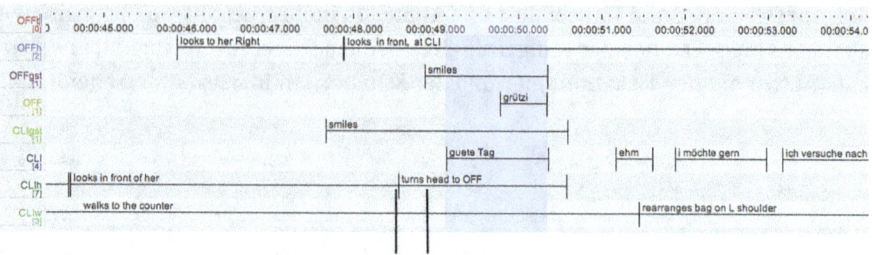

Abbildung 9.5: ELAN-Transkript zu Abbildung 9.4.

Abbildung 9.6.1a/b/c　　　　　　　　Abbildung 9.6.2a/b/c

Abbildungen 9.6.1a/b/c und 9.6.2a/b/c: Extract 21 (BS_3811) (Hausendorf/Mondada 2017).

9.6 Über Sprache hinaus: Multimodale Perspektiven — 491

Die Standbilder zeigen: Die Beamtin erwartet die unmittelbare Ankunft einer Kundin, und diese Kundin ist vor allem an der Richtung erkennbar, in der sie sich auf den Schalter zubewegt. Es ist die Phase, in der sich ein Kategorisierungswechsel abzeichnet und eine Transformation sattfindet: von einer (mit-)anwesenden Person zu einer möglichen, zur unmittelbaren, aber noch nicht direkt teilnehmenden Kundin, und, schliesslich zu der aktuellen, direkt an der Interaktion teilnehmenden Kundin. In unserem Fall leistet die Kundin eine frühe Initiierung, indem sie bereits vor dem ersten Austausch von Blicken lächelt (Abbildung 9.6.1a, s. auch ELAN-Transkript, *CLIgst* kurz vor 00:48). Wie im Transkript ersichtlich wird, reagiert das Lächeln der Mitarbeiterin zeitlich und sequenziell auf das Lächeln der Kundin (*OFFgst* kurz vor 00:49, ebenfalls ersichtlich im Unterschied zwischen Abbildungen 9.6.1a und 9.6.1b).

Wann genau der gegenseitige Blick etabliert wird, ist nicht ganz klar. Wie in Abbildung 9.6.2b zu sehen ist, kann zu diesem Zeitpunkt, an dem die Beamtin anfängt zu lächeln, angenommen werden, dass ein gegenseitiger Blick etabliert ist – alternativ kann er bereits etabliert worden sein, wenn die Kundin beginnt, den Kopf zur Beamtin hinzuwenden (Abbildung 9.6.1). Die frühe Initiierung der Interaktion in diesem Beispiel zeigt sich auch in der Zeitlichkeit der Begrüssung: Diese beginnt bereits, nachdem der gegenseitige Blickkontakt hergestellt ist, und somit bevor die Kundin vollständig in einer stabilen Körperposition vor dem Schalter steht.

Mit weiteren Analysebeispielen zeigen Hausendorf und Mondada, wie Begrüssungen tatsächlich früh initiiert werden (wenn auch von unterschiedlichen Parteien), während das Anliegen erst dann vorgebracht wird, wenn die Kundin:innen sich vor dem Schalter etabliert haben. Die Analyse zeigt ausserdem: Obwohl es viele Schalter mit Mitarbeiter:innen und zahlreiche potenzielle Kund:innen gibt, die sich zudem nicht kennen, ist es ab einem bestimmten Zeitpunkt für beide Beteiligten offensichtlich, dass sie die Akteur:innen in der spezifischen Interaktionseröffnung sind. Es handelt sich dabei nicht nur um Identifizierung von Personen, sondern – das machen die Analysen besonders deutlich – von Handlungen, die auf eine kategoriegebundene (*category-bound*) Art und Weise vollzogen werden (→ 9.4.2.5). Dies hat damit zu tun, dass es sich hier um ein institutionelles Setting handelt, das auch durch Kleidung (Arbeitsuniform) oder Accessoires und Gegenstände (Handtaschen und Portemonnaies oder auch Bildschirm und Tastatur) vermittelt werden kann.

Was wir hier betrachtet haben, ist natürlich ein Einzelfall, wenn er auch als prototypisch für Eröffnungssequenzen am Bahnhofsschalter bezeichnet werden kann. Es ist lohnenswert, ihre Einbettung in eine Abfolge von Begegnungen und ihr Verhältnis zu umfassenderen Aktivitätssystemen zu berücksichtigen. Dies gilt insbesondere für die bedeutenden Rollen, die Gegenstände wie Taschen und Portemonnaies sowie verschiedene architektonische Ressourcen und Interaktionsräume (→ 9.4.2.6) dabei einnehmen (vgl. Hausendorf/Mondada 2017).

Abschliessend lässt sich feststellen, dass die multimodale Perspektive vor Augen führt, wie komplex scheinbar banale Alltagsinteraktionen – wie von der wartenden zur nächsten und dann zur aktuellen Kundin zu werden – sind und somit lohnenswert für eine wissenschaftlichen Auseinandersetzung.

9.6.2 F-Formation: Gemeinsames Hervorbringen fokussierter Interaktion

Fragen wir uns nach den räumlichen und praxeologischen, also die Körper betreffenden, Merkmalen sozialer Interaktion, so mag uns die Art und Weise interessieren, wie Personen diese räumlich organisieren. Von Kendon (1990) stammt in diesem Zusammenhang ein sehr bekannter und häufig verwendeter Begriff, nämlich derjenige der **F-Formation** (*F-formation*), wobei „F" für „framing" steht (ganz deutlich macht das Kendon jedoch nicht, Kendon 1990: 209). Diese entsteht, wenn zwei oder mehr Personen sich körperlich so positionieren, dass vor ihnen ein Raum gebildet wird, zu dem sie einen gleichrangigen, direkten und exklusiven Zugang haben. F-Formationen kommen also zustande, wenn die häufig sehr fluide und dynamische Bewegung bei Beteiligten einer Interaktion temporär statisch wird, etwa wenn sie sich im Museum auf ein Objekt vor sich konzentrieren (→12.5.1, Abbildung zu ELAN) oder in der Gruppe ein Gespräch führen. Gleichzeitig wird zwischen den Beteiligten ein Raum geschaffen, der gemeinsam geteilt und genutzt wird. Diesen nennt man *o-space* oder auch *transactional segment* (Kendon 1990: 211). Es ist der Raum, in dem gerade etwas getan wird, was für die Interaktion relevant ist, etwa ein Schild zu lesen bei einer Ausstellung, auf den Bildschirm zu schauen beim Fernsehen oder Gamen oder gemeinsam einen Stadtplan zu studieren (hier kommt der Begriff des *Doing* wieder sehr stark zum Tragen, → 9.3.2.1). Aussenstehende bekommen nur schwerlich Zugang zu diesem Raum (man denke an die Empörung, wenn jemand wiederholt vor dem laufenden Fernseher vorbeigeht, oder die Irritation, wenn sich jemand vor die Betrachter:innen eines Kunstwerks stellt). Weiterhin handelt es sich um Formationen, die sich bei unterschiedlichen sozialen Interaktionen musterhaft bilden (z.B. das Gamen auf dem Sofa als *co-sit interaction*, Ensslin/Finnegan 2019; multimodal analysiert etwa bei Mondada 2012 und 2013).

Je nach Positionierung und Ausrichtung des Körpers, die sozusagen den Rahmen bilden, können unterschiedliche Ausformungen bzw. Arrangements entstehen. Kendon unterscheidet zwei grundlegende mögliche Arrangements nach Anzahl der Beteiligten (siehe Tabelle 9.4).

Tabelle 9.4: Arrangements nach Kendon (1990: 2013).

zwei Personen	mehr als zwei Personen
vis-a-vis arrangement	linear
L arrangement	semicircular
side-by-side arrangement	rectangular
	circular arrangement

Das eine Arrangement betrifft zwei Personen und beinhaltet:
- das *vis-a-vis arrangement:* wenn zwei Personen sich direkt gegenüberstehen,
- das *L arrangement*: wenn Personen in einem 90°-Winkel zueinanderstehen, und
- das *side-by-side arrangement* (wenn Personen nahe beieinanderstehen und in dieselbe Richtung schauen).

Das Arrangement zwischen mehr als zwei Personen führt zu unterschiedlichen Bezeichnungen je nach eingenommener geometrischer Form: *linear, semicircular, rectangular* oder *circular arrangement.*

Neben dem *o-space* sind für Beteiligte der Raum relevant, den sie selbst besetzen (*p-space*), wie auch der restliche Raum um sie herum (*r-space,* Kendon 1990: 233f.). Personen, die sich in eine Interaktion integrieren wollen, nähern sich aus dem *r-space*. Sie müssen aber von den gerade Beteiligten in die F-Formation eingeladen werden, um ebenfalls Zugang zum *o-space* zu erhalten. Im interkulturellen Vergleich wird deutlich, dass insbesondere das Verständnis des *p-space* unterschiedlich ausfallen kann. Diese Einsicht knüpft an die Arbeiten des Anthropologen E. T. Hall an, der zahlreiche Konzepte im Zusammenhang mit sozialen Räumen und Raumpraktiken bei Tieren und Menschen entwickelt und geprägt hat. Unter diesen sind z. B. der **persönliche, soziale** oder **kulturelle Raum** und überhaupt die Art und Weise der Ausnutzung des Raums durch die Beteiligten, die Hall *Proxemik* nennt (Hall 1969).

Abschliessend wird der interaktionale Wechsel von einem Arrangement in ein anderes illustriert, der auch eine Repositionierung zur Wahrung des *personal space* beinhaltet. Es handelt sich um ein Beispiel aus dem gleichen Playtesting-Korpus wie die Begrüssungsszene in dem VR-Multiplayer-Game zwischen Fabian und Manuel (siehe oben, Beispiel 9.1), diesmal aber mit anderen Mitspielenden. Romy und Walter sind vor Kurzem in die virtuelle Welt eingestiegen. Walter hat gerade ein Modul aktiviert, woraufhin ein virtuelles konsolenartiges Objekt erscheint, das mithilfe seines Controllers positioniert werden kann. Dieses ist hellblau, wechselt aber zu Rot, wenn es an einem ungünstigen Ort platziert wird. Interessant nun ist der gemeinsame sequenziell erarbeitete Wechsel im Arrangement, der von den

Mitspielenden initiiert wird, um einen gleichartigen Zugang zum Konsolenobjekt zu erhalten. Wir konzentrieren uns dabei auf die mit Pfeilen markierten Stellen im Transkript (Beispiel 9.32): Zunächst stehen die Spielenden in einem *L-Arrangement* relativ weit voneinander entfernt mit Blick auf die Konsole (Zeile 37, fig. 1). Da sie beide noch nicht wissen, was das Objekt genau ist bzw. wofür es gut ist, versuchen sie, das zunächst durch Betrachten zu erraten. Während sie noch raten, was es sein könnte, möchte Romy die Konsole ebenfalls so anschauen, wie Walter sie sieht, nämlich „von vorne" (Zeile 44), sodass sich beide Spielenden anfangen neu auszurichten. Bei Zeile 46 hat sich das *L-Arrangement* aufgelöst, und es kommt zur Etablierung eines *vis-a-vis-Arrangements*, das beiden helfen soll, von derselben Position aus auf das Objekt zu schauen. Dies wird auch von Walter thematisiert: „wart mal, wir stellen uns in die gleiche Richtung" (Zeile 49). In der Folge (Zeilen 49–51) stehen sie aber offensichtlich zu nahe beieinander (was Walter bereits mit seinem ausgestreckten Arm zu verhindern sucht), sodass es nach Zeile 51 wieder zu einer Repositionierung zum endgültigen Arrangement *vis-a-vis* mit einem gewahrten *personal space* kommt (Zeile 52). Dabei ist ein Vorkommnis besonders interessant: Es kommt wieder zu einer Begrüssung (*Hallo – Hallo genau* Zeilen 51–52). Hier zeigt ein genauer Blick in die Daten, dass nicht nur die Repositionierung der Anlass dazu ist, sondern auch der kurze Blickkontakt zwischen Walter und Romy (Zeile 50, fig. 2 mit der dazugehörigen *In-Game*-Aufnahme).

Neben den verschiedenen Formationen zeigt dieses Beispiel die Konsequenzen von virtuellen Objekten in einem virtuellen Raum: Das Konsolenobjekt ist sehr leicht verschiebbar, hängt jedoch, da Walters Controller das Objekt in den Raum projiziert, von seiner Körper- bzw. Armausrichtung ab. Das hat paradoxerweise eine Verkomplizierung der Sachlage zur Folge: Die Beteiligten müssen sich entscheiden, wie sie sich positionieren sollen, um gemeinsam von der gleichen Position aus auf die Konsole schauen zu können. Der virtuelle Interaktionsraum (→ 9.4.2.6) fordert also zur Bewältigung der Interaktionsaufgabe auch die Ko-Operation, Ko-Ordination und Ko-Orientierung der Mitspielenden auf höchstem Masse ein.

Zum Abschluss werden drei Beispiele für weitere multimodale Perspektiven vorgestellt, die das Interesse an neuen Methoden und innovativen Themen darlegen:

- **Nutzung von Objekten in der Interaktion**: Wie das Beispiel 9.32 mit der virtuellen Konsole gezeigt hat, spielen Objekte eine zentrale Rolle für die Organisation von Handlungen und den Aufbau von Bedeutung in der Interaktion. Interaktionen mit Objekten umfassen also nicht nur Tätigkeiten wie das Zeigen, Manipulieren, Benennen oder Verweisen auf Objekte, sondern beeinflussen auch die Beteiligten selbst, sodass die Objekte als integrale Bestandteile einer **interaktionalen Ökologie** (vgl. Nevile et al. 2014) zu verstehen sind.

```
   37  R:   Δund es wird ^RO:T;
→           Δ#L-Arrangement--->
            #fig.1
   38  W:   JA,
   39       wart mal wenn ich es ZU weit in die ecke stelle wird_s RO:T wenn
   40       ich_s in der MITte habe isses schön BLAU,=
            =sIEhst du das VOR di:r eigentlIch?
   41  R:   eHE, ((lacht))
   42  W:   ds sieht aus <<rall> wIE:: SO::>-
            1.0
   43  R:   wie: IRgendwas mit so einer <<acc x*Xx>-
                                         *Orientierung nach links
   44       *kann ich das von VORne anschaun,
            *bewegt sich langsam nach rechts in Richtung W
   45  W:   JA +guck [da steht xx]
               +W bewegt sich etwas auf die Seite
   46  R:            Δ[AH da steht] gar nichts;
→           --->ΔAuflösung L-Arrangement
   47       UH ich   [*((lacht))    ]
                     *weicht der Konsole aus, Körperrotation
   48  W:   wart mal [wir KOMmen uns- ]
→  49       +<<acc> wart mal> wir stellen uns in die GLEIche Δrichtung,
            +nähert sich an die Seite von R, rechter Arm etwas ausgestreckt
   50       [x xxxx xxΔ       ]                              ΔW und R
                Δ#W blickt kurz zu R                         berühren sich
                #fig.2
→  51  R:   *[so jetzt (.) ↑hal^LO:Δ]
                                    Δmachen einen Schritt voneinander weg
→  52  W:   Δhallo geNAU.
            Δ#erreichen Endposition in einem lockeren vis-a-vis Arrangement
            #fig.3
            2.0
   53  W:   joa_was IST ^das woh:l.
```

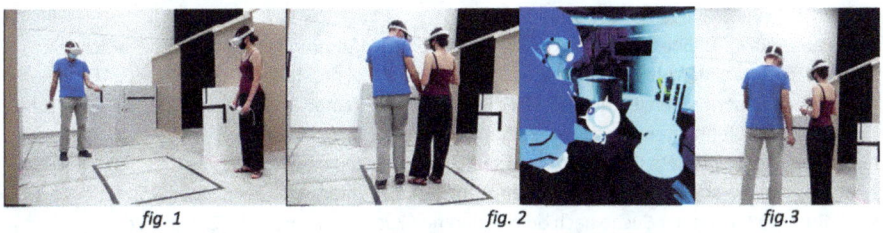

fig. 1   fig. 2   fig.3

Beispiel 9.32: Ko-Operation, Ko-Ordination und Ko-Orientierung in *Spacecraft* (Fotos: Hiloko Kato).

- **Multiaktivität** (*multiactivity*): In sozialen Interaktionen koordinieren und führen Beteiligte oftmals mehrere Aktivitäten gleichzeitig aus, was ein hohes Mass an kognitiver, sozialer und kommunikativer **Flexibilität** voraussetzt, da die Beteiligten nicht nur ihre eigenen Handlungen, sondern auch die Reaktionen ihrer Interaktionspartner:innen berücksichtigen müssen. Besonders relevant wird Multiaktivität in beruflichen Kontexten, in denen Beteiligte ihre Aufmerksamkeit dynamisch zwischen konkurrierenden Anforderungen ver-

teilen müssen, z. B. im Zusammenspiel von Face-to-Face-Interaktionen und der Nutzung technischer Geräte (vgl. Heath/Luff 2000).
- **Analysen mit Eyetracker:** Mit Eyetrackern werden Blickbewegungen einer Person gemessen und analysiert. Damit lässt sich etwa danach fragen, wie **Blickverhalten** und andere multimodale Ressourcen die kollaborative Strukturierung von Interaktionen formen. Beispielsweise lässt sich detailliert analysieren, wie die Wortsuche in Gesprächen durch Blickverhalten gesteuert wird (vgl. Auer/Zima 2021): Blickabwendung weist dabei auf eine Präferenz für eigenständige Wortsuche hin, während Blickzuwendung und längere Blickphasen die Beteiligung der weiteren Gesprächsbeteiligten bei der Wortsuche fördern. Mit dieser Technologie liessen sich frühere Annahmen bestätigen und im Fall der längeren Blickphase sogar neue Erkenntnisse gewinnen (vgl. auch Stukenbrock/Zima, im Druck).

Bibliografie

Arminen, Ilkka/Leinonen, Minna (2006): Mobile phone call openings: tailoring answers to personalized summonses. In: Discourse Studies 8(3), S. 339–368. https://journals.sagepub.com/doi/abs/10.1177/1461445606061791.

Auer, Peter (2000): On line-Syntax - Oder: was es bedeuten könnte, die Zeitlichkeit der mündlichen Sprache ernst zu nehmen. In: Sprache und Literatur Brill. 85, S. 43–56. https://doi.org/10.30965/25890859-031-01-90000005.

Auer, Peter (2024): Online-Syntax. In: Online-Syntax: Eine Einführung in die Analyse gesprochener Sprache. Berlin/Heidelberg: Springer. S. 1–19. https://doi.org/10.1007/978-3-662-68611-9_1.

Auer, Peter/Couper-Kuhlen, Elizabeth (1994): Rhythmus und Tempo konversationeller Alltagssprache. In: Zeitschrift für Literaturwissenschaft und Linguistik 96, S. 78–106.

Auer, Peter/Zima, Elisabeth (2021): On word searches, gaze, and co-participation. In: Gesprächsforschung - Online - Zeitschrift zur verbalen Interaktion 22, S. 390–425.

Ayaß, Ruth (1993): Auf der Suche nach dem verlorenen Zuschauer. In: S. 27–42. https://doi.org/10.1007/978-3-322-87281-4_2.

Bateson, Gregory (1976): A Theory of Play and Fantasy. In: Schechner, Richard/Schuman, Mady (Hrg.): Ritual, Play, and Performance: Readings in the Social Sciences/Theatre. New York: Seabury Press. S. 67–73.

Bavelas, Janet Beavin/Coates, Linda/Johnson, Trudy (2002): Listener Responses as a Collaborative Process: The Role of Gaze. In: Journal of Communication 52(3), S. 566–580. https://doi.org/10.1111/j.1460-2466.2002.tb02562.x.

Berger, Peter L./Luckmann, Thomas (1966): The Social Construction of Reality: A Treatise in the Sociology of Knowledge. New York: Anchor.

Berger, Peter/Luckmann, Thomas (1980): Die gesellschaftliche Konstruktion der Wirklichkeit: Eine Theorie der Wissenssoziologie. 28. Auflage. Frankfurt am Main: FISCHER Taschenbuch.

Bergmann, Jörg (1982): Schweigephasen im Gespräch : Aspekte ihrer interaktiven Organisation. In: Soeffner, Hans-Georg (Hrg.): Beiträge zu einer empirischen Sprachsoziologie. Tübingen:

Narr. S. 143–184. https://search.gesis.org/ajax/APA.php?type=publication&docid=gesis-solis-00076094&lang=en&download=true (21.1.2025).

Bergmann, Jörg (2019): Ethnomethodologische Konversationsanalyse. In: Hoffmann, Ludger (Hrg.): Sprachwissenschaft: Ein Reader. Berlin/Boston: De Gruyter. S. 347–363. https://doi.org/10.1515/9783110588972-026.

Bergmann, Jörg R. (1987): Klatsch: Zur Sozialform der diskreten Indiskretion. Berlin/Boston: De Gruyter. https://doi.org/10.1515/9783110875195.

Bergmann, Jörg R. (2001): Das Konzept Der Konversationsanalyse. In: Brinker, Klaus/Antos, Gerd/Heinemann, Wolfgang/Sager, Sven F. (Hrg.): 2. Halbband Text- Und Gesprächslinguistik 2. Halbband: Ein Internationales Handbuch Zeitgenössischer Forschung. Berlin/Boston: De Gruyter Mouton. S. 919–927. https://doi.org/10.1515/9783110169188.2.12.919.

Birkner, Karin/Auer, Peter/Bauer, Angelika/Kotthoff, Helga (2020): Einführung in die Konversationsanalyse. Berlin/Boston: De Gruyter. https://doi.org/10.1515/9783110689082.

Bühler, Karl (2019): Sprachtheorie: Das Organonmodell der Sprache. Sprechhandlung und Sprachwerk; Sprechakt und Sprachgebilde. Das Zeigfeld der Sprache und die Zeigwörter. Die Origo des Zeigfelds und ihre Markierung. In: Hoffman, Ludger (Hrg.): Sprachwissenschaft: Ein Reader. 4. Berlin/Boston: De Gruyter. S. 107–127. https://doi.org/10.1515/9783110588972.

Eglin, Peter/Hester, Stephen (1997): Culture in Action: Studies in Membership Categorization Analysis. Washington, D.C: International Institute for Ethnomethodology and Conversation Analysis & University Press of America. (= Studies in ethnomethodology and conversation analysis no. 4).

Ehlich, K. (1996): Funktional-pragmatische Kommunikationsanalyse: Ziele und Verfahren. In: Hoffmann, Ludger (Hrg.): Sprachwissenschaft: Ein Reader. Berlin/Boston: De Gruyter. S. 183–202. https://doi.org/10.1515/9783110801354-015.

Ehlich, Konrad/Rehbein, Jochen (1972): Zur Konstitution pragmatischer Einheiten in einer Institution: Das Speiserestaurant. In: Wunderlich, Dieter (Hrg.): Linguistische Pragmatik. Frankfurt a. M.: Athenäum. S. 209–254.

Ehlich, Konrad/Rehbein, Jochen (1994): Institutionsanalyse. In: Brünner, Gisela/Graefen, Gabriele (Hrg.): Texte und Diskurse: Methoden und Forschungsergebnisse der Funktionalen Pragmatik. Wiesbaden: VS Verlag für Sozialwissenschaften. S. 287–327. https://doi.org/10.1007/978-3-663-11619-6_13.

Ensslin, Astrid/Finnegan, John (2019): Bad Language and Bro-up Cooperation in Co-Sit Gaming. In: Ensslin, Astrid/Balteiro, Isabel (Hrg.): Approaches to Videogame Discourse: Lexis, Interaction, Textuality. UK: Bloomsbury. S. 139–156. https://www.bloomsbury.com/us/approaches-to-videogame-discourse-9781501338465/ (21.1.2025).

Ford, Cecilia E. (1993): Grammar in Interaction: Adverbial Clauses in American English Conversations. Cambridge: Cambridge University Press. (= Studies in Interactional Sociolinguistics) https://doi.org/10.1017/CBO9780511554278.

Garfinkel, Harold (1967): Studies in Ethnomethodology. NJ: Prentice-Hall: Englewood Cliffs.

Goffman, Erving (1959): The presentation of self in everyday life. 1st Anchor Books ed., [rev. and expanded]. New York: Anchor Books.

Goffman, Erving (1961): Fun in Games. In: Encounters: Two Studies in the Sociology of Interaction. Oxford: Bobbs-Merrill. S. 15–72.

Goffman, Erving (1963): Behavior in Public Places. New York: Free Press.

Goffman, Erving (1964): The Neglected Situation. In: American Anthropologist Vol. 66, No. 6, Part 2, S. 133–136. (= The Ethnography of Communication) https://www-jstor-org.ezproxy.uzh.ch/stable/668167 (2.3.2023).

Goffman, Erving (1974): Frame Analysis: An Essay on the Organization of Experience. Cambridge: Harvard University Press.
Goffman, Erving (1979): Footing. In: Semiotica 25(1–2), S. 1–30. https://doi.org/10.1515/semi.1979.25.1-2.1.
Goodwin, Charles (2000): Action and Embodiment within Situated Human Interaction. In: Journal of Pragmatics 32(10), S. 1489–1522. https://doi.org/10.1016/S0378-2166(99)00096-X.
Gülich, Elisabeth (1970): Makrosyntax der Gliederungssignale im gesprochenen Französisch. München: W. Fink.
Günthner, Susanne (1993): „...weil – man kann es ja wissenschaftlich untersuchen" – Diskurspragmatische Aspekte der Wortstellung in WEIL-Sätzen. In: Linguistische Berichte 143, S. 37–59.
Günthner, Susanne (2000): Argumentation in German-Chinese conversations. In: Spencer-Oatey, Helen (Hrg.): Culturally Speaking: Managing Relations in Talk across Cultures. London: Cassell. S. 217–239.
Günthner, Susanne (2007): Brauchen wir eine Theorie der gesprochenen Sprache? Und: wie kann sie aussehen? – Ein Plädoyer für eine praxisorientierte Grammatiktheorie. In: GIDI-Arbeitspapier 7, S. 1–22.
Günthner, Susanne (2008): ‚weil – es ist zu spät'. Geht die Nebensatzstellung im Deutschen verloren? In: Denkler, Markus (Hrg.): Frischwärts und Unka- puttbar. Sprachverfall oder Sprachwandel im Deutschen?, Bd. 18. Münster: Aschendorff. S. 103–128.
Günthner, Susanne/Gohl, Christine (1999): Grammatikalisierung von weil als Diskursmarker in der gesprochenen Sprache. In: Zeitschrift für Sprachwissenschaft 18, S. 39–75.
Hall, Edward T. (1969): The Hidden Dimension. New York: Anchor Books.
Hausendorf, Heiko (1992): Gespräch als System: Linguistische Aspekte einer Soziologie der Interaktion. 1992. Auflage. Opladen: Westdeutscher Verlag.
Hausendorf, Heiko (2000): Zugehörigkeit durch Sprache: Eine linguistische Studie am Beispiel der deutschen Wiedervereinigung. Max Niemeyer Verlag. https://doi.org/10.1515/9783110920024.
Hausendorf, Heiko (2015): Interaktionslinguistik. In: Sprachwissenschaft im Fokus, Bd. 2014. Berlin/München/Boston: De Gruyter. S. 43–70. https://doi.org/10.1515/9783110401592.43.
Hausendorf, Heiko (2025): Kopräsenz. Über das soziale Zuhause von Sprache. Bielefeld: transcript.
Hausendorf, Heiko/Mondada, Lorenza (2017): Becoming the Current Client : A Study of Openings at Swiss Railway Station Counters. In: Arbeitspapiere des UFSP Sprache und Raum (SpuR) University of Zurich. (5). https://doi.org/10.5167/uzh-137388.
Heath, Christian/Luff, Paul (2000): Technology in Action. Cambridge: Cambridge University Press.
Heller, Vivien (2018): Jenseits des Hier und Jetzt: Multimodale Praktiken der Versetzung in Erzählinteraktionen kleiner Kinder. In: Gesprächsforschung: Online-Zeitschrift zur verbalen Interaktion 19, S. 242–274. http://www.gespraechsforschung-online.de/fileadmin/dateien/heft2018/erzaehlen-multimodal.pdf.
Horton, Donald/Wohl, Richard R. (1956): Mass Communication and Para-Social Interaction. In: Psychiatry Routledge. 19(3), S. 215–229. https://doi.org/10.1080/00332747.1956.11023049.
Huizinga, Johann (1944): Homo ludens. Versuch einer Bestimmung des Spielelements der Kultur. Basel: Burg-Verlag.
Jefferson, Gail (1972): Side Sequences. In: Sudnow, David (Hrg.): Studies in social interaction. New York: Free Press. S. 294–333.
Jefferson, Gail (2004): A sketch of some orderly aspects of overlap in natural conversation. In: Lerner, Gene H. (Hrg.): Conversation Analysis: Studies from the First Generation. Amsterdam: John Benjamins. S. 43–59. https://benjamins.com/catalog/pbns.125.05jef.

Kato, Hiloko/Bauer, René (2021): Mukokuseki and the Narrative Mechanics in Japanese Games. In: Suter, Beat/Kocher, Mela/ Bauer, René (Hrsg.): Narrative Game Mechanics. Bielefeld: transcript Verlag, 115-152.

Kato, Hiloko (2024): Digital Play as Procedures: Social, Technological, and Ludic Practices in the Innovative VR Multiplayer Co-Location Game Spacecraft — A New Way Home. In: Luginbühl, Martin/Schneider, Jan Georg (Hrg.): Media as Procedures of Communication. Amsterdam: Benjamins. S. 246–289. https://benjamins.com/catalog/persons/755142241?srsltid=AfmBOor-FE48v1VIAhBM8dLQoW0Ud1znYxdfOytfV_TWoscQd-FKxiG0 (21.1.2025).

Kendon, Adam (1990): Conducting Interaction: Patterns of Behavior in Focused Encounters. Cambridge: Cambridge University Press.

Labov, William/Fanshel, David (1977): Therapeutic Discourse: Psychotherapy as Conversation. New York: Academic Press.

Laursen, Ditte/Szymanski, Margaret H. (2013): Where are you? Location talk in mobile phone conversations. In: Mobile Media & Communication 1, S. 314–334. https://journals.sagepub.com/doi/10.1177/2050157913493773.

Lerner, Gene H (2002): Turn-Sharing: The Choral Co-Production of Talk-in-Interaction. In: Ford, Cecilia E/Fox, Barbara A/Thompson, Sandra A (Hrg.): The Language of Turn and Sequence. Oxford University Press. S. 225–256. https://doi.org/10.1093/oso/9780195124897.003.0009.

Levinson, Stephen C. (2016): Turn-Taking in Human Communication – Origins and Implications for Language Processing. In: Trends in Cognitive Sciences 20(1), S. 6–14. https://doi.org/10.1016/j.tics.2015.10.010.

Luckmann, Thomas (1986): Grundformen der gesellschaftlichen Vermittlung des Wissens: Kommunikative Gattungen. In: Kölner Zeitschrift für Soziologie und Sozialpsychologie Sonderheft, S. 191–211.

Luff, Paul/Hindmarsh, Jon/Heath, Christian (Hrg.) (2000): Workplace Studies: Recovering Work Practice and Informing System Design. 1. Auflage. Cambridge University Press. https://doi.org/10.1017/CBO9780511628122.

Mondada, Lorenza (2010): Eröffnung und Vor-Eröffnung in technisch vermittelter Interaktion: Videokonferenzen. In: Mondada, Lorenza/Schmitt, Reinhold (Hrg.): Situationseröffnungen: Zur Multimodalen Herstellung Fokussierter Interaktion. Tübingen. S. 277–334.

Mondada, Lorenza (2012): Coordinating action and talk-in-interaction in and out of video games. In: Ayaß, Ruth/Gerhardt, Constanze (Hrg.): The appropriation of media in everyday life. Amsterdam: John Benjamins. S. 231–270.

Mondada, Lorenza (2013): Coordinating mobile action in real time: The timely organization of directives in video games. In: Haddington, Pentti/Mondada, Lorenza/Nevile, Maurice (Hrg.): Interaction and mobility: language and the body in motion. Berlin: De Gruyter. S. 300–341.

Mondada, Lorenza (2018): Multiple Temporalities of Language and Body in Interaction: Challenges for Transcribing Multimodality. In: Research on Language and Social Interaction Routledge. 51(1), S. 85–106. https://doi.org/10.1080/08351813.2018.1413878.

Mondada, Lorenza (2019): Conventions for Multimodal Transcription. https://www.lorenzamondada.net/multimodal-transcription.

Mondada, Lorenza/Schmitt, Reinhold (2007): Interaktionsraum und Koordinierung. In: Koordination. Analysen zur multimodalen Interaktion. Tübingen: Narr. S. 55–94. https://www.degruyter.com/database/GERMANISTIK/entry/ogerm.ga07244058_2/html?lang=de&srsltid=AfmBOopRKuNj3dIySnLfT6aZklW6qIrPjhnZ2oOlFTxabGt0W01QBUnG (21.1.2025).

Nevile, Maurice/Haddington, Pentti/Heinemann, Trine/Rauniomaa, Mirkka (2014): On the interactional ecology of objects. In: Nevile, Maurice/Haddington, Pentti/Heinemann, Trine/ Rauniomaa, Mirkka (Hrg.): Interacting with Objects. Amsterdam: John Benjamins. S. 3–26.

Ochs, Elinor/Schegloff, Emanuel A./Thompson, Sandra A. (Hrg.) (1997): Interaction and Grammar. Cambridge: Cambridge University Press.

Pafel, Jürgen (2009): Zur linearen Syntax des deutschen Satzes. In: Linguistische Berichte (LB) 2009(217), S. 36–78. https://doi.org/10.46771/2366077500217_2.

Sacks, Harvey (1995): Lectures on Conversation, Volumes I and II. Oxford: Wiley-Blackwell.

Sacks, Harvey (2006): Lectures on Conversation: Volumes I & II. Repr. Oxford: Blackwell.

Sacks, Harvey/Schegloff, Emanuel A./Jefferson, Gail (1974): A Simplest Systematics for the Organization of Turn-Taking for Conversation. In: Language 50(4), S. 696. https://doi.org/10.2307/412243.

Saussure, Ferdinand de (2001): Grundfragen der Allgemeinen Sprachwissenschaft. 3rd ed. Berlin/ Boston: De Gruyter, Inc. (= De Gruyter Studienbuch Ser.).

Schegloff, Emanuel A. (1968): Sequencing in Conversational Openings. In: American Anthropologist 70(6), S. 1075–1095.

Schegloff, Emanuel A. (1986): The Routine as Achievement. In: Human Studies 9(2), S. 111–151. https://doi.org/10.1007/BF00148124.

Schegloff, Emanuel A. (1988): From Interview to Confrontation: Observations on the Bush/Rather Encounter. In: Research on Language and Social Interaction 22((1–4)), S. 215–240. https://www.researchgate.net/publication/254312227_From_interview_to_confrontation_Observations_on_the_BushRather_encounter (21.1.2025).

Schegloff, Emanuel A./Jefferson, Gail/Sacks, Harvey (1977): The Preference for Self-Correction in the Organization of Repair in Conversation. In: Language Linguistic Society of America. 53(2), S. 361–382. https://doi.org/10.2307/413107.

Schegloff, Emanuel A./Sacks, Harvey (1973): Opening up Closings. In: Semiotica 8(4), S. 289–327. https://doi.org/10.1515/semi.1973.8.4.289.

Scheutz, Hannes (1992): Apokoinu-Konstruktionen. Gegenwartssprachliche Erscheinungsformen und Aspekte der historischen Entwicklung. In: Weiss, Andreas (Hrg.): Dialekte im Wandel. Göppingen: Kümmerle. S. 243–264.

Schiffrin, Deborah (1987): Discourse Markers. Cambridge: Cambridge University Press. http://archive.org/details/discoursemarkers0000schi (21.1.2025).

Schneider, Jan Georg (2011): Hat die gesprochene Sprache eine eigene Grammatik? Grundsätzliche Überlegungen zum Status gesprochensprachlicher Konstruktionen und zur Kategorie ‚gesprochenes Standarddeutsch'. In: Zeitschrift für germanistische Linguistik De Gruyter. 39(2), S. 165–187. https://doi.org/10.1515/zgl.2011.014.

Schütz, Alfred/Luckmann, Thomas (2017): Strukturen der Lebenswelt. 2. überarb. Aufl. Stuttgart: UTB GmbH.

Searle, John R. (1976): A Classification of Illocutionary Acts. In: Language in Society Cambridge University Press. 5(1), S. 1–23. https://www.jstor.org/stable/4166848 (21.1.2025).

Stivers, Tanya/Enfield, N. J./Brown, Penelope/Englert, Christina/Hayashi, Makoto/Heinemann, Trine et al. (2009): Universals and Cultural Variation in Turn-Taking in Conversation. In: Proceedings of the National Academy of Sciences of the United States of America 106(26), S. 10587–10592. https://doi.org/10.1073/pnas.0903616106.

Streeck, Jürgen (1995): On projection. In: Goody, E. N. (Hrg.): Social Intelligence and Interaction. Cambridge: Cambridge University Press. S. 87–110.

Streeck, Jürgen (2008): Gesture in Political Communication: A Case Study of the Democratic Presidential Candidates During the 2004 Primary Campaign. In: Research on Language and Social Interaction 4(12), S. 154–186. https://www.researchgate.net/publication/233316338_Gesture_in_Political_Communication_A_Case_Study_of_the_Democratic_Presidential_Candidates_During_the_2004_Primary_Campaign (21.1.2025).

Stukenbrock, Anja (2014): Pointing to an 'empty' space: *Deixis am Phantasma* in face-to-face interaction. In: Journal of Pragmatics 74, S. 70–93. https://doi.org/10.1016/j.pragma.2014.08.001.

Stukenbrock, Anja (2015): Deixis in der face-to-face-Interaktion. Deixis in der face-to-face-Interaktion. Berlin/Boston: De Gruyter. https://doi.org/10.1515/9783110307436.

Stukenbrock, Anja/Zima, Elisabeth (Hrg.) (im Druck): Mobile Eyetracking: new avenues for the study of gaze in social interaction. Amsterdam: Benjamins.

Yngve, Victor H. 1 (1970): On getting a word in edgewise. In: Papers from the Regional Meeting of the Chicago Linguistic Society 6, S. 567–578. https://www.bibsonomy.org/bibtex/f118ab5a7931a342558e207fb1fdc47a (21.1.2025).

10 Soziolinguistik

10.1 Einführung

10.1.1 Die Soziolinguistik als polyphone Disziplin

Dieses Kapitel führt in die Soziolinguistik ein, eine vielfältige und dynamische Teildisziplin der Linguistik, in deren Zentrum die Beziehung zwischen Sprache, Gesellschaft und ihren Mitgliedern steht. Die Soziolinguistik befasst sich mit einer **breiten Palette von Themen**, darunter:
- wie soziale Faktoren wie Bildungsstand, Geschlecht, Alter, Herkunft und Ethnizität den Sprachgebrauch beeinflussen;
- wie eine Sprache zwischen unterschiedlichen geografischen Regionen variiert;
- wie Sprache zur Konstruktion und Aushandlung von Identität verwendet wird;
- wie Sprachwandel in verschiedenen sozialen Kontexten stattfindet;
- wie durch Sprache hierarchische Beziehungen und Machtgefüge in einer Gesellschaft gestaltet werden.

Die Soziolinguistik zeichnet sich durch eine **starke interdisziplinäre Ausrichtung** aus. Sie weist insbesondere enge Verbindungen zur Soziologie, Anthropologie und Psychologie auf, da diese sich in ihrem Kern ebenfalls mit sozialen Phänomenen beschäftigen (vgl. die Artikel in Ammon et al. 2005). Die Soziolinguistik ist genau aus diesem Grund auch mit anderen sprachwissenschaftlichen Disziplinen wie der Diskurs- und Kulturlinguistik (→ 11) und der Interaktionalen Linguistik (→ 9) eng verbunden.

Die Soziolinguistik ist eine etablierte Disziplin, die auf eine bereits lange Forschungsgeschichte zurückblickt. Der Soziolinguist Jürgen Spitzmüller bezeichnet sie als „polyphone Disziplin" (Spitzmüller 2022: 7; vgl. z. B. Ammon et al. 2004, 2005, 2006) und meint damit, dass die Soziolinguistik „keineswegs auf ein gemeinsames Forschungsprogramm, gemeinsame Theorien, Methoden und Begriffe" heruntergebrochen werden kann: „Täte man dies, würde man gerade die Stärken und wohl auch das Erfolgsgeheimnis der Soziolinguistik ausblenden" (Spitzmüller 2022: 7). Aber gerade im deutschsprachigen Raum wurde die Soziolinguistik über lange Zeit als Dialektologie und Varietätenlinguistik recht eng gefasst. Im Zentrum standen also lange Zeit die Untersuchung und Bestimmung von Dialekten und Dialektwandel sowie die (meist) quantitative Analyse von Sprachvariation und die Identifizierung von systematischen Korrelationen zwischen sprachlichen Merkmalen und sozialen Variablen. Allerdings gab es bereits in den 1980er-Jahren auch im deutschsprachigen Raum eine lebendige interaktionale Soziolinguistik, die deutlich machte, dass Soziolinguistik viel mehr als nur die Varietätenlinguistik umfasst. So gibt es auch in der germanistischen Linguistik heute viele verschiedene Varianten der Soziolinguistik, die unterschiedliche theoretische und methodische Ansätze verfolgen. Die Interaktionale (oder auch: Interpretative) Soziolinguistik untersucht beispielsweise sprachlich-kommunikative Praktiken und die kontextspezifische Bedeutung von sprachlicher Variation in der Interaktion. Darüber hinaus haben kritische Ansätze an Bedeutung gewonnen, die die Rolle der Soziolinguistik bei der Aufdeckung und Bekämpfung von sprachlicher Diskriminierung und sozialer Ungleichheit betonen (auch *kritische Soziolinguistik* genannt).

Dieses Kapitel bietet einen Überblick über diese Vielfalt der Soziolinguistik und stellt die wichtigsten theoretischen und methodischen Ansätze vor. Ziel ist es, ein Verständnis für die Komplexität der Beziehung zwischen Sprache und Gesellschaft zu vermitteln.

10.1.2 Ein Klassiker: Labovs Kaufhausstudie

Dieses Kapitel beginnt mit einem Klassiker – der „Kaufhausstudie" von William Labov, durchgeführt 1962 im Rahmen seines Dissertationsprojekts zur sozialen Schichtung des Englischen in New York City (vgl. Labov 2006). Labov, der an der University of Pennsylvania lehrte und forschte, ist eine zentrale Figur in der Geschichte der Soziolinguistik und hat insbesondere die Variationslinguistik massgeblich geprägt. In besagter Kaufhausstudie war es Labovs Ziel, die **Artikulation der phonologischen Variablen** in New York City bei Sprecher:innen unterschiedlicher sozialer Schichten zu beschreiben. Genauer gesagt ging es um die Artikulation von /r/ nach einem Vokal (z. B. in *car, four, floor*) – /r/ kann entweder artikuliert werden (das entspricht der Standardartikulation) oder nicht (anzutreffen v. a. bei Sprecher:innen mit tieferem sozioökonomischen Status). Labov plante die Untersuchung so, dass das sog. *Beobachterparadoxon* vermieden wurde. Damit ist gemeint, dass Sprecher:innen standardnäher (d. h. an der geltenden Norm orientiert) sprechen, wenn sie interviewt bzw. explizit befragt werden. Deswegen führte Labov die Untersuchung als verdeckte Beobachtung (→ 12.4.3) in drei Kaufhäusern in New York City durch, die seiner Meinung nach unterschiedliche soziale Schichten als Kundschaft hatten:
– Saks Fifth Avenue (obere Mittelschicht)
– Macy's (untere Mittelschicht)
– S. Klein (Arbeiterschicht)

Labov versuchte, in den drei Geschäften von möglichst vielen Angestellten eine Aussage zu hören, in der /r/ zweimal vorkommt, nämlich *fourth floor* (z. B. *Excuse me, what floor is this?*). Um zusätzlich noch die Hypothese zu überprüfen, dass bewusstes Sprechen standardnäher ist, gab er jedes Mal vor, die Antwort nicht verstanden zu haben, und fragte noch einmal nach (*Excuse me?*), worauf die Angestellten ihre Auskunft wiederholten – diesmal, so die Hypothese, durch bewusstere Artikulation.

Die Ergebnisse der Studie bestätigten Labovs Hypothesen: /r/ wird im Kaufhaus Saks Fifth Avenue am häufigsten artikuliert, im Kaufhaus S. Klein am häufigsten gar nicht. In Antworten auf die Nachfrage wurde das /r/ deutlicher artikuliert als zuvor – bewusstes Sprechen ist also standardnäher. Ausserdem zeigen die Ergebnisse laut Labov, dass sich Angehörige der unteren Mittelschicht am meisten versuchen, an die prestigeträchtige Standardartikulation anzupassen, denn die Differenz zwischen dem ersten und dem zweiten Satz ist in Macy's am grössten. Labov untersuchte auch den Einfluss von Variablen wie Ethnizität, professionelle Rolle, Geschlecht oder Alter. So zeigte sich beispielsweise beim Alter, dass Angehörige der unteren Mittelschicht mit zunehmendem Alter das /r/ standardnäher artikulieren; in der oberen Mittelschicht zeigt sich dieser Effekt hingegen nicht. Labov deutet dies als Sprachwandelphänomen, bei dem sich die Artikulation des /r/ als neue Norm von oben durchsetzt – aber eben bei einer jüngeren Generation, nicht mehr bei der älteren.

Die Kaufhausstudie illustriert einige **Kernanliegen der Soziolinguistik**:
- Zusammenhang von Sprache und Gesellschaft: Die Studie zeigt, dass Sprache nicht nur ein abstraktes System ist, sondern dass sie auch von sozialen Faktoren beeinflusst wird. Die Art und Weise, wie Menschen sprechen, kann Aufschluss über ihre soziale Herkunft und ihren Status geben.
- Sprachliche Variation: Die Soziolinguistik interessiert sich besonders für die Variabilität innerhalb einer Sprache und wie diese mit sozialen Faktoren zusammenhängt. Labovs Studie zeigt, dass die Aussprache des /r/-Lautes nicht bei allen Sprecher:innen gleich ist, sondern dass sie je nach sozialer Schicht variiert.
- Quantitative Methoden: Die Variationslinguistik, die in Labovs Studie zum Tragen kommt, verwendet häufig quantitative Methoden, um die Verteilung von Sprachvarianten in der Gesellschaft zu untersuchen. Labov sammelte eine grosse Anzahl von Daten und analysierte sie statistisch, um die Korrelation zwischen der /r/-Aussprache und der sozialen Schicht zu belegen.

Die Kaufhausstudie hat aber auch einige Einschränkungen, die in der Soziolinguistik kritisch diskutiert werden:
- Vereinfachung der sozialen Strukturen: Es ist beispielsweise fraglich, ob Labov in seiner Studie die sozialen Schichten der Angestellten wirklich akkurat erfasst hat. Anders formuliert: Warum sollten sich Angestellte von S. Klein in

ihren soziostrukturellen Eigenschaften so stark von Angestellten bei Macy's unterscheiden? Die Variationslinguistik wird oft dafür kritisiert, dass sie komplexe soziale Strukturen zu stark vereinfacht.
- Vernachlässigung individueller Handlungsfähigkeit: Die Interaktionale Soziolinguistik (→ 10.4), eine weitere wichtige Strömung innerhalb der Soziolinguistik, kritisiert die Variationslinguistik dafür, dass sie die individuelle Handlungsfähigkeit der Sprecher:innen vernachlässigt. Sprecher:innen werden nicht nur von sozialen Strukturen beeinflusst, sondern sie gestalten Sprache und soziale Interaktion aktiv mit. Im Fall der Kaufhausstudie könnte man argumentieren, dass die Angestellten ihre Sprache bewusst an die (angenommene) soziale Schicht der Kund:innen angepasst haben (sog. *Akkommodation*). Es ist sogar anzunehmen, dass diese Akkomodation von den Interaktionsteilnehmer:innen im Kaufhaus sozial erwartet wird.
- Einseitige Fokussierung auf die gesprochene Sprache: Die Soziolinguistik fokussiert sich nicht nur auf die gesprochene Sprache, sondern auch auf Schriftkommunikation, digitale Medien und andere Zeichenformen wie Gestik und Mimik.

10.2 Gesellschaftliche Grundbegriffe

Wenn man über den Zusammenhang von Sprache und Gesellschaft nachdenkt, ist es entscheidend zu definieren, von welchem Gesellschaftsbegriff man ausgeht. Die Soziologie ist sicher die Disziplin, die sich am stärksten damit auseinandersetzt. So gibt es in diesem Fach auch verschiedene Sozialtheorien, die versuchen, den Zusammenhang von individuellen Interaktionen von Individuen und einer Kategorie Gesellschaft zu verstehen. Es ist offensichtlich, dass wir Menschen uns als soziale Wesen verstehen; wir orientieren uns am Handeln anderer, koordinieren uns mit ihnen und handeln deshalb im Wissen um Mitmenschen „sozial". *Sozial* meint an dieser Stelle nicht, dass wir zwingend empathisch und freundlich andere unterstützen. Selbst wenn wir jemanden beschimpfen, handelt es sich dabei um ein soziales Handeln, weil das Schimpfen nur im Wissen um andere, der:die Beschimpfte und der:die Beobachter:in seine Wirkung entfalten kann.

In der Soziologie interessiert man sich nun dafür zu erklären, was dieses soziale Handeln ausmacht, welche Formen der Organisation von sozialem Handeln es gibt und wie dadurch so etwas wie Gemeinschaft oder Gesellschaft überhaupt entsteht.

Peter Berger und **Thomas Luckmann** beschreiben in *Die gesellschaftliche Konstruktion der Wirklichkeit* (1969/2003), wie in der „fundamentalen Erfahrung des Anderen [...] von Angesicht zu Angesicht" als „Prototyp aller gesellschaftlichen

Interaktion" Intersubjektivität entsteht. Das Verhalten eines Individuums orientiert sich am Gegenüber – und umgekehrt. Es handelt sich um eine „ständige Reziprozität", also um die laufende gegenseitige Orientierung aneinander. Diese führt dazu, dass Individuen sich gegenseitig einer bestimmten Wahrnehmung der Alltagswelt versichern, also gemeinsam Sinn und soziale Wirklichkeit herstellen und sich letztlich als Gesellschaft begreifen können.

Im Anschluss daran ist es plausibel anzunehmen, dass Sprache ein wichtiger Faktor von sozialem Handeln ist, denn wenn Interaktion sozusagen die Keimzelle von Sozialität sein soll, ist Sprache damit eng verbunden. Zudem ist aus pragmatischer Sicht (→ 4) klar, dass die Verwendung von Sprache sprachliches Handeln und damit auch soziales Handeln ist.

Es gibt in der Soziologie verschiedene Sozialtheorien und Gesellschaftsbegriffe. Es sollen an dieser Stelle auch nicht verschiedene Sozialtheorien vertieft, sondern in Anlehnung an Spitzmüller (2022: 15) nur drei sehr unterschiedliche Gesellschaftsbegriffe präsentiert werden.

Ganz generell kann man die folgenden Gruppen von Sozialtheorien annehmen, die sehr verschiedene Gesellschaftsbegriffe postulieren:
- **Strukturtheorien** betrachten Gesellschaft als ein ausdifferenziertes System, das unser soziales Handeln leitet.
- **Handlungstheorien** betonen, dass die Mitglieder einer Gesellschaft durch ihr Handeln Gesellschaft erst herstellen.
- **Konstruktivistische Theorien** gehen davon aus, dass in der Gesellschaft bestimmte Vorstellungen, was Gesellschaft sein soll, das individuelle soziale Handeln anleiten und dadurch diese Vorstellungen bestärkt werden.

Das klingt reichlich abstrakt, und deshalb sollen diese drei unterschiedlichen Perspektiven auf Gesellschaft gleich auf Gegenstände, die uns in der Soziolinguistik interessieren, angewendet werden. Wichtig ist zu verstehen, dass nicht eine dieser Theorien besser als die andere ist, eher sind es verschiedene Möglichkeiten, auf Gesellschaft zu schauen, und jede Möglichkeit macht bestimmte Aspekte besonders gut sichtbar.

10.2.1 Wie Gesellschaft durch Sprache strukturiert wird: Der strukturtheoretische Blick

Im Seminar an der Universität werden Sie sich wahrscheinlich sprachlich anders äussern als auf der Party mit Ihren Freunden: Wir sind normalerweise in der Lage, je nach Kontext ein bestimmtes sprachliches Repertoire zu nutzen. Kinder werden z. B. am Familientisch zurechtgewiesen, wenn sie eine Sprache verwenden, die die

Eltern unangemessen finden: Denn „hier", zu Hause, gehöre es sich nicht, „so" zu sprechen. Vor Gericht oder im Parlament finden sich wiederum andere Formen von Sprache, die beherrscht werden müssen, um an diesen Orten ernst genommen zu werden.

Der Sprachgebrauch eines Menschen ist zudem nicht nur ein situativer Marker (auch *Index* genannt), der anzeigt, ob wir uns an der Uni oder vor Gericht befinden, sondern sagt auch generell etwas über die soziale Stellung dieses Menschen aus. Ist er weltgewandter Hipster, wertkonservativer Kleinbürger, Intellektueller oder bildungsfern? Sprachliche Merkmale auf der Ebene der Lexik, Grammatik, des Stils etc. lassen (auch falsche) Rückschlüsse auf die soziale Zugehörigkeit der sprechenden Person zu. Viele Fragestellungen der Variationslinguistik (→ 10.3) beschreiben sehr genau die Zusammenhänge von sozialer Position und Sprache.

Die sprachlichen Varietäten hängen aus strukturtheoretischer Sicht damit zusammen, wie die Gesellschaft organisiert ist: Es gibt gesellschaftliche **Systeme** wie Wissenschaft, Wirtschaft, Recht, Politik, Kultur etc. oder auch eine vertikale **Schichtung** nach Wohlstand in Unter-, Mittel- und Oberschicht. Eine andere Möglichkeit ist die Annahme von **Milieus**, also Gruppen von Menschen mit ähnlichen Wertvorstellungen, wie z. B. konservativ-protestantisch, liberal-protestantisch, sozial-demokratisch und katholisch oder – moderner und feingliedriger – konservativ-gehoben, postmateriell, konsum-hedonistisch, prekäres Milieu etc. Stärker an bestimmten Tätigkeiten orientiert ist das Konzept der **Community of Practice** (vgl. Lave/Wenger 1991), also eine Gruppe von Personen, die gemeinsame Interessen pflegen und voneinander lernen wollen (z. B. Computerhacker:innen, Pflegepersonal, Rosenzüchter:innen, Parkourbegeisterte etc.).

Nach welchen Kriterien auch immer versucht wird, die Struktur von Gesellschaften zu beschreiben, dahinter steckt die Annahme, dass diese Strukturen unser Handeln – auch das sprachliche Handeln – stark prägen. Gehöre ich dem *sog. prekären Milieu* an, zeigt sich das auch an meinem Sprachgebrauch, und ich muss mich ggf. sprachlich anpassen, um in einem anderen Milieu akzeptiert zu werden.

Allerdings ist es auch so, dass ein Mitglied der Gesellschaft immer mehreren sozialen Gruppierungen oder Systemen angehört: Bewegen wir uns an der Universität, ordnen wir uns der Systemlogik des Systems Wissenschaft und Bildung unter: Jemanden zu zitieren, ohne eine Quelle anzugeben, wird dort als „wissenschaftliches Fehlverhalten" sanktioniert. Tue ich das Gleiche im Rahmen eines literarischen Textes, unterwerfe ich mich der Systemlogik des Kultursystems, und die Zitation wird als Zeichen für Intertextualität akzeptiert.

Besonders die Idee der Systeme, die in der Systemtheorie von **Niklas Luhmann** ausgearbeitet worden ist, zeigt auf, dass diese auch immer daran interessiert sind, grundlegende Formen der Kommunikation zu regeln und bestimmte sprachliche Handlungen zu bewerten (vgl. Luhmann 1987/1999). Der Sprechakt *Ich taufe dich* *auf den Namen Andrea* entfaltet seine performative Wirkung nur innerhalb der Systeme „Recht" oder „Religion" – jedoch mit je unterschiedlichen Folgen.

Gleichzeitig können wir auch beobachten, dass bestimmtes sprachliches Handeln notwendig ist, damit diese gesellschaftlichen Strukturen immer wieder bestätigt werden. Mit dieser Sichtweise gelangt man zur Perspektive der Handlungstheorien.

10.2.2 Wie Gesellschaft sprachlich hergestellt wird: Der handlungstheoretische Blick

Der handlungstheoretische Blick stellt soziale **Akteure** und ihr **Handeln** in den Mittelpunkt und fragt danach, wie diese zusammen Strukturen und deren Bedeutung „aushandeln". Der Handlungsbegriff ist aus linguistischer Sicht interessant, weil er sich mit der Idee der Pragmatik verbinden lässt (→ 4). Überlegen wir uns, welche Sprachhandlungen wir laufend vollziehen, um gemeinsam „Universität" aufzuführen: Es gibt verschiedene Akteursrollen, z. B. Studierende und Dozierende, wobei Letztere Wissen vermitteln, indem sie laufend assertive Illokutionen äussern, in Kombination mit direktiven Sprechakten (z. B. im Rahmen von Prüfungen). Daraus ergeben sich bestimmte **kommunikative Gattungen** (vgl. Günthner 1995; Günthner/Knoblauch 1994; Luckmann 1986), also sozial verfestigte Muster für sprachliche Interaktionen, die spezifische kommunikative Aufgaben und Funktionen erfüllen. Dazu gehören beispielsweise die Vorlesung, das Seminar, das Kolloquium, aber auch das Pausen- und Mensagespräch, die Prüfung etc. Die Akteure handeln dabei laufend aus, wie Universität als soziales Miteinander funktioniert und gestaltet ist, wie hierarchisch sie organisiert ist und welche Machtverhältnisse es gibt. Dadurch kommt es auch laufend zu kleineren und grösseren Veränderungen. Eine gesellschaftliche Institution wie „Universität" gibt es also, weil bestimmte Akteure entsprechend (auch sprachlich) handeln.

Dies gilt für alle gesellschaftlichen Strukturen, die im Kapitel oben beschrieben worden sind. Soziolinguistisch interessant ist eine detaillierte Analyse dieser sprachlichen Handlungen, wobei aus soziologischer Sicht wiederum primär sprachliche Handlungen als Elemente von **Interaktionen** relevant sind. Im Vergleich zum strukturtheoretischen Blick wird Struktur hier viel weniger als einfach gegeben angesehen. Die Akteure folgen nicht einfach den Logiken der Struktur, sondern bestimmen durch ihr Handeln die Struktur mit. Dadurch wird **Dynamik** als Merkmal von Gesellschaft von Beginn an mitgedacht. Aus soziolinguistischer Sicht stellt sich damit die Frage, inwiefern Sprachwandelphänomene Ausdruck von sozialen Veränderungen sind oder sogar umgekehrt: inwiefern Veränderungen im Sprachgebrauch auch zu veränderten sozialen Strukturen führen können.

Ein wichtiges Phänomen von sozialen Handlungen sind sog. „**Invisible-Hand**"-Prozesse. Der von Adam Smith im 18. Jahrhundert (und für Prozesse des Marktes einer Ökonomie) geprägte Begriff steht für Folgen, für die das individuelle Handeln zwar verantwortlich ist, die aber nicht von den Individuen beabsichtigt waren. Diese sind auch für Sprachwandelphänomene relevant, etwa wenn eine soziale Gruppe versucht, sich von anderen abzugrenzen, indem sie einen bestimmten Ausdruck verwendet, den die anderen nicht verwenden. Ein Beispiel ist das jugendsprachliche *cringe*. Je erfolgreicher die Verwendung bei den Jugendlichen ist, desto grösser ist die Chance, dass auch andere soziale Gruppen darauf aufmerksam werden und den Ausdruck verwenden. Dadurch erfüllt er aber gerade nicht mehr die intendierte Funktion der Abgrenzung, da er nicht mehr exklusiv von den Jugendlichen verwendet wird. Der sozialsymbolische Wert des Ausdrucks als Identifikationsmerkmal verändert sich, dadurch ändert sich ggf. auch die Bedeutung. Und es muss ein neuer Ausdruck gefunden werden, der die Funktion der Abgrenzung wieder erfüllen kann.

Auch aus handlungstheoretischer Sicht ist die Beschreibung von Varietäten relevant; zentraler ist aber der Blick auf sprachliche Interaktionen und deren soziale Funktionen, wie in Kapitel 10.4 diskutiert wird.

10.2.3 Die gesellschaftliche Konstruktion der Wirklichkeit: Der konstruktivistische Blick

Während der strukturtheoretische Blick Akteure als weitgehend machtlos sieht, betonen Handlungstheorien sehr die Handlungsmacht der Akteure. Wenn wir über die Möglichkeiten sprachlichen Handelns nachdenken, dann fühlen wir uns beileibe nicht oft in einer mächtigen Situation: Eltern oder Lehrpersonen, die sich über die Fäkalsprache der Kinder aufregen, sehen, dass ihre Ermahnungen wahrscheinlich eher den gegenteiligen Effekt haben (vgl. auch den Invisible-Hand-Prozess im vorhergehenden Kapitel). Ein anderes Beispiel ist der Vorschlag, geschlechtliche Diversität über Zeichen wie den Genderstern oder den Doppelpunkt sichtbar zu machen: Dies provoziert bei gewissen sozialen Gruppen starke Abwehrreaktionen. Auch Institutionen stellen oft Strukturen dar, die wir nicht einfach so über unser Handeln verändern können.

Eine diesbezüglich vermittelnde Position nehmen konstruktivistische Ansätze ein: Selbstverständlich liegt es am Handeln der Gesellschaftsmitglieder, dass Gesellschaft und ihre Strukturen überhaupt entstehen, aber diese Strukturen prägen eben auch das Handeln der Akteure. **Strukturen und Handlungen** bedingen sich gegenseitig, Akteure nutzen **habitualisierte** Handlungen und sedimentierte Formate wie Praktiken und Gattungen.

Im vorherigen Kapitel zum handlungstheoretischen Blick wurde bereits dargelegt, wie wir gemeinsam „Universität aufführen", indem wir verschiedene sprachliche Handlungen vollziehen. Diese Handlungen werden jedoch von den Beteiligten nicht jedes Mal neu überlegt und in einer neuen Form ausgeführt, sondern sie greifen auf Routinen zurück. Dies ist sehr bequem, da jede Handlung, die sich zu einem Modell verfestigt, also habitualisiert wird, mit „der Einsparung von Kraft ausgeführt werden kann" (Berger/Luckmann 1969/2003: 56). Diese Routinen begegnen uns beispielsweise als kommunikative Gattungen, wie sie bereits oben in Kapitel 10.2.2 beschrieben worden sind.

Dies bedeutet aber eben auch, dass mehr Kraft nötig ist, wenn nicht zur Routine gegriffen wird: Sowohl kognitive Kraft, weil neue Lösungen gefunden werden müssen, aber auch soziale, weil das Umfeld ggf. irritiert reagiert. Insofern ist deutlich, dass habitualisierte Handlungen zu Strukturen führen, die es wiederum einfacher machen, auf die Routine zurückzugreifen, statt eine neue Handlungsform auszuprobieren.

Trotzdem geschehen aus verschiedenen Gründen Abweichungen von der Routine, sei es, um sich sozial spezifisch zu positionieren, sei es völlig unabsichtlich. Wenn diese Abweichung oft genug vorkommt, entsteht ein Wandel der habitualisierten Handlungsformen.

Dies lässt sich am Beispiel des Begrüssens gut zeigen: Es handelt sich um eine stark routinierte Handlung, die auch als Praktik verstanden werden kann (→ 11.4.5). Wir müssen normalerweise und in gewohnten Kontexten nicht lange darüber nachdenken, wie wir ein Gegenüber begrüssen sollen, da wir auf eine Palette von Modellen zurückgreifen. Die Modelle unterscheiden sich darin, welchen Grad von Nähe oder Distanz, sozialer Zugehörigkeit etc. wir ausdrücken wollen. Dadurch, dass wir auf das Modell zurückgreifen und es anwenden, bestätigen wir wiederum das Modell. Das Beispiel zeigt aber auch die Grenzen solcher Routinen: Bewegen wir uns auf ungewohntem Terrain und kennen die Routinen nicht, dann wird das Begrüssen peinlich und stressig.

Im Folgenden orientieren wir uns grob an diesen drei grundsätzlichen Perspektiven auf Gesellschaft. In Kapitel 10.3 wird die **Variationslinguistik** vorgestellt, die eher einen strukturtheoretischen Blick einnimmt. Kapitel 10.4 fokussiert sich auf die **Interaktionale Soziolinguistik**, die stark vom handlungstheoretischen Blick geprägt ist. In Kapitel 10.5 schliesslich werden **kritische und metapragmatische** Ansätze in der Soziolinguistik vorgestellt, die eher einem konstruktivistischen Blick folgen. Zudem werden soziolinguistische Perspektiven auf **Mehrsprachigkeit** zusammengefasst. Das Kapitel schliesst mit Ausführungen zu den spezifischen methodischen Problemen der Soziolinguistik (→ 10.6).

10.3 Variationslinguistik

10.3.1 Variation als Wesensmerkmal von Sprache

Variation ist ein allgegenwärtiges Phänomen des Sprachgebrauchs. Wenn wir etwas sagen, tun wir das in sehr verschiedenen Varianten. Wir können z. B. in den folgenden Varianten um Hilfe bitten:
(1) Hilfe!
(2) Könnten Sie mir bitte helfen?
(3) Kannst Du mir grad mal helfen?
(4) Hilf mir doch mal!
(5) Help!
(6) Au secours!

Oder wir können sogar einfach nur den Blickkontakt mit einer anderen Person suchen oder eine entsprechende Gebärde oder Geste machen. Diese Liste liesse sich noch um weitere Varianten des Um-Hilfe-Bittens ergänzen. Die Variationslinguistik nimmt Phänomene wie diese in den Blick und fragt, wann es warum und mit welcher Funktion zu Variation im Sprachgebrauch kommt. Der funktionale Aspekt ist dabei ein ganz entscheidender: Variation gibt es nicht „einfach so", und Sprecher:innen können sich nicht einfach beliebig aus einem Set von Varianten bedienen (oder auch: aus Ausprägungen einer Variable). Vielmehr erfüllt Variation soziale und situative Funktionen, ist strukturiert und folgt spezifischen Mustern. So sagt man *Könnten Sie mir bitte helfen?* zu Personen, die man nicht (gut) kennt, *Hilf mir doch mal!* vermutlich nur zu vertrauten Personen. Diesen sozialen und situativen Aspekt von Variation haben zum ersten Mal und in aller Deutlichkeit Uriel Weinreich, William Labov und Marvin I. Herzog in ihrer 1968 publizierten programmatischen Schrift *Empirical Foundations for a Theory of Language Change* betont: „[I]t will be necessary to learn to see language [...] as an object possessing orderly heterogeneity" (Weinreich et al. 1968: 100). Die drei Autoren kritisieren die Überzeugungen des Strukturalismus und des frühen Generativismus, nach der Sprache ein homogenes System sei, das aus einem beschreibbaren Set an Regeln und Formalismen besteht. Auf dieser Basis lässt sich nämlich nicht erklären, warum Sprachen sich verändern, Strukturen und Regeln also doch fluide (variabel) sind, Kommunikation aber trotzdem erfolgreich aufrechterhalten wird. Sprachliche Variation, so die Schlussfolgerung von Weinreich et al. (1968), ist funktional und dient der Kommunikation innerhalb einer komplexen sozialen Welt. Eine homogene, nicht variierende Sprache könne genau diese soziale Funktion nicht erfüllen.

In welcher Hinsicht variiert Sprache? Es lassen sich zwei verschiedene Perspektiven einnehmen, die aber viel miteinander gemeinsam haben. Zum einen lässt sich Variation *zwischen* Sprachen und *innerhalb* von Sprachen beobachten:
- **Interlinguale Variation**: Sprachen unterscheiden sich auf allen linguistischen Beschreibungsebenen voneinander (z. B. lexikalisch, phonetisch/phonologisch, syntaktisch, pragmatisch, prosodisch); diese Form der Variation ist ein wesentlicher Grund, warum Sprachen voneinander differenzierbar sind (→ 10.6 zur Kritik am Konzept der Einzelsprache). Im Deutschen sagen Sprecher:innen *Computer* und im Französischen *l'ordinateur*, im Deutschen stehen Adjektive vor ihrem Bezugsnomen (*der neue Computer*), im Französischen davor oder dahinter (*le nouvel ordinateur, l'ordinateur nouveau*); im Deutschen gibt es unterschiedliche Anredepronomen, um Höflichkeit auszudrücken (*du, Sie, Ihr*), im Englischen nicht (*you*).
- **Intralinguale Variation**: Sprachen variieren aber auch „intern" – und dies ebenfalls auf allen linguistischen Beschreibungsebenen. So lassen sich im Deutschen beispielsweise geografische (oder auch: diatopische) Unterschiede feststellen. Ein Beispiel ist intralinguale lexikalische Variation: In Zürich trägt man *Finken* an den Füssen, in Wien *Patschen*, in Leipzig *Latschen* und in Hamburg *Puschen*. Ein anderes Beispiel ist syntaktische Variation: Im Deutschschweizer Standard verwendet man für Verabschiedungen gerne „*Schön, warst Du da!*", in Deutschland sagt man standardsprachlich „*Schön, dass Du da gewesen bist!*"

Zum anderen lässt sich Variation *zwischen* Sprecher:innen beobachten und bezogen auf *einzelne* Sprecher:innen:
- **Inter-Speaker-Variation**: Sprecher:innen einer Sprache bedienen sich unterschiedlicher Ausdrucksmittel, z. B. abhängig von der Region, in der sie aufgewachsen sind, dem Beruf, in dem sie arbeiten, oder der sozialen Schicht, der sie angehören. Jugendliche sprechen anders als Senior:innen, Schüler:innen an Schulen in migrantisch geprägten Stadtteilen anders als Schüler:innen, die eine Schule in einer sehr ländlich geprägten Gegend besuchen.
- **Intra-Speaker-Variation**: Die Äusserungen einzelner Sprecher:innen weisen Variation auf. So passen wir die Art zu sprechen an – abhängig von unserem Gegenüber oder der Situation, in der wir uns gerade befinden (so wie beim Beispiel des Um-Hilfe-Bittens).

All das zeigt, dass Sprache einen Möglichkeitsraum an verwendbaren Varianten eröffnet. Im Folgenden wird gezeigt, welche Parameter diesen Möglichkeitsraum beeinflussen und welche Funktion sprachliche Variation nach Ansicht der Variationslinguistik erfüllt.

10.3.2 Variation: Soziale und sprachinterne Parameter

Sprachliche Variation ist sowohl durch soziale wie auch sprachinterne Faktoren beeinflusst. Spitzmüller (2023: 127) listet die folgenden in der variationslinguistischen Forschung behandelten **sozialen Parameter** auf:
1) Alter
2) Herkunft
3) sozialstruktureller Hintergrund (z. B. Bildungsabschluss, Schicht, Migrationserfahrung)
4) Geschlecht
5) Interaktionspartner
6) Situation, in der gesprochen wird
7) Zweck, zu dem gesprochen wird
8) Reflektiertheit des Sprechens

Die Parameter (1) bis (4) bedingen vor allem Inter-Speaker-Variation und (5) bis (8) Intra-Speaker-Variation. Und: Die Parameter wirken nicht unabhängig auf sprachliche Variation, z. B. hängen Alter und Geschlecht miteinander zusammen.

Aus einer strukturtheoretischen Perspektive wird in der Variationslinguistik dafür argumentiert, dass der Sprachgebrauch einer Sprecherin ein **Index** für diese sozialen Parameter ist und damit auch ein Index für die Gesellschaft und ihre Strukturen. Anders formuliert: Die Art zu sprechen zeigt an, aus welcher Region die Sprecherin kommt, wie alt sie ungefähr ist, zu welcher Schicht sie gehört oder zu welchem Zweck und in welcher Situation sie gerade spricht. Und: Die Art zu sprechen zeigt an, dass beispielsweise die Herkunft und der sozioökonomische Hintergrund wichtige Strukturprinzipien einer Gesellschaft sind (vgl. Ash 2013; Fought 2013). Sprache erfüllt also deutlich mehr als nur die Funktion der Informationsübermittlung – eine Tatsache, die uns bereits an vielen anderen Stellen im Studienbuch begegnet ist.

Wenn der Gebrauch einer Variante mit extralinguistischen, sozialen Parametern zusammenhängt, folgt daraus, dass Sprecher:innen in der Wahl von Varianten nicht vollkommen frei sind. Es besteht also nicht nur eine Korrelation zwischen sozialen Parametern und dem Gebrauch sprachlicher Varianten, sondern auch ein kausaler Zusammenhang zwischen diesen Parametern: Weil ich im Jahr x in Region y geboren bin als Teil der sozialen Schicht z, spreche ich so, wie ich spreche. Die Variationslinguistik geht davon aus, dass es neben Sprachnormen, die unabhängig von sprachexternen Faktoren von Sprecher:innen einer Sprache geteilt werden, solche Sprachnormen gibt, die sozial determiniert sind. Die Variationslinguistik wird für diese Auffassung stark kritisiert – insbesondere von Vertreter:innen der Interaktionalen Soziolinguistik (→ 10.4).

Sprachinterne Faktoren, die zu Variation führen, sind auf allen Strukturebenen einer Sprache zu finden. Ein wichtiger Faktor auf Ebene der Pragmatik wurde bereits in Kapitel 7.4.2, als es um die Abfolge von Satzgliedern im Mittelfeld eines Satzes ging, vorgestellt. Die Abfolge variiert nämlich (u. a.) abhängig davon, welche der beteiligten Satzglieder alte oder neue Information codieren (alte Information vor neuer Information). Auch semantische Parameter korrelieren mit sprachlicher Variation. So hat nicht nur die Informationsstruktur einen Einfluss auf die Abfolge von Satzgliedern im Mittelfeld, sondern auch, ob diese auf eine belebte oder unbelebte Entität referieren (belebt vor unbelebt). Variation korreliert aber beispielsweise auch mit phonetisch-phonologischen oder grammatischen Faktoren (z. B. weniger komplexe Satzglieder vor komplexeren Satzgliedern).

Dieser kurze Überblick über die verschiedenen sozialen und linguistischen Parameter zeigt, wie komplex die Modellierung linguistischer Variation ist. Es ist die Aufgabe der Variationslinguistik, beide Perspektiven sowie deren Zusammenspiel zu betrachten, wenn es um die Erklärung von Variation geht:

> Explanations of language which are confined to one or the other aspect – linguistic or social – no matter how well constructed, will fail to account for the rich body of regularities that can be observed in empirical studies of language behaviour [...]. (Weinreich et al. 1968: 188)

Im Folgenden wird gezeigt, was die Variationslinguistik unter einer Variable versteht; im Anschluss werden methodische Zugänge zur Analyse von Variation im Überblick vorgestellt.

10.3.3 Variation: Two ways of saying the same thing

Der bereits mehrfach zitierte William Labov definiert **Variation** als „alternative ways of saying the same thing" (Labov 2004: 7). Demzufolge gibt es unterschiedliche sprachliche **Varianten**, die die gleiche Information transportieren. Varianten sind aus analytischer Sicht Ausprägungen einer Variable (→ 12.6.2). Will man variationslinguistisch arbeiten, muss man also zunächst eine solche Variable sowie ihre verschiedenen Ausprägungen (Varianten) identifizieren. Ziel der Untersuchung ist es dann, extra- und intralinguistische Faktoren zu eruieren, die das Auftreten der unterschiedlichen Varianten determinieren (vgl. Tagliamonte 2006). Eine Variable auf der Ebene der Pragmatik kann beispielsweise eine spezifische sprachliche Handlung sein, etwa das Begrüssen. Die Varianten wären dann (u. a.) *Hi, Hallo, Guten Tagen, Grüezi, Grüss Gott, Sali* und *Moin*. Einflussnehmende extralinguistische (soziale) Faktoren sind beispielsweise der Ort, an dem die Begrüssung stattfindet, sowie der Vertrautheitsgrad der Interaktionspartner:innen.

Aber was genau ist damit gemeint, dass man mit zwei sprachlichen Ausdrücken „the same thing" ausdrücken kann – ist damit tatsächlich der semantische Gehalt einer Äusserung gemeint? Sind die Varianten *Guten Tag* und *Hi* letztlich nichts anderes als Synonyme? Im Semantikkapitel ist gezeigt worden, dass echte Synonymie ein problematisches Konzept ist (→ 3.3.1). William Labov hat sich in seinen klassischen variationslinguistischen Studien vor allem auf die Untersuchung phonologischer Variation konzentriert (wie z. B. in der bereits erwähnten Kaufhausstudie, vgl. Labov 2006). Mit diesem Analysefokus ist die Definition von Variation durchaus nachvollziehbar: Eine Variable kann sich in der Ausprägung spezifischer phonologischer Features unterscheiden, was aber keinen Einfluss auf die Bedeutung hat. Ein Beispiel ist die Artikulation von /ch/, die je nach Dialektregion unterschiedlich erfolgen kann (z. B. *China*: [ki:na:], [çi:na:] oder [xi:na:]). Es lässt sich eine zugrunde liegende Form modellieren, die unterschiedlich artikuliert wird, einen Bedeutungsunterschied aber gibt es nicht.

Deutlich schwieriger wird es, wenn man die Phonologie verlässt. Das zeigt bereits das eingangs genannte Beispiel mit den verschiedenen Varianten, um Hilfe zu bitten, oder das obige Beispiel der Begrüssungsformeln. Die Variationslinguistin Sali A. Tagliamonte schreibt in einem Standardwerk zur Analyse soziolinguistischer Variation:

> Such cases are problematic for the original grammatical formalism of the variable rules as variants arising from a common underlying form, transformed by some rule of grammar. (Tagliamonte 2006: 73)

Wie löst die Variationslinguistik dieses Problem? Indem sie die **funktionale Äquivalenz** von Varianten in ihr Zentrum rückt. Man kann nur dann von Varianten („Ausprägungen einer Variable") sprechen, wenn diese Varianten die gleiche Funktion erfüllen. Alle aufgelisteten Begrüssungsarten erfüllen die Funktion, einander zu begrüssen. Um die Rekonstruktion einer zugrunde liegenden Form geht es hingegen nicht. Und es geht auch nicht darum, welche idiosynkratischen Interpretationen und Inferenzen Zuhörer:innen oder Beobachter:innen solcher Äusserungen vornehmen (also z. B. wie einzelne Passant:innen die Äusserung *Könnten Sie mir bitte helfen* interpretieren). Dieser Ansatz schlägt sich in präziseren Definitionen sprachlicher Variation nieder. So schreibt beispielsweise Stephan Elspaß:

> Sprachvariation liegt vor, wenn zur Realisierung einer sprachlichen Funktion mehr als eine sprachliche Form verwendet wird. (Elspaß 2018: 88)

10.3.4 Methoden der Variationslinguistik

Die in der Variationslinguistik verwendeten Methoden werden an dieser Stelle nur sehr kurz zusammengefasst, da es in Kapitel 12 ausführlicher um Methoden der empirisch forschenden Linguistik geht.

Die Variationslinguistik ist auf umfangreiche und vergleichbare Datensammlungen angewiesen, die typischerweise auf den folgenden Wegen entstehen (vgl. Meyerhoff et al. 2015):

1) Bei **Interviews** wird ein möglichst repräsentatives Sample an Vertreter:innen einer Sprechergruppe ausgewählt (→ 12.2 zum Begriff der Repräsentativität), um dann mit ihnen meist stark vorstrukturierte Interviews zu führen. Die Äußerungen der Interviewteilnehmenden bilden die Datengrundlage für die im Anschluss stattfindende variationslinguistische Auswertung. Ein zentrales Prinzip solcher Interviews ist es, Teilnehmende möglichst viel, frei und auf authentische Art sprechen zu lassen, d. h. so, dass die Teilnehmenden nicht bewusst über ihr eigenes Sprechen reflektieren (denn das würde unter Umständen die Wahl der Varianten beeinflussen).

2) Eine wichtige Rolle spielen **Korpora**, also digital vorliegende Sammlungen geschriebener oder gesprochener Sprache (→ 12.4.5). Diese Korpora sind zwar nicht unbedingt für den Zweck variationslinguistischer Forschung erstellt worden, eignen sich aber aufgrund ihrer Zusammenstellung und linguistischen Verarbeitung (der sog. *Annotation*) für die Analyse von Variation.

3) Eher selten kommt die Methode der **Beobachtung** zum Einsatz (→ 12.4.3). Selten deswegen, weil durch die Beobachtung (oder auch: Feldstudie) nur kleine Datensätze entstehen, deren Vergleichbarkeit eher gering ist.

Um den Einfluss extra- und intralinguistischer Faktoren auf die Ausprägung von Variablen zu untersuchen, kommen in der Variationslinguistik oftmals statistische Verfahren zum Einsatz; die Variationslinguistik arbeitet also vor allem quantitativ. Dabei kann zwischen zwei grundlegenden Verfahrensweisen unterschieden werden:

- **Univariate Verfahren**: Dabei wird der Einfluss *eines* ausgewählten Faktors (der sog. *unabhängigen Variable*) auf die Ausprägung einer abhängigen Variable untersucht. Zum Beispiel kann man untersuchen, welchen Einfluss die Herkunft von Sprecher:innen auf die Artikulation von *ch*-Lauten hat.
- **Multivariate Verfahren**: Dabei wird der Einfluss *mehrerer* Faktoren (unabhängige Variablen) auf die Ausprägung einer abhängigen Variable untersucht. Zum Beispiel kann man untersuchen, welchen Einfluss Belebtheit, Informationsstruktur (→ 8.4.2.2) und syntaktische Komplexität auf die Wortstellung im Mittelfeld eines Satzes haben. Für alle Vorkommen von Ausprägungen einer Variable werden systematisch alle im jeweiligen Kontext gegebenen unab-

hängigen Variablen erfasst, sodass umfangreiche Datensets mit numerischen Werten entstehen. Das Ziel ist, durch die Berücksichtigung verschiedener Faktoren ein statistisches Modell zu erstellen, das die Ausprägung einer Variable so korrekt wie möglich vorhersagen kann.

Insbesondere multivariate statistische Verfahren spielen in der Variationslinguistik inzwischen eine grosse Rolle. Aus empirischer Sicht ist das nachvollziehbar, denn es entspricht natürlich viel mehr der sprachlichen Realität, dass eine Vielzahl von Faktoren Einfluss auf die Wahl von Varianten haben. In Kapitel 12.6.2 werden solche Formen der statistischen Analyse vorgestellt.

10.3.5 Variationslinguistische Klassifikationsmodelle

In den letzten Jahrzehnten wurden eine Vielzahl von variationslinguistischen Klassifikationsmodellen entwickelt, also Modelle, die die oben genannten sozialen Parameter sprachlicher Variation systematisch zu ordnen und miteinander in Beziehung zu setzen versuchen. Zwei solcher Modelle, die auch heute noch die Variationslinguistik prägen, werden in aller Kürze vorgestellt; eine ausführliche Darstellung ist in Sinner (2014) zu finden.

Das Modell von Coseriu
Zu einem der einflussreichsten Modelle gehört jenes von Eugenio Coseriu; er unterscheidet drei Arten „innerer Verschiedenheit" (Sinner 2014: 64) von Sprachen, resultierend in folgendem **Diasystem**:
(1) Unterschiede auf der Ebene der **Diatopie**: Damit ist sprachliche Variation im Raum gemeint. Sprachen weisen demnach räumliche (geografische) Unterschiede auf, was sich in der Differenzierung zwischen Dialekten und Regionalsprachen eines Sprachraums zeigt.
(2) Unterschiede auf der Ebene der **Diastratik**: Damit ist sprachliche Variation im Kontext sozialstruktureller Parameter gemeint; Coseriu spricht von unterschiedlichen *Sprachniveaus* und nennt als Beispiele die Hochsprache und die gehobene Umgangssprache (→ 10.3.7).
(3) Unterschiede auf der Ebene der **Diaphasik**: Damit ist sprachliche Variation im Kontext situativer Parameter gemeint, Coseriu verwendet dafür die Begriffe Sprachstil und Register, als Beispiele nennt er familiäre, poetische und feierliche Sprache.

Dieses Diasystem bildet die Basis für Coserius „Architektur der Sprache" (Coseriu 1976: 27). Alle drei Ebenen sind zueinander in spezifischer Weise orientiert und miteinander verbunden. So können Dialekte auch im Sinne eines Sprachniveaus verwendet werden (aber nicht andersherum), und Sprachniveaus wiederum können diaphasisch fungieren. Das Diasystem ist von Coseriu also nicht trennscharf, sondern als System ineinandergreifender Varietäten gedacht.

Coseriu bezieht sich insbesondere auf die Arbeiten von Leiv Flydal (1951), der neben einer diatopischen und diastratischen Dimension auch eine diachrone Dimension annimmt; gemeint ist die Variation von Sprache im Hinblick auf ihre historische Entwicklung. Coseriu übernimmt diese Dimension nicht und fügt stattdessen die Diaphasik hinzu. Die diachrone Variation von Sprache spielt in nachfolgenden Modellen eine sehr unterschiedliche Rolle – mal wird sie, wie bei Coseriu, explizit ausgeschlossen, mal als vierte Variationsdimension hinzugenommen (so beispielsweise im Modell von Felder 2016, siehe ausserdem → 3.3.1). Diachronie ist insofern „anders" als die anderen drei Dimensionen, als hier eine zeitliche Komponente ins Spiel kommt, während es sich bei den anderen Dimensionen um synchrone Variation (zu einem spezifischen Zeitpunkt vorliegend) handelt. Aber diese synchrone Variation ist eben doch nicht losgelöst von Diachronie:

> Dies liegt auf der Hand, wenn man berücksichtigt, dass die Konstituierung von Varietäten im Laufe der Geschichte vor sich geht, die Ausgliederung von Sprachräumen ebenso wie die Differenzierung diastratischer Varietäten, die mit der Entstehung sozialer Unterschiede in einer Gesellschaft zu sehen sind, somit an Zeitverlauf geknüpft sind. (Sinner 2014: 232)

Diachronie konstituiert also, so die Argumentation, die diastratische, diaphasische und diatopische Differenzierung einer Sprache.

Das Modell von Coseriu ist in der Folge stark rezipiert und weiterentwickelt worden, insbesondere durch das Hinzufügen einer Ebene, auf der die Differenzierung zwischen Mündlichkeit/Nähe und Schriftlichkeit/Distanz modelliert wird.

Das Modell von Koch und Oesterreicher

Peter Koch und Wulf Oesterreicher fügen dem System von Coseriu eine vierte Ebene hinzu: **Mündlichkeit/Schriftlichkeit** bzw. **Nähe/Distanz** (vgl. Koch/Oesterreicher 1985 und → 8.1.3). In der Literatur wird diese Unterscheidung auch als *diamediale, diamesische* oder *konzeptuelle Ebene* bezeichnet (vgl. Sinner 2014: 213). Demzufolge verfügen Varietäten über Merkmale, die nicht durch Diatopik, Diaphasik oder Diastratik erklärt werden können, sondern durch die Unterscheidung zwischen Mündlichkeit/Nähe und Schriftlichkeit/Distanz. Beide werden als Enden eines Kontinuums aufgefasst, bestimmt durch eine Reihe extralinguistischer Parameter. Beispiele für solche Parameter sind der Grad an Öffentlichkeit einer

Äusserung, Vertrautheit und physische Nähe der Interaktionspartner:innen. Eine Instant Message zwischen Ehepartner:innen ist durch einen höheren Grad an Nähe gekennzeichnet als die Vorlesung einer Professorin an einer Universität. Koch und Oesterreicher unterscheiden zwischen dem Medium (bzw. der Modalität) und der Konzeption einer Äusserung. Demzufolge können Äusserungen zwar mündlich produziert werden (Medium/Modalität), aber von der Konzeption her schriftlich sein. Ein Beispiel ist die Anfertigung einer Rede durch einen Politiker, die dann mündlich im Parlament vorgetragen wird. Während das Medium dichotom ist (entweder mündlich oder schriftlich, Gebärden können als dritte Ausprägung hinzugenommen werden), ist die Konzeption graduell. Eine Äusserung kann beispielsweise stark mündlich konzipiert sein (z. B. ein Gespräch mit einer Freundin) oder weniger stark (vgl. die E-Mail an eine Freundin und die E-Mail an die Vorgesetzte). Es ergibt sich die folgende Matrix:

medial schriftlich, konzeptionell mündlich (Beispiel: eine Instant Message an eine Freundin)	medial mündlich, konzeptionell mündlich (Beispiel: ein Gespräch mit Freunden)
medial schriftlich, konzeptionell schriftlich (Beispiel: eine Bedienungsanleitung)	medial mündlich, konzeptionell schriftlich (Beispiel: eine Rede im Parlament)

Am Modell von Koch und Oesterreicher ist vor allem kritisiert worden, dass die verschiedenen Parameter kaum operationalisierbar sind, sodass sich Texte kaum auf dem Kontinuum Mündlichkeit/Nähe und Schriftlichkeit/Distanz verorten lassen. Es gibt beispielsweise kein quantitatives Kriterium, um Vertrautheit von Interaktionspartner:innen zu messen. Auch wird kritisiert, dass einzelne Parameter nicht oder kaum voneinander abgrenzbar sind, so z. B. der Grad an Vertrautheit und der Grad an Öffentlichkeit. Auch ist das Modell in seiner ursprünglichen Form kaum geeignet, um auf verschiedene Formen der digitalen Kommunikation angewendet zu werden, beispielsweise in sozialen Medien und in der Chatkommunikation. Bezogen auf letztere schreibt z. B. Dürscheid (2016):

> Die nähesprachlichen Merkmale ‚Dialog', ‚Spontaneität' und ‚freie Themengestaltung' treffen für den Chat zwar zu, die Kommunikationsstrategien ‚raumzeitliche Nähe', ‚Vertrautheit', ‚Privatheit', ‚Situations- und Handlungseinbindung' sind aber nicht anwendbar. (Dürscheid 2016: 47)

Zum Abschluss des Kapitels zur Variationslinguistik werden nun noch ausgewählte zentrale Konzepte vorgestellt: Varietät, Lekt, Standardsprache, Umgangssprache und Dialekt.

10.3.6 Varietät und Lekt

In der älteren germanistischen Linguistik wird statt *Variationslinguistik* der Begriff *Varietätenlinguistik* verwendet. Ihr Ziel ist es, die in einer Sprache vorkommenden Varietäten zu beschreiben. Dafür wird insbesondere das von Coseriu vorgeschlagene Diasystem als Grundlage verwendet und zwischen diatopischen, diastratischen und diaphasischen Varietäten unterschieden. Eine **Varietät** wird verstanden als „eine relativ stabile Teilmenge sprachlicher Varianten" (Elspaß 2018: 93). Das heisst, Varietäten sind gekennzeichnet durch ein Set spezifischer Ausprägungen von Variablen (Varianten). Diese korrelieren mit sozialen (extralinguistischen) Variablen wie räumliche Herkunft (diatopisch), Bildungsgrad (diastratisch) oder Situation (diaphasisch). Eine andere Bezeichnung für Varietät ist *Lekt*, was sich in der Bezeichnung für Varietäten niederschlägt. So unterscheidet z. B. Löffler (2016) in seinem Sprachwirklichkeitsmodell zwischen *Dialekten, Soziolekten* und *Funktiolekten*.

Es gibt unterschiedliche Auffassungen darüber, ob eine Varietät bzw. ein Lekt bereits durch das Vorliegen einer einzigen Variablenausprägung konstituiert wird oder ob es ein Bündel von Variablenausprägungen benötigt. Ausserdem wird in der Disziplin diskutiert, was der ontologische Status von Varietäten ist. Spitzmüller (2022: 141) fasst die folgenden Standpunkte zusammen:
- Varietäten werden von Sprecher:innen einer Sprachgemeinschaft verwendet und sind dadurch voneinander abgrenzbare Formen des Sprachgebrauchs (sie existieren tatsächlich).
- Varietäten sind wissenschaftliche Konstrukte (sie existieren nur virtuell), die beispielsweise durch statistische Clusteringverfahren entstehen (siehe Vertiefung 10.1).
- Varietäten werden durch die Wahrnehmung (Perzeption) von Sprecher:innen konstruiert: „bestimmte Sprecher*innen nehmen bestimmte Varietäten einer Sprache als distinkt wahr und handeln entsprechend" (Spitzmüller 2022: 141).

Die vorgeschlagenen lektalen Differenzierungssysteme werden insbesondere in der modernen Variationslinguistik (die sich bewusst nicht als *Varietätenlinguistik* bezeichnet) kritisch diskutiert. Zum einen wird kritisiert, dass ein zu simples Bild sozialer und gesellschaftlicher Differenzierung gezeichnet wird. Das zeigt exemplarisch die Annahme, dass es so etwas wie Jugendsprache gibt. Die Gruppe der Jugendlichen ist, so die Argumentation vieler Linguist:innen, viel zu heterogen, als dass sie durch die Verwendung spezifischer sprachlicher Varianten gekennzeichnet sein kann. Zum anderen sind Varietäten nicht unabhängig voneinander, obwohl gerade die Differenzierung in diatopische, diastratische und diaphasische Varietäten einen solchen Eindruck vermittelt. Aber bereits Coseriu hat durch die Wahl der Architekturmetapher explizit darauf verwiesen, dass die einzelnen Strata stark ineinandergreifen. Ein nachvollziehbares Beispiel sind Dialekte, denn diese können letztlich nicht unabhängig von diastratischen und diaphasischen Dimensionen betrachtet werden. Die Verwendung eines Dialekts korreliert beispielsweise mit sozialer Schicht (Sprecher:innen aus sozialstrukturell tieferen Schichten sprechen eher Dialekt als solche aus höheren Schichten) und auch Stil (in manchen Situationen ist es stilistisch angemessen, im Dialekt zu sprechen, in anderen nicht). Insbesondere die Differenzierung zwischen diatopischen und diastratischen Varietäten einerseits und diaphasischen Varietäten andererseits ist problematisch. Das liegt schon allein daran, dass Sprecher:innen ja immer in einer bestimmten Situation sprechen, es also immer eine diaphasische Komponente gibt. Varietäten lassen sich also nicht eindeutig einem der drei Strata zuordnen.

10.3.7 Standardsprache – Umgangssprache – Dialekt

Abschliessend geht es um eine zentrale Trias von Konzepten der Variationslinguistik, nämlich um die Unterscheidung zwischen Standardsprache, Umgangssprache und Dialekt. Die begriffliche Vielfalt rund um diese Konzepte ist gross. Sinner (2014: 91) spricht sogar von „Chaos" und nennt das Nebeneinander von Begriffen wie (1) Dialekt, Mundart und Volkssprache, (2) Umgangs-, Alltags- und Gemeinsprache sowie (3) Hoch-, Standard- und Schriftsprache. Die Genese all dieser Begriffe ist äusserst komplex; der folgende Überblick fällt daher lediglich grob aus.

Dialekt und Standardsprache können als Enden eines **Kontinuums** aufgefasst werden, in dessen mittlerem Bereich Varietäten liegen, die unter dem Terminus *Umgangssprache* zusammengefasst werden. Eine solche Situation liegt u. a. im mitteldeutschen Raum vor – in Sachsen gibt es beispielsweise noch sog. *Basisdialekte*, die im Vogtland oder dem Westerzgebirge gesprochen werden, in anderen Teilen Sachsens wird hingegen kein Basisdialekt, sondern eine regionale Umgangssprache verwendet, die sich von den Basisdialekten entfernt hat. Es gibt aber auch Sprachregionen des Deutschen, in denen kein solches Kontinuum vorliegt – dann stehen Dialekt und Standard in einem Verhältnis der sog. **Diglossie**, bei der es eine funktionale Verteilung von Standard und Dialekt gibt. Ein Beispiel dafür ist die Sprachsituation in der Deutschschweiz. In der mündlichen Kommunikation wird überwiegend Dialekt verwendet, in der schriftlichen Kommunikation hingegen das Standarddeutsche (oder auch *Schweizer Hochdeutsch*). Der Begriff der Diglossie geht auf Ferguson (1959) zurück, wird mit Blick auf die Sprachsituation in der Schweiz aber kritisch diskutiert, insbesondere weil bei Ferguson Diglossie durch das Nebeneinander von Varietäten mit hohem und niedrigem Prestige gekennzeichnet ist (sog. *high variety* und *low variety*). In der Schweiz ist das Schweizerdeutsche aber gerade keine *low variety*, sondern wird von Sprecher:innen aller sozialen Schichten verwendet.

Dialekte sind zum einen regionale (diatopische) Varietäten einer Sprache und als solche insbesondere ein Teil der gesprochenen Sprache. Manchmal wird der Begriff *Mundart* synonym verwendet oder aber mit Bezug auf noch kleinräumigere diatopische Varietäten. Dialekte sind aber nicht nur räumlich/geografisch definiert, sondern zum anderen ebenso stark durch soziale und situative Bezüge geprägt – das ist bereits beim Varietätenmodell von Coseriu angeklungen. Das Sprechen eines Dialekts hängt also nicht nur an einer bestimmten geografischen Region, sondern ist beispielsweise auch situationsabhängig oder variiert je nach Beziehung der Interaktionspartner:innen. Dialekt ist folglich keine rein diatopische Varietät, sondern auch diastratisch und diaphasisch bedingt. Diese Parameter berücksichtigt beispielsweise Löffler (2003), dem zufolge Dialekt (1) mündlich und eher familien-intim oder am Arbeitsplatz sowie (2) eher von Sprecher:innen mit sozioökonomisch niedrigem Status verwendet wird und (3) geografisch gebunden ist und damit (4) eine geringere kommunikative Reichweite hat. Diese Charakterisierung von Dialekt lässt sich jedoch nicht für den gesamten deutschsprachigen Raum verallgemeinern, wie bereits für die Deutschschweiz gezeigt wurde. Dort wird Dialekt schichtunabhängig gesprochen und ist in der mündlichen Kommunikation der „Normalfall", von dem aber je nach Interaktionspartner:in und Situation abgewichen wird (z. B. findet mündliche Kommunikation in Unterrichtssituationen üblicherweise auf Standarddeutsch statt).

Dialekte stellen keine diskreten Einheiten dar, die über klare Grenzen verfügen (eine Auffassung, die in der Dialektologie erst nach und nach entstanden ist). Zentral ist hier der Begriff der **Isoglosse:** gemeint sind sprachgeografische Linien, die die Verwendung eines Merkmals anzeigen. So gibt es beispielsweise die *maken-machen*-Isoglosse (oder auch: Benrather-Linie). Nördlich dieser Linie wird *maken* verwendet, südlich dieser Linie *machen*. Das Zusammenfallen mehrerer solcher Isoglossen in sog. *Isoglossenbündel* bildet eine zentrale Grundlage für klassische Dialekteinteilungen (siehe Vertiefung 10.1). Die Benrather-Linie fällt mit weiteren Isoglossen zusammen, die gemeinsam die Grenze zwischen niederdeutschen und mitteldeutschen Dialekten markieren. Abbildung 10.1 zeigt eine Dialektkarte mit Isoglossen. In Vertiefung 10.1 wird gezeigt, dass es inzwischen modernere quantitative Ansätze zur Berechnung von Dialektregionen gibt.

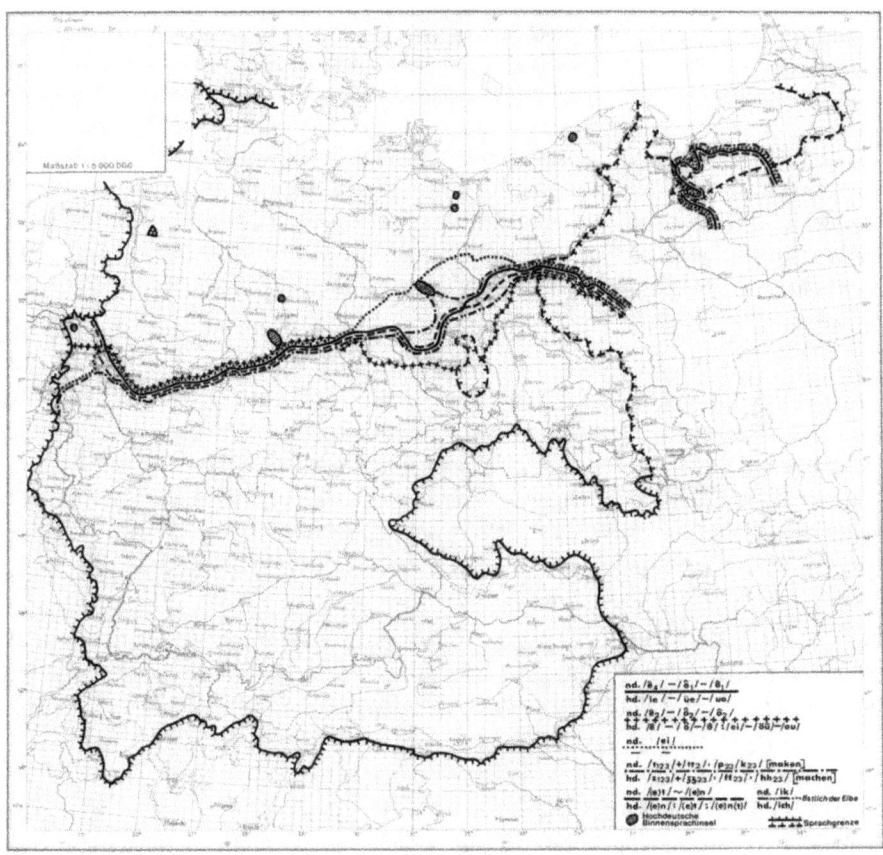

Abbildung 10.1: Dialektkarte mit Benrather-Linie (maken-machen-Isoglosse). Sie teilt den deutschen Sprachraum in Hochdeutsch und Niederdeutsch (Wiesinger 1983: 826).

Unter **Standardsprache** wird die in Wörterbüchern und Grammatiken kodifizierte Form einer Sprache verstanden (deshalb werden *Sprache* und *Standardsprache* auch oftmals synonym verwendet). Andere Bezeichnungen sind *Schriftsprache* und *Hochsprache*. Setzt man wieder das Schema von Löffler an, dann wird Standardsprache (1) schriftsprachlich (der Grossteil schriftsprachlicher Äusserungen ist standardsprachlich normiert) und im öffentlichen Raum sowie (2) von Sprecher:innen mit höherem sozioökonomischen Status verwendet; ausserdem ist Standardsprache (3) überregional, d. h. nicht an geografische Regionen gebunden, und dadurch (4) von hoher kommunikativer Reichweite. Eine sehr gute Einführung in das Thema Standardsprache ist Dürscheid/Schneider (2019).

Das Deutsche ist (ebenso wie das Englische und das Französische) eine **plurizentrische Sprache**, d. h. es gibt nicht *die eine* Standardsprache:

Von einer plurizentrischen Sprache spricht man dann, wenn diese in mehr als einem Land als nationale oder regionale Amtssprache in Gebrauch ist und wenn sich dadurch standardsprachliche Unterschiede herausgebildet haben. (Ammon et al. 2016: XXXIX)

Das Deutsche ist in Deutschland, Österreich, der Schweiz, Liechtenstein, Luxemburg, Ostbelgien und Südtirol Amtssprache. Als sog. *Vollzentren* werden jedoch nur Deutschland, Österreich und die Schweiz bezeichnet, da deren standardsprachliche Merkmale in Wörterbüchern und Grammatiken kodifiziert sind. Wenn solche Nachschlagewerke fehlen, spricht man von *nationalen Halbzentren* (Liechtenstein, Luxemburg, Ostbelgien und Südtirol). Plurizentrik bedeutet, dass sprachliche Besonderheiten der einzelnen Zentren nicht als Abweichung von einer übergeordneten Standardsprache bewertet werden. Denn: Plurizentrik bedeutet ja gerade, dass es *keine* solche übergeordnete Standardsprache gibt.

Während Dialekt und Standardsprache noch vergleichsweise präzise beschriebene Begriffe sind, handelt es sich beim Begriff der **Umgangssprache** um einen äusserst heterogenen, nicht klar definierten Begriff (vgl. Dittmar 2004). Umgangssprache wird oft als die gesprochene Sprache im Alltag bezeichnet, die sich zwischen Dialekt und Hochsprache bewegt. Sie ist überregional verständlich, aber nicht so formell wie die Hochsprache. Umgangssprache zeichnet sich durch landschaftliche Färbungen, stilistische Variabilität und Flexibilität in Grammatik und Wortschatz aus. Hinsichtlich ihrer Position im Varietätengefüge ist die Einordnung der Umgangssprache im Verhältnis zu Hochsprache und Dialekt jedoch umstritten. Einige Autor:innen sehen sie als „erhöhte Volkssprache", die dem Dialekt näher steht. Andere betrachten sie als Substandard, der sich aus dem Ausgleich zwischen Dialekt und Hochsprache entwickelt hat. Wieder andere betonen die diaphasische Dimension und sehen Umgangssprache als situationsgebundene Varietät, die in informellen Kontexten verwendet wird.

Die terminologische Unschärfe des Begriffs „Umgangssprache" ist auf verschiedene Faktoren zurückzuführen. So konzentrierte sich die traditionelle Dialektologie auf die Erforschung von Dialekten und Hochsprache und vernachlässigte die dazwischenliegende Umgangssprache. Schliesslich spiegelt der heterogene Gebrauch des Begriffs *Umgangssprache* die Komplexität der sprachlichen Realität wider: Die Grenzen zwischen Dialekt, Umgangssprache und Hochsprache sind (zumindest in Deutschland) fliessend und variieren je nach Region, sozialer Gruppe und Situation. Der Begriff „Umgangssprache" verweist also auf ein breites Spektrum an Sprachformen, die im alltäglichen Sprachgebrauch verwendet werden.

Vertiefung 10.1: Von klassischen Dialektkarten zur Dialektometrie
Als *Dialektologie* bezeichnet man die sprachwissenschaftliche Teildisziplin, die sich mit Dialekten beschäftigt. Sie untersucht die Entstehung und den Wandel von Dialekten sowie linguistische Eigenschaften von Dialekten (z. B. hinsichtlich Wortschatz, Syntax und Phonologie) und die Verwendung von dialektalen Varianten (vgl. Niebaum/Macha 2014). Darüber hinaus befasst sich die Dialektologie auch mit der gesellschaftlichen Rolle und Wahrnehmung von Dialekten. Die Dialektologie hat sich im Laufe ihrer Geschichte von der Erstellung klassischer Dialektkarten hin zu quantitativen Methoden wie der Dialektometrie entwickelt. In der klassischen Dialektologie wurden Daten über die geografische Verteilung von Sprachmerkmalen durch Befragungen und Kartierungen gesammelt. So entwickelte Georg Wenker Ende des 19. Jahrhunderts eine Methode, um die geografische Verteilung von Dialektmerkmalen im deutschsprachigen Raum zu untersuchen. Wenker entwarf einen Fragebogen mit 40 Sätzen, die er an Schullehrer in verschiedenen Regionen Deutschlands schickte. Die Lehrer sollten die Sätze in ihrem lokalen Dialekt aufschreiben und an Wenker zurückschicken. Die Sätze waren so konzipiert, dass sie typische Dialektmerkmale wie die Aussprache von Vokalen und Konsonanten oder die Verwendung von grammatischen Strukturen abdeckten (z. B. *Es hört gleich auf zu schneien, dann wird das Wetter wieder besser*, DSA o.J.). Wenkers Ziel war es, anhand der Antworten der Lehrer Dialektgrenzen zu identifizieren und auf Karten zu visualisieren. So entstand der Deutsche Sprachatlas, der auf Wenkers Material basiert und heute digitalisiert verfügbar ist (Schmidt et al. 2020 ff., www.regionalsprache.de).

Mit der Zunahme von empirischen Daten und der Verfeinerung quantitativer Methoden wurde es jedoch möglich, Dialektvariation mit mathematischen Verfahren zu analysieren. Die Dialektometrie nutzt statistische Verfahren und Computerprogramme, um die Ähnlichkeiten und Unterschiede zwischen Dialekten zu berechnen und zu visualisieren (vgl. Goebl 2017). Diese Entwicklung ermöglicht eine präzisere und differenziertere Darstellung von Dialektvariation als die klassischen Dialektkarten. Ein Beispiel für die Visualisierung dialektometrischer Daten sind sog. *Choroplethenkarten*, auf denen die Verteilungsdichte von Varianten durch Farben, Schraffuren oder andere grafische Elemente dargestellt wird. Abbildung 10.2 zeigt eine solche Karte.

10.4 Interaktionale Soziolinguistik

Kommen wir zu einer anderen Perspektive auf sprachliche Variation: die Interaktionale Soziolinguistik. Schauen wir dazu zunächst auf das in Abbildung 10.3 dargestellte Beispiel aus Hinnenkamp (2018). Es handelt sich um den Beginn eines Telefonats zwischen S und X. S weiss bereits beim Abnehmen des Telefonats, dass X anruft. S begrüsst X mit einem freundlichen „Ja, hallo", worauf X mit „Ja, guten Morgen" antwortet. Darauf erwidert S ein stark betontes „Hi", und X antwortet mit „oder Hi".

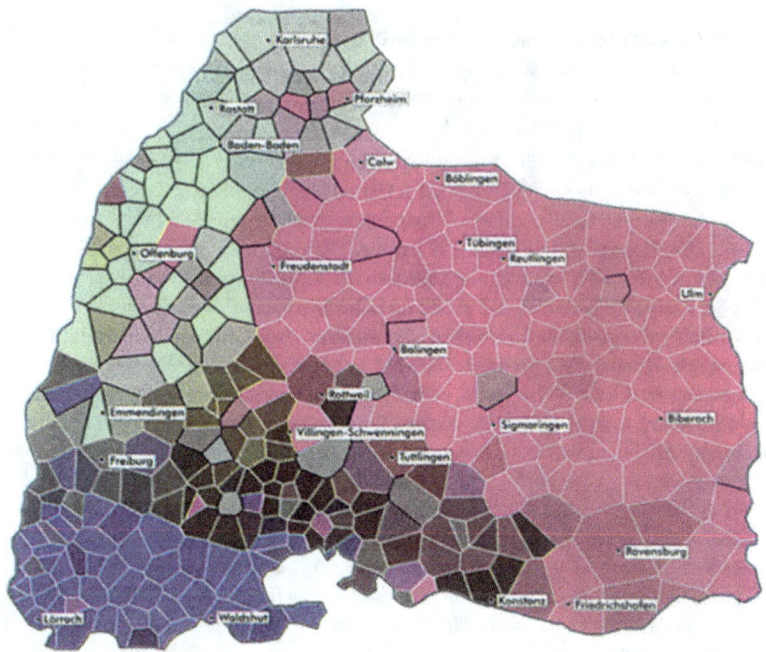

Abbildung 10.2: Dialektkarte für das Alemannische basierend auf dialektometrischen Clusteringverfahren. Durch das Verfahren werden vier Dialektgruppen erkennbar (grün, blau, magenta, bräunlich), die aber nicht durch klare Grenzen gekennzeichnet sind. Der Karte liegen Merkmale wie k-Verschiebung im Anlaut (*chalt* vs. *kalt*) zugrunde (insgesamt 38 Merkmale). (Streck/Auer 2012: 176).

Das Beispiel zeigt eine Begrüssungssequenz, die zunächst „herkömmlich" beginnt (die ersten beiden Zeilen des Transkripts), dann aber in einem „Kontextkonflikt" (Hinnenkamp 2018: 149) mündet, da nämlich noch eine zweite Begrüssung folgt, die informeller ist als die erste (Zeilen 3 und 4). In Hinnenkamp (2018) wird dieser Konflikt wie folgt beschrieben:

> S fremdkorrigiert den für ihn vielleicht zu formalen Gegengruß, indem er eine deutlich informellere Wahl trifft, diese zudem besonders betont [erkennbar an den Majuskeln im Transkript, d. Verf.] – jedenfalls scheint X diesen genauso aufzufassen, da sie dieses Element wiederholend aufgreift. (Hinnenkamp 2018: 149)

(1)
```
S:  ((freundlich)) ja hallo:
X:  ja guten morgen
S:  HAI
X:  oder hai;
```

Abbildung 10.3: Transkript einer Begrüssungssequenz am Telefon.
Aus: Hinnenkamp (2018: 149).

Der Kontextkonflikt wird verständlich, wenn man die Beziehung zwischen S und X versteht: beide kennen sich nämlich sowohl beruflich als auch privat: S ist Hochschuldozent, X seine studentische Hilfskraft, ausserdem besuchen ihre Kinder denselben Kindergarten. Das Beispiel zeigt im Kleinen, mit welcher Art von Fragen sich die Interaktionale Soziolinguistik beschäftigt:

> In welchem Kontext begegnen sich die Kommunikationspartner, welche Handlungsmodalitäten folgen daraus, was sind die bestimmenden Momente dabei und wie und durch was werden die Interaktionspartner beeinflusst, ihre jeweilige Intention durchzusetzen? (Hinnenkamp 2018: 149)

Kontext ist ein zentrales Konzept der Interaktionalen Soziolinguistik – es wird verstanden als dynamische Grösse, die erst in der Interaktion von Sprechenden konstruiert wird. Das Beispiel zeigt, dass S und X zwei unterschiedliche Kontexte zu konstruieren versuchen, woraus sich ein Konflikt ergibt. Dieser Konflikt wird sprachlich gleich mehrfach angezeigt:

> Erkennbar werden diese unterschiedlichen Kontextverständnisse bereits in den Grußangeboten bzw. den gezeigten Verständnissen durch die Kommunikationspartner. Die Signalisierung dieser unterschiedlichen Verständnisse fand auf der lexikalischen, der intonarischen, lautstärkemäßigen und kontrastsetzenden Ebene statt, die man Indexikalisierungen oder Kontextualisierungsverfahren nennen könnte; aber sie fand auch gleichzeitig statt im Grenzbereich von persönlicher und institutioneller interaktionsgeschichtlicher Beziehungsebene mit den ihnen je eigenen symmetrischen und asymmetrischen Positionierungen. (Hinnenkamp 2018: 149)

Die Interaktionale Soziolinguistik ist massgeblich durch den Linguisten und Anthropologen **John J. Gumperz** geprägt, der an der University of California (Berkeley) forschte und lehrte. Gumperz entwickelte gemeinsam mit Dell Hymes eine anthropologische Variante der Soziolinguistik, die als *Ethnografie der Kommunikation* bezeichnet wird; sie interessierten sich vor allem dafür, welche Rolle Sprache generell in einer Gesellschaft bzw. Kultur spielt, welche Funktionen sprachliche Praktiken in bestimmten Gesellschaften haben und kommunikativen Kompetenzen die Sprecher*innen bestimmter sozialer Gemeinschaften dementsprechend brauchen, um erfolgreich kommunizieren zu können. (Spitzmüller 2022: 169)

Neben der Ethnografie der Kommunikation prägen auch die Ethnomethodologie sowie die daraus hervorgegangene ethnomethodologische Konversationsanalyse die Interaktionale Soziolinguistik. Diese wurden in Kapitel 9 als Disziplinen vorgestellt, die sich damit befassen, wie durch sprachliche und nichtsprachliche Kommunikation soziale Strukturen und Prozesse entstehen. Die Interaktionale Soziolinguistik übernimmt insbesondere den mikroanalytischen, qualitativen Blick auf Interaktionen und verfolgt damit einen gänzlich anderen empirischen Ansatz als die quantitativ arbeitende Variationslinguistik. Schliesslich ist die Interaktionale Soziolinguistik auch stark durch die Interaktionale Soziologie von Erving Goffmann geprägt, die sich damit befasst, wie Menschen ihre sozialen Rollen miteinander aushandeln – auch dieser Ansatz wurde bereits in Kapitel 9 vorgestellt.

Die Interaktionale Soziolinguistik soll im Folgenden vor allem über den Vergleich mit der Variationslinguistik vorgestellt werden, da beide ein unterschiedliches Verständnis vom Zusammenhang von Sprache und Gesellschaft haben. Während die Variationslinguistik einem strukturfunktionalistischen Ansatz folgt (→ 10.2.1), ist die Interaktionale Soziolinguistik handlungstheoretisch (→ 10.2.2) ausgerichtet. Sie kritisiert die deterministische Sichtweise der Variationslinguistik, die Sprache als direkten Index für gesellschaftliche Verhältnisse ansieht. Während in der Variationslinguistik Sprache damit gewissermassen ausserhalb der Gesellschaft liegt, betont die Interaktionale Soziolinguistik, dass Sprache ein zentraler Teil der Gesellschaft ist und sich beide gegenseitig beeinflussen. Mit anderen Worten: Die soziale Wirklichkeit ist nicht aussersprachlich und kann deshalb auch nicht künstlich von sozialem Handeln abgetrennt werden. Sprachliche Variation wird nicht als Index für gesellschaftliche Verhältnisse gesehen, sondern als soziale Praxis, mit deren Hilfe Sprecher:innen sich aktiv als Teil einer Gesellschaft positionieren oder positioniert werden. Die Hauptkritik der Interaktionalen Soziolinguistik lautet daher auch, dass die Variationslinguistik „nur zeig[t], welche sozialen und sprachlichen Faktoren (häufig) gemeinsam auftreten, aber nicht, warum und mit welchen sozialen Folgen Kommunizierende überhaupt verschiedene Varianten verwenden" (Spitzmüller 2022: 167). In der Interaktionalen Soziolinguistik liegt der Fokus auf sprachlicher Praxis, mit der sich Sprecher:innen nicht nur positionieren, sondern die soziale Wirklichkeit mitkonstruieren.

Die Interaktionale Soziolinguistik interessiert sich für konkrete **kommunikative Praxis.** Der Praxisbegriff wird in Kapitel 11.4.5 vorgestellt: Er verweist darauf, dass Sprecher:innen auf routinierte Formen des sprachlichen Handelns zurückgreifen und diese zum „Aushandeln" von Sinn in konkreten Interaktionssituationen einsetzen (→ 9.4.2). Die Interaktionale Soziolinguistik interessiert sich nun insbesondere dafür, wie sich kommunikative Praktiken in Interaktionen konstituieren und wie sie kulturell eingebettet sind. Durch kommunikative Praxis wird, so Gumperz, soziale Wirklichkeit erst geschaffen – Variation, die in kommunikativer Praxis anzutreffen ist, ist nicht einfach durch gesellschaftliche und soziale Verhältnisse determiniert, sondern prägt diese Verhältnisse entscheidend mit. Aus diesem Grund ist die Interaktionale Soziolinguistik nicht an quantitativen, statistischen Auswertungen interessiert, denn diese sagen wenig darüber aus, *warum* und *mit welchen Folgen* Sprecher:innen Sprache bzw. kommunikative Praktiken einsetzen (z. B. eine Variation der Begrüssungsformel in einem Telefonat). Vielmehr interessiert sich die Interaktionale Soziolinguistik für konkrete kommunikative Praxis. Aussagen darüber lassen sich nur durch die detaillierte qualitative Analyse konkreter Kommunikationssituationen treffen, nicht durch das Generalisieren auf Basis möglichst grosser Datensätze. Die Methode dafür stellt die **ethnomethodologische Konversationsanalyse** und die dort angewendeten mikroanalytischen Verfahren bereit, insbesondere jene zur Analyse von Interaktionssequenzen und wie sie sich auf unterschiedlichen sprachlichen Ebenen zeigen. Ebenso wichtig ist aber auch die Anwendung **ethnografischer Methoden**, um die kulturellen Kontexte von kommunikativen Praktiken zu bestimmen – denn Interaktionen und die in ihnen ablaufenden Prozesse lassen sich nur vor dem Hintergrund spezifischer soziokultureller Konventionen interpretieren:

[I]n order to interpret the utterances of their counterpart adequately, interactants have to recognize the present communicative situation and the embedded contextualization cues as an instance of typified schemata and relate them to my stored sociocultural knowledge. (Günthner 2008: 56)

Kulturelle Kontexte sind also für die Interpretation der jeweiligen kommunikativen Praktiken im Interaktionsprozess bedeutsam; dies wird in Kapitel 10.4.2 mit einem Beispiel aus der interkulturellen Kommunikation noch einmal aufgenommen.

10.4.1 Kommunikative Hinweise und Indexikalität

Die Interaktionale Soziolinguistik interessiert sich für Prozesse des sog. *meaning-making* d. h. wie Interaktionspartner:innen kommunikativen Sinn bzw. Bedeutung gemeinschaftlich aushandeln (vgl. Spitzmüller 2022: 178). Sinn bzw. Bedeutung besteht also nicht bereits vorher und wird einfach nur übermittelt, sondern entsteht erst in der Interaktion oder wird einer Interaktion zugeschrieben. Damit dies gelingt, setzen Interaktionspartner:innen bei ihrem Gegenüber Wissen voraus (sog. *Common Sense*), auf dessen Basis eine gemeinsame Interpretation der jeweiligen Interaktion vorgenommen wird. Um dieses Wissen zu „aktivieren", setzen Sprecher:innen **kommunikative Hinweise** ein – z. B. durch die Wahl lexikalischer oder syntaktischer Varianten, Körperhaltung, Mimik, Gestik, Prosodie, Positionierung im Raum. Interaktionale Soziolinguist:innen interessieren sich für alle kommunikativen Elemente, die Hinweise auf solches *meaning-making* bieten. Ein Beispiel ist das stark betonte „HAI" im Eingangsbeispiel, mit dem S einen Hinweis darauf gibt, dass er die von X gewählte Form der Begrüssung nicht angemessen findet. Solche Hinweise werden als **indexikalische Zeichen** interpretiert:

> Durch Zeichen (u. a. sprachlicher Art) versuchen wir nach Auffassung der [I]nteraktionalen Soziolinguistik zu erkennen zu geben, wer wir sind (oder für wen wir uns halten) und/oder für wen wir andere halten. Gleichzeitig können wir keine Zeichen verwenden, ohne gleichzeitig etwas darüber auszusagen, wer wir sind (oder für wen wir uns halten) und/oder für wen wir andere halten. (Spitzmüller 2022: 198)

Indexikalische Zeichen sind in den Worten von Gumperz „flags, cues or reminders to listeners to search their memory for possible alternative ways of explaining or framing whatever they hear or otherwise perceive or recall" (Gumperz 1992: 113). Sprecher:innen befinden sich während einer Interaktion also in einem ständigen Interpretationsprozess, um die Äusserungen des Gegenübers kontextbezogen zu verstehen und „richtig" darauf zu reagieren.

Indexikalität wird damit anders konzeptualisiert als in der Variationslinguistik. In der Variationslinguistik wird Indexikalität strukturtheoretisch verstanden: Sprachliche Variation verweist auf die soziale Position von Sprecher:innen in der Gesellschaft. Im Gegensatz dazu wird Indexikalität in der Interaktionalen Soziolinguistik als Verweis eines Zeichens auf seinen Kontext verstanden. Diese Verweise ermöglichen Sprecher:innen die Interpretation von Äusserungen (vgl. Spitzmüller 2022: 192). In Kapitel 10.5.3 wird dieser Gedanke noch vertieft.

10.4.2 Kontext und Kontextualisierung

Was ist der Kontext einer Interaktion? Die Interaktionale Soziolinguistik geht von einem dynamischen Kontextbegriff aus (vgl. z. B. Gumperz 1982; Auer/Di Luzio 1992): Kontext ist demzufolge nicht etwas Vorgegebenes (so würde es die Variationslinguistik sehen), sondern wird in der Interaktion von den Teilnehmer:innen aktiv hergestellt:

> The hypothesis is that any utterance can be understood in numerous ways, and that people make decisions about how to interpret a given utterance based on their definition of what is happening at the time of interaction. In other words, they define the interaction in terms of a frame or schema which is identifiable and familiar. (Gumperz 1982: 130)

Die soziale Bedeutung von Sprache und die (interaktionale und gesellschaftliche) Position von Sprecher:innen wird nicht von aussen vorgegeben, sondern in der Interaktion ausgehandelt. **Kontextualisierung** bezeichnet dementsprechend den Prozess, in dem Interaktionspartner:innen durch ihre sprachlichen und nichtsprachlichen Handlungen den Kontext einer Äusserung gemeinsam erschaffen und interpretieren. Mit anderen Worten: Kontextualisierung beschreibt, wie die Teilnehmer:innen einer Interaktion anzeigen, wie ihre Äusserungen zu verstehen sind. Gumperz schreibt:

> That is, constellations of surface features of message form are the means by which speakers signal and listeners interpret what the activity is, how semantic content is to be understood and how each sentence relates to what precedes or follows. These features are referred to as contextualization cues. For the most part they are habitually used and perceived but rarely consciously noted and almost never talked about directly. Therefore they must be studied in process and in context rather than in the abstract. (Gumperz 1982: 131)

Wichtige Kontextualisierungshinweise sind beispielsweise Prosodie, Gestik, Mimik und Blickkontakt oder auch Code-Switching (→ 10.5.5) und die Sequenzierung von Redebeiträgen. Die Interaktionale Soziolinguistik interessiert sich nun dafür, wie diese Hinweise in konkreten Interaktionen eingesetzt und interpretiert werden. Das gemeinsame Wissen der Interaktionspartner:innen über soziale Normen und Konventionen spielt dabei eine wichtige Rolle. Missverständnisse entstehen, wenn dieses Wissen nicht geteilt wird oder die Kontextualisierungshinweise falsch interpretiert werden:

> When all participants understand and notice the relevant cues, interpretive processes are then taken for granted and tend to go unnoticed. However, when a listener does not react to a cue or is unaware of its function, interpretations may differ and misunderstanding may occur. (Gumperz 1982: 132)

Eindrückliche Beispiele dafür finden sich im Bereich der **interkulturellen Kommunikation**, da Interaktionsteilnehmende dort oftmals nicht die gleichen Kontextualisierungshinweise teilen. Bei Günthner (2008) wird das anhand des folgenden kurzen Beispiels erklärt, in dem es um prosodische Merkmale von Äusserungen geht, die Vorwürfe formulieren („reproachful voice"):

> For example, what may sound like a reproachful voice for Southern German ears (such as falling terminal pitch, rising-falling pitch movements, narrow or verum-focus, global increase of loudness, lengthening and glide on the verb, etc.) may not necessarily sound reproachful to Northern German or even Shanghai ears [...]. (Günthner 2008: 56)

10.4.3 Identität und sozialer Stil

In Kapitel 10.3 wurde gezeigt, dass nach Auffassung der Variationslinguistik die Identität einer Sprecherin durch ihre Position in der sozialen Struktur der Gesellschaft bedingt ist. Die Interaktionale Soziolinguistik (die statt von Sprecher:innen von Akteuren spricht) lehnt diese deterministische Sichtweise ab und argumentiert dafür, dass Identität aktiv von Sprecher:innen durch die Art ihrer Kommunikation hergestellt wird und nicht einfach eine Eigenschaft ist, die man qua gesellschaftlicher Position erworben hat:

> Correlational approaches to language and identity, such as those commonly taken in some areas of sociolinguistics, associate rates of use of particular linguistic forms with particular kinds of speakers [...]. But identity inheres in actions, not in people. As the product of situated social action, identities may shift and recombine to meet new circumstances. This dynamic perspective contrasts with the traditional view of identities as unitary and enduring psychological states or social categories. (Bucholtz/Hall 2005: 376)

Identität entsteht also, so die Auffassung der Interaktionalen Soziolinguistik, dynamisch und ist das Ergebnis sozialer Praxis (vgl. Spitzmüller 2022: 197). Daraus folgt auch, dass Menschen nicht nur eine Identität haben, sondern mehrere, nämlich abhängig von der jeweiligen Situation, in der sie mit anderen interagieren. Menschen machen in und durch ihre Interaktion permanent **Identitätsangebote**, die von anderen erkannt und interpretiert werden müssen (so wie im Eingangsbeispiel, als S durch eine Fremdkorrektur X „auffordert", ihn doch als Freund und nicht als Chef zu begrüssen). Es sollte deutlich werden, dass also auch der oder die jeweils andere eine entscheidende Rolle bei der Identitätskonstruktion spielt: „[I]n order for an identity to be established, it has to be recognised by others" (Blommaert 2005: 205). Dieser Zusammenhang ist bereits aus der Semiotik bekannt: Zeichen sind erst dann Zeichen, wenn sie als solche interpretiert werden (→ 2.2). Auch Identität wird durch Zeichen hergestellt und dadurch als **semiotischer Prozess** konzeptualisiert:

> Mit anderen Worten: Durch Zeichen (u. a. sprachlicher Art) versuchen wir nach Auffassung der interaktionalen Soziolinguistik zu erkennen zu geben, wer wir sind (oder für wen wir uns halten) und/oder für wen wir andere halten. Gleichzeitig können wir keine Zeichen verwenden, ohne gleichzeitig etwas darüber auszusagen, wer wir sind (oder für wen wir uns halten) und/oder für wen wir andere halten. (Spitzmüller 2022: 198)

Eng mit dem Konzept der Identität ist das Konzept des **sozialen Stils** verbunden. Durch sozialen Stil konstruieren Sprecher:innen ihre Identität(en). Die Interaktionale Soziolinguistik betrachtet sozialen Stil nicht als individuelles Merkmal oder als Abweichung von einer Norm, sondern als sozial bedeutsames Phänomen, das in der Interaktion produziert und variiert wird (vgl. Coupland 2007). Stil ist ein Ergebnis kommunikativer Variation. Stilmittel dienen als Kontextualisierungshinweise, die den Interagierenden helfen, die Bedeutung von Äusserungen zu interpretieren. Jede kommunikative Handlung ist stilistisch geformt, da jede Äusserung auch sozial bedeutsam ist und jeder Variante eine interpretative Bewertung unterliegt. Es gibt keinen „stilneutralen", per se „authentischen" Sprachgebrauch, da selbst der Versuch, authentisch zu klingen, eine Form des sozialen Stils darstellt. Stil ist ein interaktives und performatives Phänomen („a way of doing something", Coupland 2007: 1), das in der Interaktion produziert und variiert wird. Stilbildung ist eine soziale Praxis, in der Akteure sich durch die Verwendung bestimmter kommunikativer Varianten sozial verorten. Diese Verortung wird jedoch nicht als statisch, sondern als dynamisch und veränderbar verstanden.

10.5 Soziale Differenzierung: Metapragmatik, Indexikalität, Positionierung

Die vorangegangenen Kapitel haben gezeigt, dass sprachliche Variation detailliert empirisch untersucht werden kann (→ 10.3) und wie in sozialer Interaktion soziale Differenzierung auch sprachlich hergestellt wird (→ 10.4). Im Anschluss an einen konstruktivistischen Blick auf Gesellschaft (→ 10.2.3) werden im folgenden Kapitel zentrale Konzepte vorgestellt, die für die Analyse von sozialer Ungleichheit und Machtstrukturen wichtig sind. Ebenso sind Prozesse der sozialen Positionierung, die über Sprache geschehen, wichtig. Zudem ist Reflexivität ein interessantes Merkmal von Sprache. Wir können mit Sprache über Sprache sprechen (→ 3.1.1) – und das nicht nur explizit, sondern auch implizit: Mit Sprachhandeln können wir Sprache und Sprachhandeln ebenfalls kommentieren. Wenn diese Prozesse metapragmatisch analysiert werden, können sog. *Sprachideologien* freigelegt werden, was beispielsweise deutlich wird, wenn Diskurse über gendergerechte Sprache oder Anglizismen untersucht werden.

10.5.1 Defizit-, Differenz und Dominanzhypothesen

Die Analyse von Sprachvariation ist ein wichtiges Erkenntnisinteresse der Soziolinguistik, wie in Kapitel 10.3 gezeigt worden ist. Der britische Soziologe Basil Bernstein, der sich für die sozialen Hindernisse im schulischen Bereich interessierte, hatte das Begriffspaar **elaborierter** und **restringierter Code** (*elaborate/restrictive code*) eingeführt (Bernstein 1964), um den Unterschied zwischen normativ angemessener und unzureichender Sprachleistung im Schulkontext beschreiben zu können. An der schulischen Norm gemessen war feststellbar, dass Kinder der Mittelschicht, im Vergleich zu den Kindern der Unterschicht, angemessener sprachen, also den elaborierten Code anwendeten. Mit dieser Feststellung war eine Zweiteilung vollzogen, woran sich Forschende zukünftig stören sollten: Der restringierte Code war mit der Unterschicht assoziiert und schien dem elaborierten Code, der der Mittel- und Oberschicht zugeschrieben war, unterlegen. Diese als **Defizittheorie** bekannt gewordene Theorie von Bernstein wurde von Labov Ende der 1960er Jahre kritisiert. Als Antwort darauf entwickelte Labov die **Differenzhypothese** (Labov 1969). Die Untersuchungen von Labov oder auch von Eva Neuland konnten zeigen, dass der Sprachgebrauch in der Unterschicht nicht einfach defizitär ist, sondern Charakteristiken besitzt, die ebenfalls als elaboriert taxiert werden können. So kennen Kinder aus der Mittel- und Oberschicht zwar Wörter wie *Terrasse* oder *Universitätsprofessor*, aber können zu Tätigkeiten auf dem Bau nur allgemeine Sätze produzieren wie *müssen arbeiten an 'ner Baustelle*. Hingegen können Kinder der Unterschicht diese Tätigkeiten sehr differenziert wiedergeben, etwa mit *Er arbeitet sauber auf der Leiter* (vgl. Neuland 1976). Ausserdem machte Labov darauf aufmerksam, dass es zu einem signifikanten Unterschied kommt, wenn die Untersuchung zu den Sprachgewohnheiten in der Schule oder zu Hause durchgeführt wird. Er propagierte die sog. **teilnehmende Beobachtung**, bei der die Forschenden an den Interaktionen teilnehmen und so eine Nähe zum Untersuchungsobjekt bzw. -thema entwickeln. So führte Labov seine Untersuchungen als Feldforschungen in afro- und spanisch-amerikanischen Communities durch (Labov 1969).

In Folge dieser Gegenuntersuchungen sprach man deshalb nicht mehr von **Defizit**, sondern von **Differenz** und legte das Augenmerk auf den Unterschied zwischen Standardsprache und Variation (siehe Kapitel 10.3.7). Es folgte ausserdem eine regelrechte Degradierung von Bernsteins Konzepten. In jüngster Zeit ist es jedoch zu einer Rehabilitierung Bernsteins gekommen. Seine umfangreiche Publikation wurde – im Original – wiedergelesen und die theoretische Entwicklung, die er in über 30 Jahren leistete, nochmals kritisch nachvollzogen (vgl. Bolander/Watts 2009). Es finden sich Passagen in seinen Werken, die durchaus dafür sprechen, dass er sich über die Problematik seiner Defizittheorie bewusst war:

> Daß der Code restringiert ist, bedeuten nicht, daß diejenigen, die ihn gebrauchen, niemals differenzierte Ausdrucksmuster verwenden. Es heißt nur, daß diese Muster im Sozialisierungsprozeß des Kindes in seiner Familie selten gebraucht werden. [...] Das heißt, daß der Lehrer

in der Lage sein muß, den Dialekt des Kindes zu verstehen, statt im Gegenteil vorsätzlich zu versuchen, ihn zu ändern. [...] ‚Wissen wozu?' Wir wissen beileibe nicht, wozu ein Kind fähig ist, was es lernen kann, so wie wir bis jetzt noch über keine Theorie verfügen, die uns in die Lage versetzt, optimale Lernumgebungen zu schaffen [...]. (Bernstein 1972: 289–291)

Es ist also wichtig, bestimmte sprachliche Varietäten nicht als defizitär aufzufassen, sondern nicht wertend als unterschiedlich. Ein Dialekt ist keine minderwertige Varietät, denn aus struktureller Sicht handelt es sich dabei um voll ausgebaute Varietäten, die in ihren Ausdrucksmöglichkeiten Standardvarietäten in nichts nachstehen.

Allerdings lässt sich nicht leugnen, dass die gesellschaftlichen Bewertungen dieser Varietäten oder Sprachen nicht gleichwertig sind. Ein Bewerbungsschreiben für eine Stelle, in dem sich Rechtschreib- und Grammatikfehler finden, wirft einen Schatten auf die:den Bewerber:in. Die Verwendung des Doppelpunkts im Satz zuvor, um Genderdiversität auszudrücken, wird von unterschiedlichen Gruppen entweder als innovativ, modern, links-grün, ideologisch verblendet oder übergriffig bewertet. Ein weiteres Beispiel: Im deutschsprachigen Raum geniessen Sprachen unterschiedliches Prestige. Mehrsprachig mit Deutsch, Englisch und Französisch zu sein, wird anders bewertet als mit Deutsch, Albanisch und Zürichdeutsch mit „Balkaneinschlag".

Sprache schafft also gesellschaftliche Unterschiede. Vertreter:innen der Kritischen Soziolinguistik sprechen deshalb statt von der Differenz- von der **Dominanzhypothese** (vgl. Uchida 1992; Kachru 1994; Heller 2001; Pennycook 2001; Spitzmüller 2022: 237). Diese Bewertungen sind nicht einfach vom Himmel gefallen, sondern Ergebnis kommunikativer Praxis, die wiederum zu habitualisierten Bewertungsmustern führen, die sehr wirkmächtig sind und denen man sich nicht einfach entziehen kann. Hier wird das Zusammenspiel von individuellem (Sprach-)Handeln und sich daraus ergebenden Strukturen wiederum deutlich, das bereits im Zusammenhang mit der konstruktivistischen Perspektive diskutiert worden ist (→ 10.2.3).

Die Soziolinguistik beruft sich auf verschiedene theoretische Grundlagen, um dieses Interesse an sozialer Differenzierung und den damit zusammenhängenden Machtstrukturen zu untersuchen. In aller Kürze werden vier wichtige Stränge vorgestellt:

Pierre Bourdieu, Soziologe: Das zentrale Konzept von Bourdieu ist der **Habitus**-Begriff, womit ein „klassenspezifisches" Verhalten gemeint ist, das zu einem spezifischen „Lebensstil" führt (Bourdieu 1997/2020). Dieses Verhalten ist ein Bündel von kulturellem Geschmack, Freizeitbeschäftigungen, Essgewohnheiten und eben auch Kommunikationsstilen, die wir als Angehörige einer bestimmten sozialen Gruppe (bei Bourdieu: gesellschaftliche Klasse) automatisch erlernen (wir **habitualisieren** uns entsprechend). Wer den Habitus nicht beherrscht, wird als nicht der Gruppe zugehörig identifiziert, und dadurch, dass wir den Habitus pflegen, bestärken wir wiederum die Wirkung des Habitus. Nach Bourdieus Auffassung ist es äusserst schwierig, einen „fremden" Habitus zu erlernen, da sich dieser in „feinen Unterschieden" (im Original: „La distinction", Bourdieu 1979) auf verschiedenen Ebenen zeige und somit soziale Ungleichheit bestärkt werde. Eindrücklich zeigt er auf Basis empirischer Analysen am Beispiel der Ernährung, welche Nahrungsmittel für welche Gesellschaftsschichten opportun sind, aber auch in welche Praktiken des Essens (Art des Gedecks, Auftragen vs. Schöpfen am Tisch etc., körperliches und sprachliches Verhalten) dies eingebettet ist (vgl. Bourdieu 1979/2017). Wir können auch heute beispielsweise einer Speisekarte und der Auswahl und Benennung der Gerichte problemlos ansehen, welche sozialen Gruppen das Restaurant ansprechen will.

Der Ideologiebegriff bei Ernesto Laclau: Der Politikwissenschaftler Laclau zählt zu den Vertreter:innen konstruktivistischer und poststrukturalistischer Theorie und ist im Kontext der Soziolinguistik für den Begriff der **Ideologie** wichtig. Ideologie wird dabei nicht alltagssprachlich als abwertend verstanden, sondern als Bündel von Meinungen, Prämissen und Deutungen. Danach gibt es kein nichtideologisches Handeln, denn Ideologien dienen ganz grundsätzlich der **Sinnstiftung** und sind damit die Voraussetzung für die Existenz von Gesellschaft überhaupt. Eine Ideologie dient als eine Art Filter, um aus den unendlichen Deutungsmöglichkeiten diejenigen zu ziehen, die gemäss einer Ideologie „wahrer" sind (Spitzmüller 2022: 130 f.). Wie unterschiedlich Deutungsmöglichkeiten sein können, zeigt sich bereits bei einfachen Fällen, etwa wenn es um den Erfolg von Start-up-Unternehmen geht: „Angst vor dem Scheitern darf nicht sein. Einerseits, weil Scheitern nicht als Sünde betrachtet werden sollte. Andererseits, weil es vom ‚Machen' abhält. Und wer nichts macht, hat bereits verloren." (Postfinance 2024) Der Konkurs eines Unternehmens kann also je nach ideologischem Hintergrund als „Scheitern" und „Sünde" oder aber als positive Lernerfahrung und Beweis für „Macherqualitäten" gesehen werden. Das Ideologiekonzept ist soziolinguistisch im Zusammenhang mit **Sprachideologien** (vgl. Gal 2006; Silverstein 1979: 2003) produktiv, wie unten (→ 10.5.2) gezeigt wird.

Post- und Dekoloniale Theorie: In den letzten Jahrzehnten ist die Sensibilität für die noch heute wirksamen Folgen des Kolonialismus und den dahinterliegenden Eurozentrismus stark gestiegen. Soziale Ungleichheit ist demnach auch massgeblich von der Kolonialgeschichte Europas geprägt, was für die Wissenschaft selbst ebenfalls gilt: Theorien und Forschungsinteressen sind zu oft aus einer europäischen oder angloamerikanischen Sicht von Privilegierten entstanden.

Um dem entgegenzuwirken, wird das Prinzip der **Intersektionalität** eingefordert, womit gemeint ist, das komplexe Zusammenwirken mehrerer Faktoren für soziale Ungleichheit wie Ethnie, Geschlecht, soziale Herkunft oder körperliche Beeinträchtigung zum Kern des Analyseinteresses zu machen (vgl. die „Raciolinguistics": Alim et al. 2016; vgl. auch Spitzmüller 2022: 234). Diese Idee lässt sich auch in die „klassische" Varietätenlinguistik einbringen, ist aber auch in der Metapragmatik oder Diskursanalyse ein wichtiges Prinzip. Damit lose verbunden ist auch die Idee, die **eigene Position** als Forscher:in im Forschungsprozess kritisch zu reflektieren und sich zu überlegen, inwiefern die Auswahl von Themen, Theorien und Methoden dadurch geprägt ist und die Deutung beeinflusst.

Diskursanalyse: Schliesslich ist auch der **Diskursbegriff** ein wichtiges Element Kritischer Soziolinguistik, da dieses Konzept das Augenmerk darauf legt, was von wem und wie gesagt wird und damit bestimmt, was in der jeweiligen Gesellschaft als **Wissen** gilt. Zu einer ausführlichen Diskussion des Diskursbegriffs und der Diskurslinguistik siehe Kapitel 11.

Diese vier theoretischen Stränge liessen sich noch um einige weitere ergänzen. Im Folgenden geht es jetzt darum zu zeigen, zu welchen soziolinguistischen Konzepten diese und ähnliche Überlegungen geführt haben und welche Themen damit untersucht werden können.

10.5.2 Metapragmatik und Sprachideologie

In der Schweizer Bundesverfassung steht in Artikel 4:

> Die Landessprachen sind Deutsch, Französisch, Italienisch und Rätoromanisch. (Bundesverfassung 1999)

Ähnliche Formulierungen finden sich in anderen Grundgesetzen, und sie unterstellen damit, dass es so etwas wie „Sprachen" gibt, dass diese benannt und gezählt werden und dass Menschen über eine oder mehrere Sprachen verfügen können. Oder wie Susan Gal es formuliert:

> It may seem odd to say so, but ‚language' was invented in Europe. Speaking is a universal feature of our species, but ‚language' as first used in Europe and now throughout the world is not equivalent to the capacity to speak, but presumes a very particular set of features. Languages in this limited sense are assumed to be nameable (English, Hungarian, Greek), countable property (one can ‚have' several), bounded and differing from each other, but roughly inter-translatable, each with its charming idiosyncracies that are typical of the group that

speaks it. The roots of this language ideology go back to the European Enlightenment and the Romantic reaction that followed. (Gal 2006: 14)

„Sprache" ist also ein gesellschaftliches Konstrukt, das wenig mit der grundsätzlichen Sprachfähigkeit des Menschen zu tun hat. Bestimmte Bündel von sprachlichen Merkmalen auf Ebene der Lexik und Grammatik als einheitliche Sprache (Deutsch, Französisch, Englisch etc.) aufzufassen, entspricht aber offenbar einem wichtigen Bedürfnis von Gesellschaften, um sich zu strukturieren – und es handelt sich um ein sehr wirkmächtiges Konzept, was sich daran zeigt, dass es auch rechtlich eine wichtige Funktion hat.

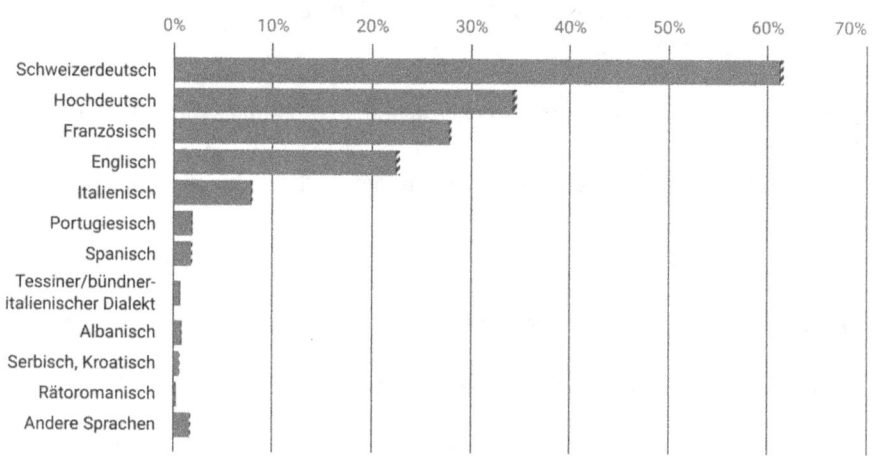

Abbildung 10.4: Sprachen im Jahr 2022, Bundesamt für Statistik, Schweiz (Bundesamt für Statistik 2022).

Die sprachliche Realität ist aber komplizierter. Dies zeigt allein schon Abbildung 10.4, die eine statistische Erhebung in der Schweiz über die „üblicherweise bei der Arbeit gesprochenen Sprachen" (Bundesamt für Statistik 2024) darstellt. Diese Auswertung fragt nicht nach den Landessprachen, sondern versucht, den tatsächlichen Sprachgebrauch in einem bestimmten Kontext zu erfragen. Dort ist aber auch ersichtlich, dass die Sprache „Deutsch" in zwei Varianten auftaucht, nämlich

„Schweizerdeutsch" und „Hochdeutsch". Neben „Italienisch" wird auch „Tessiner/bündner-italienischer Dialekt" aufgeführt. So stellt sich unmittelbar die Frage, ob denn „Schweizerdeutsch" ebenfalls eine Landessprache ist und warum „Schweizerdeutsch" mit all den dialektalen Varietäten zwischen Basel und dem deutschsprachigen Wallis als eine Sprache aufgefasst wird.

Es existieren also verschiedene Konzepte nebeneinander, was als *Sprache* aufgefasst wird: Eine Einzelsprache, eine Varietät, Sprache ganz generell. Dies zeigt, dass *Sprache* eine gesellschaftlich hervorgebrachte Konstruktion ist, die so oder so ausfallen kann. Die Geschichte der Sprachstatistik ist dabei ein schönes Anschauungsbeispiel; so wurde in der Schweiz in den Formularen der Volkszählung ab den 1980er-Jahren nach der „Muttersprache" gefragt, ohne diese genauer zu definieren. Auch wurde davon ausgegangen, dass jede Person nur über eine Muttersprache verfügt. Erst ab den 1990er-Jahren änderte sich die Erhebung, und Mehrsprachigkeit wurde als Option vorgesehen (vgl. Humbert et al. 2024: 441f.).

Eine ebenfalls komplexe Situation zeigt sich beim im Schweizer Kanton Graubünden gesprochene Rätoromanischen, das seit 1938 vierte Landessprache ist und seit 1996 den Status einer „Teilamtssprache" hat. Allerdings umfasst das Rätoromanische fünf Idiome, bei denen es sich um regionale Normierungen der geschriebenen Sprache handelt: Puter, Vallader, Sutselvisch, Surmeirisch und Surselvisch. In der gesprochenen Sprache gibt es wiederum Dialekte, die kleinteiliger sind als die Idiome (vgl. Grünert 2024: 161).

Aufgrund der Bedrohung des Romanischen durch starken Sprachkontakt (→ 10.5.5) mit Deutsch und Italienisch gab es mehrere Versuche, eine gemeinsame Standardsprache zu schaffen. Erst in den 1980er-Jahren entstand jedoch eine erfolgreiche Initiative, um „Rumantsch Grischun" zu entwickeln (vgl. Grünert 2024: 176). Allerdings scheiterten Bestrebungen, den Standard in allen Schulen der romanischsprechenden Gebiete einzuführen, am regionalen Widerstand; Rumantsch Grischun etablierte sich aber auf Bundes- und Kantonsebene und teilweise in den Medien. Dort zeigt sich aber auch eine Mischung von Rumantsch Grischun und den Idiomen in der geschriebenen Sprache und dialektalen Varianten im Gesprochenen.

Beispiele für die fünf Idiome des Rätoromanischen und von Rumantsch Grischun
Quelle: Lia Rumantscha (2023).

Puter
La vuolp d'eira darcho üna vouta famanteda. Co ho'la vis sün ün pin ün corv chi tgnaiva ün töch chaschöl in sieu pical. Que am gustess, ho'la penso, ed ho clamo al corv: „Chel bel cha tü est! Scha tieu chaunt es uschè bel scu tia apparentscha, alura est tü il pü bel utschè da tuots".

Rumantsch Grischun
La vulp era puspè ina giada fomentada. Qua ha ella vis sin in pign in corv che tegneva in toc chaschiel en ses pichel. Quai ma gustass, ha ella pens→, ed ha clam→ al corv: „Tge bel che ti es! Sche tes chant è uschè bel sco tia parita, lur es ti il pli bel utschè da tuts".

Surmiran
La golp era puspe eneda famantada. Co ò ella via sen en pegn en corv tgi tigniva en toc caschiel an sies pecal. Chegl am gustess, ò ella panso, ed ò clamo agl corv: „Tge bel tgi te ist! Schi ties cant è schi bel scu tia parentscha, alloura ist te igl pi bel utschel da tots".

Sursilvan
L'uolp era puspei inagada fomentada. Cheu ha ella viu sin in pégn in tgaper che teneva in toc caschiel en siu bec. Quei gustass a mi, ha ella tertgau, ed ha clamau al tgaper: „Tgei bi che ti eis! Sche tiu cant ei aschi bials sco tia cumparsa, lu eis ti il pli bi utschi da tuts".

Sutsilvan
La gualp eara puspe egn'eada fumantada. Qua â ella vieu sen egn pegn egn corv ca taneva egn toc caschiel ainten sieus pecal. Quegl gustass a mei, â ella tartgieu, ed ha clamo agli corv: „Tge beal ca tei es! Scha tieus tg→nt e aschi beal sco tia pareta, alura es tei igl ple beal utschi da tuts".

Vallader
La vuolp d'eira darcheu üna jada fomentada. Qua ha'la vis sün ün pin ün corv chi tgnaiva ün toc chaschöl in seis pical. Quai am gustess, ha'la pens→, ed ha clom→ al corv: „Che bel cha tü est! Scha teis chant es uschè bel sco tia apparentscha, lura est tü il plü bel utschè da tuots".

Sie können das automatische Übersetzungstool Supertext *verwenden, um den Text ins Deutsche zu übersetzen (https://www.supertext.com). Testen Sie, mit welchem Idiom es am besten funktioniert!*

Die Beispiele zeigen, dass Sprachen nicht einfach gegeben sind und deshalb nicht als klar abgrenzbare Entitäten aufgefasst werden können. Vielmehr wird das, was als Sprache aufgefasst wird, in Abhängigkeit bestimmter Ideologien gesellschaftlich ausgehandelt, beispielsweise im Zusammenhang mit der Bildung von Nationen, die sich auch sprachlich als solche identifizieren. Wir haben es also beim Sprechen über Sprachen mit **Sprachideologien** zu tun, die beeinflussen, wo die Grenzen einer Sprache gezogen werden sollen (z. B. national, transnational oder regional definiert) oder wie feingliedrig differenziert wird (dialektale Varietät oder Sprache?). Auch wird oft angenommen, dass eine Sprache eine **Standardvarietät** enthalten muss oder diese Standardvarietät ist: Im Fall der Deutschschweiz gibt es jedoch unterschiedliche Auffassungen, ob Schweizerdeutsch als Sprache aufgefasst werden soll, wie die Veränderung des Erhebungsrasters der Volkszählung gezeigt hat.

Nicht zuletzt hängt die Beantwortung dieser Fragen davon ab, inwiefern eine „Sprache" zur kulturellen **Identifikation** dient: Die Reflexion über Sprache, aber auch das konkrete sprachliche Handeln (Schreiben auf Schweizerdeutsch, Verwendung eines Idioms anstelle von Rumantsch Grischun, Ansage der Haltestellen in der Rhätischen Bahn je nach Gebiet im passenden Idiom etc.) sind Ausdruck von Sprachideologien und gesellschaftlichen Aushandlungsprozessen. Diese haben unmittelbare Relevanz für die Linguistik und müssen deshalb gerade in der Soziolinguistik ein Untersuchungsgegenstand sein, um „**the total linguistic fact**", wie es Silverstein beschreibt, zu erfassen (Silverstein 1985: 220). Zusammenfassend lässt sich also sagen:

- **Sprachideologien** als Menge aller Ansichten, Meinungen und Bewertungen über und von Sprache ist Teil von **Sprachreflexion**. Alle Sprechenden einer Sprache äussern sich sprachreflexiv, auch die Sprachwissenschaft selbst.
- Sprachreflexion kann **explizit** stattfinden („Ich finde den Bündner Dialekt einfach den schönsten Dialekt!"), oft aber auch **implizit**, indem der Sprachgebrauch eine Meinung über Sprache vermuten lässt (eine Studentin schreibt mir eine E-Mail auf Schweizerdeutsch).
- Zur Sprachreflexion wird **Metasprache** oder **Metakommunikation** betrieben: Also Sprache wird verwendet, um über Sprache Aussagen zu machen.
- Wenn nicht nur Sprache Gegenstand von Reflexion ist, sondern sprachliches oder kommunikatives Handeln generell (Pragmatik), spricht man von **Metapragmatik**.

Metapragmatik erscheint uns in vielen verschiedenen Formen:
- Videobeiträge in den Sozialen Medien über Sitten und Bräuche in anderen Ländern, die also Aussagen über übliches und angemessenes kommunikatives Handeln machen;
- Verwendung von dialektalem *Grüezi* von sonst Standarddeutsch Sprechenden in der Schweiz, um zu markieren, dass sie Dialekt verstehen;
- Bemühungen, die Sprache einer sprachlichen Minorität in die Verfassung zu schreiben;
- Parodieren von Politiker:innensprache;
- ...

In den folgenden Kapiteln werden nun zwei wichtige Konzepte vorgestellt, Indexikalität und Positionierung, die genauer beleuchten, wie metapragmatisch gehandelt werden kann. Zudem wird das Phänomen der Mehrsprachigkeit in einem weiteren Kapitel vertieft.

10.5.3 Indexikalität

In Kapitel 2.2.1 wurde bereits die Peirce'sche Zeichenklassifikation vorgestellt: Index, Ikon und Symbol. Indexikalisch interpretierte Zeichen zeigen ein Wenn-Dann-Verhältnis an (Wenn Rauch, dann Feuer – Rauch als indexikalisches Zeichen). Es wurde auch auf abstraktere Folgebeziehungen hingewiesen, die aber einen grösseren

Interpretationsspielraum aufweisen. So zeigt ein bestimmtes körperliches Verhalten in Kombination mit Kleidung, Aussehen etc. eine Genderzugehörigkeit an, oder ein teurer Laptop, eine teure Uhr indizieren Reichtum.

Aus soziolinguistischer Sicht interessiert nun, wie sprachliche Variation als Index für soziale Zugehörigkeit oder individuelle Eigenschaften verstanden wird, wie bereits in Kapitel 10.4.1 gezeigt wurde. Über sprachliche Äußerungen können Geschlecht, Alter, Bildung, Herkunft etc. abgelesen werden, wobei es sich dabei immer um Interpretationen handelt, mit denen man auch komplett falsch liegen kann. In konkreten Kontexten sprachlicher Interaktion ist Indexikalität Bestandteil von Kommunikation und muss einbezogen werden, um Verständigung zu erreichen.

Mit dem folgenden Beispiel soll das Konzept der Indexikalität für metapragmatische Analysen fruchtbar gemacht werden:

Die Kulturwissenschaftlerin und Feministin Anita Sarkeesian veröffentlichte ab 2013 eine Reihe von Videos im Rahmen ihres Projekts „Tropes vs Women in Video Games", das Frauenrollen in Computerspielen kritisch reflektierte. Ein kleiner Ausschnitt aus dem ersten Video „Damsel in Distress: Part 1" (Sarkeesian 2013) findet sich in Abbildung 10.5.

Even though Nintendo certainly didn't invent the Damsel in Distress, the popularity of their „save the princess" formula essentially set the standard for the industry. The trope quickly became the go-to motivational hook for developers as it provided an easy way to tap into adolescent male power fantasies in order to sell more games to young straight boys and men.

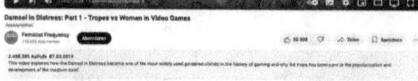

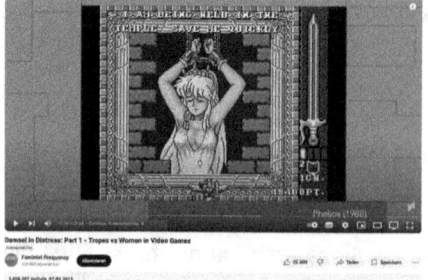

Help me! Help me!

Abbildung 10.5: Ausschnitt 11:54 bis 12:38 aus Sarkeesian 2013.

Help me! Save me! Help! Please help me please!

Throughout the 80s and 90s the trope became so prevalent that it would be nearly impossible to mention them all. There are literally hundreds of examples showing up in platformers, side scrolling beat-em ups, first person shooters and role-playing games alike.

Abbildung 10.5 (fortgesetzt)

Sarkeesian macht an Beispielen das Motiv (den Tropus) „Damsel in Distress" plausibel, also die in Computerspielen häufig zu findende passive Rolle von Frauenfiguren, die als Prinzessin befreit werden müssen. In der gezeigten Montage von kurzen Spielausschnitten hört man verschiedene weibliche Figuren *Help me! Help me!* etc. rufen. Sarkeesian kommentiert die Beispiele und verweist auf ihre Prototypik in den 1980er- und 1990er-Jahren.

Wenn nun ein soziolinguistischer Blick eingenommen wird, kann Folgendes beobachtet werden:
- Einzelne Figuren in den Computerspielen äussern Hilferufe.
- Es werden einige Figuren in verschiedenen Computerspielen gezeigt, die alle in einer hilfsbedürftigen Situation auf ähnliche Weise nach Hilfe rufen.
- Die Kommentierung von Sarkeesian verwendet die Beispiele, um ein Prinzip zu zeigen, nämlich dass Frauen in diesen Spielen oft in passiven Rollen erscheinen.

Es wird im Beispiel deutlich, dass die Hilferufe der Frauenfiguren als Index für (schwache) weibliche Figuren interpretiert werden. Die dahintersteckenden Mecha-

nismen können mit Silverstein (2003) als **mehrdimensionale Indexikalität** verstanden werden:
- **First Order Indexicality:** In einem bestimmten Kontext wird ein bestimmter Sprachgebrauch beobachtet, der auf diesen Kontext bezogen wird: Eine Frauenfigur in einem Computerspiel ruft nach Hilfe.
- **Second Order Indexicality:** Dieser Sprachgebrauch wird wiederholt in ähnlichen Kontexten beobachtet und deshalb als typisch dafür verstanden: Immer wieder zeigen Frauenfiguren in Computerspielen dieses Verhalten – und männliche Figuren nicht. Das Zeichen (Hilferuf) verweist nun nicht mehr einfach auf eine spezifische Frauenfigur und ihr Handeln, sondern auf eine höhere Ebene: Es wird zum **Kontextwissen**, dass Frauenfiguren in solchen Computerspielen sich auf eine bestimmte Weise verhalten. Dieses Kontextwissen bildet wiederum die Basis für die Interpretation neuer Folgekontexte: Vielleicht ruft die Frauenfigur nicht explizit nach Hilfe, nutzt aber andere Mittel, um Hilflosigkeit anzuzeigen. Mit dem Kontextwissen interpretieren wir das als ähnlichen Fall von schwacher Frauenfigur.
- **Third Order Indexicality:** Dieses Kontextwissen kann nun eingesetzt werden, um solche Rollen zu parodieren. Eine Person könnte ausserhalb eines Computerspiels und in einer banalen Situation mit hoher Stimme und wild gestikulierend *Help me, help me, Super Mario!* rufen. Sie zeigt damit Wissen über Kontextwissen und signalisiert, dass sie ebenfalls weiss, dass das Gegenüber weiss, dass es dieses Wissen gibt.

Wenn jetzt ein breit geteiltes Kontextwissen entsteht und bestimmte Sprachgebrauchsweisen mit bestimmten Verhaltens- und Personentypen verbunden werden, wird im metapragmatischen Sinn von einem **Register** gesprochen (vgl. Agha 2007: 81).

Sarkeesian macht einen **metapragmatischen Kommentar**, indem sie genau auf diese (problematische) Indexikalität hinweist. Der Computerspielhersteller könnte sich dabei aber darauf berufen, dass er nicht denkt, dass Frauen tatsächlich hilflose und schwache Menschen sind, denen starke Männer helfen müssen, sondern dass die Spiele im Sinne einer Third Order Indexicality bloss eine Parodie auf dieses Stereotyp sind. Allerdings kann wiederum entgegengehalten werden, dass sich eine sehr deutliche Musterhaftigkeit dieses Damsel-in-Distress-Motivs zeigt, also ein Register: Es zieht sich nicht nur durch Computerspiele, sondern durch Geschichten generell und ist zum einen Abbild gesellschaftlicher Vorstellungen über Genderstereotype, wirkt aber zum anderen auch bei jeder Realisierung verstärkend auf das Stereotyp.

Sarkeesians Analyse geht selbstverständlich weit über das sprachliche Verhalten der Spielfiguren hinaus, da sie viele weitere Faktoren wie Aussehen, Gameplay etc. einbezieht. Und sie berücksichtigt auch das Handeln der Hersteller und der Spieler:innen, sodass es auch gerechtfertigt ist, von einem metapragmatischen und nicht nur metasprachlichen Kommentar zu sprechen.

Solche metapragmatischen Äusserungen und Analysen können gesellschaftlich emotionale Debatten entfachen, wofür sich das Beispiel von Anita Sarkeesian ebenfalls gut eignet, denn sie ist Teil der als „#GamerGate" in die Geschichte der Computerspiele eingegangene Kontroverse: Auf verschiedene feministische und queere Kritik an Sexismus in der Computerspielbranche reagierte ein Teil der Community rabiat mit Vergewaltigungs- und Morddrohungen (vgl. Lüthi 2017).

10.5.4 Positionierung

Das Beispiel von Anita Sarkeesians Analyse des „Damsel-in-Distress"-Motivs (→ 10.5.3) zeigt, dass wir uns in Interaktionen oft auch in einer Form positionieren, indem wir unsere Einstellung zu Sachverhalten oder anderen Personen ausdrücken. Sarkeesian tut das mit ihren Videos ganz explizit. Sie kritisiert ein wiederkehrendes Motiv der schwachen weiblichen Spielfigur, die von einem männlichen Helden gerettet werden muss, und zeigt damit, dass dieses Motiv auf stereotypen, misogynen Registervorstellungen beruht: Vorstellungen darüber, was typisch weibliches (Sprach-)Handeln sei.

Positionierung ist eine diskursive Praktik, mit der Menschen in einer Interaktion einerseits **Selbstpositionierungen** vornehmen: Sie präsentieren sich in einer bestimmten Rolle und mit spezifischen Eigenschaften, z. B. als kompetent, moralisch oder erfahren. Andererseits nehmen sie **Fremdpositionierungen** vor: Sie weisen ihrem Gegenüber eine bestimmte Rolle und Eigenschaften zu. Es werden also Identitäten situativ hergestellt, ausgehandelt und auch verändert (vgl. Bamberg 1997; Lucius-Hoene/Deppermann 2002; Wortham 2000).

Positionierung ist ein vielschichtiges Phänomen und zeigt sich auch in weniger expliziten Formen. Dies soll wiederum an einem Beispiel erläutert werden. Es stammt aus einer Studie von Marie-Luis Merten zu Instagram-Kommentaren (vgl. Merten 2022): Sie interessiert sich in der Studie für Kommentare zum Thema Körperakzeptanz bzw. Körperliebe und untersucht daher knapp 30'000 Kommentare zu 217 Posts von 50 verschiedenen Accounts. In den Posts finden sich Bildunterschriften wie #loveyourself, #bodylove, #bodypositivity, #normalize-normal-bodies und #bodyacceptance.

Abbildung 10.6 zeigt wenige Beispiele von Kommentaren in Form von Komplimenten und Erwiderungen durch die Autorin des Postings. Es zeigt sich eine

Musterhaftigkeit sowohl hinsichtlich der Kommentare als auch der Erwiderungen, die sich durch bestimmte Sprachgebrauchsmuster in Kombination mit Emojis auszeichnet. Es handelt sich also um multimodale (→ 2.2.2 und 4.3.1 zu Multimodalität) Muster.

Bsp.	Kompliment	Erwiderung
1	*So so wundervoll* 😮	*@nest.and.nomad oah Dankeschön* 😊 ♡
2	*So schön!* 🥰	*@the.missgranger danke* 🤍
3	*Finde deine Ehrlichkeit und deinen neuen Schritt toll* 🙌 *#allbodysarebeautiful*	*@mareike_zielinski Dankeschön* 😍 🙏
4	*Mega schön !!!!!!!* 😍😍😍😍	*@beccalnie Dankeschön* ♡♡🙏
5	*Du bist der Hammer und ne richtige Granate !* 💣♡	*@_la_ariana_ Dankeschön* 😊🙏♡
6	*Gigantische Vorbildfunktion* 😎👑 *super*	*@kerstinoldekop Danke von Herzen* ♡🤗
7	*So ein tolles Bild mit so einer liebevollen Botschaft* 🥰	*@rirarebecca danke dir* ♡
8	*Powerful woman* ♡♡	*@laurafruitfairy aww danke dir* ♡
9	*Mega, ich liebe diese Aktionen bei denen Du immer mitmachst, Hut ab! Weiter so* 😊💚	*@its_mali_ daaanke dir* ♡
10	*Liebe Mareike, ich bewundere deine Persönlichkeit* 🙌 *du inspirierst mich und ich freue mich über jeden Post den du machst* ♡	*@annysgedanken vielen Dank* 🙏😊
11	*Wieder mal ein toller Beitrag* 😍😍♡	*@kathis_belle vielen Dank, liebe Kathrin* 😊🙏
12	*Schönste Talisa-Beine* ♡♡♡	*@katharinahood danke liebes* ♡♡
13	🙌🙌🙌	*@nilam.farooq danke Nilam* ♡♡♡

Abbildung 10.6: Ritualisierte Anschlusskommunikation auf Instagram: Komplimente und Komplimenterwiderungen mit {dank} (Merten 2022: 325).

Doch wem oder was gelten eigentlich die Komplimente und was ist deren Funktion?

Eine gute Möglichkeit, diese Fragen systematisch anzugehen, ist das sog. **Stance-Dreieck** von John W. Du Bois (vgl. Abbildung 10.7). Das Konzept des **Stancetaking** geht davon aus, dass Standpunkte (Stances) in Interaktionen eine wichtige Rolle spielen. Stances werden aber als relationales Phänomen aufgefasst, bei dem Personen einen Standpunkt gegenüber einem Bewertungsobjekt einnehmen und sich einander gleichzeitig abgleichen.

10.5 Soziale Differenzierung: Metapragmatik, Indexikalität, Positionierung

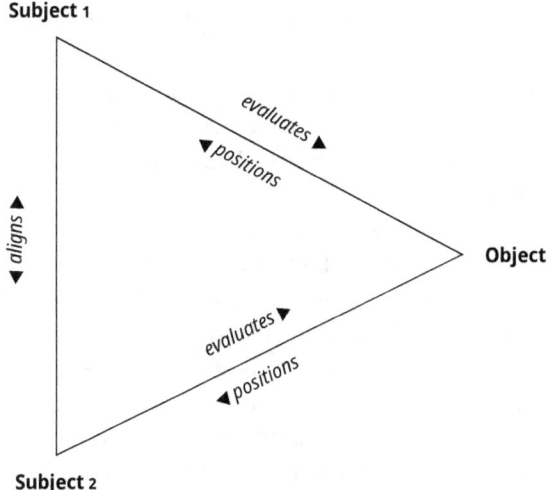

Abbildung 10.7: Das Stance-Dreieck nach Du Bois 2007: 163.

Im Beispiel oben ist also der Instagram-Beitrag das Bewertungsobjekt (im Dreieck: **Object**). Mit dem Kommentar **evaluiert** die Kommentiererin (**Subject 1**) das Bewertungsobjekt und **positioniert** sich dabei gegenüber dem Bewertungsobjekt – hier der Autorin des Postings und ihren Aussagen. Diese Positionierung ist sprachlich nicht explizit und kann an den Beispielen in Abbildung 10.6 meist als „Ich stehe dir nahe" o. Ä. interpretiert werden.

In vielen Interaktionen, besonders auch bei diesem Beispiel aus den Sozialen Medien, sind weitere Personen beteiligt und evaluieren ebenfalls Aussagen (**Subject 2**, Subject 3 etc.). Dadurch wird ein Prozess des **Alignments** (Ausrichtung aneinander) ausgelöst; die Standpunkte verschiedener Subjekte werden abgeglichen: Sie können sich einig sein, mehr oder weniger widersprechen oder andere Bewertungsaspekte nennen.

Im Beispiel oben kann das Stance-Dreieck mehrfach in verschiedenen Konfigurationen angewandt werden: Nicht nur die kommentierenden Personen evaluieren das Initialposting, positionieren und gleichen sich gegenseitig ab, sondern auch die Verfasserin des Posts bewertet wiederum Bewertungsobjekte (und ist dann in der bewertenden Subjektposition), und die Kommentierenden können sich in ihren Subjektpositionen mit ihr abgleichen.

Die in Abbildung 10.6 gezeigten Kommentare und Erwiderungen lassen ein recht harmonisches Alignment vermuten: Es zeigen sich in den Daten wiederkehrende Muster, die auf eine „ritualisierte Anschlusskommunikation" schliessen lassen, so Merten. Die Reaktionsmuster sind immer ähnlich. Es geht primär darum, sich gegenseitig zu bestärken und eine Gemeinschaft Gleichgesinnter zu konstruieren. In einer kontroversen Diskussionsrunde oder einem Streitgespräch kann das Alignment ganz andere Formen einnehmen: Ein Teilnehmer A könnte sich z. B. gegenüber B und C abgrenzen, sich aber mit D verbünden. Dadurch positionieren sich die Subjekte sehr unterschiedlich.

Das Beispiel der Instagram-Kommentare oben zeigt auch, wie wichtig **metapragmatische Positionierungen** sind, denn die meisten Kommentare kommentieren ja das Sprachhandeln der Postverfasserinnen: „deine Ehrlichkeit", „liebevolle Botschaft", „diese Aktionen", „toller Beitrag". Nicht zuletzt nutzen sowohl die Postings als auch die Kommentare eine spezifische sprachliche Varietät, die typisch für bestimmte Formen von Kommunikation in Sozialen Medien ist. Die Personen positionieren sich also auch durch einen bestimmten Sprachgebrauch gegenüber den anderen Subjekten. Die Erwiderungen nutzen ähnliche Ausdrucksformen und signalisieren damit Alignment, das ausdrückt: Wir gehören derselben Community an.

10.5.5 Mehrsprachigkeit

Abbildung 10.8 zeigt das Transkript einer Erzählung einer Schülerin, die in die 11. Klasse eines Mannheimer Gymnasiums geht und sowohl Deutsch als auch Türkisch spricht. Das Beispiel zeigt auf sehr eindrückliche Weise ein Phänomen, das in der Linguistik traditionell als *Code-Switching* bezeichnet wird: Die Sprecherin wechselt innerhalb ihrer Erzählung mühelos zwischen zwei Sprachen, in diesem Fall zwischen Deutsch und Türkisch, hin und her. Das Beispiel stammt aus der Studie „Die türkischen Powergirls", für die die Soziolinguistin Inken Keim über mehrere Jahre hinweg jugendliche Mädchen in Mannheim begleitet hat, deren Eltern aus der Türkei nach Deutschland migriert sind (Keim 2017).

Beispiele wie diese zeigen die Vielfalt und Komplexität sprachlicher Realität und stellen traditionelle Konzepte von Sprache(n) als klar voneinander getrennte, homogene Systeme infrage (vgl. dazu auch → 10.5.2). Unter anderem zeigt dieses Beispiel, dass im tatsächlichen Sprachgebrauch Grenzen zwischen Sprachen fliessend sein können und Sprachgebrauch eine variable und dynamische soziale Praxis ist. Insbesondere im Kapitel zur Interaktionalen Soziolinguistik (→ 10.4) ist diese Sichtweise auf Sprache vorgestellt worden.

```
57  AY:  Zynebi de gördüm↓ die arme die hat fast=en
58  Ü:   ich habe auch Zeynep gesehen
    WT:                            interst.

59  AY:  herzinfarkt bekommen↓ LACHT bahnda göryom böyle
60  Ü:                                     ich sehe sie in der Bahn
    WT:                                    insert.

61  NA:                             |ah ja↓  |
62  AY:  yapıyo↓ ** LACHT die hat   |gedacht | mir is was
63  Ü:   sie macht so
    WT:                           interst.

64  AY:  passiert↓ * →ts des war so schlimm↓← die Arzu musst

65  NA:                                                    +mhm↓
66  AY:  noch kurz zur schule ihre bücher abgeben işte↑
67  Ü:                                               halt
    WT:                                              alt.
```

Abbildung 10.8: Transkript einer Erzählung, entnommen aus Keim (2017: 338). AY ist das Akronym der erzählenden Schülerin, NA das Akronym einer zuhörenden Person, in der Zeile Ü werden türkischsprachige Elemente übersetzt, in Zeile WT wird der Typ des Sprachenwechsels codiert (interst. = intersentientiell, alt = alternierend).

Das eben gezeigte Beispiel des Code-Switchings gehört zu einem Themenkomplex, der unter dem Begriff Mehrsprachigkeit oder auch Multilingualismus zusammengefasst wird. Auf ausgewählte soziolinguistische Aspekte dieses Themenkomplexes geht das folgende Kapitel ein. Mehrsprachigkeit ist aber nicht nur ein Thema der Soziolinguistik, sondern spielt in unterschiedlichen linguistischen Teilbereichen eine Rolle, z. B. in der Spracherwerbsforschung, Sprachdidaktik, Sprachkontaktforschung, Psycho- und Neurolinguistik, Kognitionslinguistik oder in der Erforschung von Sprachwandel. Die Soziolinguistik interessiert sich für Mehrsprachigkeit, weil sie eng mit gesellschaftlicher Diversität, sozialer Positionierung, sprachlicher Variation, Identitätsbildung, Sprachideologie und sprachlichen Dynamiken in modernen, globalisierten Gesellschaften verknüpft ist (siehe Busch 2021 für eine sehr gute Einführung in diese Zusammenhänge). Die Studie von Keim (2017) zeigt beispielsweise, dass die „türkischen Powergirls" je nach Kontext aus einem sehr reichhaltigen **sprachlichen Repertoire** schöpfen. Dieser Begriff stammt von John Gumperz, der darunter die Gesamtheit aller sprachlichen Formen versteht, die regelmässig im Verlauf sozial bedeutsamer Interaktionen verwendet werden (Gumperz 1964). Das sprachliche Repertoire der in Keim (2017) untersuchten Mädchengruppe ist durch komplexe Formen der Mehrsprachigkeit gekennzeichnet:

> Sie [die Mädchen, Anm. d. Verf.] können sich in Gesprächen mit monolingualen Deutschen bzw. Türken im monolingualen Modus bewegen, wobei es für sie wesentlich leichter und selbstverständlicher ist, mit monolingualen Deutschen nur Deutsch zu sprechen als mit mono-

lingualen Türken nur Türkisch. Mit bilingualen SprecherInnen bewegen sie sich in selbstverständlicher Weise im bilingualen Modus und variieren zwischen mehr oder weniger dichten Mischungen aus Deutsch und Türkisch. Im bilingualen Modus fühlen sie sich *am wohlsten*; Mischungen sind ihre *natürliche* Sprachform. Sie selbst charakterisieren ihr Sprachverhalten durch die Zuordnung von Sprache zu Situation: *untereinander sprechen wir Mischmasch [...] mit Deutschen sprechen wir Deutsch und zuhause Türkisch oder Mischmasch.* (Keim 2017: 224)

Doch zunächst: Was ist Mehrsprachigkeit? Unter Mehrsprachigkeit versteht man ganz allgemein den Gebrauch von mehr als einer Sprache bzw. die Kompetenz in mehr als einer Sprache (Clyne 2017). Entgegen einer vor allem laienlinguistischen Auffassung spielt es bei Mehrsprachigkeit damit keine Rolle, ob Sprecher:innen zwei (oder mehr) Sprachen als Erstsprache erworben haben (d. h. ab Beginn des Spracherwerbs durch die Interaktion mit Vater, Mutter oder anderen Bezugspersonen) und damit über eine perfekte Sprachkompetenz verfügen oder ob der Erwerb erst in einer späteren Lebensphase stattgefunden hat und das Kompetenzniveau geringer ist. Dieser Hinweis greift bereits vor auf eine spezifische Konzeptualisierung von Mehrsprachigkeit, nämlich die sog. **individuelle Mehrsprachigkeit**. Damit ist gemeint, dass einzelne Sprecher:innen mindestens zwei Sprachen sprechen, z. B. Deutsch und Französisch. Gerade unter dieser individuellen Perspektive wird statt Mehrsprachigkeit oftmals der Begriff **Bilingualismus** verwendet, weil es am verbreitetsten ist, dass mehrsprachige Sprecher:innen zwei Sprachen beherrschen (und seltener drei oder mehr).

Wie „werden" Sprecher:innen mehrsprachig? Die Antwort auf diese Frage und die dazugehörige Forschung ist äusserst komplex und es gibt eine Reihe unterschiedlicher Typologien zum Mehrsprachigkeitserwerb, die sich entweder auf den Erwerb im frühen Kindesalter konzentrieren oder auf den Erwerb in späteren Lebensphasen. Auf den Aspekt der Zeitlichkeit bezieht sich die Unterscheidung zwischen simultanem und sequenziellem Erwerb (vgl. Genesee et al. 1995; Paradis 2007). Sprecher:innen können sehr früh in ihrer Kindheit zwei oder mehr Sprachen erwerben, entweder simultan (z. B. wenn die Eltern in je einer Sprache mit dem Kind sprechen) oder sequenziell (z. B. wenn Kinder zu Hause die Sprache ihrer Eltern erlernen und eine weitere Sprache mit Eintritt in den Kindergarten oder die Schule). Welchen Status eine jeweilige Sprache innerhalb dieses Erwerbsprozesses hat, kann sehr vielfältig sein. So kann bei sequenziell mehrsprachigen Kindern die im Elternhaus gesprochene Sprache eine Minderheitensprache darstellen und die in der Schule erworbene Sprache die von der Mehrheit der Sprecher:innen eines Landes gesprochenen Sprache.

Einen anderen Fokus hat das Konzept der **gesellschaftlichen Mehrsprachigkeit** (Androutsopoulos 2017). Darunter versteht man, dass es Länder oder Regionen gibt, in denen mehr als eine Sprache gesprochen wird. Dabei kann es eine Koppelung an spezifische Regionen geben wie in der Schweiz, in der sowohl Deutsch,

Französisch, Italienisch als auch Rätoromanisch offizielle Amtssprachen sind, jedoch in einer je spezifischen Region gesprochen werden (daher beispielsweise die Bezeichnungen *Deutschschweiz* und *Romandie*, vgl. dazu auch Kapitel 10.5.2). Aber es gibt auch Beispiele, wo innerhalb desselben Territoriums mehrere Sprachen gesprochen werden. Ein Beispiel ist Südtirol, wo sowohl Italienisch als auch Deutsch und Ladinisch gesprochen werden. Gesellschaftliche Mehrsprachigkeit liegt aber nicht nur vor, wenn es mehrere offiziell anerkannte Amtssprachen gibt. So gibt es auch in Deutschland mit nur einer offiziell anerkannten Amtssprache gesellschaftliche Mehrsprachigkeit – man denke beispielsweise an urbane Regionen wie Berlin oder Köln, in denen in einzelnen Stadtteilen Sprachen wie das Türkische von vielen Menschen in der Alltagskommunikation verwendet werden.

Die Untersuchung gesellschaftlicher Mehrsprachigkeit hat sich in der jüngeren Vergangenheit zu einem wichtigen Teilgebiet der Soziolinguistik entwickelt. Dieser neue Fokus richtet seine Aufmerksamkeit auf „gesellschaftliche Mehrsprachigkeit im Zusammenhang von sprachlichen Ressourcen, Praktiken und Ideologien" (Androutsopoulos 2017: 197). Blickt man auf die Sprachsituation in den unterschiedlichen Regionen der Welt, dann ist festzustellen, dass die Mehrheit der Menschen mehr als eine Sprache spricht. Unter dieser Perspektive ist also Mehrsprachigkeit die Norm und Einsprachigkeit eher eine Ausnahme. Dennoch ist Mehrsprachigkeit als Gegenstand der linguistischen Forschung lange Zeit vernachlässigt worden. Ein wichtiger Grund dafür liegt in der durch die europäische Geschichte geprägten Auffassung von Nationalstaatlichkeit, die unter anderem durch genau eine Sprache pro Nationalstaat geprägt war. Davon zeugt auch, dass in den Staaten Europas kodifizierte Standardsprachen existieren, deren Herausbildung nicht zufällig zeitlich mit der Herausbildung der europäischen Nationalstaaten zusammenfällt. Mehrsprachigkeit wird unter dieser Perspektive zu einer Abweichung von der Norm der Einsprachigkeit (Angehörige einer Nation sprechen genau eine Sprache). Hier liegt eine monolinguale Sprachideologie vor. Der Begriff der **Sprachideologie** wurde bereits in Kapitel 10.5.2 eingeführt und ist zu verstehen als „unhinterfragte Annahmen über Sprache" (Busch 2021: 88), in diesem Fall als die Annahme, dass jede Nation über genau eine Sprache verfügt.

In der jüngeren Mehrsprachigkeitsforschung wird die Perspektive der Sprecher:innen in das Zentrum gerückt und gefragt, wie diese durch den Einsatz ihres sprachlichen Repertoires (siehe oben) „ihre interaktionalen Ziele in komplexen sozialen Räumen" (Androutsopoulos 2017: 197) erreichen. Die Komplexität sozialer Räume erfährt insbesondere durch Globalisierung, Mobilität und Migration eine enorme Steigerung. Dies spiegelt sich in neuen Konzepten zur Untersuchung gesellschaftlicher Mehrsprachigkeit wider, die zum Abschluss dieses kurzen Exkurses vorgestellt werden.

Polylanguaging: Mit diesem Begriff wird eine grundlegende Kritik an traditionellen Sprachkonzepten geübt, die auf der Vorstellung klar abgrenzbarer und statischer Sprachen basieren. Solche Konzepte erfassen die komplexe Realität von Sprache in einer globalisierten Welt nicht. Im Zentrum der Kritik steht die Idee separater Sprachen als eine Form der Sprachideologie, die tief in gesellschaftlichen Normen und Machtstrukturen verankert ist. In Jørgensen et al. (2011) wird argumentiert, dass monolinguale Normen im Konflikt mit den polylingualen Praktiken stehen, die heute in urbanen Umgebungen beobachtet werden können, in denen Menschen regelmässig mit verschiedenen Sprachen in Kontakt kommen. Polylanguaging-Ansätze betrachten Sprachgebrauch als Kontinuum, in dem Sprecher:innen einzelne Merkmale (z. B. Lexik, grammatische Strukturen, Aussprache) aus verschiedenen Sprachen und Registern auswählen und auf neue und bedeutungstragende Weise kombinieren. Anstatt von „Sprachen" als Ganzes zu sprechen, wird die Fluidität und Dynamik von Sprache sowie die aktive Rolle der Sprecher:innen bei der Gestaltung und Aushandlung von Bedeutung betont. Sprachbenutzer wählen ihre sprachlichen Merkmale gezielt aus, um bestimmte Bedeutungen zu vermitteln und soziale Identitäten zu konstruieren, beispielsweise um die Zugehörigkeit zu einer Gruppe zu signalisieren, Einstellungen zu einem Thema auszudrücken oder Beziehungen zu Interaktionspartner:innen zu beeinflussen. Auch diesen Zusammenhang zeigt das eingangs gezeigte Beispiel der türkischen Powergirls.

Superdiversity: Der Begriff wurde 2007 von Steven Vertovec innerhalb der Migrationsforschung geprägt und beschreibt die zunehmende Diversität in modernen Gesellschaften, die über die klassischen Kategorien von Ethnizität, Nationalität, Sprache und Religion hinausgeht („diversification of diversity", Vertovec 2007: 1). Migration ist, so Vertovec, seit den 1990er Jahren durch sehr unterschiedliche Motive, Muster und Routen gekennzeichnet, so dass es sehr heterogene Kategorien von Migrant:innen gibt, deren soziokulturelle Merkmale immer weniger vorhersagbar sind. In der Soziolinguistik wurde dieses Konzept aufgenommen, unter anderem von Jan Blommaert und Ben Rampton, die dafür plädieren, Migrationsdynamiken in den Fokus soziolinguistischer Forschung zu Mehrsprachigkeit zu setzen:

> Rather than working with homogeneity, stability and boundedness as the starting assumptions, mobility, mixing, political dynamics and historical embedding are now central concerns in the study of languages, language groups and communication. (Blommaert/Rampton 2011: 24)

Metrolingualism: Ganz ähnlich argumentieren Emi Otsuji und Alastair Pennycook mit dem Begriff des Metrolingualismus, der ebenfalls die kreativen Sprachpraktiken von Menschen mit unterschiedlichen kulturellen Hintergründen beschreibt, die in urbanen Umgebungen leben und interagieren. Durch solche kreativen

Sprachpraktiken werden normative Erwartungen an Gruppenzugehörigkeiten gebrochen:

> Metrolingualism describes the ways in which people of different and mixed backgrounds use, play with and negotiate identities through language; it does not assume connections between language, culture, ethnicity, nationality or geography, but rather seeks to explore how such relations are produced, resisted, defied or rearranged; its focus is not on language systems but on languages as emergent from contexts of interaction. (Otsuji/Pennycook 2010: 246)

Als Beispiel für Metrolingualismus zeigen Otsuji/Pennycook (2010) Interaktionen zwischen Angestellten einer Firma in Sydney, in der sowohl Englisch als auch Japanisch für geschäftliche Zwecke genutzt wird sowie zum Austausch unter den Angestellten. Konkrete Interaktionsbeispiele zeigen, dass sich in der Firma ein Englisch-Japanischer „Misch-Code" entwickelt: Angestellte wechseln in Interaktionen zwischen Japanisch und Englisch hin und her, selbst wenn alle an der Interaktion beteiligten Personen gar keinen japanischen Hintergrund haben und sie sich „eigentlich" auf Englisch verständigen könnten.

Konzepte wie diese zeigen, dass Vorstellungen von Sprache und Mehrsprachigkeit Konzepte sind, die in der (sozio)linguistischen Forschung gegenwärtig stark infrage gestellt werden.

10.6 Methode

Um empirische soziolinguistische Forschung zu betreiben, muss unterschiedliches Datenmaterial analysiert werden. Mögliche Quellen oder Daten sind Texte oder Face-to-Face- bzw. medienvermittelte Interaktionen, wobei die Daten in verschiedenen Formen für die Analyse aufbereitet sein können: Textkorpora, Transkripte, Audio-/Videomaterial, Fragebogen, Interviewdaten, Statistiken etc. (→ 12). Dies allein führt zu einem umfangreichen Methodenkatalog, der notwendig ist, um die Breite an unterschiedlichem Material abdecken zu können.

Dazu kommen jedoch weitere Herausforderungen: In der Soziolinguistik, die sich für die Zusammenhänge von Sprachgebrauch und Gesellschaft interessiert, kann sich eine Analyse meist nicht einfach auf die Beschreibung sprachlicher Daten beschränken, ohne Zusammenhänge mit sozialen Strukturen zu berücksichtigen, denn Sprache und Gesellschaft bedingen sich gegenseitig, sind also **reziprok**. Wenn also einerseits untersucht werden muss, wie einzelne Akteure sprachlich soziale Strukturen mitprägen, andererseits diese aber auch durch diese Strukturen geprägt werden, muss eine Forschungsfrage von verschiedenen Perspektiven untersucht werden.

Dies bedeutet auch, dass sowohl lokale Praktiken (ein einzelnes Gespräch, ein einzelner Text) relevant sind als auch der Sprachgebrauch, der komplexere soziale Strukturen repräsentiert (Stammtische im ganzen Land, millionenfache Interaktionen in sozialen Medien, die umfangreiche massenmediale Berichterstattung) – und alles dazwischen. Dies ist mit der **Skalierung des Sozialen** gemeint. Die Soziolinguistik versucht also – sehr überspitzt –, Beobachtungen auf der sprachlichen Ebene des Morphems oder Phonems mit kommunikativen Mustern auf Diskursebene im Hinblick auf ihre gesellschaftliche Relevanz zusammenzudenken.

Je nach Untersuchungsinteresse müssen unterschiedliche Methoden, auch in Kombination, genutzt werden. In Kapitel 12 wird diese Palette an Ansätzen beschrieben. Wichtig ist jedoch, die für eine bestimmte Forschungsfrage relevanten Analysekategorien zu definieren: Mit Indexikalität und Positionierung, aber auch mit Kategorien wie Argumentationsfiguren, Topoi, Metaphern (im Rahmen der Diskurslinguistik vorgestellt, → 11.3.3) oder auch grammatikalischen Kategorien stehen viele Möglichkeiten zur Verfügung.

Oft wird in den Sozialwissenschaften daher von einer **Triangulation** von Methoden gesprochen (vgl. Flick 2011): In systematischer Weise sollen verschiedene Datenformen, Methoden, Theorien oder Disziplinen miteinander kombiniert werden, um der Komplexität des Gegenstands gerecht zu werden (vgl. Spitzmüller 2022: 249). Im einfachsten Fall kann das auch im Rahmen einer kleinen studentischen Analyse ausprobiert werden, indem etwa korpuslinguistische Methoden mit qualitativen Analysen verknüpft werden. Grössere Forschungsverbünde haben die Möglichkeit, in grösseren, interdisziplinären Teams solche Forschung durchzuführen.

Bibliografie

Agha, Asif (2007): Language and Social Relations. Cambridge: Cambridge University Press. (= Studies in the Social and Cultural Foundations of Language 24).

Alim, H. Samy/Rickford, John R./Ball, Arnetha F. (2016): Raciolinguistics: How Language Shapes Our Ideas about Race. New York: Oxford University Press.

Ammon, Ulrich/Dittmar, Norbert/Mattheier, Klaus J./Trudgill, Peter (Hrg.) (2004): Sociolinguistics/Soziolinguistik: An International Handbook of the Science of Language and Society. Bd. 1. Berlin/New York: De Gruyter. https://doi.org/10.1515/9783110141894.1.

Ammon, Ulrich/Dittmar, Norbert/Mattheier, Klaus J./Trudgill, Peter (Hrg.) (2005): Sociolinguistics/Soziolinguistik: An International Handbook of the Science of Language and Society. Bd. 2. Berlin/New York: De Gruyter. https://doi.org/10.1515/9783110171488.2.

Ammon, Ulrich/Dittmar, Norbert/Mattheier, Klaus J./Trudgill, Peter (Hrg.) (2006): Sociolinguistics/Soziolinguistik: An International Handbook of the Science of Language and Society. Bd. 3. Berlin/New York: De Gruyter. https://doi.org/10.1515/9783110184181.3.

Ammon, Ulrich/Bickel, Hans/Lenz, Alexandra Nicole (Hrg.) (2016): 4. Die Voll-, Halb- und Viertelzentren des Deutschen. In: Variantenwörterbuch des Deutschen. Die Standardsprache in Österreich, der Schweiz, Deutschland, Liechtenstein, Luxemburg, Ostbelgien und Südtirol sowie Rumänien, Namibia und Mennonitensiedlungen. Vollständig neu bearbeitete, erweiterte und aktualisierte 2. Auflage. Berlin/Boston: De Gruyter. S. XXXIX–LXIII. https://doi.org/10.1515/9783110245448-005.

Androutsopoulos, Jannis (2017): 10. Gesellschaftliche Mehrsprachigkeit. In: Neuland, Eva/Schlobinski, Peter (Hrg.): Handbuch Sprache in sozialen Gruppen. Berlin/Boston: De Gruyter. S. 193–217. https://doi.org/10.1515/9783110296136-010.

Ash, Sharon (2013): Social Class. In: Chambers, J. K./Schilling, Natalie (Hrg.): The Handbook of Language Variation and Change. Wiley-Blackwell: Malden/Oxford. S. 350–367. https://doi.org/10.1002/9781118335598.ch16.

Bamberg, Michael (1997): Positioning Between Structure and Performance. In: Journal of Narrative and Life History 7(1–4), S. 335–342. https://doi.org/10.1075/jnlh.7.42pos.

Berger, Peter L./Luckmann, Thomas (1969/2003): Die gesellschaftliche Konstruktion der Wirklichkeit. Frankfurt a. M.: S. Fischer.

Bernstein, Basil (1964): Elaborated and Restricted Codes: Their Social Origins and Some Consequences. In: Gumperz, John/Hymes, Dell (Hrg.): The Ethnography of Communication. Malden/Oxford: Wiley-Blackwell. S. 55–69.

Bernstein, Basil (1972): Studien zur sprachlichen Sozialisation. Düsseldorf: Pädagogischer Verlag Schwann. https://www.eurobuch.ch/buch/isbn/9783590141070.html (24.1.2025).

Blommaert, Jan (2005): Discourse: A Critical Introduction. Cambridge: Cambridge University Press. https://doi.org/10.1017/CBO9780511610295.

Blommaert, Jan/Rampton, Ben (2011): Language and Superdiversity. In: Diversities 13(2), S. 21–48.

Bolander, Brook/Watts, Richard J. (2009): Re-reading and rehabilitating Basil Bernstein. In: Multilingua - Journal of Cross-Cultural and Interlanguage Communication 28(2–3), S. 143–173. https://doi.org/10.1515/mult.2009.008.

Bourdieu, Pierre (1979): La distinction: critique sociale du jugement. Paris: Éditions de Minuit (= Le Sens commun 58).

Bourdieu, Pierre (1979/2017): Die Arten des Sich-Unterscheidens (1979). In: Kikuko Kashiwagi-Wetzel/Anne-Rose Meyer (Hrsg.): Theorien des Essens. Berlin: Suhrkamp. S. 298–321 (= suhrkamp taschenbuch wissenschaft 2181).

Bourdieu, Pierre (1997/2020): Meditationen. Zur Kritik der scholastischen Vernunft. 5. Auflage. Frankfurt a. M.: Suhrkamp (= suhrkamp taschenbuch wissenschaft 1695).

Bucholtz, Mary/Hall, Kira (2005): Language and Identity. In: Duranti, Alessandro (Hrg.): A Companion to Linguistic Anthropology. Malden/Ofxord: Wiley. S. 369–394. https://doi.org/10.1002/9780470996522.ch16.

Bundesamt für Statistik (2024): Üblicherweise bei der Arbeit gesprochene Sprachen. https://www.bfs.admin.ch/bfs/de/home/statistiken/bevoelkerung/erhebungen/esrk.assetdetail.31025128.html (2.2.2025).

Bundesverfassung (1999): Bundesverfassung der Schweizerischen Eidgenossenschaft vom 18. April 1999 (Stand am 3. März 2024). https://www.fedlex.admin.ch/eli/cc/1999/404/de (2.2.2025).

Busch, Brigitta (2021): Mehrsprachigkeit. 3. Auflage. Stuttgart: utb. https://doi.org/10.36198/9783838556529.

Clyne, Michael (2017): Multilingualism. In: Coulmas, Florian (Hrg.): The Handbook of Sociolinguistics. Malden, Oxford: Wiley. S. 301–314. https://doi.org/10.1002/9781405166256.ch18.

Coseriu, Eugenio (1976): Das Romanische Verbalsystem, Tübinger Beiträge zur Linguistik 66, Tübingen: Narr.
Coupland, Nikolas (2007): Style. Cambridge: Cambridge University Press. (= Key Topics in Sociolinguistics).
Dittmar, Norbert (2004): Umgangssprache – Nonstandard. In: Ammon, Ulrich/Dittmar, Norbert/Mattheier, Klaus J./Trudgill, Peter (Hrg.): Sociolinguistics/Soziolinguistik: An International Handbook of the Science of Language and Society. Bd. 1. Berlin/New York: De Gruyter. S. 250–262. https://doi.org/10.1515/9783110141894.1.2.250.
Du Bois, John W. (2007): The Stance Triangle. In: Englebretson, Robert (Hrg.): Pragmatics & Beyond. New Series 164. Amsterdam: John Benjamins. S. 139–182. https://doi.org/10.1075/pbns.164.07du.
Dürscheid, Christa (2016): Einführung in die Schriftlinguistik. 5. Auflage. Stuttgart: utb https://doi.org/10.36198/9783838544953.
Dürscheid, Christa/Schneider, Jan Georg (2019): Standardsprache und Variation. Tübingen: Narr Francke Attempto (= narr STARTER) https://doi.org/10.5555/9783823392682.
DSA (o.J.): Forschungszentrum Deutscher Sprachatlas: Die 40 Sätze Nord- und Mitteldeutschlands sowie der späteren Erhebung Süddeutschlands. https://www.uni-marburg.de/de/fb09/dsa/recherche-und-dokumentationszentrum/wenkersaetze/die-40-saetze-nord-und-mittel-deutschlands (04.01.2025).
Elspaß, Stephan (2018): 5. Sprachvariation und Sprachwandel. In: Neuland, Eva/Schlobinski, Peter (Hrg.): Handbuch Sprache in sozialen Gruppen. Berlin/Boston: De Gruyter. S. 87–107. https://doi.org/10.1515/9783110296136-005.
Felder, Ekkehard (2016): Einführung in die Varietätenlinguistik. Darmstadt: WBG (= Germanistik kompakt).
Flick, Uwe (2011): Triangulation: Eine Einführung. 3. Auflage. Wiesbaden: VS Verlag für Sozialwissenschaften (= Qualitative Sozialforschung). //www.springer.com/de/book/9783531181257 (10.4.2018).
Flydal, Leiv (1951): „Remarques sur certains rapports entre le style et l'état de langue", Norsk Tidsskrift for Sprogvidenskap 16, S. 240–257.
Fought, Carmen (2013): Ethnicity. In: Chambers, J. K./Schilling, Natalie (Hrg.): The Handbook of Language Variation and Change. Malden/Oxford: Wiley. S. 388–406. https://doi.org/10.1002/9781118335598.ch18.
Gal, Susan (2006): Migration, Minorities and Multilingualism: Language Ideologies in Europe. In: Mar-Molinero, Clare/Stevenson, Patrick (Hrg.): Language Ideologies, Policies and Practices. London: Palgrave Macmillan UK. S. 13–27. https://doi.org/10.1057/9780230523883_2.
Genesee, Fred/Nicoladis, Elena/Paradis, Johanne (1995): Language Differentiation in Early Bilingual Development. In: Journal of Child Language 22(3), S. 611–631. https://doi.org/10.1017/S0305000900009971.
Goebl, Hans (2017): Dialectometry. In: Boberg, Charles/Nerbonne, John/Watt, Dominic (Hrg.): The Handbook of Dialectology. Malden/Oxford: Wiley. S. 123–142. https://doi.org/10.1002/9781118827628.ch7.
Grünert, Matthias (2024): Rätoromanisch. In: Glaser, Elvira/Kabatek, Johannes/Sonnenhauser, Barbara (Hrg.): Sprachenräume der Schweiz. Bd. 1: Sprachen. Tübingen: Narr Francke Attempto. S. 156–184. https://doi.org/10.24053/9783381104024.
Gumperz, John J. (1964): Linguistic and Social Interaction in Two Communities. In: American Anthropologist 66, S. 137–153. https://doi.org/10.1525/aa.1964.66.suppl_3.02a00100.

Gumperz, John J. (1982): Discourse Strategies. Cambridge: Cambridge University Press (= Studies in Interactional Sociolinguistics).
Gumperz, John J. (1992): Contextualization Revisited. In: Auer, Peter/Di Luzio, Aldoi (Hrg.): The Contextualization of Language. Amsterdam: John Benjamins. S. 1992–2039.
Günthner, Susanne (1995): Gattungen in der sozialen Praxis. Die Analyse „kommunikativer Gattungen" als Textsorten mündlicher Kommunikation. In: Deutsche Sprache 3, S. 193–218.
Günthner, Susanne (2008): 4. Interactional Sociolinguistics. In: Antos, Gerd/Ventola, Eija/Weber, Tilo (Hrg.): Handbook of Interpersonal Communication. Berlin/New York: Mouton de Gruyter. S. 53–76. https://doi.org/10.1515/9783110211399.1.53.
Günthner, Susanne/Knoblauch, Hubert (1994): „Forms are the Food of Faith." Gattungen als Muster kommunikativen Handelns. In: Kölner Zeitschrift für Soziologie und Sozialpsychologie 46(4), S. 693–723.
Heller, Monica (2001): Undoing the Macro/Micro Dichotomy. In: Coupland, Nikolas/Sarangi, Srikant/Candlin, Christopher (Hrg.): Sociolinguistics and Social Theory. Harlow/New York: Longman (= Language in Social Life Series).
Hinnenkamp, Volker (2018): Interaktionale Soziolinguistik. In: Liedtke, Frank/Tuchen, Astrid (Hrg.): Handbuch Pragmatik. Stuttgart: Metzler. S. 149–162. https://doi.org/10.1007/978-3-476-04624-6_15.
Humbert, Philippe/Duchêne, Alexandre/Coray, Renata (2024): Geschichte der Sprachenstatistik in der Schweiz: Sprachräume, Sprachgemeinschaften, Zahlen und Macht. In: Glaser, Elvira/Kabatek, Johannes/Sonnenhauser, Barbara (Hrg.): Sprachenräume der Schweiz. Bd. 1: Sprachen. Tübingen: Narr Francke Attempto. S. 439–455. https://doi.org/10.24053/9783381104024.
Jørgensen, Jens Normann/Karrebæk, Martha Sif/Madsen, Lian Malai/Møller, Janus Spindler (2011): Polylanguaging in Superdiversity. In: Diversities 13, S. 23–37.
Kachru, Braj B. (1994): Englishization and Contact Linguistics. In: World Englishes 13(2), S. 135–154. https://doi.org/10.1111/j.1467-971X.1994.tb00303.x.
Keim, Inken (2017): Die „türkischen Powergirls": Lebenswelt und kommunikativer Stil einer Migrantinnengruppe in Mannheim. 2., durchgesehene Auflage. Mannheim: Institut für Deutsche Sprache. (= Studien zur deutschen Sprache Band 39).
Koch, Peter/Oesterreicher, Wulf (1985): Sprache der Nähe – Sprache der Distanz. Mündlichkeit und Schriftlichkeit im Spannungsfeld von Sprachtheorie und Sprachgeschichte. In: Romanistisches Jahrbuch 36(1), S. 15–43. https://doi.org/10.1515/9783110244922.15.
Labov, William (1969): The Study of NonStandard English. National Counsil of Teachers. https://www.abebooks.com/9780814148495/Study-NonStandard-English-William-Labov-0814148492/plp (24.1.2025).
Labov, William (2004): Quantitiative Analysis of Linguistic Variation. Quantitative Analyse sprachlicher Variation. In: Ammon, Ulrich/Dittmar, Norbert/Mattheier, Klaus J./Trugdill, Peter (Hrg.): Sociolinguistics/Soziolinguistik. An International Handbook of the Science of Language and Society. Bd. 1. Berlin/New York: De Gruyter. S. 6–22.
Labov, William (2006): The Social Stratification of English in New York City. 2. Auflage. Cambridge: Cambridge University Press. https://doi.org/10.1017/CBO9780511618208.
Lave, Jean/Wenger, Etienne (1991): Situated Learning: Legitimate Peripheral Participation. Cambridge: Cambridge University Press. https://doi.org/10.1017/CBO9780511815355.
Lia Rumantscha (2023): Idioms. Cuira. https://www.liarumantscha.ch/rm/rumantsch/idioms (2.2.2025).
Löffler, Heinrich (2003): Dialektologie. Eine Einführung. Tübingen: Narr.

Löffler, Heinrich (2016): Germanistische Soziolinguistik. 5., neu bearbeitete Auflage. Berlin: Erich Schmidt (= Grundlagen der Germanistik 28).

Lucius-Hoene, Gabriele/Deppermann, Arnulf (2002): Rekonstruktion narrativer Identität. Wiesbaden: VS Verlag für Sozialwissenschaften. https://doi.org/10.1007/978-3-663-11291-4.

Luckmann, Thomas (1986): Grundformen der gesellschaftlichen Vermittlung des Wissens: Kommunikative Gattungen. In: Kölner Zeitschrift für Soziologie und Sozialpsychologie Sonderheft 27, S. 191–211.

Luhmann, Niklas (1987/1999): Soziale Systeme. Grundriss einer allgemeinen Theorie. 7. Aufl. Frankfurt a. M.: Suhrkamp (= suhrkamp taschenbuch wissenschaft 666).

Lüthi, Pauline (2017): „Anita Sarkeesian? More Like Anita Suckeesian": Der Shitstorm-Sarkeesian als Beispiel für verletzende Sprache im Internet. In: Werkstücke 9. https://doi.org/10.60135/werkstuecke.09.2017.13.

Merten, Marie-Luis (2022): Ritualisierte Anschlusskommunikation auf Instagram. In: Deutsche Sprache (4), S. 3. https://doi.org/10.37307/j.1868-775X.2022.04.03.

Meyerhoff, Miriam/Schleef, Erik/MacKenzie, Laurel (2015): Doing Sociolinguistics: A Practical Guide to Data Collection and Analysis. London /New York: Routledge, Taylor & Francis Group.

Niebaum, Hermann/Macha, Jürgen (2014): Einführung in die Dialektologie des Deutschen. 3., überarbeitete und erweiterte Auflage. Berlin/Boston: De Gruyter. https://doi.org/10.1515/9783110338713.

Otsuji, Emi/Pennycook, Alastair (2010): Metrolingualism: Fixity, Fluidity and Language in Flux. In: International Journal of Multilingualism 7(3), S. 240–254. https://doi.org/10.1080/14790710903414331.

Paradis, Johanne (2007): 1. Early bilingual and multilingual acquisition. In: Auer, Peter/Wei, Li (Hrg.): Handbook of Multilingualism and Multilingual Communication. Berlin/New York: Mouton de Gruyter. S. 15–44. https://doi.org/10.1515/9783110198553.1.15.

Pennycook, Alastair (2001): Critical Applied Linguistics: A Critical Introduction. New York: Routledge. https://doi.org/10.4324/9781410600790.

Postfinance (2024): Postfinance.ch, https://www.postfinance.ch/de/blog/business-blog/warum-start-ups-scheitern.html, PostFinance AG (2.2.2025).

Sarkeesian, Anita (2013): „Damsel in Distress" (Part 1) Tropes vs Women. In: Feminist Frequency. https://feministfrequency.com/video/damsel-in-distress-part-1/ (26.10.2024).

Schmidt, Jürgen Erich/Herrgen, Joachim/Kehrein, Roland/Lameli, Alfred/Fischer, Hanna (Hrsg.) (2020 ff.): Regionalsprache.de (REDE III). Forschungsplattform zu den modernen Regionalsprachen des Deutschen. Bearbeitet von Lisa Dücker, Robert Engsterhold, Marina Frank, Heiko Girnth, Simon Kasper, Juliane Limper, Salome Lipfert, Georg Oberdorfer, Tillmann Pistor, Anna Wolańska. Unter Mitarbeit von Dennis Beitel, Lea Fischbach, Milena Gropp, Heiko Kammers, Maria Luisa Krapp, Vanessa Lang, Salome Lipfert, Nathalie Mederake, Jeffrey Pheiff, Bernd Vielsmeier. Studentische Hilfskräfte. Marburg: Forschungszentrum Deutscher Sprachatlas. https://www.regionalsprache.de (6.2.2025).

Silverstein, Michael (1979): Language Structure and Linguistic Ideology. In: Cline, Paul R./Hanks, William/Hofbauer, Carol (Hrg.): The Elements. A Parasession on Linguistic Units and Levels. Chicago: Chicago Linguistic Society. S. 193–247.

Silverstein, Michael (1985): Language and the Culture of Gender: At the Intersection of Structure, Usage, and Ideology. In: Mertz, Elizabeth/Parmentier, Richard J. (Hrg.): Semiotic Mediation. Sociocultural and Psychological Perspectives. St. Louis: Elsevier. S. 219–259. https://doi.org/10.1016/B978-0-12-491280-9.50016-9.

Silverstein, Michael (2003): Indexical Order and the Dialectics of Sociolinguistic Life. In: Language & Communication 23(3–4), S. 193–229. https://doi.org/10.1016/S0271-5309(03)00013-2.
Sinner, Carsten (2014): Varietätenlinguistik. Eine Einführung. Tübingen: Narr (= Narr-Studienbücher).
Spitzmüller, Jürgen (2022): Soziolinguistik. Eine Einführung. Stuttgart: Metzler. https://doi.org/10.1007/978-3-476-05861-4.
Streck, Tobias/Auer, Peter (2012): Das raumbildende Signal in der Spontansprache: Dialektometrische Untersuchungen zum Alemannischen in Deutschland. In: Zeitschrift für Dialektologie und Linguistik 79(2), S. 149–188. https://doi.org/10.25162/zdl-2012-0007.
Tagliamonte, Sali A. (2006): Analysing Sociolinguistic Variation. Cambridge: Cambridge University Press (= Key Topics in Sociolinguistics).
Uchida, Aki (1992): When „Difference" Is „Dominance": A Critique of the „Anti-Power-Based" Cultural Approach to Sex Differences. In: Language in Society 21(4), S. 547–568. https://doi.org/10.1017/S0047404500015724.
Weinreich, Uriel/Labov, William/Herzog, Marvin Y. (1968): Empirical Foundations for a Theory of Language Change. In: Lehmann, W. P./Malkiel, Yakov (Hrg.): Directions for Historical Linguistics: A Symposium. Austin, TX: University of Texas Press. S. 95–195.
Wiesinger, Peter (1983): Die Einteilung der deutschen Dialekte. In: Besch, Werner (Hrg.): Dialektologie. Ein Handbuch zur deutschen und allgemeinen Dialektforschung. Bd. 2. Berlin: De Gruyter. S. 807–900 (= Handbücher zur Sprach- und Kommunikationswissenschaft).
Wortham, Stanton E. F. (2000): Interactional Positioning and Narrative Self-Construction. In: Narrative Inquiry 10(1), S. 157–184. https://doi.org/10.1075/ni.10.1.11wor.

11 Sprache, Diskurs und Kultur

11.1 Einleitung: Sprache und Gesellschaft aus linguistischer Perspektive

Ohne Gesellschaft gibt es keine Sprache – und ohne Sprache keine Gesellschaft: Erst durch die Interaktion mit anderen Menschen entwickelt sich ein kommunikatives Bedürfnis. Dieses führt zu Symbolsystemen, z. B. sprachlichen Zeichen (→ 2.3). Durch die laufende Verwendung dieser Zeichen erhalten sie bestimmte Bedeutungen. Wir werden in diese Welt der Zeichenverwendung hineinsozialisiert und lernen dadurch, welche Effekte mit bestimmten Zeichen erzielt werden können.

Gleichzeitig ist es aber auch so, dass sprachliches Handeln überhaupt erst Gesellschaft hervorbringt, wie im Kapitel zur Soziolinguistik (→ 10) bereits gezeigt wurde. Aus konstruktivistischer Sicht ist klar, dass routinisiertes Handeln zu gesellschaftlichen Institutionen führt: Durch (sprachliche) Routinen wie Halten von Vorlesungen, Durchführen von Prüfungen oder Diskutieren über Wissenschaft bestätigen wir die Institution *Universität* immer wieder neu.

Diese pragmatische Sicht auf Sprache (→ 4) eröffnet in Kombination mit einer soziolinguistischen und anthropologischen Perspektive neue Forschungsfelder in der Linguistik, die weit über Fragen von Semantik und Grammatik hinausgehen. Im Folgenden werden ein kleiner Ausschnitt dieser Forschungsfelder und damit zusammenhängende wichtige Konzepte, nämlich *Diskurs* und *Praktiken*, erläutert. Wichtige Aspekte wie Gespräch und Interaktion, Variation, Mehrsprachigkeit und soziale Differenzierung finden sich aber auch in den Kapiteln 9 sowie 10.

Es gibt verschiedene Strömungen in der Linguistik und den benachbarten Disziplinen, die seit den 1950er-Jahren das Fach prägen und einen neuen Blick auf den Zusammenhang von Sprache und Gesellschaft ermöglichen:

1. Die **Sprechakttheorie** (→ 4.2.2) macht darauf aufmerksam, wie mit Sprache gehandelt wird. In der Folge ist eine eigentliche „pragmatische Wende" in vielen Disziplinen bemerkbar. In der Linguistik gelangen so beispielsweise Gespräche als komplexe Interaktionen in den Blick, bei denen Sprache nicht isoliert von ihrem Kontext analysiert werden kann (→ 9). Zudem zeigt sich der Handlungscharakter von Sprache bei Gesprächen etwa darin, dass durch bestimmte sprachliche Äußerungen Kontexte geschaffen oder modifiziert werden: Ein Sprechakt wie *Lasst uns das Glas erheben!* schafft einen anderen Kontext als *Sag mal, kennst du den schon?*.
2. Die **Kulturanthropologie** und **Ethnografie** interessieren sich für Sprache als bedeutendes kulturelles Phänomen. In diesem Verständnis kann Sprache nicht losgelöst von Kultur betrachtet werden – aber auch nicht von menschlichen

Subjekten. Sprachliche Interaktion ist kulturell geprägt und gleichzeitig dafür verantwortlich, Kultur hervorzubringen. Die **anthropologische Linguistik** untersucht nun, wie wir Sprache nutzen und damit handeln, um soziale Wirklichkeit zu konstruieren. Es existieren verschiedene Auffassungen davon, was *Kultur* ist, worauf wir zurückkommen werden (→ 11.4.2). So wird Kultur etwa als komplexes Zeichensystem aufgefasst oder gar als „Text" gelesen oder aber als „verkörperte Praxis" aufgefasst. Zudem gilt das Interesse nicht nur Kulturen, die gegenüber der eigenen als fremd aufgefasst werden, sondern auch den Alltagskulturen, die uns umgeben.
3. Die **Soziolinguistik** legt das Augenmerk auf den Zusammenhang von Sprachgebrauch und sozialem Handeln (→ 10). Mit sprachlichem Handeln können wir uns sozial positionieren, soziale Institutionen formen jedoch auch den Sprachgebrauch. Mit dem Begriff der sprachlichen Variation entwickelte sich ein Werkzeug, um Varietäten als Ausdruck z. B. lokaler oder sozialer Gemeinschaft zu verstehen.
4. Die **Feministische Linguistik** diskutiert Geschlecht als Einflussfaktor für einen bestimmten Sprachgebrauch, fragt sich umgekehrt aber auch, inwiefern Geschlecht über Sprache überhaupt erst konstruiert wird. Damit wird deutlich, dass Eigenschaften wie Frau- oder Mannsein, aber auch Jung- oder Altsein, arm oder reich, nicht einfach gegeben sind, sondern auch sprachlich konstruiert werden. Diese Erkenntnisse gehen weit über feministische Themen hinaus, denn Geschlecht ist nur eine von vielen Kategorien, die Konstruktionsprozessen unterworfen sind. Andere sind z. B. Alter, Rassismen, Ethnien oder auch soziale Klassen (z. B. Arbeiterklasse, Bürgertum etc.).

Dies passiert vor dem Hintergrund weitergehender wissenschaftlicher Paradigmen, die hier nur kurz gestreift werden können: So ist das Verhältnis von **Sprache, Denken und Wirklichkeit** immer wieder Gegenstand der Theoriebildung, aber auch der empirischen Forschung. **Wilhelm von Humboldt** etwa interessierte sich im 19. Jahrhundert für Sprachvergleiche und die Frage, wie Sprache Kultur und Denken beeinflusst. Auch Benjamin Lee Whorf und Edward Sapir befassten sich Anfang des 20. Jahrhunderts mit der Frage, wie eine spezifische Sprache unsere Wahrnehmung der Welt und das Denken beeinflusst, und postulierten das **Prinzip sprachlicher Relativität**.

Ebenfalls wichtig sind **konstruktivistische Sichtweisen** auf Gesellschaft (vgl. Berger/Luckmann 1969/2003). Sie verstehen Sprache als wichtiges Element bei der sozialen Konstruktion. Sprache ist nicht einfach Ausdruck von z. B. sozialem Status, sondern umgekehrt: Ein bestimmter sozialer Status, aber auch Zugehörigkeit zu einer kulturellen Gemeinschaft oder auch eine Eigenschaft wie Geschlecht wird nicht zuletzt sprachlich hergestellt.

Diese Vorstellungen und Prämissen treffen in den 1970er-Jahren auf die Diskursanalyse des Philosophen Michel Foucault und gehen auch mit poststrukturalistischen Arbeiten Roland Barthes' oder dem Begriff der Dekonstruktion einher, z. B. bei Jacques Derrida, die den Saussure'schen Zeichenbegriff (→ 2.3) problematisieren und reinterpretieren.

Diese Arbeiten und Ansätze hinterlassen Spuren in der Linguistik, die heute unter teils anderen Akzenten nach wie vor wichtig sind. Es handelt sich dabei aber um einen Querschnittsbereich, der verschiedene Teildisziplinen der Linguistik berührt. Es ist zudem plausibel, diesen Querschnittsbereich als Teil der Soziolinguistik anzusehen. Das setzt allerdings ein breites Verständnis von Soziolinguistik voraus, das weit über Varietätenlinguistik hinausgeht. Wir teilen dieses Verständnis und stellen dies auch so dar (→ 10). Die im Folgenden verhandelten Themen und Konzepte sind jedoch so bedeutend, dass wir ihnen ein eigenes Kapitel widmen.

11.2 Diskurs und Kultur: Ein Beispiel

Die Videoplattform YouTube erlaubt es, zu einem live gesendeten Video Kommentare abzugeben. Ein Ausschnitt aus einer Kommentarsequenz eines solchen Videos lautet:[1]

1. [K1]: Sozi [Nachname 1] ist eine Hexe. SVP ist aufgelöst
2. [K2]: das regime muess gstürtzt werde
3. [K3]: Würde mich auch interessieren ob eine Onlinebestellung möglich ist
4. [K4]: Onlineshop eröffnen... die aufgewachten werden bestellen
5. [K5]: Ein Vorbild
6. [K2]: i hoffe, dass nie am koch oder amene [einem] politiker begegne
7. [K6]: Windel-Regime-Hetze stoppen!
8. [K7]: Super [Geschäftsname] Hut ab von dieser Frau.
9. [K8]: Ich lieb die Frau
10. [K9]: Botox [Nachname 1] sieht aus wie eine Wachsfigur
11. [K10]: Retted endlich das huere [Geschäftsname]!!! (Obwohl mer de Vegischeiss ufe Sack gahd) [huere: das verdammte; ufe Sack gahd: derb für „auf die Nerven geht"]
12. [...]
13. [K11]: [Nachname 1], sollte von der SVP ausgeschlossen
14. [K6]: Crowdfunding für [Geschäftsname]!
15. [K12]: [Nachname 1] sollte verhaftet werden!

---

1 Schweizerdeutsche Ausdrücke / Passagen in Übersetzung auf Standarddeutsch in eckigen Klammern; Anonymisierung von Namen in eckigen Klammern. Die Namen der Kommentator:innen [K1]–[K12] sind höchstwahrscheinlich Fantasienamen – hier ebenfalls anonymisiert.

Ohne weiteren Kontext ist die Sequenz schwer verständlich. Aus unserem Weltwissen versuchen wir, Kontexte zu erschliessen, und es ist möglich, dass Sie aufgrund von Ausdrücken und Aussagen wie *Windel-Regime-Hetze* oder *das regime muess gstürtzt werde* [dt.: *Das Regime muss gestürzt werden*] darauf schliessen, es könne im Rahmen der Coronapandemie und im Kreis von gegenüber Pandemiemassnahmen kritischen Personen zu situieren sein. So war *Windel* eine Bezeichnung für Hygienemasken bei diesem Personenkreis. Wer in der Schweiz sozialisiert ist, erkennt *SVP* allenfalls als Abkürzung für die *Schweizerische Volkspartei.* Das genannte Geschäft (mit [Geschäftsname] anonymisiert) ist ein Fachgeschäft für vegetarische und vegane Lebensmittel, und die namentlich genannte Person (mit [Nachname 1] anonymisiert) eine Politikerin.

Tatsächlich wurde das Video 2020 auf YouTube publiziert (vgl. Abbildung 11.1). Darin wird die Inhaberin des Geschäfts von einem bekannten Kritiker der Pandemiemassnahmen interviewt. Ihr Laden ist von der Polizei geschlossen worden, weil sie sich weigerte, das Maskenobligatorium mitzutragen und durchzusetzen. Die genannte Politikerin war sowohl in der Exekutive zuständig für Gesundheit als auch Angehörige der Schweizerischen Volkspartei SVP, also einer rechtsbürgerlich-konservativen Partei. Im Statement des Users [K10] in Zeile 11 wird eine komplexe Gemengelage sichtbar. Das Statement *Rettet endlich dieses verdammte [Geschäftsname]!!! (Obwohl mir dieser Vegischeiss auf den Sack geht)* drückt zwar Sympathien für die Maskenverweigerin aus, wie viele andere Aussagen auch, macht aber gleichzeitig die Abneigung gegenüber einer vegetarischen Lebensweise sichtbar.

Das Beispiel zeigt:
1. Neben einem unmittelbaren Textkontext ist für das Verständnis der Passage weit mehr an Wissen notwendig, um sie zu verstehen. Es handelt sich dabei um Wissen über **Institutionen** (im Beispiel: Regierung, politische Parteien, privatwirtschaftliche Unternehmen, Medien etc.), **Akteure** (Politiker:innen, Unternehmer:innen, Journalist:innen etc.) und **Sachverhalte** (Krankheiten, Ernährung, Politik etc.). Zusätzlich ist aber auch Wissen über **Diskurse** nötig, also Wissen darüber, wie in der Gesellschaft bestimmte Themen verhandelt werden. Was darunter genau zu verstehen ist, werden wir weiter unten klären.
2. Diese Diskurse prägen die Aussagen auf allen linguistischen Ebenen: Semantik (Bedeutung einzelner Ausdrücke), Pragmatik (Sprachhandlungsfunktionen), Text, aber auch auf der Ebene der Morphologie, der Syntax und hinsichtlich der verwendeten Varietäten. Wenn die (Teil-)Wörter, Phrasen und Sätze jeweils nur isoliert auf diesen Ebenen analysiert würden, ginge jeweils ein bedeutender Aspekt verloren.
3. Doch nicht nur Wissen über Diskurse ist notwendig, um den Ausschnitt zu verstehen, sondern auch Wissen über bestimmte (sprachlich-kommunikative) **Praktiken**, die hier ausgeübt werden: Es handelt sich um ein Arrangement von Video, Live- und nachträglich geschriebenen Kommentaren, und das Video

selbst zeigt eine Art Interview. Um dies zu verstehen, müssen (hier digitale) Praktiken des Bewertens und Kommentierens bekannt und eingeübt sein. Wir erkennen diese Praktiken als Praktiken, weil sie musterhaft vorkommen und typisch für eine digitale **Kultur** sind.

Es klingen verschiedene Fragen an, bei denen das Verhältnis von Sprache, Gesellschaft und Kultur zentral ist. Es handelt sich dabei um Fragen, die in Teildisziplinen wie der Diskurslinguistik, der Soziolinguistik, der anthropologischen Linguistik oder der Kulturlinguistik behandelt werden. Sie werden aber auch in Nachbardisziplinen wie der Soziologie, der Geschichtswissenschaft oder der Anthropologie diskutiert.

Mit einem breiten Verständnis von Soziolinguistik können die oben genannten Teildisziplinen alle als **soziolinguistische** Themen verstanden werden. Dies wird in Kapitel 10 auch entsprechend vertreten. Es sollen hier nun aber zwei Bereiche speziell hervorgehoben werden: nämlich der Blick auf **Diskurse** (auch als *Diskurslinguistik* verstanden) und auf die Herstellung von **Kultur** (auch als *Kulturlinguistik* oder *Anthropologische Linguistik* bezeichnet).

Die Diskurslinguistik versteht einerseits sprachliche Phänomene auf allen Ebenen als Indikatoren für bestimmte Diskurse (die Phänomene sind mehr oder weniger diskursiv geprägt). Andererseits analysiert sie, inwiefern sprachliche Phänomene Diskurse mitkonstituieren.

Aus kultur- und soziolinguistischer Perspektive sind sprachliche Praktiken von Interesse, die Ausdruck von Handlungen sind, aber auch bestimmte Positionen und Kontexte mitkonstituieren. Es ist Wissen um mögliche und typische Praktiken nötig, um sich auf der Videoplattform beteiligen zu können. Bestimmte mediale Bedingungen ermöglichen diese Handlungen.

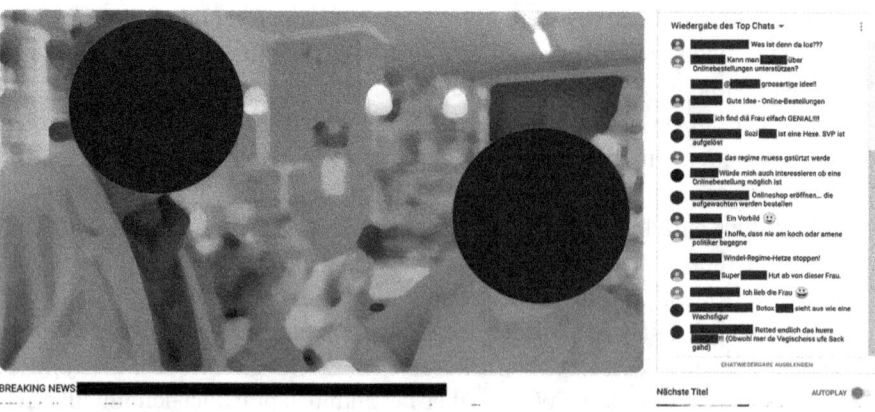

Abbildung 11.1: Bildschirmfoto YouTube-Video mit Kommentaren (anonymisiert).

11.3 Diskurslinguistik

Die Bezeichnung *Diskurs* wird sowohl in der Alltagssprache verwendet als auch in verschiedenen wissenschaftlichen Disziplinen. Wenn im Folgenden von *Diskurs* die Rede ist, wird darunter ein Konzept verstanden, das viel mit dem französischen Philosophen Michel Foucault zu tun hat. Doch ist zunächst einen Überblick über die verschiedenen Bedeutungen von *Diskurs* notwendig (Spitzmüller/Warnke 2011: 9):

1. **Bildungssprachlich:** Soziolektal geprägtes Synonym für *Debatte* oder *Gespräch*, seit den 1980er-Jahren in den Medien (zunächst im Feuilleton, dann auch in anderen Ressorts) verbreitet.
2. **Diskursethik nach Habermas:** Konsensorientierter Gedankenaustausch unter prinzipiell gleichgestellten Bürgern; „herrschaftsfreier Diskurs" als Teil eines kommunikationsethischen Programms.
3. **Konversationsanalytisch geprägte Diskursanalyse** (analog zur anglo-amerikanischen *Discourse Analysis*): Gesprochensprachliche grössere Äusserungseinheit oder auch eine durch Interaktivität gekennzeichnete sprachliche Entität, die durch Musterhaftigkeit charakterisiert ist.
4. **Diskursanalyse „nach Foucault"/Diskurslinguistik:** Formationssystem von Aussagen, das auf kollektives, handlungsleitendes und sozial stratifizierendes Wissen verweist.

Die vier Definitionen zeigen deutlich die Notwendigkeit, sich über die Lesart von Diskurs zu verständigen: Gerade im Englischen ist mit *Discourse* normalerweise das Gespräch gemeint, was sich auch in der Linguistik niederschlägt: So meint *Discourse Analysis* meist ‚Gesprächsanalyse' ohne jeglichen Bezug zum Diskursbegriff Foucaults.

Auch in der Bildungs-, Presse- und Alltagssprache ist *Diskurs* häufig anzutreffen. In einer Zeitung finden wir beispielsweise folgenden Beleg:

> Der Einfluss der Technologien auf die Demokratie wird im öffentlichen Diskurs entweder über- oder unterschätzt. Es braucht eine aufgeklärte, breite Debatte – sonst regelt es der Markt. (Die Republik, Fichter/Baroni 2020)

Mit dem „öffentlichen Diskurs" ist hier also so etwas wie die Summe von Aussagen in der Öffentlichkeit zu einem bestimmten Thema gemeint. Damit zeigen sich Überschneidungen zu der Definition oben, die ebenfalls von „Aussagen" spricht.

Ein einzelner Beleg reicht selbstverständlich nicht, um die häufigsten Verwendungen von *Diskurs* im aktuellen Sprachgebrauch zu analysieren. Stattdessen soll an dieser Stelle gleich demonstriert werden, wie die Gebrauchsbedeutung eines Ausdrucks empirisch anhand von Korpora untersucht werden kann (→ 12.6.3) – eine Methode, die auch für diskurslinguistische Analysen ganz typisch ist. Untersucht werden soll also die Bedeutung von *Diskurs* anhand des Deutschen Referenzkorpus DeReKo des Leibniz Instituts für Deutsche Sprache (IDS). Das IDS stellt eines der grössten deutschsprachigen, öffentlich zugänglichen Korpussammlungen zur Verfügung. Es umfasst viele Zeitungsdaten, aber auch andere Textsorten.

Eine Abfrage zu *Diskurs* im „Archiv der geschriebenen Sprache" (vgl. DeReKo 2023/1) fördert viele Belege zutage, wie die Ausschnitte (KWIC Keyword in Context) in Abbildung 11.2 zeigen.

```
S21      Baddiel. Es gebe im aktuellen linken Diskurs, davon handelt sein Buch, häufig eine
P97      Spekulationen über Liebe als Passion und Diskurs durchaus vertraut ist. Doch der Autor
SOL17    nachdenken", man brauche einen "anderen Diskurs", wenn man zusammenkommen wolle. "Wie
Z14      einem freien, offenen, experimentierenden Diskurs nicht gut - ob im Fernsehen oder
A00      90. Geburtstag - Engagiert im Handel, im Diskurs, in der Hilfe für die Dritte Welt Von
U11              Schichten um eine im nationalen Diskurs konstruierte Furcht vor einer diffusen
Z07      dass sich der gesellschaftlich-ethische Diskurs jetzt so stark auf diese
Z04      angeht, so predigt der neuere islamische Diskurs zwar die Aufklärung des Herzens, des
WDD11    ist sogar, dass auch im philosophischen Diskurs der letzten Jahrzehnte „Atheismus"
U18      die Uhr, am Arbeitsplatz, im politischen Diskurs, beim Kneipengespräch, ausgesetzt. Es
T14      Politik-Reihe bemüht man sich, den linken Diskurs zu beflügeln. Die beinahe beendete
B21           einen "Denkraum" zu schaffen für den Diskurs über experimentelle Wege in der
LTB09             Rolle spielen in dem öffentlichen Diskurs oft vergessen werden. Weltweit machen
E18      sie es, die 50 Jahre lang den politischen Diskurs auf beachtlicher Höhe gehalten hatten.
U98      beliebten öffentlichen Raum geworden; der Diskurs findet in Stellvertretung statt. Die
WDD11         wird, Links zu im internationalen Diskurs anerkannten Stilen (z.B. Naturalismus,
E02      künstlerische Gestaltung. Sie macht den Diskurs schlüssig lesbar. Es ist der meist
NUZ05           der Bilder« einen Dialog und Diskurs zwischen Kirche und Kunst in Gang
U17      in Der unflexible Mensch dem identitären Diskurs auf den Leim, weil die zutiefst
A15      grundsätzlich an, sich im theologischen Diskurs immer auch zu überlegen, wie Aussagen
B16               die zwingend zum geschliffenen Diskurs der Insel gehören. Doch hinter
PBT      Der längst überfällige wissenschaftliche Diskurs über die Möglichkeiten einer maximal
P18              und deren MBAs. Grade der Diskurs in der Gruppe sei ein wichtiger Teil
NEW20         Ich würde mir einen inhaltlichen Diskurs wünschen, nicht dass man Feindbilder
NZZ08    Schwulen und Lesben. Sein plakativer Diskurs kommt in jüngeren Wählerschichten und
WDD11    für politische Bindung beheimateter Diskurs -; siehe so genannte Black Community
NUN20    passiert. In dem gerade stattfindenden Diskurs müssen auch die Stimmen derer gehört
T18      auch den gesamtgesellschaftlichen Diskurs. Gibt es einen klaren Zusammenhang
LTB18    Geschlossenheit und zivilem politischen Diskurs. Doch er selber hält sich nur
P06      "Nachwuchs" im gesellschaftspolitischen Diskurs unverzichtbar. Und natürlich ist die
WDD11    will man den wissenschaftlichen Diskurs der letzten Jahrzehnte reflektieren.
NZZ14    jedoch über den patriotischen Diskurs, der viele Fernsehstationen erfasst
```

Abbildung 11.2: KWIC-Ansicht aus dem DeReKo (COSMAS II), zufällige Treffer für *Diskurs* in deutschsprachigen Quellen, Zufallsauswahl (Leibniz Institut für Deutsche Sprache).[2]

---

2 Die genauen Parameter der Korpusrecherche lauten:

Datum	: Sonntag, den 25. Februar 2024, 17:53:14
Archiv	: W - Archiv der geschriebenen Sprache
Korpus	: W-öffentlich - alle öffentlichen Korpora des Archivs W (mit Neuakquisitionen)
Archiv-Release	: Deutsches Referenzkorpus DeReKo-2023-I
Suchanfrage	: Diskurs
Suchoptionen	: Eb+Rb+Di, Flex
Ergebnis	: 57.389 Treffer

11.3 Diskurslinguistik

Die Suche nach *Diskurs* in diesen Daten führt zu über 57'000 Treffern. Um diese systematisch zusammenzufassen, können Kollokationen, also die typischen Kontexte, in denen das Suchwort erscheint, statistisch berechnet werden (→ 12.6.3). Abbildung 11.3 zeigt die 25 signifikantesten Kollokatoren (in COSMAS II *Kookkurrenzen* genannt) zu *Diskurs*.

#	LLR	kumul.	Häufig	links	rechts	Kookkurrenzen	syntagmatische Muster
1	45554	4319	4319	-1	-1	öffentlichen	98% den|im öffentlichen [...] Diskurs
2	41247	8475	4156	-1	-1	politischen	95% den|im politischen [...] Diskurs
3	32535	14812	6337	1	1	über	91% Diskurs [...] über die ...
4	27929	24753	9941	-2	-1	den	75% den [...] Diskurs / 17% Diskurs [...] den
5	19497	25697	944	-1	-1	gesellschaftlichen	96% einen|im gesellschaftlichen [...] Diskurs
6	19460	30852	5155	-2	-1	im	82% im [...] Diskurs / 13% Diskurs [...] im
7	16343	34488	3636	-3	-1	einen	94% einen [...] Diskurs
8	12050	34788	300	-1	-1	wissenschaftlichen	95% dem wissenschaftlichen [...] Diskurs
9	6691	35032	244	-1	-1	demokratischen	91% dem demokratischen [...] Diskurs
10	6019	35593	561	-1	-1	öffentliche	96% der|Der öffentliche [...] Diskurs
11	5712	35596	3	-1	-1	politische Korrektheit	68% Diskurs ... politische Korrektheit
		36291	695	-1	-1	politische	92% Der|der politische [...] Diskurs
12	5498	36400	109	-1	-1	akademischen	92% dem akademischen [...] Diskurs
13	4621	36465	65	-2	-1	Der philosophische	96% Der philosophische [...] Diskurs der Moderne
		38049	1584	-2	-1	Der	99% Der [...] Diskurs
14	4336	38233	184	-1	-1	offenen	94% einem offenen [...] Diskurs
15	4042	38326	93	-1	-1	intellektuellen	94% am intellektuellen [...] Diskurs
16	3683	38430	104	-1	-1	philosophischen	92% dem philosophischen [...] Diskurs
17	3502	38444	14	-1	-1	herrschaftsfreien Habermas	78% Jürgen Habermas {als|seinen} herrschaftsfreien Diskurs
		38516	72	-1	-1	herrschaftsfreien	100% einem herrschaftsfreien [...] Diskurs
18	3399	38652	136	-1	-1	kritischen	96% einem kritischen [...] Diskurs
19	3292	38679	27	1	1	darüber was	92% ein Diskurs [...] darüber [...] was
		38687	8	1	1	darüber welche	50% Diskurs darüber [...] welche / 37% darüber welche Rolle der linke Diskurs
		38719	32	1	1	darüber ob	93% ein Diskurs [...] darüber [...] ob die ...
		38888	169	1	1	darüber	85% ein|der Diskurs [...] darüber wie
20	3280	40230	1342	-2	-1	einem	87% zu|in einem [...] Diskurs
21	2823	40250	20	-2	-1	dem verschwunden	100% aus dem [...] Diskurs [...] verschwunden
		42197	1947	-2	-1	dem	76% aus dem [...] Diskurs / 19% ein ... Diskurs [...mit|in] dem
22	2750	42312	115	1	5	führen	86% diesen Diskurs [... zu] führen
23	2594	43251	939	1	1	zu	67% Diskurs [...] zu / 28% zu [...] Diskurs
24	2565	43281	30	-2	-1	rationalen	93% zum rationalen [...] Diskurs
25	2402	43294	13	-1	-1	öffentlicher breiter	100% ein|Ein breiter [...] öffentlicher Diskurs
		43435	141	-1	-1	öffentlicher	97% ein öffentlicher [...] Diskurs

Abbildung 11.3: Kollokationsanalyse zu *Diskurs* im DeReKo (COSMAS II).[3]

---

3 Die Parameter der Kollokationsanalyse lauten:

Anzahl Kookkurrenzen : 565
Analyse-Kontext : 5. Wort links bis 5. Wort rechts
Auf 1 Satz beschränkt : ja
als Kook.-Partner : Treffer ausschließen (Standard)

Am auffälligsten sind also die Wortverbindungen *öffentlicher* oder *politischer Diskurs*. Und die Präposition *über* deutet an, dass oft von einem *Diskurs über [X]* die Rede ist. Diese wenigen Hinweise lassen vermuten, dass die Korpusbelege tatsächlich oft die „bildungssprachliche" Bedeutung von *Diskurs* repräsentieren.

Interessant ist auch der zeitliche Verlauf: Abbildung 11.4 zeigt die relativen Häufigkeiten, mit denen der Ausdruck *Diskurs* von 2010 bis 2023 im DeReKo vorkommt. Nach einem Rückgang zwischen 2010 und 2013 ist wieder ein Anstieg bis zum Maximum im Jahr 2021 zu beobachten. Weitere Korpusanalysen könnten nun zeigen, was die möglichen Gründe für diese Häufigkeitsschwankungen sind und welche Lesarten von *Diskurs* besonders häufig auftreten.

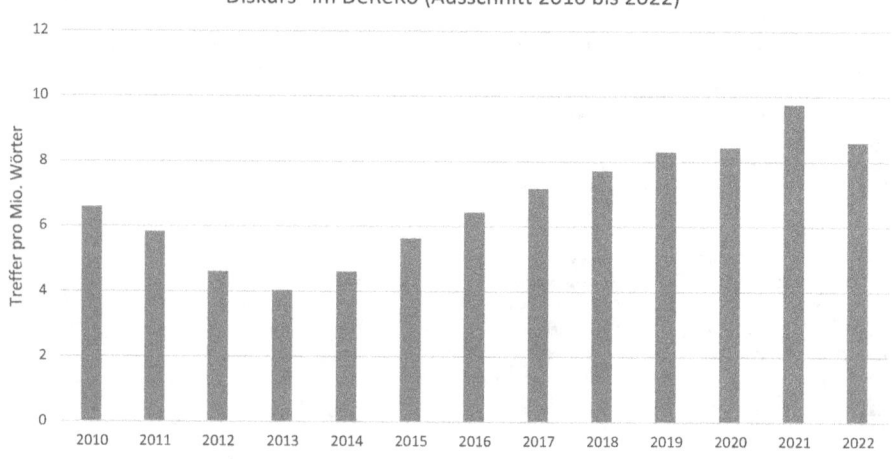

Abbildung 11.4: Verwendungshäufigkeit von *Diskurs* im DeReKo (COSMAS II) basierend auf der Abfrage von Abb. 11.2.

Im Folgenden wird zunächst eine genauere Definition von *Diskurs* gegeben und diskutiert, der Begriff in eine kurze Forschungsgeschichte eingebettet und dann

Granularität	: grob
Zuverlässigkeit	: normal
Clusterzuordnung	: eindeutig
Lemmatisierung	: nein
Funktionswörter	: zugelassen
Gliedrigkeit	: 4 (max.)
Autofokus	: ein
LLR anzeigen	: ein
Nummerierung	: ein

vertieft auf Diskurs*linguistik* eingegangen, um die Bezüge zur Sprachwissenschaft zu verdeutlichen.

11.3.1 Sprache und Wissen

Der französische Philosoph und Historiker Michel Foucault nimmt in der Diskurslinguistik einen prominenten Platz ein. Meist wird auf seine Inauguralvorlesung am Collège de France in Paris von 1970 verwiesen, die 1972 als „L'ordre du discours" – „Die Ordnung des Diskurses" – erschienen ist (Foucault 1974/2000). In dieser Vorlesung setzt sich Foucault mit dem Wissensbegriff auseinander und konstatiert:

> Das Wort *Wissen* wird also gebraucht, um alle Erkenntnisverfahren und -wirkungen zu bezeichnen, die in einem bestimmten Moment und in einem bestimmten Gebiet akzeptabel sind (Foucault 1974/2000:32).

Wissen ist also etwas, was zu einem bestimmten Zeitpunkt von einer bestimmten Gesellschaft als Wissen aufgefasst wird – und damit verbunden sind Verfahren, um Erkenntnisse zu gewinnen und deren Auswirkungen einzuordnen.

Wissen ist also weder statisch noch etwas, was sich mit der Zeit einfach langsam anhäuft, sondern etwas, was sich immer wieder neu *konstituiert*. Und für diesen Prozess verantwortlich sind die gemachten *Aussagen* in einer Gesellschaft. Insofern können Diskurse als „Formationssysteme von Aussagen" aufgefasst werden. Die Diskurse sind damit Abbild des kollektiven Wissens, nach dem die Akteure handeln. So ist heute eine Aussage wie *Die Krankheit wird über faulige Winde verbreitet* keine von einer Mehrheit der Gesellschaft akzeptierte Aussage mehr, im Gegensatz etwa zu *Das Virus wird über Aerosole verbreitet*. Die Beschreibung eines Diskurses stellt damit die Frage: „Wie kommt es, dass eine bestimmte Aussage und keine andere an ihrer Stelle erschienen ist?" (Foucault 2001: 899).

Aus linguistischer Perspektive lässt sich so eine enge Verbindung zwischen Sprache und Wirklichkeit (→ 10.2.3) wie auch zwischen Sprache und Diskurs herstellen. So argumentieren Warnke und Spitzmüller etwa, dass die Konstituierung von Wissen als „Anordnung von Wissen durch Äußerungen" verstanden werden könne, wobei drei Typen der Konstituierung zu unterscheiden seien (Warnke 2009:121; vgl. Spitzmüller/Warnke 2011:47):

1. **Konstruktion von Wissen:** Herstellung von Faktizität durch Wahrheitsansprüche in regelgeleiteten sozialen Prozessen – primär durch sprachlich verfasste Äußerungen.
2. **Argumentation von Wissensakteuren:** Rechtfertigung von Faktizität durch Begründung oder Widerlegung sozial hergestellten Wissens.

3. **Distribution von Wissen:** Streuung von Geltungsansprüchen auf Wahrheit, die exemplarisch in Massenmedien, Fachzeitschriften, Blogs von Interessengruppen etc. realisiert sind.

Die Kommentare des Coronavideos (→ 11.2) können nun hinsichtlich dieser Aspekte noch einmal betrachtet werden. Eine dort gemachte Äußerung lautet:

(1) Onlineshop eröffnen... die aufgewachten werden bestellen

Mit den *aufgewachten* sind also Menschen mit einer bestimmten Überzeugung gemeint; im Kontext der anderen Äußerungen kann vermutet werden, dass damit Menschen bezeichnet werden, die eine Art „Gegenwissen" zu einem etablierten Wissen vertreten. Tatsächlich lässt sich zeigen, dass das Verb *aufwachen* und auch die Nominalisierung *Aufgewachte* in Texten gängig sind, die Verschwörungserzählungen verbreiten und vertreten. Das zeigt die folgende Korpusanalyse in einem Korpus von gegenüber Corona „skeptischen" Medien, sog. „alternativen Medien". Tabelle 11.1 zeigt ein Kollokationsprofil zum Verb *aufwachen* und damit die typischen Kontexte, in denen dieses Verb im Korpus verwendet wird.

Tabelle 11.1: Kollokationsprofil von *aufwachen* im Korpus Skep-Medien. Basis: Grundformen; Fenster: 5 Wörter links/rechts; Top 30.

Position	Kollokator	Häufigkeit	Erwartete Häufigkeit	Beobachtete Häufigkeit	Anzahl Texte	Log-Likelihood-Wert
1	endlich	5862	1.466	44	39	214.891
2	Schlafschafe	232	0.058	17	14	160.573
3	Michel	910	0.228	20	18	139.992
4	langsam	2176	0.544	23	23	127.622
5	Diktatur	3335	0.834	20	19	88.928
6	wenn	69350	17.346	60	55	63.956
7	und	492740	123.243	218	177	60.779
8	erkennen	5488	1.373	18	18	59.496
9	werden	241068	60.295	128	108	58.131
10	morgens	371	0.093	8	7	55.674
11	mehr	54800	13.707	48	41	51.96
12	morgen	2803	0.701	13	13	51.404
13	Koma	217	0.054	6	5	44.739
14	schlafen	753	0.188	8	8	44.455
15	Mensch	40928	10.237	37	35	41.701
16	viele	3926	0.982	12	12	38.09
17	jetzt	32484	8.125	31	30	37.379
18	dann	55532	13.89	42	37	36.88

Tabelle 11.1 (fortgesetzt)

Position	Kollokator	Häufigkeit	Erwartete Häufigkeit	Beobachtete Häufigkeit	Anzahl Texte	Log-Likelihood-Wert
19	,	1184684	296.311	402	275	35.952
20	sein	501111	125.337	197	152	35.769
21	Volk	11407	2.853	17	13	32.442
22	Leute	14723	3.683	19	18	31.774
23	irgendwann	2221	0.556	8	8	27.823
24	bald	4520	1.131	10	8	25.891
25	müssen	58260	14.572	37	32	24.195
26	wir	96649	24.174	52	46	24.153
27	paar	5630	1.408	10	10	22.048
28	immer	38128	9.537	27	24	21.333
29	dass	87995	22.009	46	40	19.947
30	begreifen	1909	0.478	6	6	19.348

Das Verb *aufwachen* wird in diesen Kontexten verwendet, um zu behaupten, dass eben nur eine Minderheit wirklich weiss, was eigentlich passiert, und die Mehrheit geblendet wird. Im Fall der Coronapandemie: Die Mehrheit – wird behauptet – würde nicht erkennen, dass die eigentlichen Gründe für Verhaltensvorgaben wie Maskentragen nicht dem Schutz vor dem Virus dienten, sondern Ausdruck einer Diktatur seien. Dies ist ein zentrales Motiv – oder Topos (→ 11.3.3) – von Verschwörungserzählungen, die behaupten: „nichts ist, wie es scheint" (vgl. Butter 2018).

Am Beispiel werden zwei Aspekte deutlich:
1. Was als Wissen akzeptiert wird, wird in der Gesellschaft **laufend verhandelt**. Verschwörungserzählungen sind ein extremer Fall, der deutlich macht, wie um das adäquate Wissen gerungen wird.
2. Einzelne Ausdrücke (wie z. B. *aufwachen*) rufen komplexe **Argumentationsmuster** auf, um Wissen zu legitimieren oder zu delegitimieren. Sie dienen der Argumentation. Gleichzeitig dienen sie der **Distribution** von Wissen, jedoch auch der sozialen **Orientierung**, indem sie eine Art Erkennungszeichen für bestimmte Positionen sind.

Für die Schreibenden und Lesenden schwingt die diskursive Einbettung von *aufwachen* (abhängig von ihrem individuellen Vorwissen) automatisch mit und trägt zum Verständnis entscheidend bei. Aus *analytischer* Perspektive müssen wir als Linguist:innen die diskursive Einbettung rekonstruieren, was bei Diskursen, zu denen reichhaltiges Quellenmaterial vorhanden ist, deutlich einfacher ist als bei solchen, für die nur spärlich Quellen verfügbar sind.

Aus diskurslinguistischer Perspektive wird nochmals deutlich: Die Konstitution von Wissen (Konstruktion, Argumentation, Distribution) ist **sprachliches Handeln**. Im Zusammenhang der Pragmatik wurde bereits thematisiert, wie mit Sprache gehandelt wird. Wenn jemand in einer Äußerung von den *Aufgewachten* spricht und sich selbst so positioniert, handelt diese Person dadurch, dass sie diese Äußerung macht. Erfolgen solche Äußerungen von verschiedenen Personen immer wieder, tragen sie dazu bei, eine bestimmte Position zu konstruieren und zu markieren und sind Ausdruck eines diskursiven Formationssystems.

> **Vertiefung 11.1: Konstruktivismus und „alternative Fakten"**
>
> Die Diskurslinguistik, aber auch viele Strömungen in der Semantik und Pragmatik fussen mehr oder weniger auf dem philosophischen Paradigma des Konstruktivismus (→ 10.2.3). Die Bedeutung eines Ausdrucks, die Funktion einer sprachlichen Handlung oder eine diskursive Position sind nicht einfach objektiv gegeben (vgl. Essentialismus), sondern Produkt gesellschaftlicher Konstruktionen – so die Annahme.
>
> Im Zeitalter von sog. „alternativen Fakten", Verschwörungserzählungen und dergleichen wird mitunter behauptet, dieses Paradigma des Konstruktivismus habe dazu beigetragen, den Status von Wahrheit zu relativieren. Wenn jede „Wahrheit" nur ein Ergebnis gesellschaftlicher Konstruktionsprozesse sei, dann könnten eben auch Unwahrheiten einfach als alternative Konstruktionen angesehen werden. Solche „alternativen Fakten" stünden demnach anderen Fakten in nichts nach und seien genauso „wahr" oder eben die „angeblichen Fakten" genauso „unwahr".
>
> Dieser Einwand muss ernst genommen werden, beruht aber letztlich auf mehreren Missverständnissen, wie Gardt (2018) zeigt:
> 1. Es gibt verschiedene Ausprägungen konstruktivistischer Theorien: Der Radikale Konstruktivismus (zurückgehend auf Ernst von Glasersfeld, Heinz von Foerster, Humberto Maturana und Francisco Varela) versteht das menschliche Bewusstsein als „autopoietisches System". Dieses verarbeitet Sinneseindrücke bereits zu Konstruktionen und verunmöglicht einen direkten Zugriff auf eine objektiv gegebene Welt, bei der wir auch gar nicht wissen, ob es sie überhaupt gibt. Sprache dient damit nicht dem Übertragen von Informationen zwischen menschlichen Bewusstseinssystemen, sondern ist ein System des Orientierungsverhaltens. Jedes menschliche Bewusstsein verarbeitet Sinneseindrücke also auf eine eigene Art und konstruiert daraus Sinn, der wiederum Basis für das Handeln ist. Wenn das menschliche Bewusstsein in seinen Konstruktionen zur Überzeugung gelangt, dass dieses Handeln den gewünschten Effekt hat, festigt das die eigene Sinnkonstruktion. Ob die anderen Bewusstseinssysteme in dieser „Interaktion" dabei ähnliche Konstruktionen erzeugen, ist unbekannt – aber auch irrelevant. Dass ich vor mir einen Tisch sehe, ist meine eigene Konstruktion – ich habe keine Ahnung, was für eine andere Person ein Tisch ist und ob sie ihn ebenfalls so wahrnimmt. Gemässigtere Formen von Konstruktivismus argumentieren, dass wir durchaus davon ausgehen können, dass jedes menschliche Bewusstsein einen Tisch vor sich als Gegenstand wahrnimmt. Doch mit der Benennung *Tisch* findet eine menschliche Setzung statt, die den Gegenstand zu einem Objekt mit einer bestimmten Funktion macht. Diese Funktionen existieren nicht unabhängig von diesen Setzungen. Sprache ist also ein wichtiger Faktor, der eine „amorphe Masse, eine Art Weltteig" (vgl. Boghossian

2006) auf eine bestimmte Art kategorisiert. Deutlich wird dies an Kategorien wie *Gender* oder *Hautfarbe*, die mit der Benennung als gesellschaftlich relevant gesetzt werden. So kann man sich darüber streiten, ob ein Staat als *Diktatur* bezeichnet werden kann/soll oder nicht, und mit der Bezeichnung findet eine Konstruktion statt – ob aber Menschen verhaftet oder getötet werden, ist nicht einfach eine Konstruktion, sondern ein Vorgang, der objektiv überprüfbar ist.

2. Gesellschaftliche Diskurse sind ein soziales Phänomen und etwas historisch Gewordenes: Zu einem bestimmten Zeitpunkt in einem bestimmten Kontext ist nicht jede beliebige Konstruktion sinnvoll und gleichwertig. Es ist kaum der Fall, dass an einem bestimmten Punkt eine Konstruktion sozial plausibel wird, die allen bestehenden Wirklichkeitskonstruktionen völlig widerspricht. Selbst wenn z. B. inzwischen häufiger (und sehr überzeugend) argumentiert wird, dass *Geschlecht* eigentlich keine für die menschliche Identität zentrale Kategorie sein muss, geschieht diese Argumentation im Wissen und Kontext einer Geschichte, in der eben Geschlecht als zentrales Merkmal angesehen worden ist. Es entsteht also nicht eine komplett differente Wirklichkeitskonstruktion, sondern eine, die auf anderen Konstruktionen aufbaut. Ein solches Phänomen unterscheidet sich damit ganz deutlich von einer Lüge oder sog. „Fake News".

3. Wahrheit und Interpretation: Auch wenn mit einer konstruktivistischen Sichtweise klar wird, dass die Wirklichkeit ein Produkt von (auch sprachlich beeinflusster) Interpretation ist, bedeutet das nicht, dass es nicht wahrere oder weniger wahre Interpretationen gibt. Die Aussage *Der Eiffelturm steht in Paris* ist vor dem Hintergrund einer objektiven Beschreibung einer Tatsache höchst ungenau. Was ist mit *Paris* genau gemeint? Ein Stadtgebiet oder ein sozialer Raum? Zählen Tourist:innen dazu? Und selbst wenn die Koordinaten angegeben würden: Reicht eine Exaktheit von Metern oder müssen es Millimeter sein? Und trotzdem ist die Aussage *Der Eiffelturm steht in Paris* wahrer als *Der Eiffelturm steht in Rom*, auch wenn die Aussage deutlich interpretative Aspekte enthält.

4. Mit unterschiedlichen Konstruktionen von Wirklichkeit werden und wurden schon immer Macht ausgeübt und Interessen durchgesetzt. Wenn unterschiedliche Wirklichkeitskonstruktionen angeboten werden, dann mag es helfen zu analysieren, welche Machtinteressen dahinterstecken und ob sie mit der eigenen Sicht auf die Welt vereinbar sind.

Zur Vertiefung: Gardt (2018).

11.3.2 Korpuspragmatik und Diskurslinguistik

Im letzten Abschnitt ist deutlich geworden, dass Aussagen in Diskursen offenbar bestimmten Regeln folgen. Diese Aussagen sind an der sprachlichen Oberfläche als Verwendung bestimmter Ausdrücke und Phrasen sichtbar, die auch korpuslinguistisch untersucht werden können. Diese Art der Korpuslinguistik kann als Korpuspragmatik bezeichnet werden, weil sie sich für Spuren des sprachlichen Handelns in Korpora interessiert (siehe → 4.3.2).

Eine Aussage wie *Der Islam gehört zu Deutschland* zeigt sich an der sprachlichen Oberfläche in verschiedenen Varianten (Detjen 2015):

> Der Islam ist Teil Deutschlands und Europas (Bundesinnenminister Wolfgang Schäuble, 2006).
> Das Christentum gehört zweifelsfrei zu Deutschland. Das Judentum gehört zweifelsfrei zu Deutschland. Das ist unsere christlich-jüdische Geschichte. Aber der Islam gehört inzwischen auch zu Deutschland (Bundespräsident Christian Wulff, 2010).
> Von meiner Seite möchte ich sagen, dass unser früherer Bundespräsident Christian Wulff gesagt hat: ‚Der Islam gehört zu Deutschland.' Das ist so; dieser Meinung bin ich auch (Bundeskanzlerin Angela Merkel, 2015).

In einem Korpus von Texten der rechten Onlineportale *Compact Online* und *PI News* finden sich mit dem sprachlichen Muster „Islam ... [gehören] ... Deutschland" eine Reihe weiterer Varianten (Tabelle 11.2):

Tabelle 11.2: Suche nach [] "Islam" []* [lemma="gehören"] []* [lemma="Deutschland"] within s im Korpus PINES V3, 216 Treffer in 185 Texten.

Sprachliches Muster	Häufigkeit
der Islam gehört zu Deutschland	80
Der Islam gehört nicht zu Deutschland	30
Der Islam gehöre zu Deutschland	20
Der Islam gehört inzwischen auch zu Deutschland	7
Der Islam gehöre nicht zu Deutschland	6
Viel Islam gehört zu Deutschland	5
[...]	
Islam gehört ja angeblich zu Deutschland	1
Mit dem Islam gehört aber nun auch unvorstellbare Grausamkeit zum Alltag in Deutschland	1
Mit dem Islam gehört nun auch der Terror zu Deutschland	1
Der Islam, gleich welcher Prägung, gehört definitiv weder zu Europa und gleich gar nicht zu Deutschland	1
Der Islam gehört angeblich zu Deutschland	1
Der Islam gehört ja laut Merkel & Co. zu Deutschland	1

Es gibt also ein grundlegendes Muster ‚Islam [gehört/gehört nicht] zu Deutschland', das weiter abstrahiert werden kann zu ‚X [gehört/gehört nicht] zu Y'. Das Muster ist produktiv und in vielen Fällen ein Indiz für bestimmte Diskurse, z. B. zu Migration oder Terrorismus.

Solche *Sprachgebrauchsmuster* an der sprachlichen Oberfläche lassen sich korpuslinguistisch untersuchen. Sie werden in der Form häufiger Wortverwendungen und Wortverbindungen in grossen Textkorpora als Indizien für Diskurse gedeutet. Die verschiedenen statistischen Verfahren der Korpuslinguistik können dafür eingesetzt werden, insbesondere Analysen zur Verteilung von Ausdrücken oder Kollokationsberechnungen (→ 12.6.3). Welche Typen von Sprachgebrauchsmustern existieren und wie diese gedeutet werden können, wird im folgenden Abschnitt diskutiert.

11.3.3 Dimensionen der Diskurslinguistik

Zur Rekonstruktion des Formationssystems werden in der linguistischen Diskursanalyse alle sprachlichen Ebenen zwischen Morphemen und Textgruppen für die Analyse berücksichtigt. Eine mögliche Systematisierung dieser Ebenen schlagen Spitzmüller und Warnke vor. Sie fassen die verschiedenen Analysekategorien mit dem Titel „DIMEAN" – „Diskurslinguistische Mehr-Ebenen-Analyse" zusammen (Spitzmüller/Warnke, 2011). In Abbildung 11.5 findet sich die Zusammenfassung des Modells in tabellarischer Form. Für die Zwecke der Einführung in die Diskurslinguistik im vorliegenden Lehrbuch werden exemplarisch die wichtigsten Ebenen von DIMEAN herausgegriffen und damit mögliche Analysen gezeigt.

Das Modell unterscheidet drei Ebenen: eine intratextuelle, eine transtextuelle sowie die Ebene der Akteure. Im Folgenden werden diese drei Ebenen erklärt und Beispiele für mögliche Analysekategorien gegeben. Das DIMEAN-Modell nennt weitere Kategorien, die hier nicht ausgebreitet werden können, wobei auch der DIMEAN-Katalog nicht vollständig ist; weitere Kategorien sind denkbar und werden auch in diskurslinguistischer Forschung verwendet.

11.3.3.1 Intratextuelle Ebene

Die intratextuelle Ebene umfasst alle Phänomene innerhalb eines Textes zwischen Buchstabe, Morphem, Wort, Satz und Text. So kann beispielsweise auf **Morphemebene** die Funktion des Suffixes *-ismus* analysiert werden, das uns durch Ausdrücke wie *Tourismus* oder *Kapitalismus* sehr vertraut ist. Scharloth zeigt in seiner korpusgestützten Analyse von Hatespeech als Prinzip der neuen Rechten („Hässliche Wörter", Scharloth 2021) mit Ausdrücken wie *Multikulturismus, Multikulti-Illusionismus, Xenofetischismus, Hypermoralismus, Feminismus-Genderismus, Öko-Totalitarismus* oder *Klima-Alarmismus*, wie produktiv das Suffix ist und wie die neuen Rechten damit Weltanschauungen und Werthaltungen diskreditieren.

Auf **Wortebene** sind beispielsweise Schlüsselwörter interessant: Sie drücken das Selbstverständnis oder Ideale einer Gruppe oder einer Epoche aus, sind diskursbestimmend und oft auch umstritten (vgl. Hermanns 1994). Das Wort *Gender*

Transtextuelle Ebene	Diskurs-orientierte Analyse	[...]	
		Ideologien, Gouvernementalität, Mentalitäten	
		Historizität	
		Indexikalische Ordnungen, Sozialsymbolik	
		Diskurssemantische Grundfiguren	
		Frames, Topoi	
		Intertextualität	
Akteure	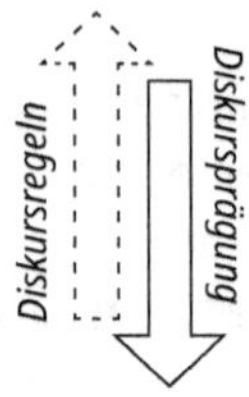 *Diskursregeln* ↕ *Diskursprägung*	Medialität	– [...] – Handlungsmuster – Kommunikationsformen – Medium
		Diskurspositionen	– [...] – Soziale Stratifizierung, Macht – Diskursgemeinschaften – Ideology brokers – Voice – Vertikalitätsstatus
		Interaktionsrollen	– [...] – Rezipientenrollen – Produzentenrollen
Intratextuelle Ebene	Textorientierte Analyse	Visuelle Textstruktur	– [...] – Text-Bild-Beziehungen – Typographie – Materialität
		Makrostruktur: Texttheme(ta)	– [...] – Metaphernfelder – Lexikalische Felder – Isotopie- und Oppositionslinien
		Mesostruktur: Themen in Textteilen	– Themenentfaltung – Textfunktionen – Textsorte
	Propositions-orientierte Analyse	Textuelle Mikrostruktur: Propositionen	– [...] – Syntaktische Muster – Rhetorische Tropen und Figuren – Metaphernlexeme – Deontische Bedeutung – Implikaturen, Präsuppositionen – Sprechakte
	Wortorientierte Analyse	Mehrwort-Einheiten	– [...] – Okkasionalismen – Schlagwörter – Schlüsselwörter
		Einwort-Einheiten	– Nomina continuativa – Nomina appellativa, Nomine collectiva – Nomina propria

Abbildung 11.5: Diskurslinguistische Mehr-Ebenen-Analyse DIMEAN (Spitzmüller/Warnke 2011: 201).

ist sicher ein solches Schlüsselwort, und seine Strittigkeit zeigt sich in Wortbildungen, die sich davon ableiten: *genderneutral* oder *genderfrei* einerseits, *Gender-Gaga*, *Woke-Wahnsinn* oder *Genderismus* andererseits. Diese Wortbildungen können damit als Schlagwörter verstanden werden, die für die einen als sog. Fahnenwörter gelten (z. B. *genderfrei* für queere Menschen), für andere hingegen sog. Stigmawörter sind (*Gender-Gaga* bei den Rechten, um queere Menschen zu diffamieren). Andererseits gibt es Schlagwörter, die überparteilich genutzt werden und positiv, negativ oder neutral konnotiert sind; *Demokratie* ist zumindest in demokratischen Gesellschaften ein Beispiel für ein positiv besetztes Hochwertwort (vgl. Spitzmüller/Warnke 2011: 143).

Auch die Ebene der **Propositionen**, also von Aussagen, kann in den Blick genommen werden. Hierzu zählen beispielsweise Metaphern, mit denen ein Ausdruck von einem Bedeutungszusammenhang in einen anderen übertragen wird. So gibt es eine lange Tradition, Krankheitsmetaphern zu verwenden, um Institutionen, Gesellschaften etc. damit zu beschreiben. Auch hier bieten die neuen Rechten reichlich Anschauungsmaterial, wie Scharloth in seiner Analyse zeigt: So sprechen Neurechte von *Menschensammelsucht* oder *Migrationssucht*, um die in ihren Augen „krankhafte Befürwortung von Migration" als Suchtkrankheit zu metaphorisieren. Oder sie bezeichnen den Islam als *Krebsgeschwür* oder das Eintreten für Frauenrechte als *Feminismusgeschwür* und die Aktivist:innen als *Femastasen* (vgl. Scharloth 2021: 131–139). Doch nicht nur bei den Neurechten finden sich diese (auffälligen) Metaphern. Wenn von einer *Flüchtlingswelle* gesprochen wird, wird eine Migrationsbewegung von Flüchtenden mit dem Naturereignis einer Welle gleichgesetzt. Denkt man das Bild weiter, scheint es plausibel, Hafenmauern gegen diese „Welle" zu bauen und die Flüchtenden als entpersonalisierte Masse aufzufassen.

Ein anderes Beispiel für eine propositionsorientierte Analyse ist das Interesse an Präsuppositionen und Implikaturen (→ 4.2.3). Solche werden z. B. in der Rede des russischen Präsidenten Wladimir Putin vom 24. Februar 2022 zur Ankündigung des Angriffskriegs auf die Ukraine ausgenutzt. Putin formuliert darin:

> Das Problem besteht darin, dass auf den an uns angrenzenden Gebieten – ich betone, auf unseren eigenen historischen Gebieten – ein uns feindlich gesinntes Anti-Russland geschaffen wird, das unter vollständige Kontrolle von außen gestellt wurde, von den Streitkräften der Nato-Länder intensiv besiedelt und mit den neuesten Waffen vollgepumpt wird. (Putin in: Zeit Online 2022)

Die Ukraine wird zunächst als „an uns angrenzendes Gebiet" bezeichnet, im Einschub jedoch mit „auf unseren eigenen historischen Gebieten" umschrieben. Aus der Kombination von *unseren eigenen* und *historischen* muss – wahrheitswidrig – präsupponiert werden, dass auch ehemals zu Russland gehörende Gebiete noch heute zu

Russland gehören. Ein etwas weniger zwingender, aber deshalb gerade wirksam drohender Schluss muss aus der folgenden Stelle gezogen werden:

> Was den militärischen Bereich betrifft, so ist das moderne Russland sogar nach dem Zusammenbruch der UdSSR und dem Verlust eines Großteils seines Potenzials heute eine der mächtigsten Nuklearmächte der Welt und verfügt darüber hinaus über bestimmte Vorteile bei einer Reihe modernster Waffensysteme. Es sollte daher kein Zweifel daran bestehen, dass ein direkter Angriff auf unser Land zu einer Niederlage und schlimmen Konsequenzen für jeden potenziellen Angreifer führen würde […]. (Putin in: Zeit Online 2022)

Die Drohung funktioniert, weil die Implikatur geschlossen werden kann, dass die Konsequenz eines Angriffs auf Russland ein nuklearer Gegenschlag sein könnte. Dies ist jedoch kein zwingender Schluss, da die militärische Fähigkeit des Landes sowohl als „mächtige Nuklearmacht" als auch als Besitzer „modernster Waffensysteme" beschrieben wird. So entsteht (eine wohl bewusste) Vagheit darüber, ob Putin Atomwaffen einsetzen würde.

Auf **Textebene** weitet sich der Blick erneut mit Analysekategorien, die aus der Textlinguistik (→ 8.2.3) bekannt sind: Man kann z. B. nach Textsorten und Textfunktionen fragen. Wengeler untersucht beispielsweise deutsche „Kriegsbotschaften" von 1900 (Kaiser Wilhelm II.) bis 2001 (Bundeskanzler Gerhard Schröder zu Afghanistan) als spezifische Textsorte und arbeitet konstitutive Bestandteile aus:

– Die Narratio, „wie es zu der aktuellen Situation gekommen ist, in der ‚leider' ein militärischer Einsatz, ein Krieg oder eine Aufrüstungsmaßnahme erforderlich ist",
– die „Selbstdarstellung bzw. Selbstinszenierung des Redners […] als verantwortungsvoller und friedliebender Mensch, der alles versucht hat, um die militärische Maßnahme zu meiden, der aber nun gezwungen ist, diese anzuordnen",
– die „Rechtfertigung/Legitimation der begonnenen oder zu beginnenden Maßnahme durch die Darstellung der Handlungen des Gegners […] und der Gefahren, die drohen, wenn nun nicht militärisch reagiert wird",
– die „Darstellung der Ziele, [die] […] zu erreichen sind",
– die „Berufung auf die Geschichte, die lehrt, dass die unpopuläre Maßnahme nötig sei und/oder dass man Erfolg haben wird […], sowie die Anrufung eines höheren Wesens als Berufung auf die Religion",
– die „Berufung auf Instanzen wie grundlegende (zu verteidigende) Werte, kodifizierte Normen […] und/oder Verpflichtungen gegenüber Partnern, Verträgen etc.",
– der „Ausdruck der Siegesgewissheit, in der Regel eingebaut in einem Schlussappell und verbunden mit der Erklärung der Solidarität des Kriegsherrn/des Redners mit seinen Soldaten/seinem Volk, z. T. auch verbunden mit Drohungen an den Gegner",

– und dem „Solidaritätsappell nach innen, bei Hitler charakteristischerweise verbunden mit Drohungen an die, die sich verweigern, ansonsten oft verknüpft mit der Darstellung der Ernsthaftigkeit der Lage und der zu erwartenden Opfer" (Wengeler 2005: 216–217).

Aus diskurslinguistischer Sicht könnte nun gefragt werden, ob sich auch neuere Kriegsbotschaften in dieses Muster einordnen lassen und ob sich die Textsorte tatsächlich so generalisieren lässt oder ob Differenzierungen ausgemacht werden können.

Eine andere Kategorie auf Textebene sind Isotopie- und Oppositionslinien (→ 8.4.4). Isotopie wird als Wiederkehr semantisch ähnlicher Ausdrücke verstanden, wobei oft verschiedene, in Opposition zueinander stehende Isotopieebenen vorkommen. Dorothee Meer zeigt beispielsweise, wie im Imagematerial der Unterstützer:innen von Wasserstofftechnologien als Energiequelle mit zwei in Opposition zueinander stehenden Isotopieebenen gearbeitet wird. Über Bilder und Sprache werden Oppositionen gezeigt, z. B. die Farbe Grün mit Naturbeschreibungen vs. Grau und Betonlandschaften, die für +/- Wasserstoff oder +/- klimaneutral stehen. Diese Isotopieebenen zeigen sich sprachlich also in unterschiedlichen Ausdrücken, die aber alle helfen, die Isotopieebenen zu bilden, sind aber auch im dazugehörigen audio-visuellen Material sichtbar (vgl. Meer 2023). Eine solche Analyse zeigt auch bereits, dass sich viele Phänomene über einzelne Texte hinaus erstrecken und gerade deshalb für eine diskurslinguistische Analyse interessant sind. Um sie zu fassen, können transtextuelle Analysekategorien genutzt werden (siehe unten).

Auch ein multimodaler Fokus ist auf Textebene wichtig: Text-Bild-Beziehungen, Typografie oder Materialität können ebenso analysiert und in ihrer diskursiven Funktion interpretiert werden.

11.3.3.2 Akteure

Eine Analyse auf intratextueller Ebene bleibt zwischen Buchstabe und Text stehen: Sie bleibt morphologisch, semantisch, syntaktisch oder textlinguistisch. Um nun eine diskurslinguistische Sicht einzunehmen, müssen die Beobachtungen auf intratextueller Ebene mit Akteuren in Verbindung gebracht werden: Was *tun* Akteure, indem sie Sprache auf eine bestimmte Weise benutzen, z. B. indem sie bestimmte Metaphern anwenden?

Die Berücksichtigung von Sprachbenutzer:innen ist für alle handlungsorientierten, pragmatischen Sichtweisen auf Sprachgebrauch wichtig. Das wird in diesem Kapitel in Abschnitt 11.4 zur anthropologischen und kulturlinguistischen Perspektive wieder aufgenommen, spielt aber offenkundig auch in der Gesprächsanalyse (→ 9) eine grosse Rolle, und selbst Gebiete der Linguistik, die traditionell eher einen strukturellen Fokus haben, sind seit der pragmatischen Wende (→ 4.1.2) deutlich stärker handlungstheoretisch ausgerichtet (→ 3.2.1.3 zu gebrauchssemantischen Ansätzen).

Was ist ein Akteur? Aus einfachen (und veralteten) Kommunikationsmodellen sind Bezeichnungen wie Sprecherin, Hörer, Sender, Empfängerin bekannt, also Personen, die sprachliche Handlungen vollziehen. Doch nicht nur Individuen, sondern auch Gruppen, Institutionen wie Parteien, Medien etc. können als Akteure betrachtet werden. Der französische Soziologe und Philosoph Bruno Latour entwickelt mit seiner Akteur-Netzwerk-Theorie darüber hinaus noch ein weiteres Verständnis von Akteur: Auch Objekte oder Gebäude können als Akteure entwickelt werden. Spitzmüller und Warnke verweisen dabei z. B. auf den Gentrifizierungsdiskurs, der aus Handlungen von „Immobilienhändlern, Bewohnern unterschiedlicher sozialer Klassen, Hausbesetzern, Medien, Wissenschaftlern usw. bis hin zu den dimensionalen Gebäudeformationen" besteht. Letztere seien „im Falle Berlins schon dadurch bedeutend für den Diskurs […], weil in der alten Bausubstanz von Vorder- und Hinterhausbebauungen, Seiten- und Gartenhäusern im Hof etc. eine soziale Mischung vorgegeben ist und insofern verschiedene Bewohnergruppen als personale Akteure in ihren Begegnungen und Vernetzungen determinieren" (Spitzmüller/Warnke 2011: 172).

Mit einem solchen Akteursbegriff wird auch sofort klar, dass die Sprachhandlungen zwischen den Akteuren nicht einfach ein „Senden" und „Empfangen" einer Botschaft sind, sondern dass es sich um ein komplexes Netzwerk von Akteuren handelt, die miteinander handeln. Dies wird mit den Konzepten der Praktiken, der Performanz und einem dialogistischen Sprachmodell im Abschnitt 11.4 noch vertieft diskutiert.

Spitzmüller und Warnke beschreiben nun Akteure als „Text-Diskurs-Filter", der zweifach wirkt: Erstens indem er Diskurse regelt: Welche Aussagen gehen in einen Diskurs ein, welche Positionen werden distribuiert, welche kommentiert und marginalisiert? Akteure wie Medien entscheiden darüber, welche Texte wo erscheinen, oder komplexe, intransparente Algorithmen als Bestandteil von Social-Media-Plattformen beeinflussen die Sichtbarkeit und Verteilung von Nachrichten. Zweitens prägt der Text-Diskurs-Filter *Akteur* die Texte diskursiv: Bestimmte Akteure schreiben und sprechen auf spezifische Weisen über Themen, benutzen also z. B. ausgewählte Metaphern, die in einem Diskurs eine bestimmte Bedeutung und Funktion haben (vgl. Spitzmüller/Warnke 2011: 173f.).

Ein Beispiel mag die Filterfunktion von Akteuren illustrieren: Der damalige Parteipräsident der Schweizer Partei *Die Mitte*, Gerhard Pfister, äusserte sich in einem Interview mit einer Tageszeitung 2023 wie folgt auf eine Frage zu Sprache und Bewusstsein:

Tages-Anzeiger: Die linke Argumentation [zum Zusammenhang von Sprache und Bewusstsein, d. Verf.] lautet: Die Sprache bestimmt das Bewusstsein. Darum muss man zum Beispiel den Genderstern verwenden, um alle Geschlechter abzubilden.

Pfister: Natürlich befinden sich Sprache und Realität in einer wechselseitigen Beziehung. Aber die Sprache passt sich primär den gesellschaftlichen Verhältnissen an, nicht umgekehrt. Darum sollten wir weniger um das vermeintlich richtige Wort streiten und mehr um das faktische Problem – wenn es tatsächlich eines gibt. Mühe habe ich zudem damit, wie links und rechts in diesem Wokeness-Streit den eigenen Standpunkt moralisch verabsolutieren. (Birrer/Häfliger 2023)

Pfister wird als Präsident der Partei *Die Mitte* von einer Tageszeitung interviewt. Die Aussagen prägen einerseits den Diskurs, da Pfister nicht irgendjemand und die Tageszeitung nicht irgendein Kontext ist; die jeweilige institutionelle Zugehörigkeit (Parteipräsident) und distribuierende Funktion (Medium Tageszeitung) charakterisieren Pfister und die Zeitung als Akteure mit spezifischen Diskurspositionen, die über eine spezifische *Voice* verfügen (Fähigkeit, sich im Diskurs Gehör zu verschaffen) und so als *Ideology Brokers* (sie können bestimmte Meinungen und Werte durchsetzen) wirken. Gleichzeitig sind die Aussagen aber durch verschiedene Diskurse geprägt, was sich in Ausdrücken und Schlüsselwörtern wie *linke Argumentation*, *Genderstern* und *Geschlechter* in der Frage sowie in *vermeintlich richtiges Wort*, *Wokeness-Streit* oder *moralisch* in der Antwort zeigt. Das Verhältnis von Sprache, Bewusstsein und Realität ist dabei eine alte sprachtheoretische Frage (→ 10.2). Die Aussage *die Sprache passt sich primär den gesellschaftlichen Verhältnissen an, nicht umgekehrt* würde dabei wohl von weiten Teilen der Linguistik aufgrund empirischer Gegenevidenz bestritten, und sie würde auch nicht als „linke Argumentation" verstanden werden. Das Interview und die Aussagen sind jedoch deutlich durch den Diskurs um genderneutrale Sprache und Queerness geprägt, sodass das sprachtheoretische Argument auch in diesem Licht erscheint.

11.3.3.3 Transtextuelle Ebene

Viele Phänomene, die zuvor beschrieben worden sind, funktionieren transtextuell: Sie entfalten ihre Wirkung gerade dadurch, dass sie Bezüge auf andere Texte nehmen. Die Produktivität des Suffixes *-ismus* auf morphologischer Ebene, wie etwa in *Totalitarismus* und weiter ergänzt zum Kompositum *Öko-Totalitarismus*, bringt zwei völlig verschiedene Aspekte zusammen: Ökologie und Totalitarismus. Beide Aspekte verweisen jeweils auf zahlreiche Texte und Aussagen jenseits des Textes, in dem *Öko-Totalitarismus* verwendet wird. Sie in einem Wort zu vereinen, impliziert, ökologische Bemühungen hätten einen totalitären Charakter.

Dies ist eine Form von **Intertextualität**, die für Diskurse zentral ist: Eine Aussage wie *Hört auf mit diesem Gender-Gaga* lesen wir wahrscheinlich mit

Bezügen zu Forderungen nach gendergerechter Sprache, queeren Positionen u. Ä. Dadurch wird die Aussage als Teil des „Genderdiskurses" wirksam, auch wenn diese Forderungen und Positionen gar nicht explizit genannt werden müssen. Auch das Eingangsbeispiel der Kommentare auf YouTube (→ 11.2) zeigt ein hohes Mass an Intertextualität, die aufgelöst werden muss, um sie zu verstehen.

Intertextuelle Bezüge können auch explizit sein. Rechtstexte befinden sich beispielsweise in einem sehr fein gesponnenen Netz von gegenseitigen Bezugnahmen, die über die Nennung von Gesetzen und Paragrafen, Urteilen etc. explizit gemacht werden. Ebenso leben wissenschaftliche Texte von expliziten Bezügen, die über ein formalisiertes System von Zitationen und Referenzen deutlich gemacht werden.

Ein bekanntes Konzept, um die Vernetzung von Ausdrücken und ihrer Semantik zu beschreiben, sind **Frames** (zur Vertiefung siehe → 3.4.4). Auch ausserhalb der Linguistik ist das Konzept bekannt, sogar in der Alltagssprache ist da und dort von *Framing* die Rede.

Das Konzept geht auf den Anthropologen und Biologen Gregory Bateson (1987) zurück und wurde zunächst vom Soziologen Erving Goffman (1986) und dann vom Linguisten Charles J. Fillmore aufgegriffen:

> By the word ‚frame' I have in mind any system of concepts related in such a way that to understand any of them you have to understand the whole structure in which it lies; when one of the things in such a structure is introduced in a text, or in a conversation, all of the others are automatically made available. (Fillmore 1982: 111)

Es handelt sich bei Frames also um Rahmenstrukturen, in denen Zeichen verankert sind. Es reicht, eines dieser Zeichen zu aktivieren, sodass auch alle anderen damit zusammenhängenden Zeichen aktiviert werden. Ist beispielsweise von einem Virus die Rede, aktivieren sich entweder weitere Ausdrücke wie *Computer, Internet, Trojaner, Verschlüsselung, Lösegeldforderung* etc. oder aber *Krankheit, Husten, Maske, Medizin* usw. Aus diskurslinguistischer Sicht ist interessant, wie diese Rahmenstrukturen in einer gegebenen Gesellschaft zu einer spezifischen Zeit und vielleicht auch in Abhängigkeit verschiedener Diskurse gefüllt sind. Daran lässt sich z. B. ablesen, welches Wissen und welche Überzeugungen in einer Gesellschaft vorherrschend sind.

Diskurse sind jedoch nicht nur von Wissensrahmen geprägt, sondern auch von Argumentationen. Mit dem Analysebegriff des **Topos** können solche argumentativen Strukturen offengelegt werden. Topoi sind demnach grundlegende Schlussregeln oder allgemeine Prämissen von Argumentationsmustern (vgl. Kienpointner 2017: 187). Ein Beispiel für eine solche grundlegende Schlussregel ist der Analogietopos: Wenn für einen Fall A eine Folge P gilt und wenn Fall B analog zu A ist, dann gilt für Fall B ebenfalls die Folge P. Das folgende Beispiel mag dies illustrieren: *Alkohol ist wie Cannabis eine Droge. Alkohol ist aber legal. Dann sollte Cannabis* *doch auch legal sein.* Alkohol und Cannabis werden also analog gesehen und für Cannabis die gleiche Handhabung wie für Alkohol gefordert (Analogietopos).

Martin Wengeler hat diesen sehr allgemein verstandenen Toposbegriff für diskursgeschichtliche Zwecke angepasst und am Migrationsdiskurs exemplifiziert (vgl. Wengeler 2003b). So sieht er etwa hinter Aussagen wie *Ausländische Arbeitskräfte sind für die Wirtschaft unentbehrlich* oder *Unsere Pflege bricht zusammen ohne ausländische Arbeitskräfte* den „Topos vom wirtschaftlichen Nutzen". Die Aussage *Wir kommen an die Grenzen der Aufnahmefähigkeit* hingegen folgt dem „Belastungs-Topos" (Wengeler 2003a: 70). Inhaltlich und formal sehr unterschiedliche Aussagen lassen sich also auf die gleichen grundlegenden Topoi zurückführen. Die Erkenntnis, welche Topoi in einem Diskurs gerade besonders wichtig sind und wer sie nutzt, ist ein wichtiges Element einer Diskursanalyse.

Als weitere Analysekategorie, die sich auf der transtextuellen Ebene befindet, wird jüngst auch das **Narrativ** vorgeschlagen. Auch dieser Begriff ist aus dem allgemeinen Sprachgebrauch bekannt, wenn von Narrativen gesprochen wird, die von bestimmten Akteuren genutzt würden. Ein Vorschlag, den Begriff diskurslinguistisch zu schärfen, stammt von Meer (2023). Nach diesem Vorschlag sind Narrative „diskursive Konstruktionen auf einer strukturbildenden Zwischenebene zwischen konkreten Textsorten und dem jeweiligen Diskurs". Sie bestehen also aus verschiedenen Elementen, nämlich Texten, Bildern und Kombinationen davon. In diesen Elementen werden „mindestens eine, häufig jedoch mehrere *relevante Oppositionen* in Form von Isotopien relevant gesetzt" (Meer 2023: 21). Eine solche Opposition, wie etwa *grau, veraltet* vs. *grün, modern* zeigt sich also in verschiedenen Formen, aber systematisch in Texten, Bildern, Filmen etc. Damit sie zum Narrativ werden, müssen sie als „Handlungsentwicklung von Akteur*innen in Raum und Zeit" verstanden werden können; sie erzählen also eine Geschichte (Meer 2023: 21).

Meer sieht im Bereich der Wasserstofftechnologie ein Beispiel für ein solches „Wasserstoffnarrativ". Damit wird mittels in verschiedenen Texten, Bildern, Filmen etc. jeweils auch nur bruchstückhaft genannten Aussagen insgesamt die Geschichte erzählt, dass verschiedene Akteure dazu beitragen, die „graue", „veraltet-industrielle" und „ressourcenzehrende" Technologie, z. B. Kohleförderung, dank Wasserstoff in eine „grüne", „moderne" Zukunft zu führen (Meer 2023: 21).

Mit dem Konzept des Narrativs lässt sich also die komplexe Anwendung von allen bisher beschriebenen Elementen (z. B. Frames, Topoi, Akteuren, Metaphern etc.) in solchen transtextuellen Erzählungen fassen und analysieren. Auch hier ist interessant, welche Narrative von wem mit welchen Mitteln erzählt werden. Eine Diskursanalyse versucht also, das komplexe Zusammenspiel von sprachlichen, aber auch nichtsprachlichen Aspekten genau zu beobachten.

11.4 Anthropologische und kulturlinguistische Perspektive

Während die Diskurslinguistik doch meist sehr auf geschriebene Sprache fokussiert ist und sich für das Entstehen und Verhandeln von Wissen in der Gesellschaft interessiert, nimmt die anthropologische Linguistik einen weiteren Blick ein. Sie fragt ganz grundsätzlich nach dem Zusammenhang von Sprache und Kultur. Sprache wird als zentrales kulturelles Phänomen aufgefasst und gleichzeitig davon ausgegangen, dass Kultur Bestandteil jeder sprachlichen Interaktion ist. Eingangs wurde bereits auf die Kulturanthropologie und Ethnografie verwiesen, die sich auch für das Verhältnis von Sprache und Kultur interessieren und auch die Soziolinguistik sowie die Gesprächs- und Interaktionslinguistik beeinflussten. Zudem formierte sich auf dieser Basis die anthropologische Linguistik, die Sprache als Ressource und sprachliche Handlungen als kulturelle Praktiken auffasst, um zu analysieren, wie dadurch soziale Wirklichkeit konstruiert wird (vgl. Günthner 2013: 348).

Neben der anthropologischen Linguistik entwickelte sich in den letzten Jahrzehnten unter Bezeichnungen wie *Kulturanalyse*, *Kulturlinguistik* oder *kulturanalytische Linguistik* Spielarten der Linguistik, die sowohl mit der anthropologischen Linguistik als auch mit der Diskurslinguistik verwandt sind, aber doch eigenständige Fragestellungen hervorbrachten. In einem programmatischen Text von Angelika Linke aus dem Jahr 2003 (Linke 2003) wird die linguistische Kulturanalyse – vereinfacht gesagt – als pragmatisch orientierte Sprach*gebrauchs*geschichte definiert: Im Gegensatz zur Sprachgeschichte, die sich in erster Linie für Sprachwandel als Phänomen des Sprachsystems beschäftigt, interessiert sich die Kulturanalyse für den Zusammenhang von sprachlichem Handeln in der Gesellschaft und dessen Wandel, die mit grundlegenden kulturellen Veränderungen einhergehen. Man kann daher diese kulturanalytische Linguistik als Teilgebiet der anthropologischen Linguistik verstehen.

Im vorliegenden Kapitel sollen nun zentrale Konzepte, die sowohl für die anthropologische Linguistik generell als auch für die kulturanalytische Linguistik relevant sind, vorgestellt werden. Es ist unmöglich, der Vielfalt der anthropologischen Linguistik in einem einführenden Text gerecht zu werden, daher müssen wir uns mit wenigen Schlaglichtern begnügen.

11.4.1 Sprachliche und kulturelle Veränderungen: Ein Beispiel

Eine bekannte Studie von Angelika Linke zu Todesanzeigen illustriert gut das kulturanalytische Interesse daran, sprachliche als kulturelle Veränderungen zu verstehen; sie trägt den Titel „Trauer, Öffentlichkeit und Intimität. Zum Wandel der Textsorte ‚Todesanzeige' in der zweiten Hälfte des 20. Jahrhunderts" (Linke 2001). Linke geht von der Beobachtung aus, dass Todesanzeigen in der Zeitung neben dem klassischen Format, in dem der Tod einer Person bekanntgegeben wird, in der 2. Hälfte des 20. Jahrhunderts in eine neue Form tritt: Diese Form gleicht eher einem offenen Brief der Hinterbliebenen an den Verstorbenen. In den traditionellen Anzeigen finden sich sprachliche Formeln wie „Mein lieber [Verwandtschaftsbezeichnung/Name] ist nach langer, geduldig ertragener Krankheit in die Ewigkeit eingegangen" oder „Nach kurzer Krankheit ist meine geliebte [V/N] gestorben", die sich letztlich auf eine Aussage „[V/N] ist gestorben" reduzieren lassen. Die neuere Form enthält jedoch Formeln wie „Lieber [V/N], wir trauern um Dich" oder „In Liebe und Dankbarkeit verabschieden wir uns von [V/N]". Das bedeutet, dass es zu einer Umbesetzung der Subjektposition kommt, da die „Textproduzenten [...] nicht mehr über den Toten, sondern *über sich selbst* [sprechen]" (Linke 2001: 212). Linke macht somit einen „Schablonenwechsel" aus: Statt einer eigentlichen Todesanzeige, in der der Tod einer Person bekanntgegeben wird, handelt es sich bei der neueren Form um Traueranzeigen, die primär die Trauer der Hinterbliebenen artikuliert.

Diese Veränderungen auf sprachlicher Ebene stellt Linke in ihrer Deutung in einen grösseren Zusammenhang: Sie deutet sie als Singularisierung und Individualisierung von Trauer, bei der die persönlichen Emotionen ausgedrückt werden. Dies stünde in einer Diskrepanz dazu, dass ritualisierte kollektive Gefühlsdemonstrationen in Form von grossen Beerdigungen, „das Tragen von Trauerkleidung, das Abhalten von Totenmessen etc." (Linke 2001: 217), immer unüblicher würden. Man könnte nun annehmen, dass die Singularisierung und Individualisierung von Trauer diese zu einer Privatsache machen würde – doch genau dies sei nicht der Fall:

> Im Gegenteil: Die Existenz des Texttyps ‚offener Brief' als eine Form der Anzeige, in der Trauernde – und das heißt heute: Personen, die sich selbst als solche *definieren* – ihre Trauergefühle in einer als individuell markierten Form der Publikumsöffentlichkeit unterbreiten, belegt die genuine Verbindung von individuell-intimer Gefühlsäußerung und massenmedialer Öffentlichkeit, eine Verbindung, die zunächst als paradox, als Widerspruch in sich selbst erscheinen mag. (Linke 2001: 219)

Linke argumentiert deshalb, dass ein fundamentaler Wandel in der Konzeptualisierung von Öffentlichkeit, Individualität und Intimität zu beobachten sei und dass dieser Wandel zu neuen sprachlichen Handlungen führe, bevor er überhaupt wahrgenommen werde.

Das Beispiel zeigt, dass hier ein Blick auf systematische Veränderungen im Sprachgebrauch in einen kulturellen Zusammenhang gebracht wird: Es bilden sich nicht einfach neue Wörter (Neologismen) oder neue Bedeutungen, sondern ganze sprachliche Routinen ändern sich. Diese Routinen sind Ausdruck sprachlicher Praktiken (→ 11.4.5), die in grundlegendere Praktiken des Trauerns eingebettet sind. Die Todesanzeigen stellen dabei eine kommunikative Gattung dar, der wir uns bedienen können, wenn wir vor die (nicht einfache) Aufgabe gestellt werden, den Tod eines Menschen mitzuteilen.

11.4.2 Sprache und Kultur

Es ist keine neue Idee, Sprache als eng mit Kultur verbunden zu denken. Wilhelm von Humboldt formulierte 1827:

> Die Sprache ist durchaus kein bloßes Verständigungsmittel, sondern der Abdruck des Geistes und der Weltsicht der Redenden, die Geselligkeit ist das unentbehrliche Hilfsmittel zu ihrer Entfaltung, aber bei weitem nicht der einzige Zweck, auf den sie hinarbeitet, der vielmehr seinen Endpunkt doch in dem einzelnen findet, insofern der einzelne von der Menschheit getrennt werden kann. (Humboldt 1827/1986: 21f.)

So besteht für Humboldt Sprachforschung nicht nur darin, Grammatiken und Wörterbücher zu erstellen und zu rezipieren, sondern sie als „Tätigkeit (Energeia)" statt nur als „Werk (Ergon)" zu verstehen (Humboldt 1836/1986: 36) und ihre Verwendung, z. B. in kulturellen Werken, zu studieren. Die Idee, dass der Sprachgebrauch bestimmte Sichten auf die Welt widerspiegelt und dass Sprache Teil von sozialem Handeln ist („Geselligkeit"), geht bis in die Antike zurück (vgl. Spitzmüller 2022: 69). Auch beim Dichter und Philosophen Johann Gottfried Herder finden sich Ende des 18. Jahrhunderts entsprechende Gedanken, dass Sprache Ausdruck und Manifestation von Kultur ist (vgl. Günthner 2013: 349).

Wenn also Sprache in den Worten Humboldts ein „Abdruck des Geistes und der Weltsicht" ist, wird das grundsätzliche Verhältnis zwischen Sprache, Denken und Wirklichkeit thematisiert. Genauer geht es um die Frage, ob Denken unabhängig von Sprache stattfindet und wie das Denken wiederum die Wahrnehmung von Wirklichkeit beeinflusst.

Grundsätzlich sind zu diesem Verhältnis zwei sich widersprechende Extrempositionen möglich:
1. **Realistische Position:** Es gibt eine objektiv gegebene, von Individuen wahrnehmbare Wirklichkeit. Die Wahrnehmung dieser Wirklichkeit führt zu Abbildern oder Vorstellungen im Bewusstsein. Diese Vorstellungen sind bei allen Menschen gleich, egal welche Sprache sie sprechen. Denn Sprache ist bloss ein Mittel, um diese Vorstellungen im Bewusstsein auszudrücken, wobei sich je nach Sprache unterschiedliche Bezeichnungen dafür konventionalisiert haben. Das Denken geschieht frei von Sprache und muss sozusagen versprachlicht werden, um es mitteilen zu können. Diese Position wird „realistisch"

genannt, weil angenommen wird, dass die realen Gegenstände und ihre mentalen Abbilder vor den Bezeichnungen dafür existieren.
2. **Idealistische Position:** Die Gegenposition argumentiert, dass Denken und damit auch die Wahrnehmung von Wirklichkeit nicht sprachfrei passiert. Indem Individuen in eine Sprachgemeinschaft hineingeboren und darin sozialisiert werden, lernen sie Bezeichnungen für bestimmte Gegenstände und Sachverhalte und können nicht anders, als sich diese Wirklichkeit über Sprache anzueignen. Das Denken kann damit nicht sprachfrei, sondern in den Begriffen und Konzepten der individuellen Sprache stattfinden. Daraus folgt, dass das Denken und die Wahrnehmung von Wirklichkeit bei jedem Menschen und vor allem je nach sprachlichem Hintergrund unterschiedlich sein muss. Diese Position wird „idealistisch" genannt, weil die mentalen Konzepte (Begriffe) das Denken prägen (und damit die Wahrnehmung von Wirklichkeit). (Gardt 2012: 230, → 3.2.1)

Im Rahmen der Soziolinguistik wurde bereits der konstruktionstheoretische Blick auf Gesellschaft vorgestellt (→ 10.2.3), der auf der idealistischen Position aufbaut. Und oben in Kapitel 11.3.1 klingen diese konstruktivistischen Denkweisen ebenfalls an.

Gerade in Bezug auf verschiedene Sprachen ist das sogenannte **sprachliche Relativitätsprinzip**, das auch als **Sapir-Whorf-Hypothese** bekannt geworden ist, eine wichtige Fortführung der idealistischen Position. Es geht auf den Kulturanthropologen Edward Sapir und seinen Schüler Benjamin Lee Whorf zurück. Letzterer untersuchte die Sprache der Hopi-Indianer im Vergleich mit anderen Sprachen und kam zum Schluss, dass die Hopi aufgrund des Tempussystems ihrer Sprache eine andere Vorstellung von Zeitabläufen haben müssten:

> From this fact proceeds what I have called the ‚linguistic relativity principle', which means, in informal terms, that users of markedly different grammars are pointed by their grammars toward different types of observations and different evaluations of externally similar acts of observation, and hence are not equivalent as observers but must arrive at somewhat different views of the world (Whorf 1956/2007: 221).

In dieser starken Form wird die Hypothese heute kaum mehr vertreten, da die empirische Evidenz dafür fehlt. Allerdings gibt es Bestätigung für die Hypothese in einer schwächeren Form, bei der davon ausgegangen wird, dass sich Sprache und Denken sehr wohl gegenseitig beeinflussen. Ein Paradebeispiel dafür ist die Vorstellung von Gender, die sprachlich stark vorgeprägt ist (→ 11.5).

11.4.3 Kulturbegriffe und Fragestellungen

Während in der Soziolinguistik *Gesellschaft* die zentrale Kategorie darstellt, ist es in der anthropologischen Linguistik der Kulturbegriff. Die Unterscheidung von Kultur und Gesellschaft ist nicht einfach: Eine der Sichtweisen, die aber umstritten ist, versteht das Verhältnis zwischen Kultur und Gesellschaft als eines von Inhalt und Struktur/Form. Kultur ist demnach die Menge aller Werthaltungen, Normen und Regeln, die in einer Gesellschaft gelten. Gesellschaft ist damit sozusagen eine Art Plattform, auf der sich Kultur abspielen kann. An dieser Sichtweise wird kritisiert, dass damit eine Trennung zwischen Form und Inhalt vorgenommen wird, die in der Praxis nicht einfach aufrechtzuerhalten ist. Auch der Kulturbegriff selbst wird kritisiert, da er (fälschlicherweise) als Hochwertwort aufgefasst werden könnte und ein spezifisch europäisches (kolonial und nationalstaatlich geprägtes) Konzept darstellt (vgl. Spitzmüller 2022: 42).

Diese Einwände sind sehr berechtigt, und es gibt deshalb auch die Forderung, das linguistische Interesse für Kultur nicht in einer Teildisziplin der Kulturlinguistik, Kulturanalyse o. Ä. zu fassen, sondern diese Fragen soziolinguistisch anzugehen. Allerdings gibt es keinen Konsens darüber, wie breit die Soziolinguistik aufzufassen ist. Unabhängig von der Frage, ob die im Folgenden dargelegten Theorien und Fragestellungen als kultur- oder soziolinguistisch begriffen werden sollen, gibt es Kulturbegriffe, die aus linguistischer Sicht hilfreich sind: Kultur als Wissen, Kultur als Text, Kultur als (verkörperte) Praxis und Kultur als emergenter Prozess in zwischenmenschlichen Interaktionen (vgl. Günthner 2013: 349 f.; Günthner/Linke 2006: 6).

– **Kultur als Wissen:** Mit dem Anthropologen Ward Goodenough (1981) wird Kultur nicht als materielles Phänomen gesehen, sondern als Wissen in den Köpfen der Menschen über Dinge und Vorstellungen, mit denen sie diese Dinge wahrnehmen und interpretieren. Bei dieser kognitivistischen Vorstellung von Kultur spielt Sprache damit eine wichtige Rolle: Sprachgebrauch ist ein Beispiel für spezifische Formen, in denen Wissen organisiert wird. Sprache ist damit selbst ein kulturelles Phänomen und generiert gleichzeitig Kultur.
– **Kultur als Text:** Der Anthropologe Clifford Geertz (1987: 9) sieht den Menschen in einem selbstgesponnenen Bedeutungsgewebe verstrickt. Laufend deuten wir die Welt um uns neu und weben uns ein Netz von Interpretationen dessen, was wir erleben und dem wir somit Sinn unterstellen. Dieses Gewebe ist Kultur. Die Untersuchung von Kultur soll deshalb nicht Gesetzmässigkeiten suchen, sondern interpretierend vorgehen, um diesen Bedeutungsgeweben

sozialen und kulturellen Sinn zuschreiben zu können. Kultur müsse deshalb semiotisch wie ein Text gelesen und interpretiert werden.
- **Kultur als (verkörperte) Praxis:** Dieses Verständnis von Kultur geht auf den Begriff der Praxis bei Pierre Bourdieu (1987/1993) zurück. Er versteht darunter die alltäglichen Handlungsformen, die eng mit dem menschlichen Körper verbunden sind: gehen, sich setzen, essen, trinken, reden, lachen etc. Diese Praktiken unterliegen einer Situationslogik; sie müssen mit begrenzten Ressourcen und in der Situation ausgeführt werden. Wir haben uns diese Praktiken jedoch im Verlaufe der Sozialisation angeeignet und führen sie deshalb routinisiert aus. Gleichzeitig sind sie dadurch, dass wir sie von unserem sozialen Umfeld gelernt haben, „kulturell überformt", also nicht einfach angeboren – und daher auch kulturell unterschiedlich.
- **Kultur als emergenter Prozess in zwischenmenschlichen Interaktionen:** Bei diesen Ansätzen wird die soziale Interaktion ins Zentrum gestellt und Kultur als Wissen sowie als Form sozialen Verhaltens in zwischenmenschlicher Interaktion verstanden (vgl. Gumperz 1982; Duranti 1997; Brown 2006; Gumperz/Cook-Gumperz 2007). Es sind also kulturelle Konventionen, Denk- und Interpretationsweisen, Werte und Schemata, die in sozialer Interaktion laufend ausgehandelt werden, indem sie angewandt und dadurch bestätigt, aber auch verändert werden. *Kultur* entsteht dadurch als neue Eigenschaft, die nicht auf einzelne Handlungen zurückgeführt werden kann, das Ensemble dieser Handlungen jedoch zu Kultur führt (emergenter Prozess).

So unterschiedlich diese Definitionen sind, machen sie doch einerseits deutlich, dass es mit ihnen schwierig ist, Gesellschaft und Kultur deutlich zu trennen. Vielmehr legen alle drei Perspektiven eine sehr grundlegende Bedeutung von Kultur nahe; also gerade das Gegenteil zur Vorstellung, dass Gesellschaft eine Plattform für Kultur als Menge von Werthaltungen, Normen und Regeln in der Gesellschaft sein könnte. Andererseits findet sich in allen Definitionen die Idee, dass Kultur etwas ist, in dem Werte, Normen und Regeln verhandelt werden oder zumindest repräsentiert sind.

Aus linguistischer Sicht ist jedoch interessant, dass Sprache und Sprachgebrauch in der Interaktion wichtige Elemente kultureller und gesellschaftlicher Prozesse darstellen. Ohne sich nun auf einen spezifischen Kulturbegriff festzulegen, sollen im Folgenden drei Aspekte näher vorgestellt werden, die an die oben genannten Kulturbegriffe anschlussfähig sind und gleichzeitig einen produktiven Blick auf Sprachgebrauch aus anthropologischer Sicht bieten.

11.4.4 Dialogistisches Sprachverständnis

Die Konzeptionen von Kultur, die die zwischenmenschliche Interaktion und die Praktiken ins Zentrum setzen, verweisen auf das dialogistische Sprachverständnis vieler kulturanalytischer und anthropologischer Arbeiten. Denn es ist klar, dass Formen von Kultur laufend in Interaktionen zwischen Menschen hervorgebracht werden müssen. Im Kleinen, Lokalen, Temporären geschieht also etwas, das sich im Grossen (als emergentes Phänomen) zeigt. Um zu verstehen, was im Kleinen passiert, ist es wichtig, ein dialogistisches Sprachverständnis zu entwickeln, wobei darunter nicht nur ein Gespräch zwischen zwei Personen gemeint ist, sondern generell die (auch kommunikative) Interaktion zwischen Menschen (vgl. Linke 2016: 359).

Natürlich kann ich ganz für mich allein darüber nachdenken, wie mich immer das herablassende Grüssen des Nachbars aufregt. Aber erst in der Interaktion mit anderen Personen, denen ich davon erzähle, oder mit dem Nachbarn selbst, den ich immer extra servil und überfreundlich zurückgrüsse, handle ich sprachlich und kritisiere oder reproduziere Vorstellungen über kommunikative Freundlichkeit.

Das kleine Beispiel zeigt, dass *dialogistisch* hier nicht einfach heisst, dass ich andere Personen über meine Erfahrung mit dem Nachbarn informiere. Was damit passiert, ist mehr als eine Vermittlung zwischen Individuen, mehr als das, was klassische Kommunikationsmodelle als Kommunikation zwischen Sender:in und Empfänger:in modellieren. Wenn ich einer Freundin mein Leid und meinen Frust klage, dann stimmt sie vielleicht in diesen Kanon ein, versichert mir, dass sie das Verhalten des Nachbarn auch komisch findet, und wir konstruieren im Gespräch ein gemeinsames Verständnis der Angelegenheit. Wir bringen durch unsere Sprachhandlungen einen spezifischen Interaktionskontext des Klagens und Lästerns über den Nachbarn hervor und bestimmen so unsere Rollen, Funktionen und unsere Beziehung untereinander. Dieses Verständnis von **Dialogizität** und **Interaktion** geht auf die Gesprächsanalyse zurück, die ein feines Instrumentarium zur Analyse dieser Prozesse entwickelt hat (→ 9).

Daraus ableitend lässt sich ein Verständnis von Kommunikation entwickeln, bei dem ein Individuum nicht als singuläres Ich verstanden wird, sondern immer schon in einer „Ich-Du"-, einer Ego-Alter-Beziehung: In einem Gespräch ist eine Sprecherin zugleich Hörerin, ein Hörer zugleich Sprecher, und das Gesprochene ist ein gemeinsames Produkt aller Beteiligten, die sich manchmal sogar „das Wort aus dem Mund nehmen" (vgl. dazu auch Linke 2016: 359). Zudem ist jede Äusserung immer auch eine Reaktion auf das Vorhergehende sowie eine Projektion auf Zukünftiges; die Äusserung ist so geformt, dass sie die möglichen zukünftigen Reaktionen antizipiert (→ 9.3.2.2, vertiefend zu *recipient design*).

Ein solches Verständnis macht deutlich, dass Kommunikation eine „Praxis des Miteinandertuns" ist, nicht ein Problem der Informationsübertragung von A nach

B. Damit ist auch bereits ein wichtiges Stichwort für die weiteren Ausführungen gefallen: die Praxis.

11.4.5 Sprache als soziale Praxis

Menschen begrüssen sich in grosser Regelmässigkeit und in ganz verschiedenen Situationen. Es existiert eine Vielfalt von Begrüssungsformen: das Schütteln von Händen, verbeugen, zuwinken, oft begleitet von sprachlichen Formen wie *Hallo, guten Tag, grüsse dich, hi, sali, hoi* etc. Bei aller Vielfalt gibt es jedoch je nach Kontext sehr klare Erwartungen, welche Formen üblich sind. Es gibt also ein Musterbewusstsein darüber, welche Formen angemessen sind – wobei dieses Wissen gerade auch dann für alle Beteiligten wichtig ist, wenn die erwartete Begrüssungsform anders realisiert wird.

Zudem ist deutlich, dass das Begrüssen zwar einerseits aus einer wichtigen verbalen Komponente besteht, andererseits jedoch der Körper im Raum eine ebenso wichtige Rolle spielt: der Händedruck, der ebenso eine semiotische Qualität aufweist wie die dazu verbal geäusserte Formel; das diskrete Zunicken über eine grössere räumliche Distanz über viele weitere Personen hinweg, das sogar ohne Sprache auskommt oder bei dem es reicht, über eine lautlose Lippenbewegung einen verbalen Gruss anzudeuten.

Auch das Timing, also die Zeitlichkeit, spielt beim Begrüssen eine wichtige Rolle: Wenn man den „richtigen" Moment verpasst, muss eine verspätete Begrüssung kurz gerechtfertigt werden (*Ach, Entschuldigung, ich glaube, wir haben uns noch gar nicht begrüsst...*). Und auch das Medium, in dem eine Begrüssung stattfindet, bestimmt massgeblich die Form. So ist uns heute z. B. das Winken in Videokonferenzen vertraut, das in einer Begegnung im realen Raum normalerweise räumliche Distanz markiert.

Während also in der Linguistik oft vorschnell ein Fokus auf die verbale Ebene von Sprache gelegt wird, betont die sog. Praxistheorie, dass **Körperlichkeit**, **Räumlichkeit**, aber auch **Zeitlichkeit** und **Medialität** in kommunikativen Kontexten eine bedeutende Rolle spielen. In der anthropologischen Linguistik, aber auch in der Soziolinguistik und natürlich der Interaktionslinguistik fliesst diese Erkenntnis deshalb in die Theoriebildung und Analyse mit ein.

Der Praktikenbegriff umfasst jedoch ein weiteres wichtiges Element: **Muster** und **Routinen**. Eine Praxis ist demnach eine routinisierte Form des Handelns, die eben auch als musterhaft und damit zeichenhaft erkannt wird. Ein bestimmtes Handeln wird demnach von den beteiligten Personen z. B. als ‚Begrüssung' erkannt, weil ein bestimmtes Musterwissen darüber, wie eine Begrüssung normalerweise abläuft, vorhanden ist. Dies ist selbst der Fall, wenn die Realisierung der Begrüssung nicht einer bestimmten Routine folgt, weil es z. B. Uneinigkeit darüber gibt, welche Form gewählt werden soll. Wir alle kennen die Situation, wenn im Kontakt mit einer Person in kürzester Zeit ausgehandelt werden muss, ob nun Händeschütteln, Umarmen oder Wangenküsschen angemessen sind.

Dieses „Aushandeln" bedeutet auch, dass die Praxistheorie von einem „verteilten Handeln" ausgeht: Nicht ein Subjekt entscheidet mit einer bestimmten Intention über dieses Handeln, sondern einerseits sind es alle Teilnehmenden, die in verteilten Interaktionszügen zum gemeinsamen Handeln beitragen, andererseits sind quasi auch die Abwesenden Teil der Handlung, weil sie dazu beigetragen haben und beitragen werden, dass bestimmte Handlungsformen als gemeinschaftliches, routinisiertes Handeln eingeordnet werden kann. Mein konkretes *Hey!* gegenüber anderen anwesenden Personen ist mein Beitrag zu einer gemeinsam aufgeführten Begrüssungssequenz, die wir im Wissen um die Praktiken äussern, die wiederum für eine bestimmte soziale Gemeinschaft stehen. Wir begrüssen uns also nicht nur, sondern stellen gleichzeitig dar, zu welcher sozialen Gruppe wir gehören (vgl. zur Vertiefung: Schütz/Luckmann 2017; Hirschauer 2016).

Die Linguistik kann nun diese praxistheoretischen Überlegungen gut in ihre Forschungsinteressen integrieren, indem sie sich z. B. für **„kommunikative Praktiken"** interessiert (vgl. Günthner/König 2016). Darunter fallen z. B. neben dem bereits besprochenen Begrüssen zahlreiche Praktiken, die in unserer Gesellschaft eine wichtige Rolle spielen, wie etwa das Tischgespräch (vgl. Linke 2022), der Kauf eines Billetts am Schalter (vgl. Hausendorf 2022), das Fanverhalten im Fussballstadion (vgl. Hauser/Meier-Vieracker 2022) oder auch das Aushandeln von *Sexual Consent* in einem Intimkontakt (vgl. Magnusson/Stevanovic 2022). Mit einem historischen Blick wird zudem deutlich, dass wir heute bestimmte kommunikative Praktiken gar nicht mehr kennen, wie z. B. die sog. Antrittsvisite im Bürgertum des 19. Jahrhunderts (vgl. Linke 1996: 178), oder die nicht mehr üblich sind (z. B. Nennung des Namens bei der Entgegennahme eines privaten Telefonanrufs).

Während nun z. B. die Interaktionslinguistik im Detail solche kommunikativen Praktiken analysiert (→ 9), interessiert sich die Forschung der anthropologischen Linguistik oder auch teilweise der Soziolinguistik für die gesellschaftliche Bedeutung und deren Wandel. Zweifellos gehört das Wissen um Begrüssungspraktiken zu einer wichtigen Bedingung, um uns in die Gesellschaft einzufügen. Jede Anwendung dieser kommunikativen Praktik reaktualisiert damit Kultur, und eine systematische Veränderung der Formen der Begrüssungspraktiken lässt damit auch darauf schliessen, dass sich im „selbstgesponnenen Bedeutungsgewebe" (Geertz 1987: 9), in dem wir uns bewegen, etwas verändert. Solche Veränderungen können z. B. als veränderte Vorstellungen über Hierarchieverhältnisse und Machtpositionen interpretiert werden. So stellt sich z. B. die Frage, ob eine Verbreitung der sog. Du-Kultur, die ja massgeblich über die Begrüssung initiiert werden muss, auf ein verändertes Verständnis von Nähe und Distanz und dem damit verbundenen kommunikativen Praktiken verstanden werden muss.

11.4.6 Performanz und Sprache

Im vorherigen Abschnitt wurde bereits deutlich, wie stark die Verwendung von Sprache mit Körper, Raum, Zeit und Medium verknüpft ist. Mit dem **Performanzbegriff** kommt ein weiterer Aspekt hinzu, der im Folgenden vertieft werden soll. Performanz, performativ, Performativität, *performance*: Es gibt einige ähnliche Konzepte mit je unterschiedlicher theoretischer Herkunft. In Kapitel 4 haben wir im Rahmen der Sprechakttheorie bereits mit *performativ* den Handlungscharakter von Sprechakten kennengelernt. Als *Performance* kennen wir im Kontext des Theaters ein damit verwandtes Konzept, bei dem ebenfalls gehandelt wird und bei dem Sprache auch oft eine bedeutende Rolle spielt.

Was ist nun der Unterschied zwischen der Aufführung einer Begrüssung im Rahmen eines Theaterstücks auf der Bühne und einer „realen" Begrüssung? Klar, beim Theater sind sich die Schauspieler:innen auf der Bühne des Publikums bewusst, und das Publikum muss wiederum seine „Rolle" spielen: im normalerweise verdunkelten Raum sitzen, auf die erleuchtete Bühne blicken und *nicht* einschreiten, wenn auf der Bühne jemand unflätigst beleidigt wird.

Doch gibt es nicht auch Ähnlichkeiten zwischen „realer" und theatralischer Aufführung einer Begrüssung? Diese Überlappungen sollen mit dem Performanzbegriff gefasst und für die Analyse fruchtbar gemacht werden. Die Ideen fussen auf Überlegungen von Erwing Goffman (1956). Wir folgen dabei Scharloth (2008), der anhand empirischer Analysen die relativ breite Palette an verschiedenen Performanzkonzepten für die Linguistik bearbeitet hat; diese Palette soll ebenfalls kurz skizziert werden.

Diese Forschungstraditionen können mit der Bezeichnung **performative Wende** (*performative turn*) gefasst werden. Ihnen ist die Überzeugung gemeinsam, dass es nicht (nur) Zeichen gibt, die repräsentativ sind, also auf Gegenstände, Ideen etc. verweisen (→ 2). Vielmehr ist es so, dass im Handlungsvollzug selbst Wirklichkeit konstruiert wird: Indem wir z. B. immer wieder Begrüssungen dialogistisch „aufführen" (und das nicht nur im Theater), bestätigen wir jedes Mal mit diesem kleinen Ritual die Bedeutung der Beziehungspflege und den Moment der (erneuten) Kontaktaufnahme (siehe dazu auch das Beispiel in 11.4.4 zur Aufführung des Klage- und Lästergesprächs). Die Handlung des Begrüssens referiert auf sich selbst; sie sagt etwas, wobei das Äussern selbst die relevante Handlung ist: Die Äusserung des Grusses ist der alleinige Zweck des Grüssens, um eben zu grüssen. Neben der Sprechakttheorie finden wir diesen Gedanken auch in der Anthropologie, den

Gender Studies oder der Theater- und Performanceforschung, die aber je spezifische Aspekte hinzufügen:
- In der Anthropologie weisen etwa Dell Hymes oder Richard Bauman darauf hin, wie bei Ritualen das Bewusstsein, vor einem Publikum zu agieren, steigt und dies mit einem erhöhten Formbewusstsein einhergeht.
- In der Interaktionssoziologie, der Ethnomethodologie und den Gender Studies wird z. B. von Harold Garfinkel, Ervin Goffman oder später Judith Butler gezeigt, wie soziale Rollen und Identitäten performativ hergestellt werden: Bestimmte kulturelle Praktiken sind nötig, um sich als weiblich, männlich oder divers zu konstituieren. Ein wichtiges Konzept in diesem Zusammenhang ist *doing culture*: Zurückgehend auf Garfinkel und Goffman ist damit gemeint, dass Kultur nicht einfach existiert (*being*), sondern laufend getan werden muss (*doing*). Dies geschieht auch mit der Kategorie Geschlecht auf ähnliche Weise (siehe dazu *doing gender* in Abschnitt 11.5).
- Performance- und Theatertheorien untersuchen beispielsweise die Unterschiede zwischen routinisierten und affirmativ wirkenden Ritualen und singulären Performances z. B. in Form von Theateraufführungen, die auch gängige Wahrnehmungs- und Bewertungsschemata hinterfragen können (vgl. dazu Fischer-Lichte 2004).

Wie können diese Aspekte nun für linguistische Analysen fruchtbar gemacht werden? Welcher spezifische Blick auf Sprache und Kommunikation wird dadurch möglich? Und wie häufig sind Situationen des Sprechens und Schreibens, die performativ sind?

Scharloth schlägt mit dem Konzept der *Performanz* eine linguistische Lesart der verschiedenen Performativitätskonzepte vor und charakterisiert diese durch eine Reihe von Eigenschaften, die nun im Fall des Begrüssens als performative Praktik kurz präsentiert werden sollen:
- **Selbstreferenzialität:** Wie bereits zuvor erwähnt, drücken performative Handlungen das aus, was sie tun, referieren also nicht auf etwas Drittes, etwa wenn jemand sagt: *Das hier ist ein Baum*. Die Begrüssung einer Person mit *Hey! Wie geht's? Alles klar?* kommt zwar als propositionaler Akt einer Referenz auf das Befinden daher und ist als Illokution formal eine Frage (direktiv), viel wichtiger ist jedoch ihre Selbstreferenzialität, die markiert: Ich begrüsse dich hiermit als mir bekannte Person, und ich interessiere mich für dich (→ 4.2.2 und 4.2.3).
- **Korporalität:** Performative Praktiken sind nicht von ihrer spezifischen Medialität und Materialität ablösbar. Eine mündliche Begrüssung, wie sie oben ersatzweise in schriftlicher Form wiedergeben worden ist, lebt von der spezifischen Medialität der Mündlichkeit. Die schriftliche Wiedergabe oben ist keine

Ersatzhandlung für die eigentliche Begrüssung, was auch daran erkennbar ist, dass wesentliche intonatorische und gestische Merkmale dazu gehören.
- **Rezeptivität:** Performative Praktiken werden im Bewusstsein eines „Publikums" vollzogen, wobei die Zuschauer:innen über das Gelingen mitentscheiden. Eine Begrüssung lebt massgeblich von einem Gegenüber, dem der Gruss gilt und das in geeigneter Form darauf reagieren muss, damit der Gruss gelingt. Nimmt mich das Gegenüber nicht wahr, werde ich durch lauteres Sprechen, Winken o. Ä. auf mich und mein Grüssen aufmerksam machen müssen.
- **Ästhetizität/Markiertheit:** Performative Praktiken sind durch einen „Überschuss" an Form gekennzeichnet und dadurch markiert, gehen also formal über das Minimum hinaus, das für die einfache Übermittlung einer Information nötig wäre. Das mündliche Begrüssen lebt stark von bestimmten Intonations- und Prosodiemustern (z. B. in *Hallo* einem *downstep* als Terz, vgl. → 5.5.4). Auch schriftliche Formen sind durch einen solchen Formüberschuss geprägt, was wir an Briefen sehen, bei denen die Anrede grafisch vom restlichen Text abgehoben ist. Dies sind jedoch nur Beispiele für leichte Markierungen: Begrüssungen in Kombination mit Verbeugungen, ausgeschmückten Anreden etc. zeigen einen stärkeren Formüberschuss. Auch im Instant Messaging ist solch formaler Überschuss beobachtbar, indem das Grüssen etwa mit Emojis angereichert wird.
- **Transformativität:** Performative Praktiken haben das Potenzial, Wirklichkeit hervorzubringen oder zu affirmieren, Erfahrungs- und Erlebnisstrukturen zu erschliessen oder Erfahrungshorizonte zu eröffnen. Das Begrüssen überführt so die vorher nicht begrüssten Personen in begrüsste Personen, wobei dieser Status nur für eine gewisse Zeit anhält und sonst wiederholt werden muss. Dabei existieren je nach Kontext unterschiedliche Vorstellungen darüber, wann überhaupt ein Begrüssen notwendig ist und wann es wiederholt werden muss.
- **Musterhaftigkeit und Repetitivität:** Nicht bei allen performativen Praktiken ist Musterhaftigkeit zentral: Die Performanz eines Theaterstücks lebt von der Singularität. Rituale und Ritualisierungen hingegen müssen musterhaft und repetitiv sein, wie es auch für Begrüssungen der Fall ist. Sie funktionieren, weil wir sie als musterhaft auftretend erkennen. Es handelt sich dabei also um ein Ritual. Rituale wiederum lassen sich in alltagsakzessorisch (sie werden nicht mehr als Rituale erkannt) und alltagstranszendent (sie werden bewusst als Ritual vollzogen) unterscheiden. Beim Begrüssen handelt es sich demnach meist um ein alltagsakzessorisches Ritual, abgesehen von Spezialformen, wie sie z. B. bei Staatsbesuchen vorkommen, die einem bestimmten Protokoll folgen.

Scharloth zeigt anhand von Daten zu mündlichen Billettkontrollen im Zug, inwiefern es sich dabei um Beispiele für performative Praktiken handelt. Bei den Billettkontrollen sind z. B. typische prosodische Merkmale wie Intonationsmuster erkennbar, an denen wir auch sofort die Kontrolle als solche erkennen können. Sie ist zudem verbal formelhaft und syntaktisch verkürzt (*Noch zugestiegen, die Fahrkarten bitte! – Alli Billett, bitte, nöggschte Halt Züri!*), also ästhetisch elaboriert (vgl. Abbildung 11.6). Die Kontrollen konstruieren Wirklichkeit, indem sie die kontrollierten Personen als legitime oder illegitime Fahrgäste konstituiert, und sie sind selbstreferenziell, da die Kontrolle selbst, also die performative Handlung, diese Unterscheidung trifft.

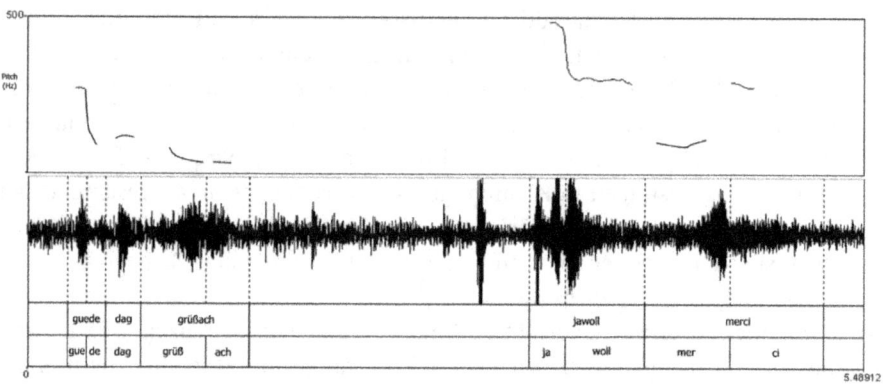

Abbildung 11.6: Typische Intonationskonturen bei Fahrkartenkontrollen: Kurve auf der Ebene „Pitch" zeigt die Tonhöhe an (Scharloth 2008: 241).

Performative Praktiken sind also kein Phänomen, das da und dort auftritt, sondern das uns auf Schritt und Tritt begegnet. Trotzdem ist es sinnvoll, ein Kontinuum von prototypischen performativen Praktiken sowie schematisierten und reduzierten Routinehandlungen anzunehmen. Vor dem Hintergrund einer sozial- und kulturwissenschaftlich interessierten Linguistik wird mit Blick auf die Performanz sprachlicher Praktiken aber ihre gesellschaftliche Relevanz deutlich: Scharloth bezeichnet sie als „Sedimente von koordinierten sozialen Handlungen, die gesellschaftliche Funktionen haben". Indem wir diese Praktiken immer wieder neu performieren, verpflichten wir uns „unbewusst auf diese Intentionen" (Scharloth 2008: 250). Ein analytischer Blick auf solche Routinen und Rituale ist lohnenswert: Nicht nur, um sie in ihrer gegenwärtigen Ausprägung zu studieren, sondern auch in ihrer historischen Dimension. Dadurch können vergangene, gegenwärtige und mögliche zukünftige gesellschaftliche Konstruktionen von Wirklichkeit untersucht werden.

11.5 Anwendungsbeispiel: Sprache und Gender

Der Zusammenhang von Sprache und Gender ist ein Thema, mit dem diskurslinguistische und kulturanalytische Fragestellungen eng verknüpft sind. An diesem Beispiel sollen deshalb in aller Kürze diese Fragestellungen skizziert werden. Doch was ist mit diesem Zusammenhang überhaupt gemeint?

- Mit *Gender* ist ein **soziales Konstrukt** von Geschlecht gemeint: Kategorien wie *Frau, Mann, queer, männlich, weiblich*, aber auch *homosexuell, transsexuell* oder *heterosexuell* sind nicht einfach gegeben, sondern sozial konstruiert, und deren Bedeutung im steten Wandel.
- Dabei hat Sprache einen wichtigen Anteil an diesen Konstruktionen. Allein dass wir Bezeichnungen für diese Kategorien haben, macht sie greifbar und verhandelbar. Doch nicht nur die Bezeichnungen spielen eine Rolle, sondern Geschlecht wird auch über Sprachhandeln performiert (→ 4). Durch bestimmtes sprachliches Verhalten, durch die Verwendung bestimmter Codes, können wir eine Geschlechtszugehörigkeit herstellen und markieren – oder auch gerade nicht hervorheben. Dies wird mit dem Konzept des **doing gender** beschrieben (vgl. West/Zimmerman 1987): Gender ist nicht etwas, was einfach ist (*being*), sondern getan wird (*doing*).
- Gender wird also auch in **Interaktionen sprachlich indiziert**, etwa durch Stimme und Prosodie, Phonologie, Grammatik und Lexikon, aber auch in Gesprächsstilen oder geschlechtsspezifischen kommunikativen Strategien. Allerdings gilt auch für diese Merkmale: Frauen oder Männer kommunizieren nicht naturgegeben so oder so, sondern können sich nach Vorstellungen in einer Gesellschaft, wie Frauen und Männer zu reden haben, richten und damit Gender indizieren (vgl. Kotthoff/Nübling 2024).
- Aus **diskurslinguistischer Sicht** ist **Sprache** damit ein **Indikator** für gesellschaftliche und kulturelle Vorstellungen über Gender und – aus aktivistischer oder **sprachkritischer Perspektive** – gleichzeitig eine der **Stellschrauben**, um bestehende Vorstellungen zu kritisieren oder zu verändern. Beispiele für solche Indikatoren sind Kategorien für Geschlecht selbst oder auch diffamierende Bezeichnungen für Frauen oder queere und homosexuelle Menschen. Die Verwendung geschlechtergerechter oder geschlechterneutraler Schreibweisen sind wiederum Möglichkeiten der Kritik solcher Vorstellungen.
- Alle Diskussionen, Positionierungen und sprachpraktischen Handlungen (z. B. die Verwendung des „Gendersterns") sind zudem Ausdruck eines Diskurses zu Sprache und Gender, und zwar eines speziellen Diskurses: eines **Metasprachdiskurses**, der sprachreflexiv ist und als metapragmatische Praktik (→ 10.5.2) sozialer Positionierung (→ 10.5.4) verstanden werden kann (vgl. Spitzmüller 2019).

11.5.1 Die Strukturierung von Geschlecht und Körper durch Sprache

Die **feministische Linguistik** und die **Gender Studies** zeigen seit Jahrzehnten, wie die gesellschaftlichen Vorstellungen über Geschlecht und die damit verbundenen sozialen Rollen sprachlich geprägt sind und sich am Sprachgebrauch ablesen lassen. Dies geschieht vor dem Hintergrund einer langen Geschichte von Frauenrechtsbewegungen, die bereits im 17. Jahrhundert und dann verstärkt im 18. und 19. Jahrhundert für eine Gleichstellung der Frauen in Politik und Gesellschaft einstehen. Der Begriff *Feminismus* wurde dabei 1882 von **Hubertine Auclert** geprägt.

Mit „Le deuxième sexe" (dt. „Das andere Geschlecht") veröffentlichte **Simone de Beauvoir** 1949 ein Schlüsselwerk der feministischen Philosophie, in dem sie argumentiert, dass die Unterscheidung in die Kategorien Frau und Mann kultur- und nicht naturbedingt sei: „Man kommt nicht als Frau zu Welt, man wird es" (im frz. Original: „On ne naît pas femme, on le devient") (Beauvoir 1968: 334).

Aus linguistischer Perspektive wird in der Folge deutlich, dass Sprache ein wichtiges Element des Frau- oder Mannwerdens in der Gesellschaft ist. In seinen ethnomethodologischen Studien zeigt der Soziologe **Harold Garfinkel**, wie Geschlecht inszeniert wird. Am Beispiel der transsexuellen Agnes beschreibt Garfinkel die Mittel, die sie verwendet, um in der damaligen Gesellschaft als Frau gelesen zu werden. Dazu gehören Gestik, Mimik, Kleidung, Körperbewegungen und besonders auch sprachlich-kommunikative Mittel (vgl. Garfinkel 1967).

Im deutschsprachigen Raum ist das 1984 erschienene Buch „Das Deutsche als Männersprache: Diagnose und Therapievorschläge" von **Luise F. Pusch** bekanntgeworden. Sie zeigt, wie sich patriarchale Vorstellungen in der Sprache niederschlagen, und kritisiert das sog. generische Maskulinum (z. B. *Arzt*), bei dem Frauen nicht sichtbar sind, und fordert, wenn es generische Formen gäbe, dann könnte ja auch ein „generisches Femininum" verwendet werden (*Ärztinnen*, Männer sind mitgemeint). Um aber Frauen sichtbarer zu machen, schlug Pusch z. B. die Binnen-I-Grossschreibung vor: *ÄrztInnen*.

In den 1970er-Jahren entsteht mit der **Queer Theory** parallel dazu eine noch weitergehende Kritik, die sich gegen das auch sprachlich zementierte Prinzip der binären Auffassung von Geschlecht richtet: Ein Mensch kann sich auch jenseits der Kategorien Frau und Mann verstehen. Und: Die Kopplung von Gender und sexueller Ausrichtung ist ebenfalls eine Konstruktion:

> Normative Vorstellungen von Weiblichkeit und Männlichkeit sind unweigerlich heterosexuell. Semiotische (und somit auch sprachliche) Ressourcen zur Konstruktion von Geschlecht und sexueller Identität stimmen über weite Strecken überein: sexuelle Konstruktion ist oft zugleich geschlechtliche Konstruktion und umgekehrt. (Motschenbacher 2012: 89)

Mit der Bezeichnung *queer* soll ein Signifikant ohne Signifikat (→ 2.3) geschaffen werden, also ein Ausdruck, mit dem Kategorien wie Frau und Mann, homosexuell und heterosexuell kritisiert und in Frage gestellt werden, der dabei aber nicht eine weitere Kategorie eröffnet (wie z. B. *transsexuell*), sondern quer zu diesen Kategorien steht, weil die Bedeutung unklar bleibt. Trotzdem entwickelte sich die Bezeichnung bis zu einem gewissen Grad zu einem identitätsstiftenden *Ingroup Marker* (vgl. Motschenbacher 2012: 92). Dieses Beispiel zeigt, dass die Queertheorie, der Feminismus oder andere Theorien Sprache als wichtigen Faktor betrachten und sehr bewusst semiotische und semantische Mittel nutzen, um ihre Kritik nicht nur zu formulieren, sondern metapragmatisch umzusetzen (dazu später mehr).

Ein weiterer Aspekt soll am Beispiel der Arbeiten von **Judith Butler** illustriert werden: Ihr Schlüsselwerk „Gender Trouble. Feminism and the Subversion of Identity" (1990; dt.: „Das Unbehagen der Geschlechter", 1991) betont, dass nicht nur das soziale Geschlecht, Gender, eine Konstruktion ist, sondern auch das biologische Geschlecht (engl. *sex*). Biologisches Geschlecht wird dabei performativ in musterhaften Praktiken hervorgebracht. Bestimmte sprachliche und körperliche Praktiken sind dafür verantwortlich, dass ein Mensch sich als männlich, weiblich oder divers konstituieren kann – wobei in einer Gesellschaft diskursiv reguliert wird, welche Praktiken opportun sind und welche nicht.

Der Zusammenhang von sprachlichen Praktiken und Geschlechtsidentität ist dann auch Gegenstand linguistischer und kulturwissenschaftlicher Forschung. Ein Beispiel dafür ist die Kulturwissenschaftlerin **Mithu Sanyal**, die mit „Vulva. Die Enthüllung des unsichtbaren Geschlechts" (2009) deutlich macht, wie Praktiken der Benennung Machtstrukturen widerspiegeln: Welche Ausdrücke sind für das weibliche Genital üblich und wie wird mit einem „shaming and re-naming" ein „Kampf um die Definitionsgewalt über den weiblichen Körper ausgetragen?" (Sanyal 2009: 10) Dies ist sowohl an höchst ungenauen Bezeichnungen wie „da unten" oder „zwischen den Beinen" sichtbar als auch an der Vermeidung von Bezeichnungen wie „Vulva" und der Präferenz für „Vagina", die als „im Deutschen häufigste und akzeptierteste Bezeichnung für das weibliche Genital [...] sich [...] ausschließlich auf die Köperöffnung" bezieht (Sanyal 2009: 13).

Ein anderes eindrückliches Beispiel ist die Benennung von Sexualpraktiken und der Umgang mit Homosexualität, den die Publizistin **Carolin Emcke** anhand eigener Erfahrungen beschreibt und reflektiert:

> Das Schweigen über Homosexualität tarnte sich bestenfalls als Mitgefühl. Über diese Menschen wurde nicht gesprochen, sie wurden bedauert, als litten sie an einer tödlichen Krankheit, es galt sie zu schonen, so schien es das Schweigen nahezulegen, sie trugen ja schwer genug an ihrer Last, und niemand rührte daran, schlimmstenfalls galten sie als zu kurieren.
>
> Es gab natürlich Homosexuelle, irgendwo, aber jeder, den es wirklich gab in unserer Welt, der in der Nähe war, der Volleyball-Lehrer, die Apothekerin, der Nachbar, dem wurden alle

> Zeichen der Homosexualität entzogen, alle eindeutigen Hinweise wurden bereinigt. Das Homosexuelle wurde mit enormem psychischem Aufwand weggedacht: Der Liebhaber, von dem alle wussten, dass es der Liebhaber war, wurde zum „Untermieter", die Lebensgefährtin wurde zu „einer Freundin", es wurden „Gästezimmer" eingerichtet, in denen nie jemand schlief, nur um den Glauben der Verwandtschaft an getrennte Betten von Liebenden aufrechtzuerhalten, es wurden alle noch so burlesken Auftritte, die auffälligen Gesten, die Inszenierungen, die Kleidungen ausgeblendet.
>
> Es war eine gigantische intellektuelle Anstrengung, mit der alle Zeichen umgedeutet, alle sichtbaren Hinweise auf real existierende Homosexuelle ausgeblendet wurden. So wie der amerikanische Schriftsteller Ralph Ellison es in „Invisible Man" für Schwarze beschreibt, Menschen „aus Fleisch und Knochen", die nicht wahrgenommen wurden, so blieben Homosexuelle unsichtbar. (Emcke 2012: 70)

Es liegt auf der Hand, dass (korpus-)linguistische Studien zu diesen Benennungspraktiken in Verbindung mit kultur- und diskurslinguistischen Deutungen dazu dienen können, den Status quo aber auch die Veränderungen von gesellschaftlichen Vorstellungen zu Gender und Körper zu untersuchen.

Es muss betont werden, dass queere und feministische Theorien und Themen schon immer sehr kontrovers diskutiert worden sind. So lässt sich beobachten, dass im Rechtspopulismus und Rechtsradikalismus ein eigentlicher Antifeminismus und „Antigenderismus" zelebriert wird: Für rechte Ideologien sind unaufhebbare Differenzen zwischen Menschen zentral. Dabei war das Kriterium „Rasse" bzw. *Race* lange besonders wirkmächtig, inzwischen besteht jedoch wissenschaftlicher Konsens, dass *Race* eine rassistische Konstruktion ohne jegliche biologische Evidenz ist. Damit ist „Rasse" zwar für rechte Ideologien noch nicht erledigt, das Kriterium Geschlecht wird dafür als Differenz noch bedeutender. Die Bemühungen, die gesellschaftliche Konstruiertheit von Geschlecht (als Gender und als biologisches Geschlecht/*sex*) aufzuzeigen, sind damit aus rechter Position eine absolute Provokation und Ausdruck von ungerechtfertigter „Gleichmacherei" (Hidalgo 2021).

Vertiefung 11.2: Korpusanalyse *Gleichmacherei*
Rechtsradikale und rechtspopulistische Diskurse sind ein interessantes und wichtiges Analyseobjekt, um die dahinterliegenden Narrative und Bedrohungen für eine Demokratie zu verstehen. Dabei spielen Korpora eine wichtige Rolle, die auch entsprechende Quellen enthalten: Webforen, Social-Media-Kanäle, andere rechte Publikationen etc.

Das Korpus PINES enthält Texte aus den beiden rechten Online-publikationsorganen *Compact Online* und *PI-News* und wurde in verschiedenen Analysen ausgewertet (z. B. Bubenhofer et al. 2019). Ein noch umfangreicheres Korpus rechter Quellen nutzt Scharloth für verschiedene Untersuchungen zum Wortschatz der Neuen Rechten, z. B. in seinem Buch *Hässliche Wörter* (2021).

Die unten abgebildete Konkordanz zur Suche *Gleichmacherei* im PINES-Korpus zeigt, wie dieser Ausdruck als Stigmawort (vgl. Hermanns 1994) verwendet wird, um Egalitätskonzepte zu kritisieren.

11.5 Anwendungsbeispiel: Sprache und Gender — 601

Text ID			Datum	Quelle
1450	ne Diskussion zum Thema „Zwischen Gleichberechtigung und	Gleichmacherei	– brauchen wir eine gesetzliche Frauenquote ?" stattfinden . Eine „ marxistische Bildung:	05-02-2014	pinews
3319	ht um Heimat , Freiheit und Tradition . Sie kämpfen gegen die	Gleichmacherei	, den Untergang der nationalen Identitäten . Europa und die Welt dürfen nicht zu einem l	18-05-2014	pinews
3935	d mich bei Amjahid erkundigt , warum die von ihm erwähnte .	Gleichmacherei	" in Deutschland , die dazu führt , dass die Menschen quasi farbenblind werden und alle l	16-02-2017	compact
8878	Was als Gleichberechtigung verkauft wird , ist in Wirklichkeit	Gleichmacherei	– zu Lasten einer differenzierten Förderung , die individuellen Begabungen und Bedürfnis	24-07-2017	compact
8878	luellen Möglichkeiten gerade nicht entwickelt , sondern durch	Gleichmacherei	beschneidet . Das Postulat der totalen Integration verhindert eine sinnvolle Förderung de	24-07-2017	compact
9690	e , Hegelianismus , Zwang , Ökofaschismus , freie Migration ,	Gleichmacherei	, Genderwahn , Homoheroisierung und Nazi-Fatamorganismus ab . Daß in der AfD Christe	13-03-2014	pinews
10880	elbstermannte „ humanistische Großmacht " , in der eine linke	Gleichmacherei	und moralische Gefühlsduselei (Reinfeld . „ Öffnet Eure Herzen ") alles entgrenzte . Gam	05-02-2016	pinews
13987	Öffentlichen Dienst ? P. F. : Ich halte nichts von der absoluten	Gleichmacherei	, denn Frau und Mann sind nun mal nicht „ gleich " . Diese sogenannte „ Gleichstellung "	31-08-2016	compact
14002	rau ist auch heute noch vielen „ Normalos " heilig . Kampf der	Gleichmacherei	? Die Idee der totalen Freiheit und Gleichheit aller Menschen aber verlangt die Abschaffu	25-07-2015	compact
14784	h man schafft diese „ Ungleichheit " zugunsten einer absurden	Gleichmacherei	endlich wieder ab und zwar zugunsten der Steuerzahler , die den Blödsinn finanzieren mi	12-02-2015	pinews
15431	und Partner . Durch gewollte mediale und politisch gewollte	Gleichmacherei	(Türke = Moslem) ist kein differenziertes Bild von türkeistämmigen Migranten möglich .	14-07-2014	pinews
16235	Täter nicht mehr unterscheiden zu wollen/können ? Die ewige	Gleichmacherei	, alle sind völlig identisch , alle stehen auf derselben Stufe , jeder trägt die gleiche Schuld	23-02-2015	pinews
17950	inschen geben , daher versucht man diese geradezu idiotische	Gleichmacherei	mit aller Gewalt ins Volk zu dreschen . Aber die knallharte Realität lässt sich nicht wegsch	12-02-2018	pinews
18485	kulturell weltbeherrschend geworden ist . In unserer Zeit der	Gleichmacherei	ist die Größe dieses Schrittes für Europa (und die Welt) kaum mehr zu erfassen . Im Drei	04-04-2015	compact
18771	dwer auf den Schlips getreten fühlt . Alles andere wäre blinde	Gleichmacherei	. Die Autoren der Broschüre werden offenbar (siehe S. 11) ziemlich aggressiv , wenn ma	09-02-2018	compact
22916	Gerechtigkeitskonzept entwickelt , das sich zum einen von dei	Gleichmacherei	der linken Ideologie ablöst und zum anderen von der Rassentheorie verabschiedet . l	07-12-2017	compact

Abbildung 11.7: Konkordanzen zu *Gleichmacherei* im Korpus PINES (Compact Online und PI-News).

Abseits der Kritik von rechter Seite am Feminismus und der Queer Theory gibt es aber auch innerhalb des Feminismus Uneinigkeit. So formuliert etwa **Laurie Penny** (2022a) in „Sexual Revolution. Modern Fascism and the Feminist Fightback" (dt. „Sexuelle Revolution. Rechter Backlash und feministische Zukunft", 2022b) eine deutliche Kritik am „traditionellen Feminismus", der durch die Förderung der Vereinbarkeit von Familie und Beruf einer neoliberalen Ideologie folge, von der nur Mittelschichtsfrauen profitieren würden. Auch diese Debatte ist ein diskurslinguistisch interessantes Untersuchungsobjekt. Nicht nur diskursives Untersuchungsobjekt, sondern eine Debatte über unterschiedliche theoretische Prämissen in der Linguistik selbst sind die Diskussionen zum Zusammenhang von Sprache und Gender, wie im folgenden Abschnitt gezeigt wird.

> **Vertiefung 11.3: Senta Trömel-Plötz – Pionierin der feministischen Linguistik**
> Die Linguistin Senta Trömel-Plötz gehört zu den Pionier:innen der feministischen Linguistik im deutschsprachigen Raum. Ihre Publikation „Linguistik und Frauensprache" (Trömel-Plötz 1978) führte zu vielerlei Reaktionen, zunächst in der Linguistik selbst, dann auch ausserhalb. Sie erinnert sich:
>
>> Anfang der 1980er Jahre war nicht nur das Thema Frauensprache versus Männersprache fest in der Linguistik installiert – Luise Pusch prägte später den Terminus feministische Linguistik für unser Forschungsgebiet –[,] sondern es fand auch großes Interesse außerhalb der Sprachwissenschaft in den Medien, Schulen, Kirchen und in der Politik. Als erste griffen Schweizer Frauen an der katholischen Paulus-Akademie in Zürich die Thematik auf [...]; Martin Walder, Radio DRS 1 Zürich[,] lud mich zu einem Interview in die Sendung Reflexe ein [...], Radio DRS 2, Studio Basel folgte mit einer dreiteiligen Sendereihe „Frauen, Männer und Sprache"[,] die mehrere Male ausgestrahlt wurde [...]. In Deutschland war die Reaktion, von EMMA und einer feministisch aktiven Marburger Studentinnengruppe abgesehen, zögerlich, um nicht zu sagen lahm. (Trömel-Plötz 2008: 748)
>
> Hören Sie sich nun das erwähnte erste Interview an, das sie 1980 im Rahmen der Sendung „Reflexe" des Schweizer Radios DRS gegeben hat (An- und Abmoderation sind auf Schweizerdeutsch, das Interview selbst ist jedoch auf Standarddeutsch gehalten):
>
>
>
> Die angesprochenen Themen und Argumente können nun vor (kultur-)linguistischem Hintergrund diskutiert werden, wobei auch an diesem Zeitzeugnis abgelesen werden kann, was sich seit 1980 bis heute beim Thema Gender und Sprache getan hat. Dazu kann auch der folgende Ausschnitt aus dem Gespräch dienen:

> Minute 27:07:
> [Zunächst Ausführungen zu diffamierenden Bezeichnungen für Schwarze.] Plus wenn ein Schwarzer Leistung erbrachte, dann wurde das als besonders spezifiziert und herausgestellt. Also man sagt *der schwarze Dichter, der schwarze Geschichtswissenschaftler*, sowieso *der schwarze Politiker*. Das ist also sehr ähnlich geschaffen wie bei Frauen, die also zunächst definiert werden als *nicht erwachsen*: der *schwarze Boy, das weisse Mädchen*, es bleibt also ewig ein Mädchen, auch wenn sie 30 und 40 und verheiratet ist und Kinder hat und Professorin ist und auf einer Berufungsliste steht, dann ist sie auch noch ein Mädchen, für meine Kollegen zum Beispiel, da gibt's also durchaus interessante Parallelen. Was die Schwarzen getan haben in Amerika, ist, sie haben diese Sprache geändert. Sie haben sich nicht mehr definieren lassen durch die Weissen. Sie haben gesagt *black is beautiful*. Und wir als Frauen müssen so etwas Ähnliches machen, uns nicht mehr definieren zu lassen und uns selber zu definieren. Und wir versuchen es jetzt.

11.5.2 Genderlinguistikdiskurse

Die im vorherigen Abschnitt dargestellten feministischen und queeren Überlegungen vor dem Hintergrund einer konstruktivistischen Sprachtheorie führen zunächst dazu, den Zusammenhang von Sprache und Gender genauer in den Blick zu nehmen. Es gilt zu verstehen, warum wir *die Frau, der Mann*, aber *das Mädchen* sagen und welche Funktionen die Genuszuweisungen (Femininum, Maskulinum, Neutrum) in der Sprache überhaupt haben. Oder es muss untersucht werden, wie Personenreferenzen wie *die Studenten* oder *die Erzieher* zu verstehen sind: Handelt es sich um Gruppen von Männern, Frauen oder um gemischte Gruppen? Doch auch Fragen nach der sprachlichen Repräsentation von Geschlechtern stellen sich oder die bereits oben formulierten Themen zu Benennungspraktiken über Körper, Körperteile, Sexualpraktiken etc., in denen sich gesellschaftliche Machtstrukturen widerspiegeln.

In einem weiteren Schritt ist es dann auch naheliegend, Sprache als Werkzeug einzusetzen, um Gendergerechtigkeit oder Genderfreiheit herzustellen. Dafür gibt es vielfältige Möglichkeiten: In der deutschen Sprache führt die Kritik am „generischen Maskulinum" von Personenbezeichnungen dazu, mit verschiedenen Formen Frauen sichtbarer zu machen (Binnen-I-Schreibung, Klammer- und Schrägstrichformen, Paarformen etc., vgl. dazu auch das Interview mit Senta Trömel-Plötz in Vertiefung 11.3). In jüngerer Zeit wird verstärkt generell die binäre Gendervorstellung kritisiert und vorgeschlagen, grafische Formen wie den Genderstern, Doppelpunkt oder den Gendergap zu verwenden (vgl. Hornscheidt/Sammla 2021).

In der Linguistik gibt es innerhalb der Genderlinguistik verschiedene Positionen und beforschte Themen, die sich über alle Bereiche der Linguistik erstrecken. Auffallend ist jedoch, dass die Genderlinguistik oder feministische Linguistik lange darum kämpfte, überhaupt ernst genommen zu werden (vgl. Diewald 2018: 284). Dies ist wohl auch der Tatsache geschuldet, dass die Pionier:innen Frauen waren, die sich in einer patriarchalen Wissenschaft behaupten mussten – und ihre Forschung natürlich gerade eine Reaktion auf diese patriarchale Struktur war.

Die in den Gender Studies zentrale Unterscheidung von Gender und Sexus ist auch linguistisch wichtig, muss jedoch um mindestens zwei Ebenen ergänzt werden (vgl. Diewald/Nübling 2022:4):

- **Sexus:** das biologische Geschlecht
  Die Sprache ist durch und durch von einem binären Geschlechtsverständnis geprägt, was sich an Ausdrücken wie *Mann* und *Frau* zeigt; es gibt deutliche Benennungslücken (ausser z. B. *Zwitter*) und wenige Möglichkeiten, diese Binarität zu umgehen oder andere Geschlechtsidentitäten zu bezeichnen.
- **Gender:** die gesellschaftlich konstruierten und geltenden Gendervorstellungen
  Hier ist es aus diskurslinguistischer Sicht interessant, diese Gendervorstellungen und deren Wandel zu analysieren.
- **Semantisches Geschlecht:** Bedeutungsmerkmale von Sprachzeichen (vgl. Diewald/Nübling 2022: 5)
  Personen- und manche Tierbezeichnungen tragen ein semantisches Merkmal, das auf das Geschlecht referiert: *Mutter* enthält das semantische Merkmal ‚weiblich', *Junge* ‚männlich' oder *Kuh* ‚weiblich'. Semantisches und grammatisches Geschlecht sind unabhängig, was *Mädchen* oder *Weib* zeigen, die semantisch weiblich, grammatisch jedoch Neutra sind. Im Englischen, in dem es nur ein grammatisches Geschlecht gibt, sind Personenbezeichnungen trotzdem semantisch geschlechtlich markiert: *the father, the mother*. Im Deutschen können zudem bei vielen Personenbezeichnungen mit den Suffixen *-er* bzw. *-in* das semantische Geschlecht geändert werden: *Hexer/Hexe, Witwe/Witwer, Student/Studentin* etc.
- **Genus:** das grammatische Geschlecht (vgl. Diewald/Nübling 2022: 6)
  Die drei Ausprägungen Maskulinum, Femininum und Neutrum des Genus im Deutschen haben grundsätzlich keine geschlechtliche Bedeutung, bei Personenbezeichnungen und manchen Tierbezeichnungen stehen Genus und Sexus jedoch in einer engen Wechselbeziehung: Fast 100 % der Personenbezeichnungen weisen eine Übereinstimmung von weiblicher Semantik und femininem Genus bzw. männlicher Semantik und maskulinem Genus auf (Genus-Sexus-Prinzip). Interessanterweise ist das dort nicht der Fall, wo es sich um diffamierende Personenbezeichnungen handelt, also für Personen, die eine gesellschaftlich erwartete *Gender*rolle nicht erfüllen (*das Weib, die Schwuchtel, die Tunte* etc.), oder bei Frauen, die noch nicht arriviert sind (*das Mädchen, das Fräulein*).

Es wird sofort deutlich: Genderlinguistik berührt alle linguistischen Teilbereiche von Morphologie über Semantik, Pragmatik, Interaktionslinguistik, Soziolinguistik, Diskurs- und Kulturlinguistik und mehr. Deshalb spielt Gender auch in verschiedenen Kapiteln in diesem Buch eine Rolle. Hier soll sozusagen eine Metasicht, eine diskurslinguistische Sicht eingenommen und gezeigt werden, wie eng die wissenschaftliche Beschäftigung mit sprachlichen Phänomenen und gesellschaftliche Diskurse verknüpft sind.

11.5.2.1 Sogenanntes generisches Maskulinum

Ein Beispiel ist die Frage, wie sich das Verhältnis von Genus und Sexus historisch verhält. In diesem Zusammenhang ist die Debatte um das „generische Maskulinum" bedeutend, wie z. B. Diewald und Nübling (2022: 12) nachzeichnen: So wird behauptet, eine bezüglich Genus maskuline Personenbezeichnung wie *Bäcker* sei bezüglich semantischem Geschlecht neutral, es seien also Männer und Frauen damit gemeint (vgl. Eisenberg 2017), wie das beim Wort *Person* auch der Fall sei (das ja ein feminines Genus aufweist). Diewald und Nübling zeigen jedoch, dass sich Nomen wie *Bäcker* und *Person* dadurch unterscheiden, dass *Bäcker* moviert werden kann (*Bäckerin*, bereits im Grimm'schen Wörterbuch von 1854 belegt: Beckerin, DWB), **der Personer* oder **die Personin* jedoch nicht nachgewiesen sind. Sprachgeschichtlich zeige sich, „dass das vermeintlich jahrhundertalte sog. generische Maskulinum keine Grundlage hat – im Gegenteil: Es ist Reflex alter patriarchaler Ordnungen, in denen Wissenschaftler, Wähler, Ärzte faktisch ausschließlich männlich waren" (Diewald/Nübling 2022: 13). Diewald und Nübling zeigen auch, dass Gottsched in seiner Grammatik von 1748 bereits verneint, dass „Wörter, die männliche Namen, Ämter, Würden, oder Verrichtungen bedeuten, [...] auch männliches Geschlechts" seien (Gottsched 1748: 161, zit. nach Diewald/Nübling 2022: 13), analog solche des „Frauenvolkes [...] weibliches Geschlechts", wobei Gottsched als Beispiele *Frau, Mutter, Tochter, Schwester, Kaiserinn, Königinn, Herzoginn, Prinzessinn, Feldmarschallinn, Oberstinn, Hauptmannin* etc. nennt (Gottsched 1748: 167).

Neben der linguistischen Diskussion darüber, ob es ein generisches Maskulinum gibt und wie es verwendet und wahrgenommen wurde und wird (was Gegenstand empirischer Studien ist), ist gerade auch die diskurslinguistische Perspektive interessant: Warum und wann wird die Idee des „generischen Maskulinums" geboren? Welche argumentative Rolle spielt es?

Recht eindeutig sind die empirischen Belege dafür, dass die maskuline Form einer Personenreferenz wie *ein Student, die Studenten, die Ärzte* etc. von der Mehrheit je nach Kontext nicht als generisch wahrgenommen wird. Bei diesen Formen stellen sich die meisten Proband:innen Männer vor, erst mit der Verwendung von

Paarformen (*Studentinnen und Studenten*) und anderen Movierungen (*Student:innen, Studierende* etc.) ändert sich dies. Inzwischen liegen einige Untersuchungen zu solchen Genderstereotypen vor, die diesen Effekt mit verschiedenen Methoden messen, wobei sich Unterschiede zwischen Singular und Plural oder generischen (*Ich gehe noch zum Bäcker*) und spezifischen (*Der Bäcker hat mir heute ein Gipfeli geschenkt!*) Verweisen zeigen (vgl. z. B. Gygax et al. 2008; einen Überblick bieten Kotthoff/Nübling 2018).

11.5.2.2 Kommunikation und Identität

Ebenso stellt sich die Frage, ob es sich bei gendergerechten oder genderfreien Sprachformen um ein Problem der Orthografie oder eher des Stils oder Registers handelt, mit denen die Sprachverwendung an spezifische Kommunikationssituationen angepasst wird. Ein Genderstern wird damit sozialsymbolisch aufgeladen und referiert nicht nur auf Geschlechtsvielfalt, sondern auch auf bestimmte soziale Gruppen, für die das Zeichen zu einem Identitätsmarker wird (vgl. Kotthoff 2020).

Der Genderstern ist jedoch inzwischen weit mehr als ein sozialsymbolisch aufgeladener Identitätsmarker, nämlich ein politischer Gegenstand: So verbot z. B. Bayern 2024 eine Reihe von Zeichen, die für Genderdiversität stehen:

> (5) [1]Im dienstlichen Schriftverkehr und in der Normsprache wenden die Behörden die Amtliche Regelung der deutschen Rechtschreibung an. [2]Mehrgeschlechtliche Schreibweisen durch Wortbinnenzeichen wie Genderstern, Doppelpunkt, Gender-Gap oder Mediopunkt sind unzulässig. (GVBl)

Ähnliche Bestrebungen oder Umsetzungen gibt es in weiteren Regionen und sind Ausdruck einer emotionalen politischen Debatte, bei der sehr unterschiedliche Vorstellungen darüber deutlich werden, was Sprache ist: Ist Sprache ein System von fixen Regeln oder eine sich laufend verändernde Gebrauchsnorm? In welchem Verhältnis stehen Gender und Sprache? Handelt es sich beim „Gendern" eher um eine Frage von Orthografie und Grammatik oder von Pragmatik?

Eine vermittelnde Position vertritt Helmuth Feilke, der deutlich macht, dass aus Sicht der Pragmatik das Gendern als „Signalkommunikation" verstanden werden muss. Es geht „um Signale der Sympathie und des Respekts, der Wertschätzung und Höflichkeit, mit denen wir auf den anderen einen entsprechenden ‚Eindruck machen'" (Feilke 2023: 1). Daraus ergeben sich drei praktische Folgerungen, nämlich:

1. Signale sollten im Allgemeinen an wichtigen Stellen stehen; sie müssen gar nicht und sie sollten auch nicht überall stehen, sonst werden sie gar nicht mehr als Signale wahrge-

nommen. Dann stören und irritieren sie das Verständnis wie der Schilderwald am Straßenrand. Pragmatisch passend gesetzte Signale dagegen steuern das Verstehen.

2. Gefragt ist die Fähigkeit, das Gendern situations- und adressatenorientiert, das heißt pragmatisch angemessen, zu handhaben. Was angemessen ist, ist dabei nicht alleine eine Frage subjektiver Einschätzung, denn es sind auch die Spracherwartungen der Adressaten betroffen [...]. Das haben Kritiker des Genderns ebenso zu bedenken wie dessen Befürworter, wenn sie Doppelpunkt, Gendergap oder Genderstern weniger im Sinn von Höflichkeits- und Respektsignalen adressatenorientiert, sondern eher demonstrativ als Ausdruck der eigenen Autonomie und Selbstbestimmung gebrauchen.
3. In allen Belangen von Respekt und Wertschätzung ist Freiwilligkeit zentral. Gerade im schulischen Kontext und im Deutschunterricht, der unter anderem die schwierige Aufgabe hat, Adressatenorientierung und pragmatische Angemessenheit des Sprachgebrauchs erproben zu lassen und zu fördern, ist Freiwilligkeit auch didaktisch elementar. Mit Vorschriften ist im Blick auf Respektkommunikation auch didaktisch nichts zu gewinnen. (Feilke 2023: 2)

Feilke entwickelt daraus auch die Argumente, dass nicht einheitlich und systematisch immer gleich gegendert werden müsse, was etwa unschöne und komplizierte Fälle vermeide, dass damit aber Zeichen für Genderdiversität nicht als orthografisches oder morphologisches Problem aufgefasst werden müssten, weil eben in bestimmten Fällen der Signalwert höher gewichtet werde. Im Kontext und im typischen Gebrauch sei klar, dass *Studierende* nicht Menschen sind, die nur gerade im Moment studieren, sondern es eine Rolle beschreibe. Auch nicht missverstanden werde im Satz „Der *Bäcker* in der Ludwigstraße ist in der Nacht zum Dienstag abgebrannt" oder in „Fünf *Bäcker*gesellinnen erhielten ihr Abschlusszeugnis" die Bedeutung von *Bäcker* (Feilke 2023: 3).

Das Beispiel zeigt vor dem Hintergrund diskurs- und kulturlinguistischer Fragestellungen Folgendes:
1. Die Debatten rund um das Gendern sind ein Metasprachdiskurs (siehe auch → 10.5), bei dem über Sprache und Sprachgebrauch debattiert wird. Aus linguistischer Sicht ist es interessant zu analysieren, welche differierenden Vorstellungen von Sprache in der Gesellschaft hinter den Argumenten stecken. Beim Linguisten Feilke sind es deutlich andere als beim Ministerpräsidenten Bayerns, der das Genderverbot durchgesetzt hat.
2. In einer historischen Perspektive wird zudem deutlich, welche Aspekte von Identität zu einer bestimmten Zeit relevant gesetzt und ob diese *auch* als sprachlich aufgefasst werden.

3. Das Phänomen selbst ist jedoch ebenfalls eines, das mehrere linguistische Teildisziplinen berührt. Dem Gendern ist allein orthografisch oder grammatisch nicht gerecht zu werden; semantische, pragmatische und auch soziolinguistische Perspektiven müssen miteinbezogen werden.

Die in diesem Kapitel vorgestellten Perspektiven mit ihren Analyse- und Denkkategorien Diskurs, Kultur und Praktiken sind deshalb Werkzeuge, um komplexe Phänomene von Sprachgebrauch in der Gesellschaft umfassend analysieren und verstehen zu können.

Bibliografie

Analogie-Topos = Diskursmonitor. Glossar zur strategischen Kommunikation in öffentlichen Diskursen. Siegen, 2023. https://diskursmonitor.de/glossar/analogie-topos (13.02.2025).

Bateson, Gregory (1987): Steps to an Ecology of Mind. Collected Essays in Anthropology, Psychiatry, Evolution and Epistemology. Northwale, NJ/London: J. Aronson.

Beauvoir, Simone de (1968): Das andere Geschlecht. Sitte und Sexus der Frau. Reinbek bei Hamburg: Rowohlt (= Rororo Taschenbücher 6621).

Berger, Peter L./Luckmann, Thomas (1969/2003): Die gesellschaftliche Konstruktion der Wirklichkeit. Eine Theorie der Wissenssoziologie. Frankfurt a. M.: S. Fischer.

Birrer, Raphaela / Häfliger, Markus (2023): „Rechts und links schreien sich nur noch nieder". Gerhard Pfister im Interview. Tages-Anzeiger vom 17.6.2023. https://www.tagesanzeiger.ch/rechts-und-links-schreien-sich-nur-noch-nieder-570316400045 (5.2.2025).

Boghossian, Paul (2006): Fear of Knowledge. Oxford University Press.

Bourdieu, Pierre (1987/1993): Sozialer Sinn. Kritik der theoretischen Vernunft. Frankfurt a. M.: Suhrkamp.

Brown, Penelope (2006): Language, Culture and Cognition: The View from Space. In: Zeitschrift für germanistische Linguistik 34(1–2), S. 64–86. https://doi.org/10.1515/ZGL.2006.005.

Bubenhofer, Noah/Calleri, Selena/Dreesen, Philipp (2019): Politisierung in rechtspopulistischen Medien: Wortschatzanalyse und Word Embeddings. In: OBST. Osnabrücker Beiträge zur Sprachtheorie (95), S. 211–242.

Butter, Michael (2018): „Nichts ist, wie es scheint". Über Verschwörungstheorien. Berlin: Suhrkamp (= edition suhrkamp Sonderdruck).

Detjen, Stephan (2015): "Der Islam gehört zu Deutschland». Die Geschichte eines Satzes. Deutschlandfunk, 13. 1. 2015. https://www.deutschlandfunk.de/der-islam-gehoert-zu-deutschland-die-geschichte-eines-satzes-100.html (5.2.2025).

Diewald, Gabriele (2018): Zur Diskussion: Geschlechtergerechte Sprache als Thema der germanistischen Linguistik – exemplarisch exerziert am Streit um das sogenannte generische Maskulinum. In: Zeitschrift für germanistische Linguistik 46(2), S. 283–299. https://doi.org/10.1515/zgl-2018-0016.

Diewald, Gabriele/Nübling, Damaris (Hrg.) (2022): Genus – Sexus – Gender. Berlin/New York: De Gruyter. https://doi.org/10.1515/9783110746396.

DRS Reflexe (1980): Gibt es eine Frauensprache? Gespräch mit Dr. Senta Trömel-Plötz. https://www.srf.ch/play/radio/redirect/detail/cb39c2f6-02de-4d78-ba8d-5edc4d297289 (5.2.2025).
Duranti, Alessandro (1997): Linguistic Anthropology. New York: Cambridge University Press.
DWB: beckerin: = Deutsches Wörterbuch von Jacob Grimm und Wilhelm Grimm, digitalisierte Fassung im Wörterbuchnetz des Trier Center for Digital Humanities, Version 01/23, www.woerterbuchnetz.de/DWB/beckerin (5.2.2025).
Eisenberg, Peter (2017): „Ein Säugling ist nicht dasselbe wie ein Gesäugter". Linguist kritisiert geschlechtergerechte Sprache. Peter Eisenberg im Gespräch mit Britta Fecke. In: *Deutschlandfunk*, 08.03.2017. https://www.deutschlandfunk.de/linguist-kritisiert-geschlechter-gerechte-sprache-ein-100.html.
Emcke, Carolin (2012): Wie wir begehren. Frankfurt a. M.: S. Fischer.
Feilke, Helmuth (2023): Gendern mit Grips statt Schreiben in Gips. In: Friedrich+ Deutsch S. 1–7.
Fichter, Adrienne / Baroni, Davide (2020): „Die Digitalisierung ist politisch", Von Adrienne Fichter und Davide Baroni (Illustration), https://www.republik.ch/2020/03/05/die-digitalisierung-ist-politisch (5.2.2025).
Fillmore, Charles J. (1982): Frame Semantics. Linguistics in the Morning Calm. Seoul: Hanshin. S. 111–137.
Fischer-Lichte, Erika (2004): Ästhetik des Performativen. Frankfurt a. M.: Suhrkamp (= edition suhrkamp 2373).
Foucault, Michel (1974/2000): Die Ordnung des Diskurses. 7. Auflage. Frankfurt a. M.: S. Fischer.
Foucault, Michel (2001): Über die Archäologie der Wissenschaften. Antwort auf den Cercle d'épistémologie. In: Schriften in vier Bänden: Dits et Ecrits. Bd. 1: 1954–1969. Frankfurt a. M.: Suhrkamp. S. 887–931.
Gardt, Andreas (2012): Geschichte der Sprachwissenschaft in Deutschland. Vom Mittelalter bis ins 20. Jahrhundert. Berlin/Boston: De Gruyter.
Gardt, Andreas (2018): Wort und Welt. Konstruktivismus und Realismus in der Sprachtheorie. In: Felder, Ekkehard/Gardt, Andreas (Hrg.): Wirklichkeit oder Konstruktion? Berlin/Boston: De Gruyter. S. 1–44. https://doi.org/10.1515/9783110563436-001.
Garfinkel, Harold (1967): Studies in Ethnomethodology. Englewood Cliffs, NJ: Prentice Hall.
Geertz, Clifford (1987): Dichte Beschreibung. Bemerkungen zu einer deutenden Theorie von Kultur. In: Dichte Beschreibung. Beiträge zum Verstehen kultureller Systeme. Frankfurt a. M.: Suhrkamp. S. 7–43 (= suhrkamp taschenbuch wissenschaft 696).
Goffman, Erving (1956): The Presentation of Self in Everyday Life. Edinburgh: Doubleday.
Goffman, Erving (1986): Frame Analysis. An Essay on the Organization of Experience. Boston: Northeastern University Press.
Goodenough, Ward Hunt (1981): Culture, language, and society. Benjamin/Cummings paperback in anthropology, 2d ed., Menlo Park, Calif: Benjamin/Cummings.
Gottsched, Johann Christoph (1748): Grundlegung einer deutschen Sprachkunst. Leipzig: o. V. https://www.digitale-sammlungen.de/view/bsb10583647.
Gumperz, John (1982): Discourse Strategies. Cambridge: Cambridge University Press.
Gumperz, John/Cook-Gumperz, Jenny (2007): 2. Discourse, Cultural Diversity and Communication: A Linguistic Anthropological Perspective. In: Kotthoff, Helga/Spencer-Oatey, Helen (Hrg.): Handbook of Intercultural Communication. De Gruyter. S. 13–30. https://doi.org/10.1515/9783110198584.1.13.
Günthner, Susanne (2013): Sprache und Kultur. In: Auer, Peter (Hrg.): Sprachwissenschaft: Grammatik – Interaktion – Kognition. Stuttgart/Weimar: Metzler. S. 347–376. https://doi.org/10.1007/978-3-476-00581-6.

Günthner, Susanne/König, Katharina (2016): Kommunikative Gattungen in der Interaktion: Kulturelle und grammatische Praktiken im Gebrauch. In: Sprachliche und kommunikative Praktiken. Berlin/Boston: De Gruyter.

Günthner, Susanne/Linke, Angelika (2006): Einleitung: Linguistik und Kulturanalyse. Ansichten eines symbiotischen Verhältnisses. In: Zeitschrift für germanistische Linguistik 34, S. 1–27.

GVBl (2001): Allgemeine Geschäftsordnung für die Behörden des Freistaates Bayern (AGO) vom 12. Dezember 2000, GVBl. S. 873; 2001 S. 28, BayRS 200-21-I, die zuletzt durch Bekanntmachung vom 19. März 2024 (GVBl. S. 56) geändert worden ist. https://www.gesetze-bayern.de/Content/Document/BayAGO/true (5.2.2025).

Gygax, Pascal/Gabriel, Ute/Sarrasin, Oriane/Oakhill, Jane/Garnham, Alan (2008): Generically Intended, but Specifically Interpreted: When Beauticians, Musicians, and Mechanics Are All Men. In: Language and Cognitive Processes 23(3), S. 464–485. https://doi.org/10.1080/01690960701702035.

Hausendorf, Heiko (2022): Over the Counter. In: Communicative Constructions and the Refiguration of Spaces. London: Routledge. S. 194–224. https://doi.org/10.4324/9780367817183-14.

Hauser, Stefan/Meier-Vieracker, Simon (Hrg.) (2022): Fankulturen und Fankommunikation. Berlin: Peter Lang. https://doi.org/10.3726/b19029.

Hermanns, Fritz (1994): Schlüssel-, Schlag- und Fahnenwörter. Zu Begrifflichkeit und Theorie der lexikalischen „politischen Semantik". Mannheim: Institut für Deutsche Sprache (= Arbeiten aus dem Sonderforschungsbereich 245 81).

Hidalgo, Oliver (2021): Autorität und (Un-)Gleichheit: Die „natürliche" Geschlechterdifferenz als pseudodemokratisches Stereotyp im aktuellen Rechtspopulismus. In: Strube, Sonja A./Perintfalvi, Rita/Hemet, Raphaela/Metze, Miriam/Sahbaz, Cicek (Hrg.): Edition Politik, Bd. 100. Bielefeld: transcript. S. 21–34. https://doi.org/10.14361/9783839453155-002.

Hirschauer, Stefan (2016): Verhalten, Handeln, Interagieren: Zu den mikrosoziologischen Grundlagen der Praxistheorie. In: Schäfer, Hilmar (Hrg.): Sozialtheorie. Bielefeld: transcript Verlag. S. 45–68. https://doi.org/10.14361/9783839424049-003.

Hornscheidt, Lann/Sammla, Ja'n (2021): Wie schreibe ich divers? Wie spreche ich gendergerecht? Ein Praxis-Handbuch zu Gender und Sprache. Hiddensee: w_orten & meer.

Humboldt, Wilhelm von (1827/1986): Schriften zur Sprache. Stuttgart: Reclam.

Kienpointner, Manfred (2017): 9. Topoi. In: Roth, Kersten Sven/Wengeler, Martin/Ziem, Alexander (Hrg.): Handbuch Sprache in Politik und Gesellschaft. Berlin/Boston: De Gruyter. https://doi.org/10.1515/9783110296310-009.

Kotthoff, Helga (2020): Gender-Sternchen, Binnen-I oder generisches Maskulinum, ... (Akademische) Textstile der Personenreferenz als Registrierungen? In: Linguistik Online 103(3), S. 105–127. https://doi.org/10.13092/lo.103.7181.

Kotthoff, Helga/Nübling, Damaris (2018): Genderlinguistik. Eine Einführung in Sprache, Gespräch und Geschlecht. Tübingen: Narr Francke Attempto.

Kotthoff, Helga/Nübling, Damaris (2024): Genderlinguistik. Eine Einführung in Sprache, Gespräch und Geschlecht. 2., überarbeitete und erweiterte Auflage. Tübingen: Narr Francke Attempto (= Narr Studienbücher). https://doi.org/10.24053/9783381105922.

Linke, Angelika (1996): Sprachkultur und Bürgertum: zur Mentalitätsgeschichte des 19. Jahrhunderts. Stuttgart/Weimar: Metzler.

Linke, Angelika (2001): Trauer, Öffentlichkeit und Intimität. Zum Wandel der Textsorte „Todesanzeige" in der zweiten Hälfte des 20. Jahrhunderts. In: Fix, Ulla/Habscheid, Stephan/Klein, Josef (Hrg.): Zur Kulturspezifik von Textsorten. Tübingen: Stauffenburg. S. 195–223 (= Textsorten).

Linke, Angelika (2003): Sprachgeschichte – Gesellschaftsgeschichte – Kulturanalyse. In: Henne, Helmut/Sitta, Horst/Wiegand, Herbert Ernst (Hrg.): Germanistische Linguistik. Konturen eines Faches. Berlin/Boston: De Gruyter, S. 25–65.

Linke, Angelika (2016): 35. Einführung: Kommunikation und Kulturalität. In: Jäger, Ludwig/Holly, Werner/Krapp, Peter/Weber, Samuel/Heekeren, Simone (Hrg.): Sprache – Kultur – Kommunikation / Language – Culture – Communication. De Gruyter. S. 351–368. https://doi.org/10.1515/9783110224504-037.

Linke, Angelika (2022): Vom Reden bei Tisch zum Tischgespräch. Genregeschichte und Kulturgeschichte (1200–1700). In: Strosetzki, Christoph (Hrg.): Der Wert der Konversation. Berlin/Heidelberg: Springer. S. 261–299. (= Abhandlungen zur Medien- und Kulturwissenschaft) https://doi.org/10.1007/978-3-662-65188-9_12.

Magnusson, Simon/Stevanovic, Melisa (2022): Sexual Consent as an Interactional Achievement: Overcoming Ambiguities and Social Vulnerabilities in the Initiations of Sexual Activities. In: Discourse Studies 25(1). S. 1–21. https://doi.org/10.1177/14614456221119101.

Meer, Dorothee (2023): Zum Wasserstoffnarrativ und der diskursiven Rolle des Narrativs der Brückentechnologie – Ein empirisch gestützter Definitionsvorschlag. In: Zeitschrift für Angewandte Linguistik 2023(78), S. 1–32. https://doi.org/10.1515/zfal-2023-2001.

Morrish, Liz/Sauntson, Helen (2008): New Perspectives on Language and Sexual Identity. New York: Palgrave Macmillan.

Motschenbacher, Heiko (2012): Queere Linguistik: Theoretische und methodologische Überlegungen zu einer heteronormativitätskritischen Sprachwissenschaft. In: Günthner, Susanne/Hüpper, Dagmar/Spieß, Constanze (Hrg.): Genderlinguistik. Berlin/Boston: De Gruyter.S. 87–125. https://doi.org/10.1515/9783110272901.87.

Penny, Laurie (2022a): Sexual Revolution. Modern Fascism and the Feminist Fightback. London/Oxford/New York/New Delhi/Sydney: Bloomsbury Publishing.

Penny, Laurie (2022b): Sexuelle Revolution. Rechter Backlash und feministische Zukunft. Hamburg: Edition Nautilus (= Nautilus Flugschrift).

Sanyal, Mithu M. (2009): Vulva: die Enthüllung des unsichtbaren Geschlechts. Berlin: Wagenbach.

Scharloth, Joachim (2008): Performanz als Modus des Sprechens und Interaktionsmodalität. Zur linguistischen Fundierung eines kulturwissenschaftlichen Konzeptes. In: Feilke, Helmuth/Linke, Angelika (Hrg.): Oberfläche und Performanz. Tübingen: Niemeyer. S. 233–253. (= Reihe Germanistische Linguistik 283). https://doi.org/10.1515/9783484971240.3.233.

Scharloth, Joachim (2021): Hässliche Wörter: Hatespeech als Prinzip der neuen Rechten. Berlin/Heidelberg: Springer. https://doi.org/10.1007/978-3-662-63502-5.

Schütz, Alfred/Luckmann, Thomas (2017): Strukturen der Lebenswelt. 2., überarbeitete Auflage, Online-Ausgabe. Stuttgart: UTB (= UTB Nr. 2412). https://doi.org/10.36198/9783838548333.

Spitzmüller, Jürgen (2019): 1. ‚Sprache' – ‚Metasprache' – ‚Metapragmatik': Sprache und sprachliches Handeln als Gegenstand sozialer Reflexion. In: Antos, Gerd/Niehr, Thomas/Spitzmüller, Jürgen (Hrg.): Handbuch Sprache im Urteil der Öffentlichkeit. Berlin/Boston: De Gruyter. S. 11–30. https://doi.org/10.1515/9783110296150-002.

Spitzmüller, Jürgen (2022): Soziolinguistik. Eine Einführung. Stuttgart: Metzler. https://doi.org/10.1007/978-3-476-05861-4.

Spitzmüller, Jürgen/Warnke, Ingo H. (2011): Diskurslinguistik. Eine Einführung in Theorien und Methoden der transtextuellen Sprachanalyse. Berlin/New York: De Gruyter.

Trömel-Plötz, Senta (1978): Linguistik und Frauensprache. In: Linguistische Berichte 57, S. 49–68.

Trömel-Plötz, Senta (2008): Sprache: Von Frauensprache zu frauengerechter Sprache. In: Becker, Ruth/Kortendiek, Beate (Hrg.): Handbuch Frauen- und Geschlechterforschung. Wiesbaden: VS Verlag für Sozialwissenschaften. S. 748–751. https://doi.org/10.1007/978-3-531-91972-0_90.

Warnke, Ingo H. (2009): Die sprachliche Konstituierung von geteiltem Wissen in Diskursen. In: Felder, Ekkehard/Müller, Marcus (Hrg.): Wissen durch Sprache. Bd. 3. Berlin/New York: De Gruyter. S. 113–140 (= Sprache und Wissen). https://doi.org/10.1515/9783110216004.1.113.

Wengeler, Martin (2003a): Argumentationstopos als sprachwissenschaftlicher Gegenstand. Für eine Erweiterung linguistischer Methoden bei der Analyse öffentlicher Diskurse. In: Geideck, Susan/Liebert, Wolf-Andreas (Hrg.): Sinnformeln. Linguistische und soziologische Analysen von Leitbildern, Metaphern und anderen kollektiven Orientierungsmustern. Berlin/New York: De Gruyter. S. 59–82 (= Linguistik – Impulse & Tendenzen).

Wengeler, Martin (2003b): Topos und Diskurs: Begründung einer argumentationsanalytischen Methode und ihre Anwendung auf den Migrationsdiskurs (1960–1985). Tübingen: Niemeyer (= Reihe Germanistische Linguistik 244).

Wengeler, Martin (2005): Von den kaiserlichen „Hunnen" bis zu Schröders „uneingeschränkter Solidarität". Argumentative und lexikalische Kontinuitäten und Veränderungen in deutschen „Kriegsbotschaften" seit 1900. In: Busse, Dietrich/Niehr, Thomas/Wengeler, Martin (Hrg.): Brisante Semantik. Berlin/Boston: De Gruyter. S. 209–232. https://doi.org/10.1515/9783110918328.209.

West, Candace/Zimmerman, Don H. (1987): Doing Gender. In: Gender and Society 1(2), S. 125–151.

Whorf, Benjamin Lee (1964/2007): Language, Thought, and Reality. Selected Writings. 28. Auflage. Cambridge, MA: The MIT Press.

Zeit Online (2022): Die Rede von Wladmir Putin im Wortlaut. https://www.zeit.de/politik/ausland/2022-02/wladimir-putin-rede-militaereinsatz-ukraine-wortlaut (5.2.2025).

12 Empirische Methoden

12.1 Wege zu linguistischem Wissen

Wie gelangen Forschende zu wissenschaftlicher Erkenntnis? Auf welcher Grundlage gelangen Linguist:innen beispielsweise zu dem Wissen, dass das Verb *erinnern* in der folgenden reflexiven Konstruktion gebraucht werden kann:

NP_{Nom} + *erinnern* + *sich* + PP_{an+NP}/*daran*
Bedeutung: *etwas/jemanden in Erinnerung behalten*
Beispiel: [*Die Juristin*]$_{NP\ Nom}$ *erinnert sich* [*an das Urteil*]$_{an+NP}$

Der österreichisch-britische Philosoph Karl Popper formulierte die folgenden Fragen, die sich jede:r, der:die Wissenschaft betreibt, stellen lassen muss: „Woher weißt du das? Auf welche Quellen stützt sich deine Erkenntnis?" (Popper 1997: 26).

Das folgende Kapitel stellt in Form eines Überblicks vor, wie in der wissenschaftlichen Erkenntnistheorie und speziell in der Linguistik mit diesen Fragen umgegangen wird.

Es lassen sich – nicht nur in der Linguistik – zwei grundlegende erkenntnistheoretische Positionen unterscheiden, deren Ursprünge bis in die antike Philosophie zurückreichen. Im **Empirismus** entsteht Erkenntnis **induktiv** auf Basis von Beobachtung und sinnlicher Erfahrung; aus beobachteten Fällen wird auf unbeobachtete Fälle geschlossen. Ein Beispiel: Ich beobachte als Linguistin in tatsächlich geäusserten Sätzen des Deutschen (beispielsweise in einem Referenzkorpus des Deutschen, → 12.4.5), dass *erinnern* mit der Bedeutung ‚etwas/jemanden in Erinnerung behalten' reflexiv in Kombination mit *sich* und einem Präpositionalobjekt gebraucht wird. Ich schliesse daraus, dass *erinnern* in dieser Bedeutung immer reflexiv gebraucht wird.

Der **Rationalismus** hingegen vertritt die Auffassung, dass Erkenntnis erfahrungsunabhängig ist und auf vernunftbasierten Einsichten beruht – Erkenntnis wird **deduktiv** aus rationalen Intuitionen und logischen Ableitungen geschlossen, Sinneserfahrungen spielen dafür keine Rolle. Ein Beispiel: Als Muttersprachlerin bildet man eine Reihe von Sätzen mit *erinnern*, in denen gewisse Parameter variiert werden:

(1) Die Juristin erinnert sich an das Urteil.

(2) *Die Juristin erinnert an das Urteil.[1]

(3) *Die Juristin erinnert das Urteil.

Als kundige Sprecherin beurteile ich die Grammatikalität dieser Sätze und komme zu dem Schluss, dass nur der erste Satz grammatisch ist. Ich schliesse daraus: *erinnern* wird reflexiv und mit einem Präpositionalobjekt gebraucht. Die anderen beiden Sätze sind ungrammatisch. Im Kapitel zur Syntax wurde mit der Generativen Grammatik ein linguistisches Paradigma vorgestellt, das einen rationalistischen Standpunkt einnimmt. Aussagen über die Grammatikalität von Sätzen werden durch Intuition gewonnen – eine Grammatik muss einzig und allein grammatische Sätze erklären (→ 7.3.1).

Sowohl die Perspektive des Rationalismus als auch die des Empirismus können kritisiert werden. Beim Empirismus gibt es ein **Verifikationsproblem:** Es kann nie ausgeschlossen werden, dass es nicht doch einen empirischen Gegenbeleg gibt. Auch wenn man in einem Korpus nur die oben genannte reflexive Konstruktion für *erinnern* findet, kann nicht ausgeschlossen werden, dass es auch Belege gibt, die davon abweichen. Gerade im Hinblick auf Sprache ist dieses logische Problem offensichtlich: Es besteht immer die Möglichkeit, dass es doch ein Gegenbeispiel gibt, das einfach nur nicht im untersuchten Korpus enthalten ist. Und tatsächlich: Schaut man beispielsweise in regionalsprachliche Korpora, finden sich Belege, in denen *erinnern* in der gleichen Bedeutung, aber nicht reflexiv gebraucht wird:

(4) Jetzt erinnere ich die Episode (Rheinischer Merkur, 08.12.1989: 17; zit. aus E-VALBU).

Ein ähnliches Problem hat der Rationalismus – nämlich immer dann, wenn vernunftbasierte Erkenntnisse im Lichte empirischer Beobachtungen nicht haltbar sind. Unsere sprachliche Intuition mag uns sagen, dass es *Die Juristin erinnert sich an das Urteil* lautet. Dann begegnen uns aber im Sprachgebrauch Beispiele wie das eben gezeigte, in dem *erinnern* nicht reflexiv, aber mit einem Akkusativobjekt gebraucht wird.

Der einleitend erwähnte Philosoph Karl Popper setzt genau hier mit seiner Theorie des **Kritischen Rationalismus** an. Popper argumentiert zum einen dafür, dass es kein induktives Erkenntnisverfahren gibt – Erkenntnis kann nicht durch

---

1 Dieser Satz hat zwei Lesarten; im Grammatikalitätstest geht es um die Bedeutung ‚etwas/jemanden in Erinnerung behalten' (analog engl. *remember*) – nicht um die Bedeutung ‚jemandem etwas in Erinnerung rufen' (analog engl. *remind*).

Prozesse entstehen, die ohne Vorannahmen (oder in der Terminologie des Kritischen Rationalismus: Kategorien) auskommen; Popper sagt es sogar noch deutlicher: Es ist überhaupt gar nicht möglich, ohne Vorannahmen und Kategorien zu arbeiten. Jede empirische Beobachtung schliesst „eine *Interpretation* im Lichte unseres theoretischen Wissens in sich [ein]" (Popper 1997: 29). Trotzdem kommt der Beobachtung eine wichtige Funktion zu, nämlich „Irrtümer zu entdecken und auszuschalten" (Popper 1997: 33). Beobachtung übernimmt die Funktion, Theorien zu kritisieren und dort, wo es notwendig ist, anzupassen:

> [W]enn Dich das Problem interessiert, das ich mit meiner Vermutung versuchsweise lösen wollte, dann kannst Du mir einen Dienst erweisen; versuche, sie so scharf wie es Dir nur möglich ist, zu kritisieren! Und wenn Du Dir ein Experiment ausdenken kannst, dessen Ausgang, deiner Meinung nach, meine Behauptung widerlegen könnte, so bin ich bereit, Dir bei dieser Widerlegung zu helfen, soweit es in meinen Kräften steht. (Popper 1997:35)

Der Kritische Rationalismus wird daher auch als *Falsifikationstheorie* bezeichnet – Theorien (wie die zum reflexiven Gebrauch von *erinnern*) können durch empirische Daten (z. B. Korpusdaten) widerlegt werden. Sichere Erkenntnis gibt es hingegen nie, wie oben mit dem Verifikationsproblem des Empirismus gezeigt wurde. Stattdessen muss es das Ziel von Wissenschaft sein, durch Versuch und Irrtum „das Unablässige *Suchen* nach Wahrheit" voranzutreiben (Popper 1989 [1934]: 225).

12.2 Ablauf empirischer Forschungsprojekte

Eine empirische Forschungsarbeit in der Linguistik beginnt mit einer **Forschungsfrage**. Diese enthält in kondensierter Form, was der Gegenstand (das Thema) der Untersuchung ist. Dem Formulieren einer Forschungsfrage geht typischerweise voraus, dass man als Forscher:in eine irgendwie geartete „Irritation" erlebt: Man beobachtet einen interessanten Fall im Sprachgebrauch, stösst auf eine Forschungslücke, entdeckt ein Problem. Durch das Formulieren der Forschungsfrage wird diese Irritation kanalisiert und in eine bearbeitbare Aufgabe überführt.

Je nach linguistischer Forschungsrichtung unterscheiden sich empirisch bearbeitbare Fragestellungen in ihrem Präzisionsgrad. Meist ist es das Ziel, Forschungsfragen sehr präzise zu formulieren. Eher ungenau wäre dann beispielsweise die Frage „Wann wird im Deutschen der adnominale Genitiv verwendet und wann Attribute mit *von*?" (z. B. *der Kuchen meiner Oma, Omas Kuchen, der Kuchen von Oma*). Diese Frage lässt viele Aspekte offen. Beispielsweise könnte man die Verwendung in der gesprochenen oder geschriebenen Sprache untersuchen, in der Social-Media-Kommunikation oder in Betriebsanleitungen, im Laufe des 20. Jahrhunderts oder in den letzten fünf Jahren. Auch die Formulierung mit *wann* ist wenig präzise – ist damit ein bestimmter Zeitpunkt gemeint oder doch eher bestimmte linguistische Einflussfaktoren? Eine präzisere Forschungsfrage benennt all solche Aspekte. Zum Beispiel könnte man die genannte Frage wie folgt präzisieren: „Welche linguistischen Faktoren beeinflussen die Verwendung des adnominalen Genitivs im Gegensatz zu *von*-Attributen in der geschriebenen deutschen Standardsprache?" Es gibt aber auch linguistische Teilbereiche, in denen bewusst weniger präzise Fragestellungen zu Beginn der Analyse erwünscht sind (oder sogar gar keine Fragestellung), wie in der Konversationsanalyse und der multimodalen Interaktionsanalyse (→ 9). Das hat den Grund, dass beide Disziplinen strikt datengeleitet („am Material") arbeiten. Dies bedeutet, dass sich – im Idealfall – Fragestellungen erst aus dem Material heraus entwickeln und man die Präzisierung der Fragestellung erst vornimmt, wenn man die Daten zunächst erhoben und erstmalig ausgewertet hat (vgl. Deppermann 2008: 18–20).

Oftmals sind mit der Forschungsfrage auch spezifische Hypothesen verbunden. Unter einer **Hypothese** versteht man weniger eine Vermutung über die möglichen Ergebnisse der Untersuchung, sondern Annahmen, die sich auf frühere Studien stützen oder auf etablierten Theorien aufbauen. Bezogen auf die Fragestellung zum Genitiv liesse sich z. B. unter Bezug auf kognitive Verarbeitungstheorien die Hypothese aufstellen, dass der adnominale Genitiv dispräferiert wird, wenn die Bezugs-NP sehr komplex ist. Im Sinne der im vorangegangenen Kapitel vorgestellten Falsifikationstheorie wird zwischen Nullhypothesen (H_0) und Alternativhypothese(n) (H_1, H_2, …) unterschieden. Bezogen auf das Beispiel wäre H_0, dass es *keinen* Unterschied im Gebrauch des adnominalen Genitivs und *von*-Attributen gibt. H_1 wäre, dass der adnominale Genitiv bei komplexen NPs dispräferiert wird. Ziel der anschliessenden Untersuchung ist es, H_0 zu bestätigen und H_1 zu falsifizieren; gelingt die Falsifikation nicht, wird die Hypothese provisorisch bestätigt (denn ein endgültiger „Beweis" ist empirisch nicht möglich). In den empirischen Sozialwissenschaften spielen Hypothesen eine sehr wichtige Rolle – in der empirisch arbeitenden Linguistik ist die methodische Relevanz von Hypothesen weniger stark ausgeprägt, weshalb es an dieser Stelle bei diesen kurzen Ausführungen bleibt. Einen sehr guten Überblick über Hypothesen(bildung) bietet beispielsweise Döring (2023, Kapitel 5).

Auf die Formulierung der Forschungsfrage und ggf. der Hypothesen folgt die vertiefte Auseinandersetzung mit **Forschungsliteratur**, um den aktuellen Wissensstand zum Thema zu erarbeiten und die eigene empirische Arbeit in den bestehenden wissenschaftlichen Diskurs einzubetten. In der Phase der **Operationalisierung** schliesslich wird das Forschungsdesign festgelegt, d. h. welche Daten gesammelt und welche Analysemethoden verwendet werden müssen, um die Forschungsfrage zielführend zu beantworten und die ggf. formulierten Hypothesen zu untersuchen. Typischerweise wird zwischen quantitativen und qualitativen Forschungsdesigns unterschieden sowie Designs, die beide Aspekte vereinen.

Bei **quantitativen Forschungsdesigns** entstehen umfangreiche Datensätze, in denen die Frequenz und Verteilung von linguistischen Phänomenen gemessen wird und meist auch statistische Auswertungsverfahren zum Einsatz kommen. Quantitative Designs eignen sich ausserdem sehr gut zur automatisierten Identifikation von Musterhaftigkeiten, also Phänomenen, die häufig in bestimmten Kontexten vorkommen. Eine Herausforderung für quantitative Untersuchungen in der Linguistik ist **Repräsentativität** – damit ist gemeint, dass ein erhobener Datensatz eine Grundgesamtheit möglichst genau abbilden soll, denn es können in den allermeisten Fällen nie *alle* vorhandenen Daten (das wäre die Grundgesamtheit) untersucht werden. Die skizzierte fiktive Genitivstudie zeigt das sehr gut: Es ist schlicht unmöglich, *alle* standardsprachlichen Äusserungen des Deutschen zu erfassen. Dennoch ist es Ziel der Untersuchung, Aussagen über *das Standarddeutsche* zu machen (d. h. zu generalisieren).

Ein Blick in die empirische Sozialforschung zeigt, wie Repräsentativität hergestellt werden kann. Dort werden Stichproben erstellt, die möglichst unverzerrt die Merkmale der Grundgesamtheit repräsentieren. Das erfordert natürlich, dass die Merkmale der Grundgesamtheit auch bekannt sind – das können z. B. soziodemografische Merkmale wie Alter, Wohnort oder Bildungsabschluss sein. In der Linguistik nun ist die Grundgesamtheit schwerer bestimmbar, wie am Beispiel der Standardsprache gezeigt wurde. Dennoch lassen sich Kriterien bestimmen, um eine geeignete Datengrundlage für eine Untersuchung zusammenzustellen und bestmöglich nach Repräsentativität und Generalisierbarkeit zu streben (siehe dazu auch den Begriff der externen Reliabilität in Kapitel 12.3). Beispielsweise können Domänen zusammengestellt werden, in denen Standardsprache verwendet wird – schriftsprachlich sind das z. B. Zeitungen, Belletristik, wissenschaftliche oder populärwissenschaftliche Texte (vgl. Biber 1993). In einem repräsentativen standardsprachlichen Korpus sollten diese Domänen also idealerweise enthalten sein (siehe den Begriff des Referenzkorpus, → 12.4.5). Linguistische Datensätze werden so letztlich zu Modellen, die ein Original (eine Grundgesamtheit) in seinen wichtigsten Eigenschaften abbilden (so wie auch ein Legohaus das Modell eines richtigen Hauses ist – ohne aber beispielsweise über Wasserleitungen zu verfügen, dafür aber über Türen und Fenster; vgl. Egbert et al. 2022 zu weiteren Konzepten von Repräsentativität, v. a. in der Korpuslinguistik).

Qualitativen Forschungsdesigns liegen kleine Datensätze zugrunde, die hinsichtlich der Ausprägung von Phänomenen exploriert werden. Angaben zu Frequenzen spielen hier, wenn überhaupt, nur eine untergeordnete Rolle, stattdessen geht es um die möglichst detaillierte Beschreibung von Sprache in sozialen Kontexten und um die Benennung, Kategorisierung und Interpretation von Phänomenen gleicher Art. Typisch ist so ein Vorgehen beispielsweise in der Gesprächs- und Interaktionsforschung (→ 9) oder auch der Diskursanalyse (→ 11).

In sog. **Mixed-Methods-Designs** werden qualitative und quantitative Vorgehensweisen miteinander verknüpft. Dann werden z. B. miteinander verbundene Teilstudien nacheinander oder auch parallel durchgeführt. In einem ersten qualitativen Schritt kann es um die qualitative Identifikation von Phänomenen gehen, deren Frequenz in einem zweiten Schritt in einem grösseren Datensatz erhoben wird. Oder andersherum: In einer quantitativen Untersuchung werden mit geeigneten Methoden Muster entdeckt, die dann qualitativ interpretiert, kategorisiert und kontextualisiert werden. Herausfordernd bei einem solchen Untersuchungsdesign ist das Zusammenführen von Ergebnissen, die durch unterschiedliche Methoden erzielt wurden (sog. *Triangulation*).

In der Linguistik werden neben sprachlichen Daten auch andere Daten untersucht – beispielsweise Daten, die Sprachgebrauch oder Spracheinstellungen repräsentieren (vgl. Beißwenger et al. 2022). In solchen Fällen weist die empirisch forschende Linguistik eine grosse Nähe zu den empirischen Sozialwissenschaften auf. Das zeigen Datenerhebungsmethoden, die in beiden Disziplinen eine wichtige Rolle spielen: die Befragung (in Form von Interviews oder Fragebögen) und die Beobachtung. Bei solchen Designs entstehen Daten, die nicht zwingend hinsichtlich linguistischer Phänomene untersucht werden, sondern durch die auf andere sprachbezogene Aspekte Bezug genommen werden kann (ein Beispiel sind Interviews zu Einstellungen über Dialekte). Weitere typische Datenerhebungsmethoden in der Linguistik sind das Experiment und die Erstellung umfangreicher Korpora. Alle genannten methodischen Ansätze werden detaillierter in Kapitel 12.4 vorgestellt, für den Moment reicht ein oberflächliches Verständnis. Angewendet auf die Forschungsfrage zum Genitiv sind beispielsweise die in Tabelle 12.1 aufgelisteten Erhebungsmethoden denkbar:

Tabelle 12.1: Datenerhebungsmethoden im Vergleich.

schriftliche Befragung	Beobachtung	Experiment	Korpuserstellung
Fragebogen mit 30 Sätzen in je drei Varianten; Teilnehmer:innen müssen ankreuzen, welche Variante sie bevorzugen würden	Beobachtung von unterschiedlichen Gesprächssituationen, alle Vorkommen der untersuchten Konstruktion werden notiert	Messung von Reaktionszeiten bei der Produktion von adnominalen und attributiven Varianten	Erstellung eines deutschsprachigen Zeitungskorpus, um entsprechende Konstruktionen multifaktoriell analysieren zu können

Sicher sind nicht alle vier Operationalisierungen gleich gut für die Forschungsfrage zum Genitiv geeignet – z. B. wird es sehr schwierig sein, in einer Gesprächssituation überhaupt genügend Fälle zu beobachten; fraglich ist auch, ob man in einem Experiment solche Konstruktionen sinnvoll elizitieren (d. h. den Probanden „entlocken") kann. Eher geeignet ist hingegen der Ansatz der Korpusanalyse. Man benötigt ein Korpus der deutschen Standardsprache, in dem man gezielt nach syntaktischen Phänomenen suchen kann.

Ebenfalls Teil der Operationalisierung ist es, die Art der Datenauswertung festzulegen. Jede der zuvor genannten Erhebungsmethoden ist mit typischen Auswertungsmethoden verknüpft; diese werden in Kapitel 12.6 vertieft. Bezogen auf das Genitiv-Beispiel bietet es sich an, die verschiedenen Konstruktionen in einem Korpus quantitativ zu untersuchen, mit dem Ziel, Faktoren zu identifizieren, die die Wahl der einen oder der anderen Konstruktion beeinflussen (sog. *Regressionsmodelle*). Beispielsweise kann gezählt werden, welche Lexeme beteiligt sind, wie komplex die Konstruktion ist usw. Diese Faktoren werden in der empirischen Forschung als **unabhängige Variablen** bezeichnet. Es wird untersucht, welchen Einfluss sie auf die Ausprägung einer **abhängigen Variable** haben (hier: Verwendung des adnominalen Genitivs oder *von*-Attribute).

Auf die Phase der Operationalisierung folgt die eigentliche **Erhebung** der Daten, deren **Aufbereitung** sowie **Auswertung**, z. B. durch Einsatz statistischer Testverfahren oder kategorienbildender Verfahren. Auf alle drei Schritte gehen die Kapitel 12.4 bis 12.6 ausführlicher ein. Je nach Erhebungsmethode kommen unterschiedliche Tools zum Datensammeln und -auswerten zum Einsatz – die Palette ist hier entsprechend gross und reicht von Tabellenkalkulationsprogrammen über Transkriptionssoftware, Programmiersprachen und Korpusanalysetools bis hin zu Statistiksoftware, um nur eine kleine Auswahl zu nennen.

Die letzte Phase eines empirischen Forschungsprojekts konzentriert sich auf die Interpretation und **Diskussion** der Ergebnisse. Hier geht es darum, eine Antwort auf die Forschungsfrage zu formulieren sowie die Hypothese(n) (provisorisch) zu bestätigen oder abzulehnen. Meist geht es hier auch darum, die Ergebnisse der Analyse im Kontext anderer, vergleichbarer Untersuchungen zu betrachten, sie in Bezug zu bereits vorhandenen Theorien, Modellen und Erklärungsansätzen zu setzen und ggf. Perspektiven für die sprachliche Praxis aufzuzeigen (ein Aspekt, der in der Angewandten Linguistik eine wichtige Rolle spielt). Beispielsweise liessen sich die Ergebnisse der skizzierten Genitivstudie insbesondere vor dem Hintergrund kognitionslinguistischer Ansätze, die den Einfluss von Komplexität und Frequenz von Konstruktionen modellieren, bewerten. Auch können empirische Forschungsergebnisse dazu genutzt werden, Theorien, Modelle und Erklärungsansätze zu modifizieren oder überhaupt erst zu erarbeiten. Auf diese Weise trägt die empirische Forschung dazu bei, wissenschaftliche Erkenntnisse voranzutreiben.

12.3 Gütekriterien wissenschaftlicher Forschung

Es gibt sie immer wieder – Berichte darüber, dass es im Verlauf von Forschungsprozessen zu wissenschaftlichem Fehlverhalten gekommen ist. Sei es, weil bei der Publikation von Forschungsergebnissen plagiiert wurde (also Übernahmen aus wissenschaftlicher Literatur nicht als solche kenntlich gemacht wurden), Forschungsergebnisse gefälscht wurden oder Berechnungsfehler stattgefunden haben. Dass es zu solchem Fehlverhalten kommt, hat vielfältige Ursachen, die an dieser Stelle aber nicht diskutiert werden können. Stattdessen werden in diesem Kapitel Kriterien vorgestellt, die sich die Wissenschaftscommunity auferlegt hat, um Wissenschaft zu evaluieren und die Qualität empirischer Untersuchungen zu beurteilen.

Disziplinübergreifend werden die folgenden vier Standards für Wissenschaftlichkeit angesetzt:

1) **Wird ein wissenschaftliches Forschungsproblem behandelt?** Dazu gehört, ob das Forschungsvorhaben ein Thema berührt, das mit wissenschaftlich anerkannten Methoden und Grundsätzen untersucht werden kann. Dazu gehört aber auch, ob der aktuelle Erkenntnisstand zu diesem Thema berücksichtigt wird. So ist beispielsweise die Untersuchung des adnominalen Genitivs ein wissenschaftliches Forschungsvorhaben; die Existenz von Heinzelmännchen hingegen ist mit wissenschaftlichen Methoden nicht nachweisbar und widerspricht bisher erzielten wissenschaftlichen Erkenntnissen (vgl. Vogelmann 2023). Wissenschaftliche Forschungsvorhaben können hinsichtlich ihrer inhaltlichen Relevanz beurteilt werden – ein Projekt im Bereich der Angewandten Linguistik kann z. B. danach beurteilt werden, ob es ein aktuelles Praxisproblem bearbeitet und umsetzbare Lösungsvorschläge entwickelt (vgl. ZHAW School of Applied Linguistics 2024). Linguistische Forschung kann aber natürlich auch ohne einen direkten Anwendungsbezug relevant sein – ein Bewertungskriterium ist dann insbesondere, inwiefern ein Projekt zum wissenschaftlichen Erkenntnisfortschritt beiträgt.

2) **Wird ein wissenschaftlicher Forschungsprozess mit etablierten Methoden der Datenerhebung und Datenanalyse durchlaufen?** Ein zentrales Bewertungskriterium ist hier, ob geeignete Methoden gewählt und ob diese Methoden korrekt angewendet werden (sog. *methodische Strenge*). Die fiktive Genitivstudie lässt sich wie bereits angedeutet beispielsweise kaum durch ein Experiment oder eine Beobachtung durchführen, stattdessen ist eine Korpusanalyse geeignet. Bei dieser wiederum gilt es, korrekte statistische Verfahren anzuwenden, um den Einfluss von linguistischen Faktoren auf die Verwendung des Genitivs methodisch korrekt zu bestimmen.

3) **Werden forschungsethische Standards eingehalten?** Dazu gehört z. B. das korrekte Zitieren von Forschungsliteratur nach geltenden Zitierstandards, dass Proband:innen (beispielsweise bei Experimenten oder Interviews) über die Forschung und den Verbleib ihrer Daten aufgeklärt oder dass personensensible Informationen (beispielsweise in Gesprächstranskripten) anonymisiert werden.
4) **Wird das Forschungsprojekt dokumentiert, um Ergebnisse überprüfen und ggf. replizieren zu können?** Damit Forschung replizier- und überprüfbar ist, muss sie gut dokumentiert werden – insbesondere in Form von Publikationen, die für die wissenschaftliche Gemeinschaft zugänglich sind.

Das unter 2) genannte Kriterium der methodischen Strenge erfährt in der quantitativen empirischen Forschung grosse Beachtung und ist entsprechend stark ausdifferenziert. Ein zentraler Begriff ist **Validität**, sie bezieht sich auf die Gültigkeit von Forschungsergebnissen und wissenschaftlichen Aussagen. Wenn eine empirische Forschungsmethode valide ist, dann misst sie – sehr vereinfacht ausgedrückt – das, was gemessen werden soll. Ein einfaches Beispiel verdeutlicht das: Um die Körpergrösse eines Menschen festzustellen, eignet sich die Vermessung mit einem Massband. Möchte man hingegen den Intelligenzquotienten eines Menschen bestimmen, dann ist es nicht valide, mit einem Massband den Kopfumfang dieses Menschen zu bestimmen und dann auf den IQ zu schliessen. Das, was herausgefunden werden soll (Intelligenz), passt nicht zur gewählten Methode (Kopfumfang mit einem Massband vermessen). Dieses Kriterium wird auch als **Konstruktvalidität** bezeichnet (bezogen auf das Beispiel wäre Intelligenz das zu messende Konstrukt). Ein weiteres zentrales Kriterium für Validität ist, inwiefern Ergebnisse einer Studie verallgemeinert (generalisiert) werden können – dieses Problem wurde bereits in Kapitel 12.2 unter dem Konzept der Repräsentativität thematisiert, das sich beispielsweise bei Korpusanalysen stellt (inwiefern sind die Ergebnisse der Korpusanalyse auf Sprachgebrauch übertragbar, der nicht im Korpus festgehalten ist?) – hier wird von **externer Validität** gesprochen.

Das Gütekriterium der methodischen Strenge gilt vor allem für die quantitative Forschung; auf die qualitative Forschung ist sie nur bedingt anwendbar, da sie viel weniger standardisiert ist und explorative Zugänge zu Forschungsdaten im Zentrum stehen. Deswegen werden für die qualitative Forschung andere Gütekriterien herangezogen, die der besonderen Funktionsweise qualitativer Forschung besser gerecht werden. Zentral ist das Kriterium der Glaubwürdigkeit, eingeführt von Lincoln/Guba (1985) – qualitative Forschung muss demzufolge dahingehend bewertet werden, ob sie

- vertrauenswürdig ist (z. B. weil eine umfassende Datenerhebung stattgefunden hat, Ergebnisse mit anderen Forschenden diskutiert wurden oder Interpretationen immer wieder mit den Daten abgeglichen wurden);
- übertragbar ist (z. B. weil eine Untersuchung exakt genug beschrieben ist, um einschätzen zu können, ob die Ergebnisse auch für andere Kontexte gültig sind);
- zuverlässig ist (z. B. weil Analysen von mehreren Forschenden parallel und voneinander unabhängig durchgeführt wurden) und
- bestätigbar ist (z. B. weil Ergebnisse der Fachcommunity zur Evaluation vorgelegt werden).

Eine hervorragende Einführung in wissenschaftliche Gütekriterien ist Döring (2023) – das Publikum ist zwar ein sozial- und humanwissenschaftliches, aber vieles ist unmittelbar auf das empirische Forschen in der Linguistik übertragbar.

In jüngster Zeit ist ein weiteres Gütekriterium guter wissenschaftlicher Forschung hinzugekommen, welches gleichzeitig einen zentralen Paradigmenwechsel in der empirischen Forschung anzeigt. Gemeint ist die Entwicklung, dass Forschungsdaten sowie damit verbundene Derivate mit der Forschungsgemeinschaft geteilt werden. Dieser Paradigmenwandel wird unter dem Begriff **Open Science** zusammengefasst. Darunter wird zum einen verstanden, dass wissenschaftliche Publikationen frei zugänglich statt kostenpflichtig sein sollten (*Open Access*). Zum anderen wird darunter verstanden, dass Forschungsdaten nach Abschluss eines Projektes für andere Forschende verfügbar gemacht werden, und zwar nach den sog. *FAIR-Prinzipien* (vgl. Wilkinson et al. 2016). Demzufolge sollen Forschungsdaten auffindbar (*findable*), zugänglich (*accessible*), interoperabel (*interoperable*) sowie wiederverwendbar (*reusable*) sein. Auffindbarkeit und Zugänglichkeit werden beispielsweise gewährleistet, indem die Daten in geeigneten Datenbanken, sog. *wissenschaftlichen Repositorien*, hinterlegt werden (*Open Research Data*). Interoperabilität meint, dass Daten mit anderen, ähnlichen Daten kompatibel sein sollen (z. B. durch die Verwendung von standardisierten Dateiformaten). Open Science liegt zum einen der Gedanke zugrunde, dass öffentlich finanzierte Forschung nachvollziehbar und replizierbar sein muss. Zum anderen trägt der Open-Science-Gedanke aber auch der Tatsache Rechnung, dass Daten ein äusserst kostbares Gut sind und oftmals viele weitere Forschungsfragen an ein und denselben Datensatz gestellt werden können.

12.4 Methoden der Datenerhebung

Daten können in der Linguistik unterschiedlicher Art sein – zwar liegt der Fokus auf sprachlichen Daten (schriftlich, mündlich, multimodal), jedoch werden in der Linguistik ebenso Daten *über* Sprache untersucht – z. B. Selbstauskünfte über die

Sprachbiografie, Ratings zu Spracheinstellungen, EEG-Messungen aus Sprachproduktionsexperimenten oder Beobachtungen von Interaktionen, um nur eine sehr kleine Auswahl zu nennen. Das folgende Kapitel gibt einen Überblick über die wichtigsten Datenerhebungsmethoden in der empirisch forschenden Linguistik (vgl. Albert/Marx 2014).

12.4.1 Das Interview

Interviews sind mündliche Befragungen, in deren Zentrum die „regelgeleitete Generierung und Erfassung von verbalen Äußerungen einer Befragungsperson [...] oder mehrerer Befragungspersonen zu ausgewählten Aspekten ihres Wissens, Erlebens und Verhaltens in mündlicher Form" steht (Döring 2023: 353). In Interviews gibt es eine klare Rollenverteilung zwischen der interviewenden (fragenstellenden) und der interviewten (antwortgebenden) Person; damit unterscheidet sich das wissenschaftliche Interview in einem zentralen Punkt von Alltagsgesprächen, in denen das Fragenstellen ja auch eine wichtige Praktik ist – jedoch von beiden Interaktionsteilnehmenden.

Ein Beispiel für eine Interviewstudie ist König (2014): Dort wurden sog. *sprachbiografische Interviews* mit Deutsch-Vietnames:innen geführt. In solchen Interviews steht die Sprachbiografie von Personen im Zentrum (wann haben sie eine Sprache gelernt, in welchen Kontexten, was haben sie dabei erlebt etc.). Im Fokus der Analyse von König (2014) standen Äußerungen zu Spracheinstellungen, wie sich diese sequenziell in den Verlauf des Interviews einbetten und wie diese Äusserungen an die interviewende Person oder das bisher im Interview Gesagte angepasst werden. Interviews als Datenerhebungsmethode kommen in der Linguistik in vielen Teilgebieten zum Einsatz. Zentral ist diese Methode insbesondere in der Soziolinguistik, z. B. zur Erforschung von Spracheinstellungen, metasprachlichem Wissen, Ideologien oder des Gebrauchs von Varietäten (→ 10).

Interviews zählen in erster Linie zu den qualitativen empirischen Forschungsmethoden, da sie meist in un- oder nur teilstrukturierter Weise durchgeführt werden, also ohne ein verbindliches Set an Fragen und Antwortmöglichkeiten. Interviews für quantitative Untersuchungen sind methodisch sehr eng mit der Fragebogenmethodik verwandt (→ 12.4.2).

Vorteile von Interviewstudien
Interviews haben gegenüber anderen Methoden der Datenerhebung den Vorteil, dass sie einen Zugang zum subjektiven Erleben von Personen ermöglichen. Anders als bei Beobachtungsstudien kann so gezielt nach Überzeugungen oder Gefühlen

gefragt werden – beispielsweise im Hinblick auf die eigene Sprachbiografie. Interviews ermöglichen es auch, Dinge zu erfragen, die in der Vergangenheit liegen und/oder nicht direkt beobachtbar sind. Die eben genannte Untersuchung zu Sprachbiografien ist ein gutes Beispiel dafür.

Interviews ermöglichen einen engen Kontakt zwischen Forschenden und den interviewten Personen – im Gegensatz zu anderen Datenerhebungsmethoden kann nachgefragt (zumindest bei unstrukturierten und semi-strukturierten Interviews, siehe unten), Vertrauen aufgebaut, und zusätzliche Informationen bei Bedarf erfasst werden. Durch die Wahl geeigneter Interviewtechniken können komplexere Fragen gestellt werden – bei Fragebogenstudien ist das kaum möglich, weil dafür die Akzeptanz bei den befragten Personen zu gering ist. Interviews sind also im Vergleich zu Fragebögen durch einen höheren Grad an Nähe zwischen Wissenschaftler:in und interviewter Person gekennzeichnet, was nicht zuletzt auch daran liegt, dass Interviews live stattfinden (persönlich, via Telefon oder Videotelefonie) und für die Teilnehmenden durch die Nähe zum Alltagsgespräch eine vertraute Praktik darstellen.

Herausforderungen von Interviewstudien
Interviews bringen trotz dieser Vorteile eine Reihe von Herausforderungen mit sich. So sind Interviews deutlich zeitintensiver als Fragebögen, die von einer Vielzahl Teilnehmender zeitunabhängig ausgefüllt werden können. Ausserdem ist für das Führen von Interviews eine hohe Expertise sowie kommunikative und soziale Kompetenz seitens der Interviewenden notwendig. Denn auch für Interviews gelten die Gütekriterien des wissenschaftlichen Arbeitens (→ 12.3). So müssen Interviews beispielsweise Objektivitätskriterien genügen, d. h. Interviewende müssen allen Teilnehmenden auf vergleichbare Art begegnen, sich den besonderen Herausforderungen einer solchen sozialen Situation bewusst sein und sich immer wieder neu auf andere Personen einstellen. Aus diesem Grund ist es zentral, Interviewende durch Schulungen und Guidelines gezielt auf Interviewsituationen und die damit verbundenen Herausforderungen vorzubereiten (z. B. Verweigern von Antworten, Umgang mit einsilbigen Antworten). Es kann von Vorteil sein, wenn die interviewte und interviewende Person ähnliche soziodemografische Eigenschaften aufweisen, um so bereits von vornherein eine gewisse Nähe zu schaffen (z. B. Migrationshintergrund bei Interviews zu Sprachbiografien).

Herausforderungen ergeben sich aber auch mit Blick auf die interviewte Person. Das Interview ist eine reaktive Methode – die interviewten Personen wissen, dass sie Teil einer wissenschaftlichen Studie sind, und das kann Auswirkungen auf ihr Antwortverhalten haben. Ein wichtiges Stichwort ist das der **sozialen Erwünschtheit**: Interviewte Personen antworten nicht ehrlich, sondern so, wie es ihrer Einschätzung nach sozial erwünscht ist. Gerade bei heiklen Fragen, z. B. zu persönlichen Einstellungen, kann es dadurch zu starken Verzerrungen kommen. Auch Datenerhebungsmethoden wie die teilnehmende Beobachtung (→ 12.4.3.) sind für diesen Effekt anfällig.

Und schliesslich: Auch die Gestaltung des Interviewinstruments, insbesondere die Reihenfolge und Formulierung der Fragen, ist herausfordernd. Fragen können unverständlich oder zu detailliert sein, oder Antworten können durch die Formulierung der Frage beeinflusst werden (sog. *Suggestivfragen*). Um solche Dinge zu vermeiden, sollten sog. *Pretests* eingesetzt werden, um das Interviewinstrument zunächst zu testen, bevor es zur eigentlichen Studie eingesetzt wird.

Interviewformen
Es wird zwischen den folgende Interviewformen unterschieden:
- Grad an Strukturiertheit: Bei **unstrukturierten Interviews** gibt es kein vorbereitetes Set an Fragen, sondern die interviewte Person soll sich nach dem Einstieg in das Interview frei äussern (z. B.: „Wenn Sie an die Sprachen denken, die Sie im Laufe ihres Lebens gelernt haben: Welche Bedeutung hatten diese in verschiedenen Lebensphasen für Sie?"). Das Interview entwickelt sich durch die Äusserungen der interviewten Person und Nachfragen der Interviewerin bzw. des Interviewers. Im Gegensatz dazu gibt es bei **semi-strukturierten Interviews** einen Interviewleitfaden, der die zu stellenden Fragen enthält und diese beispielsweise in thematisch zusammengehörige Blöcke sortiert (z. B. *Spracherwerb im Kindes- und Jugendalter:* „Welche Sprachen haben Sie bis zu ihrem 18. Lebensjahr gelernt? In welchem Kontext haben Sie diese Sprachen gelernt?"). Während des Interviews ist es aber der interviewenden Person erlaubt, Nachfragen zu stellen, die nicht im Leitfragenkatalog stehen, oder auch die Reihenfolge der Fragen situativ anzupassen. Dadurch kann sich das Interview auf individuelle Art entwickeln, folgt aber dennoch einer gewissen Struktur – sodass im Gegensatz zum unstrukturierten Interview der Grad an Vergleichbarkeit zwischen mehreren Interviews steigt. Bei einem **vollstrukturierten Interview** schliesslich sind die Fragen, deren Wortlaut und auch deren Reihenfolge verbindlich in einem Fragebogen festgelegt, oftmals sind auch standardisierte Antwortmöglichkeiten vorgegeben (sog. *geschlossene Fragen*, z. B.: „In welchem Alter haben Sie eine erste Fremdsprache gelernt?", Antwortmöglichkeiten: Vor dem sechsten Lebensjahr – Zwischen sechs und zwölf Jahren – Zwischen zwölf und 18 Jahren – Nach dem 18. Lebensjahr) – solche Interviews laufen also hochstandardisiert ab.
- Anzahl der interviewten Personen: Interviews können mit nur einer einzigen Person geführt werden oder aber mit mehreren Personen. Eine nicht nur in den Sozialwissenschaften, sondern auch in der Linguistik häufig anzutreffende

Form des Interviews mit mehreren Personen sind sog. **Fokusgruppengespräche**. Fokusgruppen bestehen aus mehreren Personen, die gemeinsam über ein vorgegebenes Thema sprechen, angeleitet durch eine:n Forscher:in. Wichtig ist, dass die Teilnehmer:innen zu diesem Thema „etwas zu sagen haben", das heisst, beispielsweise in ihrem Alltag oder ihrer beruflichen Praxis Umgang damit haben. Von Interesse ist dann z. B., welche Gesprächsdynamiken es in solchen Gruppen gibt oder welche Formen von kollektiven Wissensbeständen sich in solchen Gesprächen auf welche Weise zeigen.
- Art des Kontakts: Hier wird unterschieden zwischen Interviews, die im persönlichen Kontakt durchgeführt werden, und Interviews via Telefon oder Videotelefonie.
- Interviewtechnik: Diese Unterscheidung hängt eng mit dem Strukturierungsgrad von Interviews zusammen. So gibt es z. B. das **narrative Interview**, eine Form des unstrukturierten Interviews. Dabei steht das Erzählen der interviewten Person über biografische Erfahrungen und Erinnerungen im Zentrum, ausgelöst durch eine einleitende Frage der Interviewerin. Eine andere Interviewtechnik ist das sog. **laute Denken** – Personen sollen all ihre Gedanken verbalisieren, die sie beim Durchführen einer Tätigkeit haben (z. B. beim Verwenden eines Wörterbuchs).

12.4.2 Fragebogen

Unter einer Fragebogenstudie (oder auch Umfragestudie) wird „die zielgerichtete, systematische und regelgeleitete Generierung und Erfassung von verbalen und numerischen Selbstauskünften von Befragungspersonen [...] in schriftlicher Form" verstanden (Döring 2023: 393). Ein Beispiel für eine solche Fragebogenstudie innerhalb der Linguistik ist die Untersuchung von Schröder/Neumann (2017) zu Spracheinstellungen der Hamburger Bevölkerung. Mithilfe eines standardisierten (= vollstrukturierten) schriftlichen Fragebogens wurden rund 700 Personen befragt, wie sie das Niederdeutsche und die hamburgischen Substandardformen bewerten. So lautete eine Frage beispielsweise: „Welche der folgenden Eigenschaften verbinden Sie persönlich am ehesten mit Plattdeutsch?", Antworten mussten auf einer fünfstufigen Skala gegeben werden, an deren jeweiligen Enden zwei gegensätzliche Adjektive standen (z. B. humorvoll – ernst; modern – altmodisch).

Abgrenzung zum Interview
Fragebogenstudien sind eng mit der Interviewmethode verwandt, da es bei beiden darum geht, Selbstauskünfte von Personen einzuholen. Ähnlich wie Interviews

ermöglichen Fragebögen, mehr über das subjektive Erleben von Personen zu erfahren sowie Dinge zu erfragen, die in der Vergangenheit liegen. Der wesentliche Unterschied liegt darin, dass Interviews in Live-Situationen stattfinden und es zu einer Interaktion zwischen Forschenden und den interviewten Personen kommt. Interviewstudien sind dadurch deutlich zeitaufwendiger. Bei Fragebögen fehlt dieser Kontakt, sie werden asynchron und selbstständig von den Untersuchungsteilnehmenden ausgefüllt (auf Papier, am Computer, an einem mobilen Endgerät). Genauso wie Interviews können auch Fragebögen in unstrukturierter, semi-strukturierter und vollstrukturierter Form entwickelt werden, siehe Kapitel 12.4.1.

Aufbau von Fragebögen
Studien wie die von Schröder/Neumann (2017) sind einem quantitativen Forschungsparadigma zuzuordnen. Fragen wie jene zu den Eigenschaften, die Teilnehmende mit dem Plattdeutschen verbinden, werden als *Items* bezeichnet. Es wird zwischen Einzelitems, bei denen mit einem Indikator genau ein Merkmal gemessen wird (z. B. wird mit der Frage „In welchem Jahr wurden Sie geboren?" das Merkmal Alter gemessen), und solchen Items, die zu einer Gruppe zusammengefasst werden und gesamthaft ein Merkmal messen, unterschieden. Items können als Frage formuliert sein, aber z. B. auch als Aussage oder Aufforderung. Oftmals kommen in einem Fragebogen nicht nur sog. *Inhaltsitems* vor (also Items, die sich tatsächlich auf die zu erfassenden Merkmale beziehen), sondern auch sog. *Wegwerfitems*, die in der späteren Auswertung nicht berücksichtigt werden, sondern die während des Ausfüllens des Fragebogens eine spezifische Funktion übernehmen. Beispielsweise können sog. *Distraktorfragen* eingebaut werden, die vom Untersuchungsthema ablenken und dadurch gewisse kognitive Effekte (z. B. Ermüdung oder Gewöhnung) verringern sollen. Bei der Erstellung von quantitativen Fragebögen spielt die Reihenfolge der Items eine wichtige Rolle, ebenso der Einsatz von Filtern (wenn nicht alle Fragen für alle Teilnehmenden relevant sind) oder die Begrenzung der Anzahl von Fragen, um Ermüdungseffekte zu verhindern. Genau wie beim Interview kann es bei Fragebögen notwendig sein, eine Pretestphase zu durchlaufen, um das Fragebogeninstrument gezielt zu entwickeln, bevor die eigentlichen Daten gesammelt werden.

12.4.3 Beobachtung

Eine weitere Methode der Datenerhebung in der Linguistik, aber auch im Bereich der empirischen Sozialforschung, ist die Beobachtung. Im Zentrum dieser Methode steht „die zielgerichtete, systematische und regelgeleitete Erfassung, Dokumentation und Interpretation von Merkmalen, Ereignissen oder Verhaltensweisen mithilfe menschlicher Sinnesorgane und/oder technischer Sensoren zum Zeitpunkt ihres Auftretens" (Döring 2023: 323). Ein Beispiel für eine linguistische Beobachtungsstudie ist die multimodal-interaktionsanalytische Untersuchung von Avgustis/Oloff (2023): Dabei wurden Videoaufnahmen von natürlichen Interaktionen zwischen mehreren Personen angefertigt (z. B. ein gemeinsames Abendessen unter Freund:innen). Im Fokus der Beobachtung lagen Praktiken des Zeigens mit dem Smartphone (z. B. Person A holt ihr Smartphone hervor und zeigt Person B ein Foto oder ein Video). Die Forschenden interessierten sich dafür, wie solche Zeigepraktiken initiiert werden und welche sequenziellen, multimodalen und materiellen Dimensionen mit solchen Praktiken verbunden sind. Videoaufnahmen sind also typische Daten, die bei Beobachtungsstudien entstehen und Gegenstand von Analysen sind. Klassisch sind aber auch Audioaufnahmen, schriftlich angefertigte Beobachtungsprotokolle (oder auch: *Feldnotizen*), ausgefüllte Beobachtungsbögen mit numerischen Werten oder fotografische Aufnahmen. Eine eher untergeordnete Rolle in der Linguistik spielen physiologische Messwerte, die während einer Beobachtungssituation erhoben werden (z. B. Messung von Hirnaktivitäten).

Die wissenschaftliche Beobachtung unterscheidet sich deutlich von der Praktik des Beobachtens im Alltag, die nicht systematisch und regelgeleitet erfolgt, sondern äusserst selektiv und auch wenig reflektiert. Alltagsbeobachtungen führen zu sog. **anekdotischer Evidenz**, die aber unter Anwendung wissenschaftlicher Prinzipien meist nicht bestätigt werden kann. Die Videoaufnahmen aus der Untersuchung von Avgustis/Oloff (2023) wurden nach den Prinzipien der multimodalen Interaktionsanalyse analysiert, sodass bei der Auswertung systematisch auf sprachliche Äusserungen, Gestik, Blickbewegung, Mimik, aber auch die Manipulation von Objekten geachtet wurde (→ 9.6).

Vorteile der Beobachtungsmethode und typische Einsatzbereiche
Im Gegensatz zur Befragung (aber auch zum Experiment, siehe unten) besteht der Vorteil der Beobachtung darin, dass auch **unbewusste und automatisierte Verhaltensweisen** erfasst werden können (z. B. die Verwendung von Gestik oder Mimik in Interaktionen mit anderen). Die Beobachtung bietet am ehesten die Möglichkeit, authentisches Verhalten und Handlungen von Personen im jeweiligen sozialen Kontext zu untersuchen – Interviews und Experimente sind hier insofern im Nachteil, als teilnehmende Personen mitunter sozial erwünschtes Verhalten zeigen oder Situationen künstlich konstruiert werden (das ist aber auch bei der sog. *Laborbeobachtung* der Fall, siehe unten). Man könnte Personen zwar befragen, in welchen Situationen und zu welchem Zweck sie anderen etwas auf dem Smartphone zeigen – man würde aus den Antworten aber sehr wenig über die tatsächliche Ausgestaltung der jeweiligen Situation erfahren. Allerdings ist die

Gefahr von Effekten der sozialen Erwünschtheit auch bei Beobachtungsstudien nicht vollständig zu eliminieren – beobachtete Personen wissen aus forschungsethischen Gründen in den allermeisten Fällen, dass sie beobachtet werden, und können ihr Verhalten bewusst oder unbewusst anpassen. Findet die Beobachtung über einen längeren Zeitraum statt, kann dieser Effekt durch Gewöhnung minimiert werden. Die Beobachtung ist auch dann geeignet, wenn Personengruppen beteiligt sind, die über eine eingeschränkte Verbalisierungsfähigkeit verfügen und deswegen beispielsweise nicht in Interviews befragt werden können. Forscht man z. B. zum Spracherwerb bei Kleinkindern, ist die Beobachtung von Interaktionen zwischen Kindern und Bezugspersonen eine gut geeignete Methode, im Gegensatz zur Befragung von Kleinkindern.

Die Beispiele deuten bereits an, dass die Beobachtung insbesondere in der Gesprächs- und Interaktionslinguistik eingesetzt wird (→ 9), da dort menschliche Handlungen in sozialen Situationen im Vordergrund stehen. Aus Beobachtungen, die als Videos aufgezeichnet werden, können auch mehr oder weniger grosse Korpora entstehen, um im Anschluss ggf. quantitative Korpusanalysen durchzuführen. Dafür ist insbesondere eine Transkription aller Gesprächssequenzen notwendig, beispielsweise aber auch die Markierung von Gestik und Mimik, um diese dann systematisch im Korpus suchen zu können. In Kapitel 12.5.1 wird dieser Aspekt im Kontext von Transkriptionssystemen noch einmal aufgegriffen. Ein Beispiel für ein solches Korpus ist das Forschungs- und Lehrkorpus Gesprochenes Deutsch (FOLK) des Instituts für Deutsche Sprache (vgl. Reineke et al. 2023). Es enthält authentische Gesprächsdaten aus unterschiedlichen sozialen Settings und Situationen, die in Form von Audio- und Videoaufzeichnungen vorliegen und vielfältig annotiert sind.

Beobachtungsprinzipien und -formen

Eine zentrale Herausforderung bei der Beobachtung ist, dass es eine potenziell sehr grosse Menge an beobachtbaren Informationen gibt – was für die jeweilige beobachtende Person eine enorme kognitive Herausforderung darstellt. Entscheidend ist hier zunächst wieder die Formulierung einer Forschungsfrage, da diese bereits zur Selektion der zu beobachtenden Informationen beiträgt. Ist man z. B. daran interessiert, wie sich Gesprächspartner:innen räumlich zueinander positionieren (z. B. einander gegenüber, nebeneinander etc.), ist neben der Beobachtung von Redeanteilen auch die Beobachtung von Mimik, Gestik und Bewegung relevant. Vor der Beobachtung kommt es also meist zu einer **Selektion von Beobachtungskriterien**. Etwas erleichtert wird dieser Aspekt durch die Nutzung von Video- und Audiotechnik, um beobachtete Situationen auf Dauer zu speichern. Video- und Tonaufnahmen haben den Vorteil, dass sie systematischer (und auch immer wieder) ausgewertet werden können. Hierfür kommen Transkriptions- und Annotationstechniken zum Einsatz (→ 12.5.1).

Ebenso zentral wie die Selektion von Beobachtungskriterien ist die Einhaltung von **Beobachtungsregeln** sowie forschungsethischen Standards (→ 12.3). Beobachtungsregeln dienen dazu, objektive und intersubjektiv nachvollziehbare Ergebnisse zu erzielen. Hier geht es insbesondere darum, die eigene Rolle als Beobachter:in zu reflektieren und sich eigener Vorannahmen und eigenen Wissens über eine Situation bewusst zu werden. Eine Möglichkeit zur Steigerung von Objektivität besteht darin, mehr als eine:n Beobachter:in einzusetzen – so kann das Risiko minimiert werden, dass Beobachtungen von bestimmten Dispositionen einer Person abhängen oder durch Wahrnehmungs- oder Erinnerungsfehler verzerrt werden.

Es gibt unterschiedliche **Formen der Beobachtung**:
- Beobachtungen unterscheiden sich hinsichtlich ihres Strukturierungsgrads. Beobachtungen können offen bzw. unstrukturiert sein – dann gibt es keine vorab festgelegten Beobachtungsrichtlinien. In einer teilstrukturierten Beobachtung orientiert sich die Beobachtung an vorab formulierten Forschungsfragen oder vorab festgelegten theoretischen Konstrukten. In einer vollstrukturierten, systematischen Beobachtung gibt es einen vordefinierten Beobachtungsbogen, in den numerische Ausprägungen von festgelegten Variablen eingetragen werden können (z. B. „Anzahl Zeigegesten").
- Auf den Gegenstand der Beobachtung bezieht sich die Unterscheidung zwischen Fremd- und Selbstbeobachtung. Die Fremdbeobachtung zielt auf andere Personen ab; bei der Selbstbeobachtung hingegen steht das eigene Verhalten im Fokus (sog. *Autoethnografie*).
- Eine weitere wichtige Unterscheidung ergibt sich hinsichtlich des Ortes, an dem Beobachtungen stattfinden. Bei der oben zitierten Smartphonestudie handelt es sich um eine Feldbeobachtung, d. h. eine Beobachtung von authentischen Situationen, die auf natürliche Weise so stattgefunden haben (was bei konversationsanalytischen und multimodal-interaktionsanalytischen Untersuchungen immer der Fall ist). Im Gegensatz dazu werden in Laborbeobachtungen Situationen artifiziell und kontrolliert erzeugt.
- Auch kann die beobachtende Person unterschiedlich stark in die jeweilige Situation involviert sein. Bei der teilnehmenden Beobachtung kommt es zum Kontakt zwischen der beobachtenden Person und den beobachteten Personen. Der Grad des Kontakts kann unterschiedlich sein – die beobachtende Person sitzt einfach am Rand und verhält sich passiv, oder aber sie ist aktiv Teil des sozialen Geschehens. Bei einer nichtteilnehmenden Beobachtung sind Beobachter:innen nicht anwesend und kommen nicht in Kontakt mit den beobachteten Personen.

Herausforderungen von Beobachtungsstudien
Die Methode der Beobachtung ist mit einer Reihe von Herausforderungen verbunden. Eine ist bereits genannt worden: die Fülle der zu beobachtenden Informationen. Auch die Gefahr, dass beobachtete Personen sozial erwünschtes Verhalten zeigen, weil sie um die Beobachtung wissen, wurde bereits thematisiert. Eine weitere Herausforderung stellen Fehler in der Beobachtung dar – hervorgerufen durch Fehler beim Wahrnehmen, Erinnern oder Deuten einer beobachteten Situation. Die Aufzeichnung von Situationen eignet sich deshalb gut, um mit diesen Herausforderungen kontrolliert umzugehen – denn dann besteht die Möglichkeit, dass mehrere Personen an der Auswertung beteiligt sind und Sequenzen mehrmals angeschaut werden können – z. B. auch aus verschiedenen Winkeln. Repräsentativität ist bei Beobachtungsstudien kaum herzustellen – allein aus forschungspragmatischen Gründen (Zeit, Finanzierung, Personal) führen solche Untersuchungen meist nur zu vergleichsweise kleinen Datensätzen.

12.4.4 Experimentelle Verfahren

Bei experimentellen Verfahren steht die gezielte Manipulation von Variablen im Zentrum, um ihren Einfluss auf messbare sprachliche Verhaltensweisen zu untersuchen. Im Gegensatz zu den bisher gezeigten Methoden finden Experimente unter kontrollierten Laborbedingungen statt, um so viele einflussnehmende Variablen wie möglich zu kontrollieren. Ein solcher Zugang ist insbesondere dann wichtig, wenn es um die Analyse kognitiver Prozesse bei der Produktion und Verarbeitung von Sprache geht. In Experimenten können sehr unterschiedliche Variablen gemessen werden, typisch sind z. B. Reaktionszeiten, Blickbewegungen, physiologische Messdaten (z. B. EEG, Pupillengrösse), Akzeptabilitätsratings, aber auch Vokalqualitäten oder -längungen in phonetischen Experimenten.

Hypothesenbildung
Voraussetzung für ein Experiment ist die Formulierung einer spezifischen, testbaren Hypothese, die eine Beziehung zwischen den unabhängigen Variablen – also den manipulierten Faktoren – und den abhängigen Variablen, dem gemessenen Verhalten, beschreibt (z. B. H_0: Variable A beeinflusst die Reaktionszeit nicht; H_1: Variable A verlängert die Reaktionszeit). Ein Beispiel für ein linguistisches Experiment ist die Untersuchung von Sauppe (2017). Proband:innen mussten Bilder (sog. *Stimuli*) von transitiven Ereignissen mit zwei Teilnehmenden beschreiben (z. B. dass ein Junge mit dem Fuss gegen einen Ball tritt). Abhängige Variable war die Blickbewegung der Proband:innen (mithilfe eines Eyetrackers gemessen); die

unabhängige Variable war die gewählte Konstruktion des Satzes (*Der Junge tritt den Ball; Der Junge hat den Ball getreten; Der Ball wird vom Jungen getreten*), die durch die Art der Darstellungsform auf den Bildern getriggert wurde. Sauppe (2017) konnte zeigen, dass die Sprecher:innen je nach Konstruktion in der Planungsphase des Satzes (also dem Sprechbeginn, dem sog. *Speech-Onset*), ihre Blicke auf verschiedene Weise auf das im Bild dargestellte Agens und Patiens richten (→ 7.5.2.). Daraus wurde geschlossen, dass unterschiedliche syntaktische Konstruktionen unterschiedliche Abfolgen von kognitiven Planungsprozessen verlangen (z. B. dass Vollverben erst spät geplant werden, wenn sie am Satzende stehen).

In Experimenten wird zwischen Online- und Offlinemessungen unterschieden. Onlinemessungen, wie z. B. die Erfassung von Reaktionszeiten oder Blickbewegungen, untersuchen die Sprachverarbeitung, während sie stattfindet. Offlinemessungen hingegen analysieren Ergebnisse dieser Verarbeitung, etwa durch Bewertungen, die nach der Rezeption eines Stimulus abgegeben werden.

Experimentelles Design

Das experimentelle Design definiert die Struktur des Experiments und legt fest, wie die unabhängigen Variablen manipuliert werden und welche Teilnehmer:innengruppen beteiligt sind. Für erste Untersuchungen eines Phänomens eignen sich einfache Designs, bei denen eine unabhängige Variable mit zwei Ausprägungen untersucht wird. Komplexere Designs ermöglichen die Analyse von Interaktionen zwischen mehreren Variablen. Ausserdem muss entschieden werden, ob Variablen innerhalb der gleichen Teilnehmergruppe (*Within-Subject*) oder zwischen unterschiedlichen Gruppen (*Between-Subject*) manipuliert werden. Die Studie von Sauppe (2017) ist eine *Within-Subject*-Studie, weil alle Proband:innen das gleiche Set an Bildern beschreiben mussten. Ein weiterer wichtiger Aspekt jedes Experiments ist die Kontrolle von Störvariablen, die neben den unabhängigen Variablen die abhängigen Variablen beeinflussen könnten. In der Studie von Sauppe (2017) war eine Störvariable, wie eindeutig die auf dem Bild dargestellte Handlung mit einem Verb beschrieben werden kann. Einflüsse von Störvariablen können z. B. durch Randomisierung kontrolliert werden: In der Studie von Sauppe (2017) wurden die Bilder in randomisierter (d. h. zufälliger) Reihenfolge präsentiert, um zu vermeiden, dass sich Proband:innen an das Produzieren einer spezifischen Konstruktion „gewöhnen", wenn Bilder desselben Typs nacheinander gezeigt werden. Eine weitere Möglichkeit ist das Einbauen sog. *Filleraufgaben*, die zwar ähnlich zu den eigentlichen Aufgaben sind, aber das untersuchte Element nicht enthalten. In der Studie von Sauppe (2017) wurden den Proband:innen auch Bilder von intransitiven Ereignissen vorgelegt, mit dem Ziel, Gewöhnungseffekte zu vermeiden. Darüber hinaus spielen auch praktische Aspekte wie Anzahl und Auswahl der

Teilnehmer:innen eine wesentliche Rolle. So erhöht eine möglichst diverse Teilnehmer:innengruppe die Generalisierbarkeit der Ergebnisse. Bei der Auswertung experimenteller Daten kommen statistische Testverfahren zum Einsatz, sodass die Anzahl der Teilnehmenden gross genug sein muss, um Effekte nachweisen zu können.

12.4.5 Korpora

Die Erstellung von Korpora wird bewusst am Ende dieses Methodenüberblicks eingeführt, weil sie „quer" zu den bisher gezeigten Methoden liegt. Interviews, Fragebögen, Beobachtungen und Experimente sind allesamt verschiedene Methoden der Datenerhebung – die dort erhobenen Daten können alle in einem linguistischen Korpus münden. In Korpora können aber auch Daten zusammengestellt werden, die sich nicht im engeren Sinne einer dieser vier Erhebungsmethoden zuordnen lassen. Gemeint sind beispielsweise Korpora aus journalistischen Artikeln, Blogs oder Kommentaren von Leser:innen. In einem etwas weiter gefassten Verständnis könnte man aber auch in diesen Fällen von einer Beobachtungsstudie sprechen, nämlich einer Beobachtung von Produkten des Sprachgebrauchs. Korpora werden dennoch als fünfte Methode der Datenerhebung eingeführt, weil mit ihnen zum einen sehr spezifische Verarbeitungsschritte, aber zum anderen auch Analysemethoden verbunden sind (vgl. Hirschmann 2019). Unter einem Korpus versteht man eine

- digital vorliegende,
- nach spezifischen Kriterien zusammengestellte
- Sammlung von mündlichen, schriftlichen oder multimodalen Daten (oder auch: Primärdaten),
- die in strukturierter Weise über Metadaten sowie über linguistische Annotationen verfügt.

Im Folgenden werden zentrale Bestandteile von Korpora sowie Korpustypen vorgestellt, Methoden der Datenanalyse in Korpora stehen im Fokus von Kapitel 12.6.3.

Primärdaten

Die Primärdaten können bereits digitalen Ursprungs sein, d. h. sie wurden mithilfe von Digitaltechnik erzeugt. Man bezeichnet solche Daten auch als *born-digital* (z. B. Videoaufnahmen, Audioaufnahmen, digitale Texterzeugnisse). Oder aber die Primärdaten wurden erst nachträglich digitalisiert (ein Beispiel sind handschriftlich erstellte Aufsätze, → 12.5.3). Mit einem Aufnahmegerät aufgenommene Antworten eines offenen oder semi-strukturierten Interviews können Primärdaten ein Korpus bilden, ebenso die Antworten in einem Fragebogen oder Aufzeichnungen, die im Rahmen von Beobachtungen erstellt wurden. Primärdaten sind in Korpora nie vollkommen „originalgetreu" enthalten – stattdessen werden im Zuge von technischen Vorverarbeitungsschritten, aber auch in Abhängigkeit von der Fragestellung einige Eigenschaften der Primärdaten ignoriert. Ein Beispiel ist das Entfernen von typografischen Merkmalen wie Fett- oder Kursivdruck, wenn diese für die untersuchte Fragestellung nicht relevant sind.

Korpora sind in der Regel umfangreiche Datensammlungen, die quantitative Analysen ermöglichen. Dennoch gibt es keine Mindestgrösse für Korpora – ein Korpus kann aus 100 Dokumenten bestehen oder aus drei Millionen. Auch das ist wiederum von der Fragestellung und auch von Aspekten der Datenverfügbarkeit abhängig.

Metadaten

Metadaten sind Daten über die im Korpus enthaltenen Primärdaten. Sie dienen dazu, die Primärdaten auf systematische Art und Weise zu beschreiben – also für alle Dokumente in immer der gleichen Weise. So kann z. B. der:die Urheber:in eines Dokuments erfasst werden, das Datum der Erzeugung eines Dokuments oder die Zuordnung zu einem spezifischen Klassifikationssystem wie beispielsweise Textsorten. Der Begriff des Dokuments wird hier bewusst sehr weit gefasst – gemeint sind damit die einzelnen Einheiten eines Korpus, die man in Abhängigkeit von der untersuchten Fragestellung analytisch als in sich abgeschlossen betrachtet (einzelne Artikel einer Onlinezeitschrift, ein Redebeitrag in einem politischen Parlament, ein Gespräch, ein Kommentar unter einem YouTube-Video ...). Für das Erfassen von Metadaten werden idealerweise in der wissenschaftlichen Gemeinschaft vereinbarte Standards eingehalten – diese Standards beziehen sich sowohl auf das Set an zu erfassenden Metadaten als auch auf die Benennung der einzelnen Metadatenkategorien. Solche Standards ermöglichen, dass Korpora vergleichbar sind und leichter geteilt werden können (→ 12.3 zur Interoperabilität), weil die Metadatenkonventionen in der Community bereits bekannt sind. Abbildung 12.1 zeigt den Ausschnitt eines sog. *Headers* einer XML-Datei (XML: *eXtensible Markup Language*), der sich an den Konventionen der *Text Encoding Initiative* (kurz: TEI) orientiert.

Metadaten ermöglichen, das Korpus in kleinere Gruppen von Dokumenten zu zerlegen – basierend auf einem Metadatum oder mehreren Metadaten. So ist es beispielsweise nur aufgrund des Metadatums <date> (siehe Abbildung 12.1) möglich, Dokumente, die im gleichen Jahr entstanden sind, zu gruppieren. Dann können Aussagen über die gesamte Dokumentengruppe getroffen und Vergleiche zu anderen Gruppen gezogen werden. Auf diese Weise entstehen dann z. B. Aussa-

```xml
<?xml version="1.0" encoding="UTF-8"?>
<TEI xmlns="http://www.tei-c.org/ns/1.0">
    <teiHeader>
        <fileDesc>
            <titleStmt>
                <title>Die Schweiz schiesst kuriose Tore - und gibt den Sieg aus den Händen</title>
                <author>Marco Oppliger</author>
            </titleStmt>
            <publicationStmt>
                <publisher>Tages-Anzeiger</publisher>
                <pubPlace>online</pubPlace>
                <date>2024-11-07</date>
            </publicationStmt>
        </fileDesc>
    </teiHeader>
</TEI>
```

Abbildung 12.1: XML-Header gemäss TEI-Standard.

gen wie „Der Gebrauch des grammatischen Phänomens xy ist zwischen 2005 und 2023 um 40 % angestiegen". Metadaten ordnen und sortieren also flexibel die Dokumente eines Korpus.

Annotationen

Neben Primär- und Metadaten sind schliesslich Annotationen zentraler Bestandteil von Korpora. Dabei handelt es sich um linguistische Merkmale, die einzelnen sprachlichen Einheiten innerhalb von Dokumenten eines Korpus zugewiesen werden – das können Wörter und Mehrworteinheiten, Konstituenten, Sätze, aber auch Morpheme oder grössere Abschnitte innerhalb eines Dokuments sein. Für sehr gut erforschte Sprachen wie das Deutsche werden Annotationen in vielen Fällen automatisiert erstellt. Dieser Vorgang wird als *Tagging* bezeichnet – sprachlichen Einheiten werden *Tags* zugewiesen, beispielsweise solche, die Aufschluss über die Wortart des Tokens geben (dann spricht man von *Wortarttagging*, oder auch *POS-Tagging*, POS = *Part-Of-Speech*). Wie exakt ein solches automatisiertes Tagging ist und in welchem Umfang fehlerhafte Annotationen erstellt werden, hängt von der sog. *Annotationsebene* ab. Abbildung 12.2 illustriert verschiedene solcher Ebenen in einem fiktiven Korpus.

Tokenebene: Auf dieser Ebene werden Einheiten voneinander abgegrenzt – üblicherweise sind das grammatische Wörter eines Satzes (→ 6.1). In der Abbildung ist zu erkennen, dass auch Satzzeichen als separate Token erfasst werden, das Gleiche gilt für Zahlen. Der Vorgang, bei dem Token automatisiert erkannt/voneinander abgegrenzt werden, wird als *Tokenisierung* bezeichnet. Der Begriff des

1 Anna	Anna	N	NE	Fem|Nom|Sg	2	subj
2 liest	lesen	V	WFIN	3|Sg|Pres|Ind	0	root
3 ein	eine	ART	ART	Indef|Neut|Acc|Sg|	5	det
4 neues	neu	ADJA	ADJA	Pos|Neut|Acc|Sg|St|	5	attr
5 Buch	Buch	N	NN	Neut|Acc|Sg	2	obja
6 über	über	PREP	APPR	_	5	pp
7 Sprachdiversität	Sprachdiversität	N	NE	_|_|_	6	pn
8 in	in	PREP	APPR	Dat	2	pp
9 der	die	ART	ART	Def|Fem|Dat|Sg	10	det
10 Deutschschweiz	Deutschschweiz	N	NN	Fem|Dat|Sg	8	pn
11 .	.	$.	$.	_	0	root
↑	↑	↑	↑	↑	↑	↑
Wortform (Token)	Lemma (Grundform)	POS (Wortart)	POS (Wortart)	Morphologie	Syntaktischer Kopf	Dependenz- relation

Abbildung 12.2: Verschiedene Annotationsebenen in einem Korpus.

Tokens wurde bereits in Kapitel 6.1 ausführlicher diskutiert. Die richtige Abgrenzung von Token ist zentral – denn meist bauen alle anderen Annotationsebenen auf Token auf. Sind Token fehlerhaft abgegrenzt, hat das beispielsweise Folgen für das Annotieren von Wortarten oder Dependenzrelationen. Eine automatisierte Tokenisierung greift auf ein Set von Regeln zurück, z. B. dass im Deutschen Wörter von Spatien begrenzt werden und satzbeendende Interpunktionszeichen unmittelbar am vorausgehenden Wort stehen.

Lemmaebene: Damit ist die Grundform eines Wortes gemeint, d. h. die morphologisch unmarkierte Form (z. B. der Infinitiv bei Verben oder Nominativ Singular bei Substantiven, → 6.2). Der Vorgang, bei dem einem Token ein Lemma zugewiesen wird, heisst *Lemmatisierung*. Für die automatische Lemmatisierung wird auf sehr umfangreiche Lexika zurückgegriffen, die spezifisch für diesen Zweck entwickelt werden. Wörter, die in diesem Lexikon nicht enthalten sind, können nicht lemmatisiert werden. Damit der Lemmaeintrag dennoch nicht leer bleibt, wird üblicherweise das Token selbst als Lemma verwendet.

POS-Ebene: Auf dieser Ebene wird jedem Token eine Wortart zugewiesen. Dafür werden meist gängige Tagsets verwendet – diese schreiben vor, welche Wortartklassifikationen es überhaupt gibt und wie einzelne Wortarten notiert werden. Im Beispiel oben gibt es gleich zwei POS-Ebenen – Spalte vier verwendet das *Universal Dependencies Tagset* (kurz: UPOS), Spalte fünf das Stuttgart-Tübingen-Tagset (STTS). Beide unterscheiden sich deutlich hinsichtlich ihrer Granularität und der Kriterien, die der Wortartklassifikation zugrunde liegen (→ 6.3). Während es sich bei UPOS um ein sehr überschaubares Set handelt, in dem in erster Linie zwischen den Hauptwortarten unterschieden wird, verfügt das STTS über 54 Tags, denen syntaktische, morphologische und semantische Kriterien zugrunde liegen. Im STTS gibt es beispielsweise zwölf verschiedene Verbtags (z. B. drei für finite, infinite und imperative Vollverben), im UPOS-Tagset hingegen nur ein einziges.

Morphologieebene: Spalte sechs in Abbildung 12.2 enthält morphologische Annotationen, d. h. die Angabe von Ausprägungen grammatischer Kategorien wie Numerus, Tempus und Genus (→ 6.2.2). Verfügt ein Token nicht über grammatische Kategorien, wird das mit einem „-" ausgedrückt, ist der Tagger aufgrund eines fehlenden Lexikoneintrags nicht in der Lage, Kategorien anzugeben, wird in der obigen Darstellung -|-|- gewählt. Die Morphologieebene hängt, zumindest in diesem Beispiel, mit der Lemmaannotation zusammen, da für beide auf das gleiche Lexikon zurückgegriffen wird. Da das Wort *Sprachdiversität* nicht im Lexikon enthalten ist, kann es auch nicht morphologisch zerlegt werden.

Syntaktische Ebene (inkl. Dependenzrelationen): Spalte sieben und acht schliesslich enthalten syntaktische Annotationen zu jedem Token. Spalte sieben gibt den syntaktischen Kopf (→ 7.6.1) des Wortes an (z. B. der Kopf von *Anna* ist *liest*). Spalte acht enthält die Dependenzrelation zu diesem Kopf (*Anna* ist das Subjekt von *liest*, → 7.5.4).

Die Qualität bzw. der Grad an linguistischer Exaktheit, der mithilfe automatisierter Tagger erreicht werden kann, schwankt zwischen den gezeigten Annotationsebenen und ist von der Domäne und auch der Sprache der Primärdaten abhängig. So ist eine Wortartannotation für das schriftsprachliche Standarddeutsch, wie es beispielsweise in Zeitungsartikeln verwendet wird, äusserst zuverlässig: der *TreeTagger*, ein Standardtool zum Tagging auf Token-, Lemma- und POS-Ebene, erreicht eine Genauigkeit von über 96 % (vgl. Schmid 1994), d. h. von 100 Wörtern sind weniger als vier mit einem falschen POS-Tag versehen. Für gesprochene Sprache hingegen ist die Genauigkeit geringer. Ein Grund dafür ist, dass POS-Tagger vor allem auf Daten der geschriebenen Standardsprache trainiert sind und mit Abweichungen beispielsweise auf lexikalischer oder syntaktischer Ebene schlechter umgehen können.

In Kapitel 12.6.4 spielt das Thema Annotation noch einmal eine Rolle – denn Annotationen können für sehr spezifische Zwecke in teils sehr aufwendigen Verfahren entwickelt werden.

Korpustypen

Korpora werden in allen linguistischen Teilgebieten als Zugang zu empirisch beobachtbarem Sprachgebrauch verwendet – entsprechend gross ist inzwischen die Bandbreite an verschiedenen Korpustypen. Grundlegend ist die Unterscheidung zwischen den Korpustypen in Tabelle 12.2 (wohlgemerkt: viele dieser Typen überlappen sich gegenseitig):

Tabelle 12.2: Typen linguistischer Korpora.

Korpustyp	Erläuterung
schriftsprachliche, mündliche und multimodale Korpora	Schriftsprachliche Korpora enthalten medial schriftliche Sprachdaten; mündliche Korpora enthalten in Echtzeit erzeugte spontansprachliche Äusserungen; multimodale Korpora enthalten Sprachdaten, die sich auf mehr als eine Modalität beziehen (wobei die Modalitäten Sehen/Gesten und Hören/Laute im Vordergrund stehen)
einsprachige und mehrsprachigen Korpora	Einsprachige Korpora enthalten Dokumente in nur einer Sprache; mehrsprachige Korpora enthalten mindestens zwei Sprachen. Die enthaltenen Sprachen können entweder in einem Verhältnis der Parallelität oder des Vergleichs stehen, siehe die folgende Zeile
Parallelkorpora, Vergleichskorpora	In einem Parallelkorpus stehen die enthaltenen Dokumente in einem Übersetzungsverhältnis zueinander; in einem Vergleichskorpus bilden Parameter wie Textsorte oder Zeitraum die Vergleichsgrundlage
Lernendenkorpora	enthalten von Sprachlernenden erzeugte Sprachdaten (z. B. Aufsätze aus dem Schul- und/oder Fremdsprachunterricht)
Historische Korpora	enthalten Daten aus vergangenen Sprachstufen, beispielsweise aus dem Frühneuhochdeutschen. Die in einem historischen Korpus enthaltenen Daten können synchron oder diachron sein, siehe die folgende Zeile
Synchrone und Diachrone Korpora	Synchrone Korpora enthalten Daten aus einer in sich abgeschlossenen zeitlichen Periode, diachrone Korpora erstrecken sich über mehrere aufeinanderfolgende Perioden
Referenzkorpora	Solche Korpora haben den Anspruch, als Referenz für eine ganze Sprache zu funktionieren, z. B. für das Deutsche. Dahinter verbirgt sich der Anspruch der Repräsentativität (→ 12.2.2)
Statische Korpora und Monitorkorpora	Statische Korpora werden nach ihrer Erstellung nicht mehr erweitert oder aktualisiert; Monitorkorpora hingegen werden immer wieder mit aktuellen Daten ergänzt

Je nach Forschungsthema ist es nicht notwendig, ein eigenes Korpus von Grund auf neu zu erstellen. Stattdessen können in vielen Fällen bestehende Korpora verwendet werden. Einen sehr guten Überblick über bestehende Korpusressourcen bietet das *Virtual Language Observatory* (VLO) der europäischen CLARIN-Gemeinschaft (CLARIN: *Common Language Resources and Technology Infrastructure*).

12.5 Datenaufbereitung

Das Ergebnis der Datenerhebung ist eine Sammlung von Rohdaten – das können Videoaufzeichnungen sein, digital oder handschriftlich erstellte Beobachtungsprotokolle, Audioaufnahmen von Fokusgruppeninterviews, handschriftlich ausgefüllte Fragebögen, Tabellen mit numerischen Werten einer quantitativen Befragungsstudie, physiologische Messwerte einer EEG-Studie oder eine Sammlung von HTML-Dokumenten, aus denen ein Korpus entstehen soll. Die Bandbreite ist äusserst vielfältig und immer abhängig von Forschungsthema und Forschungsdesign. Bevor diese Daten nun analysiert und ausgewertet werden können, müssen sie gesichtet, sortiert, kommentiert und in den allermeisten Fällen in ein Format überführt werden, das sich für spezifische Analysemethoden und -software eignet sowie für eine spätere Archivierung.

Es werden zunächst generell zu beachtende Aspekte der Datenaufbereitung vorgestellt, bevor es um Verarbeitungsschritte geht, die für spezifische Typen von Rohdaten relevant sind.

a) **Sichten und Sortieren**: Zu diesem Schritt gehört, sich einen Überblick über die erhobenen Daten zu verschaffen und sie in einer Art und Weise zu benennen und abzulegen, damit sie jederzeit gezielt auffindbar sind – beispielsweise zu einem späteren Projektzeitpunkt, an dem man eigentlich bereits mit einem Derivat (z. B. einem Transkript oder einem annotierten Korpus) dieser Rohdaten arbeitet. Dazu gehört auch das Anlegen eines Dateienverzeichnisses und einer Ordnerstruktur, in der die Daten sinnvoll abgelegt werden können. Zum Sichten und Sortieren gehört auch, die Rohdaten mit allen für die Untersuchung benötigten Metadaten zu beschreiben (z. B. Erhebungsdatum) und über einen *identifier* (eine ID) einen Link zwischen diesem Metadatensatz und den Rohdaten herzustellen. Metadaten spielen bei der späteren Analyse meist eine zentrale Rolle, denn auf ihrer Grundlage können Datensätze sortiert und kategorisiert werden (beispielsweise alle Dokumente mit dem gleichen Publikationsdatum, alle physiologischen Messdaten von Proband:innen der gleichen Altersgruppe).

b) **Kommentieren**: Alle Schritte der Datenerhebung und -aufbereitung sind schriftlich zu dokumentieren, um sie auch zu einem späteren Zeitpunkt nachvollziehen zu können. Eine gut dokumentierte Datenaufbereitung ist ausserdem eine wichtige Voraussetzung, um Daten und Analysen mit anderen zu teilen.

c) **Dateiformate**: Rohdaten liegen in unterschiedlichen Formaten vor, wie die eingangs genannten Beispiele zeigen. Rohdaten können als Worddokumente (z. B. bei Beobachtungsprotokollen), als HTML, in reinen Textformaten, als

PDFs, Exceldateien oder CSV-Dateien bis hin zu Video- und Audioformaten wie MP3 und MP4 vorliegen, um nur einige wichtige Formate zu nennen. In den meisten Fällen werden Analysen nicht unmittelbar in diesen Dateiformaten durchgeführt. Stattdessen müssen die Daten in Abhängigkeit vom gewählten Analyseprogramm und der gewählten Analysemethode in ein anderes Dateiformat transformiert werden. Rohdaten sollten, wenn immer möglich, in ein Format überführt werden, das strukturiert und dadurch gut durchsuchbar ist. Am Beispiel von Interviewdaten lässt sich das sehr gut zeigen. So ist es wenig sinnvoll, Interviews in Word zu transkribieren, abzuspeichern und zu analysieren. Dagegen spricht, dass Word als Textverarbeitungsprogramm nicht für diesen Zweck entwickelt wurde und entsprechend nicht über Funktionalitäten zur linguistischen Analyse verfügt; ausserdem handelt es sich um ein proprietäres Programm, was wichtigen Grundsätzen des Teilens von Daten widerspricht. Stattdessen bietet es sich an, spezielle Tools zur Audio- und Videotranskription und -annotation zu nutzen (z. B. ELAN oder EXMERALDA) und/ oder die Daten in einem reinen Textformat wie txt, csv oder xml zu speichern. Solche Formate können von gängigen Analysetools problemlos verarbeitet und leicht mit anderen geteilt werden (= hoher Grad an Interoperabilität).

12.5.1 Transkription

Transkription meint die Verschriftlichung von mündlichen oder multimodalen Daten. Transkription ist eine wesentliche Voraussetzung dafür, dass solche „flüchtigen" Daten überhaupt systematisch analysierbar sind. Erst in einem Transkript (dem Produkt einer Transkription) kann nach spezifischen Ausdrücken gesucht, können Annotationen erstellt oder Sequenzen verglichen werden. Die Datenaufbereitung ist bis hierhin vor allem als technischer Schritt vorgestellt worden – spätestens beim Thema Transkription aber wird deutlich, dass die Aufbereitung von Daten bereits Teil des Analyse- und Erkenntnisprozesses ist bzw. diese Prozesse in starkem Masse beeinflusst. Anders formuliert: Alles, was bei der Transkription nicht berücksichtigt wird, kann auch in der Analyse nicht berücksichtigt werden. Sind Überlappungen von Redeanteilen, Korrekturen, Versprecher oder Pausen potenziell relevant für die Analyse, dann müssen sie auch transkribiert werden. Insbesondere in der Gesprächsanalyse wurden deswegen sog. **Transkriptionskonventionen** entwickelt, die nach Bedarf eine sehr granulare Transkription ermöglichen, womit auch kleinste Phänomene in einem Gespräch präzise erfasst werden können.

Die für deutschsprachige Daten gängigste Transkriptionskonvention stellt GAT (Gesprächsanalytisches Transkriptionssystem) dar, das zuletzt 2009 in einer aktualisierten Version von Selting et al. (2009) vorgestellt wurde (*sog. GAT 2*). Es baut auf dem sog. *Jefferson Transcription System* auf, das von der Soziolinguistin Gail Jefferson insbesondere für das Englische entwickelt wurde. GAT 2 eignet sich nicht nur für gesprächsanalytische Untersuchungen, sondern ist ganz allgemein für die Transkription von Interviewdaten geeignet, weil es zwischen drei aufeinander aufbauenden und miteinander kompatiblen Detailliertheitsstufen unterscheidet. Eine weitere Transkriptionskonvention, auf die hier aber nicht näher eingegangen wird, ist HIAT (Halbinterpretative Arbeitstranskriptionen, → 9.3.1). Dieses System wurde in den 1970er-Jahren von Jochen Rehbein und Konrad Ehlich entwickelt und wird insbesondere in der funktional-pragmatischen Diskursanalyse eingesetzt (vgl. Rehbein et al. 2004).

In GAT 2 werden die folgenden Transkriptionsstufen unterschieden:

1) Im **Minimaltranskript** wird der Wortlaut der einzelnen Redebeiträge in Kleinbuchstaben erfasst (da grossgeschriebene Vokale Nebenakzente und grossgeschriebene Silben Hauptakzente repräsentieren) und in Segmente unterteilt. Jedes Segment wird in einer separaten Zeile wiedergegeben. Als Segmente zählen beispielsweise Intonationsphrasen, Pausen oder wahrnehmbare Handlungen. Minimaltranskripte erfassen „Überlappungen, Verzögerungen, Pausen, Ein- und Ausatmen, Lachen, nonverbale Handlungen und Ereignisse sowie schwer- oder unverständliche Segmente" (Selting et al. 2009: 359). Für all diese Elemente wird eine spezielle Notation verwendet, wie gleich gezeigt wird.

2) Im **Basistranskript** werden zusätzlich prosodische Informationen codiert. Während beim Minimaltranskript Intonationsphrasen die Basis für die Gliederung in Segmente bilden, werden im Basistranskript der Fokusakzent und Tonhöhenbewegungen durch eine spezifische Notation festgehalten, ebenso weitere Phänomene wie Dehnungen oder der Glottalverschluss. Den Fokusakzent tragen Wörter, die semantisch-pragmatisch stark hervorgehoben werden – auf denen also der Fokus innerhalb einer Intonationsphrase liegt.

3) Im **Feintranskript** schliesslich werden weitere prosodische Ergänzungen vorgenommen – diese betreffen beispielsweise die genauere Markierung von Akzentstellen und Akzentstärken, von Geschwindigkeit und Lautstärke.

Im Folgenden wird der Aufbau eines Basistranskripts vorgestellt, dargestellt ist es in Abbildung 12.3. Dafür wird ein kurzer Transkriptauszug verwendet, der im Rahmen eines Projekts zu Interaktion in einem Virtual-Reality-Game erstellt wurde (→ 9.1, Beispiel 2).

- Jedes Transkript beginnt mit einem Transkriptionskopf; er enthält wichtige Metainformationen wie den Dateinamen der zugrunde liegenden Aufnahme, die Dauer der Aufnahme und Auflösungen der Sprechersiglen (im Beispiel: Spielerin Romy und Spieler Walter – natürlich handelt es sich um anonymisierte Namen bzw. Pseudonyme).
- Jedes Skript wird mit einer äquidistanten Schriftart angefertigt (üblicherweise Courier). Es dürfen keine Tabulatoren verwendet werden, sondern ausschliesslich Leerzeichen (um z. B. sich überlappende Segmente exakt zu alignieren), auch Worttrennungen am Zeilenende sind nicht erlaubt.
- Jede Zeile beginnt mit einer Nummerierung, eine Zeile steht für ein Segment. Passt ein Segment nicht auf eine Zeile, erfolgt ein Zeilenumbruch, aber ohne Nummerierung (z. B. Zeile 40).
- Dann folgt eine Sprechersigle, um zu markieren, wer der:die Urheber:in des Segments ist (im Beispiel: R und W).
- Anschliessend folgt die Transkription des Segments.
- Die Transkription erfolgt in literarischer Umschrift und orientiert sich an orthografischen Konventionen. Einzelne gesprochensprachliche Merkmale werden beibehalten – dazu gehören beispielsweise Tilgungen (`wart` Zeile 48 und 49). Aber: Es wird keine orthografische Grossschreibung verwendet! Grossschreibung ist nur für Neben- und Fokusakzente (siehe unten) vorbehalten.
- Überlappungen (d. h. zwei Sprecher:innen sprechen zur gleichen Zeit) werden mit eckigen Klammern markiert, dem Prinzip der Ikonizität folgend stehen die sich überlappenden Elemente im Transkript exakt übereinander (z. B. Zeile 47 und 48: [((lacht))] und [wir KOMmen uns-] werden zeitgleich geäussert).
- Pausen werden je nach (geschätzter) Länge markiert mit (.) für Mikropausen, (-) für kurze Pausen, (–) für mittlere Pause und (—) für längere Pausen. Natürlich liesse sich das auch exakt ausmessen.
- Nonverbale Ereignisse werden in (( )) erfasst (z. B. das Lachen von R in Zeile 47).
- Fokusakzentsilben werden durch Grossbuchstaben markiert (z. B. Zeile 39 `ZU` und `RO:T`), Nebenakzente durch die Grossschreibung des Vokals (z. B. Zeile 42 `wIE::`).
- Dehnungen werden je nach Länge mit :, :: oder ::: markiert, z. B. Zeile 42 `wIE:: sO::` (also ein sehr lang gezogenes *wieso*, das auch noch zwei Fokusakzente trägt).
- Unverständliche Passagen werden mit x markiert (z. B. Zeile 50), ein x steht für eine Silbenlänge.
- Bei jeder vollständigen Intonationsphrase wird die letzte Tonhöhenbewegung durch ein Zeichen markiert; unabgeschlossene Phrasen stehen ohne ein

solches Zeichen. Zum Beispiel endet die Intonationsphrase in Zeile 37 mit einer fallenden Tonhöhenbewegung, markiert mit einem Semikolon (;).
- Hörbares Ein- und Ausatmen wird mit einem h und einem Gradzeichen markiert.

```
Konventionen:           GAT2
Dateiname Transkript:   Transkriptionsbeispiele_SpacecraftHallo2
Dateiname Video:        Spacecraft_PlaytestingZHdK_Hallo2.mov
Dauer:                  00:23
Transkribentin:         HK
Beschreibung:           VR-Gameplay mit Spielenden, die sich
                        zueinander stellen und begrüssen
Sprecher:   W = Spieler Walter
            R = Spielerin Romy


Basistranskript


37  R:  und es wird RO:T;
38  W:  JA,
39      wart mal wenn ich es ZU weit in die ecke stelle wird_s RO:T wenn
40      ich_s in der MITte habe isses schön BLAU,=
        =sIEhst du das VOR di:r eigentlIch?
41  R:  ehe, ((lacht))
42  W:  ds sieht aus wIE:: SO::
        1.0
43  R:  wie: IRgendwas mit so einer xXx-
44      kann ich das von VORne anschaun,
45  W:  JA guck [da steht xx]
46  R:          [AH da steht] gar nichts;
47      UH ich   [((lacht))      ]
48  W:  wart mal [wir KOMmen uns-]
49      wart mal wir stellen uns in die GLEIche richtung,
50      [x xxxx xx           ]
51  R:  [so jetzt (.) halLO:]
52  W:  hallo geNAU.
        2.0
53  W:  joa_was IST das woh:l.
```

Abbildung 12.3: Transkript nach GAT 2 (Basistranskript).

Je nach Forschungsfrage ist eine der drei Detailliertheitsstufen des GAT 2 zu wählen. Soll beispielsweise ein Fokusgruppengespräch transkribiert werden, um anschliessend in einem induktiven Codierverfahren (→ 12.6.4) Argumentationen zu identifizieren, ist ein Minimaltranskript ausreichend – oder sogar noch vereinfachtere Transkriptionsguidelines, wenn Elemente wie Pausen, Lachen oder Ein-/Ausatmen für die Analyse nicht relevant sind. Für eine gesprächsanalytische Untersuchung ist hingegen ein Basis- oder sogar Feintranskript nach GAT 2 nötig (vgl. den GAT 2-Aufsatz von Selting et al. (2009) zu weiteren Konventionen).

Für die Erstellung von Transkripten steht inzwischen auch eine Reihe von Tools zur Verfügung, die Transkriptionen automatisiert erstellen und auf Methoden der Künstlichen Intelligenz zurückgreifen. Allerdings bleiben diese zum gegenwärtigen Zeitpunkt noch hinter der Qualität zurück, die mit einer manuellen Transkription erreicht wird (insbesondere dann, wenn eine von der Standardnorm abweichende Varietät verwendet wird und es um eine sehr detaillierte Transkription geht).

Ein Tool, das für die Transkription und Annotation von multimodalen Audio- und Videodaten besonders geeignet ist, ist ELAN (*EUDICO Linguistic Annotator*). Es wurde vom Max-Planck-Institut für Psycholinguistik entwickelt und wird insbesondere in der linguistischen und interdisziplinären Forschung eingesetzt. Das Programm ermöglicht eine präzise Analyse multimodaler Daten mithilfe einer mehrschichtigen Annotationsstruktur, was es für multimodale Interaktionsanalysen (→ 9.6) besonders geeignet macht. Jede Annotationsebene, auch mit dem englischsprachigen Begriff *Tier* benannt, kann individuell definiert und hierarchisch organisiert werden, wodurch beispielsweise Gesten, Blickbewegungen oder Bewegungen im Raum synchron zu verbalen Äußerungen erfasst und in ihrer Simultaneität (→ 9.6) dargestellt werden können. Abbildung 12.4 zeigt die Arbeitsoberfläche von ELAN: Oben links das Video und das Transkript auf der rechten Seite, das automatisch zeitlich aufgeschlüsselt wird. In der unteren Hälfte befindet sich die Audiospur, die insbesondere hilfreich ist, um gesprochene Annotationen setzen zu können. Unter der Audiospur sind sechs *Tiers* zu sehen, in denen unterschiedliche multimodale Phänomene annotiert sind, wie z. B. die Blickrichtung und den Einsatz der Hände sowie die Äußerungen der beiden Beteiligten. Was alles annotiert werden soll, hängt stark von der Fragestellung ab. In diesem Fall handelte es sich um ein Forschungsprojekt zu gemeinsamen Entdeckungen im Science Center, die multimodal analysiert wurden (vgl. Kesselheim et al. 2021). ELAN bietet auf solche Weise eine intuitiv geschichtete Darstellung von komplexen, multimodalen Daten, die ganz nach den eigenen Bedürfnissen ausgerichtet werden kann. Die annotierten Daten können in verschiedenen Formaten exportiert und mit weiteren Tools weiterverarbeitet werden.

12.5.2 Anonymisierung

Linguistische Datensätze enthalten in vielen Fällen (und unabhängig von der Erhebungsmethode) personenrelevante Informationen. Damit sind alle Informationen gemeint, die einzeln oder auch in Kombination Rückschlüsse auf eine natürliche Person zulassen. Dazu gehören beispielsweise der Name, Kontaktdaten, Geburtsdaten, aber auch Usernamen in einem Onlineforum oder biografische Informationen, die in einem Interview genannt werden. Als personenrelevante Information gelten

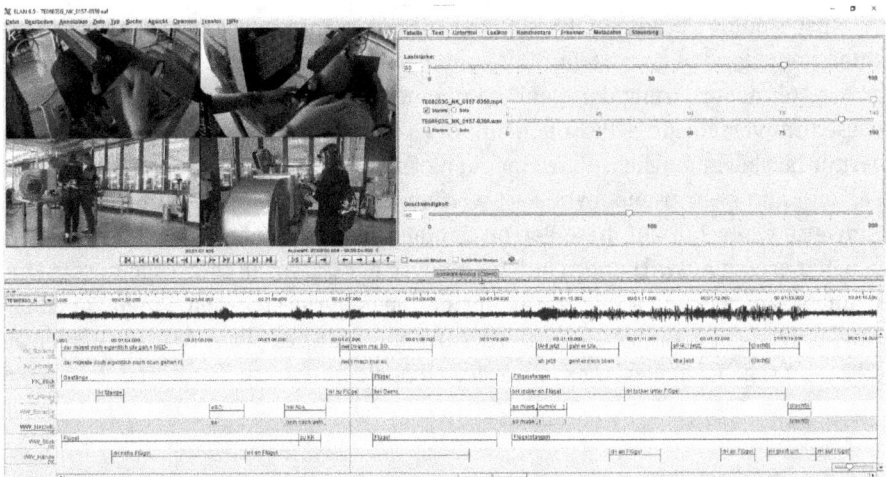

Abbildung 12.4: Arbeitsoberfläche in ELAN; Die Daten stammen aus einer Studie präsentiert in Kesselheim et al. (2021).

aber auch die Stimme einer Person oder das Aussehen. Sowohl aus Gründen des Datenschutzes (in der EU durch die Datenschutz-Grundverordnung DSGVO geregelt) als auch aus forschungsethischen Gründen ist es notwendig, mit diesen personenrelevanten Informationen sensibel und reflektiert umzugehen. Denn: Jeder Mensch hat ein Recht auf informationelle Selbstbestimmung, beispielsweise um sich vor anderen zu schützen. Im Kontext von Forschung ist der Schutz von Daten besonders relevant, weil Forschungsdaten für andere zugänglich gemacht werden, z. B. in Form von Publikationen, die aus einer Analyse dieser Daten entstanden sind, oder weil die Daten in einer zugänglichen Datenbank erfasst wurden (sog. *Repositorien*, → 12.3 zum Thema Open Science). Bei allen Datenerhebungsmethoden gilt deswegen, dass bei der Datenverarbeitung datenschutzrechtliche Aspekte zu beachten sind. Dazu gehört zum einen, teilnehmende Personen über den Zweck der Datensammlung aufzuklären und deren Zustimmung zur Datensammlung einzuholen. Zum anderen müssen je nach Datensatz **Anonymisierungsverfahren** angewendet werden. Damit ist gemeint, dass alle personenrelevanten Informationen entfernt oder so geändert werden müssen, so dass keinerlei Rückschlüsse auf die Person mehr möglich sind. Eine spezielle Form der Anonymisierung ist die Pseudonymisierung: Dabei werden identifizierbare Merkmale durch andere Identifikatoren ersetzt (z. B. ein Name durch eine zufällig erstellte dreistellige Zahl). Der Schlüssel für diese Ersetzung (z. B. welche Zahl zu welchem Namen gehört) ist aber weiterhin vorhanden, d. h. es kann rekonstruiert werden, um welche Person es sich handelt. Bei der Speicherung ist der Schlüssel stets getrennt von den Daten aufzubewahren.

Insbesondere bei qualitativen Daten, die z. B. in Interviews oder Beobachtungsstudien entstanden sind, stellt die Anonymisierung bzw. Pseudonymisierung eine grosse Herausforderung dar. Nehmen in einem Fokusgruppeninterview beispielsweise fünf verschiedene Personen teil, ist es aufgrund der einzelnen Redebeiträge vermutlich leicht möglich, diese einer konkreten Person zuzuweisen. Der Name der Person kann zwar pseudonymisiert werden, dennoch können zahlreiche weitere Hinweise weiterhin auf diese Person deuten. All solche Informationen zu entfernen, hat grosse Auswirkungen auf die Analyse der Daten, da sehr viele für die Forschungsfrage potenziell relevante Informationen verloren gehen. Einen Vorschlag zum Umgang mit dieser Herausforderung machen beispielsweise Richter et al. (2021) im sog. *Bochumer Anonymisierungsmodell*.

12.5.3 Digitalisierung

Manchmal sollen Daten untersucht werden, die noch nicht in digitaler Form vorliegen – Beispiele sind handschriftlich erstellte Dokumente (etwa Aufsätze von Schüler:innen, handschriftlich ausgefüllte Fragebögen) oder ausschliesslich analog vorliegende Druckerzeugnisse (etwa Zeitungen oder Bücher), aber auch Tonbänder und Filmrollen. Solche Rohdaten müssen in vielen Fällen digitalisiert werden, um sie untersuchen zu können. Die entstehenden digitalen Objekte werden als *Digitalisate* bezeichnet, die dann anstelle des Originals die Datengrundlage der Untersuchung bilden. Für die linguistische Forschung ist insbesondere das Erkennen von Text in Digitalisaten eine wichtige Voraussetzung. Die Transkription von Textdigitalisaten kann entweder manuell erfolgen oder aber durch automatisierte Methoden, die unter dem Begriff *Optical Character Recognition* (OCR) zusammengefasst werden. Insbesondere durch den Einsatz von Methoden des Machine und Deep Learnings werden inzwischen sehr gute OCR-Ergebnisse erreicht – nicht nur für Drucke, sondern auch für Handschriften. Solche Systeme sind beispielsweise in der Lage, basierend auf einem vortrainierten Modell an verschiedene Handschriften oder Typografien, angepasst zu werden. Beispiele für automatisierte Transkriptionstools sind Transkribus und eScriptorium.

12.6 Methoden der Datenanalyse

Zum Abschluss dieses Kapitels zum empirischen Arbeiten werden nun noch wichtige Methoden der Datenanalyse in einem Überblick vorgestellt. Für welche Methode(n) man sich entscheidet, ergibt sich aus der Forschungsfrage, der daraus abgeleiteten Operationalisierung sowie aus Art und Umfang der gesammelten Daten.

So wie man bei der Erhebung der Daten zwischen quantitativen und qualitativen Methoden unterscheidet, lässt sich diese Unterscheidung auch auf die Analysemethoden anwenden. Allerdings plädieren wir im Folgenden dafür, diese Unterscheidung nicht zu dogmatisch zu betrachten. Doch zunächst: Was tun wir eigentlich, wenn wir linguistische Daten auswerten? Ziel der Datenanalyse ist es, die Forschungsfrage zu beantworten und/oder Hypothesen zu überprüfen (bzw. zu falsifizieren, → 12.2) – und zwar auf Basis der gesammelten Daten, aber auch bezugnehmend auf bestehende Theorien und Vorarbeiten im Forschungsgebiet. Bei der Datenanalyse werden Phänomene in den Daten beschrieben, erklärt und Generalisierungen über den untersuchten Datensatz hinaus formuliert. Daten können auf sehr unterschiedliche Weise analysiert werden, z. B. durch:
- das Erfassen von Frequenzen und Verteilungen unter Anwendung statistischer Testverfahren;
- manuelles oder automatisches Codieren, Kategorisieren oder Annotieren von Phänomenen;
- das Erstellen von Visualisierungen (um beispielsweise Zusammenhänge zwischen einzelnen Datenpunkten zu erkennen);
- die Anwendung von maschinellen Lernverfahren, um beispielsweise typische Kombinationen von Datenpunkten zu identifizieren, sowie
- interpretative Verfahren, in denen genau solche typischen Kombinationen sinnhaft und theoriebezogen gedeutet werden.

Eine Herausforderung bei der Analyse (aber auch schon bei der Aufbereitung) von Daten ist es, dass es sich bei Sprache um einen **unstrukturierten Untersuchungsgegenstand** handelt, der nicht auf die immer gleiche Weise organisiert ist (anders als z. B. tabellarische Daten aus Sozialstatistiken). Es ist Aufgabe der Forschenden, dieses unstrukturierte Datenmaterial so „zurechtzulegen" oder „aufzubrechen", dass es für eine Analyse zugänglich ist. Anders formuliert: Der Untersuchungsgegenstand ist zunächst nichts mehr als ein Strom von Zeichen- oder Lautketten – erst indem Linguist:innen (oder ein trainiertes Computerprogramm) darin so etwas wie Wörter, Phrasen oder Sätze erkennen und Informationen (Metadaten) etwa über Entstehungszeitraum, -ort oder Urheber:innen erfassen, werden Sprachdaten analysierbar.

12.6.1 Quantitativ oder qualitativ auswerten? Oder beides?

Vor allen Dingen aus der sozialwissenschaftlichen Forschung stammt die Unterscheidung zwischen quantitativen und qualitativen Methoden der Datenanalyse. In der empirischen linguistischen Forschung wird diese Unterscheidung üblicherweise auch getroffen. Tabelle 12.3 stellt typische Charakteristika dieser beiden Ansätze gegenüber:

Tabelle 12.3: Charakteristika quantitativer und qualitativer Methoden der Datenanalyse im Vergleich.

Quantitative Methoden der Datenanalyse	Qualitative Methoden der Datenanalyse
Grundlage: umfangreiche Datensätze	Grundlage: kleine Datensätze
automatisierte Analyse, z. B. mithilfe von Skripten und Datenanalysetools	manuelle Analyse durch Forschende in spezieller Codiersoftware (→ 12.6.4)
statistische Analyse von Ausprägungen eines Phänomens und Faktoren, die diese Ausprägungen beeinflussen (→ 12.6.2)	Anwendung kategorienbildender, interpretativ-hermeneutischer Verfahren (offenes oder geschlossenes Codieren, 12.6.4)
deduktives Überprüfen von Hypothesen	induktive Generierung von Hypothesen
repräsentativ und generalisierbar	explorierend

Die Gegenüberstellung dieser unterschiedlichen Aspekte quantitativer und qualitativer Analysemethoden vermittelt den Eindruck, dass es sich um zwei trennscharfe Ansätze handelt. Wirft man allerdings einen Blick in die tatsächliche empirische Praxis, zeigt sich, dass eine solche Trennung für empirische linguistische Studien nicht immer haltbar und sinnvoll ist. Das zeigt sich beispielsweise bei der Anwendung korpuslinguistischer Analysemethoden, die zwar üblicherweise das Label „quantitativ" tragen, aber auch Aspekte aufweisen, die eigentlich dem qualitativen Paradigma zugeschrieben werden:
- Korpuslinguistische Analysemethoden sind nicht nur geeignet, um bestehende Hypothesen deduktiv zu überprüfen, sondern auch, um Hypothesen induktiv, also aus den Daten heraus, zu generieren. Durch Methoden wie die Analyse von n-Grammen (→ 12.6.3) können beispielsweise Sprachgebrauchsmuster identifiziert werden, ohne einer spezifischen Hypothese folgen zu müssen.
- Korpuslinguistische Analysen sind oftmals auf kategorienbildende, interpretativ-hermeneutische Verfahren angewiesen (→ 12.6.4), denn sonst bleibt es einfach bei der Angabe von Frequenzen und anderen statistischen Kennwerten.

Es ist also stattdessen angebracht, quantitative und qualitative Herangehensweisen miteinander zu verbinden: So können Ausprägungen eines sprachlichen Phänomens durch eine qualitative Analyse von kleinen Datenmengen identifiziert werden, um sie anschliessend in einem grösseren Datensatz auszuzählen. Oder aber durch quantitative Methoden werden überhaupt erst unterschiedliche Ausprägungen sichtbar, die in einem qualitativen Analyseschritt weiter exploriert werden können.

12.6.2 Statistische Auswertung quantitativer Daten

Bei quantitativen Verfahren steht das Zählen von Ausprägungen eines Phänomens und die statistische Analyse von distributionellen Mustern und möglichen Einflussfaktoren auf diese Muster im Zentrum. Mithilfe solcher Verfahren sollen möglichst generalisierbare Aussagen getroffen werden – etwas, das bei qualitativen Verfahren nur bedingt möglich ist.

Abbildung 12.5 zeigt, was mit „Phänomenen" und „Einflussfaktoren" gemeint ist. Gezeigt werden die ersten vier Zeilen eines Datensatzes aus einem fiktiven Satzproduktionsexperiment. Der Datensatz enthält Speech-Onset-Zeiten einer Probandin für vier unterschiedliche Sätze, die sich hinsichtlich grammatischer Eigenschaften unterscheiden. In der Studie soll untersucht werden, welchen Einfluss Komplexität und Belebtheit von Subjekt-NPs und Objekt-NPs auf den Speech-Onset von Sätzen haben, aber auch das Alter von Sprecher:innen. Abbildung 12.5 zeigt nur den Anfang des Datensatzes, insgesamt umfasst er 2'000 Zeilen, weil an der Studie 40 Proband:innen teilgenommen haben, die unter experimentellen Bedingungen 50 verschiedene Sätze produzieren mussten.

Sprech...	SatzID	Satz	Subjekt	Objekt	Verb	LaengeS...	LaengeS...	BelebtheitS...	BelebtheitO...	Alter	Onset
asd3	1	Der Blitz trifft den Kirchturm.	Blitz	Kirchturm	treffen	1	2	unbelebt	unbelebt	24	1.32
asd3	2	Der Marderhund sucht eine Höhle.	Marderhund	Höhle	suchen	3	2	belebt	unbelebt	24	1.47
asd3	3	Eine Frau winkt den Kindern.	Frau	Kinder	winken	1	2	belebt	belebt	24	1.39
asd3	4	Ein Wassertropfen fällt auf den Spatz.	Wassertropfen	Spatz	fallen	4	1	unbelebt	belebt	24	1.44

Abbildung 12.5: Beispiel für einen Datensatz mit unterschiedlichen Variablentypen.

In solchen Tabellen werden alle Variablen und Variablenausprägungen erfasst, die für die Untersuchung relevant sind. In Kapitel 12.2.2 wurde die Unterscheidung zwischen unabhängigen und abhängigen Variablen eingeführt. Im obigen Beispiel ist Onset die abhängige Variable, deren Ausprägungen erklärt werden sollen. Die Spalten sieben bis zehn erfassen die unabhängigen Variablen, deren Einfluss auf den Speech-Onset untersucht werden soll. Die Tabelle zeigt unterschiedliche Variablentypen:

– **Kategoriale Variablen**: Solche Variablen zeigen diskrete Eigenschaften eines Objekts an. In linguistischen Studien liegen sehr oft kategorialen Variablen vor. Ein Beispiel ist die Variable „BelebtheitSubjekt" (Spalte 9) – für jeden Satz kann erfasst werden, ob das Subjekt belebt oder unbelebt ist. Es besteht aber keine Ordnungsbeziehung zwischen diesen kategorialen Ausprägungen.
– **Ordinale Variablen**: Im Gegensatz zu kategorialen Variablen stehen Ausprägungen ordinaler Variablen in einer Rangordnungsbeziehung zueinander,

allerdings ist der Unterschied zwischen Variablenausprägungen nicht exakt vergleichbar. Die Variable Belebtheit könnte auch ordinal erfasst werden, indem eine mehrstufige Belebtheitsskala angewendet wird (statt einer nur dichotomen Unterscheidung), z. B. unbelebt → schwach belebt → belebt → menschlich. Die Variablenausprägung „menschlich" ist zwar „belebter" als die Variablenausprägung „unbelebt", aber es lässt sich dafür kein numerischer Wert angeben (etwas kann nicht doppelt so belebt sein wie etwas anderes).

- **Numerische Variablen**: Ausprägungen numerischer Variablen stehen nicht nur in einem Ordnungsverhältnis zueinander, sondern die Unterschiede in den Ausprägungen sind auch bedeutungstragend. Ein klassisches Beispiel ist die Anzahl der Silben (Spalte 7 und 8): Ein Wort mit vier Silben hat doppelt so viele Silben wie ein Wort mit zwei Silben. Auch Alter und Speech-Onset sind numerische Variablen.

Aus solchen Tabellen können, beispielsweise unter Verwendung von Statistiktools wie R oder SPSS, weitere Tabellen „abgeleitet" werden. Zum Beispiel kann für das obige Beispiel der durchschnittliche Speech-Onset für jeden Satz berechnet werden (sog. *arithmetisches Mittel*) sowie die sog. *Standardabweichung*. Abbildung 12.6 zeigt, wie eine solche Tabelle aussehen kann.

	Satztyp	Mittelwert	Standardabweichung	Anzahl
1	Satz 1	1401.032	27.77610	50
2	Satz 2	1453.660	22.63618	50
3	Satz 3	1414.922	19.78668	50
4	Satz 4	1471.358	32.58413	50

Abbildung 12.6: Tabelle mit deskriptiven Statistiken, erstellt mit R (R Core Team 2024).

Eine ebenfalls zentrale Rolle spielt die Visualisierung von statistischen Verfahren. So zeigt Abbildung 12.7 einen sog. *Violinengraph* in Kombination mit einem sog. *Box-Plot*, um mehrere deskriptive statistische Werte parallel anzuzeigen (z. B. den Median und die Anzahl an Datenpunkten für jeden Speech Onset).

Auf quantitative Datensätze wie in Abbildung 12.6 werden je nach Art der Variablen und dem Ziel der Analyse unterschiedliche statistische Verfahren angewendet. Dazu gehören insbesondere:

- **deskriptive Verfahren**, wie das Auszählen von Variablenausprägungen (z. B. von kategorialen Variablenausprägungen) sowie die Berechnung von Dispersionsmassen für eine Variable (d. h. wie Variablenausprägungen in einem Datensatz verteilt sind). Je nach Variablentyp gibt es geeignete Masse, z. B. den Median, das arithmetische Mittel, Standardabweichung, Standardfehler und Konfidenzintervall oder normalisierte Entropie. Zur deskriptiven Statistik gehören auch sog. *bivariate Verfahren*, bei denen die Interaktion von zwei Variablen untersucht wird (z. B. Korrelation und lineare Regression).
- **univariate und monofaktorielle Tests**, bei denen Hypothesen über die Signifikanz von Variablenausprägungen überprüft werden. Mithilfe solcher Tests kann z. B. überprüft werden, ob sich die Ausprägung einer Variable zwischen zwei Datensätzen signifikant unterscheidet (z. B. Speech-Onset für Satztyp 1 und Satztyp 2). Die Wahl des Tests hängt vom Typ der Variable ab. Für kategoriale Daten kommt beispielsweise der sog. *Chi-Quadrat-Test* zum Einsatz. Bei einem solchen Test wird, etwas vereinfacht ausgedrückt, die beobachtete Verteilung mit der erwarteten Verteilung verglichen, um zu bestimmen, wie sicher man sein kann, dass die beobachtete Verteilung zufällig zustande gekommen

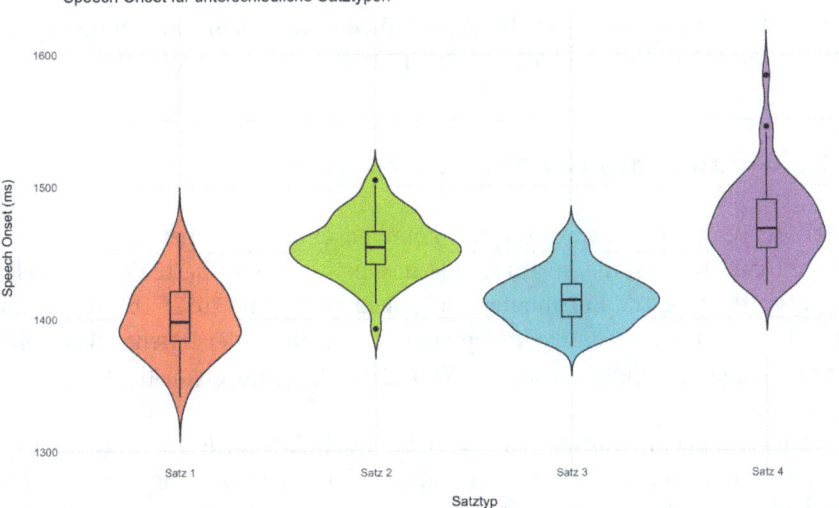

Abbildung 12.7: Violinengraph erstellt mit dem R-Paket ggplot2 (Wickham 2016); gezeigt werden mehrere deskriptive statistische Werte für die vier Satztypen aus dem fiktiven Sprachproduktionsexperiment. Die Breite jeder „Violine" (eine pro Satztyp) zeigt, wie häufig ein Speech-Onset vorkommt (bei Satz 1, rot, liegen die meisten Speech-Onsets bei ca. 1'400 ms), die Länge erstreckt sich vom kleinsten bis zum grössten gemessenen Speech-Onset. In der Mitte jeder Violine werden sog. *Box-Plots* dargestellt, die die Variabilität der Daten zeigen (z. B. zeigt der horizontale Strich den Median: 50 % der Fälle liegen oberhalb dieses Werts, 50 % unterhalb dieses Werts).

ist (H_0, wobei *zufällig* beispielsweise heisst, dass Ausprägung A einer Variable genauso häufig auftritt wie Ausprägung B). Für solche Tests werden sog. *p-Werte* berechnet. Ein p-Wert von 0.05 bedeutet, dass H_0 nur dann abgelehnt werden kann, wenn der Chi-Quadrat-Test ein Ergebnis kleiner als 0.05 ergeben hat. Anders formuliert: Dann kann mit über 95 % Sicherheit angenommen werden, dass eine Verteilung nicht zufällig ist.
- multifaktorielle Analysen, bei denen die Ausprägung einer abhängigen Variable im Kontext mehrerer unabhängiger Variablen untersucht wird. Bei solchen Analysen werden sog. *Regressionsmodelle* berechnet, bei denen die Ausprägung einer abhängigen Variable „vorhergesagt" werden soll, wenn mehrere unabhängige Variablen bekannt sind (z. B. Vorhersage von Speech-Onset unter Berücksichtigung von Belebtheit, Silbenanzahl und Alter).
- Mixed-Effects-Modelle, welche berücksichtigen, dass Datenpunkte statistisch nicht unabhängig voneinander sind. In Abbildung 12.5 entspricht jede Zeile einem Datenpunkt; eine mögliche Interaktion dieser Datenpunkte könnte beispielsweise sein, dass eine Probandin im Laufe des Experiments langsamer wird (= längere Speech-Onsets), weil es zur Ermüdung kommt. In Mixed-Effects-Modellen kann dieser Faktor berücksichtigt werden.

Eine sehr gute Einführung in statistische Methoden für Linguist:innen bietet das Buch *Statistics for Linguists with R* von Gries (2021).

12.6.3 Quantitative Analysemethoden in der Korpuslinguistik

Bei der Analyse linguistischer Korpora kommen eine Reihe spezieller Analyseverfahren zum Einsatz, die im Folgenden in einem kurzen Überblick vorgestellt werden (vgl. Baker 2023; Bubenhofer 2009; McEnery/Hardie 2012). Die Methoden verdeutlichen, dass quantitative und qualitative Verfahren der Datenanalyse sehr eng miteinander verzahnt sein können. Zum „Kanon" korpuslinguistischer Methoden gehören:

Die **Analyse von Konkordanzen** (oder auch *Keywords in Context*, kurz KWIC): Damit ist eine spezielle Darstellungsform gemeint, bei der ein im Korpus gesuchtes Wort in seinem unmittelbaren Kontext dargestellt wird. Jede Fundstelle steht in einer separaten Zeile. Durch das Sortieren von Fundstellen basierend auf dem Kontext lassen sich Musterhaftigkeiten im Gebrauch eines Wortes erkennen. Abbildung 12.8 zeigt das exemplarisch für das Wort *Freiheit* im DWDS, sortiert nach dem ersten Wort im rechten Kontext. Durch die Sortierung werden Aufzählungen mit *Freiheit* sichtbar (z. B. *Demokratie, Freiheit, Respekt*).

18465:	2016	BUNDESTAGPR1	, liebe Kolleginnen und Kollegen, große Verdienste erworben: um die **Freiheit**	, um die Demokratie, ja, um den Rechtsstaat in Deutschland . Dass e
18466:	2016	BUNDESTAGPR1	17 Jahren setzt er sich als Anwalt und vierfache Familienvater für die **Freiheit**	, die Sicherheit und die Bildung von Jungen und Mädchen in Burund
18467:	2016	BUNDESTAGPR1	...sidenten der Vereinigten Staaten von Amerika die Werte Demokratie, **Freiheit**	, Menschenrechte und Menschenwürde genannt . Während Frau Mer
18468:	2016	BUNDESTAGPR1	Dem von der EU vielbeschworenen Raum der **Freiheit**	, der Sicherheit und des Rechts hat Sultan Erdogan demonstrativ de
18469:	2016	BUNDESTAGPR1	es in der Präambel der NATO: Die Mitglieder sind entschlossen, die **Freiheit**	, das gemeinsame Erbe und die Zivilisation ihrer Völker, die auf den
18470:	2016	BUNDESTAGPR1	Sie nannte Demokratie, **Freiheit**	, Respekt vor dem Recht und der Würde des Menschen, unabhängig
18471:	2016	BUNDESTAGPR1	Da müssen wir gegenhalten mit den Werten der Aufklärung, mit **Freiheit**	, mit Toleranz, mit Respekt und eben mit der Idee von gleichen Char
18472:	2016	BUNDESTAGPR1	...hen wollen . Realistische Ehrlichkeit ist die beste Voraussetzung, um **Freiheit**	, Rechtsstaatlichkeit, Demokratie auch für die Zukunft zu sichern . D
18473:	2016	BUNDESTAGPR1	...itens bildet sie die Voraussetzung dafür, dass wir auch in Zukunft in **Freiheit**	, Frieden und Toleranz miteinander leben können . Drittens ist diese
18474:	2016	BUNDESTAGPR1	BÜNDNIS 90/DIE GRÜNEN sowie der Abg . Christine Lambrecht [SPD]) **Freiheit**	, Solidarität und Humanismus stehen auf dem Spiel, für alle . Für mi

Abbildung 12.8: Konkordanzdarstellung für das Lemma *Freiheit*, aus den Gegenwartkorpora mit freiem Zugang des DWDS, abgerufen am 06.02.2025.

Überblick	logDice	Freq.
1. individuell	7.9	5342
2. Demokratie	7.8	6198
3. persönlich	7.4	6286
4. künstlerisch	7.3	3489
5. genießen	7.3	3715
6. unternehmerisch	7.2	2462
7. bürgerlich	7.1	3003
8. Gleichheit	6.9	1979
9. einschränken	6.9	2363
10. entlassen in	6.9	2512
11. Gerechtigkeit	6.9	2246

Abbildung 12.9: Kollokationen, basierend auf dem DWDS-Wortprofil für *Freiheit*, erstellt durch das DWDS, abgerufen am 05.12.2024.

Die **Berechnung und Analyse von Kollokationen**: Bei dieser Methode werden statistisch signifikante Co-Vorkommen von zwei Wörtern berechnet. Für ein im Korpus vorkommendes Wort können alle Wortformen identifiziert werden, die innerhalb eines vordefinierten Kontextfensters (z. B. fünf Wörter im unmittelbar linken und rechten Kontext) mit diesem Wort auftreten. Mithilfe unterschiedlicher statistischer Tests kann berechnet werden, ob ein Co-Vorkommen signifikant und damit statistisch auffällig ist. Abbildung 12.9 zeigt die ersten elf Kollokationen für das Wort *Freiheit* im DWDS, berechnet mithilfe des sog. *logDice*, einem statistischen Mass zur Berechnung von Wort-Co-Vorkommen.

Genutzt werden Kollokationen insbesondere für die Analyse von Bedeutungen, beispielsweise in der Lexikografie. Dieser Zugang zu Wortbedeutung ist bereits in Kapitel 3 unter dem Begriff der distributionellen Hypothese eingeführt worden.

Die **Berechnung und Analyse von Keywords**: Mit diesem Verfahren kann der typische Wortschatz eines Korpus berechnet werden. Typizität ergibt sich aus dem

Vergleich eines Korpus mit einem Vergleichskorpus (oder auch *Referenzkorpus*). Wiederum durch den Einsatz statistischer Testverfahren kann ermittelt werden, welche Wörter des Untersuchungskorpus signifikant häufiger oder seltener vorkommen als im Vergleichs- oder Referenzkorpus. Genutzt werden solche Analysen z. B. in der linguistischen Diskursanalyse, um das diskurstypische Vokabular zu identifizieren, beispielsweise um auf dominante Themen zu schliessen.

Die **Berechnung und Analyse von n-Grammen**: Bei einer n-Gramm-Analyse werden Dokumente eines Korpus in Abfolgen von *n* Token zerlegt (üblicherweise zwischen zwei und vier). Bei einer Tri-Gramm-Analyse beispielsweise werden Dokumente in Abfolgen von drei Token zerlegt. Der Satz „Die Kinder haben sich über die Geschenke gefreut." besteht aus den folgenden sieben Tri-Grammen:

(1) Die Kinder haben; (2) Kinder haben sich; (3) haben sich über; (4) sich über die; (5) über die Geschenke; (6) die Geschenke gefreut; (7) Geschenke gefreut.

Anschliessend kann dann die Frequenz aller n-Gramme berechnet werden – entweder für das gesamte Korpus oder aber für Teile des Korpus. So können dann Listen von n-Grammen miteinander verglichen werden. Ein Beispiel dafür zeigt die Korpusstudie von Bubenhofer (2017), basierend auf einem Korpus aus Protokollen des Deutschen Bundestags. Mithilfe der Berechnung von 3- und 4-Grammen konnte gezeigt werden, dass die für eine Partei typischen Mehrworteinheiten unterschiedliche Funktionen im Bundestag indizieren. Beispielsweise verweisen die n-Gramme der damaligen Oppositionspartei DIE GRÜNEN auf die sprachlichen Praktiken des Kritisierens (*wie erklären Sie – glauben Sie eigentlich – wie wollen Sie eigentlich*) oder der Anklage (*kein Wort dazu – einfach ignorieren – können Sie ausschließen*).

12.6.4 Kategorienbildende Verfahren: Annotieren und Codieren

Zum Schluss geht es um ein Form der Datenanalyse, die sowohl für quantitative als auch für qualitative Forschungsdesigns eine zentrale Rolle spielt. Gemeint sind verschiedene Varianten von **kategorienbildenden Verfahren**, die zum Ziel haben, sprachliche Einheiten aufgrund spezifischer Eigenschaften zu Kategorien desselben Typs zusammenzufassen und diesen Kategorien Labels zu geben. Auf diese Weise entstehen sinntragende Ordnungsstrukturen in den zu analysierenden Daten. Solche Ordnungsstrukturen können dann verglichen und quantifiziert (z. B. „Kategorie A kommt doppelt so oft vor wie Kategorie B"), zum systematischen Suchen von Phänomenen in einem Datensatz verwendet oder zur induktiven Ableitung von Theorien unterschiedlicher Reichweite herangezogen werden.

In Kapitel 12.4.5 ist mit der **Annotation** linguistischer Korpora bereits eine wichtige Form solcher kategorienbildenden Verfahren vorgestellt worden. So werden beim POS-Tagging Token derselben Wortart mit dem gleichen Label (engl. *tag*) markiert; bei der syntaktischen Annotation werden Phrasen anhand ihrer syntaktischen Funktion oder Dependenzrelation kategorisiert. Beide Annotationsebenen werden typischerweise unter Verwendung standardisierter Tools automatisiert erstellt. Beispielsweise gibt es für die Programmiersprachen R und Python linguistische Toolkits wie *Spacy* oder *NLTK*. Oftmals werden Annotationen aber auch in aufwendigen manuellen Verfahren erstellt, weil es entweder noch keine erprobten automatisierten Prozesse gibt oder die zu annotierenden Phänomene aufgrund ihrer Komplexität nicht automatisiert erfasst werden können. Ein Beispiel ist das Aufzeichnen von Fehlern in Lernendenkorpora (sog. *Fehlerannotation*). Abbildung 12.10 zeigt ein Beispiel aus FALKO (fehlerannotiertes Lernerkorpus, Lüdeling et al. 2008) im Korpusanalysetool ANNIS. Die Zeile „tok" zeigt die Token im Original, „ZH1" die sog. *Zielhypothese*, nämlich die Anpassung des Satzes an grammatische Regeln des Deutschen. Beide „Varianten" sind mit linguistischen Informationen wie POS und Lemma getaggt. Auf diese Weise kann analysiert werden, welche Wortarten systematisch falsch verwendet werden.

Grundlage für alle Annotationsvorhaben sind sog. *Annotationsguidelines*, in denen genau beschrieben wird, welche Annotationen es gibt, welchen sprachlichen Einheiten sie unter welchen Bedingungen zuzuweisen sind und wie bei der Annotation vorzugehen ist. Annotationsguidelines werden vor der eigentlichen Verwendung der Annotation getestet, indem ein sog. *Inter-Annotator-Agreement* bestimmt wird. Dabei annotieren zwei oder mehr Personen die gleichen Textabschnitte und im Anschluss wird der Grad an Übereinstimmung berechnet sowie systematische Unterschiede identifiziert. Ein hohes Agreement zeigt, dass die Guidelines so präzise erstellt sind, dass Annotator:innen sie korrekt anwenden können. Für die manuelle Annotation stehen spezielle Tools zur Verfügung (z. B. INCEpTION, Klie et al. 2018), die es ermöglichen, linguistischen Einheiten unterschiedlicher Grösse Annotationen zuzuweisen.

Warum thematisieren wir Annotationen noch einmal im Kapitel zur Datenauswertung und belassen es nicht bei den in Kapitel 12.4.5 erwähnten Punkten? Annotationen sind nicht etwa als vortheoretische, rein deskriptive Merkmale von linguistischen Einheiten anzusehen, sondern stellen bereits eine Form der linguistischen Analyse dar. Annotationen sind eng an Theorien, linguistische Konzepte und Modelle gekoppelt, eine theorieneutrale bzw. unabhängige Annotation gibt es also nicht. Das zeigt beispielsweise die Annotation von Wortarten, die sich wie im Fall des STTS auf eine Kombination von morphosyntaktischen und semantischen Kriterien stützt.

Bei der Analyse qualitativer Daten spricht man nicht von *Annotieren*, sondern von *Codieren*. Auch dabei handelt es sich um ein kategorienbildendes Verfahren, das nicht nur in der Linguistik, sondern auch in anderen wissenschaftlichen Teilgebieten eine wichtige Rolle spielt:

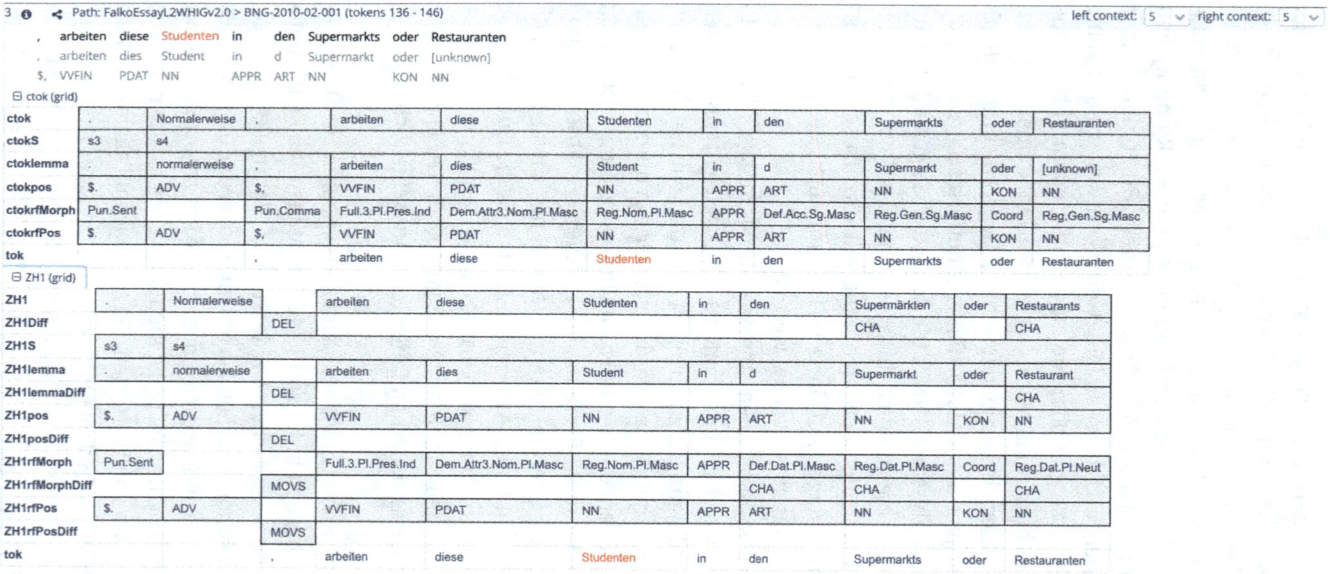

3 Path: FalkoEssayL2WHIGv2.0 > BNG-2010-02-001 (tokens 136 - 146) left context: 5 right context: 5

,	arbeiten	diese	Studenten	in	den	Supermarkts	oder	Restauranten
,	arbeiten	dies	Student	in	d	Supermarkt	oder	[unknown]
$,	VVFIN	PDAT	NN	APPR	ART	NN	KON	NN

ctok (grid)

ctok	.	Normalerweise	,	arbeiten	diese	Studenten	in	den	Supermarkts	oder	Restauranten
ctokS	s3	s4									
ctoklemma	.	normalerweise	,	arbeiten	dies	Student	in	d	Supermarkt	oder	[unknown]
ctokpos	$.	ADV	$,	VVFIN	PDAT	NN	APPR	ART	NN	KON	NN
ctokrfMorph	Pun.Sent		Pun.Comma	Full.3.Pl.Pres.Ind	Dem.Attr3.Nom.Pl.Masc	Reg.Nom.Pl.Masc	APPR	Def.Acc.Sg.Masc	Reg.Gen.Sg.Masc	Coord	Reg.Gen.Sg.Masc
ctokrfPos	$.	ADV	$,	VVFIN	PDAT	NN	APPR	ART	NN	KON	NN
tok			,	arbeiten	diese	Studenten	in	den	Supermarkts	oder	Restauranten

ZH1 (grid)

ZH1	.	Normalerweise		arbeiten	diese	Studenten	in	den	Supermärkten	oder	Restaurants
ZH1Diff			DEL						CHA		CHA
ZH1S	s3	s4									
ZH1lemma	.	normalerweise		arbeiten	dies	Student	in	d	Supermarkt	oder	Restaurant
ZH1lemmaDiff			DEL								CHA
ZH1pos	$.	ADV		VVFIN	PDAT	NN	APPR	ART	NN	KON	NN
ZH1posDiff			DEL								
ZH1rfMorph	Pun.Sent			Full.3.Pl.Pres.Ind	Dem.Attr3.Nom.Pl.Masc	Reg.Nom.Pl.Masc	APPR	Def.Dat.Pl.Masc	Reg.Dat.Pl.Masc	Coord	Reg.Dat.Pl.Neut
ZH1rfMorphDiff			MOVS					CHA	CHA		CHA
ZH1rfPos	$.	ADV		VVFIN	PDAT	NN	APPR	ART	NN	KON	NN
ZH1rfPosDiff			MOVS								
tok			,	arbeiten	diese	Studenten	in	den	Supermarkts	oder	Restauranten

Abbildung 12.10: Darstellung von Fehlerannotationen im FALKO-Korpus, abgefragt über ANNIS (https://korpling.german.hu-berlin.de/falko-suche/ [14.02.2025]; Lüdeling et al. 2008).

Mit dem Begriff des Kodierens wird in den Sozial-, Kultur- und Textwissenschaften in der Regel die Zuordnung bestimmter aufgezeichneter oder symbolisch fixierter Phänomene bzw. Ereignisse (tontechnisch dokumentierte und/oder transkribierte Segmente gesprochener Sprache, videoaufgezeichnete Handlungssegmente, textliche oder bildliche Dokumente u. Ä.) zu einem kategorial-theoretischen Vokabular, zu verallgemeinernden Begriffen durch dafür geschulte bzw. qualifizierte Kodierer-Personen verstanden. Dabei wird die Logik verfolgt: „Ein ‚xyz' ist ein ‚A'!"; „xyz" stellt die Benennung von sichtbaren und leicht feststellbaren Phänomenmerkmalen bzw. Datencharakteristika und „A" die dem zugeordnete zugrunde liegende Kategorie (ein Verallgemeinerungskonzept) dar. (Breuer 2010: 69)

Beim Codieren gibt es zwei unterschiedliche Herangehensweisen. Das geschlossene Codieren ist dem Verfahren des Annotierens sehr ähnlich, da in einem sog. *Codebuch* alle möglichen zu vergebenden Codes (Kategorien und Kategorienausprägungen) bereits festgelegt sind. Ein solches Vorgehen ist z. B. auch bei der in den Sozial- und Kommunikationswissenschaften etablierten Inhaltsanalyse üblich. Die zu vergebenden Codes können z. B. aus Erkenntnissen bestehender Forschung oder aus theoretisch relevanten Konzepten abgeleitet werden. Beim offenen Codieren existiert ein solches Codebuch explizit nicht. Vielmehr geht es darum, aus dem Datenmaterial heraus Codes und Kategorien induktiv zu entwickeln bzw. zu rekonstruieren. Das Berechnen eines Inter-Annotator-Agreements spielt bei einem solchen Vorgehen keine Rolle. Vielmehr sind Unterschiede im Codieren analytisch hochrelevant, weil sie unterschiedliche Sichtweisen auf den Untersuchungsgegenstand zeigen. Das offene Codieren ist zentraler Bestandteil der sog. *Grounded Theory*, einer Methodologie, bei der aus empirischen Daten heraus systematisch Theorien entwickelt werden (vgl. Breuer 2010). Codieren wird dabei als kreative sprachliche Tätigkeit verstanden, bei der Indikatoren in den Daten paraphrasiert werden, um dadurch auf allgemeinere Konzepte zu schliessen. Codieren stellt einen iterativen Prozess dar, d. h. Codes können immer wieder angepasst oder zu Kategorien höherer Ordnung zusammengefasst werden. Dass ein solches induktives Vorgehen auch auf die Analyse linguistischer Korpora übertragbar ist, zeigt die Untersuchung von Joachim Scharloth (2018) zu kommunikativen Praktiken in Bundespressekonferenzen. Am Beispiel einer datengeleiteten Analyse wird illustriert, wie Codierungsprozesse mit Methoden der maschinellen Textanalyse (z. B. n-Gramm-Analyse) durchgeführt werden können. Scharloth entwickelt daraus ein Modell der kommunikativen Gattung „Bundespressekonferenz" und zeigt beispielsweise, dass die sprachlichen Praktiken der Informationsvergabe und -verweigerung nicht nur Wissen vermitteln, sondern auch Machtstrukturen und -verhältnisse konstituieren.

Bibliografie

Albert, Ruth/Marx, Nicole (2014): Empirisches Arbeiten in Linguistik und Sprachlehrforschung: Anleitung zu quantitativen Studien von der Planungsphase bis zum Forschungsbericht. 2., überarbeitete und aktualisierte Auflage. Tübingen: Narr Verlag. (= Narr-Studienbücher).

Avgustis, Iuliia/Oloff, Florence (2023): Getting (Others) Involved with Smartphones: Participation in Showing Sequences in Multiparty Settings. In: Haddington, Pentti/Eilittä, Tiina/Kamunen, Antti/Kohonen-Aho, Laura/Rautiainen, Iira/Vatanen, Anna (Hrg.): Complexity of Interaction. Studies in Multimodal Conversation Analysis. Cham: Palgrave Macmillan. S. 297–345. https://doi.org/10.1007/978-3-031-30727-0_9.

Baker, Paul (2023): Using Corpora in Discourse Analysis. 2. Auflage. London: Bloomsbury Academic. (= Bloomsbury discourse) https://doi.org/10.5040/9781350083783.

Beißwenger, Michael/Lemnitzer, Lothar/Müller-Spitzer, Carolin (Hrg.) (2022): Forschen in der Linguistik: Eine Methodeneinführung für das Germanistik-Studium. Stuttgart: utb. https://doi.org/10.36198/9783838557113.

Biber, Douglas (1993): Representativeness in Corpus Design. In: Literary and Linguistic Computing 8(4), S. 243–257. https://doi.org/10.1093/llc/8.4.243.

Breuer, Franz (2010): Reflexive Grounded Theory. Ein Einführung für die Forschungspraxis. 2. Auflage. Wiesbaden: VS Verlag für Sozialwissenschaften. https://doi.org/10.1007/978-3-531-92580-6.

Bubenhofer, Noah (2009): Sprachgebrauchsmuster: Korpuslinguistik als Methode der Diskurs- und Kulturanalyse. Berlin/New York: De Gruyter. (= Sprache und Wissen 4).

Deppermann, Arnulf (2008): Gespräche analysieren. Eine Einführung. Wiesbaden: VS Verlag für Sozialwissenschaften. https://doi.org/10.1007/978-3-531-91973-7.

Döring, Nicola (2023): Forschungsmethoden und Evaluation in den Sozial- und Humanwissenschaften. 6. Auflage. Berlin/Heidelberg: Springer. https://doi.org/10.1007/978-3-662-64762-2.

Egbert, Jesse/Biber, Douglas/Gray, Bethany (2022): Designing and Evaluating Language Corpora. A Practical Framework for Corpus Representativeness. Cambridge: Cambridge University Press. https://doi.org/10.1017/9781316584880.

Gries, Stefan Th. (2021): Statistics for Linguistics with R. A Practical Introduction. 3. Auflage. Berlin/Boston: De Gruyter. https://doi.org/10.1515/9783110718256.

Hirschmann, Hagen (2019): Korpuslinguistik: Eine Einführung. Stuttgart: J.B. Metzler. https://doi.org/10.1007/978-3-476-05493-7.

Kesselheim, Klaus Wolfgang/Brandenberger, Christina/Hottiger, Christoph (2021): How to Notice a Tsunami in a Water Tank: Joint Discoveries in a Science Center. In: Gesprächsforschung Verlag für Gespraechsforschung. 22, S. 87–113. https://doi.org/10.5167/UZH-207964.

Klie, Jan-Christoph/Bugert, Michael/Boullosa, Beto/de Castilho, Richard Eckart/Gurevych, Iryna (2018): The INCEpTION Platform: Machine-Assisted and Knowledge-Oriented Interactive Annotation. Proceedings of the 27th International Conference on Computational Linguistics: System Demonstrations. Santa Fe, USA: Association for Computational Linguistics. S. 5–9. http://tubiblio.ulb.tu-darmstadt.de/106270/.

König, Katharina (2014): Spracheinstellungen und Identitätskonstruktion. Eine gesprächsanalytische Untersuchung sprachbiographischer Interviews mit Deutsch-Vietnamesen. Berlin: Akademie Verlag. (= Empirische Linguistik 2) https://doi.org/10.1524/9783110352245.

Lincoln, Yvonne S./Guba, Egon G. (1985): Naturalistic Inquiry. London: Sage.

McEnery, Tony/Hardie, Andrew (2012): Corpus Linguistics: Method, Theory and Practice. Cambridge: Cambridge University Press.

Popper, Karl (1934/1989): Logik der Forschung. 9. Auflage. Tübingen: Mohr Siebeck.
Popper, Karl R. (1997): Karl Popper Lesebuch. Ausgewählte Texte zur Erkenntnistheorie, Philosophie der Naturwissenschaften, Metaphysik, Sozialphilosophie. 2., durchgesehene Auflage. Stuttgart: utb. https://doi.org/10.36198/9783838520001.
R Core Team (2024): R: A language and environment for statistical computing. Wien: R Foundation for Statistical Computing. https://www.R-project.org/.
Rehbein, Jochen/Schmidt, Thomas/Meyer, Bernd/Watzke, Franziska/Herkenrath, Annette (2004): Handbuch für das computergestützte Transkribieren nach HIAT (Arbeiten zur Mehrsprachigkeit, Folge B, 56). In: Hamburg: Universität Hamburg (SFB Mehrsprachigkeit).
Reineke, Silke/Deppermann, Arnulf/Schmidt, Thomas (2023): Das Forschungs- und Lehrkorpus für Gesprochenes Deutsch (FOLK). In: Deppermann, Arnulf/Fandrych, Christian/Kupietz, Marc/Schmidt, Thomas (Hrg.): Korpora in der germanistischen Sprachwissenschaft. Mündlich, schriftlich, multimodal. Berlin/Boston: De Gruyter. S. 71–102. https://doi.org/10.1515/9783111085708-005.
Richter, Caroline/Kwelik, Nadine/Müller, Moritz/Severing, Lisa (2021): Qualitative Daten anonymisieren und für Sekundäranalysen aufbereiten: Das Bochumer Anonymisierungsmodell (BAM). In: Richter, Caroline/Mojescik, Katharina (Hrg.): Qualitative Sekundäranalysen. Wiesbaden: Springer Fachmedien. S. 153–184. https://doi.org/10.1007/978-3-658-32851-1_9.
Sauppe, Sebastian (2017): Word Order and Voice Influence the Timing of Verb Planning in German Sentence Production. In: Frontiers in Psychology 8. https://doi.org/10.3389/fpsyg.2017.01648.
Scharloth, Joachim (2018): 3. Korpuslinguistik für sozial- und kulturanalytische Fragestellungen. In: Kupietz, Marc/Schmidt, Thomas (Hrg.): Korpuslinguistik. Berlin/Boston: De Gruyter. S. 61–80. (= Germanistische Sprachwissenschaft um 2020 5) https://doi.org/10.1515/9783110538649-004.
Schröder, Ingrid/Neumann, Lara (2017): Zur Bewertung von Niederdeutsch und lokalem Substandard in Hamburg. In: Linguistik Online 85(6), S. 228–255. https://doi.org/10.13092/lo.85.4088.
Vogelmann, Frieder (2023): Umkämpfte Wissenschaften – zwischen Idealisierung und Verachtung. Ditzingen: Reclam. (= Reclams Universal-Bibliothek – [Was bedeutet das alles?]).
Wickham, Hadley (2016): ggplot2: Elegant graphics for data analysis. New York: Springer. https://ggplot2.tidyverse.org.
Wilkinson, Mark D./Dumontier, Michel/Aalbersberg, IJsbrand Jan/Appleton, Gabrielle/Axton, Myles/Baak, Arie et al. (2016): The FAIR Guiding Principles for Scientific Data Management and Stewardship. In: Scientific Data 3. https://doi.org/10.1038/sdata.2016.18.
ZHAW School of Applied Linguistics (Hrg.) (2024): Angewandte Linguistik für Sprachberufe. Berlin/Boston: De Gruyter. https://doi.org/10.1515/9783110786767.

Abbildungs- und Tabellenverzeichnis

Abbildung 1.1	Handelnde Subjekte und ihr Sprachgebrauch im Zentrum der Linguistik — **6**	
Abbildung 2.1	Schreibtisch — **11**	
Abbildung 2.2	Disketten-Ikon in OpenOffice 4.1.10 — **16**	
Abbildung 2.3	Diskette — **17**	
Abbildung 2.4	Etymologie von chinesischen Schriftzeichen (Huang/Shi 2016: 9) — **18**	
Abbildung 2.5	Bedeutung von Eisenbahnsignalen in der Schweiz, vereinfacht (Wikipedia: Eisenbahnsignale in der Schweiz) — **20**	
Abbildung 2.6	Das semiotische Dreieck nach Morris (adaptiert) — **25**	
Abbildung 2.7	„Gestrandeter ‚Pottwal' mit Verwesungsgeruch am Zürcher Utoquai" titelte die Neue Zürcher Zeitung am 19. August 2024 (Panagiotidis/Coviello 2024). Foto: Noah Bubenhofer — **27**	
Abbildung 2.8	Illustrationen des Zeichenbegriffs von Saussure (1916/1995: 99/158) — **31**	
Abbildung 2.9	Semantisch ähnliche Ausdrücke in einem Word-Embedding-Modell (DeReKoVECS: Fahrrad) — **35**	
Abbildung 3.1	Konzept ‚schaukeln' im Schweizerdeutschen (Leeman et al. 2025, Karte 25b) — **49**	
Abbildung 3.2	Semantische Relationen in GermaNet (Abbildung: Verena Heinrich, Tübingen 2010) — **69**	
Abbildung 3.3	Diatopische Variation im Deutschen (AdA, Karte *Aufzug/Fahrstuhl*) — **73**	
Abbildung 3.4	Hyponymie bei *Hund/Collie* — **76**	
Abbildung 3.5	Basiskategorien — **77**	
Abbildung 3.6	Wortfeld *Sinnbezirk des Verstandes* — **80**	
Abbildung 3.7	Allgemeine Personenbezeichnungen (nach Löbner 2015: 244) — **82**	
Abbildung 3.8	Verwandtschaftsbezeichnungen nach Bierwisch (1969) — **86**	
Abbildung 3.9	Prototypische Kategorie Vogel (nach Aitchison 2012: 69) — **93**	
Abbildung 3.10	Familienähnlichkeit bei Vogel (nach Geeraerts 1988: 278); die nummerierten Eigenschaften sind: 1. ist flugfähig, 2. hat Federn, 3. ist S-förmig, 4. hat Flügel, 5. aus einem Ei geschlüpft, 6. hat einen Schnabel — **94**	
Abbildung 3.11	Frame-Relationen im Bereich ‚Anstellung' (Boas et al. 2024: 11) — **100**	
Abbildung 3.12	Vektordiagramm mit den Vektoren *Haus*, *Schnee* und *Berg*, reduziert auf zwei Dimensionen (*Tür und weiss*) — **102**	
Abbildung 3.13	Vektorraum rund um Maske in einem Zeitungskorpus aus der Zeit der Coronapandemie — **103**	
Abbildung 3.14	Semantische Kalkulation mit Vektoren: Berechnung semantischer Relationen — **105**	
Abbildung 4.1	Ausschnitt aus einem Chat — **110**	
Abbildung 4.2	Organonmodell von Karl Bühler (1934/1999) — **114**	
Abbildung 4.3	Semiotisches Dreieck nach Charles W. Morris (1938/1988) — **115**	
Abbildung 4.4	Arten von Implikaturen nach Grice 1989/1995 (vgl. auch Meibauer 2018: 77 f.), modifiziert — **128**	
Abbildung 4.5	Beispiel für eine gestische Origoversetzung in die Adressatin in der Äusserung von Beispiel 17 (Fricke/Mittelberg 2018:315) — **133**	
Abbildung 5.1	Vorlagezettel (Original; Foto: Michael Prinz) — **141**	

Abbildung 5.2	Areale der deutschen Gebrauchsstandards (Elspaß 2025:38) —— **149**
Abbildung 5.3 & 5.4	Werbeanzeigen in Bern (März 2025; Fotos: Michael Prinz) —— **150**
Abbildung 5.5	Unterschied zwischen stimmlosem [f] und stimmhaftem [v] im Oszillogramm und Spektrogramm von Praat (aus: Conrad 2019: 12) —— **159**
Abbildung 5.6	Beispiel für ein OT-Tableau (nach Oostendorp 2022: 552) —— **161**
Abbildung 5.7	Glottis verschlossen (adduziert), in Stimmstellung und in Atemstellung bzw. Stellung zur Produktion stimmloser Laute (abduziert) —— **164**
Abbildung 5.8	Artikulationsstellen und Artikulatoren —— **166**
Abbildung 5.9	Artikulation der Eckvokale [i, a, u] (aus Pompino-Marschall 2009: 222) —— **170**
Abbildung 5.10	Vokale des Deutschen (phonetische Laute) —— **171**
Abbildung 5.11	Vokalphoneme des Deutschen —— **177**
Abbildung 5.12	Beispiele für die Analyse von Silben (Fuhrhop/Peters 2023: 87) —— **179**
Abbildung 6.1	Typen von Minimalzeichen II —— **196**
Abbildung 6.2	<s> im Anlaut (AADG, Karte „Sirup") —— **199**
Abbildung 6.3	Wortverlaufskurve für *weiland*, erstellt durch das Digitale Wörterbuch der deutschen Sprache, <www.dwds.de>, abgerufen am 23.08.2024 —— **206**
Abbildung 6.4	Schweizerisches Idiotikon, Artikel *Wepf* (Bd. XVI, Sp. 791) —— **207**
Abbildung 6.5	Wortverlaufskurve für *downgeloadet* und *gedownloadet*, erstellt durch das DWDS, abgerufen am 25.09.2024 —— **223**
Abbildung 6.6	Beispiel *Stadtverordnetenversammlungen;* Illustration von Walter Francis Brown in: Twain (1880: 612); Public domain, via Wikimedia Commons: https://commons.wikimedia.org/wiki/File:A_Tramp_Abroad_0632h.jpg —— **229**
Abbildung 6.7	Beispiel *Schweinsbratwürste* —— **242**
Abbildung 6.8	Beispiel *unglückliche* —— **244**
Abbildung 6.9	Wortarten des Deutschen, aufbauend auf der 5-Wortarten-Lehre von Glinz (1965). Die Darstellung orientiert sich an der Klassifikation in Duden (2022) —— **253**
Abbildung 7.1	Konstituentenstrukturbaum —— **297**
Abbildung 7.2	Dependenzbaum —— **298**
Abbildung 7.3	Konstituentenstrukturbaum —— **300**
Abbildung 7.4	Phrasenstrukturbaum —— **302**
Abbildung 7.5	Teilstruktur für den Satz *Sarah würde das Buch in den Lesesaal stellen* —— **316**
Abbildung 7.6	Grundlegendes X'-Schema —— **318**
Abbildung 7.7	Phrasenstruktur für die VP *das Buch in den Lesesaal stellen* —— **318**
Abbildung 7.8	Phrasenstruktur für die NP *Johanna* —— **319**
Abbildung 7.9	Phrasenstruktur für die NP *die heilige Johanna* —— **319**
Abbildung 7.10	Phrasenstruktur für *die heilige Johanna der Schlachthöfe* —— **320**
Abbildung 7.11	Linksverzweigende PP —— **320**
Abbildung 7.12	Rechtsverzweigende PP —— **320**
Abbildung 7.13	Phrasenstruktur mit CP und IP —— **321**
Abbildung 7.14	Vollständige Phrasenstruktur für den Zielsatz *Sarah würde das Buch in den Lesesaal stellen* —— **322**
Abbildung 7.15	Topologische Felder im X'-Schema —— **324**
Abbildung 8.1	Die Welt der Texte ist bunt (Bildcollage: Hiloko Kato, Quellen von links nach rechts und oben nach unten: Harry Potter MinaLima Edition: Abdruck

	mit freundlicher Genehmigung durch Scholastic Inc.; Liebesbrief von 1906: https://liebesbriefarchiv.de/; Litfasssäulenwerbung: Foto Kato; Tagesanzeiger vom 19.10.2015; WWF Kampagne 2009: https://www.wwf.ch/; Haltestellenfahrplan: https://www.zvv.ch/; Fühlbuch: https://www.ravensburger.de/; Erpresserbrief: Spiegel 3.2.2013; Roman „O.T.": Foto: Kato; ZVV-Transaktionsbeleg: Foto: Kato) —— 352
Abbildung 8.2	Konkrete Poesie: Gomringers *Schweigen* (1960) oder Döhls *Apfel mit Wurm* (1970) —— 354
Abbildung 8.3	Anzeige eines Bestattungsinstituts in der Berliner U-Bahn (Quelle: Spiegel, 30.10.2008) —— 355
Abbildung 8.4	Live-Stream-Standbild aus Twitch (Quelle: https://www.twitch.tv/rekkles) —— 358
Abbildung 8.5	Text als prototypisches Konzept nach Sandig (2000: 108) und Sandig (2006: 311) —— 371
Abbildung 8.6	Antworten auf die Aufforderung „Bitte zeichnet einen Text" —— 372
Abbildung 8.7	Unterschiedliche Magazinformate und Haptik mit Aussagekraft (Foto: Hiloko Kato) —— 375
Abbildung 8.8	Haptische und dreidimensionales Lektüre bei der MinaLima Harry Potter Edition (Abdruck mit freundlicher Genehmigung durch Scholastic Inc.) —— 376
Abbildung 8.9	Materielle Zelebrierung eines nicht-digitalisierbaren Texts: Roman S von J. J. Abrams und Doug Dorst © Canongate Books —— 377
Abbildung 8.10	Kein Graffiti, sondern eine Eigenwerbung des Opernhauses für die Solaranlage auf dem Dach (Foto: Hiloko Kato) —— 378
Abbildung 8.11	Anteil an Sprachlichkeit bei Textexemplaren von Montageanleitungen (Quelle: www.ikea.ch und www.spiegel21.de) —— 379
Abbildung 8.12	Jakobsons Funktionstypologie nach Bühler, ergänzt durch die Begriffe nach Hausendorf und Kesselheim (kursiv) —— 380
Abbildung 8.13	Verschiedene Typen von Transaktions-Belegen bzw. (Kassen-)Bons (Fotos: Hiloko Kato) —— 383
Abbildung 8.14	„Das weisse Loch" (Tagesanzeiger 19.10.2015) —— 392
Abbildung 8.15	Funktionen intertextueller Bezüge nach Schulte-Middelich (1985:215) —— 402
Abbildung 8.16	Roman „O.T." von U. D. Bauer (Fotos: Hiloko Kato) —— 404
Abbildung 9.1	Der Anfang von Harvey Sacks' „Lectures in Conversation" (Sacks 2006/I: 3) —— 416
Beispiel 9.1	Winken, um die gegenseitige Wahrnehmung zu bestätigen: Begrüssungen in VR —— 418
Abbildung 9.2	Praxeogramm (Ehlich/Rehbein 1972) —— 424
Abbildung 9.3	Bericht einer Studentin Garfinkels zu ihrem *Breaching Experiment* (Garfinkel 1967: 43) —— 431
Abbildung 9.4a–f	Extract 13 (BS_3811) (Hausendorf/Mondada 2017) —— 489
Abbildung 9.5	ELAN-Transkript zu Abbildung 9.4 —— 490
Abbildungen 9.6.1a/b/c und 9.6.2a/b/c	Extract 21 (BS_3811) (Hausendorf/Mondada 2017) —— 490

Abbildung 10.1	Dialektkarte mit Benrather-Linie (maken-machen-Isoglosse). Sie teilt den deutschen Sprachraum in Hochdeutsch und Niederdeutsch (Wiesinger 1983: 826) —— 523
Abbildung 10.2	Dialektkarte für das Alemannische basierend auf dialektometrischen Clusteringverfahren. Durch das Verfahren werden vier Dialektgruppen erkennbar (grün, blau, magenta, bräunlich), die aber nicht durch klare Grenzen gekennzeichnet sind. Der Karte liegen Merkmale wie k-Verschiebung im Anlaut (*chalt* vs. *kalt*) zugrunde (insgesamt 38 Merkmale). (Streck/Auer 2012: 176) —— 526
Abbildung 10.3	Transkript einer Begrüssungssequenz am Telefon. Aus: Hinnenkamp (2018: 149) —— 527
Abbildung 10.4	Sprachen im Jahr 2022, Bundesamt für Statistik, Schweiz (Bundesamt für Statistik 2022) —— 538
Abbildung 10.5	Ausschnitt 11:54 bis 12:38 aus Sarkeesian 2013 —— 542
Abbildung 10.6	Ritualisierte Anschlusskommunikation auf Instagram: Komplimente und Komplimenterwiderungen mit {dank} (Merten 2022: 325) —— 546
Abbildung 10.7	Das Stance-Dreieck nach Du Bois 2007: 163 —— 547
Abbildung 10.8	Transkript einer Erzählung, entnommen aus Keim (2017: 338). AY ist das Akronym der erzählenden Schülerin, NA das Akronym einer zuhörenden Person, in der Zeile Ü werden türkischsprachige Elemente übersetzt, in Zeile WT wird der Typ des Sprachenwechsels codiert (interst. = intersententiell, alt = alternierend) —— 549
Abbildung 11.1	Bildschirmfoto YouTube-Video mit Kommentaren (anonymisiert) —— 564
Abbildung 11.2	KWIC-Ansicht aus dem DeReKo (COSMAS II), zufällige Treffer für *Diskurs* in deutschsprachigen Quellen, Zufallsauswahl (Leibniz Institut für Deutsche Sprache) —— 566
Abbildung 11.3	Kollokationsanalyse zu *Diskurs* im DeReKo (COSMAS II) —— 567
Abbildung 11.4	Verwendungshäufigkeit von *Diskurs* im DeReKo (COSMAS II) basierend auf der Abfrage von Abb. 11.2 —— 568
Abbildung 11.5	Diskurslinguistische Mehr-Ebenen-Analyse DIMEAN (Spitzmüller/Warnke 2011: 201) —— 576
Abbildung 11.6	Typische Intonationskonturen bei Fahrkartenkontrollen: Kurve auf der Ebene „Pitch" zeigt die Tonhöhe an (Scharloth 2008: 241) —— 596
Abbildung 11.7	Konkordanzen zu *Gleichmacherei* im Korpus PINES (Compact Online und PI-News) —— 601
Abbildung 12.1	XML-Header gemäss TEI-Standard —— 635
Abbildung 12.2	Verschiedene Annotationsebenen in einem Korpus —— 636
Abbildung 12.3	Transkript nach GAT 2 (Basistranskript) —— 643
Abbildung 12.4	Arbeitsoberfläche in ELAN; Die Daten stammen aus einer Studie präsentiert in Kesselheim et al. (2021) —— 645
Abbildung 12.5	Beispiel für einen Datensatz mit unterschiedlichen Variablentypen —— 649
Abbildung 12.6	Tabelle mit deskriptiven Statistiken, erstellt mit R (R Core Team 2024) —— 650
Abbildung 12.7	Violinengraph erstellt mit dem R-Paket ggplot2 (Wickham 2016); gezeigt werden mehrere deskriptive statistische Werte für die vier Satztypen aus dem fiktiven Sprachproduktionsexperiment. Die Breite jeder „Violine" (eine pro Satztyp) zeigt, wie häufig ein Speech-Onset vorkommt (bei Satz 1, rot,

	liegen die meisten Speech-Onsets bei ca. 1'400 ms), die Länge erstreckt sich vom kleinsten bis zum grössten gemessenen Speech-Onset. In der Mitte jeder Violine werden sog. *Box-Plots* dargestellt, die die Variabilität der Daten zeigen (z. B. zeigt der horizontale Strich den Median: 50 % der Fälle liegen oberhalb dieses Werts, 50 % unterhalb dieses Werts) —— 651
Abbildung 12.8	Konkordanzdarstellung für das Lemma *Freiheit*, aus den Gegenwartkorpora mit freiem Zugang des DWDS, abgerufen am 06.02.2025 —— 653
Abbildung 12.9	Kollokationen, basierend auf dem DWDS-Wortprofil für *Freiheit*, erstellt durch das DWDS, abgerufen am 05.12.2024 —— 653
Abbildung 12.10	Darstellung von Fehlerannotationen im FALKO-Korpus, abgefragt über ANNIS (https://korpling.german.hu-berlin.de/falko-suche/ [14.02.2025]; Lüdeling et al. 2008) —— 656
Tabelle 3.1	Bedeutung in einfachen realistischen Bedeutungstheorien —— 55
Tabelle 3.2	Bedeutung in avancierteren realistischen Bedeutungstheorien —— 56
Tabelle 3.3	Bedeutungstheorien im Überblick —— 60
Tabelle 3.4	Bedeutungsdimensionen im Überblick —— 62
Tabelle 3.5	Matrix mit Vektoren —— 102
Tabelle 4.1	Sprechakt nach J. R. Searle —— 120
Tabelle 4.2	Illokutionstypen nach Searle 1976 —— 122
Tabelle 4.3	Übersicht Präsuppositionen und Implikaturen —— 128
Tabelle 4.4	Höflichkeitsformen Deutsch und Japanisch im Vergleich —— 131
Tabelle 4.5	Mehrworteinheiten (lemmatisiert), typisch für Bündnis 90/Grüne (Auswahl), aus Bubenhofer (2017: 80) —— 137
Tabelle 4.6	Mehrworteinheiten (lemmatisiert), typisch für die CDU (Auswahl) (Bubenhofer 2017: 81) —— 137
Tabelle 5.1	Konsonanten des Deutschen —— 169
Tabelle 5.2	Beispiele für die Vokallaute des Deutschen —— 171
Tabelle 5.3	Konsonantische Phoneme des Deutschen —— 176
Tabelle 6.1	Wörter des Testsatzes —— 189
Tabelle 6.2	Flexionsparadigma von lat. AMĪCUS —— 190
Tabelle 6.3	Typen von Minimalzeichen I —— 194
Tabelle 6.4	Verwendungsweisen von *Morph* —— 203
Tabelle 6.5	Lesarten von *Lexikon* —— 205
Tabelle 6.6	Morphosyntaktische Merkmalsklassen des Deutschen —— 215
Tabelle 6.7	Flexionsparadigma für *Kind* —— 216
Tabelle 6.8	Flexionsparadigma für den Demonstrativartikel *dieser* —— 216
Tabelle 6.9	Paradigma für *spielen* —— 218
Tabelle 6.10	Flexionsparadigma für *Frau* —— 219
Tabelle 6.11	Flexionsparadigma für schwache Maskulina (hier am Beispiel *Experte*) —— 219
Tabelle 6.12	Flexionsparadigma von *sein* —— 225
Tabelle 6.13	Typen von Ableitungen —— 243
Tabelle 8.1	Verschiedene Funktionstypologien aus Hausendorf et al. (2017: 237), mit leichten Anpassungen (blau: Sprachfunktionen nach Bühler, rot: Weiterführungen bei allen, grün: nur von einigen realisierte Funktionen) —— 382

Tabelle 8.2	Auffassungen von Kohäsion (und Kohärenz) nach Adamzik (2016) mit der Erweiterung (d) —— **387**
Tabelle 8.3	Vollständige Liste der Kohäsionsmittel nach Hausendorf und Kesselheim 2008 —— **388**
Tabelle 8.4	Mit Pronomina realisierte Anaphern und Kataphern in zwei Romananfängen —— **391**
Tabelle 8.5	Leicht angepasste Liste der Themahinweise nach Hausendorf und Kesselheim 2008 —— **396**
Tabelle 8.6	Semantische Themenentwicklungshinweise in „Das weisse Loch" (Tagesanzeiger 19.10.2015) —— **398**
Tabelle 8.7	Leicht überarbeitete und zum Teil aus dem Französischen übersetzte Darstellung von Intertextualitätstypen bei Adamzik (2016: 325) —— **401**
Tabelle 8.8	Formen von Intertextualität bei Janich (2014: 233) mit Beispielen —— **401**
Tabelle 9.1	Gegenüberstellung Funktionale Pragmatik und Konversationsanalyse —— **428**
Tabelle 9.2	Vorschlag für die Einteilung ins topologische Feldermodell für *weil* als Diskursmarker —— **478**
Tabelle 9.3	Wechsel des Koinon vom Mittelfeld ins Vorfeld —— **483**
Tabelle 9.4	Arrangements nach Kendon (1990: 2013) —— **493**
Tabelle 11.1	Kollokationsprofil von *aufwachen* im Korpus Skep-Medien. Basis: Grundformen; Fenster: 5 Wörter links/rechts; Top 30 —— **570**
Tabelle 11.2	Suche nach [] **"Islam" []* [lemma="gehören"] []* [lemma="Deutschland"] within s** im Korpus PINES V3, 216 Treffer in 185 Texten —— **574**
Tabelle 12.1	Datenerhebungsmethoden im Vergleich —— **618**
Tabelle 12.2	Typen linguistischer Korpora —— **638**
Tabelle 12.3	Charakteristika quantitativer und qualitativer Methoden der Datenanalyse im Vergleich —— **648**

Register

5/10-Wortarten-Lehre 251

Ableitung 238–239, 242–245
Abwesenheit (s. auch Anwesenheit) 356, 373, 419–420, 476
Ad-hoc-Bildungen 235
Affigierung 194–195, 200, 212, 214, 222, 224
Affrikate 168, 176–177
Agens 220–221, 277, 290–293, 328–329, 332, 632
Akkusativobjekt 331–333
Akteur 153, 367, 508, 532, 553, 563, 569, 575–583
Akzent 145, 184–185, 259, 455, 562, 641
Allomorph 197–202, 389
Allophon 174–176
Anapher 132, 390, 397, 425
Anfangsrand 179
Animator (Sprechertypen) 438
Annotation 298, 516, 630, 635–637, 640, 644, 654–656
Anonymisierungsverfahren (Daten) 645
Ansatzrohr 164–170
anthropologische Linguistik 561, 584
Antonym 69, 78–79
Anwesenheit (s. auch Abwesenheit) 354, 359, 418–419, 420, 460, 476
Appellfunktion 114–115, 367, 380–382, 385
Apposition 311–312
Approximant 168–169
Argumentstruktur 209, 290, 292–293, 327
Artikulation 151–157, 164–172, 175–176, 208, 503–504, 515–516
Artikulationsmodus 167, 175–176
Artikulationsstelle 164, 166–167
Aspiration 169
asyndetisch 341
Atemstellung 163–164
Augmentation 230
Auslautverhärtung 161, 197–198, 201

back-channelling → Rezeptionssignal
Barsalou-Frames 97
Basiskategorien 76–77, 88
Bedeutung, Gebrauchstheorie 58–59, 116, 123
Bedeutungsanteile 61, 72

Bedeutungsdimensionen 60–62
Bedeutungskomponenten 84, 236, 397
Bedeutungsvarianten 64, 66
Bedeutungsverschiebungen 65
Beobachtung 630
Betonung 121, 473, 483
Bildungsbeschränkungen 233–234
Blickrichtung 487, 489, 644

Community of Practice 507

Daten: Aufbereitung 619, 640, 647
Daten: Auswertung 516, 529, 617, 633, 649
Deduktion 268, 613, 648
Defizittheorie, Defizithypothese 534
Deixis 131–132, 134, 470
Deklination 38, 210, 215, 221, 244, 248
Denotat 61, 68, 75, 115
Dependenz 259, 269, 296–298, 324, 636–637, 655
Derivation 196, 226–244
Designat 115
Determinativkompositum 240, 242
Deutschschweiz 17, 38, 142, 148, 150–151, 512, 521–522, 540, 551
Diachronie 38, 73, 518
Dialekt 48, 142, 148–151, 175, 207, 478, 502, 517–522, 524–525, 539, 618
Dialogizität 399, 403–404, 590
Diaphasik 517–518, 520–522, 524, 200
Diastratik 200, 211, 517–518, 520–522
Diatopie 48, 72–74, 200, 211, 517–519, 520–522
Differenzhypothese 534
Diglossie 521–522
Diminuierung 210, 230
Diphthong 172, 178
Disambiguierung 63
Diskurs 31, 466, 533, 563–574, 580–582, 597, 600
Diskursdeixis 132
Diskurslinguistik 6, 39, 129, 422, 564–584
Diskursmarker 132, 278–279, 456, 462–464, 466–468, 480–481
Distribution 52, 60, 101, 105, 175–176, 192, 197–198, 570–572

Doing 15, 431, 492, 553, 594, 597,
Dominanzhypothese 533

Ellipse 288–289, 393
Embodied Interaction 446, 473, 486–487,
Empirische Methoden 8, 613–656
Endrand (Koda) 179
Ethnografie 527–528, 560, 584
Ethnomethodologie 421, 429, 431, 528, 594
Eyetracker 489, 496, 631
Explizitlautung 152–153
Extension 26, 56, 75
Extraposition 279–280

F-Formation 492–495
Face 129–132, 461, 467,
Face-to-Face Situation 135, 359, 417, 420, 430, 489, 496, 553
Familienähnlichkeit 94
Feministische Linguistik 561, 598, 603
Flexion 28, 37, 39, 183, 189–233, 241–245, 248, 258, 425
Flexionsklasse 208, 219–221, 232
fokussierte Interaktion 429, 441, 458–459, 465, 471, 492–495
Formale Semantik 50–52, 56, 112
Forschungsfrage 1, 160, 553, 615–619, 622, 629, 643, 646
Forschungsliteratur 442, 616, 621
Fortsetzungssignal 443, 480
Fragetest 305–306, 325
Frame-Semantik 50, 58, 95–100, 270–271, 367
Frames (Rahmen) 95–100, 398, 407–408, 426, 471–472, 576, 582–583
Fremdreparatur 453, 455
Fremdwahl 440–441, 444–445, 448, 452
Fremdwortbildung 238
Frikativ 168
Fugenelement 241
Funktionale Pragmatik 422–423, 426–428
Fusion 225–227, 327

GAT2 428, 450, 454, 641–644
Gebrauchsregeln 116, 136
Gebrauchsstandard 148–149
Gender Studies 594, 598, 604
Generative Grammatik 3, 112, 260, 264–267, 340

Genitivobjekt 333
geschriebene Sprache 145–146, 265, 457, 482, 584
Gesprächsbeendigung 457, 461–465
Gesprächseröffnungen 415–418, 457, 461, 468, 470–471, 487, 492
Gestik 24, 133, 135, 356, 418, 420, 427, 443, 470, 484–487, 505, 530–531, 598, 628–629
Gleitlaut 168, 176
Glottis 163–164, 167, 169, 176, 179
grammatisches Wort 188–190, 198, 210, 251, 315, 635
Grounded Theory 657
Grundwort 208, 237, 240

Handlung, habitualisiert 509–510, 535
Handlungsraum 426, 428
Hauptsatz 253, 334, 342, 479–480
Hierarchie 68, 74, 76, 87, 225, 227, 366, 592
Höflichkeit 21, 122, 129–131, 384, 462, 464, 512, 606–607
Homographie 65
Homophonie 64–66
Horizont-Pronomen 396–397
Hyperonym 75–77, 82, 86–88, 240
Hyponym 68–69, 75–77, 82, 86–88, 386, 396–397
Hypotaxe 341–342
Hypothese 2, 83, 436, 460, 504, 587, 616, 619, 631, 647–648, 651, 653

Identität 24, 68–72, 74, 161, 216, 467, 502, 532–533, 549, 552, 573, 594, 598, 601, 606–607
Ikon 13, 15–17, 21, 23–24, 227, 541, 642
Illokutionsindikator 121–122
Implikatur 123, 125–129, 576–577
Index 13–15, 21, 23, 114, 283, 322, 507, 513, 527–530, 533, 535, 537, 539, 541–549, 551, 576
Indexikalität 430, 527, 429–530, 533, 541–545
individuelle Mehrsprachigkeit 550
Induktion 267–268, 613–614, 643, 648, 654
Inhaltbezogene Grammatik 83
Initiation 162–163, 166, 435, 488
Institution 422, 426, 509, 560–561, 563, 580
Intension 26, 56
Inter-Speaker-Variation 512–513

interaktionale Ökologie 494
Interaktionsraum 470–471, 494
interkulturellen Kommunikation 529
interlinguale Variation 512
Intersektionalität 537
Intertextualität 399–404, 406, 408, 507, 576, 581–582
Intonation 121, 145, 178, 346, 423, 425, 444, 452, 467, 483, 596, 641–643
Intonationsphrasen 483, 641
Intra-Speaker-Variation 512–513
intralinguale Variation 512
Introspektion 267
Ironie 23, 125
Isoglosse 522
Isotopie 397

Junggrammatiker 158, 263

Kasusnivellierung 222, 227
Katapher 390
kategoriegebundene Tätigkeit (category-bound activity) 469, 491,
Keywords 653
Ko-Operation 471, 494–495
Kopräsenz 145–146, 458,
Ko-Referenz 386–387
Koartikulation 157
Koda → Endrand
Kodifizierung 147, 149, 151, 153–154
kognitive Linguistik 271
Kohärenz 353, 363, 368, 370–371, 379, 385, 387, 394
Kohäsion 353, 368, 370–371, 373, 385, 387–388, 390, 394–396, 406–407
Kohyponyme 75–76, 82, 87
Kollokation 101, 103–104, 567, 570–571, 653
kommunikative Gattung 445, 459, 508, 510
kommunikative Minimaleinheit 339
kommunikative Praktik 503, 529
Komparation 210, 215, 224–225
Kompetenz 4, 67, 88, 266–267, 271, 477, 482, 528, 550, 624
Komplementsatz 280, 343
Kompositionalitätsprinzip 43, 50, 272
konditionelle Relevanz 445–446

Konfix 238–239, 243–244
Konjugation 38, 191, 210, 215, 248
Konkordanz 600, 652
Konsonant 152, 155, 158, 162–163, 166–170, 175, 179, 192, 207, 525
Konstituenz 259, 263, 269, 296, 298–321
Konstruktionsgrammatik 7, 33, 43–33, 191, 209, 264–265, 270–273, 293, 327, 340, 477
Konstruktvalidität 621
Kontamination 238
Kontextualisierung 112, 444, 475, 527, 530–533
Konversion 230, 232, 234, 237, 244–245
Konversität 68, 78–79
konzeptionell mündlich / schriftlich 146, 357
Kooperationsprinzip 123–124, 126, 432, 434
Koordinationstest 306–307
Kopräsenz 145–146, 458
Kopulatheorie
Körperhaltung 24, 438, 487, 530
Korpora 44, 136, 138, 161, 184, 186, 208, 222, 235, 267, 454, 482, 516, 565–566, 573, 594, 600, 614, 618, 629, 633–638, 652, 654
Krisenexperiment 431, 435
Kulturanthropologie 261, 560, 584
Kurzwortbildung 230, 232, 239

Laterale 168, 176
Laut 164–168
lautes Denken 626
Lenis-Laut 169
Lesbarkeitshinweis 373, 387
Lesbarkeitsmerkmal 373, 380, 394, 406–409
Lesbarkeitsquelle 373, 380, 386–388
lexikalische Bedeutung 43, 64, 80, 191, 193, 196, 235–236, 238, 247, 425
lexikalischer Kasus 332
Lexikon 43, 65, 67, 80, 88, 100, 146, 155, 183–184, 204–209, 215, 234–235, 260, 272, 290, 597, 636–637
Lippenrundung 157, 170
Literalität 143–144, 185
Lokalität 377, 380, 407
Lokativ 291

Materialität 353–355, 368–369, 371–380, 406–407, 576, 579, 594

Matrixsatz 338, 341–346
Maximen 123–124, 126, 129–130
Medialität 143, 357, 477, 576, 591, 594
Mehrsprachigkeit 548–552, 560
Membership Categorization Analysis (MCA) 432, 469
Merkmalsemantik 75, 81, 84–89, 97
Metadaten 633, 634–635, 639, 647
Metaphorik 396–397
Metapragmatik 533–551
Metasprache 45–46, 50, 433, 541
Metrolingualism 552–553
Mimik 24, 135, 356, 420, 427, 438, 443, 484–487, 505, 530–531, 598, 628–629
Minimalpaaranalyse 173–174
Minimaltranskript 641, 643
Minimalzeichen 42–43, 191–203, 223–225, 238–244, 271
Mittelfeld 275–282, 304, 323, 344, 483, 514, 516
Mixed-Methods-Design 618
Modalität 5, 30, 96, 638
Möglicher Übergabepunkt → Transition Relevance Place
Monophthong 172
monosem 62, 64, 71
Morph 33, 43, 46, 88, 183–253, 258, 299, 475, 563, 575, 605, 635–637
Morphem 33, 46, 183, 191–192, 197–203, 209, 212–213, 222–226, 299, 575, 635
Motivationsbedeutung 235–237
Movierung 231, 606
Multiaktivität 495
Multimodalität 23–24, 134–135, 356, 358–360, 368–369, 379, 419–420, 425, 427, 438, 440, 443, 446–447, 470, 473, 484–496, 546
Musterhaftigkeit 2, 404, 406, 428, 544, 546, 565, 595, 617, 652

n-Gramm 654
Nachfeld 275–282, 304, 333, 344
Narrativ 389, 583, 600
narratives Interview 626
Nasalkonsonant 168–169
natürliche Daten 427, 433, 629
Nebensatz 186, 277–278, 283, 309, 336, 341, 343, 345–346, 425
Nebensequenz 454, 456, 473–474,

Negation 26, 78–79, 127, 212–213, 231, 242, 244
Nicht-Text 365, 371, 420
Nullaffix 197

Oberfläche 111, 160–161, 265–266, 309, 339, 367, 405, 421–422, 425, 428, 434, 573–574
Objektsprache 45–46, 433
Obligation 367, 381
Obstruent 168, 175
Onomasiologie 48
Onset 179
On-line Syntax 420, 477, 482,
Open Science 622, 645
Operationalisierung 425, 618–619, 646
operative Bildlichkeit 16
Optical Character Recognition 646
Oralität 143–145
order at all points 434
Organonmodell 113–114
Origo 79, 133–134, 357, 425, 470
Orthoepie 154
Österreich 7–8, 38, 72, 148, 150–152, 154, 168–169, 176, 197–198, 524

Paarsequenz 438, 445–447, 462, 465
Paradigma 28, 35–39, 161, 174, 190, 201, 216, 218, 221, 224, 227, 572, 614, 648
Parataxe 340
Partizipationsrahmen 436–437, 442
Passivierbarkeit 331–332
Patiens 98, 220, 277, 290–293, 329, 332, 632
Partikelverb 186, 231
Performanz 26, 113, 265–266, 271, 477, 482, 580, 593–596
Phon 155, 173
Phonation 158, 163–166, 168
Phonem 46, 49, 85, 88, 155–156, 160, 163, 173–179, 191–192, 197–198, 246
Phoneminventar 156, 173–174, 177
Phrase 43, 62, 136, 155–156, 178, 186, 243, 249, 265, 285, 301–303, 307–309, 314–324, 340, 563, 573, 642, 647, 655
Phrasenstruktur 265, 301–302, 314–315, 318–322, 324
Plesionymie 68, 70
Plosiv 167–169
pluriareal 7, 148

plurizentrisch 7, 147, 523–524
Polylanguaging 552
polysem 64–65, 69–71, 99
Possessor 291
Prä-Eröffnung 488
Prädikat 11, 46, 50–56, 80, 87, 124, 249, 252, 259, 261–263, 269, 272, 276, 286–287, 289–290, 296, 298, 323–331, 335, 337–338, 342–343
Präfigierung 195, 232, 243–244
Praktiken 7, 134, 143, 433, 470, 503, 509, 528–529, 536, 551–553, 560, 563–564, 580, 584, 586, 589–599, 628, 654
Präsuppositionen 123, 126–129, 576–577
Prinzipal 438
Projektion (Generative Grammatik) 317–321, 340
Projektion (Gesprächsanalyse) 482–484
Projektorkonstruktionen 445
Pronominaladverb 131, 313, 388, 392
Pronominalisierungstest 300, 306–307
proof procedure 434, 448
Proposition 117–118, 337, 365, 395, 576–577
Prosodie 121, 178–179, 346, 359, 455, 463, 479, 484–485, 487, 530–531, 595, 597
Proto-Agens 291–292
Proxemik 487–488

Queer Theory 598, 602

Rationalismus 613–615
recipient design 434, 590
Redebeitrag → Turn
Redezugvakanz 448
Register 132, 517, 544–545, 552, 606
Regression 651–652
Rekurrenz 365, 386, 396
Relativitätsprinzip, linguistisches 83, 587
Reparatur 438, 441–442, 447, 453–454, 456, 473, 476
Repräsentativität 617, 621, 638
Rezeptionssignal (recipient response) 420, 442–444, 425, 450, 467
Rhema 365
Rhetorik 64, 261, 361
Rhythmus 178, 464
Routine 122, 136, 404, 431, 453, 461, 510, 560, 585, 591, 596
Sapir-Whorf-Hypothese 83, 587

Satzklammer 226, 275, 282, 323, 327
Satzmodus 121, 338, 340, 346
Satzsemantik 37, 43–44, 47, 50–51, 60
Schulgrammatik 3, 247, 251, 262, 267, 300, 303–304, 323–324, 331, 335
Schweigephase 447–449
Selbstreparatur 453, 455–456
Selbstwahl 441, 451–452
semantische Relation 67–69, 86
semantischen Rollen 287
Semasiologie 48
Sequenzialität 111, 135, 359, 427–428, 434–435, 439, 445–446, 460, 488–491, 493, 628
Sibilanten 168
Silbe 152, 155–156, 160, 170, 172, 178–179, 185, 191–192, 202, 208, 229, 246, 449, 455, 641–642, 650, 652
Silbenkern 172, 179
Silbenstruktur 155, 178–179, 185
Sozialdeixis 132
Spracherwerb 44, 160, 250, 267–268, 549–550
Sprachideologie 475, 533, 536–537, 540–541, 549, 551–552
Sprachkritik 597
Sprechakttheorie 113, 116, 122–123, 134, 366, 369, 381–382, 422–423, 434, 560, 593
Sprecherwechsel → Turn-Taking
Sprechpause 180, 185, 346, 438, 441, 444, 447–450, 452, 456, 467, 484, 640–643
Sprechtempo 23, 178, 185, 444
Stancetaking 546
Standardlautung 152–154
Standardsprache 7–8, 142, 146–151, 274, 520–521, 523–524, 534, 539, 551, 616–617, 619, 637
Stilistik 361, 368, 371, 466, 521, 524, 533
Stimmlippe 163–164
Strukturalismus 49, 80, 112, 160, 208, 263–264, 266, 297, 299, 511
struktureller Kasus 332
Substitution 74, 82, 197, 302–305, 386, 396–397, 401
Suffigierung 195, 212, 220, 222–223, 232, 234, 239, 243, 575, 581, 604
summons-answer-Sequenz 435, 460
Superdiversity 552

Suppletion 201, 224–225
suprasegmentale Einheiten 156, 178–179
Symbol 13, 17–19, 32, 47, 472
Synchronie 38
syndetisch 341
Synkretismus 189, 216, 219, 222
Synonymie 68–70, 72, 74, 81, 104, 515
Syntagma 28, 35–37, 67, 186
syntaktische Ambiguität

teilnehmende Beobachtung 534, 625
Teilsatz 339
Tempo 132, 335, 464, 590
Textsemantik 43–44, 362
Textsorte 206, 288, 353, 357, 361, 367, 371, 374–375, 379, 385, 399–401, 404–408, 477, 566, 576, 578–579, 583, 638
Textualität (siehe auch Lesbarkeit) 353, 367–368, 370, 373, 394, 399, 420
Textualitätsmerkmal → Lesbarkeitsmerkmal
the total linguistic fact 541
Thema 387, 393, 394–399, 407–408, 448
Theoriebildung 3, 5–7, 26, 53, 302, 561, 591
Third Order Indexicality 544
Tiefenstruktur 265, 425, 428
Tonbandaufnahme 432
Topikfeld 278–279
Topos 571, 582–583
Transition Relevance Place (TRP) 439–440, 443, 445, 452
Triangulation 618
Turn 434, 439–443, 445
Turn-Taking 439, 441, 449, 451

Überlautung 151
Überlappung (overlap) 441, 447, 449–451, 464, 640–642
Umgangslautung 152
Umgangssprache 142, 148–151, 311, 517, 520–521, 524
Universalgrammatik 268

Vagheit 50, 62, 66–67, 466, 578
Valenz 285–286, 293–295, 325–326, 334–338
Variable, abhängige und unabhängige 516, 619, 631, 649, 652
Verbalkomplex 275, 281–285, 314
Vibrant 168–169, 173, 176
Videoaufnahme 458, 487–490, 628, 633
Vokal 152–153, 158, 162–163, 167, 169–172, 177–179, 525, 641
Vollsatz 339

Wahrnehmungswahrnehmung 458
Weltwissen (siehe auch Lesbarkeitsquelle) 58, 63, 111, 236, 365, 368, 373, 386–387
Wertigkeit 285–287
Wortakzent 160, 179
Wortbildung 183, 194–196, 205, 209–211, 228–244, 577
Wortfeld 80–82

Zeitlichkeit 135, 476–477, 491, 550, 591
Zirkumfigierung 195, 243
Zitierform 190
Zungenlage 170
Zweitglied 238–241

www.ingramcontent.com/pod-product-compliance
Lightning Source LLC
Chambersburg PA
CBHW071358230426
43669CB00010B/1380